Christian Schoof
Betriebsratspraxis von A bis Z
Das Handwörterbuch für
die betriebliche Interessenvertretung

Christian Schoof

Betriebsratspraxis von A bis Z

Das Handwörterbuch für die betriebliche Interessenvertretung

Dritte, vollständig überarbeitete und erweiterte Auflage

Bund-Verlag

Die Deutsche Bibliothek – CIP-Einheitsaufnahme

Schoof, Christian:
Betriebsratspraxis von A bis Z : das Handwörterbuch für die
betriebliche Interessenvertretung / Christian Schoof. – 3.,
vollst. überarb. und erw. Aufl. – Köln : Bund-Verl., 1995
ISBN 3-7663-2637-6
NE: HST

3., vollständig überarbeitete und erweiterte Auflage 1996
Unveränderter Nachdruck 1997

© 1991 by Bund-Verlag GmbH, Köln
Lektorat: Jürgen Schmidt
Herstellung: Norbert Neunaß
Umschlag: Roberto Patelli, Köln
Satz: Typomedia Satztechnik GmbH, Ostfildern
Druck: Clausen & Bosse, Leck
Pritend in Germany 1996
ISBN 3-7663-2637-6

Alle Rechte vorbehalten,
insbesondere die des öffentlichen Vortrags,
der Rundfunksendung
und der Fernsehausstrahlung,
der fotomechanischen Wiedergabe,
auch einzelner Teile.

Vorwort

Betriebsratspraxis von A bis Z liegt nunmehr in der 3. Auflage vor. Das Wörterbuch ist als Einstieg und Orientierungshilfe konzipiert. Es richtet sich in erster Linie an solche Interessenvertreter und interessierte Arbeitnehmer/-innen, die sich einen schnellen Überblick, aber auch Einblick in die wichtigsten Problemstellungen und -lösungen der betrieblichen Praxis verschaffen wollen. Demzufolge wird weitgehend auf die breite Darstellung juristischer Verästelungen verzichtet. Statt dessen werden – ausgehend von alphabetisch geordneten Stichworten – die wichtigsten Sachverhalte der Betriebsverfassung in knapper Form erläutert und Problemlösungen aufgezeigt. Insbesondere wird die Frage beantwortet, welche Rechte und Handlungsmöglichkeiten der Interessenvertretung in der jeweiligen Situation zustehen. Dort, wo sich dies anbietet, werden auch die Rechte und Handlungsmöglichkeiten der betroffenen Beschäftigten dargestellt. Abgerundet wird der Charakter des Buches als praktische Hilfe durch eine Vielzahl von Übersichten, Checklisten und Musterschreiben. Leser/-innen, die »in die Tiefe gehen wollen«, finden unter dem Stichwort »Literatur für die Betriebsratsarbeit«, aber auch am Ende der Erläuterungen zu bestimmten Stichworten, Hinweise auf weiterführende Literatur.

Umfangreiche Gesetzgebungstätigkeit in den zurückliegenden Jahren hat die vorliegende 3. Auflage von »Betriebsratspraxis von A bis Z« erforderlich gemacht. Eingearbeitet wurden die wichtigsten Regelungen des Arbeitszeitgesetzes, des Beschäftigtenschutzgesetzes, des Entgeltfortzahlungsgesetzes, des Zweiten Gleichberechtigungsgesetzes, des Kündigungsfristengesetzes (= Neufassung des § 622 Bürgerliches Gesetzbuch), des Mitbestimmungs-Beibehaltungsgesetzes, des Umwandlungsgesetzes, des Wertpapierhandelsgesetzes (»Insiderrecht«). Aufgenommen wurden des weiteren ausgewählte Regelungen des Arbeitsförderungsgesetzes, Veränderungen der Gefahrstoffverordnung sowie die Richtlinien zur Bildung von Europäischen Betriebsräten.

Die Arbeitsrechtsprechung hat eine Reihe von neueren Entscheidungen hervorgebracht, die für Betriebsräte und Beschäftigte von erheb-

Vorwort

licher Bedeutung sind. Die Neuauflage greift diese Entscheidungen u. a. zur Arbeitnehmerhaftung, zum Out-Sourcing, zum Widerspruchsrecht beim Betriebsübergang, zur mittelbaren Diskriminierung von Frauen, zur Anrechnung von Tariflohnerhöhungen auf übertarifliche Zulagen, zum Unterlassungsanspruch des Betriebsrats gegen mitbestimmungswidriges Handeln des Arbeitgebers auf und erläutert sie.

Es wurden mehrere neue Stichwörter aufgenommen, unter anderem: Arbeitnehmerhaftung, Arbeitskampf, Berufskrankheit, Bildungsurlaub, Entgeltfortzahlung, Europäisches Recht, Gruppenarbeit, Insiderrecht, ISO 9000, Konkursverfahren, Mobbing, Öko-Audit, Sexuelle Belästigung, Übertarifliche Zulagen, Umwandlung von Unternehmen, Unterlassungsanspruch des Betriebsrats. Die Texte zu den Stichworten der 2. Auflage wurden durchgesehen und überarbeitet.

Autor und Verlag danken all denjenigen, die sowohl das Zustandekommen des Buches als auch seine Gestaltung mit Rat und Tat unterstützt haben. Anmerkungen und Anregungen, die zu einer Verbesserung zukünftiger Auflagen des Buches beitragen, werden gerne entgegengenommen.

Christian Schoof

Inhalt

Vorwort 5
Abkürzungsverzeichnis 15

Abfindung 17
Ablösende Betriebsvereinbarung (siehe: Betriebsvereinbarung)
Abmahnung 21
Akkordlohn (siehe: Arbeitsentgelt)
Aktiengesellschaft (siehe: Unternehmensrechtsformen)
Alternative Produktion 25
Änderungskündigung 31
Angestellte, Arbeiter 38
Arbeiter (siehe: Angestellte, Arbeiter)
Arbeitgeber 41
Arbeitgeberverband 43
Arbeitnehmer 45
Arbeitnehmerhaftung 48
Arbeitnehmerrechte nach dem BetrVG 53
Arbeitnehmerüberlassung 61
Arbeitsentgelt 67
Arbeitsgericht 87
Arbeitskampf 96
Arbeitsordnung 114
Arbeitsschutz 117
Arbeitsschutzausschuß (siehe: Arbeitsschutz)
Arbeitsunfall (siehe: Unfallversicherung)
Arbeitsvertrag 132
Arbeitszeit 139
Arbeitszeitflexibilisierung (siehe: Arbeitszeit)
Aufhebungsvertrag 154
Aufsichtsrat (siehe: Unternehmensmitbestimmung)
Ausgleichsquittung 158
Aushilfsarbeitsverhältnis (siehe: Arbeitsvertrag)
Ausländische Arbeitnehmer 161

Inhalt

Auslöseschwelle (siehe: Gefahrstoffe)
Ausschreibung von Arbeitsplätzen 164
Ausschüsse des Betriebsrats (siehe: Betriebsrat)
Außerordentliche Kündigung 168
Außertarifliche Angestellte 177
Auswahlrichtlinien 179
Auszahlung des Arbeitsentgelts (siehe: Arbeitsentgelt)
Auszubildende 183

BAT-Wert (siehe: Gefahrstoffe)
Bedenken (siehe: Ordentliche Kündigung)
Befristeter Arbeitsvertrag 185
Berufsbildung 190
Berufsgenossenschaft (siehe: Arbeitsschutz, Unfallversicherung)
Berufskrankheit 193
Beschäftigungs-/Qualifizierungsgesellschaft (siehe: Interessenausgleich)
Beschlußfassung des Betriebsrats (siehe: Betriebsratssitzung)
Beschlußverfahren (siehe: Arbeitsgericht)
Beschwerde (siehe: Abmahnung)
Beteiligungsrechte des Betriebsrats 199
Betrieb 210
Betriebliche Altersversorgung 212
Betriebliches Vorschlagswesen 218
Betriebliche Übung 223
Betriebsänderung 225
Betriebsarzt (siehe: Arbeitsschutz)
Betriebsaufspaltung, Unternehmensteilung 231
Betriebsausschuß (siehe: Betriebsrat)
Betriebsbedingte Kündigung (siehe: Ordentliche Kündigung)
Betriebsbuße 239
Betriebsferien (siehe: Urlaub)
Betriebsgeheimnis (siehe: Geheimhaltungspflicht)
Betriebsrat 244
Betriebsräteversammlung 254
Betriebsratsbibliothek (siehe: Literatur für die Betriebsratsarbeit)
Betriebsratssitzung 256
Betriebsratsvorsitzender (siehe: Betriebsrat)
Betriebsratswahl 268

Inhalt

Betriebsteil 277
Betriebsübergang 279
Betriebsvereinbarung 284
Betriebsversammlung 294
Beurteilungsgrundsätze 308
Bilanz (siehe: Jahresabschluß)
Bildungsurlaub 310
Bildungsveranstaltungen für Betriebsratsmitglieder
   (siehe: Schulungs- und Bildungsveranstaltungen)

Datengeheimnis (siehe: Datenschutz)
Datenschutz 318
Datenschutzbeauftragter (siehe: Datenschutz)
Direktionsrecht des Arbeitgebers (siehe: Arbeitsvertrag)

Ein-Betriebs-Unternehmen 329
Einblick nehmen 330
Eingruppierung, Umgruppierung 332
Einigungsstelle 338
Einstellung 349
Einstweilige Verfügung (siehe: Arbeitsgericht)
Einzelunternehmen (siehe: Unternehmensrechtsformen)
Entgeltfortzahlung 361
Ersatzmitglied des Betriebsrats (siehe: Betriebsrat und
   Schulungs- und Bildungsveranstaltungen)
Europäischer Betriebsrat 367
Europäisches Recht 376

Feiertag (siehe: Entgeltfortzahlung)
Frauenförderung im Betrieb 381
Freie Mitarbeit (siehe: Arbeitnehmer)
Freistellung 393
Freiwillige Betriebsvereinbarung (siehe: Betriebsvereinbarung)
Fremdfirmenarbeitnehmer (siehe: Arbeitnehmerüberlassung)
Friedenspflicht 401
Fristen 405
Fristgerechte Kündigung (siehe: Ordentliche Kündigung)
Fristlose Kündigung (siehe: Außerordentliche Kündigung)

Gefahrstoffe 408
Gehalt (siehe: Arbeitsentgelt)

Inhalt

Geheimhaltungspflicht 424
Gemeinschaftsbetrieb 430
Gesamtbetriebsrat 435
Gesamt-Jugend- und Auszubildendenvertretung
  (siehe: Jugend- und Auszubildendenvertretung)
Gesamtschwerbehindertenvertretung (siehe: Schwerbehinderte)
Geschäftsgeheimnis (siehe: Geheimhaltungspflicht)
Geschäftsordnung des Betriebsrats 439
Gesellschaft mit beschränkter Haftung (siehe: Unternehmens-
  rechtsformen)
Gestaltung von Arbeitsplatz, Arbeitsablauf
  und Arbeitsumgebung 441
Gesundheitsschutz (siehe: Arbeitsschutz)
Gewerbeaufsicht (siehe: Arbeitsschutz)
Gewerkschaft 443
Gewinn- und Verlustrechnung (siehe: Jahresabschluß)
Gleitzeit 449
Gruppenarbeit 453
Günstigkeitsprinzip 460

Haftung des Arbeitnehmers (siehe: Arbeitnehmerhaftung)
Handelsregister 465
Heimarbeit 467

In der Regel 469
Informationsrechte (siehe: Beteiligungsrechte des Betriebsrats)
Initiativrecht (siehe: Beteiligungsrechte des Betriebsrats)
Insiderrecht 471
Interessenausgleich 473
ISO 9000 482

Jahresabschluß 491
Jederzeit 496
Job-sharing (siehe: Teilzeitarbeit)
Jugend- und Auszubildendenvertretung (JAV) 497
Juristische Person (siehe: Unternehmensrechtsformen)

Kann-Vorschrift (siehe: Muß-, Soll-, Kann-Vorschriften)
Kapitalgesellschaft (siehe: Unternehmensrechtsformen)
Kapovaz (siehe: Teilzeitarbeit)
Kettenarbeitsverhältnis (siehe: Befristeter Arbeitsvertrag)

Inhalt

Kommanditgesellschaft (siehe: Unternehmensrechtsformen)
Konkursverfahren 502
Kontoführungsgebühren (siehe: Arbeitsentgelt)
Konzern 514
Konzernbetriebsrat 517
Korrigierendes Mitbestimmungsrecht (siehe: Beteiligungsrechte
  des Betriebsrats und Arbeitsschutz)
Kosten der Betriebsratsarbeit 521
Krankheit (siehe: Entgeltfortzahlung)
Krankheitsbedingte Kündigung (siehe: Ordentliche Kündigung)
Kündigung 525
Kündigungsfrist 534
Kündigungsschutzklage (siehe: Kündigung, Arbeitsgericht)
Kurzarbeit 538
Kurzarbeitergeld (siehe: Kurzarbeit)

Lean production 548
Leiharbeit (siehe: Arbeitnehmerüberlassung)
Leitende Angestellte 558
Literatur für die Betriebsratsarbeit 561
Lohngestaltung (siehe: Arbeitsentgelt)

MAK-Wert (siehe: Gefahrstoffe)
Massenentlassung (siehe: Betriebsänderung, Interessenausgleich,
  Sozialplan)
Mehrarbeit (siehe: Überstunden)
Mehr-Betriebs-Unternehmen 571
Mehr-Unternehmens-Betrieb (siehe: Gemeinschaftsbetrieb)
Mitbestimmung (siehe: Unternehmensmitbestimmung)
Mitbestimmungsrechte (siehe: Beteiligungsrechte des Betriebs-
  rats)
Mitwirkungsrechte (siehe: Beteiligungsrechte des Betriebsrats)
Mobbing 573
Monatslohn (siehe: Arbeitsentgelt)
Muß-, Soll-, Kann-Vorschriften 578

Nachtarbeit 580
Nachteilsausgleich (siehe: Interessenausgleich)
Nebenbetrieb 594

Inhalt

Offene Handelsgesellschaft (siehe: Unternehmensrechtsformen)
Öko-Audit 596
Ordentliche Kündigung 605
Ordnungswidrigkeitenverfahren 629
Outsourcing (siehe: Betriebsübergang)

Paritätische Ausschüsse (siehe: Betriebsrat)
PC im Betriebsratsbüro (siehe: Kosten der Betriebsratsarbeit, Datenschutz)
Personalfragebogen 634
Personalinformationssystem (siehe: Datenschutz)
Personalplanung 638
Personelle Angelegenheiten 644
Personenbedingte Kündigung (siehe: Ordentliche Kündigung)
Personengesellschaft (siehe: Unternehmensrechtsformen)
Prämienlohn (siehe: Arbeitsentgelt)
Probearbeitsverhältnis (siehe: Arbeitsvertrag)
Provision (siehe: Arbeitsentgelt)

Qualifizierung (siehe: Berufsbildung)

Rationalisierung 646
Rechtzeitig 650
Regelungsabrede (siehe: Betriebsvereinbarung)

Sachverständiger 653
Schichtarbeit 656
Schulungs- und Bildungsveranstaltungen 662
Schwerbehinderte 670
Sexuelle Belästigung 675
Sicherheitsausschuß (siehe: Arbeitsschutz)
Sicherheitsbeauftragter (siehe: Arbeitsschutz)
Sicherheitsfachkraft (siehe: Arbeitsschutz)
Sitzung des Betriebsrats (siehe: Betriebsratssitzung)
Soll-Vorschrift (siehe: Muß-, Soll-, Kann-Vorschriften)
Soziale Angelegenheiten 678
Soziale Auswahl (siehe: Ordentliche Kündigung)
Sozialeinrichtung 680
Sozialplan 683

Inhalt

Sozialplan im Konkurs- und Vergleichsverfahren
  (siehe: Sozialplan)
Sprecherausschuß (siehe: Leitende Angestellte)
Ständig Beschäftigte 695
Stellenausschreibung (siehe: Ausschreibung von Arbeitsplätzen)
Strafverfahren 696

Tarifvertrag 701
Tätigkeitsbericht des Betriebsrats (siehe: Betriebsversammlung)
Teilzeitarbeit 715
Tendenzbetrieb 722
TRK-Wert (siehe: Gefahrstoffe)

Überstunden 725
Übertarifliche Zulagen 734
Überwachung durch technische Einrichtungen
  (siehe: Datenschutz)
Umfassend 739
Umgruppierung (siehe: Eingruppierung/Umgruppierung)
Umwandlung von Unternehmen 740
Umweltschutz im Betrieb 750
Umweltschutzbeauftragter (siehe: Umweltschutz im Betrieb)
Unfallverhütung (siehe: Arbeitsschutz, Unfallversicherung)
Unfallversicherung 762
Unterlagen 770
Unterlassungsanspruch des Betriebsrats 772
Unternehmen 777
Unternehmensmitbestimmung 779
Unternehmensplanung 786
Unternehmensrechtsformen 791
Unternehmensteilung (siehe: Betriebsaufspaltung)
Unternehmer (siehe: Unternehmen)
Unverzüglich 805
Urlaub 806
Urteilsverfahren (siehe: Arbeitsgericht)

Verbesserungsvorschläge (siehe: Betriebliches Vorschlagswesen)
Verhaltensbedingte Kündigung (siehe: Ordentliche Kündigung)
Verhandlungen mit dem Arbeitgeber 810
Versetzung 820

Inhalt

Vertrauensleute (siehe: Gewerkschaft)
Verwarnung (siehe: Betriebsbuße)
Verweis (siehe: Betriebsbuße)
Vorgehensweise des Betriebsrats (siehe: Verhandlungen mit dem Arbeitgeber)
Vorlage von Unterlagen (siehe: Unterlagen)
Vorschlagswesen (siehe: Betriebliches Vorschlagswesen)

Wegeunfall (siehe: Unfallversicherung)
Weisungsrecht des Arbeitgebers (siehe: Arbeitsvertrag)
Weiterbeschäftigungsanspruch (siehe: Kündigung, Ordentliche Kündigung)
Werkwohnung 830
Werkvertragsarbeitnehmer (siehe: Arbeitnehmerüberlassung)
Widerspruch [Formulierungsbeispiele] (siehe: Ordentliche Kündigung)
Wirtschaftliche Angelegenheiten 834
Wirtschaftsausschuß 837
Wirtschaftsprüferbericht (siehe: Jahresabschluß)

Zahlen und ihre Bedeutung 851
Zeitlohn (siehe: Arbeitsentgelt)
Zeugnis 862
Zur Verfügung stellen (siehe: Unterlagen)
Zustimmungsverweigerung (siehe: Beteiligungsrechte des Betriebsrats)

Abkürzungsverzeichnis

a. a. O.	am angegebenen Ort
Abs.	Absatz
ABS-Gesellschaft	Gesellschaft für Arbeitsförderung, Beschäftigung und Strukturentwicklung
AFG	Arbeitsförderungsgesetz
AG	Aktiengesellschaft
AiB	Arbeitsrecht im Betrieb (Zeitschrift)
AP	Arbeitsrechtliche Praxis (Entscheidungssammlung zum Arbeitsrecht)
ArbGG	Arbeitsgerichtsgesetz
ArbZG	Arbeitszeitgesetz
Art.	Artikel
ASiG	Arbeitssicherheitsgesetz
ASiR	Arbeitssicherheitsrecht (Kommentar)
AT-Angestellte	Außertarifliche Angestellte
AÜG	Arbeitnehmerüberlassungsgesetz
AVG	Angestelltenversicherungsgesetz
AZO	Arbeitszeitordnung
BAG	Bundesarbeitsgericht
BAT-Wert	Biologischer Arbeitsplatztoleranzwert
BB	Betriebsberater (Zeitschrift)
BDA	Bundesvereinigung der Deutschen Arbeitgeberverbände
BetrVG	Betriebsverfassungsgesetz
BGB	Bürgerliches Gesetzbuch
BR	Betriebsrat
DB	Der Betrieb (Zeitschrift)
EBR	Europäischer Betriebsrat
EFZG	Entgeltfortzahlungsgesetz
EG	Europäische Gemeinschaft
EuGH	Europäischer Gerichtshof
EzA	Entscheidungssammlung zum Arbeitsrecht
GBR	Gesamtbetriebsrat

Abkürzungsverzeichnis

GefahrstoffVO	Gefahrstoffverordnung
GmbH	Gesellschaft mit beschränkter Haftung
HGB	Handelsgesetzbuch
h. M.	herrschende Meinung
Hrsg.	Herausgeber(in)
JAV	Jugend- und Auszubildendenvertretung
Kapovaz	kapazitätsorientierte variable Arbeitszeit
KBR	Konzernbetriebsrat
KG	Kommanditgesellschaft
KGaA	Kommanditgesellschaft auf Aktien
KSchG	Kündigungsschutzgesetz
KVP	Kontinuierlicher Verbesserungsprozeß
MAK	Maximale Arbeitsplatzkonzentration
MitbestErgG	Mitbestimmungsergänzungsgesetz
MitbestG	Mitbestimmungsgesetz
Montan-MitbestG	Montanmitbestimmungsgesetz
NJW	Neue Juristische Wochenschrift (Zeitschrift)
NZA	Neue Zeitschrift für Arbeitsrecht
OHG	Offene Handelsgesellschaft
OLG	Oberlandesgericht
OWiG	Ordnungswidrigkeitengesetz
Rdnr.	Randnummer(n)
RVO	Reichsversicherungsordnung
S.	Seite
SozplKonkG	Gesetz über den Sozialplan im Konkurs- und Vergleichsverfahren
SprAuG	Sprecherausschußgesetz
TRGS	Technische Regeln für Gefahrstoffe
TRK-Werte	Technische Richtkonzentration für krebserregende Stoffe
TV	Tarifvertrag
TVG	Tarifvertragsgesetz
UVV	Unfallverhütungsvorschriften
WA	Wirtschaftsausschuß
WO	Wahlordnung zum Betriebsverfassungsgesetz
WV	Wahlvorstand
ZPO	Zivilprozeßordnung

Abfindung

Was ist das?

☐ Abfindung ist eine durch den Arbeitgeber gezahlte Entschädigung für den Verlust des Arbeitsplatzes.

☐ Der Verlust des Arbeitsplatzes kann eintreten durch Kündigung, Aufhebungsvertrag oder gerichtliche Auflösung gemäß §§ 9, 10 KSchG.

☐ Ein Anspruch des Arbeitnehmers auf Zahlung einer Abfindung entsteht:
- wenn das Arbeitsverhältnis durch → **Aufhebungsvertrag** beendet wird und der Arbeitgeber sich »freiwillig« zur Zahlung einer Abfindung verpflichtet;
- wenn im Rahmen eines Kündigungsschutzprozesses zwischen den Parteien ein Vergleich geschlossen wird, durch den das Arbeitsverhältnis gegen Zahlung einer Abfindung beendet wird;
- wenn trotz Unwirksamkeit einer arbeitgeberseitigen Kündigung das Arbeitsverhältnis auf Antrag des Arbeitnehmers oder Arbeitgebers durch das Arbeitsgericht gemäß §§ 9, 10 KSchG aufgelöst wird (Abfindungshöhe je nach Beschäftigungsdauer und Lebensalter bis zu 18 Monatsverdienste);
- wenn in einem → **Sozialplan** gemäß § 112 BetrVG Abfindungen zugunsten der von Entlassung betroffenen Arbeitnehmer festgelegt sind;
- wenn im Rahmen einer → **Betriebsänderung** das Arbeitsverhältnis beendet wird, ohne daß der Arbeitgeber einen → **Interessenausgleich** mit dem Betriebsrat versucht hat. Gleiches gilt, wenn der Arbeitgeber von einem mit dem Betriebsrat vereinbarten Interessenausgleich ohne zwingenden Grund abweicht und der Arbeitnehmer infolgedessen entlassen wird (sogenannter »Nachteilsausgleich«; vgl. § 113 BetrVG).

☐ Abfindungen sind nach § 3 Nr. 9 Einkommensteuergesetz steuerfrei bis zum Betrage von 24 000,- DM, wenn die Auflösung des Arbeits-

Abfindung

verhältnisses vom Arbeitgeber veranlaßt oder vom Arbeitsgericht verfügt worden ist. Hat der betroffene Arbeitnehmer zum Zeitpunkt der Beendigung des Arbeitsverhältnisses das 50. Lebensjahr vollendet und hat das Arbeitsverhältnis 15 Jahre bestanden, so erhöht sich der steuerfreie Höchstbetrag auf 30000,- DM. Der steuerfreie Höchstbetrag beträgt 36000,- DM, wenn der Arbeitnehmer das 55. Lebensjahr vollendet und das Arbeitsverhältnis 20 Jahre bestanden hat.

Bedeutung für die Betriebsratsarbeit

☐ Der Betriebsrat muß sich mit dem Thema »Abfindung« vor allem im Rahmen von Sozialplanverhandlungen (§ 112 BetrVG) befassen. Dabei steht im Zentrum der Auseinandersetzungen zwischen Betriebsrat und Arbeitgeber die Frage der Höhe des gesamten Abfindungsvolumens und seine möglichst gerechte Verteilung auf die von Entlassung betroffenen Arbeitnehmer. Siehe insoweit → **Sozialplan**.

☐ Darüber hinaus sollte der Betriebsrat Arbeitnehmer, die mit dem Gedanken spielen, unter Entgegennahme einer Abfindung über einen Aufhebungsvertrag aus dem Betrieb zu scheiden, auf die möglichen – gravierenden – sozialrechtlichen Folgen einer einvernehmlichen Beendigung des Arbeitsverhältnisses hinweisen (siehe unten). Eine Aufklärungspflicht insoweit hat zwar auch der Arbeitgeber. Ob dieser seiner Verpflichtung aber immer und ordnungsgemäß nachkommt, ist eine Frage, die der Betriebsrat nicht offenlassen sollte (siehe →**Aufhebungsvertrag**).

Bedeutung für die Beschäftigten

☐ Besonders hinzuweisen ist auf § 117 Abs. 2 und 3 AFG. Diese Regelung kann für den Arbeitnehmer, der nach Beendigung des Arbeitsverhältnisses Arbeitslosengeld beantragt, unangenehme Folgen haben. Wenn nämlich das Arbeitsverhältnis vorzeitig, das heißt vor Ablauf der vom Arbeitgeber zu beachtenden → **Kündigungsfrist**, beendet wird, ruht der Anspruch auf Arbeitslosengeld so lange, bis ein bestimmter Prozentsatz der Abfindung »aufgebraucht« ist. Mit an-

Abfindung

deren Worten: der Arbeitslose muß zunächst eine Weile von seiner Abfindung leben (vgl. § 117 Abs. 3 Nr. 1 AFG).
Die Höhe des zu berücksichtigenden Prozentsatzes ist – siehe folgende Tabelle – von Lebensalter und Betriebs-/Unternehmenszugehörigkeit des Arbeitnehmers abhängig (vgl. § 117 Abs. 3 Satz 3 AFG).

Betriebs- oder Unternehmenszugehörigkeit	Anzurechnender Anteil der Abfindung					
	Lebensalter am Ende des Arbeitsverhältnisses					
	unter 40 Jahre	ab 40 Jahre	ab 45 Jahre	ab 50 Jahre	ab 55 Jahre	ab 60 Jahre
weniger als 5 Jahre	70 %	65 %	60 %	55 %	50 %	45 %
5 und mehr Jahre	65 %	60 %	55 %	50 %	45 %	40 %
10 und mehr Jahre	60 %	55 %	50 %	45 %	40 %	35 %
15 und mehr Jahre	55 %	50 %	45 %	40 %	35 %	30 %
20 und mehr Jahre	50 %	45 %	40 %	35 %	30 %	30 %
25 und mehr Jahre	45 %	40 %	35 %	30 %	30 %	30 %
30 und mehr Jahre		35 %	30 %	30 %	30 %	30 %
35 und mehr Jahre			30 %	30 %	30 %	30 %

Beispiele:
– *Der Anteil beträgt bei einem Arbeitnehmer, der zum Zeitpunkt des Ausscheidens unter 40 Jahre alt und weniger als 5 Jahre im Betrieb beschäftigt ist, 70% der Abfindung;*
– *bei einem 45jährigen Arbeiter, der 12 Jahre im Betrieb beschäftigt ist, können bis 50% der Abfindung berücksichtigt werden;*
– *ist ein Arbeitnehmer 50 Jahre alt und 25 und mehr Jahre im Betrieb beschäftigt, dürfen nur noch 30% der Abfindung herangezogen werden.*

☐ Um die Dauer des Ruhenszeitraums auszurechnen, wird ermittelt, wie lange der Arbeitslose bei Zugrundelegung seines vor Eintritt der Arbeitslosigkeit bezogenen Arbeitsentgeltes hätte weiterarbeiten müssen, um den maßgeblichen Prozentsatz der Abfindung zu verdienen.

Der Ruhenszeitraum dauert, je nach Fallgestaltung:
– längstens bis zum Ablauf der ordentlichen Kündigungsfrist, die einzuhalten gewesen wäre,

Abfindung

– längstens ein Jahr,
– längstens bis zum Ablauf einer Arbeitsvertragsbefristung.

☐ Des weiteren sollte der aus dem Betrieb ausscheidende Arbeitnehmer beachten, daß neben der mißlichen Folge des § 117 Abs. 2 und 3 AFG auch noch eine bis zu 12 Wochen dauernde Arbeitslosengeldsperre eintreten kann, wenn das Arbeitsverhältnis auf seine Initiative hin durch Aufhebungsvertrag beendet worden ist bzw. er Anlaß für eine Lösung des Beschäftigungsverhältnisses gegeben hat. Dies gilt jedenfalls dann, wenn der Arbeitnehmer für sein Verhalten keinen wichtigen Grund hatte (vgl. §§ 119, 119a AFG; siehe auch → **Aufhebungsvertrag**).

☐ Zu beachten ist auch die Ruhensvorschrift des § 117a AFG: Wenn gegen den Arbeitslosen, der eine Abfindung erhalten hat, eine Sperrfrist nach §§ 119, 119a AFG festgesetzt wird, schließt sich an die Sperrfrist ein weiterer Ruhenszeitraum an. Die Dauer dieses weiteren Ruhenszeitraums wird nach § 117a Abs. 2 AFG wie folgt berechnet: es wird festgestellt, wie lange der Betroffene hätte arbeiten müssen, um 20% des (um einen Freibetrag in Höhe des 90fachen kalendertäglichen Arbeitsentgelts verminderten) Abfindungsbetrages zu verdienen. Während des auf diese Weise ermittelten Zeitraums wird kein Arbeitslosengeld gezahlt. Siehe auch § 117a Abs. 3 AFG, der den Fall regelt, daß nicht nur eine Sperrzeit nach §§ 119, 119a AFG eintritt, sondern darüber hinaus auch ein Ruhen des Arbeitslosengeldes wegen Nichteinhaltung der vom Arbeitgeber einzuhaltenden – ordentlichen – Kündigungsfrist gemäß § 117 Abs. 2 AFG.

☐ Übrigens: Nach § 110 Nr. 1a AFG wird die Gesamtdauer des Anspruchs auf Arbeitslosengeld um die Ruhenszeit nach § 117a AFG verkürzt. Das gleiche gilt für die Zeit, für die eine Sperrfrist nach §§ 119, 119a AFG verhängt worden ist (vgl. § 110 Nr. 2 AFG).

☐ Eine Verkürzung der Bezugsdauer des Arbeitslosengeldes findet nicht statt im Falle des § 117 AFG: insoweit wird »nur« der Beginn des Arbeitslosengeldbezugs verschoben.

Abmahnung

Was ist das?

☐ Mit einer Abmahnung rügt der Arbeitgeber einen Verstoß des Arbeitnehmers gegen seine »arbeitsvertraglichen« Verpflichtungen unter gleichzeitiger Androhung arbeitsrechtlicher Konsequenzen (einschließlich der Kündigung) für den Wiederholungsfall.

Beispiel:

Sehr geehrter Herr Baum,

am heutigen Tage sind Sie 2 Stunden zu spät zur Arbeit erschienen. Eine ausreichende Entschuldigung für dieses Verhalten haben Sie nicht vorbringen können. Damit haben Sie gegen Ihre arbeitsvertragliche Pflicht zur Einhaltung der für Sie geltenden Arbeitszeit verstoßen.

Wir mißbilligen dieses Verhalten und fordern Sie auf, zukünftig pünktlich den Dienst anzutreten.

Sollte sich ein solcher Vertragsverstoß wiederholen, so müssen Sie mit arbeitsrechtlichen Konsequenzen einschließlich der Kündigung rechnen.

Mit freundlichen Grüßen
Geschäftsleitung

☐ Eine Abmahnung kann sowohl mündlich als auch schriftlich wirksam erteilt werden.

☐ Derjenige, der die Abmahnung ausspricht oder unterschreibt, muß allerdings vom Arbeitgeber hierzu ermächtigt sein. Andernfalls ist die Abmahnung unwirksam.

☐ Abmahnungen können als Vorstufe zu einer verhaltensbedingten Kündigung angesehen werden. Eine solche Kündigung darf nämlich – im Regelfall – nur dann ausgesprochen werden, wenn zuvor wegen eines gleichartigen Fehlverhaltens eine wirksame Abmahnung erteilt worden ist (= Warnfunktion der Abmahnung).

Abmahnung

☐ Da die Abmahnung nach einem gewissen Zeitraum ihre Warnfunktion verliert, ist sie vom Arbeitgeber nach Ablauf dieses Zeitraums unaufgefordert aus der Personalakte zu entfernen und zu vernichten. Die Dauer des Zeitraums hängt von der Schwere des abgemahnten Verhaltens ab. Feste Fristen existieren allerdings nicht. Daher ist es sinnvoll, in einer Betriebsvereinbarung Fristen festzulegen, nach deren Ablauf eine Abmahnung spätestens aus der Personalakte zu entfernen ist (siehe unten).

Bedeutung für die Betriebsratsarbeit

☐ Nach allgemeiner Auffassung hat der Betriebsrat beim Ausspruch von Abmahnungen kein Mitbestimmungsrecht. Dem Arbeitgeber wird das Recht zugestanden, als Partei des Arbeitsvertrages ein vertragswidriges Verhalten der anderen Vertragspartei (= Arbeitnehmer) – ohne Beteiligung des Betriebsrats – zu rügen.

☐ Mitbestimmungspflichtig wird eine Abmahnung aber dann, wenn sie angesichts ihres Wortlauts einen über den Warnzweck hinausgehenden Buß- oder Strafcharakter bekommt (Beispiele: über die Person des Betroffenen wird ein Unwerturteil ausgesprochen; oder: eine an sich vorgesehene Beförderung unterbleibt usw.). In diesem Falle »verwandelt« sich die Abmahnung in eine »Betriebsbuße«, die nach § 87 Abs. 1 Nr. 1 BetrVG der Mitbestimmung des Betriebsrats unterliegt (siehe → **Betriebsbuße**).

☐ Immerhin muß aber auch bei Abmahnungen zumindest ein Recht des Betriebsrats angenommen werden, über die Abmahnung informiert zu werden (§ 80 Abs. 2 BetrVG). Denn der Betriebsrat muß prüfen können, ob der Arbeitgeber eine mitbestimmungsfreie »Abmahnung« oder eine mitbestimmungspflichtige »Betriebsbuße« auszusprechen beabsichtigt bzw. ausgesprochen hat. Dies gilt um so mehr, als in manchen Fällen die Unterscheidung zwischen Abmahnung einerseits und Betriebsbuße (in Form eines schriftlichen Verweises oder einer Verwarnung) andererseits nur sehr schwer zu treffen ist (siehe zu den wichtigsten Abgrenzungsmerkmalen → **Betriebsbuße**).

☐ Auf jeden Fall sollte der Versuch unternommen werden, in einer »freiwilligen« → **Betriebsvereinbarung** Fristen festzulegen, nach deren Ablauf eine Abmahnung aus der Personalakte spätestens zu entfernen ist. Dabei kann gegebenenfalls differenziert werden nach der Schwere des abgemahnten Verhaltens.

Beispiel:
Die Frist zur Entfernung der Abmahnung beträgt
- *bei leichten Vertragsverstößen:*   *6 Monate,*
- *bei mittelschweren Vertragsverstößen:*   *1 Jahr,*
- *bei schweren Vertragsverstößen:*   *2 Jahre.*

☐ Desweiteren ist der Betriebsrat nach §§ 84, 85 BetrVG gehalten, den betroffenen Arbeitnehmer, der sich gegen eine ungerechtfertigte Abmahnung zur Wehr setzt, bei seinen Bemühungen tatkräftig zu unterstützen.

☐ Insbesondere hat der Betriebsrat eine »Beschwerde« des Arbeitnehmers gegen die Abmahnung entgegenzunehmen und, falls er die Beschwerde für berechtigt erachtet, beim Arbeitgeber auf Abhilfe (d. h. Rücknahme oder inhaltliche Veränderung der Abmahnung) hinzuwirken (§ 85 Abs. 1 BetrVG).

☐ Ein Einigungsstellenverfahren nach § 85 Abs. 2 BetrVG scheidet im Regelfall bei Abmahnungen aus, denn der betroffene Arbeitnehmer hat einen – durch Klage vor dem Arbeitsgericht zu verfolgenden – Rechtsanspruch, nicht zu Unrecht abgemahnt zu werden (vgl. § 85 Abs. 2 Satz 3 BetrVG).

Bedeutung für die Beschäftigten

☐ Der betroffene Arbeitnehmer kann sich gegenüber einer ungerechtfertigten Abmahnung wehren durch
- Gegendarstellung, die in die Personalakte aufzunehmen ist, § 83 Abs. 2 BetrVG;
- Einreichung einer Klage (beim Arbeitsgericht) auf Entfernung der Abmahnung aus der Personalakte und Vernichtung der Abmahnung.

☐ Auch kann er nach §§ 84, 85 BetrVG ein innerbetriebliches Beschwerdeverfahren einleiten. Legt der Betroffene die Beschwerde beim Arbeitgeber oder sonstigen zuständigen Stellen des Betriebs ein, so hat

Abmahnung

er das Recht, ein Betriebsratsmitglied zur Unterstützung oder Vermittlung hinzuzuziehen (vgl. § 84 Abs. 1 Satz 2 BetrVG). Legt der Betroffene seine Beschwerde direkt beim Betriebsrat ein, so wird das förmliche Beschwerdeverfahren im Sinne der Vorschrift des § 85 Abs. 1 BetrVG ausgelöst (siehe oben).

☐ Die Einleitung eines innerbetrieblichen Beschwerdeverfahrens nach § 85 Abs. 1 BetrVG ist für den Betroffenen im Regelfall jedenfalls dann sinnvoller als die Erhebung einer Klage, wenn er davon ausgehen kann, daß der Betriebsrat sein Anliegen unterstützt. Im übrigen bleibt dem abgemahnten Arbeitnehmer, falls das Verfahren nach § 85 Abs. 1 BetrVG erfolglos sein sollte, immer noch die Möglichkeit der Einreichung einer Klage beim Arbeitsgericht.

Alternative Produktion

Was bedeutet das?

☐ Der Begriff »Alternative Produktion« steht für den Versuch von Arbeitnehmern, gewerkschaftlichen Vertrauensleuten und Betriebsräten, mit eigenen Initiativen und Konzepten Einfluß zu nehmen auf unternehmerische Produkt- und Investitionspolitik. Diese Arbeitnehmer und Interessenvertreter wollen nicht erst am Ende eines unternehmerischen Planungs- und Entscheidungsprozesses, nämlich dann, wenn es darum geht, die für die Beschäftigten häufig mißlichen Folgen unternehmerischer Entscheidungen abzuwehren bzw. zu mildern, tätig werden. Vielmehr wollen sie viel früher ansetzen und »mitmischen« bei der Frage, welche Produkte auf welche Art und Weise hergestellt werden. »Alternative Produktion« ist damit letztlich eine Frage der Mitbestimmung bzw. aktiven Mitgestaltung dessen, was in Betrieb und Unternehmen geschieht.

☐ Was die Zielsetzung anbetrifft, ist »Alternative Produktion« vor allem ein Stück Beschäftigungspolitik. Überall dort, wo Märkte schrumpfen oder wegbrechen, zielt die Suche nach »anderen« Produkten darauf ab, Arbeitsplatz und Betrieb zu erhalten. Klar ist, daß es im Sektor »Rüstungsindustrie« immer auch um Friedenspolitik ging und geht, wenn Arbeitnehmer Vorschläge für andere – zivile – Produkte entwickeln (»Rüstungskonversion«: Umstellung von Rüstungs- auf Zivilproduktion). Schließlich ist »Alternative Produktion« zu einem guten Teil auch Arbeitsschutz und Umweltpolitik. Denn es gilt überall dort, wo menschen- und umweltschädigende Produkte und Prozesse existieren, umzulenken auf solche Produkte und Verfahren, die diese Eigenschaften nicht oder in geringerem Maße haben.

☐ Die Planungen und Entscheidungen der Unternehmensleitung orientieren sich an anderen Zielen. Ihr Entscheidungsmaßstab hinsichtlich Produktpalette und Produktionsverfahren ist ausschließlich ein betriebswirtschaftlicher: Läßt sich das Ganze »rechnen« oder nicht, nur diese Frage interessiert. Arbeitnehmer und Interessenvertreter, die

Alternative Produktion

sich in Sachen »Alternativer Produktion« engagieren, messen Produkte und Verfahren daran, ob sie menschen- und umweltgerecht sind. Natürlich bringt es wenig, Luftschlösser zu bauen. Deshalb müssen sich auch die Produktvorschläge der Arbeitnehmer »rechnen«. Denn andernfalls haben sie keine Realisierungschance. Das heißt: nicht nur die produkttechnische, sondern auch die betriebswirtschaftliche Seite der Arbeitnehmervorschläge (Markt, Kosten usw.) muß »stimmen«.

Bedeutung für die Betriebsratsarbeit

☐ »Alternative Produktion« ist nur denkbar, wenn sie eine Basis im Betrieb hat. Das heißt: Es muß engagierte Einzelpersonen (Arbeitnehmer) innerhalb und außerhalb des Betriebsrats geben, die sich in einem betrieblichen Arbeitskreis zusammenfinden, um Ideen zusammenzutragen, zu diskutieren und – mit entsprechendem Sachverstand – konkrete Vorschläge/Konzepte (Markt, Produkt, Verfahren, Kosten, Gewinn) auszuarbeiten. Der Arbeitskreis kann ein vom Vertrauenskörper, aber auch ein vom Betriebsrat gebildeter Ausschuß sein, der für interessierte Beschäftigte offen ist.

☐ Unverzichtbar ist eine effektiv organisierte Verzahnung und Zusammenarbeit von Arbeitskreis und Betriebsrat. »Marschieren« beide getrennt, ergibt sich, weil der betriebliche Arbeitskreis als solcher in der Regel keinen direkten Kontakt zur Entscheidungsebene im Unternehmen hat, folgende paradoxe – auf Dauer nicht haltbare – Situation: Die einen haben den (in der Arbeitskreisarbeit aufgebauten) Sachverstand, aber keinen Draht zur Unternehmensleitung; die anderen haben zwar den Draht, aber nicht das für die Verhandlungen mit der Unternehmensleitung erforderliche Know-how.

☐ Eine sinnvolle Arbeitsstruktur könnte etwa wie folgt aussehen:
1. Schritt: die Mitglieder des Arbeitskreises (Beschäftigte, Vertrauensleute, Betriebsratsmitglieder) entwickeln Ideen, Vorschläge, Konzepte. Zwischen Arbeitskreis und Betriebsrat (ggf. Ausschüssen des Betriebsrats) findet eine kontinuierliche Kommunikation statt. Falls vorhanden, werden auch die Arbeitnehmervertreter im Aufsichtsrat (siehe → **Unternehmensmitbestimmung**) einbezogen. Bei besonderen Anlässen werden die Dienste von externen → **Sachverständigen** (z. B. »alterna-

Alternative Produktion

tive« Unternehmensberater), die durch den Betriebsrat nach § 80 Abs. 3 BetrVG hinzugezogen werden, in Anspruch genommen.

2. Schritt: Betriebsrat – und ggf. Gesamtbetriebsrat/Konzernbetriebsrat sowie Arbeitnehmervertretung im Aufsichtsrat – bauen Ideen/Vorschläge in ihre Strategie- und Verhandlungskonzepte ein.

3. Schritt: Betriebsrat – und die vorgenannten anderen Gremien – setzen Ideen/Vorschläge auf die Tagesordnung der Sitzungen mit der Unternehmensleitung (z.B. Sitzungen gemäß § 74 Abs. 1 BetrVG, Wirtschaftsausschußsitzungen nach §§ 106, 108 BetrVG, Aufsichtsratssitzungen).

☐ Die gesetzlichen Vorschriften stehen einer so verstandenen Betriebspolitik nicht im Wege. Sicherlich räumen weder das BetrVG noch die sog. Mitbestimmungsgesetze echte »Mitbestimmung« in wirtschaftlichen Fragen ein. Dennoch zeigt insbesondere ein Blick in das BetrVG, daß der Betriebsrat durchaus die Möglichkeit, ja geradezu die Pflicht hat, sich in unternehmerische Planungs- und Entscheidungsprozesse einzumischen:

- *Beispiele:*
  Der Betriebsrat hat nach § 80 Abs. 1 BetrVG die Aufgabe und nach § 90 BetrVG das Recht, mit der Unternehmensleitung über die Gestaltung des Produktionsprozesses zu »beraten«. Er ist ausdrücklich aufgefordert, eigene »Vorschläge« zu unterbreiten (siehe auch: → Betriebsrat, → Unternehmensplanung, → Verhandlungen mit dem Arbeitgeber).

- *Der → Wirtschaftsausschuß als Ausschuß des Betriebsrats bzw. Gesamtbetriebsrats hat das Recht (und die Pflicht), mit der Unternehmensleitung wirtschaftliche Fragen zu »beraten« (vgl. § 106 Abs. 1 BetrVG). »Beraten« heißt nicht nur, sich an den Planungen der Unternehmensleitung abzuarbeiten. Beraten heißt auch, der Unternehmensleitung eigene Vorschläge in der Frage des Produktprogramms, der Investitionen, der Gestaltung des Produktionsprozesses (usw.) vorzulegen.*

Die Unternehmensleitung ist sicherlich nicht verpflichtet, den Vorschlägen und Forderungen des Betriebsrates bzw. Wirtschaftsausschusses zu folgen. Sie gerät aber, je konkreter die Vorschläge (sowohl in technischer als auch in betriebswirtschaftlicher Hinsicht) ausgearbeitet

Alternative Produktion

sind, in einen Begründungszwang, der es ihr immer schwerer macht, gute Ideen und Konzepte nur mit dem »Ich-bin-der-Herr-im-Hause-Standpunkt« vom Tisch zu wischen.

□ Besonders hinzuweisen ist auch auf das Mitbestimmungsrecht des Betriebsrats bei der Einführung und Ausgestaltung von »Grundsätzen über das betriebliche Vorschlagswesen« nach § 87 Abs. 1 Nr. 12 BetrVG. Mit seinem hiernach bestehenden Initiativrecht hat der Betriebsrat ein recht wirksames Instrument in der Hand, um beispielsweise die Bildung von betrieblichen Arbeitskreisen zu fordern, deren Aufgabe es ist, Vorschläge zur (z. B. gesundheits- und umweltgerechten) Verbesserung von Produkten und Verfahren zu entwickeln.

□ Am nachfolgenden Beispiel soll gezeigt werden, wie schwierig, aber auch wie lohnend Anstrengungen von Arbeitnehmern auf dem Gebiet »Alternative Produktion« sein können.

Hinweis: In dem Beispiel geht es inhaltlich um den Ausbau des zivilen Produktebereichs eines vorwiegend Rüstungsgüter produzierenden Unternehmens. Die Arbeitsstrukturen und Vorgehensweisen von Betriebsrat, Vertrauenskörper und Belegschaft können aber durchaus übertragen werden auf den Fall, in dem die Umstellung von zivilen Produkten (die z. B. nicht mehr marktfähig oder nicht umweltgerecht sind) auf andere zivile Produkte angestrebt wird.

Beispiel:

21.09.89
Der Betriebsrat stellt sein Konzept zur Sicherung der Arbeitsplätze und zur Erweiterung der Produkte im zivilen Bereich auf einer Betriebsversammlung vor. Bestandteil des Konzepts ist die Forderung nach einer paritätischen Kommission für zivile Produkte.

07.12.89
Die Vertrauensleute bringen einen Antrag auf einer Betriebsversammlung zur Abstimmung, in dem die Geschäftsleitung aufgefordert wird, in Verhandlungen über das Konzept des Betriebsrats einzutreten. Der Antrag wird bei nur 10 Enthaltungen und einer Gegenstimme angenommen.

16.02.90
Es gelingt dem Betriebsrat, in eine Betriebsvereinbarung über Qualitätszirkel die Errichtung von zwei Projektgruppen für zivile Produkte mit aufzunehmen. Auch die Teilnahme je eines Betriebsrats-Mitgliedes an diesen Gruppen wird vereinbart.

Alternative Produktion

16. 03. 90
Das 1. Projektteam für zivile Produkte (zivile Anwendung bisheriger Produkte) nimmt die Arbeit auf.

Mai 90
Das 2. Projektteam für zivile Produkte (Suche nach neuen zivilen Produkten) beginnt mit der Arbeit.

31. 05. 90
Gründung des »Arbeitskreises zivile Produkte« durch den Vertrauenskörper.

Juni/Juli 90
Umfrage des »Arbeitskreises zivile Produkte«: über 100 Vorschläge werden aus der Belegschaft gesammelt. – Diese Vorschläge werden anschließend in beiden Projektteams bearbeitet, ferner erstellt der Arbeitskreis eine Prioritätenliste für die Eignung dieser Vorschläge.

07. 09. 90
In einer Betriebsvereinbarung über Interessenausgleich und Sozialplan vereinbart der Betriebsrat ein neues Mitspracherecht über Einführung ziviler Fertigung und Entwicklung, in Form von monatlichen Beratungen mit der Geschäftsleitung.

Nov. 90–Feb. 91
Mehrere Produktvorschläge gehen nach Prüfung durch die Projektteams in die Fachabteilungen und die Marketing-Abteilung, auch werden Verhandlungen mit anderen Firmen über mögliche Kooperationen geführt.

13. 03. 91
Erste Realisierung von einem der Vorschläge: Ein Vertrag mit einer anderen Firma kommt zustande über Zusammenarbeit bei einem »Fahrerlosen-Transportsystem«.

Aus: Freimark/Keßler/Klisch/Helger: Kanonen zu Pflugscharen, IG Metall Stuttgart 1991.

Alternative Produktion

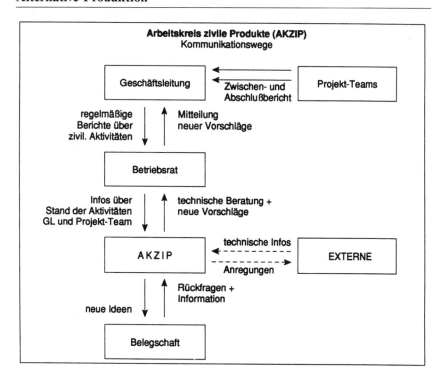

Änderungskündigung

Was ist das?

☐ Zweck der Änderungskündigung ist es, eine Umgestaltung des Arbeitsvertragsverhältnisses durchzusetzen. Es handelt sich bei der Änderungskündigung um eine echte Kündigung, so daß die kündigungsrechtlichen Bestimmungen voll Anwendung finden (z. B. Kündigungsfristen, Anhörung des Betriebsrats usw.).

☐ Die Änderungskündigung kann erklärt werden als »unbedingte« Kündigung des bisherigen Arbeitsverhältnisses verbunden mit dem Angebot, das Arbeitsverhältnis zu geänderten Arbeitsbedingungen fortzusetzen (vgl. § 2 KSchG).

Beispiel:

Sehr geehrter Herr Baum,

hiermit kündigen wir das bestehende Arbeitsverhältnis fristgerecht zum 31. 3. 1991. Gleichzeitig bieten wir Ihnen an, das Arbeitsverhältnis zu geänderten Vertragsbedingungen fortzusetzen. Insbesondere sind wir bereit, Sie als Sachbearbeiter in der Abteilung »Buchhaltung« (Gehaltsgruppe: K 4) weiterzubeschäftigen.

Wir erbitten Ihre Zustimmung innerhalb einer Woche.

Mit freundlichen Grüßen
Geschäftsleitung

☐ Die Änderungskündigung kann auch als sogenannte »bedingte« Kündigung formuliert werden.

Beispiel:

»...hiermit kündigen wir das bestehende Arbeitsverhältnis fristgemäß zum 31. 3. 1991 unter der Bedingung, daß Sie das nachfolgende Angebot nicht annehmen...«

Änderungskündigung

☐ Eine Änderungskündigung ist sowohl als ordentliche (= fristgerechte) wie auch als außerordentliche (= fristlose) Kündigung möglich. Eine fristlose Änderungskündigung ist aber nur dann gerechtfertigt, wenn die Veränderung der Vertragsbedingungen **vor** Ablauf der Kündigungsfrist unabweisbar notwendig ist und die neuen Bedingungen für den Arbeitnehmer zumutbar sind.

☐ Eine Änderungskündigung hat Vorrang vor der Beendigungskündigung. Das heißt, der Arbeitgeber hat vor Ausspruch einer Beendigungskündigung stets zu prüfen, ob eine Weiterbeschäftigung des Arbeitnehmers zu geänderten Arbeitsvertragsbedingungen möglich und zumutbar ist. Ist dies der Fall, so ist eine dennoch ausgesprochene Beendigungskündigung rechtsunwirksam.

☐ Die Änderungskündigung kann schriftlich, aber auch mündlich ausgesprochen werden.

Bedeutung für die Betriebsratsarbeit

☐ Da in der Änderungskündigung eine Kündigung »steckt«, muß der Arbeitgeber vor dem Ausspruch der Änderungskündigung die Rechte des Betriebsrats nach § 102 Abs. 1 BetrVG beachten (vgl. → **Ordentliche Kündigung**).

☐ Sofern mit der Änderungskündigung eine → **Versetzung** und/oder eine → **Eingruppierung bzw. Umgruppierung** bewirkt werden soll, kommen außerdem die (stärkeren) Mitbestimmungsrechte des Betriebsrats nach § 99 ff. BetrVG zum Tragen.

In diesem Falle muß der Arbeitgeber das Anhörungsverfahren so gestalten, daß sowohl den Erfordernissen des § 102 Abs. 1 BetrVG als auch denen des § 99 Abs. 1 BetrVG Genüge getan wird.

☐ Der Betriebsrat kann gegen den Kündigungsteil der beabsichtigten Änderungskündigung »Bedenken« erheben (vgl. § 102 Abs. 2 BetrVG). Handelt es sich um eine »ordentliche« (= fristgerechte) Änderungskündigung, kann der Betriebsrat außerdem »Widerspruch« nach § 102 Abs. 3 BetrVG erheben.

☐ Soweit die geplante Änderungskündigung auf eine Versetzung und/oder eine Ein-/Umgruppierung abzielt, kann der Betriebsrat nach § 99 Abs. 2 BetrVG die Zustimmung zu diesen Maßnahmen verweigern.

Änderungskündigung

☐ Die Rechtsfolgen einer ablehnenden Stellungnahme des Betriebsrats hängen vom Verhalten des betroffenen Arbeitnehmers ab, wenn der Arbeitgeber ihm gegenüber – trotz der ablehnenden Stellungnahme des Betriebsrats – die Änderungskündigung ausspricht:

1. Der Betroffene nimmt das Änderungsangebot vorbehaltlos an: In diesem Falle erlischt der Kündigungsteil der Änderungskündigung. »Bedenken« und »Widerspruch« des Betriebsrats werden gegenstandslos. Das Arbeitsverhältnis wird zu den geänderten Arbeitsbedingungen fortgesetzt. Sofern es sich bei der angestrebten Änderung allerdings um eine Versetzung und/oder Umgruppierung handelt, und der Betriebsrat insoweit die Zustimmung nach § 99 Abs. 2 BetrVG verweigert hat, hat der Arbeitgeber ein Zustimmungsersetzungsverfahren nach § 99 Abs. 4 BetrVG einzuleiten (vgl. → **Versetzung,** → **Eingruppierung, Umgruppierung**). Denn die Zustimmung des Betroffenen vermag keinesfalls das betriebsverfassungsrechtliche Zustimmungsverweigerungsrecht des Betriebsrats außer Kraft zu setzen! Eine sofortige Durchführung der Versetzung und Umgruppierung ist nur dann zulässig, wenn die Voraussetzungen des § 100 BetrVG vorliegen.

2. Der Betroffene lehnt das Änderungsangebot vorbehaltlos ab: In diesem Falle erlischt das Änderungsangebot. Es bleibt die Kündigung übrig. Die vom Betriebsrat erklärte Zustimmungsverweigerung gemäß § 99 Abs. 2 BetrVG wird gegenstandslos. Demgegenüber werden allerdings die Rechtsfolgen des erhobenen »Widerspruchs« wirksam. Insbesondere wird der Weiterbeschäftigungsanspruch nach § 102 Abs. 5 BetrVG ausgelöst (vgl. → **Ordentliche Kündigung**).

3. Der Betroffene nimmt das Änderungsangebot gemäß § 2 KSchG **unter Vorbehalt** an und erhebt »Änderungsschutzklage« (siehe unten): Auch in diesem Falle erlischt der Kündigungsteil der Änderungskündigung. Die Rechtsfolgen sind die gleichen wie oben unter Nr. 1 beschrieben. Insbesondere hat auch hier der Arbeitgeber ein Verfahren nach § 99 Abs. 4 BetrVG einzuleiten, so daß beim Arbeitsgericht zwei Verfahren anhängig sind:

- Im »Änderungsschutzklageverfahren« prüft das Gericht die »soziale Rechtfertigung« der Änderung.
- Im »Zustimmungsersetzungsverfahren« nach § 99 Abs. 4 BetrVG wird darüber entschieden, ob die Zustimmungsverweigerung des Betriebsrats zur Versetzung sowie Umgruppierung zu Recht erfolgte.

Änderungskündigung

Eine sofortige Durchführung der Versetzung und Umgruppierung ist nur möglich, wenn die Voraussetzungen des § 100 BetrVG gegeben sind.

Bedeutung für den betroffenen Beschäftigten

☐ Der betroffene Arbeitnehmer kann gegenüber der Änderungskündigung – wie oben beschrieben – wie folgt reagieren:

1. Er kann das Änderungsangebot vorbehaltlos annehmen. Dann wird das Arbeitsverhältnis nach Ablauf der Kündigungsfrist ohne Unterbrechung mit den geänderten Arbeitsbedingungen fortgesetzt. Allerdings erst und nur dann, wenn die verweigerte Zustimmung des Betriebsrats im Verfahren nach § 99 Abs. 4 BetrVG ersetzt worden ist.

2. Er kann das Änderungsangebot ablehnen. Dann wird aus der Änderungskündigung eine »Beendigungskündigung«.

Der Arbeitnehmer kann Kündigungsschutzklage erheben, wenn die Voraussetzungen des Kündigungsschutzgesetzes vorliegen (siehe → **Ordentliche Kündigung**).

Außerdem kann er auf der Grundlage eines »Widerspruchs« des Betriebsrats nach § 102 Abs. 5 BetrVG seine Weiterbeschäftigung verlangen.

Wenn der Arbeitnehmer den Kündigungsschutzprozeß verliert, dann steht fest, daß das Arbeitsverhältnis mit Ablauf der Kündigungsfrist beendet ist.

Gewinnt der Arbeitnehmer dagegen den Rechtsstreit, ist er zu den bisherigen Vertragsbedingungen weiterzubeschäftigen.

3. Er kann das Änderungsangebot **unter Vorbehalt** annehmen. Und zwar unter dem Vorbehalt, daß die Änderung der Vertragsbedingungen nicht sozial ungerechtfertigt ist (§ 2 KSchG).

Der Vorbehalt muß innerhalb der Kündigungsfrist, spätestens innerhalb von drei Wochen nach Zugang der Änderungskündigung gegenüber dem Arbeitgeber erklärt werden.

Ist der Vorbehalt rechtzeitig erklärt, kann der Arbeitnehmer durch Erhebung einer sogenannten »Änderungsschutzklage« die »soziale

Änderungskündigung

Rechtfertigung« der Änderung der Arbeitsbedingungen vom Arbeitsgericht klären lassen (vgl. § 4 Satz 2 KSchG).

Gewinnt der Arbeitnehmer den Rechtsstreit, ist er zu den bisherigen Arbeitsbedingungen weiterzubeschäftigen.

Verliert er den Prozeß, dann steht fest, daß die Änderung der Vertragsbedingungen sozial gerechtfertigt ist. Dementsprechend erfolgt eine Weiterbeschäftigung des betroffenen Arbeitnehmers auf dem neuen Arbeitsplatz zu den geänderten Bedingungen. Aber erst und nur dann, wenn in dem parallelen Verfahren nach § 99 Abs. 4 BetrVG die verweigerte Zustimmung des Betriebsrats zur Versetzung sowie Umgruppierung durch das Arbeitsgerichts ersetzt worden ist.

☐ Die Handlungsmöglichkeit Nr. 3 hat gegenüber der Verfahrensweise Nr. 2 den Vorteil, daß mit der Vorbehaltsannahme die in der Änderungskündigung »steckende« Beendigungskündigung wirkungslos wird.

Mit anderen Worten: Der Arbeitnehmer bleibt auf jeden Fall im Betrieb beschäftigt; und zwar entweder zu den bisherigen oder den neuen Vertragsbedingungen.

☐ Sowohl bei der Kündigungsschutzklage nach Nr. 2 als auch bei der Änderungsschutzklage nach Nr. 3 ist zu beachten, daß die Klage innerhalb von drei Wochen nach Zugang der Änderungskündigung beim Arbeitsgericht eingereicht wird (§ 4 KSchG). Wird die Klagefrist versäumt und die Klage auch nicht nachträglich zugelassen (vgl. § 5 KSchG), dann steht im Fall Nr. 2 fest, daß das Arbeitsverhältnis beendet ist, sofern nicht Unwirksamkeitsgründe vorliegen, deren Geltendmachung nicht an die Klagefrist des § 4 KSchG gebunden ist (→ **Kündigung**). Im Fall Nr. 3 erlischt der erklärte Vorbehalt. Folge: Es steht fest, daß die Änderung des Arbeitsverhältnisses wirksam ist.

Änderungskündigung

Musterschreiben:

Stellungnahme des Betriebsrats zu einer vom Arbeitgeber beabsichtigten Änderungskündigung (mit der eine Versetzung und Umgruppierung durchgesetzt werden soll)

Betriebsrat der Firma...   X-Stadt, den...

An die Geschäftsleitung
im Hause

Betr.: Beabsichtigte fristgerechte Änderungskündigung gegenüber Herrn Karl Baum
Bezug: Ihr Anhörungsschreiben vom...

Sehr geehrte Damen und Herren,

Der Betriebsrat hat in seiner Sitzung vom... beschlossen, gegen die von Ihnen beabsichtigte fristgerechte Änderungskündigung gegenüber Herrn Baum Widerspruch gemäß § 102 Abs. 3 Nr. 1 BetrVG zu erheben.

Des weiteren hat der Betriebsrat den Beschluß gefaßt, gemäß § 99 Abs. 2 BetrVG auch die Zustimmung zur geplanten Versetzung des Herrn Baum sowie zur beabsichtigten Umgruppierung zu verweigern.

Begründung:

1. Der Betriebsrat ist zunächst der Auffassung, daß Herr Baum auf seinem bisherigen Arbeitsplatz weiterbeschäftigt werden kann. Denn _____

_____
_____
_____
_____

2. Widerspruch (§ 102 Abs. 3 Nr. 1 BetrVG):

Selbst wenn man die Notwendigkeit eines Personalabbaus unterstellt, so ist ein Widerspruch gegen die Kündigung des Herrn Baum geboten. Denn Sie haben bei der Auswahl gerade von Herrn Baum eine Reihe von sozialen Gesichtspunkten nicht beachtet (§ 102 Abs. 3 Nr. 1 BetrVG). Im Betrieb sind eine Reihe von Arbeitnehmern tätig, die die gleiche Tätigkeit wie Herr Baum ausüben, aber wesentlich kürzere Beschäftigungszeiten haben _____

_____
_____
_____

Änderungskündigung

3. Zustimmungsverweigerung zur beabsichtigten Versetzung (§ 99 Abs. 2 Nr. 3 BetrVG):

Den Arbeitsplatz in der Abteilung »Buchhaltung«, auf den Sie Herrn Baum versetzen wollen, haben Sie mit Schreiben vom 1. 2. 1991 dem Kollegen Franz Reling verbindlich zugesagt. Eine Besetzung des Arbeitsplatzes durch Herrn Baum würde für Herrn Reling einen Nachteil zur Folge haben, der weder durch betriebliche noch persönliche Gründe gerechtfertigt ist. Der Betriebsrat sieht sich daher genötigt, die Zustimmung gemäß § 99 Abs. 2 Nr. 3 BetrVG zu verweigern.

4. Zustimmungsverweigerung zur geplanten Umgruppierung (§ 99 Abs. 2 Nr. 1 BetrVG):

Auch hinsichtlich der beabsichtigten Umgruppierung von K 5 auf K 4 ist eine Zustimmungsverweigerung geboten. Die Zustimmungsverweigerung wird auf § 99 Abs. 2 Nr. 1 BetrVG (Verstoß gegen einen Tarifvertrag) gestützt.

Die vorgesehene Tätigkeit in der Buchhaltung ist eindeutig eine solche, die die Tätigkeitsmerkmale der Gehaltsgruppe K 5 des Tarifvertrages erfüllt. Nach Ihren Angaben sollen auf dem betreffenden Arbeitsplatz folgende Arbeiten ausgeführt werden: ───

──
Damit sind die Tätigkeitsmerkmale der Tarifgruppe K 5 gegeben. Denn ──────
───

Mit freundlichem Gruß
Der Betriebsrat
– Unterschrift –
Betriebsratsvorsitzender

Literaturhinweis:

Michael Kittner/Wolfgang Trittin: Kündigungsschutzrecht. Kommentar für die Praxis, Bund-Verlag, Köln 1995.

Angestellte, Arbeiter

Wer ist das?

☐ Im Arbeitsrecht (und teilweise auch im Sozialversicherungsrecht) werden die Arbeitnehmer unterschieden in solche, die »Arbeiter« und solche, die »Angestellte« sind (vgl. § 6 BetrVG). Unterscheidungsmerkmal ist dabei die Art der ausgeübten Tätigkeit.

☐ Die Abgrenzung wird herkömmlicherweise folgendermaßen vorgenommen:

1. Schritt:
In erster Linie entscheidend sind Zuordnungen, die ausdrücklich durch Gesetz (vgl. § 3 Abs. 1 AVG) oder Tarifverträge (z. B. Lohnrahmen-Tarifverträge, Gehaltsrahmen-Tarifverträge) erfolgen.

2. Schritt:
Ist insoweit eine eindeutige Zuordnung nicht erfolgt, so ist auf die »allgemeine Verkehrsauffassung« abzustellen. Hiernach gilt als Angestellter derjenige Arbeitnehmer, der kaufmännische oder büromäßige Arbeiten leistet oder gehobene Tätigkeiten (wie z. B. Beaufsichtigung anderer Arbeitnehmer) ausübt. Als Arbeiter wird demgegenüber derjenige eingeordnet, der ausführend und »mechanisch« tätig ist.

3. Schritt:
Ist eine Einordnung auch nach diesen Kriterien nicht möglich, so ist entscheidend, ob der Betreffende nach dem Gesamtbild der Tätigkeit überwiegend geistige (»Kopfarbeit«) oder körperliche Arbeit (»Handarbeit«) leistet. Ist ersteres zu bejahen, so wird der Betreffende als Angestellter angesehen. Im Falle überwiegender »Handarbeit« ordnet man den Betreffenden als Arbeiter ein.

Beispiele:

Als Arbeiter gelten:
Kraftfahrer, Lagerarbeiter, Schlosser, Mechaniker, Fabrikfeuerwehrleute, Pförtner (wenn sie nur beobachtende, registrierende Funktion haben).

Angestellte, Arbeiter

Als Angestellte gelten:
Bürokräfte (soweit sie nicht ausschließlich mit Botengängen, Reinigung, Aufräumen und ähnlichen Arbeiten beschäftigt werden), Werkmeister, Sachbearbeiter, Handlungsgehilfen, Lagerverwalter (denen mehrere Arbeiter unterstellt sind).

☐ Als »Angestellte« im Sinne des BetrVG gelten auch diejenigen → **Auszubildenden**, die sich in der Ausbildung zu einem Angestelltenberuf befinden (vgl. § 6 Abs. 2 Satz 2 BetrVG). Umgekehrt gelten sie als »Arbeiter«, wenn sie zu einem Arbeiterberuf ausgebildet werden (vgl. § 6 Abs. 1 Satz 1 BetrVG).

☐ Entsprechendes gilt für die in → **Heimarbeit** Beschäftigten. Diese gelten dann als Angestellte, wenn sie für den Betrieb »Angestelltentätigkeit« verrichten (vgl. § 6 Abs. 2 Satz 2 BetrVG). Sie gelten als »Arbeiter«, wenn sie »Arbeitertätigkeit« ausüben (vgl. § 6 Abs. 1 Satz 2 BetrVG).

☐ Zu den Begriffen → **Leitende Angestellte** und → **Außertarifliche Angestellte**: siehe dort!

☐ Die Aufteilung der Arbeitnehmerschaft in eine Gruppe der Arbeiter und eine Gruppe der Angestellten ist abzulehnen.

Das sehr holzschnittartige Bild vom Angestellten, der »mit dem Kopf« arbeitet, während der Arbeiter vor allem seine Körperkraft einsetzt, ist mit der differenzierten Wirklichkeit des Arbeitslebens nicht in Einklang zu bringen.

☐ Der Gesetzgeber hat, nachdem Arbeitsgerichte und Bundesverfassungsgericht in einer Reihe von Regelungsfragen die unterschiedliche Behandlung von Arbeitern und Angestellten für verfassungswidrig erklärt haben, reagiert:

- im Kündigungsfristengesetz vom 7. 10. 1993, in Kraft getreten am 15. 10. 1993, sind die bislang unterschiedlichen Kündigungsfristen für Arbeiter und Angestellte durch Neufassung des § 622 Bürgerliches Gesetzbuch vereinheitlicht worden. Siehe → **Kündigungsfrist**;
- das Entgeltfortzahlungsgesetz vom 10. 12. 1993, in Kraft getreten am 1. 6. 1994, beendet die unterschiedliche Behandlung von Arbeitern und Angestellten im Bereich der → **Entgeltfortzahlung** im Krankheitsfalle.

Angestellte, Arbeiter

☐ Auch im Bereich der Tarifpolitik finden – meist auf Initiative der Gewerkschaften – vielfältige Bemühungen statt, die auf eine Überwindung der überholten Unterscheidung zwischen Arbeitern und Angestellten abzielen. Tarifverträge über ein gemeinsames Arbeitsentgelt oder Manteltarifverträge, in denen die letzten Reste einer Ungleichbehandlung von Arbeitern und Angestellten beseitigt sind, sind längst keine Seltenheit mehr.

Bedeutung für die Betriebsratsarbeit

☐ Im Rahmen des BetrVG ist die Unterscheidung Arbeiter/Angestellte von Bedeutung nur hinsichtlich der Regelungen über die Wahl sowie die Konstituierung des Betriebsrats. Es soll bei der Wahl und Konstituierung sichergestellt werden, daß auch die jeweilige Minderheitengruppe im Betriebsrat und seinen Ausschüssen sowie bei den Freistellungen in angemessenem Umfang vertreten ist.

Beispiel:

In einem Betrieb mit 400 Arbeitern und 100 Angestellten (= Minderheitengruppe) ist über § 10 Abs. 2 BetrVG garantiert, daß im neunköpfigen Betriebsrat mindestens zwei Angestelltenvertreter sitzen.

☐ Die Unterscheidung Arbeiter/Angestellte spielt ansonsten im Rahmen der Betriebsverfassung keine Rolle. Anders ausgedrückt: Arbeiter und Angestellte werden vom BetrVG gleich behandelt. Dies kommt dadurch zum Ausdruck, daß das BetrVG den Oberbegriff »Arbeitnehmer« verwendet.

Arbeitgeber

Wer ist das?

☐ Arbeitergeber ist derjenige, der andere als →**Arbeitnehmer** auf der Grundlage eines →**Arbeitsvertrages** beschäftigt.

☐ Die Begriffe »Arbeitgeber« und »Arbeitnehmer« stellen so, wie sie gebraucht werden, die Realität auf den Kopf. Denn in Wirklichkeit ist es der »Arbeitnehmer«, der seine Arbeitskraft »gibt«, während der »Arbeitgeber« die Arbeitskraft »nimmt«.

☐ Arbeitgeber können sein:
- eine »natürliche« Person (= Einzelunternehmen; z. B. der Malermeister Fritz Müller, bei dem drei Gesellen beschäftigt sind);
- ein Zusammenschluß mehrerer »natürlicher« Personen (= Personengesellschaft; z. B. Fritz Müller & Söhne OHG);
- oder eine »juristische« Person (= Kapitalgesellschaft; z. B. eine Aktiengesellschaft oder GmbH).

(Siehe hierzu → **Unternehmensrechtsformen**.)

☐ Die meisten Arbeitgeber haben sich in →**Arbeitgeberverbänden** zusammengeschlossen. Der Arbeitgeberverband ist Verhandlungs- und Vertragspartei der jeweils zuständigen → **Gewerkschaft**, wenn es um den Abschluß von → **Tarifverträgen** geht. Falls ein Arbeitgeber nicht Mitglied in einem Arbeitgeberverband ist, so kann die Gewerkschaft dadurch die Geltung von tariflichen Regelungen bewirken, daß sie mit dem betreffenden Arbeitgeber unmittelbar Tarifverträge abschließt (vgl. § 3 Abs. 1 BetrVG). Diese Tarifverträge werden »Haustarifverträge«, »Werktarifverträge« oder auch »Firmentarifverträge« genannt (Beispiel: Tarifverträge zwischen der IG Metall und der Volkswagenwerk AG). Wenn der »Firmentarifvertrag« die auf Verbandsebene geltenden Flächentarifverträge ohne inhaltliche Veränderung übernimmt, sind auch die Begriffe »Anerkennungstarifvertrag« oder »Anschlußtarifvertrag« gebräuchlich.

Bedeutung für die Betriebsratsarbeit

☐ Im betriebsverfassungsrechtlichen Sinne ist der Arbeitgeber der »Inhaber« des Betriebs bzw. Unternehmens. Handelt es sich bei dem Unternehmen um eine »juristische Person« (z. B. GmbH, AG; vgl. → **Unternehmensrechtsformen**), so ist die »juristische Person« als solche Arbeitgeber. Die juristische Person handelt durch ihre Vertretungsorgane (z. B. die Geschäftsführung einer GmbH, der Vorstand einer AG, vgl. § 5 Abs. 2 Nr. 1 BetrVG).

☐ Der Arbeitgeber ist Informationsgeber und Verhandlungspartei des Betriebsrats. Dort, wo es im BetrVG nicht allein um den → **Betrieb**, sondern um das → **Unternehmen** geht (z. B. im Bereich der → **wirtschaftlichen Angelegenheiten**), wird nicht der Begriff »Arbeitgeber«, sondern der Begriff »Unternehmer« verwendet (vgl. z. B. § 53 Abs. 2 Nr. 2, §§ 106 ff. BetrVG).

Bedeutung für die Beschäftigten

☐ Die Rechte und Pflichten des Arbeitgebers gegenüber dem Arbeitnehmer ergeben sich zunächst aus dem mündlich oder schriftlich geschlossenen → **Arbeitsvertrag** (= Vereinbarung von Leistung und Gegenleistung).

☐ Durch den Arbeitsvertrag wird insbesondere auch das sogenannte »Direktionsrecht« (auch »Weisungsrecht« genannt) begründet. Dieses gibt dem Arbeitgeber die Befugnis, im Rahmen des vertraglich Vereinbarten und unter Beachtung der einschlägigen

- Gesetze (und sonstigen staatlichen Vorschriften; z. B. Rechtsverordnungen, Unfallverhütungsvorschriften),
- Tarifverträge
- und insbesondere auch der → **Beteiligungsrechte** des Betriebsrats

die konkrete Durchführung des Arbeitsverhältnisses durch Anordnungen zu bestimmen (siehe → **Arbeitsvertrag**).

Arbeitgeberverband

Was ist das?

☐ Arbeitgeberverbände sind privatrechtliche Vereine, in denen sich etwa 80 Prozent aller Arbeitgeber in der Bundesrepublik Deutschland organisiert haben.

☐ Die jeweiligen Verbände grenzen sich nach fachlichen Gesichtspunkten (z. B. Metall, Druck usw.) voneinander ab und agieren meist auf regionaler Ebene. Auf Länderebene sind die jeweiligen Verbände zu Landesvereinigungen (z. B. Vereinigung der hessischen Unternehmerverbände), auf Bundesebene zu einem Bundesfachverband zusammengeschlossen (z. B. Gesamtmetall, Bundesverband Druck).

☐ Dachorganisation der Landesvereinigungen und Bundesfachverbände ist die »Bundesvereinigung der Deutschen Arbeitgeberverbände (BDA)«.

☐ Unabhängig von der BDA sind als selbständige Arbeitgebervereinigungen auf Bundesebene zu nennen die »Wirtschaftsvereinigung Eisen- und Stahlindustrie«, die »Tarifgemeinschaft Deutscher Länder« und die »Arbeitsgemeinschaft kommunaler Arbeitgeberverbände«.

☐ Hauptbetätigungsfelder der Arbeitgeberverbände sind insbesondere
- die Tarifpolitik (Abschluß von Tarifverträgen);
- die Beratung der Mitglieder, also der einzelnen Arbeitgeber im Rahmen der Betriebsverfassung (siehe unten);
- die Einflußnahme auf die Organe im Bereich der Arbeits- und Sozialgesetzgebung;
- die Vertretung ihrer Mitglieder vor den Arbeits- und Sozialgerichten;
- die Wahrnehmung von Aufgaben und Rechten in vielen Bereichen des Arbeits-, Sozial- und Wirtschaftslebens (z. B. Entsendung von ehrenamtlichen Richtern zu den Arbeits- und Sozialgerichten, Entsendung von Vertretern in die Organe der Sozialversicherung usw.).

Arbeitgeberverband

☐ In den vorgenannten Bereichen treten die Arbeitgeberverbände als »Gegenspieler« der → **Gewerkschaften** auf.

Bedeutung für die Betriebsratsarbeit

☐ Das Betriebsverfassungsgesetz erwähnt die Arbeitgeberverbände nur in wenigen Bestimmungen. Hiernach kommt ihnen vor allem die Funktion einer Beratung und Unterstützung des Arbeitgebers zu (vgl. § 2 Abs. 1 BetrVG). Wenn dieser beispielsweise an Betriebsratssitzungen oder Betriebsversammlungen teilnimmt, kann er den Arbeitgeberverbandsvertreter hinzuziehen (vgl. § 29 Abs. 4, § 46 Abs. 1 Satz 2 BetrVG). Die Arbeitgeberverbände haben im Rahmen der Betriebsverfassung – anders als die im Betrieb vertretenen Gewerkschaften – keine eigenen Informations-, Antrags- oder Kontrollrechte.

☐ Der Betriebsrat hat mit den Arbeitgeberverbänden »nichts zu tun«. Die Beratung und Unterstützung des Betriebsrats ist Aufgabe der → **Gewerkschaften**.

Arbeitnehmer

Wer ist das?

☐ Als Arbeitnehmer gelten solche Personen, die haupt- oder nebenberuflich einem anderen (dem →**Arbeitgeber**) aufgrund eines privatrechtlichen Vertrages (→**Arbeitsvertrag**) für eine gewisse Dauer (→**Arbeitszeit**) zur Arbeitsleistung gegen Entgelt (→**Arbeitsentgelt**) verpflichtet sind.

☐ Nicht als Arbeitnehmer gelten diejenigen Erwerbstätigen, die (meist) aufgrund eines »Dienstvertrages« als sogenannte »freie Mitarbeiter« Arbeitsleistungen für einen anderen (den »Dienstberechtigten«) erbringen.

☐ Wesentliches Merkmal zur Unterscheidung des »Arbeitnehmers« vom »freien Mitarbeiter« ist die »persönliche Abhängigkeit«, in die sich der Arbeitnehmer mit dem Abschluß des Arbeitsvertrages begibt. Die Abhängigkeit wird begründet insbesondere durch folgende Kriterien:

- Eingliederung in den Betrieb des Arbeitgebers;
- weitgehende Weisungsgebundenheit des Verpflichteten gegenüber dem Arbeitgeber. Dieser hat das Recht, im Rahmen des Arbeitsvertrages die Tätigkeit des Beschäftigten nach Art, Ort und Zeit vorbehaltlich gesetzlicher, tariflicher und sonstiger Regelungen zu bestimmen (sogenanntes »Direktionsrecht«; siehe →**Arbeitsvertrag**);
- Notwendigkeit einer ständigen Zusammenarbeit mit anderen im Dienst des Arbeitgebers stehenden Personen;
- Unterordnung unter Personen, die ebenfalls für den Arbeitgeber tätig sind.

☐ Demgegenüber mögen die »freien Mitarbeiter« zwar wirtschaftlich abhängig sein von demjenigen, für den sie Arbeiten verrichten. Sie sind jedoch nicht »persönlich abhängig« in dem oben dargestellten Sinne, da sie ihre Tätigkeit im wesentlichen frei gestalten und Ort und Zeit der Arbeitsleistung frei bestimmen können.

Arbeitnehmer

☐ Die Unterscheidung ist deshalb wichtig, weil eine Vielzahl von Arbeitnehmerschutzgesetzen (z. B. Bundesurlaubsgesetz, Kündigungsschutzgesetz usw.) an die »Arbeitnehmereigenschaft« anknüpfen und dementsprechend für »freie Mitarbeiter« nicht gelten.

☐ Die wirtschaftliche und persönliche Abhängigkeit des einzelnen Arbeitnehmers von »seinem« Arbeitgeber und die unzähligen Erfahrungen von Machtmißbrauch und schrankenloser Ausnutzung und Ausbeutung bildeten den Ausgangspunkt für die Herausbildung des gesetzlichen Mindestschutzes für Arbeitnehmer.

☐ Parallel dazu ist bei immer mehr Arbeitnehmern die Erkenntnis gewachsen, daß nur der möglichst vielzählige Zusammenschluß in einer Arbeitnehmervereinigung (d. h. in einer → **Gewerkschaft**) das notwendige Gegengewicht zur (durch den Produktionsmittelbesitz begründeten) Machtüberlegenheit der Arbeitgeber bilden kann. Auf diese Weise war es möglich, Tarifverträge durchzusetzen, durch die die Arbeits- und Lebensbedingungen über den gesetzlichen Mindestschutz hinaus erheblich verbessert wurden (Beispiel: gesetzlicher Urlaubsanspruch = 24 Werktage = 4 Wochen, tarifvertraglicher Urlaubsanspruch = bis zu 6 Wochen; siehe → **Urlaub**).

Bedeutung für die Betriebsratsarbeit

☐ Auch das BetrVG geht von dem oben dargestellten Arbeitnehmerbegriff aus, wenn es in § 5 Abs. 1 BetrVG bestimmt: »Arbeitnehmer im Sinne dieses Gesetzes sind Arbeiter und Angestellte...« Das heißt die »freien Mitarbeiter« fallen nicht unter den Geltungsbereich des BetrVG.

☐ Das BetrVG erweitert den allgemeinen arbeitsrechtlichen Arbeitnehmerbegriff für den Bereich der Betriebsverfassung, indem es auch

- die zu ihrer Berufsausbildung Beschäftigten (→ **Auszubildende**, vgl. § 5 Abs. 1 BetrVG)
- sowie die in → **Heimarbeit** Beschäftigten, sofern sie in der Hauptsache für den Betrieb arbeiten (vgl. § 6 Abs. 1 Satz 2 und Abs. 2 Satz 2 BetrVG),

den »Arbeitnehmern« zuordnet.

Arbeitnehmer

☐ Keine Arbeitnehmer im Sinne des BetrVG sind demgegenüber die in § 5 Abs. 2 BetrVG genannten Personen (z. B. Mitglieder des Vorstandes einer Aktiengesellschaft oder der Geschäftsführung einer Gesellschaft mit beschränkter Haftung (siehe: → **Unternehmensrechtsformen**).

☐ Darüber hinaus ist in § 5 Abs. 3 und 4 BetrVG klargestellt, daß die Vorschriften des BetrVG auf »leitende Angestellte« – von einigen wenigen Regelungen abgesehen – keine Anwendung finden. Das heißt insbesondere: Die leitenden Angestellten nehmen nicht an der Wahl des Betriebsrats teil; der Betriebsrat vertritt dementsprechend nicht ihre Interessen. Statt dessen haben die leitenden Angestellten die Möglichkeit, ihre eigene Interessenvertretung, nämlich den »Sprecherausschuß« nach den Vorschriften des »Sprecherausschußgesetzes« zu wählen (siehe → **leitende Angestellte**).

☐ Auf → **außertarifliche Angestellte** (»AT-Angestellte«) ist, soweit sie keine leitenden Angestellten sind, das BetrVG dagegen in vollem Umfang anzuwenden. Das heißt, der Betriebsrat vertritt auch die Interessen der »AT-Angestellten«.

Arbeitnehmerhaftung

Begriff

☐ Nach allgemeinem Zivilrecht haftet derjenige, der einem anderen schuldhaft (das heißt: vorsätzlich oder fahrlässig) einen Schaden zufügt, auf vollen Ersatz des eingetretenen Schadens, gleichgültig wie hoch dieser Schaden ist. Eine Haftungsminderung findet im wesentlichen nur statt, wenn ein Mitverschulden des Geschädigten vorliegt (§ 254 BGB).

☐ Würde man diese Haftungsregel unverändert auf das Arbeitsverhältnis anwenden, wären viele Beschäftigte tagtäglich einem unübersehbaren Haftungsrisiko ausgesetzt.

Beispiel:

Ein übermüdeter Maschinenführer, der einen Moment nicht aufpaßt und dadurch die 500 000,– DM teure Anlage zu Bruch fährt, würde über Jahrzehnte hinaus mit den Schadensersatzfolgen seiner Unachtsamkeit belastet.

Ein solches Ergebnis wäre nicht gerechtfertigt. Das Arbeitsverhältnis ist einerseits geprägt durch die Gestaltungs- und Entscheidungsfreiheit des Arbeitgebers, sein Weisungsrecht gegenüber dem Arbeitnehmer und seine sozialen Schutzpflichten, andererseits durch die Einbindung des Beschäftigten in das betriebliche Geschehen, seine Weisungsabhängigkeit und soziale Schutzbedürftigkeit.

Aufgrund dieser Besonderheiten hat die – frühere – Rechtsprechung die Haftung des Arbeitnehmers beschränkt, allerdings nur bei denjenigen Beschäftigten, die sogenannte »gefahrgeneigte« Tätigkeiten verrichten. Als »gefahrgeneigt« wurde in der Praxis meist nur die Tätigkeit des Kraftfahrers angesehen.

Seit dem Beschluß des Großen Senats des Bundesarbeitsgerichts vom 27. 9. 1994 kommt es auf das Merkmal »gefahrgeneigt« nicht mehr an. Das heißt: Eine Beschränkung der Arbeitnehmerhaftung tritt auch

Arbeitnehmerhaftung

dann ein, wenn die schadensverursachende Tätigkeit nicht »gefahrgeneigt« ist. Es reicht aus, daß die Tätigkeit durch den Betrieb veranlaßt ist und aufgrund des Arbeitsverhältnisses geleistet wird.

Hinsichtlich des Umfangs der Haftungseinschränkung hat das Bundesarbeitsgericht in vorgenannter Entscheidung folgende Grundsätze aufgestellt:

Ob überhaupt und gegebenenfalls in welchem Umfang der Arbeitnehmer an den Schadensfolgen zu beteiligen ist, richtet sich im Rahmen einer Abwägung der Gesamtumstände, insbesondere von Schadensanlaß und Schadensfolgen, nach Billigkeits- und Zumutbarkeitsgesichtspunkten. Zu den Umständen, denen je nach Lage des Einzelfalles ein unterschiedliches Gewicht beizumessen ist, gehören beispielsweise der Grad des dem Arbeitnehmer zur Last fallenden Verschuldens (Vorsatz, grobe, mittlere, leichte Fahrlässigkeit), die Gefährlichkeit der Arbeit, die Höhe des Schadens, ein vom Arbeitgeber einkalkuliertes oder durch Versicherung abdeckbares Risiko, die Stellung des Arbeitnehmers im Betrieb, die Höhe des Arbeitsentgelts, in dem möglicherweise eine Risikoprämie enthalten ist. Unter Umständen sind auch die persönlichen Verhältnisse des Beschäftigten (z. B. Dauer der Betriebszugehörigkeit, Lebensalter, Familienverhältnisse, bisheriges Verhalten) zu berücksichtigen.

Beispiel:

Die Haftung des Maschinenführers in o. g. Beispiel richtet sich nach den Umständen des Falles. Hat er beispielsweise den Schaden leicht fahrlässig verursacht, kann eine Haftung völlig entfallen. Anders ist dies bei grob fahrlässiger oder gar vorsätzlicher Schadensverursachung. Auch eine Schadensteilung zwischen Arbeitgeber und Arbeitnehmer kommt in Betracht (z. B. bei mittlerer Fahrlässigkeit).

Die vorstehenden Grundsätze finden entsprechende Anwendung, wenn der Arbeitnehmer sein eigenes Eigentum beschädigt. Das heißt, der Arbeitgeber hat dem Betroffenen – je nach Lage des Falles – den entstandenen Sachschaden entweder gar nicht, teilweise oder ganz zu ersetzen (Aufwendungsersatz gemäß § 670 BGB).

Arbeitnehmerhaftung

Beispiel:

Auf Veranlassung des Arbeitgebers benutzt der Arbeitnehmer während einer Dienstfahrt den eigenen Pkw. Dieser wird bei einem vom Arbeitnehmer verschuldeten Unfall beschädigt.

Hinweis: Tritt beim Arbeitnehmer ein Personenschaden ein, so richtet sich ein etwaiger Schadensausgleich nach den Vorschriften über den »Arbeitsunfall« (siehe → **Unfallversicherung**).

☐ Übrigens: Auf die Haftungsbeschränkung nach vorstehenden Grundsätzen kann sich der Arbeitnehmer nicht gegenüber einem Dritten berufen, den er geschädigt hat. Allerdings kann der Arbeitnehmer vom Arbeitgeber verlangen, daß er ihn ganz oder teilweise von den Schadensersatzansprüchen des Dritten freistellt, wenn haftungseinschränkende »Gesamtumstände« vorliegen.

☐ Wenn der Arbeitnehmer einen Arbeitskollegen schädigt, gilt folgendes, je nachdem, ob ein Personen- oder ein Sachschaden eintritt:

Personenschaden: Hier ist eine Haftung des Arbeitnehmers nach § 637 Abs. 1 RVO ausgeschlossen, wenn es sich um einen Arbeitsunfall handelt (es sei denn, es liegt Vorsatz vor). Bei Arbeitsunfällen tritt nämlich insoweit die gesetzliche Unfallversicherung ein.

Sachschaden: Hier haftet der Arbeitnehmer gegenüber dem Arbeitskollegen. Er hat aber gegenüber dem Arbeitgeber einen Anspruch auf Haftungsfreistellung, wenn haftungseinschränkende »Gesamtumstände« in oben dargestelltem Sinne vorliegen.

☐ Trotz der Beschränkung der Arbeitnehmerhaftung bleibt für die Arbeitnehmer immer noch ein erhebliches – unter Umständen existenzgefährdendes – Haftungsrisiko bestehen. Seit vielen Jahren wird deshalb eine gesetzliche Regelung zur Einschränkung der Arbeitnehmerhaftung gefordert. Ein Gesetzentwurf der SPD-Bundestagsfraktion von 1989 beispielsweise enthält folgende Bestandteile:

- Beschränkung der Haftung auf Vorsatz und grobe Fahrlässigkeit;
- Haftungsbeschränkung nicht nur bei gefahrgeneigten, sondern bei allen betrieblichen/dienstlichen Tätigkeiten (dieser Gesichtspunkt ist mittlerweile durch die oben dargestellte Rechtsprechung anerkannt worden);
- Haftungsbegrenzung auf drei Nettomonatsvergütungen bei grober Fahrlässigkeit;

Arbeitnehmerhaftung

- Freistellungsanspruch gegenüber Arbeitgeber bei Haftung gegenüber Dritten (auch dies ist – wie oben dargestellt – bereits heute geltendes »Richterrecht«);
- Regelung entsprechend Konkursausfallgeld, falls Freistellungsanspruch wegen Zahlungsunfähigkeit des Arbeitgebers nicht durchgesetzt werden kann;
- anteilige Haftung des einzelnen, wenn mehrere Beschäftigte einen Schaden grob fahrlässig verursacht haben (z. B. bei Gruppenarbeit);
- Unzulässigkeit arbeitsvertraglicher Ausweitung der Haftung.

Bislang ist eine gesetzliche Regelung nicht zustande gekommen.

☐ Tarifvertragliche Regelungen über die Einschränkung der Arbeitnehmerhaftung existieren – soweit ersichtlich – nur im Zusammenhang mit Einzelfragen. Beispiel: Regelungen über Mankohaftung (Kassenfehlbestand) oder Ausschuß (Schrottproduktion).

Bedeutung für die Betriebsratsarbeit

☐ Der Betriebsrat hat in der Frage der Arbeitnehmerhaftung keine Mitwirkungs- oder Mitbestimmungsrechte, es sei denn, ein Tarifvertrag sieht solche Rechte vor.

Ungeachtet dessen sollte der Betriebsrat versuchen, den Arbeitgeber dazu zu bewegen, die Arbeitnehmerhaftung weitestgehend durch Abschluß entsprechender Versicherungen auszuschließen (nach Möglichkeit ohne oder nur mit geringer Selbstbeteiligung des Arbeitnehmers im Schadensfall).

Arbeitsvertragliche Regelungen (z. B. in Formular-Arbeitsverträgen) über eine Erweiterung der Arbeitnehmerhaftung sollte es im Betrieb nicht geben.

Schließlich sollte überlegt werden, ob eine freiwillige Betriebsvereinbarung mit – über das aktuell geltende »Richterrecht« hinausgehenden – haftungseinschränkenden Regelungen möglich ist.

☐ Ist ein Schadensersatzfall eingetreten, gehört es natürlich zu den Aufgaben des Betriebsrats, den Arbeitnehmer zu unterstützen (z. B.: Gespräche mit dem Arbeitgeber führen). Darüber hinaus sollte dem Betroffenen der Weg zu einer umfassenden rechtlichen Beratung bzw.

Prozeßvertretung gezeigt werden (z. B. gewerkschaftlicher Rechtsschutz).

Bedeutung für den Beschäftigten

☐ Macht der Arbeitgeber gegenüber dem Beschäftigten Schadensersatzansprüche geltend, so sollte der Arbeitnehmer den Anspruch nicht einfach akzeptieren. Vielmehr sollte er unter Berufung auf die oben dargestellten Grundsätze über die Einschränkung der Arbeitnehmerhaftung versuchen, den Anspruch abzuwehren.

☐ Oft wird der Arbeitgeber versuchen, seinen vermeintlichen Ersatzanspruch durch Aufrechnung gegenüber dem Arbeitsentgeltanspruch des Arbeitnehmers zu befriedigen, d. h. durch monatliche Lohneinbehalte. Es ist dann Sache des Beschäftigten, der diese Vorgehensweise für ungerechtfertigt hält, »hinter seinem Geld herzulaufen«, notfalls in Form einer arbeitsgerichtlichen Klage.

☐ Der Betroffene muß auch dann die Initiative ergreifen und den Arbeitgeber notfalls verklagen, wenn er einen Anspruch auf Freistellung von der Haftung gegenüber einem Dritten durchsetzen will.

Arbeitnehmerrechte nach dem BetrVG

Grundlagen

☐ Das BetrVG regelt nicht nur Aufgaben und Beteiligungsrechte des Betriebsrats. Insbesondere in den **§§ 81 bis 86 BetrVG** werden Einzelrechte der Beschäftigten begründet. Diese Vorschriften stellen letztlich eine Konkretisierung des grundgesetzlich geschützten Persönlichkeitsrechts dar (vgl. Art. 2 Abs. 1 Grundgesetz, § 75 Abs. 2 BetrVG).

☐ Die §§ 81 bis 86 BetrVG gelten für Leiharbeitnehmer im Verleiherbetrieb uneingeschränkt. Denn der Verleiher ist Arbeitgeber der Leiharbeitnehmer. Im Entleiherbetrieb gelten gemäß § 14 Abs. 2 AÜG nur die §§ 81, 82 Abs. 1 und 84 bis 86 BetrVG.

Unterrichtungs- und Erörterungspflicht des Arbeitgebers

☐ Nach § 81 Abs. 1 BetrVG hat der Arbeitgeber den Arbeitnehmer über
- seine Aufgabe und Verantwortung,
- die Art seiner Tätigkeit und
- ihre Einordnung in den Arbeitsablauf des Betriebs

zu unterrichten und ihn vor (!) Aufnahme der Arbeit über
- die Unfall- und Gesundheitsgefahren, denen er ausgesetzt ist,
- sowie über die Maßnahmen und Einrichtungen zur Abwendung dieser Gefahren

zu belehren. Belehrung ist eine besonders intensive und ausführliche Form der Unterrichtung. So muß beispielsweise am Arbeitsplatz bzw. Arbeitsbereich demonstriert werden, wie Sicherheitseinrichtungen gehandhabt werden müssen, wann welche Körperschutzmittel wie zu tragen sind. Weitere Belehrungspflichten sind in diversen Vorschriften des gesetzlichen Arbeitsschutzes (z. B. §§ 20, 21 GefahrstoffVO, § 29 Jugendarbeitsschutzgesetz) sowie in Unfallverhütungsvorschriften geregelt.

Arbeitnehmerrechte nach dem BetrVG

☐ Über anstehende Veränderungen in seinem Arbeitsbereich (z. B. Einführung neuer Maschinen, Veränderung der Arbeitsorganisation) ist der Arbeitnehmer rechtzeitig (das heißt vorher!) zu informieren. Außerdem hat der Arbeitgeber die nach § 81 Abs. 1 BetrVG wiederum erforderliche Unterrichtung und Belehrung vorzunehmen (§ 81 Abs. 2 BetrVG).

☐ Ein besonderes Informations- und Erörterungsrecht steht dem Arbeitnehmer nach § 81 Abs. 3 BetrVG zu: Hiernach hat der Arbeitgeber den Arbeitnehmer bei geplanter Einführung neuer Technologien oder bei Umstrukturierungen über die aufgrund der Planung
- vorgesehenen Maßnahmen und
- ihre Auswirkungen auf seinen Arbeitsplatz, die Arbeitsumgebung und auf Inhalt und Art seiner Tätigkeit

zu unterrichten. Sobald feststeht, daß sich die Tätigkeit des Arbeitnehmers verändern wird und seine beruflichen Kenntnisse und Fähigkeiten zur Erfüllung der Aufgaben nicht ausreichen, hat der Arbeitgeber mit dem Arbeitnehmer zu erörtern,
- welche Qualifizierungsmaßnahmen ergriffen werden können (z. B. innerbetriebliche oder außerbetriebliche berufliche Fortbildung, ggf. Umschulung).

☐ Dabei hat der Arbeitnehmer das Recht, ein Betriebsratsmitglied (seines Vertrauens) zu dieser Erörterung hinzuzuziehen. Dies ist unbedingt zu empfehlen, da der Betriebsrat kraft seiner Aufgaben und Beteiligungsrechte im Bereich der beruflichen Bildung gemäß §§ 96 ff. BetrVG möglicherweise bereits Vorstellungen und Vorschläge entwickelt hat (siehe: → **Berufsbildung**). Abgesehen davon schützt die Anwesenheit eines Betriebsratsmitglieds davor, daß das Gespräch über die Anpassung der Qualifikation unversehens mit einer Unterschrift unter einen vom Arbeitgeber bereits vorbereiteten → **Aufhebungsvertrag** endet.

☐ Eine besondere Schweigepflicht ist dem Betriebsratsmitglied durch das Gesetz – anders als nach § 82 Abs. 2 Satz 3 und § 83 Abs. 1 Satz 3 BetrVG – nicht auferlegt worden. D. h. über den Inhalt der Erörterung kann z. B. in der nächsten Betriebsratssitzung unterrichtet werden, sofern dies für die Aufgabenerfüllung des Betriebsrats erforderlich ist. Allerdings sollte das Betriebsratsmitglied über persönliche Geheimnisse des Arbeitnehmers, die im Gespräch offenbar geworden sind, Stillschweigen bewahren, es sei denn, der Arbeitnehmer erlaubt die

Arbeitnehmerrechte nach dem BetrVG

Weitergabe der persönlichen Geheimnisse. Geschieht dies nicht, kann die Weitergabe – je nach Lage des Einzelfalls – eine schadensersatzpflichtige Verletzung des Persönlichkeitsrechts des Beschäftigten darstellen. Eine Strafbarkeit nach § 120 Abs. 2 BetrVG scheidet jedoch aus.

Anhörungs- und Erörterungsrecht des Arbeitnehmers

☐ Ein besonderes Anhörungsrecht des Arbeitnehmers ist in § 82 Abs. 1 BetrVG vorgesehen: der Beschäftigte hat das Recht, sich in betrieblichen Angelegenheiten, die seine Person betreffen, an die zuständigen betrieblichen Stellen zu wenden. Er kann dort Auskünfte einholen bzw. eigene Vorstellungen vortragen. Für den Fall der Erhebung einer Beschwerde gelten §§ 84, 85 BetrVG (siehe unten).

☐ In § 82 Abs. 2 BetrVG besonders hervorgehoben ist das Recht des Arbeitnehmers zu verlangen, daß

- ihm die Berechnung und Zusammensetzung seines Arbeitsentgelts erläutert wird,
- mit ihm die Beurteilung seiner Leistung erörtert wird,
- mit ihm die Möglichkeiten seiner beruflichen Entwicklung erörtert werden.

☐ Er kann bei diesen Erörterungen ein Betriebsratsmitglied (seines Vertrauens) hinzuziehen. Dieses hat über den Inhalt des Gesprächs Stillschweigen zu bewahren, es sei denn, der Arbeitnehmer entbindet das Mitglied des Betriebsrats von der Schweigepflicht (§ 82 Abs. 2 Satz 3 BetrVG). Die Schweigepflicht zielt auf den Schutz der Persönlichkeit des Arbeitnehmers ab. Sie gilt auch gegenüber den anderen Mitgliedern des Betriebsrats! Verstöße gegen die Schweigepflicht können auf Antrag des Arbeitnehmers nach § 120 Abs. 2 BetrVG bestraft werden.

☐ **Hinweis:** Der Arbeitgeber kann die Anwesenheit eines Betriebsratsmitglieds nicht deshalb ablehnen, weil außer den in § 81 Abs. 3 und § 82 Abs. 2 BetrVG genannten Gesprächsthemen noch weitere Fragen erörtert weden.

Einsicht in Personalakten

☐ § 83 BetrVG gibt dem Arbeitnehmer das Recht, in die über ihn geführten Personalakten Einsicht zu nehmen. Personalakte ist jede Sammlung von Unterlagen über einen bestimmten Arbeitnehmer. Da-

Arbeitnehmerrechte nach dem BetrVG

bei kommt es nicht darauf an, ob die Sammlungen in schriftlicher Form existieren oder in der EDV gespeichert sind. In letzterem Fall hat der Arbeitnehmer Anspruch auf vollständigen Ausdruck aller über ihn gespeicherten Daten in entschlüsselter Form.

☐ Werden über den Arbeitnehmer mehrere Akten geführt (Haupt-, Neben- und Sonderakten), so erstreckt sich das Einsichtsrecht auf alle Akten.

Beispiel:

In einem Unternehmen mit mehreren Betrieben werden die Hauptakte in der auf Unternehmensebene angesiedelten Personalabteilung, die Nebenakten von den jeweiligen Betriebsleitern geführt. Der Arbeitnehmer hat Anspruch auf Einsicht in alle Akten.

☐ Die Hauptakte hat einen Hinweis auf vorhandene Neben- und Sonderakten zu enthalten.

☐ Ein Einsichtsrecht besteht selbst dann, wenn Unterlagen über den Arbeitnehmer bei einem außenstehenden Dritten geführt werden, der im Auftrage des Arbeitgebers tätig ist (z. B. Steuerberater, externe Buchhaltung). Die Weitergabe der Personalakte an einen Dritten ist nur mit Zustimmung des Arbeitnehmers zulässig.

☐ Der Arbeitgeber ist im übrigen zur ebenso sorgfältigen wie vertraulichen Behandlung der Personalakte verpflichtet.

☐ Die besonderen Schutzvorschriften des Bundesdatenschutzgesetzes (BDSG) greifen nur dann ein, wenn personenbezogene Daten in der Form einer »automatisierten Datei« im Sinne des § 3 Abs. 2 Nr. 1 BDSG bzw. in »nichtautomatisierten Dateien« nach § 3 Abs. 2 Nr. 2 BDSG gesammelt werden. Die traditionelle Personalakte ist allerdings weder eine automatisierte noch eine nichtautomatisierte Datei. Daher findet das BDSG auf die herkömmliche Personalakte nur dann Anwendung, wenn sie (einzelne) Unterlagen enthält, die für sich genommen den Dateibegriff des BDSG erfüllen (vgl. zum ganzen → **Datenschutz**).

☐ Nimmt der Arbeitnehmer Einsicht in die Personalakte, kann er ein Betriebsratsmitglied (seines Vertrauens) hinzuziehen (§ 83 Abs. 1 Satz 2 BetrVG). Dieses ist hinsichtlich des Inhalts der Personalakte zur Verschwiegenheit verpflichtet, es sei denn, es wird im Einzelfall hiervon vom Arbeitnehmer entbunden. Es gelten die gleichen Grundsätze

Arbeitnehmerrechte nach dem BetrVG

wie bei der Schweigepflicht nach § 82 Abs. 2 Satz 3 BetrVG (siehe oben).

☐ Nach § 83 Abs. 3 BetrVG ist der Arbeitgeber verpflichtet, Erklärungen des Arbeitnehmers auf sein Verlangen in die Personalakte einzufügen: z. B. eine Gegendarstellung als Reaktion auf eine →**Abmahnung** oder → **Betriebsbuße**. Auch sonstige Unterlagen, die der Arbeitnehmer zur Personalakte gibt, sind aufzunehmen (z. B. Bescheinigungen über erworbene Qualifikationen u. ä.).

☐ Von der Rechtsprechung wird das Recht des Arbeitnehmers anerkannt, die Entfernung von unrichtigen Angaben aus der Personalakte zu verlangen. Gleiches gilt in bezug auf mißbilligende Äußerungen, sofern sie unzutreffende Tatsachenbehauptungen enthalten, die den Arbeitnehmer in seiner Rechtsstellung und seinem beruflichen Fortkommen beeinträchtigen können. Auch ungerechtfertigte →**Abmahnungen** oder → **Betriebsbußen** sind auf Verlangen des Arbeitnehmers aus der Personalakte zu entfernen. Der Entfernungsanspruch kann vom Arbeitnehmer im Klagewege vor dem Arbeitsgericht durchgesetzt werden. Er sollte aber zuvor alle innerbetrieblichen Möglichkeiten ausschöpfen (schriftliche Aufforderung mit Fristsetzung, Einschaltung des Betriebsrats).

Beschwerderecht

☐ Ein Arbeitnehmer, der sich vom Arbeitgeber oder von Arbeitskollegen benachteiligt, ungerecht behandelt oder in sonstiger Weise beeinträchtigt fühlt, hat das Recht, sich bei den »zuständigen Stellen« des Betriebs zu beschweren (§ 84 Abs. 1 BetrVG).

☐ Beschwerdegegenstand können alle denkbaren tatsächlichen oder rechtlichen Beeinträchtigungen sein, die der Arbeitnehmer erlebt bzw. empfindet.

Beispiele:
Zuweisung von unerwünschten Arbeiten, Ungleichbehandlung, schlechte Arbeitsbedingungen, Belästigung durch Tabakrauch, sexuelle Belästigung, Mobbing, ausländerfeindliche Äußerungen oder Betätigungen.

☐ Wer zuständige Beschwerdestelle ist, ergibt sich aus dem jeweiligen Organisationsaufbau des Betriebs. Im Betrieb kann eine besondere Stelle für die Entgegennahme von Beschwerden eingerichtet werden.

Ansonsten ist der Vorgesetzte in der Regel die erste Ansprechperson, es sei denn, er selbst ist der Verursacher der Beeinträchtigung. Hilft der Vorgesetzte der Beschwerde nicht ab oder ist er der Verursacher der Beeinträchtigung, kann der Beschwerdeführer sich an den nächsthöheren Vorgesetzten wenden, ggf. den betrieblichen Instanzenweg bis hin zum Arbeitgeber beschreiten.

☐ Der Arbeitnehmer kann ein Betriebsratsmitglied (seines Vertrauens) zwecks Unterstützung und Vermittlung hinzuziehen (§ 84 Abs. 1 Satz 2 BetrVG).

☐ Der Arbeitgeber ist gemäß § 84 Abs. 2 BetrVG verpflichtet zu prüfen, ob die Beschwerde berechtigt ist. Ist dies der Fall, hat er ihr abzuhelfen, das heißt den Beschwerdegrund durch geeignete Maßnahmen zu beseitigen (siehe auch → **Mobbing**, → **Sexuelle Belästigung**). Auf jeden Fall hat der Arbeitgeber dem Beschwerdeführer einen Bescheid zu erteilen, also auch dann, wenn er der Beschwerde nicht abhelfen will. Der Bescheid kann mündlich oder schriftlich erfolgen. Wird die Beschwerde abgelehnt, ist die Ablehnung zu begründen. Der Arbeitnehmer sollte in diesem Falle überlegen, ob er die Beschwerde zum Beispiel durch Einleitung des Beschwerdeverfahrens nach § 85 BetrVG (siehe unten) weiterführt.

☐ Aus der Erhebung der Beschwerde dürfen dem Arbeitnehmer keine Nachteile entstehen (§ 84 Abs. 3 BetrVG). Dies gilt auch dann, wenn sich die Beschwerde als unbegründet erweist. Maßnahmen des Arbeitgebers, die gegen das Benachteiligungsverbot verstoßen, sind unwirksam und haben ggf. Schadensersatzansprüche des Arbeitnehmers zur Folge.

Behandlung von Beschwerden durch den Betriebsrat

☐ Neben der Einlegung der Beschwerde bei der »zuständigen Stelle« nach § 84 BetrVG kann der beschwerdeführende Arbeitnehmer sich auch an den Betriebsrat wenden und damit das »kollektive« Beschwerdeverfahren nach § 85 BetrVG auslösen.

☐ Der Betriebsrat ist verpflichtet, die Beschwerde entgegenzunehmen und – falls er sie für berechtigt erachtet – beim Arbeitgeber auf Abhilfe hinzuwirken (§ 85 Abs. 1 BetrVG).

☐ Der Arbeitgeber hat den Betriebsrat über die Behandlung der Beschwerde zu unterrichten (§ 85 Abs. 3 Satz 1 BetrVG). Auch dem

Arbeitnehmer ist ein Bescheid zu erteilen (§ 85 Abs. 3 Satz 2 in Verbindung mit § 84 Abs. 2 BetrVG).

☐ Bestehen zwischen Betriebsrat und Arbeitgeber Meinungsverschiedenheiten über die Berechtigung der Beschwerde, so kann der Betriebsrat die → **Einigungsstelle** anrufen (§ 85 Abs. 2 Satz 1 BetrVG). Diese entscheidet nach Durchführung eines Anhörungsverfahrens (auch der beschwerdeführende Arbeitnehmer ist zu hören) über die Berechtigung der Beschwerde (§ 85 Abs. 2 Satz 2 BetrVG).

☐ Stellt die Einigungsstelle durch Spruch fest, daß die Beschwerde berechtigt ist, ist der Arbeitgeber verpflichtet, der Beschwerde abzuhelfen, d.h. den Beschwerdegrund durch geeignete Maßnahmen zu beseitigen (§ 85 Abs. 3 Satz 2 in Verbindung mit § 84 Abs. 2 BetrVG). Geschieht dies nicht, kann der Arbeitnehmer die Abhilfe der Beschwerde im Wege der Klage vor dem Arbeitsgericht erzwingen. Der Betriebsrat kann unter Berufung auf § 23 Abs. 3 BetrVG (grober Pflichtverstoß des Arbeitgebers) ein Beschlußverfahren mit dem gleichen Ziel einleiten.

☐ Ein verbindlicher Spruch der Einigungsstelle ist jedoch dann nicht möglich, wenn der Gegenstand der Beschwerde ein **Rechtsanspruch** ist (§ 85 Abs. 2 Satz 3 BetrVG). Das ist beispielsweise der Fall, wenn der Arbeitgeber das vereinbarte oder tarifliche Arbeitsentgelt nicht zahlt, den tariflichen Urlaub nicht gewährt oder zu Unrecht eine Abmahnung erteilt. Über die Berechtigung individueller Rechtsansprüche soll – dies will die Vorschrift klarstellen – nicht die Einigungsstelle, sondern das → **Arbeitsgericht** entscheiden.

☐ Nach h.M. ist in derartigen Fällen nicht nur eine Entscheidung der Einigungsstelle, sondern auch bereits die Anrufung der Einigungsstelle ausgeschlossen. Diese Auffassung ist abzulehnen. Der Wortlaut des § 85 Abs. 2 Satz 3 BetrVG deutet eher darauf hin, daß – ähnlich wie beim Interessenausgleich nach § 112 BetrVG – nur eine verbindliche Entscheidung der Einigungsstelle, nicht aber das Einigungsstellenverfahren als solches zu unterbleiben hat. Die Durchführung eines Einigungsstellenverfahrens (auch ohne verbindlichen Spruch) ist als Versuch, die Streitigkeit ohne Inanspruchnahme der staatlichen Gerichtsbarkeit innerbetrieblich zu lösen, ein durchaus sinnvolles Unterfangen.

☐ **Hinweis:** Der Arbeitnehmer kann die Informations-, Anhörungs-, Erörterungs- und Beschwerderechte nach §§ 81 bis 85 BetrVG grund-

Arbeitnehmerrechte nach dem BetrVG

sätzlich während der Arbeitszeit (ohne Einbußen beim Arbeitsentgelt) ausüben.

☐ Durch Tarifvertrag oder Betriebsvereinbarung können (weitere) Einzelheiten der in §§ 84 und 85 BetrVG vorgesehenen Beschwerdeverfahren geregelt werden. Insbesondere kann bestimmt werden, daß anstelle der Einigungsstelle (§ 85 Abs. 2 BetrVG) eine betriebliche Beschwerdestelle tritt (vgl. § 86 BetrVG).

☐ Weitere Einzelrechte von Arbeitnehmern ergeben sich aus:

- § 39 Abs. 3 BetrVG: Versäumnis von Arbeitszeit, die zum Besuch der Sprechstunden oder durch sonstige Inanspruchnahme des Betriebsrats erforderlich ist, berechtigt den Arbeitgeber nicht zur Minderung des Arbeitsentgelts des Arbeitnehmers;
- § 44 Abs. 1 BetrVG: Die Zeit der Teilnahme an Betriebsversammlungen einschließlich der zusätzlichen Wegezeiten ist den Arbeitnehmern wie Arbeitszeit zu vergüten. Siehe auch § 44 Abs. 1 Satz 3 und Abs. 2 BetrVG). Entsprechendes gilt für die Jugend- und Auszubildendenversammlungen (vgl. § 71 BetrVG);
- § 45 Satz 2 BetrVG: Die Betriebs- oder Abteilungsversammlungen können dem Betriebsrat Anträge unterbreiten und zu seinen Beschlüssen Stellung nehmen. Entsprechendes gilt für die Jugend- und Auszubildendenversammlungen (vgl. § 71 BetrVG);
- § 110 BetrVG: In Unternehmen mit in der Regel mehr als 100 ständig beschäftigten Arbeitnehmern hat der Unternehmer die Arbeitnehmer über die wirtschaftliche Lage und Entwicklung des Unternehmens **schriftlich** zu unterrichten (mindestens einmal pro Quartal). In kleineren Unternehmen mit in der Regel mehr als 20 wahlberechtigten ständigen Arbeitnehmern kann die vierteljährliche Unterrichtung **mündlich** erfolgen;
- § 113 BetrVG: Weicht der Unternehmer von einem → **Interessenausgleich** ohne zwingenden Grund ab, können infolge der Abweichung entlassene Arbeitnehmer auf →**Abfindung** klagen. Erleiden sie sonstige wirtschaftliche Nachteile, hat der Unternehmer diese bis zu einem Zeitraum von 12 Monaten auszugleichen. Entsprechendes gilt, wenn der Unternehmer eine Betriebsänderung durchführt, ohne einen Interessenausgleich mit dem Betriebsrat versucht zu haben und infolge der Betriebsänderung Arbeitnehmer entlassen werden oder sonstige wirtschaftliche Nachteile erleiden.

Arbeitnehmerüberlassung

Was ist das?

☐ Die Arbeitnehmerüberlassung ist bekannter unter dem Namen »Leiharbeit«. Hinter diesen Begriffen verbirgt sich folgender Vorgang:

Der Leiharbeitnehmer ist aufgrund eines Arbeitsvertrages bei einem Verleihunternehmen beschäftigt. Das Verleihunternehmen »überläßt« den Leiharbeitnehmer für befristete Zeit (maximal neun Monate; siehe unten) gegen Entgelt an ein anderes Unternehmen (= Entleiher). Der Leiharbeitnehmer erhält von seinem Arbeitgeber (= Verleihunternehmen) das arbeitsvertraglich vereinbarte Arbeitsentgelt. Von der Differenz zwischen dem Entgelt, das das Verleihunternehmen vom Entleiher bezieht, und dem (geringeren) an die Leiharbeitnehmer zu zahlenden Arbeitsentgelt »lebt« das Verleihunternehmen. Der Leiharbeitnehmer wird für den Überlassungszeitraum voll in den Betrieb des Entleihers »eingegliedert«. Der Entleiher hat dem Leiharbeitnehmer gegenüber ein Weisungsrecht in bezug auf die auszuführenden Arbeiten.

☐ Die Leiharbeit ist im einzelnen im Arbeitnehmerüberlassungsgesetz (AÜG) geregelt. Unter anderem ist dort bestimmt, daß das »Verleihunternehmen« für diese Art von Geschäftstätigkeit eine Erlaubnis der Bundesanstalt für Arbeit (Arbeitsamt) benötigt.

☐ Die höchstzulässige Dauer der Überlassung eines Leiharbeitnehmers an denselben Entleiher beträgt neun Monate (vgl. § 3 Abs. 1 Nr. 6 AÜG). Diese Regelung gilt allerdings »nur« bis zum 31. 12. 2000. Danach soll nur noch eine Überlassungsdauer von drei Monaten zulässig sein.

☐ Zu beachten ist der ebenfalls bis zum 31. 12. 2000 geltende Ausnahmetatbestand des § 1a AÜG: Ein Arbeitgeber mit weniger als 20 Beschäftigten, der zur Vermeidung von Kurzarbeit oder Entlassung einen Arbeitnehmer an einen anderen Arbeitgeber bis zur Dauer von drei Monaten überläßt, benötigt keine Erlaubnis. Es genügt eine Anzeige an das Landesarbeitsamt.

Arbeitnehmerüberlassung

☐ Nach § 1 Abs. 3 AÜG ist das Gesetz nicht anzuwenden auf Arbeitnehmerüberlassung

● zwischen Arbeitgebern desselben Wirtschaftszweigs zur Vermeidung von Kurzarbeit und Entlassungen, wenn ein für den Entleiher und Verleiher geltender Tarifvertrag dies vorsieht,

● und zwischen Konzernunternehmen im Sinne des § 18 Aktiengesetz (siehe → **Konzern**), wenn der Arbeitnehmer seine Arbeit vorübergehend nicht bei seinem Arbeitgeber leistet.

☐ Leiharbeit ist sowohl aus moralisch-rechtlichen Gründen (»moderner Menschenhandel«) als auch aus gewerkschaftspolitischen Gründen abzulehnen (Spaltung und damit Schwächung der Belegschaft). Gewerkschaften fordern daher ein gesetzliches Verbot der Leiharbeit.

☐ Bislang existiert ein solches Verbot nur für den Bereich des Baugewerbes (vgl. § 12 a AFG).

Bedeutung für die Betriebsratsarbeit

☐ Gemäß § 14 Abs. 3 AÜG ist der Betriebsrat bei der Einstellung von Leiharbeitnehmern nach § 99 BetrVG zu beteiligen. Der Betriebsrat hat also insoweit ein echtes Mitbestimmungsrecht (in Form des »Zustimmungsverweigerungs-Rechts«; siehe → **Beteiligungsrechte**).

☐ § 14 Abs. 3 AÜG gilt allerdings nur, soweit es sich um »Leiharbeitnehmer« handelt. Nicht alle Arbeitnehmer, die von einem anderen Unternehmen entsandt werden, sind jedoch »Leiharbeitnehmer« im Sinne des AÜG.

Es kann sich auch um »Fremdfirmenarbeitnehmer« handeln. Diese werden im Betrieb eines Unternehmens tätig, das einen entsprechenden »Dienstvertrag« oder »Werkvertrag« mit der Fremdfirma abgeschlossen hat. Das AÜG findet in einem solchen Falle keine Anwendung.

☐ Nicht selten wird der Versuch unternommen, die Vorschriften des AÜG (und damit auch die Mitbestimmungsrechte des Betriebsrats) zu umgehen, indem Fremdfirmenarbeitnehmer, die in Wirklichkeit »Leiharbeitnehmer« sind, als »Dienst- oder Werkvertragsarbeitnehmer« ausgegeben werden (»Schein-Dienst- oder Werkverträge«).

Arbeitnehmerüberlassung

Daher ist der Betriebsrat genötigt, in jedem Fall der Beschäftigung eines Fremdfirmenarbeitnehmers den Status des Betreffenden zu prüfen:

Das besondere Merkmal des »Leiharbeitnehmers« besteht darin, daß er voll in den Betrieb des Unternehmens, das ihn »ausgeliehen« hat (= Entleiher), eingegliedert ist. Das ist insbesondere daran zu erkennen,

- daß die konkreten Arbeitsanweisungen von den Vorgesetzten des Entleiher-Unternehmens erteilt werden
- und daß dieses Unternehmen auch die Werkzeuge, Maschinen usw. zur Verfügung stellt, mit denen der fremde Arbeitnehmer arbeitet.

Beispiel:
Die von einer Fremdfirma »ausgeliehene« Sekretärin, die am Arbeitsplatz der erkrankten Sekretärin eingesetzt ist, ist Leiharbeitnehmerin.

»Dienst- oder Werkvertragsarbeitnehmer« ist demgegenüber derjenige Fremdfirmenarbeitnehmer, der nach Weisungen und mit Werkzeugen der Fremdfirma arbeitet.

Beispiel:
Der Arbeitnehmer eines Herstellerbetriebes, der im Einsatzbetrieb eine gelieferte Maschine zu montieren hat (Monteur), ist »Werkvertragsarbeitnehmer«.

☐ Nicht entscheidend ist es, wie das Unternehmen, das die Arbeitnehmer entsendet und das Unternehmen, in dem die Arbeitsleistung tatsächlich erbracht wird, ihre Vertragsbeziehung gekennzeichnet haben: ob als »Werkvertrag« oder als »Arbeitnehmerüberlassungsvertrag«. Entscheidend ist vielmehr das tatsächliche Erscheinungsbild, d. h. die tatsächliche Durchführung des Vertragsverhältnisses (vgl. die obengenannten Unterscheidungsmerkmale).

☐ Die Benennung und Gestaltung des Vertragsverhältnisses kann allerdings ein Hilfsmittel zur Beurteilung der Rechtslage sein. Deshalb sollte der Betriebsrat darauf bestehen, daß ihm eine Kopie des Vertrags ausgehändigt wird. Ein Rechtsanspruch des Betriebsrats insoweit ergibt sich aus § 80 Abs. 2 BetrVG. Hiernach kann der Betriebsrat die Herausgabe der zur Durchführung seiner Aufgaben erforderlichen Un-

Arbeitnehmerüberlassung

terlagen verlangen. Zu den Überwachungsaufgaben des Betriebsrats nach § 80 Abs. 1 Nr. 1 BetrVG gehört es zweifellos, den Status eines im Betrieb tätigen Fremdfirmenarbeitnehmers zu überprüfen. Dies gilt insbesondere dann, wenn der Arbeitgeber behauptet, es handele sich um einen »Werkvertragsarbeitnehmer«, und angesichts des tatsächlichen Erscheinungsbildes Zweifel an dieser Behauptung bestehen.

☐ Beschäftigt der Arbeitgeber einen Fremdfirmenarbeitnehmer, ohne die Zustimmung des Betriebsrats eingeholt zu haben, und ist der Betriebsrat der Auffassung, daß es sich um einen Leiharbeitnehmer handelt, dann kann der Betriebsrat nach § 101 BetrVG beim Arbeitsgericht den Antrag stellen, dem Arbeitgeber aufzugeben, die »personelle Maßnahme« (d. h. die Weiterbeschäftigung des Fremdfirmenarbeitnehmers) »aufzuheben«. Im arbeitsgerichtlichen Verfahren wird dann geklärt, ob es sich um mitbestimmungspflichtige Leiharbeit handelt oder nicht (siehe auch → **Einstellung**).

☐ Bei der Gestaltung der Arbeitszeit von Leiharbeitnehmern (Beginn und Ende der täglichen Arbeitszeit einschließlich der Pausen, Verteilung der Arbeitszeit auf die einzelnen Wochentage) hat der Betriebsrat nach § 87 Abs. 1 Nr. 2 BetrVG mitzubestimmen (BAG vom 15. 12. 1992 – 1 ABR 38/92, Arbeit und Recht 1993, 188). Das heißt: Der Arbeitgeber (des Entleiherbetriebs), der kraft seines Weisungsrechts die Lage und Verteilung der Arbeitszeit der Leiharbeitnehmer regeln will, benötigt insoweit die Zustimmung des Betriebsrats. Im Nichteinigungsfalle entscheidet die Einigungsstelle (§ 87 Abs. 2 BetrVG). Der Betriebsrat hat auch ein Initiativrecht. Er kann also selbst Arbeitszeitregelungen für die Leiharbeitnehmer fordern und – bei Ablehnung durch den Arbeitgeber – die Einigungsstelle anrufen.

☐ Ein Mitbestimmungsrecht des Betriebsrats des Entleiherbetriebs dürfte in bezug auf Leiharbeitnehmer auch in den weiteren in § 87 Abs. 1 BetrVG genannten sozialen Angelegenheiten jedenfalls insoweit bestehen, als Fragen der Betriebs- und Arbeitsorganisation berührt sind.

Beispiele:

§ 87 Abs. 1 Nr. 1 BetrVG (Ordnung des Betriebs, Verhalten der Arbeitnehmer), § 87 Abs. 1 Nr. 6 BetrVG (Überwachung durch technische Einrichtungen), § 87 Abs. 1 Nr. 7 BetrVG (Arbeitsschutz).

Rechte des »Leiharbeitnehmers«

☐ Tarifverträge, die beim Entleiherunternehmen gelten, finden auf den Leiharbeitnehmer keine Anwendung. Es sei denn, die Geltung der Tarifverträge ist zwischen dem Leiharbeitnehmer und der Verleihfirma arbeitsvertraglich ausdrücklich vereinbart.

☐ Aus einer Betriebsvereinbarung, die im Entleiherbetrieb ausdrücklich auch für Leiharbeitnehmer abgeschlossen wird (z. B. zur Frage der Arbeitszeitgestaltung, siehe oben), ist der Leiharbeitnehmer berechtigt und auch verpflichtet.

☐ An der Betriebsratswahl im Entleiherunternehmen kann der Leiharbeitnehmer nicht teilnehmen (vgl. § 14 Abs. 2 AÜG).

☐ Allerdings hat er z. B. das Recht, die Sprechstunden des Betriebsrats im Entleiherunternehmen aufzusuchen und an den dortigen Betriebsversammlungen teilzunehmen (vgl. § 14 Abs. 2 AÜG).

☐ Natürlich können die Leiharbeitnehmer für den Bereich des Verleihunternehmens einen Betriebsrat wählen. Dessen Aufgabe ist es dann, die Interessen der Leiharbeitnehmer gegenüber dem Verleihunternehmen (= Arbeitgeber) zu vertreten.

☐ Die §§ 81–86 BetrVG finden im Verleiherbetrieb uneingeschränkt Anwendung; im Entleiherbetrieb gelten dagegen nur die §§ 81, 82 Abs. 1, 84–86 BetrVG (siehe → **Arbeitnehmerrechte nach dem BetrVG**).

☐ Nach § 11 Abs. 5 AÜG haben Leiharbeitnehmer das Recht, Streikbrucharbeit in einem durch einen Arbeitskampf unmittelbar betroffenen Betrieb zu verweigern. Das Verleihunternehmen hat auf dieses Leistungsverweigerungsrecht ausdrücklich hinzuweisen.

☐ Nach § 11 Abs. 1 AÜG hat der Verleiher in einer Urkunde (oder in einer schriftlichen Vereinbarung) den wesentlichen Inhalt des Leiharbeitsverhältnisses zu dokumentieren und dem Leiharbeitnehmer auszuhändigen (z. B. Zusammensetzung des Arbeitsentgelts, Dauer des jährlichen Erholungsurlaubs, die vereinbarte Arbeitszeit, einen Hinweis auf die anzuwendenden Tarifverträge und Betriebsvereinbarungen).

☐ Unter gewissen Voraussetzungen (z. B. Überschreitung der Höchsteinsatzfrist von neun Monaten, fehlende Erlaubnis des Verleihunternehmens zur Arbeitnehmerüberlassung) kommt kraft Gesetzes ein (unter Umständen befristeter) Arbeitsvertrag zwischen Leiharbeitneh-

Arbeitnehmerüberlassung

mer und Entleiherunternehmen zustande (vgl. § 10 AÜG). Das heißt der Leiharbeitnehmer hat nunmehr die Möglichkeit, arbeitsvertragliche Ansprüche gegenüber dem Entleiherunternehmen geltend zu machen.

Literaturhinweis:

Friedrich Becker/Jörg Wulfgramm: Kommentar zum Arbeitnehmerüberlassungsgesetz (AÜG), Luchterhand Verlag, Neuwied.
Manfred Krüger: Verbot der Leiharbeit. Gewerkschaftsforderung und Grundgesetz, Bund-Verlag, Köln.
Jürgen Ulber: Arbeitnehmerüberlassungsgesetz mit Nebengesetzen. Kommentar für die Praxis, Bund-Verlag, Köln.

Arbeitsentgelt

Grundlagen

☐ Mit dem Abschluß des Arbeitsvertrages verpflichtet sich der Arbeitgeber zur Zahlung des vereinbarten Arbeitsentgelts (= Arbeitsvergütung) als Gegenleistung für die vom Arbeitnehmer zu erbringende Arbeitsleistung (siehe: → **Arbeitsvertrag**).

☐ Findet auf das Arbeitsverhältnis ein Arbeitsentgelt-Tarifvertrag (Lohn- oder Gehaltstarifvertrag) Anwendung (siehe insoweit → **Tarifvertrag**), dann ist der Arbeitgeber auch ohne ausdrückliche Vereinbarung der Arbeitsentgelthöhe zur Zahlung des tariflich geregelten Arbeitsentgelts verpflichtet. In einem solchen Falle wird (z. B. anläßlich einer → **Einstellung**) vom Arbeitgeber eine Eingruppierung der vorgesehenen Tätigkeit in die einschlägige Lohn- bzw. Gehaltsgruppe des Tarifvertrages vorgenommen. Dem Betriebsrat steht dabei nach § 99 BetrVG ein Mitbestimmungsrecht in Form des Zustimmungsverweigerungsrechts zu (siehe → **Eingruppierung**).

☐ Folgende Grundformen des Arbeitsentgelts (sogenannte »Entlohnungsgrundsätze«) lassen sich unterscheiden:

- Zeitlohn (Arbeiter) und Gehalt (Angestellte)
- Akkordlohn
- Prämienlohn
- Provision

Zeitlohn bzw. Gehalt

Hier erfolgt die Vergütung in der Weise, daß dem Arbeitnehmer für eine bestimmte Arbeitszeiteinheit (Stunde, Tag, Woche oder Monat), in der er seine Arbeitskraft zur Verfügung stellt, ein bestimmter Geldbetrag gezahlt wird (Stundenlohn, Monatsentgelt). Anders als beim Akkord- oder Prämienlohn wird bei dieser Vergütungsart die Entgelthöhe nicht durch eine höhere oder niedrigere Leistung beeinflußt.

Arbeitsentgelt

Beispiel:
Für das Nähen von Röcken wird ein Stundenlohn von 12,00 DM gezahlt.
Eine Näherin hat Anspruch auf 12,00 DM pro Stunde, gleichgültig, ob sie sechs oder acht Röcke in der Stunde fertigstellt.

Die Problematik des Entlohnungsgrundsatzes »Zeitlohn/Gehalt« besteht darin, daß der Arbeitgeber kraft seines Direktionsrechts (siehe → **Arbeitsvertrag**) durch diverse Maßnahmen die Höhe der abverlangten Arbeitsleistung einseitig (ohne Mitbestimmung des Betriebsrats) zu bestimmen vermag (ohne daß – wie beim Akkord- oder Prämienlohn – auf der Entgeltseite eine entsprechende Steigerung bewirkt wird). Von dieser Möglichkeit machen Arbeitgeber in der betrieblichen Praxis kräftig Gebrauch (z. B. durch Antreiben, enge Terminsetzung usw.). Folge: Gerade im Zeitlohn- und Gehaltsbereich haben Leistungsdruck und Arbeitstempo ein unzumutbares Maß angenommen. In nicht wenigen Betrieben ist paradoxerweise der Arbeitsdruck/das Arbeitstempo im Zeitlohn- und Gehaltsbereich höher als im Akkordlohn. Um dieser Entwicklung zu begegnen, verstärken sich die Bemühungen der gewerkschaftlichen und betrieblichen Interessenvertretung, Regelungen zur Realisierung menschengerechter Arbeits- und Leistungsbedingungen durchzusetzen (in einigen Tarifverträgen finden sich mittlerweile Bestimmungen, die direkte oder indirekte Leistungsvorgaben des Arbeitgebers im Entlohnungsgrundsatz »Zeitlohn« untersagen).

Akkordlohn

Ziel der Einführung von Akkordarbeit aus der Sicht des Arbeitgebers ist die höchstmögliche Steigerung der »Arbeitsmenge«. Bewirkt wird dies durch einen Lohnanreiz, der darin besteht, daß der Akkordarbeiter die Höhe seines Lohnes durch Erhöhung der Arbeitsleistung (Arbeitsschnelligkeit) steigern kann. Je höher die erbrachte Leistung, desto höher der Lohn. Das Verhältnis von Lohn und Leistung entwickelt sich proportional: 20 Prozent mehr Leistung = 20 Prozent mehr Lohn (= lineare Lohnlinie).

☐ Die Akkordarbeit kommt heute meist als Zeitakkord, seltener als Geldakkord vor.

Arbeitsentgelt

Geldakkord

Der Geldakkord tritt in verschiedenen Erscheinungsformen auf: als Stückakkord, Flächenakkord, Gewichtsakkord usw.

Für das Arbeitsergebnis (z. B. hergestelltes Stück, bearbeitete Fläche, transportiertes Gewicht usw.) wird ein bestimmter Geldbetrag (= Geldfaktor) vereinbart.

Beispiel:
Pro verlegten Quadratmeter Fliesen erhält der Fliesenleger 20,00 DM. Verlegt der Fliesenleger beispielsweise innerhalb von 8 Stunden 8 Quadratmeter, so beträgt sein Verdienst: 8 Quadratmeter mal 20,00 DM = 160,00 DM. Verlegt er in der gleichen Zeit – durch höhere Arbeitsschnelligkeit – 10 Quadratmeter, beträgt sein Verdienst 200,00 DM.

Zeitakkord

Für die Herstellung eines Produktes wird nicht ein bestimmter Geldbetrag (wie beim Geldakkord), sondern eine bestimmte Zeiteinheit festgelegt (sogenannte »Vorgabezeit«). Die Vorgabezeit setzt sich zusammen aus:

- Grundzeit (= Zeitbedarf für die planmäßige Ausführung der Arbeit);
- sachlicher Verteilzeit (= Zeitbedarf für die Ausführung zusätzlich anfallender betriebsbedingter Arbeiten: z. B. Störungsbeseitigung, Zwischenkontrollen, Auswechseln von Transportkisten/Paletten, Gespräche mit Vorgesetzen usw.);
- persönlicher Verteilzeit (= Zeitbedarf für die »Erledigung« persönlicher Bedürfnisse: z. B. Gang zur Toilette, Gespräche mit Kollegen usw.); die Höhe der persönlichen Verteilzeit ist bisweilen tariflich oder durch Betriebsvereinbarung geregelt: z. B. mindestens 5 Prozent der Grundzeit; oder: 3 Minuten pro Stunde;
- Erholungszeit (= Zeit, die als Ausgleich für arbeitsbedingte Ermüdung eingeräumt wird). Auch der Umfang der Erholungszeit ist häufig tariflich oder durch Betriebsvereinbarung geregelt: z. B. 10 Prozent der Grundzeit.

Der Akkordarbeiter »kommt auf sein Geld«, indem er die festgelegte Vorgabezeit durch höhere Arbeitsschnelligkeit »unterbietet«.

Arbeitsentgelt

Der Verdienst wird ermittelt durch eine Multiplikation des »Zeitfaktors« (= Vorgabezeit) mit der gefertigten Stückzahl und dem sogenannten Geldfaktor (= $^1/_{60}$ des »Akkordrichtsatzes«). Der »Akkordrichtsatz« entspricht, falls ein Lohntarifvertrag Anwendung findet, in der Regel 100 Prozent (nach manchen Tarifverträgen auch mehr als 100%) des Stundenlohnes der einschlägigen Tariflohngruppe.

Beispiel für die Ermittlung eines Zeitakkord-Verdienstes

Angenommen: Für das Fertigen eines Teiles wird eine »Vorgabezeit« von 10 Minuten festgelegt (zum Verfahren der Vorgabezeitermittlung: siehe unten);

der »Akkordrichtsatz« beträgt 12,00 DM (der »Geldfaktor« beläuft sich dementsprechend auf: 12,00 DM geteilt durch 60 = 0,20 DM).

Folge: Stellt der Arbeiter in einer Stunde 6 Teile her, so hat er lediglich die »Normalleistung« (= 100%) erbracht.

Er kommt auf eine Minutenzahl von: 6 Teile mal 10 Minuten (= Zeitfaktor/Vorgabezeit) = 60 Minuten. Sein Stundenverdienst beläuft sich auf: 60 Minuten mal 0,20 DM (= Geldfaktor) = 12,00 DM (= 100% des Akkordrichtsatzes).

Stellt der Arbeiter in der Stunde aber 8 Teile her, kann er 80 Minuten (= 133,33%) abrechnen: 8 Teile mal 10 Minuten (= Zeitfaktor/Vorgabezeit) = 80 Minuten. Sein Stundenverdienst beträgt: 80 Minuten mal 0,20 DM (= Geldfaktor) = 16,00 DM (= 133,33% des Akkordrichtsatzes).

☐ Die Ermittlung der »Vorgabezeit« beim Zeitakkord erfolgt nach verschiedenen Methoden (siehe Übersicht im Anhang zu dem hier besprochenen Stichwort):

- Beim »ausgehandelten Akkord« beispielsweise wird die Vorgabezeit zwischen Arbeitgeber und Arbeitnehmer (bzw. Betriebsrat) vereinbart.
- Weitverbreitet ist der sogenannte »arbeitswissenschaftliche Akkord«, bei dem die Vorgabezeit nach hoch ausdifferenzierten Verfahren ermittelt wird:
Das bekannteste Zeitermittlungsverfahren ist das »Messen von Ist-Zeiten mit gleichzeitiger Leistungsgradbeurteilung«. Nach dieser Methode wird die Vorgabezeit mit Hilfe von Zeitstudien (Ist-Zeitaufnahmen) ermittelt, die ein »Zeitstudienmann« (Sachbearbeiter der Arbeitsvorbereitung) durchführt.

Arbeitsentgelt

Hauptbestandteile der Zeitstudie sind

- die (mehrfache) Messung der bei der Fertigung eines Teiles anfallenden Ist-Zeiten;
- die statistische Auswertung der gemessenen »Ist-Zeiten« (Ziel: es soll unter Anwendung mathematisch-statistischer Methoden aus einer Mehrzahl von gemessenen – unterschiedlichen – Einzelzeiten ein »repräsentativer« Mittelwert – erhöht um statistische Sicherheitszuschläge – herausgearbeitet werden);
- die Beurteilung des zum Zeitpunkt der Ist-Zeit-Messung vom Arbeitnehmer aufgewandten sogenannten »Leistungsgrades«.

Die Hauptproblematik der Zeitstudie liegt in der »Beurteilung« des Leistungsgrades durch denjenigen, der die Zeitstudie durchführt.

Eine solche Beurteilung erfolgt auf der Grundlage folgender Überlegung: Würde die Vorgabezeit allein nach Maßgabe der gemessenen »Ist-Zeiten« festgelegt, würde dies bei einem Arbeiter mit überdurchschnittlicher Leistung zu einer (aus Sicht der Arbeitnehmer) zu niedrigen Vorgabezeit führen. Eine Messung bei einem Arbeiter mit unterdurchschnittlicher Leistung würde eine (aus der Sicht des Arbeitgebers) zu hohe Vorgabezeit ergeben.

Die Leistungsgradbeurteilung geschieht in der Weise, daß die zum Zeitpunkt der Zeitstudie von dem beurteilten Arbeitnehmer erbrachte Leistung in ein Verhältnis zu einer häufig tarifvertraglich definierten »Normalleistung« (problematischer Begriff!) gesetzt wird (z.B. 140% der »Normalleistung«). Unter Zugrundelegung dieses Leistungsgrades wird sodann die Ist-Zeit korrigiert.

Beispiel der Bemessung einer Vorgabezeit

Ist-Zeit (= statistisch abgesicherter Mittelwert der gemessenen Einzelzeiten):	10 Minuten pro Stück
angenommener Leistungsgrad	140 Prozent
Grundzeit (= korrigierte Ist-Zeit):	14 Minuten pro Stück (= 140% von 10 Minuten)
persönliche Verteilzeit:	0,7 Minuten pro Stück
sachliche Verteilzeit:	0,9 Minuten pro Stück
Erholungszeit (z.B. 10% der Grundzeit):	1,4 Minuten pro Stück
Vorgabezeit (= Zeit je Einheit):	**17 Minuten pro Stück**

Arbeitsentgelt

Wäre der aufgewandte Leistungsgrad vom »Zeitstudienmann« auf nur 120 Prozent »beurteilt« worden, hätte dies eine Verkürzung der Grundzeit um 2 Minuten und damit der Vorgabezeit auf 15 Minuten pro Stück zur Folge gehabt. Folge: entsprechend geminderte Verdienstchancen des Akkordarbeiters.

Die Beurteilung des Leistungsgrades ist zweifellos ein Vorgang, der mit »Wissenschaft« nichts und mit subjektiven (gegebenenfalls willkürlichen) Annahmen des »Zeitstudienmannes« alles zu tun hat. Insofern ist der Begriff »Arbeitswissenschaftlicher Akkord« falsch, wird dadurch doch der Anschein der »Objektivität« der Lohnermittlung erweckt.

☐ Eine andere verbreitete Methode der sogenannten »arbeitswissenschaftlichen« Vorgabezeitermittlung ist das MTM-Verfahren (MTM = Methods Time Measurement). Die Urheber dieses Verfahrens haben menschliche Bewegungsabläufe in »Grundbewegungen« zerlegt (hinlangen, greifen, bringen, fügen, loslassen usw.) und – auf der Grundlage von Filmstudien (so jedenfalls die Aussagen der Urheber) – für jede dieser Bewegungen »Normzeiten« festgesetzt. Die Normzeiten wurden anschließend nach Multiplikation mit einem – durch letztlich subjektive Wertung festgelegten – Leistungsgrad in MTM-Normzeittabellen eingearbeitet.

Die Vorgabezeit wird im konkreten Falle dann – vereinfacht ausgedrückt – wie folgt ermittelt: Es werden vom Sachbearbeiter der Arbeitsvorbereitung zunächst im Rahmen einer Analyse eines Arbeitsvorgangs die anfallenden Grundbewegungen festgestellt. Sodann werden den jeweiligen Grundbewegungen die aus der MTM-Normzeittabelle entnommenen Zeitwerte zugeordnet. Aus der Summe der anfallenden Normzeiten (gegebenenfalls erhöht um Zeitzuschläge für Erholung und persönliche Bedürfnisse) wird anschließend die Vorgabezeit für den gesamten Arbeitsablauf gebildet.

☐ Der Vorteil des Akkordlohns für den Arbeitnehmer gegenüber dem Zeitlohn besteht darin, daß höhere Leistung entsprechend honoriert wird. Hinzu kommt, daß die Höhe der abverlangten Leistung nicht – wie beim Zeitlohn – einseitig vom Arbeitgeber bestimmt werden kann, sondern – im Rahmen tariflicher Bestimmungen – der Mitbestimmung des Betriebsrats unterliegt (siehe unten). Die Problematik des Entlohnungsgrundsatzes »Akkord« besteht darin, daß Akkordarbeit den Arbeitnehmer zu einer Überbeanspruchung seiner Leistungskraft und damit zu einer Gefährdung seiner Gesundheit verleitet.

Arbeitsentgelt

☐ Akkordarbeiten werden in der Praxis nicht nur als »Einzelakkord«, sondern auch als »Gruppenakkord« vergeben. Hierbei erhält die Gruppe eine Vorgabezeit, die sie durch entsprechende Arbeitsschnelligkeit »unterbieten« kann. Die Vergütung wird nach dem Leistungsergebnis der Gruppe bemessen und dann auf die Gruppenmitglieder verteilt. Bei dieser Arbeitsform besteht die Gefahr, daß sich zusätzliche Belastungen dadurch ergeben, daß sich die Gruppenmitglieder gegenseitig antreiben und disziplinieren.

☐ Dort, wo die Arbeitsabläufe immer stärker automatisiert werden, nehmen die Möglichkeiten, die Arbeitsmenge und damit den Verdienst durch höhere Leistung zu beeinflussen (»beeinflußbare Zeiten«), immer mehr ab. Dementsprechend ist die Akkordarbeit in diesen Bereichen rückläufig.

Prämienlohn

Auch der Prämienlohn ist eine Leistungslohnform. Ähnlich wie beim Akkord vermag der Arbeiter durch Steigerung seiner Arbeitsleistung einen höheren Lohn zu erzielen. Allerdings bestehen wesentliche Unterschiede zum Akkordlohn:

- Lohnsteigerndes Element beim »Akkord« ist allein die Unterschreitung der vorweg festgelegten »Vorgabezeit«. Der Prämienlohn kann demgegenüber auch an andere Bezugsgrößen angeknüpft werden (z. B. abgerechnete Minuten, Arbeitsmenge pro Schicht, Qualität (Ausschußprozentsatz), Maschinennutzungsgrad, erzielte Ersparnis usw.);

- das Verhältnis von Lohn und Leistung kann, aber muß nicht (wie beim »Akkord«) proportional ausgestaltet sein (die Prämienlohnlinie kann z. B. degressiv, progressiv, über- oder unterproportional, stufenförmig usw. verlaufen);

- es besteht die Möglichkeit, Prämienuntergrenzen und Prämienobergrenzen zu vereinbaren (die Prämienuntergrenze (z. B. 130%) bewirkt eine Mindestlohnabsicherung für den Arbeiter; die Bestimmung einer Prämienobergrenze (z. B. 150%) verhindert gesundheitsschädliche Überbeanspruchung der Leistungskräfte.

☐ Eine menschengerechte Prämienlohnregelung zeichnet sich insbesondere dadurch aus, daß sie als Prämienendleistung eine Leistungsobergrenze festsetzt, die – bezogen auf ein ganzes Arbeitsleben – ohne

Arbeitsentgelt

körperliche, geistige oder seelische Gesundheitsschäden erreichbar und damit zumutbar ist.

☐ In einer Prämienlohnregelung (Betriebsvereinbarung) müssen im wesentlichen festgelegt werden (zum Mitbestimmungsrecht des Betriebsrats insoweit: siehe unten):

- die Prämienbezugsgröße (Prämienart),
- die Prämienausgangsleistung,
- die Prämienendleistung,
- der entsprechende Prämienausgangslohn,
- der entsprechende Prämienendlohn,
- die Prämienlohnlinie.

☐ Eine besondere – und mittlerweile in einigen Betrieben realisierte – Form des Prämienlohns ist die sogenannte »Standardprämie«. Hierbei wird für die Einhaltung einer festen Standardleistung (z. B. 40 Stück müssen pro Schicht gefertigt werden) ein fester Standardlohn (z. B. 140% des Tariflohns) gezahlt. Anders als beim Akkord ergibt sich der Mehrverdienst also nicht aus der »Unterschreitung« einer Vorgabezeit. Vielmehr erhält der Arbeiter dafür eine (über 100% des Tariflohns hinausgehende) Prämie, daß er die vorweg vereinbarte Standardleistung tatsächlich einhält.

Die Höhe der Standardleistung wird (gegebenenfalls auf der Basis von ermittelten Ist-Zeiten = Soll-Zeiten) im Mitbestimmungsverfahren zwischen Arbeitgeber und Betriebsrat vereinbart. Eine Leistungsgradbeurteilung – wie beim Akkord – entfällt. Es ist darauf zu achten, daß die vom Arbeiter zu erbringende Standardleistung zumutbar und in einer Weise erreichbar ist, daß bezogen auf das gesamte Arbeitsleben keine körperlichen, geistigen oder seelischen Schäden eintreten. Auch die Höhe des der Standardleistung zugeordneten Standardlohns wird zwischen Arbeitgeber und Betriebsrat vereinbart.

Des weiteren geregelt werden muß die Frage, wie sich eine **Unterschreitung** der Standardleistung auswirkt:

Regelungsbeispiel:

- *Es tritt keine Verdienstminderung ein. Vielmehr untersuchen Arbeitgeber und Betriebsrat die Ursachen der Unterschreitung und beraten Maßnahmen, die sicherstellen, daß die Standardleistung in Zukunft erreicht wird. Im Nichteinigungsfalle entscheidet eine Einigungsstelle (= sog. »fester« Standardprämienlohn).*

Arbeitsentgelt

- *Oder:*
  Es tritt keine Verdienstminderung ein, wenn betriebliche Gründe für die Unterschreitung verantwortlich sind; hat der Arbeitnehmer die Unterschreitung der Standardleistung zu vertreten, dann erfolgt eine Lohnminderung entsprechend einer festgelegten Prämienlohnlinie (optimal aus Arbeitnehmersicht wäre insoweit eine Prämienlohnlinie, die in folgender Weise »unterproportional« verläuft: Auf eine Minderleistung von z. B. 10% wird mit einer geringeren Lohnminderung, z. B. nur von 5%, reagiert; = sogenannter »variabler« Standardprämienlohn).

☐ Nicht selten versuchen Arbeitgeber, Prämienlohnsysteme durchzusetzen, die auf mehrere Bezugsgrößen aufbauen.

Beispiel:
Eine Mengenprämie wird mit einer Qualitätsprämie verbunden, um zu verhindern, daß der Arbeitnehmer die Arbeitsmenge in einer Weise steigert, die zu Lasten der Qualität der Arbeit geht.

Der Arbeitnehmer steht vor einem unlösbaren Problem: Verlegt er das Schwergewicht seiner Arbeit auf eine höchstmögliche Steigerung der Arbeitsmenge, geht dies unvermeidlich zu Lasten der Qualität (hohe Ausschußrate) und damit zu Lasten der Qualitätsprämie. Steigert er seine Anstrengungen, um die Qualität zu erhöhen, so mindert sich zwangsläufig seine Mengenprämie.

☐ Die Prämienlohnarbeit kann als Einzel- oder als Gruppenprämienarbeit vergeben werden. Es entstehen für die Mitglieder der Arbeitsgruppe ähnliche zusätzliche Belastungen wie beim Gruppenakkord (siehe oben).

☐ Insgesamt betrachtet ist der Entlohnungsgrundsatz »Prämienlohn« (insbesondere in Form der »Standardprämie«) bei entsprechender menschengerechter Ausgestaltung die gegenüber dem »Akkord« vorzuziehende Lohnform. Auch im Vergleich zum »Zeitlohn« bestehen aus Arbeitnehmersicht Vorteile. Denn die Festlegung der abverlangten Leistung kann nicht einseitig vom Arbeitgeber bestimmt werden, sondern unterliegt der Mitbestimmung durch den Betriebsrat (siehe unten).

Arbeitsentgelt

Provision

Diese Vergütungsform tritt vor allem im kaufmännischen Bereich auf. Der Angestellte erhält eine in Prozenten ausgedrückte Beteiligung am Geldwert der Geschäfte (z. B. Verkäufe), die von ihm abgeschlossen worden oder die auf seine Tätigkeit zurückzuführen sind. Neben der erfolgsabhängigen – und damit in der Höhe schwankenden – Provision wird häufig ein fester Betrag als Grundentgelt (= Fixum) vereinbart.

Sonstige Arbeitsentgeltformen

☐ Weitere – häufig tariflich geregelte – Bestandteile des Arbeitsentgelts sind:

- Zulagen aller Art: Leistungszulagen für Zeitlohn- und Gehaltsempfänger, Vorarbeiterzulagen, Zuschläge für Überstunden, Nacht- und Schichtarbeit, Erschwerniszulagen usw.,
- Zuwendungen aus bestimmtem Anlaß: Urlaubsgeld, 13. Monatsgehalt, vermögenswirksame Leistungen, befristete oder unbefristete Verdienstsicherung wegen krankheits- oder betriebsbedingter Umgruppierung usw.

☐ Nicht selten zahlen Arbeitgeber (aus vielerlei Gründen: z. B. mit dem Ziel, die Arbeitnehmer an den Betrieb zu binden) sogenannte → **übertarifliche Zulagen** (= Zuwendungen, die über die tariflich vorgeschriebenen Zahlungen hinausgehen; z. B. Aufschlag auf den Stundenlohn).

☐ Sonstige Leistungen des Arbeitgebers mit Entgeltcharakter: Ergebnisbeteiligung, Tantiemen, Gratifikationen, Sachbezüge, Gewährung einer → **betrieblichen Altersversorgung**, Überlassung von Dienstwagen zur privaten Nutzung, Gewährung zinsgünstiger Darlehen usw.

Bedeutung für die Betriebsratsarbeit

☐ Mitbestimmungsrechte des Betriebsrats im Bereich des Arbeitsentgelts bestehen einerseits nach § 99 BetrVG, andererseits nach § 87 Abs. 1 Nr. 10 und 11 BetrVG sowie nach § 87 Abs. 1 Nr. 4 BetrVG.

☐ Die Mitbestimmung des Betriebsrats nach § 99 BetrVG bezieht sich auf Einzelfalltatbestände (»personelle Einzelmaßnahmen«). Will der Arbeitgeber einen Arbeitnehmer (z. B. anläßlich einer Einstellung oder

Arbeitsentgelt

Versetzung) in eine tarifvertragliche Lohn- oder Gehaltsgruppe »eingruppieren« oder ihn von der einen in die andere Gruppe »umgruppieren«, so benötigt er hierzu die Zustimmung des Betriebsrats. Der Betriebsrat kann die Zustimmung aus den in § 99 Abs. 2 BetrVG genannten Gründen verweigern, so daß der Arbeitgeber gezwungen ist, das Arbeitsgericht anzurufen (zu den weiteren Einzelheiten siehe → **Eingruppierung**).

☐ Demgegenüber wird das Mitbestimmungsrecht des Betriebsrats nach § 87 Abs. 1 Nr. 10 und 11 BetrVG bei »kollektiven« Regelungsfragen ausgelöst:

So sind nach **§ 87 Abs. 1 Nr. 10 BetrVG** mitbestimmungspflichtig:

»Fragen der betrieblichen Lohngestaltung, insbesondere die Aufstellung von Entlohnungsgrundsätzen und die Einführung und Anwendung von neuen Entlohnungsmethoden sowie deren Änderung.«

☐ Der Begriff »Lohngestaltung« erfaßt alle denkbaren Formen des Arbeitsentgelts (siehe oben).

☐ »Entlohnungsgrundsätze« sind die Systeme, nach denen die Arbeitnehmer im Betrieb oder einer Abteilung des Betriebes vergütet werden: z. B. Zeitlohn, Gehalt, Akkordlohn, Prämienlohn, Fixum in Verbindung mit Provision, Leistungszulagensysteme usw.

- Der Betriebsrat hat also beispielsweise mitzubestimmen über die Frage, welche Arbeiten im Zeitlohn, welche im Akkordlohn, welche im Prämienlohn vergeben werden.
- Auch der Wechsel von einem Entlohnungsgrundsatz zum anderen ist mitbestimmungspflichtig: Will also beispielsweise der Arbeitgeber anstelle des bisherigen Akkordlohnsystems in einer Betriebsabteilung ein Prämienlohnsystem einführen, so ist dies nur mit Zustimmung des Betriebsrats über das »Ob« und »Wie« der Prämienlohnregelung möglich.
- Stellt der Arbeitgeber finanzielle Mittel für die Gewährung »übertariflicher Zulagen« zur Verfügung, dann hat der Betriebsrat ein Mitbestimmungsrecht bezüglich der Frage, nach welchen Kriterien diese Mittel auf die Arbeitnehmer verteilt werden; siehe → **Übertarifliche Zulage**.

☐ Der Begriff »Entlohnungsmethode« umfaßt die Art und Weise der Durchführung und Ausgestaltung des »Entlohnungsgrundsatzes«:

Arbeitsentgelt

Mitbestimmungspflichtig sind beispielsweise
- die Frage, ob Arbeiten als Einzelakkord oder als Gruppenakkord vergeben werden;
- die Einführung (das »Ob«) und Ausgestaltung (das »Wie«) von Methoden und Verfahren der Ermittlung von Vorgabezeiten (z. B. durch »Messen von Ist-Zeiten« oder nach dem MTM-Verfahren);
- die Ausgestaltung des Prämienverfahrens (= Bestimmung der Prämienbezugsgrößen bzw. Prämienart, der Prämienausgangs- und -endleistung, des Verlaufs der Prämienkurve usw.).

☐ Auch die »Veränderung« der angewandten Entlohnungsmethode (z. B. Änderung der Methode zur Ermittlung der Vorgabezeiten) unterliegt der Mitbestimmung des Betriebsrats.

☐ Einigen sich Arbeitgeber und Betriebsrat, so ist die Einigung in einer Betriebsvereinbarung niederzulegen. Im Nichteinigungsfalle entscheidet die → **Einigungsstelle** (vgl. § 87 Abs. 2 BetrVG).

☐ Da der Betriebsrat im Rahmen des § 87 BetrVG ein Initiativrecht hat, kann auch er das Mitbestimmungsverfahren mit dem Ziel der Aufstellung bzw. Änderung des Entlohnungsgrundsatzes und der Entlohnungsmethoden einleiten.

☐ Eine Einschränkung erfährt das Mitbestimmungsrecht des Betriebsrats allerdings insoweit, als Fragen der Lohngestaltung durch einen für den Betrieb geltenden → **Tarifvertrag** abschließend geregelt sind (vgl. § 87 Abs. 1 Eingangssatz BetrVG: »... soweit eine tarifliche Regelung nicht besteht«). Dabei genügt im Rahmen des § 87 BetrVG die Tarifbindung des Arbeitgebers, da es sich bei der betrieblichen Lohngestaltung im Sinne des § 87 Abs. 1 Nr. 10 BetrVG um »betriebliche« Normen im Sinne des § 3 Abs. 2 Tarifvertragsgesetz handelt.

Beispiele:

1. Hinsichtlich des Entlohnungsgrundsatzes »Zeitlohn« bzw. »Gehalt« hat der Betriebsrat regelmäßig nur hinsichtlich des »Ob«, nicht aber hinsichtlich des »Wie« ein Mitbestimmungsrecht. Denn die Ausgestaltung von Zeitlohn und Gehalt ist sowohl auf der Seite der Beschreibung der Lohn- und Gehaltsgruppen als auch auf der Seite des jeweils zugeordneten Arbeitsentgelts regelmäßig tarifvertraglich abschließend geregelt.

2. Soweit es aber um die Gestaltung des Entlohnungsgrundsatzes »Gehalt« für → Außertarifliche Angestellte geht, besteht auch beim »Wie« –

Arbeitsentgelt

z. B. bei der Bildung von Gehaltsgruppen (einschließlich des Abstandes zur höchsten Tarifgruppe; strittig) – ein volles Mitbestimmungsrecht. Denn für AT-Angestellte gilt der Tarifvertrag eben gerade nicht, so daß der Anwendungsbereich des § 87 Abs. 1 Nr. 10 BetrVG voll eröffnet ist.

3. Abschließende tarifliche Regelungen bestehen in der Praxis häufig auch im Hinblick auf die Ausgestaltung (das »Wie«) des Entlohnungsgrundsatzes »Akkord« einschließlich der Ausformung der dazugehörigen Entlohnungsmethode. So hat der Betriebsrat meist keine Mitbestimmungsrechte (mehr) bei der Art und Weise der Ermittlung der Vorgabezeiten (usw.), sondern allenfalls nachträglich, soweit es um die Reklamation von Vorgabezeiten geht, die der Arbeitgeber auf der Grundlage der tariflichen Bestimmungen ermittelt hat (das Landesarbeitsgericht Berlin hat allerdings in einem rechtskräftigen Urteil vom 9.11.1988 [Az. 9 Sa 73/88] im Falle des »Lohnrahmentarifvertrages für Arbeiter der Berliner Metallindustrie« trotz weitgehender tariflicher Regelung des Komplexes »Akkord« ein volles Mitbestimmungsrecht des Betriebsrats bei der Neufestsetzung von Vorgabezeiten bejaht!).

4. Weniger ausgeprägt sind die tariflichen Regelungen meist in bezug auf den Entlohnungsgrundsatz »Prämienlohn«, so daß dem Betriebsrat bei der Ausgestaltung eines Prämienlohnsystems weitgreifende Mitbestimmungsrechte verbleiben.

☐ Ein Problem der Lohngestaltung im Sinne des § 87 Abs. 1 Nr. 10 BetrVG (Entlohnungsgrundsatz) ist auch die Frage, ob gewerbliche Arbeitnehmer (= Arbeiter) auf Stundenlohnbasis oder in Form eines Monatsentgelts (wie Angestellte) vergütet werden. Allerdings entfällt regelmäßig auch insoweit ein Mitbestimmungsrecht des Betriebsrats, weil diese Frage durchweg Gegenstand abschließender tarifvertraglicher Regelungen ist.

Gewerkschaften streben seit langem Tarifverträge über eine Monatsvergütung auch für Arbeiter an. Aus gutem Grund, denn die »Stundenlohnregelung« benachteiligt die gewerblichen Arbeitnehmer insofern, als sie – anders als Angestellte – je nach Länge des Monats ein unterschiedlich hohes Arbeitsentgelt erhalten (im kurzen Februar weniger als im langen Oktober). Mittlerweile existiert eine ganze Anzahl von Tarifverträgen über einen gleichmäßigen Monatslohn für Arbeiter. Wesentlicher Inhalt dieser Tarifverträge: Festlegung des Faktors für die Umrechnung des Stundenlohns auf Monatslohn (Beispiel: 37 Std./ pro Woche mal durchschnittlich 4,35 Wochen/pro Monat mal Stundenlohn = Monatslohn) sowie die Behandlung der zusätzlichen – in unterschiedlichem Umfang anfallenden – Lohnbestandteile (Beispiele: Mehrarbeitsvergütungen, Zuschläge für Mehr-, Spät-, Nacht-, Samstags- Sonntags- und Feiertagsarbeit, Zulagen für außergewöhnliche Belastungen und insbesondere auch die leistungs- oder ergebnisabhängigen Lohnanteile bei Akkord- oder Prämienlohn).

☐ Ergänzt wird das Mitbestimmungsrecht des Betriebsrats nach § 87 Abs. 1 Nr. 10 BetrVG durch die Regelung des **§ 87 Abs. 1 Nr. 11 BetrVG**: Hiernach hat der Betriebsrat mitzubestimmen bei der

»Festsetzung der Akkord- und Prämiensätze und vergleichbarer leistungsbezogener Entgelte, einschließlich der Geldfaktoren«.

Diese Vorschrift kann ausweislich ihres Wortlauts nur auf die Leistungslohnformen (insbesondere »Akkordlohn«, »Prämienlohn«), nicht aber auf die Entlohnungsgrundsätze »Zeitlohn« und »Gehalt« angewendet werden.

☐ Gegenstand der Nr. 11 ist in erster Linie die »Geldseite« des Verhältnisses von Lohn und Leistung, während auf die »Leistungsseite« als solche die Regelung der Nr. 10 des § 87 Abs. 1 BetrVG anzuwenden ist.

☐ Beim Leistungslohngrundsatz »Zeitakkord« erfaßt das Mitbestimmungsrecht nach Nr. 11 insbesondere die Festlegung des »Akkordrichtsatzes« bzw. des »Geldfaktors« (sofern nicht bereits tariflich geregelt; siehe unten). Aber auch die Festlegung des »Zeitfaktors« unterliegt der Mitbestimmung des Betriebsrats, wobei allerdings die anzuwendende Methode zur Ermittlung der Vorgabezeit bereits nach der Nr. 10 des § 87 Abs. 1 BetrVG (»Entlohnungsmethode«) mitbestimmungspflichtig ist.

☐ Beim »Geldakkord« ist die Festsetzung des »Geldfaktors« (= der für jedes hergestellte Stück, für jeden Quadratmeter bearbeitete Fläche usw. auszuweisende Geldbetrag; siehe oben) mitbestimmungspflichtig.

☐ Beim »Prämienlohn« erstreckt sich das Mitbestimmungsrecht nach § 87 Abs. 1 Nr. 11 BetrVG auf die Festlegung der »Prämiensätze«, d. h. die beim Prämienlohn jeweils auszuweisenden Entgelteinheiten (Prämienausgangslohn, Prämienendlohn, Prämienlohnlinie).
Die Ausgestaltung der »Leistungsseite« des Entlohnungsgrundsatzes »Prämienlohn« (Prämienbezugsgröße, Prämienausgangsleistung, Prä-

mienendleistung) ist mitbestimmungspflichtig bereits nach der Nr. 10 des § 87 Abs. 1 BetrVG.

☐ Auch im Bereich der Nr. 11 des § 87 Abs. 1 BetrVG wird das Mitbestimmungsrecht des Betriebsrats vor allem beim Entlohnungsgrundsatz »Akkord« häufig durch tarifliche Regelungen verdrängt. So besteht bei der Festlegung des »Akkordrichtsatzes« und damit auch des »Geldfaktors« regelmäßig kein Mitbestimmungsrecht, weil diese Fragen in den einschlägigen Tarifverträgen meist abschließend geregelt sind.

☐ Die Regelung von Zeit, Ort und Art der Auszahlung der Arbeitsentgelte unterliegt der Mitbestimmung des Betriebsrats nach § 87 Abs. 1 Nr. 4 BetrVG. Mitbestimmungspflichtig sind insbesondere

- die Festlegung des Fälligkeitszeitpunktes der Auszahlung von Löhnen, Gehältern und sonstigen Arbeitsentgeltformen (zusätzliches Urlaubsgeld, Weihnachtsgeld, Gewinnbeteiligung, usw.);
- die Bestimmung der Stelle, an der die Arbeitnehmer ihr Arbeitsentgelt in Empfang nehmen (zum Beispiel: Barauszahlung im Lohnbüro oder an der Arbeitsstelle);
- der Übergang von Barauszahlung des Arbeitsentgelts zur bargeldlosen Zahlung durch Überweisung. Vom Mitbestimmungsrecht erfaßt ist insoweit auch die Frage der Kostentragung für Überweisung und Kontoführung sowie des Abhebens des Geldes während (!) der Arbeitszeit. Ziel entsprechender Initiativen des Betriebsrats ist es, durch Regelungen in einer Betriebsvereinbarung sicherzustellen, daß die Arbeitnehmer durch die Anwendung der bargeldlosen Zahlung keine Nachteile hinnehmen müssen. Eine Pauschalierung der Kosten durch Betriebsvereinbarung ist zulässig. Der Pauschalbetrag sollte die Kosten der Eröffnung des Kontos, der Kontoführung, der Gebühr für eine Überweisung pro Monat sowie für das einmalige Abheben des Geldbetrages pro Monat abdecken. In Höhe des Betrages von 2,50 DM pro Monat sind Leistungen des Arbeitgebers zur Abdeckung der Kontoführungskosten steuerfrei.

☐ Das Mitbestimmungsrecht des Betriebsrats nach § 87 Abs. 1 Nr. 4 BetrVG entfällt allerdings, wenn die Frage von Zeit, Ort und Art der Auszahlung in einem Tarifvertrag abschließend geregelt ist (vgl. Tarifvorrang gemäß § 87 Abs. 1 Eingangssatz BetrVG). Eine solche abschließende Regelung soll nach einer abzulehnenden Entscheidung des Bundesarbeitsgerichts bereits dann vorliegen, wenn ein Tarifvertrag

Arbeitsentgelt

zwar bargeldlose Zahlung des Arbeitsentgelts vorschreibt, sich aber zur Frage der Tragung der Kontoführungskosten ausschweigt (BAG in »Betriebsberater« 1983, S. 60).

☐ Soweit es um die (sich in der Praxis nur bei →**Arbeitern** stellende) Frage des Übergangs vom Stundenlohn zum »Monatslohn« geht, ist nicht § 87 Abs. 1 Nr. 4 BetrVG, sondern § 87 Abs. 1 Nr. 10 BetrVG anzuwenden. Denn die Einführung und Ausgestaltung des Monatslohns ist kein Problem des Zeitpunktes der Lohnauszahlung, sondern eine Frage der »Lohngestaltung« (siehe oben).

Arbeitsentgelt

Leistungsbedingungen im Zeitlohn und Leistungslohn

Leistungs-bedingungen	Zeitlohn	Leistungslohn (Akkord- oder Prämienlohn)
Hoher Leistungsdruck	– Zu knapper Personalstand – Hohe direkte oder indirekte Leistungsvorgaben – Hohes Arbeitstempo, keine oder geringe Freiräume	– Unzumutbare, knapp kalkulierte Vorgabezeiten – Keine Erholungszeiten – Zu geringe persönliche und sachliche Verteilzeiten – Verdienstgrade werden nur dadurch erreicht, daß persönliche Verteilzeiten und Pausen nicht in Anspruch genommen werden – Wegen dieser Bedingungen werden meist nur niedrige Verdienstgrade erreicht
Geringerer Leistungsdruck	– Ausreichender Personalstand – Keine direkten oder indirekten Leistungsvorgaben – Inoffizielle Freiräume	– Zumutbare, akzeptable Vorgabezeiten – Inoffizielle Freiräume oder kollektiv geregelte Erholungszeiten – Ausreichende persönliche und sachliche Verteilzeiten – Verdienstgrade werden bei Einhaltung der Erholungszeit, persönlichen Verteilzeit und Pausen erreicht – Wegen dieser Bedingungen werden häufig relativ hohe Verdienstgrade erreicht

Aus: Klaus Lang/Hartmut Meine/Kay Ohl (Hrsg.): Arbeit, Entgelt, Leistung. Handbuch Tarifpolitik im Betrieb, Bund-Verlag, Köln 1990, S. 235.

Arbeitsentgelt

Methoden zur Ermittlung von Vorgabezeiten bzw. Sollzeiten

Messen von Ist-Zeiten (ohne Beurteilung des Leistungsgrades)	Vereinbaren	Rechnen von technisch bedingten Zeiten
Messen von Ist-Zeiten mit Leistungsgradbeurteilung (Zeitstudie)	Planzeiten – Zusammensetzen – Interpolieren – Regressionsrechnung	MTM-Systeme (und andere Systeme vorbestimmter Zeiten)
Schätzen und Vergleichen	Befragen	Selbstaufschreiben

Eckpunkte für Betriebsvereinbarungen zum Akkordlohn

1. Geltungsbereich
2. Menschengerechte Arbeitsbedingungen
3. Datenermittlung
3.1 Reproduzierbare Arbeitsbeschreibung
3.2 Zulässige Methoden der Datenermittlung (Vorgabezeitermittlung)
3.3 Zum »Messen von Ist-Zeiten/Beurteilung des Leistungsgrades«
   – Einzelheiten zum Messen von Ist-Zeiten
   – Beurteilung des Leistungsgrades aufgrund der tariflichen Normalleistung
   – Faktor für nicht beurteilbare Zeiten, z. B. Maschinenlaufzeiten
4. Verdienstabsicherung
5. Aufbau der Vorgabezeit
6. Erholungszeit/persönliche Verteilzeit
7. Rüstzeiten und sachliche Verteilzeiten
8. Von Fall zu Fall abzugeltende Zeiten
9. Änderung der Vorgabezeiten
10. Reklamationsverfahren
11. Paritätische Akkordkommission
12. Ausschußregelungen
13. Mindermengenzuschläge
14. Einarbeitungszeiten
15. Einführungszeitpunkt und Kündigung

Aus: Klaus Lang u. a., a. a. O., S. 267.

Arbeitsentgelt

Eckpunkte für Betriebsvereinbarungen zum Prämienlohn

1. Geltungsbereich
2. Menschengerechte Arbeitsbedingungen
3. Prämienbezugsgrößen
4. Datenermittlung
4.1 Reproduzierbare Arbeitsbeschreibung
4.2 Zulässige Methoden der Datenermittlung z. B.
 – Vereinbaren
 – Messen von Ist-Zeiten
 – Rechnen von technisch bedingten Zeiten
 – Planzeiten
4.3 Einzelheiten zu den verschiedenen Methoden
5. Erholungszeit/persönliche Zeit
6. Einrichtzeit (= Rüstzeit) und eingeplante Ausfallzeit (= sachliche Verteilzeit)
7. Von Fall zu Fall abzugeltende Zeiten
8. Verfahren zur Vereinbarung der Soll-Zeiten bzw. Soll-Daten
9. Prämienlohn/Prämienleistung
9.1 Für die Einhaltung der Prämienendleistung wird der Prämienendlohn gezahlt
9.2 Der Prämienendlohn beträgt ... % des Tariflohns
9.3 *Feste Standardprämie* — *Variable Standardprämie*
Unterschreitungen der Prämienendleistung führen zu keiner Verdienstminderung. Geschäftsleitung und Betriebsrat prüfen die Ursachen — Unterschreitungen der Prämienendleistung, die die Arbeitnehmer zu vertreten haben, führen zu einer unterproportionalen Verdienstminderung. Der Prämienverdienst der einzelnen Arbeitnehmer darf ... % nicht unterschreiten.
9.4 Eventuell Regelungen zur Gruppenarbeit und zur Soll-Personalbesetzung
10. Änderungen von Soll-Zeiten bzw. Soll-Daten
11. Paritätische Prämienkommission
12. Einführungszeitpunkt und Kündigung

Aus: Klaus Lang u. a., a. a. O., S. 294.

Arbeitsentgelt

Orientierungspunkte für eine humane Lohn- und Leistungspolitik

1. Menschengerechte Gestaltung der Arbeitsbedingungen und Arbeitsinhalte.
2. Vereinbarung einer Standardleistung zwischen Unternehmensleitung und Betriebsrat.
3. Die Standardleistung muß zumutbar sein und bei Einhaltung von 6 Minuten Erholungszeit und 3 Minuten persönlicher Zeit pro Stunde über ein Arbeitsleben ohne Gesundheitsschäden erreichbar sein.
4. Für die Einhaltung der Standardleistung wird ein fester Standardlohn bezahlt, der oberhalb des Tariflohns liegt, z. B. 140%.
5. Erfolgt die Vereinbarung der Standardleistung auf der Grundlage von ermittelten Ist-Daten (z. B. Ist-Zeiten), unterliegt die Methode der Datenermittlung der Mitbestimmung des Betriebsrats.
6. Vereinbarte Soll-Daten können von den betroffenen Arbeitnehmern oder vom Betriebsrat reklamiert werden (Reklamationsverfahren, paritätische Kommission).
7. Soll-Daten können von der Geschäftsleitung nur geändert werden, wenn sie mit technisch-organisatorischen Änderungen begründet werden.
8. Bei Gruppenarbeit: Mitbestimmung über die Soll-Personalbesetzung und die Soll-Daten für die Gruppe.

Aus: Klaus Lang u. a., a. a. O., S. 299.

Literaturhinweis:

Klaus Lang/Hartmut Meine/Kay Ohl (Hrsg.): Arbeit – Entgelt – Leistung. Handbuch Tarifarbeit im Betrieb, Bund-Verlag, Köln.

Hans Pornschlegel/Reimar Birkwald: Mitbestimmen im Betrieb bei Lohn und Leistung. Ein Hand- und Arbeitsbuch in 2 Bänden für die Praxis, Bund-Verlag, Köln.

Arbeitsgericht

Grundlagen

☐ Die Arbeitsgerichte sind für die Entscheidung von arbeitsrechtlichen Streitigkeiten insbesondere
- zwischen Arbeitnehmer und Arbeitgeber,
- zwischen Betriebsrat und Arbeitgeber,
- zwischen Gewerkschaft und Arbeitgeber/Arbeitgeberverband

zuständig (vgl. §§ 2, 2a ArbGG).

☐ Das Arbeitsgerichtsverfahren kennt insbesondere die folgenden Verfahrensarten:
- **Urteilsverfahren** (z.B. für Streitigkeiten zwischen Arbeitnehmer und Arbeitgeber);
- **Beschlußverfahren** (z.B. für Streitigkeiten zwischen Betriebsrat und Arbeitgeber);
- **einstweiliges Verfügungsverfahren** (= ein Schnellverfahren, mit dem z.B. rechtswidriges Handeln des Arbeitgebers gestoppt werden kann).

☐ Das »**Urteilsverfahren**« läuft in folgenden Etappen ab:

1. Instanz (Arbeitsgericht):

- Einreichung der Klage (z.B. Kündigungsschutzklage);
- das Arbeitsgericht übermittelt die Klage an den Beklagten und bestimmt einen sogenannten Gütetermin;
- im Gütetermin vor dem Vorsitzenden der zuständigen Kammer des Arbeitsgerichts versucht dieser, eine gütliche Erledigung des Rechtsstreits herbeizuführen;
- gelingt dies nicht, wird ein gesonderter Termin zur streitigen Verhandlung bestimmt; beide Seiten werden vom Gericht aufgefordert zur Vorbereitung der streitigen Verhandlung per Schriftsatz den Sachverhalt eingehend vorzutragen und Beweismittel (Zeugen, Urkunden usw.) anzugeben;

Arbeitsgericht

- die streitige Verhandlung findet vor der kompletten Kammer des Arbeitsgerichts statt (der Vorsitzende und die beiden ehrenamtlichen Richter);
- der Rechtsstreit soll zwar in einem Termin zu Ende geführt werden; aber nicht selten zieht sich ein Rechtsstreit über mehrere Termine hin;
- im Anschluß an die letzte mündliche Verhandlung wird nach Beratung und Abstimmung der Kammer ein »Urteil« verkündet; manchmal wird auch ein besonderer Termin zur Verkündung des Urteils festgesetzt;
- das Urteil wird den Parteien zugestellt;
- das Urteil ist schon vor Eintritt der Rechtskraft »vorläufig« vollstreckbar.

2. Instanz (Landesarbeitsgericht):

- Gegen das Urteil des Arbeitsgerichts kann die unterlegene Partei »Berufung« beim Landesarbeitsgericht einlegen;
- die Berufung muß innerhalb eines Monats seit Zustellung des erstinstanzlichen Urteils beim Landesarbeitsgericht eingelegt und innerhalb eines weiteren Monats begründet werden; die Berufungsbegründungsfrist kann auf Antrag verlängert werden;
- Soweit es sich um »vermögensrechtliche« Rechtsstreitigkeiten handelt (z. B. Klage auf Zahlung von Arbeitsentgelt), ist die Berufung nur zulässig, wenn
  - das Arbeitsgericht in seinem Urteil die Berufung ausdrücklich zugelassen hat (z. B. bei grundsätzlicher Bedeutung der Rechtssache)

  oder
  - der Wert des Beschwerdegegenstandes (Streitwert) den Betrag von 800.– DM übersteigt
- nach Eingang der Berufungsbegründung wird die gegnerische Partei zur schriftlichen Stellungnahme (Frist: ein Monat, kann auf Antrag verlängert werden) aufgefordert und ein Termin zur mündlichen Verhandlung bestimmt;
- nach der streitigen mündlichen Verhandlung (gegebenenfalls mit Beweisaufnahme) entscheidet das Landesarbeitsgericht über die Berufung durch Urteil;
- das Urteil wird den Parteien zugestellt.

3. Instanz (Bundesarbeitsgericht):

- Gegen das Urteil des Landesarbeitsgerichts kann innerhalb eines Monats nach Zustellung »Revision« eingelegt werden;
- die Revision ist innerhalb eines weiteren Monats zu begründen (die Begründungsfrist kann verlängert werden);
- die Revision ist nur zulässig, wenn das Landesarbeitsgericht sie ausdrücklich zugelassen hat (z. B. wegen grundsätzlicher Bedeutung der Rechtssache oder wegen Abweichung [= »Divergenz«] von einer Entscheidung z. B. des Bundesarbeitsgerichts oder eines anderen Landesarbeitsgerichts);
- läßt das Landesarbeitsgericht die Revision nicht zu, kann – nach Erhebung einer »Nichtzulassungsbeschwerde« – das Bundesarbeitsgericht selbst die Revision zulassen;
- das Bundesarbeitsgericht entscheidet über die Revision auf der Grundlage des vom Landesarbeitsgericht festgestellten Sachverhalts, schriftlichen Vortrages der Parteien sowie einer mündlichen Verhandlung; allerdings wird das Berufungsurteil nur auf »Rechtsfehler« überprüft;
- das Bundesarbeitsgericht kann den Rechtsstreit abschließend durch Urteil entscheiden; es kann aber die Rechtssache auch zur erneuten Verhandlung an das Landesarbeitsgericht zurückverweisen (z. B. wenn weiterer Sachverhalt aufgeklärt werden muß);
- unter bestimmten Voraussetzungen ist die sogenannte Sprungrevision gegen Urteile des Arbeitsgerichts – unter Übergehung des Landesarbeitsgerichts – zulässig (vgl. § 76 ArbGG).

☐ Das »**Beschlußverfahren**« verläuft in folgenden Stufen:

1. Instanz (Arbeitsgericht):

- Das Beschlußverfahren wird durch einen Antrag (z. B. des Betriebsrats) eingeleitet, wobei der Antrag mit entsprechendem Tatsachenvortrag zu begründen ist;
- im Unterschied zum Urteilsverfahren hat das Gericht von sich aus den Sachverhalt zu erforschen (Amtsermittlungsgrundsatz);
- es findet eine mündliche Verhandlung statt, in der – sofern erforderlich – auch Beweise erhoben werden (z. B. Zeugenvernehmung); mit Einverständnis der Beteiligten kann auch ohne mündliche Verhandlung entschieden werden;
- das Verfahren endet mit einem schriftlich begründeten Beschluß.

Arbeitsgericht

2. Instanz (Landesarbeitsgericht):

- Gegen den Beschluß des Arbeitsgerichts kann innerhalb eines Monats »Beschwerde« beim Landesarbeitsgericht eingelegt werden; die Beschwerde ist innerhalb eines weiteren Monats zu begründen (die Begründungsfrist kann verlängert werden); das Landesarbeitsgericht überprüft den Beschluß des Arbeitsgerichts in tatsächlicher und rechtlicher Hinsicht;
- das Landesarbeitsgericht entscheidet durch Beschluß.

3. Instanz (Bundesarbeitsgericht):

- Gegen den Beschluß des Landesarbeitsgerichts kann »Rechtsbeschwerde« beim Bundesarbeitsgericht eingelegt werden; es gelten die gleichen Fristen wie bei der Einlegung und Begründung einer »Revision« (im Urteilsverfahren);
- die Rechtsbeschwerde ist allerdings nur zulässig, wenn sie vom Landesarbeitsgericht ausdrücklich zugelassen worden ist (z. B. wegen grundsätzlicher Bedeutung der Rechtssache oder wegen Divergenz) oder aber wenn – nach Erhebung einer »Nichtzulassungsbeschwerde« – das Bundesarbeitsgericht die Rechtsbeschwerde zuläßt;
- über die Rechtsbeschwerde entscheidet das Bundesarbeitsgericht durch Beschluß;
- eine Verfahrensbeschleunigung bewirkt die sogenannte Sprungrechtsbeschwerde, mit der Beschlüsse des Arbeitsgerichts direkt dem Bundesarbeitsgericht zur Überprüfung vorgelegt werden können (vgl. § 96a ArbGG).

☐ **»Einstweiliges Verfügungsverfahren«**

Urteilsverfahren und Beschlußverfahren können Monate, unter Umständen sogar Jahre dauern. Ein besonders zügig ablaufendes Verfahren stellt das »einstweilige Verfügungsverfahren« dar (vgl. §§ 62 Abs. 2, 85 Abs. 2 ArbGG):

- Das Arbeitsgericht kann in bestimmten Fällen (z. B. zur Abwehr drohenden rechtswidrigen Verhaltens des Arbeitgebers) auf Antrag eine »einstweilige Verfügung« erlassen;
- eine solche einstweilige Verfügung kann innerhalb kürzester Zeit ergehen (gegebenenfalls innerhalb weniger Stunden);
- das Arbeitsgericht kann mit, aber auch ohne mündliche Verhandlung entscheiden;

- ergeht eine einstweilige Verfügung ohne mündliche Verhandlung, so kann die gegnerische Partei »Widerspruch« einlegen; es kommt dann zu einer mündlichen Verhandlung vor dem Arbeitsgericht;
- am Ende der mündlichen Verhandlung wird die einstweilige Verfügung entweder (durch Urteil im Urteilsverfahren bzw. Beschluß im Beschlußverfahren) bestätigt, oder der Antrag auf Erlaß einer einstweiligen Verfügung wird unter Aufhebung der bereits ergangenen Verfügung abgewiesen;
- gegen Urteile bzw. Beschlüsse des Arbeitsgerichts im einstweiligen Verfügungsverfahren kann Berufung bzw. Beschwerde beim Landesarbeitsgericht eingelegt werden;
- ein drittinstanzliches Verfahren beim Bundesarbeitsgericht ist im einstweiligen Verfügungsverfahren nicht vorgesehen (vgl. §§ 72 Abs. 4, 92 Abs. 1 Satz 3 ArbGG).

Bedeutung für die Betriebsratsarbeit

☐ Nicht selten gibt es bei Betriebsräten eine gewisse Scheu, ein Arbeitsgerichtsverfahren (»Beschlußverfahren« bzw. »Einstweiliges Verfügungsverfahren«) gegen den Arbeitgeber anzustrengen. Diese Scheu ist unbegründet. Die Anrufung des Arbeitsgerichts ist kein revolutionärer Akt, sondern ein ganz normaler, bei Bedarf in die Betriebsratsarbeit einzubauender Vorgang.

Wie oft kommt es im Betrieb zu Streitigkeiten über die Frage, ob der Betriebsrat in bestimmten Angelegenheiten Rechte hat oder nicht. Wann hat beispielsweise eine Information zu erfolgen, damit sie rechtzeitig im Sinne des Gesetzes ist? Wie oft mißachtet der Arbeitgeber bei eindeutigen Rechtslagen ganz einfach die Mitwirkungs- und Mitbestimmungsrechte des Betriebsrats?

Die Arbeitsgerichte sind dazu da, um derartige Rechtsfragen zu klären und Verstöße gegen das Gesetz zu unterbinden; siehe → **Unterlassungsanspruch des Betriebsrats**.

☐ Natürlich sollte der Betriebsrat unter Inanspruchnahme des gewerkschaftlichen Rechtsschutzes oder eines Rechtsanwaltes (Fachanwalt für Arbeitsrecht!) sorgfältig die Erfolgsaussichten eines Gerichtsverfahrens prüfen (lassen). Ebenso sorgfältig ist die Frage zu beant-

Arbeitsgericht

worten, ob die Einleitung eines Gerichtsverfahrens in der jeweiligen Situation auch in taktischer Hinsicht die richtige Maßnahme ist.

☐ Im übrigen ist ein verlorener Rechtsstreit kein »Beinbruch«. Allerdings sollte der Betriebsrat nicht versäumen, die Belegschaft über die Einleitung sowie den Ablauf des Rechtsstreites in jeder Phase und umfassend zu informieren. Der Belegschaft dürfte klarzumachen sein, daß der Betriebsrat, der die Einleitung von rechtlichen Schritten dem Arbeitgeber nicht nur androht, sondern bei »passender« Gelegenheit eine solche Ankündigung auch realisiert, immer noch mehr für die Durchsetzung ihrer Interessen tut, als ein Betriebsrat, der ein Arbeitsgerichtsverfahren erst gar nicht in Betracht zieht.

☐ Kosten braucht der Betriebsrat nicht zu befürchten. Selbst wenn das gerichtsgebührenfreie Beschlußverfahren mit einer Niederlage des Betriebsrats endet, trägt der Arbeitgeber die etwaig anfallenden Kosten (z. B. die Kosten eines vom Betriebsrat beauftragten Rechtsanwaltes).

☐ Besonders hinzuweisen ist auf § 85 Abs. 2 ArbGG: hiernach sind Schadensersatzansprüche des Arbeitgebers gegen den Betriebsrat wegen zu Unrecht erwirkter einstweiliger Verfügungen ausgeschlossen.

☐ Der Betriebsrat sollte Arbeitnehmer, die einen Rechtsstreit gegen den Arbeitgeber führen, unterstützen. Insbesondere sollte darauf geachtet werden, daß Schikanen aller Art gegenüber dem Beschäftigten unterbleiben. Dies gilt insbesondere für solche Beschäftigten, denen es gelungen ist, sich nach einer ungerechtfertigten Kündigung »in den Betrieb zurückzuklagen«.

☐ Auch während des Kündigungsschutzprozesses kann der Betriebsrat einiges für den klagenden Arbeitnehmer tun. So kann er ihn bzw. seinen Prozeßvertreter mit Informationen versorgen, die für den Ausgang des Prozesses von entscheidender Bedeutung sein können (z. B. Information über anderweitige Beschäftigungsmöglichkeiten usw.).

Bedeutung für die Beschäftigten

☐ Gewerkschaftlich organisierte Arbeitnehmer können sich kostenfrei von sachkundigen gewerkschaftlichen Rechtsschutzsekretären/-innen vor dem Arbeitsgericht vertreten lassen.

Arbeitsgericht

☐ Gewerkschaftlich nicht organisierte Arbeitnehmer müssen sich über die erheblichen Kosten eines Arbeitsrechtsstreits im klaren sein. Insbesondere ist auf folgende Besonderheit des Arbeitsgerichtsverfahrens hinzuweisen:

Die Kosten des eigenen Rechtsanwaltes sind nämlich selbst dann zu zahlen, wenn der Rechtsstreit vor dem Arbeitsgericht (1. Instanz) gewonnen wird. Geht der Rechtsstreit verloren, muß der anwaltlich vertretene Arbeitnehmer zusätzlich zu den Kosten des eigenen Anwalts die Gerichtskosten zahlen (allerdings brauchen die Kosten des gegnerischen Anwalts im Prozeß vor der 1. Instanz nicht getragen zu werden). In der zweiten und dritten Instanz gilt folgendes: Die unterliegende Partei muß alle Kosten (Gerichtskosten, die Kosten des eigenen Anwaltes und die Kosten des gegnerischen Anwalts) bezahlen.

Unter bestimmten Voraussetzungen kann Prozeßkostenhilfe (früher: Armenrecht) gewährt werden.

☐ Kostenbeispiel (Stand: 1994):

Es fand ein Kündigungsschutzprozeß vor dem Arbeitsgericht (1. Instanz) statt, den der Kläger verloren hat; der Gekündigte wurde durch einen Rechtsanwalt vertreten; während des Prozesses fand eine Beweisaufnahme statt (Zeugenvernehmung); der Streitwert beträgt (z. B.) 10 000,00 DM (= dreifaches Monatsarbeitsentgelt):

1. Gerichtskosten:

1 Gerichtsgebühr:	300,00 DM
2 Zeugen jeweils 4 Stunden à 20,00 DM:	160,00 DM
Fahrtkosten:	10,00 DM
Zustellungskosten:	20,00 DM
Summe	490,00 DM

2. Kosten des eigenen Rechtsanwalts:

1 Prozeßgebühr:	595,00 DM
1 Verhandlungsgebühr:	595,00 DM
1 Beweisgebühr:	595,00 DM
Auslagenpauschale	40,00 DM
Mehrwertsteuer (14%)	273,75 DM
Summe	2098,75 DM

Arbeitsgericht

Ergebnis:

Der Gekündigte muß 490,00 DM an die Gerichtskasse und 2098,75 DM an seinen Rechtsanwalt zahlen (wäre der Prozeß durch Vergleich beendet worden, hätte der Rechtsanwalt eine zusätzliche »Vergleichsgebühr« in Höhe von weiteren 595,00 DM zzgl. MwSt. in Rechnung stellen können; allerdings wäre dann die »Gerichtsgebühr« entfallen).

Arbeitsgericht

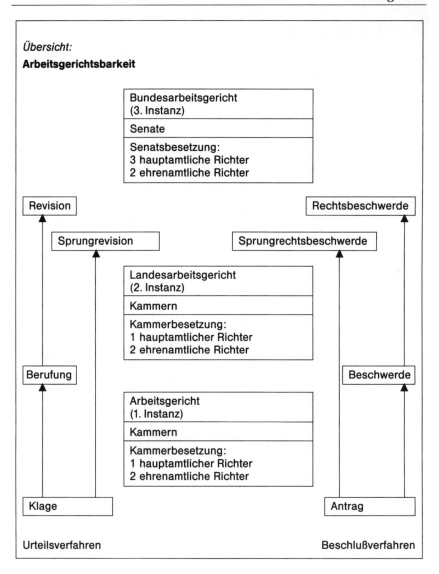

Literaturhinweis:

Grunsky: Arbeitsgerichtsgesetz. Kommentar, Vahlen.
Martin Wolmerath: Der ehrenamtliche Richter in der Arbeitsgerichtsbarkeit. Handbuch für die Praxis, Bund-Verlag, Köln.

Arbeitskampf

Grundlagen

☐ Eine Tarifbewegung verläuft in mehreren Etappen: Aufstellung einer Forderung, Verhandlungen zwischen den Tarifvertragsparteien, ggf. Schlichtungsverfahren. Scheitern die Verhandlungen bzw. bleibt ein Schlichtungsverfahren ergebnislos, kann es nach Ablauf der Friedenspflicht zu Arbeitskampfmaßnahmen kommen:

- Warnstreik,
- Urabstimmung,
- Streik,
- Aussperrung.

☐ Das Arbeitskampfrecht ist gesetzlich nicht geregelt. Vielmehr ist es durch Grundsatzentscheidungen, insbesondere des Bundesarbeitsgerichts, aber auch des Bundesverfassungsgerichts entwickelt worden.

☐ Nachstehend wird die Rechtslage zu den wichtigsten Fragen und Begriffen des Arbeitskampfes skizziert.

Schlichtungsverfahren

☐ Scheitern die Verhandlungen zwischen den Tarifvertragsparteien, so findet ein Schlichtungsverfahren (= Fortsetzung der Verhandlungen unter der Regie eines »neutralen« Schlichters) nur statt, wenn sich beide Tarifvertragsparteien darauf verständigen. Anders als das Rechtssystem der Weimarer Republik kennt die Verfassungsordnung der Bundesrepublik Deutschland weder eine gesetzliche Zwangsschlichtung noch einen Einlassungszwang auf ein staatliches unverbindliches Schlichtungsverfahren.

Unterbreitet eine von den Tarifvertragsparteien eingesetzte Schlichtungsstelle einen Einigungsvorschlag, so wird dieser nur dann verbindlich, wenn er von beiden Tarifvertragsparteien ausdrücklich angenommen wird.

Arbeitskampf

Friedenspflicht

☐ Friedenspflicht herrscht während der Laufzeit des → **Tarifvertrags**. In dieser Zeit sind Arbeitskampfmaßnahmen unzulässig. In einigen Branchen gilt darüber hinaus eine Nachfrist, innerhalb derer ebenfalls Friedenspflicht besteht.

Beispiel: Metallindustrie

Entsprechend einer Vereinbarung zwischen der IG Metall und den Metall-Arbeitgeberverbänden dürfen innerhalb eines Zeitraums von vier Wochen nach Ablauf des Tarifvertrags keine Arbeitskampfmaßnahmen durchgeführt werden.

Warnstreik

☐ Warnstreiks sind befristete Arbeitsniederlegungen nach Ablauf der tariflichen Friedenspflicht und vor Durchführung einer Urabstimmung.

Der Warnstreik ist – so die ständige Rechtsprechung des Bundesarbeitsgerichts – eine zulässige gewerkschaftliche Kampfmaßnahme. Voraussetzung ist allerdings, daß Verhandlungen bereits stattgefunden haben und daß die Gewerkschaft zu dem gerichtlich nicht nachprüfbaren Schluß gekommen ist, daß Verhandlungen ohne den Druck eines zeitlich begrenzten Warnstreiks nicht mehr weiterführen. Eine förmliche Erklärung des Scheiterns der Verhandlungen ist nicht notwendig.

Niemand darf wegen der Teilnahme an einem von der Gewerkschaft ausgerufenen zulässigen Warnstreik benachteiligt oder gemaßregelt werden. Insbesondere darf der Arbeitgeber weder eine Abmahnung aussprechen noch kündigen, wenn sich ein Arbeitnehmer am Warnstreik beteiligt.

Auch Auszubildende haben das Recht, an Warnstreiks teilzunehmen.

Das Arbeits- bzw. Ausbildungsverhältnis wird durch den Warnstreik nicht unterbrochen. Allerdings entfällt während der Zeit des Warnstreiks der Anspruch auf Zahlung des Arbeitsentgelts bzw. der Ausbildungsvergütung.

Am Warnstreik können auch nicht in der Gewerkschaft organisierte Arbeitnehmer teilnehmen.

Arbeitskampf

Urabstimmung

☐ Zur Durchführung eines Erzwingungsstreiks (nicht eines Warnstreiks) ist nach den Gewerkschaftssatzungen eine Urabstimmung erforderlich. Die Urabstimmung kann in einem, aber auch in mehreren Tarifgebieten stattfinden. Über die Frage, ob und in welchen Tarifgebieten eine Urabstimmung durchgeführt wird, entscheidet auf Antrag der Tarifkommission(en) des jeweiligen Tarifgebiets der Gewerkschaftsvorstand.

Die Modalitäten der Urabstimmung sind in den Satzungen der Gewerkschaften unterschiedlich geregelt.

Beispiel: Industriegewerkschaft Metall

Der IG-Metall-Vorstand kann nur dann die Ausrufung eines Streiks beschließen, wenn sich mindestens 75% der stimmberechtigten Mitglieder in der Urabstimmung für den Streik ausgesprochen haben.

Stimmberechtigt sind nur Mitglieder der IG Metall. Und auch nur solche, die faktisch in der Lage sind, an Urabstimmung und Streik teilzunehmen. Wer also beispielsweise wegen Krankheit, Urlaub oder aus sonstigen Gründen abwesend ist, zählt nicht zu den stimmberechtigten Mitgliedern.

Die hohe Prozentzahl (»mindestens 75%«) ergibt sich aus dem Umstand, daß ein Streik nur dann erfolgreich sein kann, wenn er mit größtmöglicher Geschlossenheit durchgeführt wird.

Ist ein Streik ausgerufen, so ist für eine Beendigung des Streiks eine weitere Urabstimmung erforderlich. Diese wird vom IG-Metall-Vorstand veranlaßt, wenn während des Streiks eine »wesentliche Änderung der Situation« eintritt (z.B. Vorliegen eines Verhandlungsergebnisses). Eine Fortsetzung des Streiks ist nur dann möglich, wenn sich wiederum mindestens 75% der stimmberechtigten Mitglieder für eine Weiterführung des Streiks ausgesprochen haben. Umgekehrt ausgedrückt: wenn mehr als 25% der stimmberechtigten Mitglieder des Streikgebiets (= Tarifgebiet) mit dem Verhandlungsergebnis einverstanden sind, muß der Streik beendet werden.

Streik

☐ Der (Erzwingungs-)Streik ist das verfassungsmäßig garantierte – letzte – Mittel der Arbeitnehmer und ihrer Gewerkschaft, um berechtigte Forderungen durchzusetzen. Mit einer unbefristeten Arbeitsnie-

Arbeitskampf

derlegung soll Druck auf die Arbeitgeber ausgeübt werden, um ein akzeptables Ergebnis zu erzwingen. Deshalb wird auch der Begriff »Erzwingungsstreik« verwendet.

Das Streikrecht ist eine der Grundfreiheiten und -rechte der sozialen Demokratie. Tarifautonomie ohne Streikrecht wäre – so hat es das Bundesarbeitsgericht einmal ausgedrückt – nichts anderes als »kollektives Betteln«.

Voraussetzung für die Durchführung eines (Erzwingungs-)Streiks ist nach den meisten Gewerkschaftssatzungen eine Urabstimmung unter den Mitgliedern der Gewerkschaft (siehe oben).

Ein Streik ist rechtmäßig, wenn u. a.

- Ziel des Streiks der Abschluß eines Tarifvertrags ist,
- er als letztes Mittel eingesetzt wird,
- er von der zuständigen Gewerkschaft geführt wird.

Auch Auszubildende haben ein Streikrecht, soweit auch ihre Arbeitsbedingungen Gegenstand der Tarifauseinandersetzung sind.

Beamte haben kein Streikrecht. Sie dürfen nach einer Entscheidung des Bundesverfassungsgerichts vom 2. 3. 1993 aber auch nicht als Streikbrecher eingesetzt werden.

Niemand darf wegen der Teilnahme an einem von der Gewerkschaft ausgerufenen Streik benachteiligt oder gemaßregelt werden. Insbesondere darf der Arbeitgeber weder eine Abmahnung aussprechen noch kündigen.

Während des Streiks wird das Arbeitsverhältnis (bzw. Ausbildungsverhältnis) nicht unterbrochen oder aufgelöst. Allerdings entfällt der Anspruch auf Arbeitsentgelt (bzw. Ausbildungsvergütung).

Die Gewerkschaften zahlen an die zum Streik aufgerufenen Mitglieder entsprechend den satzungsrechtlichen Bestimmungen Streikunterstützung.

Streiks können mehrere Tage, Wochen oder Monate dauern. Für die Durchsetzung der Lohnfortzahlung im Krankheitsfall mußten beispielsweise im Jahre 1956 die Metallarbeiter/-innen in Schleswig-Holstein 16 Wochen streiken. Der Einstieg in die 35-Stunden-Woche erforderte 1984 einen siebenwöchigen Streik in der Metallbranche.

Arbeitskampf

Solidaritätsstreik

☐ Solidaritätsarbeitsniederlegungen zur Unterstützung der im Arbeitskampf befindlichen Arbeitnehmer/-innen eines anderen Tarifbereichs verstoßen jedenfalls nicht gegen die tarifliche Friedenspflicht. Deshalb hat der Arbeitgeberverband keinen Anspruch auf Unterlassung von Aufrufen zur Teilnahme an Solidaritätsarbeitsniederlegungen.

Allerdings hat das Bundesarbeitsgericht die rechtliche Zulässigkeit von Solidaritätsarbeitsniederlegungen begrenzt. Das Gericht hält derartige Arbeitsniederlegungen nur dann für zulässig, wenn der von dieser Kampfmaßnahme betroffene Arbeitgeber zuvor seine »Neutralität« im Hauptarbeitskampf verletzt hatte, etwa durch Übernahme der Produktion. Ebenfalls für zulässig hält das Bundesarbeitsgericht einen Solidaritätsstreik dann, wenn er sich gegen einen Arbeitgeber richtet, der mit einem Unternehmen des Hauptarbeitskampfgebiets wirtschaftlich so eng verflochten ist, daß es sich im Grunde »um ein und denselben sozialen Gegenspieler handelt«.

Streikbruch

☐ Streikbrucharbeit kommt in zweierlei Form vor:

1. Direkte Streikbrucharbeit: In einem bestreikten Betrieb werden Arbeiten, die sonst von den Streikenden ausgeführt werden, von solchen Beschäftigten übernommen, die dem Streikaufruf der Gewerkschaft nicht gefolgt sind (in der Regel Nichtorganisierte).

2. Indirekte Streikbrucharbeit: Arbeiten werden von einem bestreikten Betrieb an ein anderes Unternehmen vergeben und von den dort Beschäftigten im Rahmen ihres normalen Aufgabengebiets und Arbeitsvolumens ausgeführt (Produktionsverlagerung).

Die Ausführung von Streikbrucharbeiten ist ein schwerer Verstoß gegen das für den Zusammenhalt der Arbeitnehmer unverzichtbare Solidaritätsprinzip.

Die »direkte Streikbrucharbeit« ist arbeitsrechtlich unzumutbar und kann verweigert werden (ständige Rechtsprechung des Bundesarbeitsgerichts). Auch Leiharbeitnehmer sind nach § 11 Abs. 5 AÜG nicht zur Ausführung von Streikbrucharbeiten verpflichtet. Sie haben ein Leistungsverweigerungsrecht. Die Verleihfirma muß in diesem Fall

Arbeitskampf

entweder den Lohn – ohne Arbeit – weiterbezahlen oder den Leiharbeitnehmer in einem anderen Betrieb einsetzen.

Nach richtiger, aber umstrittener Auffassung gilt das Leistungsverweigerungsrecht auch für sonstige Fremdfirmenarbeitnehmer, die in einem von Streik betroffenen Betrieb arbeiten sollen. Es kann keinem Arbeitnehmer zugemutet werden, seinen streikenden Kollegen/-ginnen durch Streikbrucharbeit in den Rücken zu fallen.

Ob auch die »indirekte Streikbrucharbeit« verweigert werden kann, ist ebenfalls strittig. Nach richtiger Auffassung besteht jedenfalls die Möglichkeit einer Solidaritätsarbeitsniederlegung (siehe oben). Außerdem kann Mehrarbeit, die infolge der Produktionsverlagerung entsteht, sowohl vom Betriebsrat als auch von den Beschäftigten verweigert werden, weil die abverlangte Arbeit sich nicht mehr innerhalb des normalen Arbeitsvolumens bewegt.

Streikposten

☐ Aufgabe der Streikposten ist es, Streikbrecher von ihrem unsolidarischen Verhalten abzubringen. Nach Auffassung des Bundesarbeitsgerichts umfaßt das verfassungsrechtlich garantierte Streikrecht auch das Recht, Streikbrecher »mit Mitteln des gütlichen Zuredens und des Appells an die Solidarität von der Aufnahme der Arbeit im bestreikten Betrieb abzuhalten«. Das gilt für

- Arbeitnehmer des bestreikten Betriebs, die sich dem Streik bislang noch nicht angeschlossen haben,
- für betriebsfremde Arbeitnehmer (z. B. Leiharbeitnehmer oder sonstige Fremdfirmenarbeitnehmer),
- den Zu- und Abgang von Kunden und Waren.

Verboten sind allerdings Handlungen, die über das Zureden und den Appell an die Solidarität hinausgehen, namentlich strafbare Handlungen. Auch strafbare Beleidigungen werden durch das Streikrecht nicht gedeckt, wenngleich die Rechtsprechung anerkennt, daß bei einem Streik ein rauher Ton herrscht. Streikbrecher können deshalb in einer »deutlichen und drastischen Sprache« angesprochen werden.

Arbeitskampf

Notdienst

☐ Um zu verhindern, daß infolge und während der Dauer des Streiks Schäden an Betriebsanlagen und Betriebsmitteln entstehen, ist ein Notdienst, der die notwendigen Erhaltungsarbeiten ausführt, einzurichten. Arbeiten, die lediglich der Aufrechterhaltung der Produktion dienen, sind keine Erhaltungsarbeiten in diesem Sinne. Zu den erforderlichen Notdienstarbeiten gehören nach der Rechtsprechung auch solche Arbeiten, die dem Arbeitgeber aufgrund öffentlich-rechtlicher Vorschriften zwingend aufgegeben sind (z. B. Maßnahmen des Umweltschutzes oder Gesundheitsschutzes).

Einseitige Notdienstanordnungen durch den Arbeitgeber sind unzulässig und für die betroffenen Arbeitnehmer unverbindlich. Vielmehr ist die konkrete Ausgestaltung des Notdienstes (Art und Umfang sowie Zahl der Notdienstarbeitnehmer) zwischen Arbeitgeber und kampfführender Gewerkschaft zu vereinbaren.

Der Betriebsrat ist nicht zuständig für die Einrichtung des Notdienstes. Betriebsräte, die Notdienstvereinbarungen mit dem Arbeitgeber abschließen, handeln rechtswidrig (Verstoß gegen § 74 Abs. 2 BetrVG).

Die Gewerkschaft wird bei der Vereinbarung und Durchführung einer Notdienstregelung darauf achten, daß eine Fortführung der Produktion ausgeschlossen ist.

Bei Aussperrung gehen die DGB-Arbeitskampfrichtlinien davon aus, daß kein Notdienst geleistet wird.

Aussperrung

☐ Im gewerkschaftlichen Sprachgebrauch werden die Begriffe »kalte« und »heiße« Aussperrung unterschieden.

1. Bei der »kalten« Aussperrung handelt es sich juristisch gesehen um Kurzarbeit infolge der Fernwirkungen eines woanders stattfindenden Arbeitskampfes (= sogenannte arbeitskampfbedingte Kurzarbeit).

2. Die »heiße« Aussperrung wird von den Arbeitgebern als direkte Arbeitskampfmaßnahme eingesetzt. Sie ist in folgenden Varianten denkbar:

- Warnaussperrung (zeitlich befristete Aussperrung),
- Aussperrung im Streikgebiet (»Abwehraussperrung«),
- Aussperrung außerhalb des Streikgebiets (»kampfgebietsausweitende Aussperrung«),

Arbeitskampf

- Angriffsaussperrung zur Durchsetzung von Arbeitgeberforderungen.

Die »heiße« Aussperrung wird – nach entsprechendem Aufruf durch den Arbeitgeberverband – durch den jeweiligen Arbeitgeber vollzogen. Dieser teilt den Beschäftigten (z. B. per Aushang am Werkstor) mit, daß sie ab Aussperrungsbeginn den Betrieb nicht mehr betreten dürfen.

Das Bundesarbeitsgericht gesteht den Arbeitgebern ein Recht zur Aussperrung nur als Antwort auf einen Streik und auch nur dann zu, wenn durch den Streik die »Solidarität im Arbeitgeberlager« bedroht wird. Das heißt: eine Aussperrung darf nur in dem Tarifgebiet erfolgen, in dem zum Streik aufgerufen wurde (»Abwehraussperrung«).

Eine Ausweitung der Aussperrung auf Arbeitnehmer in anderen Tarifgebieten, in denen nicht gestreikt wird (»kampfgebietsausweitende Aussperrung«), ist ebenso unzulässig wie eine »Angriffsaussperrung«.

Die »Abwehraussperrung« ist nach Auffassung des Bundesarbeitsgerichts in ihrem Umfang zu begrenzen. Sie ist zum Schutz der »Solidarität im Arbeitgeberlager« dann nicht »erforderlich« und damit unzulässig, wenn bereits etwa 50% der Arbeitnehmer des Tarifgebiets zum Streik aufgerufen werden.

Erfaßt der Streikaufruf 25% oder weniger Arbeitnehmer des Tarifgebiets, so ist eine Aussperrung nur im Umfange von weiteren 25% zulässig. Wenn also beispielsweise 15% der Arbeitnehmer des Tarifgebiets in den Streik geführt werden, so dürfen die Arbeitgeber den Kampfrahmen durch Aussperrung nur um insgesamt weitere 25% der Arbeitnehmer des Tarifgebiets ausdehnen;

Werden mehr als 25% der Arbeitnehmer des Tarifgebiets zum Streik aufgerufen, so dürfen die Unternehmer den Kampfrahmen nur noch bis hin zur 50-%-Grenze erweitern.

Unzulässig ist eine Aussperrung dann, wenn sie sich lediglich gegen Gewerkschaftsmitglieder richtet, Nichtorganisierte aber verschont.

Auch eine Warnaussperrung – z. B. als Antwort auf einen Warnstreik – dürfte rechtswidrig sein, weil ein Warnstreik wohl kaum die »Solidarität im Arbeitgeberlager« bedrohen kann.

Das Arbeitsverhältnis der betroffenen Arbeitnehmer wird durch die Aussperrung nicht unterbrochen oder aufgelöst. Jedoch verlieren die Beschäftigten ihren Anspruch auf Arbeitsentgelt.

Arbeitskampf

Bei Vorliegen der satzungsrechtlichen Voraussetzungen erhalten ausgesperrte Mitglieder von ihrer Gewerkschaft – im Falle der nach der Rechtsprechung für zulässig gehaltenen »Abwehraussperrung« – eine Aussperrungsunterstützung.

Die Aussperrung ist nach Auffassung der Gewerkschaften in jeder Form grundgesetzwidrig und damit unzulässig, weil sie ein Angriff auf die Existenz und Menschenwürde der Betroffenen ist und zudem auf die finanzielle Ausblutung der Gewerkschaft abzielt.

Beispiel:
Als die IG Metall 1984 antrat, um den Einstieg in die 35-Stunden-Woche durchzusetzen, sind 55 000 Arbeitnehmer zum Streik aufgerufen worden. Die damit verbundene finanzielle Belastung der Streikkasse haben die Arbeitgeber durch Aussperrung von 170 000 Beschäftigten in drastischer Weise ausgedehnt. Nach Ende des siebenwöchigen Arbeitskampfes waren der IG Metall – insbesondere infolge der Zahlung von Streik- und Aussperrungsunterstützung – Gesamtkosten in Höhe von ca. 500 Mio. DM entstanden.

Die Gewerkschaften fordern aus vorstehenden Gründen ein generelles Verbot der Aussperrung, so wie dies in der Hessischen Landesverfassung ausdrücklich vorgesehen ist.

Kalte Aussperrung

☐ Von kalter Aussperrung wird gesprochen, wenn ein Arbeitgeber einen Betrieb ganz oder teilweise mit der Behauptung stillegt, daß in einem Zulieferer- oder Abnehmerbetrieb ein Arbeitskampf (Streik oder Aussperrung) stattfinde und infolgedessen die Produktion im eigenen Betrieb ausgesetzt werden müsse. Der Arbeitgeber verweigert für die Dauer der Betriebsstillegung die Zahlung des Arbeitsentgelts.

Juristisch gesehen handelt es sich um → **Kurzarbeit** infolge der Fernwirkungen eines woanders stattfindenden Arbeitskampfes (Streik oder Aussperrung).

Die Erfahrung zeigt allerdings, daß die »kalte« Aussperrung von manchen Arbeitgebern gezielt als Arbeitskampfmittel benutzt wird, indem beispielsweise Zulieferungen vorsätzlich »versteckt« werden, um einen arbeitskampfbedingten Arbeitsausfall vorzutäuschen.

Arbeitskampf

Es ist deshalb angebracht, daß die Betroffenen zur Sicherung ihres Arbeitsentgeltanspruchs dem Arbeitgeber vorsorglich ihre Arbeitskraft anbieten und ihn so in »Annahmeverzug« setzen (§ 615 BGB).

Zu den Rechten des Betriebsrats bei arbeitskampfbedingter Kurzarbeit: siehe unten.

Die Frage, ob die von der Kurzarbeit betroffenen Arbeitnehmer gegenüber dem Arbeitsamt einen Anspruch auf Kurzarbeitergeld haben, richtet sich nach §§ 70, 116 AFG. § 116 AFG ist im Jahre 1986 gegen den heftigen Widerstand der Gewerkschaften in einer für sie nachteiligen Weise verändert worden. Nunmehr haben die durch Fernwirkungen eines Arbeitskampfes betroffenen Arbeitnehmer keinen Anspruch auf Kurzarbeitergeld (mehr), wenn im Arbeitskampfgebiet eine ähnliche Forderung erhoben wird wie im Fernwirkungsgebiet und das im Arbeitskampfgebiet erzielte Ergebnis aller Voraussicht nach auch im Fernwirkungsgebiet übernommen wird. Über das Vorliegen dieser Voraussetzungen entscheidet – nach Anhörung der Tarifvertragsparteien – ein sogenannter »Neutralitätsausschuß«, der bei der Bundesanstalt für Arbeit angesiedelt ist.

Gemäß § 72 Abs. 1a AFG ist das Arbeitsamt verpflichtet, die Behauptung des Arbeitgebers, infolge von Fernwirkungen eines woanders stattfindenden Arbeitskampfes müsse Kurzarbeit eingeführt werden, durch eingehende Recherchen im Betrieb zu überprüfen. Stellt das Arbeitsamt fest, daß die Behauptung des Arbeitgebers nicht zutrifft (weil beispielsweise der Arbeitsausfall auf anderen Ursachen beruht oder weil Kurzarbeit durch entsprechende Maßnahmen hätte vermieden werden können), dann hat das Arbeitsamt Kurzarbeitergeld an die betroffenen Arbeitnehmer zu zahlen. Den entsprechenden Geldbetrag »holt« sich das Arbeitsamt vom Arbeitgeber wieder.

Nach Auffassung der Gewerkschaften verstößt § 116 AFG gegen das Grundgesetz, weil er die kalt Ausgesperrten ohne rechtfertigenden Grund mittellos stellt und dadurch den Druck auf die kampfführende Gewerkschaft derart erhöht, daß das Kräftegleichgewicht zugunsten der Arbeitgeber verschoben wird.

☐ Durch Entscheidung vom 4. 7. 1995 hat das Bundesverfassungsgericht festgestellt, daß § 116 AFG verfassungsgemäß ist. Das Gesetz beeinträchtige zwar die Streikfähigkeit der Gewerkschaft, aber nicht so stark, daß von einem grundgesetzwidrigen Eingriff in die Tarifautonomie gesprochen werden könne – jedenfalls noch nicht. Anders sei die

Arbeitskampf

Sachlage zu beurteilen, wenn die Arbeitgeber es darauf anlegten, mit Hilfe der Aussperrung gezielt Fernwirkungen zu erzeugen. In diesem Falle könne die Verweigerung von Kurzarbeitergeld verfassungswidrig sein.

Bedeutung für die Betriebsratsarbeit

☐ Gewerkschaftlich organisierte Betriebsratsmitglieder dürfen sich in ihrer Eigenschaft als Gewerkschaftsmitglieder aktiv an Streiks beteiligen. Das heißt: sie können wie jedes andere Gewerkschaftsmitglied – im Auftrag der kampfführenden Gewerkschaft – einen Streik organisieren, zum Streik aufrufen, den Streik leiten bzw. in der Streikleitung tätig sein.

Das in § 74 Abs. 2 BetrVG enthaltene Arbeitskampfverbot untersagt dem Betriebsrat und seinen Mitgliedern nur, Kampfmaßnahmen unter Ausnutzung ihrer Funktion als Betriebsverfassungsorgan durchzuführen (siehe → **Friedenspflicht**).

☐ Der Betriebsrat als Organ bleibt auch dann bestehen, wenn sich einzelne oder alle Betriebsratsmitglieder am Streik beteiligen oder ausgesperrt werden. Mit anderen Worten: Der Betriebsrat bleibt auch während eines Arbeitskampfes voll funktionsfähig.

So kann er beispielsweise das Betriebsratsbüro weiternutzen, Sitzungen und Sprechstunden durchführen.

☐ Vorstehendes gilt auch für Jugend- und Auszubildendenvertretung.

☐ Eine Betriebsversammlung (oder Jugend- und Auszubildendenversammlung), die vor Beginn eines Streiks oder einer »heißen« Aussperrung anberaumt war, kann wie geplant durchgeführt werden und ist wie Arbeitszeit zu vergüten. Betriebsversammlungen können natürlich auch während arbeitskampfbedingter Kurzarbeit (= kalte Aussperrung) stattfinden. Die Behandlung des aktuellen Tarifkonflikts in der Betriebsversammlung ist nach § 45 BetrVG zulässig. Hinsichtlich der Dauer der Betriebsversammlung existieren keine Vorschriften. Es kommt auf Art, Umfang und Schwierigkeit der zu behandelnden Themen an. Falls erforderlich, kann die Betriebsversammlung länger als einen Tag dauern. In diesem Fall kann sie an dem nächsten oder einem anderen Tag fortgesetzt werden.

Arbeitskampf

☐ Auch die Beteiligungsrechte (Informations-, Mitwirkungs- und Mitbestimmungsrechte) des Betriebsrats bleiben im Grundsatz während eines Arbeitskampfes bestehen. Nur wenn die Ausübung eines Beteiligungsrechts im Einzelfall nachweisbar Einfluß auf den Arbeitskampf haben könnte, soll nach der Rechtsprechung des Bundesarbeitsgerichts insoweit eine Einschränkung dieses Rechts stattfinden.

Beispiel:

Kein Mitbestimmungsrecht soll bestehen, wenn der Arbeitgeber den streikbedingten Arbeitsausfall durch Mehrarbeit »Arbeitswilliger« (= Streikbrecher) ausgleichen will; derartige Mehrarbeit kann von den einzelnen Arbeitnehmern allerdings als Streikbrucharbeit abgelehnt werden (siehe oben: Streikbruch).

☐ Beachten: Der Betriebsrat ist nicht zuständig für die Einrichtung eines »Notdienstes« (siehe oben). Ziel des Notdienstes ist es zu verhindern, daß während der Dauer des Streiks Schäden an Betriebsanlagen und Betriebsmitteln entstehen. Die Regelung eines Notdienstes ist ausschließlich Gegenstand von Verhandlungen zwischen Arbeitgeber und Gewerkschaft. Betriebsräte, die Notdienstvereinbarungen mit dem Arbeitgeber abschließen, handeln rechtswidrig.

☐ Der Betriebsrat hat bei der Einführung von arbeitskampfbedingter Kurzarbeit (»kalte« Aussperrung, siehe oben) nach § 87 Abs. 1 Nr. 3 BetrVG ein volles Informations-, Überprüfungs- und Mitbestimmungsrecht, und zwar sowohl hinsichtlich der Frage, ob überhaupt Kurzarbeit eingeführt wird als auch bezüglich der Modalitäten der Kurzarbeit (welche Abteilungen, welche Arbeitnehmer usw.). Die ursprünglich vom Bundesarbeitsgericht vertretene Auffassung, daß ein Mitbestimmungsrecht bei arbeitskampfbedingter Kurzarbeit nur hinsichtlich der Frage des »Wie«, nicht aber des »Ob« der Kurzarbeit bestehe, ist als überholt anzusehen.

Können sich Arbeitgeber und Betriebsrat über das »Ob« und »Wie« der Kurzarbeit nicht einigen, darf der Arbeitgeber Kurzarbeit nicht einseitig anordnen. Vielmehr muß er nach § 87 Abs. 2 BetrVG ein Einigungsstellenverfahren einleiten. Erst wenn die Einigungsstelle zu seinen Gunsten entscheidet, darf der Arbeitgeber die betroffenen Arbeitnehmer in Kurzarbeit schicken.

Ordnet der Arbeitgeber Kurzarbeit ohne Zustimmung des Betriebsrats oder einen entsprechenden Beschluß der Einigungsstelle an, so kann

Arbeitskampf

der Betriebsrat hiergegen gerichtlich durch Antrag auf Erlaß einer einstweiligen Verfügung vorgehen (siehe → **Unterlassungsanspruch des Betriebsrats**).

Außerdem behalten die Arbeitnehmer ihren vollen Arbeitsentgeltanspruch, sofern sie dem Arbeitgeber ihre Arbeitskraft anbieten und den Arbeitgeber auf diese Weise in »Annahmeverzug« setzen.

Stimmt der Betriebsrat der Kurzarbeit zu, verlieren die betroffenen Arbeitnehmer – nach Ablauf der in vielen Tarifverträgen geregelten Kurzarbeits-Ankündigungsfrist – ihren Arbeitsentgeltanspruch! Gleiches gilt, wenn die Einigungsstelle die fehlende Zustimmung des Betriebsrats ersetzt (§ 87 Abs. 2 BetrVG).

☐ Nach § 72 Abs. 1 Satz 1, Abs. 2 AFG hat der Arbeitgeber die Kurzarbeit gegenüber dem Arbeitsamt anzuzeigen. Auch der Betriebsrat kann die Anzeige erstatten. Er kann auch die Gewährung von Kurzarbeitergeld beantragen (vgl. § 72 Abs. 2 Satz 1 AFG, siehe im übrigen → **Kurzarbeit**).

Macht der Arbeitgeber gegenüber dem Arbeitsamt geltend, daß die Kurzarbeit Folge eines Arbeitskampfes sei, hat er dies darzulegen und glaubhaft zu machen. Er hat eine Stellungnahme des Betriebsrats beizufügen und dem Betriebsrat zuvor die für die Stellungnahme erforderlichen Angaben zu machen (§ 72 Abs. 1a AFG).

Bedeutung für die Beschäftigten

Streik, Aussperrung

☐ Zu den Rechten der Arbeitnehmer siehe oben.

Krankheit

☐ Ein Arbeitnehmer, der vor oder nach Streikbeginn arbeitsunfähig erkrankt und nicht aktiv am Streik beteiligt ist (z. B. durch Streikpostenstehen), hat Anspruch auf Fortzahlung des Arbeitsentgelts, wenn er im Falle der Nichterkrankung trotz des Streiks weiterbeschäftigt worden wäre (z. B. im Rahmen eines Notdienstes).

Tritt die Erkrankung während eines Urlaubs ein, der vor Beginn des Streiks gewährt wurde, so behält der Arbeitnehmer seinen Anspruch

Arbeitskampf

auf Fortzahlung des Arbeitsentgelts, solange er sich nicht aktiv am Streik beteiligt.

Ein Arbeitsentgeltanspruch besteht nicht, wenn ein Streikender arbeitsunfähig erkrankt oder ein arbeitsunfähig Erkrankter sich trotz seiner Krankheit aktiv am Streik beteiligt.

Wird ein erkrankter Arbeitnehmer »heiß« ausgesperrt, soll nach Auffassung des Bundesarbeitsgerichts der Arbeitsentgeltanspruch entfallen.

Soweit arbeitsunfähig erkrankte Arbeitnehmer nach den vorstehenden Grundsätzen wegen Streik oder Aussperrung keinen Anspruch auf Fortzahlung des Arbeitsentgelts haben, kommt Anspruch auf Krankengeld gegen die Krankenkasse in Frage (siehe unten: Krankenversicherung). Vorsorglich sollten sich kranke Arbeitnehmer zur Sicherung ihres Krankengeldanspruchs sofort, spätestens am dritten Tag nach Beginn der Krankheit, bei ihrer Krankenkasse melden (ggf. durch Familienangehörige), und zwar auch dann, wenn ihnen nach den vorstehenden Grundsätzen an sich ein Arbeitsentgeltanspruch gegen den Arbeitgeber zusteht.

Urlaub

☐ Ein bereits angetretener oder bewilligter Urlaub wird durch einen Streik oder eine Aussperrung nicht berührt. Das heißt, der Arbeitgeber kann den Urlaub wegen des Arbeitskampfes nicht widerrufen. Er ist zur Zahlung des Urlaubsentgelts einschließlich eines etwaig zu zahlenden zusätzlichen Urlaubsgeldes verpflichtet.

Ist bei Streikbeginn der Urlaub weder angetreten noch bewilligt, so kann der Arbeitgeber einem Streikteilnehmer die Erfüllung des Urlaubsanspruchs bis zur Beendigung des Arbeitskampfes verweigern.

Feiertage, die in einen vor Beginn des Arbeitskampfes bewilligten Urlaub fallen, sind vom Arbeitgeber auch dann zu bezahlen, wenn er in der fraglichen Zeit aussperrt.

Wer im Verlaufe des Urlaubs arbeitsunfähig erkrankt, behält den Anspruch auf Entgeltfortzahlung – auch für die Krankheitszeit nach Urlaubsende –, sofern er sich nicht – trotz seiner Krankheit – aktiv am Streik beteiligt.

Arbeitskampf

Mutterschutz

☐ Der Anspruch auf Mutterschaftsgeld gegenüber der Krankenkasse bleibt im Falle von Streik und Aussperrung bestehen. Der Arbeitgeber kann aber den Zuschuß zum Mutterschaftsgeld verweigern. Mutterschaftsgeld kann dann nur in Höhe des Krankengeldes beansprucht werden.

Krankenversicherung

☐ Für Pflichtversicherte, die an einem Streik teilnehmen bzw. von »kalter« oder »heißer« Aussperrung betroffen sind, besteht die Mitgliedschaft ohne zeitliche Begrenzung bis zur Beendigung des Arbeitskampfes ohne Beitragszahlung fort.

Auch freiwillig – in einer gesetzlichen Krankenkasse oder Ersatzkasse – Versicherte bleiben ohne Rücksicht auf Beginn und Dauer des Arbeitskampfes versichert. Sie müssen allerdings – anders als Pflichtversicherte – Beiträge entrichten.

Gleiches gilt für Arbeitskampfteilnehmer, die nach erfolgter Befreiung von der Versicherungspflicht Mitglied einer privaten Krankenversicherung geworden sind.

Soweit freiwillig Versicherte oder in einer privaten Krankenkasse Versicherte Mitglied der kampfführenden Gewerkschaft sind, erhalten sie, sofern die Satzung dies vorsieht, zur Finanzierung der Beiträge eine Sonderunterstützung.

Rentenversicherung

☐ Es gilt der Grundsatz, daß auch solche Monate, die nur teilweise mit Beiträgen aus versicherungspflichtiger Beschäftigung belegt sind, als anrechnungsfähige Versicherungsmonate bewertet werden.

Hieraus folgt für den Fall des Arbeitskampfes, der beispielsweise am 10. März beginnt und am 25. April desselben Jahres endet, daß die Monate März und April voll als anrechnungsfähige Versicherungsmonate zählen.

Allerdings mindert sich infolge der geringeren Wertigkeit der Beiträge (im Beispielsfall: Arbeitsentgelt und damit Beitragszahlung im März nur für acht Tage und im April nur für fünf bzw. sechs Tage) die später zu erzielende Rentenhöhe.

Arbeitskampf

Der Verlust ist jedoch minimal. Dies gilt selbst dann, wenn ein Monat infolge eines Arbeitskampfes gänzlich unbelegt bleibt.

Beispiel:
Der Arbeitskampf beginnt am 31. März und endet am 2. Mai. Der Monat April wird nicht als Versicherungsmonat angerechnet.

Dies kann nur im Ausnahmefall dann zum Problem werden, wenn ausgerechnet dieser eine Monat bei der Erfüllung der für die Entstehung des Rentenanspruchs erforderlichen Wartezeit fehlt.

Die geringen Auswirkungen eines arbeitskampfbedingten Ausfalls eines Versicherungsmonats auf die Rentenhöhe mag folgendes Beispiel verdeutlichen: Bezogen auf die (im alten Bundesgebiet) zum 1. 1. 1992 gültigen Werte in der Rentenversicherung würde sich bei einer Versicherungszeit von 45 Jahren mit durchschnittlichem Arbeitsverdienst (3 660,– DM brutto) aufgrund des arbeitskampfbedingten Beitragsverlustes eine Minderung der Monatsrente – von 1 864,80 DM auf 1 861,32 DM – um 3,48 DM ergeben.

Ein Ausgleich dieser Renteneinbuße wäre nur durch Entrichtung eines freiwilligen Beitrages zu erreichen. Dieser würde sich bei einem zu versichernden Lohn-/Gehaltsverlust von 3 660,– DM brutto auf einen Betrag von 647,82 DM belaufen. Dieser Betrag würde im vorgenannten Beispielsfall (monatlicher Rentenverlust in Höhe von 3,48 DM) erst nach Ablauf von mehr als neun Jahren erreicht werden.

Unfallversicherung

☐ Bei Teilnahme an einem Arbeitskampf (Streik oder Aussperrung) besteht kein Versicherungsschutz in der gesetzlichen Unfallversicherung bei der Berufsgenossenschaft des Beschäftigungsbetriebs.

Es kommt jedoch für sogenannte »Streikhelfer« Unfallversicherungsschutz bei der für die kampfführende Gewerkschaft zuständigen Berufsgenossenschaft in Betracht.

Als »Streikhelfer« werden solche Personen angesehen, die Tätigkeiten ausüben, die üblicherweise von hauptamtlich Beschäftigten der Gewerkschaft während eines Arbeitskampfes verrichtet werden. Dies sind insbesondere

- alle in Streiklokalen mit Registrierungsarbeiten, Auszahlung der Streikunterstützung, Aufrechterhaltung der Ordnung usw. Tätigen;

Arbeitskampf

- Kollegen/-ginnen, die Streiknachrichten von der Druckerei holen und zur Verteilung ausliefern;
- Kollegen/-ginnen, die gemeinsam mit einem hauptamtlich Beschäftigten Agitationsarbeiten betreiben (z. B. Flugblattverteilung).

Der Unfallversicherungsschutz erstreckt sich auf die Tätigkeit innerhalb des Streiklokals sowie auf die zurückzulegenden Hin- und Rückwege von der Wohnung hin zum Streiklokal, zur Bank, Druckerei, zu den Orten der Flugblattverteilung usw.

Kein Unfallversicherungsschutz bei der für die kampfführende Gewerkschaft zuständige Berufsgenossenschaft besteht nach herrschender Meinung für »Streikposten«. Begründung: Da die Tätigkeit der Streikposten regelmäßig von ehrenamtlichen Beschäftigten verrichtet werde, liege kein »vorübergehender Eintritt« in den Betrieb der kampfführenden Gewerkschaft vor.

Sollte es daher zu Unfällen im Zusammenhang mit der Streikpostenarbeit kommen, besteht lediglich die Leistungspflicht der Krankenkasse (siehe oben: Krankenversicherung). Die Gewerkschaft sollte unverzüglich informiert werden, damit im Einzelfall die Gewährung einer Sonderunterstützung geprüft werden kann.

Sozialhilfe

☐ Gewerkschaftsmitglieder, deren Arbeitsentgeltanspruch wegen Teilnahme an einem Erzwingungsstreik entfällt, erhalten bei Vorliegen der satzungsgemäßen Voraussetzungen eine Streikunterstützung. Entsprechendes gilt für die von einer »heißen« Abwehraussperrung betroffenen Gewerkschaftsmitglieder.

Die Inanspruchnahme von Sozialhilfe kommt deshalb im Regelfall nur für Nichtmitglieder bzw. für solche Gewerkschaftsmitglieder in Betracht, bei denen die satzungsgemäßen Voraussetzungen für den Erhalt von Streik- oder Aussperrungsunterstützung (noch) nicht vorliegen, die also beispielsweise bei Beginn des Arbeitskampfes noch nicht die satzungsrechtliche Wartezeit (meist drei Monate Mitgliedschaft) erfüllt haben. Arbeitnehmer, die von »kalter« Aussperrung (= »arbeitskampfbedingter Kurzarbeit«) betroffen sind und weder Arbeitsentgelt noch Kurzarbeitergeld erhalten, müssen ebenfalls an die Inanspruchnahme von Sozialhilfe denken. Die Gewerkschaftssatzungen sehen für den Fall des Arbeitskampfes Unterstützungsleistungen für »kalt« ausgesperrte Mitglieder nicht vor.

Arbeitskampf

Sozialhilfe wird, da es um die Überbrückung eines begrenzten Zeitraums geht, lediglich in Form eines zinslosen, nach Beendigung des Arbeitskampfes zurückzuzahlenden Darlehens gewährt (einmalige Beihilfen wie z.B. Bekleidung, Hausrat, Brennstoffe etc. sind nicht zurückzuzahlen bzw. zu erstatten). Nur wenn die laufende Hilfe zum Lebensunterhalt länger als sechs Monate andauern sollte (was praktisch nicht vorkommt), wird das gesamte Darlehen in einen Zuschuß umgewandelt und braucht nicht mehr zurückgezahlt zu werden.

Hilfe zum Lebensunterhalt erhalten allerdings nur solche Personen, die ihren notwendigen Lebensunterhalt nicht oder nicht ausreichend aus eigenen Kräften und Mitteln bestreiten können. Die Höhe der Hilfe wird beeinflußt durch etwaig vorhandenes Vermögen bzw. Einkommen des Antragstellers sowie seiner unterhaltsverpflichteten Familienangehörigen. Unterhaltsverpflichtet sind Eltern gegenüber ihren Kindern und Kinder gegenüber ihren Eltern. Gleiches gilt für Ehepartner sowie für in einer »eheähnlichen Gemeinschaft« lebende Personen.

Arbeitsordnung

Was ist das?

☐ Als »Arbeitsordnung« wird eine betriebliche Regelung bezeichnet, in der eine Vielzahl von Vorschriften zu Fragen der betrieblichen Ordnung und des Verhaltens der Beschäftigten zusammengefaßt sind (andere gebräuchliche Bezeichnungen: »Betriebsordnung«, »Mitarbeiterordnung«, »Hausordnung«).

Beispiele:
Regelungen über
- *die Benutzung von Wasch- und Umkleideräumen,*
- *Rauchen und Genuß von Alkohol im Betrieb,*
- *das Tragen von Arbeitskleidung,*
- *Passierscheine, Torkontrollen,*
- *An- und Abmeldepflichten,*
- *die Benutzung des Firmenparkplatzes,*
- *die Behandlung des Arbeitszeugs,*
- *Verteilung von Schriften auf dem Betriebsgelände,*
- *die Benutzung von Stechuhren,*
- *Anwesenheitskontrollen bei gleitender Arbeitszeit,*
- *die Folgen bei Verstößen gegen die »Arbeitsordnung«.*

☐ Bisweilen werden solche Fragen, statt in einer umfassenden »Arbeitsordnung«, auch in jeweils gesondert herausgegebenen »Ordnungen« geregelt (z. B. Parkplatzordnung, Kleiderordnung usw.).

Bedeutung für die Betriebsratsarbeit

☐ Nach § 87 Abs. 1 Nr. 1 BetrVG hat der Betriebsrat in

»Fragen der Ordnung des Betriebs und des Verhaltens der Arbeitnehmer im Betrieb«

Arbeitsordnung

ein volles Mitbestimmungsrecht. Das heißt, will der Arbeitgeber in derartigen Fragen Regelungen treffen (in Form einer umfassenden »Arbeitsordnung« oder in Form einer sonstigen Anordnung mit kollektivem Charakter), benötigt er hierzu die Zustimmung des Betriebsrats. Verweigert der Betriebsrat die Zustimmung, so muß der Arbeitgeber die Einigungsstelle anrufen, wenn er sein Vorhaben realisieren will (vgl. § 87 Abs. 2 BetrVG).

☐ Erläßt der Arbeitgeber im Bereich der betrieblichen Ordnung und des Verhaltens der Arbeitnehmer einseitig – ohne Zustimmung des Betriebsrats – gegenüber der Belegschaft Anordnungen, so sind diese unwirksam. Der Betriebsrat kann Unterlassung bzw. Rücknahme der Anordnung verlangen und ggf. ein entsprechendes arbeitsgerichtliches Verfahren einleiten (siehe → **Unterlassungsanspruch des Betriebsrats**).

☐ Nicht von § 87 Abs. 1 Nr. 1 BetrVG erfaßt werden arbeitsbezogene Einzelanweisungen an einen Arbeitnehmer, die die Konkretisierung der arbeitsvertraglichen Arbeitspflicht des Arbeitnehmers bezwecken (Beispiel: »Erledigen Sie erst diese Arbeit und danach jene Arbeit«). Die Abgrenzung zu den mitbestimmungspflichtigen Verhaltensanordnungen mit kollektivem Charakter ist bisweilen schwierig. So ist es beispielsweise strittig, ob die Einführung von Tätigkeitsberichten für Außendienstmitarbeiter der Mitbestimmung des Betriebsrats unterliegt oder nicht.

☐ Zu beachten ist, daß ein Mitbestimmungsrecht auch nach § 87 Abs. 1 Nr. 6 BetrVG bestehen kann; nämlich dann, wenn technische Einrichtungen (z. B. Stechuhr, elektronische Datenerfassungsgeräte, Videokameras usw.) eingeführt werden sollen, die die Überwachung von Verhalten und Leistung der Arbeitnehmer ermöglichen (siehe → **Datenschutz**).

☐ Einigen sich Arbeitgeber und Betriebsrat über die Einführung (das »Ob«) und den Inhalt (das »Wie«) einer »Arbeitsordnung« oder einer sonstigen Anordnung mit kollektivem Charakter, so ist diese Einigung in Form einer → **Betriebsvereinbarung** schriftlich niederzulegen und bekanntzumachen (vgl. § 77 BetrVG).

☐ Im Rahmen der Verhandlungen über das »Ob« und »Wie« einer vom Arbeitgeber angestrebten Regelung besteht die Hauptarbeit des Betriebsrats darin, zu untersuchen, ob eine solche Regelung den Interessen der Beschäftigten nützt, oder ob sie ihnen schadet. Häufig folgen

Arbeitsordnung

nämlich die »Vorschläge« des Arbeitgebers dem Prinzip: »dem Arbeitnehmer alle Pflichten, dem Arbeitgeber alle Rechte«.

Regelungsvorschläge des Arbeitgebers, die mit den Interessen der Arbeitnehmer nicht zu vereinbaren sind und die gegen höherrangiges Recht verstoßen (z. B. Persönlichkeitsrechte, Menschenwürde, Gesetze, Rechtsverordnungen, Unfallverhütungsvorschriften, Tarifverträge), müssen abgelehnt werden.

Bedeutung für die Beschäftigten

☐ Eine mit Zustimmung des Betriebsrats bzw. durch Einigungsstellenspruch zustande gekommene »Arbeitsordnung« (oder sonstige Anordnung mit kollektivem Charakter) ist grundsätzlich für die Arbeitnehmer verbindlich.

☐ Bei Verstoß gegen die Arbeitsordnung kann eine sogenannte »Betriebsbuße« (Verwarnung, Verweis, Geldbuße usw.) aber nur dann verhängt werden, wenn dies in der Arbeitsordnung selbst oder in einer gesonderten Betriebsvereinbarung (»Bußordnung«) mit Zustimmung des Betriebsrats festgelegt ist, und der Betriebsrat der Verhängung der »Betriebsbuße« auch im jeweiligen Einzelfall zugestimmt hat bzw. eine Einigungsstelle die fehlende Zustimmung des Betriebsrats ersetzt hat (vgl. § 87 Abs. 1 Nr. 1 und Abs. 2 BetrVG; siehe auch → **Betriebsbuße**).

☐ Eine Rechtsverbindlichkeit der Arbeitsordnung besteht nicht, wenn sie insgesamt oder in Teilen gegen höherrangiges Recht (siehe oben) verstößt. Ebenfalls besteht keine Rechtsverbindlichkeit, soweit der Arbeitsvertrag für den Arbeitnehmer »bessere« Regelungen enthält (→ **Günstigkeitsprinzip!**).

Arbeitsschutz

Grundlagen

☐ Unter dem Begriff »Arbeitsschutz« wird die Summe aller rechtlichen, organisatorischen, medizinischen und technischen Regelungen und Maßnahmen verstanden, die im Bereich der »Arbeit« getroffen werden zum Schutz der körperlichen und geistigen Unversehrtheit der Arbeitnehmer sowie zum Schutz ihrer Persönlichkeitsrechte und Menschenwürde.

☐ Ziel dieser Regelungen ist es, die Unfall- und Gesundheitsgefahren auf ein Maß zurückzuführen, das nach dem gegenwärtigen Erkenntnisstand möglich und gleichzeitig vereinbar ist mit den Interessen der Wirtschaft an einer – aus ihrer Sicht – optimalen Nutzung der Technik. Insofern stellt das Regelungssystem unter dem Gesichtspunkt des Gesundheitsschutzes kein Optimum, sondern einen Kompromiß dar zwischen den Interessen der Arbeitgeber einerseits und den Interessen der Beschäftigten an der Erhaltung ihrer Gesundheit andererseits. Diese Interessen befinden sich in einem unvermeidbaren Gegensatz: Denn Maßnahmen zum Schutz der Gesundheit verursachen Kosten und schmälern somit den erzielbaren Gewinn. Dementsprechend ist das Regelungssystem im Bereich des Gesundheitsschutzes seit jeher ein umkämpftes Gebiet, in dem Kapitalinteressen und Arbeitnehmerinteressen nicht selten hart aufeinanderprallen.

☐ Im Zuge der Verwirklichung des Europäischen Binnenmarktes ist auf EG-Ebene eine Vielzahl von Richtlinien zum Arbeitsschutz (Rahmenrichtlinie sowie diverse Einzelrichtlinien) entstanden, die in nationales Recht umzusetzen sind. Nach der EG-Arbeitsschutz-Rahmenrichtlinie gehört es zu den grundsätzlichen Pflichten des Arbeitgebers, für Sicherheit und Gesundheitsschutz der Arbeitnehmer in einem umfassenden Sinne unter Berücksichtigung aller Aspekte der Arbeit zu sorgen, den Arbeitsschutz schon in der Planungsphase einzubeziehen (siehe → **Unternehmensplanung**), Arbeitsplätze und Arbeitsverfahren menschengerecht zu gestalten und dabei den jeweils neuesten Stand der

Arbeitsschutz

Technik und nicht nur – wie bisher – die allgemein anerkannten Regeln der Technik zu berücksichtigen. Außerdem hat der Arbeitgeber arbeitsplatzbezogene Gefährdungsanalysen zu dokumentieren und die Beschäftigten sowie ihre Interessenvertretung umfassend zu informieren und sie an der Realisierung des betrieblichen Arbeitsschutzes zu beteiligen. Eine weitere wichtige Neuerung: Das Arbeitsschutzrecht soll zukünftig einheitlich für alle Beschäftigungsgruppen sowohl in der Privatwirtschaft als auch im öffentlichen Dienst gelten. In der Bundesrepublik befindet sich derzeit ein »Arbeitsschutzgesetz« zur Umsetzung der EG-Arbeitsschutz-Rahmenrichtlinie in Vorbereitung. Ein vom Bundesarbeitsministerium im September 1995 vorgelegter Referentenentwurf bleibt allerdings nach Auffassung der Gewerkschaften weit hinter den Anforderungen der EG-Rahmenrichtlinie zurück (vgl. Stellungnahme des DGB in Arbeit und Ökologie, Heft 20 vom 4. 10. 1995, S. 8 ff).

☐ Der Gesamtkomplex des betrieblichen Arbeitsschutzrechtes läßt sich grob in zwei Regelungskomplexe unterscheiden:

1. Die staatlichen Vorschriften (»Gesetze« und »Rechtsverordnungen«):

- »Gesetze« (z. B. »Gewerbeordnung«, »Gerätesicherheitsgesetz«, »Chemikaliengesetz«, »Arbeitssicherheitsgesetz«, »Arbeitszeitgesetz«);

- »Rechtsverordnungen«, die auf der Grundlage und zur Konkretisierung eines Gesetzes vom zuständigen Ministerium erlassen werden (z. B. »Arbeitsstättenverordnung«, »Gefahrstoffverordnung«);

- ergänzt und konkretisiert werden die Gesetze und Verordnungen durch »Allgemeine Verwaltungsvorschriften«. Hierbei handelt es sich nicht um »Rechtsnormen«, die – wie Gesetze und Verordnungen – für den außerhalb der Verwaltung stehenden Bürger (z. B. Arbeitgeber) unmittelbar Rechte und Pflichten begründen. Vielmehr handelt es sich um verwaltungsinterne Vorschriften, die die übergeordneten Behörden (z. B. Ministerium) gegenüber den nachgeordneten Behörden erlassen, um eine einheitliche und zweckmäßige Ausübung der Gesetze und Rechtsverordnungen sicherzustellen (z. B. »Arbeitsstättenrichtlinien«);

- weiterhin ergänzt und konkretisiert werden die staatlichen Vorschriften durch technische Regelwerke (z. B. »Technische Regeln für Gefahrstoffe« – TRGS), DIN-Normen (DIN = Deutsches Institut

Arbeitsschutz

für Normung), VDE-Bestimmungen (VDE = Verband Deutscher Elektrotechniker), und ähnliche Regelwerke.

2. **Die »Unfallverhütungsvorschriften«**, die von den »Vertreterversammlungen« der jeweiligen Berufsgenossenschaften auf der Grundlage von § 708 Reichsversicherungsordnung (RVO) beschlossen und vom Bundesminister für Arbeit- und Sozialordnung nach Anhörung der zuständigen obersten Länderbehörden genehmigt werden (siehe → **Unfallversicherung**).

- Die Unfallverhütungsvorschriften werden ergänzt und konkretisiert durch die »Durchführungsanweisungen« (= Erläuterungen zu den Unfallverhütungsvorschriften und Lösungsbeispiele);
- des weiteren spielen auch im Bereich der Unfallverhütungsvorschriften die DIN-Normen, VDE-Bestimmungen und sonstige Regelwerke eine ergänzende und konkretisierende Rolle.

☐ Über die Einhaltung der gesetzlichen Arbeitsschutzvorschriften wachen die »Gewerbeaufsichtsämter«, über die Einhaltung der Unfallverhütungsvorschriften die »Berufsgenossenschaften«. Ihre Überwachungsaufgabe erfüllen sie dadurch, daß die »Gewerbeaufsichtsbeamten« und die »Technischen Aufsichtsbeamten« der Berufsgenossenschaften die Betriebe besichtigen und die Einhaltung der Vorschriften und Regeln kontrollieren. Wird ein Verstoß gegen die Vorschriften und Regeln festgestellt, ist es möglich, die Betriebsinhaber (Arbeitgeber) im Wege der Beratung, notfalls aber auch durch verbindliche Anordnungen zur Herstellung des vorgeschriebenen Zustandes zu veranlassen. In krassen Fällen können Maschinen und Anlagen stillgelegt werden.

☐ Die »Berufsgenossenschaften« werden darüber hinaus als Träger der gesetzlichen Unfallversicherung tätig, wenn trotz der vorbeugenden Maßnahmen Arbeitsunfälle geschehen und Berufskrankheiten aufgetreten sind (siehe → **Unfallversicherung**).

☐ Die Arbeit der Gewerbeaufsichtsämter und Berufsgenossenschaften wird ergänzt durch die Tätigkeit »innerbetrieblicher Stellen und Gremien«, deren Aufgabe es ist, den Arbeits- und Gesundheitsschutz im Betrieb sicherzustellen bzw. zu fördern. Zu nennen sind insoweit:

- der Arbeitgeber,
- die Betriebsärzte,
- die Fachkräfte für Arbeitssicherheit,
- die Sicherheitsbeauftragten,

Arbeitsschutz

- der Sicherheitsausschuß (in Betrieben, für die keine Betriebsärzte oder Fachkräfte für Arbeitssicherheit bestellt sind),
- der Betriebsrat,
- der Arbeitsschutzausschuß.

Der Arbeitgeber ist für die Durchführung des betrieblichen Gesundheitsschutzes zuständig und verantwortlich. Er ist insbesondere verpflichtet:

- Arbeitsstätten, technische Anlagen, Maschinen, Werkzeuge, Fahrzeuge und sonstige Geräte so einzurichten und zu unterhalten sowie die Arbeitsabläufe, die Herstellung und den Umgang mit Gefahrstoffen so zu gestalten, daß die Beschäftigten gegen Gefahren für Gesundheit und Leben geschützt sind (vgl. § 618 Abs. 1 BGB, § 120a Gewerbeordnung);
- die Vorschriften des Arbeitsschutzes (Gesetze, Verordnungen, Unfallverhütungsvorschriften) einzuhalten;
- die erforderlichen persönlichen Schutzausrüstungen zur Verfügung zu stellen;
- die Arbeitnehmer vor Beginn der Beschäftigung über die Unfall- und Gesundheitsgefahren sowie über die Maßnahmen und Einrichtungen zur Abwendung dieser Gefahren zu belehren (vgl. § 81 Abs. 1 Satz 2 BetrVG).

Die Betriebsärzte und Fachkräfte für Arbeitssicherheit: Unter den Voraussetzungen des »Arbeitssicherheitsgesetzes« ist der Arbeitgeber verpflichtet, »Betriebsärzte« und »Fachkräfte für Arbeitssicherheit« (Sicherheitsingenieure, Sicherheitsmeister, Sicherheitstechniker) zu bestellen. Die Betriebsärzte und Sicherheitsfachkräfte haben den Arbeitgeber in allen Fragen des Gesundheitsschutzes zu unterstützen. Die Betriebsärzte haben darüber hinaus die Aufgabe, die Arbeitnehmer zu untersuchen, arbeitsmedizinisch zu beurteilen, zu beraten und die Untersuchungsergebnisse zu erfassen und auszuwerten. Der für die Aufgabenerfüllung erforderliche Zeitaufwand (= sogenannte »Einsatzzeiten«) ist durch Unfallverhütungsvorschriften der für den Betrieb zuständigen Berufsgenossenschaft geregelt.

Die Sicherheitsbeauftragten: Nach § 719 RVO hat der Arbeitgeber »Sicherheitsbeauftragte« zu bestellen. Die Zahl der zu bestellenden Sicherheitsbeauftragten wird durch die Unfallverhütungsvorschriften vorgeschrieben. Die Sicherheitsbeauftragten haben den Arbeitgeber bei der »Durchführung des Unfallschutzes« zu unterstützen. Insbesondere haben sie sich von dem Vorhandensein und der ordnungsgemäßen

Arbeitsschutz

Benutzung der vorgeschriebenen Schutzvorrichtungen fortlaufend zu überzeugen. Mindestens einmal im Monat hat mit dem Unternehmer oder seinem Beauftragten unter Beteiligung des Betriebsrats ein Erfahrungsaustausch stattzufinden.

Der Sicherheitsausschuß: Sind in einem Betrieb mehr als drei »Sicherheitsbeauftragte« bestellt, so bilden sie einen »Sicherheitsausschuß«. Dies gilt nicht, wenn für den Betrieb Betriebsärzte oder Fachkräfte für Arbeitssicherheit bestellt sind (vgl. § 719 Abs. 4 RVO).

Der Betriebsrat: Auch der »Betriebsrat« nimmt im Rahmen des betrieblichen Gesundheitsschutzes eigenständige Aufgaben wahr. Außerdem stehen ihm zur Realisierung der Aufgaben (Überwachungs-, Schutz- und Gestaltungsaufgaben) Rechte unterschiedlicher Reichweite zu (Informations-, Mitwirkungs- und Mitbestimmungsrechte). Aufgaben und Rechte sind im einzelnen in erster Linie im BetrVG, teilweise aber auch in anderen Gesetzen und Verordnungen geregelt (zu den Einzelheiten siehe unten).

Der Arbeitsschutzausschuß: Die verschiedenen Stellen/Gremien des innerbetrieblichen Gesundheitsschutzes finden sich zusammen im »Arbeitsschutzausschuß« gemäß § 11 ASiG. Der »Arbeitsschutzausschuß« besteht im einzelnen aus:

- dem Arbeitgeber oder einem von ihm Beauftragten,
- zwei vom Betriebsrat bestimmten Betriebsratsmitgliedern,
- den Betriebsärzten,
- den Fachkräften für Arbeitssicherheit und
- den Sicherheitsbeauftragten.

Aufgabe des »Arbeitsschutzausschusses« ist es, mindestens einmal pro Quartal Anliegen des Arbeitsschutzes und der Unfallverhütung zu beraten.

Bedeutung für die Betriebsratsarbeit

☐ **Aufgaben des Betriebsrats** im Bereich des Arbeitsschutzes und der Unfallverhütung:

§ 80 Abs. 1 Nr. 1 BetrVG: Hiernach hat der Betriebsrat darüber zu wachen, daß die zugunsten der Arbeitnehmer geltenden Gesetze, Ver-

Arbeitsschutz

ordnungen, Unfallverhütungsvorschriften, Tarifverträge und Betriebsvereinbarungen durchgeführt werden.

§ 80 Abs. 1 Nr. 2 BetrVG: Der Betriebsrat hat Maßnahmen, die dem Wohl der Arbeitnehmer dienen, beim Arbeitgeber zu beantragen. Zu diesen Maßnahmen zählen natürlich auch solche, die eine Verbesserung des Gesundheitsschutzes bewirken. Zur Vorgehensweise des Betriebsrats: siehe → **Verhandlungen mit dem Arbeitgeber**.

§ 89 Abs. 1 BetrVG: Der Betriebsrat hat die Gewerbeaufsicht, die Berufsgenossenschaft und die sonstigen für den Gesundheitsschutz zuständigen Stellen durch Anregung, Beratung und Auskunft zu unterstützen sowie sich für die »Durchführung der Vorschriften über den Arbeitsschutz im Betrieb einzusetzen«.

§ 1552 Abs. 3 RVO: Hiernach hat der Betriebsrat Anzeigen über Arbeitunfälle oder Berufskrankheiten mit zu unterzeichnen (natürlich erst nach sorgfältiger Prüfung; siehe → **Unfallversicherung**).

☐ **Rechte des Betriebsrats** im Bereich des Arbeitsschutzes und der Unfallverhütung:

Informationsrechte

☐ § 80 Abs. 2 BetrVG: Nach dieser grundlegenden Vorschrift ist der Betriebsrat vom Arbeitgeber rechtzeitig und umfassend und – auf Verlangen unter Vorlage von Unterlagen – über alle Angelegenheiten des betrieblichen Arbeitsschutzes und der Unfallverhütung zu unterrichten.

☐ § 90 Abs. 1 BetrVG: Der Betriebsrat hat ein Informationsrecht bei der Planung von Neu-, Um- und Erweiterungsbauten, technischen Anlagen, Arbeitsverfahren, Arbeitsabläufen und Arbeitsplätzen; insoweit hat der Arbeitgeber die einschlägigen Unterlagen (z. B. Baupläne usw.) unaufgefordert(!) vorzulegen.

☐ § 21 Abs. 1, 2 und 3 GefahrstoffVO: Der Arbeitgeber hat den Betriebsrat über Messungen und Meßergebnisse zu informieren sowie ihm auf Verlangen die zu erstellenden Meßprotokolle bzw. Abschriften hiervon zu überlassen (→ **Gefahrstoffe**).

☐ § 31 Abs. 4 GefahrstoffVO: Der Arbeitgeber hat den Betriebsrat zu informieren, wenn der nach § 30 Gefahrstoffverordnung zu Vorsorgeuntersuchungen ermächtigte Arzt schriftlich eine Überprüfung des Arbeitsplatzes empfiehlt, weil die Gesundheit des untersuchten Arbeit-

Arbeitsschutz

nehmers infolge der Arbeitsplatzverhältnisse gefährdet erscheint (→ **Gefahrstoffe**).

☐ § 89 Abs. 2 bis 5 BetrVG: Der Arbeitgeber – aber auch die Gewerbeaufsicht, die Berufsgenossenschaft sowie die sonstigen für den Gesundheitsschutz zuständigen Stellen – haben den Betriebsrat in allen Fragen des Gesundheitsschutzes und der Unfallverhütung, insbesondere bei Betriebsbesichtigungen und Unfalluntersuchungen »hinzuzuziehen«. Der Arbeitgeber hat dem Betriebsrat unverzüglich erteilte Auflagen und Anordnungen »mitzuteilen«. Außerdem hat er dem Betriebsrat die Niederschriften über Untersuchungen, Besichtigungen und Besprechungen sowie die Durchschriften von Unfallanzeigen »auszuhändigen« (→ **Unfallversicherung**).

☐ § 9 Abs. 1 und 2 ASiG: Die Betriebsärzte und die Fachkräfte für Arbeitssicherheit sind verpflichtet, den Betriebsrat über Angelegenheiten des Arbeitsschutzes und der Unfallverhütung zu unterrichten, ihn zu beraten und mit ihm zusammenzuarbeiten.

Mitwirkungsrechte

☐ § 90 Abs. 2 BetrVG, § 21 Abs. 4 GefahrstoffVO: Dem Betriebsrat stehen nach diesen Vorschriften Beratungs- und Vorschlagsrechte zu. Der Arbeitgeber ist verpflichtet, über die Realisierung der Vorschläge des Betriebsrats mit »dem ernsten Willen zur Einigung« zu verhandeln (vgl. § 74 Abs. 1 BetrVG).

☐ § 719 Abs. 1 RVO: Die Bestellung (und auch Abberufung, strittig) der »Sicherheitsbeauftragten« hat »unter Mitwirkung« des Betriebsrats zu erfolgen (= ausführliche Erörterung und Beratung der Frage, wer in welchen Betriebsbereichen als Sicherheitsbeauftragter bestellt [oder abberufen] wird). Die Anzahl der zu bestellenden Sicherheitsbeauftragten ist durch Unfallverhütungsvorschrift geregelt (vgl. § 719 Abs. 5 RVO).

Mitbestimmungsrechte

☐ **§ 9 Abs. 3 ASiG:** Hiernach hat der Betriebsrat ein Mitbestimmungsrecht bei der Bestellung und Abberufung von Betriebsärzten und Fachkräften für Arbeitssicherheit sowie bei der Erweiterung und Einschränkung der Aufgaben der Vorgenannten. Unstrittig ist, daß der Betriebsrat ein »Zustimmungsverweigerungsrecht« hat; strittig ist, ob

Arbeitsschutz

ihm darüber hinaus auch ein »Initiativrecht« zusteht (nach der wohl überwiegenden Meinung in der Literatur ist dies zu bejahen).

Kommt eine Einigung zwischen Arbeitgeber und Betriebsrat nicht zustande, entscheidet die Einigungsstelle.

Da mit den vorgenannten Maßnahmen gleichzeitig eine Einstellung, Versetzung oder Kündigung verbunden sein kann, kommen auch die Rechte des Betriebsrats nach §§ 99 ff. BetrVG bzw. § 102 BetrVG zum Zuge.

Eine Zustimmung des Betriebsrats zur Bestellung nach § 9 Abs. 3 Arbeitssicherheitsgesetz stellt regelmäßig gleichzeitig eine Zustimmung zur Einstellung des Betreffenden nach § 99 BetrVG dar.

Zu beachten ist, daß der Betriebsrat im Rahmen des § 99 BetrVG auch hinsichtlich der Frage der richtigen »Eingruppierung« des Betreffenden ein Zustimmungsverweigerungsrecht hat: Wenn er also die Zustimmung zur Bestellung sowie Einstellung erteilt, die Zustimmung zur geplanten Eingruppierung aber aus einem der in § 99 Abs. 2 BetrVG genannten Gründe verweigert, muß der Arbeitgeber insoweit ein Zustimmungsersetzungsverfahren beim Arbeitsgericht nach § 99 Abs. 4 BetrVG einleiten.

Im Falle der Abberufung und Kündigung beispielsweise eines Sicherheitsingenieurs entscheidet sich im Mitbestimmungsverfahren nach § 9 Abs. 3 Arbeitssicherheitsgesetz, ob der Betreffende noch als solcher tätig sein kann. Im Anhörungs- und Widerspruchsverfahren nach § 102 BetrVG geht es darum zu prüfen, ob er im Falle wirksamer Abberufung zur Vermeidung einer Kündigung auf einem anderen Arbeitsplatz weiterbeschäftigt werden kann (vgl. z. B. § 102 Abs. 3 Nr. 3 BetrVG).

☐ **§ 87 Abs. 1 Nr. 7 BetrVG:**

Der Betriebsrat hat mitzubestimmen bei:
»Regelungen über die Verhütung von Arbeitsunfällen und Berufskrankheiten sowie über den Gesundheitsschutz im Rahmen der gesetzlichen Vorschriften oder der Unfallverhütungsvorschriften.«

Diese Mitbestimmungsvorschrift eröffnet dem Betriebsrat im Bereich des Arbeits- und Gesundheitsschutzes eine Vielzahl von Gestaltungsmöglichkeiten. Sie kommt überall dort zum Zuge, wo und soweit einschlägige Arbeitsschutzregelungen in Gesetzen, Rechtsverordnungen oder Unfallverhütungsvorschriften in Form von mehr oder we-

Arbeitsschutz

niger allgemein gehaltenen »Rahmenregelungen« auftreten. Mitbestimmung des Betriebsrats (auch in Form des Initiativrechts!) besteht also überall dort, wo und soweit die Arbeitsschutzvorschriften dem Arbeitgeber den »Spielraum« lassen, eine Angelegenheit »auf diese oder auf jene Weise« zu regeln.

Kein Mitbestimmungsrecht besteht, wenn die Vorschriften so konkret ausgestaltet sind, daß ein »Rahmen«, also ein Regelungsspielraum nicht mehr verbleibt; wo also der Arbeitgeber eine ganz konkrete Maßnahme oder Regelung »so, und nicht anders« treffen muß.

Beispiel:
§ 21 Abs. 1 Arbeitsstättenverordnung
»Laderampen müssen mindestens 0,80 m breit sein.«

Dem Betriebsrat fällt dann »nur« noch die Aufgabe zu, darüber zu wachen, daß der Arbeitgeber die staatliche Vorschrift bzw. die Unfallverhütungsvorschrift so, wie vorgeschrieben, auch tatsächlich durchführt (siehe oben Überwachungsaufgabe nach § 80 Abs. 1 Nr. 1 BetrVG).

Liegt dagegen eine »Rahmenregelung« im Sinne des § 87 Abs. 1 Nr. 7 BetrVG vor (besteht also ein Mitbestimmungsrecht), dann kann der Betriebsrat die Einigungsstelle anrufen, wenn mit dem Arbeitgeber keine Einigung über die zu treffenden Maßnahmen oder Regelungen erzielt werden kann (§ 87 Abs. 2 BetrVG).

Beispiele:
§ 9 Arbeitsstättenverordnung:
»Fenster und Oberlichter müssen so beschaffen oder mit Einrichtungen versehen sein, daß die Räume gegen unmittelbare Sonneneinstrahlung abgeschirmt werden können.«
§ 32 Arbeitsstättenverordnung:
»In Pausen-, Bereitschafts- oder Liegeräumen hat der Arbeitgeber dafür Sorge zu tragen, daß geeignete Maßnahmen zum Schutze der Nichtraucher vor Belästigungen durch Tabakrauch getroffen werden.«

In beiden Fällen offenbart schon der Wortlaut der Vorschriften, daß es sich um »Rahmenvorschriften« im Sinne des § 87 Abs. 1 Nr. 7 BetrVG handelt (»... müssen so beschaffen sein ...«; »... geeignete Maßnahmen...«). Somit besteht Mitbestimmung hinsichtlich der Frage, auf welche Weise der Arbeitgeber seine Verpflichtung erfüllt.

Beispiel:
§ 719 Abs. 2 RVO:

Nach dieser Vorschrift ist es Aufgabe der Sicherheitsbeauftragten, den Unternehmer bei der »Durchführung des Unfallschutzes zu unterstützen, insbesondere sich von dem Vorhandensein und der ordnungsgemäßen Benutzung der vorgeschriebenen Sicherheitseinrichtungen fortlaufend zu überzeugen«.

Keine konkrete Aussage macht die Vorschrift zu den für die Erfüllung dieser Aufgaben erforderlichen Rahmenbedingungen (z. B. Freistellung von der Arbeit für Rundgänge, Besichtigungen, Gespräche mit Beschäftigten, »Arbeitsschützern« und Betriebsrat, Lesen von Arbeitsschutzliteratur usw.). Deshalb besteht – über § 87 Abs. 1 Nr. 7 BetrVG – insoweit ein (Initiativ-)Mitbestimmungsrecht des Betriebsrats.

Beispiel:
§ 719 Abs. 4 Satz 2 BetrVG:

Hiernach ist geregelt, daß die Sicherheitsbeauftragten mindestens einmal im Monat zu einer »Erfahrungsaustauschsitzung« mit Unternehmer und Betriebsrat zusammenkommen sollen.

Nicht geregelt ist jedoch die deshalb nach § 87 Abs. 1 Nr. 7 BetrVG mitbestimmungspflichtige Frage, an welchem Tage im Monat zu welcher Uhrzeit die Sitzungen stattfinden sollen.

Beispiel:
§ 9 Abs. 3 ASiG:

Hiernach kann der Arbeitgeber die werksärztliche Betreuung in drei verschiedenen Formen sicherstellen, nämlich durch

- die Anstellung eines Betriebsarztes
  oder
- die Verpflichtung eines freiberuflichen Arztes
  oder
- die Inanspruchnahme eines überbetrieblichen ärztlichen Dienstes.

Welche dieser Formen realisiert wird, ist im Mitbestimmungswege nach § 87 Abs. 1 Nr. 7 BetrVG zu regeln. Kommt es zwischen Arbeit-

Arbeitsschutz

geber und Betriebsrat zu keiner Einigung, entscheidet die Einigungsstelle. Entsprechendes gilt, wenn es zu keiner Einigung über die Form der Betreuung durch »Fachkräfte für Arbeitssicherheit« kommt.

☐ Über § 87 Abs. 1 Nr. 7 BetrVG hinaus kann der Betriebsrat natürlich auf der Grundlage von § 80 Abs. 1 Nr. 2 BetrVG, gegebenenfalls in Verbindung mit seinen Beratungs- und Vorschlagsrechten (siehe oben Mitwirkungsrechte) versuchen, den Arbeitgeber zu Regelungen zu veranlassen, die »besser« sind (die also einen wirksameren Gesundheitsschutz ermöglichen), als die staatlichen Vorschriften bzw. Unfallverhütungsvorschriften (siehe oben Kompromißcharakter der genannten Vorschriften). Kommt es zu einer entsprechenden Einigung, so kann eine »freiwillige Betriebsvereinbarung« über »zusätzliche Maßnahmen zur Verhütung von Arbeitsunfällen und Gesundheitsschädigungen« (§ 88 Nr. 1 BetrVG) abgeschlossen werden.

☐ **§ 91 BetrVG:**
Diese Vorschrift gibt dem Betriebsrat ebenfalls ein Mitbestimmungsrecht auf dem Gebiet des Arbeits- und Gesundheitsschutzes (sogenanntes **»korrigierendes Mitbestimmungsrecht«**).

Allerdings muß eine Reihe von Voraussetzungen erfüllt sein, bevor das Mitbestimmungsrecht entsteht:

1. Der Arbeitgeber muß eine »Veränderung« der Arbeitsplätze, des Arbeitsablaufs oder der Arbeitsumgebung durchführen (= gleichbedeutend mit Maßnahmen im Sinne des § 90 Abs. 1 BetrVG).

2. Durch diese Maßnahmen müssen Arbeitnehmer in »besonderer Weise belastet« werden. Dabei muß es sich bei der Belastung allerdings keineswegs um eine Gesundheitsgefährdung handeln! Belastung ist vielmehr jede Art der unzumutbaren Beanspruchung des arbeitenden Menschen. Dabei ist es gleichgültig, ob die Beanspruchung durch Umgebungseinflüsse (Lärm, Nässe, Zugluft, Blendung, Lichtmangel usw.) oder durch die Art der Arbeit (Tempo, Leistungsverdichtung, Monotonie, Zwangshaltung usw.) ausgelöst wird.

3. Die Maßnahmen müssen »den gesicherten arbeitswissenschaftlichen Erkenntnissen über die menschengerechte Gestaltung der Arbeit« widersprechen:

- »Arbeitswissenschaft« in diesem Sinne meint alle diejenigen Wissenschaftsdisziplinen, deren Gegenstand »die Arbeit« ist (z. B. Arbeitsmedizin, Psychologie, Sozialwissenschaft, [Arbeits-]Rechtswissen-

Arbeitsschutz

schaft usw.). Dabei sind die in den einschlägigen Wissenschaftsbereichen erzielten Erkenntnisse im Rahmen des § 91 BetrVG nur insoweit von Belang, als sie sich auf die »menschengerechte Gestaltung der Arbeit« beziehen.

- »Gesichert« sind diese Erkenntnisse, wenn sie Eingang in Gesetze, Verordnungen, Unfallverhütungsvorschriften gefunden haben. Allerdings bleibt für eine Anwendung des § 91 BetrVG in diesem Falle kein Raum:
Denn dann sind es die Vorschriften selbst, die dem Arbeitgeber die Verpflichtung auferlegen, die »Erkenntnis« zu beachten. Nach h. M. findet § 87 Abs. 1 Eingangssatz BetrVG auf § 91 BetrVG entsprechende Anwendung (vgl. Däubler/Kittner/Klebe/Schneider, BetrVG, 4. Aufl. § 91 Rdnr. 23). Das heißt, ein Mitbestimmungsrecht nach § 91 BetrVG besteht nur, »soweit eine gesetzliche oder tarifliche Regelung nicht besteht«. Dem Betriebsrat bleibt nur seine Aufgabe, die Einhaltung der Vorschrift zu »überwachen« (§ 80 Abs.1 Nr. 1 BetrVG).
Handelt es sich bei der Vorschrift allerdings um eine ausfüllungsbedürftige »Rahmenvorschrift«, ergibt sich zwar ein Mitbestimmungsrecht des Betriebsrats: Dieses folgt aber nicht aus § 91, sondern aus § 87 Abs. 1 Nr. 7 BetrVG (siehe oben).
Anwendung findet § 91 BetrVG deshalb vor allem dort, wo auf andere Weise »gesicherte« arbeitswissenschaftliche Erkenntnisse vorliegen.

- »Gesichert« sind Erkenntnisse nämlich auch dann,
  - wenn sie in sonstige Regelwerke unterhalb der Ebene von Gesetzen, Rechtsverordnungen oder Unfallverhütungsvorschriften aufgenommen worden sind (z. B. Verwaltungsvorschriften, Sicherheitsregeln der Berufsgenossenschaften, Merkblätter, DIN-Normen usw., aber auch Tarifverträge),
  - wenn sie aufgrund anerkannter Methoden wissenschaftlicher Erkenntnisgewinnung zustande gekommen sind (wissenschaftliche Gutachten) und die Erkenntnisse von einer Mehrheit der wissenschaftlichen Fachwelt anerkannt werden,
  - wenn sie durch gleichlautende Aussagen in anerkannten Fachzeitschriften, Lehrbüchern, Veröffentlichungen von Berufsgenossenschaften oder Arbeitsschutzbehörden, usw. bestätigt werden.

- Auch europäische Richtlinien zum Arbeitsschutz sind, solange sie nicht in nationales – bundesdeutsches – Recht umgesetzt sind, als

Arbeitsschutz

»gesicherte arbeitswissenschaftliche Erkenntnisse« anzusehen. Sind sie in bundesdeutsches Recht umgesetzt worden, z. B. durch Gesetz, Verordnung oder Unfallverhütungsvorschrift, richtet sich die Frage, ob ein Mitbestimmungsrecht des Betriebsrats besteht oder nicht, nach § 87 Abs. 1 Nr. 7 BetrVG.

4. Der Widerspruch muß »offensichtlich« sein. Dies ist der Fall, wenn für jeden, der auf dem einschlägigen Fachgebiet Sachkunde besitzt, spätestens im Zeitpunkt der Durchführung der belastenden Maßnahme deutlich erkennbar ist, daß die Maßnahme gegen eine »arbeitswissenschaftliche Erkenntnis« verstößt.

☐ Liegen die Voraussetzungen der oben genannten Ziffern 1–4 vor, kann der Betriebsrat gemäß § 91 BetrVG »*angemessene Maßnahmen zur Abwendung, Milderung oder zum Ausgleich der Belastung verlangen*«.

1. Maßnahmen zur Abwendung der Belastung:

Beispiele:

- *Rücknahme der die Belastung auslösenden Maßnahmen,*
- *Verkapselung einer lärmenden Maschine,*
- *Verbesserung der Absaugung von Staub, Dämpfen usw.,*
- *Einsatz von technischen Mitteln zur Abwendung von schwerer Hebearbeit,*
- *Zurücknahme von Schichtarbeit, insbesondere Nachtschichtarbeit,*
- *Senkung der Fließbandgeschwindigkeit,*
- *Umgestaltung des Arbeitsplatzes zur Beseitigung von Zwangshaltungen.*

2. Maßnahmen zur Milderung (= teilweise Aufhebung der Belastung):

Beispiele:

- *Einlegung zusätzlicher Pausen,*
- *Schaffung von Mischarbeitsplätzen,*
- *Einsatz von Schutzausrüstungen (Schutzbrillen, Blendschutz, Gehörschutz usw.),*
- *Einführung von Gruppenarbeit zur Herabsetzung von Monotonie oder sozialer Isolation.*

Arbeitsschutz

3. Maßnahmen zum Ausgleich:

Beispiele:

- *Zusatzurlaub, mehr Freizeit,*
- *Stellung von Wechselkleidung,*
- *Einrichtung von Ruhe und Erholungsräumen.*

☐ Kein sinnvolles Mittel zum »Ausgleich« der Belastung stellt die Zahlung von Lohn- oder Gehaltszuschlägen (z. B. Erschwerniszulagen) dar (= letztlich nichts anderes als »Verkauf« der Gesundheit).

☐ Können sich Betriebsrat und Arbeitgeber über die zu ergreifenden Maßnahmen nicht einigen, entscheidet die → **Einigungsstelle**.

☐ Die Anwendungsbereiche des § 87 Abs. 1 Nr. 7 BetrVG einerseits und § 91 BetrVG andererseits kann man – zusammenfassend – im wesentlichen wie folgt abgrenzen:

Das Mitbestimmungsrecht nach § 87 Abs. 1 Nr. 7 BetrVG wird bei solchen betrieblichen Sachverhalten bzw. Problemen ausgelöst, auf die staatliche Vorschriften und/oder Unfallverhütungsvorschriften angewendet werden können. Dabei muß es sich bei diesen Vorschriften allerdings um »Rahmenvorschriften« handeln, die einen Regelungs- und Handlungsspielraum für den Arbeitgeber eröffnen.

Demgegenüber findet § 91 BetrVG auf solche betrieblichen Problemlagen Anwendung, die (noch) nicht durch staatliche Vorschriften bzw. Unfallverhütungsvorschriften geregelt sind. Das heißt: der Betriebsrat kann Maßnahmen erzwingen, die über das durch diese Vorschriften geregelte Schutzniveau hinausgehen.

Literaturhinweis:

Hans H. Eberstein/T. R. Meyer: Arbeitsstättenrecht. Handkommentar für die Praxis. Loseblattsammlung, Wirtschaftsverlag Bachem, Köln.
Jürgen Spinnarke/Gerhard Schork: Arbeitssicherheitsrecht. ASiR. Kommentar zum Arbeitssicherheitsrecht mit allen wichtigen sicherheitstechnischen und arbeitsmedizinischen Bestimmungen. Loseblattsammlung, C. F. Müller, Jurist. Verlag, Heidelberg.
Barbara Kiefer/Dieter Schönland (Projektgruppe BAUM): Mitbestimmung bei der Gestaltung von Arbeitsplätzen. Ein praktischer Ratgeber, Bund-Verlag, Köln.

Arbeitsschutz

Joachim Heilmann (Hrsg.): Gefahrstoffe am Arbeitsplatz. Basiskommentar Gefahrstoffverordnung, Bund-Verlag, Köln.
Kühn/Birett: Merkblätter. Gefährliche Arbeitsstoffe (Loseblattwerk), ecomed Verlagsgesellschaft.
Freigang/Oppholzer: Gesundheitsschutz im Betrieb. Handbuch für Betriebsräte, Bund-Verlag, Köln.
Lothar Neumann: Arbeits- und Gesundheitsschutz aktuell, Bund-Verlag, Köln.

Arbeitsvertrag

Was ist das?

☐ Mit dem Arbeitsvertrag werden durch übereinstimmende Erklärungen von Arbeitgeber und Arbeitnehmer
- Hauptpflichten bzw. -rechte und
- Nebenpflichten bzw. -rechte

beider Seiten begründet.

1. Hauptpflicht des Arbeitnehmers ist die Erbringung der Arbeitsleistung zu den vereinbarten Bedingungen.

Dem entspricht das Recht des Arbeitgebers, die Erbringung der Arbeitsleistung zu verlangen und im Rahmen des vertraglich Vereinbarten Weisungen zu erteilen (sogenanntes »Direktions- oder Weisungsrecht«).

Das Direktionsrecht entsteht mit Abschluß des Arbeitsvertrages »automatisch« (d.h. auch dann, wenn es nicht ausdrücklich vereinbart wurde). Es gibt dem Arbeitgeber die Befugnis, die konkrete Ausführung des Arbeitsverhältnisses durch entsprechende konkrete Anordnungen (Weisungen) zu bestimmen. Die Reichweite dieses einseitigen Bestimmungsrechtes hängt von der jeweiligen arbeitsvertraglichen Regelung ab. Je konkreter der Arbeitsvertrag Art und Inhalt der Arbeitsverpflichtung des Arbeitnehmers regelt, desto stärker ist das Weisungsrecht des Arbeitgebers eingeschränkt.

Beispiel:

Ein Arbeitnehmer ist laut Arbeitsvertrag als Reparaturschlosser eingestellt worden. Der Arbeitgeber darf ihm nur solche Weisungen erteilen, die dem Aufgabenbereich und Berufsbild eines Reparaturschlossers entsprechen. Er darf ihn beispielsweise nicht in das Lager versetzen.

Arbeitsvertrag

Umgekehrt geben sehr allgemein gehaltene Formulierungen des Arbeitsvertrages dem Arbeitgeber recht weitgreifende Weisungsbefugnisse.

Beispiel:
Der Arbeitnehmer wird als »Hilfsarbeiter« eingestellt. Der Arbeitgeber kann den Betreffenden aufgrund seines Weisungsrechtes überall im Betrieb mit Hilfsarbeitertätigkeiten beschäftigen.

Ein weiter Spielraum für Weisungen des Arbeitgebers besteht auch dann, wenn sich im Arbeitsvertrag eine Klausel folgenden Wortlauts befindet:

»Dem Arbeitnehmer können vorübergehend oder auf Dauer auch andere zumutbare Arbeiten zugewiesen werden...«

Der Inhalt der Arbeitsverpflichtung des Arbeitnehmers kann sich allerdings im Verlaufe des Arbeitsverhältnisses durch einvernehmliches Verhalten derart konkretisieren, daß von einer entsprechenden Einschränkung des Weisungsrechtes des Arbeitgebers ausgegangen werden muß.

Beispiel:
Ein laut Arbeitsvertrag ursprünglich als »Hilfsarbeiter« eingestellter Arbeitnehmer arbeitet schon jahrelang als Lagerverwalter. Das Weisungsrecht des Arbeitgebers ist nunmehr insoweit eingeschränkt worden, als er dem Betreffenden nicht mehr jede Hilfsarbeitertätigkeit, sondern nur solche, die mit der Lagerverwaltung zu tun haben, zuweisen darf.

Will der Arbeitgeber das Arbeitsverhältnis in einer Weise gestalten (verändern), die die Grenzen des vertraglich Vereinbarten und damit die Grenzen seines Weisungsrechts überschreitet, so kann er dies, falls der Arbeitnehmer nicht sein Einverständnis zu der angestrebten Veränderung des Arbeitsvertrages erteilt, nur im Wege der →**Änderungskündigung** erreichen.

Beispiel:
Der Arbeitgeber will einen als Sachbearbeiter in der Abteilung »Einkauf« eingestellten Arbeitnehmer in die Versandabteilung versetzen

Neben den Regelungen des Arbeitsvertrages wird das Direktionsrecht des Arbeitgebers eingeschränkt durch Gesetze, Rechtsverordnungen,

Arbeitsvertrag

Unfallverhütungsvorschriften, Tarifverträge und insbesondere auch durch die → **Beteiligungsrechte** des Betriebsrats.

2. **Hauptpflicht des Arbeitgebers** ist die Zahlung des vereinbarten (bzw. tariflich geregelten) Arbeitsentgeltes als Gegenleistung für die Erbringung der Arbeitsleistung. Dem entspricht das Recht des Arbeitnehmers, die pünktliche und vollständige Zahlung des Arbeitsentgelts zu verlangen und notfalls beim Arbeitsgericht einzuklagen.

Die Einzelheiten des →**Arbeitsentgeltes** sind in der Regel durch Tarifvertrag und/oder Betriebsvereinbarung (siehe aber § 77 Abs. 3 BetrVG) geregelt.

3. **Nebenpflichten:** Mit dem Abschluß des Arbeitsvertrages entstehen für den Arbeitnehmer wie auch für den Arbeitgeber weitere Verpflichtungen (sog. Nebenpflichten). Diese werden nach heute überwiegender Meinung aus dem allgemeinen Rechtsgrundsatz von Treu und Glauben (§ 242 BGB) abgeleitet. Früher wurden die Nebenpflichten sowohl des Arbeitnehmers als auch des Arbeitgebers mit einem angeblichen »personenrechtlichen Charakter« des Arbeitsverhältnisses begründet. Dementsprechend fand man für die Nebenpflichten des Arbeitnehmers den heute recht antiquiert anmutenden Begriff »Treuepflicht«, während die vertraglichen Nebenpflichten des Arbeitgebers unter den Begriff »Fürsorgepflicht« gefaßt wurden.

Nebenpflichten des Arbeitnehmers: Diese bestehen nach herrschender Meinung im wesentlichen in der Verpflichtung, sich für die Belange des Arbeitgebers bzw. des Betriebs einzusetzen und alles zu unterlassen, was diese Belange beeinträchtigen könnte.

Ausprägungen dieser Verpflichtung sind beispielsweise: die Verschwiegenheitspflicht, die Verpflichtung zur Einhaltung von Wettbewerbsverboten, Verbot der Schmiergeldannahme. Art und Umfang der jeweiligen Einzelpflichten sind nach den konkreten Umständen des Einzelfalles (z. B. arbeitsvertragliche Aufgaben des Arbeitnehmers und seine Stellung in der betrieblichen Hierarchie) zu ermitteln. So obliegen beispielsweise einem leitenden Angestellten wesentlich weitergehende Pflichten als einem Produktionsarbeiter.

Nebenpflichten des Arbeitgebers: Eine der wesentlichen Nebenpflichten des Arbeitgebers ist die Verpflichtung, den Arbeitnehmer tatsächlich entsprechend den arbeitsvertraglichen Vereinbarungen zu beschäftigen. Aus der Sicht des Arbeitnehmers bedeutet dies, daß er nicht nur verpflichtet ist zu arbeiten. Er ist dazu auch berechtigt. So kann er sich

Arbeitsvertrag

beispielsweise gegen eine ungerechtfertigte Zwangsbeurlaubung mit einer Klage auf tatsächliche Beschäftigung zur Wehr setzen.

Weitere Nebenpflichten des Arbeitgebers reichen von der Pflicht zum Schutz von Leben, Gesundheit, Eigentum, Persönlichkeit und Menschenwürde des Arbeitnehmers bis hin zur korrekten Berechnung und Abführung von Lohnsteuern und Sozialversicherungsabgaben. Eine Vielzahl von Ausprägungen der Nebenpflichten des Arbeitgebers sind mittlerweile Gegenstand staatlicher und sonstiger Vorschriften geworden.

☐ Ein Arbeitsvertrag kann schriftlich, aber auch mündlich wirksam abgeschlossen werden. Ein mündlich vereinbarter Arbeitsvertrag ist allerdings dann unwirksam, wenn in einem Gesetz, einem Tarifvertrag oder einer Betriebsvereinbarung Schriftform vorgeschrieben ist.

☐ Gemäß den Vorschriften des Nachweisgesetzes vom 20. 7. 1995 (in Kraft getreten am 28. 7. 1995) ist der Arbeitgeber verpflichtet, die wesentlichen Vertragsbedingungen schriftlich niederzulegen. Er hat die Niederschrift zu unterzeichnen und dem Arbeitnehmer auszuhändigen. Das Ganze hat innerhalb einer Frist von einem Monat nach dem vereinbarten Beginn des Arbeitsverhältnisses zu geschehen. Im einzelnen sind nach § 2 Nachweisgesetz folgende Angaben in die Niederschrift aufzunehmen:

1. der Name und die Anschrift der Vertragsparteien,
2. der Zeitpunkt des Beginns des Arbeitsverhältnisses,
3. bei befristeten Arbeitsverhältnissen: die vorgesehene Dauer des Arbeitsverhältnisses,
4. der Arbeitsort oder, falls der Arbeitnehmer nicht nur an einem bestimmten Arbeitsort tätig werden soll, ein Hinweis darauf, daß der Arbeitnehmer an verschiedenen Orten beschäftigt werden kann,
5. die Bezeichnung oder allgemeine Beschreibung der vom Arbeitnehmer zu leistenden Tätigkeit,
6. die Zusammensetzung und die Höhe des Arbeitsentgelts einschließlich der Zuschläge, der Zulagen, Prämien und Sonderzahlungen sowie anderer Bestandteile des Arbeitsentgelts und deren Fälligkeit,
7. die vereinbarte Arbeitszeit,
8. die Dauer des jährlichen Erholungsurlaubs,
9. die Fristen für die Kündigung des Arbeitsverhältnisses,

Arbeitsvertrag

10. ein in allgemeiner Form gehaltener Hinweis auf die Tarifverträge und Betriebsvereinbarungen, die auf das Arbeitsverhältnis anzuwenden sind.

In den Fällen der vorstehenden Nrn. 6 (Arbeitsentgelt), 7 (Arbeitszeit), 8 (Urlaubsdauer) und 9 (Kündigungsfristen) genügt ein Hinweis auf die einschlägigen Tarifverträge und Betriebsvereinbarungen. Sollen in den Fällen der Nrn. 8 (Urlaubsdauer) und 9 (Kündigungsfristen) die jeweiligen gesetzlichen Regelungen gelten, kann hierauf verwiesen werden.

Ist ein schriftlicher Arbeitsvertrag abgeschlossen und dem Arbeitnehmer ausgehändigt worden, der die vorstehenden Angaben enthält, so entfällt die Verpflichtung des Arbeitgebers zur gesonderten Dokumentation.

Beachten:
Werden die Vertragsbedingungen im Verlauf des Arbeitsverhältnisses geändert, so hat der Arbeitgeber dies dem Arbeitnehmer – unaufgefordert – innerhalb eines Monats nach der Änderung schriftlich mitzuteilen (§ 3 Nachweisgesetz). Diese Verpflichtung besteht nicht im Falle einer Änderung der einschlägigen Gesetze, Tarifverträge oder Betriebsvereinbarungen.

Für Arbeitsverhältnisse, die zum Zeitpunkt des Inkrafttretens des Nachweisgesetzes (am 28. 7. 1995) bereits bestanden, gilt: Dem Arbeitnehmer ist auf sein Verlangen innerhalb von zwei Monaten eine Niederschrift mit den obenstehenden Angaben auszuhändigen. Diese Verpflichtung entfällt, wenn eine früher ausgestellte Niederschrift oder ein schriftlicher Arbeitsvertrag die erforderlichen Angaben bereits enthält (§ 4 Nachweisgesetz).

§ 5 Nachweisgesetz stellt klar, daß von den Vorschriften dieses Gesetzes nicht zuungunsten des Arbeitnehmers abgewichen werden kann.

Durch Art. 2, 3 und 4 des Nachweisgesetzes wurden die Nachweisvorschriften des Arbeitnehmerüberlassungsgesetzes, Berufsbildungsgesetzes und Seemannsgesetzes ergänzt bzw. präzisiert. Durch eine Ergänzung des § 17 Kündigungsschutzgesetz wurden Nachweispflichten des Arbeitgebers gegenüber dem Betriebsrat sowie dem Arbeitsamt im Falle von Massenentlassungen geregelt (siehe → **Kündigung**).

☐ Arbeitsvertragliche Rechte und Pflichten können auch durch → **betriebliche Übung** begründet werden.

Arbeitsvertrag

Beispiel:
Der Arbeitgeber zahlt wiederholt ohne ausdrücklichen Vorbehalt des jederzeitigen Widerrufs übertarifliche Zulagen oder gewährt sonstige Vergünstigungen.

☐ Ein Arbeitsvertragsverhältnis kann beendet werden durch → **Aufhebungsvertrag**, Ablauf einer von vorneherein vereinbarten Befristung (siehe → **Befristeter Arbeitsvertrag**) oder durch → **Kündigung**.

☐ Sollen arbeitsvertragliche Rechte und Pflichten nachträglich verändert werden, so bedarf es hierzu entweder eines beiderseitigen Einvernehmens (= Änderungsvertrag) oder einer → **Änderungskündigung**.

☐ **»Probearbeitsverhältnis«:** Häufig wird das Arbeitsverhältnis zunächst als Probearbeitsverhältnis durchgeführt. Zweck: Der Arbeitgeber will überprüfen, ob der Arbeitnehmer für die vorgesehene Arbeit persönlich und fachlich geeignet ist.

Die Probearbeitsvereinbarung kommt in zwei Formen vor:

- als befristetes Probearbeitsverhältnis mit der Folge, daß es mit Fristablauf »automatisch« ohne Ausspruch einer Kündigung (und damit auch ohne Einschaltung des Betriebsrats) endet (siehe → **Befristeter Arbeitsvertrag**);
- in Form der »vorgeschalteten« Probezeit im Rahmen eines unbefristeten Arbeitsverhältnisses. Hier ist – falls der Arbeitgeber den Arbeitnehmer nicht weiterbeschäftigen will – eine Kündigung des Arbeitsvertrages (gegebenenfalls mit einer verkürzten Kündigungsfrist, siehe unten) erforderlich. Dementsprechend ist der Betriebsrat nicht nur nach § 102 BetrVG anzuhören; er hat auch das Recht, Bedenken oder Widerspruch gegen die Kündigung einzulegen (siehe → **Kündigung**).

Die Dauer der Probezeit ist häufig in Tarifverträgen geregelt, was gemäß § 622 Abs. 4 BGB zulässig ist. Fehlt es an einer tariflichen Regelung oder ist ein entsprechender Tarifvertrag auf das konkrete Arbeitsverhältnis (zum Beispiel wegen fehlender Tarifbindung; siehe → **Tarifvertrag**) nicht anwendbar, so beträgt nach § 622 Abs. 3 BGB die höchstzulässige Dauer der Probezeit 6 Monate.

Eine Verlängerung der Probezeit ist nur einvernehmlich und auch nur insoweit zulässig, als die tarifliche oder gesetzliche Höchstdauer noch nicht erreicht ist.

Arbeitsvertrag

Innerhalb der Probezeit kann das Arbeitsverhältnis auch ohne Kündigungsgrund jederzeit fristgerecht gekündigt werden. Die Kündigungsfrist beträgt – soweit keine anderslautenden tariflichen Regelungen Anwendung finden – zwei Wochen (vgl. § 622 Abs. 3, 4 BGB).

☐ »**Aushilfsarbeitsverhältnis**«: in diesem Falle wird ein Arbeitnehmer nur zum Zwecke der »Aushilfe« (um einen nur vorübergehend auftretenden Arbeitskräftebedarf zu decken) eingestellt.

Beispiel:
Vertretung von Arbeitnehmern, die wegen Urlaub, Krankheit usw. fehlen.

Meist wird das Aushilfsarbeitsverhältnis von vorneherein befristet (wegen der Zulässigkeit einer solchen Befristung: siehe → **Befristeter Arbeitsvertrag**). Für das Aushilfsarbeitsverhältnis, das im übrigen ein »normales« Arbeitsverhältnis ist, gilt folgende Besonderheit:

Falls das Aushilfsarbeitsverhältnis nicht länger als 3 Monate dauern soll bzw. dauert, können durch arbeitsvertragliche Abrede kürzere als die gesetzlichen Kündigungsfristen vereinbart werden (vgl. § 622 Abs. 5 BGB).

Bedeutung für die Betriebsratsarbeit

☐ Der Abschluß des Arbeitsvertrages ist eine »Einstellung« im Sinne des § 99 BetrVG. Außerdem erfolgt hinsichtlich des Arbeitsentgelts regelmäßig eine »Eingruppierung« (z. B. in eine tarifvertragliche Lohn- oder Gehaltsgruppe). Der Betriebsrat ist daher nach § 99 BetrVG zu beteiligen (siehe → **Einstellung** und → **Eingruppierung**).

☐ Soll ein Arbeitsvertragsverhältnis durch → **Kündigung** beendet oder durch → **Änderungskündigung** verändert werden, hat der Betriebsrat die Rechte nach § 102 BetrVG und – soweit mit der Änderungskündigung z. B. eine → **Versetzung** oder Umgruppierung (siehe → **Eingruppierung**) verbunden ist – auch die Rechte nach § 99 BetrVG.

Arbeitszeit

Rechtliche Grundlagen

☐ Die Arbeitszeit ist seit jeher Gegenstand von Auseinandersetzungen zwischen Arbeitnehmern und Arbeitgebern gewesen. Dies ist auch nicht verwunderlich, wenn man an die ebenso unmäßigen wie unmenschlichen Arbeitszeiten denkt, die den Arbeitnehmern in der Frühphase industrieller Produktion aufgezwungen wurden. Die Wochenarbeitszeit von Industriearbeitern in der Mitte des letzten Jahrhunderts betrug oft zwischen 80 und 85 Stunden. Die damaligen Arbeitgeber schreckten auch nicht davor zurück, Kinder bis zu elf Stunden täglich in der Produktion einzusetzen. Darunter waren nicht wenige, die fünf oder sechs Jahre alt waren. In Verbindung mit häufig unbeschreiblich schlechten Arbeitsbedingungen und einem kärglichen Lohn entwickelte sich rasch eine unvorstellbare Verelendung der Industriearbeiterschaft.

Gesetzlicher Arbeitszeitschutz

☐ Erste Ansätze, die Arbeitszeit im Gesetzgebungswege zu verkürzen, bezogen sich auf die Einschränkung der Kinderarbeit. Dies unter anderem deswegen, weil das Militär feststellte, daß immer mehr junge Männer infolge schwerer körperlicher Schäden für den Militärdienst nicht tauglich waren. Überliefert ist beispielsweise eine Meldung des Generalleutnants Horn an den preußischen König im Jahre 1829, mit der dieser darauf hinwies, daß die Industrieregionen infolge der Kinderarbeit außerstande seien, in genügendem Ausmaße gesunde junge Männer für die Armee zur Verfügung zu stellen.

Gegen den heftigen Widerstand vieler damaliger Unternehmer, die den Verlust der internationalen Konkurrenzfähigkeit der deutschen Wirtschaft beschworen, wurde dann 1839 das erste Arbeitszeitschutz-Gesetz erlassen, nämlich das »Regulativ über die Beschäftigung jugendlicher Arbeiter in Fabriken«. Inhalt: Verbot der Beschäftigung von Kindern unter neun Jahren und Reduzierung der Arbeitszeit älterer

Arbeitszeit

Kinder. Im Laufe der Jahrzehnte traten weitere Arbeitszeitschutz-Gesetze hinzu.

☐ Die heute wichtigste, wenngleich nicht die einzige gesetzliche Regelung auf dem Gebiet der Arbeitszeit stellt das Arbeitszeitgesetz (ArbZG) vom 6. 6. 1994, in Kraft getreten am 1. 7. 1994, dar. Das Arbeitszeitgesetz hat die Arbeitszeitordnung (AZO) aus dem Jahre 1938 abgelöst.

☐ Nachstehend ein Überblick über die Regelungsschwerpunkte des ArbZG.

Arbeitszeit der Arbeitnehmer (§ 3 ArbZG):

Werktägliche Höchstarbeitszeit grundsätzlich: 8 Std.

Wöchentliche Höchstarbeitszeit: 48 Std. (6 Werktage [= Montag bis Samstag] mal 8 Std.)

Ausdehnung der täglichen Arbeitszeit auf bis zu 10 Std. ist möglich, wenn die Arbeitszeit in einem Ausgleichszeitraum von 6 Kalendermonaten oder 24 Wochen ungleichmäßig in der Weise verteilt wird, daß im Durchschnitt eine Arbeitszeit von 8 Std./werktäglich nicht überschritten wird.

Beispiel:

12 Wochen wird 10 Std. gearbeitet
12 Wochen wird 6 Std. gearbeitet

24-Wochen-Durchschnitt: 8 Std.

Ruhepausen (§ 4 ArbZG):

Männer und Frauen werden gleichbehandelt. Spätestens nach 6 Std. Arbeit muß eine Ruhepause eingelegt werden.

Dauer der Pausen:

- bei täglicher Arbeitszeit von 6 bis 9 Std.: mindestens 30 Minuten,
- bei täglicher Arbeitszeit von mehr als 9 Std.: mindestens 45 Minuten.

Aufteilung der Pausen auf mehrere Zeitabschnitte möglich. Mindestdauer der Zeitabschnitte: 15 Minuten. Das heißt: alles was unter 15 Minuten liegt, gilt nicht als – bezahlte – Pause.

Arbeitszeit

Länger als 6 Std. hintereinander dürfen Arbeitnehmer nicht ohne Ruhepause beschäftigt werden.

Ruhezeit (§ 5 ArbZG):

Zwischen Arbeitsende und Arbeitsbeginn (am nächsten Tag) muß eine Ruhezeit von mindestens 11 Std. liegen (Ausnahmeregelungen möglich für Krankenhäuser, Kraftfahrer usw.).

Nacht- und Schichtarbeit (§ 6 ArbZG):

Die Arbeitszeit der Nacht- und Schichtarbeitnehmer ist nach den gesicherten arbeitswissenschaftlichen Erkenntnissen über die menschengerechte Gestaltung der Arbeit (siehe →**Arbeitsschutz**) festzulegen.

Männer und Frauen werden bei Nacht- und Schichtarbeit gleichbehandelt: das bisherige in § 19 AZO geregelte Nachtarbeitsverbot für Arbeiterinnen entfällt. Das Verbot war vom Bundesverfassungsgericht mit Urteil vom 28. 1. 1992 für verfassungswidrig erklärt worden.

Nachtarbeitszeit ist die Zeit zwischen 23 und 6 Uhr (§ 2 Abs. 3 ArbZG).

Beachten: Von dieser Bestimmung zu unterscheiden sind (meist abweichende) Nachtarbeitszeitregelungen in Tarifverträgen, deren Zweck es in der Regel ist, den Zeitraum zu bestimmen, in dem – tarifliche – Nachtarbeitszuschläge zu zahlen sind.

Nachtarbeit ist jede Arbeit, die mehr als 2 Std. der Nachtzeit erfaßt (vgl. § 2 Abs. 4 ArbZG).

Beispiel:

Arbeit bis 1.00 Uhr ist keine Nachtarbeit im Sinne des ArbZG. Auch Arbeit, die um 4.00 Uhr beginnt, umfaßt nicht »mehr« als 2 Stunden der Nachtzeit, so daß ebenfalls keine Nachtarbeit im Sinne des ArbZG vorliegt.

Nachtarbeitnehmer im Sinne des Gesetzes sind nach § 2 ArbZG Arbeitnehmer, die

- aufgrund ihrer Arbeitszeitgestaltung normalerweise Nachtarbeit in Wechselschicht zu leisten haben oder
- Nachtarbeit an mindestens 48 Tagen im Kalenderjahr leisten.

Arbeitszeit

Verlängerung auf 10 Std. ist möglich, wenn in einem Ausgleichszeitraum von einem Kalendermonat oder 4 Wochen ein Durchschnitt von 8 Std. nicht überschritten wird.

Beispiel:
2 Wochen wird 10 Std. gearbeitet
2 Wochen wird 6 Std. gearbeitet

4-Wochen-Durchschnitt: 8 Std.

Nachtarbeitnehmer sind berechtigt, sich vor Beginn der Beschäftigung und danach in regelmäßigen Zeitabständen von nicht weniger als 3 Jahren (nach Vollendung des 50. Lebensjahres in Zeitabständen von einem Jahr) arbeitsmedizinisch untersuchen zu lassen. Die Kosten trägt der Arbeitgeber, sofern er nicht Untersuchung durch Betriebsarzt/betriebsärztlichen Dienst anbietet.

Auf Verlangen des Nachtarbeitnehmers hat der Arbeitgeber ihn auf einen Tagarbeitsplatz umzusetzen, wenn

- arbeitsmedizinisch eine Gesundheitsgefährdung bei weiterer Nachtarbeit festgestellt wird;
- ein im Haushalt des Beschäftigten lebendes Kind unter 12 Jahren nicht von einer anderen im Haushalt lebenden Person betreut werden kann;
- ein schwerpflegebedürftiger Angehöriger nicht durch einen anderen im Haushalt lebenden Angehörigen versorgt werden kann

und dringende betriebliche Erfordernisse nicht entgegenstehen.

Wenn der Arbeitgeber meint, daß dringende betriebliche Erfordernisse entgegenstehen, hat er den Betriebsrat anzuhören. Dieser kann Vorschläge für eine Umsetzung des Nachtarbeitnehmers unterbreiten.

Der Arbeitgeber hat, soweit keine tarifvertraglichen Ausgleichsregelungen bestehen, die Erschwernis der Nachtarbeit »angemessen« auszugleichen durch bezahlte freie Tage oder Bezahlung von Zuschlägen.

Der Arbeitgeber hat sicherzustellen, daß Nachtarbeitnehmer den gleichen Zugang zu betrieblicher Weiterbildung und zu aufstiegsfördernden Maßnahmen haben wie die übrigen Arbeitnehmer.

Arbeitszeit

Abweichende Regelungen

Nach § 7 ArbZG kann durch Tarifvertrag oder aufgrund eines Tarifvertrages in einer Betriebsvereinbarung in den in der Vorschrift genannten Fällen von den Regelungen des ArbZG abgewichen werden. Dort, wo tarifvertragliche Regelungen üblicherweise nicht bestehen, kann auch die Aufsichtsbehörde (Gewerbeaufsichtsamt) Ausnahmen bewilligen.

§ 8 ArbZG ermächtigt die Bundesregierung, durch Rechtsverordnung bei gesundheitsgefährdenden Arbeiten weitere Schutzbestimmungen (z. B. Arbeitszeitbeschränkungen, Regelungen zum Schutz der Nacht- und Schichtarbeitnehmer) zu erlassen.

Sonn- und Feiertagsarbeit (§§ 9 ff. ArbZG):

Grundsatz: Arbeitsverbot an Sonn- und Feiertagen zwischen 0.00 Uhr und 24.00 Uhr (§ 9 Abs. 1 ArbZG). Sonderregelungen für Schichtbetriebe sowie Kraftfahrer und Beifahrer (§ 9 Abs. 2, 3 ArbZG).

Das ArbZG läßt jedoch vielfach Ausnahmen zu; Beschäftigungen sind auch an Sonn- und Feiertagen teils mit, teils ohne Genehmigung des Gewerbeaufsichtsamts möglich (vgl. §§ 10, 13 ArbZG), und zwar beispielsweise

- im Dienstleistungsbereich, in der Landwirtschaft usw.
- aber auch: wenn Rohstoffe oder Naturerzeugnisse zu verderben oder Arbeitserzeugnisse zu mißlingen drohen,
- oder: wenn Zerstörung oder erhebliche Beschädigung von Produktionseinrichtungen möglich ist,
- oder: wenn bei einer weitgehenden Ausnutzung der wöchentlichen Betriebszeiten und bei längeren Betriebszeiten im Ausland die Konkurrenzfähigkeit unzumutbar beeinträchtigt wird und durch die Einführung von Sonn- und Feiertagsarbeit Beschäftigung gesichert werden kann.

§ 11 ArbZG: Wird an Sonn- und Feiertagen ausnahmsweise gearbeitet (mindestens 15 Sonntage müssen beschäftigungsfrei bleiben), ist Ausgleich durch Ersatzruhetage zu gewähren.

Nach § 12 ArbZG können durch Tarifvertrag oder aufgrund eines Tarifvertrages in einer Betriebsvereinbarung in den in der Vorschrift genannten Fällen abweichende Regelungen getroffen werden.

Arbeitszeit

Dort, wo tarifvertragliche Regelungen üblicherweise nicht bestehen, kann auch die Aufsichtsbehörde (Gewerbeaufsichtsamt) abweichende Regelungen zulassen (vgl. § 12 Satz 2 in Verbindung mit § 7 Abs. 5 ArbZG).

Weitere Ausnahmeregelungen vom Grundsatz des Arbeitsverbots an Sonn- und Feiertagen können durch Rechtsverordnung der Bundesregierung, im Fall des § 13 Abs. 2 ArbZG durch Rechtsverordnung einer Landesregierung sowie durch Feststellungs- und Bewilligungsbescheide der Aufsichtsbehörde erlassen werden.

Schließlich ermöglichen §§ 14, 15 ArbZG in »außergewöhnlichen Fällen« weitere Ausnahmeregelungen von einer Vielzahl von Bestimmungen des ArbZG.

☐ Weitere gesetzliche Regelungen der Arbeitszeit finden sich im:

- Jugendarbeitsschutzgesetz (§§ 8 ff.: detaillierte Regelungen zu Arbeitszeit und Freizeit);
- Mutterschutzgesetz (§ 8: Verbot von Mehr-, Nacht-, Sonn- und Feiertagsarbeit);
- Schwerbehindertengesetz (§ 46: Befreiung von Mehrarbeit auf Verlangen des Schwerbehinderten);
- Gesetz über den Ladenschluß (Regelung der Öffnungszeiten von Geschäften und damit der Arbeitszeiten der dort beschäftigen Arbeitnehmer);
- Beschäftigungsförderungsgesetz (§§ 2 bis 5: Regelungen über → **Teilzeitarbeit**, kapazitätsorientierte variable Arbeitszeit [Kapovaz] und Arbeitsplatzteilung [Job-sharing] und in
- diversen Gesetzen und Verordnungen zur Arbeitszeit bestimmter Berufsgruppen: Bäcker, Konditoren, Kraftfahrer (Lenk- und Ruhezeiten) usw.

☐ Der gesetzliche Arbeitszeitschutz hat den Charakter von Mindestarbeitsbedingungen, von denen keinesfalls »zu Lasten« des Arbeitnehmers abgewichen werden darf, es sei denn, das Gesetz selbst erlaubt eine solche Abweichung.

☐ Verstößt der Arbeitgeber gegen den gesetzlichen Arbeitszeitschutz, so kann er mit Geldbußen belegt, in bestimmten Fällen sogar mit Freiheitsstrafe oder mit Geldstrafe bestraft werden (vgl. z. B. §§ 22 ff. ArbZG).

Arbeitszeit

Arbeitszeitregelung durch »Tarifvertrag«

☐ Außerhalb der Maßnahmen des Staates zur Regelung der Arbeitszeit war die Gestaltung der Arbeitszeit – neben der Lohnfrage – von Anfang an ein Hauptthema der sich entwickelnden Gewerkschaftsbewegung. Im Jahre 1890 beispielsweise forderten die Arbeitnehmer in großen Demonstrationen den 8-Stunden-Tag. Der gewerkschaftliche Kampf um die Verkürzung der Arbeitszeit hat dazu geführt, daß heute in einigen Branchen (z. B. Metallindustrie) die wöchentliche Arbeitszeit auf bis zu 35 Stunden reduziert werden konnte (übrigens ohne daß die internationale Konkurrenzfähigkeit der deutschen Wirtschaft darunter jemals gelitten hätte).

☐ Die tariflichen Regelungen über die Dauer der Arbeitszeit gelten zunächst nur für diejenigen – bei einem tarifgebundenen Arbeitgeber beschäftigten – Arbeitnehmer, die Mitglied der tarifvertragsschließenden Gewerkschaft sind. Zugunsten der gewerkschaftlich nicht organisierten Beschäftigten wirken die Arbeitszeitregelungen allerdings dann, wenn die Geltung des Tarifvertrages arbeitsvertraglich vereinbart oder der Tarifvertrag für allgemeinverbindlich erklärt wurde (vgl. § 5 TVG). Siehe → **Tarifvertrag**.

☐ Tarifverträge dürfen »zugunsten« des Arbeitnehmers von den gesetzlichen Regelungen abweichen, nicht aber »zu ihren Lasten«, es sei denn, die gesetzliche Regelung gestattet ausdrücklich eine solche Abweichung (vgl. §§ 7, 12 ArbZG).

Arbeitszeitregelung durch »Betriebsvereinbarung«

☐ Weitere Regelungen über die Arbeitszeit finden sich in → **Betriebsvereinbarungen** (= Vereinbarung zwischen Arbeitgeber und Betriebsrat). Gegenstand dieser Vereinbarungen sind meist solche Arbeitszeitfragen, die wegen ihres engen betrieblichen Bezugs zweckmäßigerweise »vor Ort« geklärt werden (z. B. Beginn und Ende der täglichen Arbeitszeit, Einführung und Ausgestaltung oder Abschaffung von Schichtarbeit oder Kurzarbeit). Dem Betriebsrat stehen insoweit gemäß § 87 Abs. 1 Nr. 2 und 3 BetrVG Mitbestimmungsrechte zu (siehe unten).

Betriebsvereinbarungen über die Arbeitszeit sind insoweit nicht möglich, als ein einschlägiger Tarifvertrag entsprechende abschließende Regelungen enthält (vgl. § 87 Abs. 1 Eingangssatz BetrVG; siehe auch § 77 Abs. 3 BetrVG).

Arbeitszeit

Etwas anderes gilt, wenn der Tarifvertrag eine bestimmte Arbeitszeitfrage entweder gar nicht oder nicht abschließend regelt. In diesem Falle eröffnet sich ein Regelungsspielraum, den der Arbeitgeber nur mit Zustimmung des Betriebsrats gestalten kann. Dies gilt auch, wenn der Tarifvertrag den Abschluß ergänzender Betriebsvereinbarungen ausdrücklich gestattet (sogenannte tarifliche Öffnungsklausel). Solche Öffnungsklauseln sind nicht selten. Insbesondere im Zusammenhang mit den in jüngster Zeit durchgesetzten Arbeitszeitverkürzungen sind Arbeitgeber und Betriebsrat häufig durch den Tarifvertrag ermächtigt worden, die konkrete Umsetzung der Arbeitszeitverkürzungen auf die betriebliche Ebene im Wege der Betriebsvereinbarung, notfalls durch Anrufung der Einigungsstelle bzw. einer tariflichen Schlichtungsstelle auszugestalten.

Arbeitszeitregelung durch Arbeitsvertrag

☐ Auch im »Arbeitsvertrag« können Arbeitszeitregelungen vereinbart werden. Beispielsweise kann festgelegt werden, ob das Arbeitsverhältnis als Vollzeit- oder Teilzeitarbeitsverhältnis durchgeführt werden soll.

Zu beachten ist aber, daß arbeitsvertragliche Regelungen dann unwirksam sind, wenn sie für den Arbeitnehmer »ungünstiger« sind als die Regelungen des gesetzlichen Arbeitszeitschutzrechtes, des einschlägigen Tarifvertrages oder der Betriebsvereinbarung. Eine Abweichung »zugunsten« des Arbeitnehmers ist demgegenüber ohne weiteres zulässig (siehe auch → **Günstigkeitsprinzip**). Eine arbeitsvertragliche Verlängerung der tarifvertraglichen Arbeitszeit ist stets als »ungünstigere« Regelung anzusehen (auch wenn sich hieraus im Einzelfall z. B. finanzielle Vorteile für den Arbeitnehmer ergeben sollten). Daher ist eine derartige Arbeitsvertragsregelung nichtig, es sei denn, der einschlägige Tarifvertrag läßt eine Arbeitszeitverlängerung ausdrücklich zu.

Bedeutung für die Betriebsratsarbeit

☐ Der Betriebsrat hat, sofern eine gesetzliche oder tarifliche Regelung nicht besteht, nach § 87 Abs. 1 Nr. 2 BetrVG mitzubestimmen über

»Beginn und Ende der täglichen Arbeitszeit einschließlich der Pausen sowie die Verteilung der Arbeitszeit auf die einzelnen Wochentage«.

Arbeitszeit

☐ Unternehmen und ihre Verbände bekämpfen seit geraumer Zeit die ihrer Ansicht nach »starren« tariflichen Arbeitszeitbestimmungen. Damit sind insbesondere die Tarifvertragsvorschriften gemeint, die die Regelarbeitszeit auf Montag bis Freitag legen und damit den Samstag als – zuschlagsfreien – Regelarbeitstag ausschließen.

Arbeitszeitflexibilisierung und **Verlängerung der Betriebsnutzungszeiten** heißen die Kampfbegriffe der Unternehmer in der Auseinandersetzung um die Gestaltung der Arbeitszeit.

☐ Ziele der Arbeitszeitflexibilisierung aus Unternehmersicht sind beispielsweise

- schnelle Reaktion auf Kundenwünsche,
- Anpassung der Arbeitszeit an den wechselnden Arbeitsanfall,
- Leerläufe vermeiden,
- Termine einhalten,
- Durchlauf- und Lieferzeiten senken,
- Lagerbestände und -kosten minimieren,
- Überstunden(zuschläge) abbauen,
- kunden- und lieferantengerechte Ansprechzeiten ermöglichen,
- Produktivität steigern,
- Fehlzeiten verringern.

Instrumente zur Durchsetzung dieser Ziele sind unter anderem

- flexible Wochenarbeitszeit (Beispiel: je nach Bedarf mal 20 Stunden, mal 50 Stunden),
- Jahresarbeitszeiten (der Tarifvertrag definiert lediglich die Gesamtzahl der in einem Jahr zu leistenden Stunden; im Betrieb wird geklärt, wann und wie die Arbeitszeit abgearbeitet wird),
- Gleitzeit (siehe → **Gleitzeit**),
- Teilzeit, insbesondere »kapazitätsorientierte variable Arbeitszeit, Kapovaz« (siehe → **Teilzeitarbeit**).

☐ Die angestrebte Verlängerung der Betriebsnutzungszeiten – vor allem durch Einführung von → **Schichtarbeit** – begründen die Unternehmen mit den hohen Kosten der Betriebsmittel. Je teurer die technische Ausstattung eines Arbeitsplatzes ist (Maschinen, Anlagen usw.), desto intensiver soll dieser Arbeitsplatz genutzt werden, denn die Maschinenstundensätze sinken, wenn die Ausnutzung der Betriebsmittel steigt. Es gilt die Faustformel: ab 30 000,– DM Kapitaleinsatz pro Arbeitsplatz lohnt es sich, über den Zweischichtbetrieb nachzudenken, ab 100 000,– DM über den Dreischichtbetrieb. Für den Unternehmer

Arbeitszeit

zahlt sich Mehrschichtbetrieb aus, weil sich die getätigten Investitionen schneller amortisieren und er zusätzliche Investitionen vermeiden kann. Außerdem erreicht er durch längere Betriebsnutzungszeiten kürzere Lieferfristen.

☐ Den vorstehend skizzierten Interessen des Unternehmens stehen die **Ziele der Beschäftigten** gegenüber. Diese sind, je nach persönlicher Situation, sehr unterschiedlich. Der 30jährige karrierebewußte Ledige hat andere Arbeitszeitvorstellungen als die alleinstehende Mutter von mehreren minderjährigen Kindern. Umgekehrt existiert ein gemeinsames Interesse wohl der großen Mehrheit der Arbeitnehmer an einer Freihaltung des Wochenendes (Samstag und Sonntag). Insgesamt dürfte darüber hinaus wohl jeder Beschäftigte ein Interesse an einer gewissen Planbarkeit der Freizeit haben, die bei einer »totalen«, schrankenlosen Arbeitszeitflexibilisierung verlorenginge.

☐ Nicht vergessen werden darf in der Arbeitszeitdebatte, daß Arbeitszeitgestaltung nicht nur eine Frage betriebswirtschaftlicher Rechnung oder persönlicher Interessenlage ist, sondern kollektive Gesamtinteressen berührt.

Zu nennen ist zum einen die Sicherstellung eines funktionierenden Arbeits- und Gesundheitsschutzes. Zu welch verheerenden gesundheitspolitischen Ergebnissen ein totales Fehlen von Arbeitszeitbeschränkungen geführt hat, zeigt ein Blick in die Anfänge des industriellen Zeitalters (siehe oben).

Zum anderen muß beachtet werden, daß die Art und Weise der Arbeitszeitgestaltung zudem erhebliche Konsequenzen für den Arbeitsmarkt hat. Denn Arbeitszeitverlängerung bedeutet Verschlimmerung der Massenarbeitslosigkeit. Deshalb sind, solange es Massenarbeitslosigkeit gibt, gesetzliche und tarifliche Arbeitszeitregelungen zur Bekämpfung dieses gesellschaftlichen Übels unverzichtbar notwendig.

Und schließlich dürfen bei der Gestaltung der Arbeitszeit die Folgen für Familie und Gesellschaft nicht außer Acht gelassen werden.

Insgesamt bedeutet dies: Arbeitszeitgestaltung muß flankiert werden durch gesetzliche und tarifvertragliche Rahmenregelungen,

- in denen die kollektiven gemeinsamen Interessen der Arbeitnehmer und ihrer Familien, aber auch der Gesellschaft zum Ausdruck kommen,
- die sicherstellen, daß kein Mißbrauch zu Lasten der Beschäftigten betrieben werden kann,

Arbeitszeit

• auf die sich Beschäftigte und Betriebsrat bei der konkreten Arbeitszeitgestaltung im Betrieb berufen können.

Bedeutung für die Betriebsratsarbeit

☐ Der Betriebsrat steht bei der Mitgestaltung der Arbeitszeit vor einer ebenso komplexen wie schwierigen Aufgabe. Er ist den Arbeitszeitgestaltungsforderungen des Arbeitgebers ausgesetzt. Gleichzeitig muß er sicherstellen, daß die gesetzlichen und tariflichen Regelungen sowie die unterschiedlichen Arbeitszeitinteressen der Beschäftigtengruppen zum Zuge kommen.

☐ Wichtig ist, vor jedem Abschluß einer »Arbeitszeit-Betriebsvereinbarung« eine breite Arbeitszeitdiskussion mit den Beschäftigten zu organisieren, in die sämtliche – oben genannten – Aspekte einfließen. Hieraus muß ein Arbeitszeitkonzept/Forderungskatalog abgeleitet werden, mit dem der Betriebsrat in die Verhandlungen mit der Unternehmensleitung geht.

☐ Scheitern die Verhandlungen, kann der Betriebsrat (ebenso wie der Arbeitgeber) die → **Einigungsstelle** anrufen. Dies ergibt sich aus der Tatsache, daß dem Betriebsrat nach § 87 Abs. 1 Nr. 2 und 3 BetrVG in Sachen Arbeitszeit ein – starkes – Mitbestimmungsrecht zusteht. Hieraus folgt zum einen, daß der Betriebsrat einseitige Maßnahmen des Arbeitgebers unterbinden kann (siehe → **Unterlassungsanspruch des Betriebsrats**). Zum anderen hat er ein Initiativrecht, kann also von sich aus das Mitbestimmungsverfahren bis hin zur Einigungsstelle betreiben.

☐ Zum Umfang des Mitbestimmungsrechts: Nach § 87 Abs. 1 Nr. 2 BetrVG hat der Betriebsrat, »soweit eine gesetzliche oder tarifliche Regelung nicht besteht«, mitzubestimmen über

»Beginn und Ende der täglichen Arbeitszeit einschließlich der Pausen sowie Verteilung der Arbeitszeit auf die einzelnen Wochentage«.

☐ Diese Vorschrift gibt dem Betriebsrat das Recht, über die Dauer der **»täglichen«** Arbeitszeit mitzubestimmen. Denn die Dauer der täglichen Arbeitszeit ergibt sich zwangsläufig aus der Festlegung von Beginn und Ende der täglichen Arbeitszeit.

Arbeitszeit

☐ Die Dauer der »**wöchentlichen**« Arbeitszeit ist demgegenüber regelmäßig durch Tarifvertrag (oder bei Nichtorganisierten durch Arbeitsvertrag) geregelt, so daß insoweit ein Mitbestimmungsrecht nicht besteht (siehe § 87 Abs. 1 Eingangssatz BetrVG).

☐ Strittig ist, ob dort, wo eine tarifvertragliche Regelung der »wöchentlichen« Arbeitszeit nicht existiert, ein Mitbestimmungsrecht (im Rahmen des gesetzlichen Arbeitszeitrechts) bei der Festlegung der »wöchentlichen« Arbeitszeit besteht (bejahend Fitting/Auffarth/Kaiser/Heither, BetrVG, 17. Aufl. § 87 Rdnr. 44 mit weiteren Nachweisen).

☐ Ein anderer, unstrittig mitbestimmungspflichtiger Vorgang ist die Verteilung des nach Tarifvertrag (oder Gesetz) zulässigen wöchentlichen Arbeitszeitvolumens auf die einzelnen Wochentage oder innerhalb eines durch Tarifvertrag oder Gesetz (vgl. § 3 Satz 2 ArbZG) vorgesehenen »Ausgleichszeitraumes«.

☐ Im Rahmen des Vorstehenden ist ein Mitbestimmungsrecht auch gegeben bei der konkreten Ausgestaltung von Teilzeitarbeit. Siehe insoweit → **Teilzeitarbeit**.

☐ Mitbestimmungspflichtige Tatbestände sind des weiteren beispielsweise:

- Verlegung des Arbeitszeitbeginns oder -endes;
- Einführung, Ausgestaltung, Änderung und Abschaffung einer Gleitzeitregelung (siehe → **Gleitzeit**);
- Einführung, Ausgestaltung, Änderung und Abschaffung von Schichtarbeit für den ganzen Betrieb oder für Betriebsabteilungen einschließlich der Festlegung einzelner Schichtpläne (siehe → **Schichtarbeit**).
- Einführung, Ausgestaltung, Änderung und Abschaffung von Regelungen über Arbeitsbereitschaft, aber auch von Rufbereitschaft.

☐ Nach § 87 Abs. 1 Nr. 3 BetrVG hat der Betriebsrat ein Mitbestimmungsrecht bei der

»vorübergehenden Verkürzung oder Verlängerung der betriebsüblichen Arbeitszeit«.

Insoweit wird verwiesen auf die Stichworte → **Kurzarbeit** und → **Überstunden**.

Arbeitszeit

☐ Zu beachten ist, daß ein Mitbestimmungsrecht dann nicht besteht, wenn eine Arbeitszeitfrage durch Gesetz oder Tarifvertrag abschließend geregelt ist (vgl. § 87 Abs. 1 Eingangssatz BetrVG).

☐ Zu beachten ist des weiteren, daß der Betriebsrat im Rahmen des § 87 Abs. 1 Nr. 2 und 3 BetrVG ein umfassendes Mitbestimmungsrecht, also auch ein »Initiativrecht« besitzt. Dies versetzt ihn in die Lage, auf Regelungsvorhaben des Arbeitgebers in der Frage der Arbeitszeit nicht nur zu reagieren, sondern selber aktiv zu werden und Vorschläge auszuarbeiten und vorzulegen. Scheitern die Verhandlungen, entscheidet die Einigungsstelle (vgl. § 87 Abs. 2 BetrVG).

☐ Einigen sich Arbeitgeber und Betriebsrat, so ist es zweckmäßig, diese Einigung in einer → **Betriebsvereinbarung** niederzulegen.

Übersicht:

Arbeitszeitbegriff und Formen der Arbeitszeit

Arbeitszeit ist nach allgemeiner Auffassung diejenige Zeitspanne, innerhalb der ein Arbeitnehmer – auch wenn er nicht arbeitet – dem Arbeitgeber seine Arbeitskraft zur Verfügung stellen muß.

☐ Arbeitszeit im Sinne des Arbeitszeitgesetzes ist die Zeit vom Beginn bis zum Ende der Arbeit ohne Pausen (vgl. § 2 Abs. 1 ArbZG).

☐ Nach richtiger Ansicht beginnt die Arbeitszeit bereits mit Betreten und endet erst bei Verlassen des Betriebes. Wegezeiten innerhalb des Betriebes von und zum Arbeitsplatz sind demgemäß – vorbehaltlich anderslautender Regelungen in einem Tarifvertrag oder einer Betriebsvereinbarung – Bestandteil der Arbeitszeit. Dies gilt jedenfalls dann, wenn angenommen werden muß, daß der Arbeitnehmer – auch wenn er sich noch nicht an seinem eigentlichen Arbeitsplatz befindet – in dieser Zeitspanne bereits dem Weisungsrecht des Arbeitgebers unterworfen ist.

☐ Aus dem Vorstehenden folgt, daß auch die Zeit des »Waschens und Umkleidens« vor und nach der Arbeit zur Arbeitszeit zählt, es sei denn, ein Tarifvertrag oder eine Betriebsvereinbarung bestimmt etwas anderes.

☐ Die sogenannte »Arbeitsbereitschaft« (= Zeit wacher Achtsamkeit im Zustand der Entspannung: z. B. Arbeit des Pförtners, Nachtwächters usw.) ist als Arbeitszeit anzusehen.

☐ Der »Bereitschaftsdienst«: Hier hält sich der Arbeitnehmer an einer vom Arbeitgeber bestimmten Stelle innerhalb oder außerhalb des Betriebs auf und ist bereit, sobald es notwendig ist, die Arbeit aufzunehmen. Im Unterschied zur »Arbeitsbereitschaft« muß er sich aber während der Bereitschaftszeit nicht im Zustand wacher Achtsamkeit befinden. Beispiel: Bereitschaftsdienst des im

Arbeitszeit

Krankenhaus angestellten Arztes. Der Bereitschaftsdienst wird nicht zur Arbeitszeit im arbeitsvertraglichen Sinne gerechnet, aber als eine Leistung eigener Art meist dennoch vergütet.

☐ »Rufbereitschaft« (= Arbeitnehmer befindet sich an einem von ihm bestimmten Ort, ist aber während der Rufbereitschaftszeit für den Arbeitgeber erreichbar und auf Abruf zur Arbeit bereit) wird zwar nicht als »Arbeitszeit« im Sinne des Arbeitszeitgesetzes angesehen. Dennoch wird für den Bereich des BetrVG ihre Einführung, konkrete Ausgestaltung und Vergütung zu Recht dem Mitbestimmungsrecht des Betriebsrats nach § 87 Abs. 1 Nr. 2 BetrVG unterworfen. In vielen Manteltarifverträgen ist dies ausdrücklich klargestellt.

☐ »Wegezeit« von zu Hause zum Betrieb und zurück ist keine Arbeitszeit. Es sei denn, der Arbeitnehmer fährt auf Weisung des Arbeitgebers ausnahmsweise direkt von zu Hause zu einem außerhalb des Betriebes gelegenen Arbeitsort. Die ersparte Wegezeit von zu Hause zum Betrieb wird allerdings angerechnet.

☐ »Dienstreisezeit« ist die Zeit, die der Arbeitnehmer benötigt, um zu einem vom Arbeitgeber bestimmten Arbeitsort außerhalb der Gemeindegrenzen des Betriebs- oder Wohnorts zu gelangen. Sofern die Frage nicht ausdrücklich in einem Tarifvertrag, einer Betriebsvereinbarung oder im Arbeitsvertrag geregelt ist, gilt: Dienstreisezeit ist wie Arbeitszeit zu vergüten, wenn sie als solche zur arbeitsvertraglichen Leistung gehört (z. B. Fahrertätigkeit) oder jedenfalls innerhalb der Arbeitszeit stattfindet (zwischen Beginn und Ende der Arbeitszeit). Wird die Dienstreise außerhalb der Arbeitszeit durchgeführt, ist die Frage der Vergütungspflichtigkeit strittig. Sie soll davon abhängen, ob die Dienstreise für den Arbeitnehmer eine Belastung darstellt (z. B. er lenkt selbst den PKW) oder nicht (z. B. er fährt mit der Bahn).

☐ Nachtzeit ist die Zeit zwischen 23 Uhr und 6 Uhr (§ 2 Abs. 3 ArbZG).

Beachten: Von dieser Bestimmung zu unterscheiden sind (meist abweichende) Nachtarbeitszeitregelungen in Tarifverträgen, deren Zweck es in der Regel ist, den nachtarbeitszuschlagspflichtigen Zeitraum zu bestimmen.

Nachtarbeit ist jede Arbeit, die mehr als zwei Stunden der Nachtzeit erfaßt (vgl. § 2 Abs. 4 ArbZG).

Siehe → **Nachtarbeit**.

☐ »Wartezeiten« (Betriebspausen), die während des Arbeitsprozesses aus betriebsbedingten Gründen eintreten, gehören zur Arbeitszeit (z. B. es kann nicht gearbeitet werden, weil das zu bearbeitende Material ausbleibt).

☐ »Mehrarbeit« bzw. »Überstunde« ist die über die – meist tarifvertraglich geregelte – regelmäßige betriebliche Arbeitszeit hinausgehende Arbeitszeit. Siehe → **Überstunden**.

☐ »Kurzarbeit« ist die vorübergehende Verkürzung der betriebsüblichen Arbeitszeit. Siehe → **Kurzarbeit**.

☐ »Teilzeitarbeit« leisten solche Arbeitnehmer, deren regelmäßige Wochenarbeitszeit kürzer ist als die regelmäßige Wochenarbeitszeit vergleichbarer vollzeitbeschäftigter Arbeitnehmer des Betriebs (vgl. § 2 Abs. 2 Beschäftigungsförderungsgesetz). Siehe → **Teilzeitarbeit**.

Arbeitszeit

☐ »Gleitende Arbeitszeit« liegt vor, wenn dem Arbeitnehmer die Möglichkeit eingeräumt wird, innerhalb bestimmter täglicher Gleitspannen, die einer festen Mindestarbeitszeit (= Kernarbeitszeit) vor- und nachgelagert sind, den Beginn und das Ende der Arbeit zu bestimmen, wobei innerhalb eines bestimmten Ausgleichszeitraums die regelmäßige betriebliche Arbeitszeit erreicht werden muß. Siehe → **Gleitzeit**.

☐ »Schichtarbeit« kommt in unterschiedlichen Formen vor, z. B.: Zweischicht-, Dreischicht-, Vierschicht- und Konti-Schichtsysteme (Vollkonti-Schicht: Arbeit an allen Tagen der Woche »rund um die Uhr«; Teilkonti-Schicht: Arbeit von Montag bis Freitag, gegebenenfalls auch einschließlich Samstag). Schichtarbeit findet statt
- im Dienstleistungsbereich (notwendige Versorgung der Bevölkerung: Krankenhäuser, Bahn, Post, Polizei usw.; aber auch zum Zwecke besserer Bedarfsdeckung: Gaststätten, Tageszeitungen usw.);
- im industriellen Bereich aus technischer Notwendigkeit (z. B. Hochöfen) oder aus ökonomischen Gründen (volle Nutzung der Maschinen).

Siehe → **Schichtarbeit**.

Literaturhinweis:

Rudolf Buschmann/Jürgen Ulber: Arbeitszeitrechtsgesetz, Textausgabe mit Kurzkommentierung, Bund-Verlag, Köln.
Rudolf Buschmann/Jürgen Ulber: Flexibilisierung: Arbeitszeit – Beschäftigung. Basiskommentar, Bund-Verlag, Köln.
Hartmut Seiffert (Hrsg.): Jenseits der Normalarbeitszeit, Bund-Verlag, Köln.

Aufhebungsvertrag

Was ist das?

☐ Mit dem Abschluß eines Aufhebungsvertrages wird ein anderes Vertragsverhältnis, z. B. ein → **Arbeitsvertrag**, beendet.

Beispiel:
Aufhebungsvertrag

Zwischen der Firma Metallbau-GmbH, vertreten durch die Geschäftsführer _____
nachfolgend Firma genannt,
und

Frau Ingrid Laupheim _____
nachfolgend Mitarbeiterin genannt,

wird zur Vermeidung eines arbeitsgerichtlichen Rechtsstreits folgende Vereinbarung geschlossen:

1. Das zwischen der Firma und der Mitarbeiterin bestehende Arbeitsverhältnis wird in gegenseitigem Einvernehmen auf Veranlassung der Firma zum 30. 6. 1996 beendet.

2. Die Firma verpflichtet sich, der Mitarbeiterin in entsprechender Anwendung von §§ 9, 10 Kündigungsschutzgesetz eine Abfindung in Höhe von . . . . ,00 DM zu zahlen. Die Abfindung wird fällig mit der Beendigung des Arbeitsverhältnisses.

Fa. Metallbau-GmbH   *Mitarbeiterin*
– Unterschrift –   *– Unterschrift –*

☐ Der Aufhebungsvertrag stellt ein recht häufig genutztes Mittel zum Abbau von Personal dar. Nicht selten werden Arbeitnehmer mit »Zuckerbrot und Peitsche« dazu gebracht, ein vorbereitetes Aufhebungsvertragsformular »freiwillig« zu unterschreiben. Nach dem Motto: ». . . eigentlich könnten wir angesichts Ihrer diversen Fehlleistungen

Aufhebungsvertrag

das Arbeitsverhältnis kündigen. Aus sozialen Gründen sind wir jedoch zu einer einvernehmlichen Beendigung des Arbeitsverhältnisses bereit. Um Ihnen den Übergang zu erleichtern, zahlen wir Ihnen eine Abfindung in Höhe von...«

Bedeutung für die Betriebsratsarbeit

☐ Der Betriebsrat hat beim Abschluß eines Aufhebungsvertrages zwischen Arbeitnehmer und Arbeitgeber keinerlei Rechte.

☐ Insbesondere gelten nicht die Rechte des Betriebsrates nach § 102 BetrVG. Denn das Arbeitsverhältnis endet ja nicht durch Kündigung, sondern durch einvernehmliche Aufhebung.

☐ Der Betriebsrat sollte die Beschäftigten unbedingt auf die gravierenden arbeits- und sozialrechtlichen Folgen eines Aufhebungsvertrages (siehe unten) aufmerksam machen (z. B. durch eine Informationsschrift und/oder in der Betriebsversammlung).

☐ Des weiteren sollte im Einzelfall geprüft werden, ob der einschlägige (Mantel-)Tarifvertrag ein Recht des Arbeitnehmers vorsieht, den Aufhebungsvertrag binnen einer bestimmten Frist (meist eine Woche) zu widerrufen. Existiert eine solche Tarifvorschrift, sollte der Betriebsrat den Arbeitnehmer, der einen Aufhebungsvertrag unterschrieben hat, unverzüglich informieren: nicht selten bereuen Arbeitnehmer ihre Unterschrift schon »am Tage danach«; eine Widerrufsregelung im Tarifvertrag gibt ihnen die Möglichkeit, den Aufhebungsvertrag nachträglich ohne Schwierigkeiten zu Fall zu bringen.

Bedeutung für den Beschäftigten

☐ Mit dem Abschluß des Aufhebungsvertrages werden sämtliche Kündigungsschutzvorschriften hinfällig. Es entfallen nicht nur die bei Kündigung bestehenden Beteiligungsrechte des Betriebsrats, sondern auch die Kündigungsverbote bzw. Kündigungsbeschränkungen nach dem Kündigungsschutzgesetz, dem Mutterschutzgesetz, dem Schwerbchindertengesetz, usw. (siehe → **Kündigung**).

Aufhebungsvertrag

☐ Wird ein Arbeitnehmer beim Abschluß des Aufhebungsvertrages genötigt oder getäuscht, dann kann er seine Unterschrift unter den Aufhebungsvertrag theoretisch zwar anfechten (vgl. § 123 BGB). Praktisch wird es ihm vor dem Arbeitsgericht aber schwerfallen, die Nötigung oder Täuschung zu beweisen.

☐ Ein Arbeitnehmer, der einen Aufhebungsvertrag unterschreibt und dadurch arbeitslos wird, muß damit rechnen, daß das Arbeitsamt eine bis zu 12wöchige Arbeitslosengeldsperre gegen ihn festsetzt (vgl. §§ 119, 119a AFG). Dies wird jedenfalls dann der Fall sein, wenn die Initiative zum Abschluß des Aufhebungsvertrages vom Arbeitnehmer ausging und er »keinen wichtigen Grund« für sein Verhalten hatte.

☐ Außerdem ist beim Abschluß eines Aufhebungsvertrages darauf zu achten, daß das Arbeitsverhältnis nicht vor Ablauf der (vom Arbeitgeber bei einer Kündigung zu beachtenden) Kündigungsfrist beendet wird. Geschieht dies dennoch und hat der Arbeitnehmer eine Abfindung erhalten, so setzt die Arbeitslosengeldzahlung erst nach einer bestimmten in § 117 AFG geregelten Frist ein. Mit anderen Worten: der Betroffene muß zunächst eine Zeitlang von seiner Abfindung leben (siehe insoweit → **Abfindung**).

☐ Zu beachten ist auch die Ruhensvorschrift des § 117a AFG: Wenn gegen den Arbeitslosen, der eine Abfindung erhalten hat, eine Sperrfrist nach §§ 119, 119a AFG festgesetzt wird, schließt sich an die Sperrfrist ein weiterer Ruhenszeitraum an, dessen Dauer von der Höhe des Abfindungsbetrages abhängt (siehe → **Abfindung**).

☐ Schließlich darf beim Abschluß eines Aufhebungsvertrages nicht vergessen werden, daß der Anspruch auf Arbeitslosengeld auch dann ruht, wenn der Betroffene wegen der Beendigung des Arbeitsverhältnisses eine Urlaubsabgeltung erhalten oder zu beanspruchen hat. Der Ruhenszeitraum umfaßt die Zeit des abgegoltenen Urlaubs. Er beginnt mit der Beendigung des Arbeitsverhältnisses (vgl. § 117 Abs. 1a AFG).

☐ Übrigens: Nach § 110 Nr. 1a AFG wird die Gesamtdauer des Anspruchs um die Ruhenszeit nach § 117a AFG verkürzt. Das gleiche gilt für die Zeit, für die eine Sperrfrist nach §§ 119, 119a AFG verhängt worden ist (vgl. § 110 Nr. 2 AFG).

☐ Eine Verkürzung der Bezugsdauer des Arbeitslosengeldes findet nicht statt im Falle des § 117 AFG: Hier wird »nur« der Beginn des Arbeitslosengeldbezugs verschoben.

Aufhebungsvertrag

☐ Dem Arbeitgeber obliegt beim Abschluß des Aufhebungsvertrages die Verpflichtung, den Arbeitnehmer auf alle wesentlichen sozialrechtlichen Folgen eines Aufhebungsvertrages ebenso hinzuweisen wie auf mögliche arbeitsrechtliche Konsequenzen (z. B. Verlust von Ansprüchen auf → **betriebliche Altersversorgung**). Dies gilt jedenfalls dann, wenn die Initiative zur Beendigung des Arbeitsverhältnisses vom Arbeitgeber ausgeht. Wünscht der Arbeitnehmer eine Beendigung, dann soll eine Beratungspflicht des Arbeitgebers nur bestehen, wenn mit entsprechenden Wissenslücken beim Arbeitnehmer zu rechnen ist. Fragen des Arbeitnehmers sind korrekt zu beantworten. Allerdings soll es ausreichen, den fragenden Arbeitnehmer an die zuständige Stelle (Arbeitsamt) zu verweisen.

Eine Verletzung der Aufklärungs- und Beratungspflicht oder Falschauskünfte des Arbeitgebers lösen Schadensersatzansprüche des Arbeitnehmers aus, die nach vergeblicher Geltendmachung beim →**Arbeitsgericht** eingeklagt werden können.

Ausgleichsquittung

Was ist das?

☐ Bei Beendigung des Arbeitsverhältnisses wird dem Arbeitnehmer nicht selten eine sogenannte »Ausgleichsquittung« zur Unterschrift vorgelegt. Mit seiner Unterschrift erklärt der Arbeitnehmer, gegenüber dem Arbeitgeber keine (Rest-)Ansprüche mehr zu haben.

Solche Ausgleichsquittungen haben etwa folgenden Wortlaut:

»Die Parteien sind sich darüber einig, daß Ansprüche aus und in Verbindung mit dem Arbeitsverhältnis und seiner Beendigung nicht mehr gegenseitig bestehen.«

☐ Der Arbeitgeber hat gegen den Arbeitnehmer keinen Rechtsanspruch auf Unterzeichnung einer Ausgleichsquittung. Es besteht nach § 368 Satz 1 BGB lediglich ein Anspruch des Arbeitgebers auf Erteilung eines Empfangsbekenntnisses (= Quittung) z. B. für eine erhaltene Restlohnzahlung oder ausgehändigte Arbeitspapiere.

☐ Ausgleichsquittungen haben je nachdem, ob über das Bestehen etwaiger Rechtsansprüche gestritten wurde oder nicht, den Charakter eines Erlaßvertrages, eines Vergleiches oder eines »negativen« Schuldanerkenntnisses. Sie sind grundsätzlich wirksam und können den Verlust von Rechtsansprüchen zur Folge haben.

☐ Ein Rechtsverlust tritt jedoch – trotz Unterschrift unter eine Ausgleichsquittung – in zahlreichen Fällen nicht ein. So ist der Verzicht auf Ansprüche aus einer Betriebsvereinbarung oder einem Tarifvertrag unwirksam (vgl. § 77 Abs. 4 BetrVG, § 4 Abs. 4 TVG). Auch auf eine Reihe durch Gesetz eingeräumter Ansprüche kann wirksam nicht verzichtet werden (z. B. Ansprüche auf noch nicht genommenen Urlaub nach dem Bundesurlaubsgesetz bzw. Urlaubsabgeltungsansprüche, vgl. § 13 Abs. 1 Bundesurlaubsgesetz).

☐ Des weiteren werden Ansprüche des Arbeitnehmers, die erst bei oder nach Beendigung des Arbeitsverhältnisses entstehen, in der Regel von der Ausgleichsquittung nicht erfaßt (z. B. Anspruch auf Erteilung

Ausgleichsquittung

eines Zeugnisses, Ruhegeldansprüche und Anwartschaften aus einer → **betrieblichen Altersversorgung**, Ansprüche aus einem vertraglichen Wettbewerbsverbot usw.).

☐ In manchen Tarifverträgen ist das Recht des Arbeitnehmers verankert, eine Ausgleichsquittung innerhalb einer bestimmten Frist zu »widerrufen« (vgl. z. B. § 19 Ziff. 6 des Manteltarifvertrages für die Arbeiter, Angestellten und Auszubildenden in der Eisen-, Metall-, Elektro- und Zentralheizungsindustrie NRW).

☐ Nicht selten wird dem Arbeitnehmer anläßlich der Beendigung des Arbeitsverhältnisses eine »Ausgleichsquittung« der nachfolgenden Art zur Unterschrift vorgelegt:

»Der Unterzeichner erkennt an, daß das Arbeitsverhältnis wirksam beendet worden ist. Er verzichtet auf das Recht, den Fortbestand des Arbeitsverhältnisses aus irgendeinem Rechtsgrund gerichtlich geltend zu machen. Insbesondere verzichtet er auf das Recht zur Erhebung einer Kündigungsschutzklage.«

Derartige Verzichtserklärungen werden dann als zulässig und wirksam angesehen, wenn in ihnen eindeutig der Wille des Arbeitnehmers zum Ausdruck kommt, die Kündigung nicht durch Kündigungsschutzklage angreifen zu wollen. Dies dürfte bei der vorstehenden Formulierung der Fall sein.

Bedeutung für die Betriebsratsarbeit

☐ Der Betriebsrat hat im Zusammenhang mit der Unterzeichnung von Ausgleichsquittungen keine Beteiligungsrechte. Insbesondere hängt die Wirksamkeit solcher »Quittungen« nicht von der Zustimmung des Betriebsrats ab (Ausnahme: § 77 Abs. 4 BetrVG; hiernach ist der Verzicht auf Ansprüche aus einer Betriebsvereinbarung [nur] dann zulässig, wenn der Betriebsrat zustimmt).

☐ Dem Betriebsrat bleibt daher nur die Aufgabe, die Arbeitnehmer auf die Problematik solcher Ausgleichsquittungen hinzuweisen (siehe unten).

Ausgleichsquittung

Bedeutung für den Beschäftigten

☐ Nicht selten wird vom rechtsunkundigen Arbeitnehmer übersehen, daß er noch Restansprüche gegenüber dem Arbeitgeber hat: z.B. Ansprüche auf Auszahlung anteiligen Weihnachtsgeldes, Restlohn- oder Gehaltsansprüche z.B. für geleistete, aber noch nicht vergütete Überstunden usw. Auch wenn in dem einen oder anderen Fall eine unterzeichnete Ausgleichsquittung unwirksam sein sollte (siehe oben), so erschwert das Vorhandensein einer solchen Verzichtserklärung dennoch die gerichtliche Durchsetzung von Restansprüchen.

Daher sollten Ausgleichsquittungen am besten gar nicht erst unterschrieben werden, zumal hierzu keinerlei Verpflichtung besteht.

Dies gilt um so mehr für solche »Ausgleichsquittungen«, mit deren Unterschrift auf die Erhebung einer Kündigungsschutzklage verzichtet wird (siehe oben).

☐ Quittierungspflicht des Arbeitnehmers besteht nur bezüglich des »Empfangs« der Arbeitspapiere (die »Ordnungsgemäßheit« der Ausfüllung braucht nicht bestätigt zu werden!) und etwaiger erhaltener Geldbeträge (siehe oben).

Unproblematisch ist etwa eine wie folgt formulierte Quittung:

»Der Unterzeichner bestätigt, folgende Papiere erhalten zu haben:
1. Steuerkarte 19...
2. Sozialversicherungsnachweisheft sowie Entgeltnachweis 19...
3. Zeugnis
4. Lohn-/Gehaltsabrechnung für den Monat... 19...«

Ausländische Arbeitnehmer

Grundlagen

☐ Für ausländische Arbeitnehmer gelten grundsätzlich die gleichen arbeitsrechtlichen Regelungen wie für deutsche Arbeitnehmer (die besonderen öffentlich-rechtlichen – nur für Ausländer geltenden – Vorschriften insbesondere über Aufenthalts- und Arbeitserlaubnis sollen hier nicht näher dargestellt werden).

☐ Dementsprechend findet auch das BetrVG als Teil des Arbeitsrechts auf ausländische Arbeitnehmer in gleichem Umfang Anwendung wie auf deutsche Beschäftigte. So sind ausländische Arbeitnehmer zur Wahl von Organen der Betriebsverfassung (Betriebsrat, Jugend- und Auszubildendenvertretung usw.) nicht nur wahlberechtigt (§ 7 BetrVG), sondern auch wählbar (§ 8 BetrVG). Sie genießen die gleichen Informations-, Mitwirkungs- und Beschwerderechte und stehen in gleichem Umfang unter dem Schutz der → **Beteiligungsrechte** des Betriebsrats wie deutsche Arbeitnehmer.

☐ Eine auf Sprachprobleme Rücksicht nehmende Sonderregelung findet sich im § 2 Abs. 5 der Wahlordnung 1972: Hiernach soll der Wahlvorstand dafür sorgen, daß ausländische Arbeitnehmer, die der deutschen Sprache nicht mächtig sind, vor Einleitung der Betriebsratswahl über Wahlverfahren, Aufstellung der Wähler- und Vorschlagslisten, Wahlvorgang und Stimmabgabe in geeigneter Weise unterrichtet werden. Gleiches gilt bei der Wahl der Jugend- und Auszubildendenvertretung (vgl. § 30 Wahlordnung 1972). Obwohl die Regelung lediglich als »Soll-Vorschrift« gestaltet wurde, rechtfertigt ihre Nichteinhaltung angesichts der besonderen Bedeutung des aktiven und passiven Wahlrechts in der Regel eine Anfechtung der Wahl gemäß § 19 BetrVG.

☐ Nach allgemeiner Auffassung obliegt dem Arbeitgeber die Pflicht, ausländische Arbeitnehmer, die der deutschen Sprache nicht hinreichend mächtig sind, in der Heimatsprache – ggf. durch Hinzuziehung

Ausländische Arbeitnehmer

eines Dolmetschers – über Fragen des Arbeitsschutzes, insbesondere über

- Unfall- und Gesundheitsgefahren und
- Maßnahmen und Einrichtungen zur Abwendung dieser Gefahren

zu unterrichten (vgl. § 81 Abs. 1 BetrVG).

☐ Siehe auch § 20 Abs. 1 Satz 2 GefahrstoffVO: Hiernach hat der Arbeitgeber die in bezug auf gefährliche Arbeitsstoffe zu erstellende »Betriebsanweisung« in der Sprache der Beschäftigten abzufassen.

Bedeutung für die Betriebsratsarbeit

☐ Nach § 75 Abs. 1 BetrVG hat – neben dem Arbeitgeber – auch der Betriebsrat darüber zu wachen, daß eine unterschiedliche Behandlung von Beschäftigten wegen ihrer Nationalität unterbleibt.

☐ Darüber hinaus hat der Gesetzgeber den Betriebsrat gemäß § 80 Abs. 1 Nr. 7 BetrVG mit der besonderen Aufgabe betraut,

»die Eingliederung ausländischer Arbeitnehmer im Betrieb und das Verständnis zwischen Ihnen und den deutschen Arbeitnehmern zu fördern«.

☐ Fördernde Maßnahmen zur »Eingliederung« in den Betrieb können beispielsweise sein:

- Hilfestellung beim Zurechtfinden im Betrieb;
- Einrichtung von betrieblichen oder außerbetrieblichen Sprachkursen;
- Information und Schulung über arbeits-, sozial- und ausländerrechtliche Vorschriften;
- Sicherstellen von Dolmetscherdiensten (auf Kosten des Arbeitgebers) beim Übersetzen von Erklärungen des Betriebsrats oder des Arbeitgebers z. B. im Rahmen von Betriebs- oder Abteilungsversammlungen;
- Hilfestellung bei der Beschaffung von Wohnraum.

☐ Besondere Wichtigkeit – vor allem in einer Zeit zunehmender Ausländerfeindlichkeit – hat die zweite in § 80 Abs. 1 Nr. 7 BetrVG genannte Aufgabenstellung: »Förderung des Verständnisses zwischen ausländischen und deutschen Arbeitnehmern«.

Ausländische Arbeitnehmer

Der Betriebsrat wird hiermit beauftragt, mit einer Vielzahl von phantasievollen Aktionen Vorurteile zwischen Deutschen und Ausländern abzubauen.

Beispiele:
- *Gespräche am Arbeitsplatz und in Abteilungen;*
- *Beseitigung von ausländerfeindlichen Schmierereien im Betrieb auf Toiletten und außerhalb des Betriebes;*
- *Information und Diskussion über besondere Probleme im Verhältnis zwischen Deutschen und Ausländern (z. B. durch Einladung des örtlichen Ausländerbeauftragten zur Betriebsversammlung bzw. zu Jugend- und Auszubildendenversammlungen);*
- *Durchführung von »gemischten« Veranstaltungen (Beispiel: betriebliches Fußballturnier);*
- *Besuch und Schutz von Asylbewerberheimen und Information hierüber;*
- *gemeinsame Aufrufe von Betriebsrat und Geschäftsleitung zur Solidarität zwischen Deutschen und Ausländern.*

☐ In schweren Fällen von Ausländerfeindlichkeit im Betrieb kann es nicht schaden, wenn der Betriebsrat über sein Recht informiert, nach § 104 BetrVG die Entlassung oder Versetzung solcher Arbeitnehmer zu verlangen, die durch gesetzwidriges Verhalten oder durch grobe Verletzung der in § 75 Abs. 1 BetrVG enthaltenen Grundsätze den Betriebsfrieden wiederholt stören.

Ausschreibung von Arbeitsplätzen

Was ist das?

☐ Eine innerbetriebliche »Ausschreibung« ist eine allgemeine Aufforderung an alle im Betrieb beschäftigten Arbeitnehmer oder eine bestimmte Gruppe von Arbeitnehmern, sich für bestimmte Arbeitsplätze im Betrieb zu bewerben. In der Praxis wird häufig der Begriff »Stellenausschreibung« verwendet.

☐ Inhaltliche »Eckpunkte« der Ausschreibung können insbesondere sein:
- Bezeichnung der Betriebsabteilung, in der ein Arbeitsplatz zu besetzen ist,
- Bezeichnung der zu besetzenden Position,
- Beschreibung der wichtigsten Aufgaben,
- fachliche Anforderungen des Arbeitsplatzes,
- persönliche Voraussetzungen,
- Zeitpunkt der Arbeitsaufnahme,
- Angabe der Tarifgruppe sowie von Zulagen,
- Arbeitszeitfragen,
- Einzureichende Unterlagen (z. B. Zeugnisse usw.),
- Einsendeschluß der Bewerbung.

☐ Nach § 611b BGB darf der Arbeitgeber weder öffentlich noch innerbetrieblich eine Stelle nur für Männer oder nur für Frauen ausschreiben. Es sei denn, ein bestimmtes Geschlecht ist für die ausgeschriebene Tätigkeit unverzichtbare Voraussetzung (siehe → **Frauenförderung im Betrieb**).

☐ Der Arbeitgeber ist berechtigt, zusätzlich neben der innerbetrieblichen Ausschreibung den Arbeitsplatz auch auf dem externen Arbeitsmarkt auszuschreiben (Zeitungsanzeige, Arbeitsamt).

Liegen interne und externe Bewerbungen vor, so ist er nur dann gehalten, den internen Bewerber vorzuziehen, wenn eine entsprechende → **Auswahlrichtlinie** ihn hierzu verpflichtet.

Bedeutung für die Betriebsratsarbeit

☐ Der Betriebsrat kann nach § 93 BetrVG verlangen, daß der Arbeitgeber offene (d.h. frei werdende oder neugeschaffene) Arbeitsplätze allgemein (d.h. immer und in jedem Fall) oder für bestimmte Arten von Tätigkeiten vor ihrer Besetzung innerhalb des Betriebes ausschreibt.

☐ Dieser Anspruch besteht auch im einmaligen Einzelfall bei der Besetzung eines konkreten Arbeitsplatzes (strittig).

☐ In § 93 BetrVG (neu gefaßt durch das am 1. 9. 1994 in Kraft getretene Zweite Gleichberechtigungsgesetz) wird nunmehr ausdrücklich hervorgehoben, daß der Betriebsrat »anregen« kann, daß zu besetzende Arbeitsplätze auch als Teilzeitarbeitsplätze ausgeschrieben werden. Ist der Arbeitgeber bereit, Arbeitsplätze auch mit Teilzeitbeschäftigten zu besetzen, ist hierauf in der Ausschreibung hinzuweisen.

☐ Durchgesetzt wird das Recht des Betriebsrats nach § 93 BetrVG auf folgende Weise:

Nimmt der Arbeitgeber trotz Verlangens des Betriebsrats keine innerbetriebliche Ausschreibung vor, so kann der Betriebsrat allein aus diesem Grund nach § 99 Abs. 2 Nr. 5 BetrVG die Zustimmung zu einer → **Einstellung** eines externen Bewerbers verweigern. Damit wird auf den Arbeitgeber ein indirekter Druck ausgeübt, entsprechend dem Verlangen des Betriebsrats die Stelle auch innerbetrieblich auszuschreiben.

☐ Verstößt der Arbeitgeber gegen das Gebot der geschlechtsneutralen Stellenausschreibung nach § 611b BGB (siehe oben), kann der Betriebsrat unter Berufung auf § 99 Abs. 2 Nrn. 1, 5 BetrVG die Zustimmung zur Einstellung eines männlichen Bewerbers verweigern.

☐ Der Betriebsrat sollte auf jeden Fall von seinem Recht nach § 93 BetrVG Gebrauch machen, um den Belegschaftsangehörigen die Chance einer beruflichen Veränderung bzw. Weiterentwicklung zu vermitteln.

☐ Das Mitbestimmungsrecht des Betriebsrats umfaßt nicht nur das »Ob«, sondern auch das »Wie« der Ausschreibung. Insbesondere ist mitbestimmungspflichtig:

Ausschreibung von Arbeitsplätzen

- die Form der Ausschreibung (Anschlag am Schwarzen Brett und/oder in der Werkzeitung, Rundschreiben usw.);
- die Ausschreibungsdauer (Wie lange soll die Ausschreibung am Schwarzen Brett ausgehängt werden? Wie oft soll sie in der Werkszeitung erscheinen?);
- die Dauer der Bewerbungsfristen:
Beispiel:
»... Bewerbungen werden nur berücksichtigt, wenn sie binnen einer Frist von 3 Wochen nach Aushang der Ausschreibung im Personalbüro eingehen...«;
- die inhaltlichen »Eckpunkte«, zu denen die Ausschreibung im konkreten Einzelfall Aussagen machen muß (siehe oben).

☐ Hinsichtlich des »Inhaltes« der Ausschreibung im konkreten Einzelfall besteht nach h. M. kein Mitbestimmungsrecht des Betriebsrats. Auch Anforderungsprofile, in denen für einen bestimmten Arbeitsplatz die fachlichen, persönlichen und sonstigen Anforderungen abstrakt festgelegt werden, sind hiernach nicht mitbestimmungspflichtig. Insoweit kann der Betriebsrat zwar Vorschläge machen. Über § 93 BetrVG durchsetzen kann er diese Vorschläge jedoch nicht.

Um Mißbrauch durch den Arbeitgeber (Beispiel: die Ausschreibung wird fern jeder Realität so formuliert, daß innerbetriebliche Bewerber eine Bewerbung erst gar nicht erwägen) zu verhindern, sollte der Betriebsrat versuchen, auf der Grundlage seines Vorschlagsrechtes nach § 92 BetrVG den Arbeitgeber zur Einführung von schriftlichen Stellenbeschreibungen zu veranlassen.

Außerdem kann der Betriebsrat nach § 99 Abs. 2 Nr. 5 BetrVG die Zustimmung zur Einstellung eines externen Bewerbers auch dann verweigern, wenn der Arbeitgeber eine offene Stelle zwar innerbetrieblich ausschreibt, in einer gleichzeitig veröffentlichten Stellenanzeige in der Tagespresse aber geringere Anforderungen an die Stelle nennt.

☐ Es ist sinnvoll, das »Ob« und »Wie« der Stellenausschreibungen in einer → **Betriebsvereinbarung** »ein für allemal« zu regeln. Denn der Betriebsrat kann von seinem Zustimmungsverweigerungsrecht nach § 99 Abs. 2 Nr. 5 BetrVG nur dann Gebrauch machen, wenn er die innerbetriebliche Ausschreibung vor(!) Einleitung des Mitbestimmungsverfahrens gemäß § 99 BetrVG verlangt hat.

Ausschreibung von Arbeitsplätzen

☐ Lehnt es der Arbeitgeber ab, die Art und Weise der innerbetrieblichen Ausschreibung mit dem Betriebsrat in Form einer Betriebsvereinbarung zu regeln, kann der Betriebsrat das →**Arbeitsgericht** anrufen. Dieses entscheidet dann über die Einzelheiten (siehe oben).

Außerordentliche Kündigung

Was ist das?

☐ Als »außerordentliche Kündigung« wird die fristlose Kündigung aus wichtigem Grund im Sinne des § 626 BGB bezeichnet (im Unterschied zur fristgerechten → **ordentlichen Kündigung**; siehe auch → **Kündigung**).

☐ Eine außerordentliche Kündigung ist nur unter den Voraussetzungen des § 626 BGB zulässig und wirksam (bei außerordentlichen Kündigungen gegenüber Auszubildenden siehe § 15 Abs. 2, 3, 4 Berufsbildungsgesetz). Insbesondere muß ein »wichtiger Grund« für die Kündigung vorhanden sein. Das ist der Fall,

- wenn derart schwerwiegende Tatsachen vorliegen,
- daß dem Kündigenden unter Berücksichtigung aller Umstände des Einzelfalles
- und unter Abwägung der Interessen beider Vertragsteile
- eine Fortsetzung des Arbeitsverhältnisses noch nicht einmal bis zum Ablauf einer Kündigungsfrist zugemutet werden kann.

☐ Bei der Prüfung der Wirksamkeit einer außerordentlichen Kündigung ist darüber hinaus der »Grundsatz der Verhältnismäßigkeit« zu beachten. Das bedeutet, daß eine fristlose Kündigung nur dann ausgesprochen werden darf, wenn mildere Mittel den Vorfall nicht »wettmachen« können. Mildere Mittel sind z. B.: → **Abmahnung**, → **Versetzung**, → **außerordentliche Änderungskündigung**, → **ordentliche Kündigung** (die letztere Maßnahme bringt dem Betroffenen allerdings im Ergebnis nicht viel, weil auch sie zum Verlust des Arbeitsplatzes führt).

☐ Die vorstehenden Grundsätze sollen auf das nachfolgende Beispiel übertragen werden: Der Arbeitgeber will eine außerordentliche Kündigung wegen angeblichen Diebstahls von Firmeneigentum (Werkzeug) aussprechen. Im Rahmen des § 626 Abs. 1 BGB wären in diesem Fall unter anderem folgende Fragen zu stellen:

Außerordentliche Kündigung

- Stimmen die Behauptungen des Arbeitgebers: Hat es überhaupt einen Diebstahl gegeben? Wenn ja, war der Betroffene derjenige, der das Werkzeug weggenommen hat?
- Wollte der Betreffende das Werkzeug wirklich stehlen/unterschlagen oder wollte er es nur z. B. wegen einer Reparatur zu Hause »ausleihen«?
- Wie ist bisher seitens der Firma umgegangen worden mit Diebstahl, Unterschlagung oder dem »Ausleihen« von Werkzeug?
- Ist der Arbeitnehmer zu diesem Verhalten in irgendeiner Weise »animiert« oder durch entsprechende »Gepflogenheiten« in der Firma verleitet worden?
- Wie hat der Arbeitnehmer sich bislang verhalten?
- Handelt es sich um einen »Ausrutscher«?
- Wie lange ist der Arbeitnehmer in der Firma beschäftigt?
- Wie hart würde den Arbeitnehmer und gegebenenfalls seine Familie die fristlose Kündigung treffen?
- Welche Nachteile würden dem Arbeitgeber bei einer Weiterbeschäftigung auf dem bisherigen Arbeitsplatz entstehen?
- Sind etwaige Nachteile vorübergehender Natur?
- Stehen Kündigungsanlaß und Kündigungsfolgen für den Betroffenen (noch) in einem angemessenen Verhältnis? Insbesondere: Kann der Vorfall nicht ebenso wirksam mit einem milderen Mittel (z. B. Abmahnung) »geahndet« werden?

☐ Eine außerordentliche Kündigung kann nur innerhalb von zwei Wochen nach dem Tage, an dem der zur Kündigung Berechtigte (= Arbeitgeber oder eine andere zur Kündigung berechtigte Person) von dem Kündigungsgrund Kenntnis erlangt, ausgesprochen werden (vgl. § 626 Abs. 2 BGB, § 15 Abs. 4 Berufsbildungsgesetz). Wird diese Frist versäumt, ist eine außerordentliche Kündigung nicht mehr möglich.

Beispiel:

Am Freitag wird bei einer Taschenkontrolle bei einem Arbeitnehmer firmeneigenes Werkzeug gefunden; am folgenden Montag morgen teilt der Werkschutz dem Arbeitgeber dies mit.
Eine fristlose Kündigung wegen dieses Vorfalls ist nur zulässig, wenn sie spätestens am Montag (zwei Wochen später) erfolgt.

Die Anhörung des Betriebsrats nach § 102 Abs. 1 und 2 Satz 3 BetrVG hat innerhalb dieser Zweiwochenfrist zu erfolgen.

Außerordentliche Kündigung

Bedeutung für die Betriebsratsarbeit

☐ Die Rechte des Betriebsrats bei einer außerordentlichen Kündigung sind in § 102 Abs. 1 und 2 BetrVG geregelt. § 103 BetrVG ist anzuwenden, wenn der Arbeitgeber beabsichtigt, ein Mitglied des Betriebsrats oder eines anderen Betriebsverfassungsorgans außerordentlich zu kündigen (siehe unten).

☐ Die Beteiligungsrechte des Betriebsrats nach § 102 Abs. 1 und 2 BetrVG bei fristlosen Kündigungen sind folgende:

• Zunächst hat der Arbeitgeber den Betriebsrat vor Ausspruch der fristlosen Kündigung ordnungsgemäß anzuhören, d. h. über die Person des zu Kündigenden und den Kündigungsgrund zu informieren (vgl. § 102 Abs. 1 BetrVG).

• Der Betriebsrat hat dann die Möglichkeit, → **unverzüglich**, spätestens jedoch innerhalb von 3 Tagen (siehe → **Fristen**), Bedenken zu erheben (vgl. § 102 Abs. 2 Satz 3 BetrVG).

☐ Ein »Widerspruch« gegenüber einer außerordentlichen Kündigung ist im BetrVG nicht vorgesehen. § 102 Abs. 3 BetrVG gilt nur für die → **ordentliche Kündigung**. Dennoch kann der Betriebsrat natürlich durch Verwendung des Wortes »Widerspruch« besser als mit dem Begriff »Bedenken« deutlich machen, daß er die beabsichtigte fristlose Kündigung ablehnt. Allerdings sollte der Betriebsrat, um Mißverständnisse zu vermeiden, seine ablehnende Haltung durch andere deutliche Begriffe ausdrücken (z. B. »Der Betriebsrat ist der Auffassung, daß die beabsichtigte fristlose Kündigung ungerechtfertigt ist. Begründung: . . . «).

☐ Durch die Erhebung von »Bedenken« macht der Betriebsrat alle denkbaren Einwände gegen die Kündigung geltend. Insbesondere legt der Betriebsrat solche Gesichtspunkte und Umstände dar, die »für« den von der Kündigung Bedrohten sprechen. Darüber hinaus ist er gehalten, nach Wegen zu suchen – und diese dem Arbeitgeber vorzuschlagen –, die eine mildere Alternative zur fristlosen Kündigung darstellen: z. B. Abmahnung, strenger Verweis, Änderungskündigung, Versetzung.

☐ Selbst wenn der vom Arbeitgeber erhobene Vorwurf nicht bestritten werden kann, so kann der Betriebsrat – von Ausnahmen abgesehen – in jedem Falle im Rahmen seiner »Bedenken« geltend machen, daß

Außerordentliche Kündigung

eine fristlose Kündigung und ihre weiteren Folgen in keinem angemessenen Verhältnis zu dem Kündigungsanlaß stehen.

Dies möge folgender Vergleich deutlich machen:
1. Fall:
Es findet ein Diebstahl im Kaufhaus statt (Wert: 100,00 DM). Folgen für den Dieb:
- *ein Strafverfahren (z. B. Geldstrafe in Höhe von 4000,00 DM),*
- *Eintragung der Vorstrafe ins Bundeszentralregister,*
- *Hausverbot.*

2. Fall:
Es findet ein Diebstahl im Betrieb statt (Wert: 100,00 DM). Folgen für den Dieb:
- *ein Strafverfahren (z. B. Geldstrafe in Höhe von 4000,00 DM),*
- *Eintragung der Vorstrafe ins Bundeszentralregister,*
- *fristlose Kündigung,*
- *Arbeitslosengeldsperre nach §§ 119, 119a AFG (bis zu 12 Wochen),*
- *evtl. Dauerarbeitslosigkeit,*
- *sozialer Abstieg,*
- *Auswirkungen auf die Familie.*

Ergebnis: Die Bestrafung im 1. Fall mag im Hinblick auf den Anlaß eine dem Verhältnismäßigkeitsgrundsatz entsprechende Folge sein. Im 2. Fall ist dies ersichtlich anders, obwohl der Anlaß der gleiche ist.

☐ Bei der Behandlung einer Kündigung, inbesondere einer fristlosen Kündigung, sollte der Betriebsrat nicht vergessen, daß seine Funktion nicht die eines Staatsanwaltes oder Richters, sondern die eines (Pflicht-) Verteidigers ist. Maßstab seiner Entscheidungen sind nicht die persönlichen Moralvorstellungen der Mitglieder des Betriebsrats. Entscheidungsmaßstab kann vielmehr nur die Funktion und der betriebsverfassungsrechtliche Auftrag des Betriebsrats sein (Interessenvertretung für den einzelnen Beschäftigten und gleichzeitig für die Belegschaft insgesamt).

Dies bedeutet, daß der Betriebsrat – auch wenn es manchmal schwerfällt – alle Umstände im Rahmen seiner »Bedenken« vorbringen muß, die den Betreffenden zu entlasten vermögen (siehe oben).

☐ Nun kommt es vor (z. B. bei »Kollegendiebstahl«), daß auch die Arbeitskollegen/-ginnen mit dem Täter nicht mehr zusammenarbeiten wollen, seinen »Rausschmiß« fordern und dem Betriebsrat vorwerfen,

Außerordentliche Kündigung

einen »Dieb zu schützen«. In einem solchen Falle wäre es Aufgabe des Betriebsrats, im Wege von Gesprächen über die Bedeutung und die Folgen einer (fristlosen) Kündigung sowie die unverhältnismäßige Härte dieser Folgen und die Aufgabe/Funktion eines Betriebsrats aufzuklären. Dies dürfte den einen oder anderen, der den »Rausschmiß« fordert, nachdenklich machen.

Unabhängig hiervon muß dem »Dieb« natürlich unmißverständlich klargemacht werden, daß er derartige Verhaltensweisen in Zukunft zu unterlassen hat, und daß auch der Betriebsrat keine Möglichkeit mehr sieht, seinen Arbeitsplatz in einem Wiederholungsfalle zu »retten«.

☐ Die vorstehenden Überlegungen scheinen in der Betriebsratspraxis nicht sehr verbreitet zu sein. Nach einer von der »Max-Plank-Gesellschaft« 1979 im Wege der Befragung von Arbeitgebern durchgeführten Untersuchung zum Verhalten von Betriebsräten bei → **ordentlichen Kündigungen** aller Art (betriebsbedingte, personenbedingte und verhaltensbedingte Kündigungen) sind folgende Ergebnisse ermittelt worden:

- Zustimmung zur Kündigung: 66%
- Verstreichenlassen der Wochenfrist
  (= gleichbedeutend mit Zustimmungserteilung): 20%
- Bedenken: 6%
- Widerspruch: 8%

In 25 Prozent der Zustimmungsfälle soll die Kündigung nicht nur vom Arbeitgeber, sondern auch vom Betriebsratsvorsitzenden unterschrieben worden sein!

☐ Unmittelbare rechtliche Wirkungen haben »Bedenken« des Betriebsrats gegenüber einer außerordentlichen Kündigung nicht (dies ist bei einem »Widerspruch« gegen eine ordentliche Kündigung anders; siehe → **ordentliche Kündigung**).

Dennoch ist das Verhalten des Betriebsrats nicht folgenlos. So ist durchaus nicht ausgeschlossen, daß Verhalten und Argumentation des Betriebsrats sich auf die Willensbildung des Arbeitgebers auswirken. Auch das möglicherweise mit der Kündigung befaßte Arbeitsgericht wird es interessieren, wie die Interessenvertretung des Gekündigten reagiert hat.

☐ Will der Arbeitgeber ein Mitglied des Betriebsrats oder eines anderen Betriebsverfassungsorgans fristlos kündigen, gilt § 103 BetrVG:

Außerordentliche Kündigung

Hiernach bedarf eine solche Kündigung der Zustimmung des Betriebsrats. Bei Zustimmungsverweigerung des Betriebsrats hat der Arbeitgeber, will er an seiner Kündigungsabsicht festhalten, beim Arbeitsgericht einen Zustimmungsersetzungsantrag zu stellen. Dies gilt auch, wenn der Betriebsrat auf den Zustimmungsantrag des Arbeitgebers mit Schweigen reagiert. Anders als bei der ordentlichen Kündigung nach § 102 Abs. 2 Satz 1 und 2 BetrVG gilt im Rahmen des § 103 BetrVG Schweigen nicht als Zustimmung! Solange eine Zustimmungsersetzung durch das Arbeitsgericht nicht erfolgt ist, kann die Kündigung nicht ausgesprochen werden.

Bedeutung für den Beschäftigten

☐ Auf Verlangen des fristlos Gekündigten hat der Arbeitgeber diesem den Kündigungsgrund unverzüglich schriftlich mitzuteilen (vgl. § 626 Abs. 2 Satz 3 BGB).

☐ Des weiteren kann der Betroffene sich gegen die fristlose Kündigung mit der arbeitsgerichtlichen Klage zur Wehr setzen. Er hat aber darauf zu achten (wenn er in einem Betrieb mit mindestens sechs Arbeitnehmern [ohne Auszubildende] länger als sechs Monate beschäftigt ist), daß er die Klage innerhalb einer Frist von drei Wochen nach Zugang der Kündigung beim Arbeitsgericht einreicht (vgl. §§ 4, 13 Abs. 1 Satz 2 KSchG). Versäumt er die Klagefrist, kann er – vom Ausnahmefall der nachträglichen Zulassung der Klage abgesehen (§ 5 KSchG) – den Kündigungsgrund nicht mehr angreifen.

☐ Sonstige Unwirksamkeitsgründe (z. B. keine ordnungsgemäße Anhörung des Betriebsrats, fehlende Zustimmung der Hauptfürsorgestelle bei fristloser Kündigung von Schwerbehinderten usw.; siehe → **Kündigung**) können allerdings auch bei Versäumung der Klagefrist noch geltend gemacht werden (vgl. § 13 Abs. 2 und 3 KSchG).

☐ Findet das Kündigungsschutzgesetz keine Anwendung, weil der fristlos Gekündigte zum Zeitpunkt des Zugangs der Kündigung noch keine sechs Monate im Betrieb beschäftigt war (oder im Betrieb weniger als sechs Arbeitnehmer tätig sind), so gilt die dreiwöchige Klagefrist nicht. Allerdings sollte der Gekündigte nicht allzu lange Zeit

Außerordentliche Kündigung

verstreichen lassen, weil das Klagerecht unter Umständen »verwirken« kann.

Schnellübersicht:

Außerordentliche (= fristlose) Kündigung

Der Arbeitgeber informiert den Betriebsrat nach § 102 Abs. 1 BetrVG darüber, »wer, warum, zu welchem Zeitpunkt« gekündigt werden soll.

Der Betriebsrat ermittelt den Sachverhalt, spricht mit dem Betroffenen (und gegebenenfalls mit anderen Beschäftigten: persönliche Geheimnisse des Betroffenen dürfen nicht offenbart werden!), verhandelt mit dem Arbeitgeber über Alternativen zur außerordentlichen Kündigung und faßt, falls der Arbeitgeber auf fristloser Kündigung besteht, den Beschluß: »... gegenüber der beabsichtigten außerordentlichen Kündigung ›Bedenken‹ gemäß § 102 Abs. 2 Satz 3 BetrVG zu erheben.«

Das Ganze muß »→ **unverzüglich**, spätestens innerhalb von 3 Tagen« geschehen!

»Bedenken« sind alle Einwände, die gegen die Rechtmäßigkeit und Zweckmäßigkeit der geplanten fristlosen Kündigung sprechen. Insbesondere kann die – gemessen an dem Kündigungsanlaß – unverhältnismäßige Härte der fristlosen Kündigung für den Betroffenen und seine Familie hervorgehoben werden (siehe auch § 626 BGB und § 15 Berufsbildungsgesetz).

Die Erhebung eines »Widerspruchs« ist bei beabsichtigten außerordentlichen Kündigungen nicht möglich (§ 102 Abs. 3 BetrVG gilt nur für ordentliche Kündigungen!).

Wenn der Arbeitgeber trotz der »Bedenken« des Betriebsrats die außerordentliche Kündigung mündlich oder schriftlich ausspricht, kann der Betroffene Kündigungsschutzklage nach §§ 4, 13 Kündigungsschutzgesetz beim Arbeitsgericht einreichen.

Klagefrist: drei Wochen ab Zugang des Kündigungsschreibens bzw. nach Kenntnisnahme einer mündlich ausgesprochenen fristlosen Kündigung!

Gewerkschaftsmitglieder können den gewerkschaftlichen Rechtsschutz in Anspruch nehmen. Nichtgewerkschaftsmitglieder können sich zwecks Erhebung der Klage an die Rechtsantragsstelle des Arbeitsgerichts wenden. Natürlich kann auch ein Rechtsanwalt beauftragt werden (Gebührenansprüche des Anwalts beachten! Siehe: Kostenbeispiel bei Stichwort → **Arbeitsgericht**).

Der Betriebsrat unterstützt den Betroffenen während des Prozesses mit Rat und Tat. Insbesondere, wenn der Betroffene den Rechtsstreit gewinnt und dementsprechend weiterbeschäftigt werden muß, ist die Unterstützung durch den Betriebsrat wichtig.

Außerordentliche Kündigung

Checkliste:

Außerordentliche Kündigung

1. Anhörungsverfahren

- Eingang des Anhörungsschreibens bzw. der mündlichen Anhörungsmitteilung (wann?):

- Ablauf der 3-Tages-Frist (wann?):

- Wer soll gekündigt werden?

- Weitere Personalien des Betroffenen:
  Name:
  Alter:
  Betriebszugehörigkeit:
  Familienstand:
  Kinder (Zahl und Alter):
  Wirtschaftliche Lage der Familie:
  Sonstiges:

- Angegebener Kündigungsgrund?

- Hat der Arbeitgeber Frist des § 626 Abs. 2 BGB beachtet?
  Wann läuft die Frist ab?

- Ist die Anhörung nach § 102 Abs. 1 BetrVG ordnungsgemäß?

2. Anhaltspunkte für »Bedenken«

- Besteht für Betroffenen besonderer Kündigungsschutz (Schwangerschaft, Schwerbehinderter usw.; siehe → Kündigung)?

- Kommt für den Betroffenen Antrag auf Anerkennung als Schwerbehinderter/ Gleichgestellter in Betracht?

- Ist Kündigung nach § 103 BetrVG zustimmungspflichtig?

- Ist der angegebene Kündigungsgrund zutreffend?

- Welche Zeugen können Aussagen zum angegebenen Kündigungsgrund machen?

- Ist der Betroffene in der Vergangenheit abgemahnt worden?

- Waren die in der/den Abmahnung(en) erhobenen Vorwürfe berechtigt?

Außerordentliche Kündigung

- Welche Umstände entlasten den Betroffenen?

- Welche Folgen hat die beabsichtigte fristlose Kündigung für den Betroffenen und seine Familie?

- Sind Alternativen zur fristlosen Kündigung möglich (z. B. Abmahnung, Versetzung)?

- Sonstiges:

3. **Was tun, wenn fristlose Kündigung trotz »Bedenken« des Betriebsrats ausgesprochen wird?**
- Weitervermittlung des Betroffenen
  - falls er Gewerkschaftsmitglied ist: an den Rechtsschutz der zuständigen Gewerkschaft;
  - falls er nicht Gewerkschaftsmitglied ist: an die Rechtsantragsstelle des Arbeitsgerichts bzw. an einen Rechtsanwalt (auf Gebührenansprüche des Rechtsanwalts und Prozeßkostenhilfe hinweisen).
- Hinweis auf 3-Wochen-Frist zur Einreichung der Kündigungsschutzklage!

4. **Bemerkungen zu Verlauf und Ergebnis des Kündigungsschutzprozesses**

5. **Sonstige Hinweise an den Betroffenen**
- (Rest-)Ansprüche auf Lohn/Gehalt, Urlaubsabgeltung, Weihnachtsgeld usw. geltend machen:

- Keine Ausgleichsquittung unterschreiben (nur Empfang von Restlohn und Erhalt der Arbeitspapiere bescheinigen):

- Anspruch auf »qualifiziertes« Zeugnis (Leistung und Führung) geltend machen für den Fall, daß Kündigung wirksam wird und Arbeitsverhältnis endet; ggf. das Zeugnis prüfen lassen durch gewerkschaftlichen Rechtsschutz oder Rechtsanwalt; ggf. nur ein »einfaches« Zeugnis verlangen, das Angaben zur Person, zur Beschäftigungszeit und zur ausgeübten Tätigkeit enthält (siehe → **Zeugnis**).

Literaturhinweis:

Michael Kittner/Wolfgang Trittin: Kündigungsschutzrecht. Kommentar für die Praxis, Bund-Verlag, Köln.

Außertarifliche Angestellte

Begriff

☐ Außertarifliche Angestellte (abgekürzt: AT-Angestellte) werden solche → **Angestellte** genannt, die eine Tätigkeit ausüben, die von den Tätigkeitsmerkmalen der im einschlägigen Tarifvertrag enthaltenen Gehaltsgruppenregelung nicht (mehr) erfaßt werden, die also oberhalb der höchsten Tarifgruppe einzuordnen ist.

☐ Dementsprechend finden die Tarifverträge auf AT-Angestellte keine Anwendung, es sei denn, ein Tarifvertrag regelt im Einzelfall ausdrücklich etwas anderes.

☐ Meist ist die Nichtgeltung des Tarifvertrages für AT-Angestellte ausdrücklich im Tarifvertrag geregelt.

☐ Von den AT-Angestellten zu unterscheiden sind die → **leitenden Angestellten** (vgl. § 5 Abs. 3 BetrVG): Die leitenden Angestellten sind zwar regelmäßig AT-Angestellte, jedoch sind nur wenige AT-Angestellte leitende Angestellte!

Bedeutung für die Betriebsratsarbeit

☐ AT-Angestellte werden, soweit sie nicht leitende Angestellte sind, wie jeder andere Angestellte auch vom Betriebsrat vertreten. Denn sie sind Angestellte im Sinne des § 5 Abs. 1 BetrVG.

Beispiel:
Will der Arbeitgeber einen AT-Angestellten einstellen, versetzen oder kündigen, so stehen dem Betriebsrat die gleichen Rechte nach §§ 99 bis 102 BetrVG zu wie bei der Einstellung, Versetzung, Kündigung eines sonstigen Arbeitnehmers.

Außertarifliche Angestellte

☐ Da die Gehälter der AT-Angestellten nicht durch Tarifvertrag geregelt sind, hat der Betriebsrat bei der Bildung der Gehaltsgruppen für AT-Angestellte (einschließlich der Abstände zur höchsten Tarifgruppe; dies ist allerdings strittig) ein volles Mitbestimmungsrecht nach § 87 Abs. 1 Nr. 10, 11 BetrVG. Die Sperrwirkung des § 77 Abs. 3 BetrVG und des § 87 Abs. 1 BetrVG (Eingangssatz: »...soweit eine... tarifliche Regelung nicht besteht,...«) gilt naturgemäß nicht (siehe auch → **Arbeitsentgelt**).

Auswahlrichtlinien

Was ist das?

☐ Auswahlrichtlinien sind Entscheidungsmaßstäbe für im Einzelfall durchzuführende personelle Maßnahmen (Einstellung, Versetzung, Umgruppierung, Kündigung).

Beispiele:
- *»Bei Einstellungen haben innerbetriebliche Bewerber bei gleicher Qualifikation gegenüber außerbetrieblichen Bewerbern den Vorrang...«*
- *»Bei der Versetzung auf einen höherwertigen Arbeitsplatz sind bei gleicher Qualifikation Arbeitnehmer mit längerer Betriebszugehörigkeit vorrangig zu berücksichtigen...«*
- *»Betriebsbedingte Kündigungen gegenüber solchen Arbeitnehmern, die nach Umschulungs- oder Fortbildungsmaßnahmen weiterbeschäftigt werden können, sind unzulässig...«*
- *»Die bei betriebsbedingten Kündigungen erforderliche soziale Auswahl erfolgt nach folgender Maßgabe: Der Arbeitgeber beschreibt zunächst diejenigen Arbeitsplätze, die aus betriebsbedingten Gründen wegfallen sollen. Der Arbeitgeber erstellt sodann eine Liste aller derjenigen Arbeitnehmer, die auf den betreffenden Arbeitsplätzen sowie auf ähnlichen oder verwandten Arbeitsplätzen tätig sind. Die auf diese Weise ermittelten Arbeitnehmer werden sodann nach* **Beschäftigungsdauer, Alter, Zahl der unterhaltsberechtigten Familienangehörigen, Vermögenslage, Vermittelbarkeit auf dem Arbeitsmarkt** *geordnet. Für jeden vorstehend genannten sozialen Gesichtspunkt wird eine Punktezahl nach folgender Maßgabe vergeben: Den Arbeitnehmern mit der niedrigeren Punktezahl wird zuerst gekündigt. Haben Arbeitnehmer die gleiche Punktezahl, so wird der jüngere Arbeitnehmer zuerst entlassen...«*

Auswahlrichtlinien

☐ Eine Auswahlrichtlinie liegt auch dann vor, wenn der Arbeitgeber, ohne dieses schriftlich niederzulegen, seine Personalentscheidungen nach einem bestimmten Auswahlsystem vornimmt.

Beispiel:

Im Betrieb besteht eine nirgendwo schriftlich niedergelegte Praxis, Beförderungen (= Versetzungen) dann nicht vorzunehmen, wenn der sich um die Beförderung bemühende Arbeitnehmer in den letzten drei Jahren wegen Verhaltens- oder Leistungsmängeln abgemahnt worden ist.

☐ Aufpassen: Auch ein automatisiertes Personalinformationssystem kann eine Auswahlrichtlinie darstellen, wenn es auf der Grundlage eines entsprechenden Programmes selbständig die für eine zu treffende Personalentscheidung »eingegebenen« Kriterien und Gesichtspunkte (z. B. Fähigkeits- und Eignungsprofil) auswertet und auf diese Weise für einen bestimmten Arbeitsplatz den am besten geeigneten Arbeitnehmer »automatisch« ermittelt.

Bedeutung für die Betriebsratsarbeit

☐ Auswahlrichtlinien sind nach § 95 BetrVG mitbestimmungspflichtig:

In Betrieben mit bis zu 1000 Arbeitnehmern kann der Arbeitgeber zwar alleine darüber befinden, »ob« er überhaupt Auswahlrichtlinien einführt und anwendet. Entscheidet er sich aber dafür, dann benötigt er hierfür und für den »Inhalt« der Auswahlrichtlinien die Zustimmung des Betriebsrats. Bei Nichteinigung über das »Ob« und »Wie« der Auswahlrichtlinien entscheidet die → **Einigungsstelle**.

In Betrieben mit mehr als 1000 Arbeitnehmern hat der Betriebsrat darüber hinaus ein Initiativrecht (siehe → **Beteiligungsrechte**). Das heißt, er kann die Einführung und Ausgestaltung von Auswahlrichtlinien verlangen. Lehnt der Arbeitgeber ab, entscheidet auf Antrag die Einigungsstelle über die Einführung (das »Ob«) und den Inhalt (das »Wie«) der Richtlinien.

☐ Im Rahmen der Verhandlungen über die Einführung von Auswahlrichtlinien hat der Betriebsrat darauf zu achten, daß bei der inhaltlichen Ausgestaltung der Richtlinien die in § 75 BetrVG enthaltenen

Auswahlrichtlinien

Grundsätze, insbesondere der Gleichbehandlungsgrundsatz, beachtet werden. Verstößt nämlich eine Auswahlrichtlinie gegen höherrangiges Recht, so ist sie auch dann unwirksam, wenn der Betriebsrat zugestimmt hat.

☐ Dabei muß aber bedacht werden, daß nicht jede Ungleichbehandlung rechtswidrig ist. So ist es beispielsweise nicht nur zulässig, sondern geradezu gesetzlich vorgeschrieben, Schwerbehinderte bei innerbetrieblichen Berufsbildungsmaßnahmen bevorzugt zu berücksichtigen (vgl. § 14 Abs. 2 Schwerbehindertengesetz). Außerdem ist es anerkannt, daß die Bevorzugung eines Schwerbehinderten z. B. bei Einstellung oder Beförderung (= Versetzung auf einen höherwertigen Arbeitsplatz) dann geboten ist, wenn er die gleiche Qualifikation und Eignung besitzt wie ein Mitbewerber. Ebenfalls anerkannt ist die Zulässigkeit der Bevorzugung von innerbetrieblichen gegenüber externen Bewerbern (»Aufstieg geht vor Einstieg«).

☐ Strittig ist die Frage der Zulässigkeit einer (z. B. im Rahmen eines betrieblichen Frauenförderplans) geschaffenen Auswahlrichtlinie, in der bestimmt ist, daß bis zum Erreichen einer bestimmten Quote weibliche Bewerber bei vergleichbarer Qualifikation gegenüber männlichen Bewerbern bei Einstellungen bzw. Beförderungen den Vorrang haben. Die Gegner einer solchen Quotenregelung berufen sich insbesondere auf § 75 BetrVG sowie auf § 611a BGB. Die Zulässigkeit dürfte aber zu bejahen sein, wenn nur auf diese Weise eine infolge »männerfördernder« Praxis im Betrieb entstehende Benachteiligung der Frauen abgewendet werden kann (siehe → **Frauenförderung im Betrieb).**

☐ Der Betriebsrat sollte im Rahmen von Verhandlungen über das »Ob« und »Wie« von Auswahlrichtlinien des weiteren bedenken, daß solche Richtlinien nicht nur Vorteile, sondern auch Nachteile haben können. Der Vorteil besteht zweifellos darin, daß Personalentscheidungen des Arbeitgebers ein wenig transparenter und vorhersehbarer werden und ggf. auch gerechter ausfallen. Nachteilig ist, daß es schwieriger wird, die besonderen Umstände des Einzelfalles bei der jeweiligen personellen Entscheidung zu berücksichtigen.

Auswahlrichtlinien

Beispiel:

Der Vorrang des innerbetrieblichen Bewerbers bei Einstellungen mag für den Regelfall zutreffend sein. Im Einzelfall kann eine solche Auswahlrichtlinie dazu führen, daß einem arbeitslosen außerbetrieblichen Bewerber die Chance auf einen möglicherweise lang ersehnten Arbeitsplatz genommen wird.

☐ Es empfiehlt sich, wenn es zu einer Einigung mit dem Arbeitgeber über das »Ob« und »Wie« der Auswahlrichtlinien gekommen ist, diese Einigung in Form einer → **Betriebsvereinbarung** schriftlich niederzulegen.

☐ Verwendet der Arbeitgeber Auswahlrichtlinien, ohne mit dem Betriebsrat hierüber eine Einigung herbeigeführt zu haben, dann kann der Betriebsrat Unterlassung verlangen (siehe → **Unterlassungsanspruch des Betriebsrats**).

☐ Verstößt der Arbeitgeber anläßlich einer personellen Maßnahme nach § 99 BetrVG (Einstellung, Umgruppierung, Versetzung) gegen eine (mit dem Betriebsrat vereinbarte) Auswahlrichtlinie, dann kann der Betriebsrat die Zustimmung zu der Maßnahme verweigern (vgl. § 99 Abs. 2 Nr. 2 BetrVG).

☐ Verstößt eine vom Arbeitgeber beabsichtigte Kündigung (auch Änderungskündigung) gegen eine Auswahlrichtlinie, dann kann der Betriebsrat Widerspruch gegen die Kündigung einlegen (vgl. § 102 Abs. 3 Nr. 2 BetrVG).

Bedeutung für den Arbeitnehmer

☐ Bestehen in einem Betrieb Auswahlrichtlinien, so sind diese zugunsten oder zuungunsten des Arbeitnehmers (z. B. im Rahmen eines Kündigungsschutzprozesses) zu berücksichtigen.

☐ Dies gilt jedoch nicht, wenn eine Auswahlrichtlinie ohne Zustimmung des Betriebsrats zustande gekommen ist oder gegen höherrangiges Recht verstößt und deshalb unwirksam ist.

Auszubildende

Wer ist das?

☐ Auszubildende sind solche Personen, die auf der Grundlage eines mit dem Ausbilder (= Arbeitgeber) geschlossenen Ausbildungsvertrages im Sinne des Berufsbildungsgesetzes tätig sind bzw. ausgebildet werden.

☐ Es ist streitig, ob das Ausbildungsverhältnis ein Arbeitsvertrag mit erziehungsrechtlichem Einschlag oder ein Vertragsverhältnis besonderer Art ist. Für das Betriebsverfassungsrecht ist diese Frage jedoch geklärt. Denn nach § 5 Abs. 1 BetrVG sind die »zu ihrer Berufsausbildung Beschäftigten« Arbeitnehmer im Sinne des Betriebsverfassungsgesetzes. Das heißt, das BetrVG findet auf Auszubildende in vollem Umfange Anwendung.

☐ Entsprechend ihrem Berufsziel werden die Auszubildenden entweder der Gruppe der Arbeiter oder der Gruppe der Angestellten zugeordnet (vgl. § 6 BetrVG). Von Bedeutung ist diese Zuordnung vor allem für die Wahl und Konstituierung des Betriebsrats und anderer betriebsverfassungsrechtlicher Organe (siehe → **Angestellte, Arbeiter**).

Bedeutung für die Betriebsratsarbeit

☐ Das BetrVG hat die Wahrung und Förderung der Interessen und Belange der Jugendlichen und der »Auszubildenden« zur besonderen Aufgabe des Betriebsrats gemacht (vgl. § 80 Abs. 1 Nr. 3 und 5 BetrVG). Insbesondere im Bereich der beruflichen Ausbildung weist das BetrVG dem Betriebsrat eine Reihe von Aufgaben, aber auch Beteiligungsrechten zu (siehe → **Berufsbildung**).

☐ Dabei hat der Betriebsrat eng mit der → **Jugend- und Auszubildendenvertretung** zusammenzuarbeiten. Die Jugend- und Auszubildendenvertretung ist für jugendliche Arbeitnehmer und für diejenigen »Aus-

Auszubildende

zubildenden« zuständig, die das 25. Lebensjahr noch nicht vollendet haben (vgl. § 60 BetrVG). Sie hat die Aufgabe, die speziellen Interessen der Jugendlichen und Auszubildenden »gegenüber dem Betriebsrat« zu artikulieren und auf diese Weise sicherzustellen, daß deren Belange im Rahmen der Betriebsratsarbeit angemessen und sachgerecht berücksichtigt werden. Gesprächs- und Verhandlungspartner der Jugend- und Auszubildendenvertretung ist also der Betriebsrat und nicht etwa der Arbeitgeber (vgl. § 70 BetrVG).

Rechte der Auszubildenden

☐ Gegenüber den »Auszubildenden« hat der Arbeitgeber neben den für alle Arbeitnehmer geltenden Vorschriften die Bestimmungen insbesondere des »Berufsbildungsgesetzes« und – soweit sie das 18. Lebensjahr noch nicht vollendet haben – des »Jugendarbeitsschutzgesetzes« zu beachten.

☐ Bei Streitigkeiten zwischen Arbeitgeber und Auszubildenden ist das → **Arbeitsgericht** zuständig. Allerdings ist dem Arbeitsgerichtsverfahren vorgeschaltet ein besonderes Schlichtungsverfahren vor einem Ausschuß, der von der Handwerksinnung bzw. der Industrie- und Handelskammer gebildet wird und dem Arbeitgeber- und Arbeitnehmervertreter in gleicher Anzahl angehören (vgl. § 111 ArbGG).

☐ Auszubildende, die zwischen 18 und 25 Jahre alt sind, haben das aktive Wahlrecht sowohl bei der Betriebsratswahl als auch bei der Wahl der → **Jugend- und Auszubildendenvertretung**.

☐ Im Rahmen von Tarifauseinandersetzungen haben Auszubildende ein Streikrecht, sofern auch über Tarifforderungen zugunsten der Auszubildenden (z. B. Ausbildungsvergütung) verhandelt wird (vgl. BAG vom 12. 9. 1984 in »Der Betrieb« 1984, S. 2563).

Befristeter Arbeitsvertrag

Was ist das?

☐ Ein befristeter Arbeitsvertrag liegt vor, wenn die »Laufzeit« des Arbeitsverhältnisses von vorneherein (also bei Vertragsschluß) begrenzt wird. Die Befristung kann kalendermäßig (z. B. 6 Monate), aber auch durch Anbindung an einen bestimmten Zweck (z. B. Vertretung eines erkrankten Arbeitnehmers) vereinbart werden.

☐ Ist die Befristung des Arbeitsvertrages wirksam, endet das Arbeitsverhältnis »automatisch«, ohne daß es einer Kündigung bedarf. Dementsprechend entfällt das gesamte Kündigungsschutzrecht. Bei einer »Zweckbefristung« muß der Arbeitgeber allerdings das Ende des Arbeitsverhältnisses (= Zweckerreichung) ankündigen. Die Ankündigungsfrist entspricht der gesetzlichen Mindestkündigungsfrist (siehe → **Kündigungsfrist**).

☐ Weil die Befristung eines Arbeitsvertrages dem Arbeitnehmer jeglichen Kündigungsschutz nimmt, hat die Rechtsprechung die Zulässigkeit der Befristung auf Ausnahmefälle beschränkt. Eine Befristung ist hiernach nämlich nur wirksam, wenn ihr ein »sachlicher Grund« innewohnt. Als sachliche Gründe werden beispielsweise anerkannt:

- Arbeitsverhältnis zur Probe oder Aushilfe,
- Krankheitsvertretung,
- Schwangerschaftsvertretung,
- Vertretung eines zum Wehr- oder Zivildienst einberufenen Arbeitnehmers,
- befristet geförderte Arbeitsbeschaffungsmaßnahme (ABM),
- ausdrücklich und freiwillig formulierter Wunsch des Arbeitnehmers.

☐ Durch das Beschäftigungsförderungsgesetz, in Kraft getreten am 1. Mai 1985(!), wurde eine folgenschwere Änderung des Arbeitslebens bewirkt. Denn nach § 1 dieses Gesetzes ist die einmalige Befristung eines Arbeitsvertrages bis zur Dauer von 18 Monaten (in neu ge-

Befristeter Arbeitsvertrag

gründeten Kleinunternehmen: bis 2 Jahre) auch dann zulässig, wenn ein sachlicher Grund nicht vorliegt. Während früher – vor Inkrafttreten des Beschäftigungsförderungsgesetzes – die befristete Einstellung die Ausnahme und die unbefristete Einstellung der Regelfall war, so stellt sich heute in vielen Betrieben die Situation umgekehrt dar.

☐ Die durch das Beschäftigungsförderungsgesetz herbeigeführte Rechtslage wirkt sich auf die Arbeitnehmerschaft nachteilig aus:

- Die befristete Arbeit wirkt sich schädlich auf die unmittelbar davon Betroffenen aus. Oft richten sie in der Hoffnung, übernommen zu werden, ihr Verhalten und ihre Leistung allzusehr nach den Ansprüchen des Arbeitgebers aus.
- Die befristete Arbeit wirkt sich schädlich auf die Stammbelegschaft aus, da die erhöhte Leistungsbereitschaft der befristet Eingestellten zum Maßstab für die übrige Belegschaft gemacht wird (Rationalisierungseffekt).
- Die befristete Arbeit erschwert die Gewerkschafts- und Betriebsratsarbeit, da sie eine Aufspaltung der Belegschaft in Arbeitnehmergruppen mit unterschiedlichem rechtlichen und sozialen Status zur Folge hat.

☐ Im Ergebnis hat das Beschäftigungsförderungsgesetz die Möglichkeit einer 18monatigen Probezeit geschaffen und die Probezeitregelungen der Tarifverträge damit praktisch ausgehebelt.

☐ Weil § 1 Beschäftigungsförderungsgesetz ein so großer »Erfolg« war, ist die Regelung bis zum 31. 12. 2000 verlängert worden.

☐ Zu beachten ist allerdings, daß die Vorschrift Einschränkungen enthält:

- Zunächst ist eine Befristung nur bei »Neueinstellungen« (oder bei Übernahme eines Ausgebildeten, für den kein Dauerarbeitsplatz zur Verfügung steht) zulässig. Um eine »Neueinstellung« handelt es sich dann nicht, wenn der befristet eingestellte Arbeitnehmer schon einmal bei dem Arbeitgeber gearbeitet hat und zwischen dem neuen und dem vorangegangenen Arbeitsvertrag ein »enger sachlicher Zusammenhang« besteht. Ein solcher Zusammenhang ist »insbesondere« (aber nicht nur) dann anzunehmen, wenn zwischen beiden Arbeitsverträgen ein Zeitraum von weniger als 4 Monaten liegt (vgl. § 1 Abs. 1 Sätze 2 und 3 Beschäftigungsförderungsgesetz).

Befristeter Arbeitsvertrag

Beispiel:

Beendigung des »alten« Arbeitsvertrages am 31. 8. 1995. Beginn des »neuen« befristeten Arbeitsvertrages am 1. 12. 1995.

Ergebnis: Keine »Neueinstellung« im Sinne des § 1 Beschäftigungsförderungsgesetz, so daß die Vorschrift nicht anwendbar ist. Folge: Die Befristung des »neuen« Arbeitsvertrages ist nur wirksam, wenn ein »sachlicher Grund« im Sinne der oben dargestellten Rechtsprechung vorliegt.

- Des weiteren erlaubt das Gesetz nur eine »einmalige« Befristung ohne sachlichen Grund (vgl. § 1 Abs. 1 Satz 1 Beschäftigungsförderungsgesetz). Das heißt: soll ein nach dem Beschäftigungsförderungsgesetz (ohne sachlichen Grund) befristetes Arbeitsverhältnis ein weiteres Mal befristet verlängert werden (= Kettenarbeitsvertrag), so ist für die weitere Befristung ein »sachlicher Grund« erforderlich.

☐ Schließlich ist zu beachten, daß in einigen Tarifverträgen das Vorliegen eines »sachlichen Grundes« bei jeder Art von Befristung verlangt wird. Diese Regelungen schließen die Anwendung der Befristungsmöglichkeit des § 1 Beschäftigungsförderungsgesetz aus. Außerdem werden bisweilen in Tarifverträgen hinsichtlich der Dauer der Befristung zeitliche Höchstgrenzen festgelegt, die deutlich kürzer als die nach dem Beschäftigungsförderungsgesetz möglichen Befristungszeiträume sind. Auch derartige tarifvertragliche Vorschriften haben Vorrang vor den Bestimmungen des Beschäftigungsförderungsgesetzes.

☐ **Zum Kettenarbeitsvertrag:** Nach der Rechtsprechung des Bundesarbeitsgerichts sind Kettenarbeitsverträge nicht grundsätzlich unzulässig. Es kommt allein darauf an, ob eine Befristungsmöglichkeit nach § 1 Beschäftigungsförderungsgesetz bestanden bzw. ein »sachlicher Grund« für die Befristung vorgelegen hat. Dabei prüft die Rechtsprechung im Regelfall nur die Zulässigkeit der Befristung des letzten »Gliedes« der Kette. Mit anderen Worten: Wenn die Befristung eines vorangegangenen Vertrages unwirksam war, so ist dies unbeachtlich, wenn der zuletzt abgeschlossene Vertrag – wirksam – befristet worden ist. Allerdings werden die Anforderungen an die Zulässigkeit der Befristung des letzten Vertrages um so höher geschraubt, je länger die Kette befristeter Arbeitsverträge ist.

Befristeter Arbeitsvertrag

Bedeutung für die Betriebsratsarbeit

☐ Der Kampf gegen die sachlich nicht begründete Befristung von Arbeitsverträgen sollte auch auf betrieblicher Ebene geführt werden. Wenig überzeugend ist das häufig zu hörende Argument: »... bei uns werden ohnehin alle befristet Eingestellten übernommen...« Wenn dem so ist, stellt sich allerdings verschärft die Frage, warum dann nicht mit gerade diesem Argument gegen eine Praxis der befristeten Einstellung vorgegangen wird.

☐ Der Betriebsrat hat folgende Möglichkeiten, um gegen sachlich nicht gerechtfertigte Befristungen anzugehen:

1. Er kann seine Zustimmung zur Einstellung gemäß § 99 BetrVG verweigern mit der Begründung, die Befristung verstoße gegen einen Tatbestand des § 99 Abs. 2 BetrVG.

Bei einer solchen Zustimmungsverweigerung muß der Arbeitgeber nach § 99 Abs. 4 BetrVG das Arbeitsgericht anrufen. Allerdings soll nach der – abzulehnenden – Rechtsprechung des Bundesarbeitsgerichts eine Zustimmungsverweigerungs-Begründung, die sich nicht gegen die Einstellung als solche, sondern lediglich gegen die Befristung wendet, unzulässig sein.

Auch in »politischer« Hinsicht entstehen Probleme. Denn der Arbeitgeber kann den Betriebsrat vor der Belegschaft als jemanden hinstellen, der Einstellungen verhindert.

Von einer solchen Verfahrensweise sollte der Betriebsrat daher nur dann Gebrauch machen, wenn die Belegschaft dieses Verfahren mitträgt.

2. Oder: Der Betriebsrat stimmt der Einstellung zu und nimmt die Befristung zur Kenntnis.

Gleichzeitig protestiert er gegen die Befristung und legt dar, daß eine derartige Maßnahme weder aus betrieblichen noch in der Person des Eingestellten liegenden Gründen gerechtfertigt ist.

Diese Reaktion des Betriebsrats hat zwar keine rechtlichen Konsequenzen, insbesondere ist der Arbeitgeber nicht verpflichtet, das Verfahren nach § 99 Abs. 4 BetrVG einzuleiten. Jedoch gibt der Betriebsrat auch hier gegenüber dem Arbeitgeber zu erkennen, daß er nicht bereit ist, die Befristungspraxis stillschweigend hinzunehmen.

Befristeter Arbeitsvertrag

Sinnvoll wird ein solches Verhalten jedoch auch hier erst dann, wenn der Betriebsrat die Befristungspraxis und seine Haltung dazu auch gegenüber der Belegschaft »zum Thema« macht (z. B. in einer → **Betriebsversammlung**).

Bedeutung für den Beschäftigten

☐ Bestehen Zweifel an der Wirksamkeit der Befristung, so kann der befristet Beschäftigte dies durch eine Klage beim Arbeitsgericht klären. Ist die Befristung tatsächlich unzulässig, so stellt das Gericht fest, daß ein unbefristetes Arbeitsverhältnis vorliegt. Gleichzeitig verurteilt es den Arbeitgeber, den Arbeitnehmer über den Ablauf der Befristung hinaus weiterzubeschäftigen.

☐ Es sollte allerdings beachtet werden, daß der Kündigungsschutz bei unbefristeten Arbeitsverhältnissen nach dem Kündigungsschutzgesetz erst nach einer Beschäftigungsdauer von länger als sechs Monaten eintritt (vgl. § 1 Abs. 1 KSchG). Daher macht es wenig Sinn, sofort bei Abschluß des befristeten Arbeitsvertrages die Befristung durch Klage anzugreifen. Denn der Arbeitgeber würde wahrscheinlich mit einer »vorsorglich« ausgesprochenen Kündigung auf die Klage reagieren. Dies kann der Arbeitgeber zwar auch dann tun, wenn der Arbeitnehmer erst nach Ablauf von sechs Monaten gegen die Befristung klagt; jedoch würde sich eine dann erklärte Kündigung an den Vorschriften des Kündigungsschutzgesetzes messen lassen müssen.

Berufsbildung

Was ist das?

☐ Der Begriff Berufsbildung im Sinne des Betriebsverfassungsgesetzes (vgl. §§ 96 bis 98 BetrVG) umfaßt
- die Berufsausbildung (auch Erstausbildung),
- die berufliche Fortbildung,
- die berufliche Umschulung,
- darüber hinausgehend jede Maßnahme, die einen Bezug zum Beruf des Arbeitnehmers und Bildungscharakter hat (vgl. § 98 Abs. 6 BetrVG).

☐ Nicht unter den Begriff Berufsbildung fallen diejenigen Maßnahmen, die der Arbeitgeber nach § 81 BetrVG gegenüber dem Arbeitnehmer vorzunehmen hat (Unterrichtungs- und Erörterungspflichten).

☐ Das Berufsbildungsgesetz regelt die Modalitäten der Berufsausbildung, der beruflichen Fortbildung sowie der beruflichen Umschulung. Das Gesetz enthält Vorschriften insbesondere über das Ausbildungsverhältnis, die Ordnung der Berufsausbildung (Ausbildungsberechtigung, Anerkennung von Ausbildungsberufen und Ausbildungsordnungen), Prüfungswesen sowie Überwachung der Berufsausbildung.

Bedeutung für die Betriebsratsarbeit

☐ Der Betriebsrat hat in allen Fragen der Berufsbildung:
- ein Recht auf umfassende und rechtzeitige Information: Dieses Recht ergibt sich unmittelbar aus § 92 Abs. 1 BetrVG;
- ein Mitwirkungsrecht (in Form des Beratungs- und Vorschlagsrechts) nach §§ 96, 97 BetrVG: Der Betriebsrat kann also beispielsweise vorschlagen, eine berufliche Erstausbildung einzuführen oder

Berufsbildung

eine bestehende Erstausbildung zu erweitern, eine neue Lehrwerkstatt zu bauen, innerbetriebliche Lehrgänge in Sachen »Elektronische Datenverarbeitung (EDV)« einzuführen. Der Arbeitgeber ist verpflichtet, mit dem Betriebsrat über derartige Vorschläge ernsthaft zu verhandeln (vgl. § 74 Abs. 1 BetrVG).

☐ Arbeitgeber und Betriebsrat haben gemäß § 96 Abs. 2 Satz 1 BetrVG darauf zu achten, daß unter Berücksichtigung der betrieblichen Notwendigkeiten den Beschäftigten die Teilnahme an betrieblichen und außerbetrieblichen Maßnahmen der Berufsbildung ermöglicht wird.

Dabei haben sie gemäß § 96 Abs. 2 Satz 2 BetrVG (neu gefaßt durch das am 1. 9. 1994 in Kraft getretene Zweite Gleichberechtigungsgesetz) auch die Belange älterer Arbeitnehmer, Teilzeitbeschäftigter und von Arbeitnehmern mit Familienpflichten zu berücksichtigen.

☐ Darüber hinaus stehen dem Betriebsrat Mitbestimmungsrechte zu, soweit es um die nachfolgenden Angelegenheiten geht:

1. »Durchführung« von Maßnahmen der betrieblichen Berufsbildung (§ 98 Abs. 1 BetrVG): Hierzu zählen z. B. Regelungen über die Reihenfolge der vom Auszubildenden zu durchlaufenden betrieblichen Stationen/Abteilungen, Regelungen über die Führung und Überwachung von Berichtsheften, die Durchführung betrieblicher Zwischenprüfungen, Regelungen über die Art und Weise von Beurteilungen usw.

Zu beachten ist allerdings, daß eine Vielzahl von Fragen durch das Berufsbildungsgesetz (bzw. die Handwerksordnung für den Bereich des Handwerks) sowie die dazu erlassenen Ausbildungsordnungen bereits geregelt sind. Insoweit verbleibt dem Mitbestimmungsrecht des Betriebsrats nur die Ausfüllung und Anpassung dieser Vorschriften an die konkreten betrieblichen Verhältnisse. Des weiteren muß darauf hingewiesen werden, daß sich das Mitbestimmungsrecht des Betriebsrats nur auf das »Wie« der Berufsbildungsmaßnahme, nicht aber darauf bezieht, »ob« die Maßnahme überhaupt stattfinden soll (zur letzteren Frage hat der Betriebsrat lediglich ein Mitwirkungsrecht nach §§ 96, 97 BetrVG; siehe oben).

Können sich Arbeitgeber und Betriebsrat über das »Wie« nicht einigen, entscheidet die → **Einigungsstelle** (§ 98 Abs. 4 BetrVG).

2. Auswahl der Ausbilder (§ 98 Abs. 2 BetrVG): Der Betriebsrat kann der »Bestellung« von Ausbildern widersprechen (= Vetorecht) und die »Abberufung« eines Ausbilders verlangen (= Initiativrecht).

Berufsbildung

Können sich Arbeitgeber und Betriebsrat nicht einigen, entscheidet das → **Arbeitsgericht** (§ 98 Abs. 5 BetrVG).

3. Auswahl von Arbeitnehmern oder Gruppen von Arbeitnehmern zur Teilnahme an Berufsbildungsmaßnahmen (§ 98 Abs. 3 BetrVG): Das Mitbestimmungsrecht besteht nur dann, wenn der Betriebsrat selbst Vorschläge macht. Geschieht dies nicht, kann der Betriebsrat bei der Auswahl nicht mitbestimmen. Kommt eine Einigung zwischen Arbeitgeber und Betriebsrat über die Vorschläge des Betriebsrats nicht zustande, entscheidet die → **Einigungsstelle** (§ 98 Abs. 4 BetrVG).

☐ Bei der Einstellung von Auszubildenden sowie bei der Bestellung und Abberufung von Ausbildern ist darüber hinaus daran zu denken, daß der Betriebsrat auch die Rechte nach § 99 BetrVG (→ **Einstellung**, → **Eingruppierung, Umgruppierung,** → **Versetzung**) und § 102 BetrVG (→ **Kündigung**, → **Änderungskündigung**) hat.

☐ Natürlich muß es im Bereich der Berufsausbildung eine enge Zusammenarbeit zwischen Betriebsrat und → **Jugend- und Auszubildendenvertretung** geben (siehe auch → **Auszubildende**).

Literaturhinweis:

Klaus Heimann/Eva Kuda: Handbuch berufliche Bildung. Ein praktischer Ratgeber, Bund-Verlag, Köln.
Hans H. Wohlgemuth: Berufsbildungsgesetz. Kommentar für die Praxis, Bund-Verlag, Köln.

Berufskrankheit

Was ist das?

☐ Berufskrankheiten sind Krankheiten, die ein in der gesetzlichen → **Unfallversicherung** Versicherter bei einer versicherten Tätigkeit erleidet und die in der »Berufskrankheitenverordnung« ausdrücklich aufgeführt sind (vgl. § 551 Abs. 1 RVO).

☐ In der »Berufskrankheitenverordnung« sind zur Zeit folgende Krankheiten genannt (Stand: Juni 1995):

1	Durch chemische Einwirkungen verursachte Krankheiten
11	**Metalle und Metalloide**
1101	Erkrankungen durch Blei oder seine Verbindungen
1102	Erkrankungen durch Quecksilber oder seine Verbindungen
1103	Erkrankungen durch Chrom oder seine Verbindungen
1104	Erkrankungen durch Cadmium oder seine Verbindungen
1105	Erkrankungen durch Mangan oder seine Verbindungen
1106	Erkrankungen durch Thallium oder seine Verbindungen
1107	Erkrankungen durch Vanadium oder seine Verbindungen
1108	Erkrankungen durch Arsen oder seine Verbindungen
1109	Erkrankungen durch Phosphor oder seine anorganischen Verbindungen
1110	Erkrankungen durch Beryllium oder seine Verbindungen
12	**Erstickungsgase**
1201	Erkrankungen durch Kohlenmonoxid
1202	Erkrankungen durch Schwefelwasserstoff
13	**Lösemittel, Schädlingsbekämpfungsmittel (Pestizide) und sonstige chemische Stoffe**
1301	Schleimhautveränderungen, Krebs oder andere Neubildungen der Harnwege durch aromatische Amine
1302	Erkrankungen durch Halogenkohlenwasserstoffe
1303	Erkrankungen durch Benzol, seine Homologe oder durch Styrol
1304	Erkrankungen durch Nitro- oder Aminoverbindungen des Benzols oder seiner Homologe oder ihrer Abkömmlinge

Berufskrankheit

1305 Erkrankungen durch Schwefelkohlenstoff
1306 Erkrankungen durch Methylalkohol (Methanol)
1307 Erkrankungen durch organische Phosphorverbindungen
1308 Erkrankungen durch Fluor oder seine Verbindungen
1309 Erkrankungen durch Salpetersäureester
1310 Erkrankungen durch halogenierte Alkyl-, Aryl- oder Alkylaryloxide
1311 Erkrankungen durch halogenierte Alkyl-, Aryl- oder Alkylarylsulfide
1312 Erkrankungen der Zähne durch Säuren
1313 Hornhautschädigungen des Auges durch Bezonchinon
1314 Erkrankungen durch para-tertiär-Butylphenol
1315 Erkrankungen durch Isocyanate, die zur Unterlassung aller Tätigkeiten gezwungen haben, die für die Entstehung, die Verschlimmerung oder das Wiederaufleben der Krankheit ursächlich waren oder sein können. Zu den Nummern 1101 bis 1110, 1201 und 1202, 1303 bis 1309 und 1315: Ausgenommen sind Hauterkrankungen. Diese gelten als Krankheiten im Sinne dieser Anlage nur insoweit, als sie Erscheinungen einer Allgemeinerkrankung sind, die durch Aufnahme der schädigenden Stoffe in den Körper verursacht werden, oder gemäß Nummer 5101 zu entschädigen sind.

2 Durch physikalische Einwirkungen verursachte Krankheiten

21 Mechanische Einwirkungen

2101 Erkrankungen der Sehnenscheiden oder des Sehnengleitgewebes sowie der Sehnen- oder Muskelansätze, die zur Unterlassung aller Tätigkeiten gezwungen haben, die für die Entstehung, die Verschlimmerung oder das Wiederaufleben der Krankheit ursächlich waren oder sein können
2102 Meniskusschäden nach mehrjährigen andauernden oder häufig wiederkehrenden, die Kniegelenke überdurchschnittlich belastenden Tätigkeiten
2103 Erkrankungen durch Erschütterung bei Arbeit mit Druckluftwerkzeugen oder gleichartig wirkenden Werkzeugen oder Maschinen
2104 Vibrationsbedingte Durchblutungsstörungen an den Händen, die zur Unterlassung aller Tätigkeiten gezwungen haben, die für die Entstehung, die Verschlimmerung oder das Wiederaufleben der Krankheit ursächlich waren oder sein können
2105 Chronische Erkrankungen der Schleimbeutel durch ständigen Druck
2106 Drucklähmungen der Nerven
2107 Abrißbrüche der Wirbelfortsätze
2108 Bandscheibenbedingte Erkrankungen der Lendenwirbelsäule durch langjähriges Heben oder Tragen schwerer Lasten oder durch langjährige Tätigkeiten in extremer Rumpfbeugung, die zur Unterlassung aller Tätigkeiten gezwungen haben, die für die Entstehung, die Verschlimmerung oder das Wiederaufleben der Krankheit ursächlich waren oder sein können

Berufskrankheit

2109	Bandscheibenbedingte Erkrankungen der Halswirbelsäule durch langjähriges Tragen schwerer Lasten auf der Schulter, die zur Unterlassung aller Tätigkeiten gezwungen haben, die für die Entstehung, die Verschlimmerung oder das Wiederaufleben der Krankheit ursächlich waren oder sein können
2110	Bandscheibenbedingte Erkrankungen der Lendenwirbelsäule durch langjährige, vorwiegend vertikale Einwirkung von Ganzkörperschwingungen im Sitzen, die zur Unterlassung aller Tätigkeiten gezwungen haben, die für die Entstehung, die Verschlimmerung oder das Wiederaufleben der Krankheit ursächlich waren oder sein können
2111	Erhöhte Zahnabrasionen durch mehrjährige quarzstaubbelastende Tätigkeit

22	**Druckluft**
2201	Erkrankungen durch Arbeit in Druckluft

23	**Lärm**
2301	Lärmschwerhörigkeit

24	**Strahlen**
2401	Grauer Star durch Wärmestrahlung
2402	Erkrankungen durch ionisierte Strahlen

3	**Durch Infektionserreger oder Parasiten verursachte Krankheiten sowie Tropenkrankheiten**
3101	Infektionskrankheiten, wenn der Versicherte im Gesundheitsdienst, in der Wohlfahrtspflege oder in einem Laboratorium tätig oder durch eine andere Tätigkeit der Infektionsgefahr in ähnlichem Maße besonders ausgesetzt war
3102	Von Tieren auf Menschen übertragbare Krankheiten
3103	Wurmkrankheit der Bergleute, verursacht durch Ankylostoma duodenale oder Strongyloides stercoralis
3104	Tropenkrankheiten, Fleckfieber

4	**Erkrankungen der Atemwege und der Lungen, des Rippenfells und Bauchfells**
41	**Erkrankungen durch anorganische Stäube**
4101	Quarzstaublungenerkrankung (Silikose)
4102	Quarzstaublungenerkrankung in Verbindung mit aktiver Lungentuberkulose (Siliko-Tuberkulose)
4103	Asbeststaublungenerkrankung (Asbestose) oder durch Asbeststaub verursachte Erkrankung der Pleura
4104	Lungenkrebs – in Verbindung mit Asbeststaublungenerkrankung (Asbestose), – in Verbindung mit durch Asbeststaub verursachter Erkrankung der Pleura oder

Berufskrankheit

	– bei Nachweis der Einwirkung einer kumulativen Asbestfaserstaub-Dosis am Arbeitsplatz von mindestens 25 Faserjahren $\{25 \cdot 10^6$ [(Fasern/m^3) · Jahre]$\}$
4105	Durch Asbest verursachtes Mesotheliom des Rippenfells, des Bauchfells oder des Pericards
4106	Erkrankungen der tieferen Atemwege und der Lungen durch Aluminium oder seine Verbindungen
4107	Erkrankungen an Lungenfibrose durch Metallstäube bei der Herstellung oder Verarbeitung von Hartmetallen
4108	Erkrankungen der tieferen Atemwege und der Lungen durch Thomasmehl (Thomasphosphat)
4109	Bösartige Neubildungen der Atemwege und der Lungen durch Nickel oder seine Verbindungen
4110	Bösartige Neubildungen der Atemwege und der Lungen durch Kokereirohgase
42	**Erkrankungen durch organische Stäube**
4201	Exogen-allergische Alveolitis
4202	Erkrankungen der tieferen Atemwege und der Lungen durch Rohbaumwoll-, Rohflachs-, Rohhanfstaub (Byssinose)
4203	Adenokarzinome der Nasenhaupt- und Nasennebenhöhlen durch Stäube von Eichen- und Buchenholz
43	**Obstruktive Atemwegserkrankungen**
4301	Durch allergisierende Stoffe verursachte obstruktive Atemwegserkrankungen (einschließlich Rhinopathie), die zur Unterlassung aller Tätigkeiten gezwungen haben, die für die Entstehung, die Verschlimmerung oder das Wiederaufleben der Krankheit ursächlich waren oder sein können
4302	Durch chemisch-irritativ oder toxisch wirkende Stoffe verursachte obstruktive Atemwegserkrankungen, die zur Unterlassung aller Tätigkeiten gezwungen haben, die für die Entstehung, die Verschlimmerung oder das Wiederaufleben der Krankheit ursächlich waren oder sein können
5	**Hautkrankheiten**
5101	Schwere oder wiederholt rückfällige Hauterkrankungen, die zur Unterlassung aller Tätigkeiten gezwungen haben, die für die Entstehung, die Verschlimmerung oder das Wiederaufleben der Krankheit ursächlich waren oder sein können
5102	Hautkrebs oder zur Krebsbildung neigende Hautveränderungen durch Ruß, Rohparaffin, Teer, Anthrazen, Pech oder ähnliche Stoffe
6	**Krankheiten sonstiger Ursache**
6101	Augenzittern der Bergleute

Berufskrankheit

☐ Im Einzelfall kann eine Krankheit auch dann, wenn sie nicht in der »Berufskrankheitenverordnung« aufgeführt ist, vom Träger der Unfallversicherung dennoch wie eine Berufskrankheit entschädigt werden (§ 551 Abs. 2 RVO), und zwar dann, wenn nach neueren Erkenntnissen festzustellen ist, daß die Erkrankung auf Einwirkungen beruht, denen bestimmte Personengruppen in erheblich höherem Maße ausgesetzt sind als die übrige Bevölkerung.

☐ Berufskrankheiten »gelten« als Arbeitsunfall. Das heißt überall dort, wo in einer gesetzlichen oder sonstigen Vorschrift von »Arbeitsunfall« die Rede ist, gilt diese Vorschrift entsprechend auch für die Berufskrankheit (siehe → **Unfallversicherung**).

☐ Der Arbeitgeber hat dem Unfallversicherungsträger jede Berufskrankheit anzuzeigen, die den Versicherten länger als drei Tage arbeitsunfähig macht oder tödlich verlaufen ist (vgl. § 1552 RVO).

☐ Bei der Erstattung der Anzeige hat der Arbeitgeber das vorgeschriebene (hellgrüne) Formular zu verwenden. Zwei Durchschriften des Anzeigeformulars gehen an den zuständigen Unfallversicherungsträger (z. B. Berufsgenossenschaft), je eine Durchschrift an das Gewerbeaufsichtsamt (bei gewerblichen Unternehmen) und an den Betriebsrat. Die zuständige Gemeindebehörde (Polizei, Ordnungsamt) erhält eine Durchschrift, wenn eine plötzlich (wie ein Arbeitsunfall) auftretende Berufskrankheit unmittelbar zum Tod geführt hat (z. B. eine Infektion).

☐ Die Anzeige ist binnen drei Tagen zu erstatten, nachdem der Arbeitgeber von der Berufskrankheit Kenntnis erlangt hat.

☐ Todesfälle, besonders schwere Berufserkrankungen und Massenerkrankungen hat der Arbeitgeber außerdem sofort fernmündlich oder telegrafisch dem zuständigen Unfallversicherungsträger und – bei gewerblichen Unternehmen – dem Gewerbeaufsichtsamt zu melden.

☐ Hat ein Arzt oder Zahnarzt den begründeten Verdacht, daß bei dem Erkrankten eine Berufskrankheit besteht, so hat er dies dem Träger der Unfallversicherung oder der für den medizinischen Arbeitsschutz zuständigen Stelle (Gewerbearzt) unverzüglich zu melden, und zwar unter Verwendung eines vorgeschriebenen (hellgrünen) Vordrucks (§ 5 Berufskrankheitenverordnung). Todesfälle, besonders schwere Berufserkrankungen und Massenerkrankungen sind außerdem sofort telefonisch oder telegrafisch dem Unfallversicherungsträger und dem Gewerbeaufsichtsamt (bei gewerblichen Unternehmen) zu melden.

Berufskrankheit

☐ Sobald der Unfallversicherungsträger (z. B. Berufsgenossenschaft) Kenntnis von einer Berufskrankheit bzw. dem Verdacht einer solchen Krankheit erhält, hat er von sich aus ein Verfahren zu betreiben, in dem festgestellt wird, ob eine Berufskrankheit vorliegt oder nicht.

☐ Natürlich kann auch der Betroffene ein solches Verfahren in Gang setzen, indem er Ansprüche (auf Entschädigung usw.) gegen den Unfallversicherungsträger erhebt.

☐ Wird eine Berufskrankheit anerkannt, hat der Betroffene gegenüber dem Unfallversicherungsträger Anspruch auf:

- Heilbehandlung, Berufshilfe und ergänzende Leistungen: Ausbildungszuschüsse, Übernahme der Kosten für Lernmittel, Prüfungsgebühren, Wohnungshilfen usw.;
- Geldleistungen: Verletztengeld, Verletztenrente, Pflegegeld; bei Todesfällen werden für die Hinterbliebenen Sterbegeld, Witwen-, Witwer- und Waisenrente sowie Beihilfen gezahlt.

☐ Siehe zu weiteren Einzelheiten, insbesondere auch zu den Aufgaben und Rechten des Betriebsrats → **Unfallversicherung**.

☐ Im Bundesarbeitsministerium wird derzeit eine Reform des Berufskrankheitenrechts vorbereitet. Ebenso wie das gesamte Unfallversicherungsrecht soll auch das Berufskrankheitenrecht in ein neues Sozialgesetzbuch (SGB VII) eingeordnet werden. Der zur Zeit vorliegende Entwurf des § 9 des zukünftigen SGB VII (Stand: 20. 1. 1995) übernimmt im wesentlichen die alten Regelungen des § 551 Abs. 1 und 2 RVO. Allerdings wird darüber hinausgehend die Möglichkeit erweitert, Krankheiten, die nicht in der Berufskrankheitenverordnung aufgeführt sind, als Berufskrankheit anzuerkennen. Des weiteren wird in § 9 Abs. 4 des Entwurfs eine gewisse Beweiserleichterung für den Betroffenen hinsichtlich des Ursachenzusammenhangs zwischen Arbeitsbedingungen und Erkrankung vorgesehen:

»*Erkranken Versicherte, die infolge der besonderen Bedingungen ihrer versicherten Tätigkeit in erhöhtem Maße der Gefahr der Erkrankung an einer in der Rechtsverordnung nach Absatz 1 genannten Berufskrankheit ausgesetzt waren, an einer solchen Krankheit und liegen Anhaltspunkte für eine Verursachung außerhalb der versicherten Tätigkeit nicht vor, gilt diese als infolge der versicherten Tätigkeit verursacht.*«

Beteiligungsrechte des Betriebsrats

Rechtliche Grundlagen

☐ Das Betriebsverfassungsgesetz weist dem Betriebsrat in den §§ 80 bis 113 BetrVG ein breites Spektrum von Aufgaben zu (siehe → **Betriebsrat**). Gleichzeitig stellt es ihm ein differenziertes Instrumentarium von »Beteiligungsrechten« zur Verfügung.

Durch die Einräumung von Beteiligungsrechten soll gewährleistet werden, daß in der von der jeweiligen Vorschrift benannten »Angelegenheit« die Interessen der Arbeitnehmer »nicht unter die Räder kommen«. Wenn also das Gesetz beispielsweise in § 87 Abs. 1 Nr. 2 BetrVG dem Betriebsrat ein Mitbestimmungsrecht bei geplanter »Kurzarbeit« einräumt, so will es auf diesem Wege sicherstellen, daß sich die Einführung und Ausgestaltung der »Kurzarbeit« nicht nur nach den Interessen des Arbeitgebers, sondern gleichermaßen nach den Belangen der Beschäftigten ausrichtet.

☐ Hinzuweisen ist darauf, daß über die §§ 80 bis 113 BetrVG hinaus in einer Reihe von anderen Gesetzen und Verordnungen Aufgaben und Beteiligungsrechte des Betriebsrats geregelt sind:

Beispiele:
§ 14 Abs. 3 Arbeitnehmerüberlassungsgesetz,
§§ 8 und 72 Arbeitsförderungsgesetz,
§ 9 Arbeitssicherheitsgesetz,
§ 6 Abs. 4 Satz 2, 3 Arbeitszeitgesetz,
§ 21 Gefahrstoffverordnung,
§ 17 Kündigungsschutzgesetz,
§ 719 Reichsversicherungsordnung,
§ 23 Schwerbehindertengesetz.

☐ Aufgaben und Beteiligungsrechte des Betriebsrats können sich auch aus tarifvertraglichen Regelungen ergeben (→ **Tarifvertrag**).

Beteiligungsrechte des Betriebsrats

☐ Die Beteiligungsrechte des Betriebsrats lassen sich nach Inhalt und Wirkungsgrad – wie folgt – grob untergliedern:
- Informationsrechte,
- Mitwirkungsrechte,
- Mitbestimmungsrechte.

Informationsrechte

☐ Der Betriebsrat hat einen Anspruch darauf, vom Arbeitgeber über alle die Angelegenheiten rechtzeitig und umfassend unterrichtet zu werden, die in den Zuständigkeits- und Aufgabenbereich des Betriebsrats fallen.

☐ Die Informationsrechte des Betriebsrats sind im einzelnen in folgenden Vorschriften geregelt:
- allgemeines Informationsrecht: § 80 Abs. 2 BetrVG;
- besondere Informationsrechte: § 53 Abs. 2, § 89 Abs. 2 und 4, § 90 Abs. 1, § 92 Abs. 1, § 99 Abs. 1, § 100 Abs. 2, § 102 Abs. 1, § 105, § 106 Abs. 2, § 108 Abs. 3 und 5, § 111 BetrVG.

§ 80 Abs. 2 BetrVG hat den Charakter einer »Generalklausel«. Das heißt, diese Regelung ist in allen denjenigen Sachverhalten anzuwenden, die einerseits nicht ausdrücklich von den »besonderen« Informationsvorschriften erfaßt sind und die andererseits aber dennoch in den Aufgaben- und Zuständigkeitsbereich des Betriebsrats fallen. Dabei ist der Geltungsbereich des § 80 Abs. 2 BetrVG keineswegs auf die in § 80 Abs. 1 Nrn. 1 bis 7 BetrVG aufgezählten Aufgaben beschränkt.

☐ Zur Art und Weise der Informationsverpflichtung des Arbeitgebers siehe Stichworte → **rechtzeitig**, → **umfassend**, → **jederzeit**, → **unverzüglich**, → **Einblick nehmen**, → **Unterlagen**.

☐ Hinzuweisen ist darauf, daß das Betriebsverfassungsgesetz in einigen Fällen dem Arbeitgeber Unterrichtungspflichten auferlegt, die er direkt gegenüber der Belegschaft zu erfüllen hat: siehe §§ 43 Abs. 2, 81 ff., 110 BetrVG (siehe → **Arbeitnehmerrechte nach dem BetrVG**).

☐ Bedeutung der Informationsrechte des Betriebsrats: auch wenn das Gesetz den Arbeitgeber verpflichtet, den Betriebsrat von sich aus, also »unaufgefordert« zu informieren, ist in der Praxis eine Neigung der

Beteiligungsrechte des Betriebsrats

Arbeitgeber festzustellen, dies nicht zu tun. Ohne ausreichende Information über das Geschehen in → **Betrieb** und → **Unternehmen**, insbesondere über die Vorhaben und Planungen des Arbeitgebers, ist der Betriebsrat aber kaum in der Lage, seine Aufgaben sowie seine Mitwirkungs- und Mitbestimmungsrechte in ausreichender Weise wahrzunehmen. Der Betriebsrat sollte daher seine Informationsrechte konsequent geltend machen und gerichtlich durchsetzen, notfalls über Verfahren nach

- § 23 Abs. 3 BetrVG (→ **Arbeitsgericht**),
- § 109 BetrVG (→ **Einigungsstelle**),
- § 121 BetrVG (→ **Ordnungswidrigkeitenverfahren**).

Ggf. kann der Betriebsrat versuchen, ein informationspflichtiges Vorhaben des Arbeitgebers per Antrag auf Erlaß einer einstweiligen Verfügung (siehe → **Arbeitsgericht**) zu stoppen.

Auch sollte nicht vergessen werden, daß die Nicht- oder Schlechtinformation durchaus eine strafbare Behinderung der Betriebsratsarbeit im Sinne des § 119 Abs. 1 Nr. 2 BetrVG (→ **Strafverfahren**) sein kann.

Mitwirkungsrechte

☐ In einer Reihe von Sachverhalten weist das Gesetz dem Betriebsrat Mitwirkungsrechte zu. In solchen mitwirkungspflichtigen Fällen ist der Arbeitgeber verpflichtet,

- mit dem Betriebsrat zu »beraten« (vgl. z. B. §§ 90 Abs. 2, 92 Abs. 1, 96 Abs. 1, 97, 111 BetrVG);
- über die »Vorschläge« des Betriebsrats (vgl. z. B. §§ 90 Abs. 2, 92 Abs. 2, 96 Abs. 1 BetrVG) mit dem »ernsten Willen zur Einigung zu verhandeln« (vgl. § 74 Abs. 1 BetrVG);
- den Betriebsrat »anzuhören« (vgl. § 102 Abs. 1 BetrVG).

☐ Der Arbeitgeber ist im Bereich der mitwirkungspflichtigen Angelegenheiten allerdings nicht verpflichtet, den Vorstellungen, Vorschlägen, Bedenken des Betriebsrats zu folgen. Vielmehr liegt das »Letztentscheidungsrecht« bei ihm. Anders ausgedrückt: Der Arbeitgeber muß mit dem Betriebsrat reden und ernsthaft verhandeln; dann hat er dem Mitwirkungsrecht des Betriebsrats Genüge getan.

Beteiligungsrechte des Betriebsrats

☐ Unterläßt der Arbeitgeber dieses Verhalten, so verletzt er das Mitwirkungsrecht des Betriebsrats. Der Betriebsrat kann dann seinen Beratungs- und Verhandlungsanspruch durch Arbeitsgerichtsverfahren durchsetzen. Insbesondere kann der Betriebsrat im Wege der einstweiligen Verfügung (siehe → **Arbeitsgericht**) beispielsweise erreichen, daß der Arbeitgeber eine technische Anlage so lange nicht in Betrieb nimmt, solange die nach § 90 Abs. 2 BetrVG erforderliche »Beratung« nicht erfolgt und abgeschlossen ist.

Im Falle des § 102 Abs. 1 BetrVG hat eine unterbliebene oder mangelhafte »Anhörung« des Betriebsrats sogar die Nichtigkeit einer ausgesprochenen Kündigung zur Folge.

Mitbestimmungsrechte

☐ In einigen Vorschriften werden dem Betriebsrat Mitbestimmungsrechte eingeräumt. Man kann die Mitbestimmungsrechte unterscheiden in:

- »Zustimmungsverweigerungsrechte« (= Vetorechte) und
- »Initiativrechte«.

Zustimmungsverweigerungsrechte

☐ Dort, wo der Betriebsrat ein Zustimmungsverweigerungsrecht hat, hat der Arbeitgeber vor Durchführung der Maßnahme die Zustimmung des Betriebsrats einzuholen. Er darf das Vorhaben, wenn der Betriebsrat die Zustimmung verweigert, zunächst nicht realisieren. Vielmehr muß der Arbeitgeber, wenn er sein Vorhaben verwirklichen will,
- in manchen Angelegenheiten die → **Einigungsstelle** (z. B. im Falle des § 94 BetrVG: → **Personalfragebogen**),
- in anderen Angelegenheiten das → **Arbeitsgericht** (z. B. im Falle des § 99 BetrVG: → **Einstellung**, → **Versetzung**, → **Eingruppierung/Umgruppierung**)

anrufen. Erst und nur dann, wenn die Einigungsstelle oder das Arbeitsgericht die fehlende Zustimmung des Betriebsrats ersetzt, ist dem Arbeitgeber die Durchführung der Maßnahme gestattet. Wird der

Beteiligungsrechte des Betriebsrats

Zustimmungsersetzungsantrag des Arbeitgebers abgewiesen, hat die Maßnahme zu unterbleiben.

☐ Der Betriebsrat hat im Bereich der Zustimmungsverweigerungsrechte gewissermaßen nur ein »halbes« Mitbestimmungsrecht, das nur dann ausgelöst wird, wenn der Arbeitgeber in der fraglichen Angelegenheit aktiv wird. Wird der Arbeitgeber nicht aktiv, hat der Betriebsrat keine Möglichkeit, mit rechtlichen Mitteln Maßnahmen durchzusetzen, die er für richtig hält: So kann der Betriebsrat dem Arbeitgeber zwar vorschlagen, diesen oder jenen Arbeitnehmer einzustellen, erzwingen kann er diesen Vorschlag mit rechtlichen Mitteln jedoch nicht (vgl. Wortlaut des § 99 BetrVG).

Initiativrechte

☐ In manchen Vorschriften heißt es allgemein: »Der Betriebsrat hat... mitzubestimmen« (vgl. § 87 Abs. 1 BetrVG). Hier besteht die Reichweite des Mitbestimmungsrechts nicht nur darin, die Zustimmung zu einer vom Arbeitgeber geplanten Maßnahme zu verweigern. Vielmehr kann der Betriebsrat seinerseits – in geeigneten Fällen – dem Arbeitgeber eine Maßnahme vorschlagen und – falls der Arbeitgeber ablehnt – die → **Einigungsstelle** anrufen und versuchen, die Realisierung der Maßnahme auf diesem Wege zu erzwingen.

Beispiel:
Nach § 87 Abs. 1 Nr. 3 BetrVG hat der Betriebsrat ein Mitbestimmungsrecht bei der Einführung von Kurzarbeit.
1. Wenn der Arbeitgeber z. B. wegen Auftragsmangels Kurzarbeit einführen will, kann der Betriebsrat die Zustimmung verweigern (natürlich mit Begründung!) mit der Folge, daß der Arbeitgeber die Kurzarbeit nicht einseitig anordnen darf, sondern die → Einigungsstelle anzurufen hat. Diese hat dann über das »Ob« und »Wie« der Kurzarbeit zu entscheiden.
2. Es kann jedoch auch aus Betriebsratssicht sinnvoll sein, in Sachen Kurzarbeit die Initiative (daher der Begriff »Initiativrecht«) zu ergreifen.
Beispiel: Der Arbeitgeber will wegen Auftragsmangels Kündigungen aussprechen. Der Betriebsrat hält den Auftragsmangel für vorübergehend und schlägt statt dessen die Einführung von Kurzarbeit vor. Lehnt der

Beteiligungsrechte des Betriebsrats

Arbeitgeber diesen Vorschlag ab, kann der Betriebsrat die → **Einigungsstelle** *einschalten.*

☐ Ein Initiativrecht hat der Betriebsrat auch dort, wo es heißt: »Der Betriebsrat kann ... verlangen« (vgl. z. B. §§ 91 [= sogenanntes »**korrigierendes Mitbestimmungsrecht**«, siehe →**Arbeitsschutz**], 93, 95 Abs. 2, 104 BetrVG).

☐ In manchen Fällen ist zur Durchsetzung des Initiativrechts des Betriebsrats allerdings nicht die Einigungsstelle, sondern das →**Arbeitsgericht** anzurufen (vgl. z. B. §§ 93, 98 Abs. 5, 104 BetrVG).

☐ Das →**Arbeitsgericht** ist auch dann die richtige »Stelle«, wenn es darum geht, ggf. im Wege eines Antrages auf Erlaß einer einstweiligen Verfügung Verstöße des Arbeitgebers gegen seine Verpflichtungen aus dem BetrVG zu unterbinden.

Beispiel:

Der Betriebsrat verweigert die Zustimmung zu Mehrarbeit (vgl. § 87 Abs. 1 Nr. 3 BetrVG). Der Arbeitgeber vereinbart dennoch mit einigen Beschäftigten die Ableistung von Überstunden. Der Betriebsrat kann gegen dieses rechtswidrige Verhalten durch entsprechenden Antrag beim Arbeitsgericht vorgehen (siehe → **Unterlassungsanspruch des Betriebsrats**).

Zusammenspiel von Informations-, Mitwirkungs- und Mitbestimmungsrechten

Zu beachten ist, daß bei komplexen betrieblichen Sachverhalten bzw. Streitigkeiten meist nicht nur eine einzelne, sondern eine Vielzahl von Vorschriften heranzuziehen sind.

Beispiel:

Der Arbeitgeber will die Fertigung auf computergesteuerte Bohr-, Dreh-, Fräs- und Schleiftechnik umstellen. In diesem Fall kann der Betriebsrat folgende Rechte haben (= keine erschöpfende Aufzählung):

- *Informationsrechte nach § 90 Abs. 1 und 2, § 92 Abs. 1 BetrVG, evtl. auch nach § 111 BetrVG (der* → **Wirtschaftsausschuß** *hat ein Informationsrecht nach § 106 Abs. 2 BetrVG);*

Beteiligungsrechte des Betriebsrats

- *Mitwirkungsrechte ebenfalls nach den vorstehenden Vorschriften und – falls Arbeitnehmer entlassen werden sollen – nach § 102 BetrVG (Anhörungs- und Widerspruchsrecht: der in dieser Vorschrift verwendete Begriff »Mitbestimmungsrecht« ist unzutreffend);*
- *Mitbestimmungsrechte nach*
  § 87 Abs. 1 Nr. 2 BetrVG (wenn z. B. mit der Einführung der neuen Technik die Lage der Arbeitszeit verändert oder Schichtarbeit eingeführt werden soll);
  § 87 Abs. 1 Nr. 6 BetrVG (wenn die neue Technik in der Lage ist, Leistung und Verhalten zu überwachen);
  § 87 Abs. 1 Nr. 7 BetrVG (wenn Regelungen zum Schutze der Gesundheit erforderlich sind);
  § 91 BetrVG (wenn sich nach Inbetriebnahme der neuen Technik besondere Belastungen zeigen);
  § 99 (wenn Arbeitnehmer eingestellt, versetzt, ein- oder umgruppiert werden sollen);
  § 112 BetrVG (wenn mit der Einführung der neuen Technik Arbeitnehmer entlassen werden sollen: Ein echtes Mitbestimmungsrecht besteht hier allerdings nur hinsichtlich der Aufstellung eines → Sozialplans).

Beteiligungsrechte des Betriebsrats

Beteiligungsrechte des Betriebsrats

Informationsrechte

Allgemeines Info-Recht: § 80 Abs. 2 BetrVG

Besondere Info-Rechte: §§ 53 Abs. 2, 89 Abs. 2 und 4, 90 Abs. 1, 92 Abs. 1, 99 Abs. 1, 100 Abs. 2, 102 Abs. 1, 105, 106 Abs. 2, 108 Abs. 3 und 5, 111 BetrVG

Mitwirkungsrechte	Mitbestimmungsrechte
Beispiele:	*Beispiele:*
§ 90 Abs. 2 BetrVG: Der Arbeitgeber hat mit dem Betriebsrat »zu beraten«.	§ 87 BetrVG: Der Betriebsrat hat »mitzubestimmen ...« (= »Zustimmungsverweigerungsrecht« und »Initiativrecht«).
§ 92 Abs. 2 BetrVG: Der Betriebsrat kann dem Arbeitgeber »Vorschläge« unterbreiten.	§ 91 BetrVG: Der Betriebsrat kann Maßnahmen »verlangen« (= »Initiativrecht«).
§ 102 BetrVG: Der Betriebsrat ist vor jeder Kündigung »zu hören«; der Betriebsrat kann Bedenken und Widerspruch erheben.	§ 99 BetrVG: Der Arbeitgeber hat die »Zustimmung« des Betriebsrats einzuholen (= »Zustimmungsverweigerungsrecht«).
Rechtswirkung	**Rechtswirkung**
In »mitwirkungspflichtigen« Angelegenheiten liegt das Letztentscheidungsrecht beim Arbeitgeber. Er muß den Betriebsrat zwar einschalten und »mit dem ernsten Willen zur Einigung« mit ihm verhandeln. Er ist jedoch nicht verpflichtet, die Vorschläge des Betriebsrats zu realisieren. »Übergeht« der Arbeitgeber den Betriebsrat (z. B. er weigert sich, über die Vorschläge des Betriebsrats zu verhandeln), so stellt dies eine »grobe Pflichtverletzung« dar (§ 23 Abs. 3 BetrVG).	»Mitbestimmungspflichtige« Regelungen und Maßnahmen sind wirksam nur mit Zustimmung des Betriebsrats. Bei Nichteinigung über das »Ob« und »Wie« einer Regelung oder Maßnahme entscheidet entweder die Einigungsstelle (z. B. § 87 Abs. 2 BetrVG) oder das Arbeitsgericht (z. B. § 99 Abs. 4 BetrVG). Dort, wo der Betriebsrat »Initiativrechte« hat, kann er seinerseits die Einigungsstelle oder das Arbeitsgericht anrufen.

Beteiligungsrechte des Betriebsrats

Durchsetzung der Beteiligungsrechte des Betriebsrats

»...das ist passiert...«	»...diese Verfahren kann der Betriebsrat einleiten...«
Der Arbeitgeber mißachtet die »Informationsrechte« des Betriebsrats.	• Arbeitsgerichtsverfahren: Das Gericht verpflichtet den Arbeitgeber, die verlangte Information zu erteilen. Gegebenenfalls kommt ein »einstweiliges Verfügungsverfahren« in Betracht mit dem Ziel, dem Arbeitgeber die Durchführung seines informationspflichtigen Vorhabens bis zur Erfüllung der Informations- und Mitwirkungsrechte untersagen zu lassen. • Einigungsstellenverfahren im Falle des § 109 BetrVG. • Ordnungswidrigkeitenverfahren nach § 121 BetrVG.
Der Arbeitgeber mißachtet die »Mitwirkungsrechte« des Betriebsrats.	• Arbeitsgerichtsverfahren: Das Gericht verpflichtet den Arbeitgeber, die Mitwirkungsrechte des Betriebsrats zu beachten (also z. B. über die Vorschläge des Betriebsrats in der betreffenden Angelegenheit zu verhandeln). Gegebenenfalls »einstweiliges Verfügungsverfahren« (wie oben).
Der Arbeitgeber mißachtet die »Mitbestimmungsrechte« des Betriebsrats.	• Arbeitsgerichtsverfahren. Gegebenenfalls »einstweiliges Verfügungsverfahren«.
Die Verhandlungen zwischen Arbeitgeber und Betriebsrat sind in einer »mitbestimmungspflichtigen« Angelegenheit gescheitert.	• Einigungsstellenverfahren (z. B. § 87 Abs. 2 BetrVG). • Gegebenenfalls Verfahren vor einer »tariflichen Schlichtungsstelle« (vgl. § 76 Abs. 8 BetrVG). • Arbeitsgerichtsverfahren (z. B. § 99 Abs. 4 BetrVG).

Bei »Behinderung der Betriebsratsarbeit« kann auch ein Strafverfahren nach § 119 Abs. 1 Nr. 2 BetrVG in Gang gesetzt werden (Strafantrag bei der Staatsanwaltschaft).

Siehe → **Unterlassungsanspruch des Betriebsrats**.

Beteiligungsrechte des Betriebsrats

Bestimmungen des BetrVG zur Sicherung und Durchsetzung von Beteiligungsrechten

Tatbestand	Rechtsfolge	Entscheidung
§ 23 Abs. 3 BetrVG: Grober Verstoß des Arbeitgebers gegen seine Verpflichtungen aus dem BetrVG	Ordnungs- oder Zwangsgeld bis zu 20 000,00 DM	Arbeitsgericht
§ 98 Abs. 5 BetrVG: Arbeitgeber weigert sich, einem Beschluß des Gerichts betr. Bestellung oder Abberufung von Ausbildungsbeauftragten Folge zu leisten	Ordnungs- oder Zwangsgeld bis zu 20 000,00 DM bzw. bis zu 500,00 DM für jeden Tag der Zuwiderhandlung	Arbeitsgericht
§ 101 BetrVG: Arbeitgeber weigert sich, einem Beschluß des Gerichts betr. Aufhebung personeller Einzelmaßnahmen Folge zu leisten	Zwangsgeld bis zu 500,00 DM für jeden Tag der Zuwiderhandlung	Arbeitsgericht
§ 104 BetrVG: Arbeitgeber weigert sich, einem Beschluß des Gerichts betr. Entfernung betriebsstörender Arbeitnehmer Folge zu leisten	Zwangsgeld bis zu 500,00 DM für jeden Tag der Zuwiderhandlung	Arbeitsgericht
§ 109 BetrVG: Unternehmer weigert sich, eine Auskunft über wirtschaftliche Angelegenheit zu erteilen		Einigungsstelle
§ 119 BetrVG: Arbeitgeber oder andere Personen behindern oder beeinflussen die Wahl von Betriebsverfassungsorganen, behindern oder stören die Tätigkeit dieser Organe, begünstigen oder benachteiligen die Mitglieder dieser Organe	Freiheitsstrafe bis zu einem Jahr oder Geldstrafe	Staatsanwaltschaft (Ermittlungsverfahren) Amtsgericht (Strafprozeß)
§ 121 BetrVG: Arbeitgeber unterläßt es, seine Informationspflichten nach § 90 Abs. 1 und 2, § 92 Abs. 1, § 99 Abs. 1, § 106 Abs. 2, § 108 Abs. 5, § 110 oder § 111 BetrVG ordnungsgemäß zu erfüllen	Bußgeld bis zu 20 000,00 DM	Verwaltungsbehörden (Ermittlungsverfahren und Bußgeldbescheid) Amtsgericht

Beteiligungsrechte des Betriebsrats

Beteiligungsrechte und ihre Sicherung/Durchsetzung

Informationsrechte	**Mitwirkungsrechte**	**Mitbestimmungsrechte**
Beispiele:	*Beispiele:*	*Beispiele:*
§ 80 Abs. 2 BetrVG	§ 90 Abs. 2 BetrVG	§ 87 BetrVG
§ 90 Abs. 1 BetrVG	§ 92 Abs. 1 BetrVG	§ 91 BetrVG
§ 92 Abs. 1 BetrVG	§ 92 Abs. 2 BetrVG	§ 94 BetrVG
§ 99 Abs. 1 BetrVG	§ 102 BetrVG	§ 99 BetrVG
§ 106 Abs. 2 BetrVG	§ 111 BetrVG	§ 104 BetrVG
§ 111 BetrVG		§ 112 Abs. 4 BetrVG
»rechtzeitig«	»beraten«	»mitbestimmen«
»umfassend«	»verhandeln«	»verlangen«
»Vorlage von Unterlagen«	»Vorschläge unterbreiten«	»Zustimmung verweigern«
	»anhören«	
	»Bedenken«	
»... wenn der Arbeitgeber die Informationsrechte mißachtet...«	»... wenn der Arbeitgeber die Mitwirkungsrechte mißachtet...«	»... wenn der Arbeitgeber die Mitbestimmungsrechte mißachtet...«
§ 23 Abs. 3 BetrVG: Arbeitsgericht	Arbeitsgericht: Das Gericht verpflichtet den Arbeitgeber zur Beachtung der Mitwirkungsrechte und untersagt ihm, in der Angelegenheit zu handeln, ohne mit dem Betriebsrat zu beraten/verhandelt zu haben; gegebenenfalls einstweilige Verfügung beantragen.	Arbeitsgericht: Das Gericht verpflichtet den Arbeitgeber zur Beachtung der Mitbestimmungsrechte und untersagt ihm, in der Angelegenheit einseitig ohne Zustimmung des Betriebsrats zu handeln; gegebenenfalls einstweilige Verfügung beantragen.
§ 121 BetrVG: Verwaltungsbehörde		
§ 109 BetrVG: Einigungsstelle (nur in wirtschaftlichen Angelegenheiten)		
	»... wenn Arbeitgeber und Betriebsrat sich nicht einigen«	»... wenn Arbeitgeber und Betriebsrat sich nicht einigen«
	Das »Letztentscheidungsrecht« liegt beim Arbeitgeber.	Die Einigungsstelle (z. B. § 87 Abs. 2 BetrVG) bzw. das Arbeitsgericht entscheidet (auf Antrag).

Bei »Behinderung der Betriebsratsarbeit« können die Strafverfolgungsorgane (Staatsanwaltschaft) eingeschaltet werden (vgl. § 119 BetrVG).

Betrieb

Was ist das?

☐ »Betrieb« im Sinne des BetrVG ist die rechtlich unselbständige, organisatorisch aber selbständige Einheit, mit der der Unternehmer/ Arbeitgeber durch Nutzung von Arbeitskräften und sächlichen Mitteln bestimmte arbeitstechnische Zwecke verfolgt (z. B. Herstellung von Produkten oder Erbringung von Dienstleistungen).

Anders ausgedrückt: Der Betrieb ist die Summe der Abteilungen, in denen die jeweiligen Arbeits- und Produktionsprozesse stattfinden.

☐ Die »organisatorische« Selbständigkeit ist ein Wesensmerkmal des betriebsratsfähigen Betriebs. Sie ist gegeben, wenn nach dem gesamten Erscheinungsbild von einer eigenständigen und einheitlichen Organisation mit einheitlicher Leitung gesprochen werden kann.

☐ Liegt eine »organisatorische« Selbständigkeit in diesem Sinne nicht vor, so handelt es sich bei dem Gebilde um einen »Betriebsteil«, der nur ausnahmsweise unter den besonderen Voraussetzungen des § 4 BetrVG betriebsratsfähig ist (siehe → **Betriebsteil** und → **Nebenbetrieb**).

☐ Ist der Betrieb auch in »rechtlicher« Hinsicht selbständig, so ist er gleichzeitig → **Unternehmen** im Sinne des BetrVG. Unternehmen ist die »rechtlich« selbständige organisatorische Einheit, in der der ideelle oder wirtschaftliche Zweck des Unternehmens verfolgt wird. Beim gewerblichen Unternehmen besteht der wirtschaftliche Zweck in der Erzielung eines – aus der Sicht des Unternehmers – »optimalen« Gewinns.

☐ Der »Betrieb« ist vor diesem Hintergrund Mittel zum Zweck des »Unternehmens«: Der »optimale« Gewinn wird erreicht, indem der Betrieb »optimal« organisiert wird.

☐ Betrieb und Unternehmen sind als organisatorische Gebilde deckungsgleich, wenn das Unternehmen aus »einem« Betrieb besteht (→ **Ein-Betriebs-Unternehmen**). Anders ist dies im → **Mehr-Betriebs-Unternehmen** und → **Gemeinschaftsbetrieb**.

Betrieb

☐ Interessant ist die Verwendung des Begriffs »Betrieb« im Rahmen des § 2 Abs. 2 BetrVG: »Arbeitgeber und Betriebsrat arbeiten... vertrauensvoll... zum Wohl der Arbeitnehmer und des Betriebs zusammen.«

Unter welchen Bedingungen Arbeitnehmer sich wohl fühlen, läßt sich recht schnell bestimmen. Aber kann auch ein »Betrieb« sich wohl fühlen? Der Gesetzgeber hatte doch wohl eher das Wohl des Inhabers des Betriebs im Auge. Aber wie hätte das ausgesehen, wenn der Gesetzgeber formuliert hätte: »Arbeitgeber und Betriebsrat arbeiten... vertrauensvoll... zum Wohl der Arbeitnehmer und zum Wohl des Arbeitgebers zusammen.«

Bei einer solchen Formulierung wäre selbst dem oberflächlichen Leser rasch klargeworden, was der Betrieb tatsächlich ist: nämlich ein Ort heftiger Auseinandersetzungen um letztlich gegensätzliche Interessen. Ein Ort, an dem es weniger um »vertrauensvolle Zusammenarbeit« als darum gehen kann, im Wege ernsthafter und konsequenter Verhandlungen Kompromisse zu vereinbaren, mit denen beide Seiten »leben können«.

Bedeutung für die Betriebsratsarbeit

☐ Durch den Begriff »Betrieb« wird der Zuständigkeitsbereich des Betriebsrats abgesteckt. Von den Arbeitnehmern des »Betriebs« wird der Betriebsrat gewählt; ihre Interessen hat er zu vertreten.

☐ Da die Interessen der in einem einzelnen Betrieb beschäftigten Arbeitnehmer von den Vorgängen auf der Ebene des → **Unternehmens** (siehe auch → **Unternehmensplanung**) und des → **Konzerns** betroffen werden, sieht das Betriebsverfassungsgesetz Organe vor, deren Zuständigkeiten über den »Betrieb« hinausgehen und auch die Unternehmens- und Konzernebene erfassen: → **Wirtschaftsausschuß**, → **Gesamtbetriebsrat**, → **Konzernbetriebsrat**, §§ 72, 73 BetrVG: Gesamt-Jugend- und Auszubildendenvertretung, § 27 Schwerbehindertengesetz: Gesamtschwerbehindertenvertretung. Siehe auch → **Europäischer Betriebsrat**.

Betriebliche Altersversorgung

Was ist das?

☐ Der Begriff ist in § 1 Abs. 1 des Gesetzes zur Verbesserung der betrieblichen Altersversorgung (kurz: Betriebsrentengesetz) wie folgt definiert:

»Leistungen der Alters-, Invaliditäts- oder Hinterbliebenenversorgung, die einem Arbeitnehmer aus Anlaß seines Arbeitsverhältnisses zugesagt worden sind«.

☐ Die betriebliche Altersversorgung kommt in folgenden Formen vor:

- »Direktzusage«: Hier verpflichtet sich der Arbeitgeber, die Versorgungsleistung im Versorgungsfall selbst zu erbringen (vgl. § 1 Abs. 1 Betriebsrentengesetz).
- »Direktversicherung«: In diesem Falle schließt der Arbeitgeber mit einer Versicherung einen Vertrag zugunsten der begünstigten Arbeitnehmer ab und zahlt die Versicherungsbeiträge. Bei Eintritt des Versorgungsfalles erbringt nicht der Arbeitgeber selbst, sondern das Versicherungsunternehmen die Versorgungsleistung (vgl. § 1 Abs. 2 Betriebsrentengesetz).
- »Pensionskasse«: Hier wird die Altersversorgung von einer rechtsfähigen – gegebenenfalls vom Arbeitgeber gegründeten – Versorgungseinrichtung durchgeführt. Diese gewährt den Arbeitnehmern bzw. Hinterbliebenen einen Rechtsanspruch auf ihre Leistungen (vgl. § 1 Abs. 3 Betriebsrentengesetz).
- »Unterstützungskasse«: Auch hier wird die Altersversorgung von einer rechtsfähigen Versorgungseinrichtung durchgeführt. Im Unterschied zur Pensionskasse gewährt die Unterstützungskasse allerdings keinen unmittelbaren Rechtsanspruch auf ihre Leistungen (vgl. § 1 Abs. 4 Betriebsrentengesetz).

☐ Der Arbeitgeber ist nicht verpflichtet, eine betriebliche Altersversorgung einzuführen. Vielmehr handelt es sich um eine »freiwillige

Betriebliche Altersversorgung

Leistung«. Eine Leistung, die allerdings nicht nur den Begünstigten, sondern auch dem Arbeitgeber einige insbesondere steuerliche Vorteile bringt (Möglichkeit der Bildung von steuermindernden Pensionsrückstellungen; Beispiel Firma Siemens: im Geschäftsjahr 1974/75 wurden die Pensionsrückstellungen um 415 Mio. DM aufgestockt. Steuerersparnis: 230 Mio. DM). Gleichzeitig ist die Gewährung einer betrieblichen Altersversorgung natürlich ein optimales Instrument, um Arbeitnehmer anzuwerben und im Unternehmen zu halten.

☐ Die Versorgungszusage kann begründet werden

- durch einzelvertragliche Vereinbarung zwischen Arbeitgeber und Arbeitnehmer;
- durch vom Arbeitgeber gesetzte »Einheitsregelung« oder »Gesamtzusage«, das heißt durch (ausdrücklich oder stillschweigend angenommene) Erklärung des Arbeitgebers gegenüber allen Beschäftigten oder Gruppen von Arbeitnehmern, er wolle ihnen eine Altersversorgung gewähren;
- durch → **betriebliche Übung** (vgl. § 1 Abs. 1 Satz 3 Betriebsrentengesetz;
- durch → **Betriebsvereinbarung** oder → **Tarifvertrag**.

☐ Auch unter dem Gesichtspunkt der »Gleichbehandlung« kann sich ein Anspruch auf Altersversorgung für einen einzelnen Arbeitnehmer ergeben, wenn der Arbeitgeber ihn ohne sachlichen Grund von Leistungen ausschließt, die er anderen vergleichbaren Beschäftigten gewährt (vgl. § 1 Abs. 1 Satz 3 Betriebsrentengesetz).

☐ Wegen Verstoßes gegen das aus dem Grundrecht der Gleichberechtigung von Frauen und Männern fließende Diskriminierungsverbot ist der Ausschluß von Teilzeitbeschäftigten aus der betrieblichen Altersversorgung zumindest dann unzulässig, wenn in dem Unternehmen mehr Frauen als Männer beschäftigt sind (siehe → **Teilzeitarbeit**).

☐ Infolge der Versorgungszusage erwirbt der begünstigte Arbeitnehmer zunächst eine »Anwartschaft«. Diese Anwartschaft behält er auch dann, wenn er vor Eintritt des Versorgungsfalles aus dem Betrieb ausscheidet, sofern er zu diesem Zeitpunkt mindestens das 35. Lebensjahr vollendet hat und

- entweder die Versorgungszusage für ihn mindestens 10 Jahre bestanden hat

Betriebliche Altersversorgung

- oder der Beginn der Betriebszugehörigkeit mindestens 12 Jahre zurückliegt und die Versorgungszusage für ihn mindestens 3 Jahre bestanden hat (vgl. § 1 Abs. 1 Betriebsrentengesetz).
- Siehe auch Sonderregelung für Vorruheständler: § 1 Abs. 1 Satz 2 Betriebsrentengesetz).

☐ Bei Eintreten des Versorgungsfalles verwandelt sich die Anwartschaft in einen Anspruch auf Gewährung der zugesagten Leistungen (z. B.: monatliche Betriebsrente).

☐ Neben den Vorschriften des Betriebsrentengesetzes über Schutz vor Auszehrung (§ 5 Abs. 1), Rentengewährung **vor** Vollendung des 65. Lebensjahres (§ 6) und Anpassung der Rentenleistung an die Geldentwertung (§ 16) sind besonders wichtig die Regelungen über die Sicherung der Betriebsrente im Falle der Zahlungsunfähigkeit des Arbeitgebers (§§ 7 ff.). Diese Sicherung wird übernommen vom »Pensions-Sicherungsverein« (Sitz in Köln), an den alle Arbeitgeber, die eine betriebliche Altersversorgung gewähren, Beiträge zu entrichten haben. Der Verein zahlt die Versorgungsleistungen, die wegen Zahlungsunfähigkeit des Arbeitgebers (z. B.: infolge Konkurses) nicht erbracht werden können.

☐ Der Pensions-Sicherungsverein tritt auch ein, wenn der Arbeitgeber die Versorgungsleistungen wegen wirtschaftlicher Notlage in zulässiger Weise gekürzt oder gänzlich eingestellt hat. Allerdings muß die Zulässigkeit der Kürzung bzw. Einstellung durch rechtskräftiges Urteil festgestellt worden sein (vgl. § 7 Abs. 2 Satz 3 Nr. 5 Betriebsrentengesetz).

☐ Zur Frage, unter welchen Voraussetzungen die Kürzung bzw. der Widerruf der Versorgungszusage zulässig ist, schweigt sich das Betriebsrentengesetz aus. Es ist allerdings allgemein anerkannt, daß insbesondere wegen wirtschaftlicher Notlage des Arbeitgebers eine Kürzung bzw. ein Widerruf – allerdings unter engen Voraussetzungen – in Betracht kommt. Auf die hierzu ergangene umfangreiche Rechtsprechung wird verwiesen (vgl. z. B. BAG in »Betriebsberater« 1972, S. 1409, oder in »Betriebsberater« 1984, S. 144; siehe auch »Arbeitsrecht im Betrieb« 1993, S. 420).

☐ Eine umfangreiche Rechtsprechung hat sich auch zu der Frage entwickelt, ob und unter welchen Voraussetzungen und in welchem Umfange eine bestehende Versorgungsordnung durch → **Betriebsvereinbarung** verändert bzw. verschlechtert werden kann (siehe unten).

Betriebliche Altersversorgung

☐ Unternehmen werden (aus steuer- und haftungsrechtlichen Gründen) häufig in der Weise aufgespalten, daß das Vermögen (Grundstücke, Maschinen usw.) auf eine »Anlagegesellschaft« übertragen wird, während eine vermögenslose »Betriebsgesellschaft«, bei der die Arbeitnehmer beschäftigt sind, die Produktion betreibt. Für diesen Fall regelt § 134 Abs. 2 Umwandlungsgesetz (UmwG), daß die »reiche Anlagegesellschaft« für diejenigen Ansprüche aus einer betrieblichen Altersversorgung haftet, die vor dem Wirksamwerden der Aufspaltung begründet worden sind (siehe → **Umwandlung von Unternehmen**).

Bedeutung für die Betriebsratsarbeit

☐ Gemäß § 87 Abs. 1 Nr. 8 BetrVG hat der Betriebsrat ein Mitbestimmungsrecht bei

»Form, Ausgestaltung und Verwaltung von Sozialeinrichtungen, deren wirkungsbereich auf den Betrieb, das Unternehmen oder den Konzern beschränkt ist«.

Diese Vorschrift ist anwendbar, sofern die Altersversorgung durch Errichtung einer »Pensions- oder Unterstützungskasse« durchgeführt wird. Denn hierbei handelt es sich um eine »Sozialeinrichtung« im Sinne dieser Vorschrift (siehe → **Sozialeinrichtung**).

☐ Wird die Altersversorgung dagegen im Wege der »Direktzusage« oder »Direktversicherung« gewährt, fehlt es am Merkmal der »Einrichtung«, so daß § 87 Abs. 1 Nr. 8 BetrVG ausscheidet. Allerdings besteht in diesem Falle nach allgemeiner Auffassung ein Mitbestimmungsrecht gemäß § 87 Abs. 1 Nr. 10 BetrVG. Hiernach hat der Betriebsrat mitzubestimmen bei

»Fragen der betrieblichen Lohngestaltung, insbesondere die Aufstellung von Entlohnungsgrundsätzen und die Einführung und Anwendung von neuen Entlohnungsmethoden sowie deren Änderung« (siehe → **Arbeitsentgelt**).

Der Begriff »Lohn« im Sinne dieser Regelung ist in weitestem Sinne zu verstehen. Er erstreckt sich auf alle Leistungen des Arbeitgebers mit Entgeltcharakter, also auch auf Leistungen aus einer betrieblichen Altersversorgung, die nicht durch eine »Sozialeinrichtung« im Sinne des § 87 Abs. 1 Nr. 8 BetrVG erbracht werden (sog. »Soziallohn«).

Betriebliche Altersversorgung

☐ Die Reichweite des Mitbestimmungsrechts des Betriebsrats bei betrieblicher Altersversorgung ist allerdings erheblich eingeschränkt. Denn eine Reihe von Entscheidungen des Arbeitgebers bleibt mitbestimmungsfrei. Insbesondere entscheidet der Arbeitgeber allein,

- ob er überhaupt eine Altersversorgung einführen will (vgl. § 88 Nr. 2 BetrVG: »Errichtung« von Sozialeinrichtungen nur durch »freiwillige« Betriebsvereinbarung);
- in welchem Umfang er finanzielle Mittel zur Verfügung stellt (sog. »Dotierungsrahmen«);
- über die abstrakte Festlegung des begünstigten Arbeitnehmerkreises.

☐ Dementsprechend verbleibt dem Betriebsrat nur noch ein Mitbestimmungsrecht über das **»Wie«** der Altersversorgung, also insbesondere über die Frage der Verteilung der Mittel auf die Begünstigten (Ausgestaltung des Leistungsplans: welche Personen des begünstigten Arbeitnehmerkreises bekommen nach welchem Kriterien wieviel?).

☐ Im Nichteinigungsfalle über das »Wie« können Arbeitgeber oder Betriebsrat die → **Einigungsstelle** anrufen (§ 87 Abs. 2 BetrVG).

☐ Will der Arbeitgeber eine eingeführte Versorgungsregelung verändern (zum Beispiel durch Erhöhung oder Verringerung des Dotierungsrahmens), so unterliegt die Frage, nach welchen Kriterien der neue finanzielle »Topf« auf die Begünstigten verteilt wird, ebenfalls der Mitbestimmung des Betriebsrats.

☐ Insoweit steht dem Betriebsrat auch ein »Initiativrecht« (siehe → **Beteiligungsrechte**) zu. Das heißt, auch er kann Veränderungen der Versorgungsordnung verlangen und im Ablehnungsfalle die Einigungsstelle nach § 87 Abs. 2 BetrVG anrufen. Will er beispielsweise den Leistungsplan zugunsten einer Arbeitnehmergruppe verändern, muß er allerdings gleichzeitig – falls der Arbeitgeber nicht zu einer entsprechenden Erhöhung des Dotierungsrahmens bereit ist – Kürzungen an anderer Stelle vorschlagen.

☐ Nach der Rechtsprechung unterliegt eine Veränderung, insbesondere eine Verschlechterung der Versorgung im Wege der → **Betriebsvereinbarung** einer Reihe von Beschränkungen. Es gelten im wesentlichen folgende Grundsätze (vgl. BAG in »Neue Zeitschrift für Arbeits- und Sozialrecht« 1987, S. 168):

1. Wurde die Versorgungszusage durch »Einzelarbeitsvertrag« begründet, ist eine Veränderung allenfalls durch → **Änderungskündigung**

gegenüber dem Arbeitnehmer (oder Änderungsvertrag mit ihm), nicht aber durch Betriebsvereinbarung möglich.

2. Beruht die betriebliche Altersversorgung auf einer vom Arbeitgeber gesetzten »Einheitsregelung« oder »Gesamtzusage« an den begünstigten Personenkreis oder auf → **»betrieblicher Übung«**, dann kann durch Betriebsvereinbarung eine Verschlechterung nur bewirkt werden, wenn die Zusage unter dem Vorbehalt des Widerrufs ergangen ist (oder wenn – im extremen Ausnahmefall – die Voraussetzungen des sogenannten »Wegfalls der Geschäftsgrundlage« gegeben sind; wirtschaftliche Notlage des Arbeitgebers allein reicht allerdings insoweit nicht aus).

3. Fehlt es an einem Widerrufsvorbehalt, dann ist eine Veränderung nur im Sinne einer »Umstrukturierung«, nicht aber im Sinne einer »Verschlechterung« zulässig. Das heißt, bei einer Neuregelung durch »ablösende Betriebsvereinbarung« muß durch einen »kollektiven Günstigkeitsvergleich« sichergestellt werden, daß der wirtschaftliche Gesamtwert der Versorgung nicht verringert wird, sondern mindestens gleich bleibt (»hier wird etwas weggenommen, dort wird in gleichem Umfang etwas zugegeben«). Unter dieser Voraussetzung sind Veränderungen durch Betriebsvereinbarung auch dann zulässig, wenn der einzelne Arbeitnehmer sich verschlechtert. Gleiches gilt, wenn die betriebliche Altersversorgung in ihrem Gesamtwert »verbessert« wird.

4. Ist die Versorgungsordnung durch »Betriebsvereinbarung« begründet worden, kann sie durch eine neue Betriebsvereinbarung zwar verändert bzw. verschlechtert werden. Allerdings unterliegt mit Blick auf bereits entstandene Versorgungsanwartschaften und Vertrauensschutzgesichtspunkte auch eine solche Regelung der gerichtlichen Billigkeitskontrolle.

☐ Besteht das Altersversorgungssystem in einem Unternehmen mit mehreren Betrieben (siehe → **Mehr-Betriebs-Unternehmen**), dann ist der → **Gesamtbetriebsrat** Träger des Mitbestimmungsrechts. Der → **Konzernbetriebsrat** ist zuständig, sofern die Altersversorgung konzernweite Geltung hat.

Literaturhinweis:

Michael Schoden: Betriebliche Altersversorgung. Kommentar, 2. Auflage, Bund-Verlag, Köln.

Betriebliches Vorschlagswesen

Was ist das?

☐ Hierbei handelt es sich um alle Verfahrensweisen und Methoden, mit deren Hilfe Vorschläge von Arbeitnehmern zur Verbesserung des betrieblichen Arbeitsprozesses sowie der Produkte angeregt, gesammelt, ausgewertet und bewertet werden. Erfaßt werden dabei nicht nur Vorschläge, die sich auf den technischen Bereich beziehen, sondern auch solche, die sich mit dem sozialen und organisatorischen Gefüge des Betriebs befassen (z. B. Vorschläge zur Verbesserung der Arbeitsorganisation oder des betrieblichen Gesundheits- und Umweltschutzes).

☐ Zum betrieblichen Vorschlagswesen gehören beispielsweise:
- Ideenwettbewerbe,
- Ein- und Durchführung eines kontinuierlichen Verbesserungsprozesses (KVP),
- Einrichtung von Arbeitskreisen (häufig »Qualitätszirkel« genannt),
- Bestellung eines Beauftragten für das betriebliche Vorschlagswesen,
- Schaffung von Sammel- und Auswertungsverfahren,
- Errichtung eines betrieblichen Prüfungsausschusses usw.

☐ Der Arbeitgeber bezweckt mit der Einführung solcher Verfahrensweisen und Methoden vor allem folgende Ziele:
- Mobilisierung und Nutzung der Ideen der Beschäftigten,
- Vorantreiben des betrieblichen Rationalisierungsprozesses.

Siehe → **Rationalisierung,** → **Lean production.**

☐ Manche Arbeitgeber stellen für die Förderung des betrieblichen Vorschlagswesens (durch Zahlung von Prämien) – bisweilen ansehnliche – finanzielle Mittel zur Verfügung.

☐ Eine Verpflichtung des Arbeitgebers, betriebliche Verbesserungsvorschläge zu prämieren, besteht im Regelfall nicht. Von diesem Grundsatz gibt es jedoch Ausnahmen:

1. »Gesetz über Arbeitnehmererfindungen«: Hiernach haben Arbeitnehmer, die eine patent- oder gebrauchsmusterfähige »Diensterfindung« bzw. außerdienstliche Erfindung (sogenannte »freie Erfindung«) machen, unter näher geregelten Voraussetzungen einen Vergütungsanspruch gegen den Arbeitgeber.

Gleiches gilt für solche »technischen Verbesserungsvorschläge«, die zwar nicht patent- oder gebrauchsmusterfähig sind, dem Arbeitgeber, der den Vorschlag verwertet, aber dennoch eine mit einem Patent- oder Gebrauchsmusterrecht vergleichbare Vorzugsstellung bzw. Monopolstellung geben (sog. »qualifizierter Verbesserungsvorschlag«).

2. Nach der Rechtsprechung kommt auch dann ein Vergütungsanspruch des Arbeitnehmers in Betracht, wenn er einen »technischen Verbesserungsvorschlag« macht, der zwar kein »qualifizierter Verbesserungsvorschlag« im vorstehenden Sinne ist, der aber dennoch über seine normalen Arbeitsvertragspflichten hinausgeht und dessen Verwertung dem Arbeitgeber einen nicht unerheblichen Vorteil bringt.

3. Dies gilt auch für »nichttechnische Verbesserungsvorschläge« (im organisatorischen, kaufmännischen oder sozialen Bereich), wenn der Arbeitgeber sie verwertet und dadurch einen nicht unerheblichen Vorteil erlangt.

Bedeutung für die Betriebsratsarbeit

☐ Nach § 87 Abs. 1 Nr. 12 BetrVG hat der Betriebsrat ein Mitbestimmungsrecht betreffend

»Grundsätze über das betriebliche Vorschlagswesen«.

☐ Das Mitbestimmungsrecht erstreckt sich nicht auf solche Fragen und Sachverhalte, die abschließend im »Gesetz über Arbeitnehmererfindungen« (siehe oben) geregelt sind (insoweit sind allerdings freiwillige Betriebsvereinbarungen möglich).

☐ Der Mitbestimmung des Betriebsrats unterliegt die Einführung (und Abschaffung) von Grundsätzen über ein betriebliches Vorschlagswesen (also die Frage des »Ob«). Der Arbeitgeber kann insoweit nicht einseitig handeln.

Der Betriebsrat hat auch ein Initiativrecht, kann also vom Arbeitgeber die Einführung solcher Grundsätze verlangen.

Betriebliches Vorschlagswesen

Im Nichteinigungsfalle entscheidet die Einigungsstelle.

☐ Allerdings erstreckt sich das Mitbestimmungsrecht des Betriebsrats nicht auf die Frage der Bereitstellung finanzieller Mittel und das Volumen dieser Mittel. Insoweit kann nach h. M. der Arbeitgeber allein entscheiden.

☐ Demgegenüber besteht ein Mitbestimmungsrecht hinsichtlich aller Regelungen über die Ausgestaltung, also über das »Wie« des betrieblichen Vorschlagswesens.

Hierzu gehört insbesondere die Art und Weise der Verteilung des vom Arbeitgeber zur Verfügung gestellten finanziellen Volumens. Wenn es also darum geht, zu regeln, nach welchen Grundsätzen und Methoden die Prämie bemessen werden soll und wie der Nutzen eines Verbesserungsvorschlages zu ermitteln ist, ist dies mitbestimmungspflichtig. Nach Auffassung des Bundesarbeitsgerichts soll allerdings der Arbeitgeber die Bemessung der Prämie im Einzelfall allein bestimmen können, z. B. in der Form, daß er festgelegt, in welchem Verhältnis zum Jahresnutzen des Verbesserungsvorschlages die zu gewährende Prämie stehen soll (vgl. BAG 28. 4. 81, 16. 3. 82 AP Nrn. 1 und 2 zu § 87 BetrVG Vorschlagswesen, strittig: anderer Ansicht z. B. Däubler/Kittner/Klebe/Schneider, BetrVG, 4. Aufl. § 87 Rdnr. 298).

Mitbestimmungspflichtig sind auch Regelungen über

- die Bestimmung des persönlichen Geltungsbereichs der Betriebsvereinbarung (vorschlagsberechtigter und prämienberechtigter Personenkreis),
- die Beschreibung der unter den Geltungsbereich der Betriebsvereinbarung fallenden Vorschläge (= sachlicher Geltungsbereich),
  z. B. Vorschläge
  – zur Senkung der Unfallgefahren und Verbesserung des Gesundheitsschutzes,
  – zur Verbesserung des betrieblichen Umweltschutzes,
  – zur Einführung energie- und rohstoffsparender Maßnahmen,
  – zur Steigerung der Produktion und Produktivität,
  – zur Verbesserung der Produktqualität,
  – zur Einführung neuer Produkte,
  – zur Vereinfachung, Effektivierung und Erleichterung der Arbeitsorganisation, der Arbeitsverfahren und Arbeitsmethoden,
- die Form der Einreichung von Vorschlägen,

Betriebliches Vorschlagswesen

- die Behandlung des eingereichten Vorschlags durch die für das Vorschlagswesen zuständigen betrieblichen Organe,
- die Besetzung und Aufgaben dieser Organe (z. B. des Ausschusses zur Auswertung und Bewertung der Vorschläge),
- den Ablauf des Prüfungsverfahrens,
- die Einrichtung und Ausgestaltung eines Beschwerdeverfahrens,
- die Bekanntmachung von Verbesserungsvorschlägen,
- die Durchführung von Ideenwettbewerben,
- die Bestellung eines Beauftragten für das betriebliche Vorschlagswesen.

☐ Das betriebliche Vorschlagswesen kann über das Mitbestimmungsrecht des Betriebsrats nach § 87 Abs. 1 Nr. 12 BetrVG zu einem wirksamen Instrument zur spürbaren Förderung des Gesundheits- und Umweltschutzes weiterentwickelt werden. Siehe auch →**Alternative Produktion**.

☐ Besondere Bedeutung erlangt das Mitbestimmungsrecht des Betriebsrats beim betrieblichen Vorschlagswesen im Zusammenhang mit Unternehmenskonzepten, die auf eine Umsetzung der Prinzipien des kontinuierlichen Verbesserungsprozesses (KVP) abzielen (siehe →**Lean production**). Der kontinuierliche Verbesserungsprozeß erfüllt die Voraussetzungen des Begriffs »Betriebliches Vorschlagswesen« (siehe oben). Deshalb findet § 87 Abs. 1 Nr. 12 BetrVG Anwendung. Das heißt, die Ausgestaltung der »Grundsätze« des kontinuierlichen Verbesserungsprozesses sind mitbestimmungspflichtig.

☐ Ziel des kontinuierlichen Verbesserungsprozesses (japanischer Ausdruck: Kaizen) ist es, Verschwendung und damit unnötige Kosten zu vermeiden und Produktivität sowie Qualität zu steigern. Die Botschaft lautet: Es soll kein Tag ohne irgendeine Verbesserung für das Unternehmen vergehen.

☐ Eine Betriebsvereinbarung zum kontinuierlichen Verbesserungsprozeß sollte Regelungen zu folgenden Bereichen aufweisen:

- Präambel (Ziele des Unternehmens, Interessen der Beschäftigten),
- Geltungsbereich (räumlich, fachlich, persönlich),
- Begriffsbestimmungen,
- Qualifizierung,
- Beteiligungszeiten,
- Organisation des kontinuierlichen Verbesserungsprozesses (KVP),

Betriebliches Vorschlagswesen

- Einreichung eines Verbesserungsvorschlags durch einen Beschäftigten/durch eine Arbeitsgruppe,
- Bearbeitung eines Verbesserungsvorschlags,
- schutzrechtsfähige Verbesserungsvorschläge nach dem Arbeitnehmererfindungsgesetz,
- paritätische Kommission,
- Prämienfestsetzung,
- Beschäftigungssicherung,
- Information,
- Auszahlung,
- Lenkungsausschuß,
- Inkrafttreten, Kündigung.

Literaturhinweis:

Michael Schoden: Betriebliche Arbeitnehmererfindungen und betriebliches Vorschlagswesen. Ein praktischer Ratgeber, Bund-Verlag, Köln.

Betriebliche Übung

Was ist das?

☐ Arbeitsvertragliche Ansprüche können nicht nur durch deren ausdrückliche (schriftliche oder mündliche) Vereinbarung begründet werden (siehe →**Arbeitsvertrag**). Sie können auch durch »betriebliche Übung« entstehen. Dies ist dann der Fall, wenn aus einer ständig und über einen längeren Zeitraum bestehenden betrieblichen Verfahrensweise sowie aus dem Verhalten des Arbeitgebers geschlossen werden kann, daß der Arbeitgeber gewillt ist, auch in Zukunft in gleicher Weise zu verfahren. Hinzu kommen muß, daß der Arbeitnehmer mit dieser »Übung« einverstanden sein muß. Letzteres wird bei einer dem Arbeitnehmer günstigen Übung stets angenommen (= stillschweigende Annahme im Sinne des § 151 BGB).

Beispiel:
Der Arbeitgeber zahlt über mehrere Jahre, ohne daß dies ausdrücklich vereinbart war und ohne Freiwilligkeits- bzw. Widerrufsvorbehalt, ein zusätzliches (über den Tarifvertrag hinausgehendes) Weihnachtsgeld. Die Arbeitnehmer nehmen diese Zahlung entgegen. Folge: Der Arbeitgeber ist infolge dieser »betrieblichen Übung« verpflichtet, die Zahlung auch in Zukunft zu erbringen.

Will er sich von dieser Verpflichtung befreien, so ist dies nur auf dem Wege der Änderungsvereinbarung mit den betroffenen Arbeitnehmern bzw. durch →**Änderungskündigung** möglich (zur »ablösenden« Betriebsvereinbarung siehe unten).

☐ Eine betriebliche Übung entsteht dann nicht, wenn der Arbeitgeber bei der Erbringung der Leistung ausdrücklich darauf hinweist, daß sie freiwillig erfolgt und aus ihrer Gewährung für die Zukunft kein Rechtsanspruch abgeleitet werden kann (siehe →**übertarifliche Zulagen**).

Betriebliche Übung

Bedeutung für die Betriebsratsarbeit

☐ Gelegentlich gibt es Versuche von Arbeitgebern, sich von Ansprüchen, die durch betriebliche Übung begründet wurden, durch Betriebsvereinbarung mit dem Betriebsrat zu befreien. Solche »ablösenden« Betriebsvereinbarungen sind nur zulässig, wenn sie sich in »den Grenzen von Recht und Billigkeit« bewegen. Dies ist insbesondere nur dann der Fall, wenn die durch die Neuregelung geschaffene Lage bei kollektiver Betrachtung insgesamt nicht ungünstiger für die Arbeitnehmer ist als die vorherige Lage (»wenn hier etwas weggenommen wird, dann muß dort etwas anderes in gleichem Umfang zugegeben werden«).

☐ Siehe zu diesem Problembereich auch → **betriebliche Altersversorgung,** → **Betriebsvereinbarung**.

Bedeutung für den Beschäftigten

☐ Ansprüche, die durch betriebliche Übung begründet worden sind, kann der Arbeitnehmer notfalls im Klagewege vor dem Arbeitsgericht verfolgen.

☐ Gegenüber einer Änderungskündigung, mittels derer sich der Arbeitgeber von Ansprüchen aus einer betrieblichen Übung »befreien« will, kann der Arbeitnehmer Änderungsschutzklage beim Arbeitsgericht erheben (siehe → **Änderungskündigung**).

Betriebsänderung

Was ist das?

☐ Betriebsänderungen sind massive Eingriffe des → **Unternehmers** in den Betriebsablauf und den Betriebsbestand. Haben diese Eingriffe »wesentliche Nachteile für die Belegschaft oder erhebliche Teile der Belegschaft« zur Folge, so finden die §§ 111–113 BetrVG Anwendung. In Betrieben mit bis zu 20 in der Regel beschäftigten wahlberechtigten Arbeitnehmern gelten §§ 111–113 nicht (vgl. § 111 Satz 1 BetrVG). Aber: Wenn in einem Unternehmen mit mehreren Betrieben der Gesamtbetriebsrat zuständig ist (vgl. § 50 BetrVG), dann erstreckt sich seine Zuständigkeit nach richtiger Auffassung (vgl. Fitting/Auffarth/Kaiser/Heither, BetrVG, 17. Aufl., § 111 Rdnr. 4) auch auf Kleinbetriebe mit in der Regel nicht mehr als 20 wahlberechtigten Arbeitnehmern sowie auf betriebsratslose Betriebe. Dies gebietet der Grundsatz der Gleichbehandlung (vgl. § 75 Abs. 1 BetrVG). Darüber hinaus ist die Ansicht zutreffend, die davon ausgeht, daß die Betriebsratsrechte nach §§ 111 ff. BetrVG nur dann entfallen, wenn es sich bei dem Kleinbetrieb um den einzigen Betrieb des Unternehmens (→ **Ein-Betriebs-Unternehmen**) handelt oder wenn ein aus mehreren Betrieben bestehendes Unternehmen insgesamt nicht mehr als 20 wahlberechtigte Arbeitnehmer beschäftigt (vgl. Däubler/Kittner/Klebe/Schneider, BetrVG, 4. Aufl., § 111 Rdnr. 29).

»Wesentliche Nachteile« sind z.B. Entlassung, Versetzung, Verdienstminderung, längere Anfahrtswege, Ortswechsel, Leistungsverdichtung, Qualifikationsverlust, auch psychische Belastungen durch zusätzliche Kontrollen mit oder ohne Verwendung technischer Einrichtungen.

»Erhebliche Teile der Belegschaft« sind betroffen, wenn die vorgenannten Nachteile in Betrieben mit in der Regel

- 21 bis 59 Arbeitnehmern   mehr als 5 Arbeitnehmer
- 60 bis 499 Arbeitnehmern   10 Prozent oder mehr als 25 Arbeitnehmer

Betriebsänderung

- 500 bis 599 Arbeitnehmern   mindestens 30 Arbeitnehmer
- ab 600 Arbeitnehmern   mindestens 5 Prozent der Arbeitnehmer

betreffen. Diese Zahlenwerte sind von der Rechtsprechung unter Heranziehung und Ergänzung des § 17 KSchG entwickelt worden.

Dabei ist es im Gegensatz zu § 17 KSchG nicht erforderlich, daß der Personalabbau innerhalb von 30 Kalendertagen erfolgt.

☐ Zu den Betriebsänderungen zählen insbesondere (vgl. § 111 Satz 2 BetrVG):

- die Einschränkung und Stillegung des ganzen Betriebs oder von wesentlichen Betriebsteilen;
- die Verlegung des ganzen Betriebs oder von wesentlichen Betriebsteilen;
- der Zusammenschluß mit anderen Betrieben oder die Spaltung von Betrieben (siehe → **Umwandlung von Unternehmen**);
- die grundlegende Änderung der Betriebsorganisation, des Betriebszwecks oder der Betriebsanlagen;
- die Einführung grundlegend neuer Arbeitsmethoden und Fertigungsverfahren.

☐ Ein Betriebsteil ist nach der Rechtsprechung dann »wesentlich«, wenn dort mindestens 5% der Gesamtbelegschaft des Betriebes tätig sind und durch die geplante Betriebsänderung die Zahlenwerte des § 17 KSchG (siehe oben) erfüllt werden. Anstelle der rein quantitativen Bestimmung des Begriffs kommt aber durchaus auch eine auf »qualitative« Gesichtspunkte gestützte Definition des Begriffs »wesentlicher Betriebsteil« in Betracht. Das heißt, ein Betriebsteil ist auch dann wesentlich, wenn zwar nicht die oben genannten Zahlenwerte erreicht werden, der Betriebsteil aber eine für den Gesamtbetrieb bzw. das Unternehmen wichtige Bedeutung hat.

☐ Eine Betriebsänderung stellt auch der »bloße Personalabbau« unter Beibehaltung der sachlichen Betriebsmittel dar (vgl. § 111 Satz 2 Nr. 1 BetrVG: Einschränkung des Betriebs oder von wesentlichen Betriebsteilen). Es müssen die obengenannten Größenordnungen erreicht sein. Sozialplanpflichtig wird der »bloße Personalabbau« allerdings erst dann, wenn er in der Größenordnung des § 112a BetrVG stattfindet (siehe → **Sozialplan**).

Betriebsänderung

☐ Bei geplanten Massenentlassungen hat der Arbeitgeber Mitteilungs- und Anzeigepflichten nach § 8 AFG sowie § 17 KSchG (siehe → **Kündigung**).

Bedeutung für die Betriebsratsarbeit

☐ Betriebsänderungen stellen sowohl in qualitativer als auch quantitativer Hinsicht hohe Anforderungen an die Arbeit des Betriebsrats. Immerhin geht es um einen schwerwiegenden Eingriff in die Arbeits- und Lebenssituation einer Vielzahl von Beschäftigten.

☐ Interessenvertretung bei geplanten Betriebsänderungen bedeutet, im Rahmen der nachfolgend beschriebenen Rechte und darüber hinaus möglichst konkrete und realistische Alternativen zu Entlassung und sonstigen Nachteilen zu entwickeln (z. B. Beschäftigungspläne) und für deren Verwirklichung durch innerbetriebliche und gegebenenfalls auch außerbetriebliche Aktionen zu kämpfen.

☐ Plant der Unternehmer eine Betriebsänderung, so hat er bereits sehr frühzeitig den → **Wirtschaftsausschuß** umfassend zu informieren und mit ihm zu beraten (vgl. § 106 Abs. 1 bis 3 BetrVG). Siehe auch → **Personalplanung**, → **rechtzeitig** und → **Unternehmensplanung**).

☐ Parallel dazu ist der Unternehmer verpflichtet, den Betriebsrat des betroffenen Betriebs über die geplante Betriebsänderung rechtzeitig und umfassend zu unterrichten und mit diesem zu beraten (vgl. § 111 Satz 1 BetrVG).

☐ Des weiteren ist der Unternehmer gehalten, mit dem Betriebsrat in ernsthafte Verhandlungen über einen → **Interessenausgleich** einzutreten. In diesen Verhandlungen geht es um das »Ob«, »Wie«, »Wann« und den »Umfang« der Betriebsänderung, insbesondere um die Frage, ob Alternativen möglich sind.

☐ Schließlich muß der Unternehmer mit dem Betriebsrat einen → **Sozialplan** verhandeln und abschließen. Hierbei geht es um einen insbesondere finanziellen Härteausgleich in Form von Abfindungen und dergleichen.

☐ Kommt eine Einigung über den »Sozialplan« nicht zustande, so ist der Sozialplan durch verbindlichen Einigungsstellenspruch erzwing-

Betriebsänderung

bar. Dies gilt allerdings nicht, wenn ein Fall des § 112a BetrVG vorliegt (vgl. → **Sozialplan**).

☐ Im Falle der Nichteinigung über den »Interessenausgleich« kann zwar auch die Einigungsstelle angerufen werden; diese kann jedoch keinen verbindlichen Spruch fällen. Das Letztentscheidungsrecht verbleibt insoweit beim Unternehmer (siehe → **Interessenausgleich**).

☐ Neben den Rechten des Betriebsrats nach §§ 111 ff. BetrVG werden durch eine Betriebsänderung regelmäßig auch diejenigen Beteiligungsrechte ausgelöst, die der Betriebsrat im Bereich der → **personellen Angelegenheiten** (von § 92 BetrVG »**Personalplanung**« bis §§ 102, 103 BetrVG »**Kündigung**«) hat. Gegebenenfalls ist auch an einzelne Tatbestände und Beteiligungsrechte aus dem Bereich der → **sozialen Angelegenheiten** (§ 87 BetrVG) und dem Bereich der Vorschriften über die → **Gestaltung von Arbeitsplatz, Arbeitsablauf und Arbeitsumgebung** (§§ 90, 91 BetrVG) zu denken.

☐ Die Rechte des Betriebsrats bei geplanten Betriebsänderungen sind in der letzten Konsequenz schwach: Lediglich bei der Verabschiedung eines Sozialplans hat er ein echtes Mitbestimmungsrecht. Soweit es um die eigentliche Unternehmensentscheidung als solche geht, werden dem Betriebsrat lediglich Informations- und Mitwirkungsrechte eingeräumt. Nicht zuletzt deshalb kann der Kampf gegen arbeitnehmerschädliche Betriebsänderungen – wenn überhaupt – nur dann Erfolge/Teilerfolge erzielen, wenn es zu einer intensiven Zusammenarbeit der betriebsverfassungsrechtlichen Interessenvertretungsorgane mit der Belegschaft, dem gewerkschaftlichen Vertrauenskörper, der Gewerkschaft und ggf. politischer Instanzen sowie der Öffentlichkeit kommt. Insbesondere ist es notwendig, nicht nur einen »Abwehrkampf« »gegen« die geplante Betriebsänderung zu führen, sondern einen Kampf »für« eine im Interesse der Beschäftigten liegende Alternative, die so ausgestaltet ist, daß sie auch von der Unternehmensleitung – nach entsprechender »Überzeugungsarbeit« – mitgetragen wird (siehe auch → **Alternative Produktion** und → **Interessenausgleich**).

☐ Mißachtet der Unternehmer die Informations-, Beratungs- und Verhandlungsrechte des Betriebsrats, so kann dieser durch Anrufung des Arbeitsgerichts (einstweiliges Verfügungsverfahren; siehe → **Arbeitsgericht**) versuchen, die Durchführung der Betriebsänderung »zu stoppen«. Eine Reihe von Arbeitsgerichten hat entsprechenden Anträgen von Betriebsräten stattgegeben.

Betriebsänderung

Bedeutung für die Beschäftigten

☐ Werden im Zusammenhang mit Betriebsänderungen Kündigungen oder Änderungskündigungen ausgesprochen, so können die betroffenen Arbeitnehmer Kündigungsschutzklage beim Arbeitsgericht einreichen (vgl. → **Kündigung,** → **Ordentliche Kündigung,** → **Änderungskündigung**).

☐ Ansprüche aus einem → **Sozialplan** kann der Arbeitnehmer ebenfalls durch Klage beim Arbeitsgericht geltend machen, wenn der Unternehmer die Erfüllung dieser Ansprüche verweigert bzw. verzögert. Auf die Einhaltung tariflicher Verfallfristen (und gesetzlicher Verjährungsfristen) ist unbedingt zu achten.

☐ Unterläßt der Unternehmer es, mit dem Betriebsrat Verhandlungen über einen → **Interessenausgleich** bis hin zur Einigungsstelle zu führen oder weicht der Unternehmer von einem mit dem Betriebsrat vereinbarten → **Interessenausgleich** ohne zwingenden Grund ab, so ist er gegenüber denjenigen Arbeitnehmern zur Zahlung von Abfindungen verpflichtet, die entlassen werden. Treten andere Nachteile wirtschaftlicher Art ein, so hat der Unternehmer diese Nachteile bis zu einem Zeitraum von zwölf Monaten auszugleichen (vgl. § 113 BetrVG).

☐ Diese Ansprüche sind nicht vom Betriebsrat, sondern von den betroffenen Arbeitnehmern, notfalls durch arbeitsgerichtliche Klage (→ **Arbeitsgericht**) innerhalb etwaiger tariflicher Verfallfristen oder gesetzlicher Verjährungsfristen geltend zu machen.

Betriebsänderung

Beteiligung des Betriebsrats bei Betriebsänderungen

Der Unternehmer plant eine **Betriebsänderung** (= erhebliche Eingriffe in den Betrieb bzw. Betriebsablauf):
z.B.
- Stillegung oder Teilstillegung oder Verlagerung des Betriebs,
- grundlegende Rationalisierungsmaßnahmen organisatorischer oder technischer Art

↓

| Unternehmer hat den Wirtschaftsausschuß zu informieren (§ 106 Abs. 2, 3 BetrVG) | → | Wirtschaftsausschuß informiert den Betriebsrat bzw. Gesamtbetriebsrat (§ 106 Abs. 1 Satz 2 BetrVG) |

Wirtschaftsausschuß berät im Auftrag und im Rahmen der Beschlüsse des Betriebsrats bzw. Gesamtbetriebsrats mit dem Unternehmer (§ 106 Abs. 1 Satz 2 BetrVG)

Unternehmer hat den Betriebsrat des betroffenen Betriebs über die geplante Betriebsänderung zu informieren (§ 111 BetrVG)

↓

Beratung zwischen Unternehmer und Betriebsrat (§ 111 BetrVG)

↓

Unternehmer und Betriebsrat verhandeln über einen »**Interessenausgleich**«; d.h. über das »Ob«, »Wie«, »Wann«, »in welchem Umfang« der geplanten Betriebsänderung, insbesondere über Alternativen.	→	Unternehmer und Betriebsrat verhandeln über einen »**Sozialplan**«; d.h. über einen »Härteausgleich« für die Beschäftigten, die infolge der Betriebsänderung einen Nachteil (z.B. Entlassung, Versetzung) erleiden.
Bei Nichteinigung kann der Präsident des Landesarbeitsamts um Vermittlung gebeten werden.		Bei Nichteinigung kann der Präsident des Landesarbeitsamts um Vermittlung gebeten werden.
Bei Erfolglosigkeit der Vermittlung kann die Einigungsstelle angerufen werden.		Bei Erfolglosigkeit der Vermittlung kann die Einigungsstelle angerufen werden.
Die Einigungsstelle kann über Inhalt des »Interessenausgleichs« keinen verbindlichen Beschluß fassen. Das heißt, das Letztentscheidungsrecht liegt beim Unternehmer.		Die Einigungsstelle entscheidet verbindlich über Volumen und Inhalt des »Sozialplans«. Das heißt, der Unternehmer ist an den Beschluß der Einigungsstelle gebunden.

Betriebsaufspaltung, Unternehmensteilung

Was ist das?

☐ Von Betriebsaufspaltung spricht man, wenn ein → **Betrieb** durch entsprechende organisatorische Maßnahmen in zwei oder mehrere organisatorisch selbständige Einheiten und damit in zwei oder mehrere → **Betriebe** aufgeteilt wird.

Beispiel:
Bisher wurden in dem Betrieb eines Unternehmens (z. B. Firma »Metallbau-GmbH«) zwei Produktgruppen »unter einem Dach« gefertigt. Der Produktionsprozeß sowie die dazugehörige Verwaltung bildeten eine organisatorisch selbständige Einheit, also einen → Betrieb.

Nunmehr wird die Herstellung einer Produktgruppe organisatorisch von der Herstellung der anderen Produktgruppe abgetrennt, so daß zwei eigenständige und selbständige Organisationsstrukturen (gegebenenfalls auf dem gleichen bisherigen Firmengelände in den gleichen Gebäuden) entstehen.

Ergebnis: Die Firma Metallbau-GmbH besteht nunmehr aus zwei → Betrieben.

Vorher:

Firma »Metallbau-GmbH«	
Betrieb	
Produktgruppe I	Produktgruppe II

Betriebsaufspaltung, Unternehmensteilung

Nachher:

Firma »Metallbau-GmbH«	
Betrieb A Produktgruppe I	Betrieb B Produktgruppe II

☐ Häufig ist eine Betriebsaufspaltung Folge einer Unternehmensteilung, mit der ein Teil des bisherigen Betriebs bzw. Unternehmens auf ein anderes, ggf. neu gegründetes Unternehmen übertragen wird. Dabei kann die Übertragung im Wege der »Einzelrechtsnachfolge« durch Verkauf und Übereignung aller »betroffenen« Vermögensgegenstände (Grundstücke, Maschinen usw.) oder durch »Gesamtrechtsnachfolge« im Sinne des Umwandlungsgesetzes vollzogen werden (siehe → **Umwandlung von Unternehmen**).

Beispiel:
Der oben bezeichnete neu entstandene Betrieb B der Firma »Metallbau-GmbH« wird rechtlich verselbständigt (z. B. durch eine Unternehmensneugründung mit dem Namen »Anlagenbau-GmbH«) und dadurch aus dem Unternehmensbereich der Firma »Metallbau-GmbH« formal herausgelöst.

Ergebnis: Es sind nicht nur zwei → **Betriebe**, *sondern auch zwei* → **Unternehmen** *entstanden.*

Vorher:

Firma »Metallbau-GmbH«	
Betrieb A Produktgruppe I	Betrieb B Produktgruppe II

Betriebsaufspaltung, Unternehmensteilung

Nachher:

Firma »Metallbau-GmbH«		Firma »Anlagenbau-GmbH«
Betrieb Produktgruppe I		Betrieb Produktgruppe II

Weiteres Beispiel:
Ein Unternehmen (z. B. Firma »Metallbau-GmbH«) wird aufgeteilt:

- in eine »*Besitzgesellschaft*« (auch »*Anlagegesellschaft*« genannt), der das Betriebsvermögen gehört (Grundstücke, Maschinen usw.) und bei der keine oder nur wenige Arbeitnehmer beschäftigt sind,
- und in eine »*Produktionsgesellschaft*« (auch »*Betriebsgesellschaft*« genannt), an die die Betriebsmittel seitens der Besitzgesellschaft verpachtet werden und auf die die Arbeitsverhältnisse der bei dem bisherigen Unternehmen (»Metallbau-GmbH«) beschäftigten Arbeitnehmer nach § 613a BGB übergehen.

Vorher

Firma »Metallbau-GmbH«

Nachher:

Anlagegesellschaft	Betriebsgesellschaft

☐ Denkbar ist schließlich auch eine »Unternehmensteilung« ohne »Betriebsaufspaltung«. In diesem Fall kommt es zwar zur Bildung mehrerer → **Unternehmen**, die organisatorische Einheit »Betrieb« bleibt aber erhalten (siehe → **Gemeinschaftsbetrieb**).

☐ Zu den arbeits- und mitbestimmungsrechtlichen Folgen einer Unternehmensteilung, die sich nach den Vorschriften des Umwandlungsgesetzes vollzieht, siehe → **Umwandlung von Unternehmen**.

Betriebsaufspaltung, Unternehmensteilung

☐ Wichtig ist, daß nach h. M. diejenigen Vorschriften des Umwandlungsgesetzes, die den Schutz der Arbeitnehmer bezwecken, auf die Unternehmensteilungen entsprechende (analoge) Anwendung finden, die in »traditioneller« Weise durch Einzelübertragung aller Vermögensgegenstände auf das neue Unternehmen durchgeführt werden (»Einzelrechtsnachfolge«).

Bedeutung für die Betriebsratsarbeit

☐ Die Betriebsaufspaltung bewirkt in der Regel die Notwendigkeit der Neuwahl von nunmehr zwei oder mehreren Betriebsräten: Im bisherigen reduzierten Betrieb muß neu gewählt werden, wenn die Voraussetzungen des § 13 Abs. 2 BetrVG vorliegen; im neuen Betrieb muß, wenn die Voraussetzungen des § 1 BetrVG gegeben sind, auf jeden Fall eine Neuwahl erfolgen.

☐ Bilden dagegen nach einer »Unternehmensteilung« ohne »Betriebsaufspaltung« die Unternehmen (nach wie vor) **einen** Betrieb (→ **Gemeinschaftsbetrieb**), dann ist eine Betriebsratsneuwahl nicht erforderlich.

☐ Befinden sich »nach einer Betriebsaufspaltung« die beiden oder mehrere »Betriebe« im Verbund eines → **Unternehmens** (→ **Mehr-Betriebs-Unternehmen**), so errichten die Betriebsräte einen → **Gesamtbetriebsrat** (§ 47 BetrVG).

☐ Werden die beiden oder mehrere Betriebe rechtlich verselbständigt (so daß zwei oder mehrere → **Unternehmen** entstehen), so ist die Bildung eines Gesamtbetriebsrats nicht möglich. Allerdings kann, wenn zwischen den Unternehmen (oder zu einem dritten Unternehmen) ein Beherrschungsverhältnis vorliegt, ein → **Konzern** und damit die Möglichkeit der Errichtung eines → **Konzernbetriebsrats** gegeben sein (§ 54 BetrVG).

☐ Wird der abgespaltene Betrieb von einem anderen Unternehmen übernommen bzw. ist die Betriebsaufspaltung mit einer Unternehmensteilung verbunden, so findet ein Betriebsinhaberwechsel statt mit den Rechtsfolgen des § 613a BGB (→ **Betriebsübergang**).

☐ Die Betriebsaufspaltung bzw. Unternehmensteilung kann eine → **Betriebsänderung** (vgl. § 111 Satz 2 Nr. 4 und 5 BetrVG) sein, die die

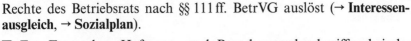

Rechte des Betriebsrats nach §§ 111 ff. BetrVG auslöst (→ **Interessenausgleich**, → **Sozialplan**).

☐ Zur Frage des »Haftungs- und Berechnungsdurchgriffs« bei der oben dargestellten Fallgestaltung, in der ein Unternehmen in eine »reiche« Besitzgesellschaft und eine »arme« Produktionsgesellschaft aufgespalten wird, siehe → **Umwandlung von Unternehmen**.

Bedeutung für die Beschäftigten

☐ Die Betriebsaufspaltung ohne Unternehmensteilung hat keinen Arbeitgeberwechsel zur Folge. Arbeitsvertragspartei bleibt das bisherige Unternehmen.

Es können sich aber eine Reihe von Änderungen ergeben (z. B. Versetzung von einem Betrieb in den anderen usw.). Insoweit hat der Arbeitgeber sowohl etwaig entgegenstehende arbeitsvertragliche Regelungen als auch die Informations-, Mitwirkungs- und Mitbestimmungsrechte des Betriebsrats zu beachten.

☐ Geht die Betriebsaufspaltung mit einer Unternehmensteilung einher, oder wird der abgespaltene Betrieb von einem anderen Unternehmen übernommen, dann gehen die Arbeitsverhältnisse der im abgespaltenen Teil beschäftigten Arbeitnehmer auf das neue (ggf. neu gegründete) Unternehmen über (→ **Betriebsübergang** nach § 613a BGB).

Dies gilt unabhängig davon, ob die Unternehmensteilung sich im Wege der »Einzelrechtsnachfolge« (durch Verkauf und Übereignung) oder durch »Gesamtrechtsnachfolge« nach den Vorschriften des Umwandlungsgesetzes vollzieht (siehe → **Umwandlung von Unternehmen**).

Betriebsaufspaltung, Unternehmensteilung

Checkliste:

Betriebsaufspaltung/Unternehmensteilung

Fragen des Betriebsrats/des Wirtschaftsausschusses:

1. In welcher Form soll die Umstrukturierung durchgeführt werden?
   In Form der »Einzelrechtsnachfolge« durch Verkauf und Übertragung der einzelnen Vermögensgegenstände?
   Oder durch »Gesamtrechtsnachfolge«, das heißt Umwandlung nach den Vorschriften des Umwandlungsgesetzes (Verschmelzung, Spaltung, Vermögensübertragung oder Formwechsel)?
   Welche neuen Gesellschaften werden in welcher Rechtsform gegründet?
   Was geschieht mit dem bisherigen Unternehmen?
   Falls eine Verschmelzung oder Spaltung nach dem Umwandlungsgesetz vorgesehen ist: Legen Sie den Verschmelzungs- bzw. Spaltungs- und Übernahmevertrag vor.
   Teilen Sie uns gemäß § 5 Abs. 1 Nr. 9 bzw. § 126 Abs. 1 Nr. 11 Umwandlungsgesetz mit, welche Folgen für die Arbeitnehmer und ihre Interessenvertretungen durch Verschmelzung bzw. Spaltung eintreten und welche Maßnahmen insoweit vorgesehen sind.
   Stellen Sie uns bitte Kopien der Verträge und Vertragsentwürfe, die zwischen den Unternehmen abgeschlossen wurden bzw. werden sollen, zur Verfügung. Teilen Sie uns auch den Inhalt mündlicher Absprachen mit.
2. Welche Änderungsanträge wurden/werden beim Handelsregister gestellt?
3. Welchen genauen Betriebs-/Unternehmenszweck sollen die neuen Gesellschaften künftig verfolgen?
4. Wird das Marktverhalten zwischen den neuen Gesellschaften vertraglich/faktisch abgestimmt?
   Wird das Auftreten der Gesellschaften nach außen koordiniert und mit einem einheitlichen Erscheinungsbild erfolgen?
   Welche Briefköpfe und Firmensymbole sollen verwendet werden?
5. Welchen Zeitplan haben Sie für die Durchführung der Umstrukturierung vorgesehen?
6. Plant die Geschäftsleitung im Zusammenhang mit der Umstrukturierung Voruntersuchungen? Wenn ja: In welchen Bereichen mit welchen Fragestellungen und durch wen?
7. Warum sind die beabsichtigten Maßnahmen erforderlich? Welche besonderen wirtschaftlichen Notwendigkeiten bestehen?
8. Wie hoch sind die Kosten der Umstrukturierung? Erläutern Sie bitte die Ergebnisse ihrer Wirtschaftlichkeitsberechnungen.

Betriebsaufspaltung, Unternehmensteilung

9. Welche Alternativen zu den vorgeschlagenen Maßnahmen wurden untersucht? Warum sollen diese nicht gewählt werden?
10. Wie wird die finanzielle Ausstattung der neuen Unternehmen sein?
    Welche Auswirkungen hat die Umorganisation auf die Eigentumsverhältnisse?
    Wer ist an welcher Gesellschaft wie beteiligt?
    Welcher Gesellschaft werden welche Betriebsmittel (Grundstück, Gebäude, Maschinenpark, Patente usw.) gehören?
11. Teilen Sie uns bitte mit, welche Nutzungsrechte an Betriebsmitteln der jeweils anderen Gesellschaft vorgesehen sind.
    Welche (vertraglichen) Absprachen werden hier getroffen?
    Legen Sie uns bitte die Vertragsentwürfe vor.
12. Wie ist die räumliche Unterbringung der Unternehmen geplant?
13. Wie wird die Leitungsstruktur der neuen Gesellschaften (auch personell) aussehen?
14. Welche Auswirkungen hat die Umstellung auf die Betriebs- und Arbeitsorganisation ansonsten?
    Welche Abteilungen werden welchen Gesellschaften zugeordnet?
    Stellen Sie uns bitte eine Übersicht zur Verfügung, die den bisherigen und den zukünftigen Status mit Kostenstellen und personellen Verantwortlichkeiten (Direktionsrecht/Kostenstellenverantwortlichkeit) ausweist.
    Wer übernimmt die Personalleitungsaufgaben für die neuen Unternehmen?
15. Welche Auswirkungen ergeben sich insbesondere für Arbeitsabläufe und Arbeitsplätze?
    Ändern sich Arbeitsbedingungen? Wenn ja, welche?
16. Welche technischen und organisatorischen Verknüpfungen werden zwischen den Gesellschaften bestehen?
    Welche Betriebsmittel und Sozialeinrichtungen werden gemeinsam benutzt werden?
    Wird es eine einheitliche Buchhaltung für die neuen Unternehmen geben?
    Wird die EDV-Abteilung aufgeteilt werden?
    Wie werden bei einheitlicher EDV-Abteilung die personenbezogenen bzw. -beziehbaren Daten gegen den Zugriff des jeweils anderen Unternehmens gesichert?
    Werden z. B. der Datenschutzbeauftragte, Sicherheitsfachkräfte, betriebsärztlicher Dienst für den gesamten Bereich zuständig bleiben?
17. Welche personellen Auswirkungen sind zu erwarten?
    Wird Personal im Zuge der Umstrukturierung abgebaut/aufgestockt werden?
    Wenn ja: In welchen Bereichen?
    Sind Kündigungen oder Versetzungen geplant? Wenn ja: Welche?
    Ergeben sich durch die Maßnahme Einkommensveränderungen?
    Wenn ja: Welche?

Betriebsaufspaltung, Unternehmensteilung

Wie viele und welche Arbeitnehmer sollen bei welchen Unternehmen weiterbeschäftigt werden?
Nach welchen – auch rechtlichen – Kriterien soll die Zuordnung erfolgen?
Werden zur Vermeidung evt. später beabsichtigter Kündigungen auch freie Arbeitsplätze bei der jeweils anderen Gesellschaft den Betroffenen angeboten werden?
Sollen die Arbeitnehmer der Gesellschaften auch zukünftig gleichbehandelt werden?

18. Ist gewährleistet, daß die bisher angewendeten Tarifverträge und Betriebsvereinbarungen weiterhin als *kollektivrechtliche* und nicht nur als arbeitsvertragliche Regelungen bei den Unternehmen nach der Umstrukturierung Anwendung finden?
Ist die Mitgliedschaft in einem Arbeitgeberverband für die neuen Gesellschaften beabsichtigt? Wenn ja: In welchem?
Hat die Umstrukturierung Auswirkungen auf die betriebliche Altersversorgung? Wenn ja: Welche?

19. Welche materielle Absicherung ist für die Arbeitnehmer der Gesellschaft vorgesehen, die finanziell schlechter ausgestattet ist (vgl. Frage 10)?
Ist hier an eine gegenseitige Einstandspflicht der Gesellschaften gedacht?

20. Welche Auswirkungen hat nach Ihrer Meinung die Umstrukturierung auf den bestehenden Betriebsrat/Gesamtbetriebsrat/Konzernbetriebsrat/Aufsichtsrat?

21. Ist beabsichtigt, im Zusammenhang mit der geplanten Angliederung des Bereichs an die GmbH die Geschäftsführung der GmbH zu verändern?

_____ , den _____

Betriebsrat

Literaturhinweis:

Thomas Klebe/Wolfgang Trittin: Betriebsaufspaltung und Unternehmensteilung. Gefahren und Möglichkeiten der Gegenwehr für Betriebsräte und Beschäftigte, Bund-Verlag, Köln.

Betriebsbuße

Was ist das?

☐ »Betriebsbußen« sind Disziplinarmaßnahmen des Arbeitgebers gegenüber einem Arbeitnehmer. Sie dienen der Durchsetzung der »betrieblichen Ordnung« (siehe →**Arbeitsordnung**). Dies geschieht dadurch, daß der Arbeitnehmer, der gegen die betriebliche Ordnung verstoßen hat, mit einer »Strafe«, nämlich einer »Betriebsbuße« belegt wird.

☐ Von der Betriebsbuße zu unterscheiden ist die →**Abmahnung**, mit der der Arbeitgeber einen Verstoß des Arbeitnehmers gegen seine »arbeitsvertraglichen« Verpflichtungen rügt. Von Bedeutung ist diese Unterscheidung für die Frage, ob ein Mitbestimmungsrecht des Betriebsrats besteht oder nicht (siehe unten).

☐ In der betrieblichen Praxis kommt die »Betriebsbuße« in verschiedenen Formen vor:

1. in Form einer schriftlichen Beanstandung, die viele Namen haben kann:
Mißbilligung, Beanstandung, Rüge, förmliche Rüge, Mahnung, Abmahnung, Kündigungsandrohung, Tadel, Verwarnung, Verweis, strenger Verweis;

Beispiel einer Betriebsbuße in Form einer »schriftlichen Beanstandung«:
Sehr geehrter Herr Schulz,
Sie haben an der von Ihnen bedienten Maschine einen gewerkschaftlichen Aufkleber angebracht.
Damit haben Sie gegen § 6 unserer Arbeitsordnung vom 3. 4. 1978 verstoßen. Hiernach ist nämlich das Anbringen von Plakaten, Flugblättern, Aufklebern und sonstigem Material an den betrieblichen Einrichtungen untersagt.
Wir erteilen Ihnen hiermit gemäß § 21 Abs. 1 der Arbeitsordnung vom

Betriebsbuße

3. 4. 1978 einen **Verweis** *und fordern Sie auf, zukünftig die Vorschriften der Arbeitsordnung zu beachten.*
Mit freundlichen Grüßen
Geschäftsleitung

2. in Form von Maßnahmen der nachfolgenden Art:
befristete Beförderungssperre, Geldbuße in Höhe eines Stunden- oder Tagesverdienstes, Entzug von Vergünstigungen, Rückgruppierung, Kündigung.

☐ Die Zulässigkeit von Betriebsbußen ist umstritten. Die herrschende Meinung bejaht die Zulässigkeit allerdings dann, wenn die Betriebsbuße aufgrund einer wirksam geschaffenen und bekanntgemachten »Bußordnung« verhängt wurde und dabei ein rechtsstaatliches, ordnungsgemäßes Verfahren eingehalten wird. Dabei ist zu beachten, daß sowohl die Schaffung einer »Bußordnung« als auch die Verhängung der »Betriebsbuße« als solcher der Mitbestimmung des Betriebsrats nach § 87 Abs. 1 Nr. 1 BetrVG unterliegt (siehe unten).

☐ Unstreitig unzulässig ist die Verhängung von »Betriebsbußen« in Form der Kündigung oder Rückgruppierung (= unvereinbar mit dem zwingenden gesetzlichen Kündigungsschutzrecht bzw. Tarifrecht).

☐ Bußordnungen sind häufig in →**Arbeitsordnungen** »eingebaut« in der Weise, daß die Auferlegung einer »Betriebsbuße« dann ausgelöst wird, wenn der Arbeitnehmer gegen einen Tatbestand der Arbeitsordnung verstößt. Dabei werden die Betriebsbußen oft nach Schwere gestaffelt: z. B. Verwarnung, Verweis, strenger Verweis usw.

Bedeutung für die Betriebsratsarbeit

☐ Nach § 87 Abs. 1 Nur 1 BetrVG hat der Betriebsrat mitzubestimmen in
»Fragen der Ordnung des Betriebs und des Verhaltens der Arbeitnehmer im Betrieb«.

☐ Dieses Mitbestimmungsrecht umfaßt nach allgemeiner Auffassung nicht nur die Aufstellung von Ordnungs- und Verhaltensregeln (z. B. in Form einer →**Arbeitsordnung**), sondern auch:
● die Schaffung einer »Bußordnung« (siehe oben)
● und die Verhängung der Betriebsbuße im Einzelfall.

Betriebsbuße

☐ Dem Betriebsrat stellen sich, wenn der Arbeitgeber eine betriebliche Arbeits- und Bußordnung einführen will (oder wenn der Betriebsrat eine bestehende Arbeits- und Bußordnung überprüfen will) folgende Aufgaben:

1. Er prüft, ob die vom Arbeitgeber angestrebten Ordnungs- und Verhaltensregeln mit den Interessen der Arbeitnehmer und mit höherrangigem Recht (Grundgesetz, Menschenwürde, Persönlichkeitsrechte, sonstige öffentlich-rechtliche Vorschriften, Tarifverträge) vereinbar sind (siehe → **Arbeitsordnung**).

2. Er überprüft auch die Zulässigkeit und die Angemessenheit der vom Arbeitgeber geforderten »Bußordnung« (Prüfungskriterien: genügt das vorgesehene Bußverfahren rechtsstaatlichen Anforderungen [= Anhörung des Betroffenen usw.], sind die vorgesehenen Bußen zulässig und angemessen?).

☐ Des weiteren entstehen für den Betriebsrat Aufgaben und Mitbestimmungsrechte, wenn der Disziplinarfall eingetreten ist, d.h. wenn der Arbeitgeber gegenüber einem Arbeitnehmer eine Betriebsbuße verhängen will.

Im obigen Beispielsfall bestehen Zweifel, ob das Interesse des Arbeitgebers an einer »aufkleberfreien« Maschine höher zu bewerten ist, als das Interesse und das Recht des einzelnen Beschäftigten, seine Meinung frei zu äußern und sich auf diese Weise für seine Gewerkschaft zu betätigen. Der Betriebsrat hätte also gute Gründe, seine Zustimmung zur Erteilung eines Verweises zu verweigern.

☐ Verweigert der Betriebsrat seine Zustimmung zu der vom Arbeitgeber geforderten Arbeits- und Bußordnung ganz oder bezüglich einzelner Regelungen, so entscheidet auf Antrag die Einigungsstelle. Das gleiche gilt bei der vom Arbeitgeber beabsichtigten Verhängung einer Betriebsbuße im Einzelfall.

☐ Schwierigkeiten bereitet die Feststellung eines Mitbestimmungsrechtes bei Betriebsbußen in Form einer »schriftlichen Beanstandung«. Denn nach Auffassung des Bundesarbeitsgerichts (BAG) besteht kein Mitbestimmungsrecht bei der sogenannten → **Abmahnung**, die einer Betriebsbuße in Form der schriftlichen Beanstandung sehr ähnlich ist.

☐ Für die Unterscheidung »Abmahnung«/»Betriebsbuße« ist unerheblich die Bezeichnung, die der Arbeitgeber seiner Beanstandung gibt. So kann es sich bei einer als »Abmahnung« bezeichneten Beanstandung um eine »Betriebsbuße« handeln und umgekehrt.

Betriebsbuße

☐ Für die Unterscheidung maßgeblich ist vielmehr Ziel und Inhalt der Beanstandung:

- Rügt der Arbeitgeber einen Verstoß des Arbeitnehmers gegen seine arbeitsvertraglichen Verpflichtungen, will er lediglich von seinem Beanstandungsrecht als Gläubiger Gebrauch machen und zukünftiges vertragsgemäßes Verhalten durchsetzen.
  In diesem Falle bewegt sich der Vorgang auf der individualrechtlichen Ebene. Ein (kollektives) Mitbestimmungsrecht entfällt daher (nach BAG).

- Rügt der Arbeitgeber dagegen einen Verstoß des Arbeitnehmers gegen die z. B. durch eine Arbeitsordnung geregelte betriebliche Ordnung und ist aus dem Inhalt der Rüge ersichtlich, daß es ihm darum geht, die betriebliche Ordnung durchzusetzen, so handelt es sich bei der Beanstandung um eine »Betriebsbuße«. In diesem Falle bewegt sich der Vorgang auf der kollektivrechtlichen Ebene, so daß ein Mitbestimmungsrecht gegeben ist.

- Anders ausgedrückt: Mit der mitbestimmungsfreien »Abmahnung« will der Arbeitgeber in erster Linie zukünftiges arbeitsvertragskonformes Verhalten erzwingen (Warnfunktion der Abmahnung!).
  Mit der mitbestimmungspflichtigen Betriebsbuße dagegen will der Arbeitgeber nicht nur zukünftiges, betriebsordnungskonformes Verhalten erzwingen, sondern auch vergangenes »ordnungswidriges« Verhalten »bestrafen« (Sanktionscharakter der Betriebsbuße).

☐ Hat der Arbeitnehmer gleichzeitig gegen Arbeitsvertrag **und** kollektive Ordnung verstoßen (Beispiel: Arbeitnehmer kommt zu spät zur Arbeit und verstößt damit sowohl gegen seine Vertragspflichten als auch gegen eine Vorschrift in einer →**Arbeitsordnung**, wonach die Arbeitnehmer »stets pünktlich zur Arbeit zu erscheinen haben«), dann soll der Arbeitgeber nach der BAG-Rechtsprechung ein Wahlrecht haben. Das heißt, er soll wählen können, ob er eine mitbestimmungsfreie Abmahnung ausspricht oder eine mitbestimmungspflichtige Betriebsbuße verhängt.

☐ Stellt sich das Verhalten des Arbeitnehmers jedoch ausschließlich als Verstoß gegen die kollektive Ordnung dar (Beispiel: Verstoß gegen eine Regelung zur Nutzung des Firmenparkplatzes), so darf der Arbeitgeber nur zu den in der »Bußordnung« vorgesehenen »Betriebsbußen«, nicht aber zu einer Abmahnung greifen.

Betriebsbuße

☐ Umgekehrt darf der Arbeitgeber keine Betriebsbuße verhängen, wenn der Arbeitnehmer allein gegen den Arbeitsvertrag, nicht aber gleichzeitig gegen die kollektive Ordnung verstoßen hat.

☐ Natürlich ist es auch unzulässig, eine Betriebsbuße zu verhängen, wenn eine »Bußordnung« überhaupt nicht existiert, oder wenn die auferlegte Buße in der »Bußordnung« überhaupt nicht vorgesehen ist.

☐ Sinnvoll und notwendig ist es, in der Betriebsvereinbarung, in der die Rechtsgrundlage für Betriebsbußen geschaffen wurde (z. B. in der Arbeitsordnung) gleichzeitig eine Regelung zur Entfernung schriftlicher Beanstandungen oder sonstiger Hinweise auf die Betriebsbuße nach Ablauf bestimmter Fristen (gegebenenfalls differenziert nach der Schwere des Verstoßes) zu vereinbaren.

Beispiel:
»Verwarnungen sind nach 6 Monaten, strenge Verweise nach 12 Monaten aus der Personalakte zu entfernen und zu vernichten...«

Bedeutung für die Beschäftigten

☐ Rechtliche Möglichkeiten des Arbeitnehmers, der eine ihm gegenüber schriftlich ausgesprochene und zur Personalakte genommene Betriebsbuße für ungerechtfertigt hält:
- Gegendarstellung, die nach § 83 Abs. 2 BetrVG zur Personalakte zu nehmen ist;
- Beschwerde nach §§ 84, 85 BetrVG (siehe insoweit auch → **Abmahnung**, → **Arbeitnehmerrechte nach dem BetrVG**);
- Klage auf Entfernung der schriftlichen Betriebsbuße aus der Personalakte und Vernichtung.

☐ Auch gegenüber sonstigen Betriebsbußen (z. B. Beförderungssperre, Entzug von Vergünstigungen, Geldbuße) kann sich der Beschäftigte mit den vorgenannten Mitteln, insbesondere mit einer arbeitsgerichtlichen Klage zur Wehr setzen.

Betriebsrat

Funktion und Selbstverständnis des Betriebsrats

Der Betriebsrat vertritt die Interessen der Arbeitnehmer des Betriebs. Insbesondere nimmt der Betriebsrat die durch das BetrVG der Belegschaft zugeordneten Beteiligungsrechte wahr (vgl. die Überschrift des vierten Teils des BetrVG: »Mitwirkung und Mitbestimmung der Arbeitnehmer«).

☐ Der Betriebsrat ist »einseitiger« Vertreter der Interessen der Belegschaft. Aus § 2 Abs. 1 BetrVG kann keinesfalls geschlossen werden, daß der Betriebsrat auch die Interessen des Arbeitgebers zu vertreten oder eine lediglich vermittelnde Rolle im Verhältnis zwischen Arbeitgeber und Belegschaft einzunehmen hat. Dies wird auch vom Bundesarbeitsgericht so gesehen, wie der nachfolgende Auszug aus dem Beschluß des BAG vom 21. 4. 1983 (Az.: 6 ABR 70/82) zeigt:

»... Das geltende Arbeitsrecht wird auch durchgängig von zwei gegenüberstehenden Grundpositionen beherrscht, mit denen unterschiedliche Interessen von Arbeitgeber- und Arbeitnehmerseite verfolgt werden. Ohne diesen Interessengegensatz wären im übrigen gesetzliche Regelungen über die Mitwirkung der Arbeitnehmerseite an sozialen, personellen und wirtschaftlichen Entscheidungen des Arbeitgebers gegenstandslos. Auch das Betriebsverfassungsgesetz setzt diesen Interessengegensatz voraus. Im Betrieb hat der Betriebsrat die Interessen der von ihm repräsentierten Belegschaft wahrzunehmen.

Das wird durch § 2 Abs. 1 BetrVG sowie auch durch § 74 Abs. 1 Satz 1 und § 76 BetrVG nur insoweit modifiziert, daß anstelle möglicher Konfrontation die Pflicht zur beiderseitigen Kooperation tritt. Dennoch bleibt der Betriebsrat Vertreter der Belegschaft gegenüber dem Arbeitgeber. Er ist zu vertrauensvoller Zusammenarbeit, nicht aber dazu verpflichtet, die Interessen der Belegschaft zurückzustellen. Damit obliegt dem Betriebsrat eine ›arbeitnehmerorientierte Tendenz‹ der Interessenvertretung...«

Die Aufgaben des Betriebsrats

Die Aufgaben des Betriebsrats lassen sich in drei Schwerpunkte untergliedern:

- **Überwachungsaufgaben**

Der Betriebsrat hat darüber zu wachen, daß die zugunsten der Arbeitnehmer geltenden Gesetze, Verordnungen, Unfallverhütungsvorschriften, Tarifverträge und Betriebsvereinbarungen eingehalten werden, § 80 Abs. 1 Nr. 1 BetrVG.

Es kommt nicht von ungefähr, daß der Gesetzgeber die Überwachungsaufgabe im Rahmen des § 80 Abs. 1 BetrVG an die erste Stelle gesetzt hat. Denn in einem Verhältnis, das nicht durch Vertrauen, sondern durch Interessengegensätze geprägt ist, ist die Maxime »Vertrauen ist gut, Kontrolle ist besser« durchaus angebracht.

- **Schutzaufgaben**

Aus der Tatsache, daß die Interessen von Arbeitgeber und Belegschaft grundsätzlich von gegensätzlicher Natur sind, folgt zwangsläufig, daß ein wesentlicher Teil der Aufgaben des Betriebsrats darin besteht, Verschlechterungen der Situation der Beschäftigten abzuwehren. Dies gilt in besonderem Maße für solche Personengruppen im Betrieb, die besonders schutzbedürftig sind (vgl. § 80 Abs. 1 Nr. 4 BetrVG).

- **Gestaltungsaufgaben**

Der Betriebsrat hat nicht nur die Aufgabe, auf Maßnahmen des Arbeitgebers zu »reagieren«, vielmehr fordert das BetrVG den Betriebsrat vielfach auf, aus eigenem Antrieb oder auf Anregung von Arbeitnehmern im Interesse der Beschäftigten tätig zu werden, d. h. zu »agieren«. So soll der Betriebsrat Maßnahmen, die der Belegschaft dienen, beim Arbeitgeber beantragen (§ 80 Abs. 1 Nr. 2, 3 BetrVG); er hat die Aufgabe, die Belange der Schwerbehinderten, sonstiger besonders schutzbedürftiger Personen (z. B. Jugendliche und vielfach auch Frauen), der älteren Arbeitnehmer, der ausländischen Arbeitnehmer »zu fördern« (§ 80 Abs. 1 Nr. 4–7 BetrVG).

Durch das am 1. 9. 1994 in Kraft getretene Zweite Gleichberechtigungsgesetz ist dem Betriebsrat ausdrücklich die Aufgabe zugewiesen worden, die Durchsetzung der tatsächlichen Gleichberechtigung von

Betriebsrat

Frauen und Männern, insbesondere bei der Einstellung, Beschäftigung, Aus-, Fort- und Weiterbildung und dem beruflichen Aufstieg zu fördern.

Die Beteiligungsrechte des Betriebsrats

Um dem Betriebsrat die Erfüllung seiner Aufgaben zu ermöglichen, stellt das BetrVG ihm ein Instrumentarium von Rechten zur Verfügung (siehe → **Beteiligungsrechte**):

So verpflichtet das BetrVG den Arbeitgeber, den Betriebsrat über alle die Angelegenheiten (Sachverhalte, Ereignisse, Planungen, Vorhaben usw.), die die Interessen der Arbeitnehmer in irgendeiner Weise – negativ oder positiv – berühren, rechtzeitig und umfassend zu informieren.

Darüber hinaus werden dem Betriebsrat in bestimmten Sachverhalten Mitwirkungsrechte und Mitbestimmungsrechte eingeräumt.

Schließlich eröffnet das BetrVG dem Betriebsrat »Rechtswege«, die er beschreiten kann, wenn es zwischen ihm und dem Arbeitgeber zu keiner Einigung kommt, oder der Arbeitgeber die Beteiligungsrechte des Betriebsrats mißachtet oder verletzt (Einigungsstellenverfahren, Arbeitsgerichtsverfahren, Strafverfahren, Ordnungswidrigkeitenverfahren).

Die Arbeitsteilung im Betriebsrat

(siehe hierzu auch: → **Geschäftsordnung des Betriebsrats**)

An der Tätigkeit des Betriebsrats sind beteiligt:

- der Betriebsratsvorsitzende sowie der Stellvertreter, § 26 BetrVG;
- die weiteren Mitglieder des Betriebsrats (Freigestellte und Nichtfreigestellte);
- die Ersatzmitglieder, § 25 BetrVG;
- der Betriebsausschuß, § 27 BetrVG;
- die weiteren Ausschüsse des Betriebsrats, § 28 BetrVG (gegebenenfalls »paritätische« Ausschüsse, § 28 Abs. 3 BetrVG);
- der Wirtschaftsausschuß, §§ 106 ff. BetrVG.

Betriebsrat

Der Betriebsratsvorsitzende (§ 26 BetrVG):

- Er ist nicht »Vorgesetzter« der übrigen Betriebsratsmitglieder, sondern »Gleicher unter Gleichen«;
- er hat allerdings einige besondere – und wichtige – Aufgaben:
  - Vertretung des Betriebsrats im Rahmen seiner Beschlüsse;
  - Entgegennahme von Erklärungen für den Betriebsrat;
  - in Betriebsräten mit weniger als 9 Mitgliedern führt er die »laufenden Geschäfte« (z. B. Koordination der Betriebsratsarbeit, Organisation des Betriebsratsbüros, Vorbereitung von Sitzungen und Beschlüssen des Betriebsrats, Beschaffung von Unterlagen, Besprechung mit Gewerkschaftsvertretern, Verwaltung und Erledigung des Schriftverkehrs usw.). Keinesfalls gehört zu den »laufenden Geschäften« die Wahrnehmung von Mitwirkungs- und Mitbestimmungsrechten. Dies ist allein Sache des Betriebsrats als Ganzem;
  - Leitung von Betriebsratssitzungen und Betriebsversammlungen;
  - Teilnahme an Sitzungen und Sprechstunden der Jugend- und Auszubildendenvertretung.

Der stellvertretende Betriebsratsvorsitzende (§ 26 BetrVG)

Er nimmt die Aufgaben des Betriebsratsvorsitzenden wahr, wenn dieser verhindert ist.

Die weiteren Mitglieder des Betriebsrats

Ihre Tätigkeit beschränkt sich nicht nur darauf, an Betriebsratssitzungen und Betriebsversammlungen lediglich teilzunehmen. Vielmehr ist es für eine effektive Betriebsratsarbeit vollkommen unverzichtbar, die Arbeitsteilung im Betriebsrat derart zu organisieren, daß alle Mitglieder des Betriebsrats aktiv und verantwortlich in die Betriebsratsarbeit einbezogen werden.

Der Betriebsausschuß (§ 27 BetrVG)

- Betriebsräte ab 9 Mitglieder müssen einen Betriebsausschuß haben. Der Betriebsratsvorsitzende und der Stellvertreter sind kraft Gesetzes Mitglieder des Betriebsausschusses. Hinzu kommen – je nach Größe des Betriebsrats – weitere 3 bis 9 Mitglieder.
- Der Betriebsausschuß führt die »laufenden Geschäfte« des Betriebsrats (zum Begriff »laufende Geschäfte«: siehe oben).

Betriebsrat

- Es ist zulässig, dem Betriebsausschuß durch Beschluß des Betriebsrats (Schriftform erforderlich!) Aufgaben zur selbständigen Erledigung (z. B. Wahrnehmung von Mitwirkungs- und Mitbestimmungsrechten) zu übertragen (dies gilt allerdings nicht für den Abschluß von Betriebsvereinbarungen!).
Von einer solchen Übertragungsmöglichkeit sollte jedoch nach Möglichkeit kein Gebrauch gemacht werden. Denn es besteht die Gefahr, daß »ein Betriebsrat im Betriebsrat« entsteht, d. h. eine Abkoppelung eines Teils des Betriebsrats vom Gesamtgremium.

Der Betriebsausschuß sollte sich darauf beschränken, die Beschlüsse des Betriebsrats vorzubereiten, Konzepte zu entwickeln usw. Die Entscheidungen aber sollte das – natürlich optimal zu informierende – gesamte Gremium treffen und damit auch verantworten.

Die weiteren Ausschüsse des Betriebsrats (§ 28 BetrVG)

- Der Betriebsrat kann – und dies ist in größeren Betriebsräten unverzichtbar – für wichtige Handlungsfelder (z. B. Arbeitsentgelt, Arbeitszeit, Arbeits- und Gesundheitsschutz, Rationalisierung, Berufsbildung, Sozialeinrichtungen usw.) weitere Ausschüsse bilden.
- Hinsichtlich der Frage der selbständigen Erledigung von Aufgaben gilt die gleiche Rechtslage wie beim Betriebsausschuß. Es gelten aber auch die gleichen Bedenken (siehe oben).
- Die Einrichtung von »paritätischen«, also auch mit Vertretern des Arbeitgebers besetzten Ausschüssen ist zwar zulässig (vgl. § 28 Abs. 3 BetrVG). Es sollte jedoch deutlich gemacht werden, daß solche Ausschüsse keine Organe des Betriebsrats, sondern Einrichtungen außerhalb des Betriebsrats sind, die lediglich den Zweck haben, Verhandlungen mit dem Arbeitgeber zu »rationalisieren«. Man sollte solche Einrichtungen besser »Verhandlungskommission« nennen.

Der Wirtschaftsausschuß (§§ 106 ff. BetrVG)

In Unternehmen mit in der Regel mehr als 100 ständig beschäftigten Arbeitnehmern hat der Betriebsrat einen Wirtschaftsausschuß zu bilden (besteht das Unternehmen aus mehreren Betrieben [→ **Mehr-Betriebs-Unternehmen**], so errichtet der Gesamtbetriebsrat den Wirtschaftsausschuß; vgl. § 107 Abs. 2 BetrVG).

Der Wirtschaftsausschuß hat die Aufgabe, vom Unternehmer Informationen über »wirtschaftliche Angelegenheiten« zu beschaffen, mit dem

Betriebsrat

Unternehmer diese Angelegenheiten »zu beraten« und den Betriebsrat zu unterrichten (siehe zu den weiteren Einzelheiten → **Wirtschaftsausschuß**).

Die Ersatzmitglieder (§ 25 BetrVG)

- Scheidet ein »ordentliches« Mitglied des Betriebsrats aus, oder ist es zeitweilig verhindert, so rückt ein Ersatzmitglied ganz oder zeitweilig nach, § 25 Abs. 1 BetrVG (siehe → **Betriebsratssitzung**).
- Welche Person als Ersatzmitglied nachrückt, richtet sich nach dem der Betriebsratswahl zugrundeliegenden Wahlverfahren, vgl. § 25 Abs. 2 BetrVG.
- Wegen des Kündigungsschutzes von Ersatzmitgliedern siehe unten.

Die Rahmenbedingungen der Betriebsratsarbeit

- Die Kosten der Betriebsratsarbeit trägt der Arbeitgeber; er hat dem Betriebsrat die notwendigen Räumlichkeiten und sachlichen Mittel (Fachliteratur, Büromaterial usw.) zur Verfügung zu stellen, § 40 BetrVG.
- Die Betriebsratsmitglieder sind für die ordnungsgemäße Durchführung der Betriebsratsaufgaben im erforderlichen Umfang von der Arbeit zu befreien, ohne daß dies ihr Arbeitsentgelt mindern darf, § 37 Abs. 2 BetrVG.
- In Betrieben mit 300 und mehr Arbeitnehmern ist eine bestimmte Anzahl von Betriebsratsmitgliedern völlig von ihrer beruflichen Tätigkeit freizustellen, § 38 BetrVG.
- Für Betriebsratstätigkeit, die aus betriebsbedingten Gründen außerhalb der Arbeitszeit stattfinden muß, ist Arbeitsbefreiung innerhalb eines Monats zu gewähren. Falls dies nicht möglich ist, ist die aufgewendete Zeit wie Mehrarbeit zu vergüten, § 37 Abs. 3 BetrVG.
- Während der Amtszeit und noch ein Jahr danach sind das Arbeitsentgelt eines Betriebsratsmitglieds und seine berufliche Entwicklung an das Arbeitsentgelt und die betriebsübliche berufliche Entwicklung vergleichbarer Arbeitnehmer anzupassen, § 37 Abs. 4 und 5 BetrVG. Für freigestellte Betriebsratsmitglieder gelten darüber hinaus die besonderen Schutzvorschriften des § 38 Abs. 3 und 4 BetrVG.
- Betriebsratsmitglieder sind für Schulungs- und Bildungsveranstaltungen unter Fortzahlung ihres Arbeitsentgelts freizustellen, § 37 Abs. 6 und 7 BetrVG, wobei bei Schulungen nach § 37 Abs. 6

BetrVG der Arbeitgeber auch die anfallenden Kosten zu übernehmen hat.
- Die Mitglieder des Betriebsrats dürfen in der Ausübung der Betriebsratstätigkeit weder gestört noch behindert werden. Auch ist es unzulässig, sie wegen ihrer Tätigkeit zu benachteiligen oder zu begünstigen, § 78 BetrVG.
- Die Behinderung oder Störung der Tätigkeit des Betriebsrats stellt eine strafbare Handlung dar (Geldstrafe oder Freiheitsstrafe bis zu einem Jahr), § 119 BetrVG.
- Betriebsratsmitglieder haben während ihrer Amtszeit und 1 Jahr danach einen besonderen Kündigungsschutz, § 15 KSchG, § 103 BetrVG.
- Ersatzmitglieder, die nachgerückt sind, besitzen für die Dauer der Vertretung den gleichen Kündigungsschutz wie ordentliche Betriebsratsmitglieder. Endet der Vertretungsfall, so tritt für die Dauer eines Jahres der nachwirkende Kündigungsschutz nach § 15 Abs. 1 Satz 2 KSchG ein. Zur Sicherung des Kündigungsschutzes sollte der Vertretungsfall dem Arbeitgeber mitgeteilt werden! Denn es ist streitig, ob der nachwirkende Kündigungsschutz auch dann gilt, wenn dem Arbeitgeber bei Ausspruch der Kündigung der Vertretungsfall nicht bekannt ist.

Das betriebsverfassungsrechtliche Konfliktlösungsschema

☐ Das BetrVG geht zweifellos davon aus, daß das Verhältnis zwischen Arbeitgeber und Arbeitnehmern konfliktgeladen ist. Denn andernfalls wären Regelungen über die Überwachungsaufgaben des Betriebsrats, Arbeitskampfverbot, Kündigungsschutz usw. nicht erklärlich.

Als Konfliktursache wird jedoch nicht der dem Verhältnis innewohnende Interessengegensatz zwischen beiden Seiten ausdrücklich benannt. Vielmehr ist verharmlosend von »Meinungsverschiedenheiten« die Rede (vgl. § 74 Abs. 1 BetrVG: »Arbeitgeber und Betriebsrat... haben Vorschläge für die Beilegung von Meinungsverschiedenheiten zu machen«). Das Konfliktlösungsverfahren des BetrVG ist durch folgende Merkmale gekennzeichnet:
- Aufforderung zur »vertrauensvollen Zusammenarbeit«, § 2 Abs. 1 BetrVG;
- Aufforderung zur Verhandlung mit dem »ernsten Willen zur Einigung«, § 74 Abs. 1 BetrVG;
- Verbot von Arbeitskampfmaßnahmen und sonstiger Handlungen,

Betriebsrat

die den »Arbeitsablauf oder den Frieden des Betriebs« beeinträchtigen, § 74 Abs. 2 BetrVG (siehe → **Friedenspflicht**);
- statt dessen: Anrufung einer Einigungsstelle (manchmal auch des Arbeitsgerichts), sofern in mitbestimmungspflichtigen Angelegenheiten eine Einigung nicht zustande kommt (siehe → **Einigungsstelle** und → **Arbeitsgericht**).

Ergänzt wird dieses Konzept durch
- die Tatsache, daß die Möglichkeiten der Belegschaft zur aktiven Gestaltung des betrieblichen Geschehens nicht gerade weitgreifend geregelt sind. So ist die Beteiligung der Belegschaft an der Gestaltung des »Zusammenlebens« im Betrieb durch das BetrVG im wesentlichen auf folgende Betätigungsfelder beschränkt:
  - Wahl des Betriebsrats, §§ 7ff. BetrVG;
  - Teilnahme an Betriebsversammlungen, §§ 42ff. BetrVG;
  - Aufsuchen der Sprechstunde des Betriebsrats, § 39 BetrVG;
  - Ausübung von Informations-, Anhörungs- und Erörterungsrechten über den Gesamtzusammenhang der Tätigkeit, Unfall- und Gesundheitsgefahren, geplante technische und arbeitsorganisatorische Veränderungen und die Anpassung der Tätigkeit an diese Veränderungen, die Berechnung und Zusammensetzung des Arbeitsentgelts, Beurteilung seiner Leistung, berufliche Entwicklungsmöglichkeiten, §§ 81ff. BetrVG;
  - Rechte in bezug auf die Personalakte, § 83 BetrVG;
  - Ausübung von Beschwerderechten, §§ 84, 85 BetrVG (siehe → **Arbeitnehmerrechte nach dem BetrVG**);
- eine Geheimhaltungspflicht in bezug auf »Betriebs- und Geschäftsgeheimnisse«, § 79 BetrVG (siehe → **Geheimhaltungspflicht**);
- die gesetzlich manifestierte Zweigleisigkeit der Interessenvertretung durch den Betriebsrat einerseits und eine von außen in den Betrieb hineinwirkende Gewerkschaft andererseits. Um den negativen Konsequenzen dieser Spaltung der Interessenvertretung entgegenzuwirken, ist die gewerkschaftliche Vertrauensleutearbeit begründet worden (siehe → **Gewerkschaften**).

☐ Es wäre nun allerdings falsch, anzunehmen, aus den Vorschriften des BetrVG folge die Verpflichtung des Betriebsrats, eine Politik der »Ruhe und Ordnung« zu betreiben und bei der Gestaltung der Betriebsratsarbeit Belegschaft und Gewerkschaft so weit wie möglich »außen vor« zu lassen.

Betriebsrat

Eine solche Auffassung wäre nicht nur »betriebspolitisch« verfehlt. Denn wie soll ein Betriebsrat, der »weder Belegschaft noch Gewerkschaft im Rücken hat«, gegenüber dem Arbeitgeber in Auseinandersetzungen bestehen, interessengerechte Konzepte entwickeln und Verhandlungsdruck erzeugen?

Eine solche Auffassung wäre auch rechtlich falsch. Es gibt da nämlich noch »die andere Seite« des BetrVG, die dem Betriebsrat durchaus eine »beteiligungsorientierte Betriebspolitik« ermöglicht.

- Hinzuweisen ist zunächst auf diejenigen Regelungen, die ausdrücklich eine Kommunikation und Zusammenarbeit mit Belegschaft und Gewerkschaft einfordern, insbesondere die Regelungen über:
  – die Sprechstunde des Betriebsrats, § 39 BetrVG;
  – die Betriebsversammlung, §§ 42 ff. BetrVG;
  – die Verpflichtung der Entgegennahme und Bearbeitung von »Anregungen« von Beschäftigten und die Verpflichtung zur Information der Beschäftigten »über den Stand der Verhandlungen«, § 80 Abs. 1 Nr. 3 BetrVG;
  – Zutritts-, Teilnahme- und Beratungsrechte von Gewerkschaftsvertretern, siehe → **Gewerkschaften**).
- Der Betriebsrat kann des weiteren zum Zwecke regelmäßiger Information der Belegschaft »zwischen den Betriebsversammlungen« ein Info-Blatt herausgeben (Kosten trägt der Arbeitgeber, § 40 BetrVG).
- Ebenfalls möglich ist die regelmäßige Kontaktaufnahme mit Belegschaftsmitgliedern am Arbeitsplatz (z. B. durch regelmäßige Betriebsbegehung).
- Darüber hinaus wird die gewerkschaftliche Vertrauensleutearbeit im Betrieb durch das BetrVG zwar nicht gerade gefördert, ist aber auch nicht untersagt.

Der BetrVG schweigt sich in dieser Frage ganz einfach aus. Es bleibt der Aktivität und der Phantasie der Beschäftigten und natürlich auch des Betriebsrats und der Gewerkschaft überlassen, eine solche Vertrauensleutearbeit im Betrieb mit Leben zu erfüllen. So ist es beispielsweise rechtlich ohne weiteres zulässig,
  – in die Tagesordnung von Betriebsversammlungen regelmäßig den Tagesordnungspunkt: »Bericht des Vertrauenskörpers« aufzunehmen;
  – Vertrauensleute als »sachverständige Auskunftspersonen« zur an sich nichtöffentlichen Betriebsratssitzung einzuladen;

Betriebsrat

- sachkundige Vertrauensleute für die Position des »Sicherheitsbeauftragten« im Sinne des § 719 RVO vorzuschlagen;
- Vertrauensleute als Mitglieder des Wirtschaftsausschusses zu benennen (nur »ein« Mitglied des Wirtschaftsausschusses muß Mitglied des Betriebsrats bzw. Gesamtbetriebsrats sein, vgl. § 107 Abs. 1 BetrVG).

● Ebensowenig ist es verboten, zu bestimmten wichtigen Fragen (z. B. Rationalisierungsprozesse) über die Ausschußarbeit hinaus »Arbeitskreise« zu bilden, an denen Betriebsratsmitglieder, Vertrauensleute und Belegschaftsmitglieder als »sachkundige Personen« (z. B. EDV-Fachleute) teilnehmen. So ist es durchaus möglich und sinnvoll, daß der Betriebsrat sich an der Errichtung und Tätigkeit eines betrieblichen Arbeitskreises → »**alternative Produktion**« oder einer Arbeitsgruppe »Gesundheits- und Umweltschutz« aktiv beteiligt mit dem Ziel, die Ergebnisse der Arbeit dieser Arbeitskreise in die Betriebsratsstrategien einzubauen (siehe auch → **betriebliches Vorschlagswesen**). Erschwert wird eine solche Art der Zusammenarbeit allerdings durch das Fehlen entsprechender Freistellungsregelungen für Vertrauensleute und sonstige Belegschaftsmitglieder.

☐ Weitere betriebsverfassungsrechtliche Organe zur Vertretung der Interessen der Arbeitnehmer sind:

● der → **Gesamtbetriebsrat**, §§ 47 ff. BetrVG,
● der → **Konzernbetriebsrat**, §§ 54 ff. BetrVG,
● die → **Jugend- und Auszubildendenvertretung**, §§ 60 ff. BetrVG und
● die Gesamtjugend- und Auszubildendenvertretung, §§ 72 ff. BetrVG.

Siehe auch → **Europäischer Betriebsrat**.

☐ Die Interessen der Schwerbehinderten werden nicht nur durch den Betriebsrat, sondern darüber hinaus durch die → **Schwerbehindertenvertretung** nach dem Schwerbehindertengesetz vertreten.

☐ Hinzuweisen ist des weiteren auf die »Arbeitnehmervertreter im Aufsichtsrat« eines Unternehmens, deren Aufgabe es im Rahmen der gesetzlich geregelten Aufgaben des Aufsichtsrats ebenfalls ist, Arbeitnehmerinteressen wahrzunehmen (siehe → **Unternehmensmitbestimmung**).

Betriebsräteversammlung

Was ist das?

☐ In → **Mehr-Betriebs-Unternehmen** hat gemäß § 53 BetrVG mindestens einmal im Jahr eine Betriebsräteversammlung stattzufinden. Zu dieser Versammlung lädt der → **Gesamtbetriebsrat** die Vorsitzenden der jeweiligen örtlichen Betriebsräte, die stellvertretenden Vorsitzenden sowie die »weiteren Mitglieder der Betriebsausschüsse« (vgl. § 27 Abs. 1 BetrVG) ein.

☐ Anstelle des vorgenannten Personenkreises können andere Mitglieder der örtlichen Betriebsräte an der Betriebsräteversammlung teilnehmen. Wer dies im einzelnen ist, entscheidet der jeweilige örtliche Betriebsrat durch Beschluß mit einfacher Stimmenmehrheit.

☐ In der Betriebsräteversammlung hat der Gesamtbetriebsrat einen Tätigkeitsbericht vorzutragen.

☐ Außerdem hat der einzuladende »Unternehmer« über das Personal- und Sozialwesen sowie über die wirtschaftliche Lage und Entwicklung des → **Unternehmens** zu berichten.

☐ Wegen der weiteren Einzelheiten vgl. § 53 BetrVG.

Bedeutung für die Betriebsratsarbeit

☐ Die Betriebsräteversammlung stellt ein wichtiges Instrument zur Herstellung von Durchsichtigkeit der Vorgänge im Gesamtunternehmen dar.

☐ Darüber hinaus bietet die Betriebsräteversammlung die Möglichkeit, Kontakte mit den Mitgliedern der jeweils anderen Betriebsräte aufzunehmen, gemeinsam interessierende Fragen (z. B. Probleme der Produktionsverlagerung von einem Betrieb zum anderen, Überstunden

Betriebsräteversammlung

in dem einen, Kurzarbeit in dem anderen Betrieb usw.) zu erörtern und Absprachen für gemeinsame Vorgehensweisen zu treffen.

☐ Neben der Betriebsräteversammlung sieht das BetrVG eine Reihe von weiteren Strukturen, Gremien und Handlungsmöglichkeiten vor, die die örtlichen Interessenvertretungen nutzen können, um die überbetriebliche Zusammenarbeit zu organisieren (siehe → **Gesamtbetriebsrat**, → **Wirtschaftsausschuß**, gegebenenfalls → **Konzernbetriebsrat**). Weitere überbetriebliche Gremien der Interessenvertretung sind die »Gesamtjugend- und Auszubildendenvertretung« (siehe → **Jugend- und Auszubildendenvertretung**), die »Gesamtschwerbehindertenvertretung« (siehe → **Schwerbehinderte**), die »Arbeitnehmervertreter im Aufsichtsrat« (siehe → **Unternehmensmitbestimmung**) sowie der → **Europäische Betriebsrat**.

Betriebsratssitzung

□ Die Beratungen und Entscheidungen (Beschlüsse) des Betriebsrats finden in »Sitzungen« des Betriebsrats (vgl. § 29 BetrVG) statt. Beratung und Beschlußfassung im »Umlaufverfahren« oder per Telefon sind unzulässig.

□ Die Betriebsratssitzungen werden vom Betriebsratsvorsitzenden (im Verhinderungsfall durch den Stellvertreter) einberufen und geleitet.

□ Auf Antrag des Arbeitgebers oder eines Viertels der Mitglieder des Betriebsrats (bzw. der Mehrheit einer mindestens zweiköpfigen Gruppe im Betriebsrat) ist der Betriebsratsvorsitzende verpflichtet, eine Betriebsratssitzung einzuberufen und den beantragten Beratungsgegenstand auf die Tagesordnung zu setzen (vgl. § 29 Abs. 3 BetrVG).

□ Zu den nachfolgenden Ausführungen siehe auch → **Geschäftsordnung des Betriebsrats**.

Einladung

Einzuladen sind:

- alle(!) Mitglieder des Betriebsrats (vgl. § 29 Abs. 2 BetrVG);
- die Vertrauensperson der → **Schwerbehinderten** (vgl. §§ 29 Abs. 2, 32 BetrVG);
- ein Mitglied der → **Jugend- und Auszubildendenvertretung (JAV)** zu allen Betriebsratssitzungen (die JAV bestimmt, wer dies sein soll und teilt dies dem Betriebsrat mit) sowie die gesamte JAV zu solchen Tagesordnungspunkten, die besonders Jugendliche und/oder → **Auszubildende** (unter 25 Jahre) betreffen (vgl. § 29 Abs. 2, 67 Abs. 1 und 2 BetrVG);
- ein Beauftragter einer »im Betriebsrat (mit mindestens einem Mitglied) vertretenen → **Gewerkschaft**«, wenn dies von einem Viertel der Mitglieder des Betriebsrats oder der Mehrheit der Mitglieder der

Betriebsratssitzung

Arbeiter- bzw. der Angestelltengruppe im Betriebsrat beantragt wird (vgl. § 31 BetrVG);
- der →**Arbeitgeber**, wenn der Betriebsrat die Anwesenheit des Arbeitgebers für erforderlich hält, oder wenn die Betriebsratssitzung »auf Verlangen« des Arbeitgebers stattfindet (vgl. § 29 Abs. 4 BetrVG). Der Arbeitgeber kann einen Vertreter des →**Arbeitgeberverbandes** »mitbringen«;
- der Vertrauensmann der Zivildienstleistenden, falls in der Betriebsratssitzung Angelegenheiten behandelt werden, die auch im Betrieb beschäftigte Zivildienstleistende betreffen (vgl. § 37 Abs. 5 Zivildienstgesetz);
- Ersatzmitglieder des Betriebsrats (bzw. der JAV) sind einzuladen, wenn ein »ordentliches« Betriebsratsmitglied (oder JAV-Mitglied) »verhindert« ist. Der Verhinderungsfall ist dem Betriebsratsvorsitzenden unverzüglich mitzuteilen (vgl. § 29 Abs. 2 BetrVG).

Die Reihenfolge des Nachrückens von Ersatzmitgliedern richtet sich nach der Gruppenzugehörigkeit (Arbeiter- oder Angestelltengruppe) des verhinderten »ordentlichen« Mitgliedes sowie nach dem bei der Betriebsratswahl angewendeten Wahlverfahren. Nicht »irgendein«, sondern das »richtige« Ersatzmitglied ist einzuladen (vgl. § 25 BetrVG; zwingende Vorschrift!).

Ein Verhinderungsfall ist nur gegeben, wenn die Teilnahme an der Betriebsratssitzung aus tatsächlichen oder rechtlichen Gründen unmöglich ist: Abwesenheit wegen Urlaub (bezahlt oder unbezahlt), Krankheit, Kur, Teilnahme an einem Seminar, Mutterschaftsurlaub, Erziehungsurlaub, Wehr- und Zivildienst. Verhindert ist ein »ordentliches« Mitglied des Betriebsrats oder der JAV auch dann, wenn über eine Angelegenheit beraten und beschlossen werden soll, die seine persönliche Rechtsstellung als Arbeitnehmer (z. B. Kündigung, Versetzung) oder als Mitglied des Betriebsrats (Ausschlußantrag nach § 23 Abs. 1 BetrVG) betrifft.

Kein Verhinderungsfall ist gegeben, wenn der Betriebsrat im Rahmen betriebsratsorganisatorischer Fragen über Funktion und Aufgabe einzelner Mitglieder entscheidet (z. B. Freistellung nach § 38 BetrVG, Teilnahme an Seminaren, Bestimmung der Mitglieder des Wirtschaftsausschusses, des Gesamtbetriebsrats usw.). Hier kann das jeweils betroffene Mitglied an der Sitzung teilnehmen und mitstimmen.

Betriebsbedingte Gründe können einen Verhinderungsfall grundsätzlich nicht begründen (Ausnahme: die Teilnahme an der Betriebs-

Betriebsratssitzung

ratssitzung wäre unter Berücksichtigung der Interessen des Betroffenen wie auch des Arbeitgebers unzumutbar; Beispiel: Das »ordentliche« Mitglied des Betriebsrats befindet sich auf einem Montageeinsatz im Ausland).
Liegt kein Verhinderungsfall vor, ist ein Ersatzmitglied wegen des Grundsatzes der Nichtöffentlichkeit (vgl. § 30 Satz 4 BetrVG; siehe unten) nach überwiegender Ansicht nicht berechtigt, an Betriebsratssitzungen teilzunehmen (obwohl an sich ein Bedürfnis hierfür vorliegt: Ersatzmitglieder könnten sich durch regelmäßige Teilnahme an den Betriebsratssitzungen »auf dem laufenden« halten); ein Verstoß gegen den Grundsatz der Nichtöffentlichkeit führt allerdings im Regelfall nicht zur Unwirksamkeit von Betriebsratsbeschlüssen (siehe unten).

- Obwohl dies im BetrVG nicht ausdrücklich geregelt ist, ist entsprechend den vorstehenden Ausführungen der/die jeweilige Stellvertreter/in einer verhinderten Vertrauensperson der Schwerbehinderten oder der Zivildienstleistenden zur Betriebsratssitzung einzuladen.

☐ Nach § 2 Abs. 2 Satz 2 Sprecherausschußgesetz kann der Betriebsrat dem Sprecherausschuß für → **leitende Angestellte** oder einzelnen seiner Mitglieder das Recht einräumen, an Betriebsratssitzungen teilzunehmen. Einmal im Jahr »soll« eine gemeinsame Sitzung des Betriebsrats und Sprecherausschusses stattfinden.

Tagesordnung

☐ Der Betriebsratsvorsitzende setzt die Tagesordnung (also die zu behandelnden Angelegenheiten) fest.

Die Tagesordnung ist »rechtzeitig« (am besten zusammen mit der Einladung) an alle – nach Maßgabe der oben aufgeführten Regeln – einzuladenden Personen zu übermitteln. Der Arbeitgeber erhält eine Mitteilung über die Tagesordnung natürlich nur dann, wenn er zu der Betriebsratssitzung (gegebenenfalls auf sein Verlangen) eingeladen worden ist. Allerdings wird ihm dann nicht die möglicherweise aus mehreren Punkten bestehende gesamte Tagesordnung, sondern nur das Thema mitgeteilt, zu dem er vom Betriebsrat eingeladen worden ist.

☐ Die Tagesordnung soll die einzuladenden Mitglieder des Betriebsrats (sowie der anderen oben bezeichneten Interessenvertretungsorgane) in die Lage versetzen, sich ordnungsgemäß auf die Betriebsratssitzung vorzubereiten.

Betriebsratssitzung

Dies ist nur möglich, wenn

1. die sinnvollerweise schriftlich verfaßte und übermittelte Tagesordnung aussagekräftig ist. Dies wiederum ist nur der Fall, wenn die zu behandelnde Angelegenheit konkret bezeichnet wird.

Beispiel:

»Beabsichtigte Kündigung des Mitarbeiters Franz Spiegel, Abteilung Arbeitsvorbereitung.«

Nicht aussagekräftig ist dagegen ein Tagesordnungspunkt: »Personelles«.

Auch die Beifügung schriftlicher Unterlagen zu den jeweiligen Tagesordnungspunkten kann sinnvoll sein. Allerdings muß sichergestellt sein, daß insbesondere der → **Datenschutz** streng gewahrt wird. Unterlagen über persönliche Angelegenheiten von Arbeitnehmern dürfen nicht im Betrieb »herumfliegen«; und

2. muß zwischen Einladung (mit Tagesordnung) und Betriebsratssitzung eine angemessene Zeitspanne als Vorbereitungszeit liegen (die Einladung muß »rechtzeitig« erfolgen; vgl. § 29 Abs. 2 Satz 3 BetrVG). Eine bestimmte Einladungsfrist ist zwar nicht vorgeschrieben, sie sollte aber mindestens einen Arbeitstag betragen. Diese Frist kann natürlich unterschritten werden, wenn dies notwendig ist.

☐ Zu einem in der Tagesordnung nicht aufgeführten Punkt kann nach der Rechtsprechung nur dann ein wirksamer Beschluß gefaßt werden, wenn der vollzählig versammelte Betriebsrat (d.h. in einem neunköpfigen Betriebsrat müssen neun Mitglieder bzw. Ersatzmitglieder anwesend sein) »einstimmig« mit der Ergänzung/Änderung und Beschlußfassung einverstanden ist (strittig; siehe auch unten: Beschlußfassung).

Nichtöffentlichkeit

☐ Die Betriebsratssitzung ist nicht öffentlich (vgl. § 30 Satz 4 BetrVG). Anerkannt ist aber, daß der Betriebsrat neben den oben aufgezählten Personen zur Beratung einzelner Tagesordnungspunkte weitere Personen hinzuziehen kann, ohne gegen das Nichtöffentlichkeitsgebot zu verstoßen:

Betriebsratssitzung

Beispiele:
Arbeitnehmer des Betriebs, die für bestimmte Angelegenheiten besonders sachkundig sind (z. B. EDV-Fachleute, Vertrauensleute, Sicherheitsfachkräfte, Sicherheitsbeauftragte), externe Sachverständige, Beamte der Gewerbeaufsicht oder der Berufsgenossenschaft, betriebsfremde Mitglieder des Gesamtbetriebsrats, von personellen Maßnahmen betroffene Arbeitnehmer.

☐ Ein Verstoß gegen den Grundsatz der Nichtöffentlichkeit beeinträchtigt im übrigen nach allgemeiner Auffassung die Gültigkeit der vom Betriebsrat gefaßten Beschlüsse nicht, es sei denn, es steht fest, daß der Beschluß bei Einhaltung der Nichtöffentlichkkeit anders ausgefallen wäre.

Zeitpunkt, Anzahl und Dauer der Betriebsratssitzung

☐ Betriebsratssitzungen finden grundsätzlich während der Arbeitszeit statt. Der Zeitpunkt ist dem Arbeitgeber vor der Sitzung mitzuteilen. Hinsichtlich der Festsetzung der zeitlichen Lage der Sitzung ist zwar auf »betriebliche Notwendigkeiten« Rücksicht zu nehmen. Solche »Notwendigkeiten« sind jedoch nur gegeben, wenn ebenso dringende wie zwingende betriebliche Gründe eine andere Terminierung der Sitzung erforderlich machen.

☐ Anzahl und Dauer der jeweiligen Betriebsratssitzungen richten sich nach dem Arbeitsanfall und werden allein durch den Betriebsrat bzw. durch den einladenden Vorsitzenden entschieden. Mindestens eine Betriebsratssitzung pro Woche dürfte als Minimum auch in kleineren Betrieben anzusehen sein (dort, wo es weniger »zu bereden« gibt, macht man kürzere, keinesfalls aber weniger Betriebsratssitzungen).

Beschlußfassung

☐ Der Betriebsrat trifft seine Entscheidungen als Kollegialorgan durch Beschluß (vgl. § 33 BetrVG). Weder der Betriebsratsvorsitzende, noch sonstige Mitglieder des Betriebsrats, noch Ausschüsse des Betriebsrats sind befugt, dort wo der Betriebsrat als Gremium zuständig ist, anstelle des Betriebsrats »Beschlüsse« zu fassen.

Ausnahme: Dem Betriebsausschuß oder sonstigen Ausschüssen des Betriebsrats (im Sinne des § 28 BetrVG) werden vom Betriebsrat mit der Mehrheit der Stimmen seiner Mitglieder (im 15köpfigen Betriebsrat müssen mindestens 8 Mitglieder mit »Ja« stimmen) bestimmte Aufgaben »zur selbständigen Erledigung übertragen« (der Beschluß bedarf der Schriftform; vgl. § 27 Abs. 3, § 28 Abs. 1 BetrVG).

☐ Bei der Beschlußfassung müssen die Grundsätze des § 33 BetrVG beachtet werden:

1. Es muß »Beschlußfähigkeit« vorliegen; d. h. es muß mindestens die Hälfte der Mitglieder des Betriebsrats an der Beschlußfassung teilnehmen (bei einem 11köpfigen Betriebsrat also mindestens 6 Mitglieder).

Ist allerdings die Gesamtzahl der Betriebsratsmitglieder auch nach Eintreten sämtlicher Ersatzmitglieder unter die vorgeschriebene Zahl gesunken, dann ist gemäß § 22 BetrVG bis zur in diesem Fall notwendigen Neuwahl des Betriebsrats (vgl. § 13 Abs. 2 Nr. 2 BetrVG) bei der Feststellung der Beschlußfähigkeit von der Zahl der noch vorhandenen Betriebsratsmitglieder auszugehen.

Die Restgröße des Betriebsrats ist auch dann maßgeblich, wenn wegen einer vorübergehenden Verhinderung eines Betriebsratsmitgliedes die vorgeschriebene Gesamtzahl der Betriebsratsmitglieder (auch nach Einrücken aller Ersatzmitglieder) vorübergehend nicht erreicht werden kann (= entsprechende Anwendung des § 22 BetrVG).

2. Ein Beschluß muß mindestens von der Mehrheit der Stimmen der anwesenden Mitglieder des beschlußfähigen Betriebsrats – mit »Ja-Stimme« – getragen sein (bei einer JAV-Angelegenheit nach § 67 Abs. 2 BetrVG sind die Stimmen der JAV mitzuzählen!). In manchen Fällen verlangt das Gesetz die Mehrheit der Stimmen der Mitglieder des Betriebsrats (vgl. z. B. § 27 Abs. 3, § 28 Abs. 1, § 36 BetrVG). In einigen Fällen ist sogar Dreiviertelmehrheit erforderlich (vgl. z. B. § 27 Abs. 1 Satz 5 BetrVG).

3. Bei Stimmengleichheit ist ein Beschlußantrag abgelehnt. Stimmenthaltung ist zulässig. Sie hat aber die Wirkung einer Ablehnung.

Beispiel:
14 Mitglieder des 15köpfigen Betriebsrats nehmen an der Beschlußfassung teil. 7 Mitglieder stimmen mit »Ja«; 6 Mitglieder stimmen mit »Nein«; 1 Mitglied enthält sich der Stimme.
Der Beschlußantrag ist abgelehnt, weil nicht die Mehrheit der an der Beschlußfassung teilnehmenden Betriebsratsmitglieder zugestimmt hat.

Betriebsratssitzung

☐ Nichtig (= rechtsunwirksam) sind Beschlüsse des Betriebsrats dann, wenn sie
1. einen gesetzwidrigen Inhalt haben. Das ist der Fall, wenn der Beschlußinhalt gegen höherrangige Vorschriften, d. h. gegen ein Gesetz, eine Verordnung, eine Unfallverhütungsvorschrift oder einen Tarifvertrag verstößt (vgl. z. B. § 77 Abs. 3 BetrVG); oder
2. nicht ordnungsgemäß zustande gekommen sind. Das ist der Fall,
- wenn Beschlüsse außerhalb einer Betriebsratssitzung im »Umlaufverfahren« gefaßt werden,
- wenn nicht alle Betriebsratsmitglieder – oder im Verhinderungsfall eines »ordentlichen« Mitglieds – nicht das »richtige« Ersatzmitglied – eingeladen worden sind (ein Beschluß ist aber dann nicht unwirksam, wenn der Betriebsratsvorsitzende erst zu Beginn der Sitzung von der Verhinderung Kenntnis erlangt und eine Ladung des Ersatzmitgliedes nicht mehr möglich ist);
- wenn – ohne Einladung der Jugend- und Auszubildendenvertretung (JAV) – über eine Angelegenheit Beschluß gefaßt wurde, die überwiegend Jugendliche oder Auszubildende unter 25 Jahren betraf. Die Beschlußfassung soll aber dennoch wirksam sein, wenn mit ihr einem Antrag der JAV entsprochen wurde und das Ergebnis durch die Stimmen der JAV nicht hätte beeinflußt werden können;
- wenn überhaupt keine Tagesordnung mitgeteilt worden ist, oder wenn die beschlossene Angelegenheit nicht auf der Tagesordnung stand und nicht der vollzählig versammelte Betriebsrat einstimmig mit der Ergänzung der Tagesordnung und der Beschlußfassung einverstanden war (strittig);
- wenn nicht mindestens die Hälfte der Mitglieder des Betriebsrats an der Beschlußfassung teilgenommen haben (siehe oben: fehlende Beschlußfähigkeit; vgl. § 33 Abs. 2 BetrVG, aber auch § 22 BetrVG);
- wenn ein Nichtberechtigter (z. B. ein wegen Fehlens eines Verhinderungsgrundes nicht vertretungsberechtigtes oder ein »falsches« Ersatzmitglied) an der Beschlußfassung teilgenommen hat, und wenn durch die Mitwirkung das Ergebnis der Beschlußfassung beeinflußt wurde;
- wenn für den Beschluß Schriftform vorgeschrieben, aber nicht beachtet wurde (vgl. z. B. § 27 Abs. 3, § 28 Abs. 1 BetrVG).

☐ Keine Unwirksamkeit des Beschlusses hat im Regelfall ein Verstoß gegen das Nichtöffentlichkeitsgebot zur Folge (siehe oben). Ebensowenig eine unterbliebende Protokollierung (es sei denn, Schriftform ist vorgeschrieben).

Betriebsratssitzung

☐ Ein nichtiger Betriebsratsbeschluß hat keinerlei Rechtswirkung, aber dennoch – oft unangenehme – Konsequenzen.

Beispiel:
Ein Widerspruch des Betriebsrats gegen eine vom Arbeitgeber beabsichtigte Kündigung gilt als nicht erfolgt, wenn der Betriebsrat beispielsweise nicht beschlußfähig war.
Folge: Die Zustimmung des Betriebsrats zur Kündigung »gilt als erteilt« (vgl. § 102 Abs. 2 Satz 2 BetrVG).

Protokollierung

☐ Betriebsratssitzungen müssen protokolliert werden (vgl. § 34 BetrVG). Das Protokoll (= Niederschrift) muß mindestens den Wortlaut der Beschlüsse und die Stimmenmehrheit, mit der ein Beschlußantrag angenommen oder abgelehnt worden ist, enthalten.

☐ Das Protokoll ist vom Betriebsratsvorsitzenden (bei dessen Abwesenheit vom Stellvertreter) und einem weiteren Mitglied des Betriebsrats zu unterzeichnen.

☐ Dem Protokoll ist eine Anwesenheitsliste beizufügen, in die sich alle Teilnehmer eigenhändig einzutragen haben (nicht nur die Betriebsratsmitglieder, sondern auch sonstige anwesende Personen: JAV-Mitglieder, Schwerbehindertenvertreter usw.).

☐ Hat der Arbeitgeber oder ein Gewerkschaftsvertreter an der Sitzung teilgenommen, so ist ihnen derjenige Teil der Niederschrift auszuhändigen, der den Zeitraum ihrer Anwesenheit in der Sitzung betrifft.

☐ Einwendungen gegen die Richtigkeit des Protokolls sind schriftlich und unverzüglich (= ohne vorwerfbares Verzögern) zu erheben und dem Protokoll beizufügen.

☐ Darüber hinaus ist es zulässig und üblich, zu Beginn der nächsten Betriebsratssitzung die Richtigkeit der Niederschrift zur Diskussion zu stellen und gegebenenfalls das Protokoll zu korrigieren.

Aussetzung von Beschlüssen

☐ Ein Betriebsratsbeschluß ist nach § 35 BetrVG für die Dauer einer Woche auszusetzen, wenn
• die Mehrheit der Vertreter einer Gruppe im Betriebsrat

Betriebsratssitzung

- oder die Mehrheit der Jugend- und Auszubildendenvertretung (vgl. auch § 66 BetrVG)
- oder die Schwerbehindertenvertretung

dies beantragt, weil sie den Beschluß als eine erhebliche Beeinträchtigung wichtiger Interessen der durch sie vertretenen Arbeitnehmer ansieht.

☐ Innerhalb der Aussetzungsfrist soll eine Verständigung zwischen dem Betriebsrat (bzw. der Mehrheit des Betriebsrats) und den Antragstellern herbeigeführt werden, gegebenenfalls mit Hilfe der im Betrieb vertretenen Gewerkschaften.

☐ Nach Ablauf der Frist ist über die Angelegenheit neu zu beschließen. Ein nochmaliger Aussetzungsantrag kommt nur dann in Betracht, wenn durch die 2. Beschlußfassung der 1. Beschluß »erheblich« abgeändert worden ist.

Checkliste:

Vorbereitung der Betriebsratssitzung

1. Termin der Sitzung festlegen:
   - Datum, Uhrzeit.
2. Ort der Sitzung festlegen:
   - Räumlichkeit freihalten.
3. Tagesordnung festlegen:
   - nicht zu viele Themen (lieber mehrere Sitzungen),
   - Themen nach Wichtigkeit und Dringlichkeit auswählen,
   - bei der Auswahl der Themen nicht nur auf aktuelle Probleme »reagieren«, sondern auch langfristige Aufgaben »anpacken« (»agieren!«),
   - die wichtigsten und dringlichsten Themen vorziehen,
   - Themen genau bezeichnen (wichtig!).
4. Die einzelnen Themen arbeitsteilig für die Sitzung vorbereiten (Ausschüsse des Betriebsrats oder einzelne Betriebsratsmitglieder beauftragen!).
5. Für jedes Thema klären:
   - Wie ist die Ausgangslage?
   - Was will der Arbeitgeber?
   - Was will der Betriebsrat?
   - Was will die Jugend- und Auszubildendenvertretung?
   - Was will die Schwerbehindertenvertretung?
   - Was will der Vertrauenskörper?
   - Was wollen die betroffenen Beschäftigten?
   - Worüber besteht Einigkeit?
   - Was ist strittig?

Betriebsratssitzung

- Welche Informationen werden noch benötigt?
- Welche Unterlagen müssen in der Sitzung vorliegen?
- Welche »Auskunftspersonen« (Gewerkschaftssekretär, Vertrauensleute, sachverständige Belegschaftsmitglieder usw.) müssen eingeladen werden?
- Welche Punkte müssen diskutiert werden?
- Welche Konsequenzen (Forderungen, Konzeptionen usw.) müssen gezogen werden?
- Was kann zur Durchsetzung der Konsequenzen unternommen werden?

6. Einladung mit Tagesordnung an:
   - Betriebsratsmitglieder (Wer ist anwesend? Wer ist verhindert?),
   - Jugend- und Auszubildendenvertretung,
   - Schwerbehindertenvertretung,
   - ggf. Ersatzmitglieder,
   - Gewerkschaftssekretär,
   - ggf. Arbeitgeber,
   - sonstige Personen.
7. Einladung und Tagesordnung anfertigen und rechtzeitig versenden.
8. Ggf. weitere Unterlagen kopieren und der Einladung beifügen.
9. Sonstige Unterlagen für die Sitzung bereithalten (Akten, Listen usw.).

Checkliste:

Durchführung der Betriebsratssitzung

1. Sitzung eröffnen:
   - Begrüßung durch den Betriebsratsvorsitzenden bzw. den Stellvertreter.
   - Wer leitet die Diskussion?
   - Wer führt die Rednerliste?
   - Wer führt Protokoll?
   - Wann werden Pausen gemacht?
   - Wieviel Zeit steht für die Sitzung insgesamt zur Verfügung?
   - Liegt Beschlußfähigkeit vor?
   - Anwesenheitsliste umlaufen lassen.
   - Sonstiges
2. Tagesordnung verlesen; Änderungswünsche erfragen (beachten: Für die Aufnahme eines neuen Tagesordnungspunktes ist dann die Zustimmung aller (!) Mitglieder des Betriebsrats erforderlich, wenn in der betreffenden Angelegenheit ein Beschluß gefaßt werden soll).
3. Protokoll der letzten Sitzung zur Diskussion stellen und gegebenenfalls ändern/berichtigen.
4. Tagesordnung in der vorgesehenen Reihenfolge bearbeiten.

Betriebsratssitzung

5. Nach dem Aufruf eines Tagesordnungspunkts wie folgt vorgehen:
   - Derjenige (z. B. Ausschuß), der das Thema vorbereitet hat, gibt eine kurze Einführung in das Thema.
   - Thema zur Diskussion stellen.
6. Aufgaben des Diskussionsleiters:
   - Teilnehmer zu Diskussionsbeiträgen auffordern (auch die »Stillen« einbeziehen);
   - Einhaltung der Rednerliste beachten;
   - darauf achten, daß nicht durcheinandergeredet wird;
   - dafür sorgen, daß zum Thema diskutiert und nicht »vom Hölzchen zum Stöckchen« gesprungen wird; gegebenenfalls zum Thema zurückführen;
   - falls notwendig: Diskussionszwischenstand zusammenfassen und die Diskussion auf offene/strittige Fragen zuspitzen:
     - Worüber besteht Einigkeit?
     - Was ist strittig?
     - Was muß noch diskutiert werden?
   - Diskussion beenden, wenn sie beginnt, sich »im Kreise zu drehen«.
7. Aufgaben der Diskussionsteilnehmer:
   - konstruktiv diskutieren: nicht nur darauf hinweisen, was schlecht läuft, sondern Verbesserungsvorschläge machen und Lösungswege aufzeigen;
   - andere ausreden lassen; anderen zuhören;
   - auch die Argumente des »politischen Gegners« ernst nehmen (Schubladendenken: » ... der muß ja so reden« vermeiden);
   - auf die Vorschläge anderer sachlich eingehen; insbesondere die Ablehnung von Vorschlägen anderer mit Sachargumenten begründen (Negativwertungen vermeiden);
   - kurz fassen.
8. Am Ende der Diskussion zu einem Tagesordnungspunkt:
   - Diskussionsergebnis feststellen, (die eigene gegebenenfalls abweichende Meinung von der [Mehrheits-]Meinung des Betriebsratsgremiums trennen);
   - wenn in der Sache ein Beschluß gefaßt werden kann:
     - Beschlußantrag formulieren,
     - Abstimmen lassen:
     Wer ist dafür?
     Wer ist dagegen?
     Wer enthält sich der Stimme?
     - gegebenenfalls über Gegenantrag abstimmen lassen (wie vor),
     - auf wortlautgetreue Protokollierung des Beschlusses achten und (zumindest) Ja-Stimmen im Protokoll vermerken;
   - wenn in der Sache kein Beschluß gefaßt werden kann:
     - Was muß für eine sachgerechte Beschlußfassung noch geklärt werden?
     - Bis wann muß spätestens ein Beschluß in der Sache gefaßt werden? (Fristen beachten!)
9. Arbeitsaufträge gemeinsam formulieren und auf Betriebsratsausschüsse bzw. einzelne Betriebsratsmitglieder verteilen:
   - Was muß getan werden?

Betriebsratssitzung

- Wer macht das (nach Möglichkeit Teamarbeit)?
- Bis wann muß das erledigt sein?
10. Den Termin der nächsten Betriebsratssitzung absprechen und festlegen (auf Fristen achten!).
11. Alle wesentlichen Punkte protokollieren; insbesondere Beschlüsse, Abstimmungsergebnisse, zu erledigende Aufgaben und die dafür verantwortlichen Personen bzw. Ausschüsse sowie Fristen schriftlich festhalten; Protokoll nach Möglichkeit unmittelbar nach der Sitzung fertigstellen, Anwesenheitsliste beifügen und Fotokopien an die Betriebsratsmitglieder (gegebenenfalls Protokollauszüge auch an andere Teilnehmer) aushändigen.

Literaturhinweis:

Wolfgang Fricke/Herbert Grimberg/Wolfgang Wolter (Hrsg.): Die kleine Betriebsrats-Bibliothek. Band 1: Die Betriebsratssitzung: Jetzt geht's ran, Bund-Verlag, Köln.

Betriebsratswahl

Grundlagen

☐ In allen → **Betrieben** mit in der Regel mindestens 5 ständigen wahlberechtigten →**Arbeitnehmern**, von denen 3 wählbar sind, sind → **Betriebsräte** zu wählen (vgl. § 1 BetrVG).

☐ Wahlberechtigt sind alle Arbeitnehmer, die das 18. Lebensjahr vollendet haben (vgl. § 7 BetrVG).

☐ Wählbar sind diejenigen Arbeitnehmer, die das 18. Lebensjahr vollendet haben und zum Zeitpunkt der Wahl (Wahltag) dem Betrieb mindestens sechs Monate angehören (vgl. § 8 BetrVG).

☐ Das Wahlverfahren ist im einzelnen in §§ 7 bis 20 BetrVG sowie in der dazu ergangenen Wahlordnung geregelt.

☐ Die Wahl wird organisiert durch einen »Wahlvorstand«, der bei einer erstmaligen Betriebsratswahl durch eine Betriebsversammlung (vgl. § 17 Abs. 1 und 2 BetrVG) und ansonsten – bei Bestehen eines Betriebsrats – durch den Betriebsrat bestellt wird (§ 16 Abs. 1 BetrVG). In Ausnahmefällen wird der Wahlvorstand auf Antrag durch das →**Arbeitsgericht** berufen (vgl. § 16 Abs. 2 und § 17 Abs. 3 BetrVG).

☐ Wenn in einem Betrieb Arbeiter und Angestellte beschäftigt sind, »müssen« (siehe → **Muß-, Soll-, Kann-Vorschrift**) beide Gruppen im Wahlvorstand vertreten sein (§ 16 Abs. 1 Satz 5 BetrVG).

☐ Beachten: In Betrieben mit weiblichen und männlichen Arbeitnehmern »sollen« (siehe → **Muß-, Soll-, Kann-Vorschrift**) dem Wahlvorstand Frauen und Männer angehören (vgl. § 16 Abs. 1 Satz 7 BetrVG).

☐ Eine Orientierung über den Ablauf der Betriebsratswahl sowie insbesondere über die Aufgaben des Wahlvorstandes gibt die nachfolgende »Schnellübersicht«:

● In der ersten Spalte sind die Aufgaben des Wahlvorstandes nach seiner Bestellung durch den amtierenden Betriebsrat dargestellt.

Betriebsratswahl

- In der zweiten Spalte wird auf die jeweilig geltenden Fristen hingewiesen.
- In der dritten Spalte der Übersicht sind die entsprechenden Vorschriften des BetrVG und der Wahlordnung aufgeführt. Außerdem finden sich hier Hinweise auf die Formulare, derer sich der Wahlvorstand bedienen sollte, um die Betriebsratswahl »sicher über die Bühne zu bringen« (siehe »Formularmappe zur Betriebsratswahl«, zu beziehen beim Bund-Verlag, Köln, vgl. → **Literatur für die Betriebsratsarbeit**).

Schnellübersicht:
Betriebsratswahl

	Termine/Fristen	§§ des BetrVG, der Wahlordnung, Anmerkungen, Formularnummern[3]
1. Der amtierende Betriebsrat (BR[1]) bestellt einen aus mindestens drei wahlberechtigten Arbeitnehmern bestehenden Wahlvorstand (WV[2]) und bestimmt einen von ihnen als Vorsitzenden.	...spätestens *10 Wochen* vor Ablauf der Amtszeit des amtierenden Betriebsrats...	§ 16 Abs. 1 BetrVG (in Ausnahmefällen erfolgt die Bestellung des Wahlvorstands durch eine Betriebsversammlung, § 17 Abs. 1 BetrVG, oder durch das Arbeitsgericht § 16 Abs. 2 und § 17 Abs. 3 BetrVG.
Aufgaben des Wahlvorstandes		
2. Der Vorsitzende des WV lädt die vom BR bestellten übrigen Mitglieder des WV zu einer ersten Sitzung ein.	...unverzüglich nach Bestellung des WV...	§ 18 Abs. 1 BetrVG... sind von »Gewerkschaften« benannte Beauftragte als nicht stimmberechtigte Mitglieder in den WV entsandt worden, so sind auch diese einzuladen... (vgl. § 16 Abs. 1 Satz 6 BetrVG).

1 BR = Betriebsrat
2 WV = Wahlvorstand
3 Die Nummern beziehen sich auf die »Formularmappe Betriebsratswahl«, Bund-Verlag, Köln 1993.
4 WO = Wahlordnung zum BetrVG

Betriebsratswahl

Aufgaben des Wahlvorstandes	Termine/Fristen	§§ des BetrVG, der Wahlordnung, Anmerkungen, Formularnummern[3]
3. Der WV stellt einen Arbeitsplan auf und beschließt, ob er sich eine *Geschäftsordnung* gibt. Er bestimmt einen Schriftführer. Er entscheidet über den Einsatz von Wahlhelfern.		§ 18 Abs. 1 BetrVG § 1 Abs. 2, 3 WO[4]

Die nachfolgenden Aufgaben Nr. 4–17 müssen erledigt werden, um das »Wahlausschreiben« (vgl. Nr. 17) erstellen zu können!

4. Der WV bestimmt den *Termin* der *Betriebsratswahl*.	Die Bestimmung des Termins der Betriebsratswahl sollte sehr frühzeitig erfolgen (auf Empfehlung der Gewerkschaft achten!).	§ 13 BetrVG § 3 Abs. 1, 2 Nr. 10 WO
5. Der WV erstellt die *Wählerliste*, unterteilt nach Arbeitern und Angestellten. Er stellt fest, welche Beschäftigten nach seiner Auffassung »leitende Angestellte« sind.		§ 2 Abs. 1 WO ... Arbeitgeber zur Erteilung von Auskünften und Anfertigung und Herausgabe von Beschäftigtenlisten auffordern ...
6. Der WV führt das Abstimmungsverfahren mit dem WV des *Sprecherausschusses* durch, um Übereinstimmung über den Kreis der *leitenden Angestellten* herbeizuführen.	...unverzüglich nach Aufstellung der Wählerlisten, spätestens jedoch zwei Wochen *vor* Erlaß des Wahlausschreibens (= Einleitung der Wahl) ...	§ 18a BetrVG ... dieser Schritt entfällt, wenn eine Sprecherausschußwahl nicht stattfindet.
7. Der WV bestimmt, wann und wo die Wählerlisten sowie Abdrucke der Wahlordnung eingesehen werden können.	Auslage der Wählerliste: vom Tag des Erlasses des Wahlausschreibens (Nr. 17) bis zum Abschluß der Stimmabgabe (Nr. 30)	§ 2 Abs. 4 WO § 3 Abs. 2 Nr. 2, 3 WO

Betriebsratswahl

Aufgaben des Wahlvorstandes	Termine/Fristen	§§ des BetrVG, der Wahlordnung, Anmerkungen, Formularnummern[3]
Er legt fest, bis wann spätestens *Einsprüche gegen die Richtigkeit* der Wählerliste eingelegt werden können.	... Einsprüche nur innerhalb von zwei Wochen *nach* Erlaß des Wahlausschreibens ...	§ 4 Abs. 1 WO
8. Der WV stellt die *Zahl der zu wählenden BR-Mitglieder* fest.		§ 9 BetrVG § 3 Abs. 2 Nr. 4 WO
9. Der WV berechnet die Zahl der Mandate, die auf die *Gruppe* der *Angestellten* und *Arbeiter* entfallen.		§ 10 BetrVG § 3 Abs. 2 Nr. 4 WO
10. Der Inhalt des Wahlausschreiben (Nr. 17) hängt wesentlich davon ab, ob die Betriebsratswahl als »Gruppenwahl« oder als gemeinsame Wahl stattfindet. Auf Antrag eines Arbeitnehmers führt der WV die Abstimmung über die *gemeinsame Wahl* durch.	... Abstimmung über »gemeinsame Wahl« kann vor und innerhalb von zwei Wochen *nach* Erlaß des Wahlausschreibens erfolgen.	§ 3 Abs. 2 Nr. 5 WO § 14 Abs. 2 BetrVG **Formular-Nr. 1, 2a, 3** ... nach Möglichkeit die Abstimmung *vor* Erlaß des Wahlausschreibens durchführen ...
11. Der WV errechnet, von wie vielen Arbeitnehmern (bei gemeinsamer Wahl) bzw. Gruppenangehörigen (bei Gruppenwahl) ein gültiger *Wahlvorschlag* zu unterzeichnen ist (Stützunterschriften).		§ 14 Abs. 6, 7 BetrVG § 3 Abs. 2 Nr. 6 WO

Betriebsratswahl

Aufgaben des Wahlvorstandes	Termine/Fristen	§§ des BetrVG, der Wahlordnung, Anmerkungen, Formularnummern[3]
12. Der WV legt fest, bis wann und wo Wahlvorschläge einzureichen sind, und wo sie bekanntgemacht werden.	... Einreichung von Wahlvorschlägen nur innerhalb von zwei Wochen *nach* Erlaß des Wahlausschreibens (es sei denn, es wird Nachfristsetzung erforderlich).	§ 3 Abs. 2 Nr. 7, 9 WO
13. Der WV legt Ort, Tag und Uhrzeit der Stimmabgabe fest.	Siehe oben Nr. 4	§ 3 Abs. 2 Nr. 10 WO
14. Der VW entscheidet, ob Arbeitnehmer von *Nebenbetrieben* oder *Betriebsteilen* durch Briefwahl an der Betriebsratswahl teilnehmen (siehe Nr. 28).		§ 3 Abs. 2 Nr. 10 WO § 26 Abs. 3 WO
15. Der WV legt seine »Betriebsadresse« und seine »Sprechzeiten« fest.		§ 3 Abs. 2 Nr. 11 WO
16. Der WV sorgt dafür, daß *ausländische Arbeitnehmer*, die der deutschen Sprache nicht mächtig sind, über Wahlverfahren, Aufstellung der Wähler- und Vorschlagslisten, Wahlvorgang und Stimmabgabe in geeigneter Weise informiert werden.		§ 2 Abs. 5 WO

Betriebsratswahl

Aufgaben des Wahlvorstandes	Termine/Fristen	§§ des BetrVG, der Wahlordnung, Anmerkungen, Formularnummern[3]
17. Der WV fertigt unter Berücksichtigung bisheriger Entscheidungen das *Wahlausschreiben* an und gibt es bekannt (Aushang). Gleichzeitig legt der WV einen Abdruck der Wählerliste sowie der Wahlordnung (WO) aus (vgl. Nr. 7).	... spätestens sechs Wochen vor dem 1. Tag der Stimmabgabe (Betriebsratswahl) ...	§ 3 WO **Formular-Nr. 4, 5, 6** § 2 Abs. 4 WO
18. Soweit vor Erlaß des Wahlausschreibens keine *Abstimmung über gemeinsame Wahl* durchgeführt wurde und innerhalb der Frist des § 6 Abs. 2 WO gemeinsame Wahl beschlossen wird, setzt der Wahlvorstand eine Nachfrist von einer Woche für die Einreichung neuer *Wahlvorschläge/Vorschlagslisten*.	... Abstimmung kann *vor* und *innerhalb von zwei Wochen nach* Erlaß des Wahlausschreibens erfolgen ... (siehe oben Nr. 10)	§ 14 Abs. 2 BetrVG § 6 Abs. 2 WO **Formular-Nr. 1, 2a, 3** ... liegt ein Antrag eines Arbeitnehmers auf Durchführung einer Abstimmung über die »*gemeinsame Wahl*« vor, so sollte der WV die Abstimmung durchführen.
19. Der WV nimmt *Einsprüche* gegen die Richtigkeit der Wählerliste entgegen und entscheidet über diese Einsprüche.	... Einspruchsfrist läuft zwei Wochen nach Erlaß des Wahlausschreibens ab ... (siehe oben Nr. 7)	§ 4 Abs. 1 und 2 WO
20. Der WV prüft nach Ablauf der Einspruchsfrist noch einmal gründlich die *Vollständigkeit der Wählerliste* und berichtigt sie gegebenenfalls.	... unmittelbar nach Ablauf der Einspruchsfrist ...	§ 4 Abs. 3 WO

Betriebsratswahl

Aufgaben des Wahlvorstandes	Termine/Fristen	§§ des BetrVG, der Wahlordnung, Anmerkungen, Formularnummern[3]
21. Der WV nimmt *Wahlvorschläge (Vorschlagslisten)* entgegen und bestätigt dem Listenvertreter schriftlich den Zeitpunkt der Einreichung.	... bis zum Ablauf von zwei Wochen nach Erlaß des Wahlausschreibens bzw. nach Ablauf einer Nachfrist ...	§ 14 Abs. 5 WO § 6 WO § 7 Abs. 1 WO **Formular-Nr. 7, 8** (»Wahlvorschlagsmuster«)
22. Der WV prüft die *Gültigkeit* der eingereichten Wahlvoschläge (Vorschlagslisten).	... unverzüglich, möglichst innerhalb von zwei Arbeitstagen nach Eingang ...	§ 7 Abs. 2 WO § 8 WO
23. Der WV unterrichtet bei Ungültigkeit oder Beanstandung des Wahlvorschlags (Vorschlagsliste) den *Listenvertreter* und fordert ihn auf, heilbare Mängel zu beheben.	Wie Nr. 22.	§ 7 Abs. 2 Satz 2 WO § 8 WO ... ist ein(e) Wahlschlag (Vorschlagsliste) »unheilbar« ungültig, so hat der WV den Listenvertreter hierauf hinzuweisen ...
24. Soweit innerhalb der Einreichungsfrist keine gültigen Wahlvorschläge (Vorschlagslisten) eingereicht werden, setzt der WV eine *Nachfrist*. Wird trotz Nachfristsetzung kein gültiger Wahlvorschlag eingereicht, gibt der WV bekannt, daß die Wahl überhaupt nicht bzw. für die betreffende Gruppe nicht stattfindet.	... *sofort* nach Ablauf der Einreichungsfrist ...	§ 9 WO **Formular-Nr. 9, 23**
25. Der WV ermittelt bei mehreren Vorschlagslisten durch Los die *Reihenfolge der Ordnungsnummern* (Listen-Nummern).		§ 10 Abs. 1 WO ... in der ermittelten Reihenfolge erscheinen die Vorschlagslisten auf dem Stimmzettel.

Betriebsratswahl

Aufgaben des Wahlvorstandes	Termine/Fristen	§§ des BetrVG, der Wahlordnung, Anmerkungen, Formularnummern[3]
26. Die gültigen *Wahlvorschläge* (Vorschlagslisten) werden vom WV an den Stellen *bekanntgemacht*, an denen auch das Wahlausschreiben ausgehängt worden ist.	... spätestens eine Woche vor der Betriebsratswahl ...	§ 10 Abs. 2 WO
27. Der WV erstellt die Stimmzettel.	... nach Ablauf der Einreichungsfristen für Wahlvorschläge ...	**Formular-Nr. 10, 11, 12** *(= Muster-Stimmzettel)*
28. Der WV stellt die Unterlagen für die schriftliche Stimmabgabe *(Briefwahl)* zusammen und leitet sie den »Briefwählern« zu.	Wie Nr. 27	§ 26 WO **Formular-Nr. 10, 11, 12** *(= Muster-Stimmzettel), 21, 22 (Merkblatt)*
29. Der WV trifft die organisatorischen Vorbereitungen für das *Wahllokal* (Wahlkabine, Wahlurne, Besetzung usw.).	Wie Nr. 27	§ 12 WO
30. Der Wahlvorstand führt die Stimmabgabe *(Betriebsratswahl)* durch.	... Wahltag ... (siehe Nr. 4)	§ 11 Abs. 3 und 4 WO § 27 WO § 12 Abs. 2–5 WO
31. Der WV legt die *schriftlich* eingegangenen *Wahlumschläge* (Briefwahl) in die Wahlurne.	... unmittelbar *vor* Abschluß der Stimmabgabe ...	§ 28 Abs. 1 WO
32. Der WV *zählt* die *Stimmen öffentlich aus*, stellt das *Wahlergebnis* fest und gibt dieses bekannt.	... unverzüglich *nach* Abschluß der Stimmabgabe, spätestens am nächsten Arbeitstag ...	§ 13 WO § 14 WO § 15 WO § 16 WO **Formular-Nr. 13–20**
33. Der WV fertigt die *Wahlniederschrift* an.	... nach Feststellung des Wahlergebnisses ...	§ 17 WO

Betriebsratswahl

Aufgaben des Wahlvorstandes	Termine/Fristen	§§ des BetrVG, der Wahlordnung, Anmerkungen, Formularnummern[3]
34. Der WV benachrichtigt die Gewählten.	... unverzüglich nach Feststellung des Wahlergebnisses.	§ 18 WO
35. Der WV gibt die Namen der endgültig festgestellten Betriebsratsmitglieder bekannt.	... nach Ablauf der »Erklärungsfrist« ... (§ 18 Abs. 1 Satz 2 WO)	§ 19 WO **Formular-Nr. 13–20**
36. Der WV lädt die gewählten Betriebsratsmitglieder zur *konstituierenden Sitzung* des BR ein.	... vor Ablauf von einer Woche nach dem Wahltag ...	§ 29 Abs. 1 BetrVG
37. Der Vorsitzende des WV leitet die konstituierende Sitzung, bis der Betriebsrat aus seiner Mitte einen Wahlleiter bestellt hat.		§ 29 Abs. 1 Satz 2 BetrVG
38. Der WV übergibt die Wahlunterlagen dem gewählten BR.	... unmittelbar nach Konstituierung des neugewählten BR ...	§ 20 WO

Literaturhinweis:

Wolfgang Fricke/Herbert Grimberg/Wolfgang Wolter (Hrsg.): Die kleine Betriebsrats-Bibliothek. Band 6: Die Betriebsratswahl – perfekt vorbereitet und erfolgreich durchgeführt, Bund-Verlag, Köln.

Hermann Blanke/Peter Berg u. a.: Wahlhilfepaket Betriebsratswahl, bestehend aus: Betriebsratswahl-Handlungsanleitung für die betriebliche Praxis (mit neuer Wahlordnung und einer Rechtsprechungsübersicht) und Formularmappe zur Durchführung der Betriebsratswahl, Bund-Verlag, Köln.

Betriebsteil

Was ist das?

☐ Betriebsteile im Sinne des § 4 Satz 1 BetrVG sind »Abteilungen« eines → **Betriebes**, die sich in organisatorischer und räumlicher Hinsicht vom Hauptbetrieb unterscheiden lassen. Innerhalb des Betriebsteils werden Teilaufgaben für den Hauptbetrieb erfüllt. Das heißt, der Betriebsteil dient ganz oder überwiegend dem arbeitstechnischen Zweck des Hauptbetriebes. Ohne Anbindung und Eingliederung an den Hauptbetrieb kann der Betriebsteil nicht bestehen.

Beispiele:
Reparaturwerkstatt eines Spediteurs, Auslieferungslager eines Betriebs, Verkaufs- und Kundendienststätte eines Handelsbetriebes.

Bedeutung für die Betriebsratsarbeit

☐ Für einen »Betriebsteil« ist grundsätzlich kein eigener Betriebsrat zu wählen. Die im Betriebsteil beschäftigten Arbeitnehmer nehmen an der Wahl des Betriebsrats des Hauptbetriebes teil und werden von diesem vertreten.

☐ Etwas anderes gilt nach § 4 BetrVG ausnahmsweise, wenn

- im Betriebsteil mindestens 5 wahlberechtigte ständige Arbeitnehmer, von denen 3 wählbar sein müssen, beschäftigt sind (vgl. § 1 BetrVG);
- und der Betriebsteil räumlich weit vom Hauptbetrieb entfernt ist (weite Entfernung wurde von der Rechtsprechung z. B. angenommen bei 60 km Distanz und Mindestfahrzeit von einer Stunde oder 50 bzw. 80 km Distanz und ungünstigen Verkehrsverbindungen; nicht aber bei 22 km Entfernung bei gut ausgebautem Straßennetz); **oder**

Betriebsteil

- durch Aufgabenbereich und Organisation eigenständig ist (insoweit »verschwimmen« die Unterschiede zum → **Betrieb** einerseits und zum → **Nebenbetrieb** andererseits).

Liegen die vorstehend genannten Voraussetzungen vor, ist für den Betriebsteil ein eigener Betriebsrat zu wählen.

Betriebsübergang

Was ist das?

☐ Ein Betriebsübergang liegt vor, wenn ein Betrieb oder Betriebsteil durch Rechtsgeschäft (z. B. Kaufvertrag, Pachtvertrag, Schenkungsvertrag) von dem bisherigen Inhaber auf einen neuen Inhaber übertragen wird.

Beispiel Nr. 1:
Zur Firma »Metallbau-GmbH« (= ein Unternehmen mit mehreren Betrieben) gehört ein Betrieb, in dem 300 Arbeitnehmer beschäftigt sind. Die »Metallbau-GmbH« veräußert diesen Betrieb an die Firma »Multi-AG«.

Beispiel Nr. 2:
Der übernommene Betrieb wird aufgelöst und sämtliches Inventar (Maschinen, Anlagen usw.) wird in den eigenen Betrieb der »Multi-AG« überführt.

Beispiel Nr. 3:
Die »Multi-AG« übernimmt von der »Metallbau-GmbH« nicht den ganzen Betrieb, sondern nur einen Betriebsteil (ohne ihn in den eigenen Betrieb zu überführen). Der andere Betriebsteil verbleibt bei der »Metallbau-GmbH«.

☐ Die Rechtsfolgen derartiger Vorgänge sowohl für die in dem übernommenen Betrieb (bzw. Betriebsteil) Beschäftigten als auch für den Betriebsrat sind in § 613a Bürgerliches Gesetzbuch (BGB) geregelt (siehe unten).

☐ Von dem »Betriebsübergang« im Sinne des § 613a BGB zu unterscheiden ist der bloße Wechsel der Eigentümer bzw. Gesellschafter eines Unternehmens, das eine »juristische Person« (z. B. Aktiengesellschaft, Gesellschaft mit beschränkter Haftung) ist (siehe → **Unternehmensrechtsformen**).

Betriebsübergang

Beispiel Nr. 4:
Die »Multi-AG« kauft sämtliche Anteile an der »Metallbau-GmbH« und wird dadurch deren Alleingesellschafterin.
Hier treten weder arbeitsvertragliche noch betriebsverfassungsrechtliche Rechtsfolgen ein. Denn die Identität der »Metallbau-GmbH« als »juristische Person« bleibt erhalten. Sie ist nach wie vor »Arbeitgeber« im Sinne des Arbeitsvertragsrechts wie auch des Betriebsverfassungsrechts.

☐ Hinweis: § 613a BGB gilt auch im Konkursverfahren. Im Rahmen des Gesamtvollstreckungsverfahrens in einem in den neuen Bundesländern gelegenen Betrieb findet die Vorschrift allerdings nach den Bestimmungen des Einigungsvertrages keine Anwendung bis zum 31. 12. 1998 (vgl. § 5 Abs. 2 Einführungsgesetz BGB).

☐ Beachtenswert ist eine Entscheidung des Europäischen Gerichtshofs vom 14. 4. 1994 (AuR 1994, 274), nach der eine schlichte Auftragsvergabe an Fremdfirmen (sog. »Outsourcing«) als Betriebsübergang – im Sinne der für die Auslegung des § 613a BGB maßgeblichen Europäischen Richtlinie – angesehen wird. Und zwar auch dann, wenn die übertragenen Aufgaben vor der Fremdvergabe nur von einem einzelnen Arbeitnehmer erledigt worden sind. Nach Auffassung des Europäischen Gerichtshofs ist unerheblich, ob mit der Übertragung der Arbeiten auch Vermögensgegenstände übertragen werden. Die Entscheidung ist von Arbeitgebern und ihnen nahestehenden Juristen heftig attakkiert worden. Nach einer Initiative der Bundesvereinigung der Deutschen Arbeitgeberverbände beim Bundesarbeitsminister hat dieser die EU-Kommission »gebeten«, klarzustellen, daß die Übertragung einer bloßen Funktion keinen Betriebsübergang darstellt. Die EU-Kommission ist dem gefolgt und hat unter dem 8. 9. 1994 einen – allerdings innerhalb der EU-Kommission selbst umstrittenen – Richtlinienentwurf vorgelegt. Hiernach ist der alleinige Übergang einer Tätigkeit kein Betriebsübergang (mehr), wenn er nicht begleitet wird von dem »Übergang einer Wirtschaftseinheit, die ihre Identität bewahrt«.

Bedeutung für die Betriebsratsarbeit

☐ Die betriebsverfassungsrechtlichen Folgen eines »Betriebsübergangs« werden durch Art und Umfang des Vorgangs bestimmt:

1. Am einfachsten liegen die Dinge im obigen Beispielsfall Nr. 1: Die »Multi-AG« tritt als neuer Arbeitgeber in die betriebsverfassungsrechtliche Stellung des bisherigen Arbeitgebers (= »Metallbau-GmbH«) und damit auch in die bestehenden Betriebsvereinbarungen ein. Der Betriebsrat bleibt im Amt.

2. Schwieriger ist die Situation, wenn die Identität des übernommenen Betriebes verlorengeht; wenn er also mit dem Betrieb des neuen Inhabers verschmolzen wird (siehe oben Beispielsfall Nr. 2). In diesem Fall erlischt der übernommene Betrieb und damit auch das Amt des Betriebsrats. Im Aufnahmebetrieb kann wegen der durch die Verschmelzung bewirkten Vergrößerung der Belegschaftszahl eine Neuwahl erforderlich sein (vgl. § 13 Abs. 2 Nr. 1 BetrVG).

3. Der Übergang eines Betriebsteils auf einen neuen Inhaber ohne Verschmelzung mit einem bestehenden Betrieb (siehe oben Beispielsfall Nr. 3) macht im übernommenen Betriebsteil eine Betriebsrats-Neuwahl erforderlich, sofern der Betriebsteil überhaupt betriebsratsfähig ist (siehe → **Betriebsteil**). Der Betriebsrat des beim alten Inhaber verbleibenden Betriebsteils bleibt im Amt. Liegt allerdings ein Fall des § 13 Abs. 2 Nr. 1 BetrVG (= Arbeitnehmerzahl sinkt um mehr als die Hälfte) vor, so ist auch insoweit eine Neuwahl notwendig.

☐ Ein Betriebsübergang kann eine → **Betriebsänderung** sein, die die Rechte des Betriebsrats nach §§ 111 ff. BetrVG (insbesondere → **Interessenausgleich** und → **Sozialplan**) auslöst. Dies gilt jedenfalls dann, wenn der Betriebsübergang im Rahmen einer Teilung eines Unternehmens in eine vermögende »Besitzgesellschaft« und eine vermögenslose »Produktionsgesellschaft« stattfindet (siehe → **Betriebsaufspaltung**). Anderer Auffassung ist das Bundesarbeitsgericht (vgl. BAG in »Der Betrieb« 1981 S. 1190). Hiernach sollen die Rechte des Betriebsrats nach § 111 BetrVG erst und nur dann ausgelöst werden, wenn durch den alten oder neuen Inhaber Maßnahmen geplant und ergriffen wurden bzw. werden, die die in § 111 BetrVG genannten Voraussetzungen erfüllen (z. B. Betriebseinschränkung, Betriebsverlegung, Entlassung usw.).

Betriebsübergang

Im obigen Beispielsfall Nr. 2 sind derartige Maßnahmen erfolgt (= Zusammenführung des übernommenen Betriebs mit dem eigenen Betrieb der »Multi-AG«). Also sind die §§ 111 ff. BetrVG anzuwenden (d. h. der »alte« Betriebsrat hat einen Anspruch auf Information, Beratung, Verhandlungen über einen → **Interessenausgleich** und die Aufstellung eines → **Sozialplans**). In den Beispielsfällen Nr. 1 und 3 gelten die §§ 111 ff. BetrVG nach der vorstehend erwähnten Rechtsprechung erst, wenn zu der Betriebsübernahme als solcher weitere (betriebsändernde) Planungen und Maßnahmen im Sinne des § 111 BetrVG hinzutreten.

Bedeutung für die im übernommenen Betrieb (bzw. Betriebsteil) beschäftigten Arbeitnehmer

☐ Die Rechtsfolgen eines Betriebsübergangs für die Beschäftigten (gemäß § 613a BGB):

Der neue Inhaber (in den Beispielsfällen: die »Multi-AG«) tritt in die Rechte und Pflichten aus den im Zeitpunkt des Betriebsübergangs bestehenden Arbeitsverhältnissen ein.

☐ Rechte und Pflichten aus Tarifverträgen und Betriebsvereinbarungen, die im übernommenen Betrieb galten, wirken nach dem Betriebsübergang als »arbeitsvertragliche Regelungen« zwischen den Beschäftigten und dem neuen Inhaber weiter. Sie dürfen nicht vor Ablauf eines Jahres zum Nachteil des Arbeitnehmers verändert werden (weder durch Änderungsvertrag noch durch Änderungskündigung).

☐ Liegt allerdings ein Fall des § 613a Abs. 1 Satz 4 BGB vor (z. B. die entsprechende Betriebsvereinbarung gilt nicht mehr, weil sie befristet war), dann können für den Arbeitnehmer nachteilige Regelungen auch schon vor Ablauf eines Jahres vereinbart werden.

☐ Eine Fortgeltung von Rechten und Pflichten aus »alten« Tarifverträgen und Betriebsvereinbarungen ist gänzlich ausgeschlossen, wenn bei dem neuen Inhaber Tarifverträge und Betriebsvereinbarungen existieren, die die gleichen Sachverhalte regeln (vgl. § 613a Abs. 1 Satz 3 BGB).

☐ Für Arbeitnehmerforderungen (z. B. Lohn/Gehalt), die vor (!) dem Betriebsübergang entstanden sind, aber erst (innerhalb eines Jahres) nach(!) dem Betriebsübergang fällig werden, haften der »alte« und der »neue« Inhaber als Gesamtschuldner (vgl. § 613a Abs. 2 BGB).

☐ Im übrigen sind Kündigungen, die »wegen« des Betriebsübergangs ausgesprochen werden, unwirksam (vgl. § 613a Abs. 4 BGB).

☐ Die Arbeitnehmer des übernommenen Betriebs können nach der Rechtsprechung des Bundesarbeitsgerichts den Übergang des Arbeitsverhältnisses auf den »neuen« Inhaber durch die Erhebung eines bis zum Zeitpunkt des Betriebsübergangs erklärten »Widerspruchs« verhindern. Sie verbleiben damit in dem Arbeitsverhältnis mit dem »alten« Inhaber. Die Erhebung eines solchen »Widerspruchs« ist allerdings mit dem Risiko verbunden, von dem alten Inhaber wegen Fehlens einer Beschäftigungsmöglichkeit betriebsbedingt gekündigt zu werden. Eine mit dieser Begründung versehene Kündigung wird nicht als nach § 613 Abs. 4 BGB unwirksam angesehen.

Zur Vereinbarkeit dieser Rechtsprechung mit EG-Recht siehe Europäischer Gerichtshof vom 16. 12. 1992, DB 1993, 230.

Liegen die Voraussetzungen der §§ 111 ff. BetrVG vor, ist zwischen dem »alten« Inhaber und dem Betriebsrat ein → **Interessenausgleich** und → **Sozialplan** für die von Kündigung betroffenen Beschäftigten, die den Widerspruch erhoben haben, abzuschließen.

Betriebsvereinbarung

Was ist das?

☐ Eine Betriebsvereinbarung ist ein zwischen Arbeitgeber und Betriebsrat (gegebenenfalls → **Gesamtbetriebsrat**, → **Konzernbetriebsrat**) geschlossener betriebsverfassungsrechtlicher Vertrag (§ 77 BetrVG). Die Betriebsvereinbarung dient der generellen Regelung der betrieblichen und betriebsverfassungsrechtlichen Ordnung sowie der Gestaltung der individuellen Rechtsbeziehungen zwischen Arbeitgeber und Arbeitnehmern. Anders ausgedrückt: Mit der Betriebsvereinbarung werden Rechte und Pflichten beider vertragsschließenden Parteien, aber auch und insbesondere Rechte und Pflichten der Belegschaft begründet.

☐ In den Angelegenheiten, in denen »der Spruch der Einigungsstelle die (fehlende) Einigung zwischen Betriebsrat und Arbeitgeber ersetzt« (vgl. § 76 Abs. 5 BetrVG), können Betriebsvereinbarungen auch gegen den Willen des Arbeitgebers durchgesetzt werden (= »erzwingbare Betriebsvereinbarung«; vgl. z.B. § 87 Abs. 2 BetrVG).

☐ In nicht mitbestimmungspflichtigen Fragen kommen Betriebsvereinbarungen nur zustande, wenn Einvernehmen zwischen Arbeitgeber und Betriebsrat hergestellt werden kann. Insofern spricht man von »freiwilligen Betriebsvereinbarungen«.

Beispiele:
- *Vereinbarung über die Modalitäten eines Beschwerdeverfahrens gemäß §§ 85, 86 BetrVG;*
- *Vereinbarung zusätzlicher, durch Gesetze, Rechtsverordnungen oder Unfallverhütungsvorschriften nicht vorgeschriebener Maßnahmen zur Verhütung von Arbeitsunfällen und Gesundheitsschädigungen (vgl. § 88 Nr. 1 BetrVG);*
- *Vereinbarungen über die Errichtung von* → Sozialeinrichtungen *(vgl. § 88 Nr. 2 BetrVG);*

Betriebsvereinbarung

– *Maßnahmen zur Förderung der Vermögensbildung (z. B.: Ausgabe von Belegschaftsaktien; vgl. § 88 Nr. 3 BetrVG);*
– *Vereinbarung darüber, daß Kündigungen durch den Arbeitgeber der Zustimmung des Betriebsrats bedürfen (§ 102 Abs. 6 BetrVG).*

☐ Über die vorgenannten Beispiele hinaus können Betriebsvereinbarungen abgeschlossen werden in allen Angelegenheiten, die innerhalb des weit zu fassenden Rahmens des Betriebsverfassungsgesetzes liegen und die mit dem Inhalt der Arbeitsverhältnisse oder der betriebsverfassungsrechtlichen Gestaltung des Betriebs in weitestem Sinne zu tun haben. Insbesondere in solchen Angelegenheiten, in denen der Betriebsrat Aufgaben und → **Beteiligungsrechte** hat.

☐ Inhalt von Betriebsvereinbarungen können demnach insbesondere sein:

● Regelungen, die sich unmittelbar auf Gestaltung der Arbeitsverhältnisse beziehen (sog. Abschlußnormen, Inhaltsnormen und Beendigungsnormen):

Beispiele:

»Arbeitsverträge sowie die einvernehmliche Änderung von Arbeitsverträgen bedürfen der Schriftform.« (= *Abschlußnorm*)

»Nach zehnjähriger Betriebszugehörigkeit hat der Beschäftigte Anspruch auf Gewährung eines zusätzlichen Urlaubstages, nach 15jähriger Beschäftigungszeit...« (= *Inhaltsnorm*)

»Kündigungen bedürfen der Schriftform« oder: *»Kündigungen bedürfen der Zustimmung des Betriebsrats«, vgl. § 102 Abs. 6 BetrVG. (=Beendigungsnorm)*

»Das Arbeitsverhältnis endet mit Vollendung des 65. Lebensjahres. Dies gilt nicht, wenn der Arbeitnehmer noch nicht die Voraussetzung für den Bezug einer Rente von der gesetzlichen Rentenversicherung erfüllt...« (= *Beendigungsnorm*)

● Regelungen, die sich auf »betriebliche« Angelegenheiten beziehen:

Beispiele:

»Betriebsvereinbarung über die Einführung von Gleitzeit«
»Betriebsvereinbarung über die Einführung und Anwendung eines Personalinformationssystems«

Betriebsvereinbarung

- Regelungen zu »betriebsverfassungsrechtlichen« Angelegenheiten:

Beispiel:

»Betriebsvereinbarung über die Errichtung eines Paritätischen Ausschusses nach § 28 Abs. 3 BetrVG zur Verwaltung der Werkmietwohnungen«

☐ *Beachten:* § 77 Abs. 3 BetrVG: »Arbeitsentgelte und sonstige Arbeitsbedingungen, die durch Tarifvertrag geregelt sind oder üblicherweise geregelt werden, können nicht Gegenstand einer Betriebsvereinbarung sein.« (= sogenannte Sperrwirkung des Tarifvertrages. Dies gilt nicht, wenn ein Tarifvertrag den Abschluß ergänzender Betriebsvereinbarungen ausdrücklich zuläßt; siehe → **Günstigkeitsprinzip**)

☐ Die Betriebsvereinbarung bedarf der Schriftform. Das heißt, sie ist nur wirksam, wenn sie von beiden Seiten (Arbeitgeber und Betriebsrat vertreten durch den Betriebsratsvorsitzenden) unterzeichnet wird.

☐ Die Betriebsvereinbarung muß vom Arbeitgeber in geeigneter Weise im Betrieb zur Einsicht ausgelegt werden.

Selbstverständlich sollte auch der Betriebsrat über den wesentlichen Inhalt der Betriebsvereinbarung informieren (z. B. in einer Info-Schrift, auf einer Betriebsversammlung usw.).

☐ Betriebsvereinbarungen haben gemäß § 77 Abs. 4 Satz 1 BetrVG

- unmittelbare Wirkung, d. h. ihre Normen wirken mit Inkrafttreten der Betriebsvereinbarung »automatisch« auf die Arbeitsverhältnisse ein, ohne daß es gesonderter Einzelvereinbarungen zwischen Arbeitgeber und Arbeitnehmern bedarf;
- zwingende Wirkung, d. h. ihre Normen können nicht zum Nachteil der Arbeitnehmer – etwa durch einzelvertragliche Vereinbarung – verändert werden. Für den Arbeitnehmer günstigere Einzelvereinbarungen sind allerdings wirksam (siehe → **Günstigkeitsprinzip**).

☐ Durch Betriebsvereinbarung begründete Arbeitnehmerrechte können nicht verwirken (auch wenn sie unter Umständen jahrelang nicht in Anspruch genommen worden sind). Ein Verzicht auf solche Rechte ist nur mit Zustimmung des Betriebsrats wirksam (siehe → **Ausgleichsquittung**). Ausschlußfristen oder die Verkürzung von Verjährungsfristen für die Geltendmachung solcher Rechte können nicht durch arbeitsvertragliche Abrede, sondern nur durch die Betriebsvereinbarung selbst oder durch Tarifvertrag geregelt werden (vgl. § 77 Abs. 4 Sätze 2–4 BetrVG).

Betriebsvereinbarung

☐ Eine Betriebsvereinbarung kann beendet werden:

- durch Zeitablauf (= befristete Betriebsvereinbarung) oder Erreichung des beabsichtigten Zwecks;
- durch Stillegung des Betriebs (Ausnahme: solche Betriebsvereinbarungen, die über die Stillegung hinaus fortwirken; z. B. Sozialplan, Betriebsvereinbarung über eine betriebliche Altersversorgung);
- durch endgültigen und dauernden Fortfall des Betriebsrats (z. B. Absinken der Beschäftigtenzahl unter 5 wahlberechtigte Arbeitnehmer, vgl. § 1 BetrVG);
- durch Aufhebungsvereinbarung zwischen Arbeitgeber und Betriebsrat;
- durch Abschluß einer neuen Betriebsvereinbarung oder Inkrafttreten eines Tarifvertrages oder Gesetzes über denselben Regelungsgegenstand (vgl. § 77 Abs. 3, § 87 Abs. 1 Einleitungssatz BetrVG);
- durch Kündigung (vgl. § 77 Abs. 5 BetrVG): Die Kündigungsfrist beträgt 3 Monate, es sei denn, eine andere Kündigungsfrist war vereinbart.

☐ Regelungen in einer (z. B. durch Kündigung) beendeten Betriebsvereinbarung haben in bestimmten Fällen (siehe nächsten Absatz) sogenannte »Nachwirkung«. Das heißt, die Regelungen der Betriebsvereinbarung gelten so lange (auch für Neueingestellte!) weiter, bis sie durch eine »andere Abmachung« (= → **Arbeitsvertrag**, neue Betriebsvereinbarung, → **Tarifvertrag**) ersetzt werden (vgl. § 77 Abs. 6 BetrVG).

Nachwirkung tritt jedoch nur insoweit ein, als es sich bei dem in der gekündigten Betriebsvereinbarung geregelten Gegenstand um eine mitbestimmungspflichtige Angelegenheit handelt, bei der im Falle der Nichteinigung die Einigungsstelle zu entscheiden hätte. »Freiwillige Betriebsvereinbarungen« (siehe oben) haben, wenn sie gekündigt worden sind, keine Nachwirkung (es sei denn, Nachwirkung war ausdrücklich vereinbart!). Umgekehrt kann bei erzwingbaren Betriebsvereinbarungen die Nachwirkung ausdrücklich ausgeschlossen werden.

☐ Im Falle eines → **Betriebsübergangs** im Sinne des § 613a BGB gilt folgendes:

- Die in der Betriebsvereinbarung geregelten Rechte und Pflichten werden »automatisch« Inhalt des kraft Gesetzes entstehenden Arbeitsverhältnisses zwischen den Arbeitnehmern und dem neuen Betriebsinhaber (diese Wirkung tritt nicht ein, wenn bei dem neuen Inhaber eine [andere] Betriebsvereinbarung über die gleichen Rege-

Betriebsvereinbarung

lungsfragen besteht; in diesem Falle gelten die Regelungen der bei dem neuen Inhaber existierenden Betriebsvereinbarung).

- Die Rechte und Pflichten dürfen nicht vor Ablauf eines Jahres nach dem Zeitpunkt des Betriebsübergangs zum Nachteil des Arbeitnehmers verändert werden (weder durch Änderungsvertrag noch durch Änderungskündigung). Das Veränderungsverbot gilt nicht, wenn die (alte) Betriebsvereinbarung vor Ablauf eines Jahres nach dem Betriebsübergang außer Kraft tritt.

☐ Von der Betriebsvereinbarung zu unterscheiden ist die sogenannte **»Regelungsabrede«** (auch »Betriebsabsprache« oder »betriebliche Einigung« genannt).

Mit dieser zulässigen Form der Vereinbarung zwischen Arbeitgeber und Betriebsrat werden insbesondere Einzelfall-Angelegenheiten geregelt. Demgegenüber ist die Betriebsvereinbarung eine Vertragsform, die ihrer Natur nach auf (wenn auch gegebenenfalls zeitlich begrenzte) Dauer angelegt ist und eine Vielzahl von Fallgestaltungen erfassen soll.

Beispiele für Regelungsabreden:

- *Einigung über die Hinzuziehung eines für den Betriebsrat tätigen* → **Sachverständigen** *nach § 80 Abs. 3 BetrVG;*
- *Einigung über die Person des Vorsitzenden einer* → **Einigungsstelle** *und die Zahl der Beisitzer, § 76 Abs. 2 BetrVG;*
- *Festsetzung der zeitlichen Lage des* → **Urlaubs** *für einen einzelnen Arbeitnehmer (vgl. § 87 Abs. 1 Nr. 5 BetrVG);*
- *Zuweisung einer* → **Werkwohnung** *(vgl. § 87 Abs. 1 Nr. 9 BetrVG);*
- *Absprachen im Bereich personeller Einzelmaßnahmen;*
- *vorübergehende Verlegung der* → **Arbeitszeit** *an einzelnen Tagen.*

☐ Regelungsabreden bedürfen zwar nicht der Schriftform, um wirksam zu sein. Zu Beweiszwecken sollten sie aber in Form von »Aktennotizen«, die von beiden Seiten unterzeichnet sind, festgehalten werden.

☐ Regelungsabreden entfalten, anders als Betriebsvereinbarungen, keine »normative« Wirkung. Das heißt, mit der Regelungsabrede können keine unmittelbar (»automatisch«) wirkenden Rechte und Pflichten von Arbeitnehmern begründet werden. Berechtigt und verpflichtet werden durch die Regelungsabrede vielmehr lediglich die Vertragsparteien selbst (d.h. Arbeitgeber und Betriebsrat).

Betriebsvereinbarung

☐ Insgesamt gilt:

Regelungen, die sich auf generelle und kollektive Tatbestände beziehen und die unmittelbare Auswirkungen auf die Beschäftigten haben (sollen), sollten aus Gründen der Rechtssicherheit und Rechtsklarheit nicht als Regelungsabrede, sondern als Betriebsvereinbarung abgeschlossen werden.

☐ Ist eine Betriebsvereinbarung oder Regelungsabrede abgeschlossen (bzw. liegt ein rechtskräftiger Beschluß der Einigungsstelle vor), so liegt gemäß § 77 Abs. 1 BetrVG ihre Durchführung/Umsetzung grundsätzlich in der Verantwortung des Arbeitgebers, es sei denn, daß im Einzelfall etwas anderes vereinbart ist.

Beispiel:
Verwaltung einer Sozialeinrichtung durch den Betriebsrat.

☐ Die Durchführung von Vereinbarungen, insbesondere von Betriebsvereinbarungen, ist nicht nur ein Recht, sondern eine Verpflichtung des Arbeitgebers. Dem Betriebsrat steht sowohl ein Durchführungsanspruch zu als auch ein Anspruch darauf, daß der Arbeitgeber vereinbarungswidrige Maßnahmen unterläßt. Durchführungs- und Unterlassungsanspruch kann der Betriebsrat durch Anrufung des → **Arbeitsgerichts** – auch im Wege des Antrags auf Erlaß einer einstweiligen Verfügung – geltend machen (siehe → **Unterlassungsanspruch des Betriebsrats**).

Bedeutung für die Betriebsratsarbeit

☐ Die Betriebsvereinbarung ist das wichtigste betriebliche Instrument zur Regelung der Beziehungen zwischen Arbeitgeber und Arbeitnehmern. Der Betriebsrat sollte in allen wichtigen »Interessenbereichen« der Arbeitnehmer (Arbeitsentgelt, Arbeitsleistung, Arbeitszeit, Gesundheitsschutz, Persönlichkeitsschutz, Qualifikation usw.) den Abschluß von Betriebsvereinbarungen anstreben, soweit dem nicht § 77 Abs. 3 BetrVG (Tarifvorrang) entgegensteht. Denn die Existenz einer Betriebsvereinbarung, in der Arbeitnehmerrechte festgeschrieben sind, erhöht – in Verbindung mit einer effektiven Überwachungstätigkeit des Betriebsrats (vgl. § 80 Abs. 1 Nr. 1 BetrVG) – die Rechtssicherheit und

Betriebsvereinbarung

trägt wesentlich dazu bei, willkürliches und unberechenbares Verhalten des Arbeitgebers oder des Führungspersonals zu verhindern.

☐ Eine Betriebsvereinbarung ist – wenn sie zustande kommt – natürlich letztlich immer ein Kompromiß. Das heißt, in ihr finden sich – aus der Sicht (und Interessenlage) der Beschäftigten – teils »gute«, teils »schlechte« Regelungen. Der Verlauf der Kompromißlinie hängt von vielen Faktoren ab, insbesondere von dem Kräfteverhältnis zwischen Arbeitgeber einerseits und Interessenvertretung andererseits. Dieses wiederum wird beeinflußt durch die Sorgfalt und Intensität, mit der der Betriebsrat »an die Sache rangeht«. »Verhandlungsstärke« entwickelt insbesondere derjenige Betriebsrat, der Verhandlungen mit dem Arbeitgeber sorgfältig vorbereitet (siehe: → **Verhandlungen mit dem Arbeitgeber**) und der dabei die Zusammenarbeit mit den Beschäftigten (um deren Interessen es schließlich geht!) sucht und organisiert (durch Information und Diskussion z.B. in Betriebs- oder Abteilungsversammlungen, Gesprächen am Arbeitsplatz usw.). Denn ein Betriebsrat, der die Belegschaft, weil er sie einbezieht, »im Rücken hat«, kann vom Arbeitgeber nicht so leicht »über den Tisch gezogen werden«. Der Arbeitgeber wird es sich nämlich mehr als einmal überlegen, ob es klug ist, sich mit einer informierten und den Betriebsrat unterstützenden Belegschaft anzulegen.

☐ Bei dem Entwurf oder dem Abschluß einer Betriebsvereinbarung ist der in § 77 Abs. 3 BetrVG geregelte Vorrang des Tarifvertrages zu beachten. Denn der Verstoß gegen diese Vorschrift hat immerhin die Unwirksamkeit der Betriebsvereinbarung zur Folge (siehe → **Günstigkeitsprinzip**).

☐ Die »**ablösende Betriebsvereinbarung**«
Seit einiger Zeit versuchen Arbeitgeber verstärkt, sich von »sozialen Leistungen« zu befreien, die sie bislang den Arbeitnehmern aufgrund einer »Gesamtzusage«, einer »betrieblichen Einheitsregelung« oder einer »→ betrieblichen Übung« gewährt haben.

An sich müßte der Arbeitgeber, da diese Leistungen Inhalt der Arbeitsverhältnisse geworden sind, gegenüber jedem Arbeitnehmer eine »Änderungskündigung« aussprechen (die von jedem Arbeitnehmer mit einer Arbeitsgerichtsklage angegriffen werden kann; siehe →**Änderungskündigung**). Um sich diesen mühseligen Weg zu ersparen, tritt der Arbeitgeber an den Betriebsrat heran, um die Sache »mit einem Aufwasch« (nämlich in Form einer Betriebsvereinbarung) zu erledigen.

Betriebsvereinbarung

Nach der Rechtsprechung sind derartige Betriebsvereinbarungen im Regelfall wegen Verstoßes gegen das → **Günstigkeitsprinzip** dann unwirksam, wenn sie den wirtschaftlichen Gesamtwert der bisher den Arbeitnehmern gewährten »Sozialleistung« verringern (= sogenannte »verschlechternde Betriebsvereinbarung«).

Zulässig sind dagegen sogenannte »umstrukturierende« Betriebsvereinbarungen. Dies gilt jedenfalls dann, wenn sie in den Grenzen von »Recht und Billigkeit« bleiben. Dies ist nur der Fall, wenn die Neuregelung bei kollektiver Betrachtungsweise insgesamt für die Arbeitnehmer nicht ungünstiger ist als die Altregelung (»wenn hier etwas weggenommen wird, muß dort etwas in entsprechendem Umfang zugegeben werden«).

Ansprüche, die durch »einzelvertragliche« Vereinbarung (Arbeitsvertrag) begründet worden sind, können durch Betriebsvereinbarung nicht »umstrukturiert« bzw. »verschlechtert« werden (→ **Günstigkeitsprinzip**).

Zum Ganzen: Siehe → **Betriebliche Altersversorgung**.

Bedeutung für die Beschäftigten

☐ Rechte, die durch Betriebsvereinbarung begründet werden, kann der einzelne Arbeitnehmer notfalls im Wege der Klage beim Arbeitsgericht durchsetzen.

☐ Andererseits ist der Arbeitnehmer verpflichtet, den durch die Betriebsvereinbarung begründeten Pflichten nachzukommen.

Beispiel:

In einer Betriebsvereinbarung wird mit Zustimmung des Betriebsrats festgelegt, daß in den kommenden 2 Wochen in bestimmten Abteilungen Überstunden und Sonderschichten gefahren werden.

Folge: Die in diesen Abteilungen tätigen Arbeitnehmer sind zur Ableistung der Überstunden und Sonderschichten verpflichtet. Dies gilt nur dann nicht, wenn in der Betriebsvereinbarung ausdrücklich »Freiwilligkeit« der Arbeitsleistung vereinbart wurde (siehe auch → **Überstunden***).*

Betriebsvereinbarung

☐ »Bessere« arbeitsvertragliche Vereinbarungen haben wegen des → **Günstigkeitsprinzips** Vorrang vor den Regelungen einer Betriebsvereinbarung.

☐ Der vom Arbeitnehmer (z. B. in einer → **Ausgleichsquittung**) erklärte Verzicht auf Rechte aus einer Betriebsvereinbarung ist nur mit Zustimmung des Betriebsrats wirksam. Die Verwirkung solcher Rechte ist gänzlich ausgeschlossen (vgl. § 77 Abs. 4 Satz 2 und 3 BetrVG).

Literaturhinweis:

Heinz-Josef Eichhorn/Helmut Hickler/Rolf Steinmann: Handbuch Betriebsvereinbarung. Mit zahlreichen Mustervereinbarungen. Ein praktischer Ratgeber, Bund-Verlag, Köln.

Betriebsvereinbarung

Schnellübersicht:

Betriebsvereinbarung

1. Wer schließt die Betriebsvereinbarung ab?
   - Arbeitgeber und Betriebsrat (bzw. Gesamtbetriebsrat bzw. Konzernbetriebsrat).

2. Welche Form muß beim Abschluß einer Betriebsvereinbarung gewahrt werden?
   - Schriftform: Beide Seiten müssen unterzeichnen.

3. Welchen Inhalt kann eine Betriebsvereinbarung haben?
   - Normen, die sich auf den Abschluß, den Inhalt und die Beendigung des Arbeitsverhältnisses beziehen (bezüglich »Inhaltsnormen«: Sperrwirkung des § 77 Abs. 3 BetrVG beachten!).
   - Normen über »betriebliche« und »betriebsverfassungsrechtliche« Fragen.

4. Welche Wirkung hat eine Betriebsvereinbarung?
   - Unmittelbare Wirkung.
   - Zwingende Wirkung.
   - Verwirkung von Arbeitnehmerrechten ist ausgeschlossen.
   - Verzicht auf Arbeitnehmerrechte nur mit Zustimmung des Betriebsrats.

5. In welcher Weise muß eine Betriebsvereinbarung bekanntgemacht werden?
   - Durch Auslegung an geeigneter Stelle im Betrieb.

6. Wer führt die Betriebsvereinbarung durch?
   - Der Arbeitgeber.

7. Auf welche Weise wird eine Betriebsvereinbarung beendet?
   - Durch Ablauf eines ausdrücklich vereinbarten Zeitraums (befristete Betriebsvereinbarung) oder Erreichung des beabsichtigten Zwecks.
   - Durch Stillegung des Betriebs (Ausnahme: Betriebsvereinbarungen, die ausdrücklich auch für den Fall der Betriebsstillegung weitergelten sollen; z. B. Dauerregelungen in einem Sozialplan).
   - Durch endgültigen und dauerhaften Fortfall des Betriebsrats (z. B. Absinken der Beschäftigtenzahl unter 5 Arbeitnehmer).
   - Durch Aufhebungsvereinbarung zwischen Arbeitgeber und Betriebsrat.
   - Durch Abschluß einer neuen Betriebsvereinbarung oder nach Inkrafttreten eines Tarifvertrages oder Gesetzes über dieselben Regelungsfragen (vgl. § 77 Abs. 3, § 87 Abs. 1 Eingangssatz BetrVG).
   - Durch Kündigung (die Kündigungsfrist beträgt 3 Monate, es sei denn, eine andere Kündigungsfrist ist vereinbart).

8. Welche Rechtslage tritt ein, wenn eine Betriebsvereinbarung abgelaufen ist?
   - Nachwirkung in mitbestimmungspflichtigen Angelegenheiten, die im Nichteinigungsfalle durch die Einigungsstelle entschieden werden.
   - Keine Nachwirkung bei »freiwilliger Betriebsvereinbarung« (es sei denn, Nachwirkung ist vereinbart).

Betriebsversammlung

Was ist das?

☐ Die Betriebsversammlung (vgl. §§ 42 bis 46 BetrVG) ist ein »Organ« der Betriebsverfassung. Sie besteht aus den Arbeitnehmern des Betriebs. Hierzu zählen alle Arbeitnehmer im Sinne der §§ 5 Abs. 1 und 6 BetrVG: Arbeiter, Angestellte, Auszubildende, Heimarbeiter, die in der Hauptsache für den Betrieb arbeiten. Auch Leiharbeitnehmer haben gemäß § 14 Abs. 2 AÜG ein Teilnahmerecht. Das gleiche gilt für Arbeitnehmer, die sich in Urlaub, Erziehungsurlaub oder auf Freischicht befinden oder aus sonstigen Gründen am Tage der Betriebsversammlung nicht zu arbeiten brauchen.

☐ Kernelemente der Betriebsversammlung sind:

1. die Unterrichtung der Arbeitnehmer über sie betreffende Fragen (durch den Betriebsrat, den Arbeitgeber, den Gewerkschaftsvertreter usw.);

2. Aussprache insbesondere über den Tätigkeitsbericht des Betriebsrats, aber auch über andere zur Diskussion gestellte Themen.

☐ Die Einberufung der Betriebsversammlung erfolgt durch den Betriebsrat (§ 43 Abs. 1 Satz 1 BetrVG).

☐ Vier »ordentliche« (= regelmäßige) Betriebsversammlungen im Jahr (eine pro Quartal) sind mindestens durchzuführen (§ 43 Abs. 1 Satz 1 BetrVG).

☐ Der Betriebsrat hat in jedem Kalenderjahr zwei dieser Betriebsversammlungen als Abteilungsversammlungen, die möglichst gleichzeitig stattfinden sollen, durchzuführen (vgl. § 43 Abs. 1 Satz 2 und 3 BetrVG), wenn dies für die Erörterung der besonderen Belange der Arbeitnehmer erforderlich ist (vgl. § 42 Abs. 2 Satz 1 BetrVG).

Diese Form der Betriebsversammlung ist in besonderer Weise geeignet, die Anliegen der Beschäftigten intensiv und umfassend zum Gegenstand von Information und Diskussion zu machen.

Betriebsversammlung

☐ Wenn im vorangegangenen Kalenderhalbjahr keine Betriebs- oder Abteilungsversammlung stattgefunden hat, und eine im Betrieb vertretene Gewerkschaft die nunmehrige Einberufung beantragt, ist der Betriebsrat verpflichtet, eine »ordentliche« Betriebsversammlung im Sinne des § 43 Abs. 1 Satz 1 BetrVG einzuberufen (vgl. § 43 Abs. 4 BetrVG).

☐ Zwei »weitere« Betriebsversammlungen (je eine pro Kalenderhalbjahr) kann der Betriebsrat einberufen, wenn ihm dies aus besonderen Gründen »zweckmäßig« erscheint (§ 43 Abs. 1 Satz 4 BetrVG).

☐ Darüber hinaus ist der Betriebsrat berechtigt, »außerordentliche« Betriebsversammlungen einzuberufen, wenn er dies für »notwendig« erachtet (§ 43 Abs. 3 BetrVG). Die Notwendigkeit ist insbesondere dann anzunehmen, wenn in einer Frage von besonderer Bedeutung und Wichtigkeit die Durchführung einer außerordentlichen Betriebsversammlung sachlich dringend geboten ist (z. B. bei geplanter Kurzarbeit, bevorstehenden Rationalisierungsmaßnahmen, drohenden → **Betriebsänderungen**, wichtigen tarifpolitischen Ereignissen usw.).

☐ Der Betriebsrat »muß« eine »außerordentliche« Betriebsversammlung einberufen, wenn dies ein Viertel der wahlberechtigten Arbeitnehmer oder der Arbeitgeber beantragt (vgl. § 43 Abs. 3 BetrVG).

☐ Die Betriebsversammlung kann als »Teilversammlung« durchgeführt werden, wenn wegen der Eigenart des Betriebes die gleichzeitige Versammlung aller Arbeitnehmer nicht stattfinden kann (§ 42 Abs. 1 Satz 2 BetrVG; z. B. bei → **Schichtarbeit**).

☐ Die Betriebsversammlung zur Bestellung eines Wahlvorstandes (§ 17 BetrVG), die »ordentlichen«, »weiteren« und die auf Wunsch des Arbeitgebers einberufenen Betriebsversammlungen finden grundsätzlich während der Arbeitszeit unter Fortzahlung der Vergütung statt. Außerhalb der Arbeitszeit dürfen die vorstehend genannten Betriebsversammlungen nur dann durchgeführt werden, wenn die Eigenart des Betriebes dies »zwingend« erfordert (vgl. § 44 Abs. 1 Satz 1 BetrVG).

☐ Die Zeit der Teilnahme an den vorstehend genannten Versammlungen einschließlich etwaiger zusätzlicher Wegezeit ist den Arbeitnehmern wie Arbeitszeit zu vergüten. Dies gilt auch, wenn die Versammlung aus zwingenden Gründen außerhalb der Arbeitszeit stattfindet; etwaige Fahrtkosten hat der Arbeitgeber zu erstatten (§ 44 Abs. 1 Satz 2 und 3 BetrVG).

Betriebsversammlung

☐ »Sonstige« Betriebsversammlungen (d. h. »außerordentliche« Versammlungen, die der Betriebsrat aufgrund eigener Entschließung oder auf Antrag eines Viertels der Arbeitnehmer einberuft) finden ohne Vergütung außerhalb der Arbeitszeit statt, es sei denn, Arbeitgeber und Betriebsrat einigen sich auf die Durchführung während der Arbeitszeit (§ 44 Abs. 2 BetrVG).

☐ Die Leitung der Betriebsversammlung hat der Betriebsratsvorsitzende (§ 42 Abs. 1 Satz 1 BetrVG; bei dessen Verhinderung der Stellvertreter). Bei dem Betriebsratsvorsitzenden liegt auch das **Hausrecht** während der Versammlung einschließlich der Zugangswege zum Versammlungsraum. Die »Abteilungsversammlung« wird von einem vom Betriebsrat bestimmten Betriebsratsmitglied, das möglichst der betreffenden Abteilung angehören soll und das insoweit das Hausrecht ausübt, geleitet (§ 42 Abs. 2 Satz 2 BetrVG).

☐ Der Betriebsrat hat in der Betriebsversammlung einen Tätigkeitsbericht abzugeben und zur Diskussion zu stellen (§ 43 Abs. 1 Satz 1 BetrVG).

☐ Der Arbeitgeber hat mindestens einmal im Kalenderjahr in einer Betriebsversammlung einen Bericht über das Personal- und Sozialwesen sowie die wirtschaftliche Lage und Entwicklung des Betriebs zu geben (vgl. § 43 Abs. 2 BetrVG).

☐ Die Betriebsversammlung kann Anträge an den Betriebsrat richten sowie zu seinem Tätigkeitsbericht und seinen Beschlüssen Stellung beziehen (vgl. § 45 Satz 2 BetrVG). Natürlich können Belegschaftsmitglieder auch Fragen an den Arbeitgeber oder sonstige Teilnehmer richten oder Diskussionsbeiträge leisten.

☐ Neben den betrieblichen Fragen können auch überbetriebliche Angelegenheiten zum Thema der Betriebsversammlung gemacht werden (z. B. Tarifpolitik, Sozialpolitik, Wirtschaftspolitik), sofern sie den Betrieb oder seine Arbeitnehmer unmittelbar betreffen (vgl. § 45 BetrVG).

☐ Beachten: Die Neufassung des § 45 BetrVG stellt klar, daß auch Fragen der Frauenförderung und der Vereinbarkeit von Familie und Beruf in der Betriebs- und Abteilungsversammlung behandelt werden können.

☐ Die Dauer der Betriebsversammlung richtet sich nach Art, Umfang und Schwierigkeit der auf der Betriebsversammlung behandelten Themen. Eine bestimmte zeitliche Grenze existiert nicht. Aus der Praxis

Betriebsversammlung

sind mehrtägige Betriebsversammlungen bekannt (z. B. bei drohenden Massenentlassungen).

☐ Die Betriebsversammlung sollte nicht kurz vor Feierabend, sondern eher in der ersten Hälfte der Tagesarbeitszeit beginnen.

☐ In Mehrschichtbetrieben kann es zweckmäßig sein, sie im Überschneidungsbereich von zwei Schichten als »Vollversammlung« (vgl. § 42 Abs. 1 Satz 2 BetrVG) durchzuführen. Zulässig sind aber auch andere Handhabungen:

Vollversammlung regelmäßig während der Frühschicht (wenn sich zu dieser Zeit deutlich mehr Beschäftigte im Betrieb befinden als während der anderen Schichten), Vollversammlung abwechselnd in der Früh- und Spätschicht, Teilversammlungen während der jeweiligen Schichten. Dem Betriebsrat steht bei der Gestaltung – nach richtiger Auffassung – ein Ermessensspielraum zu (vgl. Däubler/Kittner/Klebe/Schneider [Hrsg.], BetrVG, 4. Aufl., § 44 Rdnr. 10–12).

☐ Gewerkschaftsvertreter haben einen eigenen Anspruch auf Einladung und beratende Teilnahme an der Betriebsversammlung (§ 46 Abs. 1 Satz 1 BetrVG).

☐ Vertreter eines Arbeitgeberverbandes haben ein Teilnahmerecht nur dann, wenn der Arbeitgeber an der Versammlung teilnimmt und er den Arbeitgeberverbandsvertreter hinzuzieht (vgl. § 46 BetrVG).

☐ Die Betriebsversammlung ist nicht öffentlich (vgl. § 42 Abs. 1 Satz 2 BetrVG). Dennoch besteht die Möglichkeit, solche außerbetrieblichen Personen einzuladen, für deren Teilnahme ein sachlicher Grund gegeben ist (z. B. Sachverständige, Referenten für ein nach § 45 BetrVG zulässiges Thema, Gesamtbetriebsratsmitglieder aus einem anderen Betrieb, Arbeitnehmervertreter im Aufsichtsrat usw.).

☐ Wegen der Nichtöffentlichkeit der Betriebsversammlung ist eine unbefugte Tonbandaufnahme nach § 201 Strafgesetzbuch strafbar.

☐ Unzulässig ist auch die Anfertigung von Wortprotokollen durch den Arbeitgeber ohne einen Arbeitgeberbeauftragten. Gleiches gilt für das stichwortartige Festhalten des Inhalts von Wortbeiträgen einzelner Arbeitnehmer sowie das schriftliche Festhalten der Namen der Diskussionsredner.

Betriebsversammlung

Bedeutung für die Betriebsratsarbeit

Die Betriebsversammlung hat im Rahmen der Vertretung der Interessen der Beschäftigten einen wichtigen Stellenwert. Sie ermöglicht den unverzichtbaren Informationsfluß zwischen Betriebsrat und Belegschaft. Sie verdeutlicht die unterschiedlichen/gegensätzlichen Interessen zwischen Belegschaft und Arbeitgeber. Sie stärkt die Verhandlungsposition des Betriebsrats, wenn der Arbeitgeber sieht, daß der Betriebsrat »die Belegschaft im Rücken hat«. Sie macht die Darstellung gewerkschaftlicher Positionen und Strategien zu betrieblichen und überbetrieblichen Problemlagen möglich und verstärkt damit die Erkenntnis über die Notwendigkeit des »Zusammenspiels« von Belegschaft, betrieblichen Interessenvertretungsorganen und Gewerkschaft.

☐ Es ist sinnvoll, bei der Vorbereitung, Durchführung und Nachbereitung der Betriebsversammlung arbeitsteilig vorzugehen: So kann beispielsweise die schriftliche Vorbereitung und der Vortrag des Tätigkeitsberichtes auf mehrere Betriebsratsmitglieder verteilt werden.

☐ Der gewerkschaftliche Vertrauenskörper kann unter gesondertem Tagesordnungspunkt einen eigenen Bericht abgeben (ist nach der Rechtsprechung zulässig).

☐ Natürlich sollten die jeweiligen Aktivitäten (einschließlich des etwaigen Referats des Gewerkschaftsvertreters) sinnvoll aufeinander abgestimmt sein.

☐ Die Betriebsversammlung stellt allerdings nicht die alleinige »Kontaktstelle« zwischen Betriebsrat und Belegschaft dar. Nicht vergessen werden darf das Gespräch am Arbeitsplatz oder im Büro des Betriebsrats innerhalb und außerhalb der Sprechstundenzeiten (vgl. § 39 BetrVG), die Information der Beschäftigten durch Anschläge an den »Schwarzen Brettern«, die Herausgabe von Flugblättern oder regelmäßig erscheinenden Informationsschriften des Betriebsrats.

☐ Auch der gewerkschaftliche Vertrauenskörper kann bei der Herstellung und Aufrechterhaltung des Informationsflusses zwischen Belegschaft und Betriebsrat eine sinnvolle und wichtige Rolle spielen (siehe → **Gewerkschaft**).

Betriebsversammlung

Schnellübersicht:

Betriebsversammlung

1. Zulässige Formen der Betriebsversammlung:
   - Betriebsversammlung:
     Alle Arbeitnehmer des Betriebs versammeln sich zum gleichen Zeitpunkt am gleichen Ort.
   - Teilversammlung:
     Ein Teil der Arbeitnehmer des Betriebs versammelt sich, weil wegen der Eigenart des Betriebs eine gleichzeitige Versammlung aller Arbeitnehmer nicht möglich ist (z. B. bei Schichtarbeit).
   - Abteilungsversammlung:
     Die Arbeitnehmer einer Abteilung werden zu einer solchen Versammlung einberufen, wenn dies zur sachgerechten Erörterung der Belange dieser Arbeitnehmer erforderlich ist.
2. Aufgaben des Betriebsrats vor und in der Betriebsversammlung:
   - Der Betriebsrat beruft die Betriebsversammlungen ein;
   - der Betriebsrat beschließt die Tagesordnung;
   - der Betriebsratsvorsitzende leitet die Betriebsversammlung, er übt auch das Hausrecht aus;
   - die Leitung der Abteilungsversammlung obliegt einem vom Betriebsrat beauftragten Betriebsratsmitglied, das der betreffenden Abteilung angehören soll;
   - der Betriebsrat hat einen Tätigkeitsbericht zu erstatten (über seine Arbeit im abgelaufenen Quartal);
   - er hat diesen Bericht zur Diskussion zu stellen.
3. Zahl der Betriebsversammlungen:
   - in jedem Quartal eine (»ordentliche«) Betriebsversammlung (zwei davon gegebenenfalls als Abteilungsversammlung);
   - in jedem Kalenderhalbjahr je eine (»weitere«) Betriebs- oder Abteilungsversammlung, wenn dies aus besonderen Gründen »zweckmäßig« erscheint;
   - zusätzliche (»außerordentliche«) Betriebsversammlungen muß der Betriebsrat einberufen auf Antrag des Arbeitgebers und auf Antrag eines Viertels der wahlberechtigten Arbeitnehmer; er kann eine solche Versammlung auch aufgrund eigener Entschließung einberufen, wenn er sie für »notwendig« erachtet;
   - auf Antrag einer im Betrieb vertretenen Gewerkschaft hat der Betriebsrat eine »ordentliche« Betriebsversammlung einzuberufen, wenn im vorangegangenen Kalenderhalbjahr keine Betriebs- oder Abteilungsversammlung stattgefunden hat.
4. Zeitpunkt der Betriebsversammlung:
   - Die »ordentlichen«, »weiteren« und die vom Arbeitgeber beantragten »außerordentlichen« Betriebsversammlungen finden grundsätzlich während der Arbeitszeit statt;

Betriebsversammlung

- ausnahmsweise finden die vorgenannten Betriebsversammlungen außerhalb der Arbeitszeit statt, wenn die Eigenart des Betriebs dies »zwingend« erfordert;
- die »außerordentlichen« Betriebsversammlungen, die der Betriebsrat aufgrund eigener Entschließung oder auf Wunsch eines Viertels der Belegschaft einberuft, erfolgen außerhalb der Arbeitszeit (es sei denn, Arbeitgeber und Betriebsrat einigen sich auf die Durchführung während der Arbeitszeit).

5. Teilnehmer der Betriebsversammlung:
   - der Betriebsrat;
   - die Arbeitnehmer;
   - Gewerkschaftsbeauftragter (Anspruch auf beratende Teilnahme);
   - der Arbeitgeber (er hat in jeder Versammlung Rederecht; mindestens einmal im Jahr hat er einen Bericht über das Personal- und Sozialwesen sowie über Lage und Entwicklung des Betriebs zu geben);
   - ein Beauftragter des Arbeitgeberverbandes (wenn Arbeitgeber ihn hinzuzieht);
   - sonstige vom Betriebsrat eingeladene Personen: z. B. betriebsfremde Gesamtbetriebsratsmitglieder, Sachverständige, Referenten, Rechtsanwalt usw.;
   - die Betriebsversammlung ist im übrigen nicht öffentlich.

6. Themen der Betriebsversammlung:
   - Angelegenheiten, die den Betrieb oder seine Arbeitnehmer unmittelbar betreffen; eingeschlossen sind: tarifpolitische, sozialpolitische und wirtschaftliche Themen, Fragen der Frauenförderung und der Vereinbarkeit von Familie und Beruf.

7. Rechte der Arbeitnehmer:
   - Ein Viertel der wahlberechtigten Arbeitnehmer kann den Betriebsrat verpflichten, eine Betriebsversammlung einzuberufen und ein bestimmtes Thema auf die Tagesordnung zu setzen;
   - die Arbeitnehmer können dem Betriebsrat Anträge unterbreiten;
   - sie können zu den Beschlüssen des Betriebsrats Stellung nehmen;
   - die Zeit der Teilnahme an den »ordentlichen«, »weiteren« und vom Arbeitgeber beantragten »außerordentlichen« Betriebsversammlungen einschließlich etwaiger zusätzlicher Wegezeiten ist wie Arbeitszeit zu vergüten;
   - das gleiche gilt, wenn die vorstehend genannten Betriebsversammlungen ausnahmsweise außerhalb der Arbeitszeit stattfinden; für diesen Fall sind auch Fahrtkosten durch den Arbeitgeber zu erstatten;
   - auch für sonstige, zusätzlich zu den vorgenannten Betriebs- oder Abteilungsversammlungen durchgeführte Versammlungen gilt: finden diese Versammlungen im Einvernehmen mit dem Arbeitgeber während der Arbeitszeit statt, ist der Arbeitgeber nicht berechtigt, das Arbeitsentgelt der Arbeitnehmer zu kürzen.

Betriebsversammlung

Checkliste:

Vorbereitung der Betriebsversammlung

1. Termin der Betriebsversammlung festlegen:
   - Datum, Uhrzeit.
2. Ort der Betriebsversammlung festlegen und sonstige organisatorische Vorbereitungen treffen:
   - Welcher Raum?
   - Lautsprecheranlage und Saalmikrophone;
   - Bestuhlung;
   - gegebenenfalls Tageslichtprojektor und Leinwand;
   - sonstige Maßnahmen zur attraktiven Gestaltung der Räumlichkeit (z. B. Fotoausstellung, Plakate, Transparente, Info- und Büchertisch).
3. Arbeitgeber über Termin und Ort informieren und ihn auffordern, die Räumlichkeit freizuhalten, die notwendigen technischen Einrichtungen zur Verfügung zu stellen und den Betriebsablauf so zu gestalten, daß jeder Arbeitnehmer an der Betriebsversammlung teilnehmen kann.
4. Tagesordnung festlegen:
   - Tätigkeitsbericht des Betriebsrats (in jeder »ordentlichen« Betriebsversammlung);
   - mindestens einmal im Jahr Bericht des Arbeitgebers;
   - Bericht des gewerkschaftlichen Vertrauenskörpers;
   - Bericht sonstiger betrieblicher Funktionsträger: Jugend- und Auszubildendenvertretung, Schwerbehindertenvertretung, Sicherheitsbeauftragte bzw. -fachkräfte, Betriebsarzt, »Umweltschutzbeauftragter« usw.;
   - gegebenenfalls Referat eines außerbetrieblichen Referenten (z. B. Gewerkschaftssekretär, Sachverständiger usw.) zu einem aktuellen Schwerpunktthema;
   - Reihenfolge der Tagesordnungspunkte für jede Versammlung (neu) bestimmen (nach Aktualität und Wichtigkeit);
   - Hinweis darauf, daß nach jedem Tagesordnungspunkt Möglichkeit der Aussprache besteht.
5. Schriftlichen Tätigkeitsbericht erstellen:
   - inhaltliche Schwerpunkte in einer Vorbereitungssitzung des Betriebsrats festlegen:
     – Themenliste erstellen,
     – unwichtige Punkte aussortieren,
     – inhaltliche Schwerpunkte in eine sinnvolle Reihenfolge bringen (auf klare und nachvollziehbare Gliederung achten),
     – zeitlichen Rahmen für jeden Punkt (in etwa) festlegen (was kann kurz, was muß ausführlicher dargestellt werden?),
     – Tätigkeitsbericht insgesamt nicht länger als 45 Minuten;
   - bei der Festlegung des Inhaltes des Tätigkeitsberichtes die Jugend- und Auszubildendenvertretung, die Schwerbehindertenvertretung, den gewerkschaftlichen Vertrauenskörper (Vertrauenskörperleitung) einbeziehen;
   - zu jedem inhaltlichen Schwerpunkt darstellen:

Betriebsversammlung

- Was ist (im letzten Quartal) geschehen (z. B. betriebliche Probleme, Maßnahmen des Arbeitgebers, Anregungen oder Beschwerden von Beschäftigten usw.)?
- Was hat der Betriebsrat in der betreffenden Angelegenheit gefordert?
- Wie hat der Arbeitgeber auf die Forderungen bzw. Maßnahmen des Betriebsrats reagiert; wie lautete die Position des Arbeitgebers, mit welchen Methoden hat er »gearbeitet«?
- Welche Schritte zur Durchsetzung seiner Forderungen hat der Betriebsrat (und gegebenenfalls andere Gremien) unternommen?
- Was konnte erreicht werden? Wer und/oder was war für den (Teil-)Erfolg verantwortlich?
- Was konnte nicht erreicht werden? Wer oder was war für den Mißerfolg verantwortlich?
* Falls zum Zeitpunkt der Betriebsversammlung eine Angelegenheit noch »in Arbeit« ist:
- Wie ist der Stand der Verhandlungen mit dem Arbeitgeber?
- Worüber konnte Einigkeit erzielt werden?
- Was ist strittig?
* Ausblick in das nächste Quartal:
- Welche Aufgaben sollen nach der Arbeitsplanung des Betriebsrats demnächst »angepackt« werden?
* Tätigkeitsbericht arbeitsteilig erstellen (Ausschüsse, einzelne Betriebsratsmitglieder beauftragen), schriftliche Vorlagen und gut lesbare Folien (Grafiken) für Tageslichtprojektor anfertigen.
* in der letzten Betriebsratssitzung vor der Betriebsversammlung die Endfassung des Tätigkeitsberichts beraten und beschließen;
* festlegen, wer welche Teile des Tätigkeitsberichts in der Betriebsversammlung vorträgt (die »Neulinge« ermutigen).

6. Schwerpunktthema vorbereiten:
   * mit etwaigem (außerbetrieblichen) Referenten (z. B. Gewerkschaftssekretär) Ziel, Inhalt, Zeitpunkt und Dauer des Referats absprechen.
7. Auf Bericht des Arbeitgebers vorbereiten (soweit dieser insgesamt oder in Teilen bekannt ist, vgl. § 110 BetrVG).
8. Mit den anderen Gremien der Interessenvertretung (Jugend- und Auszubildendenvertretung, Schwerbehindertenvertretung, Vertrauenskörper) Absprachen treffen über Ziel, Inhalt, Dauer, Zeitpunkt von Redebeiträgen zum Tätigkeitsbericht sowie zu sonstigen in der Betriebsversammlung behandelten Themen.
9. Einladung mit Tagesordnung (Themen genau bezeichnen) anfertigen (attraktive Gestaltung) und im Betrieb aushängen (»Schwarze Bretter«).
10. Gesonderte schriftliche Einladung mit Tagesordnung an Arbeitgeber, Gewerkschaftssekretär und sonstige Personen (z. B. außerbetriebliche Referenten) anfertigen und rechtzeitig versenden.
11. Rechtzeitig vor Beginn der Betriebsversammlung kontrollieren, ob alle organisatorischen und technischen Maßnahmen (siehe oben Ziff. 2 und 3) erledigt worden sind. Funktionsfähigkeit der Technik (Tonanlage, Tageslichtprojektor usw.) prüfen!

Betriebsversammlung

Checkliste:

Durchführung der Betriebsversammlung

Aufgaben des Versammlungsleiters:	Berichte, Referate, Redebeiträge:
1. Eröffnung, Begrüßung.	
2. Kurze Orientierung über den Ablauf der Versammlung (insbesondere, wenn die ausgehängte Tagesordnung verändert werden mußte).	
3. Tagesordnungspunkt 1 (Tätigkeitsbericht des Betriebsrats) aufrufen.	Tätigkeitsbericht (verschiedene Betriebsratsmitglieder), Tageslichtprojektor und vorbereitete Folien nutzen.
4. Aussprache zu Tagesordnungspunkt 1 eröffnen und Diskussion leiten.	Redebeiträge (Fragen, Meinungen) zum Tätigkeitsbericht (Betriebsratsmitglieder, Vertrauensleute, Belegschaftsangehörige usw.).
5. Bei »verunglückten« Redebeiträgen unterstützend eingreifen (z. B. die beabsichtigte Aussage des Redners verdeutlichen; gegebenenfalls Nachfrage);	
eingreifen, wenn Redner unterbrochen oder gestört werden;	
erst mehrere Redebeiträge nacheinander zulassen (darauf achten, daß nicht auf jeden Redebeitrag sofort mit einer Antwort oder Gegenrede reagiert wird);	
Fragen an den zuständigen Adressaten (Betriebsrat, Arbeitgeber, Gewerkschaftssekretär usw.) weiterleiten (einfache Fragen gegebenenfalls selbst beantworten);	
Diskussion dann beenden, wenn sie beginnt, sich »im Kreise zu drehen« bzw. wenn keine weiteren Wortmeldungen mehr vorliegen;	
die wichtigsten Punkte der Diskussion zu dem Tagesordnungspunkt noch einmal kurz (!) zusammenfassen.	

Betriebsversammlung

6. Tagesordnungspunkt 2 (z. B. Bericht des Arbeitgebers) aufrufen; Aussprache zu Tagesordnungspunkt 2 eröffnen und Diskussion leiten; ... (usw.: wie oben, Nr. 4, 5).

    Bericht des Arbeitgebers.

    Redebeiträge.

7. Nach Erledigung des letzten Tagesordnungspunktes (»Verschiedenes«): Die Betriebsversammlung schließen.

Checkliste:

Nachbereitung der Betriebsversammlung

1. Unmittelbar nach der Betriebsversammlung Beschäftigte nach ihrer Meinung zu Form und Inhalt der Betriebsversammlung befragen.
2. In einer Betriebsratssitzung (gegebenenfalls gemeinsame Sitzung mit Vertrauensleuten bzw. Vertrauenskörperleitung) Betriebsversammlung auswerten:
    - Was ist gut gelaufen?
    - Wie sind Berichte, Redebeiträge und gegebenenfalls Referate bei der Belegschaft »angekommen«?
    - Was ist schlecht gelaufen?
    - Wie hat der Arbeitgeber sich verhalten? Wie hat er auf Berichte, Redebeiträge usw. reagiert?
    - Wie lauten die Reaktionen aus der Belegschaft?
3. Konsequenzen ziehen:
    - Was muß bei der Vorbereitung und Gestaltung der nächsten Betriebsversammlung anders/besser gemacht werden?
    - Die wichtigsten Punkte schriftlich festhalten und für die Vorbereitung und Durchführung der nächsten Betriebsversammlung nutzen.
    - Welche Arbeitsaufträge ergeben sich für Betriebsrat und die anderen Gremien der Interessenvertretung aus dem Verlauf der Versammlung?
    - Wer bearbeitet diese Aufträge bis wann?

Betriebsversammlung

Musterschreiben:

Einladung an die Geschäftsleitung zur Betriebsversammlung

Der Betriebsrat					Datum

An die
Geschäftsleitung

Einladung zur Betriebsversammlung am...
Wie bereits abgesprochen und vereinbart, findet am... (Datum)..., um... (Uhrzeit)... in... (Raum)... unsere nächste Betriebsversammlung statt. Dazu möchten wir Sie einladen.

Tagesordnung:
1. Eröffnung der Versammlung und Begrüßung
2. ...
3. ...
4. Schwerpunktthema:
   Betriebsdatenerfassungsgeräte in der Produktion
5. Stellungnahme der Betriebsleitung zur geplanten Aufstellung von Betriebsdatenerfassungsgeräten
6. Verschiedenes

Der jährlich von Ihnen abzugebende Bericht zur personellen, sozialen und wirtschaftlichen Situation des Betriebes ist diesmal nicht vorgesehen. Wir erwarten allerdings eine Stellungnahme zu dem Schwerpunktthema dieser Betriebsversammlung.
Entsprechend unserer Absprache bitten wir Sie, den o.g. Raum für die Betriebsversammlung vorbereiten zu lassen und ebenfalls sicherzustellen, daß alle Arbeitnehmer unseres Betriebes ohne Probleme an der Betriebsversammlung teilnehmen können.

Mit freundlichen Grüßen
Der Betriebsrat

Aus: Fricke/Grimberg/Wolter: Die kleine Betriebsrats-Bibliothek, Band 3: Die Betriebsversammlung: So wird's gemacht, 3. Auflage, Bund-Verlag, Köln 1991, S. 29.

Betriebsversammlung

Musterschreiben

Mitteilung an die Geschäftsleitung über den Zeitpunkt der nächsten Betriebsversammlung

Der Betriebsrat   Datum

An die
Geschäftsleitung

Betr.: Beschluß des Betriebsrats zum Zeitpunkt der nächsten Betriebsversammlung

Der Betriebsrat hat in seiner Sitzung vom ... beschlossen, die nächste und auch alle folgenden Betriebsversammlungen grundsätzlich an einem ... (zum Beispiel Dienstag) ... um ... (zum Beispiel 09.00 Uhr) ... beginnen zu lassen. Der Betriebsrat setzt daher die nächste Betriebsversammlung für den ... (Datum) ... an.

Zur Begründung: In der Vergangenheit begannen unsere Betriebsversammlungen immer erst um 14.00 Uhr. Dieser späte Zeitpunkt hat den Ablauf der Betriebsversammlungen empfindlich beeinträchtigt. Die Teilnehmer an der Versammlung hatten zu dieser Zeit bereits eine sechseinhalbstündige Arbeitszeit hinter sich und waren deshalb nicht mehr in der Lage, dem Ablauf der Betriebsversammlung mit der unbedingt notwendigen Konzentration zu folgen. Außerdem bedeutete diese Zeitfestsetzung, daß die Dauer der Betriebsversammlung auf eineinhalb Stunden »vorprogrammiert« war. Dieser Zeitraum genügte aber häufig nicht, um eine ordnungsgemäße Information und eine sachgerechte Aussprache sicherzustellen. Die konkrete Folge in der Vergangenheit war, daß besonders in der zweiten Hälfte alle an der Versammlung Beteiligten unter einem erheblichen Zeitdruck standen. Dies haben ja auch Sie bei der Abgabe Ihres Berichtes häufiger spüren müssen. In einigen Fällen wurde es auch notwendig, die Dauer der Betriebsversammlung über das Ende der Arbeitszeit hinaus auszudehnen. Dies führte nicht nur zu einer Kostenbelastung für Sie, sondern brachte auch private und verkehrsmäßige Probleme für die Teilnehmer an der Versammlung mit sich. Einige Arbeitnehmer verließen zum Beispiel die Versammlung vorzeitig und störten damit den ordnungsgemäßen Ablauf.

Wir sind sicher, daß auch Sie ein Interesse daran haben, daß die Arbeitnehmer unseres Betriebes auf der Betriebsversammlung in der notwendigen Ausführlichkeit informiert werden können und auch Gelegenheit haben sollen, alle anfallenden Probleme im Interesse einer sachgerechten Problemlösung anzusprechen und darüber zu diskutieren. Dies aber ist nach unserer Auffassung nur durch eine andere zeitliche Lage der Betriebsversammlung zu erreichen.

Sollten Sie Bedenken gegen den von uns beschlossenen Zeitpunkt haben, stehen wir Ihnen zu einem Gespräch jederzeit zur Verfügung.

Mit freundlichen Grüßen
Der Betriebsrat

Aus: Fricke/Grimberg/Wolter, Die kleine Betriebsrats-Bibliothek, Band 3: Die Betriebsversammlung: So wird's gemacht, a.a.O., S. 60.

Betriebsversammlung

Literaturhinweis:

Fricke/Grimberg/Wolter: Die kleine Betriebsrats-Bibliothek. Band 3: Die Betriebsversammlung: So wird's gemacht, Bund-Verlag, Köln.
Eike Mühlstädt/Ralf M. Knischka: MK-X–Betriebsversammlung. Das Expertensystem zur Betriebsversammlung. Computergestützte Beratung des Betriebsrats, Bund-Verlag, Köln.
Eike Mühlstädt: Die Betriebsversammlung. Mit zahlreichen Musterreden. Ein praktischer Ratgeber, Bund-Verlag, Köln.

Beurteilungsgrundsätze

Was ist das?

☐ Es handelt sich um Richtlinien, mit deren Hilfe die Leistung und das Verhalten von Arbeitnehmern beurteilt werden sollen. Die Beurteilung soll nicht in das Belieben jeweiliger Vorgesetzter, die nach unterschiedlichen Kriterien bewerten, gestellt werden. Vielmehr sollen, um Beurteilungen vergleichbar zu machen, einheitliche Gesichtspunkte zugrunde gelegt werden.

Beurteilungskriterien sind beispielsweise: Sorgfalt der Arbeitsausführung, Belastbarkeit, Verantwortungsbewußtsein, Selbständigkeit, Kooperationsfähigkeit, Einsatzbereitschaft, Weiterbildungsbereitschaft, Führungsqualitäten, Entscheidungsfähigkeit, Durchsetzungsfähigkeit.

☐ Zu den Beurteilungsgrundsätzen zählen auch die jeweiligen Methoden und Verfahren, mittels derer der der Beurteilung zugrundeliegende Sachverhalt ermittelt wird. Beispiele: Fragebogen, psychologische Tests, graphologische Gutachten, Arbeitsproben, Überwachung, Kontrolle, Kreis der Beurteiler.

☐ In der Praxis wird mittlerweile auch die elektronische Datenverarbeitung für die Beurteilung von Arbeitnehmern genutzt. Ist beispielsweise ein Personalinformationssystem derart ausgestattet, daß nach katologmäßigen Klassifikationsmerkmalen nach Eingabe von Leistungs- und Verhaltensdaten automatisch Fähigkeits- und Eignungsprofile erstellt werden, dann sind in einem solchen System Beurteilungsgrundsätze eingearbeitet.

Bedeutung für die Betriebsratsarbeit

☐ Der Betriebsrat hat nach § 94 Abs. 2 BetrVG ein Mitbestimmungsrecht bei der

»Aufstellung allgemeiner Beurteilungsgrundsätze«.

Dieses Mitbestimmungsrecht hat die Qualität eines »Zustimmungsverweigerungsrechts«. Das heißt, der Betriebsrat kann die Einführung von Beurteilungsgrundsätzen zwar nicht erzwingen. Wenn der Arbeitgeber jedoch Beurteilungsgrundsätze aufstellen will, so hat der Betriebsrat mitzubestimmen darüber,

- ob solche Grundsätze überhaupt eingeführt werden sollen;
- wenn ja, welchen Inhalt sie haben sollen (welche Beurteilungskriterien sollen gelten, welche Gewichtung sollen sie haben, welche Beurteilungsverfahren sollen angewendet werden?).

☐ Entsprechendes gilt, wenn der Arbeitgeber bestehende Beurteilungsgrundsätze ändern will. Auch insoweit bestimmt der Betriebsrat mit über »ob überhaupt« und das »Wie«.

☐ Kommt eine Einigung zwischen Arbeitgeber und Betriebsrat nicht zustande, entscheidet auf Antrag die → **Einigungsstelle**. Auch der Betriebsrat kann die Einigungsstelle anrufen, wenn er sich mit dem Arbeitgeber über die inhaltliche Gestaltung der Beurteilungsgrundsätze nicht einigen kann.

☐ Die Aufstellung und Anwendung von Beurteilungsgrundsätzen ohne Zustimmung des Betriebsrats ist ein Vorgang, den der Betriebsrat durch ein Verfahren nach § 23 Abs. 3 BetrVG beenden kann (siehe auch → **Unterlassungsanspruch des Betriebsrats**).

Bedeutung für den Beschäftigten

☐ Verwendet der Arbeitgeber ohne Zustimmung des Betriebsrats Beurteilungsgrundsätze, dann hat der danach beurteilte Arbeitnehmer Anspruch auf Entfernung der Beurteilung aus der Personalakte sowie auf Nichtverwendung der Beurteilung bei personellen Entscheidungen (z. B. Versetzung, Beförderung, Kündigung usw.).

Bildungsurlaub

Was ist das?

☐ Bildungsurlaub ist die bezahlte oder unbezahlte Freistellung eines Arbeitnehmers von der Arbeit zum Zwecke der Teilnahme an Maßnahmen der beruflichen oder politischen (teilweise auch der allgemeinen) Bildung.

☐ Einen durch Bundesgesetz geregelten Anspruch auf bezahlte Freistellung zwecks Teilnahme an Bildungsmaßnahmen haben

- Mitglieder des Betriebsrats (§ 37 Abs. 6 und 7 BetrVG),
- Mitglieder der Jugend- und Auszubildendenvertretung (§ 65 in Verbindung mit § 37 Abs. 6 und 7 BetrVG),
- Mitglieder des Seebetriebsrats (§ 116 Abs. 3 BetrVG),
- Vertrauensfrauen und -männer der Schwerbehinderten (§ 26 Abs. 4 Schwerbehindertengesetz),
- Betriebsärzte (§ 2 Abs. 3 ASiG),
- Fachkräfte für Arbeitssicherheit (§ 5 Abs. 3 ASiG).

☐ Ein darüber hinausgehendes allgemeines Bundes-Bildungsurlaubsgesetz existiert nicht.

☐ Einige Tarifverträge sehen einen Anspruch auf – meist unbezahlte – Freistellung für Bildungsurlaub vor.

☐ In folgenden Bundesländern wird auf der Grundlage von Landesgesetzen ein Anspruch auf bezahlte Freistellung für Bildungsveranstaltungen, die von den jeweiligen Ländern anerkannt worden sind, gewährt: Schleswig-Holstein, Hamburg, Bremen, Berlin, Niedersachsen, Nordrhein-Westfalen, Hessen, Rheinland-Pfalz, Saarland.

Mecklenburg-Vorpommern, Sachsen-Anhalt, Brandenburg, Sachsen, Thüringen, Baden-Württemberg und Bayern haben (noch) kein Bildungsurlaubsgesetz.

Bildungsurlaub

- **Schleswig-Holstein: Bildungsfreistellungs- und Qualifizierungsgesetz**

Anspruchsberechtigt sind:
Arbeitnehmer, zur Berufsausbildung Beschäftigte, in Heimarbeit Beschäftigte und sonstige arbeitnehmerähnliche Personen, Beamte, Richter.

Zweck des Bildungsurlaubs:
Allgemeine, politische und berufliche Weiterbildung in staatlich anerkannten Veranstaltungen.

Dauer des Bildungsurlaubs:
Fünf Arbeitstage im Jahr bzw. zehn Arbeitstage in zwei Kalenderjahren; bei mehr oder weniger als fünf Arbeitstagen in der Woche entsprechend mehr oder weniger.

Wartezeit:
Sechs Monate.

Anmeldung des Bildungsurlaubs:
So früh wie möglich, in der Regel sechs Wochen vor Beginn der Weiterbildungsveranstaltung.

Verschiebung des Bildungsurlaubs:
Wenn betriebliche Gründe oder Bildungsurlaubsanträge anderer – sozial vorrangiger – Arbeitnehmer vorliegen.

- **Hamburg: Bildungsurlaubsgesetz**

Anspruchsberechtigt sind:
Arbeitnehmer sowie zur Berufsausbildung Beschäftigte, deren Arbeitsverhältnis schwerpunktmäßig in Hamburg durchgeführt wird.

Zweck des Bildungsurlaubs:
Politische und berufliche Bildung in staatlich anerkannten Bildungsveranstaltungen.

Dauer des Bildungsurlaubs:
Zehn Arbeitstage innerhalb von zwei aufeinanderfolgenden Kalenderjahren, bei regelmäßiger Arbeit an sechs Tagen in der Woche zwölf Werktage.

Wartezeit:
Sechs Monate.

Bildungsurlaub

Anmeldung des Bildungsurlaubs:
So früh wie möglich, in der Regel sechs Wochen vor Beginn der Veranstaltung.

Verschiebung des Bildungsurlaubs:
Wenn zwingende betriebliche Belange oder Bildungsurlaubsanträge anderer – sozial vorrangiger – Arbeitnehmer vorliegen.

- **Bremen: Bildungsurlaubsgesetz**

Anspruchsberechtigt sind:
Arbeitnehmer, zur Berufsausbildung Beschäftigte, in Heimarbeit Beschäftigte, Gleichgestellte und andere arbeitnehmerähnliche Personen.

Zweck des Bildungsurlaubs:
Allgemeine, politische und berufliche Bildung.

Dauer des Bildungsurlaubs:
Zehn Arbeitstage innerhalb von zwei aufeinanderfolgenden Kalenderjahren, bei Arbeit an vier oder sechs Tagen in der Woche entsprechend weniger oder mehr.

Wartezeit:
Sechs Monate.

Anmeldung des Bildungsurlaubs:
So früh wie möglich, in der Regel sechs Wochen vor Beginn der Bildungsmaßnahme.

Verschiebung des Bildungsurlaubs:
Wenn zwingende betriebliche Belange oder Bildungsurlaubsanträge anderer – sozial vorrangiger – Arbeitnehmer vorliegen.

- **Berlin: Bildungsurlaubsgesetz**

Anspruchsberechtigt sind:
Arbeitnehmer, zur Berufsausbildung Beschäftigte, in Heimarbeit Beschäftigte, Gleichgestellte und andere arbeitnehmerähnliche Personen.

Zweck des Bildungsurlaubs:
Politische Bildung und berufliche Weiterbildung (für Auszubildende nur politische Bildung).

Dauer und Gesamtumfang des Bildungsurlaubs:
Zehn Arbeitstage in zwei aufeinanderfolgenden Kalenderjahren. Für Arbeitnehmer bis 25 Jahre zehn Arbeitstage im Kalenderjahr. Bei

regelmäßiger Arbeit an mehr oder weniger als fünf Tagen in der Woche entsprechend mehr oder weniger. In Betrieben mit bis zu 20 Arbeitnehmern kann die Freistellung von Beschäftigten über 25 Jahren verweigert werden, sobald die Gesamtzahl der Arbeitstage für Bildungsurlaub im laufenden Kalenderjahr das Zweieinhalbfache der Zahl der Arbeitnehmer erreicht.

Wartezeit:
Sechs Monate.

Anmeldung des Bildungsurlaubs:
So früh wie möglich, in der Regel sechs Wochen vor Beginn der Bildungsmaßnahme.

Verschiebung des Bildungsurlaubs:
Wenn zwingende betriebliche Belange oder Bildungsurlaubsanträge anderer – sozial vorrangiger – Arbeitnehmer vorliegen.

- **Niedersachsen: Gesetz über den Bildungsurlaub für Arbeitnehmer und Arbeitnehmerinnen**

Anspruchsberechtigt sind:
Arbeitnehmer, zur Berufsausbildung Beschäftigte, in Heimarbeit Beschäftigte, Gleichgestellte und andere arbeitnehmerähnliche Personen sowie Beschäftigte in Werkstätten für Behinderte.

Zweck des Bildungsurlaubs:
Erwachsenenbildung (im Sinne des niedersächsischen »Gesetzes zur Förderung der Erwachsenenbildung«) in staatlich anerkannten Veranstaltungen.

Dauer und Gesamtumfang des Bildungsurlaubs:
Fünf Arbeitstage im Kalenderjahr, bei regelmäßiger Arbeit an mehr oder weniger als fünf Arbeitstagen pro Woche entsprechend mehr oder weniger. Der Bildungsurlaub kann angesammelt werden: für zwei Jahre ohne Zustimmung, für drei Jahre mit Zustimmung des Arbeitgebers. Der pro Kalenderjahr zu gewährende Bildungsurlaub ist auf eine bestimmte Gesamtzahl von Tagen begrenzt. Berechnungsformel: Zahl der am 30. April eines Jahres beschäftigten Arbeitnehmer mal 2,5 Arbeitstage = Gesamtzahl der zu gewährenden Bildungsurlaubstage. Wird die Gesamtzahl erreicht, kann der Arbeitgeber Gewährung weiteren Bildungsurlaubs in diesem Kalenderjahr ablehnen.

Wartezeit:
Sechs Monate.

Bildungsurlaub

Anmeldung des Bildungsurlaubs:
So früh wie möglich, in der Regel vier Wochen vor Beginn.

Verschiebung des Bildungsurlaubs:
Wenn zwingende betriebliche Belange oder Bildungsurlaubsanträge anderer – sozial vorrangiger – Arbeitnehmer vorliegen. Bei Auszubildenden kann eine Verschiebung nur stattfinden, wenn besondere betriebliche Ausbildungsmaßnahmen anstehen.

- **Nordrhein-Westfalen: Gesetz zur Freistellung von Arbeitnehmern zum Zwecke der beruflichen und politischen Bildung**

Anspruchsberechtigt sind:
Arbeitnehmer (ohne Auszubildende), in Heimarbeit Beschäftigte, Gleichgestellte und andere arbeitnehmerähnliche Personen

Zweck des Bildungsurlaubs:
Berufliche und politische Weiterbildung.

Dauer des Bildungsurlaubs:
Fünf Arbeitstage im Kalenderjahr oder zehn Arbeitstage innerhalb von zwei aufeinanderfolgenden Kalenderjahren, bei mehr oder weniger als fünf Arbeitstagen pro Woche entsprechend mehr oder weniger.

Wartezeit:
Sechs Monate.

Anmeldung des Bildungsurlaubs:
So früh wie möglich, in der Regel vier Wochen vor Beginn der Bildungsmaßnahme.

Verschiebung des Bildungsurlaubs:
Wenn zwingende betriebliche Belange oder Bildungsurlaubsanträge anderer – sozial vorrangiger – Arbeitnehmer vorliegen.

- **Hessen: Gesetz über den Anspruch auf Bildungsurlaub**

Anspruchsberechtigt sind:
Arbeitnehmer, zur Berufsausbildung Beschäftigte, in Heimarbeit Beschäftigte sowie ihnen Gleichgestellte und andere arbeitnehmerähnliche Personen.

Zweck des Bildungsurlaubs:
Politische Bildung und berufliche Weiterbildung (Jugendliche: nur politische Bildung) durch staatlich anerkannte Träger der Jugend- und Erwachsenenbildung.

Bildungsurlaub

Dauer des Bildungsurlaubs:
Fünf Arbeitstage im Kalenderjahr bzw. sechs Tage bei regelmäßiger Arbeit an sechs Tagen pro Woche. Der Arbeitgeber kann die Gewährung weiteren Bildungsurlaubs im Kalenderjahr ablehnen, wenn mehr als die Hälfte der Arbeitnehmer des Betriebs an anerkannten Veranstaltungen teilgenommen haben.

Wartezeit:
Sechs Monate.

Anmeldung des Bildungsurlaubs:
So früh wie möglich, in der Regel vier Wochen vor Beginn der Veranstaltung.

Verschiebung des Bildungsurlaubs:
Wenn zwingende betriebliche Erfordernisse vorliegen. Dies gilt nicht bei Auszubildenden.

- **Rheinland-Pfalz: Gesetz über die Freistellung von Arbeitnehmerinnen und Arbeitnehmern für Zwecke der Weiterbildung**

Anspruchsberechtigt sind:
In Rheinland-Pfalz beschäftigte Arbeitnehmer sowie Auszubildende. In Kleinbetrieben mit bis zu fünf Arbeitnehmern besteht kein Anspruch auf Bildungsurlaub.

Zweck des Bildungsurlaubs:
Berufliche und gesellschaftspolitische Weiterbildung in staatlich anerkannten und für jedermann zugänglichen Veranstaltungen.

Dauer und Gesamtumfang des Bildungsurlaubs:
Zehn Arbeitstage in zwei aufeinanderfolgenden Kalenderjahren, bei regelmäßiger Arbeit an vier oder sechs Tagen in der Woche entsprechend weniger oder mehr. Auszubildende haben Anspruch auf drei Arbeitstage (während der gesamten Ausbildungszeit) für gesellschaftspolitische Weiterbildung, sofern dadurch nicht das Ausbildungsziel gefährdet wird. Wenn die Zahl der gewährten Bildungsurlaubstage in einem Kalenderjahr die Zahl der am 30. April beschäftigten Arbeitnehmer erreicht hat, kann der Arbeitgeber weiteren Bildungsurlaub für dieses Kalenderjahr ablehnen. Folge: Der Anspruch wird auf den nächsten 2-Jahres-Zeitraum verschoben.

Wartezeit:
Arbeitnehmer nach zwei Jahren Beschäftigungszeit, Auszubildende nach zwölf Monaten.

Bildungsurlaub

Anmeldung des Bildungsurlaubs:
So früh wie möglich, in der Regel sechs Wochen vor Beginn der Bildungsmaßnahme.

Verschiebung des Bildungsurlaubs:
Wenn zwingende betriebliche Belange vorliegen.

- **Saarland: Weiterbildungs- und Bildungsurlaubsgesetz**

Anspruchsberechtigt sind:
Arbeitnehmer, Auszubildende, in Heimarbeit Beschäftigte und ihnen Gleichgestellte sowie andere arbeitnehmerähnliche Personen, Beamte, Richter (Arbeitsstätten müssen im Saarland liegen).

Zweck des Bildungsurlaubs:
Berufliche und politische Weiterbildung in staatlich anerkannten und jedermann zugänglichen Bildungseinrichtungen.

Dauer und Gesamtumfang des Bildungsurlaubs:
Fünf Arbeitstage pro Kalenderjahr, bei regelmäßiger Arbeit an mehr oder weniger als fünf Tagen entsprechend mehr oder weniger. Eine Obergrenze gilt in Kleinbetrieben: ein Arbeitgeber mit bis zu 50 Beschäftigten kann weiteren Bildungsurlaub ablehnen, wenn die Gesamtzahl der genommenen Bildungsurlaubtage das Zweifache der am 30. April Beschäftigten entspricht.

Wartezeit:
Sechs Monate.

Anmeldung des Bildungsurlaubs:
So früh wie möglich, in der Regel sechs Wochen vor Beginn der Bildungsveranstaltung.

Verschiebung des Bildungsurlaubs:
Wenn zwingende betriebliche Belange oder Bildungsurlaubsanträge anderer – sozial vorrangiger – Arbeitnehmer vorliegen.

Bedeutung für die Betriebsratsarbeit

☐ Der Betriebsrat hat in Urlaubsfragen gemäß § 87 Abs. 1 Nr. 5 BetrVG ein Mitbestimmungsrecht. Nach h. M. findet § 87 Abs. 1 Nr. 5 BetrVG nicht nur auf den Erholungsurlaub Anwendung, sondern auf alle Formen des Urlaubs, also auch auf den Bildungsurlaub.

Bildungsurlaub

☐ So hat der Betriebsrat beispielsweise mitzubestimmen, wenn der Arbeitgeber Einwände gegen die zeitliche Lage des geplanten Bildungsurlaubs erhebt. Kommt es zu keiner Einigung, kann die Einigungsstelle angerufen werden (§ 87 Abs. 2 BetrVG).

☐ Zu den weiteren Einzelheiten des Mitbestimmungsrechts: siehe → **Urlaub**.

☐ Beachten: Das Mitbestimmungsrecht entfällt, soweit in den Bildungsurlaubsgesetzen die Modalitäten des Bildungsurlaubs abschließend geregelt sind (vgl. § 87 Abs. 1 Eingangssatz BetrVG).

Bedeutung für die Beschäftigten

☐ Ein Beschäftigter, der nach oben dargestellten Landesgesetzen Bildungsurlaub beantragt, hat nach h.M. kein Recht zur Selbstbeurlaubung. Vielmehr muß der Arbeitgeber die Freistellung erklären. Verweigert der Arbeitgeber die Freistellung, kann der Arbeitnehmer arbeitsgerichtliche Hilfe in Anspruch nehmen (ggf. auch Antrag auf Erlaß einer einstweiligen Verfügung).

☐ Stellt der Arbeitgeber den Beschäftigten frei und besucht der Arbeitnehmer die Veranstaltung, besteht Anspruch auf Entgeltfortzahlung, und zwar auch dann, wenn der Arbeitgeber behauptet, die Bildungsveranstaltung habe nicht den landesgesetzlichen Anerkennungsbestimmungen entsprochen.

Datenschutz

Rechtsgrundlagen

☐ Jede Verarbeitung und Nutzung von personenbezogenen Daten berührt und gefährdet das Persönlichkeitsrecht des Betroffenen. Dies gilt um so mehr in einer Zeit, in der mit Hilfe der elektronischen Datenverarbeitung (EDV) derartige Daten praktisch unbegrenzt speicherbar und kombinierbar sind. Das Bundesverfassungsgericht hat mit Urteil vom 15. 12. 1993 (»Volkszählungsurteil«) ausdrücklich festgestellt, daß es unter den Bedingungen automatisierter Datenverarbeitung keine »belanglosen« Daten mehr gibt. Mit der Einräumung eines individuellen Rechts auf »informationelle Selbstbestimmung« im Range eines Grundrechts hat das Gericht den hohen Stellenwert des Datenschutzes unterstrichen.

☐ Gefahren treten nicht nur im gesellschaftlichen, politischen Bereich auf (man stelle sich vor, der Gestapo des »Dritten Reichs« hätten die heutigen Möglichkeiten der EDV zur Verfügung gestanden).

Auch im Arbeitsleben verursacht die Verarbeitung von personenbezogenen Daten eine Fülle von Gefährdungen. So werden die Rechte von Arbeitnehmern bedroht beispielsweise durch die Möglichkeit

- totaler Verhaltens- und Leistungskontrolle;
- gezielter Auslese von Beschäftigten (z. B. bei Einstellung, Versetzung oder Kündigung) nach von außen nicht erkennbaren Kriterien;
- der Verfälschung von inhaltlichen Zusammenhängen infolge der mit EDV-mäßiger Verarbeitung verbundenen Formalisierung;
- der schnelleren und umfassenderen Erstellung von »schwarzen Listen«.

☐ Die Frage der Zulässigkeit der Verarbeitung und Nutzung personenbezogener Daten wird durch das Bundesdatenschutzgesetz geregelt. Ziel des Gesetzes ist es, den einzelnen davor zu schützen, daß er durch den Umgang mit seinen personenbezogenen Daten in seinem Persönlichkeitsrecht beeinträchtigt wird (§ 1 Bundesdatenschutzgesetz).

Datenschutz

☐ Am 24. 7. 1995 ist – nach mehr als fünf Jahren Diskussion – in Brüssel die »Europäische Datenschutzrichtlinie« verabschiedet worden. Ziel der Richtlinie ist es, den freien Verkehr von Daten in der Europäischen Gemeinschaft durch Herstellung eines »gleichwertigen« Datenschutzniveaus in den EU-Ländern zu erleichtern. Dabei wird ein »hohes« Schutzniveau angestrebt. Die EU-Mitgliedsstaaten haben die Richtlinie innerhalb von drei Jahren nach ihrer Annahme (vgl. Art. 32 Abs. 1 der Richtlinie) in nationales Recht umzusetzen.

☐ Für den Bereich des Arbeitslebens sind maßgeblich insbesondere die §§ 1 bis 11 und 27 bis 38 Bundesdatenschutzgesetz.

☐ Personenbezogene Daten sind alle Einzelangaben über persönliche oder sachliche Verhältnisse einer bestimmten oder bestimmbaren Person (vgl. § 3 Abs. 1 Bundesdatenschutzgesetz).

☐ Das Bundesdatenschutzgesetz erfaßt die »Erhebung«, »Verarbeitung« und »Nutzung« personenbezogener Daten (vgl. § 1 Abs. 2 Bundesdatenschutzgesetz).

☐ Für die »Erhebung« der Daten (das heißt: das Beschaffen von Daten über den Betroffenen; vgl. § 3 Abs. 4 Bundesdatenschutzgesetz) z. B. mit Hilfe eines Personalfragebogens gelten die unter Stichwort → **Personalfragebogen** dargestellten allgemeinen arbeits- und betriebsverfassungsrechtlichen Regeln (also z. B. Mitbestimmungsrechte des Betriebsrats nach § 94 BetrVG).

☐ Soweit Daten auf unrechtmäßige Weise (zum Beispiel unter Verstoß gegen das Mitbestimmungsrecht des Betriebsrats nach § 94 Abs. 1 BetrVG) erhoben worden sind, ist auch ihre Verarbeitung und Nutzung unzulässig (vgl. § 28 Abs. 1 letzter Satz Bundesdatenschutzgesetz).

☐ »Verarbeiten« im Sinne des Bundesdatenschutzgesetzes ist das »Speichern, Verändern, Übermitteln, Sperren und Löschen« personenbezogener Daten (vgl. § 3 Abs. 5 und 6 Bundesdatenschutzgesetz).

- »Speichern« ist das Erfassen, Aufnehmen, oder Aufbewahren personenbezogener Daten auf einem Datenträger zum Zwecke ihrer weiteren Verarbeitung oder Nutzung;
- »Verändern« ist das inhaltliche Umgestalten gespeicherter personenbezogener Daten;
- »Übermitteln« ist das Bekanntgeben gespeicherter oder durch Datenverarbeitung gewonnener personenbezogener Daten an einen Dritten (Empfänger) in der Weise, daß

Datenschutz

    a) die Daten durch die speichernde Stelle an den Empfänger weitergegeben werden oder

    b) der Empfänger von der speichernden Stelle zur Einsicht oder zum Abruf bereitgehaltene Dateien einsieht oder abruft;

- »Sperren« ist das Kennzeichnen gespeicherter personenbezogener Daten, um ihre weitere Verarbeitung oder Nutzung einzuschränken;
- »Löschen« ist das Unkenntlichmachen gespeicherter personenbezogener Daten;
- »Nutzung« ist jede Verwendung personenbezogener Daten, soweit es sich nicht um »Verarbeitung« handelt.

☐ Die **Grundregel des Datenschutzes** findet sich in § 4 Bundesdatenschutzgesetz. Hiernach ist die »Verarbeitung« personenbezogener Daten und deren »Nutzung« nur zulässig,

- wenn das Bundesdatenschutzgesetz oder eine andere Rechtsvorschrift sie erlaubt oder anordnet
oder
- soweit der Betroffene – schriftlich – eingewilligt hat.

Anders ausgedrückt: Datenverarbeitung und -nutzung ohne Einwilligung des Betroffenen ist nur bei Vorhandensein einer ausdrücklichen gesetzlichen Ermächtigung zulässig.

☐ Die für das Arbeitleben wichtigste gesetzliche Ermächtigung beinhaltet § 28 Abs. 1 Nr. 2 Bundesdatenschutzgesetz. Hiernach ist das Speichern, Verändern oder Übermitteln personenbezogener Daten oder ihre Nutzung als Mittel für die Erfüllung eigener Geschäftszwecke zulässig,

- im Rahmen der Zweckbestimmung eines Vertragsverhältnisses oder vertragsähnlichen Verhältnisses mit dem Betroffenen.

Diese »wolkige« Formulierung bedeutet letztlich nichts anderes als: nur diejenigen Daten, die für die Durchführung des Arbeitsverhältnisses unbedingt erforderlich sind, dürfen auch ohne Einwilligung des Betroffenen gespeichert werden. Nach der Rechtsprechung sind dies beispielsweise folgende Daten:

Geschlecht, Familienstand, Schule, Ausbildung in Lehr- und anderen Berufen, Fachschulausbildung/Fachrichtung/Abschluß, Sprachkenntnisse.

Datenschutz

☐ Auch die Speicherung von Fehlzeitendaten einzelner Arbeitnehmer soll noch im Rahmen der »Zweckbestimmung des Arbeitsverhältnisses« liegen und damit auch ohne Einwilligung des Betroffenen zulässig sein (zweifelhaft). Allerdings hat der Arbeitgeber insoweit das Mitbestimmungsrecht des Betriebsrats nach § 87 Abs. 1 Nr. 6 BetrVG zu beachten (siehe unten).

☐ Andere Gesetze im Sinne des § 4 Abs. 1 Bundesdatenschutzgesetz, nach welchen die Speicherung von personenbezogenen Daten zulässig sind, sind unter anderem Vorschriften aus dem Bereich des Steuer- und Sozialversicherungsrechts.

☐ Die Personen, die mit der Verarbeitung personenbezogener Daten beschäftigt sind, dürfen diese nicht unbefugt verarbeiten oder nutzen (»Datengeheimnis«). Sie sind bei der Aufnahme ihrer Tätigkeit auf das Datengeheimnis zu verpflichten. Das Datengeheimnis besteht auch nach Beendigung ihrer Tätigkeit fort (vgl. § 5 Bundesdatenschutzgesetz).

☐ Die Durchsetzung des betrieblichen Datenschutzes soll ein »Datenschutzbeauftragter« sicherstellen. Dieser ist nach § 36 Abs. 1 Bundesdatenschutzgesetz vom Arbeitgeber zu bestellen in Unternehmen, die personenbezogene Daten automatisiert (EDV-mäßig) verarbeiten und »damit« in der Regel mindestens 5 Arbeitnehmer beschäftigen. Bei nicht automatisierter Verarbeitung müssen mindestens 20 Arbeitnehmer »damit« beschäftigt sein.

Als Datenschutzbeauftragter kann eine im Unternehmen beschäftigte, aber auch eine externe Person bestellt werden.

Der Datenschutzbeauftrage ist unmittelbar der Leitung des Unternehmens unterstellt, allerdings bei der Anwendung seiner Fachkunde auf dem Gebiet des Datenschutzes weisungsfrei. Er darf wegen der Erfüllung seiner Aufgaben nicht benachteiligt werden. Eine Abberufung des Datenschutzbeauftragten kann nur entweder auf Verlangen der von der jeweiligen Landesregierung zu bestimmenden Aufsichtsbehörden (vgl. § 38 Bundesdatenschutzgesetz) oder bei Vorliegen eines »wichtigen Grundes« entsprechend § 626 BGB erfolgen.

☐ Der Datenschutz kann durch → **Tarifvertrag** oder → **Betriebsvereinbarung** zugunsten der Betroffenen verschärft werden. Insbesondere können die Zulässigkeitsvoraussetzungen für die Verarbeitung und Nutzung personenbezogener Daten enger als im Bundesdatenschutzgesetz vorgesehen gefaßt werden.

Datenschutz

Bedeutung für die Betriebsratsarbeit

☐ Datenschutz im weitesten Sinne beginnt für den Betriebsrat bereits bei der »Erhebung« von personenbezogener Daten. Geschieht dies mit Hilfe eines Personalfragebogens, hat der Betriebsrat nach § 94 Abs. 1 BetrVG ein volles Mitbestimmungsrecht (siehe → **Personalfragebogen**). Die Erhebung personenbezogener Daten durch technische Einrichtungen ist zudem nach § 87 Abs. 1 Nr. 6 BetrVG mitbestimmungspflichtig (siehe unten).

☐ Was die »Verarbeitung« und »Nutzung« von personenbezogenen Daten anbetrifft, so hat der Betriebsrat gemäß § 80 Abs. 1 Nr. 1 BetrVG die Aufgabe, die Einhaltung des Bundesdatenschutzgesetzes zugunsten der Arbeitnehmer des Betriebs zu »überwachen«.

☐ Zu diesem Zwecke arbeitet er – auch wenn dies nicht gesetzlich geregelt ist – sinnvollerweise mit dem betrieblichen Datenschutzbeauftragten (§ 36 Bundesdatenschutzgesetz) zusammen, der letztlich eine gleichgelagerte Aufgabenstellung hat. Insbesondere sollte der Betriebsrat den Datenschutzbeauftragten einschalten, wenn er Verstöße gegen das Bundesdatenschutzgesetz feststellt. Die Formen der Zusammenarbeit können in einer – freiwilligen – Betriebsvereinbarung geregelt werden.

☐ Eine Beteiligung des Betriebsrats bei der Bestellung und Abberufung des betrieblichen Datenschutzbeauftragten ist unverständlicherweise nicht vorgesehen. Wohl aber kommen Beteiligungsrechte des Betriebsrats nach § 99 und § 102 BetrVG in Betracht, sofern mit der Bestellung oder Abberufung eine → **Einstellung**, → **Eingruppierung/Umgruppierung**, → **Versetzung** oder → **Kündigung** verbunden ist.

Beispiel:

Werden einem im Betrieb beschäftigten Arbeitnehmer die Aufgaben eines betrieblichen Datenschutzbeauftragten übertragen, dann stellt dies in der Regel eine mitbestimmungspflichtige → Versetzung dar.

Eine mitbestimmungspflichtige Einstellung liegt auch dann vor, wenn ein »externer« Datenschutzbeauftragter in den Betrieb »eingegliedert« wird. Der Abschluß eines Arbeitsvertrages ist nicht erforderlich (siehe → **Einstellung**).

Datenschutz

☐ Damit der Betriebsrat seine Überwachungsaufgabe nach § 80 Abs. 1 Nr. 1 BetrVG wahrnehmen kann, hat der Arbeitgeber ihn nach § 80 Abs. 2 BetrVG rechtzeitig und umfassend über alle Formen der Verarbeitung und Nutzung der gespeicherten Daten der Arbeitnehmer zu unterrichten. Unter anderem hat er den Betriebsrat zu informieren über

- eingesetzte Datenverarbeitungsanlagen einschließlich der benutzten »Software«,
- Bezeichnung und Art der Dateien,
- Art der gespeicherten Daten,
- den Zweck der Speicherung und Empfänger der Daten bei Übermittlung an Dritte,
- zugriffsberechtigte Personengruppen und Personen, die allein zugriffsberechtigt sind.

Auf Verlangen sind dem Betriebsrat sämtliche einschlägigen Unterlagen vorzulegen (§ 80 Abs. 2 BetrVG).

☐ Der Arbeitgeber ist nicht berechtigt, dem Betriebsrat unter Hinweis auf datenschutzrechtliche Bestimmungen Informationen zu verweigern. Denn die betriebsverfassungsrechtlichen Regelungen werden in keiner Weise durch das Bundesdatenschutzgesetz eingeschränkt.

☐ Im übrigen ist der Betriebsrat (wie auch der Gesamtbetriebsrat) datenschutzrechtlich Teil der »speichernden Stelle« (= das Unternehmen), so daß der Datenfluß zwischen Arbeitgeber und Betriebsrat (bzw. Gesamtbetriebsrat) keine Übermittlung von Daten an Dritte darstellt.

☐ Gleiches gilt für den Datenfluß zwischen Betriebsrat (bzw. Gesamtbetriebsrat) und seinen Ausschüssen und anderen Organen der Betriebsverfassung (z. B. Jugend- und Auszubildendenvertretung).

☐ Das Informationsrecht des Betriebsrats besteht auch dann, wenn die Verarbeitung der personenbezogenen Daten der Beschäftigten nicht im »eigenen« Unternehmen, sondern bei einem anderen Unternehmen erfolgt.

☐ Das wichtigste rechtliche Instrument des Betriebsrats zur Durchsetzung eines möglichst weitgreifenden Datenschutzes ist sein Mitbestimmungsrecht gemäß **§ 87 Abs. 1 Nr. 6 BetrVG**. Hiernach hat der Betriebsrat mitzubestimmen bei

Datenschutz

»Einführung und Anwendung von technischen Einrichtungen, die dazu bestimmt sind, das Verhalten oder die Leistung der Arbeitnehmer zu überwachen«.

Durch Rechtsprechung ist klargestellt, daß bereits die objektive Möglichkeit der Kontrolle das Mitbestimmungsrecht des Betriebsrats auslöst. Auf eine Überwachungsabsicht des Arbeitgebers kommt es entgegen dem Wortlaut der Regelung nicht an. Daher werden vom Mitbestimmungsrecht erfaßt praktisch alle denkbaren technischen Einrichtungen und Vorgänge, die in der Lage sind, personenbezogene Verhaltens- und Leistungsdaten über die Arbeitnehmer zu erheben und zu verarbeiten.

Beispiele:
- *Stechuhr, die beim Betreten und Verlassen des Betriebs zu benutzen ist;*
- *automatische Zeiterfassungsgeräte;*
- *maschinenlesbare Magnetkrate, die beim Betreten und Verlassen des Betriebes oder von betrieblichen Räumlichkeiten benutzt werden muß; sofern die Karte allerdings lediglich die Funktion hat, die Tür zu öffnen, ohne daß Arbeitnehmerdaten gespeichert werden, handelt es sich nicht um eine mitbestimmungspflichtige Überwachungseinrichtung;*
- *Magnetkarte beim Bezahlen in der Kantine oder der betriebseigenen Tankstelle;*
- *Bildschirmgeräte und sonstige computergestützte Maschinen, sofern Daten der daran arbeitenden Beschäftigten gespeichert werden;*
- *computergestützte Telefonanlage;*
- *Produktografen oder Filmkameras;*
- *Personalinformationssysteme*

☐ Von besonderer Bedeutung sind Entscheidungen des Bundesarbeitsgerichts, nach welchen das Mitbestimmungsrecht des Betriebsrats auch dann besteht, wenn Arbeitnehmerdaten auf nicht technischem Wege (also manuell z. B. durch Aufzeichnungen des Arbeitnehmers selbst oder von Vorgesetzten) erhoben und dann zum Zwecke der Datenauswertung in ein elektronisches Datenverarbeitungssystem (»Personalinformationssystem«) eingegeben und verarbeitet werden.

Datenschutz

Beispiel:
Die Vorgesetzten melden auf Meldezetteln die Abwesenheit von Arbeitnehmern an die Personalabteilung. Dort werden diese »Daten« in eine Fehlzeitendatei des betrieblichen Personalinformationssystems eingegeben. Ohne Zustimmung durch den Betriebsrat oder die Einigungstelle (§ 87 Abs. 2 BetrVG) ist dies nicht zulässig.

☐ Ziel der Ausübung des Mitbestimmungsrechts nach § 87 Abs. 1 Nr. 6 BetrVG ist es, in einer → **Betriebsvereinbarung** unter anderem festzuschreiben,

- daß die Erhebung, Verarbeitung und Nutzung von personenbezogenen Daten auf einige wenige Daten beschränkt wird;
- daß die Verwendung von gespeicherten Daten zum Zwecke der Verhaltens- und/oder Leistungskontrolle unterbleibt.

☐ Angesichts der Kompliziertheit des Komplexes »elektronische Datenverarbeitung« kommt der Betriebsrat nicht umhin, sowohl innerbetrieblichen Sachverstand (z. B. EDV-Experten aus der Abteilung »Datenverarbeitung«) als auch – falls Fragen offenbleiben – außerbetriebliche → **Sachverständige** gemäß § 80 Abs. 3 BetrVG (z. B. Technologieberatungsstellen des Deutschen Gewerkschaftsbundes) einzubeziehen, wenn es darum geht, einen Forderungskatalog zur optimalen Sicherung des Datenschutzes zu formulieren bzw. den Entwurf einer entsprechenden Betriebsvereinbarung auszuarbeiten.

☐ Kommt es zwischen Betriebsrat und Arbeitgeber zu keiner Einigung über den Inhalt einer solchen Betriebsvereinbarung, entscheidet nach § 87 Abs. 2 BetrVG die → **Einigungsstelle**.

☐ Mitbestimmungswidrig in Betrieb genommene technische Anlagen kann der Betriebsrat im Wege des Antrages auf Erlaß einer einstweiligen Verfügung (siehe → **Arbeitsgericht**) stillegen lassen.

☐ Werden im Betrieb technische Einrichtungen im Sinne des § 87 Abs. 1 Nr. 6 BetrVG verwendet, ohne daß hierüber ein Vereinbarung mit dem Betriebsrat herbeigeführt wurde (z. B. weil der Arbeitgeber nicht ordnungsgemäß informiert oder sich der bisher amtierende Betriebsrat um Fragen des Datenschutzes nicht gekümmert hat), so kann der Betriebsrat seine Mitbestimmungsrechte auch nachträglich einfordern und entsprechende Regelungen zum Schutze der Beschäftigten verlangen – und gegebenenfalls die Einigungsstelle anrufen.

Datenschutz

☐ Schließlich kann der Betriebsrat aufgrund der Tatsache, daß ihm nach § 87 Abs. 1 Nr. 6 BetrVG ein »Initiativrecht« zusteht, gegebenenfalls nach Kündigung einer Betriebsvereinbarung die Abschaffung bzw. Einschränkung von bestehenden Kontrolleinrichtungen verlangen. Im Nichteinigungsfalle entscheidet auch hier die Einigungsstelle (§ 87 Abs. 2 BetrVG).

☐ Will der Betriebsrat selbst eine Datei mit personenbezogenen Daten der Beschäftigten aufbauen, so ist dies datenschutzrechtlich zulässig, weil sich die Datenverarbeitung für Zwecke der Betriebsratsarbeit nach allgemeiner Auffassung »im Rahmen der Zweckbestimmung des Arbeitsverhältnisses« bewegt (§ 28 Abs. 1 Bundesdatenschutzgesetz). Der Betriebsrat hat allerdings mit der gleichen Sorgfalt mit Arbeitnehmerdaten umzugehen, die das Bundesdatenschutzgesetz und andere Gesetze dem Arbeitgeber und den sonstigen mit Datenverarbeitung befaßten Personen abverlangen. So hat auch der Betriebsrat nach § 5 Satz 1 Bundesdatenschutzgesetz das »Datengeheimnis« der Arbeitnehmer zu wahren und die »unbefugte« (d.h. über die »Zweckbestimmung des Arbeitsverhältnisses« hinausgehende) Verarbeitung und Nutzung der Daten zu unterlassen.

☐ Sofern der Betriebsrat personenbezogene Daten an Dritte (z.B. Gewerkschaft) übermitteln will, hat er neben der Geheimhaltungspflicht gemäß §§ 79, 99 Abs. 1 Satz 3, 102 Abs. 2 Satz 5 BetrVG auch die einschlägigen Vorschriften des Bundesdatenschutzgesetzes über die »Übermittlung« von personenbezogenen Daten zu beachten (vgl. § 28 Bundesdatenschutzgesetz).

☐ Es ist allerdings nicht zulässig, die aufgrund des BetrVG gebotenen Informationsbeziehungen zwischen Betriebsrat und Gewerkschaft mit dem Hinweis auf den Datenschutz zu verbieten. Ebensowenig können gewerkschaftliche Beitragseinzugsverfahren mit der Begründung für unzulässig erklärt werden, die Gewerkschaft erlange auf diese Weise Kenntnis von der Arbeitsentgelthöhe ihrer Mitglieder.

☐ Der Betriebsrat unterliegt nicht der Überwachung durch den betrieblichen Datenschutzbeauftragten. Das BetrVG sieht den Betriebsrat als Organ, das seine Aufgaben eigenständig und unabhängig vom Arbeitgeber wahrnimmt. Diese Eigenständigkeit und Unabhängigkeit würde gefährdet werden, falls der Datenschutzbeauftragte, der allein vom Arbeitgeber bestellt wird, Einblick in den internen Bereich des Betriebsrats hätte. Denn: Auch wenn der betriebliche Datenschutzbeauftrage formal weisungsfrei ist, steht er letztlich doch in einem Abhängigkeitsverhältnis zum Arbeitgeber.

☐ Zur Frage, ob der Betriebsrat Anspruch auf Überlassung eines Personalcomputers (PC) für das Betriebsratsbüro hat: siehe → **Kosten der Betriebsratsarbeit.**

Bedeutung für den Beschäftigten

☐ Schon oben wurde darauf hingewiesen, daß trotz des »Grundrechtes auf informationelle Selbstbestimmung« auch ohne Einwilligung des Arbeitnehmers vom Arbeitgeber Daten über seine Person verarbeitet werden dürfen. Nämlich dann, wenn die Speicherung sich »im Rahmen der Zweckbestimmung des Arbeitsverhältnisses« bewegt (siehe oben; § 28 Abs. 1 Bundesdatenschutzgesetz).

☐ Allerdings hat der Arbeitnehmer im Falle der Speicherung seiner Daten eine Reihe von Rechten (vgl. §§ 33–35 Bundesdatenschutzgesetz):

- So ist der Betroffene gemäß § 33 Abs. 1 Bundesdatenschutzgesetz bei erstmaliger Speicherung oder Übermittlung von Daten über die Speicherung bzw. Übermittlung sowie die Art der gespeicherten/übermittelten Daten zu benachrichtigen (Ausnahmen siehe § 33 Abs. 2 Bundesdatenschutzgesetz).
- Des weiteren kann der Betroffene – wann immer er will – Auskunft verlangen über die gespeicherten Daten, den Zweck der Speicherung und die Personen und Stellen, an die seine – automatisiert verarbeiteten – Daten regelmäßig übermittelt werden (§ 34 Abs. 1 Bundesdatenschutzgesetz). Die Auskunft ist grundsätzlich unentgeltlich. Ausnahme: Der Betroffene kann, wenn die Daten geschäftsmäßig zum Zwecke der Übermittlung gespeichert sind, die Auskunft gegenüber Dritten zu wirtschaftlichen Zwecken nutzen (§ 34 Abs. 5 Bundesdatenschutzgesetz).
- Schließlich hat der Betroffene unter anderem Anspruch auf Berichtigung unrichtiger Daten, Löschung von unzulässig gespeicherten Daten und Sperrung von Daten, deren Richtigkeit er bestritten hat und sich weder die Richtigkeit noch Unrichtigkeit feststellen läßt (vgl. § 35 Bundesdatenschutzgesetz).

Datenschutz

- Die Rechte des Betroffenen auf Auskunft und auf Berichtigung, Löschung und Sperrung können vertraglich nicht ausgeschlossen oder eingeschränkt werden (vgl. § 6 Abs. 1 Bundesdatenschutzgesetz).
- Erleidet der Betroffene durch unzulässige oder unrichtige Verarbeitung seiner Daten einen Schaden, so kann er Schadensersatzansprüche geltend machen. Ist streitig, ob der Schaden Folge eines von der speichernden Stelle (= Arbeitgeber) zu vertretenden Umstandes ist, so trifft die Beweislast die speichernde Stelle, das heißt den Arbeitgeber (vgl. § 8 Bundesdatenschutzgesetz).

Literaturhinweis:

Wolfgang Däubler: Gläserne Belegschaften? Datenschutz für Arbeiter, Angestellte und Beamte, Bund-Verlag, Köln.
Wolfgang Däubler/Thomas Klebe/Peter Wedde: Bundesdatenschutzgesetz. Basiskommentar mit der neuen EU-Datenschutzrichtlinie, Bund-Verlag, Köln.

Ein-Betriebs-Unternehmen

Was ist das?

☐ Dieser Begriff bezieht sich auf ein Unternehmen, das im Unterschied zum → **Mehr-Betriebs-Unternehmen** nur aus einem Betrieb besteht. Die Begriffe → **Betrieb** und → **Unternehmen** decken sich.

Das »Unternehmen« (Beispiel: Firma »Metallbau GmbH«) ist »Arbeitgeber« im Sinne des BetrVG. Der »Arbeitgeber« wird vertreten durch die Geschäftsführung der »Metallbau GmbH«. Die Geschäftsführung ist auch »Unternehmer« im Sinne des BetrVG (vgl. §§ 106 ff. BetrVG: hier ist nicht vom »Arbeitgeber«, sondern vom »Unternehmer« die Rede).

Bedeutung für die Betriebsratsarbeit

☐ Die Verhältnisse sind im Gegensatz zum → **Mehr-Betriebs-Unternehmen** oder → **Gemeinschaftsbetrieb** relativ überschaubar.

☐ Informationsgeber und Verhandlungspartei des Betriebsrats ist im obigen Beispiel die Geschäftsführung der Firma »Metallbau GmbH«.

☐ Die Geschäftsführung ist der richtige Adressat auch für die Informations- und Beratungsansprüche des vom Betriebsrat zu bildenden Wirtschaftsausschusses (§§ 106 ff. BetrVG).

Interessenvertretung im Ein-Betriebs-Unternehmen Firma »Metallbau GmbH«
Betriebsrat (§§ 26 ff. BetrVG)
Wirtschaftsausschuß (§§ 106 ff. BetrVG)
evtl. Arbeitnehmervertreter im Aufsichtsrat (Mitbestimmungsgesetze)
Jugend- und Auszubildendenvertretung (§§ 60 ff. BetrVG)
Schwerbehindertenvertretung (§§ 23 ff. Schwerbehindertengesetz)
gewerkschaftlicher Vertrauenskörper

Einblick nehmen

Was heißt das?

☐ Der Begriff wird verwendet in § 80 Abs. 2 Satz 2 Halbsatz 2 BetrVG: Danach ist der Betriebsausschuß oder ein anderer nach § 28 BetrVG gebildeter Ausschuß (oder in kleinen Betriebsräten: der Betriebsratsvorsitzende oder ein anderes beauftragtes Mitglied des Betriebsrats) berechtigt, »Einblick zu nehmen« in die Listen über Bruttolöhne und -gehälter. Der Arbeitgeber ist nach h.M. lediglich zur »Vorlage zwecks Einsichtnahme«, nicht aber zur Aushändigung (d.h. Überlassung) der Listen z.B. in Fotokopie verpflichtet. Der Betriebsrat hat aber das Recht, sich anläßlich der Einsichtnahme Notizen zu machen.

☐ Gemäß § 108 Abs. 3 BetrVG sind die Mitglieder des Wirtschaftsausschusses berechtigt, in die vom Unternehmer vorzulegenden Unterlagen »Einsicht zu nehmen«. Nach h.M. ist der Arbeitgeber verpflichtet, dem Wirtschaftsausschuß umfangreiche, mit vielen Zahlen und Daten bestückte Unterlagen (z.B. EDV-Listen usw.) in Fotokopie (oder im Original) für eine begrenzte Zeit zu überlassen (d.h. auszuhändigen).

☐ Eine Verpflichtung des Arbeitgebers, dem Betriebsrat Unterlagen auszuhändigen, das heißt zu überlassen, besteht im übrigen auch überall dort, wo das BetrVG den Arbeitgeber verpflichtet, dem Betriebsrat Unterlagen »zur Verfügung zu stellen« (vgl. § 80 Abs. 2 BetrVG), Unterlagen »vorzulegen« (vgl. §§ 90 Abs. 1, 99 Abs. 1, 106 Abs. 2 BetrVG) oder die Unterrichtung »an Hand von Unterlagen« vorzunehmen (vgl. § 92 Abs. 1 BetrVG). Siehe → **Unterlagen**.

Bedeutung für die Betriebsratsarbeit

☐ Das Recht zur Einsicht in die Listen über Bruttolöhne und -gehälter nach § 80 Abs. 2 Satz 2 Halbsatz 2 BetrVG dient der Prüfung, ob bei der Einkommensgestaltung im Betrieb die einschlägigen Tarifverträge sowie die in § 75 Abs. 1 BetrVG niedergelegten Rechtsgrundsätze (z. B. Gleichbehandlungsgrundsatz) beachtet werden. Mittlerweile händigen in der Praxis viele Arbeitgeber den Betriebsräten die Listen über Bruttolöhne und -gehälter in Form von Kopien oder EDV-Ausdrucken aus. Diese Arbeitgeber haben erkannt, daß es sie letztlich »billiger« kommt, die Listen auszuhändigen, als sich darüber zu ärgern, daß Interessenvertreter – wie es ihre Aufgabe ist – jeden Monat im Personalbüro sitzen, um zu prüfen, ob es bei der Lohn- und Gehaltszahlung »mit rechten Dingen« zugeht.

Eingruppierung, Umgruppierung

Was ist das?

☐ »Eingruppierung« ist die erstmalige Einstufung der Tätigkeit eines Arbeitnehmers (z. B. anläßlich einer → **Einstellung**) in eine für den Arbeitnehmer maßgebliche Lohn- oder Gehaltsgruppe (entsprechend der Gruppeneinteilung eines einschlägigen Tarifvertrages oder einer anzuwendenden betrieblichen Lohn- oder Gehaltsordnung).

☐ »Umgruppierung« ist jede Änderung der Einstufung der Tätigkeit eines Arbeitnehmers (z. B. anläßlich einer → **Versetzung**) in eine tarifliche oder betriebliche Lohn-/Gehaltsgruppe.

Beispiel:
Höherstufung oder Herabstufung bei unveränderter Tätigkeit oder bei Zuweisung einer anderen Tätigkeit (→ Versetzung).

Bedeutung für die Betriebsratsarbeit

☐ Der Betriebsrat hat nach § 99 BetrVG bei »Eingruppierung« und »Umgruppierung« Informations- und Mitbestimmungsrechte (siehe auch → **Einstellung** und → **Versetzung**). Insbesondere hat der Betriebsrat das Recht, die Zustimmung zu einer vom Arbeitgeber beabsichtigten Ein- bzw. Umgruppierung zu verweigern, wenn er beispielsweise der Auffassung ist, daß die Maßnahme gegen einen einschlägigen Tarifvertrag verstößt. Der Arbeitgeber ist in diesem Falle genötigt, einen Zustimmungsersetzungsantrag beim Arbeitsgericht nach § 99 Abs. 4 BetrVG zu stellen, wenn er an seiner Ein- bzw. Umgruppierungsabsicht festhalten will. Das Arbeitsgericht prüft dann die Richtigkeit der Ein-/Umgruppierung. Wegen weiterer Einzelheiten wird auf die entsprechenden Ausführungen zu den Stichworten → **Einstellung** und → **Versetzung** verwiesen.

Eingruppierung, Umgruppierung

☐ In einer Hinsicht allerdings unterscheidet sich die Qualität des Mitbestimmungsrechts des Betriebsrats bei Eingruppierung/Umgruppierung von seinen Rechten bei Einstellung und Versetzung:

- Bei der Einstellung und Versetzung hat das Mitbestimmungsrecht des Betriebsrats »mitgestaltenden« Charakter. Denn wenn der Betriebsrat seine Zustimmung verweigert, darf der Arbeitgeber die Maßnahme zunächst nicht durchführen (vom Ausnahmefall des § 100 BetrVG abgesehen). Vielmehr muß er das →**Arbeitsgericht** anrufen (vgl. § 99 Abs. 4 BetrVG). Geschieht dies nicht, führt der Arbeitgeber die personelle Maßnahme aber dennoch durch, so verpflichtet das Arbeitsgericht den Arbeitgeber – falls die Zustimmungsverweigerung zu Recht erfolgt war – auf Antrag des Betriebsrats nach § 101 BetrVG zur »Aufhebung«, d.h. Rückgängigmachung der personellen Maßnahme.

- Demgegenüber beschränkt sich das Mitbestimmungsrecht des Betriebsrats bei der Eingruppierung und Umgruppierung auf ein »Mitbeurteilungsrecht«. Denn eine Ein-/Umgruppierung ist ein Akt der Rechtsanwendung (und nicht der Gestaltung). Ob nämlich ein Arbeitnehmer richtig eingruppiert ist oder nicht, hängt nicht vom Willen des Arbeitgebers oder Betriebsrats ab. Vielmehr hat der Arbeitnehmer – unabhängig von der Auffassung des Arbeitgebers/Betriebsrats – einen Anspruch auf die Vergütung, die z.B. der Tarifvertrag für seine Tätigkeit vorsieht.

Die Konsequenzen hieraus sollen an einem Beispiel verdeutlicht werden:

Der Betriebsrat stimmt einer Einstellung zu, verweigert aber seine Zustimmung zur Eingruppierung. Der Arbeitgeber nimmt die Eingruppierung dennoch vor, ohne ein Verfahren nach § 99 Abs. 4 BetrVG einzuleiten.

Strengt der Betriebsrat nunmehr ein Verfahren nach § 101 BetrVG an, so wird das Arbeitsgericht den Arbeitgeber nicht zur »Aufhebung« der Eingruppierung, sondern zur Durchführung eines arbeitsgerichtlichen Verfahrens nach § 99 Abs. 4 BetrVG verpflichten. In diesem Verfahren wird dann die Richtigkeit der Eingruppierung überprüft.

☐ Ein Nachteil ist, daß dem Betriebsrat im Rahmen des § 99 BetrVG nur ein Zustimmungsverweigerungsrecht, nicht aber ein Initiativrecht zusteht (vgl. →**Beteiligungsrechte**). Dies hat zur Folge, daß im Falle einer erst zu einem späteren Zeitpunkt erkannten Falscheingruppie-

Eingruppierung, Umgruppierung

rung der Betriebsrat keine Möglichkeit hat, per Antrag beim Arbeitsgericht die Eingruppierung bzw. Umgruppierung überprüfen zu lassen. Vielmehr ist es Sache des Arbeitnehmers, im Wege der arbeitsgerichtlichen Klage die richtige Eingruppierung durchzusetzen (siehe unten).

Bedeutung für den Beschäftigten

☐ Der Arbeitnehmer hat unabhängig davon, ob der Betriebsrat einer Ein-/Umgruppierung zugestimmt hat oder nicht, einen Rechtsanspruch auf die »richtige« Vergütung (siehe oben).

☐ Ist ein Arbeitnehmer der Meinung, falsch eingruppiert zu sein, so sollte er nach entsprechender Beratung (z. B. durch den gewerkschaftlichen Rechtsschutz) seinen Anspruch beim Arbeitgeber geltend machen (unbedingt tarifliche Form- und Fristregelungen bei der Geltendmachung beachten!).

☐ Er sollte dann versuchen, mit Hilfe des Betriebsrats die Höhergruppierung durchzusetzen. Der Betriebsrat hat allerdings insoweit nur die Möglichkeit, im Wege von Verhandlungen mit dem Arbeitgeber für den Betroffenen tätig zu werden. Ein Klagerecht hat der Betriebsrat nicht (siehe oben).

☐ Daher muß der Arbeitnehmer für den Fall, daß der innerbetriebliche Weg erfolglos bleibt, seinen Anspruch durch Erhebung einer Eingruppierungsklage gegen den Arbeitgeber beim → **Arbeitsgericht** verfolgen. In einem solchen Rechtsstreit muß der Arbeitnehmer genauestens den Inhalt seiner Tätigkeit beschreiben und darlegen, weshalb er der Meinung ist, daß angesichts dieser Tätigkeit eine Höhergruppierung gerechtfertigt ist. Eingruppierungsprozesse gehen oft verloren, weil der klagende Arbeitnehmer seine – durch die Rechtsprechung allerdings auch allzu hoch geschraubten – Darlegungsverpflichtung nur unzureichend erfüllt.

☐ Ein Klagerecht steht dem Arbeitnehmer auch dann zu, wenn ein Beschlußverfahren nach § 99 Abs. 4 BetrVG oder § 101 BetrVG beim Arbeitsgericht anhängig ist.

Eingruppierung, Umgruppierung

Geltendmachung bei falscher Eingruppierung

Ist ein/e Beschäftigte/r falsch eingruppiert, kann er/sie die nach seiner/ihrer Ansicht richtige Eingruppierung einklagen.
Zuvor sollte jedoch die richtige Eingruppierung, bei der die Differenz aufgrund der falschen Eingruppierung aufgezeigt wird, innerhalb tariflicher Verfallfristen geltend gemacht werden: dazu kann dieses Muster dienen.

Firma   Datum:
Geschäftsleitung

_____

Geltendmachung

Sehr geehrte Damen und Herren,
derzeit werde ich nach Tarifgruppe _____ vergütet. Meine Tätigkeit erfüllt aber die Voraussetzungen der höheren Tarifgruppe _____. Hiermit mache ich den auf der falschen Eingruppierung beruhenden Differenzbetrag für den/die Monat(e) _____ geltend.
Der Differenzbetrag errechnet sich für den vorgenannten Zeitraum wie folgt:
_____ gearbeitete Stunden mal Differenzbetrag pro Stunde = Gesamtdifferenz*
oder
_____ Monate mal Differenzbetrag pro Monat = Gesamtdifferenz*

Ich erwarte Zahlung des Gesamtdifferenzbetrages bzw. Ihre Stellungnahme.

Mit freundlichen Grüßen

_____
Unterschrift

* Ggf. auch die Differenzbeträge bei Überstundenzulagen, Schichtzulagen usw. berechnen und geltend machen.

Eingruppierung, Umgruppierung

Geltendmachung bei falscher Eingruppierung (Unterschriftenliste)

Sind mehrere Beschäftigte falsch eingruppiert, kann die Geltendmachung der richtigen Eingruppierung von ihnen gemeinsam mit folgender Liste geltend gemacht werden.

Hiermit mache ich die auf einer falschen Eingruppierung beruhende Differenz meines Einkommens von Monat ——————— 199——— geltend:

Name, Vorname	Monats-stunden	× Differenz	= Summe	Unter-schrift

Aus: IG Metall Vorstand (Hrsg.),
Rechte des Betriebsrats bei personellen Einzelmaßnahmen, 1994.

Zustimmungsverweigerung des Betriebsrats bei Eingruppierung

Dem Betriebsrat ist eine genaue und ausführliche Begründung der Zustimmungsverweigerung – hier wegen Verstoß gegen Tarifvertrag – zu empfehlen, da diese die Informations- und Entscheidungsgrundlage für ein späteres Gerichtsverfahren darstellt.

Eingruppierung von Frau G.

Sehr geehrte Damen und Herren,

der Einstellung von Frau G. stimmt der Betriebsrat zu.

Ferner teilen wir Ihnen mit, daß wir durch Beschluß vom ——————— die Zustimmung zur Eingruppierung von Frau G. nach § 99 Abs. 2 Nr. 1 BetrVG verweigern.

Begründung:

Die von Ihnen vorgesehene Eingruppierung von Frau G. in die Gehaltsgruppe 2 widerspricht den Eingruppierungsmerkmalen des Tarifvertrags ———

Eingruppierung, Umgruppierung

Nach Ihren eigenen Angaben soll Frau G. als Sachbearbeiterin das Sachgebiet ─────────── selbständig und verantwortlich übertragen werden. Nach der Stellenausschreibung sind dafür umfassende Kenntnisse und eine längere Berufserfahrung erforderlich.

Für derartige Tätigkeiten sieht der Tarifvertrag ─────────── die Eingruppierung in die Gehaltsgruppe 3 und nicht 2 vor. In die Gehaltsgruppe 2 wäre die Tätigkeit bei unselbständiger Wahrnehmung der Aufgabe einzuordnen.

Die von Ihnen vorgesehene Eingruppierung verstößt damit gegen die zwingenden Vorschriften des obigen Tarifvertrages.

Mit freundlichen Grüßen

Unterschrift

Aus: IG Metall Vorstand (Hrsg.),
Rechte des Betriebsrats bei personellen Einzelmaßnahmen, 1994.

Einigungsstelle

Was ist das?

☐ Die Einigungsstelle ist ein »Organ der Betriebsverfassung«. Sie hat die Aufgabe, »Meinungsverschiedenheiten zwischen Arbeitgeber und Betriebsrat« beizulegen (vgl. § 76 Abs. 1 BetrVG). Zweck der Einigungsstelle ist es, die Streitigkeit – unter Ausschaltung des Arbeitskampfes (vgl. § 74 Abs. 2 BetrVG) – durch Einschaltung einer »neutralen Stelle« zu schlichten, indem eine Regelung gefunden wird, die für beide Seiten tragbar ist (vgl. § 76 Abs. 5 Satz 3 BetrVG: »Die Einigungsstelle faßt ihre Beschlüsse unter angemessener Berücksichtigung der Belange des Betriebs und der betroffenen Arbeitnehmer«).

☐ Die Einigungsstelle wird auf Antrag einer Seite überall dort tätig, wo der Betriebsrat ein Mitbestimmungsrecht besitzt und »ein Spruch der Einigungsstelle die Einigung zwischen Arbeitgeber und Betriebsrat ersetzt« (vgl. § 76 Abs. 5 Satz 1 BetrVG).

Derartige – erzwingbare – Einigungsstellenverfahren sind in folgenden Fällen möglich:

§ 37 Abs. 6 und 7	Schulung für Betriebsratsmitglieder
§ 38 Abs. 2	Freistellung von Betriebsratsmitgliedern
§ 39 Abs. 1	Sprechstunde des Betriebsrats
§ 47 Abs. 6	Herabsetzung der Zahl der Mitglieder des Gesamtbetriebsrats
§ 55 Abs. 4	Herabsetzung der Zahl der Mitglieder des Konzernbetriebsrats
§ 65 Abs. 1	Schulung für Mitglieder der Jugend- und Auszubildendenvertretung
§ 69	Sprechstunde der Jugend- und Auszubildendenvertretung
§ 72 Abs. 6	Herabsetzung der Zahl der Mitglieder der Gesamt-Jugend- und Auszubildendenvertretung

Einigungsstelle

§ 85 Abs. 2	Berechtigung der Beschwerde eines Arbeitnehmers
§ 87 Abs. 2	Soziale Angelegenheiten
§ 91	Maßnahmen bei Änderung von Arbeitsplätzen, Arbeitsablauf oder Arbeitsumgebung
§ 94 Abs. 1 und 2	Personalfragebogen, persönliche Angaben in Formulararbeitsverträgen, Beurteilungsgrundsätze
§ 95 Abs. 1 und 2	Auswahlrichtlinien
§ 98 Abs. 3 und 4	Durchführung betrieblicher Bildungsmaßnahmen und Auswahl von Teilnehmern
§ 109	Auskunftserteilung in wirtschaftlichen Angelegenheiten
§ 112 Abs. 4	Aufstellung eines Sozialplans
§ 116 Abs. 3	Fragen betr. See-Betriebsrat
§ 9 Abs. 3 ASiG	Bestellung und Abberufung der Betriebsärzte und Sicherheitsfachkräfte sowie Erweiterung und Beschränkung ihrer Aufgaben

☐ Ansonsten (in nicht mitbestimmungspflichtigen Angelegenheiten) kommt ein Einigungsstellenverfahren nur in Gang, wenn Arbeitgeber und Betriebsrat sich über das Tätigwerden der Einigungsstelle einig sind (vgl. § 76 Abs. 6 BetrVG). Ein solcher Fall kommt aus nachvollziehbaren Gründen relativ selten vor: Dem Arbeitgeber ist sein Letztentscheidungsrecht in den Bereichen, in denen der Betriebsrat kein Mitbestimmungsrecht hat, dann doch lieber als ein im voraus nicht abschätzbarer Spruch der Einigungsstelle.

☐ In der Einigungsstelle »sitzen« folgende Personen:

- ein Vorsitzender, auf den sich Arbeitgeber und Betriebsrat einigen müssen. Kommt insoweit eine Einigung nicht zustande, entscheidet auf Antrag das →**Arbeitsgericht** (vgl. § 76 Abs. 2 BetrVG in Verbindung mit § 98 ArbGG);
- eine gleiche Anzahl von Beisitzern, die auf der einen Seite vom Betriebsrat, auf der anderen Seite durch den Arbeitgeber bestimmt werden. Kommt es über die Zahl der Beisitzer zum Streit, entscheidet auch insoweit auf Antrag das →**Arbeitsgericht** (vgl. § 76 Abs. 2 BetrVG, § 98 ArbGG). Als Beisitzer kommen nicht nur betriebliche Vertreter, sondern auch »externe« Personen (z. B. auf Betriebsratsseite ein sachkundiger Gewerkschaftssekretär oder ein Rechtsanwalt) in Betracht.

Einigungsstelle

Beispiel:

Einigungsstelle (bestehend aus 7 Personen)
1 Vorsitzender 3 Arbeitgeberbeisitzer   3 Betriebsratsbeisitzer

☐ Die Einigungsstelle wird bei Bedarf (also im Falle der Nichteinigung im konkreten Fall) gebildet. Die Bildung einer Einigungsstelle als ständige Einrichtung ist zwar zulässig (§ 76 Abs. 1 Satz 2 BetrVG), aber meist wenig zweckmäßig. Besser ist es im Regelfall, in jedem Streitfall erneut die Frage zu klären, wer der Vorsitzende und wie groß die Zahl der Beisitzer sein soll.

☐ Die Kosten der Einigungsstelle trägt, gleichgültig wer »gewinnt«, der Arbeitgeber (§ 76a BetrVG). Zu den Kosten zählen insbesondere der Honoraranspruch des Vorsitzenden der Einigungsstelle sowie eines etwaigen außerbetrieblichen Beisitzers (z. B. Gewerkschaftssekretär). Die Honoraransprüche entstehen kraft Gesetzes, so daß eine ausdrückliche Honorarvereinbarung nicht notwendig ist. Wegen der Höhe der Vergütung siehe § 76a Abs. 3 Satz 2 sowie Abs. 4 und 5 BetrVG (Einzelheiten hierzu bei Däubler/Kittner/Klebe/Schneider, BetrVG, 4. Aufl., § 76a Rdnr. 17ff.).

☐ Das Einigungsstellenverfahren kann erst dann eingeleitet werden, wenn die Verhandlungen zwischen Arbeitgeber und Betriebsrat endgültig »gescheitert« sind. Dies kann der Fall sein nach längeren intensiven Verhandlungsrunden. Dies kann aber auch der Fall sein, wenn z. B. der Arbeitgeber eine Verhandlungsinitiative des Betriebsrats kurz und bündig ablehnt.

☐ Das Scheitern der Verhandlungen muß vom Betriebsrat per Betriebsratsbeschluß (§ 33 BetrVG) festgestellt werden. Gleichzeitig wird beschlossen,

- daß die Angelegenheit durch eine Einigungsstelle entschieden werden soll;
- daß eine bestimmte Person als Einigungsstellenvorsitzender tätig werden soll (vor der Beschlußfassung bei der Gewerkschaft nach einem geeigneten Vorsitzenden fragen und das Einverständnis des/ der Betreffenden telefonisch oder schriftlich einholen);

- daß die Zahl der Beisitzer eine bestimmte Größenordnung haben soll.
- Der Beschlußinhalt wird sodann dem Arbeitgeber mitgeteilt (siehe »Musterschreiben Einleitung eines Einigungsstellenverfahrens«). Steht schon fest, daß für den Betriebsrat ein externer Beisitzer tätig werden soll (z. B. ein Gewerkschaftssekretär), so wird dies dem Arbeitgeber zweckmäßigerweise ebenfalls mitgeteilt.
- Zum Ablauf des Einigungsstellenverfahrens siehe »Übersicht: Einleitung und Ablauf des Einigungsstellenverfahrens«.

Bedeutung für die Betriebsratsarbeit

- Die Einigungsstelle ist – neben dem Arbeitsgericht – das wichtigste betriebsverfassungsrechtliche Konfliktregulierungsinstrument der Betriebsverfassung, wenn es in den Verhandlungen zwischen Arbeitgeber und Betriebsrat »nicht mehr weitergeht«.
- Man kann sich sicherlich noch andere – aus der Sicht der Arbeitnehmer und ihrer Interessenvertretung wirksamere – Möglichkeiten der Regulierung von Interessenkonflikten vorstellen. Vor allem solche, die auf eine stärkere Einbeziehung der Belegschaftsangehörigen abzielen.
- Dennoch hat die Einigungsstelle für die Arbeit der Interessenvertretung eine herausragende Bedeutung. Bereits die Ankündigung, im Nichteinigungsfalle die Einigungsstelle »anrufen« zu wollen, hat schon so manchen Arbeitgeber zum Einlenken bewegt. Denn Einigungsstellenverfahren sind für den Arbeitgeber nicht nur teuer (vgl. § 76a BetrVG). Sie sind unter Umständen auch langwierig und binden eine Menge »Arbeitskraft«.
- Letzteres gilt allerdings auch für den Betriebsrat. Denn Einigungsstellenverfahren wollen sorgfältigst vorbereitet sein (siehe insoweit die nachfolgenden »Checklisten«).
- Sind die »Vorarbeiten« zufriedenstellend erledigt worden und besteht eine gewisse Wahrscheinlichkeit, die bisher durch Verhandlungen erreichten Positionen durch Einleitung eines Einigungsstellenverfahrens zu verbessern – und hat der Betriebsrat darüber hinaus auch noch die Unterstützung der Belegschaft –, dann sollte er mit Selbstbewußt-

Einigungsstelle

Übersicht:

Einleitung und Ablauf des Einigungsstellenverfahrens

Beispiel:
Der Betriebsrat verlangt vom Arbeitgeber den Abschluß einer »Rahmenbetriebsvereinbarung EDV«. Der Arbeitgeber lehnt nach längeren Verhandlungen ab.

1. Schritt:
Beschluß des Betriebsrats:

1. Es wird festgestellt, daß die Verhandlungen in der Angelegenheit »Rahmenbetriebsvereinbarung EDV« gescheitert sind.

2. Die Angelegenheit soll durch eine Einigungsstelle entschieden werden.

3. Vorsitzender der Einigungsstelle soll sein:
Herr/Frau ___
Straße ___
Wohnort ___
Tel.: ___

4. Die Zahl der Beisitzer soll auf jeder Seite... betragen.

5. Einer der Beisitzer der Betriebsratsseite soll Herr/Frau... (Name, Anschrift), Sekretär der Gewerkschaft... sein. Herr/Frau... hat nach § 76a Abs. 3 BetrVG Anspruch auf Vergütung.

2. Schritt:
Der Beschluß des Betriebsrats wird dem Arbeitgeber schriftlich mitgeteilt mit der Aufforderung, innerhalb einer Frist von z. B. einer Woche mitzuteilen, ob er mit dem Vorschlag des Betriebsrats betreffend den Einigungsstellenvorsitzenden bzw. der Zahl der Beisitzer einverstanden ist.

3. Schritt:
Ist der Arbeitgeber mit dem Vorschlag einverstanden, wird der Einigungsstellenvorsitzende z. B. vom Betriebsrat entsprechend informiert (schriftlich) und gebeten, den weiteren Ablauf des Verfahrens zu übernehmen.

Lehnt der Arbeitgeber die Vorschläge des Betriebsrats ab oder reagiert er innerhalb der gesetzten Frist nicht, so beantragt der Betriebsrat beim Arbeitsgericht die Bestellung eines Einigungsstellenvorsitzenden sowie die Benennung der Zahl der Beisitzer (gewerkschaftlichen Rechtsschutz oder geeigneten Rechtsanwalt in Anspruch nehmen).

Zum Ausgangsbeispiel:
Da die vom Betriebsrat angestrebte »Rahmenbetriebsvereinbarung EDV« ein mitbestimmungspflichtiger Vorgang ist, wird das Arbeitsgericht (durch den Vorsitzenden der zuständigen Kammer des Arbeitsgerichts) nach Anhörung aller Beteiligten (auch des Arbeitgebers) einen Einigungsstellenvorsitzenden bestel-

Einigungsstelle

len und die Zahl der Beisitzer festlegen. Dabei ist das Gericht an die Vorschläge des Betriebsrats nicht gebunden. Vielmehr kann es eine Person als Vorsitzenden bestellen, die weder vom Betriebsrat noch vom Arbeitgeber vorgeschlagen wurde.

4. Schritt:
Nach seiner einvernehmlichen (oder gerichtlichen) Bestellung übernimmt der Einigungsstellenvorsitzende den weiteren Gang der Dinge (Termine setzen, Aufforderung an beide Seiten, ihre Konzepte und Vorstellungen vorzulegen bzw. vorzutragen usw.).

5. Schritt:
Auf der Grundlage der unterschiedlichen Vorstellungen/Konzepte findet in der Einigungsstelle eine Beratung statt.

Für den Fall, daß der von beiden Seiten vorgetragene Sachverhalt strittig ist, kann die Einigungsstelle die Erhebung von Beweisen beschließen: z.B. Beziehung von Urkunden und sonstigen schriftlichen Unterlagen, Anhörung von Zeugen, Ortsbesichtigungen.

In Fällen mit hohem sachlichen und/oder fachlichen Schwierigkeitsgrad kommt auch die Einholung von Sachverständigengutachten sowie die Anhörung von Sachverständigen in Betracht. Für alle Beschlüsse der Einigungsstelle ist Stimmenmehrheit erforderlich (zum Abstimmungsverfahren: siehe unten 6. Schritt).

Der Vorsitzende der Einigungsstelle bemüht sich, gegebenenfalls nach getrennten Gesprächen mit jeder Seite, einen für beide Seiten tragbaren Kompromiß herbeizuführen.

6. Schritt:
Nach Ende der Beratung findet, wenn eine einvernehmliche Lösung der strittigen Angelegenheit nicht erzielt werden kann, eine Abstimmung statt, für die folgendes Verfahren vorgeschrieben ist (vgl. § 76 Abs. 3 BetrVG):

1. Es findet eine erste Abstimmung statt. Der Vorsitzende enthält sich der Stimme. Kommt ein Mehrheitsbeschluß zustande, so ist damit die strittige Angelegenheit entschieden.

2. Kommt kein Mehrheitsbeschluß zustande, so findet zunächst noch einmal eine weitere Beratung und dann eine 2. Abstimmung statt, an der der Vorsitzende der Einigungsstelle teilnimmt.

Bei der Beschlußfassung steht der Einigungsstelle ein gewisser Ermessensspielraum zu (vgl. § 76 Abs. 5 BetrVG: »billiges Ermessen«). Ihr Ermessen ist aber insoweit eingeschränkt, als sie sowohl die Belange des Betriebs als auch der betroffenen Arbeitnehmer angemessen zu berücksichtigen hat (siehe auch § 112 Abs. 5 BetrVG).

Der Beschluß der Einigungsstelle wird vom Vorsitzenden schriftlich niedergelegt, begründet, unterschrieben und Betriebsrat sowie Arbeitgeber zugestellt.

7. Schritt:
Ist eine Partei (Arbeitgeber oder Betriebsrat) der Auffassung, daß der Beschluß

Einigungsstelle

der Einigungsstelle die »Ermessensgrenzen« überschritten hat, so kann sie innerhalb einer Frist von 2 Wochen nach Zustellung des Beschlusses das Arbeitsgericht anrufen.

Verstößt der Einigungsstellenspruch gegen höherrangiges Recht (z. B. gegen einen Tarifvertrag oder ein Gesetz), so kann dieser Rechtsverstoß auch noch nach Ablauf der 2-Wochen-Frist geltend gemacht werden.

8. Schritt:
Der Arbeitgeber ist verpflichtet, den Spruch der Einigungsstelle umzusetzen (vgl. § 77 Abs. 1 BetrVG). Unterläßt er dies, so kann der Betriebsrat im Wege des arbeitsgerichtlichen Beschlußverfahrens die Durchführung des Einigungsstellenspruchs erzwingen.

Musterschreiben:

Einleitung eines Einigungsstellenverfahrens

Betriebsrat
der Firma...   X-Stadt, den...

An die
Geschäftsleitung

im Hause

Betr.: Bildung einer Einigungsstelle in der Angelegenheit...

Sehr geehrte Damen und Herren,

in insgesamt... Verhandlungen hat sich der Betriebsrat bemüht, mit der Geschäftsleitung in der obengenannten Angelegenheit zu einem für beide Seiten tragbaren Ergebnis zu kommen.

Nach der letzten Verhandlung vom... ist der Betriebsrat zu dem Schluß gekommen, daß die innerbetrieblichen Möglichkeiten ausgeschöpft sind, und eine Einigung nicht erzielt werden kann.

Aus diesem Grunde hat der Betriebsrat in seiner Sitzung vom... beschlossen:

1. Die Verhandlungen zu der obengenannten Angelegenheit sind gescheitert.

2. Die Angelegenheit soll durch eine Einigungsstelle nach § 76 BetrVG entschieden werden.

3. Als Vorsitzenden der Einigungsstelle schlägt der Betriebsrat Frau/Herrn... (Name, Funktionsbezeichnung, Anschrift)... vor.

4. Hinsichtlich der Zahl der Beisitzer schlägt der Betriebsrat je 3 Beisitzer vor.

Einigungsstelle

5. Als außerbetrieblicher Beisitzer auf Betriebsratsseite wird Frau/Herr... (Name), Sekretär der Gewerkschaft... tätig werden. Der Betriebsrat weist darauf hin, daß Frau/Herrn... gemäß § 76a Abs. 3 BetrVG ein Anspruch auf Vergütung seiner/ihrer Tätigkeit zusteht.

Der Betriebsrat erwartet Ihre Stellungnahme zu den Vorschlägen zur Person des/der Einigungsstellenvorsitzenden sowie der Zahl der Beisitzer innerhalb einer Frist von 7 Tagen, also bis zum...

Nach ergebnislosem Ablauf der Frist wird der Betriebsrat durch entsprechenden Antrag an das Arbeitsgericht die Person des/der Vorsitzenden und die Beisitzerzahl festlegen lassen.

Mit freundlichen Grüßen
Der Betriebsrat

Checkliste:

Was ist zu tun, wenn der Arbeitgeber die Einigungsstelle anruft?

1. Überprüfen, ob die Voraussetzungen zur Anrufung der Einigungsstelle gegeben sind:
    - Ist die Einigungsstelle zuständig?
    - Sind die Verhandlungen gescheitert?
2. Gegebenenfalls neue Verhandlungen in der strittigen Angelegenheit anbieten.
3. Belegschaft über den Verhandlungsstand, die Anrufung der Einigungsstelle durch den Arbeitgeber und die sich abzeichnenden Konflikte informieren.
4. Von der Gewerkschaft, anderen Betriebsräten oder Rechtsanwälten Informationen über die für den Einigungsstellenvorsitz vorgeschlagene Person einholen.
5. Wenn der vorgeschlagene Einigungsstellenvorsitzende nicht akzeptabel ist,
    - Gründe gegen den Arbeitgeber-Kandidaten sammeln,
    - Informationen über geeignete Gegenkandidaten einholen,
    - dem Arbeitgeber einen Gegenvorschlag für den Einigungsstellenvorsitz machen.
6. Überprüfen, ob die vorgeschlagene Beisitzerzahl dem Problem und den Bedürfnissen des Betriebsrats angemessen ist. Grundsatz: Je komplizierter die Materie und je mehr Beschäftigte betroffen sind, desto höher sollte die Beisitzerzahl sein. Gegebenenfalls höhere Beisitzerzahl vorschlagen.
7. Verhandlungen mit dem Arbeitgeber über die Einigungsstellenbildung führen.
8. Notfalls selbst mit Hilfe der Gewerkschaft oder eines Rechtsanwalts das Arbeitsgericht zur Einsetzung der Einigungsstelle anrufen.

Aus: Detlef Hase/Reino von Neumann-Cosel/Rudi Rupp/Helmut Teppich: Handbuch für die Einigungsstelle. Ein praktischer Ratgeber, 2. Auflage, Bund-Verlag, Köln 1993, S. 73.

Einigungsstelle

Checkliste:

Vorbereitung der Einigungsstelle

1. Bildung einer Vorbereitungsgruppe, bestehend aus den Betriebsrats-Beisitzern und Betriebsrats-Mitgliedern, die an den bisherigen Verhandlungen beteiligt waren.
2. Aufgabenkatalog, Aufgabenverteilung und Zeitplan für die Vorbereitungsphase festlegen, hierbei die externen Beisitzer beteiligen.
3. Spätestens jetzt die Belegschaft über die Einschaltung der Einigungsstelle und die Ziele des Betriebsrats informieren.
4. Unterlagen zur Vorbereitung der Einigungsstellenverhandlung zusammenstellen; fehlende Unterlagen vom Arbeitgeber anfordern.
5. Sachdarstellung für den Vorsitzenden erarbeiten. Dies beinhaltet:
   - Kurzdarstellung des Unternehmens/Betriebes,
   - Darstellung des bisherigen Verhandlungsablaufs und der noch offenen Konfliktpunkte,
   - Anträge für die Einigungsstelle,
   - Begründung der Anträge.
6. Vorbereitung der Sitzung(en):
   - Wer soll neben den Beisitzern auf Betriebsrats-Seite teilnehmen (Prozeßbevollmächtigte, Vortragende usw.)?
   - Arbeits- und Rollenverteilung für den voraussichtlichen Sitzungsverlauf zwischen den Teilnehmern festlegen.
   - Verhandlungstaktik und -stil absprechen.
   - Verfahrensvorschläge entwickeln.
   - Über mögliche Kompromißlinien und Kopplungsgeschäfte nachdenken.

Aus: D. Hase u. a.: Handbuch für die Einigungsstelle, a. a. O., S. 88.

Checkliste:

Die Einigungsstellensitzung

1. Eigene Verfahrensvorschläge einbringen (z. B. Sitzungsunterbrechung, Vertagung, getrennte Sitzungen, Hinzuziehung von Auskunftspersonen oder Sachverständigen usw.).
2. Eigenen Verhandlungsstil kontrollieren. (Hart in der Sache, verbindlich im Ton.)
3. Zeitrahmen für die Sitzung(en) festlegen.
4. Honorarfrage und Kostenübernahme ansprechen.
5. Eigene Notizen über Verhandlungsverlauf und -ergebnisse machen.

Einigungsstelle

6. Bei Streit über die Zuständigkeit, die Position des Vorsitzenden in getrennter Beratung in Erfahrung bringen. Gegebenenfalls auf Ausklammerung der Zuständigkeitsfrage drängen, um erst mal eine einvernehmliche Lösung des Konflikts zu versuchen.
7. Auswirkungen der vorgesehenen Maßnahme auf die Beschäftigten darlegen; Argumentation der Arbeitgeberseite widerlegen.
8. Position des Vorsitzenden zur anstehenden Regelungsfrage in getrennten Beratungen ausloten.
9. Kompromißbereitschaft in kleinen Schritten signalisieren; dabei unverzichtbare Positionen des Betriebsrat verdeutlichen.
10. Anfechtungsdrohung der Arbeitgeberseite nicht überbewerten.
11. Vor dem Eingehen auf Kompromißangebote bzw. dem Einbringen eigener Kompromißangebote Rückkopplung unter den Betriebsrats-Beisitzern und mit dem Betriebsrat herstellen.
12. Auf geschlossenes und konsistentes Abstimmungsverhalten der Betriebsrats-Beisitzer achten.
13. Gegebenenfalls um eine schriftliche Begründung des Spruches durch den Vorsitzenden bitten.

Aus: D. Hase u. a.: Handbuch für die Einigungsstelle, a. a. O., S. 117.

Checkliste:

Umsetzung der Einigungsstellenergebnisse

1. Belegschaft über den Ausgang des Einigungsstellenverfahrens informieren (Fakten, Erläuterungen, Begründungen, Wertungen).
2. Überwachung der Einhaltung der getroffenen Regelungen durch
   - Auswertung von Unterlagen,
   - Stichproben,
   - Betriebsbegehungen,
   - Gespräche mit Beschäftigten.
3. Wenn sich der Arbeitgeber nicht an die getroffenen Regelungen hält,
   - Verstöße dokumentieren und Arbeitgeber abmahnen,
   - nach juristischem Rat gegebenenfalls Arbeitsgericht einschalten.
4. Stimmung in der Belegschaft über die Wirkung des Einigungsstellenergebnisses ermitteln.
5. Bei negativer Beurteilung der Einigungsstellenergebnisse oder ihrer Umsetzung durch Betriebsrat und Belegschaft Erfolgsaussichten für eine verbesserte Regelung abschätzen.

Einigungsstelle

> 6. Gegebenenfalls Kündigung des Einigungsstellenergebnisses (Kündigungstermine und -fristen der Vereinbarung bzw. Dreimonatsfrist nach § 77 Abs. 5 BetrVG beachten!)

Aus: D. Hase u. a.: Handbuch für die Einigungsstelle, a. a. O., S. 128.

sein »ans Werk gehen« und den zur Einleitung des Verfahrens erforderlichen Beschluß fassen.

Literaturhinweis:

Detlef Hase/Reino von Neumann-Cosel u. a.: Handbuch für die Einigungsstelle. Ein praktischer Ratgeber, Bund-Verlag, Köln.

Einstellung

Was ist das?

☐ Eine »Einstellung« im Sinne des § 99 BetrVG ist
- sowohl die Begründung des Arbeitsverhältnisses durch Abschluß des schriftlichen oder mündlichen → **Arbeitsvertrages**
- als auch die tatsächliche Arbeitsaufnahme an einem bestimmten Arbeitsplatz.

☐ Wenn beide Maßnahmen zeitlich versetzt stattfinden *(Beispiel: am 1. 6. 1990 Abschluß des Arbeitsvertrages, am 1. 7. 1990 Arbeitsaufnahme),* dann hat der Arbeitgeber die Rechte des Betriebsrats nach § 99 BetrVG bereits vor Realisierung der ersten Maßnahme zu beachten!

Hinweis: Nach der Rechtsprechung kann eine nach § 99 BetrVG mitbestimmungspflichtige Einstellung auch ohne Abschluß eines Arbeitsvertrages vorliegen. § 99 BetrVG findet vielmehr immer dann Anwendung, wenn eine Person – gleichgültig in welchem Rechtsverhältnis sie zum Arbeitgeber steht – in den Betrieb »eingegliedert« werden soll, um zusammen mit den anderen Beschäftigten den arbeitstechnischen Zweck des Betriebes durch weisungsgebundene Tätigkeit zu verwirklichen. So kann beispielsweise die Eingliederung eines externen Datenschutzbeauftragten eine Einstellung sein.

☐ Eine Einstellung im Sinne des § 99 BetrVG ist auch
- die Beschäftigung von Leiharbeitnehmern (vgl. § 14 Abs. 3 AÜG);
- die Vergabe von Heimarbeit (vgl. § 6 Abs. 1 und 2 BetrVG);
- die befristete oder unbefristete Verlängerung eines befristeten Arbeitsverhältnisses;
- die befristete oder unbefristete Übernahme eines Ausgebildeten nach Beendigung eines Berufsausbildungsverhältnisses (anders die Übernahme nach § 78a BetrVG: keine Neu-Einstellung, sondern es entsteht kraft Gesetzes ein Arbeitsverhältnis auf unbestimmte Zeit, wenn der Jugend- und Auszubildendenvertreter innerhalb der letzten

Einstellung

3 Monate des Ausbildungsverhältnisses schriftlich seine Weiterbeschäftigung verlangt);
- die Beschäftigung von Aushilfskräften (z. B. Studenten in den Semesterferien).

☐ Keine Einstellung ist die Wiederaufnahme eines »ruhenden« Arbeitsverhältnisses (z. B. Rückkehr eines Wehrpflichtigen/Zivildienstleistenden usw.).

Bedeutung für die Betriebsratsarbeit

☐ Bei Einstellungen hat der Betriebsrat nach § 99 BetrVG ein Informations- und Mitbestimmungsrecht.

☐ Das Mitbestimmungsrecht hat allerdings nur die Qualität eines Vetorechts. Das heißt, der Betriebsrat kann aus bestimmten im § 99 Abs. 2 BetrVG aufgeführten Gründen die Zustimmung zur Einstellung verweigern. Mit der Folge, daß der Arbeitgeber das Arbeitsgericht anrufen muß, wenn er die Einstellung trotz Zustimmungsverweigerung vornehmen will (siehe § 99 Abs. 4 BetrVG). Der Betriebsrat hat jedoch kein Initiativrecht. Das heißt, er kann zwar von sich aus die Vornahme von Einstellungen dem Arbeitgeber vorschlagen. Mit rechtlichen Mitteln durchsetzen kann er diese Vorschläge jedoch nicht.

☐ Es muß beachtet werden, daß mit jeder Einstellung eine Eingruppierung verbunden ist (Ausnahme: Einstellung eines »Leiharbeitnehmers«, der ja von dem Verleihunternehmen vergütet wird: siehe → **Arbeitnehmerüberlassung**). Zu beiden Maßnahmen muß der Arbeitgeber die Zustimmung des Betriebsrats beantragen; zu beiden Maßnahmen muß der Betriebsrat seine Stellungnahme abgeben; siehe → **Eingruppierung**.

☐ Der Arbeitgeber hat bei Einstellungen die nachfolgend benannten Informationspflichten:

- der Arbeitgeber hat den Betriebsrat rechtzeitig, d. h. mindestens eine Woche vor der geplanten Durchführung der Einstellung zu informieren;
- die Information muß umfassend sein, d. h. der Arbeitgeber muß seinen Informationsstand komplett an den Betriebsrat weitergeben; zu informieren ist insbesondere über

Einstellung

- die Personalien des Bewerbers (Name, Alter, Familienstand, Kinder, Straße/Wohnort);
- alle Umstände, die über fachliche und persönliche Qualifikation/Eignung für den vorgesehenen Arbeitsplatz Auskunft geben;
- sonstige persönliche Umstände: z. B. Schwerbehinderteneigenschaft, Schwangerschaft usw.;
- Auswirkungen der geplanten Maßnahme auf die betrieblichen Abläufe/Arbeitsplätze, den Zeitpunkt der Durchführung der Maßnahme;
- die vorgesehene Eingruppierung.

☐ Liegen mehrere Bewerbungen vor, hat der Arbeitgeber den Betriebsrat über die Personalien aller Bewerber zu informieren und ihm die Bewerbungsunterlagen aller Bewerber (also auch der vom Arbeitgeber nicht in die engere Wahl gezogenen Bewerber) vorzulegen.

☐ Zu den vorzulegenden Bewerbungsunterlagen zählen: Bewerbungsschreiben, Lebenslauf, Zeugnisse, Lichtbild, Ergebnis von Auswahlprüfungen/Tests, sofern vorhanden der ausgefüllte Personalfragebogen (siehe: → **Personalfragebogen**) und sonstige vom Bewerber eingereichte Schriftstücke (auch vertrauliche).

☐ »Vorlage« bedeutet: Aushändigung für mindestens eine Woche.

☐ Auch sonstige »erforderliche Unterlagen«, die die Auswirkungen der geplanten Einstellung betreffen, sind vorzulegen.

☐ Bei der Einstellung von Leiharbeitnehmern hat der Arbeitgeber dem Betriebsrat die schriftliche Erklärung des Verleihunternehmens über den Besitz der Erlaubnis der Bundesanstalt für Arbeit zur Arbeitnehmerüberlassung vorzulegen, vgl. § 14 Abs. 3 Satz 2 AÜG.

☐ Ein Teilnahmerecht des Betriebsrats an Vorstellungsgesprächen besteht nach herrschender Meinung nicht.

☐ Der Betriebsrat sollte, wenn ein Zustimmungsantrag des Arbeitgebers zu einer Einstellung vorliegt, wie folgt vorgehen (Beispiel):

- nach Eingang des Zustimmungsantrages des Arbeitgebers beruft der Betriebsratsvorsitzende eine Betriebsratssitzung ein (unter Mitteilung des Tagesordnungspunktes!). An Ersatzmitglieder und sonstige einzuladende Personen denken (siehe → **Betriebsratssitzung**);
- der Betriebsratsvorsitzende informiert die Sitzungsteilnehmer über die vom Arbeitgeber geplante Einstellung (und Eingruppierung);
- erste Einschätzungen werden ausgetauscht;

Einstellung

- Beschluß des Betriebsrats: Vor abschließender Stellungnahme soll der Sachverhalt näher aufgeklärt werden, insbesondere sollen die Unterlagen der anderen Bewerber geprüft werden;
- der Betriebsratsvorsitzende beruft noch innerhalb der Wochenfrist (!) des § 99 Abs. 3 BetrVG eine weitere Sitzung ein, in der die Angelegenheit nach Diskussion durch ordnungsgemäße Beschlußfassung (§ 33 BetrVG) entschieden wird;
- der Beschluß wird dem Arbeitgeber mitgeteilt. Im Falle der Zustimmungsverweigerung wird ein entsprechendes Schreiben (Begründung der Zustimmungsverweigerung ist erforderlich!) aufgesetzt, von dem Betriebsratsvorsitzenden unterschrieben und – noch innerhalb der Wochenfrist (!) – an den Arbeitgeber übermittelt.

☐ Gegebenenfalls reichen – bei entsprechender sorgfältiger Vorbereitung – auch Beratung und Beschlußfassung in **einer** Betriebsratssitzung aus.

☐ Zu beachten ist, daß eine Zustimmungsverweigerung nur dann die Rechtsfolge des § 99 Abs. 4 BetrVG auslöst (siehe unten), wenn sie unter Heranziehung mindestens eines der in § 99 Abs. 2 BetrVG aufgeführten Zustimmungsverweigerungsgründe begründet wird (§ 99 Abs. 3 BetrVG).

☐ Es genügt nicht, den Wortlaut der in § 99 Abs. 2 BetrVG genannten Verweigerungsgründe nur zu wiederholen.

Beispiel:

»... der Betriebsrat verweigert gemäß § 99 Abs. 2 Nr. 3 BetrVG die Zustimmung zur Einstellung des Herrn Kiel, weil die Besorgnis besteht, daß im Betrieb beschäftigte Arbeitnehmer infolge der Einstellung Nachteile erleiden, ohne daß dies aus betrieblichen oder persönlichen Gründen gerechtfertigt ist.«

Eine solche »Zustimmungsverweigerung« ist rechtlich vollkommen wirkungslos!

☐ Vielmehr muß der Gesetzeswortlaut durch Darlegung tatsächlicher Umstände »mit Leben erfüllt« werden (siehe »Musterschreiben Zustimmungsverweigerung« im Anhang zu dem hier besprochenen Stichwort).

☐ Des weiteren ist zu beachten, daß die Zustimmungsverweigerung nur dann wirksam ist, wenn sie »innerhalb einer Woche« nach Unter-

Einstellung

richtung beim Arbeitgeber eingeht (§ 99 Abs. 3 BetrVG)! Zur Berechnung der Wochenfrist: siehe → **Fristen**. Wird die Frist überschritten, gilt die Zustimmung des Betriebsrats zur geplanten Maßnahme als erteilt (§ 99 Abs. 3 Satz 2 BetrVG).

☐ Rechtsfolge einer ordnungsgemäßen Zustimmungsverweigerung: Der Arbeitgeber darf die Maßnahme zunächst nicht durchführen. Vielmehr muß er nach § 99 Abs. 4 BetrVG ein Beschlußverfahren beim Arbeitsgericht einleiten, wenn er an seiner Einstellungsabsicht festhalten will.

☐ Nach § 100 BetrVG darf der Arbeitgeber ausnahmsweise eine personelle Maßnahme, also z. B. eine Einstellung, »vorläufig« durchführen, wenn dies aus »sachlichen Gründen dringend erforderlich ist«. Bestreitet allerdings der Betriebsrat → **unverzüglich** die Dringlichkeit, so darf der Arbeitgeber die personelle Maßnahme nur aufrechterhalten, wenn er »innerhalb von 3 Tagen« (siehe → **Fristen**) beim Arbeitsgericht ein Zustimmungsersetzungsverfahren einleitet und gleichzeitig die Feststellung beantragt, daß die Maßnahme tatsächlich »aus sachlichen Gründen dringend erforderlich war«.

☐ Führt der Arbeitgeber die personelle Maßnahme trotz Zustimmungsverweigerung (und ohne daß ein Fall des § 100 BetrVG vorliegt) durch, kann der Betriebsrat nach § 101 BetrVG vorgehen: Auf Antrag des Betriebsrats ordnet das Arbeitsgericht unter Androhung eines Zwangsgeldes gegen den Arbeitgeber die »Aufhebung« der Einstellung an.

Musterschreiben:
Zustimmungsverweigerung bei Einstellung

An die
Geschäftsleitung
im Hause

Betr.: Beabsichtigte Einstellung des Herrn Werker

Sehr geehrte Damen und Herren,

zu der von Ihnen geplanten Einstellung von Herrn Werker verweigert der Betriebsrat seine Zustimmung nach § 99 Abs. 2 Nr. 1 und Nr. 5 BetrVG.
Die Einstellung von Herrn Werker verstößt gegen §§ 611a und 611b BGB.
In der Konstruktionsabteilung, in der Herr Werker tätig werden soll, arbeiten zur Zeit fünf Ingenieure und keine Ingenieurinnen.

Einstellung

Die Stelle ist von Ihnen entgegen § 611 b BGB nicht geschlechtsneutral, sondern gezielt für männliche Bewerber ausgeschrieben worden. Trotz dieser Ausschreibung befanden sich unter den zwanzig Bewerbungen fünf Bewerbungen von Frauen, deren Qualifikation nach den dem Betriebsrat vorliegenden Bewerbungsunterlagen mindestens gleichwertig war; zum Teil waren die Abschlußzeugnisse sogar besser. Das Arbeitsamt hat uns außerdem bestätigt, daß Ingenieurinnen auf dem hiesigen Arbeitsmarkt in ausreichender Zahl zur Verfügung stehen.

Die weiblichen Bewerber werden durch die Einstellung von Herrn Werker diskriminiert (§ 611 a BGB). Dieses ergibt sich auch daraus, daß der Personalleiter, Herr C., bei dem monatlichen Gespräch am ——————— dem Betriebsrat mitteilte, in die Konstruktionsabteilung »paßten keine Frauen«.

Die Zustimmungsverweigerung ist auch nach § 99 Abs. 2 Nr. 5 BetrVG begründet. Der Betriebsrat hatte bereits mit Schreiben vom ——————— die betriebsinterne und geschlechtsneutrale Ausschreibung aller neu zu besetzenden Stellen verlangt. Auch das ist unterblieben.

Mit freundlichen Grüßen
Der Betriebsrat

Aus: IG Metall Vorstand (Hrsg.),
Rechte des Betriebsrats bei personellen Einzelmaßnahmen, 1994.

Musterschreiben:

**Zustimmungsverweigerung nach § 99 Abs. 2 BetrVG
(Betr.: Einstellung und Eingruppierung)**

An die   X-Stadt, den...
Geschäftsleitung

im Hause

Betr.: Beabsichtigte Einstellung und Eingruppierung des Herrn Franz Kiel

Sehr geehrte Damen und Herren,

der Betriebsrat hat in seiner Sitzung vom... den Beschluß gefaßt, die Zustimmung zur Einstellung des Herrn Franz Kiel gemäß § 99 Abs. 2 Nr. 3 BetrVG und die Zustimmung zur beabsichtigten Eingruppierung nach § 99 Abs. 2 Nr. 1 BetrVG zu verweigern.

Begründung:
1. Nach Ihrer Mitteilung soll Herr Kiel in der Abteilung »Zentrallager« den Arbeitsplatz 08 (»Stellvertretung des Lagerleiters«) besetzen, der in Kürze durch

Einstellung

das Ausscheiden des bisherigen Stelleninhabers Herrn Ruder frei werden wird. Ausweislich Ihrer dem Betriebsrat vorliegenden schriftlichen Erklärung vom 5. 6. 1989 haben Sie die frei werdende Stelle dem innerbetrieblichen Bewerber Herrn Walter Reling zugesagt. Die Nichterfüllung dieser Zusage würde einen Nachteil im Sinne des § 99 Abs. 2 Nr. 3 BetrVG zu Lasten des Herrn Reling bedeuten. Dieser Nachteil ist weder durch betriebliche noch durch persönliche Gründe gerechtfertigt. Im Gegenteil: Herr Reling hat Ende des vergangenen Monats eine innerbetriebliche Fortbildungsmaßnahme (EDV-Kurs »Lagerhaltung«) erfolgreich abgeschlossen. Diese Maßnahme hat Herrn Reling die Qualifikationen verschafft, die notwendig sind, um den Anforderungen des Arbeitsplatzes 08 zu genügen. Dies ist in dem Herrn Reling erteilten Abschlußzeugnis vom Leiter der Abteilung »Berufsbildung« ausdrücklich bestätigt worden.

2. Auch zu der von Ihnen angestrebten Eingruppierung versagt der Betriebsrat seine Zustimmung. Die Zustimmungsverweigerung wird gestützt auf § 99 Abs. 2 Nr. 1 BetrVG:

Die von Ihnen beabsichtigte Eingruppierung verstößt gegen § XY des Tarifvertrages YZ. Denn...

Mit freundlichem Gruß
Der Betriebsrat
Unterschrift
Betriebsratsvorsitzender

Einstellung

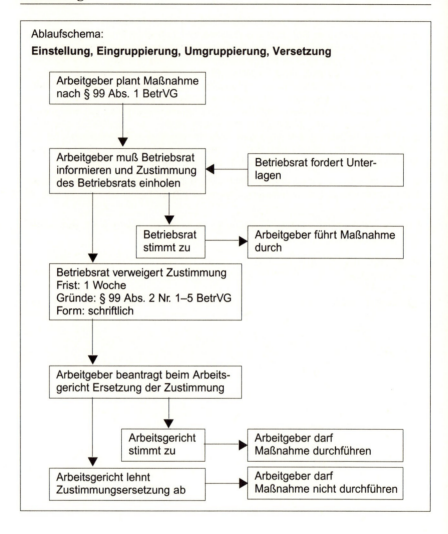

Einstellung

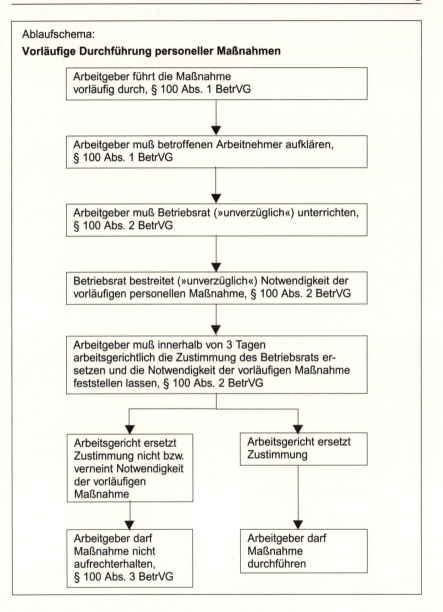

Einstellung

Checkliste:

Einstellung/Eingruppierung (§ 99 BetrVG)

Diese Liste berücksichtigt die wesentlichen vom Betriebsrat zu überprüfenden Punkte, dient der Entscheidungsfindung und gleichzeitig der Fristenkontrolle.

Datum:

1. Eingang der Mitteilung über die beabsichtigte Einstellung/ Eingruppierung

2. Letzter Tag zur Stellungnahme des BR – 1 Woche –

3. Nächste BR-Sitzung

4. Wann soll die Einstellung/ Eingruppierung erfolgen?

5. Angaben zur Person des vorgeschlagenen Bewerbers/Arbeitnehmers

Name   Vorname

Geburtsdatum

vorgesehene Beschäftigung   vorgesehene Tarifgruppe

Familienstand   Zahl der Unterhaltsberechtigten

                                                   Ja   Nein

6. Stelle wird wieder besetzt

7. Stelle wird neu geschaffen

8. War die Stelle
   – intern
   – extern
   ausgeschrieben?

9. Stelle ist im Stellenplan ausgewiesen

10. Stellenbeschreibung ist vorhanden

Einstellung

	Ja	Nein

11. Stellenbewertung ist vorhanden

12. Stimmt der Eingruppierungsvorschlag mit der

    – Stellenbewertung

    – Tarifgruppe
    überein?

13. Liegen die Bewerbungsunterlagen aller Bewerber vor?

14. Liegt ein Verstoß gegen allgemeine Vorschriften vor?

    – gegen den Gleichbehandlungsgrundsatz
    (§ 75 BetrVG)

    – gegen sonstige gesetzliche, tarifliche oder
    einzelvertragliche Vorschriften

15. Liegt ein Zustimmungsverweigerungsgrund betr. Einstellung vor?

    a) Verstoß gegen geltendes Recht, z. B.

    – gegen Gesetz

    – Verordnung

    – Unfallverhütungsvorschrift

    – Tarifvertrag

    – Betriebsvereinbarung

    – gerichtliche Entscheidung oder

    – behördliche Anordnung

    b) Verstoß gegen Regeln in Auswahlrichtlinien zur
    Einstellung/Eingruppierung

    c) Besorgnis, daß infolge der Einstellung im Betrieb
    Beschäftigte
    – gekündigt werden
    oder
    – sonstige Nachteile erleiden

    ohne daß dies aus betrieblichen oder personellen
    Gründen gerechtfertigt ist;

Einstellung

	Ja	Nein
d) Benachteiligung des/der betroffenen Arbeitnehmers/Arbeitnehmerin	___	___
e) Unterlassen der internen Stellenausschreibung	___	___
f) begründeter Besorgnis, daß der/die in Aussicht genommene Bewerber/in den Betriebsfrieden durch		
– gesetzwidriges Verhalten oder	___	___
– durch grobe Verletzung der in § 75 Abs. 1 BetrVG enthaltenen Grundsätze stören werde	___	___

16. Genaue Gründe für die Verweigerung oder Zustimmung:

17. Liegt ein Zustimmungsverweigerungsgrund betr. Eingruppierung vor?

    a) Verstoß gegen geltendes Recht (z. B. Tarifvertrag) ___ ___

    b) Verstoß gegen Eingruppierungsrichtlinie ___ ___

    c) Besorgnis, daß infolge der Eingruppierung im Betrieb Beschäftigte sonstige Nachteile erleiden ___ ___

    d) Benachteiligung des/der betroffenen Arbeitnehmers/Arbeitnehmerin ___ ___

18. Genaue Gründe für die Verweigerung der Zustimmung:

19. Stimmt der BR der beabsichtigten Einstellung/Eingruppierung zu? ___ ___

20. Wann wurde dem Arbeitgeber der Beschluß des BR schriftlich mitgeteilt?

    Datum

Ort, Datum   Unterschrift

Aus: IG Metall Vorstand (Hrsg.),
Rechte des Betriebsrats bei personellen Einzelmaßnahmen, 1994.

Entgeltfortzahlung

Grundlagen

☐ Am 1. 6. 1994 ist das Gesetz über die Zahlung des Arbeitsentgelts an Feiertagen und im Krankheitsfall (Entgeltfortzahlungsgesetz – EFZG) in Kraft getreten. Es hat das Feiertagslohnzahlungsgesetz sowie die bis dahin in verschiedenen Gesetzen verstreuten Regelungen über die Entgeltsicherung im Krankheitsfall abgelöst (z. B. §§ 1–9 Lohnfortzahlungsgesetz, § 616 Abs. 2 Bürgerliches Gesetzbuch, § 63 Handelsgesetzbuch, § 133c Gewerbeordnung, §§ 115a–115e Arbeitsgesetzbuch DDR, §§ 48, 78 Seemannsgesetz, § 12 Abs. 1 Nr. 1 Berufsbildungsgesetz).

☐ Das EFZG regelt die Entgeltfortzahlung an Feiertagen sowie im Krankheitsfall einheitlich für Arbeiter, Angestellte und Auszubildende. Ebenfalls geregelt wird die wirtschaftliche Sicherung an Feiertagen und im Krankheitsfall für die im Bereich der Heimarbeit Beschäftigten.

Entgeltfortzahlung an Feiertagen

☐ Nach § 2 EFZG hat der Arbeitgeber dem Beschäftigten für Arbeitszeit, die infolge eines gesetzlichen Feiertages ausfällt, das Arbeitsentgelt zu zahlen, das er erhalten hätte, wenn er ohne den Feiertag gearbeitet hätte (»Entgeltausfallprinzip«).

☐ Dies gilt auch dann, wenn der Beschäftigte an dem Feiertag arbeitsunfähig erkrankt ist (vgl. § 4 Abs. 2 EFZG).

☐ Fällt ein Feiertag mit Kurzarbeit zusammen, hat der Arbeitgeber (nicht das Arbeitsamt) an den Beschäftigten ein Feiertagsentgelt in Höhe des Kurzarbeitergeldes zu zahlen, und zwar »brutto für netto«. Denn der Beschäftigte soll nach Absicht des Gesetzes nicht schlechter gestellt sein, als wenn er Kurzarbeitergeld erhalten hätte. Anfallende Lohnsteuer und Sozialabgaben hat der Arbeitgeber daher vollständig zu tragen.

Entgeltfortzahlung

☐ Beim Zusammenfallen von Krankheit, Feiertag und Kurzarbeit steht dem Betroffenen ein Entgeltanspruch ebenfalls nur in Höhe des Kurzarbeitergeldes zu.

☐ Der Anspruch auf Entgeltfortzahlung entfällt, wenn der Beschäftigte
- am letzten Arbeitstag vor oder
- am ersten Arbeitstag nach

einem Feiertag unentschuldigt fehlt.

Entgeltfortzahlung im Krankheitsfall

☐ Gemäß § 3 Abs. 1 EFZG hat ein arbeitsunfähig erkrankter Arbeitnehmer gegen den Arbeitgeber einen Anspruch auf Fortzahlung des Arbeitsentgelts bis zur Dauer von sechs Wochen, sofern er die Arbeitsunfähigkeit nicht verschuldet (siehe unten) hat.

☐ Wird der Beschäftigte wegen derselben Krankheit erneut arbeitsunfähig (Wiederholungserkrankung), entsteht ein erneuter Anspruch auf Entgeltfortzahlung bis zu sechs Wochen, wenn
- der Arbeitnehmer sechs Monate lang wegen dieser Krankheit nicht arbeitsunfähig war oder
- seit dem Beginn der ersten Erkrankung 12 Monate abgelaufen sind.

☐ Liegt der erneuten Erkrankung eine »andere« Krankheit zugrunde, dann entsteht ein neuer Anspruch auf Entgeltfortzahlung bis zur Dauer von sechs Wochen. Strittig ist, ob dies auch dann gilt, wenn die »andere« Krankheit zu einer schon bestehenden, mit Arbeitsunfähigkeit verbundenen Krankheit hinzutritt. Dieses dürfte entgegen h. M. angesichts des Wortlauts des § 3 Abs. 1 EFZG zu bejahen sein. Denn hiernach setzt eine Zusammenfassung mehrerer Arbeitsunfähigkeitsfälle zu einem Entgeltfortzahlungsfall voraus, daß sie auf »derselben« Krankheit beruhen.

☐ Ein neuer Entgeltfortzahlungsanspruch bis zur Dauer von – wiederum – sechs Wochen entsteht auch dann, wenn der Beschäftigte den Arbeitgeber wechselt und wegen derselben (oder einer anderen) Krankheit beim neuen Arbeitgeber arbeitsunfähig wird.

☐ Als ein – den Entgeltfortzahlungsanspruch ausschließendes – Verschulden gilt nach der Rechtsprechung nur ein »gröblicher Verstoß« gegen das von einem verständigen Menschen im eigenen Interesse zu erwartende Verhalten, so daß es »unbillig« wäre, die Folgen dieses

Entgeltfortzahlung

Verstoßes auf den Arbeitgeber abzuwälzen. Als »gröblicher Verstoß« wird nur besonders leichtfertiges, grob fahrlässiges oder vorsätzliches Verhalten angesehen. Eine »unbillige« Belastung des Arbeitgebers wird nur in Extremfällen angenommen, da andernfalls das Ziel der wirtschaftlichen Sicherung der Arbeitnehmer im Krankheitsfalle unterlaufen würde.

☐ Eine nicht rechtswidrige Sterilisation oder ein nicht rechtswidriger Schwangerschaftsabbrauch wird einer nicht verschuldeten Arbeitsunfähigkeit gleichgesetzt (§ 3 Abs. 2 EFZG).

☐ Die Höhe des fortzuzahlenden Arbeitsentgelts richtet sich nach dem »Entgeltausfallprinzip«. Das heißt, es ist das Arbeitsentgelt weiterzuzahlen, das der Beschäftigte ohne Erkrankung erhalten hätte (§ 4 Abs. 1 EFZG).

☐ Beim Zusammentreffen von Erkrankung und einem Feiertag richtet sich die Höhe des fortzuzahlenden Entgelts nach der Feiertagsregelung des § 2 EFZG (vgl. § 4 Abs. 2 EFZG).

☐ Fällt die krankheitsbedingte Arbeitsunfähigkeit in eine Kurzarbeitsperiode, so berechnet sich das fortzuzahlende Arbeitsentgelt auf der Basis der verkürzten Arbeitszeit, sofern der Erkrankte von der Kurzarbeit betroffen gewesen wäre (§ 4 Abs. 3 EFZG).

☐ Von den Regelungen des § 4 Abs. 1–3 EFZG kann durch Tarifvertrag abgewichen werden. Insbesondere kann eine andere Bemessungsgrundlage festgelegt werden (verbreitet ist das »Referenzprinzip«, bei dem das Durchschnittsentgelt der letzten – zum Beispiel drei – abgerechneten Monate zugrunde gelegt wird).

☐ Ansonsten kann nach § 12 EFZG von den Vorschriften des Gesetzes nicht zuungunsten (wohl aber zugunsten) der Beschäftigten abgewichen werden.

☐ Beim Zusammentreffen von Urlaub und Krankheit enthält § 9 Bundesurlaubsgesetz eine Sonderregelung: die durch ärztliches Attest nachgewiesenen Tage der Arbeitsunfähigkeit werden nicht auf den Urlaub angerechnet. Der Betroffene hat insoweit Anspruch auf Entgeltfortzahlung nach dem EFZG.

☐ Entsprechendes dürfte gelten, wenn ein Arbeitnehmer während eines unbezahlten Sonderurlaubs erkrankt, sofern der Sonderurlaub sich unmittelbar an den bezahlten Erholungsurlaub anschließt und auch

Entgeltfortzahlung

die Inanspruchnahme des Sonderurlaubs Erholungszwecken dienen soll.

☐ Ein Anspruch auf Entgeltfortzahlung nach dem EFZG besteht auch, wenn ein nach Ländergesetzen gewährter – bezahlter – → **Bildungsurlaub** wegen Krankheit nicht angetreten werden kann oder vorzeitig abgebrochen werden muß.

☐ Im Falle der Erkrankung obliegen dem Arbeitnehmer Anzeige- und Nachweispflichten (§ 5 EFZG):

Der Erkrankte ist verpflichtet, dem Arbeitgeber die Arbeitsunfähigkeit sowie deren voraussichtliche Dauer unverzüglich (= ohne schuldhaftes Zögern) mitzuteilen (= Anzeigepflicht, § 5 Abs. 1 EFZG). Die Anzeige kann in jeder geeigneten Form erfolgen: durch Telefonat, schriftlich oder per Fax, durch dritte Personen usw.

Dauert die Erkrankung voraussichtlich länger als drei Tage (= Kalendertage), hat der Arbeitnehmer spätestens an dem ersten Arbeitstag nach Ablauf der drei Kalendertage eine ärztliche Arbeitsunfähigkeitsbescheinigung dem Arbeitgeber vorzulegen (= Nachweispflicht, § 5 Abs. 1 Satz 2 EFZG).

Das heißt: bei kürzeren Erkrankungen besteht keine Vorlage(Nachweis-)pflicht (strittig).

Für die Einhaltung der Frist (»Vorlage spätestens an dem darauffolgenden Arbeitstag«) ist nicht die Absendung maßgeblich, sondern der Zugang der Arbeitsunfähigkeitsbescheinigung beim Arbeitgeber.

Die Fristberechnung richtet sich nach den §§ 187 Abs. 1, 188 Abs. 1, 193 BGB. Insbesondere wird der 1. Tag der Arbeitsunfähigkeit nicht mitgezählt (strittig: es wird die Auffassung vertreten, daß der 1. Tag der Arbeitsunfähigkeit nicht nur dann mitzurechnen ist, wenn an diesem Tag überhaupt keine Arbeitsleistung erbracht wurde [§ 187 Abs. 2 BGB], sondern auch dann, wenn während der Arbeitsleistung Arbeitsunfähigkeit eintritt).

Fristbeispiele (bei Zugrundelegung der hier vertretenen Ansicht):

- *Erkrankung am Montag. Beginn der 3-Tages-Frist am Dienstag. Vorlage am Freitag (= »darauffolgender« Arbeitstag).*
- *Erkrankung am Mittwoch. Beginn der 3-Tages-Frist am Donnerstag. Letzter Tag der 3-Tages-Frist fällt auf Sonntag. Vorlage am Montag (= »darauffolgender« Arbeitstag).*

Entgeltfortzahlung

Verschiedentlich wird die Meinung vertreten, daß der »darauffolgende Arbeitstag« auch ein Samstag/Sonntag/Feiertag sein kann. Nämlich dann, wenn der Betroffene nach seinem Schichtplan an diesen Tagen hätte arbeiten müssen (zweifelhaft).

☐ Nach § 5 Abs. 1 Satz 3 EFZG kann der Arbeitgeber die Vorlage der Arbeitsunfähigkeitsbescheinigung schon früher, also vor dem »darauffolgenden« Arbeitstag verlangen.

☐ Dauert die Arbeitsunfähigkeit länger, als in der Bescheinigung des Arztes angegeben, ist eine erneute ärztliche Bescheinigung vorzulegen.

☐ Bei Erkrankungen während eines Auslandsaufenthaltes gilt die Sonderregelung des § 5 Abs. 2 EFZG.

☐ Beruht die Erkrankung des Beschäftigten auf einer Schädigung durch einen Dritten, so gehen die Schadensersatzansprüche des Erkrankten gegenüber einem Dritten insoweit auf den Arbeitgeber über, als dieser Entgeltfortzahlung geleistet hat (§ 6 EFZG).

☐ Solange der Beschäftigte seine Nachweispflicht (Vorlage der Arbeitsunfähigkeitbescheinigung) nicht erfüllt, kann der Arbeitgeber Entgeltfortzahlung verweigern (§ 7 Abs. 1 EFZG). Er ist aber zur Nachzahlung verpflichtet, wenn der Erkrankte seiner Nachweispflicht – wenn auch verspätet – nachkommt.

☐ Der Arbeitgeber kann Entgeltfortzahlung auch dann ablehnen, wenn der Erkrankte den Übergang seines Schadensersatzanspruches gegen den Dritten auf den Arbeitgeber vereitelt (§ 7 Abs. 1 Nr. 2 EFZG).

☐ Die Regelungen über die Entgeltfortzahlung im Krankheitsfalle gelten entsprechend für Arbeitsverhinderungen, die infolge von Kurmaßnahmen zur medizinischen Vorsorge und Rehabilitation eintreten, die von einem Sozialleistungsträger bewilligt oder ärztlich verordnet wurden und die stationär durchgeführt werden (§ 9 EFZG). Das heißt: bei Maßnahmen der medizinischen Vorsorge oder Rehabilitation besteht ein Anspruch auf Entgeltfortzahlung bis zur Dauer von sechs Wochen.

Die Berechnung des Entgeltfortzahlungszeitraums beginnt mit Antritt der Kur auch dann neu, wenn die Kur wegen desselben Grundleidens gewährt wird, auf dem eine frühere Arbeitsunfähigkeit beruhte. Etwas anderes gilt nur dann, wenn während der Kur zusätzlich Arbeitsun-

Entgeltfortzahlung

fähigkeit besteht. In diesem Fall richtet sich die Dauer der Entgeltfortzahlung nach § 3 EFZG.

Ein Entgeltfortzahlungsanspruch besteht nicht, wenn im Anschluß an eine Maßnahme der medizinischen Vorsorge und Rehabilitation vom Arzt eine Schonungsmaßnahme verschrieben wird. Der Beschäftigte hat dann allerdings einen Rechtsanspruch auf Gewährung von Erholungsurlaub (§ 7 Abs. 1 Satz 2 Bundesurlaubsgesetz).

☐ §§ 10, 11 EFZG regeln die wirtschaftliche Sicherung der im Bereich der Heimarbeit Beschäftigten im Krankheitsfall bzw. an Feiertagen.

☐ Hinweis: Die Vorschriften der §§ 10–20 des »alten« Lohnfortzahlungsgesetzes, die ein Umlageverfahren für kleine Betriebe mit nicht mehr als 20 Arbeitnehmern regeln, bleiben bestehen.

Bedeutung für die Betriebsratsarbeit

☐ Der Betriebsrat hat zunächst die Aufgabe, darüber zu wachen, daß der Arbeitgeber seine Verpflichtungen aus dem EFZG einhält (§ 80 Abs. 1 Nr. 1 BetrVG).

☐ Ein Mitbestimmungsrecht nach § 87 Abs. 1 Nr. 1 BetrVG besteht insoweit, als es um Regelungen geht, die die Ordnung des Betriebs oder das Verhalten der Arbeitnehmer betreffen und die durch das EFZG bzw. durch Tarifvertrag nicht abschließend geregelt sind (vgl. § 87 Abs. 1 Eingangssatz BetrVG).

Beispiel:

Die vom EFZG nicht vorgeschriebene Form der Anzeige der Arbeitsunfähigkeit kann vom Arbeitgeber nicht einseitig, sondern nur mit Zustimmung des Betriebsrats festgelegt werden.

Literaturhinweis:

Wedde/Gerntke/Kunz/Platow: Entgeltfortzahlungsgesetz – Basiskommentar, Bund-Verlag, Köln.

Europäischer Betriebsrat

Was ist das?

☐ Besondere Probleme für die Arbeit der Interessenvertretung treten auf, wenn ein Unternehmen oder ein Konzern international (z. B. europaweit) operiert.

Beispiel:
Ein Unternehmen mit Sitz in der Bundesrepublik Deutschland unterhält vier Betriebe; und zwar je einen Betrieb in der Bundesrepublik, in Frankreich, Irland und Spanien. In den Betrieben werden mit vergleichbarem Maschinenpark vergleichbare Produkte hergestellt.

Mögliche Probleme:
Die Arbeitnehmer und ihre Interessenvertretungen werden nicht über die den gesamten Unternehmenskomplex betreffenden Fragen und Planungsprozesse informiert. Vielmehr werden sie erst dann »eingeschaltet«, wenn die wichtigsten strategischen Entscheidungen bereits getroffen sind und es darum geht, die Entscheidungen in den Betrieben umzusetzen.

Auf die Gestaltung der unternehmerischen Planungen und Entscheidungen im Sinne der Interessen der Beschäftigten Einfluß zu nehmen, ist praktisch nicht möglich. Die jeweiligen Interessenvertretungen »agieren« nicht, sie vermögen nur zu »reagieren«. Zumal ihnen noch nicht einmal bekannt ist, was konkret in den jeweils anderen Betrieben geschieht.

Hieraus resultiert die Gefahr, daß die Interessenvertretungen und Arbeitnehmer der jeweiligen Betriebe »nach Strich und Faden« gegeneinander ausgespielt werden, ohne daß eine hinreichende Möglichkeit der Gegenwehr besteht: Lehnt beispielsweise die Interessenvertretung des einen Betriebes Überstunden oder Schichtarbeit ab, wird sie mit der Drohung unter Druck gesetzt, die Arbeit gänzlich in einen anderen – in einem anderen Staat befindlichen – Betrieb des Unternehmens zu verlagern.

☐ Das jeweilige nationale Recht (z. B. das deutsche Betriebsverfas-

Europäischer Betriebsrat

sungsrecht) vermag die für die Arbeitnehmer und ihre Vertretungen entstehenden Probleme nicht zu lösen.

☐ Die Gewerkschaften haben daher – insbesondere für den Bereich der Europäischen Gemeinschaft – seit langem die Schaffung von gesetzlichen Grundlagen für einen »Europäischen Betriebsrat« gefordert.

☐ Die Aufgabe eines solchen Gremiums besteht darin,

- schon im Vorfeld unternehmerischer Entscheidungen (also bereits im Planungsstadium) Informationen von der Unternehmensleitung einzufordern;
- den Informationsfluß zwischen den jeweilgen Interessenvertretungen herzustellen;
- die Voraussetzungen zu schaffen für die Entwicklung gemeinsamer Konzepte und Vorgehensweisen mit dem Ziel, auf die unternehmerischen Planungen/Entscheidungen im Sinne der Interessen der Beschäftigten Einfluß zu nehmen bzw. unternehmerische Spaltungsstrategien abzuwehren.

☐ In einigen internationalen Konzernen ist es – trotz fehlender gesetzlicher Grundlage – unter maßgeblicher Beteiligung der zuständigen Gewerkschaften gelungen, derartige grenzüberschreitende Interessenvertretungsgremien – jeweils in Absprache mit der Unternehmens- bzw. Konzernleitung – zu installieren (z. B. Volkswagen, Gilette, Bull, Thomson Grand Public).

☐ Am 22. 9. 1994 wurde vom Rat der Arbeits- und Sozialminister der Europäischen Union (mit Ausnahme Großbritanniens) eine Richtlinie zur Bildung von »Europäischen Betriebsräten« verabschiedet.

Die Mitgliedsstaaten der Europäischen Union haben diese Richtlinie bis zum 22. 9. 1996 in nationales Recht umzusetzen. Erst wenn Umsetzung in nationales Recht erfolgt ist, entsteht ein unmittelbarer Rechtsanspruch der Interessenvertretungen eines europaweit agierenden Unternehmens (oder einer Unternehmensgruppe), sich auf internationaler Ebene in Form eines Europäischen Betriebsrats zu konstituieren.

Inhalt der Richtlinie

☐ In Unternehmen mit mindestens 1 000 Arbeitnehmern in den Mitgliedsstaaten und mindestens 150 Arbeitnehmern in mindestens zwei Mitgliedsstaaten werden Europäische Betriebsräte (Euro-BR) »einge-

Europäischer Betriebsrat

setzt« (oder alternativ: ein »Verfahren zur Unterrichtung und Anhörung der Arbeitnehmer« geschaffen).

☐ Unternehmensgruppen sind Euro-BR-fähig, wenn sie folgende Voraussetzungen erfüllen:
– mindestens 1 000 Arbeitnehmer in den Mitgliedsstaaten;
– mindestens zwei gruppenangehörige Unternehmen in zwei unterschiedlichen Mitgliedsstaaten;
– in jedem dieser Unternehmen mindestens 150 Arbeitnehmer.

☐ Verantwortlich für die Einrichtung eines Euro-BR ist die Leitung des Unternehmens bzw. des herrschenden Konzernunternehmens.

☐ Befindet sich die zentrale Leitung eines EG-weit operierenden Unternehmens einer Unternehmensgruppe in Großbritannien oder außerhalb der EG, so liegt die Verantwortlichkeit für die Errichtung eines Euro-BR bei dem von der Zentrale benannten Vertreter. Falls ein solcher Vertreter nicht benannt wird, ist die Leitung des in einem EG-Mitgliedsstaat gelegenen Betriebs oder gruppenangehörigen Unternehmens mit der größten Anzahl von Beschäftigten verantwortlich.

☐ Um das Verfahren über die Einrichtung eines Euro-BR in Gang zu bringen, ergreift die zentrale Leitung entweder von sich aus die Initiative oder sie wird tätig aufgrund eines schriftlichen Antrags

- von Belegschaftsvertretern aus mindestens zwei Betrieben/Unternehmen in mindestens zwei Mitgliedsstaaten oder
- von mindestens jeweils 100 Arbeitnehmern aus mindestens zwei Betrieben/Unternehmen in mindestens zwei Mitgliedsstaaten.

☐ Die in bezug auf den Euro-BR zu regelnden Modalitäten werden durch schriftliche Vereinbarung (zum Inhalt dieser Vereinbarung siehe unten) zwischen der verantwortlichen Leitung und einem aus Arbeitnehmervertretern bestehenden »besonderen Verhandlungsgremium« festgelegt.

☐ Dieses »besondere Verhandlungsgremium« hat mindestens drei und höchstens 17 Mitglieder. Jeder Mitgliedsstaat, in dem sich mindestens ein Betrieb/Unternehmen befindet, muß mit einem Sitz vertreten sein. Die verbleibenden zusätzlichen Mitglieder sind im Verhältnis zur Zahl der in den jeweiligen Ländern tätigen Beschäftigten zu wählen bzw. zu benennen.

Europäischer Betriebsrat

☐ Das Verfahren über die Wahl bzw. die Benennung der Mitglieder des »besonderen Verhandlungsgremiums« legen die Mitgliedsstaaten fest.

☐ Das »besondere Verhandlungsgremium« kann sich durch Sachverständige seiner Wahl unterstützen lassen.

☐ Die anfallenden Kosten der Tätigkeit des »besonderen Verhandlungsgremiums« trägt die zentrale Leitung.

☐ Ist das »besondere Verhandlungsgremium« gebildet, beruft die zentrale Leitung eine Sitzung ein, damit eine Vereinbarung über die Modalitäten der Tätigkeit des Euro-BR erzielt werden kann.

☐ In der schriftlichen Vereinbarung zwischen der zentralen Leitung und dem »besonderen Verhandlungsgremium« muß mindestens folgendes geregelt werden:

- die von der Vereinbarung betroffenen Betriebe/Unternehmen,
- die Zusammensetzung des Euro-BR, die Anzahl der Mitglieder, die Sitzverteilung und die Mandatsdauer,
- die Befugnisse und das Unterrichtungs- und Anhörungsverfahren des Euro-BR,
- Ort, Häufigkeit und Dauer der Sitzungen des Euro-BR,
- die für den Euro-BR bereitzustellenden finanziellen und materiellen Mittel,
- die Laufzeit der Vereinbarung und das bei ihrer Neuaushandlung anzuwendende Verfahren.

☐ Für den Fall, daß

- die zentrale Leitung die Aufnahme von Verhandlungen binnen sechs Monaten nach dem ersten Antrag (siehe oben) verweigert oder
- es binnen drei Jahren nach dem ersten Antrag zu keiner Einigung zwischen den Verhandlungsparteien kommt,

werden sogenannte »subsidiäre Bestimmungen« des Mitgliedsstaates, in dem die zentrale Leitung ihren Sitz hat, angewandt. Gleiches gilt, wenn die zentrale Leitung und das »besondere Verhandlungsgremium« einen entsprechenden Beschluß fassen, sich also auf die Anwendung dieser »subsidiären Bestimmungen« einigen.

☐ Diese **»subsidiären Bestimmungen«**, die im Anhang der Richtlinie aufgeführt sind, haben folgenden Mindestinhalt:

Europäischer Betriebsrat

- es muß ein Euro-BR eingerichtet werden;
- die Mitglieder des Euro-BR müssen Beschäftigte des Unternehmens bzw. der Unternehmensgruppe sein;
- sie werden entsprechend den einzelstaatlichen Rechtsvorschriften und/oder Gepflogenheiten gewählt oder benannt;
- der Euro-BR besteht aus mindestens drei und höchstens 30 Mitgliedern;
- sofern es die Zahl seiner Mitglieder rechtfertigt, wählt er aus seiner Mitte einen engeren Ausschuß mit höchstens drei Mitgliedern;
- er gibt sich eine Geschäftsordnung;
- der Euro-BR ist befugt, mindestens einmal jährlich mit der zentralen Leitung zum Zwecke der Unterrichtung und Anhörung auf der Grundlage eines von der zentralen Leitung vorgelegten Berichts zusammenzutreten. Diese Unterrichtung muß sich vor allem auf
  - die Struktur des Unternehmens,
  - seine wirtschaftliche und finanzielle Situation,
  - die voraussichtliche Entwicklung der Geschäfts-, Produktions- und Absatzlage,
  - die Beschäftigungslage und ihre voraussichtliche Entwicklung,
  - die Investitionen,
  - grundlegende Änderungen der Organisation,
  - die Einführung neuer Arbeits- und Fertigungsverfahren,
  - Verlagerungen der Produktion,
  - Fusionen, Verkleinerungen oder Schließungen von Unternehmen, Betrieben oder wichtigen Teilen dieser Einheiten und
  - Massenentlassungen

  beziehen;
- treten außergewöhnliche Umstände ein, die erhebliche Auswirkungen auf die Interessen der Arbeitnehmer/-innen haben, insbesondere bei Schließung von Unternehmen/Betrieben oder bei Massenentlassungen, so hat der engere Ausschuß (einschließlich der Mitglieder der Betriebe, die direkt von den Maßnahmen betroffen sind) oder der Euro-BR das Recht, zusätzliche Informations- und Konsultationstreffen durchzuführen;
- der Euro-BR bzw. der engere Ausschuß hat das Recht, vor Sitzungen mit der zentralen Leitung in Abwesenheit der betreffenden Unternehmensleitung zu tagen;

- die Mitglieder des Euro-BR informieren die Arbeitnehmervertreter/-innen der Betriebe/Unternehmen über Inhalt und Ergebnisse der Unterrichtung und Anhörung;
- sofern dies zur Erfüllung ihrer Aufgaben erforderlich ist, können sich der Euro-BR und der engere Ausschuß durch Sachverständige (z. B. Gewerkschaftsvertreter/-innen) unterstützen lassen;
- die zentrale Unternehmensleitung stattet die Mitglieder des Euro-BR mit ausreichenden finanziellen Mitteln aus, damit diese ihre Aufgaben in angemessener Weise wahrnehmen können. Insbesondere trägt die zentrale Leitung die für die Sitzungen anfallenden Kosten einschließlich Dolmetscherkosten sowie Aufenthalts- und Reisekosten.

☐ Die Richtlinie ist vom Deutschen Gewerkschaftsbund begrüßt worden. Die Bundesregierung ist aufgefordert worden, die Umsetzung der Richtlinie in bundesdeutsches Recht so schnell wie möglich auf den Weg zu bringen.

☐ Unabhängig hiervon sollten Gewerkschaften und Interessenvertretungen zügig, das heißt auch schon vor Umsetzung der Richtlinie in bundesdeutsches Recht, mit den Unternehmens- und Konzernleitungen Verhandlungen über die Bildung von Euro-BR aufnehmen.

☐ **Wichtig:** Es ist darauf zu achten, daß eine Vereinbarung mit der Unternehmens-/Konzernleitung nicht die »subsidiären Bestimmungen« der EU-Richtlinie unterschreitet (siehe oben)!

Checkliste:

Euro-Betriebsrat aufbauen

1. Voraussetzungen prüfen
Feststellen, ob in dem Unternehmen ein Euro-Betriebsrat gebildet werden kann. Maßgeblich sind folgende Kriterien: Das Unternehmen/die Unternehmensgruppe muß
- in den Staaten der Europäischen Gemeinschaft mindestens 1 000 Personen beschäftigen und
- in mindestens zwei der Mitgliedsstaaten mit jeweils mindestens 150 Arbeitnehmern vertreten sein. Bei Unternehmensgruppen kommt hinzu: Mindestens zwei gruppenangehörige Unternehmen müssen in mindestens zwei Mitgliedsstaaten ansässig sein und jeweils mindestens 150 Arbeitnehmer beschäftigen.

Europäischer Betriebsrat

2. Beauftragten benennen
Der Gesamt- oder Konzernbetriebsrat bestimmt seinen Vorsitzenden oder ein anderes Mitglied zum EBR-Beauftragten.
EBR-Kommission nach § 28 BetrVG ins Leben rufen. KBR-/GBR- bzw. BR-Betreuer der IG Metall einladen.

3. Fremdsprachenkenntnisse feststellen
Liste mit Kolleginnen und Kollegen der Gremien/des Vertrauenskörpers zusammenstellen, die Fremdsprachenkenntnisse haben.
Ausländische Kolleginnen und Kollegen ansprechen.

4. Informationsarbeit
Vertrauenskörperleitung, Jugend- und Auszubildendenvertretung sowie Verwaltungsstelle an der Arbeit beteiligen und in den Informationsprozeß einbeziehen.
Aufbau des EBR im Unternehmen bekanntmachen
- in der Betriebsversammlung,
- am Schwarzen Brett,
- im Infoblatt des Betriebsrates/der Vertrauensleute/JAV.

5. Informationen über das Unternehmen
Informationen beschaffen und aufarbeiten:
- Struktur, Aufbau, Niederlassungen des Unternehmens in Europa.
- Zahl der Beschäftigten an den verschiedenen Standorten.
- Welche Produkte werden dort hergestellt?
- Welche Gewerkschaften sind an den Standorten aktiv?
- Wie sehen die Rechte der betrieblichen Interessenvertretung aus?
- Wie steht das Management zu einem EBR?
- Ist das Management bereit, über eine Vereinbarung zu verhandeln und sie abzuschließen?

6. Schulung organisieren
Seminar für GBR-/KBR-Mitglieder nach § 37 Abs. 6 BetrVG organisieren, um das erste Treffen auf internationaler Ebene vorzubereiten.
Externen Sachverständigen einladen. Vertreter der Gewerkschaft einladen.

7. Eckpunkte einer Vereinbarung
Zu den Eckpunkten einer Vereinbarung mit dem Management gehören:
- Zusammensetzung und Geltungsbereich eines EBR,
- Unterrichtungs- und Anhörungsrechte,
- Zusammenarbeit innerhalb des EBR,
- Häufigkeit der EBR-Treffen,
- Externe Sachverständige,
- Qualifizierungsanspruch,
- Schlichtungsstelle,
- Gewerkschaftssachverständige.

Die Vereinbarung soll den besonderen Belangen des jeweiligen Unternehmens Rechnung tragen. Sie sollte jedoch im Niveau nicht unterhalb der im Anhang der Richtlinie festgelegten subsidiären Bestimmungen liegen.

Europäischer Betriebsrat

8. Entwurf einer Vereinbarung erstellen
Den Entwurf der Vereinbarung mit dem Gewerkschaftsvertreter abstimmen.

9. Erstes Kontakttreffen vorbereiten
Erstes Kontakttreffen mit den anderen europäischen Arbeitnehmervertretern vorbereiten:
- Finanzierung sichern (über das Unternehmen),
- Ort und Zeit festlegen,
- Dolmetscher organisieren,
- Einladungen versenden.

10. Erstes Kontakttreffen
Erstes Kontakttreffen mit anderen Arbeitnehmervertretern, um sich kennenzulernen, Informationen auszutauschen und den Entwurf einer möglichen Vereinbarung zu diskutieren.
Wie die Richtlinie umsetzen?
Wie die Verhandlungen mit dem Management führen?

11. Entwurf abstimmen
Die Arbeitnehmervertreter der Länder einigen sich auf den Entwurf einer Vereinbarung.

12. Verhandlungsgremium bilden
International besetztes Verhandlungsgremium bilden oder KBR/GBR mit Verhandlungen beauftragen, der sich mit den europäischen Partnern abstimmt.

13. Verhandlung mit dem Management
Mit dem Management über die Vereinbarung verhandeln.

14. Konstituierung des Euro-Betriebsrates
- Vorsitzenden und Stellvertreter wählen,
- Geschäftsordnung festlegen,
- Stimmrecht klären.

15. Arbeitsweise und Aufgaben des Euro-Betriebsrates
Arbeitsweise und Aufgaben festlegen:
- Welche Arbeitssprache?
- Welche Informationen, Daten und Angaben sollen regelmäßig ausgetauscht werden? Auf welche Weise?
- Informationsbogen mit regelmäßig auszutauschenden Daten erarbeiten.
- Die wichtigsten Themen, über die vorrangig ein Austausch stattfinden muß, festlegen. Zum Beispiel: Arbeitszeiten, Arbeitszeit- und Schichtmodelle, Arbeitsorganisation, Arbeitsumwelt- und Gesundheitsschutz, Aus- und Weiterbildung, Lohn- und Eingruppierungsfragen usw.

Aus: »Handbuch für Euro-Betriebsräte«, Projekt Euro-Betriebsräte bei der IG Metall, Frankfurt/M., April 1995.

Literaturhinweis:

Michael Bachner/Olaf Kunz/Gregor Asshoff: Europäisches Arbeitsrecht im Betrieb. Ein praktischer Ratgeber, Bund-Verlag, Köln.

Europäischer Betriebsrat

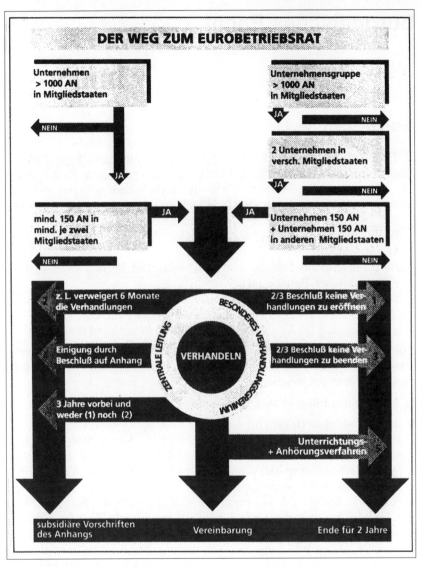

Aus: Arbeitsrecht im Betrieb 2/95, S. 75.

Europäisches Recht

Grundlagen

☐ Das auf der Ebene der Europäischen Gemeinschaft geschaffene Recht nimmt immer größeren Einfluß auf das nationale Recht. Auch die Arbeit des Betriebsrats sowie die Arbeitsbedingungen der Beschäftigten werden durch die Rechtsetzung auf europäischer Ebene berührt (werden). Beispielhaft seien genannt:
- die Richtlinie zur »Verbesserung der Arbeitsumwelt« (siehe → **Arbeitsschutz**);
- die Richtlinie zur Bildung von »Europäischen Betriebsräten« (siehe → **Europäischer Betriebsrat**);
- die Rechtsverordnung über die »freiwillige Beteiligung gewerblicher Unternehmen an einem Gemeinschaftssystem für das Umweltmanagement und die Umweltbetriebsprüfung« (siehe → **Öko-Audit**).

Zum besseren Verständnis der Zusammenhänge zwischen europäischem und nationalem Recht soll nachstehend ein kleiner Einblick in »Europa« eröffnet werden.

☐ **Formen des Europäischen Rechts sind:**
- die **Gründungsverträge.** Im einzelnen sind dies der Vertrag über die Bildung der Europäischen Gemeinschaft für Kohle und Stahl vom 18. 4. 1951 (EGKSV), der Vertrag zur Gründung der Europäischen Wirtschaftsgemeinschaft vom 25. 3. 1957 (EWGV), der Vertrag über die Europäische Atomgemeinschaft ebenfalls vom 25. 3. 1957 (EAGV). Durch die »Einheitliche Europäische Akte« vom 28. 2. 1986 (EEA) sind die Gründungsverträge in erheblichem Umfang weiterentwickelt worden. Insbesondere wurden Weichen in Richtung einer Weiterentwicklung des »Binnenmarktes« gestellt (z. B. Abschaffung von Grenzkontrollen, Beseitigung von »technischen Schranken« für den freien Verkehr von Waren, Dienstleistungen und Kapital). Außerdem wurde nach Art. 2 EEA ein »Europäischer Rat« geschaffen, in dem die Regierungschefs der Mitgliedsstaaten sowie der Präsident der Kommission mindestens zweimal jährlich zusam-

Europäisches Recht

mentreten, um die politische Zusammenarbeit auf Europaebene voranzutreiben. Der »Europäische Rat« nach Art. 2 EEA ist nicht zu verwechseln mit dem »Rat«, der gemäß Art. 4 EWGV das rechtssetzende Organ der Europäischen Gemeinschaft ist (siehe unten);
- die **Assoziierungsabkommen** der Gemeinschaft mit Drittstaaten. Hierbei handelt es sich um Verträge, die die wirtschaftlichen Beziehungen zwischen der Gemeinschaft und den Drittstaaten vertiefen sollen;
- die **Verordnungen** (Art. 189 Abs. 2 EWGV). Diese werden vom »Rat« (siehe unten) erlassen. Sie gelten bei Inkrafttreten in den Mitgliedsstaaten unmittelbar, das heißt ohne besonderen Übertragungsakt. Sie sind für Bürger und staatliche Organe in gleichem Maße verbindlich wie das jeweilige nationale Recht;
- die **Richtlinien** (Art. 189 Abs. 3 EWGV). Sie werden ebenfalls vom »Rat« (siehe unten) erlassen und sind hinsichtlich des zu erreichenden Ziels für die jeweiligen Mitgliedsstaaten verbindlich. Im Unterschied zur »Verordnung« müssen Richtlinien aber durch einen nationalen Akt (z. B. durch Gesetz oder Rechtsverordnung) in nationales Recht umgesetzt werden, um Verbindlichkeit für die Bürger der Mitgliedsstaaten zu erlangen. Es gibt allerdings von diesem Grundsatz eine wichtige Ausnahme: Erfolgt die Umsetzung in nationales Recht nicht innerhalb der regelmäßig gesetzten Frist, kann sich der Bürger vor Behörden und Gerichten auf die Richtlinie berufen und Ansprüche aus der Richtlinie geltend machen (sofern es sich um eine hinreichend konkrete und damit umsetzbare Regelung handelt);
- die **Entscheidung** (Art. 189 Abs. 3 EWGV). Hierbei handelt es sich um Entscheidungsakte des »Rates« oder der »Kommission«, die für diejenigen, an die sich die Entscheidung richtet, unmittelbar verbindlich sind. Adressat von Entscheidungen können Bürger (auch Unternehmen), aber auch Mitgliedsstaaten sein. Beispielsweise kann die Kommission im Wege der Entscheidung gegen Unternehmen vorgehen, die unzulässige Preisabsprachen vornehmen;
- **Empfehlungen und Stellungnahmen** (Art. 189 Abs. 4 EWGV) sind nichtverbindliche Akte;
- **völkerrechtliche Verträge**, die aufgrund von Art. 220 EWGV vereinbart werden (z. B. Europäisches Gerichtsstands- und Vollstreckungsabkommen).

Europäisches Recht

☐ **Organe der Europäischen Gemeinschaft sind nach Art. 4 EWGV:**
- das **Europäische Parlament** (Art. 137–144 EWGV). Es hat – anders als die nationalen Parlamente – nicht den Charakter eines Gesetzgebers. Vielmehr ist es nur beratend an der Rechtssetzung durch den »Rat« (siehe unten) beteiligt. In bestimmten Angelegenheiten kann sich der Rat aber nur einstimmig (und nicht nur mit Mehrheit) über ein entgegenstehendes Votum des Europäischen Parlaments hinwegsetzen.

  Das Europäische Parlament besteht aus Abgeordneten, die für jeweils fünf Jahre von der Bevölkerung der Mitgliedsstaaten unmittelbar gewählt werden;
- der **Rat** (Art. 145–153 EWGV). Er hat die Befugnis, Recht zu setzen in Form von Verordnungen, Richtlinien (siehe unten) und ist damit das zentrale Steuerungsorgan der Gemeinschaft.

  Der Rat besteht aus den jeweiligen – für die zu regelnde Angelegenheit zuständigen – Fachministern der Mitgliedsstaaten (über Fragen des Arbeitsrechts entscheiden z. B. die Arbeitsminister, über Agrarfragen die Landwirtschaftsminister). In besonders wichtigen Angelegenheiten können auch die jeweiligen Regierungschefs zusammentreten und als Rat europäisches Recht setzen;
- die **Kommission** (Art. 155 EWGV). Sie hat die Aufgabe, das Gesamtinteresse der Europäischen Union wahrzunehmen und die europäische Einigung durch entsprechende Initiativen voranzutreiben. Die Kommission besitzt jedoch keine Rechtssetzungsbefugnis. Statt dessen hat sie die Aufgabe und das Recht, dem Rat den Erlaß von Rechtsvorschriften (Rechtsverordnungen, Richtlinien) vorzuschlagen und entsprechende Entwürfe auszuarbeiten. Die Kommission hat des weiteren die Aufgabe, die Einhaltung des EWG-Vertrages und der auf seiner Grundlage vom Rat erlassenen Verordnungen und Richtlinien zu überwachen. Notfalls kann die Kommission einen Mitgliedsstaat beim Europäischen Gerichtshof verklagen.

  Die Kommission besteht aus Kommissaren, die von den Regierungen der Mitgliedsstaaten einvernehmlich bestellt werden;
- der **Europäische Gerichtshof** (Art. 164–188 EWGV). Er entscheidet über Streitigkeiten zwischen Organen der Gemeinschaft bzw. zwischen der Gemeinschaft und den Mitgliedsstaaten. Auch einzelne Bürger (hierzu zählen auch Unternehmen) von Mitgliedsstaaten können den Europäischen Gerichtshof anrufen, soweit einzelne Organe der Europäischen Gemeinschaft »Entscheidungen« erlassen,

Europäisches Recht

von denen sie betroffen sind. Außerdem können Gerichte der Mitgliedsstaaten, wenn es in einem Rechtsstreit auf die Auslegung europäischen Rechts (Gründungsverträge, Rechtsverordnungen, Richtlinien) ankommt, die Angelegenheit dem Europäischen Gerichtshof vorlegen. Letztinstanzliche nationale Gerichte sind in solchen Fällen zur Vorlage verpflichtet. Der Europäische Gerichtshof nimmt eine für das nationale Gericht verbindliche Auslegung vor.

Der Europäische Gerichtshof besteht aus Richtern, die von den nationalen Regierungen einvernehmlich bestellt werden.

- Neben den vorstehend genannten Organen der Europäischen Gemeinschaft existieren weitere Einrichtungen, die im wesentlichen Beratungs- und Kontrollaufgaben haben. Eine dieser Einrichtungen ist beispielsweise der **Wirtschafts- und Sozialausschuß** (Art. 193–198 EWGV). Er hat das Recht, zu bestimmten Rechtssetzungsvorhaben gegenüber dem »Rat« und der »Kommission« Stellungnahmen abzugeben. Der Ausschuß besteht zu je einem Drittel aus Vertretern der Arbeitgeber, der Gewerkschaften und sonstiger Interessengruppen (z. B. Landwirte, Händler, Verbraucher). Als weitere Einrichtung zu nennen ist auch der **Rechnungshof**, dessen Aufgabe es ist, die Rechnungsprüfung wahrzunehmen (Art. 4 Abs. 3 EWGV).

☐ Noch ein Hinweis zu den auf der Grundlage von Art. 118a EWGV erlassenen Richtlinien zur »Verbesserung der Arbeitsumwelt« (Arbeitsschutz-Rahmenrichtlinie und Einzelrichtlinien): Wichtig ist die Regelung des Art. 118a Abs. 3 EWGV, der es den Mitgliedsstaaten ermöglicht, den mit den Arbeitsschutz-Richtlinien beschriebenen Standard zu verbessern, soweit dies mit dem EWGV vereinbar ist. Anders ausgedrückt: Arbeitsschutz-Richtlinien nach Art. 118a EWGV sind Mindestvorschriften, die durch nationales Recht nicht verschlechtert, aber zugunsten eines wirksameren Arbeitsschutzes verbessert werden können.

Zu unterscheiden sind die Richtlinien aufgrund von Art. 118a EWGV von solchen Maßnahmen, die auf eine Harmonisierung von Rechts- und Verwaltungsvorschriften der Mitgliedsstaaten, »die die Errichtung und das Funktionieren des Binnenmarktes zum Gegenstand haben«, abzielen, die also gleiche Wettbewerbsbedingungen herstellen bzw. Wettbewerbsverzerrungen durch ungleiche nationale Regelungen (Beispiel: unterschiedliche nationale Normen für den Bau von Maschinen) beseitigen wollen. Wird eine solche Harmonisierungsmaßnahme (beispielsweise eine Richtlinie) auf der Grundlage von Art. 100a EWGV

Europäisches Recht

erlassen, kann hiervon nicht durch nationale Vorschriften abgewichen werden, und zwar auch dann nicht, wenn die Abweichung ein höheres Schutzniveau für die Arbeitnehmer in dem betreffenden Mitgliedsstaat zur Folge hätte.

Bedeutung für die Betriebsratsarbeit

☐ Durch die vom »Rat der Arbeits- und Sozialminister« am 22. 9. 1994 erlassene Richtlinie zur Bildung von Europäischen Betriebsräten ist ein wichtiger Schritt in Richtung Interessenvertretung in europaweit agierenden Unternehmen und Konzernen getan worden. Die Mitgliedsstaaten der Europäischen Union haben die Richtlinie bis zum 22. 9. 1996 in nationales Recht umzusetzen. Zu weiteren Einzelheiten siehe → **Europäischer Betriebsrat**.

☐ Soweit Arbeitsschutz-Richtlinien nicht fristgerecht in nationales deutsches Recht umgesetzt werden, sind sie jedenfalls als »gesicherte arbeitswissenschaftliche Erkenntnisse über die menschengerechte Gestaltung der Arbeit« im Sinne des § 91 BetrVG anzusehen. Nach dieser Vorschrift steht dem Betriebsrat ein »korrigierendes« Mitbestimmungsrecht zu, falls die Beschäftigten durch Maßnahmen, die derartigen Erkenntnissen offensichtlich widersprechen, in besonderer Weise belastet werden (siehe → **Arbeitsschutz**).

☐ Ist die Umsetzung von Arbeitsschutz-Richtlinien in nationales deutsches Recht erfolgt und haben die nationalen Arbeitsschutzvorschriften den Charakter von ausfüllungsbedürftigen Rahmenregelungen, besteht ein Mitbestimmungsrecht des Betriebsrats nach § 87 Abs. 1 Nr. 7 BetrVG (siehe auch insoweit → **Arbeitsschutz**).

☐ Auf dem Gebiet des Umweltschutzes bietet die europäische Rechtsverordnung über die »freiwillige Beteiligung gewerblicher Unternehmen an einem Gemeinschaftssystem für das Umweltmanagement und die Umweltbetriebsprüfung« – kurz »Öko-Audit-Verordnung« – eine gute Grundlage für eine umweltpolitische Initiative des Betriebsrats (siehe → **Öko-Audit** und → **Umweltschutz im Betrieb**).

Literaturhinweis:

Wolfgang Däubler/Michael Kittner/Klaus Löscher (Hrsg.): Internationale Arbeits- und Betriebordnung. Ausgewählte und eingeleitete Dokumente, Bund-Verlag, Köln.

Frauenförderung im Betrieb

Was bedeutet das?

☐ Der Gedanke der betrieblichen Frauenförderung trägt der Tatsache Rechnung, daß Frauen zwar seit Bestehen der Bundesrepublik Deutschland gleiche Rechte wie Männer haben, aber nicht gleiche Chancen.

☐ In Artikel 3 Abs. 2, 3 des Grundgesetzes heißt es:

»*Männer und Frauen sind gleichberechtigt. Niemand darf wegen seines Geschlechtes... benachteiligt oder bevorzugt werden.*«

☐ Eine Analyse der tatsächlichen Verhältnisse ergibt allerdings, daß in der Frage der Gleichberechtigung zwar »einiges in Bewegung ist«, daß aber nach wie vor – und vor allem im Bereich des Arbeitslebens – eine erhebliche Lücke zwischen Verfassungsanspruch und Wirklichkeit klafft.

Einige Beispiele für versteckte oder offene Diskriminierung und Benachteiligung der Frauen:

- Schon bei der Suche nach einem Ausbildungsplatz werden Mädchen häufig auf »frauentypische« Berufe verwiesen. Ausbildungsplätze im gewerblich-technischen Bereich werden – trotz gleicher oder sogar höherer Qualifikation der Bewerberinnen – meist ausschließlich Jungen angeboten.
- Frauen bekommen im Schnitt ein um ein Drittel niedrigeres Arbeitsentgelt als Männer. Das liegt nicht nur daran, daß Frauen überwiegend auf angeblich »leichte« und damit schlechtbezahlte Tätigkeiten abgedrängt werden. Viele Frauen bekommen auch nicht den »gleichen Lohn für gleiche Arbeit«, obwohl eine derartige Ungleichbehandlung ein klarer Rechtsverstoß ist (vgl. § 612 Abs. 3 BGB).
- Nach wie vor werden Frauen als »industrielle Reservearmee« genutzt: Bei Arbeitskräftemangel werden sie verstärkt (auf schlechtbezahlte Arbeitsplätze) eingestellt, bei Arbeitskräfteüberhang sind sie die ersten, die »freigestellt« (d.h. entlassen) werden.

Frauenförderung im Betrieb

● Im Zusammenhang mit Maßnahmen der betrieblichen Weiterbildung sowie bei der Frage des beruflichen Aufstiegs kommen Frauen wesentlich seltener zum Zuge als Männer.

☐ Ziel von Aktivitäten auf dem Gebiet der »betrieblichen Frauenförderung« ist, durch entsprechende betriebliche Regelungen zwischen Arbeitgeber und Betriebsrat ein bestehendes Ungleichgewicht der Chancen von Frauen und Männern zu beseitigen und damit die Lücke zwischen Verfassungsanspruch und Wirklichkeit zu schließen. Keinesfalls geht es darum, die Diskriminierung und Benachteiligung der Frauen durch eine solche der Männer zu ersetzen.

☐ Nach der Rechtsprechung des Europäischen Gerichtshofs sind Maßnahmen zulässig, die die Frauen spezifisch begünstigen und darauf ausgerichtet sind, in der sozialen Wirklichkeit bestehende faktische Ungleichheiten zu beseitigen oder zu verringern. Allerdings verstößt nach einem Urteil des Europäischen Gerichtshofs vom 17. 10. 1995 (Az.: C-450/93) eine Quotenregelung gegen europäisches Recht, wenn sie – bei Vorliegen gleicher Qualifikation – Frauen bei Beförderungen bis zum Erreichen einer bestimmten Quote »automatisch« (d. h. ohne Härtefallprüfung) den Vorrang einräumt.

☐ Im Zuge der Verfassungsreform wurde Art. 3 Abs. 2 Grundgesetz um folgenden Zusatz ergänzt:

Der Staat fördert die tatsächliche Durchsetzung der Gleichberechtigung von Frauen und Männern und wirkt auf die Beseitigung bestehender Nachteile hin.

Durch diese Regelung soll auf Bundes-, Landes- und kommunaler Ebene soll eine sachgerechte Förderungspolitik zur Erreichung der tatsächlichen Durchsetzung der Gleichberechtigung bewirkt und klargestellt werden, daß es darum geht, gleiche Ausgangschancen von Frauen und Männern herzustellen. Die als Staatsziel normierte Formulierung stellt allerdings kein einklagbares Grundrecht dar und gewährt auch keinen Individualanspruch auf staatliches Handeln.

☐ Auf der Basis entsprechender Richtlinien der Europäischen Gemeinschaft sind durch das »Arbeitsrechtliche EG-Anpassungsgesetz« vom 13. 8. 1980 einige – auf eine Herstellung der Gleichberechtigung abzielende – Vorschriften in das Bürgerliche Gesetzbuch aufgenommen worden: § 611 a BGB (Verbot der Benachteiligung wegen des Geschlechts bei der Begründung des Arbeitsverhältnisses, beim beruflichen Aufstieg, bei einer Weisung oder einer Kündigung), § 611 b BGB

Frauenförderung im Betrieb

(Verpflichtung des Arbeitgebers zur geschlechtsneutralen Ausschreibung), § 612 Abs. 3 BGB (gleicher Lohn für gleiche/gleichwertige Arbeit).

☐ Einen weiteren Schritt in Richtung Gleichberechtigung hat der Gesetzgeber mit dem am 1. 9. 1994 in Kraft getretenen »Zweiten Gleichberechtigungsgesetz« getan. Mit diesem Gesetz ist unter anderem ein »Frauenfördergesetz« beschlossen worden, das allerdings nur für den Bereich des öffentlichen Dienstes gilt. In diesem Gesetz finden sich Regelungen insbesondere über:

- Erstellung eines Frauenförderplans,
- geschlechtsneutrale Stellenausschreibung,
- Maßnahmen zur Erhöhung des Frauenanteils bei Einstellung, beruflichem Aufstieg und Berufsbildung,
- Unterstützung der Fortbildung von Frauen,
- Schaffung von familiengerechten Arbeitszeiten,
- Bereitstellung eines ausreichenden Angebots von Teilzeitarbeitsplätzen,
- Erleichterung des Wiedereinstiegs von aus familiären Gründen beurlaubten Beschäftigten,
- Benachteiligungsverbot bei Teilzeitbeschäftigung und familiengerechter Beurlaubung,
- Rechtsstellung, Aufgaben und Rechte einer zu bestellenden Frauenbeauftragten.

☐ Für den Bereich der Privatwirtschaft hat das »Zweite Gleichberechtigungsgesetz« insbesondere folgende Gesetzesveränderungen gebracht:

1. Änderung des BetrVG:

In Betrieben mit weiblichen und männlichen Arbeitnehmern »sollen« (siehe → **Muß-, Soll-, Kann-Vorschrift**) dem Wahlvorstand Frauen und Männer angehören (vgl. § 16 Abs. 1 Satz 5 BetrVG). Der Betriebsrat hat dies bei der Bestellung des Wahlvorstandes für die Betriebsratswahl und für die Wahl der Jugend- und Auszubildendenvertretung zu beachten (vgl. § 63 Abs. 2 Satz 2 BetrVG).

Die Neufassung des § 45 BetrVG stellt klar, daß auch Fragen der Frauenförderung und der Vereinbarkeit von Familie und Beruf in der Betriebs- und Abteilungsversammlung behandelt werden können. Dies war zwar bisher auch schon möglich, aber nunmehr ist gleichsam ein

Frauenförderung im Betrieb

»Auftrag« für den Betriebsrat formuliert worden, sich dieser Themen in Betriebsversammlungen anzunehmen und entsprechende Aktivitäten zu entwickeln.

Nach § 80 Abs. 1 Nr. 2a BetrVG gehört die Förderung der Durchsetzung der tatsächlichen Gleichberechtigung von Frauen und Männern bei Einstellung, Beschäftigung, Aus-, Fort- und Weiterbildung und dem beruflichen Aufstieg zu den Aufgaben des Betriebsrats. Er muß also z. B. beim Arbeitgeber darauf drängen, bestehende Ungleichbehandlungen abzubauen bzw. zu beseitigen und darf seinerseits bei der Wahrnehmung der Mitwirkungsrechte nicht gleichberechtigungswidrig handeln. Er kann statt dessen Maßnahmen verlangen, die der Herstellung der Gleichberechtigung dienen.

Ähnliches gilt für die Änderung des § 92 Abs. 2 BetrVG, wonach der Betriebsrat Personalplanungsmaßnahmen, die die Durchsetzung der Gleichberechtigung fördern, vorschlagen kann.

In § 93 BetrVG wird nunmehr ausdrücklich hervorgehoben, daß der Betriebsrat »anregen« kann, daß zu besetzende Arbeitsplätze auch als Teilzeitarbeitsplätze ausgeschrieben werden. Ist der Arbeitgeber bereit, Arbeitsplätze auch mit Teilzeitbeschäftigten zu besetzen, ist hierauf in der Ausschreibung hinzuweisen.

Mit dem Ziel, die Fortbildungsmöglichkeiten insbesondere von Teilzeitbeschäftigten, Alleinerziehenden und Beschäftigten mit Kindern zu verbessern, wurde § 96 Abs. 2 Satz 2 BetrVG neu gefaßt.

2. Änderung des BGB:

Entschädigungsregelung in § 611 a Abs. 2, 4 und 5 BGB:

Hiernach hat ein Arbeitgeber, der bei der Begründung eines Arbeitsverhältnisses einen Verstoß gegen das Benachteiligungsverbot zu vertreten hat (= Einstellungsdiskriminierung), dem/der hierdurch benachteiligten Bewerber/-in eine angemessene Entschädigung in Höhe von höchstens drei Monatsverdiensten zu zahlen (siehe aber unten § 61 b ArbGG).

Gleiches gilt, wenn der Arbeitgeber im Zusammenhang mit dem beruflichen Aufstieg das Benachteiligungsverbot verletzt (= Aufstiegsdiskriminierung, vgl. § 611 a Abs. 5 BGB).

Klargestellt ist nunmehr, daß bei einer Einstellungs- oder Aufstiegsdiskriminierung der Ersatz der Bewerbungskosten (Porto) nicht mehr ausreicht.

Der Entschädigungsanspruch muß innerhalb einer Frist von zwei Monaten nach Zugang der Ablehnung der Bewerbung schriftlich geltend gemacht werden (vgl. § 611a Abs. 4 BGB).

Die Beweislastregelung des § 611a Abs. 1 Satz 3 BGB ist nicht geändert worden. Das heißt, der Arbeitgeber trägt nach wie vor die Beweislast dafür, daß nicht auf das Geschlecht bezogene, sachliche Gründe eine unterschiedliche Behandlung rechtfertigen oder das Geschlecht unverzichtbare Voraussetzung für die auszuübende Tätigkeit ist.

Ein Anspruch auf Begründung eines Arbeitsverhältnisses aufgrund des Verstoßes gegen das Benachteiligungsverbot wird ausdrücklich ausgeschlossen (vgl. § 611a Abs. 3 BGB).

Geschlechtsneutrale Ausschreibung von Arbeitsplätzen, § 611a BGB:

Die bisherige – als Soll-Vorschrift gefaßte – Regelung ist zu einer Muß-Vorschrift ausgebaut worden (siehe → **Muß-, Soll-, Kann-Vorschriften**).

3. Änderung des Arbeitsgerichtsgesetzes (§ 61b ArbGG):

§ 61b Abs. 1 ArbGG: Eine Klage auf Entschädigung wegen »Einstellungsdiskriminierung« nach § 611a Abs. 2 BGB muß innerhalb von drei Monaten nach schriftlicher Geltendmachung erhoben werden; schriftliche Geltendmachung hat innerhalb von zwei Monaten nach Zugang der Ablehnung zu erfolgen (vgl. § 611a Abs. 4 BGB).

§ 61b Abs. 2 ArbGG: Wenn mehrere Bewerber/Bewerberinnen Entschädigungsansprüche aus § 611a Abs. 2 BGB wegen »Einstellungsdiskriminierung« geltend machen, findet eine »Anspruchsdeckelung« und »Quotelung« der Entschädigungsansprüche statt; bei einer zu besetzenden Stelle ist die Gesamtsumme der zu leistenden Entschädigung auf sechs Monatsverdienste zu begrenzen, bei mehreren zu besetzenden Stellen auf höchstens zwölf Monatsverdienste; wegen »Quotelung« siehe § 61b Abs. 2 Satz 2 bis 4 ArbGG.

§ 61b Abs. 3 ArbGG: Das Arbeitsgericht, bei dem die erste Entschädigungsklage erhoben wurde, ist auch für die übrigen Klagen zuständig; die Prozesse sind zur gleichzeitigen Verhandlung und Entscheidung zu verbinden.

Frauenförderung im Betrieb

§ 61 b Abs. 4 ArbGG: Auf Antrag des Arbeitgebers findet die mündliche Verhandlung nicht vor Ablauf von sechs Monaten nach Erhebung der ersten Klage statt.

§ 61 b Abs. 5 ArbGG: Die vorstehenden Vorschriften finden auch im Falle der »Aufstiegsdiskriminierung« im Sinne des § 611 a Abs. 5 BGB (siehe oben) Anwendung, allerdings nur in **Unternehmen mit bis zu 400 Arbeitnehmern**; außerdem gilt in diesen Unternehmen: Bei der Ermittlung der Entschädigung werden nicht volle Monatsverdienste, sondern nur die Verdienstdifferenz zwischen dem bisher erzielten und dem mit dem beruflichen Aufstieg verbundenen Monatsverdienst herangezogen.

Für größere **Unternehmen mit mehr als 400 Arbeitnehmer** gelten im Falle der »Aufstiegsdiskriminierung« die vorstehenden – einschränkenden – Regelungen nicht. Das heißt:

bei der Festlegung der Entschädigung sind gemäß § 611 b Abs. 2 BGB Monatsverdienste zugrunde zu legen, und nicht nur der Differenzbetrag zwischen dem bisherigem und dem mit dem Aufstieg verbundenen Verdienst;

anstelle der (kurzen) Klagefrist des § 61 b Abs. 1 ArbGG gelten die »normalen« gesetzlichen Verjährungs- bzw. tariflichen Verfallfristen;

eine »Anspruchsdeckelung« und »Quotelung« nach § 61 b Abs. 2 ArbGG – wie im Falle der »Einstellungsdiskriminierung« von mehreren Bewerbern/Bewerberinnen – findet nicht statt;

auch die Vorschriften des § 61 b Abs. 3 und 4 ArbGG (siehe oben) finden keine Anwendung.

☐ Mit dem »Zweiten Gleichberechtigungsgesetz« ist das Gesetz zum Schutz der Beschäftigten vor sexueller Belästigung am Arbeitsplatz (Beschäftigtenschutzgesetz) in Kraft getreten (siehe → **Sexuelle Belästigung**).

☐ Beachten: Mit Inkrafttreten des Arbeitszeitrechtsgesetzes ist eine Reihe bisher geltender Beschäftigungsverbote für Frauen (z. B. im Baugewerbe bei der »Beförderung von Roh- und Werkstoffen«) weitgehend wegfallen. Das in § 19 Arbeitszeitordnung geregelte Nachtarbeitsverbot für »Arbeiterinnen« ist bereits durch Entscheid des Bundesverfassungsgerichts vom 28. 1. 1992 für verfassungswidrig erklärt worden. Das am 1. 7. 1994 in Kraft getretene Arbeitszeitgesetz, das die

Arbeitszeitordnung abgelöst hat, sieht dementsprechend ein solches Verbot nicht mehr vor (siehe →**Arbeitszeit**).

Damit bestehen Beschäftigungsverbote für Frauen nur noch im Bergbau unter Tage und nach den Vorschriften des Mutterschutzgesetzes.

Bedeutung für die Betriebsratsarbeit

☐ Der Betriebsrat besitzt über seine Aufgabenstellung sowie seine Informations-, Mitwirkungs- und Mitbestimmungsrechte eine Menge Möglichkeiten, in der Frage der betrieblichen Frauenförderung initiativ zu werden.

Aufgaben des Betriebsrats

§ 80 Abs. 1 Nr. 1 BetrVG:
Hiernach hat der Betriebsrat die Aufgabe, darüber zu wachen, daß die zugunsten der Arbeitnehmer geltenden Gesetze usw. durchgeführt werden. Zu diesen Gesetzen gehören auch solche, die die Gleichberechtigung von Mann und Frau sicherstellen (wollen):

- Artikel 3 Abs. 2, 3 Grundgesetz,
- §§ 611a, 611b und 612 Abs. 3 BGB,
- §§ 15 Abs. 2, 75 BetrVG.

§ 80 Abs. 1 Nr. 2, 2a BetrVG:
Der Betriebsrat kann Maßnahmen beim Arbeitgeber beantragen, die der Förderung der Frauen dienen. Dies wird durch die Neuregelung des § 80 Abs. 1 Nr. 2a BetrVG in besonderer Weise unterstrichen. Hiernach hat der Betriebsrat die Aufgabe, die Durchsetzung der tatsächlichen Gleichberechtigung von Frauen und Männern, insbesondere bei der Einstellung, Beschäftigung, Aus-, Fort- und Weiterbildung und dem beruflichen Aufstieg zu fördern.

§ 45 BetrVG:
Die Neufassung dieser Vorschrift stellt klar, daß Fragen der Frauenförderung und der Vereinbarkeit von Familie und Beruf zum Thema von Betriebsversammlungen gemacht werden können.

Frauenförderung im Betrieb

Informationsrechte

§ 80 Abs. 2 BetrVG:
Hiernach ist der Betriebsrat vom Arbeitgeber rechtzeitig, umfassend und – auf Verlangen unter Vorlage entsprechender Unterlagen – über alle seine Aufgaben betreffenden Angelegenheiten zu informieren. Dies schließt das Recht des Betriebsrats ein, die für eine Bestandsaufnahme zur Situation der Frauen im Betrieb erforderlichen Informationen vom Arbeitgeber abzufordern (siehe »Checkliste Frauenförderung« im Anhang zu diesem Stichwort).

Zudem kann er Einsicht in die Bruttolohn- und Gehaltslisten verlangen, um zu prüfen, ob die Frauen im Bereich des Arbeitsentgelts gleich behandelt werden (vgl. § 80 Abs. 2 Satz 2 zweiter Halbsatz BetrVG).

§ 92 Abs. 1 BetrVG:
Danach hat der Arbeitgeber den Betriebsrat über die Personalplanung sowie über Maßnahmen der Berufsbildung anhand von Unterlagen umfassend zu unterrichten. Der Betriebsrat kann Informationen darüber verlangen, inwieweit die gesetzlichen Gebote zur Verwirklichung der Gleichberechtigung im Rahmen der Personalplanung berücksichtigt werden.

Mitwirkungsrechte

§ 92 Abs. 1 Satz 2 BetrVG:
Im Rahmen seines nach dieser Bestimmung bestehenden Beratungsrechts kann der Betriebsrat Vorschläge zu einer »frauenfördernden« Personalplanung einbringen. Er hat einen Anspruch darauf, daß der Arbeitgeber über diese Vorschläge »mit dem ernsten Willen zur Einigung« verhandelt (vgl. § 74 Abs. 1 BetrVG).

§ 92 Abs. 2 BetrVG:
Das Vorstehende gilt auch, wenn der Arbeitgeber überhaupt keine Personalplanung betreibt und der Betriebsrat dem Arbeitgeber Vorschläge für die Einführung und Durchführung einer Personalplanung unterbreitet. Die Vorschrift regelt ausdrücklich das Recht des Betriebsrats, dem Arbeitgeber Maßnahmen zur Durchsetzung der tatsächlichen Gleichberechtigung im Sinne des § 80 Abs. 1 Nr. 2a BetrVG (siehe oben) vorzuschlagen.

Frauenförderung im Betrieb

§§ 96, 97 BetrVG:
Im Rahmen der Berufsbildung (Erstausbildung, Fortbildung, Umschulung) kann der Betriebsrat »frauenfördernde« Vorschläge machen.

§ 96 Abs. 2 Satz 2 BetrVG:
Die Vorschrift verpflichtet Arbeitgeber und Betriebsrat, bei der Entscheidung über die Teilnahme von Beschäftigten an Maßnahmen der betrieblichen und außerbetrieblichen Berufsbildung auch die Belange älterer Arbeitnehmer, Teilzeitbeschäftigter und von Arbeitnehmern mit Familienpflichten zu berücksichtigen.

Mitbestimmungsrechte

§ 87 Abs. 1 Nr. 2 BetrVG:
Dem Betriebsrat stehen Mitbestimmungsrechte (einschließlich Initiativrechte) zu, mit deren Hilfe er Regelungen zur Durchsetzung frauen- und familienfreundlicher Arbeitszeiten verlangen kann. Im Nichteinigungsfalle entscheidet die Einigungsstelle (vgl. § 87 Abs. 2 BetrVG).

§ 87 Abs. 1 Nr. 10, 11 BetrVG:
Über diese Vorschriften hat der Betriebsrat bei der Gestaltung des Arbeitsentgelts »einen Fuß in der Tür«.

§ 93 BetrVG (in Verbindung mit § 611 b BGB):
Der Betriebsrat kann – geschlechtsneutrale – innerbetriebliche Stellenausschreibung verlangen. Dabei kann er anregen, daß die Stellen auch als Teilzeitarbeitsplätze ausgeschrieben werden. Ist der Arbeitgeber hierzu bereit, muß hierauf in der Ausschreibung hingewiesen werden.

§ 94 BetrVG:
Auf der Grundlage seines Mitbestimmungsrechts bei der Aufstellung von Personalfragebögen und Beurteilungsgrundsätzen kann der Betriebsrat dafür sorgen, daß solche Fragen und Beurteilungsgrundsätze, die Frauen diskriminieren bzw. benachteiligen, unterbleiben. Bei Nichteinigung entscheidet die Einigungsstelle.

§ 95 Abs. 2 BetrVG:
Dem Betriebsrat steht ein Initiativrecht bei Auswahlrichtlinien zu (allerdings nur in Betrieben mit mehr als 1000 Arbeitnehmern). Er kann durch Ausübung dieses Rechts eine Regelung »auf den Weg bringen« (notfalls bis hin zur Einigungsstelle), in der festgelegt wird, daß bis zur Erreichung einer bestimmten Quote Frauen – bei gleicher Qualifikation – bei Einstellung und Beförderung bevorzugt zu berücksichtigen sind.

Frauenförderung im Betrieb

§ 95 Abs. 1 BetrVG:
In Betrieben mit bis zu 1000 Arbeitnehmern hat der Betriebsrat bei der Gestaltung von Auswahlrichtlinien nur dann Mitbestimmungsmöglichkeiten, wenn der Arbeitgeber solche Richtlinien einzuführen beabsichtigt.

§ 98 Abs. 1 BetrVG:
Über sein Mitbestimmungsrecht nach dieser Vorschrift kann der Betriebsrat Einfluß auf Form und Inhalt von Berufsbildungsmaßnahmen nehmen. Insbesondere kann er vom Arbeitgeber verlangen, daß alle Bildungsmaßnahmen nach Ziel, Inhalt und Methoden so gestaltet werden, daß sie auch für Mädchen und Frauen attraktiv und geeignet sind. Im Nichteinigungsfalle entscheidet die Einigungsstelle (vgl. § 98 Abs. 4 BetrVG).

§ 98 Abs. 2 BetrVG:
Der Betriebsrat kann der Bestellung von – für die Ausbildung von Mädchen und Frauen ungeeigneten – Ausbildern widersprechen bzw. die Abberufung solcher Ausbilder verlangen. Im Nichteinigungsfalle entscheidet das Arbeitsgericht (vgl. § 98 Abs. 5 BetrVG).

§ 98 Abs. 3 BetrVG:
Hiernach kann der Betriebsrat »frauenfördernden« Einfluß auf die Auswahl von Teilnehmern an Berufsbildungsmaßnahmen nehmen. Lehnt der Arbeitgeber die Vorschläge des Betriebsrats ab, entscheidet die Einigungsstelle (vgl. § 98 Abs. 4 BetrVG).

§ 99 Abs. 2 Nr. 1, 3, 4 BetrVG:
Der Betriebsrat kann die Zustimmung zur Einstellung und Eingruppierung, Versetzung und Umgruppierung von Männern verweigern, wenn weibliche Bewerber unter Verstoß gegen § 75 BetrVG, §§ 611a, 611b, 612 Abs. 3 BGB benachteiligt werden (siehe Musterschreiben bei Stichwort → **Einstellung**). Sein Zustimmungsverweigerungsrecht kann der Betriebsrat auch nutzen, um die Falscheingruppierung von Frauen abzuwehren.

☐ Um der Frage der Frauenförderung das notwendige Gewicht und die erforderliche Kontinuität zu verleihen, ist es sinnvoll, gemäß § 28 BetrVG einen »Gleichstellungsausschuß« zu errichten. Dieser Ausschuß hat die Aufgabe,

- eine Bestandsaufnahme zur Situation der Frauen im Betrieb durchzuführen;

Frauenförderung im Betrieb

- zusammen mit dem gewerkschaftlichen Vertrauenskörper Aktionen zum Thema »Frauenförderung« vorzubereiten mit dem Ziel, Problembewußtsein zu entwickeln und Vorurteile abzubauen (Betriebsversammlungen, Abteilungsversammlungen, Info-Schriften usw.);
- einen konkreten Forderungskatalog zu entwickeln und den Entwurf einer entsprechenden Betriebsvereinbarung zu erstellen.
Insoweit bietet es sich an, einen Blick in das »Frauenfördergesetz« zu werfen, das durch das »Zweite Gleichberechtigungsgesetz« für den Bereich des öffentlichen Dienstes in Kraft gesetzt wurde. Hierin findet sich eine Reihe von Regelungen, deren Übernahme – und ggf. Verbesserung – sich auch für privatwirtschaftliche Betriebe anbietet (siehe oben);
- Verhandlungen mit dem Arbeitgeber vorzubereiten;
- die Einhaltung von Regelungen zur Förderung der Frauen zu kontrollieren.

Selbstverständlich ist es, daß dieser Ausschuß sämtliche Aktivitäten mit dem Betriebsrat abstimmt. Der Ausschuß leistet Vorarbeiten, informiert den Betriebsrat und legt ihm Vorschläge vor; der Betriebsrat faßt die notwendigen Beschlüsse.

Checkliste:

Frauenförderung

Fragen zur Situation der Frauen im Betrieb

☐ *Beschäftigung:*
Wie viele der Beschäftigten sind Frauen, wie viele Männer?
Wie hat sich der Frauenanteil an der Gesamtbelegschaft entwickelt?
Existiert eine Personalplanung, die sich an den Erfordernissen der Gleichberechtigung orientiert (§ 96 Abs. 2, § 80 Abs. 1 Nr. 2a BetrVG)?

☐ *Stellenausschreibung:*
Schreibt der Betrieb alle freien Stellen geschlechtsneutral aus (vgl. § 611b BGB)?

☐ *Entlassungen und Versetzungen:*
Sind Frauen häufiger von Entlassungen und Versetzungen betroffen als Männer?

☐ *Arbeitsplätze:*
An welchen Arbeitsplätzen arbeiten Frauen? (Abteilungen, Tätigkeiten, Lohn- und Gehaltsgruppen)

☐ *Qualifikation:*
Entsprechen die Arbeitsplätze der Qualifikation der Frauen?

Frauenförderung im Betrieb

☐ *Arbeitszeit:*
Welche Arbeitszeitregelungen gelten für die im Betrieb Beschäftigten – aufgeschlüsselt nach Frauen und Männern?
Wie hat sich die Zahl der Teilzeitbeschäftigten entwickelt?
Wie viele Frauen/wie viele Männer sind teilzeitbeschäftigt?
Wie viele Vollzeitarbeitsplätze hat der Arbeitgeber in Teilzeitstellen umgewandelt?
Wie oft betraf dies Frauen?
In welchen Punkten unterscheiden sich die Verträge der Teilzeitbeschäftigten und der Aushilfskräfte von denen der Vollzeitbeschäftigten?
Können Teilzeitarbeitende auf einen Vollzeitarbeitsplatz wechseln und umgekehrt? Unter welchen Bedingungen?

☐ *Arbeitsentgelt:*
Wie verteilen sich die jeweiligen weiblichen und männlichen Beschäftigten auf die jeweiligen Lohn- und Gehaltsgruppen?

☐ *Ausbildung:*
Wie viele junge Frauen und Männer sind zur Zeit in der Ausbildung?
Wie verteilen sich die einzelnen Berufe und Ausbildungsjahre?
Hat der Anteil der weiblichen Auszubildenden zu- oder abgenommen?
Wie fördert der Betrieb die Ausbildung von Mädchen in gewerblichen Berufen?

☐ *Übernahme:*
Wie viele der Ausgebildeten hat der Betrieb im erlernten Beruf übernommen? (Wie viele Frauen, wie viele Männer?)

☐ *Weiterbildung:*
Nehmen Frauen in gleichem Maß an Weiterbildungsmaßnahmen teil wie Männer?
Berücksichtigen die Bildungsangebote die besonderen Bedürfnisse der Frauen, z. B. deren zeitliche Gebundenheit durch familiäre Verpflichtungen?

☐ *Kinderbetreuung, Erziehungsurlaub und Wiedereingliederung:*
Wird bei betrieblichen Planungen und Entscheidungen ausreichend auf diejenigen Frauen und Männer Rücksicht genommen, die Kinder zu betreuen/zu erziehen haben?
In welcher Weise erfolgt die Wiedereingliederung solcher Frauen und Männer, die Erziehungsurlaub in Anspruch genommen haben?

☐ *Beruflicher Aufstieg:*
Gibt es Benachteiligung von Frauen? Wenn ja, welche?

☐ *Vertretung in Interessenvertretungsorganen:*
Wie viele Frauen sind im Betriebsrat, in den Ausschüssen des Betriebsrats, im Wirtschaftsausschuß, im Gesamtbetriebsrat, im Konzernbetriebsrat, in der Jugend- und Auszubildendenvertretung, in der Schwerbehindertenvertretung, im gewerkschaftlichen Vertrauenskörper vertreten?

Literaturhinweis:

Dagmar Schiek: Zweites Gleichberechtigungsgesetz für die Privatwirtschaft, Kurzkommentierung, Bund-Berlag, Köln.

Freistellung

Was ist das?

☐ Einem Arbeitnehmer, der in den Betriebsrat gewählt worden ist, ist es nicht mehr möglich, seinen arbeitsvertraglichen Verpflichtungen in gleichem Umfang nachzukommen wie bisher. Das BetrVG trägt dem in § 37 Abs. 2 und § 38 Rechnung, indem es den Mitgliedern des Betriebsrats die Möglichkeit der »Arbeitsbefreiung« verschafft, damit sie ihre Betriebsratsaufgaben ordnungsgemäß wahrnehmen können.

Arbeitsbefreiung nach § 37 Abs. 2 BetrVG:

☐ Die Vorschrift hat folgenden Wortlaut:

»Mitglieder des Betriebsrats sind von ihrer beruflichen Tätigkeit ohne Minderung des Arbeitsentgelts zu befreien, wenn und soweit es nach Art und Umfang des Betriebs zur ordnungsgemäßen Durchführung ihrer Aufgaben erforderlich ist.«

☐ Mit dieser Regelung ist klargestellt, daß die Wahrnehmung der Betriebsratsaufgaben Vorrang vor der Erfüllung der arbeitsvertraglichen Verpflichtungen hat!

☐ Voraussetzung eines Freistellungsanspruches ist:

1. Das Betriebsratsmitglied muß Betriebsratsaufgaben wahrnehmen (z. B. Teilnahme an Betriebsrats- und Ausschußsitzungen, auch Vorbereitung auf Sitzungen [z. B. Lesen von Unterlagen], Durchführung von Sprechstunden, Gespräche mit Arbeitnehmern am Arbeitsplatz, Vorbereitung, Durchführung und Nachbereitung von Betriebsversammlungen usw.).

2. Die Arbeitsbefreiung muß zur Durchführung dieser Aufgaben »erforderlich« sein. Die Frage der »Erforderlichkeit« ist vom Betriebsratsmitglied zu entscheiden. Das betreffende Betriebsratsmitglied hat sich dabei gewissermaßen »in den Kopf eines ›vernünftigen‹ Dritten« hineinzuversetzen, der gewissenhaft alle Umstände des Einzelfalles (z. B. Größe und Art des Betriebes, Menge und Schwierigkeit der »an-

Freistellung

liegenden« Probleme, Aktivität des Betriebsratsgremiums, Dringlichkeit der Aufgabe) in seine Überlegungen einbezieht und sie – ruhig und vernünftig – würdigt. Hat das Betriebsratsmitglied die Erforderlichkeit gewissenhaft geprüft und sich dabei geirrt, so dürfen ihm hieraus keine Nachteile entstehen.

☐ Eine Zustimmung des Arbeitgebers zur Arbeitsbefreiung nach § 37 Abs. 2 BetrVG ist nicht notwendig. Das Betriebsratsmitglied, das »nach gewissenhafter Prüfung« die Erforderlichkeit der Arbeitsbefreiung bejaht, ist also berechtigt, auch gegen den Willen des Arbeitgebers bzw. des Vorgesetzten den Arbeitsplatz zu verlassen.

☐ Es ist allerdings verpflichtet, sich beim Verlassen des Arbeitsplatzes ordnungsgemäß abzumelden. Es hat dabei dem Arbeitgeber bzw. Vorgesetzten gegenüber mitzuteilen, daß seine Abwesenheit durch die Wahrnehmung von Betriebsratsaufgaben bedingt ist. Ein solcher allgemeiner Hinweis genügt. Keinesfalls ist die genaue Beschreibung der Betriebsratsaufgabe notwendig. Insbesondere ist das Betriebsratsmitglied, das in Wahrnehmung betriebsverfassungsrechtlicher Aufgaben einen Arbeitnehmer an seinem Arbeitsplatz aufsucht, nicht verpflichtet, den Namen des betreffenden Arbeitnehmers zu nennen.

Freistellung nach § 38 BetrVG:

☐ Diese Regelung sieht vor, daß ab einer bestimmten Betriebsgröße (ab 300 → **in der Regel** beschäftigte Arbeitnehmer) eine bestimmte Anzahl von Betriebsratsmitgliedern völlig von der arbeitsvertraglichen Verpflichtung zur Arbeitsleistung zu befreien sind.

Beispiele:

In einem Betrieb mit »in der Regel« 300 Arbeitnehmern ist »mindestens« ein Betriebsratsmitglied; in einem Betrieb mit »in der Regel« 1200 Arbeitnehmern sind »mindestens« 3 Betriebsratsmitglieder freizustellen.

☐ Bei der »Vergabe« von Freistellungen gilt der Grundsatz, daß die Arbeitergruppe bzw. Angestelltengruppe im Betriebsrat entsprechend ihrer Vertretung im Betriebsrat zu berücksichtigen sind. Dieses Verhältnis wird durch Anwendung des d'Hondtschen Höchstzahlverfahrens bestimmt.

Freistellung

Beispiel:
15köpfiger Betriebrat; 9 Arbeitervertreter, 6 Angestelltenvertreter. 3 Betriebsratsmitglieder sind freizustellen.

	9 Arbeitervertreter	6 Angestelltenvertreter
:1	= 9	= 6
:2	= 4,5	= 3

Ergebnis: Die Arbeitergruppe im Betriebsrat »erhält«, weil auf sie 2 der 3 höchsten Zahlen (nämlich 9 und 4,5) entfallen, 2 Freistellungen. Die Angestelltengruppe erhält 1 Freistellung (denn auf sie entfällt die Höchstzahl: 6).

☐ Welches bzw. welche Betriebsratsmitglied(er) freizustellen sind, entscheidet der Betriebsrat nach Beratung mit dem Arbeitgeber durch Wahl (siehe unten).

☐ Gehört jeder Gruppe (Arbeiter bzw. Angestellte) im Betriebsrat mindestens ein Drittel der Mitglieder des gesamten Betriebsrats an, so wählt jede Gruppe die auf sie entfallenden freizustellenden Mitglieder selbst (in voneinander getrennten Wahlgängen).

Beispiel:
Im vorgenannten Fall wählen dementsprechend die 9 Arbeitervertreter die 2 auf ihre Gruppe entfallenden Freizustellenden selbst; den einzigen »Angestellten-Freigestellten« wählen die 6 Angestelltenvertreter.

☐ Die Wahl hat »geheim«, also mit Hilfe von Stimmzetteln zu erfolgen, die nicht erkennen lassen, welcher Wähler den Stimmzettel ausgefüllt hat (§ 38 Abs. 2 BetrVG).

☐ Das Wahlverfahren ist im einzelnen in § 38 Abs. 2 BetrVG geregelt:

1. Ist nur ein Betriebsratsmitglied freizustellen, entscheidet die einfache Stimmenmehrheit des beschlußfähigen Betriebsrats (bzw. der beschlußfähigen Gruppe).

Beispiel:
Im obigen Fall wählen die 6 Angestelltenvertreter den einzigen auf sie entfallenden Freigestellten mit einfacher Stimmenmehrheit.

Freistellung

2. Wenn nur ein Wahlvorschlag zur Abstimmung gestellt wird, erfolgt die Wahl ebenfalls nach den Grundsätzen der Mehrheitswahl.

Jedes Betriebsratsmitglied (bzw. jedes Gruppenmitglied bei getrennter Wahl) kann aus der Vorschlagsliste so viele Bewerber wählen, wie Freistellungen nach § 38 Abs. 1 BetrVG vorzunehmen sind (bzw. auf die Gruppe entfallen). Gewählt ist, wer die meisten Stimmen auf sich vereinigt.

Beispiel:

Wenn im obigen Fall bei der Wahl der »Arbeiter-Freigestellten« nur ein Wahlvorschlag gemacht wird, hat jeder wählende Arbeitervertreter 2 Stimmen.

3. Stehen mehrere Wahlvorschläge zur Wahl, dann gelten die Grundsätze der Verhältniswahl. Gewählt werden also nicht Personen, sondern Wahlvorschläge. Daher steht jedem Wähler nur eine Stimme zu, mit der er sich für eine der vorgelegten Wahlvorschläge entscheiden muß. Durch Anwendung des d'Hondtschen Höchstzahlsystems wird dann ermittelt, wieviel Freistellungen auf die jeweiligen Wahlvorschläge entfallen.

Beispiel:

Im obigen Fall werden bei der Wahl der »Arbeiter–Freigestellten« zwei Wahlvorschläge vorgelegt.
Wahlvorschlag Nr. 1 erhält 5 Stimmen. Wahlvorschlag Nr. 2 erhält 4 Stimmen.
Also ist – nach d'Hondt – wie folgt zu rechnen:

	5 Stimmen	4 Stimmen
:1	= 5	= 4
:2	= 2,5	= 2

Ergebnis: auf jeden Wahlvorschlag entfällt eine Freistellung (Höchstzahlen 5 und 4). Der auf den beiden Listen jeweils an erster Stelle Genannte »erhält« die Freistellung.

☐ Dem Arbeitgeber ist das Ergebnis der Wahl mitzuteilen. Hält der Arbeitgeber die Freistellung sachlich für nicht vertretbar, kann er innerhalb von 2 Wochen nach Bekanntgabe ein Einigungsstellenverfahren einleiten (§ 38 Abs. 2 Satz 6 BetrVG).

☐ Eine Erhöhung der Zahl der Freistellungen über die Tabelle des § 38 Abs. 1 BetrVG hinaus ist möglich, wenn dies zur ordnungsgemäßen Erfüllung der Betriebsratsaufgaben erforderlich ist. Dies ergibt sich aus dem Wort »mindestens« in § 38 Abs. 1 BetrVG sowie aus dem Umstand, daß es sich bei § 38 BetrVG um einen Unterfall des § 37 Abs. 2 BetrVG handelt. Allerdings kann der Betriebsrat nach überwiegender Meinung über die Erhöhung nicht alleine entscheiden. Vielmehr benötigt er entweder die Zustimmung des Arbeitgebers oder, falls dieser ablehnt, einen zustimmenden Beschluß des → **Arbeitsgerichts**.

☐ Auch im Betrieb mit unter 300 Arbeiternehmern kann dem Betriebsrat ein Anspruch auf völlige oder teilweise Freistellung eines oder mehrerer Betriebsratsmitglieder zustehen, wenn dies zur ordnungsgemäßen Erfüllung der Aufgaben des Betriebsrats erforderlich ist. Bei Streit zwischen Arbeitgeber und Betriebsrat entscheidet auch hier das Arbeitsgericht.

☐ Durch Tarifvertrag oder »freiwillige« (d.h. durch Einigungsstelle nicht erzwingbare) Betriebsvereinbarung kann die Freistellung gänzlich anders, als in § 38 BetrVG vorgesehen, geregelt werden (vgl. § 38 Abs. 1 Satz 3 BetrVG).

Beispiele aus der Praxis:
- *Freistellung aller Betriebsratsmitglieder;*
- *50prozentige Teilfreistellung aller Betriebsratsmitglieder anstelle der Vollfreistellung nur einiger Betriebsratsmitglieder;*
- *Voll- oder Teilfreistellung eines Betriebsratsmitgliedes in einem Betrieb mit weniger als 300 Arbeitnehmern.*

Bedeutung für die Betriebsratsarbeit

☐ Über § 37 Abs. 2 BetrVG eröffnen sich auch für diejenigen Betriebsratsmitglieder, die nicht nach § 38 BetrVG völlig von der Arbeit freigestellt sind, Möglichkeiten der aktiven Beteiligung an der Betriebsratsarbeit. Über eine vernünftige Arbeitsteilung innerhalb des Betriebsrats sollten die Voraussetzungen dafür geschaffen werden.

Freistellung

☐ Dabei ist es nicht selten erforderlich, dem Arbeitgeber (und den Vorgesetzten) klarzumachen, daß Betriebsratsarbeit sich nicht nur in der Teilnahme an mehr oder weniger oft stattfindenden Betriebsratssitzungen erschöpft. Bisweilen ist es angebracht, den Arbeitgeber und gegebenenfalls Vorgesetzte auf das in §§ 78, 119 BetrVG enthaltene Verbot der Behinderung der Betriebsratsarbeit hinzuweisen.

☐ Durch § 37 Abs. 4 BetrVG wird sichergestellt, daß freigestellte Betriebsratsmitglieder sowohl während ihrer Amtszeit als auch ein Jahr nach Ende der Amtszeit bei der Bemessung ihres Arbeitsentgelts und sonstiger allgemeiner Zuwendungen des Arbeitgebers nicht schlechter gestellt werden dürfen als vergleichbare Arbeitnehmer mit betriebsüblicher beruflicher Entwicklung.

Der Zeitraum für die Weiterzahlung des nach § 37 Abs. 4 BetrVG zu bemessenden Arbeitsentgelts erhöht sich auf zwei Jahre nach Ablauf der Amtszeit für solche Betriebsratsmitglieder, die drei volle aufeinanderfolgende Amtszeiten freigestellt waren (vgl. § 38 Abs. 3 BetrVG).

☐ Endet die Freistellung, ist das Betriebsratsmitglied nach § 37 Abs. 5 BetrVG gegen die Zuweisung einer unterwertigen beruflichen Tätigkeit geschützt. Das heißt, der Arbeitgeber ist verpflichtet, dem Betriebsratsmitglied zumindest eine solche Tätigkeit zu verschaffen, die der Tätigkeit vor Beginn der Freistellung bzw. Amtszeit gleichwertig ist, es sei denn, »zwingende betriebliche Notwendigkeiten« stehen dem entgegen.

Dieser Anspruch auf Tätigkeitsschutz besteht für die Dauer bis zu einem Jahr nach Beendigung der Amtszeit (nicht der Freistellung!). Der Zeitraum erhöht sich auf zwei Jahre nach Ablauf der Amtszeit für solche Betriebsratsmitglieder, die drei volle aufeinanderfolgende Amtszeiten freigestellt waren (vgl. § 38 Abs. 3 BetrVG).

Darüber hinaus besteht Anspruch auf Zuweisung einer höherwertigen Tätigkeit, wenn vergleichbare Arbeitnehmer unter Berücksichtigung der betriebsüblichen beruflichen Entwicklung eine solche höherwertige Tätigkeit ausüben. Vorausgesetzt allerdings, das Betriebsratsmitglied verfügt über die notwendige Qualifikation.

Ist dies nicht der Fall, verbleibt es bei dem Anspruch auf Zuweisung einer gleichwertigen Tätigkeit. Allerdings ist ihm – gemäß § 37 Abs. 4 BetrVG – das der höherwertigen Tätigkeit entsprechende Entgelt zu zahlen (siehe oben).

Freistellung

Außerdem hat der Arbeitgeber dem freigestellten Betriebsratsmitglied – innerhalb eines Jahres nach Beendigung der Freistellung (nicht der Amtszeit!) – im Rahmen der betrieblichen Möglichkeiten Gelegenheit zu geben, eine wegen der Freistellung unterbliebene betriebsübliche berufliche Entwicklung nachzuholen. Der Zeitraum erhöht sich auf zwei Jahre nach Ablauf der Freistellung für solche Betriebsratsmitglieder, die drei volle aufeinanderfolgende Amtszeiten freigestellt waren (vgl. § 38 Abs. 4 BetrVG).

Musterschreiben:

Behinderung von Betriebsratsarbeit

Der Betriebsrat   Datum

An die
Geschäftsleitung

Betr.: Behinderung eines Betriebsratsmitgliedes bei der Erledigung von Betriebsratsarbeit

Das Betriebsratsmitglied ... (Name) ... mußte am ... (Datum und Uhrzeit) ... in Sachen Betriebsratsarbeit aktiv werden. Diese Arbeit war zu diesem Zeitpunkt erforderlich und konnte nicht auf einen anderen Zeitpunkt verschoben werden. Die betrieblichen Belange wurden von dem Betriebsratsmitglied im Rahmen des Möglichen berücksichtigt.

Trotzdem wurde unserem Betriebsratsmitglied eine Freistellung von der Arbeit durch ... (Name) ... verweigert.

... *Wenn der Fall anders liegt, z.B. diese Formulierung im Brief verwenden:* Unser Betriebsratsmitglied wurde, als es sich zur Erledigung dieser Arbeit abmeldete, von ... (Name) ... beschimpft und unter Druck gesetzt. Im einzelnen wurde gesagt: ... (hier möglichst wörtliches Zitat einfügen) ...

Bei diesem Vorgehen handelt es sich um eine Behinderung unserer Betriebsratsarbeit. Wir sind davon überzeugt, daß Sie über diese Vorgehensweise nicht informiert waren und sie auch nicht gutheißen können.

Wir bitten Sie, dafür zu sorgen, daß solche Behinderungen durch Vorgesetzte künftig nicht mehr vorkommen.

Zu einem Gespräch über diese Angelegenheit sind wir jederzeit bereit.

Mit freundlichen Grüßen
Der Betriebsrat

Aus: Wolfgang Fricke/Herbert Grimberg/Wolfgang Wolter: Die kleine Betriebsrats-Bibliothek, Band 2: Betriebsratsarbeit – aber mit System, 3., völlig überarbeitete und neugestaltete Auflage, Bund-Verlag, Köln 1991, S. 42.

Freistellung

Musterschreiben:

Freistellung eines Betriebsratsmitgliedes nach § 38 BetrVG

Der Betriebsrat   Datum

An die
Geschäftsleitung

Mitteilung zu einem Beschluß über die Freistellung eines Betriebsratsmitgliedes nach § 38 BetrVG

Der Betriebsrat hat in seiner Sitzung vom... beschlossen, daß eine völlige Freistellung des Betriebsratsmitgliedes... (Name)... zur ordnungsgemäßen Durchführung der Betriebsratsaufgaben erforderlich ist.

... (Nur wenn von den Mindestgrenzen des § 38 BetrVG abgewichen werden soll, hier eine kurze Begründung einfügen.)

Für eine Beratung über die von uns für unbedingt erforderlich gehaltene Freistellung schlagen wir als Termin vor:
Datum: _____
Uhrzeit: _____
Ort: _____

Sollten Sie zu diesem Termin keine Zeit haben, schlagen Sie uns bitte einen anderen Termin in der gleichen Woche vor.

Mit freundlichen Grüßen
Der Betriebsrat

Aus: Wolfgang Fricke/Herbert Grimberg/Wolfgang Wolter (Hrsg.): Die kleine Betriebsrats-Bibliothek, Band 2, a.a.O., S. 37.

Musterschreiben:

Freistellung eines Betriebsratsmitgliedes

Der Betriebsrat   Datum

An die Geschäftsleitung

Mitteilung zu einem Beschluß über die Freistellung eines Betriebsratsmitgliedes nach § 38 BetrVG

Da unsere Beratungen am... über die von uns beabsichtigte Freistellung des Betriebsratsmitgliedes... (Name)... nicht zu einer Einigung in dieser Frage geführt haben, teilen wie ihnen folgenden Beschluß des Betriebsrats mit:
Der Betriebsrat hat in seiner Sitzung vom... beschlossen, daß das o.g. Betriebsratsmitglied gemäß § 38 Abs. 2 BetrVG von seiner beruflichen Arbeit freigestellt ist. Diese Freistellung tritt in Kraft am... (2 Wochen später).

Mit freundlichen Grüßen
Der Betriebsrat

Aus: Wolfgang Fricke/Herbert Grimberg/Wolfgang Wolter (Hrsg.): Die kleine Betriebsrats-Bibliothek, Band 2, a.a.O., S. 37.

Friedenspflicht

Was bedeutet das?

☐ Nach § 74 Abs. 2 Satz 1 BetrVG sind »Maßnahmen des Arbeitskampfes zwischen Arbeitgeber und Betriebsrat unzulässig«. Hier zeigt sich ein deutlicher Unterschied zwischen Betriebsverfassungsrecht und Tarifvertragsrecht. Während die Tarifauseinandersetzung zwischen Gewerkschaft und Arbeitgeberverband zulässigerweise notfalls im Wege des Arbeitskampfes ausgetragen wird (das gewerkschaftschaftliche Streikrecht genießt sogar den Schutz des Art. 9 Abs. 3 Grundgesetz, siehe → **Arbeitskampf**), ist bei betrieblichen Streitigkeiten zwischen Betriebsrat und Arbeitgeber der Arbeitskampf ausgeschlossen.

☐ Das Konfliktlösungsmodell des BetrVG ist folgendes:

Zunächst werden Arbeitgeber und Betriebsrat aufgefordert, mit dem »ernsten Willen zur Einigung« zu verhandeln (vgl. § 74 Abs. 1 BetrVG).

Kommt eine Einigung nicht zustande, so entscheidet dort, wo der Betriebsrat »Mitbestimmungsrechte« hat, eine → **Einigungsstelle** oder das → **Arbeitsgericht**.

Dort, wo dem Betriebsrat nur »Mitwirkungsrechte« zustehen, beläßt das BetrVG das (Letzt-)Entscheidungsrecht dem Arbeitgeber (siehe → **Beteiligungsrechte des Betriebsrats**).

☐ Formal betrachtet ist dem Gleichheitsgebot Genüge getan: Weder darf der Betriebsrat im Rahmen betrieblicher Streitigkeiten zum Streik aufrufen, noch darf der Arbeitgeber aussperren. Faktisch trifft das Arbeitskampfverbot jedoch allein die Betriebsratsseite und damit die Belegschaft. Denn meist ist der Betriebsrat in der Situation desjenigen, der händeringend nach Druckmitteln sucht, um Forderungen durchzusetzen oder Arbeitnehmerinteressen gefährdende Vorhaben des Arbeitgebers abzuwehren.

Der Arbeitgeber braucht kein Druckmittel; er hat eines: nämlich sein Eigentum an den Produktionsmitteln und die damit verbundene Mög-

Friedenspflicht

lichkeit, den Betriebsrat und die Belegschaft mit allerlei Drohungen einzuschüchtern (z. B. Androhung der Stillegung oder Verlagerung des Betriebes, Androhungen der Fremdvergabe von Arbeit usw.). Im übrigen: Welcher Arbeitgeber ist daran interessiert, aus Anlaß einer betrieblichen Streitigkeit durch Aussperrung den Betrieb stillzulegen?

☐ *Wichtig:* Das Arbeitskampfverbot richtet sich an den Betriebsrat als Organ der Betriebsverfassung. Beteiligen sich demgegenüber die einzelnen Mitglieder des Betriebsrats **in ihrer Eigenschaft als Gewerkschaftsmitglieder** aktiv an **gewerkschaftlichen** Arbeitskampfmaßnahmen im Rahmen von Tarifauseinandersetzungen, so stellt dies keinen Verstoß gegen das betriebsverfassungsrechtliche Arbeitskampfverbot dar (vgl. § 74 Abs. 2 Satz 1 zweiter Halbsatz und § 74 Abs. 3 BetrVG).

Beispiel:

Unzulässig wäre es, wenn die Mitglieder des Betriebsrats durch Verteilung eines »Betriebsrats-Infos« zur Teilnahme an einem von der Gewerkschaft organisierten Warnstreik oder einer Urabstimmung aufrufen.

Erfolgt der Aufruf dagegen von den gleichen Personen etwa auf einem Flugblatt der Gewerkschaft bzw. des gewerkschaftlichen Vertrauenskörpers unter Weglassung des Hinweises auf ihre Betriebsratseigenschaft, so liegt kein Verstoß gegen das Arbeitskampfverbot vor.

☐ Über das Arbeitskampfverbot hinaus haben »Arbeitgeber und Betriebsrat Betätigungen zu unterlassen, durch die der Arbeitsablauf oder der Frieden des Betriebs beeinträchtigt werden« (vgl. § 74 Abs. 2 Satz 2 BetrVG). Auch diese Regelung trifft formal betrachtet Betriebsrat und Arbeitgeber. Faktisch ist es aber meist der Betriebsrat, der durch diese Regelung in seinen Handlungsmöglichkeiten eingeschränkt wird.

☐ Schließlich weist § 74 Abs. 2 Satz 3 BetrVG Arbeitgeber und Betriebsrat an, »jede parteipolitische Betätigung im Betrieb zu unterlassen«. Die Betonung liegt hier auf dem Begriff »parteipolitisch«. Verboten ist beispielsweise die Werbung im Betrieb für eine bestimmte politische Partei. Nicht verboten, sondern ausdrücklich erlaubt (vgl. § 74 Abs. 2 Satz 3 zweiter Halbsatz BetrVG) ist die Behandlung von Angelegenheiten tarifpolitischer, sozialpolitischer und wirtschaftlicher Art, soweit sie den Betrieb oder seine Arbeitnehmer unmittelbar betreffen. Der Betriebsrat kann also beispielsweise die aktuelle Regierungspolitik zu den vorgenannten Bereichen zum betrieblichen Thema

Friedenspflicht

machen, ohne gegen das Verbot »parteipolitischer« Betätigung zu verstoßen.

☐ Siehe auch § 45 BetrVG: Die Behandlung tarifpolitischer, sozialpolitischer oder wirtschaftlicher Themen sowie Fragen der Frauenförderung und der Vereinbarkeit von Familie und Beruf in einer Betriebs- oder Abteilungsversammlung ist hiernach ohne weiteres zulässig, wenn die Themen einen Bezug zum Betrieb und den Beschäftigten haben.

Bedeutung für die Betriebsratsarbeit

☐ Die vorstehenden Verbote bzw. Gebote behindern zweifellos mehr die Arbeit des Betriebsrats als die Vorhaben des Arbeitgebers.

☐ Dennoch wird die Reichweite der gesetzlichen »Friedenspflicht« häufig überschätzt. Dies zeigt sich daran, daß nicht wenige Betriebsratsmitglieder sich zu Unrecht für verpflichtet halten, im Falle einer »spontanen Arbeitsniederlegung« (häufig als »wilder Streik« diskriminiert) die streikenden Arbeitnehmer zur Wiederaufnahme der Arbeit aufzufordern. Nach h. M. besteht eine solche Verpflichtung nicht. So ist von Gerichten zu Recht darauf hingewiesen worden, daß in § 74 Abs. 2 BetrVG eine »Unterlassungspflicht«, nicht aber eine Pflicht zu »positivem Tun« enthalten ist.

Im übrigen würde die Arbeitsaufforderung des Betriebsrats an Beschäftigte auch gegen § 77 Abs. 1 Satz 2 BetrVG verstoßen: Hiernach ist es dem Betriebsrat nämlich untersagt, durch einseitige Handlungen in die Leitung des Betriebs einzugreifen. Die Arbeitsaufforderung ist aber zweifellos eine typische Leitungsaufgabe und somit dem Arbeitgeber und den von ihm beauftragten Vorgesetzten vorbehalten.

☐ Allerdings gehört es zu den Aufgaben des Betriebsrats, im Falle einer »spontanen Arbeitsniederlegung« mit dem Arbeitgeber Verhandlungen aufzunehmen, mit dem Ziel, die (häufig vom Arbeitgeber gesetzte) Ursache der Arbeitsniederlegung zu beseitigen. Mit der auch im Interesse des Arbeitgebers liegenden Folge, daß mit der Beseitigung der Ursachen auch die Arbeitsniederlegung als solche beendet wird.

Friedenspflicht

Bedeutung für die Beschäftigten

☐ Die aus § 74 Abs. 2 Satz 1 BetrVG folgende Friedenspflicht richtet sich zwar nur an den Arbeitgeber sowie den Betriebsrat, nicht aber an die Beschäftigten. Dennoch unterliegen auch die Arbeitnehmer einer »Friedenspflicht«. Diese ergibt sich nämlich unmittelbar aus dem → **Arbeitsvertrag**. Dieser Vertrag verpflichtet den Beschäftigten, betriebsstörende, rechtlich nicht begründete Aktivitäten im Betrieb zu unterlassen.

☐ Die arbeitsvertragliche »Friedenspflicht« tritt zurück im Falle von Arbeitskampfmaßnahmen, die eine Gewerkschaft im Rahmen von Tarifauseinandersetzungen ausruft. Das heißt, die Beschäftigten haben das Recht, an gewerkschaftlichen Kampfmaßnahmen teilzunehmen, wenn die kampfführende Gewerkschaft sie dazu auffordert. Anders ausgedrückt: Die arbeitsvertragliche Arbeitspflicht wird durch das gewerkschaftliche Streikrecht für die Dauer des Arbeitskampfes aufgehoben (»suspendiert«). Siehe → **Arbeitskampf**.

☐ Die arbeitsvertragliche Arbeitsverpflichtung gilt auch außerhalb von Tarifkämpfen dann nicht, wenn dem Arbeitnehmer ein »Leistungsverweigerungsrecht« zusteht. Dieses Recht ist gegeben, wenn der Arbeitgeber seinerseits seine Vertragspflichten nicht erfüllt (vgl. § 273 BGB). Allerdings ist die Inanspruchnahme eines solchen Leistungsverweigerungsrechts problematisch. Denn der Arbeitgeber wird dieses Recht in den meisten Fällen nicht anerkennen und eine fristlose Kündigung wegen »Arbeitsverweigerung« androhen und gegebenenfalls aussprechen. Der Betroffene kann sich gegen die Kündigung zwar mit der Kündigungsschutzklage zur Wehr setzen (mit der Begründung, er habe ein Recht zur Leistungsverweigerung gehabt). Während der Laufdauer des Rechtsstreits trägt er aber alle mit einer Kündigung verbundenen Nachteile. Außerdem ist es ungewiß, ob das Arbeitsgericht seiner Argumentation folgt.

☐ Nicht nur ein Recht, sondern eine Selbstverständlichkeit stellt das Leistungsverweigerungsrecht des Arbeitnehmers nach § 21 Abs. 6 Satz 2 GefahrstoffVO dar. Hiernach hat der Beschäftigte das Recht, die Arbeit zu verweigern, wenn durch eine Überschreitung beispielsweise der »Maximalen Arbeitsplatzkonzentration« (MAK-Werte) eine unmittelbare Gefahr für Leib und Leben besteht. Aus der Ausübung dieses Rechts dürfen ihm keine Nachteile entstehen (vgl. § 21 Abs. 6 Satz 3 GefahrstoffVO). Siehe → **Gefahrstoffe**.

Fristen

Wochenfrist:

☐ Bei → **Einstellung,** → **Eingruppierung/Umgruppierung,** → **Versetzung** und → **ordentlicher Kündigung** hat der Betriebsrat »innerhalb einer Woche« nach Unterrichtung durch den Arbeitgeber seine Stellungnahme zu der geplanten personellen Maßnahme abzugeben (vgl. §§ 99 Abs. 3, 102 Abs. 3 BetrVG).

☐ Die Wochenfrist berechnet sich wie folgt:
- Die ordnungsgemäße Unterrichtung durch den Arbeitgeber setzt die Wochenfrist in Gang.
- Der Tag des Eingangs der (gegebenenfalls auch mündlichen!) Information zählt nicht mit (§§ 187, 188 Abs. 2 Bürgerliches Gesetzbuch – BGB). Also läuft die Frist beginnend mit dem nächsten Tag sieben Tage später ab.

Beispiele:
- *Mittwoch Eingang der Information: am nächsten Mittwoch läuft die Frist ab;*
- *Freitag Eingang der Information: am nächsten Freitag läuft die Frist ab.*

- Fällt der letzte Tag der Frist auf einen Feiertag, Samstag oder Sonntag, so verlängert sich die Frist auf den nächstfolgenden Werktag (= Arbeitstag), vgl. § 193 Bürgerliches Gesetzbuch (BGB).

Beispiele:
- *Mittwoch Eingang der Information; bei dem nachfolgenden Mittwoch handelt es sich um einen Feiertag: Fristablauf am auf den Feiertag folgenden Donnerstag;*
- *Freitag Eingang der Information; bei dem folgenden Freitag handelt es sich um den Karfreitag: Fristablauf am Osterdienstag.*

Fristen

- Ansonsten wird durch »innerhalb« der Frist liegende Feiertage, Samstage oder Sonntage keine Fristverlängerung bewirkt.

Beispiel:
Dienstag vor Ostern Eingang der Information: Fristablauf am Osterdienstag!

- Nach überwiegender Meinung (in der Literatur) soll die Frist während vereinbarter Betriebsferien nicht laufen; hat der Arbeitgeber den Betriebsrat vor Beginn der Betriebsferien informiert, so sollen die infolge der Betriebsferien fehlenden Tage an deren Ende anzuhängen sein.

Beispiel:
Freitag Eingang der Information; am folgenden Montag beginnen Betriebsferien (Dauer: 3 Wochen): Fristablauf am Freitag nach Ende der Betriebsferien.

Beachten: Eine Entscheidung des Bundesarbeitsgerichts in der Frage der Unterbrechung der Anhörungsfrist wegen Betriebsferien liegt bislang nicht vor, so daß Vorsicht angeraten ist. Besser ist es, mit dem Arbeitgeber eine entsprechende Fristverlängerung ausdrücklich und schriftlich zu vereinbaren.
- Eine schriftliche Vereinbarung zwischen Betriebsrat und Arbeitgeber über die Verlängerung der Anhörungsfrist ist rechtlich möglich, allerdings nicht erzwingbar.
- Nach allgemeiner Auffassung endet die Frist bereits bei Geschäftsschluß des letzten Fristtages, nicht erst um 24.00 Uhr. Es sei denn, der Arbeitgeber hat einen »Nachtbriefkasten« eingerichtet.

Zwei- und Mehrwochenfrist:

☐ In einigen Vorschriften des BetrVG sind Fristen von zwei und mehr Wochen vorgesehen.

Beispiele:

§ 19 Abs. 2 BetrVG (Zweiwochenfrist bzgl. der Anfechtung der Betriebsratswahl),
§ 76 Abs. 5 BetrVG (Zweiwochenfrist bzgl. der Anfechtung eines Spruchs der Einigungsstelle).

Fristen

Auch insoweit richten sich Beginn und Ende der Fristen nach §§ 187 Abs. 1, 188 Abs. 2, 193 BGB.

Beispiel (Anfechtung der Betriebsratswahl, § 19 Abs. 2 BetrVG):
Mittwoch Bekanntgabe des Wahlergebnisses; Fristablauf am Mittwoch – zwei Wochen später.

Dreitagesfrist:

☐ Bei → **außerordentlicher Kündigung** hat die Stellungnahme des Betriebsrats (Bedenken) »unverzüglich, spätestens jedoch innerhalb von 3 Tagen« zu erfolgen (vgl. § 102 Abs. 2 Satz 3 BetrVG, siehe auch → **unverzüglich**).

☐ Eine weitere »Dreitagesfrist« findet sich in § 100 Abs. 2 Satz 3 BetrVG (Zustimmungsersetzungsantrag des Arbeitgebers beim Arbeitsgericht zur Durchsetzung »vorläufiger« personeller Maßnahmen).

☐ Bei der Berechnung der »Dreitagesfrist« gelten die §§ 187 Abs. 1, 188 Abs. 1, 193 BGB.

Beispiele (»Bedenken gegen fristlose Kündigung«):
– *Montag Eingang der Information nach § 102 Abs. 1 BetrVG:*
Fristablauf am folgenden Donnerstag (denn: der Tag des Eingangs der Information wird nicht mitgezählt; § 187 Abs. 1 BGB).
– *Mittwoch Eingang der Information nach § 102 Abs. 1 BetrVG:*
Fristablauf am nachfolgenden Montag (denn: der letzte Tag der »Dreitagesfrist« fällt auf einen Samstag; also verlängert sich die Frist auf den nächstfolgenden Werk-[Arbeits-]tag; § 193 BGB).
– *Freitag Eingang der Information nach § 102 Abs. 1 BetrVG:*
Fristablauf ebenfalls am nachfolgenden Montag (denn: innerhalb der Frist liegende Samstage, Sonntage oder Feiertage verlängern die Frist nicht; etwas anderes gilt nur, wenn der »letzte« Tag der Frist auf einen Samstag, Sonntag oder Feiertag fällt; siehe den vorhergehenden Beispielsfall).

Gefahrstoffe

Grundlagen

☐ Wichtigstes Normenwerk zum Schutz von Mensch und Umwelt vor den schädlichen Wirkungen von Gefahrstoffen ist die – auf der Grundlage des Chemikaliengesetzes erlassene – Gefahrstoffverordnung mit ihren »Anhängen« und zugehörigen »Technischen Regeln für Gefahrstoffe« (TRGS).

Die »Anhänge« sind Bestandteile der Gefahrstoffverordnung und enthalten

- allgemeine Bestimmungen für gefährliche Stoffe und Zubereitungen (Anhang I),
- Bestimmungen für gefährliche Zubereitungen (Anhang II),
- zusätzliche Kennzeichnungsvorschriften für bestimmte Stoffe, Zubereitungen und Erzeugnisse (Anhang III),
- Herstellungs- und Verwendungsverbote (Anhang IV),
- besondere Vorschriften für bestimmte Gefahrstoffe und Tätigkeiten (Anhang V),
- Liste der Vorsorgeuntersuchungen (Anhang VI).

☐ Die »Technischen Regeln für Gefahrstoffe« (TRGS) werden vom Ausschuß für Gefahrstoffe (siehe § 52 GefahrstoffVO) erarbeitet und vom Bundesarbeitsminister im Bundesarbeitsblatt veröffentlicht. Sie stellen Erläuterungen/Präzisierungen der Vorschriften der Gefahrstoffverordnung dar.

☐ »Stoffe« im Sinne der Gefahrstoffverordnung sind chemische Elemente (z. B. Fluor, Chlor, Kohlenstoff, Wasserstoff) oder chemische Verbindungen (z. B. Fluorkohlenstoff, Fluorchlorkohlenwasserstoff), die festgelegte Eigenschaften haben.

☐ »Zubereitungen« sind aus zwei oder mehreren »Stoffen« hergestellte Gemische, Gemenge oder Lösungen (z. B. Kühlschmiermittel).

☐ Nach § 4 Abs. 1 GefahrstoffVO sind Stoffe und Zubereitungen »gefährlich«, wenn sie folgende Eigenschaften aufweisen:

Gefahrstoffe

explosionsgefährlich,
brandfördernd,
hochentzündlich,
leichtentzündlich,
entzündlich,
sehr giftig,
giftig,
gesundheitsschädlich (der früher verwendete Begriff »mindergiftig« wurde aufgegeben),
ätzend,
reizend,
sensibilisierend,
krebserzeugend,
fortpflanzungsgefährdend (reproduktionstoxisch),
erbgutverändernd,
umweltgefährlich.

☐ Gefahrstoffe sind auch solche Stoffe und Zubereitungen, die explosionsfähig oder auf sonstige Weise chronisch schädigend sind (vgl. § 4 Abs. 2 GefahrstoffVO).

☐ In §§ 5 bis 14 befaßt sich die Gefahrstoffverordnung mit dem »Inverkehrbringen« von Gefahrstoffen. Hersteller und Einführer werden verpflichtet, gefährliche Stoffe und Zubereitungen ordnungsgemäß zu verpacken und zu kennzeichnen. Dazu gehören insbesondere der Aufdruck der einschlägigen Gefahrensymbole und der Gefahrenbezeichnung, Hinweise auf besondere Gefahren (»R-Sätze«) und Sicherheitsratschläge (»S-Sätze«).

☐ Von besonderer Bedeutung ist § 14 GefahrstoffVO: Diese Vorschrift verpflichtet den Hersteller, Einführer oder erneuten Inverkehrbringer, den Arbeitnehmern spätestens mit der ersten Lieferung des gefährlichen Stoffes bzw. der gefährlichen Zubereitung ein Sicherheitsdatenblatt zu übermitteln. Das Sicherheitsdatenblatt muß gem. Anhang I Nr. 5.1 der Gefahrstoffverordnung folgende Angaben enthalten:

1. Stoff/Zubereitungs- und Firmenbezeichnung
2. Zusammensetzung/Angaben zu Bestandteilen
3. Mögliche Gefahren
4. Erste-Hilfe-Maßnahmen
5. Maßnahmen zur Brandbekämpfung
6. Maßnahmen bei unbeabsichtigter Freisetzung

Gefahrstoffe

7. Handhabung und Lagerung
8. Expositionsbegrenzung und persönliche Schutzausrüstung
9. Physikalische und chemische Eigenschaften
10. Stabilität und Reaktivität
11. Angaben zur Toxikologie
12. Angaben zur Ökologie
13. Hinweise zur Entsorgung
14. Angaben zum Transport
15. Vorschriften
16. Sonstige Angaben

In einem umfangreichen Leitfaden zur Erstellung des Sicherheitsdatenblattes wird im Anhang I Nr. 5.2 der Gefahrstoffverordnung der notwendige Inhalt der vorgenannten 16 »Überschriften« im einzelnen erläutert und vorgeschrieben.

☐ §§ 15 bis 15e GefahrstoffVO regeln Herstellungs-, Verwendungs- und Beschäftigungsverbote bzw. -beschränkungen (Jugendliche, werdende Mütter, gebärfähige Frauen, Heimarbeit) sowie sonstige Vorschriften über Begasungen und Schädlingsbekämpfung.

☐ Weiterer Regelungsschwerpunkt der Gefahrstoffverordnung sind die Vorschriften über den »Umgang« mit Gefahrstoffen (§§ 15–40). Diese Vorschriften auferlegen dem Arbeitgeber, in dessen Betrieb Gefahrstoffe hergestellt, verwendet, aufbewahrt oder gelagert werden, eine Reihe von Verpflichtungen: insbesondere Ermittlungspflichten, Pflicht zur Ergreifung von Schutzmaßnahmen, Überwachungspflichten, Pflichten zur Unterweisung der Arbeitnehmer über Gefahren und Schutzmaßnahmen (vgl. §§ 16 bis 20 GefahrstoffVO, siehe unten). Da davon ausgegangen wird, daß gefährliche Stoffe im Arbeitsprozeß nicht vermeidbar sind, stellen die Regelungen der Gefahrstoffverordnung einen »Kompromiß« dar zwischen den Schutzansprüchen von Mensch und Umwelt einerseits und den »Erfordernissen« des technischen und (betriebs)wirtschaftlichen »Fortschritts« andererseits. Seinen augenfälligen Ausdruck findet dieser Kompromiß insbesondere in der Aufstellung von »Stoff-Grenzwerten«, die unterschritten werden müssen, und »Richtwerten«, die einzuhalten sind. Insbesondere sind folgende »Werte« von Bedeutung (vgl. § 3 Abs. 5–8 GefahrstoffVO):

- MAK-Wert: Maximale Arbeitsplatzkonzentration (MAK) ist die Konzentration eines Stoffes in der Luft am Arbeitsplatz, bei der im allgemeinen die Gesundheit der Arbeitnehmer nicht beeinträchtigt wird (siehe insoweit MAK-Werte-Liste, TRGS 900).

Gefahrstoffe

- BAT-Wert: Biologischer Arbeitsplatztoleranzwert (BAT) ist die Konzentration eines Stoffes oder seines Umwandlungsprodukts im Körper oder die dadurch ausgelöste Abweichung eines biologischen Indikators von seiner Norm, bei der im allgemeinen die Gesundheit der Arbeitnehmer nicht beeinträchtigt wird (siehe TRGS 900).
- TRK-Wert: Technische Richtkonzentration (TRK) ist die Konzentration eines Stoffes in der Luft am Arbeitsplatz, die nach dem Stand der Technik erreicht werden kann. TRK-Werte werden aufgestellt für krebserzeugende Stoffe (siehe Anhang II Nr. 1 Gefahrstoffverordnung) und krebsverdächtige Stoffe, für die kein MAK-Wert besteht (siehe Abschnitt III b der MAK-Werte-Liste, TRGS 900).
- Auslöseschwelle ist die Konzentration eines Stoffes in der Luft am Arbeitsplatz oder im Körper, bei deren Überschreitung zusätzliche Maßnahmen zum Schutze der Gesundheit erforderlich sind. Die Auslöseschwelle gilt als überschritten, wenn Verfahren verwendet werden, bei denen (gesundheitsschützende) Maßnahmen erforderlich sind oder wenn ein unmittelbarer Hautkontakt besteht (siehe insoweit TRGS 100 und spezielle technische Regelungen für bestimmte Stoffe).

☐ Am Anfang der durch den Umgang mit Gefahrstoffen ausgelösten Arbeitgeberpflichten steht seine »Ermittlungspflicht« nach § 16 GefahrstoffVO. Hiernach hat der Arbeitgeber,

- zu prüfen, ob es sich um Gefahrstoffe handelt. Dabei kann der Arbeitgeber von der Richtigkeit von Kennzeichnungen auf der Verpackung oder einer beigefügten Mitteilung oder eines Sicherheitsdatenblatts (vgl. § 14 GefahrstoffVO) ausgehen, es sei denn, er verfügt über andere Erkenntnisse. Verbleiben Ungewißheiten über die Gefährdung, hat sich der Arbeitgeber an den Hersteller oder Einführer zu wenden. Diese sind dem Arbeitgeber auf Verlangen zur Auskunft verpflichtet über Gefahren und zu ergreifende Sicherheitsmaßnahmen;
- unter Berücksichtigung von Umweltschutzbelangen zu prüfen, ob Stoffe, Zubereitungen oder Erzeugnisse mit geringerem gesundheitlichen Risiko erhältlich sind oder durch Änderung des Herstellungs- und Verwendungsverfahrens auf die Verwendung der Gefahrstoffe verzichtet oder das Auftreten der Gefahrstoffe am Arbeitsplatz verhindert oder verringert werden kann; ist dem Arbeitgeber die Verwendung eines Ersatzstoffes oder Ersatzverfahrens zumutbar, darf er nur diese verwenden.

Gefahrstoffe

☐ Der Arbeitgeber ist gemäß § 16 Abs. 3a GefahrstoffVO verpflichtet, ein Verzeichnis aller Gefahrstoffe, mit denen Arbeitnehmer umgehen, zu führen. Das Verzeichnis muß mindestens folgende Angaben enthalten:

- Bezeichnung des Gefahrstoffs,
- Einstufung des Gefahrstoffs oder Angabe der gefährlichen Eigenschaften,
- Mengenbereiche des Gefahrstoffs im Betrieb,
- Arbeitsbereiche, in denen mit dem Gefahrstoff umgegangen wird.

Das Verzeichnis ist auf den jeweils neuesten Stand zu bringen.

☐ Falls ein Gefahrstoff vorliegt, hat der Arbeitgeber die von ihm ausgehenden Gefahren zu ermitteln, zu beurteilen und geeignete Schutzmaßnahmen festzustellen und zu regeln, bevor (!) er Arbeitnehmer mit dem Gefahrstoff umgehen läßt (vgl. § 16 Abs. 4 GefahrstoffVO).

☐ Besondere Ermittlungspflichten hat der Arbeitgeber, wenn mit krebserzeugenden und erbgutverändernden Gefahrstoffen umgegangen werden soll. Nach § 36 Abs. 1 GefahrstoffVO hat er vor dem Umgang mit solchen Gefahrstoffen zur umfassenden Bewertung aller Gefahren für jede Tätigkeit, bei der Beschäftigte solchen Gefahrstoffen ausgesetzt sind (= Exposition), Art, Ausmaß und Dauer der Exposition zu ermitteln. Diese Bewertung muß in regelmäßigen Abständen und bei jeder Änderung der Bedingungen, die sich auf die Exposition auswirken können, erneut vorgenommen werden.

☐ Gemäß § 17 GefahrstoffVO ist der Arbeitgeber verpflichtet,

- die zum Schutz von Leben, Gesundheit und Umwelt erforderlichen Maßnahmen zu ergreifen entsprechend den Vorschriften der Gefahrstoffverordnung einschließlich ihrer »Anhänge« sowie der einschlägigen Arbeitsschutz- und Unfallverhütungsvorschriften. Er hat dabei die allgemein anerkannten sicherheitstechnischen, arbeitsmedizinischen und hygienischen Regeln einschließlich der Regeln über Einstufung, Sicherheitsinformation und Arbeitsorganisation sowie die sonstigen gesicherten arbeitswissenschaftlichen Erkenntnisse zu beachten. Ebenfalls zu beachten hat er die in §§ 6 ff. GefahrstoffVO geregelten Kennzeichnungen, insbesondere die »R-Sätze« (= Hinweise auf besondere Gefahren) und »S-Sätze« (= Sicherheitsratschläge) sowie die Angaben in den Sicherheitsdatenblättern nach § 14 GefahrstoffVO.

Gefahrstoffe

☐ Die erforderlichen Schutzmaßnahmen hat der Arbeitgeber nach § 19 GefahrstoffVO in folgender »Rangfolge« zu gestalten:

- zunächst sind alle nach dem Stand der Technik möglichen »technischen« (und organisatorischen) Maßnahmen durchzuführen, die geeignet sind, zu verhindern, daß gefährliche Gase, Dämpfe oder Schwebstoffe frei werden bzw. daß Arbeitnehmer mit festen oder flüssigen Gefahrstoffen in Hautkontakt kommen (z. B.: geschlossene Systeme); vgl. § 19 Abs. 1 GefahrstoffVO;
- kann das Freiwerden von gefährlichen Gasen, Dämpfen oder Schwebstoffen durch technische Maßnahmen nicht unterbunden werden, so sind diese an der Austritts- oder Entstehungsstelle vollständig zu erfassen und anschließend ohne Gefahr für Mensch und Umwelt zu beseitigen, soweit dies nach dem Stand der Technik möglich ist (z. B.: Absauganlagen); vgl. § 19 Abs. 2 GefahrstoffVO;
- ist eine vollständige Erfassung an der Austritts- oder Entstehungsstelle nicht möglich, so sind die dem »Stand der Technik« entsprechenden »Lüftungsmaßnahmen« zu treffen (z. B.: lüftungstechnische Anlagen, die einen Austausch der schlechten Raumluft mit frischer Außenluft bewerkstelligen); vgl. § 19 Abs. 3 GefahrstoffVO;
- »Stand der Technik« ist der Entwicklungsstand fortschrittlicher Verfahren, Einrichtungen oder Betriebsweisen, der die praktische Eignung einer Maßnahme zum Schutz der Gesundheit der Beschäftigten gesichert erscheinen läßt. Bei der Bestimmung des Standes der Technik sind insbesondere vergleichbare Verfahren, technische Einrichtungen und Betriebsweisen heranzuziehen, die mit Erfolg in der Praxis erprobt worden sind. Gleiches gilt für den Stand der Arbeitsmedizin und Hygiene (vgl. § 3 Abs. 9 GefahrstoffVO);
- erst wenn die vorgenannten Maßnahmen ausgeschöpft sind und dennoch die MAK-Werte sowie BAT-Werte nicht unterschritten werden, hat der Arbeitgeber geeignete Körperschutzmittel (z. B.: Atemschutzgeräte, Schutzanzüge) zur Verfügung zu stellen und in ordnungsgemäßem Zustand zu halten (§ 19 Abs. 5 GefahrstoffVO). Außerdem hat er dafür zu sorgen, daß die Arbeitnehmer so kurz wie möglich mit der betreffenden Arbeit beschäftigt werden. Die Arbeitnehmer ihrerseits sind verpflichtet, die persönlichen Schutzausrüstungen zu tragen. Vorstehendes gilt auch, wenn mit allergischen Reaktionen zu rechnen ist (vgl. § 19 Abs. 5 Satz 2 GefahrstoffVO).

☐ Beachten: Ist die Sicherheitstechnik eines Arbeitsverfahrens weiterentwickelt worden, hat sich diese bewährt und erhöht sich die Arbeits-

Gefahrstoffe

sicherheit dadurch erheblich, so hat der Arbeitgeber das nicht diesem Sicherheitsniveau entsprechende Verfahren soweit zumutbar innerhalb einer angemessenen Frist dieser Fortentwicklung anzupassen (vgl. § 19 Abs. 4 GefahrstoffVO).

☐ Besondere Ermittlungs-, Vorsorge-, Schutz- und Anzeigepflichten hat der Arbeitgeber nach §§ 35 bis 40 GefahrstoffVO zu erfüllen, wenn mit **krebserzeugenden** oder **erbgutverändernden Gefahrstoffen** umgegangen werden soll.

☐ Nach § 18 GefahrstoffVO obliegt dem Arbeitgeber eine »Überwachungspflicht«: ist das Auftreten eines oder verschiedener gefährlicher Stoffe in der Luft am Arbeitsplatz nicht sicher auszuschließen, so hat der Arbeitgeber (z. B. durch Messungen) zu ermitteln, ob die einschlägigen MAK-, BAT- oder TRK-Werte unterschritten bzw. die Auslöseschwelle überschritten sind. Dabei hat er die Gesamtwirkung verschiedener gefährlicher Stoffe in der Luft am Arbeitsplatz zu beurteilen.

Messungen kann der Arbeitgeber selbst durchführen (hierbei hat er die in § 18 Abs. 4 GefahrstoffVO genannten Regeln zu beachten) oder eine außerbetriebliche Stelle beauftragen. Im letzteren Fall kann er davon ausgehen, daß die von der außerbetrieblichen Stelle festgestellten Ergebnisse zutreffend sind, falls diese Stelle von den Ländern anerkannt ist. Das Bundesministerium für Arbeit und Sozialordnung gibt die anerkannten Meßstellen im Bundesarbeitsblatt bekannt (vgl. § 18 Abs. 2 GefahrstoffVO).

Die Meßergebnisse sind aufzuzeichnen und mindestens 30 Jahre aufzubewahren und im Falle der Betriebsstillegung dem zuständigen Unfallversicherungsträger (Berufsgenossenschaft) zu übergeben (vgl. § 18 Abs. 3 GefahrstoffVO).

Dem Gewerbeaufsichtsamt sind die Meßergebnisse auf Verlangen mitzuteilen.

☐ Weitere Arbeitgeberpflichten ergeben sich aus § 20 GefahrstoffVO: Nach dieser Vorschrift hat der Arbeitgeber

- schriftliche arbeitsbereichs- und stoffbezogene »Betriebsanweisungen« zu erstellen, in der die beim Umgang mit Gefahrstoffen auftretenden Gefahren für Mensch und Umwelt dargestellt sowie die erforderlichen Schutzmaßnahmen und Verhaltensregeln festgelegt werden. Gleichfalls muß hingewiesen werden auf die sachgerechte Entsorgung von gefährlichen Abfällen. Außerdem muß die Betriebs-

Gefahrstoffe

anweisung Hinweise enthalten über das Verhalten im Gefahrfall und über Erste Hilfe. Die Betriebsanweisung ist in verständlicher Form und in der Sprache der Beschäftigten (bei Ausländern erforderlichenfalls in der Muttersprache) abzufassen und an geeigneter Stelle (das heißt insbesondere dort, wo mit Gefahrstoffen umgegangen wird) bekanntzumachen;
- die betroffenen Arbeitnehmer anhand der Betriebsanweisung über Gefahren und Schutzmaßnahmen zu unterweisen. Gebärfähige Arbeitnehmerinnen müssen zusätzlich über die besonderen Gefahren bei Schwangerschaft und über Beschäftigungsbeschränkungen (vgl. § 15b Abs. 6, 7 und 8 GefahrstoffVO) unterrichtet werden. Die Unterweisung hat vor Aufnahme der Beschäftigung und danach mindestens einmal jährlich mündlich und arbeitsplatzbezogen zu erfolgen. Inhalt und Zeitpunkt der Unterweisungen sind schriftlich festzuhalten und von den unterwiesenen Beschäftigten durch Unterschrift zu bestätigen (vgl. auch TRGS 555). Der Nachweis der Unterweisung ist zwei Jahre aufzubewahren.

☐ Wegen weiterer Vorschriften über Hygienemaßnahmen, Verpackung und Kennzeichnung beim Umgang mit Gefahrstoffen, Aufbewahrung, Lagerung, Umgang mit den in Anhang V der Gefahrstoffverordnung bezeichneten Gefahrstoffen, Handhabung von Sicherheitstechnik und Maßnahmen bei Betriebsstörungen und Unfällen sowie Vorsorgeuntersuchungen wird auf §§ 22 bis 34 GefahrstoffVO verwiesen.

☐ Die Handlungsmöglichkeiten der zuständigen Behörden (= Gewerbeaufsichtsämter) sind in §§ 41–44 GefahrstoffVO geregelt.

Bedeutung für die Betriebsratsarbeit

☐ Eine zentrale Aufgabenstellung des Betriebsrats auf dem Gebiet des Arbeits- und Gesundheitsschutzes besteht darin, darüber zu wachen, daß der Arbeitgeber die Verpflichtungen einhält, die sich aus der Gefahrstoffverordnung ergeben (vgl. § 80 Abs. 1 Nr. 1 BetrVG).

☐ Darüber hinaus hat er die Aufgabe, Maßnahmen zu beantragen, die dem Wohl, insbesondere dem Schutz der Gesundheit der Beschäftigten dienen (vgl. § 80 Abs. 1 Nr. 2 BetrVG).

Gefahrstoffe

☐ Damit der Betriebsrat seine Aufgaben im Bereich der Gefahrstoffe erfüllen kann, stellen ihm sowohl § 21 GefahrstoffVO als auch das BetrVG eine Reihe von Informations-, Mitwirkungs- und Mitbestimmungsrechten zur Seite. Aus dem Bereich des BetrVG sind insbesondere zu nennen die Informations- und Mitwirkungsrechte nach §§ 80 Abs. 2, 89, 90 BetrVG sowie die Mitbestimmungsrechte nach §§ 87 Abs. 1 Nr. 7 und 91 BetrVG (siehe insoweit → **Arbeitsschutz**).

☐ Die auf dem Gebiet des Arbeitsschutzes (neben § 91 BetrVG) wichtigste Mitbestimmungsvorschrift des § 87 Abs. 1 Nr. 7 BetrVG gewährt Mitbestimmung allerdings nur »im Rahmen der gesetzlichen Vorschriften und Unfallverhütungsvorschriften«. Für den Gefahrstoffbereich bedeutet dies: Ein Mitbestimmungsrecht besteht nur dort, wo die Regelungen der Gefahrstoffverordnung (oder einschlägige Unfallverhütungsvorschriften) Ermessens- und Handlungsspielräume offenlassen, die sodann im Mitbestimmungswege von Arbeitgeber und Betriebsrat zu »füllen« sind. Anders ausgedrückt: Wenn die Vorschriften dem Arbeitgeber eine Verpflichtung auferlegen, ihm aber die Wahl lassen, dieser Verpflichtung auf diese oder auf jene Weise nachzukommen, dann hat der Betriebsrat insoweit ein Mitbestimmungsrecht (einschließlich des Initiativrechts). Verpflichtet dagegen eine Vorschrift den Arbeitgeber, eine Maßnahme »so und nicht anders« durchzuführen, entfällt eine Mitbestimmung des Betriebsrats (siehe → **Arbeitsschutz**).

Beispiele:

- *Die Auswahl unter verschiedenen geeigneten Körperschutzmitteln (vgl. § 19 Abs. 5 Satz 1 GefahrstoffVO) ist nach § 87 Abs. 1 Nr. 7 BetrVG mitbestimmungspflichtig.*
- *Gleiches dürfte gelten, sofern nach dem Stand der Technik verschiedene Schutzmaßnahmen innerhalb der jeweiligen Rangfolge-Ebenen des § 19 Abs. 1, 2, und 3 GefahrstoffVO möglich sind (z. B. Auswahl zwischen verschiedenen möglichen Absaugsystemen).*
- *Nicht mitbestimmungspflichtig ist die Frage, ob der Arbeitgeber Schutzmaßnahmen nach § 19 Abs. 1 oder Abs. 2 oder Abs. 3 oder Abs. 5 GefahrstoffVO ergreift. Denn insoweit hat der Arbeitgeber keinen Ermessens- bzw. Regelungsspielraum. Vielmehr ist er nach der Rangfolgesystematik dieser Vorschrift verpflichtet, die jeweils wirksamste Schutzstufe zu »betreten« (siehe oben: zuerst geschlossene Techniksysteme, dann Absaugung, dann Lüftung, dann Körperschutz) und innerhalb dieser Stufe das nach dem Stand der Technik mögliche*

Gefahrstoffe

zu tun. Anders ausgedrückt: Wenn Maßnahmen nach § 19 Abs. 1 GefahrstoffVO möglich sind, dann darf sich der Arbeitgeber nicht – z. B. aus Kostengründen – mit weniger wirksamen Maßnahmen nach § 19 Abs. 2, 3 oder 5 GefahrstoffVO »begnügen«.

- *Ebenfalls besteht kein Regelungsspielraum des Arbeitgebers und damit auch kein Mitbestimmungsrecht des Betriebsrats, wenn der Gewerbeaufsichtsbeamte eine bestimmte Schutzmaßnahme zwingend anordnet. Läßt die Anordnung dagegen dem Arbeitgeber verschiedene Handlungsmöglichkeiten, hat der Betriebsrat wiederum mitzubestimmen.*

☐ Können sich Arbeitgeber und Betriebsrat über die gemäß § 87 Abs. 1 Nr. 7 BetrVG mitbestimmungspflichtigen Regeln und Maßnahmen nicht einigen, kann die Einigungsstelle angerufen werden (§ 87 Abs. 2 BetrVG). Diese entscheidet dann verbindlich.

☐ Gleiches gilt, wenn der Mitbestimmungstatbestand des § 91 BetrVG (siehe → **Arbeitsschutz**) zum Zuge kommt und Arbeitgeber und Betriebsrat keine Einigung über die zu treffenden Maßnahmen erzielen können.

☐ Die nachfolgende Auflistung gibt in Form der Gegenüberstellung zu den jeweiligen Pflichten des Arbeitgebers einen Überblick über die wichtigsten Betriebsratsrechte:

Pflichten des Arbeitgebers	Rechte des Betriebsrats
1. Ermittlungspflicht: welche Stoffe sind Gefahrstoffe; Sicherheitsdatenblatt (§§ 16 Abs. 1, 36 Abs. 1 GefahrstoffVO)	Informationsrecht nach § 80 Abs. 2 BetrVG
2. Ermittlungspflicht am Arbeitsplatz bzw. im Arbeitsbereich (§ 16 Abs. 4 GefahrstoffVO)	Informationsrecht nach § 80 Abs. 2 BetrVG Anhörungsrecht nach § 21 Abs. 1 Nr. 1 GefahrstoffVO
3. Ermittlungspflicht betr. Ersatzstoffe (§§ 16 Abs. 2, 36 Abs. 2 GefahrstoffVO)	Informationsrecht nach § 80 Abs. 2 BetrVG Anhörungsrecht nach § 21 Abs. 1 Nr. 1 GefahrstoffVO
4. Ermittlungspflicht: Anfrage beim Hersteller/Einführer (§ 16 Abs. 3 GefahrstoffVO)	Informationsrecht nach § 80 Abs. 2 BetrVG

Gefahrstoffe

Pflichten des Arbeitgebers	Rechte des Betriebsrats
5. Überwachungspflicht: Messen am Arbeitsplatz (§ 18 GefahrstoffVO)	Recht auf Hinzuziehung nach § 89 Abs. 2 BetrVG
6. Überwachungspflicht: Meßergebnisse (§ 18 GefahrstoffVO)	Informations-, Einsichts- und Auskunftsrecht nach § 21 Abs. 1 Nr. 2 GefahrstoffVO
7. Überwachungspflicht: Meßprotokolle (§ 18 GefahrstoffVO)	Recht auf Überlassung nach § 21 Abs. 3 GefahrstoffVO
8. Überwachungspflicht: Überschreitung der Grenzwerte (§ 18 GefahrstoffVO)	Recht auf unverzügliche Information nach § 21 Abs. 2 GefahrstoffVO
9. Schutzmaßnahmen: Einsatz von Ersatzstoffen (§§ 16 Abs. 2, 36 Abs. 2 GefahrstoffVO)	Anhörungs- und Vorschlagsrecht nach § 21 Abs. 1 Nr. 1 und Abs. 4 GefahrstoffVO
10. Schutzmaßnahmen: nach § 16 Abs. 4 Satz 2 GefahrstoffVO	Anhörungs- und Vorschlagsrecht nach § 21 Abs. 1 Nr. 1 GefahrstoffVO
11. Schutzmaßnahmen: nach § 17 Abs. 2 GefahrstoffVO	Anhörungs- und Vorschlagsrechts nach § 21 Abs. 1 Nr. 1 GefahrstoffVO
12. Schutzmaßnahmen: technische Maßnahmen zur Verhinderung von Gefahrstofffreisetzung und Hautkontakt (§ 19 Abs. 1 GefahrstoffVO)	Mitbestimmungsrecht nach § 87 Abs. 1 Nr. 7 BetrVG, falls mehrere – dem Stand der Technik entsprechende – Maßnahmen möglich sind; ggf. § 91 BetrVG
13. Schutzmaßnahmen: Erfassungs- und Beseitigungsverfahren (§ 19 Abs. 2 GefahrstoffVO)	Mitbestimmungsrecht nach § 87 Abs. 1 Nr. 7 BetrVG, falls mehrere – dem Stand der Technik entsprechende – Maßnahmen möglich sind; ggf. § 91 BetrVG
14. Schutzmaßnahmen: Lüftungsmaßnahmen (§ 19 Abs. 3 GefahrstoffVO)	Mitbestimmungsrecht nach § 87 Abs. 1 Nr. 7 BetrVG, falls mehrere – dem Stand der Technik entsprechende – Maßnahmen möglich sind; ggf. § 91 BetrVG

Gefahrstoffe

Pflichten des Arbeitgebers	Rechte des Betriebsrats
15. Schutzmaßnahmen: Körperschutzmittel (§ 19 Abs. 5 GefahrstoffVO)	Mitbestimmungsrecht nach § 87 Abs. 1 Nr. 7 BetrVG bei der Auswahl Anhörungsrecht nach § 21 Abs. 1 Nr. 3 GefahrstoffVO; ggf. § 91 BetrVG
16. Schutzmaßnahmen nach § 36 GefahrstoffVO	Mitbestimmungsrecht nach § 87 Abs. 1 Nr. 7 BetrVG, falls mehrere Maßnahmen möglich sind; ggf. § 91 BetrVG
17. Schutzmaßnahmen: zusätzliche Schutzvorkehrungen	Vorschlagsrecht nach § 21 Abs. 4 GefahrstoffVO (vgl. auch § 88 Nr. 1 BetrVG)
18. Betriebsanweisung (§ 20 Abs. 1 GefahrstoffVO)	Mitbestimmungsrecht nach § 87 Abs. 1 Nr. 7 BetrVG bei der Gestaltung der Betriebsanweisung (TRGS 555 beachten)
19. Unterweisung (§ 20 Abs. 2 GefahrstoffVO)	Mitbestimmungsrecht nach § 87 Abs. 1 Nr. 7 BetrVG bei der Gestaltung der Unterweisung (TRGS 555 beachten)
20. Hygienemaßnahmen (§ 22 GefahrstoffVO)	Mitbestimmungsrecht nach § 87 Abs. 1 Nr. 7 BetrVG, soweit Regelungsspielräume vorhanden sind
21. Aufbewahrung, Lagerung (§ 24 GefahrstoffVO)	Mitbestimmungsrecht nach § 87 Abs. 1 Nr. 7 BetrVG, soweit Regelungsspielräume vorhanden sind
22. Vorsorgeuntersuchungen: ärztliche Empfehlung betr. Überprüfung des Arbeitsplatzes (§ 31 GefahrstoffVO)	Informationsrecht nach § 31 Abs. 4 GefahrstoffVO
23. Vorsorgeuntersuchungen: Vorsorgekartei (§ 34 GefahrstoffVO)	auf der Grundlage einer Bevollmächtigung durch einen Arbeitnehmer kann ein Betriebsratsmitglied Einsicht nehmen in die diesen Arbeitnehmer betreffenden Angaben, § 34 Abs. 1 Satz 2 GefahrstoffVO

Gefahrstoffe

Bedeutung für die Beschäftigten

☐ Auch die mit Gefahrstoffen umgehenden Beschäftigten haben Pflichten: z.B. die Pflicht zum Tragen persönlicher Schutzausrüstung gemäß § 19 Abs. 5 Satz 3 GefahrstoffVO. Soweit sie mit sehr giftigen, giftigen, krebserzeugenden, fruchtschädigenden, erbgutverändernden Gefahrstoffen umgehen, dürfen sie in Arbeitsräumen oder an ihren Arbeitsplätzen im Freien keine Nahrungs- und Genußmittel zu sich nehmen (vgl. § 22 Abs. 2 GefahrstoffVO).

☐ Diese Pflichten stehen gegenüber Unterrichtungs- und Anhörungsrechte (insbesondere über Gefahren und Schutzmaßnahmen) nach §§ 81 und 82 BetrVG einerseits und – falls kein Betriebsrat vorhanden ist – gemäß § 21 Abs. 1 GefahrstoffVO andererseits.

☐ Besonders wichtig ist der Informationsanspruch des Beschäftigten nach § 21 Abs. 2 GefahrstoffVO: Überschreitungen der MAK- und TRK-Werte sowie der Auslöseschwelle hat der Arbeitgeber den betroffenen Arbeitnehmern – wie auch dem Betriebsrat – unverzüglich unter Angabe der Gründe mitzuteilen.

☐ Darüber hinaus hat der Arbeitnehmer nach § 21 Abs. 6 GefahrstoffVO das Recht, sich nach »Ausschöpfung der innerbetrieblichen Möglichkeiten« unmittelbar an die zuständige Behörde (= Gewerbeaufsichtsamt) zu wenden, falls die einschlägigen MAK-, TRK- und BAT-Werte nicht unterschritten werden und der Arbeitgeber einer dagegen erhobenen Beschwerde nicht abhilft.

☐ Schließlich ist der einzelne Beschäftigte berechtigt, die Arbeit zu verweigern, wenn infolge der Überschreitung der maßgeblichen Grenzwerte eine unmittelbare Gefahr für Leben oder Gesundheit besteht (§ 21 Abs. 6 GefahrstoffVO).

☐ Dem Arbeitnehmer dürfen aus der Ausübung der sich aus § 21 Abs. 6 GefahrstoffVO ergebenden Rechte keine Nachteile entstehen. Um dies sicherzustellen, sollten der oder die Betroffenen den Betriebsrat vorab einschalten.

Gefahrstoffe

Checkliste:

Gefahrstoffe

Die nachfolgende Auflistung von Fragen soll dem Betriebsrat dabei helfen, sich ein möglichst umfassendes Bild über die Gefahrstoffsituation im Betrieb zu verschaffen und die notwendigen Konsequenzen zu ziehen. Die Erfahrung zeigt, daß der Betriebsrat vor allem dann positive Ergebnisse erzielt, wenn er betriebliche Schwerpunktaktionen durchführt (z. B. Aktion »Kühlschmiermittel«) und Belegschaft und gewerkschaftliche Vertrauensleute in seine Arbeit einbezieht.

Da sich im Bereich der Gefahrstoffe regelmäßig auch Fragen des Umweltschutzes stellen, ist es sinnvoll, zu prüfen, ob und in welchem Umfang die im Betrieb verwendeten Gefahrstoffe »nach außen« gelangen (siehe insoweit → **Umweltschutz im Betrieb**).

1. Fragen betr. Umgang mit Gefahrstoffen

- Haben die mit dem Arbeitsschutz befaßten und verantwortlichen Personen (Arbeitgeber, Betriebsarzt, Sicherheitsfachkraft, Sicherheitsbeauftragte, Betriebsrat) die notwendigen Kenntnisse über Gefahrstoffe und das Gefahrstoffrecht?
- Sind die jeweils neuesten Vorschriften des Gefahrstoffrechts vorhanden und zugänglich?
- Kommt der Arbeitgeber seiner Ermittlungspflicht gemäß § 16 und § 36 Abs. 1 GefahrstoffVO nach?
- Gibt es ein wirksames betriebliches System zur Erfassung und Analyse von Stoffen? Nach welchen innerbetrieblichen Organisationsregeln werden Stoffe beschafft (betriebliches Bestellwesen)? Wird vor der Beschaffung/Bestellung eines Stoffes eine Gefährlichkeitsanalyse vorgenommen?
- Haben die mit dem Einkauf von Stoffen befaßten Mitarbeiter die notwendigen Gefahrstoffkenntnisse? Sind sie über die jeweils neuesten Vorschriften des Gefahrstoffrechts informiert?
- Sind die verwendeten Gefahrstoffe auf der Verpackung vorschriftsmäßig gekennzeichnet (vgl. §§ 5 ff. GefahrstoffVO)?
- Gibt es für die jeweiligen Stoffe »Sicherheitsdatenblätter« (vgl. § 14 GefahrstoffVO)?
- Mit welchen Gefahrstoffen wird im Betrieb umgegangen?
- Welche chemischen Namen haben die Gefahrstoffe?
- Welche Grenz- bzw. Richtwerte gelten für die verwendeten Gefahrstoffe?
  - Maximale Arbeitsplatzkonzentration (MAK)
  - Technische Richtkonzentration (TRK)
  - Biologischer Arbeitsplatztoleranzwert (BAT)
  - Auslöseschwelle
- Gibt es ein Gefahrstoffkataster?
- In welcher Menge werden die Gefahrstoffe wo verwendet?
- In welchen Arbeitsbereichen wird mit Gefahrstoffen umgegangen?

Gefahrstoffe

- Wo existieren »Gefahrstoffschwerpunkte«?
- Bei welchen Arbeitsverfahren entstehen Gefahrstoffe?
- Insbesondere: Welche Stoffe gelangen an welchen Arbeitsplätzen in die Atemluft?
- Mit welchen Gefahrstoffen besteht Hautkontakt?
- Welche Arbeitnehmer sind den Gefahrstoffen ausgesetzt?
- Seit wann und wie lange am Tag sind die Arbeitnehmer dem Gefahrstoff ausgesetzt?
- Welche Gesundheitsgefahren gehen von den Gefahrstoffen aus?
- Werden die Gefahren der Arbeitsstoffe vor (!) Arbeitsaufnahme geprüft?
- Werden Beschäftigte, die keinen direkten Umgang mit Gefahrstoffen haben, z. B. durch Zirkulation von Gasen, Dämpfen oder Stäuben in der Atemluft gefährdet?
- Wird die Einhaltung der Grenzwerte durch Messungen kontrolliert (vgl. § 18 GefahrstoffVO)?
- Liegen Meßprotokolle vor?
- Wurden bislang die Grenzwerte eingehalten?
- Werden Arbeitsbereichsanalysen durchgeführt?
- Werden Beschäftigte und Betriebsrat bei Grenzwertüberschreitungen informiert?
- Wird geprüft, ob es weniger gefährliche bzw. ungefährliche Ersatzstoffe gibt?
- Sind Ersatzverfahren, bei denen auf den Einsatz des Gefahrstoffes verzichtet werden kann, möglich?
- Woran liegt es, daß keine – weniger gefährlichen – Ersatzstoffe eingesetzt bzw. Ersatzverfahren angewendet werden?
- Welche Maßnahmen zum Schutz der Arbeitnehmer sind getroffen worden bzw. notwendig (vgl. §§ 17, 19, 36 GefahrstoffVO)?
  Beispiele:
  – Verarbeitung in geschlossenen Kreisläufen, Absaugung, Frischluftzufuhr,
  – persönliche Schutzausrüstungen: Schutzhandschuhe, Atemschutzmasken, Schutzkleidung.
- Wird die Rangfolge der Schutzmaßnahmen eingehalten?
- Wird der Stand der Technik eingehalten?
- Wird das Arbeitsverfahren jeweils an den fortschreitenden Stand der Sicherheitstechnik angepaßt?
- Welche zusätzlichen Maßnahmen zum Schutz der Gesundheit der Arbeitnehmer sind möglich (vgl. § 88 Nr. 1 BetrVG)?
- Befinden sich dort, wo mit Gefahrstoffen umgegangen wird, gut sichtbar und in leicht verständlicher Form verfaßte »Betriebsanweisungen«, ggf. in der jeweiligen Heimatsprache von ausländischen Arbeitnehmern (vgl. § 20 Abs. 1 GefahrstoffVO)?
- Werden die Arbeitnehmer vor Aufnahme der Beschäftigung und danach mindestens einmal jährlich über die Unfall- und Gesundheitsgefahren sowie über die Maßnahmen und Einrichtungen zur Abwendung dieser Gefahren informiert (vgl. § 20 Abs. 2 GefahrstoffVO; siehe auch § 81 BetrVG)?
- Werden die Hygienevorschriften beachtet (§ 22 GefahrstoffVO)?
- Werden die Gefahrstoffe im Betrieb ordnungsgemäß verpackt, gekennzeichnet, gelagert und transportiert (§§ 23, 24 GefahrstoffVO)?

Gefahrstoffe

- Werden die Gefahrstoffe auf ordnungsgemäße Weise entsorgt?
- Werden die vorgeschriebenen Vorsorgeuntersuchungen durch ermächtigte Ärzte durchgeführt (vgl. §§ 28 ff. GefahrstoffVO)?

2. Fragen zum Gesundheitszustand der Arbeitnehmer

- Wie hat sich der Krankenstand bislang entwickelt?
- Sind gefahrstoffbedingte Unfälle aufgetreten?
- Wurden in den letzten zehn Jahren gefahrstoffbedingte »Berufskrankheiten« (vgl. § 551 RVO) angezeigt bzw. entschädigt?
- Treten in bestimmten Arbeitsbereichen Allergien auf?
- Welche Befindlichkeitsstörungen (= leichte Krankheitssymptome) treten an welchen Arbeitsplätzen bei welchen Beschäftigten häufiger auf (Kopfschmerzen, Übelkeit, Schwindelgefühle, Müdigkeit, Konzentrationsschwierigkeiten, Nervosität usw.)?

3. Konsequenzen

- die Belegschaft über die Gefahrstoffproblematik informieren (in Gesprächen, Info-Schriften, Betriebs- und Abteilungsversammlungen);
- Schwerpunktaktionen im Betrieb durchführen (z.B. Aktion »Kühlschmierstoffe« oder Aktion »Lösungsmittel«);
- ggf. Fragebogenaktion im Betrieb durchführen;
- mit Betriebsarzt, Sicherheitsfachkräften, Sicherheitsbeauftragten und ggf. Berufsgenossenschaft, Gewerbeaufsicht zusammenarbeiten;
- falls erforderlich, → **Sachverständige** nach § 80 Abs. 3 BetrVG hinzuziehen;
- Forderungskatalog aufstellen, der darauf abzielt:
  - vermeidbare Gefahrstoffe aus dem Betrieb zu entfernen (z.B. auszutauschen gegen ungefährliche Ersatzstoffe);
  - zu verhindern, daß neue Gefahrstoffe in den Betrieb eingeführt werden;
  - ein betriebliches Arbeitsschutzsystem zu schaffen, das vom Grundsatz der »Vermeidung« von Gefahrstoffen ausgeht (z.B. entsprechende Organisation des betrieblichen Beschaffungswesens) und die Arbeitnehmer dort, wo der Umgang mit Gefahrstoffen (zur Zeit noch) unvermeidbar ist, optimal schützt (durch Information über Gefahren und Schutzmaßnahmen, verständliche Kennzeichnung, Messungen, geeignete technische und organisatorische Schutzvorrichtungen usw.);
- Verhandlungen mit dem Arbeitgeber aufnehmen;
- ggf. alle rechtlichen Mittel ausschöpfen (Einigungsstelle, Arbeitsgericht, Gewerbeaufsichtsamt, Berufsgenossenschaft).

Literaturhinweis:

Joachim Heilmann (Hrsg.): Gefahrstoffe am Arbeitsplatz, Basiskommentar, Gefahrstoffverordnung, Bund-Verlag.
Kühn/Birett: Merkblätter. Gefährliche Arbeitsstoffe (Loseblattwerk), ecomed Verlagsgesellschaft.

Geheimhaltungspflicht

Was heißt das?

☐ Die Geheimhaltungspflicht der Mitglieder/Ersatzmitglieder des Betriebsrats und anderer Organe der Betriebsverfassung in bezug auf »Betriebs- und Geschäftsgeheimnisse« ist in § 79 BetrVG geregelt.

Es gelten im wesentlichen folgende Grundsätze:

- Es besteht, gleichgültig ob ein Betriebs- oder Geschäftsgeheimnis vorliegt oder nicht, niemals eine Geheimhaltungspflicht »innerhalb« des Betriebsrats und innerhalb der anderen in § 79 Abs. 2 BetrVG aufgeführten Gremien!
- Es besteht auch keine Geheimhaltungspflicht in der Kommunikation zwischen dem Betriebsrat und den in § 79 Abs. 1 Satz 4 BetrVG genannten Organen/Gremien: Gesamtbetriebsrat, Konzernbetriebsrat, Arbeitnehmervertretern im Aufsichtsrat, Einigungsstelle usw.
- Gegenüber solchen Personen, die nicht Mitglieder der in § 79 Abs. 1 Satz 4 BetrVG genannten Organe sind, besteht eine Geheimhaltungspflicht im Sinne des § 79 Abs. 1 BetrVG nur, wenn es sich bei der betreffenden Angelegenheit tatsächlich um ein Betriebs- oder Geschäftsgeheimnis handelt.
- Betriebs- oder Geschäftsgeheimnisse sind Tatsachen,
  - die im Zusammenhang mit dem technischen Betrieb oder der wirtschaftlichen Betätigung des Unternehmens stehen **und**
  - die nicht offenkundig sind (ist die Angelegenheit bereits einem größeren, nicht abgrenzbaren Personenkreis bekannt oder kann sich jeder Interessierte ohne besondere Mühe Kenntnis verschaffen, liegt kein Geheimnis [mehr] vor) **und**
  - die vom Arbeitgeber ausdrücklich als geheimhaltungsbedürftig bezeichnet werden (die Bezeichnung einer Angelegenheit als »vertraulich« reicht nicht aus) **und**
  - an deren Geheimhaltung der Arbeitgeber ein »berechtigtes« Interesse hat (das ist dann der Fall, wenn eine Bekanntgabe der

Geheimhaltungspflicht

Angelegenheit einen Nachteil gegenüber der Konkurrenz oder den Verlust eines Vorteils zur Folge hätte).

Kein »berechtigtes« Interesse des Arbeitgebers besteht beispielsweise bei unlauteren und gesetzwidrigen Vorgängen (z. B. Umweltverseuchung durch Überschreitung von Grenzwerten, Herstellung und Vertrieb verbotener Produkte, Steuerhinterziehung, Nichtabführung von Sozialversicherungsbeiträgen usw.).

Hinweis: Wenn es nur an einer der vorstehend genannten Voraussetzungen fehlt, liegt kein Betriebs- oder Geschäftsgeheimnis vor!

- Beispiele für Geheimnisse:
  Betriebsgeheimnisse: Konstruktionszeichnungen, neue Produktionsverfahren, Unterlagen über Mängel der hergestellten Produkte, Diensterfindungen, Rezeptur einer Reagenz usw.
  Geschäftsgeheimnisse: Kunden- und Lieferantenkarteien, Absatzplanung, Unterlagen über Kalkulation und Preisgestaltung, unter Umständen auch Lohn- und Gehaltslisten, sofern ihr Inhalt Rückschlüsse auf die Kalkulation zuläßt.

- Keine Betriebs- oder Geschäftsgeheimnisse sind beispielsweise Daten und Zahlen aus dem → **Jahresabschluß** einer »Kapitalgesellschaft« (siehe → **Unternehmensrechtsformen**). Dies ergibt sich bereits aus dem Umstand, daß diese Daten zu veröffentlichen sind (sog. Publizitätspflicht). Strittig ist, ob und inwieweit die Daten aus den Jahresabschlüssen von nicht publizitätspflichtigen Unternehmen (= Einzelunternehmen und Personengesellschaften: OHG und KG) Geschäftsgeheimnisse sind.

- Keine Betriebs- oder Geschäftsgeheimnisse sind die Auswirkungen unternehmerischer Planungen und Maßnahmen auf die Arbeitnehmer:

Beispiel:

Der Arbeitgeber teilt dem Betriebsrat mit, daß er die Einführung einer neuen Produktionstechnik plant. Er verbindet die genaue Beschreibung der technischen Einzelheiten mit dem Hinweis, daß diese Informationen gemäß § 79 BetrVG geheimzuhalten seien. Auf Fragen des Betriebsrats, welche Auswirkungen sich auf die Arbeitnehmer ergeben würden, teilt der Arbeitgeber mit, daß einige Beschäftigte entlassen, andere versetzt werden sollten.

Selbst wenn die Einzelheiten der neuen Produktionstechnik als ein Betriebsgeheimnis anzusehen sein sollten (was nur der Fall ist, wenn die

Geheimhaltungspflicht

obengenannten Voraussetzungen allesamt vorliegen), dann ist der Betriebsrat durch § 79 BetrVG keineswegs gehindert, die Beschäftigten über die vom Arbeitgeber geplanten »personellen Maßnahmen« zu informieren.

☐ Die Geheimhaltungspflicht beinhaltet das Verbot, Betriebs- oder Geschäftsgeheimnisse »zu offenbaren« oder »zu verwerten«. Das Verbot gilt auch nach dem Ausscheiden aus dem Betriebsrat (vgl. § 79 Abs. 1 Satz 2 BetrVG).

☐ Eine Geheimhaltungsverpflichtung nach § 79 BetrVG besteht nur, wenn die Angelegenheit den Mitgliedern/Ersatzmitgliedern des Betriebsrats (oder eines anderen in § 79 BetrVG genannten Organs) »wegen ihrer Zugehörigkeit« zu diesem Organ bekanntgeworden ist. Ist dies nicht der Fall, kann sich allerdings eine Verschwiegenheitsverpflichtung aus einem anderen Rechtsgrunde ergeben (z. B. aus dem Arbeitsvertrag; siehe unten).

☐ § 79 Abs. 1 BetrVG gilt sinngemäß für die in § 79 Abs. 2 BetrVG aufgeführten Personen (Mitglieder des Gesamtbetriebsrats, des Konzernbetriebsrat, des Wirtschaftsausschusses, der (Gesamt-)Jugend- und Auszubildendenvertretung, der Einigungsstelle, Vertreter von Gewerkschaften und Arbeitgeberverbänden usw.). Das heißt, auch die Geheimhaltungsverpflichtung dieses Personenkreises besteht nur in den Grenzen der oben dargelegten Grundsätze. Das heißt:

- Keine Verschwiegenheitsverpflichtung gilt »innerhalb« der Gremien und in der Kommunikation zu den in § 79 Abs. 1 Satz 4 BetrVG aufgeführten Stellen;
- ansonsten besteht Geheimhaltungsverpflichtung nur, wenn die Merkmale des »Betriebs- und Geschäftsgeheimnisses« allesamt vorliegen.

☐ § 79 BetrVG ist entsprechend anzuwenden auf → **Sachverständige** (vgl. § 80 Abs. 3, § 108 Abs. 2 Satz 3, § 109 Satz 3 BetrVG) und auf die nach § 107 Abs. 3 Satz 3 BetrVG in den »erweiterten« → **Wirtschaftsausschuß** berufenen Arbeitnehmer (vgl. § 107 Abs. 3 Satz 4 BetrVG). Eine Geheimhaltungspflicht besteht auch für die vom Unternehmer nach § 108 Abs. 2 Satz 2 BetrVG zu Sitzungen des Wirtschaftsausschusses hinzugezogenen Arbeitnehmer (vgl. § 120 Abs. 1 Nr. 4 BetrVG).

☐ Eine weitere Verschwiegenheitsverpflichtung der Mitglieder des Betriebsrats besteht hinsichtlich der »persönlichen Geheimnisse« von

Geheimhaltungspflicht

Arbeitnehmern, die ihnen im Rahmen von personellen Maßnahmen bekanntgeworden sind (vgl. § 99 Abs. 1 Satz 3, § 102 Abs. 2 Satz 5 BetrVG). § 79 Abs. 1 Satz 2 bis 4 BetrVG gilt insoweit entsprechend.

☐ Eine besonders weitreichende Verschwiegenheitspflicht ergibt sich für ein Betriebsratsmitglied, das von einem Arbeitnehmer zu einer Verhandlung nach § 82 Abs. 2 BetrVG bzw. zu einer Einsichtnahme in die Personalakte nach § 83 Abs. 1 BetrVG hinzugezogen wird. Das Betriebsratsmitglied hat über den Inhalt der Verhandlung bzw. der Personalakte strikt Stillschweigen zu bewahren. Die Verschwiegenheitspflicht besteht gegenüber jedermann, also auch gegenüber den anderen Mitgliedern des Betriebsrats! Von dieser Verpflichtung kann der Arbeitnehmer das Betriebsratsmitglied allerdings befreien.

☐ Weitere Verschwiegenheitspflichten:
- die Geheimhaltungspflicht des Arbeitnehmers aufgrund des Arbeitsvertrages;
- die Schweigepflicht der Schwerbehindertenvertretung nach §§ 26 Abs. 7, 27 Abs. 6 Schwerbehindertengesetz;
- die Verschwiegenheitspflicht eines Aufsichtsratsmitgliedes nach § 116 Aktiengesetz in Verbindung mit § 93 Aktiengesetz, § 77 Abs. 1 Satz 2 BetrVG (1952);
- die Verschwiegenheitsverpflichtung, die sich aus § 5 Bundesdatenschutzgesetz ergibt (»Datengeheimnis«):
  Den mit Datenverarbeitung beschäftigten Personen (dazu gehören auch die Mitglieder/Ersatzmitglieder des Betriebsrats!) ist es nach dieser Vorschrift untersagt, »geschützte personenbezogene Daten unbefugt zu verarbeiten oder zu nutzen« (siehe → **Datenschutz**).

☐ Die unbefugte Offenbarung oder Verwertung eines »Betriebs- oder Geschäftsgeheimnisses« ist unter den Voraussetzungen des § 120 Abs. 1, 3 und 4 BetrVG strafbar.

Ebenso macht sich nach § 120 Abs. 2 BetrVG strafbar, wer ein »persönliches Geheimnis« eines Arbeitnehmers unbefugt offenbart.

Die Straftaten nach § 120 BetrVG werden nur auf Antrag der Verletzten (= Arbeitgeber bzw. Arbeitnehmer) verfolgt (§ 120 Abs. 5 BetrVG). Bestraft wird nur »vorsätzliches« Handeln. Fahrlässigkeit genügt nicht. Vorsätzlich handelt, wer den mit Strafe bedrohten Tatbestand kennt und ihn verwirklichen will (= unbedingter Vorsatz) oder wer es für möglich hält, daß er den Straftatbestand verwirklicht und dies billigend in Kauf nimmt (= bedingter Vorsatz). Hat der Täter

Geheimhaltungspflicht

irrtümlich angenommen, sein Handeln sei erlaubt, so bleibt er straffrei, wenn dieser sogenannte Verbotsirrtum unvermeidbar war. War er vermeidbar, kann die Strafe gemildert werden (§ 17 Strafgesetzbuch).

☐ Vom Regelungsgegenstand des § 79 BetrVG ist zu unterscheiden derjenige des § 106 Abs. 2 BetrVG:

Während § 79 BetrVG die Frage beantwortet,

in welchem Umfange das Recht der Mitglieder des Betriebsrats (oder der anderen in dieser Vorschrift genannten Organe) beschränkt ist, Informationen an Dritte weiterzugeben,

regelt § 106 Abs. 2 BetrVG,

unter welchen Voraussetzungen der Unternehmer berechtigt ist, die Erteilung von Informationen an den Wirtschaftsausschuß zu verweigern.

Ein solches Informationsverweigerungsrecht hat der Unternehmer nur, wenn konkrete Anhaltspunkte dafür bestehen, daß durch die Erteilung der Auskunft an die Mitglieder des Wirtschaftsausschusses Betriebs- oder Geschäftsgeheimnisse gefährdet werden.

Verweigert der Unternehmer gegenüber dem Wirtschaftsausschuß eine Auskunft mit Hinweis auf eine angebliche Gefährdung von Betriebs- oder Geschäftsgeheimnissen, kann ein Einigungsstellenverfahren unter den Voraussetzungen des § 109 BetrVG eingeleitet werden mit dem Ziel, die Erteilung der Auskunft zu erzwingen (siehe → **Wirtschaftsausschuß**).

Bedeutung für die Betriebsratsarbeit

☐ Der Betriebsrat darf sich durch § 79 BetrVG auf keinen Fall zu einer »Geheimratspolitik« gegenüber der Belegschaft verleiten lassen. Dem Arbeitgeber sollte von vornherein klar und deutlich gesagt werden, daß der Betriebsrat nicht daran denkt, negative Auswirkungen von Arbeitgebervorhaben auf die Beschäftigten geheimzuhalten.

☐ Die Reichweite der Geheimhaltungspflicht nach § 79 BetrVG wird von vielen Betriebsräten überschätzt. Die Summe der oben dargelegten Begrenzungen der Geheimhaltungspflicht läßt diese Pflicht auf wenige Ausnahmefälle (siehe oben aufgeführte Beispiele) zusammenschrumpfen.

Geheimhaltungspflicht

☐ In Zweifelsfällen: Rat der Gewerkschaft einholen. Ihr gegenüber besteht trotz der Formulierung des § 79 Abs. 1 BetrVG keine Geheimhaltungsverpflichtung, soweit es um die Wahrnehmung betriebsverfassungsrechtlicher Aufgaben und Befugnisse der Gewerkschaft geht. Die Beratung des Betriebsrats in rechtlichen Zweifelsfragen ist eine solche gewerkschaftliche Aufgabe.

Gemeinschaftsbetrieb

Was ist das?

☐ Mit diesem Begriff läßt sich ein Gebilde umschreiben, in dem mehrere → **Unternehmen** einen → **Betrieb** im Sinne des § 1 BetrVG bilden und betreiben (siehe auch → **Ein-Betriebs-Unternehmen** und → **Mehr-Betriebs-Unternehmen**).

Beispiel:

Ein → Ein-Betriebs-Unternehmen *(»Metallbau-GmbH« mit 100 Beschäftigten) wird aufgeteilt in zwei – rechtlich selbständige – Unternehmen (siehe auch* → Betriebsaufspaltung/Unternehmensteilung*):*
1. »Metallbau-Verwaltungs-GmbH« (10 Beschäftigte),
2. »Metallbau-Produktions-GmbH« (90 Beschäftigte).
Sind mit dieser Aufteilung auch zwei → Betriebe *entstanden oder bilden die beiden neuen Unternehmen nach wie vor* einen *(!) Betrieb im Sinne des BetrVG?*

☐ Das Bundesarbeitsgericht (BAG Beschluß vom 14. 9. 1988 – 7 ABR 10/87) sagt hierzu folgendes:

»1. Die Bildung eines gemeinsamen Betriebes durch zwei oder mehrere Unternehmen setzt voraus, daß die Unternehmen eine rechtliche Vereinbarung über die einheitliche Leitung des gemeinsamen Betriebes geschlossen haben. Die Existenz einer solchen Vereinbarung kann sich aus deren ausdrücklichem Abschluß oder aus den näheren Umständen des Einzelfalles ergeben.

2. Ergeben die Umstände des Einzelfalles, daß der Kern der Arbeitgeberfunktionen im sozialen und personellen Bereich von derselben institutionellen Leitung ausgeübt wird, so führt dies regelmäßig zu dem Schluß, daß eine solche Führungsvereinbarung vorliegt.«

☐ Wenn im Beispielsfall eine ausdrückliche Führungsvereinbarung vorliegt oder sich aus den Umständen des Einzelfalles ergibt, daß beide

Gemeinschaftsbetrieb

Unternehmen vor allem im sozialen und personellen Bereich faktisch eine einheitliche Führung haben, dann spricht einiges dafür, daß beide Unternehmen »einen« Betrieb betreiben bzw. bilden. Kriterien, die für die einheitliche Leitung eines gemeinsamen Betriebs (und damit für einen Gemeinschaftsbetrieb) sprechen, sind beispielsweise:

- gemeinsame räumliche Unterbringung,
- gemeinsame Nutzung von Betriebsmitteln,
- personelle, technische und organisatorische Verknüpfung der Arbeitsabläufe,
- räumliche Nähe von verschiedenen Funktionsbereichen (Produktion, Verwaltung, Vertrieb),
- gemeinsame Nutzung zentraler Betriebseinrichtungen (Lohn- und Gehaltsbuchhaltung, Buchhaltung, Sekretariat, Druckerei, Kantine, betriebliche Altersversorgung),
- Arbeitnehmertausch,
- gemeinsame Urlaubspläne,
- gemeinsame Wahrnehmung von Ausbildungsaufgaben,
- Zusammengehörigkeitsgefühl der Belegschaften,
- Personenidentität der Mitglieder der Unternehmensorgane (Geschäftsführung, Vorstand, Gesellschafter),
- Personenidentität der Leitungsebene unterhalb der Geschäftsführung/des Vorstandes.

Zu beachten ist, daß das Vorliegen eines einzelnen der vorgenannten Kriterien nicht ausreicht, um einen Gemeinschaftsbetrieb anzunehmen. Vielmehr kommt es auf eine Gesamtabwägung der Merkmale an, die für und gegen einen Gemeinschaftsbetrieb sprechen. Drängt sich der Eindruck auf, daß die unternehmensrechtliche Umstrukturierung die bisherigen betrieblichen Leitungs- und Organisationsstrukturen und Abläufe praktisch im wesentlichen unverändert gelassen hat, ist weiterhin von einem einheitlichen Betrieb auszugehen.

☐ Hinzuweisen ist auf § 322 Abs. 1 Umwandlungsgesetz (UmwG). Nach dieser Vorschrift wird »vermutet«, daß ein Betrieb von den beteiligten Unternehmen gemeinsam geführt wird (also ein Gemeinschaftsbetrieb vorliegt), wenn eine »Spaltung« im Sinne des Umwandlungsgesetzes (siehe → **Umwandlung von Unternehmen**) nicht zu einer organisatorischen Änderung im Betrieb führt. Klargestellt wird in dieser Vorschrift, daß in diesem Falle betriebsverfassungsrechtlich und auch kündigungsschutzrechtlich von einem einheitlichen Betrieb auszugehen ist.

Gemeinschaftsbetrieb

☐ Fehlt es dagegen in obigem Beispiel an einer gemeinsamen und einheitlichen Leitung oder werden mit der Unternehmensteilung auch die realen arbeitstechnischen und organisatorischen Strukturen verändert, liegt kein einheitlicher Betrieb im Sinne des BetrVG (mehr) vor. In diesem Falle bilden die beiden Unternehmen jeweils einen Betrieb. Es handelt sich dann um zwei → **Ein-Betriebs-Unternehmen.** Werden die beiden Ein-Betriebs-Unternehmen von einem dritten Unternehmen beherrscht, liegt ein → **Konzern** vor. Zu den weiteren Konsequenzen einer solchen Unternehmensteilung siehe → **Betriebsaufspaltung/Unternehmensteilung,** → **Umwandlung von Unternehmen.**

Bedeutung für die Betriebsratsarbeit

☐ Der Betriebsrat in einem Gemeinschaftsbetrieb vertritt die Interessen aller in den jeweiligen Unternehmen beschäftigten Arbeitnehmer.

Beispiel:

Die Firmen »Metallbau-Verwaltungs-GmbH« und »Metallbau-Produktions-GmbH« bilden einen Gemeinschaftsbetrieb. Beabsichtigt die Firma »Metallbau-Verwaltungs-GmbH« einen bei ihr tätigen Arbeitnehmer zu kündigen, so ist der Betriebsrat ebenso zuständig und nach § 102 Abs. 1 BetrVG anzuhören wie wenn die Firma »Metallbau-Produktions-GmbH« die Kündigung eines bei ihr beschäftigten Arbeitnehmers plant.

☐ Man muß wohl davon ausgehen, daß der Betriebsrat auch einen → **Wirtschaftsausschuß** errichten kann, dessen Zuständigkeit sich dann auf alle Unternehmen des Betriebs erstreckt. Dies gilt jedenfalls dann, wenn in den Unternehmen zusammengerechnet »in der Regel mehr als 100 Arbeitnehmer« beschäftigt sind (vgl. §§ 106 ff. BetrVG).

☐ Wenn mehrere Unternehmen nicht in der oben beschriebenen Weise zu einem Gemeinschaftsbetrieb verbunden sind, so ist in jedem Unternehmen ein Betriebsrat zu wählen, wenn die Voraussetzungen des § 1 BetrVG vorliegen. Wenn zwischen den Unternehmen oder zu einem weiteren (dritten) Unternehmen ein Beherrschungsverhältnis besteht, kommt die Errichtung eines → **Konzernbetriebsrats** in Betracht.

Bedeutung für die Beschäftigten

☐ Arbeitsvertragspartei der Beschäftigten und damit →**Arbeitgeber** im Sinne des Arbeitsvertragsrechts sind die jeweiligen Unternehmen im Gemeinschaftsbetrieb. In obigem Beispiel ist demgemäß die Firma »Metallbau-Verwaltungs-GmbH« Arbeitsvertragspartei der bei ihr tätigen zehn Arbeitnehmer. Demgegenüber ist die Firma »Metallbau-Produktions-GmbH« Arbeitsvertragspartei der dort beschäftigten 90 Arbeitnehmer.

☐ Wird beispielsweise ein Beschäftigter der »Metall-Produktions-GmbH« gekündigt und will der Betroffene Kündigungsschutzklage erheben, so muß die Klage gegen die »Metall-Produktions-GmbH« gerichtet werden.

Gemeinschaftsbetrieb

Muster:
Führungsvereinbarung für den Betrieb...

1. Angesichts der Tatsache, daß... in absehbarer Zeit im Rahmen einer Unternehmensteilung
   - der Bereich... in eine neu zu gründende... GmbH übergeht;
   - der Bereich... an die... GmbH übergeht;
   - der Bereich in eine neu zu gründende... GmbH übergeht;
   - die o. g. Bereiche nach dem Gesamtbild der tatsächlichen Verhältnisse auch nach der Umstrukturierung wirtschaftlich und organisatorisch eine Einheit darstellen,
   - zwischen den o. g. Bereichen bzw. Unternehmen eine enge personelle und technische Verflechtung besteht mit gegenseitiger Nutzung der technischen Einrichtungen und personellem Austausch,
   - eine räumliche und organisatorische Trennung der Bereiche bzw. Unternehmen in absehbarer Zeit nicht durchgeführt werden soll,

   besteht Einvernehmen mit dem Ziel:

   - bewährte Formen der Zusammenarbeit aufrechtzuerhalten;
   - einen einheitlichen Betriebsrat am Standort... beizubehalten;
   - Rechtsunsicherheiten zu vermeiden;

   am Standort... einen gemeinschaftlichen Betrieb zu betreiben.

2. Die beteiligten bzw. zu bildenden Unternehmen werden unmittelbar nach ihrer Gründung dieser Führungsvereinbarung beitreten.

3. Diese Vereinbarung kann mit einer Frist von... zum letzten Tag des Monats Februar des Jahres, in dem gem. § 13 Abs. 1 BetrVG regelmäßig Betriebsratswahlen stattfinden, gekündigt werden.

Unterschriften der beteiligten Unternehmen

Gesamtbetriebsrat

Was ist das?

☐ Besteht ein →**Unternehmen** aus mehreren →**Betrieben** (siehe →**Mehr-Betriebs-Unternehmen**), dann ist von den örtlichen Betriebsräten ein Gesamtbetriebsrat zu bilden (§ 47 Abs. 1 BetrVG; zwingende Verpflichtung!).

☐ Die Bildung des Gesamtbetriebsrats geschieht dadurch, daß jeder Betriebsrat (durch Beschluß) zwei seiner Mitglieder (einen Vertreter der Gruppe der Arbeiter, einen Vertreter der Gruppe der Angestellten) in den Gesamtbetriebsrat entsendet (§ 47 Abs. 2 Satz 1 und 2 BetrVG).
Der Betriebsrat entsendet nur **ein** Mitglied in den Gesamtbetriebsrat, wenn er nur aus Vertretern einer Gruppe (z. B. nur Arbeitervertreter) besteht (§ 47 Abs. 2 Satz 1 BetrVG).
Das gleiche gilt, wenn der Betriebsrat nur aus einer Person besteht oder wenn sich von einer Gruppe im Betriebsrat kein Vertreter bereit findet, in den Gesamtbetriebsrat einzutreten, oder wenn eine Gruppe von ihrem Entsendungsrecht keinen Gebrauch macht.

☐ Sind beide Gruppen im Betriebsrat vertreten, wählen sie unter den Voraussetzungen des § 47 Abs. 2 Satz 2 BetrVG ihren Vertreter im Gesamtbetriebsrat selbst.

☐ Der Gesamtbetriebsrat hat nicht – wie die örtlichen Betriebsräte – eine feste Amtszeit. Vielmehr ist er – einmal ins Leben gerufen – eine Dauereinrichtung mit wechselnden Mitgliedern.
Der Mitgliederwechsel kann viele Ursachen haben: Abberufung durch den örtlichen Betriebsrat, Ende der Amtszeit eines örtlichen Betriebsrats wegen Wahl eines neuen Betriebsrats usw.

☐ Die Beschlüsse des Gesamtbetriebsrats werden – von Ausnahmen abgesehen – mit der einfachen Mehrheit der Stimmen der anwesenden Mitglieder gefaßt (§ 51 Abs. 4 Satz 1 BetrVG). Dabei kommt es nicht auf die Zahl der Mitglieder des Gesamtbetriebsrats an, sondern allein

Gesamtbetriebsrat

auf deren »Stimmengewicht«. Das »Stimmengewicht« des einzelnen Mitglieds richtet sich nach der Zahl der – zum Zeitpunkt der letzten Betriebsratswahl (Wählerliste) beschäftigten – wahlberechtigten Arbeitnehmer bzw. Gruppenangehörigen (ergibt sich aus der Wählerliste) im Herkunftsbetrieb (§ 47 Abs. 7 BetrVG).

Beispiel:

Betrieb A:
600 wahlberechtigte Arbeiter,
300 wahlberechtigte Angestellte.
Es werden vom Betriebsrat ein Arbeitervertreter und ein Angestelltenvertreter entsandt.

Betrieb B:
200 wahlberechtigte Arbeiter,
50 wahlberechtigte Angestellte.
Es wird vom Betrieb nur ein Vertreter entsandt, weil sich der Angestelltenvertreter im Betriebsrat nicht bereit findet, in den Gesamtbetriebsrat entsandt zu werden.

Betrieb C:
500 wahlberechtigte Arbeiter,
200 wahlberechtigte Angestellte.
Es werden vom Betriebsrat ein Arbeitervertreter und ein Angestelltenvertreter entsandt.

Der Gesamtbetriebsrat hat also 5 Mitglieder.

Bei einer Abstimmung im Gesamtbetriebsrat haben die Mitglieder folgende »Stimmengewichte«:

der Arbeitervertreter aus dem Betrieb A	*600,*
der Angestelltenvertreter aus dem Betrieb A	*300,*
der einzige Vertreter aus dem Betrieb B	*250,*
(d. h. auf ihn entfallen auch die Stimmen der 50 Angestellten!),	
der Arbeitervertreter aus dem Betrieb C	*500,*
der Angestelltenvertreter aus dem Betrieb C	*200.*

☐ »Beschlußfähigkeit« ist gegeben, wenn mindestens die Hälfte der Mitglieder des Gesamtbetriebsrats an der Beschlußfassung teilnimmt und die teilnehmenden Mitglieder mindestens die Hälfte des »Stimmengewichts« aller Gesamtbetriebsratsmitglieder repräsentieren (§ 51 Abs. 4 Satz 3 BetrVG).

Gesamtbetriebsrat

☐ Bei Stimmengleichheit ist ein Beschlußantrag abgelehnt (§ 51 Abs. 4 Satz 2 BetrVG). Auch bei der Feststellung der Stimmengleichheit ist das »Stimmengewicht« maßgeblich.

☐ In den Fällen, in denen für einen Beschluß »absolute« Stimmenmehrheit erforderlich ist (z. B. Übertragung von Aufgaben zur selbständigen Erledigung auf den Gesamtbetriebsausschuß; § 51 Abs. 1 Satz 1 in Verbindung mit § 27 Abs. 3 BetrVG), müssen – neben dem Vorhandensein der Beschlußfähigkeit – dem Beschluß so viele Mitglieder zustimmen, daß die Summe ihrer »Stimmengewichte« mehr als die Hälfte aller im Gesamtbetriebsrat vertretenen »Stimmengewichte« beträgt.

☐ Die Gesamt-Jugend- und Auszubildendenvertretung hat nach §§ 73 Abs. 2, 67 Abs. 2 BetrVG Stimmrecht im Gesamtbetriebsrat, wenn der zu fassende Beschluß »überwiegend« jugendliche und auszubildende Arbeitnehmer betrifft. In die Abstimmung bringt jedes Mitglied der Gesamt-Jugend- und Auszubildendenvertretung so viele Stimmen ein, wie ihm nach § 72 Abs. 7 BetrVG zustehen (Zahl der jugendlichen und auszubildenden Arbeitnehmer gemäß Wählerliste!).

☐ Wegen weiterer Einzelfragen zur Zusammensetzung und Organisation der Arbeit des Gesamtbetriebsrats: siehe §§ 47 bis 53 BetrVG.

☐ In § 50 BetrVG ist die Frage der »Arbeitsteilung« zwischen Gesamtbetriebsrat und örtlichen Betriebsräten geregelt. Der Gesamtbetriebsrat ist den örtlichen Betriebsräten nicht übergeordnet. Vielmehr werden die betriebsverfassungsrechtlichen Aufgaben grundsätzlich von den örtlichen Betriebsräten in eigener Zuständigkeit wahrgenommen.

Eine **Zuständigkeit des Gesamtbetriebsrats** besteht allerdings

1. wenn es um die Behandlung von Angelegenheiten geht, die das Gesamtunternehmen oder mehrere Betriebe betreffen und die nicht durch die einzelnen Betriebsräte innerhalb ihrer Betriebe geregelt werden können (vgl. § 50 Abs. 1 BetrVG);

Beispiele:

Regelungsprobleme einer unternehmensweit geltenden → betrieblichen Altersversorgung; Vereinbarung einer unternehmenseinheitlichen Gratifikationsordnung; Vereinbarung eines → Interessenausgleichs und → Sozialplans bei der Stillegung aller Betriebe des Unternehmens),

2. oder wenn ein örtlicher Betriebsrat mit der Mehrheit der Stimmen seiner Mitglieder den Gesamtbetriebsrat beauftragt, eine Angelegenheit für ihn zu behandeln (vgl. § 50 Abs. 2 BetrVG).

☐ Weitere Aufgaben ergeben sich für den Gesamtbetriebsrat aus einigen Mitbestimmungsgesetzen (siehe → **Unternehmensmitbestimmung**) sowie den dazu erlassenen Wahlordnungen:

Beispiele:
1. Bestellung des Unternehmenswahlvorstandes für die Wahl der Aufsichtsratsmitglieder der Arbeitnehmer.
2. Entgegennahme eines Antrages auf Abberufung eines Aufsichtsratsmitgliedes der Arbeitnehmer und die Anfechtung der Wahl von Aufsichtsratsmitgliedern der Arbeitnehmer.

Bedeutung für die Betriebsratsarbeit

☐ Die wesentlichste Aufgabe des Gesamtbetriebsrats besteht (neben seinen gesetzlichen Aufgaben nach § 50 BetrVG, siehe oben) darin, Strategien des Unternehmers (Arbeitgebers) entgegenzuwirken, die darauf abzielen, die Belegschaften und Betriebsräte der einzelnen Betriebe gegeneinander auszuspielen.

Beispiel:
Der Betriebsrat des Betriebes A verweigert die Zustimmung zu Überstunden. Der Arbeitgeber droht die Verlagerung der Produktion in andere Betriebe des Unternehmens an.

Hier gibt es Handlungsbedarf, der über den Gesamtbetriebsrat organisiert werden kann und muß.

☐ Natürlich ist die Institution des Gesamtbetriebsrats kein »Patentrezept« gegen solche Strategien des Gegeneinanderausspielens. Immerhin bietet er aber den örtlichen Betriebsräten die Möglichkeit und Chance, Informationen auszutauschen und eine von gemeinsamen Prinzipien getragene, über den »Tellerrand« des Einzelbetriebes hinausweisende Gegenstrategie zu entwickeln.

☐ Siehe auch → **Konzernbetriebsrat** und → **Europäischer Betriebsrat**.

Geschäftsordnung des Betriebsrats

Was ist das?

☐ Nach § 36 BetrVG »soll« der Betriebsrat sich eine schriftliche Geschäftsordnung geben. Die Geschäftsordnung enthält Bestimmungen über die innere Organisation der Betriebsratsarbeit. Insbesondere werden durch die Geschäftsordnung diejenigen Sachverhalte konkretisiert, die in §§ 26 ff. BetrVG geregelt sind.

☐ In der Geschäftsordnung können beispielsweise genauer bestimmt werden:

- Fragen der Arbeitsteilung: insbesondere die Aufgaben, Pflichten und Kompetenzen des Betriebsratsvorsitzenden sowie seines Stellvertreters (vgl. § 26 BetrVG), des Betriebsausschusses (vgl. § 27 BetrVG) bzw. der weiteren Ausschüsse (vgl. § 28 BetrVG), der nach § 38 BetrVG Freigestellten und der weiteren Mitglieder des Betriebsrats;
- der Begriff »laufende Geschäfte« (vgl. § 27 BetrVG);
- die Einzelheiten über die → **Betriebsratssitzung** (vgl. § 29 BetrVG) und die → **Betriebsversammlung** (vgl. §§ 42 ff. BetrVG).

☐ Zu beachten ist, daß von den Vorschriften der §§ 26 ff. BetrVG nicht abgewichen werden darf, soweit diese zwingenden Charakter haben (z. B. die Bildung eines Betriebsausschusses in einem 9- und mehrköpfigen Betriebsrat ist zwingend vorgeschrieben, vgl. § 27 Abs. 1 BetrVG; ebenso verbindlich sind die Regelungen über die Beschlußfassung im Betriebsrat, vgl. § 33 BetrVG).

Bedeutung für die Betriebsratsarbeit

☐ Der Erlaß einer Geschäftsordnung macht durchaus Sinn. Schon die Debatte um den Inhalt der Geschäftsordnung ist ein Vorgang, der das Bewußtsein aller Betriebsratsmitglieder für die Notwendigkeit bestmöglicher Organisation der Betriebsratsarbeit schärft. Hinzu kommt,

Geschäftsordnung des Betriebsrats

daß eine Geschäftsordnung dazu beitragen kann, die Organisation der Betriebsratsarbeit für alle Betriebsratsmitglieder, insbesondere auch für neu eintretende Ersatzmitglieder, transparent zu machen. Außerdem stellt eine Geschäftsordnung ein Stück Rechtssicherheit dar: Jedes Mitglied weiß um seine Rechte und Pflichten und kann die Einhaltung der Geschäftsordnung einfordern.

Gestaltung von Arbeitsplatz, Arbeitsablauf und Arbeitsumgebung

☐ Das Betriebsverfassungsgesetz unterscheidet vier Bereiche, innerhalb derer dem Betriebsrat → **Beteiligungsrechte** zustehen:
- soziale Angelegenheiten, §§ 87 bis 89 BetrVG;
- Gestaltung von Arbeitsplatz, Arbeitsablauf und Arbeitsumgebung, §§ 90, 91 BetrVG;
- personelle Angelegenheiten, §§ 92 bis 105 BetrVG;
- wirtschaftliche Angelegenheiten, §§ 106 bis 113 BetrVG.

☐ Der Betriebsrat hat bei der Gestaltung von Arbeitsplatz, Arbeitsablauf und Arbeitsumgebung nach § 90 BetrVG »Informationsrechte« und »Mitwirkungsrechte« in Form des Beratungsrechts, wenn der Arbeitgeber Investititionen und/oder die Durchführung betriebs- und arbeitsorganisatorischer Maßnahmen plant.

☐ Insbesondere ist der Betriebsrat zu beteiligen
- bei baulichen Vorhaben des Arbeitgebers;
- bei der Planung und Einführung neuer Techniken (Ersatzinvestitionen, Erweiterungsinvestitionen und Rationalisierungsinvestitionen);
- bei der Planung und Einführung neuer und Veränderung bisheriger Arbeitsverfahren und Arbeitsabläufe (organisatorische Rationalisierung);
- bei der Planung der Einrichtung und Gestaltung der bisherigen sowie neuer Arbeitsplätze.

☐ Zu beachten ist, daß der Betriebsrat schon in der »Planungsphase« zu beteiligen ist (siehe → **Rechtzeitig**, → **Unternehmensplanung**).

☐ Hat der Arbeitgeber eine der vorstehenden Maßnahmen durchgeführt und ist festzustellen, daß diese Maßnahme gegen »gesicherte arbeitswissenschaftliche Erkenntnisse über die menschengerechte Gestaltung der Arbeit« verstößt und die betroffenen Arbeitnehmer in besonderer Weise belastet, dann steht dem Betriebsrat gemäß § 91 BetrVG ein »korrigierendes Mitbestimmungsrecht« zu. Das heißt, er kann Maßnahmen zur Abwendung, Milderung oder zum Ausgleich

Gestaltung von Arbeitsplatz, Arbeitsablauf und Arbeitsumgebung

der Belastung verlangen. Lehnt der Arbeitgeber ab, entscheidet die Einigungsstelle (siehe → **Arbeitsschutz**).

☐ Des weiteren ist zu beachten, daß bei den obengenannten Vorhaben des Arbeitgebers nicht nur die §§ 90, 91 BetrVG, sondern eine Vielzahl weiterer Vorschriften in Betracht kommen. Je komplexer ein Vorhaben des Arbeitgebers ist, desto mehr Vorschriften des Betriebsverfassungsgesetzes können berührt sein. Von zentraler Bedeutung sind im Zusammenhang mit der Gestaltung von Arbeitsplatz, Arbeitsablauf und Arbeitsumgebung vor allem die Mitbestimmungsrechte des Betriebsrats nach § 87 Abs. 1 Nr. 2 BetrVG (siehe →**Arbeitszeit**), § 87 Abs. 1 Nr. 6 BetrVG (siehe → **Rationalisierung**) und § 87 Abs. 1 Nr. 7 BetrVG (siehe →**Arbeitsschutz**). Siehe auch § 111 Satz 2 Nrn. 4 und 5 BetrVG; → **Betriebsänderung**.

Gewerkschaft

Was ist das?

☐ Der Gewerkschaftsbegriff ist von der Rechtsprechung für das gesamte Arbeitsrecht einheitlich geprägt worden. Eine Gewerkschaft ist hiernach eine Vereinigung von Arbeitnehmern, die folgende Merkmale aufweist:

1. Es muß sich um einen freiwilligen Zusammenschluß von Arbeitnehmern auf überbetrieblicher Ebene handeln.

2. Die Arbeitnehmervereinigung muß so organisiert sein, daß sie unabhängig vom Wechsel ihrer Mitglieder besteht.

3. Sie muß gegnerfrei sein, das heißt, in ihr dürfen nur Arbeitnehmer, nicht aber gleichzeitig Arbeitgeber des in Frage kommenden Organisationsbereiches Mitglied sein.

4. Die Arbeitnehmervereinigung muß außerdem unabhängig vom sozialen Gegenspieler sein.

5. Ihre innere Struktur sowie ihre Willensbildung haben demokratischen Erfordernissen zu entsprechen. Insbesondere sind die Mitglieder der Vereinigung an der Willensbildung zu beteiligen.

6. Die Arbeitnehmervereinigung muß das geltende Tarifrecht anerkennen und es sich zur Aufgabe gemacht haben, die Arbeitsbedingungen ihrer Mitglieder durch Abschluß von Tarifverträgen zu gestalten.

7. Dabei muß eine grundsätzliche Bereitschaft zum Einsatz von Arbeitskampfmitteln gegeben sein.

8. Schließlich muß die Arbeitnehmervereinigung über eine gewisse »soziale Mächtigkeit« verfügen. Das heißt, sie muß insbesondere von ihrer Mitgliederzahl und Leistungsfähigkeit der Organisation (größere Zahl Hauptamtlicher, Finanzkraft) in der Lage sein, so viel Druck auf den sozialen Gegenspieler (Arbeitgeberverband bzw. einzelner Arbeitgeber) auszuüben, daß dieser sich auf Tarifverhandlungen einlassen muß.

Gewerkschaft

☐ In der größten Gewerkschaftsorganisation – dem Deutschen Gewerkschaftsbund mit seinen 16 Einzelgewerkschaften – sind knapp 10 Millionen Mitglieder organisiert (Stand: 31. 12. 1994). Weitere Gewerkschaftsorganisationen sind die Deutsche Angestelltengewerkschaft und der Christliche Gewerkschaftsbund.

☐ Hauptaufgaben und Betätigungsfelder der Gewerkschaften sind:

- die Tarifpolitik (Abschluß von Tarifverträgen),
- die Zusammenarbeit mit dem Betriebsrat und der Belegschaft im Rahmen der Betriebsverfassung,
- die Einwirkung auf Politik und Gesetzgebung mit dem Ziel der Verbesserung der Arbeits- und Lebensbedingungen,
- die Vertretung ihrer Mitglieder vor den Arbeits- und Sozialgerichten,
- die Wahrnehmung von Aufgaben und Rechten in vielen Bereichen des Arbeits-, Sozial- und Wirtschaftslebens (z. B. Entsendung von ehrenamtlichen Richtern zu den Arbeits- und Sozialgerichten, Entsendung von Vertretern in die Organe der Sozialversicherung usw.).

☐ In den vorgenannten Bereichen treten die Gewerkschaften den Arbeitgeberverbänden als ihrem »sozialen Gegenspieler« gegenüber (siehe auch: → **Arbeitgeberverband**).

Bedeutung für die Betriebsratsarbeit

☐ Das BetrVG trennt die Interessenvertretung der Arbeitnehmer eines Betriebes durch den Betriebsrat von der Interessenvertretung durch die Gewerkschaft (Zweigleisigkeit der Interessenvertretung). Während der Betriebsrat als von den Arbeitnehmern des Betriebs gewähltes Organ der Betriebsverfassung im Betrieb installiert ist, steht die Gewerkschaft zunächst »draußen«. Sie ist nur dann »im Betrieb vertreten«, wenn ihr mindestens ein Arbeitnehmer des Betriebs als Mitglied angehört.

☐ Damit die im Betrieb vertretene Gewerkschaft ihre im BetrVG genannten »Aufgaben und Befugnisse« wahrnehmen kann, ist ihrem Beauftragten – nach Unterrichtung des Arbeitgebers oder seines Vertreters – Zugang zum Betrieb zu gewähren, soweit dem nicht unumgängliche Notwendigkeiten des Betriebsablaufs, zwingende Sicherheits-

Gewerkschaft

vorschriften oder der Schutz von Betriebsgeheimnissen entgegenstehen (vgl. § 2 Abs. 2 BetrVG).

»Aufgaben und Befugnisse« der Gewerkschaft sind insbesondere in folgenden Vorschriften des BetrVG normiert (keine abschließende Aufzählung):

- § 14 Abs. 5   Einreichung eigener Wahlvorschläge für die Betriebsratswahl (siehe auch § 63 Abs. 2: Jugend- und Auszubildendenvertretung)
- § 16 Abs. 1   Entsendungsrecht in den Wahlvorstand, wenn der Gewerkschaft kein stimmberechtigtes Mitglied angehört (siehe auch § 63 Abs. 2: Jugend- und Auszubildendenvertretung)
- § 16 Abs. 2   Antrag auf Bestellung eines Wahlvorstandes beim Arbeitsgericht, wenn acht Wochen vor Ablauf der Amtszeit des amtierenden Betriebsrats noch kein Wahlvorstand besteht (siehe auch § 63 Abs. 2: Jugend- und Auszubildendenvertretung)
- § 17 Abs. 2   Einberufung einer Betriebsversammlung zur Bestellung eines Wahlvorstandes in einem betriebsratslosen Betrieb
- § 17 Abs. 3   Antrag auf Bestellung eines Wahlvorstandes, wenn gemäß § 17 Abs. 1 und 2 kein Wahlvorstand bestellt wurde
- § 18 Abs. 1   Antrag beim Arbeitsgericht auf Absetzung eines untätigen Wahlvorstandes (siehe auch § 63 Abs. 3: Jugend- und Auszubildendenvertretung)
- § 18 Abs. 2   Antrag beim Arbeitsgericht auf Feststellung der Selbständigkeit eines Nebenbetriebs oder Betriebsteils oder der Zuordnung zum Hauptbetrieb
- § 19 Abs. 2   Anfechtung der Betriebsratswahl (siehe auch § 63 Abs. 2: Jugend- und Auszubildendenvertretung)
- § 23 Abs. 1   Antrag beim Arbeitsgericht auf Auflösung des Betriebsrats (siehe auch § 65 Abs. 1: Jugend- und Auszubildendenvertretung) oder Ausschluß eines Mitgliedes (siehe auch §§ 48, 56, 65 Abs. 1, 73 Abs. 2)
- § 23 Abs. 3   Antrag beim Arbeitsgericht gegen den Arbeitgeber bei groben Verstößen gegen seine betriebsverfassungsrechtlichen Verpflichtungen
- § 31   Teilnahme an Betriebsratssitzungen auf Antrag eines

Gewerkschaft

• § 35 Abs. 1	Viertels der Mitglieder des Betriebsrats oder der Mehrheit einer Gruppe (Arbeiter/Angestellte; siehe auch §§ 51 Abs. 1, 59 Abs. 1, 65 Abs. 1, 73 Abs. 2) Hilfe bei Verständigung nach Aussetzung eines Betriebsratsbeschlusses (siehe auch §§ 51 Abs. 1, 59 Abs. 1, 66 Abs. 1, 73 Abs. 2)
• § 37 Abs. 7	Teilnahme an den Beratungen bei der Anerkennung von Schulungs- und Bildungsveranstaltungen (siehe auch § 65 Abs. 1: Jugend- und Auszubildendenvertretung)
• § 43 Abs. 4	Antrag beim Betriebsrat auf Einberufung einer Betriebsversammlung, wenn im vorhergehenden Kalenderjahr keine Betriebsversammlung bzw. Abteilungsversammlung durchgeführt worden ist
• § 46 Abs. 1	Teilnahme an Betriebs- oder Abteilungsversammlungen (siehe auch § 71: Jugend- und Auszubildendenversammlung)
• § 46 Abs. 2	Mitteilung von Zeitpunkt und Tagesordnung der Betriebs- oder Abteilungsversammlung an die »im Betriebsrat vertretene« Gewerkschaft (siehe auch § 71: Jugend- und Auszubildendenversammlung)
• § 53 Abs. 3	Teilnahme an Betriebsräteversammlungen
• § 119 Abs. 2	Strafantragsrecht wegen Straftaten gegen Betriebsverfassungsorgane

☐ Insgesamt betrachtet besteht die betriebsverfassungsrechtliche Hauptaufgabe der im Betrieb vertretenen Gewerkschaft darin, den Betriebsrat (und die anderen Organe der Betriebsverfassung) bei ihrer Arbeit zu unterstützen (vgl. § 2 Abs. 1 BetrVG). Deshalb besteht nach h. M. ein über § 2 Abs. 2 BetrVG hinausgehendes Zutrittsrecht der Gewerkschaft immer dann, wenn ein in einem »inneren Zusammenhang zum BetrVG« stehender Sachverhalt gegeben ist.

Dies ist insbesondere immer dann der Fall, wenn der Betriebsrat die Gewerkschaft um Unterstützung nachsucht, z. B. in Form einer Einladung durch den Betriebsratsvorsitzenden oder Vorsitzenden eines Betriebsratsausschusses (= sogenanntes akzessorisches Zugangsrecht).

☐ Schließlich ergibt sich nach richtiger Ansicht auch ein aus Art. 9 Abs. 3 Grundgesetz resultierendes Zugangsrecht zum Betrieb dann, wenn es um die Wahrnehmung koalitionspolitischer Aufgaben, z. B.

Information, Werbung, Betreuung, geht (strittig; siehe zum Meinungsstand: Däubler/Kittner/Klebe/Schneider, BetrVG, 4. Aufl., § 2 Rdnr. 34, 43 ff.).

☐ Die Zusammenarbeit zwischen Betriebsrat und Gewerkschaft sollte nicht nur als rechtliche Verpflichtung, sondern als Selbstverständlichkeit begriffen werden.

Denn: Beide verfolgen im Grundsatz nicht nur dasselbe Ziel (nämlich die bestmögliche Vertretung von Arbeitnehmerinteressen). Beide sind auf dem Weg zur Erreichung dieses Ziels auch aufeinander angewiesen: Ein Betriebsrat ohne Unterstützung durch die Gewerkschaft »geht unter«; eine Gewerkschaft ohne Verankerung im Betrieb(srat) ist zumindest für diesen Betrieb kaum handlungsfähig.

☐ Eine wichtige Funktion kommt im Rahmen der betrieblichen Interessenvertretung dem gewerkschaftlichen Vertrauenskörper, bestehend aus den von den Gewerkschaftsmitgliedern im Betrieb gewählten Vertrauensleuten, zu.

Die Vertrauensleute sind entsprechend den Zielsetzungen der Gewerkschaft insbesondere zuständig für die Wahrnehmung der Interessen der Mitglieder der Gewerkschaft im Betrieb, für die Werbung von (noch) Nichtorganisierten, für die Willensbildung im Rahmen der Tarifpolitik der Gewerkschaft sowie für die Vermittlung der Ergebnisse der Tarifpolitik an die Arbeitnehmer.

Sie stellen darüber hinaus ein wichtiges Bindeglied zwischen Belegschaft und Betriebsrat einerseits und Gewerkschaft andererseits dar. Im Verhältnis zum Betriebsrat sind sie diesem weder über- noch untergeordnet. Eine funktionierende Zusammenarbeit zwischen Betriebsrat, Vertrauenskörper und Gewerkschaft vermag den durch die Zweigleisigkeit der Interessenvertretung bewirkten Nachteilen (Gefahr des Gegeneinanderarbeitens; Beispiel: die Gewerkschaft kämpft für Arbeitszeitverkürzung; der Betriebsrat stimmt Arbeitszeitverlängerungen in Form von Überstunden zu) ein Stück entgegenzuwirken.

Bedeutung für die Beschäftigten

☐ Gewerkschaften sind aus der Erkenntnis heraus gegründet worden, daß der einzelne Arbeitnehmer gegenüber dem Arbeitgeber als Besitzer der Produktionsmittel und damit der Arbeitsplätze hoffnungslos un-

Gewerkschaft

terlegen ist und daß erst der Zusammenschluß möglichst vieler Arbeitnehmer in Gewerkschaften die Voraussetzung für eine menschliche Gestaltung und fortlaufende Verbesserung der Arbeits- und Lebensbedingungen schafft.

☐ Viele nichtorganisierte Beschäftigte rechtfertigen ihren Nichtbeitritt damit, daß ihnen auch ohne Mitgliedschaft in der Gewerkschaft die Leistungen des Tarifvertrages vom Arbeitgeber gewährt würden.

Abgesehen von dem wenig solidarischen Hintergrund einer solchen Argumentation wird übersehen, daß sich die Qualität der Arbeits- und Lebensbedingungen wesentlich verbessern ließe, wenn sich nicht 40 oder 50, sondern 100 Prozent der Arbeitnehmer in Gewerkschaften organisieren würden. Genau dieses beabsichtigen die Arbeitgeber – offenbar mit Erfolg – zu verhindern, wenn sie die Leistungen des Tarifvertrags an Nichtorganisierte weitergeben.

Literaturhinweis:

Wolfgang Däubler: Gewerkschaften im Betrieb. Argumentationshilfen für die Praxis in Betrieb und Verwaltung, Luchterhand Verlag, Neuwied.

Gleitzeit

Was ist das?

☐ Gleitende Arbeitszeit liegt vor, wenn dem Arbeitnehmer die Möglichkeit eingeräumt wird, innerhalb bestimmter täglicher Gleitspannen, die einer festen Mindestarbeitszeit (= Kernarbeitszeit) vor- und nachgelagert sind, den Beginn und das Ende der Arbeitszeit selbst zu bestimmen, wobei innerhalb eines bestimmten Ausgleichszeitraums die regelmäßige betriebliche Arbeitszeit erreicht werden muß.

☐ Chancen und Gefahren von Gleitzeitarbeit aus der Sicht der Beschäftigten:

- Chancen:
  - ein Stück Freiheit bei der Gestaltung der persönlichen Arbeitszeit;
  - Verbesserung der Möglichkeit, Erwerbsarbeit und Privatbereich (Hausarbeit, Betreuung und Erziehung der Kinder, Hobbys) aufeinander abzustimmen;
  - Verbesserung der Möglichkeit, die Arbeitszeit an den persönlichen Tagesrhythmus anzupassen;
  - druck- und streßfreie Wegezeiten;
  - Verbesserung der Möglichkeit, öffentliche Verkehrsmittel bei der Fahrt zur und von der Arbeit zu nutzen; dadurch positive Folgen für Straßenverkehr und Umwelt.

- Gefahren:
  - Gefahr des Unterlaufens tariflicher Mehrarbeitsbestimmungen;
  - Gefahr, daß gesetzliche, tarifliche oder betriebliche Regelungen über bezahlte Freistellung (z. B. wegen Arztbesuch, Pflege erkrankter Familienangehöriger, Behördengänge; vgl. § 616 BGB) nicht in Anspruch genommen werden, sondern mit Gleitzeitsalden verrechnet werden;
  - Gefahr des Verfalls von Gleitzeitguthaben;

Gleitzeit

- Gefahr des Mißbrauchs der Gleitzeit als Ersatz für – nach Tarifvertrag – zuschlagspflichtige Schichtarbeit;
- Gefahr des Mißbrauchs der Gleitzeit als eine Form »kapazitätsorientierter variabler Arbeitszeit« (Kapovaz; siehe → **Teilzeitarbeit**);
- Gefahr, daß Mitbestimmungsrechte des Betriebsrats bei der Regelung der betrieblichen Arbeitszeit unterlaufen werden.

Bedeutung für die Betriebsratsarbeit

☐ Zu beachten sind etwaige – vorrangige – tarifvertragliche Gleitzeitbestimmungen (vgl. § 87 Abs. 1 Eingangssatz BetrVG).

☐ Der Betriebsrat hat ansonsten bei der Einführung, Ausgestaltung wie auch Abschaffung einer betrieblichen Gleitzeitregelung gemäß § 87 Abs. 1 Nr. 2 BetrVG ein volles Mitbestimmungsrecht (einschließlich des »Initiativrechtes«; siehe → **Beteiligungsrechte**). Denn im Rahmen einer betrieblichen »Gleitzeit-Regelung« ist notwendigerweise auch die Frage von *»Beginn und Ende der täglichen Arbeitszeit«* (vgl. § 87 Abs. 1 Nr. 2 BetrVG) zu beantworten.

☐ Bei den Verhandlungen über die inhaltliche Gestaltung der »Gleitzeit-Betriebsvereinbarung« geht es aus der Sicht des Betriebsrats darum, einerseits die obengenannten Gefahren der Gleitzeit zu minimieren und andererseits die positiven Effekte für die Beschäftigten auszudehnen (siehe unten »Checkliste: Gleitzeit«).

☐ Können sich Betriebsrat und Arbeitgeber über den Inhalt der Betriebsvereinbarung nicht einigen, kann die Einigungsstelle angerufen werden (§ 87 Abs. 2 BetrVG). Diese entscheidet dann über das »Ob« und »Wie« der betrieblichen Gleitzeitregelung.

Gleitzeit

Checkliste:

Gleitzeit

Im Rahmen der Verhandlungen mit dem Arbeitgeber über den Abschluß einer Betriebsvereinbarung über »Gleitende Arbeitszeit« – und gegebenenfalls im Einigungsstellenverfahren – sollte an folgende Regelungspunkte gedacht werden (keine abschließende Auflistung):

- Geltungsbereich der Betriebsvereinbarung festlegen (Festlegung der Bereiche, für die Gleitzeit gelten soll);
- Umfang der »Kernarbeitszeitspanne« festlegen, innerhalb derer Anwesenheitspflicht besteht (z. B. 25% unter der täglichen – tarifvertraglichen – Regelarbeitszeit):

Beispiel:
tägliche Regelarbeitszeit: 8 Stunden
Kernarbeitszeit: 6 Stunden (von ... Uhr bis ... Uhr);

- Dauer der »täglichen Gleitzeitspanne« festlegen, innerhalb derer die Arbeitnehmer Beginn und Ende ihrer Arbeitszeit selbst bestimmen können (z. B. 2 Stunden vor Beginn und 2 Stunden nach Ende der Kernarbeitszeit);
- »Betriebliche Rahmenarbeitszeit« (= Zeitraum zwischen dem frühestmöglichen Arbeitsbeginn und spätestmöglichen Arbeitsende) festlegen (nicht mehr als 10 Stunden pro Tag);
- Dauer der »täglichen oder wöchentlichen individuellen Höchstarbeitszeit« festlegen;
- Pausenregelung;
- Regelung, daß »Gleitzeitguthaben« und »Gleitzeitschulden« eine bestimmte Größenordnung nicht überschreiten dürfen. Beispiel: Gleitzeitguthaben und -schulden dürfen zu keinem Zeitpunkt mehr als 16 Stunden betragen;
- Regelung, daß dennoch eintretende Überschreitungen des Gleitzeitguthabens innerhalb eines Zeitraums von beispielsweise 2 Wochen in Form von Freizeit ausgeglichen werden müssen;
- Regelung, daß ggf. auch die in der Kernarbeitszeit liegende Arbeitszeit zum Abbau von Gleitzeitguthaben verwendet werden kann (sogenannte »Kernzeitentnahme«);
- Regelung, daß die Überschreitung der individuellen Sollarbeitszeit (= tarifliche oder arbeitsvertraglich vereinbarte Arbeitszeit), aber auch Arbeit außerhalb der betrieblichen Rahmenarbeitszeit (siehe oben) als Überstunde/Mehrarbeit anzusehen und als solche zu behandeln ist (Anwendung der tariflichen Mehrarbeitsregelungen; Beachtung der Mitbestimmungsrechte des Betriebsrats nach § 87 Abs. 1 Nr. 3 BetrVG);
- Regelungen treffen zur Sicherung gesetzlicher, tarifvertraglicher und betrieblicher Bestimmungen über bezahlte Freistellung;
- Klarstellung, daß durch die Gleitzeitarbeit Rechte der Arbeitnehmer nach tariflichen oder betrieblichen Dienstreiseregelungen nicht beeinträchtigt werden dürfen;

Gleitzeit

- Verpflichtung des Arbeitgebers, dem Betriebsrat regelmäßig Mitteilung zu machen über Gleitzeitguthaben/-schulden, insbesondere über etwaige Überschreitungen des zulässigen Gleitzeitguthabens;
- Regelung über Art und Handhabung der Zeiterfassung (aufpassen, daß keine über den Zweck der Zeiterfassung hinausgehende Leistungs- und Verhaltenskontrolle stattfindet); geschieht die Zeiterfassung mit Hilfe technischer Einrichtungen, so besteht ein Mitbestimmungsrecht des Betriebsrats nach § 87 Abs. 1 Nr. 6 BetrVG (siehe → **Datenschutz**).

Gruppenarbeit

Was ist das?

☐ Allgemein wird unter Gruppenarbeit das Zusammenwirken mehrerer Menschen im Rahmen einer gemeinsamen Arbeitsaufgabe verstanden. Zunehmende Bedeutung erlangen die Gruppenarbeitssysteme, die im Zusammenhang mit neuen Unternehmenskonzepten (siehe → **Lean production**) entwickelt wurden und werden. Dabei werden im Zuge der Neugestaltung der Arbeitsorganisation und -abläufe verschiedene Einzelarbeiten zu einem Arbeitsbereich (z. B. Fertigungsinsel) zusammengefaßt, der dann von mehreren Beschäftigten bewältigt wird.

☐ In der Bundesrepublik ist Gruppenarbeit heute am weitesten verbreitet in Großbetrieben, vor allem in der Fertigung (in der Automobilindustrie arbeiteten 1994 ca. 22% der Produktionsarbeiter in Gruppen). In Klein- und Mittelbetrieben findet sich Gruppenarbeit eher in Verwaltung und Vertrieb. Vorläufer der heutigen Gruppenarbeit waren in den achtziger Jahren Qualitätszirkel, Lern- und Problemlösungsgruppen. In Schweden hat es allerdings bereits in den siebziger Jahren Gruppenarbeitsmodelle gegeben (z. B. bei Volvo).

☐ Gruppenarbeit wird in der betrieblichen Praxis in sehr unterschiedlichen Formen gehandhabt.

In manchen Unternehmen beschränkt sich die Geschäftsleitung auf allgemeine Leistungsvorgaben für die Gruppe. Dies hat eine relativ hohe Autonomie der Gruppe zur Folge: die Gruppe plant, koordiniert und kontrolliert ihre Arbeit selbst. Sie entscheidet auch über die Arbeitsverteilung innerhalb der Gruppe, wobei jedes Gruppenmitglied nach Möglichkeit jeden Arbeitsvorgang beherrschen soll. An die Stelle des Vorgesetzten tritt der Gruppensprecher, der von der Gruppe gewählt wird. Er vertritt die Gruppe nach außen. Für die Mitglieder der Gruppe bedeutet diese Form der Gruppenarbeit ein relativ hohes Maß an abwechslungsreicher, qualifizierter und selbstbestimmter Arbeit.

Gruppenarbeit

In anderen Unternehmen verharrt man bei der Feinsteuerung und -kontrolle des Arbeitsvorganges und damit auch der Gruppe. Das heißt: der Arbeitsumfang wird gering gehalten, es herrscht eine hohe Taktbindung, innerhalb der Gruppe finden Arbeitsteilung und Spezialisierung statt. Der Gruppensprecher wird »von oben« eingesetzt.

☐ Bei Gruppenarbeit stehen sich unterschiedliche Interessen des Unternehmens einerseits und der Beschäftigten andererseits gegenüber:

Dem Unternehmen geht es um eine ständig wachsende Effizienz der Arbeit, insbesondere um

- höhere Produktivität,
- höhere Flexibilität,
- bessere Anlagennutzung,
- bessere Qualität,
- Kostenreduzierung.

Für die Beschäftigten stehen im Vordergrund:

- mehr Selbstbestimmung,
- bessere Arbeitsinhalte,
- höhere Arbeitszufriedenheit,
- höhere Qualifikation,
- bessere Arbeitsbedingungen (Arbeitsentgelt, Arbeitszeit usw.),
- bessere Sozialbeziehungen.

Bedeutung für die Betriebsratsarbeit

☐ Durch die Einführung von Gruppenarbeit werden viele Bereiche berührt, die den Beteiligungsrechten des Betriebsrats unterliegen:

- Veränderung der Arbeitsorganisation (§§ 90, 111 BetrVG),
- Arbeitszeitgestaltung (§ 87 Abs. 1 Nr. 2, 3 BetrVG),
- Eingruppierung (§ 99 BetrVG),
- Entgeltgestaltung (§ 87 Abs. 1 Nr. 10, 11 BetrVG),
- Urlaubsplanung (§ 87 Abs. 1 Nr. 5 BetrVG),
- berufliche Bildung (§§ 96 bis 98 BetrVG),
- betriebliches Vorschlagswesen (§ 87 Abs. 1 Nr. 12 BetrVG),
- Personalplanung (§ 92 BetrVG) in Verbindung mit personellen Einzelmaßnahmen (§§ 99, 102 BetrVG).

Gruppenarbeit

☐ Klar ist, daß die Beteiligungsrechte des Betriebsrats nicht durch individualrechtliche Vereinbarung zwischen Arbeitgeber und Gruppe bzw. Gruppenmitgliedern ausgehebelt bzw. umgangen werden können.

☐ Aufgabe des Betriebsrats ist es, Einführung und Durchführung von Gruppenarbeit zusammen mit Betroffenen und Gewerkschaft im Sinne der Interessen der Beschäftigten zu beeinflussen, d.h. mitzugestalten. Insbesondere geht es darum, die wichtigsten mit dem Thema Gruppenarbeit verbundenen Aspekte in einer → **Betriebsvereinbarung** so zu regeln, daß nicht nur die Effizienz der Arbeit, sondern ebenso die Attraktivität der Arbeit und das Arbeitsklima positiv beeinflußt und die Risiken der Gruppenarbeit minimiert werden.

☐ Dabei stehen folgende Ziele im Vordergrund:

- Schutz vor allzu intensiver Leistungs- und Verhaltenskontrolle,
- Schutz vor Leistungsverdichtung und zu hohen Belastungen,
- Regelungen zur Erweiterung der Qualifikation,
- Schaffung von Dispositions- und Entscheidungsspielräumen,
- Vereinbarung eines angemessenen Arbeitsentgelts,
- Vereinbarung einer angemessenen Gestaltung der Arbeitszeit.

☐ Natürlich müssen insbesondere in bezug auf die Gestaltung von →**Arbeitsentgelt** und →**Arbeitszeit** die tarifvertraglichen Vorgaben beachtet werden (vgl. § 77 Abs. 3 BetrVG).

☐ Bei der Einführung von Gruppenarbeit sollte nicht der Entlohnungsgrundsatz Zeitlohn, sondern Prämienlohn (siehe →**Arbeitsentgelt**) vereinbart werden.

Die Ausgestaltung des Prämienlohnsystems unterliegt – anders als das Zeitlohnsystem – der Mitbestimmung des Betriebsrats nach § 87 Abs. 1 Nrn. 10, 11 BetrVG. Dem Betriebsrat steht damit ein Instrument zur Verfügung, mit dem er Einfluß auf die Personalbesetzung der Gruppe nehmen kann.

☐ Im einzelnen sollte eine Betriebsvereinbarung Regelungen zu folgenden Bereichen aufweisen:

- Geltungsbereich (räumlich, sachlich, persönlich),
- menschengerechte Arbeitsbedingungen – Gruppenarbeit als solidarische freiwillige Arbeitsweise,
- Arbeitsaufgabenbeschreibung bzw. Aufgabenabgrenzung,
- Qualifizierung,

Gruppenarbeit

- Personalbemessung,
- Gruppensprecher,
- Kompetenzen der Gruppe,
- Soll-Daten,
- Prämienentgelt – Prämienleistung,
- Änderung der Soll-Daten und der Soll-Personalbesetzung,
- Reklamation,
- paritätische Kommission,
- Pilotprojekte zur Einführung von Gruppenarbeit,
- Verbesserungsvorschläge,
- Übergangsregelungen,
- Inkrafttreten, Kündigung und Nachwirkung.

Siehe »Gestaltungshinweise bei Einführung von Gruppenarbeit« (am Ende des hier erläuterten Stichwortes).

☐ Zur Durchsetzung einer Betriebsvereinbarung über Gruppenarbeit bietet sich folgende systematische Vorgehensweise an:

1. Der Betriebsrat macht sich sachkundig durch Besuch von Schulungen sowie Lektüre geeigneter Unterlagen, durch Kontakt mit der Gewerkschaft und Gesprächen mit anderen Betriebsräten, die bereits einschlägige Erfahrungen gesammelt haben.

2. Der Betriebsrat verlangt vom Arbeitgeber Informationen über den (geplanten) Aufbau der Gruppenarbeit und die Auswirkungen auf Arbeitsabläufe und Beschäftigte.

3. Der Betriebsrat verlangt Aushändigung aller die Einführung und Gestaltung von Gruppenarbeit betreffenden schriftlichen Unterlagen (Untersuchungen, Berichte der Planungsabteilung bzw. von Unternehmensberatern usw.).

4. Der Betriebsrat vereinbart mit dem Arbeitgeber, daß er zu allen Projektsitzungen betr. Gruppenarbeit eingeladen wird.

5. Ggf. wird eine mit Betriebsrats- und Arbeitgebervertretern besetzte paritätische Kommission gebildet (vgl. § 28 Abs. 3 BetrVG), in der alle Maßnahmen vor ihrer Umsetzung vorberaten (nicht etwa entschieden) werden.

6. Wegen der Kompliziertheit vieler Fragen fordert der Betriebsrat vom Arbeitgeber eine Vereinbarung, auf deren Grundlage er einen externen Sachverständigen seiner Wahl (z. B. Technologieberatungsstelle des DGB) hinzuziehen kann (§ 80 Abs. 3 BetrVG).

Gruppenarbeit

7. Der Betriebsrat organisiert ein Kommunikations- und Arbeitssystem mit interessierten Beschäftigten, Vertrauensleuten, Gewerkschaftsvertretern, externen Sachverständigen. Ziel: Erstellung eines Forderungskatalogs zur Ausgestaltung der Gruppenarbeit.
8. Auf der Grundlage des aufgestellten Forderungskatalogs entwirft der Betriebsrat eine Betriebsvereinbarung zur Gruppenarbeit.
9. Der Betriebsrat fordert den Arbeitgeber auf, in Verhandlungen einzutreten. Ggf. erklärt der Betriebsrat die Verhandlungen für gescheitert und ruft unter Berufung auf diejenigen Vorschriften, die ihm Mitbestimmungsrechte einräumen, die → **Einigungsstelle** an.

Gestaltungshinweise bei Einführung von Gruppenarbeit
(Auszug aus einer von der IG Metall herausgegebenen Handlungsanleitung):

Die Organisation der Gruppenarbeit muß es ermöglichen, auch angelernte Arbeitnehmer/innen in das Arbeitssystem zu integrieren und schrittweise an höherwertige Tätigkeiten heranzuführen. Dies gilt insbesondere für ältere Arbeitnehmer/innen, Leistungsgewandelte und Schwerbehinderte. Sie sind entsprechend zu berücksichtigen.

Grundsätzlich ist Gruppenarbeit so zu organisieren, daß kein/e Arbeitnehmer/in ausgegrenzt wird.

Die Gruppenarbeit muß eine qualifizierende und abwechslungsreichere Arbeit ermöglichen.

Die Arbeitsaufgabe ist so abzugrenzen, daß sie Entscheidungen über den Personaleinsatz und bestimmte Arbeitsmittel zuläßt.

Die Planung von Qualifizierungsmaßnahmen für die Gruppenmitglieder ist Bestandteil der Arbeitsaufgabe.

Ein Belastungswechsel durch Arbeitswechsel ist zu ermöglichen.

Bei Produktionsarbeiten muß ein höchstmöglicher Anteil, mindestens aber 10% der Arbeitszeit, als indirekte Tätigkeit ausgeführt werden, damit ein Wechsel zwischen taktabhängiger und taktunabhängiger Arbeit möglich ist.

Die Gruppengröße ist grundsätzlich so zu gestalten, daß für die Gruppenmitglieder ein Höchstmaß an Entscheidungsmöglichkeit gewährleistet ist.

Gruppenarbeit

Gruppengespräche finden während der Arbeitszeit statt. Das Zeitvolumen beträgt mindestens eine Stunde pro Woche. Der Betriebsrat kann an Gruppengesprächen teilnehmen.

Alle Arbeitnehmer/innen führen abwechselnd die anfallenden Einzelaufgaben innerhalb der Arbeitsgruppe selbständig aus.

Die Arbeitnehmer werden entsprechend den tarifvertraglichen Bestimmungen aufgrund einer ganzheitlichen Betrachtung des gesamten Arbeitsbereichs/-systems der Gruppe eingruppiert.

Alle Arbeitnehmer haben Anspruch auf Qualifizierung mit dem Ziel, daß sie die Aufgaben innerhalb des Arbeitsbereichs/-systems der Arbeitsgruppe ausführen können.

Mit dem Betriebsrat sind der Qualifizierungsplan und die Durchführung von Qualifizierungsmaßnahmen zu vereinbaren.

Qualifizierungsmaßnahmen werden während der Arbeitszeit durchgeführt. Für die Dauer der Qualifizierungsmaßnahmen erhalten die Arbeitnehmer/innen den – für die Gruppe vereinbarten – Prämienlohn.

Bei Änderungen der Anforderungen werden die Betroffenen rechtzeitig vorher durch entsprechende Qualifizierungsmaßnahmen für die neuen Aufgaben vorbereitet.

Die Soll-Personalbesetzung ist so zu vereinbaren, daß sich bei Einhalten der Soll-Daten für alle Gruppenmitglieder zumutbare Leistungsbedingungen ergeben.

Die Personalbesetzung ist für jede Gruppe in einer Einzelprämienvereinbarung festzulegen. Urlaub und Krankheitstage etc. sind bei der Personalbemessung einzubeziehen.

Die Geschäftsleitung hat sicherzustellen, daß die vereinbarte Anzahl von Arbeitnehmer/innen in der Gruppe arbeitet.

Die Zuordnung zu einer Gruppe ist nur mit Zustimmung des/der betroffenen Arbeitnehmer/in möglich. Ansonsten ist dem/der Arbeitnehmer/in eine Beschäftigung entsprechend seiner/ihrer Qualifikation anzubieten.

Die Gruppe kann durch eine(n) Gruppensprecher/in vertreten werden. Diese(r) ist durch die Gruppe für ein Jahr in geheimer Wahl zu wählen. Die Gruppensprecher/innen vertreten die Gruppe. Sie haben keine Weisungs- und Disziplinarbefugnisse.

Gruppenarbeit

Die Gruppensprecher/innen werden für die Erfüllung ihrer Aufgabe unter Beteiligung des Betriebsrates ausgebildet. Planung, inhaltliche Ausgestaltung und Durchführung dieser Maßnahmen werden zwischen Betriebsrat und Betrieb vereinbart. Die Eingruppierung des/der Gruppensprecher(s)/in ist in der Einzelprämienvereinbarung festzulegen.

Kompetenzen der Gruppe:

Der Umfang der Kompetenzen wird durch Gesetze, Tarifverträge, Verordnungen, Betriebsvereinbarungen begrenzt.

Innerhalb dieser Grenzen sollen die Gruppen Entscheidungen treffen können über
- den Arbeitswechsel (Rotationsregelungen) und Reihenfolge der Auftragsabwicklung,
- die Beschaffung von Arbeitsmitteln und Betriebsmitteln (Schutzkleidung, Ausrüstung, Arbeitsmaterial, Werkzeuge etc.),
- die zeitliche Lage und Durchführung von Gruppengesprächen, (mindestens 1 Std./Woche) ohne vor- und nachgelagerte Bereiche nachteilig zu beeinflussen,
- den Qualifizierungsbedarf und -planung.

Nicht in die Kompetenz der Gruppe fallen die Entscheidungen, die die Mitwirkung oder Mitbestimmung des Betriebsrates voraussetzen. (Beispiel: ob, wieviel und wann Mehrarbeit geleistet wird, endgültige Urlaubsplanung, Beginn und Ende von Arbeitszeit bzw. Pausen, Zusammensetzung der Gruppe).

Günstigkeitsprinzip

Was ist das?

☐ Der Inhalt des Arbeitsverhältnisses zwischen Arbeitgeber und Arbeitnehmer wird nicht nur durch den (mündlichen oder schriftlichen) →**Arbeitsvertrag**, sondern durch weitere rechtliche Regelungen bestimmt. Nämlich durch staatliche Rechtsnormen (Gesetze und Rechtsverordnungen) und Unfallverhütungsvorschriften, Tarifverträge und Betriebsvereinbarungen. Alle diese Regelungen – einschließlich des Arbeitsvertrages – werden »Rechtsquellen« genannt.

☐ Die Rechtsquelle »Tarifvertrag« beeinflußt allerdings ein Arbeitsvertragsverhältnis nur dann, wenn die Arbeitsvertragsparteien tarifgebunden sind (siehe → **Tarifvertrag**). Die Rechtsquelle »Betriebsvereinbarung« ist denkbar nur in Betrieben, in denen ein Betriebsrat besteht (siehe → **Betriebsvereinbarung**).

☐ Nicht selten enthalten die verschiedenen »Rechtsquellen« (Arbeitsvertrag, Gesetz, Tarifvertrag und Betriebsvereinbarung) zu ein und derselben Frage voneinander abweichende Regelungen.

Beispiele:
1. Ein Tarifvertrag sieht für eine bestimmte Tätigkeit einen Stundenlohn von 15,00 DM vor. In einem Arbeitsvertrag wird für eben diese Tätigkeit ein Stundenlohn von 17,00 DM vereinbart.
2. Gleicher Fall wie zuvor (Tariflohn = 15,00 DM); aber im Arbeitsvertrag ist ein Stundenlohn von 12,00 DM vereinbart.
3. Nach dem Bundesurlaubsgesetz steht dem Arbeitnehmer ein Urlaubsanspruch von 24 Werktagen (= 4 Wochen, weil der Samstag insoweit als Werktag gilt) pro Kalenderjahr zu. In vielen Tarifverträgen ist demgegenüber mittlerweile ein Urlaubsanspruch von 30 Arbeitstagen (= 6 Wochen) geregelt.
4. In einem Tarifvertrag sind 10 Lohngruppen geregelt. Durch Betriebsvereinbarung wird die Zahl der Lohngruppen durch Einfügung von Zwischenlohngruppen auf 20 Lohngruppen erhöht.

Günstigkeitsprinzip

Diese Beispiele zeigen, daß es notwendig ist zu klären, welche der jeweiligen Regelungen den Vorrang hat.

☐ Im einzelnen lassen sich folgende Fallgruppen bilden:

Verhältnis »Arbeitsvertrag« zu »Gesetz«, »Tarifvertrag«, »Betriebsvereinbarung«:

In bezug auf den Einzelarbeitsvertrag haben Gesetze, Tarifverträge und Betriebsvereinbarungen regelmäßig nur »einseitig« zwingenden Charakter.

Das heißt, ein Arbeitsvertrag darf zwar nicht zu Lasten des Arbeitnehmers von einer der genannten Normen abweichen. Wohl aber ist es zulässig, daß der Arbeitsvertrag für den Arbeitnehmer günstigere Regelungen enthält (= sogenanntes **Günstigkeitsprinzip**). Siehe § 4 Abs. 3 TVG.

Im Beispielsfall Nr. 1 ist demnach der arbeitsvertraglich vereinbarte Stundenlohn von 17,00 DM maßgeblich.

Dagegen ist die arbeitsvertragliche Vereinbarung im Beispiel Nr. 2 nichtig, es sei denn, der Tarifvertrag ist auf das Arbeitsverhältnis nicht anzuwenden; siehe → **Tarifvertrag**).

Verhältnis Gesetz/Tarifvertrag:

Grundsätzlich gilt: Tarifvertragliche Normen, die für den Arbeitnehmer günstiger sind, haben Vorrang gegenüber der – schlechteren – gesetzlichen Regelung.

Tarifvertragliche Regelungen dürfen nur dann zu Lasten des Beschäftigten von gesetzlichen Regelungen abweichen, wenn das Gesetz eine solche Abweichung ausdrücklich zuläßt.

Häufig ist das Verhältnis Gesetz/Tarifvertrag ausdrücklich im Gesetz geregelt:

Beispiele:

§§ 7, 12 Arbeitszeitgesetz:

»In einem Tarifvertrag oder auf Grund eines Tarifvertrags in einer Betriebsvereinbarung kann zugelassen werden, ...«

Günstigkeitsprinzip

§ 12 Entgeltfortzahlungsgesetz:

»Abgesehen von § 4 Abs. 4 kann von den Vorschriften dieses Gesetzes nicht zuungunsten des Arbeitnehmers abgewichen werden.«

§ 13 Abs. 1 Satz 1 Bundesurlaubsgesetz:

»Von den vorstehenden Vorschriften mit Ausnahme der §§ 1, 2 und 3 Abs. 1 kann in Tarifverträgen abgewichen werden.«

§ 13 Abs. 1 Satz 3 Bundesurlaubsgesetz:

»Im übrigen kann, abgesehen von § 7 Abs. 2 Satz 2, von den Bestimmungen dieses Gesetzes nicht zuungunsten des Arbeitnehmers abgewichen werden.«

Im Beispielsfall Nr. 3 gilt demnach, wenn der Tarifvertrag auf das Arbeitsverhältnis Anwendung findet (siehe insoweit → **Tarifvertrag**), die gegenüber dem Bundesurlaubsgesetz günstigere Tarifregelung;

Verhältnis Gesetz/Betriebsvereinbarung:

Hier gilt das gleiche wie im Verhältnis Gesetz/Tarifvertrag. Das heißt, eine Betriebsvereinbarung darf eine gesetzliche Regelung zugunsten des Arbeitnehmers verbessern, nicht aber seine Rechtsposition verschlechtern.

Verhältnis Tarifvertrag/Betriebsvereinbarung:

Dieses Verhältnis ist durch § 77 Abs. 3 BetrVG ausdrücklich geregelt. Hiernach können

»Arbeitsentgelte und sonstige Arbeitsbedingungen, die durch Tarifvertrag geregelt sind oder üblicherweise geregelt werden, können nicht Gegenstand einer Betriebsvereinbarung sein«.

In diesem Bereich sind nicht nur ungünstigere Regelungen in einer Betriebsvereinbarung, sondern auch dem Arbeitnehmer günstigere Regelungen unzulässig und unwirksam (sogenannte »Sperrwirkung« des Tarifvertrages; zum Sinn dieser Regelung: siehe unten).

Eine Betriebsvereinbarung insoweit ist nur dann ausnahmsweise wirksam, wenn der Tarifvertrag den Abschluß ergänzender Betriebsvereinbarungen ausdrücklich zuläßt (sogenannte »Öffnungsklausel«, vgl. § 77 Abs. 3 [2. Halbsatz] BetrVG).

Im Beispielsfall Nr. 4 ist demnach die Betriebsvereinbarung unwirksam, es sei denn, es existiert eine entsprechende tarifliche Öffnungsklausel.

§ 77 Abs. 3 BetrVG ist nicht verletzt, wenn auf der Grundlage arbeitsvertraglicher Vereinbarungen, einer Gesamtzusage des Arbeitgebers oder einer → **betrieblichen Übung** Zwischenlohngruppen gebildet und die darauf entfallenden Geldbeträge als übertarifliche Zulage gezahlt werden. Der Arbeitgeber hat allerdings insoweit die Mitbestimmungsrechte des Betriebsrats nach § 87 Abs. 1 Nrn. 10, 11 BetrVG zu wahren (siehe → **übertarifliche Zulagen**).

Verhältnis Tarifvertrag/Sozialplan:

Im Verhältnis Tarifvertrag/Sozialplan findet die Sperrvorschrift des § 77 Abs. 3 BetrVG keine Anwendung, vgl. § 112 Abs. 1 Satz 4 BetrVG. Statt dessen gilt das Günstigkeitsprinzip. Das heißt, der Sozialplan kann tarifvertragliche Regelungen verbessern, nicht aber verschlechtern.

Bedeutung für die Betriebsratsarbeit

☐ Für die Betriebsratsarbeit bedeutungsvoll ist insbesondere das durch § 77 Abs. 3 BetrVG geregelte Verhältnis von Betriebsvereinbarung und Tarifvertrag (siehe oben). Sinn dieser Regelung ist es, einer Aushöhlung der Tarifautonomie von der betrieblichen Seite her durch Abschluß von Betriebsvereinbarungen entgegenzuwirken. Das heißt, die materiellen Arbeitsbedingungen sollen nicht durch Betriebsvereinbarungen auf Betriebsebene, sondern – wie es Art. 9 Abs. 3 des Grundgesetzes vorsieht – durch die Tarifvertragsparteien (= Gewerkschaften und Arbeitgeberverbände) ausgehandelt werden (Vorrang der Tarifautonomie).

☐ Siehe auch Eingangssatz zu § 87 Abs. 1 BetrVG:

»*Der Betriebsrat hat, soweit eine ... tarifliche Regelung nicht besteht, ... mitzubestimmen.*«

Dies bedeutet, daß ein Mitbestimmungsrecht des Betriebsrats in sozialen Angelegenheiten dann ausgeschlossen ist, wenn ein Tarifvertrag die Angelegenheit abschließend regelt.

Günstigkeitsprinzip

☐ Insgesamt gesehen kommt den Arbeitnehmern der Vorrang der Tarifautonomie zugute. Auf diese Weise wird ein allzu starkes Auseinanderdriften der Arbeitsbedingungen in den jeweiligen Betrieben vermieden. Außerdem ist zu bedenken, daß im Bereich der Tarifpolitik tarifvertragliche Forderungen notfalls mit dem Mittel des Arbeitskampfes bis hin zu einem erträglichen Kompromiß durchgesetzt werden können. Dem Betriebsrat ist der Einsatz des Arbeitskampfes zur Durchsetzung von Forderungen demgegenüber nicht möglich (vgl. → **Friedenspflicht**).

☐ Zur Frage, ob »soziale Leistungen«, die der Arbeitgeber aufgrund einer »Gesamtzusage«, einer »betrieblichen Einheitsregelung« oder einer »betrieblichen Übung« gewährt, durch Betriebsvereinbarung »abgelöst« werden können, siehe → **betriebliche Altersversorgung,** → **betriebliche Übung** und → **Betriebsvereinbarung**.

Übersicht:

Rangordnung der Rechtsquellen

1. Grundgesetz
2. Gesetze
3. Rechtsverordnungen
4. Tarifvertrag
5. Betriebsvereinbarung
6. Arbeitsvertrag

Grundsätze:

1. Grundsätzlich hat die ranghöhere Rechtsquelle Vorrang vor der rangniedrigeren.
2. Die rangniedrigere Rechtsquelle darf die ranghöhere Norm zugunsten des Arbeitnehmers verbessern (Günstigkeitsprinzip). Ausnahme: Arbeitsentgelte und sonstige Arbeitsbedingungen, die durch Tarifvertrag geregelt sind oder üblicherweise geregelt werden, können nicht Gegenstand einer Betriebsvereinbarung sein (§ 77 Abs. 3 BetrVG).
3. Die rangniedrigere Rechtsquelle darf die ranghöhere dann zu Lasten des Arbeitnehmers verschlechtern, wenn dies die ranghöhere Rechtsquelle ausdrücklich erlaubt.

Handelsregister

Was ist das?

☐ Das Handelsregister ist ein öffentliches Verzeichnis, in dem die sogenannten »Vollkaufleute«:
- die Einzelunternehmen,
- die Personengesellschaften (z. B. OHG, KG),
- die Kapitalgesellschaften (z. B. GmbH, AG)

(zu diesen Begriffen siehe → **Unternehmensrechtsformen**) sowie eine Reihe sie betreffender Daten eingetragen sind. Die Handelsregister werden geführt von den Amtsgerichten. Zuständig ist jeweils das Amtsgericht, in dessen Bezirk das Unternehmen seinen Sitz hat.

☐ In der »Abteilung A« des Handelsregisters werden die Einzelunternehmen und Personengesellschaften, in »Abteilung B« die Kapitalgesellschaften eingetragen.

☐ Eintragungen ins Handelsregister werden nicht nur bei der Gründung des Unternehmens, sondern auch anläßlich später stattfindender eintragungspflichtiger Ereignisse vorgenommen. Zu den eintragungspflichtigen Angelegenheiten gehören u. a.:
- der vollständige Name des Unternehmens, Sitz und Geschäftsgegenstand des Unternehmens,
- Höhe des Grund- bzw. Stammkapitals (bei Kapitalgesellschaften),
- Namen und Wohnorte der Mitglieder der Leitung des Unternehmens (Vorstandsmitglieder, Geschäftsführer) bzw. der persönlich haftenden Gesellschafter,
- Namen und Wohnorte der Prokuristen,
- Hinweise zu den Rechtsverhältnissen des Unternehmens (Rechtsform, Vertretungsbefugnisse, Änderungen des Gesellschaftsvertrages bzw. der Satzung usw.),
- Datum der jeweiligen Eintragungen.

☐ Die Unternehmen sind darüber hinaus verpflichtet, eine Reihe von Unterlagen zum Handelsregister einzureichen. Welche Unterlagen dies im einzelnen sind, hängt von der Unternehmensrechtsform ab.

Handelsregister

Eine Gesellschaft mit beschränkter Haftung (GmbH) muß beispielsweise unter anderem einreichen:
- den Gesellschaftsvertrag;
- eine Liste, aus der Name, Vorname, Stand, und Wohnort der Gesellschafter sowie der Betrag der auf jeden entfallenden Stammeinlage ersichtlich ist;
- die nach Ablauf eines jeden Geschäftsjahres aufzustellenden Jahresabschlüsse (siehe → **Jahresabschluß**).

☐ Nach § 9 Abs. 1 Handelsgesetzbuch (HGB) ist »jedermann« berechtigt, ohne Darlegung eines Grundes Einblick in das Handelsregister einschließlich der von den Unternehmen zum Handelsregister einzureichenden Unterlagen zu nehmen. Auch die Herausgabe von Abschriften (= Fotokopien) kann verlangt werden.

Bedeutung für die Betriebsratsarbeit

☐ Im Grunde muß der Unternehmer alle Angelegenheiten, die beim Handelsregister »registriert« sind, nach §§ 106 und 108 Abs. 5 BetrVG dem → **Wirtschaftsausschuß** und Betriebsrat unaufgefordert mitteilen (z. B. Informationen über die Eigentumsverhältnisse, zur Person der Gesellschafter und der Mitglieder des Vertretungsorgans des Unternehmens, zur Höhe des Stamm- bzw. Grundkapitals, zum → **Jahresabschluß** usw.). Man könnte also meinen, eine Einsicht ins Handelsregister erübrige sich.

☐ Dennoch kann die gelegentliche Einsichtnahme ins Handelsregister sinnvoll sein. Denn so mancher Unternehmer hat »Schwierigkeiten«, der Interessenvertretung auch nur ein Minimum an Daten allgemeiner Art zum Unternehmen zur Verfügung zu stellen. Durch Einsichtnahme ins Handelsregister können einige solcher Grunddaten über das Unternehmen recht schnell und kurzfristig beschafft werden.

☐ Unabhängig hiervon ist es zur Klärung des Verhältnisses zwischen Interessenvertretung und Unternehmer natürlich unerläßlich, daß Betriebsrat und Wirtschaftsausschuß ihre betriebsverfassungsrechtlichen Informationsansprüche konsequent gegenüber dem Unternehmer geltend machen (notfalls durch Einleitung eines Einigungsstellenverfahrens nach § 109 BetrVG; siehe → **Wirtschaftsausschuß**).

Heimarbeit

Was ist das?

☐ Eine besondere gesetzliche Regelung hat die sogenannte Heimarbeit als eine besondere Form der Erwerbstätigkeit erfahren. Insbesondere im Heimarbeitsgesetz werden Mindestarbeitsbedingungen der »in Heimarbeit Beschäftigten« geregelt. Nach dem Heimarbeitsgesetz werden folgende »in Heimarbeit beschäftigte« Personen unterschieden: Heimarbeiter, Hausgewerbetreibende und ihnen Gleichgestellte (vgl. § 1 Heimarbeitsgesetz).

☐ »Heimarbeiter« ist, wer in selbstgewählter Arbeitsstätte (z. B. in der eigenen Wohnung) allein oder mit seinen Familienangehörigen im Auftrag eines Gewerbetreibenden (oder eines Zwischenmeisters) erwerbsmäßig Arbeiten verrichtet, deren Ergebnisse von dem Auftraggeber verwertet werden (vgl. § 2 Abs. 1 Heimarbeitsgesetz).

☐ »Hausgewerbetreibender« ist, wer Vorstehendes in eigener Betriebsstätte zusammen mit höchstens zwei fremden Hilfskräften oder Heimarbeitern tut (vgl. § 2 Abs. 2 Heimarbeitsgesetz).

☐ Unter gewissen Voraussetzungen (vgl. § 1 Abs. 2 bis Abs. 6 Heimarbeitsgesetz) kann zugunsten von in ähnlicher Weise Erwerbstätigen eine »Gleichstellung« erfolgen, so daß auch diese Personen unter den Schutz des Heimarbeitsgesetzes fallen (z. B. Hausgewerbetreibende mit mehr als zwei Hilfskräften können »gleichgestellt« werden).

☐ Das Rechtsverhältnis zwischen Auftraggeber und »in Heimarbeit Beschäftigten« wird im Heimarbeitsgesetz näher geregelt (Entgeltregelung, Entgeltschutz, Arbeitszeitschutz, Gefahrenschutz, Kündigungsschutz und -fristen und dergleichen).

☐ Darüber hinaus finden sich eine Reihe von weiteren Regelungen in anderen Gesetzen (z. B. § 12 Bundesurlaubsgesetz, § 19 Jugendarbeitsschutzgesetz, § 49 Schwerbehindertengesetz, §§ 7 Abs. 4 und 8 Abs. 5 Mutterschutzgesetz, § 6 Abs. 1 und 2 BetrVG, §§ 10, 11 EFZG), § 15c GefahrstoffVO.

Heimarbeit

Bedeutung für die Betriebsratsarbeit

☐ Nach § 6 Abs. 1 und 2 BetrVG sind →**Arbeitnehmer** im Sinne des Betriebsverfassungsgesetzes auch die »in Heimarbeit Beschäftigten« (also »Heimarbeiter«, »Hausgewerbetreibende« und »Gleichgestellte«), sofern sie »in der Hauptsache« für den Betrieb arbeiten.

☐ Letzteres ist der Fall, wenn die Beschäftigung für den Betrieb dem Umfange nach größer ist als die Leistung von Heimarbeit für andere Auftraggeber. Damit soll sichergestellt werden, daß Heimarbeiter und Hausgewerbetreibende nur einem Betrieb zugeordnet werden.

☐ Weil die in der Hauptsache für den Betrieb in Heimarbeit Beschäftigten als Arbeitnehmer im Sinne des Betriebsverfassungsgesetzes gelten, nehmen sie an der Betriebsratswahl teil.

Ihre Interessen werden vom Betriebsrat genauso vertreten wie die Interessen anderer Arbeitnehmer:

Beispiele:

Die Vergabe von Heimarbeit an eine Person ist als mitbestimmungspflichtige → **Einstellung** *(§§ 99 bis 101 BetrVG) anzusehen, wenn feststeht, daß diese Person »in der Hauptsache« für den Betrieb tätig wird.*

Bei einer beabsichtigten → **Kündigung** *des Heimarbeitsverhältnisses (vgl. § 29 Heimarbeitsgesetz) ist der Betriebsrat nach § 102 BetrVG zu beteiligen. Neue Kündigungsfristenregelung des § 29 Heimarbeitsgesetz beachten!*

In der Regel

Was heißt das?

☐ In zahlreichen Vorschriften des BetrVG werden bestimmte Rechtsfolgen von der Zahl der in einem Betrieb oder Unternehmen »in der Regel« beschäftigten Arbeitnehmer abhängig gemacht (vgl. z. B. §§ 1, 9, 38, 60, 62, 99, 106, 110, 111, 112a BetrVG).

☐ Um den Begriff »in der Regel« näher zu bestimmen, ist ein
- Rückblick in die Vergangenheit,
- aber auch eine Einschätzung der zukünftigen Entwicklung der Beschäftigtenzahl

notwendig. Die »Regel-Beschäftigtenzahl« kann also nicht durch bloßes Abzählen an einem bestimmten Tag ermittelt werden. Auch ist die »Regel-Beschäftigtenzahl« nicht unbedingt identisch mit der Durchschnittszahl (= das Mittel zwischen der höchsten und niedrigsten Zahl der Arbeitnehmer).

Vielmehr ist die Frage zu beantworten, wie viele Arbeitnehmer (im Sinne der §§ 5 Abs. 1, 6 BetrVG: Arbeiter, Angestellte, Auszubildende und Heimarbeiter, die in der Hauptsache für den Betrieb beschäftigt sind) im allgemeinen **über den größten Teil des Jahres** im Betrieb beschäftigt wurden und voraussichtlich beschäftigt werden. Kurze Zeiträume besonderer Arbeitshäufung und damit verbundene vorübergehend steigende Beschäftigtenzahlen (z. B. Weihnachtsgeschäft) führen nicht zu einer Erhöhung der Zahl der »in der Regel« Beschäftigten.

Beispiel:
In einem Betrieb wurden schon seit Jahren von Januar bis Oktober 120 Arbeitnehmer beschäftigt. Für die Monate November und Dezember wurden in der Vergangenheit zusätzlich jeweils bis zu 30 Aushilfskräfte

In der Regel

befristet eingestellt. Anhaltspunkte für eine grundsätzliche Änderung dieser Praxis in der Zukunft sind nicht erkennbar.

Ergebnis: In dem Betrieb sind »in der Regel« 120 Arbeitnehmer beschäftigt.

Bei der Einschätzung der zukünftigen Entwicklung der Beschäftigtenzahl sind nicht allgemeine Erwartungen maßgeblich, sondern konkrete Entscheidungen des Arbeitgebers. Eine solche konkrete Entscheidung ist beispielsweise dann anzunehmen, wenn aufgrund eines → **Interessenausgleichs** feststeht, daß eine Verringerung der Beschäftigtenzahl in Kürze und auf Dauer eintreten wird (vgl. Däubler/Kittner/Klebe/Schneider, BetrVG, 4. Aufl., § 9 Rdnr. 6 ff. und 10).

Insiderrecht

Grundlagen

☐ Am 1. 8. 1994 ist mit dem Wertpapierhandelsgesetz (WpHG) erstmalig für die Bundesrepublik Deutschland ein »Insiderrecht« in Kraft getreten. Nach diesem Gesetz, das die »Europäische Richtlinie zur Koordinierung der Vorschriften betreffend Insidergeschäfte« vom 13. 11. 1989 in deutsches Recht umsetzt, ist es einem »Insider«, z. B. einem Mitglied des Aufsichtsrats eines Unternehmens (zum Insiderbegriff siehe unten), unter Androhung von Freiheitsstrafe bis zu fünf Jahren oder Geldstrafe verboten, sein Insiderwissen in unlauterer Weise für Geschäfte mit Wertpapieren dieses Unternehmens zu nutzen. Insbesondere ist es verboten,

- unter Ausnutzung seiner Kenntnis von einer Insidertatsache Insiderpapiere für eigene oder fremde Rechnung oder für einen anderen zu erwerben oder zu veräußern,
- einem anderen eine Insidertatsache unbefugt mitzuteilen oder zugänglich zu machen,
- einem anderen auf der Grundlage seiner Kenntnis von einer Insidertatsache den Erwerb oder die Veräußerung von Insiderpapieren zu empfehlen.

☐ Auch einem Dritten, der Kenntnis von einer Insidertatsache hat, ist es verboten, unter Ausnutzung dieser Kenntnis Insiderpapiere für eigene oder fremde Rechnung oder für einen anderen zu erwerben oder zu veräußern.

☐ Neben der Strafbarkeit von Insidergeschäften können auch Schadensersatzverpflichtungen entstehen und der Gewinn aus einem verbotenen Insidergeschäft abgeschöpft werden.

☐ »Insider« sind z. B. Mitglieder des Vorstands, der Geschäftsführung oder des Aufsichtsrats des ein Wertpapier »emittierenden« (d. h. ausgebenden) Unternehmens (oder eines mit dem Emittenten verbundenen Unternehmens), Wirtschaftsprüfer, Steuerberater, Rechts-

Insiderrecht

anwälte, Notare, Unternehmensberater und auch Betriebsratsmitglieder.

☐ »Insiderpapiere« sind z. B. alle diejenigen Wertpapiere, die an einer inländischen Börse oder einer Börse in einem anderen Staat der Europäischen Union zum Handel zugelassen sind.

☐ »Insidertatsachen« sind öffentlich nicht bekannte Tatsachen, die sich auf einen oder mehrere Emittenten von Insiderpapieren oder auf Insiderpapiere beziehen und die geeignet sind, im Falle ihres öffentlichen Bekanntwerdens den Kurs des Wertpapiers erheblich zu beeinflussen.

☐ Bloße Gerüchte, Mutmaßungen oder Bewertungen, die ausschließlich aufgrund öffentlich bekannter Tatsachen erstellt werden, sind keine Insidertatsachen, selbst wenn sie den Kurs eines Wertpapiers erheblich beeinflussen können.

Interessenausgleich

Was ist das?

☐ Nach §§ 111, 112 BetrVG ist der Unternehmer, der eine → **Betriebsänderung** plant, u.a. verpflichtet, mit dem Betriebsrat über einen »Interessenausgleich« zu verhandeln.

☐ Den Begriff »Interessenausgleich« muß man im Unterschied zum Begriff → **Sozialplan** sehen:

- Bei den Verhandlungen über einen »Interessenausgleich« geht es um das »Ob«, »Wann« und »Wie« der vom Unternehmer geplanten Betriebsänderung. Der Unternehmer bringt in die Verhandlungen sein »Interesse« ein (z.B. Stillegung eines Betriebsteils sowie Entlassungen); der Betriebsrat legt demgegenüber dem Unternehmer ein Konzept vor, in dem die »Interessen« der Beschäftigten formuliert sind (z.B. Kurzarbeit statt Entlassung, »Beschäftigungsplan«, umschulen statt entlassen, Aufnahme zusätzlicher oder → **alternativer Produktion** usw.).
- Beim »Sozialplan« geht es um einen insbesondere finanziellen Härteausgleich (Abfindung und dgl.) für die von der Betriebsänderung nachteilig betroffenen Arbeitnehmer (siehe → **Sozialplan**).

☐ »Interessenausgleich« und »Sozialplan« haben also eine vollkommen andere Zielrichtung. Dennoch stehen beide Vereinbarungen in einem untrennbaren Zusammenhang:

In je stärkerem Maße es gelingt, die vom Unternehmer geplante Betriebsänderung im Wege des »Interessenausgleichs« in Bahnen zu lenken, die für die Beschäftigten weniger schädlich sind, desto kleiner wird der Personenkreis, für den durch Abschluß eines »Sozialplans« Abfindungszahlungen und sonstige Ausgleichsleistungen durchgesetzt werden müssen.

Interessenausgleich

Bedeutung für die Betriebsratsarbeit

☐ Das BetrVG räumt dem Betriebsrat im Hinblick auf den Interessenausgleich kein echtes Mitbestimmungsrecht ein. Es beschränkt sich darauf, den Unternehmer zu verpflichten, mit dem Betriebsrat über eine Lösung des Interessenkonflikts »mit dem ernsten Willen zur Einigung« (vgl. § 74 Abs. 1 BetrVG) zu verhandeln. Der Unternehmer muß sich insbesondere auf ein Einigungsstellenverfahren einlassen (vgl. § 112 Abs. 2 und 3 BetrVG).

Solange der Verfahrensweg mit dem Ziel des Interessenausgleiches bis hin zur → **Einigungsstelle** nicht abgeschlossen ist, darf der Unternehmer die Betriebsänderung nicht durchführen. In einer Reihe von Arbeitsgerichtsverfahren konnte durch entsprechende »einstweilige Verfügungen« die Durchführung betriebsändernder Maßnahmen (z. B. Entlassungen) bis zum Abschluß des Einigungsstellenverfahrens unterbunden werden. Die Zulässigkeit solcher »einstweiligen Verfügungen« ist allerdings strittig: Nach anderer abzulehnender Auffassung sollen lediglich die Sanktionen des § 113 BetrVG (»**Nachteilsausgleich**«; siehe unten) ausgelöst werden, wenn der Unternehmer sich auf Verhandlungen über einen Interessenausgleich bis hin zur Einigungsstelle nicht einläßt.

Scheitern die Verhandlungen in der Einigungsstelle, so kann diese keinen für den Unternehmer verbindlichen Beschluß fassen. Insbesondere kann die Einigungsstelle keinen »Interessenausgleich« beschließen (vgl. § 112 Abs. 4 BetrVG: einen verbindlichen Spruch kann die Einigungsstelle nur über die Aufstellung eines Sozialplans fällen). Vielmehr ist der Unternehmer nach Abschluß des gescheiterten Einigungsstellenverfahrens nunmehr befugt, die von ihm geplanten betriebsändernden Maßnahmen durchzuführen.

☐ Anders stellt sich die Rechtslage bezüglich des »Sozialplans« dar. Kommt es insoweit zu keiner Einigung zwischen Unternehmer und Betriebsrat, entscheidet auf Antrag die Einigungsstelle mit für den Unternehmer verbindlicher Wirkung über den Inhalt des Sozialplans (vgl. § 112 Abs. 4 BetrVG; siehe → **Sozialplan**).

☐ Zulässig ist es, wenn der Betriebsrat seine Zustimmung zum Interessenausgleich von der »Güte« des voll mitbestimmungspflichtigen Sozialplanes abhängig macht.

☐ Der Betriebsrat hat keinerlei Veranlassung, einer Betriebsänderung im Wege des Interessenausgleiches zuzustimmen, wenn der Unter-

Interessenausgleich

nehmer keine deutlichen Zugeständnisse beim »Ob«, »Wann« und »Wie« der Betriebsänderung und beim Sozialplan macht. Eine Zustimmung des Betriebsrats zu einer Betriebsänderung ohne entsprechende »Gegenleistung« des Unternehmers ist ein »schlechtes Geschäft«. Der Betriebsrat setzt sich ohne Not dem Verdacht aus, nicht auf der Seite der Beschäftigten zu stehen, sondern dem Unternehmer bei der Durchsetzung von arbeitnehmerschädlichen Maßnahmen zu helfen.

☐ Kommt zwischen Betriebsrat und Unternehmer ein Interessenausgleich über die Betriebsänderung zustande, so ist der Unternehmer grundsätzlich zur Einhaltung der vereinbarten Regelungen und Maßnahmen verpflichtet. Erzwungen werden kann diese Verpflichtung allerdings nicht. Dies läßt sich aus der Vorschrift des § 113 BetrVG ableiten: Hiernach ist der Unternehmer, der von einem Interessenausgleich – ohne zwingenden Grund – abweichen will, gegenüber den betroffenen Arbeitnehmern zum »Nachteilsausgleich« verpflichtet; siehe dazu die untenstehenden Ausführungen.

☐ Das Verfahren hin zum Abschluß eines »Interessenausgleichs« verläuft in folgenden Etappen:

- Zunächst hat der Unternehmer den Wirtschaftsausschuß nach § 106 BetrVG sowie den Betriebsrat des betroffenen Betriebs (§ 111 BetrVG) über die geplante Betriebsänderung zu informieren und mit ihnen jeweils zu beraten;
- daran anschließend werden zwischen Unternehmer und Betriebsrat formelle Verhandlungen über einen Interessenausgleich aufgenommen.

Beispiel:
Der Unternehmer will Teilstillegung des Betriebes mit Entlassungen; der Betriebsrat schlägt Fortführung vor mit neuen Produkten, neuen Investitionen, Änderung der Arbeitsabläufe, Versetzungsregelungen, Qualifikationsprogrammen usw.

- Kommt es zu einer Einigung, die für beide Seiten tragbar ist, wird diese schriftlich fixiert und vom Unternehmer und Betriebsrat (durch den Betriebsratsvorsitzenden) unterschrieben;
- kommt es zu keiner Einigung, so kann von jeder Seite der Präsident des Landesarbeitsamtes um Vermittlung gebeten werden;
- unterbleibt die Einschaltung des Präsidenten des Landesarbeitsamtes oder bleibt sein Vermittlungsversuch erfolglos, kann von jeder

Interessenausgleich

Seite die Einigungsstelle angerufen werden (siehe → **Einigungsstelle**);
- über die Bildung der Einigungsstelle entscheidet notfalls das Arbeitsgericht, falls sich Unternehmer und Betriebsrat nicht über den Vorsitzenden und die Zahl der Beisitzer einigen können;
- im Einigungsstellenverfahren haben der Unternehmer einerseits, der Betriebsrat andererseits ihre jeweiligen Konzepte darzustellen;
- der/die Vorsitzende der Einigungsstelle hat den Versuch zu unternehmen, eine Einigung zwischen Unternehmer und Betriebsrat herbeizuführen. Die Einigungsstelle kann (durch Mehrheitsbeschluß) gegebenenfalls ein alternatives Konzept vorschlagen;
- kommt es im Rahmen des Einigungsstellenverfahrens zu einer Einigung zwischen Unternehmer und Betriebsrat, so ist diese schriftlich niederzulegen und zu unterschreiben;
- kommt es zu keiner Einigung, so stellt der/die Vorsitzende das Einigungsstellenverfahren ein. Der Unternehmer kann nunmehr seine geplanten Maßnahmen realisieren. Er ist nur noch verpflichtet, mit dem Betriebsrat einen → **Sozialplan** abzuschließen.

☐ Aus dem Vorstehenden ergeben sich für den Betriebsrat folgende Konsequenzen:

- Der Kampf um einen möglichst »guten« Interessenausgleich hat aus beschäftigungspolitischen Gründen Vorrang vor dem Sozialplan. Natürlich ist es wichtig, für diejenigen Arbeitnehmer, deren Arbeitsplätze nicht gesichert werden können bzw. deren Arbeitsbedingungen sich verschlechtern, möglichst gute Sozialplanregelungen »herauszuholen«. Irgendwann aber ist die Sozialplanabfindung, und sei sie noch so hoch, aufgebraucht. Es sollte deshalb vor dem Hintergrund anhaltender Massenarbeitslosigkeit verstärkt über die Frage nachgedacht werden, wie man das Unternehmen dazu bewegen kann, neben den Sozialplanmitteln weitere finanzielle Leistungen für die Finanzierung von aktiven Beschäftigungs- und Qualifizierungsmaßnahmen zugunsten der von Entlassung bedrohten Beschäftigten zur Verfügung zu stellen.
- In den alten Bundesländern ist die Überlegung, daß es allemal besser ist, Arbeit und Qualifizierung zu finanzieren als Arbeitslosigkeit, bereits in den 80er Jahren in einer Reihe von Fällen – in unterschiedlichen Formen – aufgegriffen und realisiert worden. Jüngstes Beispiel: Bei der Fa. Grundig konnten aus Anlaß eines angekündigten Personalabbaus von ca. 1300 Arbeitnehmern im

Frühjahr 1993 zwischen Betriebsrat und Unternehmensleitung ein »Beschäftigungsplan« und die Gründung einer »Qualifizierungsgesellschaft« vereinbart werden. In vielen Fällen sind derartige Auffangkonzepte allerdings an der fehlenden Mitwirkungsbereitschaft der Unternehmen und Banken gescheitert.
- In den neuen Bundesländern hat die Errichtung von »Beschäftigungs- und Qualifizierungsgesellschaften« (ein anderer gebräuchlicher Begriff: Gesellschaften zur Arbeitsförderung, Beschäftigung und Strukturentwicklung – »ABS-Gesellschaften«) in den ersten Jahren nach der »Wende« einen Teil der dort stattfindenden Beschäftigungskatastrophe auffangen und einen wesentlichen Beitrag zum Aufbau von neuen – beschäftigungspolitisch wirksamen – Strukturen leisten können. Errichtet wurden die »ABS-Gesellschaften« meist in der Rechtsform einer Gesellschaft mit beschränkter Haftung – GmbH (siehe → **Unternehmensrechtsformen**). Die Finanzierung erfolgte im wesentlichen mit Mitteln der Treuhandanstalt sowie der Arbeitsverwaltung. Die wesentlichen Funktionen der »ABS-Gesellschaften«:

1. Beschäftigungs- und sozialpolitische Auffangfunktion:
Massenhafter Arbeitsplatzabbau wurde und wird durch die Tätigkeit der »ABS-Gesellschaften« sozial- und arbeitsmarktpolitisch flankiert im Wege sinnvoller Bündelung und effektiven Einsatzes der einschlägigen Instrumente der Arbeitsförderung (Kurzarbeitergeld, Arbeitsbeschaffungsmaßnahmen, Fortbildung und Umschulung).
2. »ABS-Gesellschaften« als kommunale Innovationsträger:
In den Gesellschaften wurden und werden Produktion und Dienstleistungen erbracht, die für Aufbau und Entwicklung der Region erforderlich sind (z. B. Industrieflächensanierung, Entwicklung und Bau von Anlagen zur Sanierung von Gewässern; Energieoptimierung in öffentlichen Gebäuden).
3. »ABS-Gesellschaften« als Qualifizierungsagenturen, in denen – zum Teil in Zusammenarbeit mit anderen Berufsbildungsträgern – zugunsten der entlassenen Arbeitnehmer erfolgreich Fortbildungs- und Umschulungsmaßnahmen durchgeführt wurden und werden.
4. »ABS-Gesellschaften« als »Geburtshelfer« für Unternehmensgründungen:
Dort, wo die Voraussetzungen für die Ausgliederung eines Aufgabenbereichs der »ABS-Gesellschaft« günstig sind, wurde und wird

die Ausgründung dieses Bereichs in ein selbständiges Unternehmen (Handwerks-, Produktions- oder Dienstleistungsunternehmen), das nunmehr auf »eigenen Beinen« zu stehen vermag, gefördert und unterstützt.

Bedeutung für die Beschäftigten

☐ Der mit dem Betriebsrat vereinbarte Interessenausgleich begründet – im Gegensatz zum Sozialplan – nach h. M. keine vom einzelnen Arbeitnehmer einklagbaren Rechte. So können Arbeitnehmer, die unter Verstoß gegen die Regelungen eines Interessenausgleichs gekündigt werden, die Kündigung jedenfalls mit dieser Begründung nicht erfolgreich vor dem Arbeitsgericht anfechten (andere Umstände [z. B. fehlende soziale Rechtfertigung im Sinne des § 1 KSchG; fehlende Anhörung des Betriebsrats nach § 102 BetrVG usw.] können dagegen sehr wohl die Unwirksamkeit der Kündigung zur Folge haben).

☐ Allerdings steht den betroffenen Arbeitnehmern ein Anspruch auf »**Nachteilsausgleich**« zu, wenn der Unternehmer von einem Interessenausgleich »ohne zwingenden Grund« abweicht (§ 113 BetrVG). Im einzelnen gilt folgendes:

- Arbeitnehmer, die infolge der Abweichung entlassen werden, erwerben einen einklagbaren Anspruch auf Zahlung einer →**Abfindung**. Die Höhe der Abfindung wird vom Arbeitsgericht entsprechend § 10 KSchG; bemessen (vgl. § 113 Abs. 1 BetrVG).
- Erleiden Arbeitnehmer infolge der Abweichung vom Interessenausgleich einen sonstigen wirtschaftlichen Nachteil (z. B. Versetzung auf einen schlechter bezahlten Arbeitsplatz), so hat der Unternehmer den Nachteil bis zu einem Zeitraum von 12 Monaten auszugleichen (vgl. § 113 Abs. 2 BetrVG; z. B. Weiterzahlung des Verdienstes in der bisherigen Höhe).
- Ein Anspruch auf »Nachteilsausgleich« entsteht auch dann, wenn der Unternehmer eine Betriebsänderung durchführt, ohne einen Interessenausgleich mit dem Betriebsrat versucht zu haben, und infolge der betriebsändernden Maßnahmen Arbeitnehmer entlassen werden oder sonstige wirtschaftliche Nachteile erleiden (§ 113 Abs. 3 BetrVG).

□ *Wichtig:* Die Ansprüche auf einen »Nachteilsausgleich« gemäß § 113 BetrVG müssen, sofern ein Tarifvertrag gilt, innerhalb der oft sehr kurzen tariflichen Verfallfristen geltend gemacht werden!

Ebenfalls beachtet werden müssen natürlich die gesetzlichen Verjährungsfristen nach § 196 Abs. 1 Nr. 8, 9, § 201 BGB. Diese betragen für Arbeitsentgeltansprüche zwei Jahre, beginnend mit dem 1. Januar des auf die Entstehung des Anspruchs folgenden Jahres.

□ Strittig ist, ob Abfindungsansprüche aus einem Sozialplan und solche gemäß § 113 BetrVG miteinander zu verrechnen sind (siehe insoweit Däubler/Kittner/Klebe/Schneider, BetrVG, 4. Aufl. §§ 112, 112a Rdnr. 58 ff.).

Interessenausgleich

Schnellübersicht:

Inhalte der Verhandlungen über einen Interessenausgleich

I. Verhandlungen über das »Ob«, »Wann« und »Wie« der geplanten Betriebsänderung:
Verhandlungsgegenstände (Forderungen des Betriebsrats):
1. Unternehmer soll Plan zur Betriebsänderung zurücknehmen (dann entfällt auch die Notwendigkeit eines Sozialplans).
2. Die Betriebsänderung soll erst zu einem späteren Zeitpunkt bzw. in zeitlich gestaffelten Stufen durchgeführt werden.
3. Die Betriebsänderung soll anders, als vom Unternehmer geplant, durchgeführt werden: alternative Maßnahmen bei Betriebsänderungen in Form von Betriebseinschränkung und Betriebsstillegung (vgl. § 111 Nr. 1 BetrVG).

Beispiele:
- Investition in neue leistungsfähigere Maschinen und Anlagen statt Stillegung;
- Entwicklung und Herstellung neuer Produkte;
- Teilstillegung statt Vollstillegung des Betriebs;
- Verkauf des Betriebes an einen investitionswilligen und -fähigen Unternehmer;
- Kurzarbeit statt Entlassung (volle Nutzung der Regelungen des AFG über »konjunkturelle« und vor allem »strukturelle« Kurzarbeit, § 63 Abs. 1 und 4 AFG; siehe → **Kurzarbeit**);
- Einführung einer durchschaubaren Personalplanung;
- Versetzung statt Entlassung;
- Aufstellung eines Umschulungs- und eines Qualifizierungsplans (gegebenenfalls mit Hilfe von Leistungen des Arbeitsamtes);
- Maßnahmen zur Sicherstellung und Weiterführung der beruflichen Erstausbildung (gegebenenfalls Überleitung der Auszubildenden in andere Betriebe bzw. Gründung eines Ausbildungsbetriebes gegebenenfalls zusammen mit anderen Unternehmen).
- Errichtung und (Mit-)Finanzierung einer Auffanggesellschaft, in die die Entlassenen zur Vermeidung von Arbeitslosigkeit übernommen werden mit dem Ziel, ihnen – gegebenenfalls nach einer entsprechenden Qualifizierung – einen neuen, sicheren Arbeitsplatz zu verschaffen.

4. Zusätzliche Alternativen bei Betriebsänderungen in Form von Rationalisierung und organisatorischen Maßnahmen (vgl. § 111 Nr. 2 bis 5 BetrVG).

Beispiele:
- Maßnahmen zur Vermeidung von Streß, Leistungsverdichtung, Monotonie usw.;
- Beseitigung von belastenden Kontrolleinrichtungen;
- Einführung von Mischarbeitsplätzen, Gruppenarbeit, Fertigungsinseln usw.;
- Einführung einer durchschaubaren Personalplanung;
- Einführung zusätzlicher Qualifizierungsmaßnahmen.

Interessenausgleich

II. Verhandlung über Maßnahmen, die die Realisierung der obengenannten Alternativen sicherstellen, insbesondere Maßnahmen zur Sicherstellung der Finanzierung (Gespräche mit Banken, politischen Instanzen und Arbeitsverwaltung unter Beteiligung der betrieblichen Interessenvertretung und der Gewerkschaft).

III. Verhandlungen über die Hinzuziehung von Sachverständigen, die den Betriebsrat bei der Analyse der Lage und der Entwicklung von tragfähigen Konzeptvorschlägen unterstützen (evtl. Anspruch auf Hinzuziehung eines Sachverständigen nach § 80 Abs. 3 BetrVG geltend machen und bei Ablehnung Arbeitsgericht anrufen).

IV. Keine Zustimmung des Betriebsrats zu einer Betriebsänderung, die einseitig vom Unternehmen bestimmt und durchgeführt wird. Nur wenn der Unternehmer sich ernsthaft auf die Vorschläge des Betriebsrats einläßt und Bereitschaft zeigt, die ursprüngliche Planung in einer Weise zu verändern, die weniger einschneidende Folgen für die Beschäftigten hat, sollte der Betriebsrat einen »Interessenausgleich« unterschreiben.

V. Alle rechtlichen Möglichkeiten des § 112 Abs. 1 bis 3 BetrVG ausschöpfen:
- Präsident des Landesarbeitsamtes um Vermittlung bitten,
- Einigungsstellenverfahren einleiten.

Bei Nichteinigung über die Person des Einigungsstellenvorsitzenden und die Zahl der Beisitzer entscheidet auf Antrag des Arbeitgebers oder Betriebsrats das Arbeitsgericht.

Sicherstellen, daß der Arbeitgeber keine Maßnahmen zur Realisierung der Betriebsänderung unternimmt, solange das Verfahren über den »Interessenausgleich« (bis hin zur »Einigungsstelle«) nicht abgeschlossen ist. Notfalls beim Arbeitsgericht den Erlaß einer entsprechenden »Einstweiligen Verfügung« beantragen.

Literaturhinweis:

Hase/von Neumann-Cosel/Rupp: Handbuch Interessenausgleich und Sozialplan. Ein praktischer Ratgeber, Bund-Verlag, Köln.

ISO 9000

Was ist das?

☐ Das Bemühen einer Unternehmensleitung, ein möglichst optimales Betriebsergebnis zu erzielen, führt in immer mehr Betrieben zu Veränderungen des Bereichs der **Qualitätssicherung**. Dem zugrunde liegt die Erkenntnis, daß Qualitätssicherung in Form der althergebrachten Kontrolle von End- und Zwischenprodukten ein recht teures Unterfangen ist. Je später ein Fehler entdeckt wird, desto teurer wird seine Beseitigung. Augenfälliges Beispiel sind die kostenträchtigen Rückrufaktionen der Hersteller von Massenprodukten (Autos und dergl.).

☐ Ziel einer neuen Qualitätssicherungsstrategie ist es, in allen Phasen des Prozesses von der Bestellung bis zur Auslieferung (Design/Entwicklung, Arbeitsvorbereitung, Materialbeschaffung, Fertigung, Montage, Lieferung, Wartung) konsequent und systematisch Fehlervermeidung zu betreiben. Anders ausgedrückt: Es geht darum, Fehler so rechtzeitig zu erkennen, daß diese mit geringem Aufwand behoben werden können.

☐ ISO 9000, genauer DIN ISO 9000 bis 9004, ist eine Handlungsanleitung, nach welcher eine derartige umfassende Qualitätssicherungsstrategie organisiert werden kann.

☐ ISO steht für International Standardisation Organisation. Diese Organisation, in der die Bundesrepublik durch das DIN (Deutsches Institut für Normung e. V.) vertreten ist, hat es sich zur Aufgabe gemacht, die unterschiedlichen nationalen Normungen anzugleichen und weltweit zu harmonisieren. Im Jahre 1987 wurden die Regeln der Normenreihe ISO 9000 bis 9004 festgelegt. Mit diesen Regeln wird ein branchen- und produktunabhängiges System der Qualitätssicherung aufgestellt. Garant der Qualitätssicherung ist ein systematisiertes – in der ISO 9000 Normenreihe im einzelnen dargestelltes – Qualitätsmanagement.

ISO 9000

☐ Die DIN ISO 9000 Normenreihe ist unterteilt in die ISO Normen 9000, 9001, 9002, 9003 und 9004.

☐ Die Norm 9000 ist eine Art Leitlinie für die anderen Normen. Sie hilft bei der Auswahl und Interpretation der übrigen Normen.

☐ Die Norm 9001 ist die umfassendste Regelung. Sie unterteilt das gesamte System der Qualitätssicherung in nachfolgend genannte 20 Qualitätssicherungselemente, die erarbeitet und dokumentiert werden müssen:

1. Verantwortung der obersten Leitung
2. Qualitätsmanagementsystem
3. Vertragsüberprüfung
4. Designlenkung
5. Lenkung der Dokumente
6. Beschaffung
7. Lenkung der vom Auftraggeber (Kunden) bereitgestellten Produkte
8. Identifikation und Rückverfolgbarkeit von Produkten
9. Prozeßlenkung (in Produktion und Montage)
10. Prüfungen
11. Prüfmittel
12. Prüfstatus
13. Lenkung fehlerhafter Produkte
14. Korrekturmaßnahmen
15. Handhabung, Lagerung, Verpackung und Versand
16. Qualitätsaufzeichnungen
17. Interne Qualitätsaudits (= Prüfungen)
18. Schulung
19. Kundendienst
20. Statistische Methoden

☐ Die Norm 9002 befaßt sich schwerpunktmäßig mit den Bereichen Produktion und Montage. Die Bereiche Design/Produktentwicklung und Kundendienst (siehe oben Nrn. 4 und 19) werden ausgeblendet.

☐ Die Norm 9003 beschränkt sich auf die Regelung der Qualitätssicherungselemente für den Bereich der »Endprüfung«. Nicht erfaßt werden die in o. g. Nrn. 3, 4, 6, 7, 9, 14, 17, 19 dargestellten Qualitätssicherungsbereiche.

☐ In der Norm 9004 schließlich werden Hinweise für die Entwicklung und Einführung eines Qualitätssicherungssystems im Unternehmen

ISO 9000

gegeben. Außerdem enthält die Norm einen Leitfaden für die Übertragung des Qualitätssicherungssystems auf Dienstleistungsunternehmen.

☐ Die ISO 9000 Normenreihe hat nicht den Charakter einer verbindlichen Rechtsvorschrift. Vielmehr liegt der Aufbau eines Qualitätssicherungssystems im freien Ermessen des Unternehmens.

☐ Allerdings gibt es eine Reihe von Gründen, die ein Unternehmen veranlassen, den Betrieb entsprechend den Regeln der ISO 9000 umzustrukturieren und sich dies »zertifizieren« zu lassen (siehe unten).

Zum einen ergibt sich ein »mittelbarer« Zwang zur Anwendung von ISO 9000 aus einer Vielzahl von Gesetzen und Verordnungen, die in unterschiedlichen Ausprägungen qualitätssichernde Maßnahmen verlangen (Beispiele: Bauproduktegesetz, Gerätesicherheitsgesetz, Medizin-Produktegesetz, Gesetz betr. elektromagnetische Verträglichkeit, Eichordnung, Zulassungsverordnung Post).

Zum anderen gehen immer mehr Unternehmen dazu über, von ihren Zulieferern die Einführung eines Qualitätsmanagements entsprechend ISO 9000 zu verlangen.

Die ISO 9000 Normenreihe ist mittlerweile in über 75 Ländern als Qualitätssicherungs- und -managementsystem akzeptiert und wird als Beurteilungsmaßstab bei der Auswahl von Lieferanten verwendet. In der Bundesrepublik sind derzeit etwa 6000 Unternehmen zertifiziert, in Großbritannien sind es 30000, weltweit etwa 150000 (Stand: Juli 1995).

☐ Strukturiert ein Unternehmen seinen Bereich Qualitätssicherung nach den Regeln von ISO 9000 um, erhält es ein sogenanntes »Zertifikat«. Der Prozeß zur Erlangung eines solchen Zertifikats durchläuft zwei Stufen:

1. Stufe:
Das Unternehmen baut ein Qualitätssicherungs- und -managementsystem auf. Dabei werden – je nach angewandter Normenreihe (ISO 9001, 9002, 9003) – die erforderlichen Qualitätssicherungselemente erarbeitet, dokumentiert (Qualitätssicherungshandbuch) und den Beschäftigten zugänglich gemacht.

Bei der Erstellung des Qualitätssicherungshandbuchs sind zwei Wege denkbar:

ISO 9000

- das Handbuch wird »oben« im kleinen Kreis erstellt und dann nach »unten« durchgesetzt;
- oder: »oben« werden nur die Qualitätssicherungsgrundsätze erarbeitet. Die Ausfüllung der Grundsätze mit konkreten Inhalten erfolgt durch die Beschäftigten im Rahmen eines betrieblichen Diskussions- und Arbeitsprozesses.

Der zweitgenannte Weg bringt sowohl den Beschäftigten Vorteile (sie gestalten den Prozeß mit) als auch dem Unternehmen: durch Mitgestaltung entsteht bei den Beschäftigten »automatisch« Akzeptanz, d. h. der Wille, die im Handbuch festgeschriebenen Richtlinien auch tatsächlich einzuhalten bzw. umzusetzen.

2. Stufe:

Ist der Aufbau des Qualitätssicherungs- und -managementsystems abgeschlossen und praktisch erprobt, schließt sich die Phase des Zertifizierungsverfahrens an:

Eine staatlich anerkannte Zertifizierungsstelle nimmt auf Anforderung der Unternehmensleitung ein sogenanntes Audit (= Prüfung) vor. Es wird geprüft, ob das Qualitätssicherungs- und -managementsystem den Regeln der ISO 9000 Normenreihe entspricht und ob dieses System in der betrieblichen Wirklichkeit auch tatsächlich umgesetzt wird. Ist dies der Fall, erteilt die Zertifizierungsstelle für die Dauer von drei Jahren ein »Zertifikat«. Durch jährliche »Nachaudits« wird geprüft, ob die zertifizierte Qualitätssicherung aufrechterhalten wird. Nach drei Jahren erfolgt ein Wiederholungsaudit, wenn das Zertifikat für weitere drei Jahre verlängert werden soll.

☐ Mit dem Zertifikat verfügt das Unternehmen über ein Dokument, mit welchem es gegenüber Kunden, Versicherungen, Behörden und sonstigen Stellen den Nachweis einer umfassenden Qualitätssicherung führen kann.

☐ Die Umstrukturierung des Unternehmens/Betriebs entsprechend den Anforderungen der ISO 9000 Normenreihe hat oft erhebliche Auswirkungen auf die Beschäftigten.

Beispiele:

- *Die Arbeitsabläufe und Kommunikationsstrukturen werden genau durchleuchtet und analysiert. Die Beschäftigten fühlen sich kontrolliert. Schwachstellen werden ebenso sichtbar wie das »geheime« Wissen der Beschäftigten;*

ISO 9000

- *die Arbeitsabläufe werden verändert (z. B. Einführung von Gruppenarbeit);*
- *durch Optimierung der Arbeitsabläufe ergeben sich Rationalisierungseffekte mit entsprechenden personellen Konsequenzen für die Beschäftigten (Versetzungen, Kündigungen);*
- *bestimmte Arbeitsvorgänge werden mit dem Ziel automatisiert, eine bessere Produktqualität zu erzielen;*
- *in der Wareneingangsprüfung und Endkontrolle gehen Arbeitsplätze verloren, weil in allen Stufen des Prozesses Qualitätssicherung integriert wird;*
- *es kann zu Einstellungen kommen (z. B. Qualitätssicherungsbeauftragter);*
- *die Zeitvorgaben beim Leistungsentgelt werden verändert, weil Qualitätssicherung in die einzelnen Prozeß- und Produktionsschritte als zusätzliche Aufgabenstellung integriert wird;*
- *ggf. ändert sich auch die Eingruppierung, weil eine höhere Verantwortung für die Qualität hinzukommt;*
- *ggf. entsteht Leistungsverdichtung, weil in der gleichen Arbeitszeit zusätzliche Qualitätssicherungsaufgaben erledigt werden müssen;*
- *die von ISO 9001–9003 geforderte Rückverfolgbarkeit eines Produkts (siehe oben Nr. 8) führt zum Aufbau eines detaillierten Kontrollsystems (z. B. in Form eines elektronischen BDE-Systems = Betriebliche Datenerfassung);*
- *Verantwortungsbereiche und Zuständigkeiten werden verändert;*
- *Beschäftigte werden zu Schulungen abgeordnet, deren Ziel es ist, das Qualitätsbewußtsein sowie die fachlichen Fähigkeiten und Fertigkeiten zu fördern;*
- *leistungsschwächeren Beschäftigten, die den Qualitätsanforderungen nicht gerecht werden, drohen Konsequenzen;*
- *für einzelne Beschäftigtengruppen wird eine spezielle Kleidung verordnet;*
- *das betriebliche Vorschlagswesen wird verändert.*

☐ Alternativen zu ISO 9000: 1987 wurde vom US-Wirtschaftsministerium ein jährlich vom US-Präsidenten verliehener Preis für umfassendes Qualitätsmanagement geschaffen (Malcolm Baldridge National Quality Award). Baldridge Award verfolgt einen wesentlich umfassenderen Zielkatalog als die Qualitätsnormenreihe ISO 9000. Bei der Normenreihe ISO 9000 geht es darum, dem Kunden zu signalisieren, daß eine gewisse Qualitätssicherheit des Lieferanten gewährleistet ist.

Die Qualitätskategorien des Baldrige Award gehen über ein derartiges Qualitätssicherheitsdenken hinaus und zielen auf die Verbesserung der Wettbewerbsfähigkeit des Unternehmens ab. Im einzelnen werden im Bereich der sieben Qualitätskategorien des Baldrige Award folgende Fragen gestellt:

1. Führungsqualität: Inwieweit ist die Unternehmensführung persönlich in den Qualitätsprozeß integriert? In welcher Form wird die Kundenorientierung in den Führungsprozeß eingebunden?

2. Information und Analyse: Enthalten die Informationssysteme des Unternehmens aussagefähige Daten über Qualitätsaspekte? Vergleicht das Unternehmen sich regelmäßig mit den Leistungen seiner Konkurrenten (Benchmarking)? Bilden die vorhandenen Daten (insbesondere die qualitäts- und kundenbezogenen) die Grundlagen wichtiger Entscheidungen?

3. Qualitätsplanung: Inwieweit sind die Qualitäts- und Kundenzufriedenheitsaspekte in der strategischen und operativen Planung des Unternehmens berücksichtigt?

4. Personalmanagement: Wie werden die Mitarbeiter/-innen in den Qualitätsprozeß integriert? Fließen Qualitätsaspekte in die Weiterbildungsmaßnahmen für die Mitarbeiter/-innen ein? Wie werden die Beiträge einzelner Mitarbeiter zur Qualitätssteigerung honoriert? Wird die Mitarbeiterzufriedenheit gemanagt und gemessen?

5. Management der Prozeßqualität: Wie werden Qualitätsaspekte bei der Entwicklung neuer Produkte und Dienstleistungen berücksichtigt? Wodurch wird sichergestellt, daß der Produktionsprozeß den Qualitätsanforderungen entspricht und einem dauerhaften Verbesserungsprozeß unterliegt? Wie werden die Lieferungen in den Qualitätssicherungsprozeß einbezogen?

6. Qualität und operative Ergebnisse: Welche Produkt- und Dienstleistungsqualität erreicht das Unternehmen im Vergleich zu seiner Konkurrenz? Welche Produktqualität erreicht das Unternehmen im Vergleich zu seiner Konkurrenz? Wie hoch ist das Qualitätsniveau der Lieferanten?

7. Kundenorientierung und Kundenzufriedenheit: Wie gelangt das Unternehmen an Informationen über zukünftige Kundenbedürfnisse? Mit welchen Methoden untersucht das Unternehmen die Kundenzufriedenheit? Welches Niveau der Kundenzufriedenheit erzielt das Unternehmen im Vergleich zur Konkurrenz?

ISO 9000

□ Die neueste Entwicklung im Bereich des Qualitätsmanagements heißt Return on Quality (ROQ). Entsprechend dem betriebswirtschaftlichen Begriff Return on Investment (»Wie hoch verzinst sich das investierte Kapital?«) fragt ROQ: »Was bekomme ich (über höhere Preise, größeren Umsatz, höheren Marktanteil, geringere Garantiekosten usw.) zurück für meine Bemühungen, die Qualität der Produkte und Prozesse zu steigern?« ROQ wendet sich gegen eine allzu bürokratische, pingelige Handhabung von Qualitätssicherungskonzepten. Das bisherige Qualitätsmanagement wird radikal hinterfragt und neu aufgebaut. Im Zentrum steht dabei die Frage: Was will der Kunde?
(Quelle: ISO 9000, Hrsg. IG Metall Vorstand Abt. Automation/Technologie/Humanisierung der Arbeit, Frankfurt/M. 1994)

Bedeutung für die Betriebsratsarbeit

□ Aus den vorstehend dargestellten möglichen Auswirkungen auf Arbeitsablauf und Beschäftigte erwachsen für den Betriebsrat eine Vielzahl von Schutz- und Gestaltungsaufgaben.

□ Da Aufbau und Umsetzung eines umfassenden Qualitätssicherungssystems mit der Akzeptanz durch die Beschäftigten stehen und fallen, hat der Betriebsrat genügend Argumente, um seine frühzeitige Einbeziehung zu fordern.

□ Außerdem kann sich der Betriebsrat – zur Untermauerung seines Anspruchs auf Beteiligung – auf eine Vielzahl von Vorschriften des BetrVG berufen, insbesondere auf

- Informationsrechte nach §§ 80 Abs. 2, 90, 106 BetrVG;
- Mitwirkungsrechte (Beratungs- und Vorschlagsrechte) nach §§ 90, 92, 96 ff., 106 BetrVG;
- Mitbestimmungsrechte nach § 87 Abs. 1 BetrVG (Ordnung und Verhalten, Arbeitszeit, Leistungs- und Verhaltenskontrolle, Entlohnungsfragen, Vorschlagswesen), § 91 BetrVG (Arbeitsablaufänderungen), § 95 BetrVG (Auswahlrichtlinien), § 98 BetrVG (Bildungsmaßnahmen), § 99 BetrVG (Einstellung, Ein- und Umgruppierung, Versetzung).

□ Ist die Umstrukturierung des Betriebs derart gravierend, daß eine → **Betriebsänderung** anzunehmen ist, stehen dem Betriebsrat auch die

Rechte nach §§ 111 ff. BetrVG zu (siehe auch → **Interessenausgleich**, → **Sozialplan**).

☐ Will der Betriebsrat Einfluß auf die Gestaltung des Qualitätssicherungssystems nehmen, bietet sich folgende Vorgehensweise an:

1. Der Betriebsrat macht sich sachkundig durch Besuch von Schulungen sowie Lektüre geeigneter Unterlagen, durch Kontakt mit Gewerkschaft und Gesprächen mit anderen Betriebsräten, die bereits einschlägige Erfahrungen gesammelt haben.

2. Der Betriebsrat verlangt vom Arbeitgeber Informationen über den (geplanten) Aufbau des Qualitätssicherungssystems und die Auswirkungen auf Arbeitsabläufe und Beschäftigte.

3. Der Betriebsrat verlangt Aushändigung aller Normen und – soweit schon vorhanden – ein Exemplar des Qualitätssicherungshandbuchs. Dieses ist vom Arbeitgeber stets auf dem neuesten Stand zu halten. Dem Betriebsrat sind jeweilige Änderungen unaufgefordert mitzuteilen.

4. Der Betriebsrat vereinbart mit dem Arbeitgeber, daß er zu allen Projektsitzungen eingeladen wird und daß er alle Audit-Berichte (= Prüfberichte) erhält.

5. Ggf. wird eine mit Betriebsrats- und Arbeitgebervertretern besetzte paritätische Kommission gebildet (vgl. § 28 Abs. 3 BetrVG), in der alle Maßnahmen vor ihrer Umsetzung beraten werden.

6. Mit dem Arbeitgeber wird vereinbart, daß der zu bestellende interne und ggf. auch externe Qualitätssicherungsbeauftragte in geeigneter Weise den Betriebsrat informiert und mit ihm zusammenarbeitet.

7. Wegen der Kompliziertheit vieler Fragen fordert der Betriebsrat vom Arbeitgeber eine Vereinbarung, auf deren Grundlage er einen externen Sachverständigen seiner Wahl hinzuziehen kann (§ 80 Abs. 3 BetrVG).

8. Der Betriebsrat organisiert ein Kommunikations- und Arbeitssystem mit interessierten Beschäftigten, Vertrauensleuten, Gewerkschaftsvertretern, externen Sachverständigen. Ziel: Erstellung eines Forderungskatalogs.

9. Der Betriebsrat entwirft auf der Grundlage des Forderungskatalogs eine → **Betriebsvereinbarung**.

ISO 9000

10. Der Betriebsrat fordert den Arbeitgeber auf, in Verhandlungen einzutreten. Ggf. ruft der Betriebsrat unter Berufung auf diejenigen Vorschriften, die ihm Mitbestimmungsrechte einräumen, die → **Einigungsstelle** an.

Jahresabschluß

Was ist das?

☐ Jedes Unternehmen (= Einzelunternehmen, Personengesellschaft, Kapitalgesellschaft; siehe → **Unternehmensrechtsformen**) ist verpflichtet, nach Ende eines jeden Geschäftsjahres einen »Jahresabschluß« zu erstellen (vgl. § 242 HGB).

☐ Bei Einzelunternehmen und Personengesellschaften (z. B. Offene Handelsgesellschaft oder Kommanditgesellschaft) besteht der Jahresabschluß aus einer »Bilanz« und einer »Gewinn- und Verlustrechnung« (vgl. § 242 HGB).

☐ Bei Kapitalgesellschaften (z. B. Aktiengesellschaft oder Gesellschaft mit beschränkter Haftung) setzt sich der Jahresabschluß aus einer »Bilanz«, einer »Gewinn- und Verlustrechnung« und einem »Anhang« zusammen (vgl. § 264 HGB).

Bilanz:

Die »Bilanz« ist eine Gegenüberstellung von Vermögen und Schulden des Unternehmens zu einem bestimmten Stichtag (= der Tag am Ende des Geschäftsjahres); vgl. § 242 HGB.

Anders ausgedrückt: In der Bilanz wird die Frage beantwortet, wie hoch an einem bestimmten Stichtag der Wert des gesamten Vermögens (»Aktiva«) und wie hoch an diesem Stichtag demgegenüber der Stand der Schulden (»Passiva«) ist. Außerdem: Die Passivseite der Bilanz legt dar, woher die Mittel gekommen sind (Eigenkapital oder Fremdkapital), mit denen die auf der Aktivseite der Bilanz aufgeführten Vermögenswerte finanziert worden sind.

§ 266 HGB schreibt vor, wie die Bilanz im einzelnen aufzugliedern ist (Gliederungsschema).

Jahresabschluß

Gewinn- und Verlustrechnung:

Hierbei handelt es sich um eine Gegenüberstellung von Erträgen (= Einnahmen) und Aufwendungen (= Kosten), die im Laufe des Geschäftsjahres angefallen sind (vgl. § 242 HGB).

In §§ 275 ff. HGB finden sich die Gliederungsschemata, nach denen die Gewinn- und Verlustrechnung aufzustellen ist. Insoweit sind zwei Verfahren zulässig: das »Gesamtkostenverfahren« und das »Umsatzkostenverfahren«.

Anhang:

Der »Anhang« ist eine Erläuterung von Bilanz sowie Gewinn- und Verlustrechnung. Der Anhang ist zu erstellen von Kapitalgesellschaften (z. B. Aktiengesellschaft oder Gesellschaft mit beschränkter Haftung) und stellt einen Bestandteil des Jahresabschlusses dar (vgl. §§ 264, 284 ff. HGB).

Lagebericht:

Von Kapitalgesellschaften muß zusätzlich zum »Jahresabschluß« ein sogenannter »Lagebericht« erstellt werden (vgl. §§ 264, 289 HGB). In diesem Lagebericht ist ein den tatsächlichen Verhältnissen entsprechendes Bild des Geschäftsverlaufs und der Lage des Unternehmens zu vermitteln. Außerdem soll der Lagebericht auf

- wichtige Vorgänge, die »nach« dem Schluß des Geschäftsjahres eingetreten sind,
- die voraussichtliche Entwicklung des Unternehmens sowie
- den Bereich der Forschung und Entwicklung

eingehen.

☐ Jahresabschluß und Lagebericht von

- mittleren und großen Kapitalgesellschaften (vgl. §§ 316 ff. HGB),
- Konzernen (vgl. § 316 HGB)

sind durch einen Abschlußprüfer zu prüfen. Das gleiche gilt für den Jahresabschluß von großen Einzelunternehmen sowie großen Personengesellschaften und Konzernen im Sinne des »Gesetzes über die Rechnungslegung von bestimmten Unternehmen und Konzernen« (= »Publizitätsgesetz«).

Der Abschlußprüfer hat einen Bericht zu erstellen (= »**Wirtschaftsprüferbericht**«; § 321 HGB). In diesem Bericht ist unter anderem darzustellen, ob die Buchführung, der Jahresabschluß und der Lagebericht den gesetzlichen Vorschriften entsprechen. Dabei sind die Posten des Jahresabschlusses aufzugliedern und ausreichend zu erläutern. Zudem sind nachteilige Veränderungen der Vermögens-, Finanz- und Ertragslage gegenüber dem Vorjahr und Verluste, die das Jahresergebnis nicht unwesentlich beeinflußt haben, aufzuführen und ausreichend zu erläutern.

☐ Der Jahresabschluß von Kapitalgesellschaften ist zum Handelsregister einzureichen und kann dort von jedermann eingesehen werden (vgl. §§ 325 ff. HGB; siehe → **Handelsregister**). Kleine Kapitalgesellschaften müssen nur die Bilanz sowie den auf die Bilanz bezogenen Anhang einreichen. Eine Veröffentlichungspflicht besteht auch bei Einzelunternehmen und Personengesellschaften sowie Konzernen, die dem »Publizitätsgesetz« unterliegen.

Bedeutung für die Betriebsratsarbeit

☐ Nach § 108 Abs. 5 BetrVG hat der Unternehmer dem → **Wirtschaftsausschuß** unter Beteiligung des Betriebsrats den Jahresabschluß »zu erläutern«. Der Begriff »erläutern« bedeutet mehr als eine kurze Mitteilung. Vielmehr muß der Unternehmer die einzelnen Aussagen und Zahlen des Jahresabschlusses im einzelnen erklären und ihre Zusammenhänge darlegen (gegebenenfalls unter Hinzuziehung sachkundiger Arbeitnehmer; z. B. Bilanzbuchhalter). Fragen von Mitgliedern des Betriebsrats oder Wirtschaftsausschusses hat er sachgemäß und nachvollziehbar zu beantworten.

☐ Nach h. M. sind auch der »Lagebericht« sowie der »Wirtschaftsprüferbericht« dem Wirtschaftsausschuß nach § 106 Abs. 2 in Verbindung mit § 108 Abs. 3 BetrVG zur Einsichtnahme vorzulegen. Vorlage zur Einsicht bedeutet in diesem Zusammenhang Überlassung für eine bestimmte Zeit (siehe → **Unterlagen**). Der Wirtschaftsprüferbericht ist insofern für die Interessenvertretung interessant, als er unter anderem eine nähere Erläuterung der Positionen von Bilanz und Gewinn- und Verlustrechnung enthält (siehe oben).

Jahresabschluß

☐ Auch wenn der Jahresabschluß als vergangenheitsbezogene Rechnung (»Schnee von gestern«) keine sichere Aussage über die zukünftige Entwicklung des Unternehmens zuläßt, sollten Wirtschaftsausschuß und Betriebsrat dennoch von ihrem Recht nach § 108 Abs. 5 BetrVG konsequent Gebrauch machen. Denn für die Begründung von Forderungen bzw. die Abwehr von Kostensenkungsvorhaben des Unternehmers kann es durchaus sinnvoll sein, unter Auswertung der bisherigen Jahresabschlüsse die Gewinnentwicklung im Unternehmen z. B. im Rahmen einer Betriebsversammlung offenzulegen. Eine Geheimhaltungsverpflichtung insoweit besteht jedenfalls bei Kapitalgesellschaften nicht (siehe → **Geheimhaltungspflicht**).

☐ Hinzuweisen ist im Zusammenhang mit dem Vorstehenden darauf, daß die wirkliche Finanzkraft des Unternehmens in der Regel weit höher zu veranschlagen ist, als dies im ausgewiesenen »Jahresüberschuß« oder gar »Jahresfehlbetrag« zum Ausdruck kommt. Eine wichtige Größe insoweit ist der sogenannte »Cash-flow« (oft auch »Umsatzüberschuß« genannt). Er stellt den finanziellen Überschuß des abgelaufenen Geschäftsjahres dar und weist aus, wieviel »flüssige Mittel« dem Unternehmen (außer etwaigen Fremdmitteln [z. B. Krediten] bzw. Eigenkapitalzuflüssen) zur Finanzierung von Investitionen und sonstigen Vorhaben tatsächlich zur Verfügung stehen. Es existieren im Detail unterschiedliche »Cash-flow«-Berechnungen. Verbreitet ist das nachfolgende Berechnungsmodell. Hiernach wird der »Cash-flow« ermittelt aus der Summe von:

- Jahresüberschuß
  (ersichtlich aus der Gewinn- und Verlustrechnung),
- Abschreibungen auf Sach- und Finanzanlagen
  (ersichtlich aus der Gewinn- und Verlustrechnung),
- Veränderung der Pensionsrückstellungen
  (ersichtlich aus der Passiv-Seite der Bilanz),
- Veränderung des Sonderpostens mit Rücklageanteil
  (ersichtlich aus der Passiv-Seite der Bilanz).

☐ Siehe auch »Checkliste: Kennzifferninformationssystem« unter Stichwort → **Wirtschaftsausschuß**.

Jahresabschluß

	Jahresabschluß §§ 242ff. Handelsgesetzbuch (HGB) § 108 Abs. 5 BetrVG	
Bilanz = Gegenüberstellung von Vermögen und Schulden zu einem bestimmten Stichtag, §§ 242, 266ff. HGB	**Gewinn- und Verlustrechnung** = Gegenüberstellung von Aufwendungen und Erträgen im abgelaufenen Geschäftsjahr, §§ 242, 275ff. HGB	**Anhang** = Erläuterung der Bilanz und der Gewinn- und Verlustrechnung, §§ 284ff. HGB

Lagebericht

= Darstellung des Geschäftsverlaufs, der Lage und voraussichtlichen Entwicklung des Unternehmens, der wichtigen Vorgänge nach Abschluß des Geschäftsjahres sowie des Bereichs Forschung und Entwicklung, § 289 HGB

Alle Einzelunternehmen und Gesellschaften (= Personengesellschaften und Kapitalgesellschaften) haben die Pflicht, eine »Bilanz« und eine »Gewinn- und Verlustrechnung« aufzustellen. Die Ausgestaltung hängt von der jeweiligen Unternehmensform und Größe ab.	Nur Kapitalgesellschaften müssen zusätzlich einen »Anhang« und einen »Lagebericht« erstellen.

Bei mittelgroßen und großen Kapitalgesellschaften sowie Unternehmen im Sinne des Publizitätsgesetzes ist der Jahresabschluß durch einen Abschlußprüfer zu prüfen. Der »Wirtschaftsprüferbericht« gehört zu den Unterlagen, die dem Wirtschaftsausschuß nach §§ 106 Abs. 2, 108 Abs. 3 BetrVG zur Einsichtnahme vorzulegen d.h. auszuhändigen sind.

Literaturhinweis:

Jürgen Engel-Bock: Bilanzanalyse leicht gemacht. Ein praktischer Ratgeber, Bund-Verlag, Köln.

Jederzeit

Was heißt das?

☐ Nach § 80 Abs. 2 BetrVG hat der Arbeitgeber dem Betriebsrat auf dessen Verlangen »jederzeit« die für die Durchführung der Betriebsratsaufgaben erforderlichen Unterlagen vorzulegen.

☐ Durch den Begriff »jederzeit« wird ausgedrückt, daß die Verpflichtung des Arbeitgebers zur Vorlage von → **Unterlagen** immer dann besteht, wenn der Betriebsrat die Vorlage verlangt. Der Betriebsrat braucht dem Arbeitgeber keine Gründe für sein Verlangen anzugeben.

Jugend- und Auszubildendenvertretung (JAV)

Rechtsgrundlagen

☐ Sind in einem Betrieb »in der Regel« mindestens 5 Arbeitnehmer beschäftigt,

- die das 18. Lebensjahr noch nicht vollendet haben (= jugendliche Arbeitnehmer)
oder
- die zu ihrer Berufsausbildung beschäftigt und das 25. Lebensjahr noch nicht vollendet haben,

dann ist eine Jugend- und Auszubildendenvertretung (JAV) zu wählen (vgl. § 60 BetrVG).

☐ Die Wahl der JAV wird organisiert durch einen Wahlvorstand, der vom Betriebsrat spätestens acht Wochen vor Ablauf der Amtszeit der JAV bestellt wird. Auch der Vorsitzende des Wahlvorstandes wird durch den Betriebsrat bestellt.

☐ Bestellt der Betriebsrat den Wahlvorstand nicht oder nicht spätestens sechs Wochen vor Ablauf der Amtszeit der JAV, wird der Wahlvorstand auf Antrag durch das Arbeitsgericht eingesetzt. Antragsberechtigt sind eine im Betrieb vertretene Gewerkschaft oder mindestens drei zur Betriebsratswahl wahlberechtigte Arbeitnehmer oder mindestens drei jugendliche Arbeitnehmer des Betriebs (vgl. § 63 Abs. 3 BetrVG).

☐ Beachten: In Betrieben mit weiblichen und männlichen Jugendlichen und Auszubildenden »sollen« (siehe → **Muß-, Soll-, Kann-Vorschrift**) dem Wahlvorstand weibliche und männliche Mitglieder angehören (vgl. § 63 Abs. 2 Satz 2 in Verbindung mit § 16 Abs. 1 Satz 6 BetrVG).

☐ »Wahlberechtigt« zur Wahl der JAV sind die oben genannten Arbeitnehmer (Jugendliche und unter 25jährige Auszubildende). Maßgebend insoweit ist das Alter am Wahltag.

Jugend- und Auszubildendenvertretung (JAV)

☐ Die Auszubildenden, die 18 Jahre und älter sind, aber noch keine 25 Jahre alt sind, haben demgemäß ein »Doppelwahlrecht«. Denn nach § 7 BetrVG sind alle Arbeitnehmer, die das 18. Lebensjahr vollendet haben, wahlberechtigt zur Betriebsratswahl.

☐ »Wählbar« sind alle Arbeitnehmer des Betriebs, die das 25. Lebensjahr noch nicht vollendet haben. Das heißt auch jugendliche Arbeitnehmer (unter 18 Jahre) und solche unter 25 Jahre alte Arbeitnehmer, die keine Auszubildenden sind, sind wählbar.

Der Wahlbewerber darf, um wählbar zu sein, am Tage des Beginns der Amtszeit (nicht entscheidend ist das Alter am Wahltag) das 25. Lebensjahr noch nicht vollendet haben. Die Amtszeit der neugewählten JAV beginnt am Tage nach Ablauf der Amtszeit der »alten« JAV (vgl. § 64 Abs. 2 BetrVG).

☐ Ohne Auswirkung auf seine Mitgliedschaft in der JAV ist es, wenn ein Mitglied während seiner Amtszeit 25 Jahre alt wird. Es bleibt bis zum Ende der Amtszeit der JAV Mitglied dieses Gremiums (vgl. § 64 Abs. 3 BetrVG).

☐ Eine Doppelmitgliedschaft im Betriebsrat und in der JAV ist ausgeschlossen (vgl. § 61 Abs. 2 Satz 2 BetrVG).

☐ Die JAV kann, je nach Zahl der im Betrieb beschäftigten jugendlichen Arbeitnehmer sowie der unter 25jährigen Auszubildenden, zwischen 1 und 13 Mitglieder haben (vgl. § 62 BetrVG).

☐ Die regelmäßige Amtszeit der JAV beträgt zwei Jahre (vgl. § 64 Abs. 1 BetrVG).

☐ Auf die Geschäftsführung der JAV sind die meisten Vorschriften über die Geschäftsführung des Betriebsrats anzuwenden (vgl. § 65 Abs. 1 BetrVG). Insbesondere hat die mehrköpfige JAV eine(n) Vorsitzende(n) sowie eine(n) stellvertretende(n) Vorsitzende(n) zu wählen.

☐ Aufgabe der JAV ist es, die Interessen der Jugendlichen und der unter 25jährigen Auszubildenden zu vertreten. Im einzelnen ist es ihre Aufgabe (vgl. § 70 Abs. 1 BetrVG),

- Maßnahmen, die den Jugendlichen und unter 25jährigen Auszubildenden dienen, insbesondere in Fragen der Berufsbildung, beim Betriebsrat (nicht etwa beim Arbeitgeber!) zu beantragen;
- darüber zu wachen, daß die zugunsten der jugendlichen und auszubildenden Arbeitnehmer geltenden Gesetze, Verordnungen, Unfall-

Jugend- und Auszubildendenvertretung (JAV)

verhütungsvorschriften, Tarifverträge und Betriebsvereinbarungen durchgeführt und eingehalten werden;
- Anregungen der jugendlichen und auszubildenden Arbeitnehmer insbesondere in Fragen der Berufsbildung entgegenzunehmen und, falls sie berechtigt erscheinen, beim Betriebsrat(!) auf eine Erledigung hinzuwirken. Die JAV hat den vorstehenden Personenkreis über die Behandlung der Angelegenheit in der JAV, im Betriebsrat und in den Verhandlungen zwischen Betriebsrat und Arbeitgeber zu unterrichten.

☐ Zur Erfüllung ihrer Aufgaben ist die JAV auf Informationen angewiesen. Diese Informationen (einschließlich entsprechender Unterlagen) hat ihr nicht der Arbeitgeber, sondern der Betriebsrat(!) zu geben. Vom Betriebsrat kann die JAV auch die Überlassung von Unterlagen verlangen (vgl. § 70 Abs. 2 BetrVG).

☐ Die JAV hat das Recht, nach »Verständigung des Betriebsrats« während der Arbeitszeit eigene JAV-Sitzungen durchzuführen (vgl. § 65 Abs. 2 BetrVG). »Verständigung« bedeutet lediglich »vorherige Information«. Die JAV benötigt nicht etwa die Zustimmung des Betriebsrats zu solchen Sitzungen. Auch der Arbeitgeber ist über den Zeitpunkt der Sitzung von der JAV zu informieren. Eine Zustimmung des Arbeitgebers ist nicht erforderlich. Allerdings ist bei der Terminierung der Sitzung auf betriebliche Notwendigkeiten Rücksicht zu nehmen (§ 30 BetrVG gilt entsprechend; vgl. § 65 Abs. 1 BetrVG). Der Betriebsratsvorsitzende oder ein anderes vom Betriebsrat beauftragtes Betriebsratsmitglied kann an den Sitzungen der JAV teilnehmen (vgl. § 65 Abs. 2 Satz 2 BetrVG).

☐ Die JAV kann zu allen Sitzungen des Betriebsrats einen Vertreter entsenden; gleichgültig, ob Angelegenheiten von Jugendlichen und Auszubildenden erörtert werden oder nicht (vgl. § 67 Abs. 1 Satz 1 BetrVG). Dementsprechend hat der Betriebsratsvorsitzende der JAV zu jeder Sitzung des Betriebsrats eine Einladung für den betreffenden JAV-Vertreter unter Mitteilung der Tagesordnung zuzuleiten (vgl. § 29 Abs. 2 Satz 4 BetrVG); siehe → **Betriebsratssitzung**.

☐ Nach § 67 Abs. 3 BetrVG hat die JAV die Möglichkeit, Einfluß auf die Tagesordnung der Betriebsratssitzung zu nehmen.

☐ Werden in der Betriebsratssitzung Angelegenheiten behandelt, die besonders Jugendliche und unter 25jährige Auszubildende betreffen,

Jugend- und Auszubildendenvertretung (JAV)

dann hat die gesamte JAV zu diesen Tagesordnungspunkten ein Teilnahmerecht (§ 67 Abs. 1 Satz 2 BetrVG).

☐ Sollen in der Betriebsratssitzung Beschlüsse gefaßt werden, die »überwiegend« den von der JAV vertretenen Personenkreis betreffen, so haben alle Mitglieder der JAV volles Stimmrecht (§ 67 Abs. 2 BetrVG).

☐ Die JAV kann die Aussetzung eines Betriebsratsbeschlusses für die Dauer einer Woche verlangen, wenn die Mehrheit der JAV-Mitglieder in diesem Beschluß eine erhebliche Beeinträchtigung wichtiger Interessen der Jugendlichen bzw. der unter 25 Jahre alten Auszubildenden sieht (vgl. § 66 BetrVG).

☐ Sofern der Betriebsrat mit dem Arbeitgeber Angelegenheiten erörtert und verhandelt, die besonders den von der JAV vertretenen Personenkreis betreffen, ist die JAV vom Betriebsrat hinzuzuziehen (vgl. § 68 BetrVG).

☐ Die JAV kann in Absprache mit dem Betriebsrat Sprechstunden sowie Jugend- und Auszubildendenversammlungen durchführen (vgl. §§ 69, 71 BetrVG).

☐ Bestehen in einem Unternehmen, das aus mehreren Betrieben besteht (= → **Mehr-Betriebs-Unternehmen**), mehrere JAV, so ist eine Gesamt-Jugend- und Auszubildendenvertretung (Gesamt-JAV) zu errichten. Dies geschieht dadurch, daß jede JAV einen Vertreter in die Gesamt-JAV entsendet (vgl. § 72 BetrVG).

Die Gesamt-JAV ist für solche Angelegenheiten zuständig, die die Jugendlichen und Auszubildenden des gesamten Unternehmens oder mehrerer Betriebe des Unternehmens betreffen, und die nur einheitlich auf Unternehmensebene behandelt werden können. Möglich ist auch die Behandlung einer Angelegenheit, die der Gesamt-JAV durch eine »örtliche« JAV übertragen worden ist. Gemäß § 73 Abs. 2 BetrVG gilt (unter anderem) die Regelung des § 50 BetrVG entsprechend. Erfüllen kann die Gesamt-AV diese Aufgaben nur durch und über den → **Gesamtbetriebsrat**.

Bedeutung für die Betriebsratsarbeit

☐ Adressat von Aktivitäten der JAV ist nicht der Arbeitgeber unmittelbar, sondern der Betriebsrat. Der JAV stehen im Verhältnis zum Arbeitgeber weder Informationsrechte, noch Mitwirkungs- oder gar Mitbestimmungsrechte zu.

☐ Der Erfolg von Initiativen der JAV ist damit in erheblichem Maße davon abhängig, ob der Betriebsrat sich diese Initiativen zu eigen macht oder nicht. Es ist daher konsequent, daß § 80 Abs. 1 Nrn. 3 und 5 BetrVG dem Betriebsrat die Zusammenarbeit mit der JAV zur besonderen Aufgabe macht.

Konkursverfahren

Grundlagen

☐ Wenn ein Schuldner »zahlungsunfähig« wird, kann auf seinen Antrag – oder auf Antrag eines Gläubigers – das Konkursverfahren eröffnet werden.

☐ Ist eine »juristische Person« (z. B.: GmbH, AG; siehe → **Unternehmensrechtsformen**) »zahlungsunfähig« oder »überschuldet«, ist die Geschäftsführung bzw. der Vorstand der juristischen Person nicht nur berechtigt, sondern auch verpflichtet, Konkursantrag zu stellen.

☐ Gesetzliche Grundlage des Konkursverfahrens ist bis 31. 12. 1998 die »Konkursordnung«, die allerdings nur in den alten Bundesländern gilt. In den neuen Bundesländern findet ebenfalls bis zum 31. 12. 1998 die »Gesamtvollstreckungsordnung« Anwendung. Die Gesamtvollstreckungsordnung sieht ähnliche Vorschriften wie die Konkursordnung vor. Sie unterscheidet sich aber von der Konkursordnung beispielsweise durch eine vereinfachte, straffere Regelung des Verfahrensablaufs (siehe insoweit: Bichlmeier/Oberhofer, Konkurshandbuch III – Das Gesamtvollstreckungsverfahren in Ostdeutschland. Ein praktischer Ratgeber, Bund-Verlag, Köln).

☐ Am 1. 1. 1999 werden »Konkursordnung«, »Gesamtvollstreckungsordnung« und »Vergleichsordnung« (siehe unten) durch die bereits 1994 verabschiedete bundeseinheitliche »**Insolvenzordnung**« abgelöst.

☐ Ziel des Konkursverfahrens ist es, das für die Begleichung aller Gläubigerforderungen nicht mehr ausreichende Restvermögen des Schuldners in einem geordneten Verfahren auf die Gläubiger aufzuteilen, und zwar nach einer gesetzlich festgelegten Rangfolge.

☐ Der Schuldner wird im Konkursverfahren »Gemeinschuldner« genannt.

☐ Gläubiger ist derjenige, der Forderungen gegen den Gemeinschuldner hat (z. B. die Arbeitnehmer auf rückständiges Arbeitsentgelt, die

Konkursverfahren

Krankenkasse auf Abführung der Sozialversicherungsbeiträge, die Lieferanten des Unternehmens).

☐ Zuständiges Konkursgericht ist das Amtsgericht am (Firmen-)Sitz des Gemeinschuldners.

☐ Nach Eingang des Konkursantrags beschließt das Amtsgericht die vorläufige Einstellung von Einzelvollstreckungsmaßnahmen. Gleichzeitig bestellt es einen Gutachter, der prüft, ob Zahlungsunfähigkeit bzw. Überschuldung vorliegt und ob die vorhandene Konkursmasse ausreicht, um wenigstens die Verfahrenskosten zu decken. Des weiteren ordnet das Amtsgericht Maßnahmen zur Sicherung der Konkursmasse an (z. B. ein Verfügungsverbot gegen den Schuldner). Insbesondere bestellt es einen sogenannten »Sequester«, der die Geschäfte des Schuldners vorläufig (bis zur Konkurseröffnung bzw. Abweisung mangels Masse) weiterführt.

☐ Stellt der Gutachter fest, daß die Konkursmasse (noch nicht einmal) zur Deckung der Verfahrenskosten ausreicht, lehnt das Gericht die Eröffnung des Konkursverfahrens mangels Masse ab.

☐ Ist das Vermögen größer als die zu erwartenden Verfahrenskosten, wird das Konkursverfahren eröffnet.

☐ Mit dem Konkurseröffnungsbeschluß bestellt das Gericht einen Konkursverwalter. Dieser ist anstelle des Gemeinschuldners verfügungsberechtigt.

☐ Je nach Sachlage wird der Konkursverwalter das Vermögen des Gemeinschuldners »abwickeln« (= Veräußerung der Vermögensgegenstände) oder aber die Geschäfte des Gemeinschuldners fortführen.

☐ Der Konkursverwalter wird überwacht und unterstützt durch einen von der Versammlung aller Gläubiger gewählten Gläubigerausschuß.

☐ Bei der Befriedigung der Gläubigerforderungen gelten nach der Konkursordnung folgende Grundsätze (zu den Regelungen der Gesamtvollstreckungsordnung [GesO] siehe insbesondere §§ 9, 12, 13 und 17 GesO):

- Gegenstände, die im Eigentum eines Dritten stehen (beispielsweise gemietete, geleaste oder unter Eigentumsvorbehalt gelieferte Gegenstände), fallen nicht in die Konkursmasse, sondern werden an den Eigentümer zurückgegeben (sogenannte »Aussonderung« nach § 43 Konkursordnung);

503

Konkursverfahren

- Gegenstände, die mit einem Pfandrecht (z. B. Hypothek) belastet sind, unterliegen der »Absonderung« (§§ 47–49 Konkursordnung). Das heißt, der Inhaber des Pfandrechts (meist eine Bank) wird aus diesem Gegenstand vorab befriedigt. Nur ein etwaiger über die Forderung des absonderungsberechtigten Gläubigers (= Pfandrechtsinhabers) hinausgehender Erlös fällt in die Konkursmasse;
- die nach Aussonderung und Absonderung übrigbleibenden Vermögensgegenstände stellen das Vermögen des Gemeinschuldners und damit die »Konkursmasse« dar. Dies wird entsprechend der nachstehend dargestellten Rangfolge an die »Massegläubiger« und – wenn dann noch etwas übrigbleibt – an die »Konkursgläubiger« verteilt;
- aus der Konkursmasse werden zunächst die »Massekosten« und »Masseschulden« berichtigt, d. h. die Forderungen der »Massegläubiger« (vgl. §§ 57–60 Konkursordnung).

Massekosten sind:

- die gerichtlichen Kosten des Konkursverfahrens;
- die Ausgaben für die Verwaltung, Verwertung und Verteilung der Masse;
- die dem Gemeinschuldner und seiner Familie bewilligte Unterstützung.

Masseschulden sind:

- die aus Geschäften und Handlungen des Konkursverwalters entstehenden Ansprüche,
- die Ansprüche aus zweiseitigen Verträgen, deren Erfüllung zur Konkursmasse verlangt wird oder für die Zeit nach Eröffnung des Konkursverfahrens erfolgen muß,
- **die nachstehend genannten rückständigen Forderungen für die letzten sechs Monate vor Konkurseröffnung:**
- Forderungen der Arbeitnehmer auf Arbeitsentgelt (beachten: die Ansprüche aus den letzten drei Monaten des Arbeitsverhältnisses vor Konkurseröffnung oder Abweisung mangels Masse gleicht auf Antrag das Arbeitsamt durch Zahlung von **Konkursausfallgeld** aus. Zahlt das Arbeitsamt, hat es nach § 141 m AFG einen gleichrangigen Rückgriffsanspruch),
- Entschädigungsansprüche aus Wettbewerbsabreden,
- Ansprüche auf Vertreterprovisionen,
- Rentenansprüche aus einer betrieblichen Altersversorgung,

- Beitragsansprüche der Sozialversicherung und der Bundesanstalt für Arbeit;
- die Ansprüche aus einer rechtlosen Bereicherung der Masse.
- Reicht die Masse nicht aus, um die vorstehend genannten Forderungen der Massegläubiger (Massekosten und Masseschulden) vollständig zu befriedigen, erfolgt Berichtigung der Forderungen nach der Rangfolge des § 60 Konkursordnung:

1. Stufe:
Zuerst werden die Ansprüche aus Geschäften und Handlungen des Konkursverwalters sowie aus erfüllten zweiseitigen Verträgen (Masseschulden) berichtigt:
Hierzu gehören die Arbeitsentgeltansprüche derjenigen Arbeitnehmer, die auf Wunsch des Konkursverwalters nach Konkurseröffnung weiterbeschäftigt werden.

2. Stufe:
Wenn dann noch Masse übrig ist, werden die Kosten des Verfahrens (Massekosten, siehe oben), also die Gerichtskosten, Verwaltungs-, Verwertungs- und Verteilungskosten, ausgeglichen (nicht aber die dem Gemeinschuldner und seiner Familie bewilligte Unterstützung).

3. Stufe:
Wenn danach noch Masse verbleibt, werden die Masseschulden für die letzten sechs Monate vor Konkurseröffnung sowie die Ansprüche aus rechtloser Bereicherung der Masse (siehe oben) berichtigt.

4. Stufe:
Wenn danach noch Masse übrig ist, erfolgt Berichtigung der Massekosten, soweit sie die den Gemeinschuldner und seiner Familie bewilligte Unterstützung betreffen.

- Reicht die Masse nicht aus, um die gleichrangig auf einer der vorgenannten Stufen stehenden Forderungen vollständig zu begleichen, erfolgt Berichtigung innerhalb der Rangstufe im Verhältnis der Geldbeträge (jeder Massegläubiger innerhalb einer Stufe bekommt z. B. 80%).
- Nur für den Fall, daß alle vorstehend genannten Massegläubiger voll befriedigt worden sind und noch »Masse« übrig ist, werden die Forderungen der »Konkursgläubiger« entsprechend der im folgenden beschriebenen Rangfolge gemäß § 61 Konkursordnung beglichen:

Konkursverfahren

- An erster Stelle (Rangstufe 1) stehen die nachstehend genannten rückständigen Forderungen **für das letzte Jahr vor Konkurseröffnung** (natürlich abzüglich der für die letzten sechs Monate vorab berichtigten Masseschulden, siehe oben):
  - Forderungen der Arbeitnehmer auf Arbeitsentgelt,
  - Entschädigungsansprüche aus Wettbewerbsabreden,
  - Ansprüche auf Vertreterprovisionen,
  - Rentenansprüche aus einer betrieblichen Altersversorgung,
  - Beitragsansprüche der Sozialversicherung und der Bundesanstalt für Arbeit.

  In die 1. Rangstufe fallen auch die Forderungen aus Sozialplänen, die entweder nach Konkurseröffnung oder zwar vor Konkurseröffnung, jedoch nicht früher als drei Monate vor dem Antrag auf Eröffnung des Konkurs- oder Vergleichsverfahrens aufgestellt worden sind. Geregelt ist dies im **Gesetz über den Sozialplan im Konkurs- oder Vergleichsverfahren** (gilt nur in den alten Bundesländern). Im Interesse der übrigen Konkursgläubiger wird die durch die Sozialplanansprüche eintretende Belastung der Konkursmasse allerdings beschränkt. Für derartige Sozialplanleistungen kann maximal ein Gesamtvolumen in Höhe von zweieinhalb Bruttomonatsverdiensten der von Entlassung betroffenen Arbeitnehmer vereinbart werden. Um zu verhindern, daß die übrigen Konkursgläubiger leer ausgehen, ist eine weitere Begrenzung »eingezogen« worden: Es darf nicht mehr als ein Drittel der für die »Konkursgläubiger« zur Verfügung stehenden »Konkursmasse« für die Begleichung der »bevorrechtigten« Sozialplanansprüche verwendet werden.

  Eine ähnliche Beschränkung des Sozialplanvolumens sieht auch § 17 Abs. 3 der **Gesamtvollstreckungsordnung** (gilt in den neuen Bundesländern) vor. Das zulässige Gesamtvolumen beläuft sich aber (statt auf zweieinhalb) auf drei Bruttomonatsverdienste aller von Entlassung betroffenen Beschäftigten.

  Zu weiteren Einzelheiten siehe → **Sozialplan**.

- Wenn nach Befriedigung der vorstehend genannten »bevorrechtigten« Konkursforderungen noch Masse übrig ist, erfolgt schrittweise Berichtigung der in den folgenden Rangstufen 2 bis 6 stehenden übrigen Konkursforderungen (§ 61 Abs. 1 Nrn. 2–6 Konkursordnung).

Konkursverfahren

Einfache Konkursforderungen der 6. (= letzten) Rangstufe sind beispielsweise Arbeitsentgeltansprüche, die früher als ein Jahr vor Konkurseröffnung entstanden sind.

– Reicht die Masse nicht aus, um die gleichrangig auf einer der Rangstufen 1 bis 6 stehenden Konkursforderungen zu begleichen, erfolgt innerhalb der jeweiligen Rangstufe Berichtigung im Verhältnis der Geldbeträge (jeder Konkursgläubiger innerhalb einer Stufe bekommt z. B. 80%).

☐ Die »Masseforderungen« sind gegenüber dem Konkursverwalter innerhalb etwaiger tariflicher Verfallfristen geltend zu machen. Die »Konkursforderungen« sind zur »Konkurstabelle« beim Konkursgericht anzumelden. Im Geltungsbereich der Gesamtvollstreckungsordnung sind alle Forderungen beim »Verwalter« anzumelden bzw. geltend zu machen.

☐ Vom Konkursverfahren zu unterscheiden ist das **Vergleichsverfahren**. Dieses Verfahren bezweckt die Abwendung des drohenden Konkurses durch teilweise Befriedigung der Vergleichsgläubiger, die auf einen Teil ihrer Forderungen verzichten. Rechtsgrundlage: »Vergleichsordnung« in den alten Bundesländern, »Gesamtvollstreckungsordnung« in den neuen Bundesländern. Das Verfahren kann auf Antrag des Schuldners oder eines Gläubigers bei Zahlungsunfähigkeit bzw. Überschuldung eröffnet werden. Der Schuldner muß mit seinem Antrag einen »Vergleichsvorschlag« unterbreiten. Das heißt, er muß darlegen, mit welcher Quote er die Gläubiger befriedigen will (Mindestquote: 35%, bei Einräumung einer Zahlungsfrist von einem Jahr: 40%). Der Vergleichsvorschlag wird in einer Gläubigerversammlung zur Abstimmung gestellt. Er bedarf der Zustimmung der Mehrheit der abstimmenden Gläubiger und einer ¾-Mehrheit der Vergleichsforderungen (bei einer Quote von unter 50% ist ⅘-Mehrheit der Forderungen erforderlich).

Die Forderungen der Arbeitnehmer wegen rückständigen Arbeitsentgelts aus den letzten sechs Monaten vor der Eröffnung des Vergleichsverfahrens nehmen nicht am Vergleichsverfahren teil. Das heißt, sie sind in voller Höhe zu bezahlen (nicht nur in Höhe einer Quote). Dies ergibt sich aus § 26 Abs. 2 Satz 2 Vergleichsordnung: »Zu den Vergleichsforderungen gehören ferner nicht die Ansprüche, die im Konkursverfahren Masseschulden nach § 59 Abs. 1 Nr. 3 der Konkursordnung sind.«

Konkursverfahren

Lehnt die Gläubigerversammlung den Vergleichsvorschlag ab, wird »Anschlußkonkurs« eröffnet. Das gleiche gilt, wenn sich im Laufe des Vergleichsverfahrens zeigt, daß der Vergleichsvorschlag nicht durchgeführt werden kann.

Bedeutung für die Betriebsratsarbeit

☐ Die Rechtsstellung des Betriebsrats wird durch die Eröffnung des Konkursverfahrens oder Gesamtvollstreckungsverfahrens nicht berührt. Der Betriebsrat bleibt solange im Amt, bis das Unternehmen und alle beteiligungspflichtigen Angelegenheiten »abgewickelt« sind.
☐ An die Stelle des in Konkurs gefallenen Arbeitgebers (= Gemeinschuldner) tritt der Konkursverwalter.
☐ Auch die Informations-, Mitwirkungs- und Mitbestimmungsrechte des Betriebsrats bleiben bestehen.

Beispiele:
Der Konkursverwalter muß vor Ausspruch von Kündigungen den Betriebsrat nach § 102 BetrVG anhören.
Er muß mit dem Betriebsrat über einen Interessenausgleich und Sozialplan verhandeln.

☐ Eine gewisse Beschneidung des Mitbestimmungsrechts des Betriebsrats (und auch der Entscheidungsbefugnis der Einigungsstelle) tritt allerdings durch die Beschränkung des Sozialplanvolumens ein, die durch das Gesetz über den Sozialplan im Konkurs- oder Vergleichsverfahren bzw. die Gesamtvollstreckungsordnung vorgenommen worden ist; siehe oben und → **Sozialplan**.
☐ Auch im Vergleichsverfahren bleiben die Rechte des Betriebsrats erhalten.

Bedeutung für die Beschäftigten

☐ Der Konkursverwalter kann den Beschäftigten mit »gesetzlicher« Frist kündigen, § 22 Konkursordnung, § 9 Abs. 2 Gesamtvollstreckungsordnung. Tarifliche Kündigungsfristen sind nach der Recht-

Konkursverfahren

sprechung wie gesetzliche zu behandeln. Die Konkurseröffnung als solche ist kein Grund für eine außerordentliche (fristlose) Kündigung. Bei ordentlichen Kündigungen sind die Regelungen des Kündigungsschutzgesetzes zu beachten. Des weiteren gelten alle Regelungen des besonderen Kündigungsschutzes (Mutterschutzgesetz, Schwerbehindertengesetz usw.); siehe → **Kündigung**.

☐ § 613a BGB findet grundsätzlich auch im Konkursverfahren Anwendung, allerdings nur in den alten Bundesländern. Im Gesamtvollstreckungsverfahren in den neuen Bundesländern gilt die Vorschrift nicht! § 613a BGB regelt folgendes: Wird ein Betrieb oder Betriebsteil vom Konkursverwalter an einen Erwerber veräußert, so tritt der Erwerber in die Rechte und Pflichten aus den im Zeitpunkt des Betriebsübergangs bestehenden Arbeitsverhältnissen ein (zu den weiteren Einzelheiten siehe → **Betriebsübergang**).

Kündigt der Konkursverwalter mit der Begründung, der Erwerber wolle bestimmte – zu teure – Arbeitnehmer nicht übernehmen, so ist die Kündigung wegen Verstoßes gegen das Kündigungsverbot des § 613a Abs. 4 BGB unwirksam.

Nach der Rechtsprechung des Bundesarbeitsgerichts ist § 613a BGB allerdings insoweit eingeschränkt anzuwenden, als der Betriebserwerber für Altansprüche, die vor Konkurseröffnung entstanden sind, nicht haftet. Vielmehr haben insoweit die Verteilungsgrundsätze des Konkursverfahrens Vorrang.

☐ Hinsichtlich der Begleichung rückständiger Forderungen auf Arbeitsentgelt oder auf Abfindung aus einem Sozialplan gelten die oben dargestellten Grundsätze.

☐ **Konkursausfallgeld**

Konkursausfallgeld wird auf Antrag von den Arbeitsämtern gezahlt. Es gleicht das rückständige Arbeitsentgelt für die letzten – der Eröffnung des Konkursverfahrens vorausgehenden – drei Monate des Arbeitsverhältnisses aus (vgl. §§ 141a–141n AFG).

Wird der Konkursantrag mangels Masse abgewiesen oder die Betriebstätigkeit ohne Konkursantrag ohne Masse vollständig beendet, so gilt das gleiche, d.h. auch in diesen Fällen zahlt das Arbeitsamt auf Antrag Konkursausfallgeld für rückständiges Arbeitsentgelt in den letzten drei Monaten des Arbeitsverhältnisses vor der Abweisung des Konkursantrags bzw. vor der Betriebseinstellung.

Konkursverfahren

Der Antrag ist vom Arbeitnehmer innerhalb einer Ausschlußfrist von zwei Monaten nach Eröffnung des Konkursverfahrens (bzw. nach Abweisung mangels Masse bzw. nach vollständiger Einstellung des Betriebs) zu stellen. Hat der Arbeitnehmer die Ausschlußfrist aus Gründen versäumt, die er nicht zu vertreten hat, so wird das Konkursausfallgeld gewährt, wenn der Antrag innerhalb von zwei Monaten nach Wegfall des Hindernisses gestellt wird.

Die Höhe des Konkursausfallgeldes beläuft sich auf das durch die gesetzlichen Abzüge (Lohnsteuer, Kirchensteuer, Sozialversicherungsbeiträge) verminderte Arbeitsentgelt.

☐ Ansprüche aus einer betrieblichen Altersversorgung, die wegen des Konkurses des Arbeitgebers nicht realisiert werden können, sind durch das »Gesetz zur Verbesserung der betrieblichen Altersversorgung« gesichert. Es tritt der »Pensionssicherungsverein« ein (siehe → **betriebliche Altersversorgung**).

Übersicht:

Konkursverfahren – Praktische Hinweise

1. Wenn ein Arbeitgeber nicht bezahlt, evtl. sogar schon vergeblich versucht wurde, ein rechtskräftiges Urteil zu vollstrecken und außerdem praktisch keine Betriebstätigkeit mehr feststellbar ist, kann man gemäß § 141 b Abs. 3 Nr. 2 AFG beim Arbeitsamt (ohne Konkursverfahren) **Konkursausfallgeld (Kaug)** beantragen. Nach Einstellung der Betriebstätigkeit, wenn offensichtlich mangels Masse kein Konkursantrag gestellt wurde, ist der Kaug-Antrag innerhalb von 2 Monaten zu stellen (§ 141 e AFG)!
2. Über einen **Kaug-Antrag** kann erst entschieden werden, wenn über den Konkursantrag entschieden ist (Ausnahme: siehe oben Nr. 1). Vorher gibt es auch keinen Vorschuß.
3. **Keine** individuellen **Aufhebungsverträge** mit Abfindungen oder Abfindungsvergleiche mit dem **Sequester** vereinbaren, wenn die Abfindung nicht sofort bezahlt wird!
4. Wenn der Konkursverwalter Arbeitnehmer kündigt und **freistellt** und ihnen keinen Lohn zahlt (entgegen § 57 KO), erhalten sie Arbeitslosengeld (§ 117 Abs. 4 AFG; dadurch wird allerdings der Arbeitslosengeldbezugszeitraum vorgezogen). Die **Differenz** zwischen Arbeitslosengeld und Nettoverdienst muß für jeden einzelnen Arbeitnehmer als Masseschuldanspruch beim Konkursverwalter geltend gemacht werden.
5. **Masseschuldansprüche**, die der Konkursverwalter nicht zahlt, müssen **beim Konkursverwalter** geltend gemacht, **Konkursforderungen beim Amtsgericht** angemeldet werden.
   Ostdeutschland: Alle Ansprüche beim **Verwalter** anmelden.

Konkursverfahren

6. **Sozialplanansprüche** können nicht pauschal, sondern müssen für jeden einzelnen Arbeitnehmer der Höhe nach angemeldet werden (Vorrecht anmelden!).
7. Für Geltendmachungen und Anmeldungen bedarf es einer **Vollmacht**, die auch für Konkursverfahren gilt.
8. In manchen Fällen kommt ein sog. **Rangrücktritt** in Frage, um die Konkurseröffnung zu ermöglichen:
   In diesem Fall sollen Gläubiger, die Masseschuldansprüche gemäß § 59 Abs. 1 Nr. 1 und 2 KO haben, d. h. insbesondere Arbeitnehmer und Arbeitsamt, auf ihren ersten Rang gemäß § 60 KO verzichten und hinter die Verfahrenskosten zurücktreten (siehe auch § 107 KO).
   Die Eröffnung des Verfahrens ermöglicht es dem Konkursverwalter, ggf. Außenstände einzutreiben (z. B. Ansprüche aus Durchgriffshaftung) und so die Konkursmasse anzureichern, daß die »Verdrehung« der Rangfolge des § 60 KO unschädlich werden kann.
   Einem solchen Rangrücktritt kann nur zugestimmt werden, wenn der Sequester einen vorläufigen Konkursstatus vorlegt und das Arbeitsamt ebenfalls zustimmt.
   Ggf. Rücksprache mit Gewerkschaft nehmen!
9. Bei rückständigen **Sonderzahlungen** ist darauf zu achten, ob nach dem Tarifvertrag eine Zwölftelung vorgesehen ist (in der Metallindustrie nicht!). Wenn nicht, ist die volle Sonderzahlung beim Kaug dann geltend zu machen, wenn der Auszahlungszeitpunkt in den Kaug-Zeitraum fällt.
10. **Urlaub**
    Zu unterscheiden ist: genommener, aber nicht bezahlter Urlaub von Urlaub, der (noch) nicht genommen ist.
    Rückständiges Urlaubsentgelt für genommenen Urlaub wird in der Regel dem jeweiligen Zeitraum zugeordnet, in dem der Urlaub genommen wurde.
    Ggf. ist bei zusätzlichem Urlaubsgeld, das unabhängig vom Urlaubszeitpunkt zu einem bestimmten Stichtag gezahlt wird, zu prüfen, welchem Zeitraum der Stichtag zuzuordnen ist.
    Bei **Urlaubsabgeltungsansprüchen** für noch nicht genommenen Urlaub wegen Beendigung des Arbeitsverhältnisses kommt es darauf an, in welchem Zeitraum der letzte Tag des Arbeitsverhältnisses liegt.
    Ist das Arbeitsverhältnis z. B. **vor** der Konkurseröffnung beendet worden, liegt der letzte Tag und damit der Urlaubsabgeltungsanspruch im **Kaug-Zeitraum**. Liegt der letzte Tag **nach** Konkurseröffnung (und kann der Urlaub nicht mehr genommen werden), wird nach der BSG- und BAG-Rechtsprechung der Urlaubsanspruch fiktiv zurückgerechnet und die Urlaubstage werden dem jeweiligen Zeitraum zugeordnet.

Quelle: Hermann Oberhofer, IG Metall Vorstandsverwaltung. Abt. Sozialpolitik, Referat Arbeitsrecht, Stand: 8. 9. 1993.

Konkursverfahren

Übersicht:
**Zeitliche »Rang«-Tabelle für Löhne und Gehälter
(Gesamtvollstreckungsordnung – GesO)**

	Zeit	Bezeichnung	Gesetz
▲ vor ▼	mehr als 12 Monate vor VE	übrige Forderungen Rangklasse 4	§ 17 Abs. 3 Nr. 4 GesO
	12 Monate 11 Monate 10 Monate 9 Monate 8 Monate mehr als 6 Monate	(»bevorrechtigte«) Forderungen der Rangklasse 1	§ 17 Abs. 3 Nr. 1 GesO
	bis 6 Monate 5 Monate 4 Monate	vorab zu begleichende Forderungen (»Masseschuldansprüche«)	§ 13 Abs. 1 Nr. 3a GesO
	3 Monate 2 Monate 1 Monat	vorab zu begleichende Forderungen (»Masseschuldansprüche«)	§ 13 Abs. 1 Nr. 3a GesO §§ 141a ff. AFG*
	Eröffnung der Gesamtvollstreckung = Verfahrenseröffnung = Konkurseröffnung		
nach	1 Monat 2 Monate 3 Monate usw.	vorab zu begleichende Forderungen Ausnahme: die Lohn-/Gehaltsforderungen der AN, die gekündigt und von der Arbeit freigestellt sind	§ 13 Abs. 1 Nr. 1 GesO § 13 Abs. 1 Nr. 3a GesO

* Die Arbeitnehmer haben ein Wahlrecht, ob sie diese Ansprüche beim Verwalter oder beim Arbeitsamt als Kaug geltend machen.

Aus: Bichlmeier/Oberhofer, Konkurshandbuch III, Das Gesamtvollstreckungsverfahren in Ostdeutschland, Ein praktischer Ratgeber, Bund-Verlag, 2. Auflage, S. 116.

Konkursverfahren

Übersicht:
Zeitliche »Rang«-Tabelle Löhne und Gehälter (Konkursordnung)

Zeit		Bezeichnung		Ansprüche bei	Gesetz
▲	usw. 13 Monate	einfache Konkurs-forderungen Rangklasse 6		Amtsgericht anmelden	§ 61 Abs. 1 Nr. 6 KO
	12 Monate	bevorrechtigte Konkursforderungen Rangklasse 1		Amtsgericht anmelden	§ 61 Abs. 1 Nr. 1 KO (SozplKonkG, § 4)
	11 Monate				
	10 Monate				
	9 Monate				
	8 Monate				
	7 Monate				
	6 Monate	Masseschuld-ansprüche		Konkursverwalter geltend machen	§ 59 Abs. 1 Nr. 3 a KO
	5 Monate				
	4 Monate				
	3 Monate	Masse-schuld-ansprüche	Konkurs-ausfallgeld	Arbeitsamt beantragen	§§ 141 a ff. AFG
vor	2 Monate				
	1 Monat				
Konkurseröffnung – Konkurseröffnung – Konkurseröffnung					
nach	1 Monat	Masseschuld-ansprüche		Ansprüche bei Konkursverwalter geltend machen	§ 59 Abs. 1 Nr. 1, Nr. 2 KO
	2 Monate				
▼	3 Monate usw.				

Aus: Wilhelm Bichlmeier/Hermann Oberhofer, Konkurshandbuch II, 2. Aufl., Bund-Verlag, S. 191.

Literaturhinweis:

Gert Volkmann: Konkurshandbuch I, Ursachen und Früherkennung, Ein praktischer Ratgeber, Bund-Verlag, Köln.
Wilhelm Bichlmeier/Hermann Oberhofer: Konkurshandbuch II, Arbeits- und Sozialrecht, Ein praktischer Ratgeber, Bund-Verlag, Köln.
Wilhelm Bichlmeier/Hermann Oberhofer: Konkurshandbuch III, Das Gesamtvollstrekkungsverfahren in Ostdeutschland, Ein praktischer Ratgeber, Bund-Verlag, Köln.

Konzern

Was ist das?

☐ Mehrere Unternehmen können in der Weise miteinander verbunden sein, daß ein Unternehmen (= Muttergesellschaft = Konzernobergesellschaft) ein anderes oder mehrere andere Unternehmen (= Tochtergesellschaften) leitet und »beherrscht«. In diesem Falle bilden Mutter- und Tochtergesellschaft(en) einen Konzern.

☐ »Beherrschung« in diesem Sinne bedeutet: das Tochterunternehmen ist von der Muttergesellschaft abhängig und steht unter der einheitlichen Leitung der Muttergesellschaft. Diese übt auf die Verwaltung und Geschäftsführung des abhängigen Tochterunternehmens einen maßgebenden Einfluß aus. Man spricht demgemäß auch von einem »Unterordnungskonzern« (vgl. § 18 Abs. 1 Aktiengesetz).

☐ Das Beherrschungsverhältnis im Unterordnungskonzern kann vertraglich, nämlich durch »Beherrschungs- und Gewinnabführungsvertrag« gemäß § 291 Aktiengesetz (oder durch »Eingliederung« nach § 319 Aktiengesetz) begründet werden (= sogenannter Vertragskonzern).

Beispiel:

In einem Unternehmensvertrag zwischen der »Chemie-GmbH« und der »Multi-AG« wird die Leitung der »Chemie-GmbH« der »Multi-AG« unterstellt.

☐ Das Beherrschungsverhältnis kann sich auch aus einer Mehrheitsbeteiligung des herrschenden Unternehmens an der Tochtergesellschaft ergeben (= sogenannter faktischer Konzern). Allerdings ist zusätzlich erforderlich, daß die für den Konzernbegriff notwendige einheitliche Leitung auch tatsächlich ausgeübt wird. Der bloße Kapitalbesitz allein reicht noch nicht aus.

Konzern

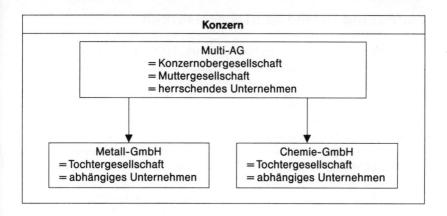

Beispiel:

Die »Multi-AG« ist Mehrheitsgesellschafterin der »Metall-GmbH« und übt Einfluß auf die Unternehmenspolitik der »Metall-GmbH« aus.

☐ Unter Umständen kann ein Beherrschungsverhältnis auch bei einer Minderheitsbeteiligung vorliegen, z. B. dann, wenn sie durch eine personelle Verflechtung zwischen den Unternehmen ergänzt wird (vgl. Däubler/Kittner/Klebe/Schneider, BetrVG, 4. Aufl., Vor § 54 Rdnrn. 20ff.).

☐ Möglich ist auch die Konstruktion eines »Konzerns im Konzern« (= sogenannter mehrstufiger Konzern). Hier beherrscht eine Muttergesellschaft eine von ihr abhängige Tochtergesellschaft, unter deren Einfluß eine oder mehrere abhängige »Enkelgesellschaften« stehen.

Beispiel:

Die »Multi-AG« beherrscht die »Metall-GmbH«. Die »Metall-GmbH« wiederum beherrscht ihrerseits zwei weitere Unternehmen, nämlich die »S-GmbH« und die »T-GmbH«.

☐ Sind zwei oder mehrere Unternehmen unter einheitlicher Leitung miteinander verbunden, ohne daß das eine Unternehmen von dem anderen abhängig ist, handelt es sich um einen sogenannten »Gleichordnungskonzern« im Sinne des § 18 Abs. 2 Aktiengesetz.

Konzern

Bedeutung für die Betriebsratsarbeit

☐ In einem »Unterordnungskonzern« im Sinne des § 18 Abs. 1 Aktiengesetz »kann« gemäß § 54 Abs. 1 BetrVG ein Konzernbetriebsrat gebildet werden (siehe → **Konzernbetriebsrat**).

☐ Im »mehrstufigen Konzern« (siehe oben) kann sowohl auf der Ebene der Muttergesellschaft (= Konzernobergesellschaft) als auch auf der Ebene der Tochtergesellschaft, die ihrerseits mit den »Enkelgesellschaften« einen (Unter-)Konzern bildet, ein Konzernbetriebsrat errichtet werden. Dies gilt jedenfalls dann, wenn der Tochtergesellschaft eigene, von den Weisungen der Muttergesellschaft freie Entscheidungskompetenzen zustehen und sie von diesen Kompetenzen auch Gebrauch macht. Im obigen Beispielfall kann also sowohl auf der Ebene der »Multi-AG« ein Konzernbetriebsrat gebildet werden als auch auf der Ebene der »Metall-GmbH«.

☐ In einem »Gleichordnungskonzern« im Sinne des § 18 Abs. 2 Aktiengesetz ist die Bildung eines Konzernbetriebsrats nicht möglich (vgl. § 54 Abs. 1 BetrVG).

☐ Zur Frage des »Berechnungs- und Haftungsdurchgriffs« gegen die herrschende Muttergesellschaft bei der Aufstellung eines Sozialplans siehe → **Sozialplan**, → **Betriebsaufspaltung**.

Konzernbetriebsrat

Was ist das?

☐ In einem »Unterordnungskonzern« im Sinne des § 18 Abs. 1 Aktiengesetz »kann« gemäß § 54 Abs. 1 BetrVG ein Konzernbetriebsrat gebildet werden (siehe → **Konzern**).

☐ Die Initiative zur Bildung eines Konzernbetriebsrats kann nicht nur von dem Gesamtbetriebsrat (bzw. Betriebsrat) des herrschenden Unternehmens (= Konzernobergesellschaft bzw. Muttergesellschaft), sondern auch von einem Gesamtbetriebsrat (bzw. Betriebsrat) eines beherrschten Konzernunternehmens (= Tochtergesellschaft) ergriffen werden.

Die Errichtung des Konzernbetriebsrats erfolgt durch Beschluß der in den Konzernunternehmen bestehenden Gesamtbetriebsräte.

Wenn es in einem Konzernunternehmen keinen Gesamtbetriebsrat gibt, weil dieses Unternehmen nur aus einem Betrieb besteht (= → **Ein-Betriebs-Unternehmen**), entscheidet der Betriebsrat (vgl. § 54 Abs. 2 BetrVG).

☐ Die Errichtung des Konzernbetriebsrats erfordert zustimmende Beschlüsse der Gesamtbetriebsräte (bzw. der Betriebsräte in → **Ein-Betriebs-Unternehmen**), die mindestens 75 Prozent aller in den Konzernunternehmen – zum Zeitpunkt der Beschlußfassung – beschäftigten Arbeitnehmer vertreten (vgl. § 54 Abs. 1 Satz 2 BetrVG).

Beispiel:

In einem Konzern sind in jedem der fünf Konzernunternehmen (X-AG = herrschendes Unternehmen; A-GmbH, B-AG, C-GmbH, D-GmbH & Co KG = beherrschte Unternehmen) jeweils 2000 Arbeitnehmer beschäftigt.

Ein Konzernbetriebsrat kann nur errichtet werden, wenn die Gesamtbetriebsräte bzw. die Betriebsräte von mindestens 4 Konzernunternehmen dieses beschließen.

Konzernbetriebsrat

☐ In den Konzernbetriebsrat entsendet jeder Gesamtbetriebsrat (bzw. Betriebsrat in »Ein-Betriebs-Unternehmen«), wenn ihm Vertreter sowohl der Arbeitergruppe als auch der Angestelltengruppe angehören, zwei seiner Mitglieder. Wenn ihm nur Vertreter einer Gruppe angehören, eines seiner Mitglieder. Auch Ersatzmitglieder sind zu bestellen (vgl. § 55 Abs. 2 BetrVG).

☐ Jedes Mitglied des Konzernbetriebsrats hat so viele Stimmen, wie die Mitglieder seiner Gruppe (Arbeiter oder Angestellte) im Gesamtbetriebsrat Stimmen haben (vgl. § 55 Abs. 3 BetrVG). Das Stimmengewicht der jeweiligen Mitglieder des Gesamtbetriebsrats richtet sich nach der Zahl der – zum Zeitpunkt der letzten Betriebsratswahl (Wählerliste!) beschäftigten – wahlberechtigten Arbeiter bzw. Angestellten, die die Gesamtbetriebsratsmitglieder repräsentieren (siehe → **Gesamtbetriebsrat**).

Ist vom Gesamtbetriebsrat nur ein Mitglied in den Konzernbetriebsrat entsandt worden, so hat dieses Mitglied so viel Stimmengewicht, wie das entsprechende Unternehmen insgesamt wahlberechtigte Arbeitnehmer hat.

Auch wenn ein Betriebsrat in einem »Ein-Betriebs-Unternehmen« ein bzw. zwei Mitglieder in den Konzernbetriebsrat entsandt hat (vgl. § 54 Abs. 2 BetrVG), dann ist für die Frage des Stimmengewichts im Konzernbetriebsrat die Zahl der Arbeitnehmer des Betriebs insgesamt bzw. der Angehörigen der Arbeitergruppe/Angestelltengruppe des Betriebs entscheidend.

☐ In § 58 BetrVG ist die Frage der »Arbeitsteilung« zwischen Konzernbetriebsrat und Gesamtbetriebsräten (bzw. Betriebsräten in Ein-Betriebs-Unternehmen) geregelt. Der Konzernbetriebsrat ist den Gesamtbetriebsräten oder den örtlichen Einzelbetriebsräten nicht übergeordnet.

Eine Zuständigkeit des Konzernbetriebsrats besteht (nur dann),

1. wenn es um die Behandlung von Angelegenheiten geht, die den Konzern oder mehrere Konzernunternehmen betreffen und die nicht durch die einzelnen Gesamtbetriebsräte (bzw. Betriebsräte in »Ein-Betriebs-Unternehmen«) innerhalb ihrer Unternehmen geregelt werden können (vgl. § 58 Abs. 1 BetrVG);

Konzernbetriebsrat

Beispiele:
Regelungsprobleme einer konzernweit geltenden → betrieblichen Altersversorgung; Vereinbarung einer konzerneinheitlichen Gratifikationsordnung,

2. wenn ein Gesamtbetriebsrat mit der Mehrheit der Stimmen seiner Mitglieder den Konzernbetriebsrat beauftragt, eine Angelegenheit für ihn zu behandeln (vgl. § 58 Abs. 2 BetrVG). Gleiches gilt, wenn der Betriebsrat in einem konzernangehörigen »Ein-Betriebs-Unternehmen« einen solchen Beschluß faßt.

☐ Weitere Aufgaben ergeben sich für den Konzernbetriebsrat aus einigen Mitbestimmungsgesetzen (siehe → **Unternehmensmitbestimmung**) sowie den dazu erlassenen Wahlordnungen:

Beispiele:
1. Bestellung des Hauptwahlvorstandes für die Wahl der Aufsichtsratsmitglieder der Arbeitnehmer des herrschenden Unternehmens eines Konzerns.
2. Entgegennahme eines Antrages auf Abberufung eines Aufsichtsratsmitgliedes der Arbeitnehmer und die Anfechtung der Wahl von Aufsichtsratsmitgliedern der Arbeitnehmer.

☐ Informationsgeber und Verhandlungspartei des Konzernbetriebsrats ist auf Arbeitgeberseite die Leitung des herrschenden Unternehmens.

Bedeutung für die Betriebsratsarbeit

☐ Auch wenn es sich lediglich um eine »Kann-Bestimmung« handelt, ist die Errichtung eines Konzernbetriebsrats doch im Regelfall notwendig. Denn nur auf diese Weise ist es möglich, Informationen über konzernweite Strategien der Konzernleitung zu erhalten und sicherzustellen, daß die Interessen der Belegschaften der Konzernunternehmen angemessen berücksichtigt werden. Insbesondere geht es darum, durch Informationsaustausch und Verabredung gemeinsamer Vorgehensweisen etwaigen Versuchen der Konzernleitung entgegenzuwirken, die Belegschaften und Betriebsräte bzw. Gesamtbetriebsräte gegeneinander auszuspielen.

☐ Hinsichtlich solcher Unternehmen und Konzerne, die international (z. B. europaweit) operieren, siehe → **Europäischer Betriebsrat**.

Konzernbetriebsrat

Interessenvertretung im Konzern
(Beispiel)

Konzernobergesellschaft
»Multi-AG«
= Ein-Betriebs-Unternehmen

Vorstand
evtl. Aufsichtsrat
Aktionäre

- Konzernbetriebsrat
- Betriebsrat
- Wirtschaftsausschuß
- Arbeitnehmervertreter im Aufsichtsrat
- Jugend- und Auszubildendenvertretung
- Schwerbehindertenvertretung
- Vertrauenskörper

Tochtergesellschaft
»Metall-GmbH«
= Ein-Betriebs-Unternehmen

Geschäftsführung
evtl. Aufsichtsrat
Gesellschafter

- Betriebsrat
- Wirtschaftsausschuß
- Arbeitnehmervertreter im Aufsichtsrat
- Jugend- und Auszubildendenvertretung
- Schwerbehindertenvertretung
- Vertrauenskörper

Tochtergesellschaft
»Chemie-GmbH«
= Mehr-Betriebs-Unternehmen

Geschäftsführung
evtl. Aufsichtsrat
Gesellschafter

Betrieb A | Betrieb B | Betrieb C

- Gesamtbetriebsrat
- Wirtschaftsausschuß
- Arbeitnehmervertreter im Aufsichtsrat
- Gesamtjugend- und Auszubildendenvertretung
- Gesamtschwerbehindertenvertretung
- örtliche Betriebsräte
- örtliche Jugend- und Auszubildendenvertretung
- örtliche Schwerbehindertenvertretung
- örtliche Vertrauenskörper

Kosten der Betriebsratsarbeit

☐ In **§ 40 Abs. 1 BetrVG** heißt es:

»Die durch die Tätigkeit des Betriebsrats entstehenden Kosten trägt der Arbeitgeber.«

§ 40 Abs. 2 BetrVG lautet:

»Für Sitzungen, die Sprechstunden und die laufende Geschäftsführung hat der Arbeitgeber in erforderlichem Umfang Räume, sachliche Mittel und Büropersonal zur Verfügung zu stellen.«

Zu § 40 Abs. 1 BetrVG:

☐ Hiernach wird eine »Geldzahlungspflicht« des Arbeitgebers begründet. Die Vorschrift erfaßt sowohl die vom Betriebsrat als Organ als auch die vom einzelnen Betriebsratsmitglied im Rahmen der Betriebsratsarbeit verursachten Kosten.

☐ Kosten entstehen beispielsweise durch
- Hinzuziehung eines Dolmetschers,
- Beauftragung eines Rechtsanwalts zur Einleitung eines Arbeitsgerichtsverfahrens,
- Einschaltung eines → **Sachverständigen** (»nach näherer Vereinbarung mit dem Arbeitgeber«; vgl. § 80 Abs. 3 BetrVG),
- Teilnahme von Betriebsratsmitgliedern an → **Schulungs- und Bildungsveranstaltungen**.

Beim einzelnen Betriebsratsmitglied entstehen beispielsweise

- Reisekosten (Fahrt-, Unterbringungs- und Verpflegungskosten) z. B. wegen Teilnahme an einer Sitzung des Gesamtbetriebsrats,
- Telefonkosten.

☐ Sowohl der Betriebsrat als auch das einzelne Betriebsratsmitglied können Zahlung eines Vorschusses verlangen. Geldbeträge, die vom Betriebsratsmitglied verauslagt worden sind, hat der Arbeitgeber nachträglich zu erstatten und – bei Zahlungsverzug – zu verzinsen.

Kosten der Betriebsratsarbeit

☐ Nach der Rechtsprechung sind nicht alle Kosten, die der Betriebsrat oder ein einzelnes Betriebsratsmitglied verursachen, vom Arbeitgeber zu tragen, sondern nur solche, die der Betriebsrat bzw. das einzelne Betriebsratsmitglied zum Zwecke der sachgerechten Erfüllung der Betriebsratsaufgaben für »erforderlich halten durfte«. Im Streitfall entscheidet hierüber das → **Arbeitsgericht**.

Zu § 40 Abs. 2 BetrVG:

Diese Regelung begründet eine »Überlassungsverpflichtung« des Arbeitgebers: Er muß dem Betriebsrat »Räume, Sachmittel und Büropersonal zur Verfügung stellen«. Dies bedeutet, daß der Betriebsrat oder ein einzelnes Betriebsratsmitglied nicht berechtigt sind, sich auf Kosten des Arbeitgebers Sachmittel (z. B. Bücher) selbst zu beschaffen (es sei denn, eine solche Berechtigung ist z. B. durch Betriebsvereinbarung oder Regelungsabrede zwischen Arbeitgeber und Betriebsrat verabredet worden). Vielmehr muß der Betriebsrat die Mittel, die er für die Betriebsratsarbeit benötigt, beim Arbeitgeber geltend machen und im Ablehnungsfalle arbeitsgerichtliche Hilfe in Anspruch nehmen.

☐ Auch im Rahmen des § 40 Abs. 2 BetrVG beschränkt sich die Überlassungsverpflichtung des Arbeitgebers auf das, was für die sachgerechte Erfüllung der Betriebsratsaufgaben »erforderlich« ist. Art und Umfang der Ausstattung des Betriebsrats mit Räumen, sachlichen Mitteln und Büropersonal hängen dabei ganz wesentlich von der Größe des Betriebes ab.

☐ Was sollte der Betriebsrat vom Arbeitgeber nach § 40 Abs. 2 BetrVG mindestens fordern?

- eine ausreichend große Räumlichkeit (gegebenenfalls mehrere Räume), die als Betriebsratsbüro genutzt werden kann (abschließbar, mit Heizung, Beleuchtung, Wasseranschluß und WC. In dieser Räumlichkeit hat der Betriebsrat übrigens das Hausrecht(!);
- einen ausreichend großen (Konferenz-)Tisch mit Stühlen;
- einen Schreibtisch mit Tischlampe;
- einen Schreibmaschinentisch mit Schreibmaschine;
- einen Schreibtischstuhl;
- diverse Schreibmaterialien;
- Briefmarken;
- Stempel;
- ein Diktiergerät;

Kosten der Betriebsratsarbeit

- einen großen, abschließbaren Schrank;
- ein großes Regal für Bücher, Zeitschriften usw.;
- mehrere Aktenordner, Ablageregister von A–Z;
- ein Telefon mit Amtsanschluß sowie ein Fax-Gerät;
- ein Kopiergerät (gegebenenfalls reicht Nutzung eines Firmenkopierers);
- einen Personalcomputer (er wird allerdings die Auffassung vertreten, daß ein Überlassungsanspruch nur in größeren Betrieben besteht. In der Praxis ist der PC aber auch schon in die Betriebsratsbüros vieler mittlerer und kleiner Unternehmen eingekehrt.). Interessant ist ein Beschluß des LAG Köln vom 6. 1. 95, AiB 95, 296. Hiernach wurde in einem Betrieb mit 460 Beschäftigten für die Arbeit des dort gewählten Betriebsrats, der fünf Ausschüsse sowie einen Wirtschaftsausschuß hat, ein Personalcomputer mit entsprechender Ausrüstung (Bildschirm, Tastatur, Drucker, Standard-Software) als erforderlich im Sinne des § 40 Abs. 2 BetrVG angesehen. Erforderlich sei ein Personalcomputer auch dann, wenn im Betrieb in größerem Umfang Überstunden gefahren werden oder wenn in erheblichem Maße kurzgearbeitet und gleichzeitig Überstunden geleistet, Beschäftigte entlassen und andere Arbeitnehmer zunächst befristet und dann unbefristet eingestellt werden.
- Literatur und Zeitschriften (siehe → **Literatur für die Betriebsratsarbeit**);
- Büropersonal, insbesondere Schreibkräfte, die ganz (in größeren Betrieben) oder teilweise (in kleineren Betrieben) dem Betriebsrat zur Verfügung stehen und sein Vertrauen genießen;
- Schwarze Bretter an verschiedenen Stellen des Betriebes für die Bekanntmachungen des Betriebsrats.

☐ Neben § 40 BetrVG finden sich spezielle Kostentragungs-Sonderregelungen in

§ 20 Abs. 3 BetrVG:

- Kosten der Betriebsratswahl trägt der Arbeitgeber.

§ 76a BetrVG:

- Kosten der Einigungsstelle trägt der Arbeitgeber.

Bedeutung für die Betriebsratsarbeit

☐ Es liegt auf der Hand, daß die Effektivität der Betriebsratsarbeit wesentlich mitbestimmt wird von Art und Umfang der Ausstattung des Betriebsratsbüros (und auch von der Art und Weise, wie der Betriebsrat damit umgeht: Eine Arbeitsrechtszeitschrift, die nicht gelesen wird, kann natürlich für die Betriebsratsarbeit auch nicht wirksam werden).

☐ Der Betriebsrat sollte in gewissen Abständen über die Frage nachdenken, ob das Betriebsratsbüro – gemessen an den zu bewältigenden Aufgaben – noch ausreichend ausgestattet ist, und im Bedarfsfalle die notwendigen Beschlüsse nach § 40 Abs. 2 BetrVG fassen. Dabei ist beispielsweise zu beachten, daß es bei Gesetzestexten, Kommentaren und sonstiger Literatur »in der Natur der Sache liegt«, daß sie »veralten« und dementsprechend immer wieder auf den neuesten Stand (neueste Auflage) gebracht werden müssen (siehe → **Literatur für die Betriebsratsarbeit**).

☐ Lehnt der Arbeitgeber die vom Betriebsrat nach § 40 geltend gemachten Ansprüche ab, dann kann der Betriebsrat das Arbeitsgericht anrufen (siehe → **Arbeitsgericht**).

Kündigung

Was ist das?

☐ Eine Kündigung ist eine »einseitige« Willenserklärung einer Vertragspartei, mit der diese ein auf Dauer angelegtes Vertragsverhältnis (z. B. einen →**Arbeitsvertrag**) zu der anderen Vertragspartei beenden will.

☐ Eine andere Möglichkeit, ein Vertragsverhältnis zu beenden, besteht in dem Abschluß eines von beiden Vertragsparteien vereinbarten →**Aufhebungsvertrages**.

☐ Wird ein Arbeitsvertrag zulässigerweise befristet, dann endet das Vertragsverhältnis, ohne daß es einer Kündigung bedarf (siehe → **Befristeter Arbeitsvertrag**).

☐ Im Hinblick auf die Kündigung eines →**Arbeitsvertrages** unterscheidet das Gesetz 3 Kündigungsarten:

- die →**Ordentliche Kündigung** (= fristgerechte Kündigung),
- die →**Außerordentliche Kündigung** (= fristlose Kündigung),
- die ordentliche oder außerordentliche →**Änderungskündigung**.

☐ Die Kündigung nur von Teilen des Arbeitsvertrages (= Teilkündigung) ist unzulässig. Will der Arbeitgeber ein Arbeitsverhältnis nur teilweise verändern, muß er zur Änderungskündigung greifen oder mit dem Arbeitnehmer, falls dieser einverstanden ist, einen Änderungsvertrag abschließen.

☐ Die Kündigung eines Arbeitsverhältnisses durch den Arbeitgeber unterliegt den Vorschriften des Kündigungsschutzgesetzes. Eine Reihe von Arbeitnehmern genießen unter bestimmten Voraussetzungen einen »besonderen Kündigungsschutz«. Dieser Schutz ist zum Teil in Gesetzen (siehe unten), zum Teil in Tarifverträgen geregelt.

☐ Bei geplanter Entlassung einer Vielzahl von Arbeitnehmern (Massenentlassung) obliegen dem Arbeitgeber Informationspflichten gegenüber dem Präsidenten des Landesarbeitsamtes (vgl. § 8 AFG) und Anzeigepflichten gegenüber dem Arbeitsamt (§ 17 KSchG). Im Rahmen des § 17 Abs. 1 KSchG stehen den (anzeigepflichtigen) Entlassungen andere Beendigungen des Arbeitsverhältnisses gleich, die vom Arbeitgeber veranlaßt wurden. Hierzu zählen Aufhebungsverträge, aber auch vom Arbeitgeber veranlaßte Eigenkündigungen, wenn sie in zeitlichem Zusammenhang mit der Massenentlassung erfolgen.

Bedeutung für die Betriebsratsarbeit

☐ Vor dem Ausspruch einer Kündigung hat der Arbeitgeber die Rechte des Betriebsrats nach § 102 und – wenn Mitglieder von Betriebsverfassungsorganen oder Wahlbewerber gekündigt werden sollen – nach § 103 BetrVG zu beachten.

☐ Will der Arbeitgeber das Arbeitsverhältnis zu einem Arbeitnehmer kündigen, so ist er verpflichtet, den Betriebsrat vor Ausspruch der Kündigung »anzuhören« (vgl. § 102 Abs. 1 BetrVG).

☐ Der Betriebsrat kann gegen die Kündigung »Bedenken« und – im Falle einer ordentlichen Kündigung (auch Änderungskündigung) – »Widerspruch« erheben (vgl. § 102 Abs. 2 und 3 BetrVG). Bedenken und Widerspruch sind schriftlich unter Beachtung der einschlägigen → **Fristen** einzulegen.

☐ Der Arbeitgeber kann im Rahmen des Anhörungsverfahrens dem Betriebsrat eine Mitteilung über eine geplante

»außerordentliche, hilfsweise ordentliche Kündigung«

vorlegen. In diesem Fall kann der Betriebsrat gegenüber der beabsichtigten außerordentlichen Kündigung »Bedenken« äußern und gegenüber der angekündigten »hilfsweisen ordentlichen Kündigung« »Widerspruch« einlegen.

☐ Bei geplanter Massenentlassung (siehe → **Betriebsänderung**) werden weitere Rechte der Interessenvertretung ausgelöst:

- Informations- und Beratungsrechte des Wirtschaftsausschusses nach § 106 BetrVG;
- Informations- und Beratungsrechte des Betriebsrats nach §§ 111 ff. BetrVG sowie nach § 17 Abs. 2 KSchG (siehe unten);
- Recht des Betriebsrats auf Verhandlung über einen → **Interessenausgleich** sowie den Abschluß eines → **Sozialplans** nach § 112 BetrVG.

Kündigung

Nach § 17 Abs. 2 KSchG (neu gefaßt durch das Nachweisgesetz vom 20. 7. 1995, siehe →**Arbeitsvertrag**) hat der Arbeitgeber dem Betriebsrat »rechtzeitig die zweckdienlichen Auskünfte zu erteilen«. Er hat den Betriebsrat schriftlich insbesondere zu unterrichten über

1. die Gründe für die geplanten Entlassungen,
2. die Zahl und die Berufsgruppen der zu entlassenden Arbeitnehmer,
3. die Zahl und die Berufsgruppen der in der Regel beschäftigten Arbeitnehmer,
4. den Zeitraum, in dem die Entlassungen vorgenommen werden sollen,
5. die vorgesehenen Kriterien für die Auswahl der zu entlassenden Arbeitnehmer,
6. die für die Berechnung etwaiger Abfindungen vorgesehenen Kriterien.

Dem Arbeitsamt hat der Arbeitgeber eine Abschrift der Mitteilung an den Betriebsrat zuzuleiten. Die Abschrift muß mindestens die in obenstehenden Nrn. 1 bis 5 genannten Angaben enthalten.

Der Betriebsrat hat das Recht, eine an die Arbeitsverwaltung gerichtete Stellungnahme zu verfassen. Der Arbeitgeber muß die Stellungnahme der Massenentlassungsanzeige beifügen (siehe auch § 8 AFG).

Hinweis: Klar ist, daß die Unterrichtungspflicht des Arbeitgebers nach § 17 Abs. 1 KSchG die – weitergehenden – Informationsrechte des Betriebsrats nach §§ 102, 111 BetrVG nicht verdrängt.

☐ Zu den weiteren Einzelheiten der Rechte des Betriebsrats bei Kündigungen: siehe Stichworte

→ **Ordentliche Kündigung**,

→ **Außerordentliche Kündigung**,

→ **Änderungskündigung**.

Bedeutung für den Beschäftigten

☐ Der Schutz der Arbeitnehmer vor Kündigung ist insbesondere im *Kündigungsschutzgesetz* geregelt.

☐ Das Kündigungsschutzgesetz findet allerdings nur Anwendung, wenn der gekündigte Arbeitnehmer in einem Betrieb mit mindestens

Kündigung

6 Arbeitnehmern (Auszubildende zählen insoweit nicht mit, vgl. § 23 Abs. 1 KSchG) länger als 6 Monate (vgl. § 1 Abs. 1 KSchG) beschäftigt ist.

☐ Nach § 1 Kündigungsschutzgesetz ist eine ordentliche Kündigung unwirksam, wenn sie »sozial ungerechtfertigt ist«.

Dies ist der Fall, wenn kein ausreichender Kündigungsgrund vorliegt. Als Kündigungsgründe kommen nur solche in Betracht, die

- in der Person des Arbeitnehmers liegen (= personenbedingte Kündigung),
- in dem Verhalten des Arbeitnehmers liegen (= verhaltensbedingte Kündigung),
- oder die durch dringende betriebliche Erfordernisse bedingt sind (= betriebsbedingte Kündigung).

Siehe insoweit → **Ordentliche Kündigung**.

☐ Der Gekündigte kann die Kündigung im Wege der Kündigungsschutzklage beim Arbeitsgericht angreifen (vgl. § 4 Satz 1 KSchG).

☐ Auch gegenüber einer → **Änderungskündigung** (vgl. § 2, § 4 Satz 2 KSchG) sowie einer → **Außerordentlichen Kündigung** (vgl. § 13 KSchG) kann der Arbeitnehmer Klage beim Arbeitsgericht erheben.

☐ **Wichtig:**

Nach § 4 Satz 1 KSchG muß die Klage innerhalb von 3 Wochen nach Zugang der Kündigung beim Arbeitsgericht eingegangen sein!

Beispiel:

An einem Freitag hat der Arbeitgeber dem Arbeitnehmer eine Kündigung ausgehändigt.

Spätestens am Freitag drei Wochen später muß die Kündigungsschutzklage beim Arbeitsgericht eingegangen sein (bis 24.00 Uhr: Jedes Arbeitsgericht hat einen Nachtbriefkasten).

Nachträgliche Zulassung der Klage bei Fristversäumung kommt nach § 5 Kündigungsschutzgesetz nur ausnahmsweise in Betracht.

Hinweis: Wichtig ist die Regelung des § 13 Abs. 2 und 3 KSchG. Hiernach können – sowohl bei ordentlicher wie auch außerordentlicher Kündigung – sonstige, nicht in § 1 Abs. 2 und 3 KSchG geregelte Unwirksamkeitsgründe auch dann noch mit der Kündigungsschutz-

Kündigung

klage geltend gemacht werden, wenn die »3-Wochen-Frist« des § 4 KSchG versäumt wurde.

Beispiele:
Die unterbliebene oder mangelhafte Anhörung des Betriebsrats nach § 102 Abs. 1 BetrVG, der Unwirksamkeitsgrund des § 613a Abs. 4 BGB bei → Betriebsübergang, der Verstoß gegen »die guten Sitten« (vgl. § 13 Abs. 2 KSchG), die Nichtbeachtung des unten beschriebenen »besonderen Kündigungsschutzes«.

☐ Nach § 3 KSchG kann der Gekündigte außerdem »Einspruch« beim Betriebsrat einlegen. Der Betriebsrat hat in diesem Falle mit dem Arbeitgeber eine Verständigung zu versuchen, wenn er den Einspruch für begründet hält.

Beachten:
Der Einspruch beim Betriebsrat ersetzt keinesfalls die fristgerechte Erhebung der Kündigungsschutzklage! Diese ist auf jeden Fall notwendig, wenn der Gekündigte sich gegen die Kündigung zur Wehr setzen will.

☐ Hat der Betriebsrat gegen eine beabsichtigte »ordentliche Kündigung« im Rahmen des Anhörungsverfahrens nach § 102 BetrVG ordnungsgemäß »Widerspruch« eingelegt, dann steht dem Gekündigten nach § 102 Abs. 5 BetrVG ein »Weiterbeschäftigungsanspruch« zu. Das heißt, der Arbeitgeber muß den Gekündigten bis zum rechtskräftigen Abschluß des Kündigungsschutzprozesses zu unveränderten Arbeitsbedingungen weiterbeschäftigen (siehe → **Ordentliche Kündigung**).

☐ Bestimmte Personen genießen einen »besonderen Kündigungsschutz«:

- Betriebsratsmitglieder und Mitglieder anderer Betriebsverfassungsorgane sowie Wahlbewerber (§ 15 KSchG, § 103 BetrVG);
- Arbeitnehmerinnen während ihrer Schwangerschaft und bis zum Ablauf von 4 Monaten nach der Entbindung (§ 9 Mutterschutzgesetz);
- Erziehungsurlauber/-innen (§ 18 Bundeserziehungsgeldgesetz);
- Auszubildende (§ 15 Berufsbildungsgesetz);
- Schwerbehinderte und Gleichgestellte (§§ 15, 21 Schwerbehindertengesetz);

Kündigung

- Wehrdienst- und Zivildienstleistende (§§ 2, 16a Arbeitsplatzschutzgesetz, § 78 Zivildienstgesetz);
- in Heimarbeit Beschäftigte, die Mitglied des Betriebsrats oder eines anderen betriebsverfassungsrechtlichen Organs sind (§ 29a Heimarbeitsgesetz).
- in den neuen Bundesländern: Kämpfer gegen den Faschismus und Verfolgte des Faschismus (§§ 58, 59 Arbeitsgesetzbuch der DDR). Diese Vorschrift gilt nach dem »Einigungsvertrag« weiter.

☐ Darüber hinaus besteht nach vielen »Tarifverträgen« ein besonderer Kündigungsschutz vor allem für ältere Arbeitnehmer, die schon länger im Betrieb beschäftigt sind.

Schnellübersicht: **Kündigungsschutz**			
	Ordentliche Kündigung	Außerordentliche Kündigung	Änderungskündigung
Rechte des Betriebsrats:	§ 102 • Anhörung • Bedenken • Widerspruch	§ 102 • Anhörung • Bedenken	§§ 99, 102 • Anhörung • Bedenken • Widerspruch • gegebenenfalls Zustimmungsverweigerung nach § 99
Rechte des Gekündigten:	• Kündigungsschutzklage § 4 KSchG • Einspruch beim Betriebsrat § 3 KSchG • Weiterbeschäftigungsanspruch § 102 Abs. 5 BetrVG, wenn Betriebsrat ordnungsgemäß Widerspruch erhoben hat	• Kündigungsschutzklage §§ 4, 13 KSchG	• Änderungsschutzklage § 4 KSchG • Vorbehaltserklärung § 2 KSchG • evtl. Weiterbeschäftigungsanspruch auf altem Arbeitsplatz

Kündigung

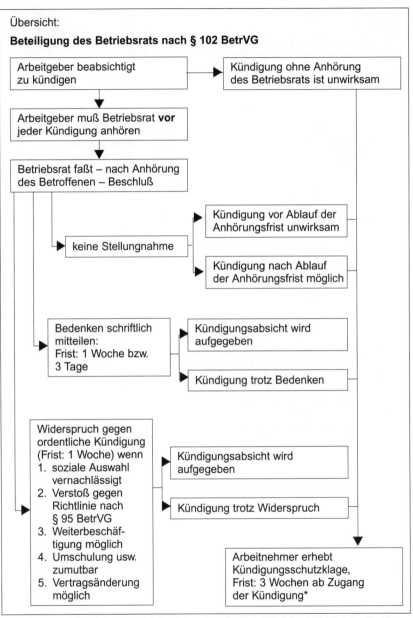

* Die 3-Wochen-Klagefrist gilt für Unwirksamkeitsgründe nach § 1 Abs. 2, 3 und § 13 Abs. 1 KSchG. Andere Unwirksamkeitsgründe (z.B. fehlende oder fehlerhafte Anhörung des Betriebsrats) können auch noch nach Ablauf geltend gemacht werden

Kündigung

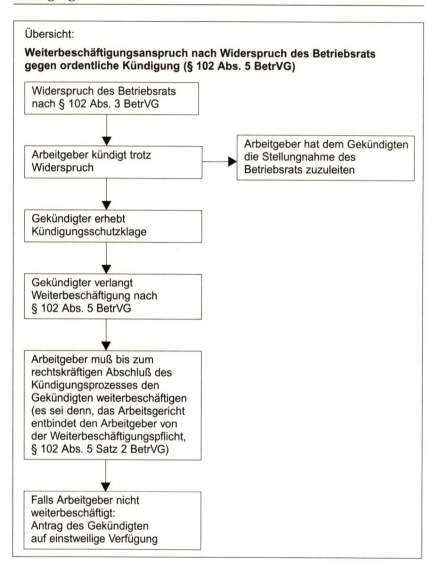

Kündigung

Literaturhinweis:

Michael Kittner/Wolfgang Trittin: Kündigungsschutzrecht, Kommentar für die Praxis zum Kündigungsschutzgesetz und zu den anderen Kündigungsvorschriften, Bund-Verlag, Köln.
Alfred Hueck: Kündigungsschutzgesetz. Kommentar. Fortgef. von Götz Hueck, Gerrick von Hoyningen-Huewe, C. H. Beck Verlag, München.
Friedrich Becker/Gerhard Etzel u. a.: Gemeinschaftskommentar zum Kündigungsschutzgesetz und sonstigen Kündigungsschutzrechtlichen Vorschriften (KR), Luchterhand Verlag, Neuwied.

Kündigungsfrist

Rechtliche Grundlagen

☐ Beim Ausspruch einer ordentlichen Kündigung eines Arbeitsverhältnisses sind vom kündigenden Arbeitgeber bzw. Arbeitnehmer Kündigungsfristen einzuhalten.

☐ Die Kündigungsfristen sind in § 622 BGB geregelt. Diese Vorschrift ist durch das Gesetz zur Vereinheitlichung der Kündigungsfristen von Arbeitern und Angestellten (Kündigungsfristengesetz) vom 7. 10. 1993, in Kraft getreten am 15. 10. 1993, völlig neu gefaßt worden. Hierzu war der Gesetzgeber verpflichtet, nachdem das Bundesverfassungsgericht in mehreren Entscheidungen zu § 622 BGB (alte Fassung) festgestellt hatte, daß die unterschiedliche Behandlung von Arbeitern und Angestellten im Bereich der gesetzlichen Kündigungsfristen verfassungswidrig ist.

☐ Nach § 622 BGB gelten nunmehr – bundeseinheitlich – folgende Regelungen:

1. Das Arbeitsverhältnis eines Arbeitnehmers (Arbeiter oder Angestellter) kann mit einer Frist von vier Wochen zum 15. oder zum Ende eines Kalendermonats gekündigt werden.

2. Für die **arbeitgeberseitige** Kündigung beträgt die Kündigungsfrist, wenn das Arbeitsverhältnis in dem Betrieb oder Unternehmen

2 Jahre bestanden hat, 1 Monat zum Ende eines Kalendermonats,
5 Jahre bestanden hat, 2 Monate zum Ende eines Kalendermonats,
8 Jahre bestanden hat, 3 Monate zum Ende eines Kalendermonats,
10 Jahre bestanden hat, 4 Monate zum Ende eines Kalendermonats,
12 Jahre bestanden hat, 5 Monate zum Ende eines Kalendermonats,
15 Jahre bestanden hat, 6 Monate zum Ende eines Kalendermonats,
20 Jahre bestanden hat, 7 Monate zum Ende eines Kalendermonats.

Bei der Berechnung der Beschäftigungsdauer werden Zeiten, die vor der Vollendung des 25. Lebensjahres des Arbeitnehmers liegen, nicht berücksichtigt.

Kündigungsfrist

3. Während einer vereinbarten Probezeit, längstens für die Dauer von sechs Monaten, kann das Arbeitsverhältnis mit einer Frist von zwei Wochen gekündigt werden.

☐ Nach § 622 Abs. 4 BGB können durch Tarifvertrag andere Kündigungsfristregelungen vereinbart werden, und zwar sowohl eine Verlängerung als auch eine Verkürzung der Fristen.

Allerdings darf nicht gegen die vom Bundesverfassungsgericht aufgestellten Grundsätze über das Verbot einer sachlich nicht gerechtfertigten Ungleichbehandlung von Arbeitern und Angestellten verstoßen werden. Sachlich ungerechtfertigt ist nach Auffassung des Bundesverfassungsgerichts eine Ungleichbehandlung, die allein auf den Status »Arbeiter/Angestellte« abstellt. Demgegenüber soll eine unterschiedliche tarifliche Kündigungsfristenregelung zulässig sein, die an unterschiedliche Qualifikation und Ausbildung oder an die Tätigkeit im Produktionssektor anknüpft, weil dort eine erhöhte personalwirtschaftliche Flexibilität erforderlich sei. Möglich soll beispielsweise eine Regelung sein, die für alle Beschäftigten im Produktionssektor (Arbeiter und Angestellte) kürzere Kündigungsfristen vorsieht als für die im Verwaltungsbereich tätigen Arbeiter und Angestellten (BVerfG vom 30. 5. 1990, Der Betrieb 1990, S. 1565 [1567]). Das Bundesarbeitsgericht hat unter Heranziehung dieser Überlegungen in einigen Entscheidungen tarifvertragliche Kündigungsfristenregelungen, die (entsprechend der früheren Rechtslage) für Arbeiter eine kürzere Grundfrist (2 Wochen) vorgesehen haben als für Angestellte (6 Wochen zum Quartalsende), als verfassungskonform angesehen.

Diese sowohl unter rechtlichen als auch praktischen Gesichtspunkten fragwürdige Rechtsprechung ist letztlich als überholt anzusehen. Der tarifpolitische Trend geht zutreffenderweise – nicht nur bei den Kündigungsfristen – in Richtung umfassender Gleichbehandlung von Arbeitern und Angestellten.

Bedeutung für die Betriebsratsarbeit

☐ Der Betriebsrat prüft im Rahmen des Anhörungsverfahrens natürlich auch die Frage, ob der Arbeitgeber die Kündigungsfrist richtig berechnet hat und ob der geplante Beendigungszeitpunkt realisiert werden kann.

Kündigungsfrist

Beispiel:
Will der Arbeitgeber einen Beschäftigten mit der Grundfrist des § 622 Abs. 1 BGB zum 30. September ordentlich kündigen, dann ist dies nur möglich, wenn dem Beschäftigten die Kündigung spätestens am 2. September zugeht.

Dieser Termin ist nicht einzuhalten, wenn die Anhörung des Betriebsrats nach § 102 Abs. 1 BetrVG erst beispielsweise vier Tage vor dem 2. September stattfindet und der Betriebsrat die ihm nach § 102 Abs. 2, 3 BetrVG zustehende Wochenfrist zur Erhebung von Bedenken oder eines Widerspruchs voll ausschöpft. Konsequenz: Das Arbeitsverhältnis kann nur zum nächstmöglichen Kündigungszeitpunkt (= der 15. des Folgemonats) beendet werden.

☐ Eine vom Arbeitgeber falsch berechnete Kündigungsfrist führt nicht zur Unwirksamkeit der Kündigung. Vielmehr endet das Beschäftigungsverhältnis – falls die Kündigungsfrist zu kurz ist – erst an dem Tag, an dem die »richtige« Kündigungsfrist abläuft.

Kündigungsfrist

Übersicht:

Kündigungsfristen nach § 622 Abs. 1–3 BGB

Betriebs-/ Unternehmens- zugehörigkeit	Lebens- alter*	Frist		Gilt für:
Probezeit (maximal 6 Monate)		2 Wochen		Arbeit- geber und Arbeit- nehmer
bis zu 2 Jahre		4 Wochen	zum 15. oder Monatsende	
2 Jahre	27	1 Monat	zum Monatsende	Arbeit- geber
5 Jahre	30	2 Monate	zum Monatsende	
8 Jahre	33	3 Monate	zum Monatsende	
10 Jahre	35	4 Monate	zum Monatsende	
12 Jahre	37	5 Monate	zum Monatsende	
15 Jahre	40	6 Monate	zum Monatsende	
20 Jahre	45	7 Monate	zum Monatsende	

* Bei der Berechnung der Beschäftigungsdauer werden Zeiten, die vor der Vollendung des 25. Lebensjahres des Arbeitnehmers liegen, nicht berücksichtigt.
Beachten: Ein Tarifvertrag kann andere Kündigungsfristen vorsehen.

Kurzarbeit

Was ist das?

☐ Kurzarbeit ist die vorübergehende Verkürzung der betriebsüblichen Arbeitszeit. Sie kommt in verschiedenen Formen vor.

Beispiele:
- *Verkürzung der wöchentlichen Arbeitszeit von 40 Stunden auf 20 Stunden, verteilt auf 5 Arbeitstage;*
- *Verkürzung der wöchentlichen Arbeitszeit dergestalt, daß nur an 2 Tagen statt wie bisher an 5 Tagen gearbeitet wird;*
- *Verkürzung der Arbeitszeit auf »Null«: d.h. im Kurzarbeitszeitraum wird überhaupt nicht gearbeitet.*

☐ Kurzarbeit ist eine Maßnahme, die sich im Falle von Arbeitsausfall (z.B. wegen Auftragsmangel) als Alternative zur Entlassung anbietet.

☐ Der Vorteil für die betroffenen Arbeitnehmer besteht bei Kurzarbeit darin, daß ihr Arbeitsverhältnis mit dem Arbeitgeber bestehenbleibt. Der Nachteil: Sie erleiden Einkommenseinbußen, da der Arbeitgeber bei wirksamer Einführung von Kurzarbeit nur verpflichtet ist, das der kürzeren Arbeitszeit entsprechende Arbeitsentgelt zu zahlen. Das zu gewährende Kurzarbeitergeld (siehe unten) gleicht den Arbeitsentgeltausfall nur teilweise aus.

☐ Die Einführung und Ausgestaltung von Kurzarbeit unterliegt dem Mitbestimmungsrecht des Betriebsrats nach § 87 Abs. 1 Nr. 3 BetrVG (siehe unten).

☐ Nach § 19 KSchG kann das Landesarbeitsamt bei geplanter Massenentlassung für den Zeitraum einer von ihm verfügten befristeten »Entlassungssperre« (längstens 2 Monate, vgl. § 18 Abs. 2 KSchG) Kurzarbeit genehmigen. Strittig ist, ob der Betriebsrat auch für diesen Sonderfall der Kurzarbeit ein Mitbestimmungsrecht hat (nach richtiger Auffassung ist diese Frage zu bejahen!).

Kurzarbeit

Kurzarbeitergeld:

☐ Die Einkommenseinbußen der Beschäftigten bei Kurzarbeit werden zum Teil ausgeglichen durch das sogenannte »Kurzarbeitergeld«, das die Bundesanstalt für Arbeit (= Arbeitsamt) zu zahlen verpflichtet ist, wenn die gesetzlichen Voraussetzungen nach §§ 63 ff. AFG vorliegen.

☐ Das Kurzarbeitergeld beträgt 60 Prozent des ausgefallenen Netto-Arbeitsentgelts bzw. 67 Prozent, wenn der Betreffende ein Kind zu versorgen hat (vgl. § 68 Abs. 4 AFG). Es wird bei der Berechnung des Kurzarbeitergeldes lediglich das »normale« Netto-Arbeitsentgelt zugrunde gelegt. Überstundenvergütung und ähnliche Sonderzahlungen werden nicht berücksichtigt (vgl. §§ 68 Abs. 1 und 3, 69, 112 Abs. 1 Satz 2 AFG).

☐ Kurzarbeitergeld wird für die Dauer von 6 Monaten gewährt. Die Bezugsfrist kann vom Bundesarbeitsminister auf 12 bzw. 24 Monate verlängert werden (vgl. § 67 Abs. 2 AFG). Eine 24monatige Bezugsfrist gilt derzeit für das sog. »strukturelle Kurzarbeitergeld« im Sinne des § 63 Abs. 4 AFG (siehe unten).

☐ Die §§ 63, 64 AFG regeln die »*betrieblichen Voraussetzungen*«, die §§ 65, 68 AFG die »*persönlichen Voraussetzungen*« des Kurzarbeitergeldanspruchs (siehe unten).

☐ Wohlgemerkt: Das Arbeitsamt entscheidet nicht darüber, »ob«, »wann« und »in welcher Weise« Kurzarbeit eingeführt werden soll (hierüber befindet der Arbeitgeber im Zusammenwirken mit dem Betriebsrat; siehe unten). Vielmehr entscheidet das Arbeitsamt ausschließlich die Frage, ob »Kurzarbeitergeld« zu gewähren ist!

Die »betrieblichen Voraussetzungen« des Anspruchs auf Kurzarbeitergeld:

- Nach § 63 Abs. 1 Satz 1 AFG wird Kurarbeitergeld bei »vorübergehendem« Arbeitsausfall bewilligt, wenn zu erwarten ist, daß durch die Gewährung des Kurzarbeitergeldes »den Arbeitnehmern die Arbeitsplätze und dem Betrieb die eingearbeiteten Arbeitnehmer erhalten bleiben« (= sog. konjunkturelles Kurzarbeitergeld).
- Eine arbeitsmarkt- und sozialpolitisch wichtige, zunächst bis zum 31. 12. 1997 befristete Sonderregelung findet sich in § 63 Abs. 4 AFG:

Kurzarbeit

- Hiernach wird Kurzarbeitergeld auch an solche Arbeitnehmer gewährt, die zur Vermeidung einer Entlassung in einer »betriebsorganisatorisch eigenständigen Einheit« zusammengefaßt sind, »wenn der Arbeitsausfall auf einer schwerwiegenden strukturellen Verschlechterung der Lage des Wirtschaftszweiges beruht und der hiervon betroffene Arbeitsmarkt außergewöhnliche Verhältnisse aufweist« (= sog. strukturelles Kurzarbeitergeld). § 63 Abs. 4 letzter Satz fordert dabei den Arbeitgeber in Form einer »Soll-Vorschrift« auf, den in der »betrieblichen Einheit« zusammengefaßten Arbeitnehmern eine berufliche Qualifizierung zu ermöglichen.

- Gemäß § 64 Abs. 1 AFG ist des weiteren erforderlich,
  - daß der Arbeitsausfall entweder auf wirtschaftlichen Ursachen einschließlich betrieblicher Strukturveränderungen oder auf einem »unabwendbaren Ereignis« beruht (ist der Arbeitsausfall auf überwiegend branchenübliche, betriebsübliche, saisonbedingte oder ausschließlich betriebsorganisatorische Gründe zurückzuführen, wird Kurzarbeitergeld nicht gewährt; vgl. § 64 Abs. 3 AFG);
  - daß der Arbeitsausfall unvermeidbar ist;
  - daß in einem zusammenhängenden Zeitraum von mindestens 4 Wochen für mindestens ein Drittel der im Betrieb bzw. in der Betriebsabteilung tatsächlich beschäftigten Arbeitnehmer (ohne Auszubildende) jeweils mehr als 10 Prozent der regelmäßigen betriebsüblichen wöchentlichen Arbeitszeit (vgl. § 69 AFG) ausfällt.

Beispiel:

Betrieb mit 100 Vollzeitbeschäftigten; die betriebsübliche Arbeitszeit für jeden Beschäftigten beträgt 35 Stunden.

Für jeden von 34 Arbeitnehmern (34 = mindestens ein Drittel von 100) müssen in einem Zeitraum von 4 Wochen mehr als 14 Stunden ausfallen (14 Stunden = 10% von 35 Stunden pro Woche, also 3,5 Stunden pro Woche mal 4 Wochen).

- Weiterhin ist notwendig:
  - Die arbeitsrechtlich wirksame Einführung der Kurzarbeit: insbesondere Zustimmung des Betriebsrats bzw. zustimmender Beschluß der Einigungsstelle sowie Einhaltung tariflicher Mindest-

Kurzarbeit

bedingungen und Ankündigungsfristen (liegen diese arbeitsrechtlichen Voraussetzungen nicht vor, behalten die Arbeitnehmer ihren vollen Lohn- bzw. Gehaltsanspruch gegen den Arbeitgeber; siehe unten »Bedeutung für die Beschäftigten«;
– das Vorliegen einer an das Arbeitsamt gerichteten »Anzeige« des Arbeitsausfalls (vgl. § 64 Abs. 1 Nr. 4 AFG; siehe unten);
– die rechtzeitige Einreichung eines fristgebundenen »Antrages« auf Gewährung von Kurzarbeitergeld beim Arbeitsamt (vgl. § 72 Abs. 2 AFG; siehe unten).

Kurzarbeitergeld-Verfahren:

☐ Das Kurzarbeitergeld-Verfahren läuft in folgenden Stufen ab:

- Erstattung der »Anzeige« des Arbeitsausfalls durch Arbeitgeber oder Betriebsrat;
- Erteilung eines Anerkennungs-Bescheides des Arbeitsamtes über das Vorliegen der »betrieblichen Voraussetzungen«;
- Einreichung eines »Antrags« auf Gewährung von Kurzarbeitergeld durch Arbeitgeber oder Betriebsrat;
- Erteilung eines Bescheides des Arbeitsamtes über die Gewährung des beantragten Kurzarbeitergeldes;
- Abwicklung der Auszahlung des Kurzarbeitergeldes erfolgt über den Arbeitgeber:
Der Arbeitgeber errechnet und zahlt das Kurzarbeitergeld an die anspruchsberechtigten Arbeitnehmer aus.
Das Arbeitsamt erstattet das gezahlte Kurzarbeitergeld an den Arbeitgeber (ausnahmsweise direkte Auszahlung an die anspruchsberechtigten Arbeitnehmer).

Anzeige der Kurzarbeit:

☐ Mit der »Anzeige« (Schriftform!) des Arbeitsausfalls wird das Arbeitsamt über die »betrieblichen Voraussetzungen« der Gewährung von Kurzarbeitergeld informiert. Diese Voraussetzungen sind darzulegen und »glaubhaft« zu machen (vgl. § 72 Abs. 1 AFG).

☐ Mindestinhalt der »Anzeige«: Bezeichnung des kurzarbeitenden Betriebs, des Absenders und des Adressaten der Anzeige, des Umfangs des Arbeitsausfalls und des Zwecks der Anzeige (= Erlangung von Kurzarbeitergeld).

Kurzarbeit

☐ Weiterer Inhalt der »Anzeige« (vgl. § 1 der Anordnung über das Verfahren bei der Gewährung von Kurzarbeitergeld):
- Firmenbezeichnung, Art des Betriebes, Anschrift;
- Bezeichnung und Sitz des Betriebsteiles, in dem verkürzt gearbeitet werden soll;
- Beginn des Arbeitsausfalles;
- betriebsübliche Arbeitszeit im Sinne des § 69 AFG;
- verkürzte Arbeitszeit;
- Zahl der im Betrieb tatsächlich beschäftigten Arbeitnehmer;
- Zahl der vom Arbeitsausfall betroffenen Arbeitnehmer;
- Gründe des Arbeitsausfalls;
- weitere Angaben, falls Heimarbeiter betroffen sind, vgl. § 2 Kurzarbeitergeldanordnung.

☐ Die »Anzeige« kann vom Arbeitgeber, aber auch vom Betriebsrat erstattet werden (vgl. § 72 Abs. 1 Satz 2 AFG).

☐ Falls der Arbeitgeber die »Anzeige« erstattet, hat er eine Stellungnahme des Betriebsrats beizufügen. Umgekehrt hat der Arbeitgeber eine Stellungnahme abzugeben, wenn der Betriebsrat die Initiative ergreift und die »Anzeige« erstattet.

☐ Die »Anzeige« löst eine umfangreiche Kontroll- und Prüfungstätigkeit des Arbeitsamtes aus (vgl. § 72 Abs. 1 AFG).

☐ Der Eingang der »Anzeige« des Arbeitsausfalls beim Arbeitsamt markiert den frühesten Beginn der Zahlung des Kurzarbeitergeldes (vgl. § 66 AFG). Beruht der Arbeitsausfall allerdings auf einem unabwendbaren Ereignis, so beginnt die Zahlung schon ab dem ersten Tage dieses Ereignisses, wenn die »Anzeige« unverzüglich (nach)erstattet wird.

Anerkennungsbescheid des Arbeitsamtes:

☐ Das Arbeitsamt hat dem Anzeigeerstatter »unverzüglich« einen schriftlichen Bescheid über das Ergebnis der Prüfung zu erteilen (vgl. § 72 Abs. 1 Satz 4 AFG). Eine Ausfertigung des Bescheids erhält auch die jeweils andere Seite (Arbeitgeber bzw. Betriebsrat). Inhalt des Bescheids:

- Anerkennung, daß die »betrieblichen Voraussetzungen« des Kurzarbeitergeldanspruchs vorliegen;
- oder Nichtanerkennung. Gegen den Nichtanerkennungs-Bescheid können Arbeitgeber und Betriebsrat Widerspruch und sodann Klage

Kurzarbeit

vor dem Sozialgericht erheben; möglich ist auch ein Antrag auf Erlaß einer »einstweiligen Anordnung« durch das Sozialgericht.

Antrag auf Gewährung von Kurzarbeitergeld:

☐ Nach Erteilung des (anerkennenden) Bescheides muß ein »Antrag« auf Gewährung von Kurzarbeitergeld gestellt werden (vgl. § 72 Abs. 2 AFG). Antragsberechtigt ist der Arbeitgeber, aber auch der Betriebsrat. Nur in Ausnahmefällen (z. B. betriebsratsloser Betrieb bzw. im Falle arbeitskampfbedingter Kurzarbeit) können auch die betroffenen Arbeitnehmer den Antrag stellen.

☐ Im »Antrag« (Schriftform!) sind insbesondere die »persönlichen Voraussetzungen« des Kurzarbeitergeldanspruchs (vgl. §§ 65, 68 AFG) darzulegen. Das Arbeitsamt händigt entsprechende Formulare aus. Der Arbeitgeber hat das Vorliegen der Anspruchsvoraussetzungen nachzuweisen (vgl. § 72 Abs. 3 Satz 1 AFG).

☐ Der »Antrag« ist innerhalb einer Frist von 3 Monaten nach Ablauf des Monats zu stellen, in dem die Kurzarbeitstage liegen, auf die sich der Antrag bezieht (vgl. § 72 Abs. 2 Satz 3 AFG).

Bewilligungsbescheid des Arbeitsamtes:

☐ Auf den »Antrag« hin erteilt das Arbeitsamt einen Bescheid, mit dem das beantragte Kurzarbeitergeld bewilligt oder, falls die »persönlichen Voraussetzungen« nicht vorliegen, abgelehnt wird. Im Falle der Ablehnung können Arbeitgeber, Betriebsrat, aber auch die durch die Ablehnung betroffenen Arbeitnehmer Widerspruch einlegen und ggf. Klage beim Sozialgericht erheben.

Auszahlung des Kurzarbeitergeldes durch den Arbeitgeber:

☐ Der Arbeitgeber wird bei der Abwicklung der Berechnung und Auszahlung des Kurzarbeitergeldes als »Verwaltungshelfer« des Arbeitsamtes tätig. Er ist verpflichtet, das auf die einzelnen betroffenen Arbeitnehmer entfallende Kurzarbeitergeld zu errechnen und auszuzahlen (vgl. § 72 Abs. 3 Satz 2 AFG). Dem entspricht es, daß das Arbeitsamt das bewilligte Kurzarbeitergeld nicht an die anspruchsberechtigten Arbeitnehmer leistet, sondern an den Arbeitgeber nachträglich erstattet, vgl. § 72 Abs. 4 AFG (nur ausnahmsweise erfolgt Auszahlung unmittelbar an die Arbeitnehmer, wenn bei Auszahlung an den Arbeitgeber die Realisierung des Anspruchs gefährdet wäre).

Kurzarbeit

☐ Das Arbeitsamt gewährt nach Erteilung des »Anerkennungsbescheides« (siehe oben) auf Antrag Abschlagszahlungen.

»Arbeitskampfbedingte Kurzarbeit«:

Bei »arbeitskampfbedingter Kurzarbeit« (= Kurzarbeit infolge eines in einem Zulieferer- oder Abnehmerbetrieb stattfindenden Arbeitskampfes; sog. »kalte Aussperrung«; siehe → **Arbeitskampf**) entfällt unter den Voraussetzungen der §§ 70, 116 AFG der Anspruch auf Kurzarbeitergeld. Es gelten die besonderen Regelungen des § 72 Abs. 1a AFG:

Macht der Arbeitgeber geltend, der Arbeitsausfall sei Folge eines Arbeitskampfes, hat er dies dem Arbeitsamt gegenüber darzulegen und glaubhaft zu machen. Eine Stellungnahme des Betriebsrats ist beizufügen. Der Arbeitgeber hat dem Betriebsrat die für die Stellungnahme notwendigen Informationen zu geben. Das Arbeitsamt hat den Sachverhalt zu ermitteln und kann hierzu Feststellungen im Betrieb treffen. Stellt das Arbeitsamt fest, daß der Arbeitsausfall nicht Folge des Arbeitskampfes, sondern vermeidbar war (wenn der Arbeitgeber z. B. rechtzeitig Maßnahmen zur Abwendung des Arbeitsausfalls getroffen hätte), dann ist Kurzarbeitergeld für die Dauer des vermeidbaren Arbeitsausfalls zu gewähren.

Bedeutung für die Betriebsratsarbeit

☐ Die Einführung und Ausgestaltung der Kurzarbeit ist nach § 87 Abs. 1 Nr. 3 BetrVG mitbestimmungspflichtig:

- Der Arbeitgeber, der Kurzarbeit einführen will, benötigt nicht nur für das »Ob«, sondern auch für das »Wann« und »Wie« der Kurzarbeit die Zustimmung des Betriebsrats. Verweigert der Betriebsrat die Zustimmung, entscheidet nach § 87 Abs. 2 BetrVG die → **Einigungsstelle.**
- Umgekehrt hat der Betriebsrat ein Initiativrecht. Das heißt, er kann seinerseits dem Arbeitgeber die Einführung von Kurzarbeit **(als Alternative zu Entlassungen)** vorschlagen und die Einigungsstelle anrufen, falls der Arbeitgeber die Zustimmung verweigert.

☐ Beachten: In manchen Tarifverträgen finden sich zusätzliche Regelungen zur Frage der Einführung und Ausgestaltung von Kurzarbeit

Kurzarbeit

(z. B. Ankündigungsfristen, die der Arbeitgeber einzuhalten hat; Regelungen über eine Aufstockung des Kurzarbeitergeldes).

☐ Das »Ob«, »Wann« und »Wie« der Kurzarbeit sollte auf jeden Fall in einer förmlichen Betriebsvereinbarung geregelt werden und nicht etwa in Form von bloßen Regelungsabreden (siehe → **Betriebsvereinbarung**).

☐ Die Vorbereitung der Verhandlungen mit dem Arbeitgeber über das »Ob«, »Wann« und »Wie« erfordert viel Zeit und Sorgfalt. Denn immerhin hat die Zustimmung des Betriebsrats zur Kurzarbeit eine nicht unerhebliche Einkommensminderung bei den betroffenen Beschäftigten zur Folge.

☐ Im Rahmen des »Kurzarbeitergeld-Verfahrens« hat der Betriebsrat eine Reihe von Aufgabenstellungen. Insbesondere hat er Stellungnahmen zur »Kurzarbeits-Anzeige« des Arbeitgebers sowie bei der Stellung des »Kurzarbeitergeld-Antrages« abzugeben.

☐ Leitet der Betriebsrat selber das »Kurzarbeitergeld-Verfahren« ein, so hat er bei der Formulierung und Einreichung der »Kurzarbeits-Anzeige« sowie des »Kurzarbeitergeld-Antrages« die gleichen Verpflichtungen einzuhalten, die im umgekehrten Falle dem Arbeitgeber obliegen. Der Betriebsrat sollte, um Fehler zu vermeiden, auf jeden Fall mit dem Arbeitsamt Verbindung aufnehmen und sich beraten lassen. Die Arbeitsämter sind zur Beratung verpflichtet.

☐ Auch im Falle »arbeitskampfbedingter Kurzarbeit« (sogenannte »kalte Aussperrung«; siehe oben und → **Arbeitskampf**) hat der Betriebsrat ein volles Mitbestimmungsrecht über das »Ob« und »Wie« der Kurzarbeit. Die bisherige Rechtsprechung, die ein Mitbestimmungsrecht nur beim »Wie« bejaht hat, kann als überholt angesehen werden.

Bedeutung für die Beschäftigten

☐ Kommt eine Betriebsvereinbarung zwischen Arbeitgeber und Betriebsrat über die Einführung und Ausgestaltung der Kurzarbeit zustande, werden die Arbeitsverhältnisse der betroffenen Beschäftigten infolge der unmittelbaren Wirkung der Betriebsvereinbarung für die Dauer des vereinbarten Kurzarbeitszeitraums umgestaltet. Das heißt,

Kurzarbeit

die Arbeitsverpflichtung reduziert sich um die Zahl der ausgefallenen Stunden. Gleichzeitig entfallen in entsprechendem Umfang die Arbeitsentgeltansprüche gegen den Arbeitgeber. An ihre Stelle treten die Kurzarbeitergeldleistungen des Arbeitsamtes, die vom Arbeitgeber auszuzahlen sind (vgl. § 72 Abs. 3 AFG).

☐ Stimmt der Betriebsrat der Kurzarbeit nicht zu, behalten die Beschäftigten ihren Arbeitsentgeltanspruch so lange gegen den Arbeitgeber, solange die Einigungsstelle die fehlende Zustimmung des Betriebsrates nicht ersetzt hat. Dies gilt auch dann, wenn faktisch nicht gearbeitet wird. Zur Erhaltung ihrer Arbeitsentgeltansprüche müssen die Arbeitnehmer allerdings ihre Arbeitskraft anbieten und auf diese Weise den Arbeitgeber in »**Annahmeverzug**« setzen (vgl. § 615 BGB).

Schnellübersicht:

Kurzarbeit
1. Der Ablauf des Mitbestimmungsverfahrens über das »Ob«, »Wann« und »Wie« der Kurzarbeit (§ 87 Abs. 1 Nr. 3 BetrVG):

Der Arbeitgeber hat den Betriebsrat rechtzeitig, umfassend und unter Vorlage von Unterlagen zu informieren über das »Wann«, »Wie« und »Warum« der geplanten Kurzarbeit und die Zustimmung des Betriebsrats zu beantragen.

Der Betriebsrat untersucht (zusammen mit Gewerkschaft, Vertrauenskörper und Beschäftigten) die Ausgangslage (gegebenenfalls fordert er weitere Informationen) und die Interessenlage (was will der Arbeitgeber? Was wollen die Beschäftigten?).

Der Betriebsrat erarbeitet (zusammen mit Gewerkschaft, Vertrauenskörper und Beschäftigten) eine Stellungnahme und erstellt einen konkreten Forderungskatalog.

Verhandlungen zwischen Arbeitgeber über das »Ob«, »Wann« und »Wie« der Kurzarbeit.

Wird ein tragbarer Kompromiß gefunden: Niederlegung der Vereinbarung in einer (schriftlichen) Betriebsvereinbarung.

Scheitern die Verhandlungen kann die Einigungsstelle angerufen werden.

Einigungsstelle entscheidet verbindlich über das »Ob«, »Wann« und »Wie« der Kurzarbeit.

Kurzarbeit

Anmerkung:
a) Keine Zustimmung des Betriebsrats zur Kurzarbeit, solange nicht ein rechtskräftiger Anerkennungsbescheid des Arbeitsamtes nach § 72 Abs. 1 Satz 4 AFG vorliegt.
b) Auch der Betriebsrat kann das vorstehende Verfahren in Gang setzen, denn er hat ein »Initiativrecht«. Will beispielsweise der Arbeitgeber infolge Auftragsmangels Arbeitnehmer entlassen, so kann der Betriebsrat den Arbeitgeber auffordern, anstelle der Entlassung eines Teils der Beschäftigten Kurzarbeit für alle Arbeitnehmer einzuführen. Lehnt der Arbeitgeber ab bzw. scheitern die Verhandlungen, kann der Betriebsrat versuchen, durch Anrufung der Einigungsstelle sein Ziel zu erreichen.

2. Verfahren über die Gewährung von Kurzarbeitergeld (§§ 63 ff. AFG):

1. Stufe:
- Erstattung der »Anzeige« des Arbeitsausfalls durch Arbeitgeber oder Betriebsrat: Darlegung und Glaubhaftmachung der »betrieblichen Voraussetzungen« der Gewährung von Kurzarbeitergeld.
- Erteilung eines Bescheides des Arbeitsamtes über das Vorliegen (bzw. Nichtvorliegen) der »betrieblichen Voraussetzungen«.

2. Stufe:
- Einreichung eines »Antrags« auf Gewährung von Kurzarbeitergeld durch Arbeitgeber oder Betriebsrat: Darlegung der »persönlichen Voraussetzungen« für die Gewährung von Kurzarbeitergeld; Arbeitgeber hat die Voraussetzungen nachzuweisen.
- Erteilung eines Bescheides des Arbeitsamtes über die Gewährung (bzw. Nichtgewährung) des beantragten Kurzarbeitergeldes.
- Abwicklung der Kurzarbeitergeldzahlung:
Der Arbeitgeber errechnet das Kurzarbeitergeld und zahlt es an die anspruchsberechtigten Arbeitnehmer aus (vgl. § 72 Abs. 3 AFG).
Das Arbeitsamt erstattet dem Arbeitgeber das ausgezahlte Kurzarbeitgeld (vgl. § 72 Abs. 4 AFG).

Lean production

Was heißt das?

☐ Lean production (auf Deutsch: schlanke, straffe Produktion) umschreibt eine neue Schwerpunktsetzung in den Rationalisierungsbemühungen der Unternehmen. Wurde früher in vielen Unternehmen der Königsweg der → **Rationalisierung** vor allem in einem intensiven Ausbau von Arbeitsteilung und Technikeinsatz gesehen, so steht nunmehr die optimale Gestaltung der Arbeitsorganisation und des Arbeitsablaufs im Zentrum unternehmerischer Rationalisierungsanstrengungen.

☐ Beflügelt wurden diese Bemühungen durch eine Studie des »Massachusetts Institute of Technology« im Jahre 1990 mit dem Titel: »Die zweite Revolution in der Automobilindustrie« (»MIT-Studie«). In der Studie wurde festgestellt, daß japanische Unternehmen in Sachen Produktivität den Herstellern in anderen Ländern um Längen voraus sind. Als Ursachen wurden nicht niedrigere Löhne oder längere Arbeitszeiten, auch nicht Höchstautomatisierung oder niedrigste Fertigungstiefe, sondern bessere Organisation, bessere Personalwirtschaft und besseres Management ausgemacht. Zitat aus der »MIT-Studie«: »Lean production ist ... schlank, weil sie von allem weniger einsetzt als die Massenfertigung – die Hälfte des Personals in der Fabrik, die Hälfte der Produktionsfläche, die Hälfte der Investitionen und Werkzeuge, die Hälfte der Zeit für die Entwicklung eines neuen Produktes. Sie erfordert auch weit weniger als die Hälfte des notwendigen Lagerbestandes, führt zu weniger Fehlern und produziert eine größere noch wachsende Vielfalt von Produkten.«

☐ Das Lean-production-Konzept wird auch als »Lean management« bezeichnet. Lean management macht als der umfassendere Begriff deutlich, daß nicht nur der Produktionssektor, sondern alle Bereiche des Unternehmens (einschließlich Verwaltung, Vertrieb, Forschung und Entwicklung, Konstruktion, Lagerhaltung usw.) auf den Prüfstand gestellt werden. Ziel ist es, die Produktivität zu erhöhen, eine höhere Flexibilität zu erreichen, die Anlagen sowie die Fähigkeiten und

Lean production

Fertigkeiten der Beschäftigten besser auszunutzen, die Produktqualität zu verbessern und in allen Bereichen des Unternehmens die Kosten zu senken.

☐ Umgesetzt werden diese Zielsetzungen vor allem mit folgenden Maßnahmen:

- stärkere Ausrichtung der Produktentwicklung auf Kundenwünsche durch Marktforschung, Kundenbefragung. Nicht so sehr das, was technisch machbar ist, ist entscheidend, sondern das, was die Kunden wollen;
- frühzeitige Einbeziehung der Zulieferer und der eigenen Fertigung in die Produktentwicklungsteams, damit »Anpassungsprobleme« des neuen Produktes an den vorhandenen Produktionsapparat im eigenen Unternehmen bzw. bei den Zulieferern gering gehalten werden können;
- Verkürzung der Entwicklungszeiten durch parallele Arbeitsvorgänge: nicht nacheinander, sondern nebeneinander werden Komponenten und Verfahren entwickelt;
- Teamarbeit nicht nur in der Phase der Entwicklung eines Produktes, sondern auch in der Fertigung. Das heißt: Steigerung der Effizienz der Arbeit durch Einführung von → **Gruppenarbeit** und Intensivierung der Weiterbildung;
- die Beschäftigten bzw. Arbeitsgruppen werden z. B. mit Hilfe von Bonussystemen motiviert, aktiv an einem, »kontinuierlichen Verbesserungsprozeß« (KVP) mitzuwirken. Die in jedem Beschäftigten schlummernden Fähigkeiten und Fertigkeiten sollen im Interesse der Verbesserung des Produktionsprozesses mobilisiert werden. Die Beschäftigten sollen nicht lediglich Vorgeplantes/Vorgedachtes nachvollziehen. Vielmehr sollen sie »geistigen Besitz von der Fabrik ergreifen«. Jeder ist Unternehmer, jeder ist der Kunde des anderen. Jeder übernimmt die Verantwortung für die Arbeit und ihre Ergebnisse (Effizienz des Arbeitsablaufs, Qualität des Produkts, Geringhaltung der Kosten usw.);
- unnötige Hierarchieebenen werden abgebaut: dadurch direkterer Kontakt und kürzere Wege zwischen Unternehmensleitung, Verwaltung und produktiven Basisbereichen;
- Abteilungen des Unternehmens werden zu profit centern/cost centern, gewissermaßen zu »kleinen Unternehmen im Unternehmen« umgestaltet. Sie werden daran gemessen, ob sie einen wirksamen Beitrag zum Unternehmensgewinn bzw. zur Geringhaltung der

Lean production

Kosten leisten. Geschieht dies nicht, werden sie »stillgelegt«. Verbleibende notwendige Arbeiten werden an andere Bereiche bzw. an Zulieferer oder externe Dienstleister vergeben;
- optimale Gestaltung der Fertigungstiefe durch möglichst weitgehende Verringerung; Fremdvergabe an Zulieferer;
- Verringerung der Dienstleistungstiefe; Fremdvergabe an externe Dienstleister;
- Einführung des »Just-in-time«-Prinzips sowohl im Verhältnis Zulieferer/Hersteller als auch zwischen den Abteilungen des Hersteller-Unternehmens: dadurch Geringhaltung der Lager-/Zwischenlagerkosten.

Bedeutung für die Betriebsratsarbeit

☐ Für die Interessenvertretung eröffnen sich aus einer Lean-production-Strategie des Unternehmens vor allem folgende Problem- und Handlungsfelder (siehe auch → **Rationalisierung**):

1. Lean production zielt auf eine drastische Verringerung des Arbeitsvolumens ab. Deshalb stellt sich für den Betriebsrat die klassische Frage: Welche Maßnahmen müssen ergriffen werden, um die betroffenen Beschäftigten vor einer brutalen »Wegrationalisierung« zu schützen? Mit der Einführung von Lean procuntion als einer umfassenden Rationalisierungsstrategie kann eine »grundlegende Änderung der Betriebsorganisation« im Sinne des § 111 Ziff. 4 BetrVG verbunden sein. In diesem Fall liegt eine → **Betriebsänderung** vor, die das Unternehmen verpflichtet, mit dem Betriebsrat über einen → **Interessenausgleich** zu verhandeln und einen → **Sozialplan** abzuschließen.

Natürlich ist es außerdem Aufgabe des Betriebsrats, seine Rechte gemäß §§ 99, 102 BetrVG wahrzunehmen, falls Versetzungen, Ein-, Umgruppierungen oder Entlassungen geplant sind.

2. Ein weiteres Problem- und Handlungsfeld ist die Gestaltung der durch Lean-production-Konzepte beeinflußten Arbeitsbedingungen, insbesondere die Gestaltung der von der Unternehmensleitung angestrebten Gruppen- bzw. Teamarbeit. Ziel des Betriebsrats muß es sein, in Form einer Betriebsvereinbarung sicherzustellen, daß die Einführung von Gruppenarbeit nicht nur die Effizienz, sondern auch die Attraktivität der Arbeit und das Arbeitsklima, positiv beeinflußt im

Lean production

Sinne von: mehr Selbst- und Mitbestimmung, bessere Arbeitsinhalte, höhere Qualifikation, humanere Arbeitsbedingungen, bessere zwischenmenschliche Beziehungen zwischen den Beschäftigten und im Verhältnis Beschäftigte/Vorgesetzte. Insbesondere sind Regelungen anzustreben über menschengerechte – die Gesundheit nicht beeinträchtigende – Arbeitsbedingungen, über die Arbeitsinhalte der Gruppen, die Personalbesetzung der Gruppen, die Qualifizierung der Gruppenmitglieder, die Aufgaben und Rolle von Gruppensprechern, die Kompetenz der Gruppe innerhalb der Betriebsorganisation, die Gestaltung von Gruppengesprächen und über die Gewährung von »Beteiligungszeiten« (siehe → **Gruppenarbeit**).

3. Unverzichtbar ist weiterhin die Gestaltung der Vergütung der Gruppe bzw. der Gruppenmitglieder. Akkordlohnsysteme vertragen sich kaum mit Gruppenarbeitsformen im Sinne des Lean-production-Konzeptes. Es geht nicht darum, in möglichst kurzer Zeit möglichst viele Produkte »auszuwerfen«, sondern einen Anreiz für eine Steigerung der Effizienz der Arbeit in Form der besseren Anlagennutzung, der Verbesserung der Qualität, der Vermeidung unnötiger Kosten usw. zu schaffen. Es bietet sich daher – auch aus Arbeitnehmersicht – der Entlohnungsgrundsatz »Prämienlohn« möglichst in Form der Standardprämie (siehe → **Arbeitsentgelt**) an. Erinnert sei daran, daß der Betriebsrat bei der Wahl des Entlohnungsgrundsatzes gemäß § 87 Abs. 1 Nr. 10 BetrVG ein volles Mitbestimmungsrecht einschließlich des Initiativrechts hat. Das Mitbestimmungsrecht erstreckt sich notwendigerweise auch auf die Frage der Personalbesetzung der Gruppe. Regelungspunkte einer Prämienlohn-Betriebsvereinbarung sind insbesondere: Bedingungen des Prämienlohns, Höhe des Prämienlohns, Gruppengröße und Gruppenzusammensetzung bei Gruppenprämie, das von der Gruppe zu erbringende Arbeitspensum, Erholungs- und Bedürfniszeiten, Beteiligungszeiten, Methoden der Datenermittlung, Reklamationsrechte der Arbeitnehmer und des Betriebsrats (siehe im übrigen → **Arbeitsentgelt**).

4. Des weiteren sind erforderlich Regelungen über den Umgang mit Verbesserungsvorschlägen. Auch insoweit steht dem Betriebsrat nach § 87 Abs. 1 Nr. 12 BetrVG ein volles Mitbestimmungsrecht zu (siehe → **Betriebliches Vorschlagswesen**).

5. Da Lean production auch das Verhältnis Hersteller/Zulieferer erfaßt, ergibt sich für die Betriebsräte auf Hersteller- und Zuliefererseite die Notwendigkeit der Zusammenarbeit (Informations- und Erfah-

Lean production

rungsaustausch durch gemeinsame Sitzungen, Ausarbeitung aufeinander abgestimmter Vorgehensweisen). Es bietet sich an, im Interessenausgleich (siehe oben) Regelungen zu vereinbaren, die eine derartige Zusammenarbeit ermöglichen (Regelungen über Freistellung für solche Sitzungen, Kostentragung usw.).

> Übersicht:
>
> **Unternehmenskonzepte von A–Z**
> **(Begriffe, Arbeitsformen, Systeme)**
>
> **Audits** sind unternehmensinterne, aber auch externe Prüfungen (z. B.) der Qualitätsstrategien und -systeme im Unternehmen, deren Ergebnisse in Gutachten einfließen (siehe auch → **ISO 9000** und → **Öko-Audit**).
>
> **Baldridge Award:** 1987 wurde vom US-Wirtschaftsministerium ein jährlich vom US-Präsidenten verliehener Preis für umfassendes Qualitätsmanagement geschaffen (Malcolm Baldridge National Quality Award). Baldridge Award verfolgt einen wesentlich umfassenderen Zielkatalog als die Qualitätsnormenreihe ISO 9000. Bei der Normenreihe ISO 9000 geht es darum, dem Kunden zu signalisieren, daß eine gewisse Qualitätssicherheit des Lieferanten gewährleistet ist. Die Qualitätskategorien des Baldridge Award gehen über ein Qualitätssicherheitsdenken hinaus und zielen auf die Verbesserung der Wettbewerbsfähigkeit des Unternehmens ab. Im einzelnen befassen sich die sieben Qualitätskategorien des Baldridge Award mit den Bereichen: 1. Führungsqualität, 2. Information und Analyse, 3. Qualitätsplanung, 4. Personalmanagement, 5. Management der Prozeßqualität, 6. Qualität und operative Ergebnisse, 7. Kundenorientierung und Kundenzufriedenheit. Näheres zu diesen Kategorien siehe → **ISO 9000**.
>
> **BDE-Systeme** sind Systeme der Betriebsdatenerfassung (BDE), die zunächst entwickelt wurden zur Unterstützung der Produktionsplanung und -steuerung. Ein weiterer Anwendungsschwerpunkt ist mittlerweile die Erfassung von Personaldaten (z. B. Arbeitszeiterfassung bei → **Gleitzeit**).
>
> **Benchmarking** ist eine Managementmethode, bei der es darum geht, Produkte, Dienstleistungen und betriebliche Abläufe systematisch miteinander zu vergleichen. Es kann sich um einen unternehmensinternen Vergleich zwischen einzelnen Abteilungen und Werken handeln, aber auch um einen externen Vergleich mit anderen Unternehmen. Ziel des Vergleichs ist es, den »Besten« zu ermitteln, der dann den Maßstab (= Bezugs-/Richtwert = Benchmarking) setzt, den es zu erreichen oder zu übertreffen gilt.
>
> **Business Reengineering:** Ziel dieses Ansatzes ist es, verkrustete Hierarchien aufzulösen und durch flexible Kommunikationsnetze zu ersetzen, in denen ohne störende Rangordnung oder Abteilungsgrenzen die Art von Kommunikation möglich ist. Anders als beim KAIZEN bzw. KVP geht es nicht darum, bestehende Abläufe zu optimieren nach dem Motto: Wie kann das schneller oder bei geringeren Kosten erledigt werden? Vielmehr werden die Strukturen der Prozesse im

Lean production

Unternehmen grundsätzlich auf den Prüfstand gestellt (Warum machen wir das überhaupt?). Ziel ist es, im Unternehmen an die Stelle starrer Dienstwege einen offenen »Markt« für Ideen und Informationen zu setzen.

Company-Wide-Quality-Control (CWQC) ist ein von Ishikawa (Japan) entwickeltes Konzept zu einer mitarbeiterorientierten und unternehmensweiten Qualitätsarbeit, das die Mitarbeiter einbezieht (Arbeitsgruppen).

Continuous Improvement Process (CIP): Englischer Ausdruck für KAIZEN (Japan) und Kontinuierlicher Verbesserungsprozeß (Deutschland).

Crosby (1964): Der Ansatz des US-Amerikaners befaßt sich mit dem Problem: wie kann fehlerfreie Produktion ohne Ausschuß und Nacharbeit erreicht werden (Null-Fehler-Prinzip). Crosby untersucht die Beziehung zwischen Fehlerquoten und Fehlerkosten. Er stellt fest, daß nicht die Fertigung von Qualität Kosten verursacht, sondern die Nichterfüllung von Anforderungen.

Cross Functional Management (CFM): Bereichsübergreifendes Management, das die starren Grenzen von Hierarchien und Abteilungen überwindet. Siehe auch Projektmanagement und Simultaneous Engineering.

Deming (USA, 1950) entwickelte ein 14-Punkte-Programm zur kontinuierlichen Verbesserung. Er begreift jede Tätigkeit als einen Prozeß, der ständige Verbesserungsmöglichkeiten zuläßt. Erfolgreiche Umsetzung des Programms setzt nach Deming entsprechendes Handeln der obersten Unternehmensleitung voraus.

Design of Experiments ist ein Verfahren zur systematischen Durchführung von Experimenten im Bereich Forschung und Entwicklung. Ziel: den Umsetzungsprozeß zwischen Produktentwicklung und Entwicklung von Fertigungsverfahren beschleunigen (durch engeren Verbund oder Parallelführung beider Bereiche; siehe auch Simultaneous Engineering).

Design Review ist ein Verfahren, das sämtliche Aktivitäten im Bereich Entwicklung und Konstruktion überprüft und lenkt, und zwar in allen Phasen: 1. Entwurf, 2. Muster, Prototyp, 3. Nullserien, Pilotserien, 4. Serienerstmuster. Design Review steht in Zusammenhang mit Simultaneous Engineering.

Fehler-Möglichkeits- und Einfluß-Analyse (FMEA) ist ein Verfahren zur Bekämpfung von Fehlerursachen. Es werden FMEA-Teams gebildet, die systematisch – formularmäßig – Ursachen feststellen und Maßnahmen zur Fehlervermeidung erarbeiten. Nach Erreichen des Qualitätsziels wird die Gruppe aufgelöst.

Fehlervermeidung ist ein Verfahren der Prozeßplanung, -steuerung und -kontrolle, dessen Ziel es ist, Fehlerquellen auszuschalten, das heißt die Entstehung von Fehlern durch geeignete Maßnahmen von vornherein zu verhindern.

Feigenbaum (1961): Alle Ebenen von Betrieb und Unternehmen unterliegen einer »Total Quality Control«. Sämtliche qualitätsbezogenen Aktivitäten werden unternehmensweit unter Berücksichtigung von arbeitswissenschaftlichen Aspekten (z. B. Mitarbeitermotivation) koordiniert. Zur Überprüfung werden Audits (Gutachten) erstellt.

Lean production

Fraktale Fabrik beschreibt ein »ganzheitliches« Unternehmenskonzept, das das Unternehmen/den Betrieb in kleine, dezentrale Einheiten auflöst, die einerseits miteinander vernetzt sind (elektronische Kommunikation!), andererseits in Konkurrenz bzw. in einer Kundenbeziehung zueinander stehen. Jede Einheit ist ein kleines Unternehmen (siehe unten: Profitcenter), jeder Arbeitnehmer denkt und handelt unternehmerisch. Es findet ein ständiger Wettbewerb statt. Jede Einheit versucht, besser als die andere zu sein. Ziel des Konzeptes: Steigerung der Wettbewerbsfähigkeit durch konsequente Kundenorientierung und qualifiziertes, verantwortliches Handeln der Beschäftigten.

Gruppenarbeit: Siehe Stichwort → **Gruppenarbeit**.

Ishikawa (1968): Der Japaner setzte Überlegungen und Konzepte von Deming, Juran und Feigenbaum auf japanische Verhältnisse um.

ISO 9000: Die internationale Normenreihe ISO 9000 verarbeitet das Gedankengut der Qualitätsphilosophien zu einem umfassenden Qualitätsmanagement und -sicherungssystem. Setzt das Unternehmen die Anforderungen von ISO Normen um, kann es sich dies zertifizieren (bescheinigen) lassen. Wegen weiterer Einzelheiten siehe → **ISO 9000**.

Juran (1954): Im Zentrum der Überlegungen von Juran (USA) steht die Anwendung eines systematischen kontinuierlichen Verbesserungsprozesses auf Projekte und Prozesse. Der Verbesserungsprozeß erfolgt nach einem dreistufigen Konzept von Prozeßplanung, Einführung und Absicherung.

Just in time (Jit) bedeutet Vermeidung kostenträchtiger Lagerhaltung durch Verlegung der Lager auf die Verkehrswege. Angestrebt wird das Null-Puffer-Prinzip: alles zur rechten Zeit am rechten Ort. Das heißt: Zulieferungen erreichen den Weiterverarbeiter zu dem Zeitpunkt, in dem dieser die Zulieferung benötigt. Nicht vorher und auch nicht nachher.

KAIZEN ist der japanische Ausdruck für den kontinuierlichen Verbesserungsprozeß (KVP) oder Permanenten Verbesserungsprozeß (PVP). Im Englischen wird gleichbedeutend vom Continuous Improvement Process (CIP) gesprochen. Ziel von KAIZEN ist, Verschwendung (»Muda«) und unnötige Kosten auf allen Ebenen des Betriebes/Unternehmens zu vermeiden und hinsichtlich Produktivität und Qualität besser zu sein als Wettbewerber. Realisiert wird KAIZEN durch viele kleine Schritte zur Qualitätsverbesserung und Kostensenkung als Bestandteil von Total Quality Management (TQM). Die Botschaft des KAIZEN: Es soll kein Tag ohne irgendeine Verbesserung für das Unternehmen vergehen. Siehe → **Betriebliches Vorschlagswesen**.

Kanban meint ein arbeitsorganisatorisches Verfahren, das beim Autohersteller Toyota in Japan entwickelt wurde. Aufgabenstellung war: mit geringstmöglicher Lagerhaltung die Produktion der an das Montageband zu liefernden Teile zu organisieren (Null-Puffer-Prinzip). Gelöst wurde die Aufgabe durch Einführung eines Karteikartensystems, das dem Verfahren den Namen »Kanban« gab. Siehe auch Just in Time (JIT).

Kontinuierlicher Verbesserungsprozeß (KVP) ist der deutschsprachige Ausdruck für KAIZEN (siehe dort).

Lean production

Kundenorientierung ist wesentlicher Teil eines umfassenden Qualitätsmanagements (siehe TQM). Neben den Beziehungen zu den externen Kunden werden auch alle internen Wertschöpfungskooperationen als Lieferanten-Kundenbeziehungen definiert. Auch die Kunden der externen Kunden sind zu berücksichtigen. Für Lieferanten (beispielsweise) von Werkzeugmaschinen kann das bedeuten, daß neben den Anforderungen der Kunden die Bedürfnisse der Kunden derjenigen Produkte, die auf der Maschine gefertigt werden sollen, zum Qualitätsmaßstab gemacht werden.

Lean production: Siehe dort.

Lean Management: Siehe → **Lean production.**

MIT-Studie: Siehe → **Lean production** und Toyota Production System.

Öko-Audit: Am 13. 7. 1993 ist die EG-Verordnung »zur freiwilligen Beteiligung gewerblicher Unternehmen an einem Gemeinschaftssystem für das Umweltmanagement und die Umweltbetriebsprüfung« in Kraft getreten. Nimmt ein Unternehmen an diesem System teil und setzt es die Anforderungen der EG-Verordnung um, kann es sich sein umweltverträgliches Handeln zertifizieren (bescheinigen) lassen. Wegen weiterer Einzelheiten siehe → **Öko-Audit.**

Outsourcing (= Auslagerung): Betriebe, Betriebsteile oder auch nur einzelne Funktionen werden aufgegeben und an (ggf. neu gegründete) Tochterunternehmen oder an Drittfirmen übertragen bzw. verkauft. Die ausgelagerten Aktivitäten (Produkte, Dienstleistungen) werden dann kostengünstiger bei Fremdfirmen eingekauft.

Permanenter Verbesserungsprozeß (PVP): Siehe KAIZEN.

Profitcenter: Teilbereiche des Unternehmens werden wie selbständige Unternehmen behandelt. Sie bieten ihre Leistungen wie Fremdfirmen an. Sie stehen in Konkurrenz zu externen Anbietern. Dadurch entsteht ein Zwang zu wirtschaftlicherem Verhalten.

Projektmanagement: Die Geschäftsführung oder »Lenkungsausschüsse« definieren Projektziele, Finanz- und Zeitrahmen und beauftragen Projektgruppen, die in der Zielsetzung bezeichnete Aufgabe innerhalb des festgelegten Finanz- und Zeitrahmens zu erledigen (z.B. Entwicklung eines neuen Produkts, Überarbeitung eines Produkts). Die Projektgruppen werden fachabteilungsübergreifend so zusammengesetzt, daß möglichst viel Sachverstand einfließt. Simultaneous Engineering ist ein typischer Bereich für die Anwendung des Projektmanagements. Siehe auch Cross Funktional Management.

Qualitätsteams und -zirkel: In den USA zuerst entwickelt, in Japan und später auch in der Bundesrepublik vereinzelt angewendet. Ziel dieses Ansatzes: Erfahrungswissen und Ideenreichtum der Beschäftigten nutzbar machen durch Einbeziehung, Motivations- und Verantwortlichkeitsförderung. Andere Begriffe: Werkstattzirkel und -kreise, Lernstatt, Ideenwerkstatt, Qualitätsausschuß, Problemlösungsgruppen. In der Praxis wurden Defizite des Ansatzes erkennbar: eingeschränkte Sichtweisen der Qualitätsteams, zu kurzfristig und zu sporadische Arbeit, keine Kontinuität, Kompetenzdefizite, keine materiellen Anreize, zu wenig Entscheidungskompetenzen.

Lean production

Qualitätsverlustfunktion ist ein Warnsystem innerhalb des KAIZEN.

Quality Circle (QC): Siehe Qualitätsteams.

Return on Quality (ROQ): Entsprechend dem betriebswirtschaftlichen Begriff: Return on Investment (»Wie hoch verzinst sich das investierte Kapital?«) fragt ROQ: »Was bekomme ich (über höhere Preise, größeren Umsatz, höheren Marktanteil, geringere Garantiekosten usw.) zurück für meine Bemühungen, die Qualität der Produkte und Prozesse zu steigern?«. ROQ wendet sich gegen eine allzu bürokratische, pingelige Handhabung von Qualitätssicherungskonzepten. Das bisherige Qualitätsmanagement wird radikal hinterfragt (insofern ähnlicher Ansatz wie bei Business Reengineering). Im Zentrum von ROQ steht die Frage: Was will der Kunde?

Reengineering: Siehe Business Reengineering.

Selbstkontrolle (Werker-Selbstprüfung): Alle Beschäftigten sind für die Qualität ihrer Arbeitsschritte und Ergebnisse im Rahmen des vorgegebenen Verfahrens selbst verantwortlich. Die zur Durchführung der Qualitätsprüfung notwendige Qualifikation sowie die erforderlichen Prüfmittel werden vom Unternehmen zur Verfügung gestellt. Zentrale Qualitätsprüfabteilungen werden damit überflüssig.

Simultaneous Engineering (Parallele Entwicklung) bedeutet das zeitliche »Übereinanderschieben« von Phasen der Produktentwicklung und Fertigung/ Montage (montagegerechtes Konstruieren). Von Beginn an Beteiligung der unternehmensinternen Fachabteilungen sowie wichtiger Lieferanten an der Entwicklung der Produkte.

Statistical Process Control (SPC) bedeutet »Statistische Prozeß-Steuerung«. Es handelt sich um ein Verfahren, das angewendet werden kann bei Tätigkeiten/ Abläufen, die sich häufig wiederholen. Ziel: Erreichung von Fehlerlosigkeit durch vollständige Beherrschung dieser Tätigkeiten/Abläufe. Methode: Im Wege systematischer Prozeßbetrachtung werden statistische Zusammenhänge zwischen Prozeß-Sollzahlen und Qualitätsabweichungen ermittelt. Überschreiten die Abweichungen festgelegte Grenzen, werden Maßnahmen zur Feststellung und Behebung der Ursachen der Abweichung ergriffen.

Total Productivity Maintenance (TPM) ist eine Strategie der umfassenden Erhaltung der Produktivität im Rahmen von KAIZEN.

Total Quality Control (TQC): Siehe Feigenbaum.

Total Quality Management (TQM) ist eine amerikanisch-europäische Qualitätsphilosophie, die von einem erweiterten Qualitätsverständnis ausgeht. Traditionell bezieht sich Qualität auf die Eigenschaften des Produkts bzw. der Dienstleistung an sich. TQM erweitert die Qualitätsarbeit um alle Aspekte des Produktionsprozesses – auch seiner Organisation und Leitung. Auch Lieferzuverlässigkeit, Termintreue, Kostensenkung, Arbeitssicherheit und Personalqualifikation werden vom TQM erfaßt. TQM beruht auf folgenden Prinzipien:
1. Prozeßorientierung: Beseitigung verrichtungsorientierter Arbeitsteilung, Zusammenfassung von Aufgaben entsprechend dem betrieblichen Ablauf. Dabei können insbesondere die sog. indirekten Bereiche erheblich reduziert werden. Beispiel: In einem Maschinenbaubetrieb wurden alle wesentlichen Aufgaben für

Lean production

die Lieferung von Ersatzteilen in einer Fertigungsinsel zusammengefaßt – von der Zeichnungsverwaltung über Mikrofiche bis zum Ausdruck der Versandpapiere. Hinterher genügten zur Auftragsabwicklung nur noch vier Abteilungen. Vorher waren es 17 (!). Die Durchlaufzeit konnte von drei Wochen auf vier Tage (!) gesenkt werden. Früher wurden allein vier Tage benötigt, um die richtigen Zeichnungen aus der entsprechenden Zentralabteilung zu besorgen.

2. Kundenorientierung: Siehe oben.

3. Mitarbeiterorientierung: Der Mensch steht im Mittelpunkt. Sie wird vor allem durch prozeßorientierte Gruppenarbeit umgesetzt.

Toyota Production System (TPS) ist ein Herstellungssystem, das von allen Produktionsfaktoren weniger braucht als die herkömmliche Massenherstellung: die Hälfte an menschlicher Arbeit und Entwicklungszeit, weniger als die Hälfte der Lagerkapazitäten für Vorprodukte und Zuliefererteile bei gleichzeitiger Steigerung der Produktion von mehr Waren in größerer Vielfalt und besserer Qualität. Die berühmte Studie des »Massachusetts Institute of Technology (MIT)« hat dieses System untersucht und ihm den Namen »Lean production« verliehen.

Werker-Selbstprüfung: Siehe Selbstkontrolle.

Zuliefererintegration: Siehe Simultaneous Engineering.

Literaturhinweis:

Klaus Lang/Kai Ohl: Lean production, Herausforderungen und Handlungsmöglichkeiten. Ein praktischer Ratgeber (Handbücher für den Betriebsrat, Band 13). Bund-Verlag, Köln.

Leitende Angestellte

Begriff

☐ Leitende Angestellte sind nur solche Arbeitnehmer, die als Mitträger der unternehmerischen Funktion der Leitungsebene des Unternehmens zugeordnet werden müssen.

☐ Auf leitende Angestellte findet das BetrVG gemäß § 5 Abs. 3 Satz 1 BetrVG keine Anwendung (soweit nicht in einzelnen Vorschriften etwas anderes geregelt ist; siehe § 105, § 107 Abs. 1 und 3, § 108 Abs. 2 BetrVG).

☐ Insbesondere nehmen leitende Angestellte weder an der Betriebsratswahl teil, noch vertritt der Betriebsrat ihre Interessen (wegen »Sprecherausschuß der leitenden Angestellten« siehe unten).

☐ Die Abgrenzung des leitenden Angestellten von den anderen Angestellten in gehobener Stellung (insbesondere zu den → **Außertariflichen Angestellten**) ist schwierig. Das BetrVG unterscheidet drei »Typen«:

1. Nach § 5 Abs. 3 Satz 2 Nr. 1 BetrVG sind solche Beschäftigte leitende Angestellte, die befugt sind, selbständig (d.h. ohne einen anderen fragen zu müssen) einzustellen und zu entlassen.

2. Leitende Angestellte im Sinne des § 5 Abs. 3 Satz 2 Nr. 2 BetrVG sind Beschäftigte, die Generalvollmacht oder Prokura besitzen. Allerdings ist nicht jeder, der sich Prokurist nennt, leitender Angestellter: Wenn die Prokura im Innenverhältnis zum Arbeitgeber unbedeutend ist (z.B. Betreffender darf von der Prokura nur auf ausdrückliche Weisung des Arbeitgebers Gebrauch machen), dann ist der »Prokurist« kein »Leitender«.

3. Über den vorstehend genannten Personenkreis hinaus sind solche Beschäftigte leitende Angestellte, die die Voraussetzungen des § 5 Abs. 3 Satz 2 Nr. 3 BetrVG erfüllen. Leitender Angestellter ist hiernach, wer

- regelmäßig Aufgaben wahrnimmt, die für Bestand und Entwicklung des Unternehmens oder eines Betriebs von Bedeutung sind (eine nur

Leitende Angestellte

vorübergehende oder gelegentliche Wahrnehmung solcher Aufgaben genügt nicht)
- und deren Erfüllung besondere Erfahrungen und Kenntnisse voraussetzt (ein akademisches Studium allein begründet solche Erfahrungen und Kenntnisse nicht)
- und der dabei entweder Entscheidungen im wesentlichen frei von Weisungen trifft oder Entscheidungen maßgeblich beeinflußt.

☐ Verbleiben Zweifel, ob die vorstehenden Merkmale auf einen Angestellten zutreffen, sind die Auslegungskriterien des § 5 Abs. 4 BetrVG heranzuziehen: u. a. Höhe des Jahresarbeitsentgelts.

☐ In der Praxis ist die Abgrenzung der leitenden Angestellten von den übrigen Angestellten vor allem bei der → **Betriebsratswahl** bzw. Sprecherausschußwahl von Bedeutung. Hier sieht § 18a BetrVG ein detailliert geregeltes Abgrenzungsverfahren vor.

☐ Eine Gesamtbetrachtung ergibt, daß zwischen dem leitenden Angestellten und der Belegschaft ein ebenso ausgeprägter Interessengegensatz besteht wie zwischen der Belegschaft und der Unternehmensleitung als solcher. Weil dies nur auf einen engbegrenzten Personenkreis im Unternehmen zutrifft, ist der Kreis der leitenden Angestellten entsprechend klein.

☐ Die leitenden Angestellten wählen ihre eigene Interessenvertretung, nämlich den »Sprecherausschuß der leitenden Angestellten« (vgl. Sprecherausschußgesetz). Ein Sprecherausschuß kann allerdings nur in solchen → **Betrieben** gewählt werden, in denen »in der Regel mindestens zehn leitende Angestellte« beschäftigt sind (vgl. § 1 Abs. 1 Sprecherausschußgesetz).

☐ Unter den Voraussetzungen des § 20 Sprecherausschußgesetz kann in einem → **Mehr-Betriebs-Unternehmen** statt einzelner betrieblicher Sprecherausschüsse ein »Unternehmenssprecherausschuß« gewählt werden.

☐ Bestehen in einem → **Mehr-Betriebs-Unternehmen** mehrere betriebliche Sprecherausschüsse, ist ein »Gesamtsprecherausschuß« zu errichten (vgl. § 16 Sprecherausschußgesetz). Auf Konzernebene »kann« darüber hinaus ein »Konzernsprecherausschuß« gebildet werden (vgl. § 21 Sprecherausschußgesetz).

☐ Mit § 15 Abs. 2 Mitbestimmungsgesetz (1976) hat der Gesetzgeber den leitenden Angestellten Sitz und Stimme im Aufsichtsrat der unter

Leitende Angestellte

das Gesetz fallenden Unternehmen verschafft (siehe → **Unternehmensmitbestimmung**).

Bedeutung für die Betriebsratsarbeit

☐ Vor Abschluß einer Betriebsvereinbarung zwischen Betriebsrat und Arbeitgeber, die rechtliche Interessen der leitenden Angestellten berührt, hat der Arbeitgeber den Sprecherausschuß rechtzeitig »anzuhören« (vgl. § 2 Abs. 2 Sprecherausschußgesetz). Eine Art »Vetorecht« des Sprecherausschusses war im Gesetzgebungsverfahren zum »Sprecherausschußgesetz« zunächst geplant, ist dann aber fallengelassen worden.

☐ Betriebsrat und Sprecherausschuß können dem jeweils anderen Gremium oder einzelnen seiner Mitglieder das Recht einräumen, an seinen Sitzungen teilzunehmen. Einmal im Jahr »soll« eine gemeinsame Sitzung beider Gremien stattfinden (vgl. § 2 Abs. 2 Sprecherausschußgesetz).

☐ Eine vom Arbeitgeber beabsichtigte Einstellung oder personelle Veränderung (z.B. Versetzung) eines leitenden Angestellten ist dem Betriebsrat mitzuteilen (vgl. § 105 BetrVG). Die Kompetenzen des Sprecherausschusses insoweit sind in § 31 Sprecherausschußgesetz geregelt.

☐ Leitende Angestellte können »auf der Seite des Betriebsrats« zu Mitgliedern des Wirtschaftsausschusses (§ 107 Abs. 1 BetrVG) bzw. des in § 107 Abs. 3 BetrVG bezeichneten Ausschusses bestimmt werden. Andererseits kann der Unternehmer zu seiner Unterstützung anläßlich der Teilnahme an Wirtschaftsausschußsitzungen leitende Angestellte hinzuziehen (vgl. § 108 Abs. 2 BetrVG).

Literatur für die Betriebsratsarbeit

Rechtsgrundlage

☐ Nach § 40 Abs. 2 BetrVG hat der Arbeitgeber dem Betriebsrat unter anderem die »sachlichen Mittel zur Verfügung zu stellen«, die dieser für die sachgerechte Erfüllung seiner Aufgaben benötigt (siehe → **Kosten der Betriebsratsarbeit**). Der Betriebsrat hat somit einen »Überlassungsanspruch«. Das heißt, er ist nicht berechtigt, sich auf Kosten des Arbeitgebers die Literatur selbst zu beschaffen. Vielmehr muß er den Arbeitgeber auffordern, ihm die geforderten »sachlichen Mittel« zu beschaffen. Etwas anderes gilt, wenn in einer Betriebsvereinbarung oder Regelungsabrede vereinbart ist, daß der Betriebsrat die notwendigen »sachlichen Mittel« selbst auf Kosten des Arbeitgebers bestellen bzw. kaufen kann.

☐ Zu den »sachlichen Mitteln« gehören unter anderem die wichtigsten arbeits- und sozialrechtlichen Gesetzestexte, Kommentare, Zeitschriften und sonstige einschlägige Literatur.

☐ Bei der Ausstattung der Betriebsratsbibliothek ist darauf zu achten, daß sie möglichst alle Aufgabenfelder des Betriebsrats abdeckt und auf dem neuesten Stand ist. Letzteres ist deshalb unbedingt vonnöten, weil Gesetze laufend geändert werden und deshalb Kommentare und sonstige Literatur – auch angesichts einer ständig fortschreitenden Rechtsprechung – veralten.

☐ Bei der Bestellung der erforderlichen Literatur kann das im Anhang zu diesem Stichwort abgedruckte Musterschreiben verwendet werden.

☐ Bei der Auswahl – und nachher beim Lesen und Auswerten – der beim Arbeitgeber zu bestellenden Bücher und Zeitschriften ist zu bedenken, daß es auf diesem Gebiet keine »neutralen« Schriften gibt. Warum sollte der Interessengegensatz zwischen »Kapital und Arbeit« auch ausgerechnet den Bereich der Literatur »ungeschoren« lassen?

☐ Die nachstehende Literaturliste soll Hilfestellung bei der Auswahl der »erforderlichen« Betriebsratsliteratur geben:

Literatur für die Betriebsratsarbeit

Übersicht:

Literatur für die Betriebsratsarbeit

ZEITSCHRIFTEN:
- Arbeitsrecht im Betrieb (AiB)
  Bund-Verlag
- Arbeit und Recht,
  Bund-Verlag
- Der Gegenpol,
  Herausgeber Knut Becker
- Neue Zeitschrift für Arbeitsrecht,
  C. H. Beck'sche Verlagsbuchhandlung
- Arbeit und Ökologie,
  ÖKO-TEST-Verlag GmbH & Co KG

GESETZESSAMMLUNGEN:
- Kittner,
  Arbeits- und Sozialordnung,
  Bund-Verlag
- Böttcher/Kannengießer,
  Arbeits- und Gesundheitsschutz, Bund-Verlag
- Nipperdey I,
  Arbeitsrecht – Textsammlung,
  Verlag C. H. Beck (Loseblattwerk)
- Nipperdey II,
  Arbeitssicherheit – Textsammlung,
  Verlag C. H. Beck
- Däubler/Kittner/Lörcher,
  Internationale Arbeits- und Sozialordnung,
  Bund-Verlag
- Umweltrecht,
  Beck-Texte im dtv
  München
- Kittner/Krasney,
  Sozialgesetzbuch – Textausgabe mit Einleitungen
  und ausgewählter Rechtsprechung in Leitsätzen
  (Loseblattwerk), Bund-Verlag

KOMMENTARE:
- Däubler/Kittner/Klebe/Schneider,
  Betriebsverfassungsgesetz – Kommentar für die Praxis.
  Bund-Verlag
- Gnade/Kehrmann/Schneider/Blanke/Klebe,
  Betriebsverfassungsgesetz – Basiskommentar,
  Bund-Verlag

Literatur für die Betriebsratsarbeit

- Fitting/Auffahrt/Kaiser/Heither,
  Betriebsverfassungsgesetz – Handkommentar,
  Verlag Vahlen, München

ENTSCHEIDUNGSSAMMLUNGEN:
- Schoof/Schmidt,
  Rechtsprechung für die Betriebsratsarbeit
  Handwörterbuch mit ausgewählten und erläuterten Entscheidungen
  in Leitsätzen, Bund-Verlag
- Stahlhacke (Hrsg.),
  Entscheidungssammlung zum Arbeitsrecht – EzA,
  Hermann Luchterhand Verlag (Loseblattwerk)
- EZA-Schnelldienst,
  Arbeitsrechtliche Sofortinformation der Entscheidungssammlung
  zum Arbeitsrecht – EzA,
  Hermann Luchterhand Verlag
- Hueck/Nipperdey/Dietz,
  Arbeitsrechtliche Praxis, Nachschlagewerk des Bundesarbeitsgerichts,
  Betriebsverfassungsgesetz 1972
  Verlag C. H. Beck (Loseblattwerk)

LITERATUR FÜR DIE BETRIEBSRATSWAHL, DIE WAHL DER SCHWERBEHINDERTENVERTRETUNG:
- Fricke/Grimberg/Wolter,
  Die kleine Betriebsrats-Bibliothek,
  Band 6: Die Betriebsratswahl – perfekt vorbereitet und erfolgreich
    durchgeführt,
  Bund-Verlag
- Blanke/Berg/Hawreliuk/Kamm/Schmidt/Schneider/Trümner,
  Wahlhilfepaket Betriebsratswahl,
  bestehend aus:
  1. Formularmappe zur Durchführung der Betriebsratswahl
  2. Handlungsanleitung für die betriebliche Praxis mit neuer Wahlordnung,
  Bund-Verlag
- Kamm, Handlungsanleitung für die Wahl der Schwerbehindertenvertretung,
  Bund-Verlag

LITERATUR ZUR PRAXIS DER BETRIEBSRATSARBEIT:
- Fricke/Grimberg/Wolter,
  Die kleine Betriebsrats-Bibliothek, Bände 1–9:
  Band 1: Die Betriebsratssitzung – jetzt geht's ran!
  Band 2: Betriebsratsarbeit – aber mit System!
  Band 3: Die Betriebsversammlung – so wird's gemacht!
  Band 4: Das Betriebsratsbüro – es wird aufgeräumt!
  Band 5: Der Wirtschaftsausschuß – sinnvoll genutzt!
  Band 6: Die Betriebsratswahl – perfekt vorbereitet und erfolgreich
    durchgeführt!
  Band 7: Betriebsratsarbeit – richtig verkauft!

Literatur für die Betriebsratsarbeit

- Band 8: Betriebsratsinformation – attraktiv gestaltet!
- Dachrodt/Schweda,
  Erfolgreiche Betriebsrats-Ausschüsse,
  Bund-Verlag
- von Neumann-Cosel/Rudi Rupp,
  Handbuch für den Wirtschaftsausschuß,
  Bund-Verlag
- Engel-Bock,
  Bilanz-Analyse leicht gemacht,
  Ein praktischer Ratgeber,
  Bund-Verlag
- Hase/von Neumann-Cosel/Rupp/Teppich,
  Handbuch für die Einigungsstelle,
  Bund-Verlag
- Pünnel,
  Die Einigungsstelle des BetrVG 1972,
  Hermann Luchterhand Verlag
- Growe,
  Ordnungswidrigkeitenverfahren
  nach dem Betriebsverfassungsgesetz,
  Handlungsanleitung für die Praxis,
  Bund-Verlag
- Dachrodt/Eberhard/Meier,
  Der erfolgreiche Betriebsrat,
  Ein praktischer Ratgeber für den Schriftverkehr,
  Bund-Verlag
- Hase/von Neumann-Cosel/Rupp,
  Handbuch Interessenausgleich und Sozialplan,
  Bund-Verlag
- Böttcher,
  Geschäftsführung des Betriebsrats,
  Bund-Verlag
- Eichhorn/Hickler/Steinmann,
  Handbuch Betriebsvereinbarungen,
  Bund-Verlag
- Däubler/Peter,
  Schulung und Fortbildung von Interessenvertretern,
  Bund-Verlag

LITERATUR ZUR STELLUNG DER GEWERKSCHAFTEN IM BETRIEB UND ZUM TARIFRECHT:
- Däubler,
  Gewerkschaftsrechte im Betrieb,
  Hermann Luchterhand Verlag
- Kempen/Zachert,
  Tarifvertragsgesetz – Kommentar für die Praxis,
  Bund-Verlag

Literatur für die Betriebsratsarbeit

LITERATUR ZUM ALLGEMEINEN ARBEITSRECHT:
- Däubler,
Das Arbeitsrecht 1,
Das Arbeitsrecht 2 und Ratgeber Arbeitsrecht
Rowohlt (rororo)
- Schaub,
Arbeitsrechtshandbuch,
Verlag C. H. Beck
- Aufhauser/Bobke/Warga,
Einführung in das Arbeits- und Sozialrecht
der Bundesrepublik Deutschland,
Bund-Verlag
- Ansey/Koberski,
Handbuch Arbeits- und Sozialrecht,
Bund-Verlag
- Bobke,
Arbeitsrecht für Arbeitnehmer,
Bund-Verlag
- Fuchs/Kühner,
Arbeitsrecht für jeden,
Bund-Verlag

LITERATUR FÜR BESONDERE AUFGABENFELDER DES BETRIEBSRATS:
Aufgabenfeld »Arbeitsplatzsicherung« und »Kündigungsschutz«:
- Bosch/Kohl/Schneider,
Handbuch Personalplanung,
Bund-Verlag
- Kittner/Trittin,
Kündigungsschutzrecht – Kommentar für die Praxis,
Bund-Verlag
- Volkmann,
Konkurs-Handbuch I, Ursachen und Früherkennung,
Ein praktischer Ratgeber,
Bund-Verlag
- Bichlmeier/Oberhofer,
Konkurs-Handbuch II, Arbeits- und Sozialrecht,
Ein praktischer Ratgeber,
Bund-Verlag
- Bichlmeier/Oberhofer
Konkurs-Handbuch III, Das Gesamtvollstreckungsverfahren
in Ostdeutschland,
Ein praktischer Ratgeber,
Bund-Verlag

Aufgabenfeld »Sicherung des Normalarbeitsverhältnisses«:
- Ulber,
Arbeitnehmerüberlassungsgesetz
mit Nebengesetzen – Kommentar
für die Praxis,
Bund-Verlag

Literatur für die Betriebsratsarbeit

Aufgabenfeld »Arbeit und Technik«:
- Lang/Ohl
  Lean production, Ein praktischer Ratgeber,
  Bund-Verlag
- Arbeitskammer Saarland,
  Handlungsmöglichkeiten des Betriebsrats bei der Einführung neuer Technologien in Büro und Verwaltung,
  Arbeitskammer Saarland, Abteilung Presse und Information
- Däubler,
  Gläserne Belegschaften?
  Datenschutz für Arbeiter, Angestellte und Beamte,
  Bund-Verlag
- Wedde,
  Telearbeit,
  Bund-Verlag

Aufgabenfeld »Gestaltung der Arbeitszeit« und »Urlaub«:
- Buschmann/Ulber,
  Arbeitszeitrechtsgesetz, Kurzkommentierung,
  Bund-Verlag
- Leinemann/Link,
  Urlaubsrecht, Kommentar,
  Verlag Franz Vahlen
- Holland,
  Teilzeitarbeit,
  Beck-Rechtsberater im dtv

Aufgabenfeld »Gesundheitsschutz« und »Umweltschutz«:
- Rittershofer,
  Das Lexikon Wirtschaft – Arbeit – Umwelt,
  Bund-Verlag
- Freigang/Oppolzer,
  Gesundheitsschutz im Betrieb,
  Bund-Verlag
- Neumann,
  Arbeits- und Gesundheitsschutz aktuell,
  Bund-Verlag,
- Eberstein/Meyer,
  Arbeitsstättenrecht – Handkommentar für die Praxis, (Loseblattwerk)
  Verlag J. P. Bachem
- Spinnarke/Schork,
  Arbeitssicherheitsrecht (ASiR) – Kommentar, (Loseblattwerk)
  C. F. Müller-Verlag
- Pickshaus/Priesten,
  Gesundheit und Ökologie im Büro,
  Verlag der ökologischen Briefe

Literatur für die Betriebsratsarbeit

- Heilmann (Hrsg.),
  Gefahrstoffe am Arbeitsplatz – Basiskommentar Gefahrstoffverordnung,
  Bund-Verlag
- Kühn/Birett,
  Merkblätter, Gefährliche Arbeitsstoffe (Loseblattwerk)
  ecomed Verlagsgesellschaft Landsberg
- Isselhard/Neumann/Steiger/Stürk
  Wörterbuch der Arbeitssicherheit,
  Universum Verlagsanstalt
- KATALYSE, BUND, ÖKO-INSTITUT, ULF,
  Chemie am Arbeitsplatz,
  Rowohlt (rororo)
- Umweltbundesamt (Hrsg.),
  Daten zur Umwelt,
  Erich Schmidt Verlag
- Katalyse e.V.
  Umweltlexikon,
  Kiepenheuer & Witsch

Aufgabenfeld »Arbeitsentgelt«:
- Lang/Meine/Ohl (Hrsg.),
  Arbeit, Entgelt, Leistung, Handbuch für Tarifarbeit im Betrieb,
  Bund-Verlag
- Pornschlegel/Birkwald,
  Band 1: Mitbestimmen im Betrieb bei Lohn und Leistung,
  Band 2: Methoden und Kritik der Datenermittlung,
  Bund-Verlag
- Wedde/Gerntke/Kunz/Platow,
  Entgeltfortzahlungsgesetz, Basiskommentar,
  Bund-Verlag

Aufgabenfeld »Qualifizierung«:
- Wohlgemuth,
  Berufsbildungsgesetz – Kommentar für die Praxis,
  Bund-Verlag

Aufgabenfeld »Soziale Sicherung«:
- Schoden,
  Betriebliche Altersversorgung – Basiskommentar zum Betriebsrentengesetz mit arbeitsrechtlicher Einführung für die Praxis,
  Bund-Verlag

Literatur für die Betriebsratsarbeit

Aufgabenfeld »Schutz besonderer Personengruppen«:
- Schoden,
  Jugendarbeitsschutzgesetz – Basiskommentar,
  Bund-Verlag
- Schiek,
  Zweites Gleichberechtigungsgesetz für die Privatwirtschaft,
  Kurzkommentierung,
  Bund-Verlag
- Holzbecher/Meschkutat/Richter
  Strategien gegen sexuelle Belästigung am Arbeitsplatz,
  Bund-Verlag
- Bulla/Buchner,
  Mutterschutzgesetz,
  Verlag C.H. Beck
- Bethmann/Schmidt/Schmidt,
  Die Praxis der Schwerbehindertenvertretung von A bis Z,
  Das Handwörterbuch für Behinderte und ihre Interessenvertretung,
  Bund-Verlag
- Bethmann/Kamm/Möller-Lücking/Peiseler/Westermann/Witt/
  Unterhinninghofen,
  Schwerbehindertengesetz – Basiskommentar,
  Bund-Verlag
- Bethmann/Kamm/Möller-Lücking/von Seggern/Unterhinninghofen/
  Wendt/Westermann/Witt,
  Behinderte in der Arbeitswelt –
  Ein praktischer Ratgeber,
  Bund-Verlag
- Schmidt,
  Schwerbehinderte und ihr Recht,
  Bund-Verlag
- Huber/Ochs,
  Die Vertretung der Schwerbehinderten im Betrieb,
  Bund-Verlag
- Rußland,
  Suchtverhalten und Arbeitswelt – vorbeugen, aufklären, helfen,
  Fischer

LITERATUR ZUM SOZIALRECHT:
- Kittner/Krasney,
  Sozialgesetzbuch, Textausgabe mit Einleitungen und ausgewählter
  Rechtsprechung in Leitsätzen, Loseblatt,
  Bund-Verlag

Literatur für die Betriebsratsarbeit

- Aufhauser/Bobke/Warga,
  Einführung in das Arbeits- und Sozialrecht der Bundesrepublik Deutschland,
  Bund-Verlag
- Ansey/Koberski,
  Handbuch Arbeits- und Sozialrecht,
  Bund-Verlag
- Ockenga,
  Renten wegen verminderter Erwerbsfähigkeit,
  Bund-Verlag
- Kuhn,
  Arbeitslosengeld – Arbeitslosenhilfe, Ratgeber für Arbeitslose
  und von Arbeitslosigkeit bedrohte Arbeitnehmer,
  Bund-Verlag
- Lohre/Mayer/Stevens-Bartol (Hrsg.),
  Arbeitsförderungsgesetz,
  Bund-Verlag
- Lohre/Schaller/Sitter,
  Pflegeversicherung – Sozialgesetzbuch XI,
  Basiskommentare zum Sozialgesetzbuch,
  Bund-Verlag
- DGB – Bundesvorstand,
  111 Tips für Arbeitslose
  Bund-Verlag

Literatur für die Betriebsratsarbeit

Musterschreiben

Bestellung von Literatur für die Betriebsratsarbeit

Betriebsrat
der Firma...   X-Stadt, den...

An die
Geschäftsleitung
im Hause

Betr.: Bestellung »sachlicher Mittel« gemäß § 40 Abs. 2 BetrVG

Sehr geehrte Damen und Herren,
der Betriebsrat hat in seiner Sitzung vom... beschlossen, daß die nachstehend aufgeführten Zeitschriften und Bücher in der angegebenen Anzahl für die ordnungsgemäße Durchführung der Betriebsratsarbeit erforderlich und dementsprechend von Ihnen nach § 40 Abs. 2 BetrVG zur Verfügung zu stellen sind.

Anzahl   Titel

_____

_____

_____

_____

_____

Der Betriebsrat erwartet Ihre Bestätigung innerhalb einer Frist von einer Woche. Sollten Sie gegen eine oder mehrere Positionen Bedenken haben, so lassen Sie dies den Betriebsrat innerhalb der genannten Frist wissen, damit die Erforderlichkeit näher erläutert werden kann.

Mit freundlichen Grüßen

Der Betriebsrat

Mehr-Betriebs-Unternehmen

Was ist das?

☐ Mit diesem Begriff läßt sich ein → **Unternehmen** kennzeichnen, das aus mehreren → **Betrieben** besteht (im Unterschied zum → **Ein-Betriebs-Unternehmen** sowie zum → **Gemeinschaftsbetrieb**).

Beispiel:
Die Firma »Maschinenbau-GmbH« besteht aus vier Betrieben.

Die »Maschinenbau-GmbH« ist als sogenannte juristische Person (siehe → Unternehmensrechtsformen) Arbeitsvertragspartei und damit → Arbeitgeber aller in den vier Betrieben beschäftigten Arbeitnehmer.

Die »Maschinenbau-GmbH« insgesamt ist → Unternehmen im Sinne von §§ 47 ff., § 102 Abs. 3 Nr. 3, §§ 106 ff. BetrVG.

Die Geschäftsführung der GmbH ist Unternehmer im Sinne von § 53 Abs. 2 Nr. 2, §§ 106 ff., §§ 111 ff. BetrVG.

Bedeutung für die Betriebsratsarbeit

☐ In obigem Beispiel ist in jedem der vier Betriebe ein Betriebsrat zu wählen, falls jeweils die Voraussetzungen des § 1 BetrVG (mindestens 5 wahlberechtigte Arbeitnehmer, von denen 3 wählbar sein müssen) vorliegen.

☐ Informationsgeber und Verhandlungspartei der jeweiligen Betriebsräte sind die jeweiligen Betriebsleitungen. Diese werden für die Firma »Maschinenbau-GmbH« als Arbeitgeber im Sinne des BetrVG tätig. Die jeweiligen Betriebsleitungen können aus Mitgliedern der Geschäftsführung oder aus von der Geschäftsführung beauftragten Personen (= meist → **leitende Angestellte**) bestehen.

☐ Im Falle der in einem Betrieb geplanten → **Betriebsänderung** nach §§ 111 ff. BetrVG ist der Unternehmer (also die Geschäftsführung der Firma »Maschinenbau-GmbH«) Informationsgeber und Verhandlungspartei des Betriebsrats des von der Betriebsänderung betroffenen Betriebs.

☐ Nach § 47 BetrVG ist in obigem Beispielsfall von den vier Betriebsräten auch ein → **Gesamtbetriebsrat** zu bilden (→ **Muß-, Soll-, Kann-Vorschriften**). Informationsgeber und Verhandlungspartei des Gesamtbetriebsrats ist die Geschäftsführung des Unternehmens.

☐ Der Gesamtbetriebsrat (nicht die örtlichen Betriebsräte) errichtet den nach § 107 BetrVG zu bildenden → **Wirtschaftsausschuß**, wenn im gesamten Mehr-Betriebs-Unternehmen »in der Regel mehr als 100 Arbeitnehmer beschäftigt« sind.

Beispiel:

In jedem der vier Betriebe der Firma »Metallbau-GmbH« sind jeweils 30 Arbeitnehmer beschäftigt. Da im Unternehmen somit insgesamt 120 Arbeitnehmer tätig sind, ist nach §§ 106, 107 BetrVG vom Gesamtbetriebsrat ein Wirtschaftsausschuß zu errichten.

Mobbing

Was ist das?

☐ Der Begriff »Mobbing« leitet sich aus dem englischen to mob (= anpöbeln) ab und bezeichnet den Psychoterror, den Arbeitskollegen/-ginnen oder Vorgesetzte gegen eine/einen Beschäftigte/n ausüben.

☐ Mobbing ist meist ein Zeichen für tieferliegende Probleme innerhalb des Betriebs bzw. einer Betriebsabteilung: Personalmangel, schlechte Arbeitsorganisation, Qualifikationsdefizite und nicht klar definierte Zuständigkeiten lösen Ärger, Frust und Streß aus. In einer gut harmonierenden Gruppe werden derartige Probleme durch gegenseitige solidarische Unterstützung bewältigt. Herrscht dagegen in einer Gruppe Konkurrenzgehabe gepaart mit einer gewissen Portion Gehässigkeit, wird leicht Mobbing zum »Problemlöser«. Ein Gruppenmitglied wird bewußt oder unbewußt als »Blitzableiter« auserwählt. Auswahlkriterien sind dabei meist bestimmte, als abweichend empfundene Merkmale wie: Aussehen, Verhaltensweisen, politische oder religiöse Überzeugung. Über diese Merkmale wird – z. B. in Pausengesprächen – gestichelt, gewitzelt und gelacht. Dabei macht ein in der Gruppe »anerkanntes« Gruppenmitglied den Wortführer. Andere machen (und lachen) mehr oder weniger kräftig mit, oft froh, nicht selbst Opfer derartiger Hänseleien zu sein. Der erzielte Lacherfolg wiederum spornt den »Wortführer« an, immer wieder neue Varianten des Spotts zu erfinden und kundzutun. Erkennt die Gruppe, daß das Opfer über keine geeigneten Mittel verfügt, die permanenten Frotzeleien zu stoppen – und bestehen die tieferliegenden Ursachen der Häme fort –, liegen alle Voraussetzungen für Mobbing vor. Spontaner Spott schlägt um in systematischen Psychoterror.

☐ Trotz aller individuellen und betrieblichen Besonderheiten lassen sich bestimmte Erscheinungsformen des Mobbing als Grundmuster feststellen:

Das Opfer wird von Informationen abgeschnitten. In seiner Abwesenheit wird über das Opfer hergezogen. Seine fachliche Kompetenz, der

Mobbing

Wahrheitsgehalt seiner Äußerungen und damit seine Glaubwürdigkeit werden in Zweifel gezogen. Man macht sich über das Opfer lustig, indem man Gang, Gesten, Stimme und sonstiges Verhalten imitiert. Gegenüber dem Opfer selbst demonstriert man Ablehnung in Form von Körpersprache: abschätzige Gesten, abweisende Miene, vielsagendes Grinsen. Man schneidet dem Opfer das Wort ab, spricht es nicht an und läßt sich nicht ansprechen. Man verleumdet es und verbreitet Gerüchte. Dem Opfer werden sinnlose oder unangenehme Arbeiten zugewiesen, sinnvolle Aufgaben entzogen.

Die Versuche des Opfers, die Situation positiv zu beeinflussen, scheitern, denn an einer Entschärfung der Situation sind die »Mobber« nicht interessiert. Derartige Bemühungen des Opfers werden vielmehr zum Anlaß für weitere Häme und Feindseligkeiten genommen.

☐ Das Mobbingopfer erlebt ein – sich manchmal über Jahre hinziehendes – »Spießrutenlaufen«, an dessen Ende schwerste seelische und körperliche Schäden stehen:

Am Anfang empfindet das Opfer Beschwerden in Form von Unwohlsein, Streßgefühl, Schlaflosigkeit, Nervosität, Erschöpfungsgefühle und Kopfschmerzen. Das Opfer geht mit Frust im Bauch zur Arbeit und ist froh, nach Arbeitsschluß den Betrieb wieder verlassen zu können, wobei es bereits mit Grausen an den nächsten Arbeitstag denkt.

In einer späteren Phase wird der tägliche Krieg am Arbeitsplatz für das Opfer zunehmend unerträglich. Aus den Beschwerden werden psychosomatische, d. h. seelisch bedingte Krankheiten (Herzbeschwerden, Kreislaufstörungen, Hautausschläge, Magen-Darm-Erkrankungen, Migräne). Das Opfer sucht Entlastung in »Auszeiten« in Form von kürzeren und dann längeren Krankschreibungen, was wiederum die Gruppe veranlaßt, den Psychoterror gegen den vermeintlichen »Blaumacher« zu verschärfen.

In der Endphase sind das Selbstwertgefühl und Selbstbewußtsein des Opfers und seine Widerstandsfähigkeit gegen die tagtäglichen Verletzungen zerstört. Dies äußert sich in massiven Depressionen bis hin zu Selbstmordgefahr, Suchterkrankungen und einer Verschlimmerung der oben genannten psychosomatischen Krankheiten. Es kommt zu einem endgültigen Ausscheiden aus der Gruppe (durch Versetzung) oder aus dem Betrieb (durch Kündigung). Nicht selten ist das Opfer derart geschädigt, daß Frühverrentung erfolgt.

Mobbing

☐ Mobbing begegnet man nicht nur im Arbeitsleben, sondern überall dort, wo Menschen in Gruppen zusammengefaßt sind, die durch Konkurrenz und Leistungsdruck gekennzeichnet sind: Schulklasse, Bundeswehr, Verein. Mobbing am Arbeitsplatz hat aber insofern besondere Bedeutung, als diese Form menschlichen Gegeneinanders oft zur Vernichtung der sozialen und manchmal auch physischen Existenz des Betroffenen führt.

☐ Der Arbeitgeber ist aufgrund seiner arbeitsvertraglichen Fürsorgeverpflichtung (siehe → **Arbeitsvertrag**) gehalten, die Beschäftigten vor Beeinträchtigungen der körperlichen und psychischen Unversehrtheit zu schützen. Er ist deshalb verpflichtet, bereits vorbeugend Maßnahmen gegen Mobbing zu ergreifen (Beseitigung der betrieblichen Ursachen von Mobbing). Dort, wo Mobbing bereits stattfindet, ist der Arbeitgeber verpflichtet, mit geeigneten Maßnahmen den Psychoterror und seine Ursachen zu bekämpfen, und zwar in Form von Personal- und Abteilungsgesprächen, durch Änderung der Arbeitsorganisation, durch Klärung der Zuständigkeiten. Ggf. hat der Arbeitgeber gegen den- oder diejenigen, die den Psychoterror ausüben, mit arbeitsrechtlichen Maßnahmen wie Abmahnung, Umsetzung oder Versetzung oder – in schweren Fällen – mit Kündigung vorzugehen. Übrigens: Für den Fall der sexuellen Belästigung am Arbeitsplatz hat der Gesetzgeber im »Beschäftigtenschutzgesetz« die Fürsorgepflicht des Arbeitgebers in ähnlicher Weise konkretisiert und ihn verpflichtet, die genannten arbeitsrechtlichen Maßnahmen gegen den oder die Belästiger zu ergreifen (siehe → **Sexuelle Belästigung**).

Bedeutung für die Betriebsratsarbeit

☐ Der Betriebsrat hat die Aufgabe, darüber zu wachen, daß der Arbeitgeber seiner Fürsorgepflicht zum Schutze der Beschäftigten nachkommt und geeignete – auch vorbeugende – Maßnahmen gegen Psychoterror am Arbeitsplatz ergreift (§ 80 Abs. 1 Nr. 1 BetrVG). Er kann dem Arbeitgeber Vorschläge unterbreiten (§ 80 Abs. 1 Nr. 2 BetrVG): z. B. die Einrichtung einer – fachkundig besetzten und der Verschwiegenheitspflicht unterliegenden – Anlaufstelle für Betroffene.

☐ Unabhängig von den vom Arbeitgeber zu ergreifenden Maßnahmen kann der Betriebsrat sich selbst des Themas »Mobbing« annehmen:

Mobbing

So erscheint es sinnvoll, systematisch zu erforschen, ob Mobbing im Betrieb stattfindet. Hinweisen auf eine Häufung von kurzzeitigen Krankmeldungen sowie auf Störungen des Betriebsklimas in Abteilungen oder Arbeitsgruppen sollte nachgegangen werden.

Verdichten sich Hinweise auf die Existenz von Mobbing, sollten die Beschäftigten im Rahmen von Betriebs- oder Abteilungsversammlungen über Ursachen, Erscheinungsformen und Folgen von Mobbing sowie über Problemlösungen informiert werden.

Der Betriebsrat sollte sich dabei eines Sachverständigen bedienen, wobei die Vorschrift des § 80 Abs. 3 BetrVG zu beachten ist, falls der/die Sachverständige »Geld kostet« (siehe → **Sachverständiger**).

In der Betriebs- oder Abteilungsversammlung sollten die von Mobbing Betroffenen – unter Hinweis auf vertrauliche Behandlung – aufgefordert werden, sich an den Betriebsrat zu wenden. Ggf. sollte über außerhalb des Betriebs bestehende Beratungsmöglichkeiten oder Gesprächskontakte informiert werden.

☐ Wird dem Betriebsrat ein konkreter Mobbing-Fall bekannt, sind Sensibilität und Einfühlungsvermögen gefragt. Auch hier ist daran zu denken, ggf. eine sachverständige Person hinzuzuziehen. Mit dem Opfer, später auch den »Tätern« und ggf. dem Arbeitgeber sollte über die Situation sowie geeignete Maßnahmen gesprochen werden, deren Ziel es ist, das Problem zu lösen, d.h. den Psychoterror zu beenden. Dabei steht im Vordergrund die Beseitigung der arbeits- und betriebsbedingten Ursachen des Mobbing (schlechte Arbeitsorganisation, unklare Zuständigkeit, Personalmangel).

☐ Greift der Arbeitgeber zu arbeitsrechtlichen Mitteln wie Abmahnung, Umsetzung, Versetzung oder Kündigung, hat der Betriebsrat die schwierige Aufgabe, einerseits zu einer angemessenen Problemlösung beizutragen und andererseits darauf zu achten, daß niemand zu Unrecht »bestraft« wird bzw. sich die »Strafe« im Rahmen der gebotenen Verhältnismäßigkeit bewegt.

☐ In krassen Fällen sollte der Betriebsrat seinerseits über eine Anwendung des § 104 BetrVG nachdenken. Hiernach kann er vom Arbeitgeber die Entlassung oder Versetzung eines Beschäftigten verlangen, der durch gesetzwidriges Verhalten oder durch grobe Verletzung der in § 75 Abs. 1 BetrVG enthaltenen Grundsätze (Verbot der Ungleichbehandlung von Beschäftigten) den Betriebsfrieden wiederholt ernstlich stört. Lehnt der Arbeitgeber dies ab, kann der Betriebsrat das Arbeitsgericht anrufen. Manchmal dürfte es bereits helfen, einen hartnäckigen »Mobber« auf die Existenz des § 104 BetrVG sowie auf den Willen des Betriebsrats, von dieser Vorschrift notfalls Gebrauch zu machen, hinzuweisen.

Bedeutung für die Beschäftigten

☐ Das Mobbing-Opfer sollte das Gespräch mit einem Betriebsratsmitglied seines Vertrauens suchen. Auch externe Beratung durch sachkundige Stellen (z. B. zuständige Gewerkschaft) sollte eingeholt werden. In geeigneten Fällen sollte sich das Mobbing-Opfer nicht scheuen, von seinen Beschwerderechten nach §§ 84, 85 BetrVG Gebrauch zu machen (siehe → **Arbeitnehmerrechte nach dem BetrVG**).

☐ Ziel der Bemühungen des Mobbing-Opfers – und des Betriebsrats/der Gewerkschaft – muß es sein, die Ursachen des Psychoterrors aufzudecken, bei den Beteiligten bewußtzumachen und durch geeignete Maßnahmen zu beseitigen.

Muß-, Soll-, Kann-Vorschriften

☐ Das BetrVG sieht Regelungen vor, die teils als »Muß-Vorschrift«, teils als »Soll-Vorschrift«, teils als »Kann-Vorschrift« ausgestaltet sind.

»Muß-Vorschrift«

Um eine »Muß-Vorschrift« handelt es sich überall dort, wo das Gesetz die Begriffe »hat zu«, »ist zu« verwendet.

Beispiele:

§ 90 Abs. 1 BetrVG:
»Der Arbeitgeber hat den Betriebsrat über die Planung... zu unterrichten.«

§ 43 Abs. 1 Satz 1 BetrVG:
»Der Betriebsrat hat einmal in jedem Kalendervierteljahr eine Betriebsversammlung einzuberufen...«

§ 106 Abs. 1 BetrVG:
»In allen Unternehmen mit in der Regel mehr als 100 ständig beschäftigten Arbeitnehmern ist ein Wirtschaftsausschuß zu bilden.«

Bedeutung:
Die Muß-Vorschriften haben zwingenden Charakter. Eine Nichtbefolgung des Gebotes stellt in der Regel eine grobe Pflichtverletzung im Sinne des § 23 Abs. 1 BetrVG (Betriebsrat) bzw. § 23 Abs. 3 BetrVG (Arbeitgeber) dar.

»Soll-Vorschrift«

Beispiele:

§ 74 Abs. 1 Satz 1 BetrVG:
»Arbeitgeber und Betriebsrat sollen mindestens einmal im Monat zu einer Besprechung zusammentreten.«

§ 108 Abs. 1 BetrVG:
»Der Wirtschaftsausschuß soll monatlich einmal zusammentreten.«

Bedeutung:
Die »Soll-Vorschrift« beinhaltet eine Obliegenheit, die grundsätzlich zu befolgen ist. Von dieser Obliegenheit kann aber abgewichen werden, wenn gewichtige Gründe für die Nichteinhaltung der Vorschrift vorhanden sind.

Aufpassen:
Das Gesetz verwendet das Wort »soll« bisweilen in Bereichen, die vom Standpunkt einer konsequenten Arbeitnehmer-Interessenvertretung aus betrachtet als »Muß-Vorschrift« ausgestaltet sein müßten.

Beispiel:
Nach § 90 Abs. 2 Satz 2 BetrVG »sollen« Arbeitgeber und Betriebsrat... die gesicherten arbeitswissenschaftlichen Erkenntnisse über die menschengerechte Gestaltung der Arbeit berücksichtigen (siehe insoweit → Arbeitsschutz).

»Kann-Vorschrift«

Beispiele:
§ 43 Abs. 1 Satz 4 BetrVG:
»Der Betriebsrat kann in jedem Kalenderhalbjahr eine weitere Betriebsversammlung durchführen...«

§ 71 Satz 1 BetrVG:
»Die Jugend- und Auszubildendenvertretung kann... eine betriebliche Jugend- und Auszubildendenversammlung einberufen.«

Bedeutung:
Die Befolgung der »Kann-Vorschrift« steht im freien Ermessen desjenigen, an den sich die Vorschrift richtet.

Nachtarbeit

Grundlagen

☐ Nachtarbeit ist in mehrfacher Hinsicht problembehaftet. Nachtarbeit ist gesundheitsschädlich, weil sie eine Störung des natürlichen Lebensrhythmus bewirkt. Denn der Mensch ist »tagesaktiv«. Nachts ist sein Organismus auf Ruhe, Erholung und Schlaf »programmiert«. Die Folgen dieser Störung: unzureichender Schlaf (zu kurz und zu wenig Tiefschlaf), Minderung der Konzentrations- und Wahrnehmungsfähigkeit; Minderung der Leistungsfähigkeit der Muskulatur; Kreislaufstörungen; Herzklopfen; Magen-Darm-Erkrankungen; Gefahr des Mißbrauchs von Schlafmitteln einerseits und Aufputschmitteln andererseits verstärkt sich.

Nachtarbeit beeinträchtigt die sozialen Beziehungen außerhalb des Betriebs: Insbesondere bei Wechselschichtarbeitnehmern und Dauernachtschichtlern ist ein »normales« Familienleben kaum mehr möglich. Auch die kulturellen und gesellschaftlichen Entfaltungsmöglichkeiten sind stark eingeschränkt. Hierdurch werden gesundheitliche Belastungen verstärkt (psychische Probleme/Erkrankungen).

Nachtarbeit erschwert die sozialen Beziehungen innerhalb des Betriebs: Es gibt nicht mehr so viele Gelegenheiten, miteinander zu reden, was sich nicht zuletzt auch negativ auf die Arbeit der betrieblichen Interessenvertretung auswirkt.

☐ Das Arbeitszeitgesetz (ArbZG) vom 6. 6. 1994, in Kraft getreten am 1. 7. 1994, hat den Komplex Nachtarbeit neu geregelt. Nachstehend ein Überblick (siehe auch → **Arbeitszeit**):

☐ Männer und Frauen werden bei Nachtarbeit gleich behandelt. Das frühere in § 19 Arbeitszeitordnung (AZO) geregelte Nachtarbeitsverbot für Arbeiterinnen entfällt. Das Verbot war vom Bundesverfassungsgericht mit Urteil vom 28. 1. 1992 für verfassungswidrig erklärt worden.

Nachtarbeit

☐ Die Arbeitszeit der Nachtarbeitnehmer ist gemäß § 6 Abs. 1 ArbZG nach den gesicherten arbeitswissenschaftlichen Erkenntnissen über die menschengerechte Gestaltung der Arbeit (siehe →**Arbeitsschutz**) festzulegen.

☐ Nachtzeit ist die Zeit zwischen 23 und 6 Uhr (§ 2 Abs. 3 ArbZG). Beachten: Von dieser Bestimmung zu unterscheiden sind (meist abweichende) Nachtarbeitszeitregelungen in Tarifverträgen, deren Zweck es in der Regel ist, den nachtarbeitszuschlagspflichtigen Zeitraum zu bestimmen.

☐ Nachtarbeit ist jede Arbeit, die mehr als zwei Stunden der Nachtzeit erfaßt (vgl. § 2 Abs. 4 ArbZG).

Beispiel:

Arbeit bis 1.00 Uhr ist keine Nachtarbeit im Sinne des ArbZG. Auch Arbeit, die um 4.00 Uhr beginnt, umfaßt nicht »mehr« als 2 Stunden der Nachtzeit, so daß ebenfalls keine Nachtarbeit im Sinne des ArbZG vorliegt.

☐ Nachtarbeitnehmer im Sinne des Gesetzes sind nach § 2 Abs. 5 ArbZG Arbeitnehmer, die

- aufgrund ihrer Arbeitszeitgestaltung normalerweise Nachtarbeit in Wechselschicht zu leisten haben oder
- Nachtarbeit an mindestens 48 Tagen im Kalenderjahr leisten.

☐ Die werktägliche Höchstarbeitszeit der Nachtarbeitnehmer beträgt acht Stunden (§ 6 Abs. 2 ArbZG).

Verlängerung auf zehn Stunden ist möglich, wenn in einem Ausgleichszeitraum von einem Kalendermonat oder vier Wochen ein Durchschnitt von acht Stunden nicht überschritten wird.

Beispiel:

2 Wochen wird 10 Std. gearbeitet
2 Wochen wird 6 Std. gearbeitet

4-Wochen-Durchschnitt: 8 Std.

☐ Nachtarbeitnehmer sind berechtigt, sich vor Beginn der Beschäftigung und danach in regelmäßigen Zeitabständen von nicht weniger als

Nachtarbeit

drei Jahren (nach Vollendung des 50. Lebensjahres in Zeitabständen von einem Jahr) arbeitsmedizinisch untersuchen zu lassen. Die Kosten trägt der Arbeitgeber, sofern er nicht eine Untersuchung durch den Betriebsarzt/betriebsärztlichen Dienst anbietet (§ 6 Abs. 3 ArbZG).

☐ Auf Verlangen des Nachtarbeitnehmers hat der Arbeitgeber ihn auf einen Tagarbeitsplatz umzusetzen, wenn

- arbeitsmedizinisch Gesundheitsgefährdung bei weiterer Nachtarbeit festgestellt wird,
- ein im Haushalt des Beschäftigten lebendes Kind unter 12 Jahren nicht von einer anderen im Haushalt lebenden Person betreut werden kann,
- ein schwerpflegebedürftiger Angehöriger nicht durch einen anderen im Haushalt lebenden Angehörigen versorgt werden kann

und dringende betriebliche Erfordernisse nicht entgegenstehen. Wenn der Arbeitgeber meint, daß dringende betriebliche Erfordernisse entgegenstehen, hat er den Betriebsrat anzuhören. Dieser kann Vorschläge für eine Umsetzung unterbreiten (§ 6 Abs. 4 ArbZG).

☐ Der Arbeitgeber hat, soweit keine tarifvertraglichen Ausgleichsregelungen bestehen, die Erschwernis der Nachtarbeit »angemessen« auszugleichen durch bezahlte freie Tage oder Bezahlung von Zuschlägen (§ 6 Abs. 5 ArbZG).

☐ Des weiteren hat der Arbeitgeber sicherzustellen, daß Nachtarbeitnehmer den gleichen Zugang zu betrieblicher Weiterbildung und zu aufstiegsfördernden Maßnahmen haben wie die übrigen Arbeitnehmer (§ 6 Abs. 6 ArbZG).

☐ Nach § 7 ArbZG kann durch Tarifvertrag oder aufgrund eines Tarifvertrages in einer Betriebsvereinbarung in den in der Vorschrift genannten Fällen von den Regelungen des ArbZG abgewichen werden. Dort, wo tarifvertragliche Regelungen üblicherweise nicht bestehen, kann auch die Aufsichtsbehörde (Gewerbeaufsichtsamt) Ausnahmen bewilligen.

☐ § 8 ArbZG ermächtigt die Bundesregierung, durch Rechtsverordnung bei gesundheitsgefährdenden Arbeiten weitere Schutzbestimmungen (z.B. Arbeitszeitbeschränkungen, Regelungen zum Schutz der Nacht- und Schichtarbeitnehmer) zu erlassen.

Nachtarbeit

Bedeutung für die Betriebsratsarbeit

☐ Der Betriebsrat kann durch Wahrnehmung seiner Aufgaben und Beteiligungsrechte in Sachen »Nachtarbeit« einiges im Interesse und zum Schutze der Beschäftigten tun.

Im Vordergrund sollte der Versuch stehen, die Einführung von Nachtarbeit dort, wo sie nicht zwingend notwendig ist, zu verhindern und bereits bestehende Nachtarbeit abzuschaffen.

Dort, wo Nachtarbeit nicht verhindert bzw. abgeschafft werden kann, geht es darum, die Rahmenbedingungen der Nachtarbeit so zu gestalten, daß die Interessen, insbesondere die Gesundheit der Nachtarbeitnehmer, nicht »unter die Räder kommen«.

☐ Zur Realisierung dieser Zielsetzungen kann sich der Betriebsrat auf eine Reihe von Vorschriften des BetrVG stützen, die einerseits Aufgaben, andererseits Informations-, Mitwirkungs- und Mitbestimmungsrechte regeln.

Aufgaben:

☐ § 80 Abs. 1 Nr. 1 BetrVG: Hiernach hat der Betriebsrat dafür zu sorgen, daß die in Gesetzen, Verordnungen, Unfallverhütungsvorschriften, Tarifverträgen, Betriebsvereinbarungen enthaltenen Bestimmungen eingehalten werden.

Zu nennen sind hier insbesondere die oben dargestellten Regelungen des § 6 ArbZG sowie die gemäß § 8 ArbZG durch Rechtsverordnung erlassenen Vorschriften.

Gesetzliche Nachtarbeitsverbote bestehen beispielsweise für werdende und stillende Mütter (§ 8 Mutterschutzgesetz), Jugendliche (§ 14 Abs. 1 Jugendarbeitsschutzgesetz), Beschäftigte in Verkaufsstellen (§§ 3, 17 Ladenschlußgesetz).

Tarifverträge sehen häufig Bestimmungen über Entgeltzulagen bei Nachtschicht vor. Bisweilen treffen Tarifverträge auch Regelungen über Schichtplangestaltung, bezahlte Pausen, Arbeitszeitverkürzungen in Form von Freischichten u. ä.

Stellt der Betriebsrat Verstöße gegen gesetzliche, tarifliche oder sonstige Vorschriften fest, hat er sich für die Einhaltung/Durchführung dieser Vorschriften einzusetzen (z. B. Beanstandung der rechtswidrigen Praxis beim Arbeitgeber, ggf. bei der zuständigen Gewerbeaufsicht,

Nachtarbeit

Anrufung des Arbeitsgerichts, falls gegen eine Betriebsvereinbarung verstoßen wird, Thematisierung des Rechtsverstoßes auf Betriebs- und/ oder Abteilungsversammlungen).

☐ Gemäß § 80 Abs. 1 Nr. 2 BetrVG hat der Betriebsrat die Aufgabe, Initiativen und Aktivitäten zu entwickeln, die darauf abzielen, die betrieblichen Prozesse/Abläufe im Interesse der Arbeitnehmer zu verbessern (Schutz- und Gestaltungsaufgabe). Übertragen auf den Komplex »Nachtarbeit« bedeutet dies: Der Betriebsrat hat dafür zu kämpfen, daß vermeidbare Nachtarbeit so weit wie möglich vermieden bzw. unvermeidbare Nachtarbeit mit geeigneten betrieblichen Regelungen ihrer schädlichen Wirkungen weitestgehend beraubt wird.

Informationsrechte:

☐ Wenn der Arbeitgeber Nachtarbeit einführen oder ausweiten will, hat er den Betriebsrat rechtzeitig, umfassend und ggf. unter Vorlage entsprechender Unterlagen zu informieren.

Dieses Recht ergibt sich nicht nur aus § 80 Abs. 2 BetrVG (allgemeines Informationsrecht), sondern aus weiteren speziellen Vorschriften, die allesamt auf den Komplex »Nachtarbeit« anwendbar sind. Nach § 90 Abs. 1 und 2 BetrVG beispielsweise ist der Betriebsrat »über die Planung ... von Arbeitsabläufen« zu informieren (vgl. § 90 Abs. 1 Nr. 3 BetrVG). Nachtarbeit ist eine Frage des »Arbeitsablaufs« im Sinne dieser Vorschrift. Auch § 92 Abs. 1 BetrVG kommt zum Zuge. Denn die Einführung bzw. Abschaffung von Nachtarbeit wirkt sich zwangsläufig auf die Personalplanung des Arbeitgebers aus. Die Einführung bzw. Abschaffung von Nachtarbeit ist zudem eine wirtschaftliche Angelegenheit (z.B. im Sinne der Nr. 9 des § 106 Abs. 3 BetrVG: »Änderung der Betriebsorganisation«, jedenfalls aber im Sinne der Nr. 10: »... sonstige Vorgänge und Vorhaben, welche die Interessen der Arbeitnehmer des Unternehmens wesentlich berühren können«). Deshalb ist gemäß § 106 Abs. 2 BetrVG auch der Wirtschaftsausschuß zu informieren. Schließlich gilt auch § 111 Nr. 4 BetrVG: Die Einführung von Nachtarbeit kann nämlich eine »grundlegende Änderung der Betriebsorganisation« darstellen.

Allen diesen Vorschriften ist gemein, daß eine Information nur dann »rechtzeitig« ist, wenn sie zu einem Zeitpunkt erfolgt, wo der Betriebsrat noch die faktische Möglichkeit besitzt, auf die Planungen des

Nachtarbeit

Arbeitgebers durch die Ausarbeitung und Vorlage eigener Konzepte sinnvoll Einfluß zu nehmen (siehe → **Rechtzeitig**).

Mitwirkungsrechte:

☐ Der Arbeitgeber, der Nachtarbeit einführen bzw. ausdehnen will, ist verpflichtet, mit dem Betriebsrat (bzw. im Falle des § 106 Abs. 1 BetrVG mit dem Wirtschaftsausschuß) zu »beraten« (vgl. z. B. §§ 90 Abs. 2, 92 Abs. 1, 111 BetrVG). Darüber hinaus hat er über die »Vorschläge« des Betriebsrats (vgl. z. B. §§ 90 Abs. 2, 92 Abs. 2 BetrVG) mit dem »ernsten Willen zur Einigung zu verhandeln« (vgl. § 74 Abs. 1 BetrVG).

Klar ist, daß der Betriebsrat nur dann sinnvoll »beraten, verhandeln« kann, wenn er selbst konkret Vorschläge, d. h. Forderungen zum Thema »Nachtarbeit« ausgearbeitet hat (siehe unten »Checkliste: Nachtarbeit«).

☐ Zu beachten ist auch § 6 Abs. 4 Satz 2 und 3 ArbZG: Stehen der Umsetzung eines Nachtarbeitnehmers auf einen für ihn geeigneten Tagarbeitsplatz nach Auffassung des Arbeitgebers dringende betriebliche Erfordernisse entgegen, so hat er den Betriebsrat zu »hören«. Der Betriebsrat kann dem Arbeitgeber Vorschläge für eine Umsetzung unterbreiten.

Mitbestimmungsrechte:

☐ Der Betriebsrat hat in Sachen »Nachtarbeit« auch Mitbestimmungsrechte.

☐ Die wichtigste Mitbestimmungsregelung findet sich in § 87 Abs. 1 Nr. 2 BetrVG. Hiernach hat der Betriebsrat mitzubestimmen bei

»*Beginn und Ende der täglichen Arbeitszeit einschließlich der Pausen sowie Verteilung der Arbeitszeit auf die einzelnen Wochentage*«.

Nach dieser Vorschrift ist sowohl die Einführung als auch die Ausweitung als auch die Abschaffung und Einschränkung von Nachtarbeit (also die Frage des »Ob«) wie auch die Gestaltung der einzelnen Modalitäten der Nachtarbeit (also die Frage des »Wie«) mitbestimmungspflichtig ist (vgl. BAG vom 28. 10. 1986 in AP Nr. 20 zu § 87 BetrVG 1972 Arbeitszeit).

☐ Ein Mitbestimmungsrecht nach § 87 Abs. 1 (Eingangssatz) BetrVG ist allerdings nur gegeben, »soweit eine gesetzliche oder tarifliche

Nachtarbeit

Regelung nicht besteht«. Wenn also beispielsweise § 8 Abs. 1 Mutterschutzgesetz verbietet, werdende oder stillende Mütter in der Nacht zwischen 20 und 6 Uhr zu beschäftigen, dann gibt es in dieser Frage nichts mitzubestimmen. Vorrangig sind auch die Regelungen des § 6 ArbZG sowie einer aufgrund von § 8 ArbZG erlassenen Rechtsverordnung, jedenfalls soweit es sich um abschließende und konkrete Vorschriften handelt. Soweit die einzelnen Regelungen des § 6 ArbZG jedoch Regelungsspielräume offenlassen, sind sie als ausfüllungsbedürftige Rahmenvorschriften im Sinne des § 87 Abs. 1 Nr. 7 BetrVG anzusehen, so daß ein Mitbestimmungsrecht des Betriebsrats wiederum gegeben ist (siehe unten).

☐ Mitbestimmungspflichtig sind nach diesseitiger Auffassung neben den zeitlichen Aspekten der Nachtarbeit auch solche Regelungen, die in einem engen und unlösbaren Sachzusammenhang mit dem mitbestimmungspflichtigen Gegenstand – hier die Nachtarbeit – stehen. Dies ergibt sich aus dem Schutzziel der Mitbestimmung: Bei der Regelung der der Mitbestimmung unterliegenden betrieblichen Lebenssachverhalte sollen Arbeitgeber und Betriebsrat – notfalls durch Einschaltung der Einigungsstelle (vgl. § 87 Abs. 2 BetrVG) – einen für beide Seiten akzeptablen Ausgleich der beiderseitigen Interessen herbeiführen. Für § 87 Abs. 1 Nr. 2 BetrVG bedeutet dies, daß in eine Regelung über die Festlegung und Gestaltung der betriebsüblichen Arbeitszeit nicht nur die Interessen des Arbeitgebers, sondern auch die der Arbeitnehmer einfließen müssen. Dies kann jedenfalls bei einer Arbeitszeitform, die wie die Nachtarbeit an sich schon schädlich ist, nur dadurch gewährleistet werden, daß auch die erforderlichen Maßnahmen zur Abwendung, Milderung und Ausgleich der schädlichen Wirkungen dem Geltungsbereich der Mitbestimmung unterworfen sind.

Dementsprechend sind, soweit keine abschließenden gesetzlichen oder tariflichen Regelungen bestehen, auch Regelungen über Verkürzung der Nachtarbeitszeit bei vollem Lohnausgleich, bezahlte Erholzeiten usw. bereits nach § 87 Abs. 1 Nr. 2 BetrVG mitbestimmungspflichtig. Das heißt, der Betriebsrat kann die vom Arbeitgeber geplante Nachtarbeitszeitregelung auch mit der Begründung ablehnen, daß ausreichende Maßnahmen zum Schutze der Betroffenen (z. B. bezahlte Erholpausen usw.; siehe unten »Checkliste: Nachtarbeit«) nicht zugestanden werden.

Nachtarbeit

☐ Als weitere Mitbestimmungsvorschrift, auf die sich der Betriebsrat stützen kann, kommt § 87 Abs. 1 Nr. 7 BetrVG in Betracht. Hiernach hat der Betriebsrat – auch in Form des Initiativrechts – mitzubestimmen bei

»*Regelungen über die Verhütung von Arbeitsunfällen und Berufskrankheiten sowie über den Gesundheitszustand im Rahmen der gesetzlichen Vorschriften oder der Unfallverhütungsvorschriften*«.

Das Mitbestimmungsrecht besteht allerdings nur insoweit, als es darum geht, eine konkretisierungsbedürftige »Rahmenvorschrift« (Gesetz/Verordnung oder Unfallverhütungsvorschrift) durch konkrete betriebliche Regelungen zum Schutz der Gesundheit der Beschäftigten auszufüllen. Fehlt es an einer solchen Rahmenvorschrift oder läßt die gesetzliche oder Unfallverhütungsvorschrift eine weitere Konkretisierung nicht zu (weil sie schon ganz genau sagt, was der Arbeitgeber zu tun oder zu lassen hat), so entfällt das Mitbestimmungsrecht. In einem solchen Falle verbleibt dem Betriebsrat (nur noch) die Aufgabe, darüber zu wachen, daß der Arbeitgeber die Vorschrift befolgt (vgl. § 80 Abs. 1 Nr. 1 BetrVG: Überwachungsaufgabe).

Eine ausfüllungsbedürftige Rahmenvorschrift im Sinne des § 87 Abs. 1 Nr. 7 BetrVG stellt nach diesseitiger Auffassung § 6 Abs. 1 ArbZG dar. Hiernach ist die Arbeitszeit der Nacht- und Schichtarbeitnehmer nach den gesicherten arbeitswissenschaftlichen Erkenntnissen über die menschengerechte Gestaltung der Arbeit festzulegen.

Was dies im einzelnen heißt (z. B. Arbeitszeitverkürzung, Erholzeiten usw.), ist – nach Einbeziehung entsprechenden arbeitswissenschaftlichen Sachverstandes – durch Betriebsvereinbarung, gegebenenfalls im Rahmen eines Einigungsstellenverfahrens zu regeln (vgl. § 87 Abs. 2 BetrVG).

Auch die weiteren Regelungen des § 6 ArbZG sind – zum Teil – ausfüllungsbedürftig (z. B. soweit es darum geht, sicherzustellen, daß Nachtarbeitnehmer den gleichen Zugang zur betrieblichen Weiterbildung und zu aufstiegsfördernden Maßnahmen haben wie die übrigen Arbeitnehmer, vgl. § 6 Abs. 6 ArbZG).

☐ Ein weiteres Mitbestimmungsrecht in Sachen Nachtarbeit ergibt sich für den Betriebsrat aus § 91 BetrVG. Die Vorschrift ist auf den Fall zugeschnitten, daß durch eine Änderung u. a. des »Arbeitsablaufs« (hierzu zählt auch die Einführung/Ausweitung von Nachtarbeit), die den gesicherten arbeitswissenschaftlichen Erkenntnissen über die menschengerechte Gestaltung der Arbeit offensichtlich widerspricht, die Arbeitnehmer in besonderer Weise belastet werden (siehe →**Arbeitsschutz**).

Das Mitbestimmungsrecht nach § 91 BetrVG übt der Betriebsrat aus, indem er Maßnahmen zur Abwendung, Milderung und zum Ausgleich der nachtarbeitsbedingten Belastungen verlangt und – bei Ablehnung durch den Arbeitgeber – die Einigungsstelle anruft (siehe auch →**Arbeitsschutz**).

☐ Weitere Mitbestimmungsrechte bestehen nach § 87 Abs. 1 Nrn. 10 und 11 BetrVG. Diese Vorschriften können herangezogen werden, soweit der Betriebsrat – nach sorgfältiger Abwägung der Vor- und Nachteile für die Betroffenen – die Regelung bzw. Veränderung von Entgeltfragen im Interesse der Nachtarbeitnehmer anstrebt (siehe →**Arbeitsentgelt**).

So ist beispielsweise die Umwandlung eines die Leistungskraft der Nachtschichtler (über)fordernden »Akkordsystems« in ein weniger belastendes »Prämiensystem« oder in ein »Zeitlohnsystem« nach § 87 Abs. 1 Nr. 10 BetrVG (initiativ-)mitbestimmungspflichtig (= Änderung des Entlohnungsgrundsatzes).

Auch hat der Betriebsrat – vorbehaltlich abschließender tariflicher Regelungen – (Initiativ-)Mitbestimmung z. B. bei der Art und Weise der Ermittlung von Vorgabezeiten (Zeitaufnahmen nachts!).

☐ Schließlich kommen Rechte des Betriebsrats nach §§ 111, 112 BetrVG in Betracht. Hiernach ist der Unternehmer, der eine →**Betriebsänderung** plant, verpflichtet, mit dem Betriebsrat über einen →**Interessenausgleich** und einen →**Sozialplan** zu verhandeln. Nach richtiger Auffassung kann die Einführung und Ausweitung (wie auch die Abschaffung und Einschränkung von Nachtarbeit) eine Betriebsänderung in der Form der »grundlegenden Änderung der Betriebsorganisation« (vgl. § 111 Nr. 4 BetrVG) sein. »Grundlegend« ist die Änderung nach der Rechtsprechung im Zweifel dann, wenn durch die Maßnahme Arbeitnehmer in der Größenordnung des § 17 Abs. 1 KSchG (z. B. in einem Betrieb mit 500 Arbeitnehmern mindestens 30 Arbeitnehmer) bzw. ab 600 Arbeitnehmern mindestens 5% der Arbeitnehmer betroffen sind. Sind mit der Einführung von Nachtarbeit wirtschaftliche/finanzielle Nachteile für einzelne Arbeitnehmer verbunden, so hat der Betriebsrat mit seinem Mitbestimmungsrecht in bezug auf den →**Sozialplan** ein wirksames Mittel in der Hand, um Regelungen zum Aus-

Nachtarbeit

gleich dieser Nachteile (siehe Forderungskatalog) notfalls durch Anrufung der Einigungsstelle zu realisieren (vgl. § 112 Abs. 4 BetrVG).

☐ Mitbestimmungsrechte des Betriebsrats bei personellen Einzelmaßnahmen im Zusammenhang mit Nachtarbeit:

Sollen Arbeitnehmer für die Nachtschicht »eingestellt« werden, so besteht ein Zustimmungsverweigerungsrecht des Betriebsrats nach § 99 Abs. 1, 2 BetrVG, und zwar sowohl hinsichtlich der → **Einstellung** als solcher als auch hinsichtlich der mit jeder Einstellung notwendigerweise verbundenen → **Eingruppierung**.

Die Zustimmungsverweigerung nach § 99 Abs. 2 BetrVG muß binnen 1 Woche nach Erhalt der Information erfolgen und schriftlich begründet werden (vgl. § 99 Abs. 3 BetrVG).

Eine Zustimmungsverweigerung kann beispielsweise damit begründet werden, daß die Beschäftigung des/der Bewerbers/-rin gegen ein Nachtarbeitsverbot verstößt (z. B. § 8 Mutterschutzgesetz).

Eine ordnungsgemäße Zustimmungsverweigerung hat zur Folge, daß der Arbeitgeber – falls er an der personellen Maßnahme festhalten will – das Arbeitsgericht anrufen muß (vgl. § 99 Abs. 4 BetrVG).

☐ § 99 BetrVG ist nicht anwendbar bei »Schichtwechsel« (Beispiel: Umsetzung eines Arbeitnehmers von Normalschicht in Wechsel- oder Nachtschicht). Die bloße Veränderung der Lage der Arbeitszeit eines Arbeitnehmers stellt nach der Rechtsprechung keine → **Versetzung** im Sinne der §§ 95 Abs. 3, 99 BetrVG dar (BAG in EzA, § 95 BetrVG 1972, Nr. 23; strittig).

Allerdings unterliegt der »Schichtwechsel« auch von einzelnen Arbeitnehmern dem – stärkeren – Mitbestimmungsrecht des Betriebsrats nach § 87 Abs. 1 Nr. 2 BetrVG (vgl. BAG in AP Nr. 35 zu § 87 BetrVG 1972 »Arbeitszeit«). Der für diese Mitbestimmungsvorschrift erforderliche »kollektive Bezug« ist selbst beim Schichtwechsel eines einzelnen Arbeitnehmers regelmäßig gegeben (Auswirkungen auf andere Arbeitnehmer sowie den Betriebsablauf). Deshalb bedarf der vom Arbeitgeber geplante Schichtwechsel der Zustimmung des Betriebsrats. Im Nichteinigungsfalle entscheidet die Einigungsstelle (§ 87 Abs. 2 BetrVG).

☐ Verlangt ein Nachtarbeitnehmer die Umsetzung auf einen Tagarbeitsplatz, gilt § 6 Abs. 4 ArbZG (siehe oben).

Die nach § 6 Abs. 4 Satz 2 und 3 ArbZG zugunsten des Betriebsrats bestehenden Anhörungs- und Vorschlagsrechte (zur Lösung der mit

Nachtarbeit

einer Umsetzung verbundenen Probleme) schließen ein (Initiativ-)Mitbestimmungsrecht des Betriebsrats nach § 87 Abs. 1 Nr. 2 BetrVG (zur Gestaltung der Arbeitszeit) nicht aus.

Bedeutung für die Beschäftigten

☐ Nachtarbeitnehmer haben einen – notfalls beim Arbeitsgericht einklagbaren – Anspruch darauf, daß der Arbeitgeber ihnen gegenüber seine nach § 6 ArbZG bzw. einer aufgrund des § 8 ArbZG erlassenen Rechtsverordnung bestehenden Verpflichtungen erfüllt.

☐ Das gleiche gilt hinsichtlich tarifvertraglicher Regelungen zur Nachtarbeit (z. B. Zahlung von Nachtarbeitszuschlägen, Gewährung von Freizeitausgleich), vorausgesetzt, der Tarifvertrag findet auf den Beschäftigten Anwendung (siehe → **Tarifvertrag**).

☐ Gelingt es dem Betriebsrat (unter Beachtung des § 77 Abs. 3 BetrVG), zur Nachtarbeit eine Betriebsvereinbarung durchzusetzen, die den Nachtarbeitnehmern Rechte einräumt, die über gesetzliche und tarifliche Vorschriften hinausgehen (vgl. § 88 Nr. 1 BetrVG), so können die anspruchsberechtigten Arbeitnehmer auch diese Rechte – ggf. auf dem Gerichtswege – durchsetzen.

Nachtarbeit

Checkliste:

Nachtarbeit

Im Rahmen der Verhandlungen mit dem Arbeitgeber über eine Betriebsvereinbarung zur »Nachtarbeit« – und gegebenenfalls vor der Einigungsstelle – sollte unter Beachtung vorrangiger gesetzlicher oder tariflicher Regelungen an folgende Regelungspunkte gedacht werden (keine abschließende Aufzählung):

- Klarstellen, daß Nachtarbeit angesichts seiner schädlichen Wirkungen nur in dringenden Fällen und nur ausnahmsweise, nicht aber als normales Mittel zur Kapazitätsausweitung in Betracht kommt.
- Nachtarbeit grundsätzlich zeitlich befristen (z.B. auf 3 Monate); nach Ablauf der Frist muß Arbeitgeber einen neuen Antrag – über den erneut verhandelt wird – stellen.
- Zusicherung der Geschäftsleitung, Maßnahmen zum Abbau bzw. zur Beendigung der Nachtarbeit einzuleiten (z.B. Schaffung von Tagarbeitsplätzen durch Erweiterungsinvestitionen).
- Vereinbarung, daß nach Ablauf der Frist alle nachtarbeitenden Beschäftigten unbefristet in Tagarbeit (Normalschicht bzw. Früh-/Spätschicht) übernommen werden; keine Entlassungen! Verdienstsichernde Übergangsregelungen.
- Keine Nachtarbeit am Wochenende: also keine Nachtarbeit von Freitag auf Samstag, von Samstag auf Sonntag, von Sonntag auf Montag.
- Klarstellen, daß keine Verpflichtung des einzelnen Arbeitnehmers zur Nachtarbeit besteht.
- Auswahl der Nachtarbeiter/innen, insbesondere Umsetzung von Tag- in Nachtschicht und zurück nur mit Zustimmung des Betriebsrats.
- Keine irgendwie geartete Benachteiligung derjenigen Arbeitnehmer, die nachts nicht arbeiten wollen bzw. können.
- Forderungen zur gesundheits-, freizeit- und familiengerechten Gestaltung der Schichtpläne:
Einerseits soll der Schichtplan die gesundheitlichen Belastungen der (Nacht-)Schichtarbeit minimieren; andererseits sollen die Möglichkeiten der Freizeitgestaltung optimiert werden (z.B. zusammenhängende Freischichten); weiterhin ist Rücksicht auf die familiäre Situation der Betroffenen zu nehmen (Arbeitnehmer mit Kindern und pflegebedürftigen Familienangehörigen; Rücksichtnahme auf die Schichtarbeitszeiten des Ehe[Lebens-]partners); hier müssen alle – häufig in Widerstreit stehenden – Zielsetzungen in ein bestmögliches Verhältnis gebracht werden.
- Verpflichtung des Arbeitgebers, vom Betriebsrat ausgearbeitete Schichtpläne zu erproben.
- Klarstellung, daß jede Änderung der Schichtpläne mit dem Betriebsrat zu vereinbaren ist und seiner Zustimmung bedarf.
- Einsatz zusätzlicher Schichtgruppen (Folge: die Zahl der Nachtschichten läßt sich verringern und – bei vollkontinuierlicher Schicht – die Zahl der freien Wochenenden erhöhen).

Nachtarbeit

- Geeignete, insbesondere flexible Springerregelungen, die Nachtarbeitnehmern weitestgehende Freistellungsmöglichkeiten (z. B. zur Wahrnehmung familiärer, kultureller oder sonstiger Belange) sichern.
- Beseitigung von personeller Unterbesetzung durch Neueinstellungen mit entsprechender Umverteilung der Arbeit.
- Insbesondere ausreichende Personalreserve für Ausfälle wegen Urlaub, Krankheit, Kur, Freischichten, Fortbildung usw.
- Unterschreitung der nach § 6 Abs. 2 ArbZG möglichen täglichen (bzw. nächtlichen) Höchstarbeitszeit (§ 6 Abs. 2 ArbZG: werktägliche Höchstarbeitszeit: 8 Std.; Verlängerung auf 10 Std. nur, wenn innerhalb von 1 Kalendermonat oder 4 Wochen Arbeitszeitausgleich auf eine Durchschnittsarbeitszeit von 8 Std. werktäglich stattfindet).
- Keine Mehrarbeit für Nachtarbeitnehmer.
- Zusätzliche bezahlte Erholzeiten/Pausen.
- Gewährung von Freischichten als weiterer Ausgleich für die nachtarbeitsbedingten Belastungen (vgl. § 6 Abs. 5 ArbZG).
- Zusatzurlaub für Nachtschichtler.
- Bei der Gestaltung von Urlaubsplänen sind die Bedürfnisse von (Nacht-) Schichtarbeitern bevorzugt zu berücksichtigen.
- Vorsorgekuren für Nachtschichtler.
- Bei Leistungslohn: Verlängerung der Vorgabezeiten bzw. Verringerung der ergebnisabhängigen Bezugsgröße (als Ausgleich für die geringere physiologische Leistungsfähigkeit des nachts arbeitenden Menschen).
- Konsequenter Abbau von Mehrfachbelastungen (Lärm, schlechtes Klima, schlechte Beleuchtung, schweres Heben und Tragen, Streß, Monotonie, gefährliche Arbeitsstoffe usw.).
- Schwerarbeit und sonstige Tätigkeiten mit hohen Leistungsanforderungen müssen außerhalb der Nachtarbeitszeit stattfinden.
- Konsequente vorbeugende Beseitigung von Unfallgefahren.
- Keine Alleinarbeit nachts; statt dessen z. B. Gruppenarbeit und ähnliche Arbeitssysteme.
- Alle wirtschaftlichen Nachteile, die durch Nachtarbeit bedingt sind, werden durch angemessene Leistungen des Arbeitgebers ausgeglichen (z. B. Fahrtkostenerstattung, zinsgünstigs Darlehen zum Kauf eines PKW und zum Ausbau einer Tagschlaf ermöglichenden Wohnung, Verpflichtung zur Entschädigung etwaig eintretender nachtarbeitsbedingter Gesundheitsschäden und dadurch verursachter Folgeschäden [geringere Chancen auf dem Arbeitsmarkt] usw.).
- Schaffung geeigneter Pausenräume, Offenhaltung der Sanitätsstationen und sonstiger Versorgungseinrichtungen (Kioske) während der Nachtschicht; insbesondere Bereitstellung von warmen Mahlzeiten und Getränken (ggf. Aufstellung von Automaten).
- Regelungen über betriebsärztliche Vorsorgeuntersuchungen (Eignungsuntersuchung, Kontrolluntersuchungen); vgl. § 6 Abs. 3 ArbZG.
- Untersuchungen, die außerhalb der Arbeitszeit stattfinden, müssen wie Mehrarbeitszeit vergütet werden.
- Ärztliche Betreuung während der Nachtschicht sicherstellen.

Nachtarbeit

- Rechtsanspruch auf Rückkehr in Tagarbeit (Normalschicht bzw. Zweischicht: Früh-/Spätschicht), wenn dies ein Arbeitnehmer – aus welchen Gründen auch immer – verlangt (vgl. auch § 6 Abs. 4 ArbZG); jedenfalls aber Rückkehranspruch für ältere Arbeitnehmer bzw. nach Ablauf einer bestimmten, nach Jahren bemessenen Arbeit in Nachtschicht.
- Anspruch auf Veränderung der Arbeitsorganisation, wenn nur auf diese Weise der Rechtsanspruch auf Rückkehr in Tagarbeit sichergestellt werden kann (z. B. Abbau von Überstunden und Leiharbeit, Zusammenlegung/Trennung von Arbeitsbereichen mit dem Ziel der Schaffung eines geeigneten Arbeitsplatzes für den Rückkehrer usw.).
- Geeignete Qualifizierungs-/Weiterbildungsmaßnahmen für diejenigen, die in Tagarbeit zurückkehren und sich in einen neuen Arbeitsbereich einarbeiten müssen.
- Keine finanziellen Nachteile bei Rückkehr in Tagarbeit (weitestgehende Verdienstsicherung, ggf. nach Dauer der geleisteten Nachtschichtarbeit gestaffelt: je mehr Jahre ein Beschäftigter Nachtarbeit geleistet hat, desto länger ist ihm Verdienstsicherung zu gewähren).
- Frauen: z. B. Fahrdienst für nachtschichtarbeitende Frauen (Hin- und Rückfahrt Wohnung – Betrieb: z. B. Werkbus oder Werktaxi).
- Einrichtung bzw. Finanzierung von Kinderbetreuung für nachtarbeitende Eltern bzw. Alleinerziehende.
- Ältere Arbeitnehmer: die oben aufgeführten Schutzmaßnahmen sind zu verschärfen (z. B. längere Erholzeiten, längerer Zusatzurlaub usw.); Regelungen über vorzeitigen Eintritt in den Ruhestand (bei weitestgehender Einkommenssicherung); Möglichkeit eines Teilruhestands (teilweise Arbeit/teilweise Ruhestand mit finanziellen Ausgleichregelungen).
- Regelungen über Freistellung nachtschichtarbeitender Betriebsratsmitglieder für Zwecke der Betriebsratsarbeit.
- Zusätzliche Freistellung von Betriebsratsmitgliedern zur Nachtschichtbetreuung.
- Regelungen über Teilnahme von Nachtarbeitnehmern an Betriebs- und Abteilungsversammlungen.
- Bei allen Streitigkeiten über die einzelnen Regelungen der Betriebsvereinbarung entscheidet die Einigungsstelle.

Nebenbetrieb

Begriff

☐ Ein »Nebenbetrieb« im Sinne des Betriebsverfassungsrechts (vgl. § 4 Satz 2 BetrVG) weist alle Merkmale eines → **Betriebs** auf. Das heißt, es handelt sich um ein organisatorisch selbständiges Gebilde, das unter eigener Leitung einen eigenen Betriebszweck verfolgt. Der Begriff »Nebenbetrieb« ist dem Umstand geschuldet, daß die Arbeitsprozesse im Nebenbetrieb in erster Linie den Zweck verfolgen, den »Hauptbetrieb« zu unterstützen. Das heißt, es werden Hilfsfunktionen für den Hauptbetrieb wahrgenommen.

Beispiel:
Eine KFZ-Reparaturwerkstatt mit eigenständiger Organisationsstruktur ist ausschließlich damit beschäftigt, den PKW-/LKW-Park des Hauptbetriebes zu warten und zu reparieren.

☐ Vom → **Betriebsteil** unterscheidet sich der Nebenbetrieb dadurch, daß beim »Betriebsteil« von einer eigenständigen und einheitlichen Organisation unter einheitlicher Leitung nicht gesprochen werden kann. Dementsprechend gilt ein Betriebsteil nur unter den besonderen Voraussetzungen des § 4 Satz 1 BetrVG als Betrieb im Sinne des BetrVG.

Bedeutung für die Betriebsratsarbeit

☐ Im »Nebenbetrieb« ist dann ein eigener Betriebsrat zu wählen, wenn dort in der Regel mindestens fünf wahlberechtigte Arbeitnehmer, von denen drei wählbar sein müssen, → **in der Regel** beschäftigt werden.

Nebenbetrieb

☐ Werden diese Zahlen nicht erreicht, werden die betreffenden Arbeitnehmer dem Hauptbetrieb zugeordnet. Das heißt, sie nehmen an der Wahl des Betriebsrats des Hauptbetriebes teil und werden von diesem vertreten (vgl. § 4 Satz 2 BetrVG).

Öko-Audit

Was ist das?

☐ Der Begriff »Öko-Audit« steht für »Umweltbetriebsprüfung« und ist Regelungsgegenstand einer Rechtsverordnung der Europäischen Union von Juni 1993, die am 13. 4. 1995 in Kraft getreten ist. Diese Rechtsverordnung regelt die »freiwillige Beteiligung gewerblicher Unternehmen an einem Gemeinschaftssystem für das Umweltmanagement und die Umweltbetriebsprüfung«.

☐ Ziel der Verordnung ist die Realisierung eines vorbeugenden Umweltschutzes in der Unternehmenspolitik. Umweltschutz soll sich nicht länger in einer nachträglichen Reparatur von Umweltschäden erschöpfen. Vielmehr soll das Prinzip »vorbeugen ist besser als heilen« von vornherein in der Unternehmenspolitik angelegt sein.

☐ Ein an den Zielen der EU-Verordnung ausgerichtetes Unternehmen zeichnet sich durch folgende Eigenschaften aus (vgl. Anhang 1 der EU-Verordnung):

1. Bei den Arbeitnehmern wird auf allen Ebenen das Verantwortungsbewußtsein für die Umwelt gefördert.

2. Die Umweltauswirkungen jeder neuen Tätigkeit, jedes neuen Produkts und jedes neuen Verfahrens werden im voraus beurteilt.

3. Die Auswirkungen der gegenwärtigen Tätigkeit auf die lokale Umgebung werden beurteilt und überwacht. Alle bedeutenden Auswirkungen dieser Tätigkeiten auf die Umwelt im allgemeinen werden geprüft.

4. Es werden die notwendigen Maßnahmen ergriffen, um Umweltbelastungen zu vermeiden bzw. zu beseitigen und, wo dies zu bewerkstelligen ist, umweltbelastende Emissionen und das Abfallaufkommen auf ein Mindestmaß zu verringern und die Ressourcen zu erhalten; hierbei werden mögliche umweltfreundliche Technologien berücksichtigt.

Öko-Audit

5. Es werden notwendige Maßnahmen ergriffen, um abfallbedingte Emissionen von Stoffen oder Energie zu vermeiden.

6. Es werden Verfahren zur Kontrolle der Übereinstimmung mit der Umweltpolitik festgelegt und angewandt; sofern diese Verfahren Messungen und Versuche erfordern, wird für die Aufzeichnung und Aktualisierung der Ergebnisse gesorgt.

7. Es werden Verfahren und Maßnahmen für die Fälle festgelegt und auf dem neuesten Stand gehalten, in denen festgestellt wird, daß das Unternehmen seine Umweltpolitik und Umweltziele nicht einhält.

8. Zusammen mit den Behörden werden besondere Verfahren ausgearbeitet und auf dem neuesten Stand gehalten, um die Auswirkungen von etwaigen abfallbedingten Ableitungen möglichst gering zu halten.

9. Die Öffentlichkeit erhält alle Informationen, die zum Verständnis der Umweltauswirkungen der Tätigkeit des Unternehmens benötigt werden; ferner wird ein offener Dialog mit der Öffentlichkeit geführt.

10. Die Kunden werden über die Umweltaspekte im Zusammenhang mit der Handhabung, Verwendung und Endlagerung der Produkte des Unternehmens in angemessener Weise beraten.

11. Es werden Vorkehrungen getroffen, durch die gewährleistet wird, daß die auf dem Betriebsgelände arbeitenden Vertragspartner des Unternehmens die gleichen Umweltnormen anwenden wie es selbst.

☐ Die Einführung eines derartigen umfassenden Umweltmanagement- und -prüfsystems nach der EU-Verordnung ist nicht verbindlich vorgeschrieben, sondern freiwillig. Dennoch besteht Hoffnung, daß sich immer mehr Unternehmen an dem »Gemeinschaftssystem« nach der EU-Verordnung beteiligen. Denn die Vorteile für das Unternehmen liegen auf der Hand:

● **Verbesserung der Wettbewerbsfähigkeit:**

- Imageverbesserung in der Öffentlichkeit,
- Erhöhung der Glaubwürdigkeit,
- Konkurrenzvorteile bei Beteiligung an Ausschreibungen,
- Werbung auf dem Briefkopf und im Firmenlogo,

Öko-Audit

- Langzeitsicherung des Unternehmens,
- Erschließung neuer Zukunftsmärkte;

● **Senkung der Kosten:**

- Kostenersparnis durch Senkung der Energie-, Nachsorge-, Abwasseraufbereitungs- und Entsorgungskosten,
- Erkennen und Aufbau weiterer Einsparpotentiale;

● **Verbesserung des Arbeitsablaufs:**

- Erkennen und Beseitigen von Schwachstellen im Unternehmen,
- Förderung des Umweltbewußtseins und der Motivation der Beschäftigten;

● **Risikominderung:**

- Vermeidung von Umweltschäden und Haftung,
- Vermeiden von behördlichen Eingriffen in den Betrieb,
- bessere Verhandlungsbasis bei Versicherungen, insbes. im Hinblick auf Umwelt- und Produkthaftung,
- bessere Verhandlungsbasis bei Kreditanträgen bei Banken.

□ Entschließt sich ein Unternehmen zur Einführung eines Umweltmanagements und einer Umweltbetriebsprüfung nach der EU-Verordnung, so ist eine Umsetzung dieses Beschlusses allerdings mit einer umfassenden Neuordnung der Unternehmens- und Betriebsstrukturen verbunden.

□ Die EU-Verordnung sieht im einzelnen folgende Strukturveränderungen vor:

An zentraler Stelle steht eine Neuorientierung und Ausrichtung der Unternehmenspolitik auf umweltpolitische Prinzipien und Ziele. Diese werden von der Unternehmensleitung in Form von **Umweltleitlinien** festgelegt und in regelmäßigen Zeitabständen im Rahmen von **Umweltbetriebsprüfungen (= Öko-Audits)** überprüft und ggf. angepaßt.

□ Umweltleitlinien und Umweltbetriebsprüfungen befassen sich mit folgenden Problemstellungen:

1. Beurteilung, Kontrolle und Verringerung der Folgen der Unternehmenstätigkeit auf die verschiedenen Umweltbereiche;
2. Energiemanagement, Energieeinsparen und Auswahl der Energiequellen;

Öko-Audit

3. Bewirtschaftung, Einsparung, Auswahl und Transport von Rohstoffen; Wasserbewirtschaftung und -einsparung;
4. Vermeidung, Recycling, Wiederverwendung, Transport und Endlagerung von Abfällen;
5. Bewertung, Kontrolle und Verringerung der Lärmbelästigung innerhalb und außerhalb des Standortes;
6. Auswahl neuer und Änderungen bei bestehenden Produktionsverfahren;
7. umweltgerechte Produktplanung (Design, Verpackung, Transport, Verwendung und Endlagerung);
8. betrieblicher Umweltschutz und Praktiken bei Auftragnehmern, Unterauftragnehmern und Lieferanten;
9. Verhütung und Begrenzung umweltschädigender Unfälle;
10. besondere Verfahren bei umweltschädigenden Unfällen;
11. Information und Ausbildung des Personals auf ökologische Fragestellungen;
12. externe Information über ökologische Fragestellungen.

☐ Sind die umweltpolitischen Leitlinien formuliert, wird eine **erstmalige Umweltprüfung** vorgenommen: Hierdurch erhält das Unternehmen eine Bestandsaufnahme und Analyse der Umweltauswirkungen des untersuchten Betriebs.

☐ Ausgehend hiervon werden auf allen Ebenen des Unternehmens konkrete **Umweltziele** definiert und festgelegt. Die Ziele werden, soweit möglich, quantitativ bestimmt und mit Zeitangabe versehen.

Beispiel:
Der Gesamt-Energieverbrauch des Unternehmens wird bis Ende 1996 um 15% verringert.

☐ Sind die **Umweltziele** festgelegt, werden zur Umsetzung der Ziele – bezogen auf den (oder die) Standort(e) des Unternehmens – ein oder mehrere **Umweltprogramme** aufgestellt und fortgeschrieben. Das Umweltprogramm enthält neben den Zielen und Zeitvorgaben Festlegungen darüber:
- wer verantwortlich ist für die termingerechte Realisierung der einzelnen Umweltziele,
- mit welchen Mitteln/Maßnahmen die Ziele erreicht werden sollen.

☐ In einem **Umwelthandbuch** werden die Leitlinien der Umweltpolitik, die Umweltziele und das Umweltprogramm dokumentiert. Das Um-

Öko-Audit

welthandbuch ist Handlungsleitfaden für alle Führungskräfte und Beschäftigten des Standorts.

☐ Damit Umweltschutz nicht nur in der Theorie, sondern auch in der Praxis funktioniert, sind geeignete Organisationsstrukturen, also ein **Umweltmanagementsystem** zu schaffen. Das Umweltmanagementsystem ist gewissermaßen der »Motor«, der den Umweltschutz im Unternehmen aufbaut und »in Gang hält«. Das Umweltmanagementsystem muß so beschaffen sein, daß Umweltpolitik, -ziele und -programme nach ihrer Festlegung fortlaufend überprüft und angepaßt werden können.

Hierzu gehört die Bestellung eines Verantwortlichen, der mit entsprechenden Befugnissen und Verantwortung ausgestattet ist.

Für Beschäftigte in Schlüssel- und Leitungsfunktionen müssen Verantwortlichkeiten und Befugnisse definiert und festgelegt werden.

Im Bereich »Organisation und Personal« müssen Strukturen geschaffen werden, die geeignet sind, bei der Belegschaft Umweltbewußtsein und Motivation zu umweltgerechtem Handeln zu entwickeln. Notwendig ist insbesondere die Durchführung von Schulungen und Workshops.

Schließlich umfaßt das Umweltmanagementsystem Regularien und Verfahrensweisen, die sicherstellen, daß

- die Auswirkungen auf die Umwelt bewertet und registriert werden,
- eine wirksame Aufbau- und Ablaufkontrolle stattfindet,
- das Umweltmanagement dokumentiert wird,
- die Umweltbetriebsprüfung (= Öko-Audit) regelmäßig und in der vorgeschriebenen Weise erfolgt.

☐ Im Rahmen dieser **regelmäßigen Umweltbetriebsprüfung** wird geprüft, ob die Umweltnormen/Umweltziele eingehalten werden und ob das bestehende **Umweltmanagementsystem** zur Bewältigung der Umweltaufgaben wirksam und geeignet ist.

☐ Setzt ein Unternehmen die Anforderungen der EU-Rechtsverordnung um, kann es sich dies durch externe unabhängige Gutachter – ähnlich wie bei der Qualitätssicherung nach → **ISO 9000** – zertifizieren lassen.

☐ Zunächst erstellt das Unternehmen den Entwurf einer sogenannten **Umwelterklärung.** Diese Erklärung wird u.a. für die Öffentlichkeit verfaßt und beinhaltet:

Öko-Audit

- Name und Anschrift des Unternehmens/Betriebs;
- eine Beschreibung der Tätigkeiten des Betriebs;
- eine Beurteilung aller wichtigsten Umweltfragen im Zusammenhang mit den betreffenden Tätigkeiten;
- eine Zusammenfassung der Zahlenangaben über Rohstoff-, Energie- und Wasserverbrauch, Abwasseraufkommen und ggf. über Lärm und andere bedeutsame Aspekte wie Bodenbelastungen und Flächenverbrauch;
- sonstige Fakten, die den betrieblichen Umweltschutz betreffen;
- eine Darstellung der Umweltpolitik, des Umweltprogramms und des Umweltmanagements des Unternehmens;
- den Termin für die Vorlage der nächsten Umwelterklärung;
- Name und Anschrift des zugelassenen Umweltgutachters.

☐ Der Entwurf der Umwelterklärung des Unternehmens wird durch einen zugelassenen **Umweltgutachter** geprüft.

☐ Eine Liste der zugelassenen Umweltgutachter wird im Mitteilungsblatt der Europäischen Union veröffentlicht.

☐ Der Gutachter wird aufgrund eines Vertrages mit dem Unternehmen tätig. Der Vertrag legt Gegenstand und Umfang der Arbeiten fest und gibt dem Gutachter die Möglichkeit, professionell und unabhängig zu arbeiten. Das Unternehmen ist zur Zusammenarbeit verpflichtet. Der Gutachter ist aufgrund des Vertrages berechtigt, Einsicht in Unterlagen zu nehmen, den Betrieb und das Betriebsgelände in Augenschein zu nehmen und mit dem Personal Gespräche zu führen. Ohne Genehmigung der Unternehmensleitung darf der Gutachter keine Informationen an Dritte weitergeben.

☐ Der Umweltgutachter prüft, ob:

- im Unternehmen/Betrieb alle Vorschriften der EU-Verordnung eingehalten werden, insbesondere in bezug auf die Umweltpolitik, das Umweltprogramm, die (erstmalige) Umweltprüfung, das Funktionieren des Umweltmanagementsystems, das Verfahren der regelmäßigen Umweltbetriebsprüfung und die Umwelterklärung;
- in der Umwelterklärung die angegebenen Daten und Informationen zuverlässig und plausibel sind;
- in der Umwelterklärung alle wichtigen Umweltfragen angemessen berücksichtigt sind.

Öko-Audit

☐ Die Begutachtung schließt ab mit einem Bericht, in dem das Ergebnis der Prüfung dargestellt wird. Insbesondere werden in dem Bericht benannt:

- die festgestellten Verstöße gegen die EU-Verordnung;
- die verfahrenstechnischen Mängel, die bei der Umweltprüfung, bei der Methode der Umweltbetriebsprüfung, dem Umweltmanagementsystem oder allen sonstigen Verfahren zu verzeichnen sind;
- die Einwände gegen den Entwurf der Umwelterklärung sowie Einzelheiten der Änderungen oder Zusätze, die in die Umwelterklärung aufgenommen werden müßten.

☐ Stellt der Umweltgutachter fest, daß das Unternehmen die Anforderungen der EU-Verordnung erfüllt, erklärt er die Umwelterklärung für gültig. Die als gültig anerkannte Umwelterklärung wird vom Unternehmen veröffentlicht und an die zuständige Registrierstelle weitergeleitet. Die Registrierstelle trägt den Betrieb in ein Verzeichnis ein und teilt ihm die Registriernummer mit. Das Unternehmen darf jetzt in seiner Geschäftspost darauf hinweisen, daß es an dem Gemeinschaftssystem für das Umweltmanagement und die Umweltbetriebsprüfung teilnimmt (sogenannte Teilnahmeerklärung). Ein Aufdruck auf Produkten, Erzeugnissen oder Verpackungen ist nicht gestattet. Die Europäische Union veröffentlicht die registrierten Unternehmen/Betriebe.

☐ Stellt der Gutachter fest, daß Umweltpolitik, Umweltprüfung bzw. Umweltbetriebsprüfung, Umweltprogramm oder Umweltmanagementsystem nicht den Anforderungen der EU-Verordnung entsprechen, unterbreitet er dem Unternehmen entsprechende Empfehlungen zur Nachbesserung. Er erklärt die Umwelterklärung erst dann für gültig, wenn die Nachbesserungen vorgenommen worden sind.

☐ Stellt der Gutachter Mängel in dem Entwurf der Umwelterklärung fest, schlägt er dem Unternehmen Änderungen bzw. Zusätze vor und erklärt die Umwelterklärung erst dann für gültig, wenn das Unternehmen die Erklärung um die Änderungen bzw. Zusätze ergänzt.

Öko-Audit

Bedeutung für die Betriebsratsarbeit

☐ Nach § 80 Abs. 1 Nr. 2 BetrVG zählt es zu den Aufgaben des Betriebsrats, beim Arbeitgeber Maßnahmen zu beantragen, die dem Betrieb und der Belegschaft dienen. Er kann dem Arbeitgeber also vorschlagen, ein Umweltmanagementsystem sowie eine Umweltbetriebsprüfung entsprechend den Anforderungen der EU-Verordnung aufzubauen. Daß dies dem Arbeitgeber Vorteile bringt, wurde schon oben erläutert.

☐ Entschließt sich der Arbeitgeber, dem Vorschlag des Betriebsrats zu folgen, entstehen bei der Umsetzung eines solchen umweltpolitischen Konzepts Auswirkungen auf die Beschäftigten (z. B. Veränderung der Arbeitsorganisation, Durchführung von Schulungsmaßnahmen), die Aufgaben und Beteiligungsrechte des Betriebsrats auslösen (z. B. nach §§ 90, 96 bis 98 BetrVG).

☐ Der Betriebsrat hat also eine Handhabe, auf die Gestaltung des Aufbaus und die Weiterentwicklung von Umweltmanagement und Umweltbetriebsprüfung Einfluß zu nehmen.

☐ Dies setzt voraus, daß er mit interessierten Beschäftigten, gewerkschaftlichen Vertrauensleuten und ggf. externen Beratern (z. B. Technologieberatungsstelle) eigene Positionen und Vorstellungen zur Gestaltung des Prozesses entwickelt.

☐ Ziel ist es, im Rahmen einer Betriebsvereinbarung zum betrieblichen Umweltschutz alle wichtigen, die Belegschaft betreffenden Fragen so zu regeln, daß die Interessen der Beschäftigten ebenso gewahrt werden wie das Interesse an der Realisierung einer fortschrittlichen Umweltpolitik im Unternehmen.

☐ Regelungsgegenstand einer Betriebsvereinbarung sollten insbesondere sein:

- Beteiligung der Interessenvertretung bei der Definition und Festlegung von Umweltpolitik, Umweltzielen, Umweltprogramm;
- insbesondere: Errichtung eines Ausschusses für Umweltschutz auf Betriebs-, Unternehmens- und ggf. Konzernebene; Mitglieder des Ausschusses auf Unternehmensebene sollten sein: das für Umweltschutz zuständige Mitglied der Unternehmensleitung, der Umweltbeauftragte im Unternehmen, Vertreter des (Gesamt-)Betriebsrats und der (Gesamt-)Jugend- und Auszubildendenvertretung; Mitglieder des Ausschusses auf Betriebsebene sollten sein: der Betriebs-

Öko-Audit

leiter, die Betriebsbeauftragten für Immissionsschutz, Abfall und Gewässerschutz (siehe → **Umweltschutz im Betrieb**), Verantwortliche für den Arbeits- und Gesundheitsschutz, Vertreter des Betriebsrats und der Jugend- und Auszubildendenvertretung, ggf. zusätzliche interne (z. B. Vertrauensleute) und externe Sachverständige;
- Beteiligung des Betriebsrats bei der Bestellung und Abberufung des Umweltbeauftragten und der Betriebsbeauftragten für Immissionsschutz, Abfall und Gewässerschutz;
- regelmäßige Berichterstattungspflicht des Arbeitgebers, des Umweltbeauftragten bzw. des Betriebsbeauftragten;
- Beteiligung der Beschäftigten an der Formulierung und Durchsetzung des betrieblichen Umweltschutzes;

Beispiel:
Einrichtung von Projektgruppen und Freistellung für die Arbeit in den Projektgruppen;

- Verankerung des betrieblichen Umweltschutzes in der Berufsbildung (Aus- und Weiterbildung). Ziel: Erhöhung der ökologischen Handlungskompetenz;
- Freistellung von Mitgliedern des Betriebsrats, der Jugend- und Auszubildendenvertretung, der Mitglieder der betrieblichen Projektgruppen zur Weiterbildung in Sachen betrieblicher Umweltschutz in entsprechender Anwendung des § 37 Abs. 6 BetrVG (das heißt: Fortzahlung des Arbeitsentgelts und Übernahme der Kosten (Fahrtkosten, Übernachtung und Verpflegung, Teilnehmergebühr usw.).

☐ Siehe auch → **Umweltschutz im Betrieb**.

Ordentliche Kündigung

Was ist das?

☐ Als »ordentliche Kündigung« wird die fristgerechte Kündigung bezeichnet (im Unterschied zur fristlosen = → **außerordentlichen Kündigung**).

☐ Zum Begriff »Kündigung« siehe → **Kündigung**.

☐ Zu den »Kündigungsfristen« siehe → **Kündigungsfrist**.

☐ Zu den Anforderungen an die Wirksamkeit einer »ordentlichen Kündigung« siehe unten (Bedeutung für den Beschäftigten).

Bedeutung für die Betriebsratsarbeit

☐ Die Rechte des Betriebsrats bei einer ordentlichen Kündigung sind in § 102 BetrVG geregelt.

☐ Bei Massenentlassungen hat der Betriebsrat zusätzlich die Rechte nach §§ 111 ff. BetrVG (Informations- und Beratungsrechte, das Recht auf Verhandlungen über einen → **Interessenausgleich** sowie den Abschluß eines → **Sozialplans**). Außerdem hat er nach § 8 AFG und § 17 KSchG das Recht und die Pflicht, eine Stellungnahme zur Massenentlassungsabsicht des Arbeitgebers gegenüber der Arbeitsverwaltung (Arbeitsamt) abzugeben.

☐ § 102 BetrVG gewährt nicht – wie im Gesetz fälschlicherweise angegeben – ein Mitbestimmungsrecht, sondern nur ein wesentlich schwächeres Anhörungs- und Widerspruchsrecht. Denn der Arbeitgeber ist durch den Widerspruch des Betriebsrats keineswegs gehindert, die beabsichtigte Kündigung auszusprechen; vgl. § 102 Abs. 4 BetrVG.

Ordentliche Kündigung

Anhörung

☐ Der Arbeitgeber ist verpflichtet, den Betriebsrat vor Ausspruch der Kündigung »anzuhören«. Eine ohne Anhörung ausgesprochene Kündigung ist unwirksam. Anhörung bedeutet: Der Arbeitgeber hat den Betriebsrat vor Ausspruch der Kündigung über

- die Person des zur Kündigung vorgesehenen Arbeitnehmers,
- die Kündigungsgründe,
- die beabsichtigte Kündigungsart (fristgerechte Kündigung, fristlose Kündigung, Änderungskündigung),
- Kündigungsfrist und Kündigungstermin

zu informieren und dem Betriebsrat Gelegenheit zur Stellungnahme zu geben.

☐ Nicht nur die unterlassene Anhörung des Betriebsrats macht eine Kündigung unwirksam. Auch die fehlerhafte Anhörung (z. B. unzureichende Angabe der Kündigungsgründe) führt zur Unwirksamkeit einer dennoch ausgesprochenen Kündigung.

Dies gilt allerdings nicht, wenn der Arbeitgeber lediglich die Kündigungsfrist falsch berechnet.

☐ Fehler im Anhörungsverfahren, die dem Verantwortungsbereich des Betriebsrats zuzuordnen sind (z. B. der Betriebsratsvorsitzende – und nicht der Betriebsrat als Gremium – stimmt einer Kündigung zu), führen jedenfalls dann nicht zur Unwirksamkeit der Kündigung, wenn der Arbeitgeber vor Ausspruch der Kündigung den Ablauf der Wochenfrist des § 102 Abs. 2 Satz 1 BetrVG abwartet.

☐ Aufpassen: Für die Information des Arbeitgebers ist Schriftform nicht vorgeschrieben. Daher setzt auch die mündliche Information das Anhörungsverfahren in Gang. Der Betriebsrat sollte aus Gründen der Rechtssicherheit mit dem Arbeitgeber eine Betriebsvereinbarung abschließen, in der Schriftform der Unterrichtung ausdrücklich festgeschrieben wird.

Bedenken

☐ Der Betriebsrat kann gegenüber der Kündigungsabsicht des Arbeitgebers »Bedenken« (§ 102 Abs. 2 Satz 1 BetrVG) erheben. Mit »Bedenken« macht der Betriebsrat alle in Betracht kommenden Gesichtspunkte geltend, die geeignet sind, den Arbeitgeber zu bewegen, die Kündigung nicht auszusprechen (z. B. detailliertes Bestreiten des vom

Ordentliche Kündigung

Arbeitgeber behaupteten Kündigungsgrundes, Hinweis auf anderweitige Weiterbeschäftigungsmöglichkeiten, soziale Gesichtspunkte, Hinweise auf die Folgen der Kündigung für den Betroffenen und seine Familie).

Widerspruch

☐ Darüber hinaus kann der Betriebsrat gegenüber der »ordentlichen« (= fristgerechten) Kündigung »Widerspruch« einlegen, § 102 Abs. 3 BetrVG. Mit dem »Widerspruch« macht der Betriebsrat die speziellen, in § 102 Abs. 3 Nrn. 1 bis 5 BetrVG abschließend aufgeführten Gesichtspunkte geltend (siehe unten »Begründung des Widerspruchs«).

Form und Frist

☐ Für »Bedenken« und »Widerspruch« ist Schriftform vorgeschrieben!

☐ Bedenken und Widerspruch gegen eine ordentliche Kündigung müssen innerhalb einer Woche nach Eingang der Information über die Kündigungsabsicht erfolgen! Wird die Wochenfrist überschritten, »gilt die Zustimmung zur Kündigung als erteilt« (vgl. § 102 Abs. 2 Satz 2 BetrVG)!

☐ Der Betriebsrat ist nicht verpflichtet, sofort eine Stellungnahme zur geplanten Kündigung abzugeben. Vielmehr kann er die Wochenfrist voll ausschöpfen! Zur Berechnung der Wochenfrist siehe → **Fristen**.

Vorgehen des Betriebsrats

☐ Der Betriebsrat sollte, wenn die Information des Arbeitgebers zu einer von ihm beabsichtigten ordentlichen Kündigung vorliegt, wie folgt vorgehen (Beispiel):

- Nach Eingang der Information des Arbeitgebers beruft der Betriebsratsvorsitzende eine Betriebsratssitzung ein (Einladung mit Tagesordnung! An Ersatzmitglieder und sonstige einzuladende Personen denken! Siehe → **Betriebsratssitzung**);
- der Betriebsratsvorsitzende informiert die übrigen Betriebsratsmitglieder in der Sitzung über die vom Arbeitgeber beabsichtigte Kündigung;
- erste Einschätzungen werden ausgetauscht;
- der Betriebsrat faßt den Beschluß: »Vor abschließender Stellungnahme soll der Sachverhalt näher aufgeklärt werden...« (z. B.

Ordentliche Kündigung

durch Gespräch mit dem/der Betroffenen und mit der Personalabteilung);
- in einer weiteren Betriebsratssitzung (noch innerhalb der Wochenfrist!) wird die Angelegenheit nach Diskussion durch ordnungsgemäße Beschlußfassung (§ 33 BetrVG) entschieden;
- dem Arbeitgeber wird die – schriftliche und begründete – Stellungnahme des Betriebsrats (ebenfalls noch innerhalb der Wochenfrist!) übermittelt.

☐ Ggf. reicht – bei entsprechend sorgfältiger Vorbereitung – auch Beratung und Beschlußfassung in *einer* Betriebsratssitzung aus.

Begründung des Widerspruchs

☐ Ein Widerspruch ist nur dann ordnungsgemäß, wenn er unter Heranziehung mindestens eines der in § 102 Abs. 3 BetrVG aufgeführten Fallbeispiele begründet wird. Der Widerspruch kann damit begründet werden,

- daß der Arbeitgeber bei der »Auswahl« des zur Kündigung vorgesehenen Arbeitnehmers soziale Gesichtspunkte (z. B. Beschäftigungsdauer, Alter, Unterhaltsverpflichtungen) nicht oder nicht ausreichend berücksichtigt hat, § 102 Abs. 3 Nr. 1 BetrVG;
- daß die Kündigung gegen eine → **Auswahlrichtlinie** nach § 95 BetrVG (= Regelung, in der Auswahlkriterien festgelegt sind; mitbestimmungspflichtig!) verstößt, § 102 Abs. 3 Nr. 2 BetrVG;
- daß der Betroffene auf einem anderen Arbeitsplatz im Betrieb oder in einem anderen Betrieb des Unternehmens weiterbeschäftigt werden kann, § 102 Abs. 3 Nr. 3 BetrVG;
- daß die Weiterbeschäftigung des Betroffenen dann möglich ist, wenn er eine Qualifizierungs- bzw. Fortbildungsmaßnahme absolviert, § 102 Abs. 3 Nr. 4 BetrVG;
- daß eine Weiterbeschäftigung möglich ist, wenn der Arbeitsvertrag verändert wird (z. B. andere Tätigkeit, andere Lohngruppe und dgl.), und der Betroffene sich mit der Veränderung (ggf. unter Vorbehalt; siehe § 2 KSchG) einverstanden erklärt, § 102 Abs. 3 Nr. 5 BetrVG.

☐ Dabei genügt es nicht, den Wortlaut der in § 102 Abs. 3 BetrVG geregelten Tatbestände nur zu wiederholen. Vielmehr muß der Widerspruch auf konkrete betriebliche Tatsachen gestützt werden.

Ordentliche Kündigung

Beispiel:

»... der Betriebsrat erhebt Widerspruch gegen die beabsichtigte fristgerechte Kündigung des Mitarbeiters B. Kiel gemäß § 102 Abs. 3 Nr. 3 BetrVG.

Begründung:

Der bisherige Arbeitsplatz des Mitarbeiters Kiel ist zwar infolge der Änderung des Produktionsablaufs weggefallen. Die Kündigung ist jedoch nicht gerechtfertigt, weil der Mitarbeiter in der Abteilung ›Endmontage‹ auf dem Arbeitsplatz 007 weiterbeschäftigt werden kann. Dieser Arbeitsplatz ist durch das Ausscheiden des Mitarbeiters M. Saling in den Vorruhestand freigeworden. Einarbeitungsmaßnahmen sind nicht erforderlich, weil Kollege Kiel in der Vergangenheit schon mehrfach den Mitarbeiter Saling erfolgreich vertreten hat...«

☐ Weitere Formulierungsbeispiele siehe im Anhang zu dem hier besprochenen Stichwort.

☐ Der Widerspruchsgrund in § 102 Abs. 3 Nr. 1 BetrVG (soziale Auswahl) ist nur bei der betriebsbedingten Kündigung (Kündigung wegen Auftragsmangels, Rationalisierung und dergleichen) anwendbar. Alle anderen Widerspruchsgründe können auch bei personen- und verhaltensbedingten Kündigungen herangezogen werden.

Information des Gekündigten über den Widerspruch

☐ Nach § 102 Abs. 4 BetrVG hat der Arbeitgeber der Kündigung den Widerspruch des Betriebsrats beizufügen, was häufig nicht beachtet wird. Neuerdings wird die Auffassung vertreten, daß ein Unterlassen dieser Verpflichtung die Unwirksamkeit der Kündigung zur Folge hat.

☐ Natürlich ist es sinnvoll, daß auch der Betriebsrat den Gekündigten über die Erhebung des Widerspruchs informiert.

Wirkungen eines ordnungsgemäßen Widerspruchs

☐ Der ordnungsgemäße Widerspruch des Betriebsrats hat zweifache Wirkung:

● Zum einen verstärkt er die Position des Gekündigten im Kündigungsschutzprozeß. Denn mit dem Widerspruch werden weitere Kündigungsausschlußgründe geschaffen, die das Arbeitsgericht zu berücksichtigen hat (vgl. § 1 Abs. 2 Satz 2 ff. KSchG: »Die Kündi-

Ordentliche Kündigung

gung ist auch sozial ungerechtfertigt, wenn der Betriebsrat... der Kündigung innerhalb der Frist des § 102 Abs. 2 Satz 1 des BetrVG schriftlich widersprochen hat...«).
● Des weiteren wird ein besonderer **Weiterbeschäftigungsanspruch** zugunsten des Betroffenen begründet. Wenn nämlich der Gekündigte Kündigungsschutzklage erhebt (die Klage ist nach § 4 KSchG innerhalb von 3 Wochen nach Zugang der Kündigung von dem Gekündigten beim Arbeitsgericht einzureichen!) und unter Hinweis auf den Widerspruch des Betriebsrats seine Weiterbeschäftigung über den Ablauf der Kündigungsfrist hinaus verlangt, dann ist der Arbeitgeber zur Weiterbeschäftigung (und Weiterzahlung des Arbeitsentgelts!) bis zum rechtskräftigen Abschluß des Kündigungsschutzprozesses verpflichtet, § 102 Abs. 5 BetrVG!

☐ Das Weiterbeschäftigungsverlangen (Musterschreiben im Anhang zu dem hier besprochenen Stichwort) sollte aus Beweisgründen schriftlich und im Beisein eines Betriebsratsmitgliedes erfolgen (Empfang durch Arbeitgeber bzw. Personalabteilung quittieren lassen!).

Durchsetzung des Weiterbeschäftigungsanspruchs

☐ Die Durchsetzung des Weiterbeschäftigungsanspruches bereitet in der Praxis erhebliche Schwierigkeiten. Denn bei den wenigsten Arbeitgebern besteht Bereitschaft, dem Weiterbeschäftigungsverlangen des Arbeitnehmers nachzukommen. Sie verweigern dem gekündigten Arbeitnehmer nach Ablauf der Kündigungsfrist ganz einfach den Zutritt zum Betrieb. Auch die Fortzahlung des Arbeitsentgelts unterbleibt.

Dieses Verhalten stellt einen groben Verstoß gegen das BetrVG dar. Denn nach § 102 Abs. 5 Satz 2 BetrVG kann der Arbeitgeber sich von der Verpflichtung zur Weiterbeschäftigung des Gekündigten nur dadurch befreien, daß er den Erlaß einer entsprechenden einstweiligen Verfügung beim Arbeitsgericht beantragt. Einem solchen Antrag darf das Gericht nur unter den engen Voraussetzungen des § 102 Abs. 5 Satz 2 BetrVG stattgeben (z. B. dann, wenn der Widerspruch des Betriebsrats offensichtlich unbegründet ist).

Weil viele Arbeitgeber unter Mißachtung dieser Rechtslage nach der simplen Methode »Ich bin der Herr im Hause« die Weiterbeschäftigung verweigern, ist es letztlich der Gekündigte, der seinerseits mit Hilfe eines »Antrages auf Erlaß einer einstweiligen Verfügung« gezwungen ist, seinen Weiterbeschäftigungsanspruch durchzusetzen.

Ordentliche Kündigung

Der Betriebsrat kann dabei eine wichtige Rolle übernehmen: Aufklärung des Betroffenen über seine Rechte, Ermutigung und Unterstützung des Betroffenen bei der Geltendmachung seines Weiterbeschäftigungsverlangens und im Verfahren vor dem Arbeitsgericht, Auseinandersetzung mit dem Arbeitgeber, der zu rechtmäßigem Verhalten aufgefordert werden muß. Ggf. Unterrichtung der Belegschaft (z. B. in einer Betriebsversammlung) über den Vorgang, insbesondere über das rechtswidrige Verhalten des Arbeitgebers.

Darüber dürfte dem Betriebsrat das Recht zustehen, gegen das rechtswidrige Verhalten des Arbeitgebers seinerseits durch Einleitung eines arbeitsgerichtlichen Verfahrens nach § 23 Abs. 3 BetrVG vorzugehen.

Freiwillige Betriebsvereinbarung

☐ Nach § 102 Abs. 6 BetrVG kann durch »freiwillige« Betriebsvereinbarung ein echtes Mitbestimmungsrecht (Vetorecht) des Betriebsrats bei Kündigung geschaffen werden. Bei nur sehr wenigen Arbeitgebern besteht allerdings – aus naheliegenden Gründen – eine Bereitschaft zum Abschluß einer derartigen Betriebsvereinbarung. Dementsprechend hat § 102 Abs. 6 BetrVG in der Praxis kaum Bedeutung.

Bedeutung für den Beschäftigten

☐ Sofern der Gekündigte

- in einem Betrieb mit mindestens 6 Arbeitnehmern (Auszubildende zählen insoweit nicht mit, vgl. § 23 Abs. 1 KSchG)
- länger als 6 Monate (vgl. § 1 Abs. 1 KSchG)

beschäftigt ist, gilt für ihn der Schutz des »Kündigungsschutzgesetzes«. Insbesondere kann er versuchen, die Kündigung durch Erhebung einer Kündigungsschutzklage beim Arbeitsgericht anzugreifen.

In § 1 KSchG ist geregelt, daß eine (ordentliche) Kündigung des Arbeitgebers nur wirksam ist, wenn sie »sozial gerechtfertigt« ist. Dies ist nur der Fall, wenn Gründe in dem Verhalten (»verhaltensbedingte Kündigung«) oder in der Person des Betroffenen (»personenbedingte Kündigung«) liegen oder wenn die Kündigung durch dringende betriebliche Erfordernisse bedingt ist (»betriebsbedingte Kündigung«).

Ordentliche Kündigung

Kündigungsgründe bei der verhaltensbedingten Kündigung:

Beispiele: Straftaten gegen den Arbeitgeber (Beleidigung, Diebstahl usw.), Verstöße gegen den Arbeitsvertrag, Leistungsmängel und sonstige in einem Fehlverhalten des Arbeitnehmers liegende Gründe.

Die »verhaltensbedingte« Kündigung ist nach der Rechtsprechung – im Regelfall – nur zulässig, wenn wegen des angegebenen Fehlverhaltens bereits früher schon einmal eine →**Abmahnung** erteilt worden ist. Dabei werden nur solche Abmahnungen berücksichtigt, die innerhalb einer gewissen Frist, deren Länge von der Schwere des Fehlverhaltens abhängt, ausgesprochen worden sind. In besonders schwerwiegenden Fällen wird eine verhaltensbedingte Kündigung auch ohne vorherigen Ausspruch einer Abmahnung als zulässig angesehen.

Kündigungsgründe bei der personenbedingten Kündigung:

Hierunter fallen insbesondere die krankheitsbedingten Ausfälle des Arbeitnehmers (= sogenannte »krankheitsbedingte« Kündigung). Übrigens wird nach allgemeiner Auffassung auch »Alkoholabhängigkeit« als Krankheit angesehen, so daß insoweit nur eine personenbedingte, nicht aber eine verhaltensbedingte Kündigung in Betracht kommt. Die Rechtsprechung knüpft an die Wirksamkeit einer »krankheitsbedingten« Kündigung eine Reihe von Voraussetzungen. Zunächst wird unterschieden: Waren die bisherigen Ausfälle durch häufige Kurzerkrankungen oder durch eine lang anhaltende Erkrankung bedingt?

- Bei häufigen Kurzerkrankungen wird in drei Stufen insbesondere folgendes geprüft:

1. Ist in Zukunft mit häufigen Ausfällen in erheblichem Umfang zu rechnen (= negative Prognose; ermittelt durch ärztliches Gutachten; der bisherige Krankheitsverlauf wird dabei als Indiz herangezogen)? Wenn ja, geht dies zu Lasten des Arbeitnehmers. Bei Alkoholabhängigkeit wird die Zukunftprognose negativ bewertet, wenn der Betroffene eine Entziehungskur ablehnt.

2. Werden durch die zu erwartenden Ausfälle erhebliche betriebliche Interessen beeinträchtigt? Dies wird bejaht, wenn entweder erhebliche Betriebsablaufstörungen oder immer wieder neue, außergewöhnlich hohe Entgeltfortzahlungskosten zu erwarten sind (neue, andersartige Erkrankungen lassen nach § 3 EFZG unter Umständen neue Entgeltfortzahlungsansprüche entstehen).

Ordentliche Kündigung

3. Im Rahmen einer Interessenabwägung wird geprüft, ob dem Arbeitgeber diese Belastungen zuzumuten sind. Hierbei ist insbesondere zu berücksichtigen, ob die Erkrankungen auf betrieblichen Ursachen (z. B. Arbeitsunfälle, gesundheitsgefährdende Arbeitsbedingungen) beruhen, ob und wie lange das Arbeitsverhältnis ungestört verlaufen ist; ferner sind zu berücksichtigen das Alter und der Familienstand des Arbeitnehmers, die Leichtigkeit oder Schwierigkeit von Überbrückungsmaßnahmen. Hinsichtlich der Belastungen durch Entgeltfortzahlungsansprüche wirkt sich zugunsten des Betroffenen aus, wenn seine Krankheitsquote im Vergleich zu anderen Arbeitnehmern mit vergleichbaren Tätigkeiten unter ähnlichen Bedingungen nicht wesentlich höher ist.

- Einen ähnlichen Prüfungsmaßstab legt die Rechtsprechung an solche Erkrankungen an, die lang anhaltender Natur sind. Es wird folgendes geprüft:

1. Wie ist die Prognose? Ist in absehbarer Zeit mit einer Wiedergesundung zu rechnen?

Wenn diese nur durch Einholung ärztlicher Gutachten zu klärende Frage bejaht wird, hat der Gekündigte gute Aussichten, den Kündigungsschutzprozeß zu gewinnen. Wird die Frage verneint, so geht dies zu Lasten des Betroffenen.

2. Eine Kündigung ist aber auch bei anhaltender Krankheit dennoch nur dann gerechtfertigt, wenn für den Arbeitgeber unzumutbare Auswirkungen entstehen bzw. zu erwarten sind. Dies ist nur selten der Fall. Denn etwaige Betriebsablaufstörungen können in der Regel durch die befristete Einstellung von Ersatzarbeitskräften vermieden werden (derartige Befristungen sind zulässig, weil ein sachlicher Grund vorliegt). Unzumutbar hohe Entgeltfortzahlungskosten bei lang anhaltender Erkrankung entstehen ohnehin nicht (nach § 3 EFZG ist der Entgeltfortzahlungsanspruch wegen derselben Erkrankung auf 6 Wochen begrenzt).

Im Ergebnis hat der Betroffene mit lang anhaltender Erkrankung unter Umständen größere Chancen, im Prozeß zu obsiegen als der Arbeitnehmer mit häufigen oder gar häufig wechselnden Kurzerkrankungen.

Ordentliche Kündigung

Kündigungsgründe bei der betriebsbedingten Kündigung:

Beispiele: Auftragsmangel, Rationalisierung, Umstrukturierung, Betriebsstillegung und ähnliches.

- Das Gericht prüft nicht die Zweckmäßigkeit der unternehmerischen Entscheidung als solche. Es wird lediglich geprüft, ob die vom Arbeitgeber behaupteten inner- oder außerbetrieblichen Gründe tatsächlich vorliegen und ob sie den Wegfall des Arbeitsplatzes des Betroffenen zur Folge haben. Nur offensichtlich unsachliche und willkürliche Unternehmerentscheidungen werden nicht anerkannt.

- Bei der »betriebsbedingten Kündigung« hat der Arbeitgeber zusätzlich eine »soziale Auswahl« zu treffen (vgl. § 1 Abs. 3 KSchG). Je mehr »Sozialpunkte« (insbesondere Alter, Beschäftigungsdauer im Betrieb, Unterhaltsverpflichtung) ein Arbeitnehmer auf sich vereinigt, desto höheren Kündigungsschutz genießt er gegenüber anderen Beschäftigten.

☐ Grundsätzlich gilt für alle Kündigungsarten: Eine → **Änderungskündigung** hat Vorrang vor einer »Beendigungskündigung«. Das heißt, wenn die Möglichkeit der Fortsetzung des Arbeitsverhältnisses zu geänderten Arbeitsbedingungen besteht und eine Weiterbeschäftigung dem Arbeitgeber zumutbar ist, so hat der Arbeitgeber dem Arbeitnehmer gegenüber ein entsprechendes Angebot zu machen und gegebenenfalls eine Änderungskündigung auszusprechen.

☐ Unbedingt zu beachten ist die Klagefrist nach § 4 KSchG! Spätestens drei Wochen nach Zugang der Kündigung muß die Kündigungsschutzklage beim Arbeitsgericht eingegangen sein. Wird diese Frist versäumt, kann der Arbeitnehmer nicht mehr geltend machen, die Kündigung sei sozial ungerechtfertigt (Ausnahme: nachträgliche Zulassung der Klage nach § 5 KSchG). Allerdings kann der Arbeitnehmer, der die Klagefrist versäumt hat, andere Unwirksamkeitsgründe vorbringen (z. B. fehlende oder mangelhafte Anhörung des Betriebsrats nach § 102 Abs. 1 BetrVG, besonderer Kündigungsschutz für Betriebsratsmitglieder, Schwerbehinderte, Schwangere usw.). Siehe → **Kündigung**

☐ Wenn der Arbeitnehmer eine Kündigung erhalten hat, kann er nach § 3 KSchG beim Betriebsrat Einspruch einlegen (nicht zu verwechseln mit der Kündigungsschutzklage!). Hält der Betriebsrat den Einspruch für begründet, dann hat er eine Verständigung mit dem Arbeitgeber zu

Ordentliche Kündigung

versuchen. Auf Verlangen hat er dem Arbeitnehmer und dem Arbeitgeber seine Stellungnahme zu dem Einspruch schriftlich mitzuteilen.

☐ Um eine Weiterbeschäftigung (und Weiterbezahlung) über den Ablauf der Kündigungsfrist hinaus bis zum rechtskräftigen Abschluß des Kündigungsschutzprozesses sicherzustellen, kann der Gekündigte unter Berufung auf den ordnungsgemäßen Widerspruch des Betriebsrats und unter Hinweis auf die Erhebung der Kündigungsschutzklage seine Weiterbeschäftigung verlangen und ggf. im Wege des Antrages auf einstweilige Verfügung durchsetzen (vgl. § 102 Abs. 5 BetrVG). Zu den Einzelheiten siehe oben sowie Musterschreiben im Anhang zu dem hier besprochenen Stichwort.

☐ Auch ohne Vorliegen der Voraussetzungen des § 102 Abs. 5 BetrVG kann dem gekündigten Arbeitnehmer ein – notfalls mit einer einstweiligen Verfügung (siehe → **Arbeitsgericht**) durchsetzbarer – Weiterbeschäftigungsanspruch zustehen. Nämlich dann, wenn die Kündigung »offensichtlich« unwirksam ist: z. B. wegen unterbliebener Anhörung des Betriebsrats nach § 102 Abs. 1 BetrVG oder wegen Verstoßes gegen die Vorschriften über den »besonderen Kündigungsschutz« für bestimmte Personen (Schwerbehinderte, Schwangere usw.; siehe → **Kündigung**).

Ordentliche Kündigung

Musterschreiben:

Weiterbeschäftigungsverlangen nach § 102 Abs. 5 BetrVG
(am besten persönlich – im Beisein eines Betriebsratsmitgliedes – überreichen; Empfang quittieren lassen)

Name, Vorname   Ort, Datum
und Anschrift
des/der Gekündigten

An Firma
...
z. Hd. Herrn/Frau...
Leiter/-in der Personalabteilung
Anschrift der Firma

Betr.: Weiterbeschäftigungsverlangen nach § 102 Abs. 5 BetrVG

Sehr geehrte(r) Herr/Frau...,

mit Schreiben vom... hat die Firma mein Arbeitsverhältnis fristgemäß gekündigt.

Der Betriebsrat hat der Kündigung frist- und ordnungsgemäß widersprochen. Ich habe gegen die Kündigung zwischenzeitlich Kündigungsschutzklage beim zuständigen Arbeitsgericht eingereicht.

Auf der Grundlage von § 102 Abs. 5 BetrVG verlange ich hiermit Weiterbeschäftigung zu unveränderten Arbeitsbedingungen über den Ablauf der Kündigungsfrist hinaus bis zum rechtskräftigen Abschluß des Kündigungsschutzprozesses.

Ich bitte Sie, mir ihre Weiterbeschäftigungsbereitschaft kurzfristig zu bestätigen.

Mit freundlichem Gruß
Unterschrift des/der Gekündigten

Durchschrift an den Betriebsrat zur Kenntnis

Ordentliche Kündigung

Schnellübersicht:

Ordentliche (= fristgemäße) Kündigung

Der Arbeitgeber informiert den Betriebsrat nach § 102 Abs. 1 BetrVG darüber, »wer, warum, zu welchem Zeitpunkt« gekündigt werden soll.

Der Betriebsrat ermittelt den Sachverhalt, spricht mit dem Betroffenen (und ggf. mit Zeugen: Persönliche Geheimnisse des Betroffenen dürfen nicht offenbart werden!), verhandelt mit dem Arbeitgeber über Alternativen zur Kündigung und faßt, falls der Arbeitgeber auf der Kündigung besteht, den Beschluß: »... gegenüber der beabsichtigten ordentlichen Kündigung ›Bedenken‹ gemäß § 102 Abs. 2 Satz 3 BetrVG und ›Widerspruch‹ gemäß § 102 Abs. 3 BetrVG zu erheben«. Bedenken und Widerspruch werden dem Arbeitgeber schriftlich (!) mitgeteilt.

Das Ganze muß innerhalb »einer Woche« geschehen!

»Bedenken« sind alle Einwände, die gegen die Rechtmäßigkeit und Zweckmäßigkeit der geplanten Kündigung sprechen. Insbesondere kann die – gemessen an dem Kündigungsanlaß – unverhältnismäßige Härte der Kündigung für den Betroffenen und seine Familie hervorgehoben werden.

Mit einem »Widerspruch« macht der Betriebsrat die in § 102 Abs. 3 BetrVG aufgeführten Gesichtspunkte geltend.

Wenn der Arbeitgeber die ordentliche Kündigung mündlich oder schriftlich ausspricht, kann der Betroffene Kündigungsschutzklage nach § 4 Kündigungsschutzgesetz beim Arbeitsgericht einreichen.

Klagefrist: drei Wochen ab Zugang des Kündigungsschreibens bzw. nach Kenntnisnahme einer mündlich ausgesprochenen Kündigung!

Gewerkschaftsmitglieder können den gewerkschaftlichen Rechtsschutz in Anspruch nehmen. Nichtgewerkschaftsmitglieder können sich zwecks Erhebung der Klage an die Rechtsantragsstelle des Arbeitsgerichts wenden. Natürlich kann auch ein Rechtsanwalt beauftragt werden (Gebührenansprüche des Anwalts beachten).

Der Betriebsrat unterstützt den Betroffenen bei der Durchsetzung seines Weiterbeschäftigungsanspruches nach § 102 Abs. 5 BetrVG.

Der Betriebsrat unterstützt den Betroffenen auch bei der Durchführung des Kündigungsschutzprozesses mit Rat und Tat. Wenn der Betroffene den Rechtsstreit gewinnt, ist die Unterstützung durch den Betriebsrat besonders wichtig. Insbesondere gilt es zu verhindern, daß der Betroffene nach seiner Rückkehr in den Betrieb schikaniert oder in sonstiger Weise ungerecht behandelt wird.

Ordentliche Kündigung

Checkliste:

Ordentliche Kündigung

1. Anhörungsverfahren:

☐ Eingang des Anhörungsschreibens bzw. der Anhörungsmitteilung (wann?):

☐ Ablauf der Wochenfrist (wann?):

☐ Wer soll gekündigt werden?

☐ Weitere Personalien des Betroffenen:
Name:
Alter:
Betriebszugehörigkeit:
Familienstand:
Kinder (Zahl und Alter):
wirtschaftliche Lage der Familie:
Sonstiges:

☐ Angegebene Kündigungsfrist korrekt?

☐ Kündigungsbegründung:
verhaltensbedingte Kündigung?

personenbedingte Kündigung?

betriebsbedingte Kündigung?

☐ Angaben zur »sozialen Auswahl«? (bei betriebsbedingter Kündigung)

☐ Ist Anhörung nach § 102 Abs. 1 BetrVG ordnungsgemäß?

2. Anhaltspunkte für »Bedenken«:

☐ Besteht für Betroffenen besonderer Kündigungsschutz?
Schwangerschaft:
Mutterschutz:
Erziehungsurlauber(in):
Schwerbehinderter (bzw. Gleichgestellter):
Wehrpflichtiger:
Zivildienstleistender:
Auszubildender:
Kämpfer gegen den Faschismus oder Verfolgter des Faschismus im Sinne des weitergeltenden § 58 Abs. 1a Arbeitsgesetzbuch (DDR):
Mitglied des Betriebsrats:
Ersatzmitglied (wann lag Vertretungsfall vor?):

Ordentliche Kündigung

Mitglied der Jugend- und Auszubildendenvertretung:
Wahlbewerber:
Wahlvorstandsmitglied:
Vertrauensperson der Schwerbehinderten:

☐ Besteht für den Betroffenen Kündigungsschutz nach einem Tarifvertrag oder einer Betriebsvereinbarung?

☐ Besteht für den Betroffenen ein arbeitsvertraglich vereinbarter Kündigungsschutz?

☐ Kommt für den Betroffenen Antrag auf Anerkennung als Schwerbehinderter/ Gleichgestellter in Betracht? (Wenn ja, sollte Betroffener noch innerhalb der laufenden Wochenfrist Antrag stellen.)

☐ Ist die angegebene Kündigungsbegründung zutreffend?

☐ Welche Zeugen können Aussagen zum angegebenen Kündigungsgrund machen?

☐ Ist der Betroffene in der Vergangenheit abgemahnt worden?

☐ Waren die in der/den Abmahnung(en) erhobenen Vorwürfe berechtigt?

☐ Welche Umstände entlasten den Betroffenen?

☐ Welche Folgen hat die beabsichtigte Kündigung für den Betroffenen und seine Familie?

☐ Sind Alternativen zur Kündigung möglich?
Abmahnung:
Versetzung auf anderen Arbeitsplatz:
Umschulung:
Fortbildung:
Änderungskündigung:

3. Anhaltspunkte für einen »Widerspruch«:

☐ Hat der Arbeitgeber eine korrekte »Sozialauswahl« vorgenommen (§ 102 Abs. 3 Nr. 1 BetrVG)?

☐ Verstößt die geplante Kündigung gegen eine »Auswahlrichtlinie« (§ 102 Abs. 3 Nr. 2 BetrVG)?

☐ Besteht die Möglichkeit der Weiterbeschäftigung an einem anderen Arbeitsplatz (§ 102 Abs. 3 Nr. 3 BetrVG)?
☐ im Betrieb?
☐ in einem anderen Betrieb des Unternehmens?

Ordentliche Kündigung

☐ Besteht die Möglichkeit der Weiterbeschäftigung nach einer Umschulungs- oder Fortbildungsmaßnahme (§ 102 Abs. 3 Nr. 4 BetrVG)?

☐ Besteht die Möglichkeit der Weiterbeschäftigung unter geänderten Arbeitsvertragsbedingungen?
Hat der Betroffene sein Einverständnis mit der Vertragsänderung erklärt? (§ 102 Abs. 3 Nr. 5 BetrVG)

4. Was tun, wenn die Kündigung trotz »Bedenken« oder »Widerspruch« des Betriebsrats ausgesprochen wird?

☐ Hinweis auf die Möglichkeit, Kündigungsschutzklage zu erheben

☐ Weitervermittlung des Betroffenen an den Rechtsschutz der zuständigen Gewerkschaft (falls er Gewerkschaftsmitglied ist) bzw. bei Nichtmitgliedschaft an die Rechtsantragsstelle des Arbeitsgerichts bzw. an einen Rechtsanwalt (auf Gebührenansprüche des Rechtsanwalts hinweisen)

☐ Hinweis auf 3-Wochen-Frist zur Einreichung der Kündigungsschutzklage

☐ Hinweis auf Möglichkeit, nach § 3 Kündigungsschutzgesetz »Einspruch« beim Betriebsrat einzulegen

☐ Hinweis auf die Möglichkeit, auf der Grundlage des »Widerspruchs« des Betriebsrats Weiterbeschäftigung nach § 102 Abs. 5 BetrVG zu verlangen

☐ Hinweis auf Unterstützung des Betroffenen durch den Betriebsrat bei der Geltendmachung und Durchsetzung des Weiterbeschäftigungsanspruchs nach § 102 Abs. 5 BetrVG

☐ Prüfen, ob der Betriebsrat selbst eine auf § 23 Abs. 3 BetrVG gestützte einstweilige Verfügung mit dem Ziel »Durchsetzung des Weiterbeschäftigungsanspruchs« beim Arbeitsgericht beantragt.

5. Bemerkungen zu Verlauf und Ergebnis des Kündigungsschutzprozesses _____

6. Sonstige Hinweise an den Betroffenen:

☐ (Rest-)Ansprüche auf Lohn/Gehalt, Urlaubsabgeltung, Abfindung aus Sozialplan oder Nachteilsausgleich, Weihnachtsgeld usw. innerhalb etwaiger tariflicher Verfallfristen geltend machen; etwaige Ansprüche auf betriebliche Altersversorgung klären.

☐ Keine → **Ausgleichquittung** unterschreiben (nur Empfang der Arbeitspapiere bescheinigen)

Ordentliche Kündigung

☐ Anspruch auf qualifiziertes → **Zeugnis** (Leistung und Führung) geltend machen für den Fall, daß Kündigung wirksam wird; gegebenenfalls Zeugnis prüfen lassen durch gewerkschaftlichen Rechtsschutz bzw. Rechtsanwalt.

Formulierungsbeispiel:

Widerspruch nach § 102 Abs. 3 Nr. 1 BetrVG

Der Betriebsrat
der Firma... X-Stadt, den...

An die
Geschäftsleitung
im Hause

Betr.: Beabsichtigte fristgerechte Kündigung des Herrn Otto Baum

Sehr geehrte Damen und Herren,

der Betriebsrat hat in seiner Sitzung vom ... beschlossen, gegen die von Ihnen beabsichtigte fristgerechte Kündigung des Herrn Otto Baum
Widerspruch nach § 102 Abs. 3 Nr. 1 BetrVG
zu erheben. Des weiteren hat der Betriebsrat gegen die beabsichtigte Kündigung auch aus sonstigen Gründen (siehe unten Ziffer 1) erhebliche Bedenken (§ 102 Abs. 2 BetrVG).

Begründung:
1. Nach Auffassung des Betriebsrats sind die von Ihnen vorgetragenen Gründe für die geplante Kündigung des Herrn Baum nicht stichhaltig. Insbesondere besteht keinerlei Veranlassung, die Zahl der Arbeitsplätze in der Versandabteilung zu reduzieren. Denn _____

_____

2. Der **Widerspruch** wird auf § 102 Abs. 3 Nr. 1 BetrVG gestützt. Selbst wenn von der Notwendigkeit einer Personalreduzierung in der Versandabteilung ausgegangen werden müßte, haben Sie bei der Auswahl gerade des Herrn Baum eine Reihe von zugunsten des Betroffenen sprechende soziale Gesichtspunkte nicht berücksichtigt.
Herr Baum ist 48 Jahre alt und seit über 23 Jahren in der Firma beschäftigt. Seine fünfköpfige Familie hat er als Alleinverdiener zu versorgen. Die Ehefrau des Herrn Baum ist seit geraumer Zeit arbeitslos. Arbeitslosengeldansprüche hat sie nicht mehr. Zwei der drei Kinder befinden sich noch in schulpflichtigem Alter. Das dritte Kind geht zwar nicht mehr zur Schule, ist aber ohne Beschäftigung.

Ordentliche Kündigung

All dies haben Sie bei der Auswahl des Herrn Baum offenbar übersehen. Denn sowohl in der Abteilung »Versand« als auch in der Abteilung »Lagerverwaltung« sind mehrere Arbeitnehmer beschäftigt, die teils gleiche, teils vergleichbare Tätigkeiten wie Herr Baum ausüben. Diese Arbeitnehmer sind allesamt jünger als Herr Baum. Auch ist ihre Betriebszugehörigkeit geringer. Schließlich hat keiner von ihnen so weitgreifende Unterhaltsverpflichtungen wie Herr Baum.

Hinzu kommt, daß die Vermittlungsaussichten des Herrn Baum infolge seines Alters und angegriffenen Gesundheitszustandes erheblich schlechter sind als die Arbeitsmarktchancen der vorgenannten Beschäftigten.

Deshalb fordert der Betriebsrat Sie auf, Herrn Baum zu unveränderten Arbeitsbedingungen weiterzubeschäftigen. Sollten Sie dennoch eine Kündigung aussprechen, wird der Betriebsrat Herrn Baum ausdrücklich auf seinen Weiterbeschäftigungsanspruch nach § 102 Abs. 5 BetrVG hinweisen und ihn bei der Realisierung dieses Anspruchs nachhaltig unterstützen.

Im übrigen wird der Betriebsrat in Kürze auf Sie mit einem Vorschlag zukommen, der nach Auffassung des Betriebsrats geeignet ist, Entlassungen gänzlich zu vermeiden.

Mit freundlichen Grüßen

Der Betriebsrat

Anmerkung:
Die Problematik einer Widerspruchsbegründung nach § 102 Abs. 3 Nr. 1 BetrVG besteht darin, daß der Kündigungswille des Arbeitgebers – ob man will oder nicht – auf andere Arbeitnehmer gelenkt wird. Der Betriebsrat sollte daher von dieser Widerspruchsbegründung nur dann Gebrauch machen, wenn andere Begründungen ausscheiden.

Formulierungsbeispiel:

Widerspruch nach § 102 Abs. 3 Nr. 2 BetrVG

Der Betriebsrat
der Firma ...   X-Stadt, den ...

An die
Geschäftsleitung
im Hause

Betr.: Beabsichtigte fristgerechte Kündigung des Herrn Otto Baum

Sehr geehrte Damen und Herren,

der Betriebsrat hat in seiner Sitzung vom ... beschlossen, gegen die von Ihnen beabsichtigte fristgerechte Kündigung des Herrn Otto Baum

Ordentliche Kündigung

Widerspruch nach § 102 Abs. 3 Nr. 2 BetrVG
zu erheben. Des weiteren hat der Betriebsrat gegen die von Ihnen beabsichtigte Kündigung auch aus sonstigen Gründen (siehe unten Ziffer 1) erhebliche Bedenken (§ 102 Abs. 2 BetrVG).

Begründung:

1. Nach Auffassung des Betriebsrats sind die von Ihnen vorgetragenen Gründe für die geplante Kündigung des Herrn Baum nicht stichhaltig. Insbesondere besteht keinerlei Veranlassung, die Zahl der Arbeitsplätze in der Versandabteilung zu reduzieren. Denn _____

2. Der **Widerspruch** wird auf § 102 Abs. 3 Nr. 2 BetrVG gestützt.
Die von Ihnen beabsichtigte Kündigung gerade des Herrn Baum verstößt gegen § 10 der zwischen Ihnen und dem Betriebsrat am ... abgeschlossenen Betriebsvereinbarung über »Auswahlrichtlinien bei personellen Einzelmaßnahmen«.
Nach § 10 Abs. 1 der Betriebsvereinbarung genießen Arbeitnehmer mit der längeren Betriebszugehörigkeit, dem höheren Alter sowie den höchsten Unterhaltsverpflichtungen gegenüber anderen Beschäftigten mit gleicher oder vergleichbarer Tätigkeit im Rahmen der »sozialen Auswahl bei Kündigungen« den höheren Kündigungsschutz.

Gemäß § 10 Abs. 2 der Betriebsvereinbarung sind in das Auswahlverfahren alle Arbeitnehmer im gesamten Unternehmen einzubeziehen, deren Tätigkeit »gleicher oder vergleichbarer« Art ist. Als vergleichbar gelten auch die Tätigkeiten, auf die eine Umschulung mittels einer bis zu drei Monate dauernden Qualifizierungsmaßnahme möglich ist.

Ausweislich Ihrer Kündigungsmitteilung haben Sie im Rahmen der Begründung der sozialen Auswahl nur die beiden in der Versandabteilung mit gleichen Tätigkeiten wie Herr Baum befaßten Arbeitskollegen Reling und Großfall herangezogen, die in der Tat einen höheren Kündigungsschutz besitzen.

Nicht aber haben sie – wie dies § 10 Abs. 2 der Betriebsvereinbarung verlangt – alle diejenigen Arbeitnehmer im Unternehmen in das Auswahlverfahren einbezogen, die eine »vergleichbare« Tätigkeit im Sinne des § 10 Abs. 2 der Betriebsvereinbarung ausüben.

Herr Baum ist Sachbearbeiter in der Versandabteilung. Er ist 48 Jahre alt und seit über 23 Jahren in der Firma beschäftigt. Seine fünfköpfige Familie hat er als Alleinverdiener zu versorgen. Die Ehefrau des Herrn Baum ist seit geraumer Zeit arbeitslos. Arbeitslosengeldansprüche hat sie nicht mehr. Zwei der drei Kinder befinden sich noch in schulpflichtigem Alter. Das dritte Kind geht zwar nicht mehr zur Schule, ist aber ohne Beschäftigung.

Sowohl in der Versandabteilung als auch in anderen Abteilungen des Betriebs (kaufmännischer Bereich und Lagerverwaltung) sind mehrere Arbeitnehmer, die zwar nicht die gleiche Sachbearbeitertätigkeit wie Herr Baum, so doch aber eine »vergleichbare« Tätigkeit im Sinne des § 10 Abs. 2 der Betriebsvereinbarung ausüben. Denn alle diese Tätigkeiten sind ausgehend von der Tätigkeit des Herrn Baum in kürzerer Zeit als drei Monaten erlernbar.

Ordentliche Kündigung

Diese Arbeitnehmer sind nicht nur jünger als Herr Baum, sondern auch ihre Betriebszugehörigkeit ist geringer. Schließlich hat keiner von ihnen so weitgreifende Unterhaltsverpflichtungen wie Herr Baum.*

Deshalb fordert der Betriebsrat Sie auf, Herrn Baum zu unveränderten Arbeitsbedingungen weiterzubeschäftigen.

Sollten Sie dennoch eine Kündigung aussprechen, wird der Betriebsrat Herrn Baum ausdrücklich auf seinen Weiterbeschäftigungsanspruch nach § 102 Abs. 5 BetrVG hinweisen und die Realisierung dieses Anspruchs nachhaltig unterstützen.

Im übrigen wird der Betriebsrat in Kürze auf Sie mit einem Vorschlag zukommen, der nach Auffassung des Betriebsrats geeignet ist, Entlassungen gänzlich zu vermeiden.

Mit freundlichen Grüßen

Der Betriebsrat

---

* Zur Problematik einer solchen Widerspruchsbegründung: siehe Anmerkung zum vorstehenden Formulierungsbeispiel.

Formulierungsbeispiel:

Widerspruch nach § 102 Abs. 3 Nr. 3 BetrVG

Der Betriebsrat
der Firma ...   X-Stadt, den ...

An die
Geschäftsleitung
im Hause

Betr.: Beabsichtigte fristgerechte Kündigung des Herrn Otto Baum

Sehr geehrte Damen und Herren,

der Betriebsrat hat in seiner Sitzung vom ... beschlossen, gegen die von Ihnen beabsichtigte fristgerechte Kündigung des Herrn Otto Baum

Widerspruch nach § 102 Abs. 3 Nr. 3 BetrVG

zu erheben. Des weiteren hat der Betriebsrat gegen die beabsichtigte Kündigung auch aus sonstigen Gründen (siehe unten Ziffer 1) erhebliche Bedenken (§ 102 Abs. 2 BetrVG).

Begründung:

1. Zunächst stellt der Betriebsrat fest, daß eine Kündigung gegenüber Herrn Baum sozial nicht gerechtfertigt ist; denn _____

Ordentliche Kündigung

2. Der **Widerspruch** wird auf § 102 Abs. 3 Nr. 3 BetrVG gestützt.

Abgesehen von den vorstehenden dargelegten Umständen ist eine Kündigung gegenüber Herrn Baum auch deshalb unnötig und ungerechtfertigt, weil Herr Baum auch auf einem »anderen« Arbeitsplatz weiterbeschäftigt werden kann: nämlich auf dem Arbeitsplatz 007 in der Abteilung »Lagerverwaltung«, der infolge des Ausscheidens des Herrn Fritz Mastfuß vor einer Woche freigeworden ist.

Herr Baum kann den Arbeitsplatz ohne Einarbeitungs- und Umschulungsmaßnahmen übernehmen. Es fallen zum großen Teil Arbeiten an, die Herr Baum auch in der Versandabteilung ausführen muß. Der Betriebsrat weist im übrigen darauf hin, daß Herr Baum in der Vergangenheit schon mehrfach aus Anlaß von Urlaubs- und Krankheitsvertretung die im Tätigkeitsbereich des Herrn Mastfuß anfallenden Arbeiten erfolgreich ausgeführt hat.

Der freigewordene Arbeitsplatz ist im übrigen in gleicher Weise wie die Tätigkeit des Herrn Baum eingruppiert, nämlich in der Gehaltsgruppe K 4 des einschlägigen Gehaltsrahmentarifvertrages.

Deshalb fordert der Betriebsrat Sie auf, Herrn Baum zu unveränderten Arbeitsbedingungen weiterzubeschäftigen.

Sollten Sie dennoch eine Kündigung aussprechen, wird der Betriebsrat Herrn Baum ausdrücklich auf seinen Weiterbeschäftigungsanspruch nach § 102 Abs. 5 BetrVG hinweisen und ihn bei der Realisierung dieses Anspruchs nachhaltig unterstützen.

Mit freundlichen Grüßen

Der Betriebsrat

Formulierungsbeispiel:

Widerspruch nach § 102 Abs. 3 Nr. 4 BetrVG

Der Betriebsrat
der Firma...   X-Stadt, den...

An die
Geschäftsleitung
im Hause

Betr.: Beabsichtigte fristgerechte Kündigung des Herrn Otto Baum

Sehr geehrte Damen und Herren,

der Betriebsrat hat in seiner Sitzung vom ... beschlossen, gegen die von Ihnen beabsichtigte fristgerechte Kündigung des Herrn Otto Baum

Ordentliche Kündigung

Widerspruch nach § 102 Abs. 3 Nr. 4 BetrVG zu erheben. Des weiteren hat der Betriebsrat gegen die beabsichtigte Kündigung auch aus sonstigen Gründen (siehe unten Ziffer 1) erhebliche Bedenken (§ 102 Abs. 2 BetrVG).

Begründung:

1. Nach Auffassung des Betriebsrats vermögen die von Ihnen vorgetragenen Gründe die geplante Kündigung des Herrn Baum nicht zu rechtfertigen.

Zur Begründung Ihrer Kündigungsabsicht geben Sie an, daß Herr Baum den mit der Umstellung der Arbeitsabläufe in der Versandabteilung auf EDV verbundenen Anforderungen nicht gewachsen sei.

Der Betriebsrat verkennt nicht, daß in der Versandabteilung – ebenso wie in anderen Abteilungen – mit der Einführung von EDV eine Reihe von Problemen aufgetreten sind. Ursache dieser Probleme sind aber keineswegs Mängel in der Person des Herrn Baum oder ein Fehlverhalten. Ursache ist die Tatsache, daß Sie es unterlassen haben, die Einführung der EDV mit geeigneten Fortbildungsmaßnahmen zu verbinden. Die Einweisungsmaßnahmen der EDV- und Software-Hersteller waren völlig unzureichend _____

_____

Der Betriebsrat hat demgegenüber bereits vor fünf Monaten Vorschläge vorgelegt, deren Realisierung die nunmehr auftretenden Probleme vermieden hätte. Sie hielten es aber für angebracht, diese Vorschläge mit unzutreffenden und nicht überzeugenden »Argumenten« abzulehnen.

2. Der **Widerspruch** wird auf § 102 Abs. 3 Nr. 4 BetrVG gestützt.

Die Weiterbeschäftigung des Herrn Baum kann nämlich durch eine geeignete und Ihnen zumutbare Fortbildungsmaßnahme sichergestellt werden.

Dem Betriebsrat ist bekannt, daß am hiesigen Arbeitsamt laufend zweimonatige Intensivkurse über EDV und deren Anwendung im kaufmännischen Bereich durchgeführt werden. Die Lehrgänge finden ganztägig statt von Montag bis Freitag (von 8.00 bis 16.00 Uhr). Nach Auskunft des Arbeitsamtes vermitteln diese Kurse Kenntnisse, die Herrn Baum in die Lage versetzen werden, den gestiegenen Anforderungen seines Arbeitsplatzes gerecht zu werden.

Herr Baum ist bereit, an einem solchen Kurs teilzunehmen. Über eine Zusage zur Teilnahme an einem in zwei Wochen beginnenden Kurs verfügt Herr Baum bereits.

Der Betriebsrat fordert Sie auf, von der Kündigung abzusehen und statt dessen Herrn Baum für den Besuch des Lehrgangs freizustellen.

Nach Auffassung des Betriebsrats ist Ihnen eine solche Freistellung durchaus zumutbar. Insbesondere können Sie den Ausfall des Herrn Baum ohne weiteres zum Teil durch (ggf. befristete) Einstellung einer Ersatzkraft, zum anderen Teil durch arbeitsorganisatorische Maßnahmen, insbesondere durch befristete Umsetzungen überbrücken.

Ordentliche Kündigung

Sollten Sie trotz dieses Widerspruchs dennoch eine Kündigung aussprechen, wird der Betriebsrat Herrn Baum ausdrücklich auf seinen Weiterbeschäftigungsanspruch nach § 102 Abs. 5 BetrVG hinweisen und ihn bei der Realisierung dieses Anspruchs nachhaltig unterstützen.

Mit freundlichen Grüßen

Der Betriebsrat

Formulierungsbeispiel:

Widerspruch nach § 102 Abs. 3 Nr. 5 BetrVG

Der Betriebsrat
der Firma... X-Stadt, den...

An die
Geschäftsleitung
im Hause

Betr.: Beabsichtigte fristgerechte Kündigung des Herrn Otto Baum

Sehr geehrte Damen und Herren,

der Betriebsrat hat in seiner Sitzung vom ... beschlossen, gegen die von Ihnen beabsichtigte fristgerechte Kündigung des Herrn Otto Baum
Widerspruch nach § 102 Abs. 3 Nr. 5 BetrVG
zu erheben. Des weiteren hat der Betriebsrat gegen die beabsichtigte Kündigung auch aus sonstigen Gründen (siehe unten Ziffer 1) erhebliche Bedenken (§ 102 Abs. 2 BetrVG).

Begründung:

1. Zunächst stellt der Betriebsrat fest, daß eine Kündigung gegenüber Herrn Baum sozial nicht gerechtfertigt ist. Die von Ihnen angeführten »dringenden betrieblichen Erfordernisse« sind nicht gegeben; denn _____

2. Der **Widerspruch** wird auf § 102 Abs. 3 Nr. 5 BetrVG gestützt. Abgesehen von den vorstehend dargelegten Gründen ist die beabsichtigte Kündigung auch deshalb nicht gerechtfertigt, weil Herr Baum in der Abteilung »Lagerverwaltung« weiterbeschäftigt werden kann.
In dieser Abteilung ist nämlich der Arbeitsplatz 007 durch das Ausscheiden des Herrn Fritz Mastfuß in den Vorruhestand freigeworden. Herr Baum kann diesen Arbeitsplatz übernehmen.

Ordentliche Kündigung

Umschulungsmaßnahmen sind nicht erforderlich, weil Herr Baum sich angesichts seiner gegenüber Herrn Mastfuß umfassenderen Qualifikation zweifellos in kürzester Frist in den Tätigkeitsbereich des Herrn Mastfuß einarbeiten wird.

Herr Baum ist darüber informiert, daß eine Versetzung in die Abteilung »Lagerverwaltung« mit einer Abgruppierung von (bisher) Gehaltsgruppe K 4 auf Gehaltsgruppe K 3 des einschlägigen Gehaltsrahmentarifvertrages verbunden ist. Auch ist ihm bekannt, daß er die altersmäßigen Voraussetzungen der tarifvertraglichen Verdienstsicherung nach § 16 des Manteltarifvertrages nicht erfüllt.

Er hat jedoch sein Einverständnis mit der Änderung der Vertragsbedingungen erklärt für den Fall, daß sein bisheriger Arbeitsplatz nicht mehr zu halten ist.

Deshalb fordert der Betriebsrat Sie auf, Herrn Baum weiterzubeschäftigen. Sollten Sie dennoch eine Kündigung aussprechen, wird der Betriebsrat Herrn Baum ausdrücklich auf seinen Weiterbeschäftigungsanspruch nach § 102 Abs. 5 BetrVG hinweisen und ihn bei der Realisierung dieses Anspruchs nachhaltig unterstützen.

Mit freundlichen Grüßen
Der Betriebsrat

Literaturhinweis:

Michael Kittner/Wolfgang Trittin: Kündigungsschutzrecht. Kommentar für die Praxis, Bund-Verlag, Köln.
Eike Mühlstädt/Ralf M. Knischka: AK-X-102. Das Expertensystem zur Mitbestimmung bei Kündigungen, Bund-Verlag, Köln.

Ordnungswidrigkeitenverfahren

Grundlagen

☐ Nach § 121 BetrVG macht sich derjenige Arbeitgeber (oder sein Beauftragter) einer Ordnungswidrigkeit schuldig, der seine Aufklärungs- und Auskunftspflichten in den nachfolgend genannten Angelegenheiten überhaupt nicht, wahrheitswidrig, unvollständig oder verspätet erfüllt:
- Planung von Investitionen und arbeitsorganisatorischen Maßnahmen (§ 90 Abs. 1 und 2 Satz 1 BetrVG);
- Personalplanung, insbesondere die Planung des gegenwärtigen und zukünftigen Personalbedarfs und die sich daraus ergebenden personellen Einzelmaßnahmen sowie Berufsbildungsmaßnahmen (§ 92 Abs. 1 Satz 1 BetrVG);
- beabsichtigte Einstellung, Versetzung, Eingruppierung und Umgruppierung (§ 99 Abs. 1 BetrVG);
- Unterrichtung des Wirtschaftaussschusses über wirtschaftliche Angelegenheiten (§ 106 Abs. 2 BetrVG);
- Erläuterung des Jahresabschlusses (Bilanz, Gewinn- und Verlustrechnung, Anhang; § 108 Abs. 5 BetrVG);
- Bericht über wirtschaftliche Lage und Entwicklung des Unternehmens gegenüber der Belegschaft (§ 110 BetrVG);
- Planung von Betriebsänderungen, z. B. Betriebsstillegung, Rationalisierung größeren Stils, Massenentlassung (§ 111 BetrVG).

☐ Eine Ordnungswidrigkeit nach § 121 BetrVG wird nur dann geahndet, wenn die Tat vorsätzlich begangen wird (vgl. § 10 Ordnungswidrigkeitengesetz [OWiG]; zum Begriff »Vorsatz« siehe → **Strafverfahren**. Fahrlässige Begehung der Tat reicht nicht aus.

☐ Dem Täter kann durch Bußgeldbescheid eine Geldbuße zwischen 5,– und 20 000,– DM auferlegt werden (vgl. §§ 17 Abs. 1 OWiG, 121 Abs. 2 BetrVG).

☐ Die Ordnungswidrigkeit verjährt zwei Jahre nach Begehung der Tat (vgl. § 31 Abs. 2 Nr. 2 OWiG).

Ordnungswidrigkeitenverfahren

☐ Verfolgungsbehörden sind die nach Landesrecht zuständigen Ministerien bzw. Verwaltungsbehörden (nicht etwa das Arbeitsgericht!).

☐ Das Ordnungswidrigkeitenverfahren durchläuft folgende Etappen (vgl. §§ 46 ff. OWiG):

- Das Verfahren gegen den Beschuldigten (= sogenannter »Betroffener«) wird eingeleitet nach Anzeige bei der zuständigen Verwaltungsbehörde. Die Anzeige kann z. B. vom Betriebsrat oder von einer im Betrieb vertretenen Gewerkschaft erstattet werden.
- Die Verfolgung der angezeigten Ordnungswidrigkeit liegt im »pflichtgemäßen Ermessen« der Verfolgungsbehörde. Es gilt das sogenannte Opportunitätsprinzip. Das heißt, die Behörde bestimmt, ob und in welchem Umfang sie ermittelt und verfolgt. Dabei hat sie sich allein von sachlichen Gründen leiten lassen. Willkürlich und unzulässig wäre es beispielsweise, wenn die Behörde die Verfolgung der Tat ablehnt, weil dies dem »Ansehen« des »Betroffenen« (Arbeitgeber) schaden würde.
- Die Verwaltungsbehörde ermittelt den Sachverhalt, indem sie den beschuldigten Arbeitgeber und dann wieder den Betriebsrat (ggf. die Gewerkschaft) zu Stellungnahmen auffordert (schriftliches Verfahren = meist sehr langwierig). Es besteht auch die Möglichkeit der Durchführung einer mündlichen Verhandlung. Die Behörde kann Zeugen vernehmen. Sie kann sich sogar der Polizei bedienen.
- Nach Abschluß der Ermittlungen kann die Verwaltungsbehörde einen Bußgeldbescheid erteilen (wenn eine Ordnungswidrigkeit bejaht wird).
Sie stellt das Verfahren ein, wenn keine Ordnungswidrigkeit festgestellt wird oder wenn ein sonstiger sachlicher Grund für eine Einstellung vorliegt (siehe oben).
- Wird das Verfahren eingestellt, so hat die Verwaltungsbehörde dies dem Anzeigeerstatter mitzuteilen (Begründung ist zwar nicht vorgeschrieben, aber zweifellos sinnvoll). Gegen die Einstellung stehen dem Anzeigeerstatter keine förmlichen Rechtsbehelfe zur Verfügung. Ihm bleibt lediglich der Weg der – oft erfolglosen – Aufsichtsbeschwerde.
- Wird ein Bußgeldbescheid erteilt, so kann der Betroffene hiergegen innerhalb von zwei Wochen »Einspruch« bei der Behörde erheben.
- Über den Einspruch entscheidet das Amtsgericht (nicht etwa das Arbeitsgericht).

• Bestätigt das Amtsgericht den Bußgeldbescheid, so kann der Betroffene Rechtsbeschwerde beim Oberlandesgericht einlegen. Dieses Gericht überprüft die Entscheidung des Amtsgerichts allein in rechtlicher, nicht in tatsächlicher Hinsicht. Es entscheidet in der Sache endgültig. Wenn das Oberlandesgericht allerdings von einer Entscheidung eines anderen Oberlandesgerichts oder des Bundesgerichtshofs abweichen will, dann hat es die Sache dem Bundesgerichtshof vorzulegen.

Bedeutung für die Betriebsratsarbeit

☐ Ein Blick in die Praxis zeigt, daß die Verwaltungsbehörden mit der Durchführung von Ordnungswidrigkeitenverfahren nicht gerade überlastet sind. Im Gegenteil: § 121 BetrVG fristet, von einigen Ausnahmen abgesehen, eine Art »Mauerblümchendasein«. Dies erscheint merkwürdig, wenn man bedenkt, daß es nur wenige Gesetze gibt, gegen die so häufig verstoßen wird wie gegen das Betriebsverfassungsgesetz (und zwar insbesondere im Bereich derjenigen Vorschriften, die Informationspflichten des Arbeitgebers begründen). Offensichtlich bestehen doch erhebliche Hemmschwellen und Ängste, auf der Ebene des Ordnungswidrigkeitenverfahrens in die Auseinandersetzung mit dem Arbeitgeber einzutreten.

☐ Der oft zu hörende Einwand, ein Verfahren nach § 121 BetrVG bringe nichts, weil das angedrohte Bußgeld viel zu niedrig sei und vom Arbeitgeber »aus der Portokasse« gezahlt werde, greift zu kurz. Denn die eigentliche »erzieherische« Wirkung eines Ordnungswidrigkeitenverfahrens geht davon aus, daß der Arbeitgeber erkennt, daß der Betriebsrat gewillt ist, alle Wege zur Durchsetzung seiner Rechte zu gehen. Außerdem ist dem Arbeitgeber die mit einem solchen Verfahren verbundene Öffentlichkeitswirkung (der Betriebsrat informiert selbstverständlich die Belegschaft) so unangenehm, daß er sein zukünftiges Informationsverhalten gegenüber dem Betriebsrat überdenken wird.

☐ Einige Betriebsräte haben sich nicht gescheut, auf die Verletzung ihrer gesetzlichen Informationsrechte auch auf § 121 BetrVG zurückzugreifen. In den nachfolgend beispielhaft genannten Fällen sind Bußgeldbescheide erteilt und durch die Gerichte bestätigt worden:

Ordnungswidrigkeitenverfahren

OLG Hamm, Der Betrieb 78, 748;
Kammergericht, Der Betrieb 79, 112;
OLG Düsseldorf, Der Betrieb 82, 1585;
OLG Hamburg, Der Betrieb 85, 1846;
Regierungspräsident Stuttgart, Arbeitsrecht im Betrieb 89, 22.

☐ Weitere Handlungsmöglichkeiten des Betriebsrats zur Durchsetzung seiner Informationsrechte sind:

- das Arbeitsgerichtsverfahren nach § 23 Abs. 3 BetrVG (gegebenenfalls auch ein Antrag auf Erlaß einer einstweiligen Verfügung);
- das Einigungsstellenverfahren nach § 109 BetrVG (wenn der Unternehmer Informationen zu einer »wirtschaftlichen Angelegenheit« im Sinne des § 106 BetrVG verweigert);
- das Strafverfahren nach § 119 Abs. 1 Nr. 2 BetrVG (wenn die Nicht- oder Schlechtinformation einen solchen Grad angenommen hat, daß von einer »Behinderung oder Störung« der Betriebsratsarbeit gesprochen werden kann).

Musterschreiben:

Anzeige wegen Ordnungswidrigkeit nach § 121 BetrVG

Betriebsrat   X-Stadt, den ...
der Firma Metallbau-GmbH

An den

_____

(zuständige Verfolgungsbehörde)

_____

Betr.: Anzeige wegen Ordnungswidrigkeit gemäß § 121 Betriebsverfassungsgesetz

Sehr geehrte Damen und Herren,

hiermit erstattet der Betriebsrat der Firma Metallbau-GmbH, vertreten durch den Betriebsratsvorsitzenden Herrn ...
Ordnungswidrigkeitenanzeige gemäß § 121 BetrVG
gegen den Geschäftsführer der Firma Metallbau-GmbH
Herrn ...
(Name, Anschrift) _____
wegen einer von diesem begangenen Ordnungswidrigkeit gemäß § 121 BetrVG.

Ordnungswidrigkeitenverfahren

Begründung:..........
(ausführliche Darstellung des Sachverhalts: »vorsätzliche Verletzung« der Aufklärungs- und Auskunftspflichten nach einer der in § 121 BetrVG aufgeführten Vorschriften)

Beweis:
Zeugnis der Betriebsratsmitglieder
Herr... (Name, Anschrift) ⎯⎯⎯⎯⎯⎯⎯⎯⎯⎯⎯⎯⎯⎯⎯⎯⎯⎯⎯⎯⎯⎯⎯
Frau... (Name, Anschrift) ⎯⎯⎯⎯⎯⎯⎯⎯⎯⎯⎯⎯⎯⎯⎯⎯⎯⎯⎯⎯⎯⎯⎯
Aufforderungsschreiben des Betriebsrats vom...
Aus den dargelegten Gründen bitten wir Sie, die Ordnungswidrigkeit mit der Verhängung der höchstzulässigen Geldbuße gegen den Beschuldigten zu ahnden.

Hochachtungsvoll

Betriebsratsvorsitzender

Anlagen

Literaturhinweis:

Dietrich Growe: Ordnungswidrigkeitenverfahren nach dem Betriebsverfassungsgesetz. Handlungsanleitung für die Praxis, Bund-Verlag, Köln.

Personalfragebogen

Was ist das?

☐ Ein Personalfragebogen ist eine in der Regel formularmäßig gestaltete Zusammenstellung einer mehr oder weniger großen Anzahl von Fragen, deren Beantwortung Aufschluß über die Person des Befragten sowie über seine Kenntnisse, Fähigkeiten und Fertigkeiten geben soll. Personalfragebogen werden verwendet sowohl als Einstellungsfragebogen als auch als Fragebogen, die von Arbeitnehmern ausgefüllt werden sollen, die bereits im Betrieb beschäftigt sind.

☐ In der betrieblichen Praxis sind Fragebogen mit einer geradezu abenteuerlich anmutenden Zahl von Fragen bekanntgeworden.

Beispiel:

Ein Stromversorgungsunternehmen legte Ausbildungsplatzbewerbern einen Fragebogen mit 106 Fragen vor.

☐ Auch beim Inhalt der Fragen scheint es keine Grenzen zu geben.

Nachstehend ein Auszug aus einem Fragebogen, der von den Bewerbern durch Ankreuzen auszufüllen war (aus Schmid, NJW 1971, 1867):

- *Einmal oder mehrmals im Monat habe ich Durchfall.*
- *Ich habe nie Blut erbrochen oder gehustet.*
- *Ich muß nicht öfter als andere Wasser lassen.*
- *Ich habe nie Blut in meinem Urin bemerkt.*
- *Ich fühle mich sehr stark von Personen meines eigenen Geschlechts angezogen.*
- *Ich spreche gern über sexuelle Dinge.*
- *Ich träume viel von sexuellen Dingen.*
- *Sexuelle Dinge sind mir widerwärtig.*
- *Meine Seele verläßt manchmal meinen Körper.*
- *Ich höre häufig Stimmen, ohne zu wissen, woher sie kommen.*
- *Manchmal kommen mir seltsame Gerüche.*

Personalfragebogen

- *Manchmal empfand ich Freude daran, von jemandem verletzt zu werden, den ich liebte.*
- *Ich habe einige sehr ungewöhnliche religiöse Erlebnisse gehabt.*
- *Ich bin ein besonderer Sendbote Gottes.*
- *Ich bete mehrmals in der Woche.*
- *Ich lese mehrmals in der Woche in der Bibel.*

Bedeutung für die Betriebsratsarbeit

☐ Der Betriebsrat hat nach § 94 Abs. 1 BetrVG ein Mitbestimmungsrecht in Form des Zustimmungsverweigerungsrechtes. Das heißt, er kann die Einführung eines Personalfragebogens zwar nicht erzwingen (derartiges dürfte auch kaum im Interesse des Betriebsrats liegen). Wenn der Arbeitgeber jedoch einen Personalfragebogen einführen will, so hat der Betriebsrat darüber mitzubestimmen,

- ob der Personalfragebogen überhaupt eingeführt werden soll und, wenn ja,
- welchen Inhalt er haben soll.

☐ Auch die Änderung bestehender Fragebogen unterliegt der Mitbestimmung des Betriebsrats.

☐ Um zu verhindern, daß der Arbeitgeber das Mitbestimmungsrecht des Betriebsrats bei der Einführung und inhaltlichen Gestaltung von Personalfragebogen dadurch umgeht, daß er Fragen über die persönlichen Verhältnisse eines Arbeitnehmers in schriftlichen Formulararbeitsverträgen »versteckt«, gewährt § 94 Abs. 2 BetrVG dem Betriebsrat ein Zustimmungsverweigerungsrecht auch

»für persönliche Angaben in schriftlichen Arbeitsverträgen, die allgemein für den Betrieb verwendet werden sollen«.

☐ Durch das Mitbestimmungsrecht des Betriebsrats soll sichergestellt werden, daß der Inhalt des Fragebogens auf solche Fragen beschränkt bleibt, für die ein berechtigtes Auskunftsbedürfnis des Arbeitgebers besteht. Insbesondere soll der Betriebsrat dafür sorgen, daß keine unzumutbaren und rechtswidrigen Fragen in den Fragebogen aufgenommen werden.

☐ Zur Frage der rechtlichen Zulässigkeit von Fragen siehe unten!

Personalfragebogen

☐ Wegen der Mitbestimmung des Betriebsrats bei der Aufstellung von → **Beurteilungsgrundsätzen** siehe dort!

Bedeutung für den Bewerber

☐ Ungefragt muß ein Bewerber nur Sachverhalte offenbaren, die ihn hindern, die angestrebte Tätigkeit auszuüben (Beispiel: Führerscheinentzug bei Bewerbung um Stelle als Fahrer).

☐ Ausdrücklich vom Arbeitgeber schriftlich (z. B. durch Personalfragebogen) oder mündlich (im Bewerbungsgespräch) gestellte Fragen muß er dann wahrheitsgemäß beantworten, wenn die Fragen rechtlich zulässig sind (siehe unten).

☐ Die Beantwortung rechtlich unzulässiger (schriftlich oder mündlich gestellter) Fragen darf der Bewerber nicht nur verweigern (dies würde ihm wenig nutzen, weil er dann die Stelle bestimmt nicht bekommt). Er ist auch befugt, unzulässige Fragen wahrheitswidrig zu beantworten. Nachteilige Folgen dürfen dem Bewerber hieraus nicht erwachsen. Insbesondere ist in einem solchen Fall eine Kündigung oder Anfechtung des Arbeitsvertrages »wegen arglistiger Täuschung« (vgl. § 123 BGB) nicht möglich.

☐ Zulässig sind nur solche Fragen, an deren Beantwortung der Arbeitgeber ein berechtigtes, billigenswertes und schutzwürdiges Interesse hat.

Beispiele:

- *Fragen nach beruflichen und fachlichen Kenntnissen, Fähigkeiten und Fertigkeiten, beruflichem Werdegang sowie Prüfungsergebnissen sind zulässig.*
- *Fragen nach Vorstrafen sind nur dann zulässig, wenn die Straftat einen engen inhaltlichen Bezug zur künftigen Tätigkeit hat (z. B. kann ein Kassierer nach Vorstrafen wegen Eigentums-/Vermögensdelikten, ein Kraftfahrer nach Verkehrsdelikten gefragt werden). Die generell gestellte Frage: »Sind Sie vorbestraft?« ist unzulässig. Der vorbestrafte Bewerber darf sich auch dann als unbestraft bezeichnen, wenn die Vorstrafe im Bundeszentralregister bereits gelöscht oder – falls (noch) nicht gelöscht – als Bagatellstrafe nicht in das polizeiliche Führungszeugnis aufzunehmen ist.*

Personalfragebogen

● *Frage nach bestehender Schwangerschaft:* Das Bundesarbeitsgericht hat in einer Entscheidung vom 15. Dezember 1992 unter Aufgabe seiner bisherigen Rechtsprechung entschieden, daß die Frage nach der Schwangerschaft vor Einstellung einer Arbeitnehmerin in der Regel eine unzulässige Benachteiligung wegen des Geschlechts darstellt und damit gegen das Diskriminierungsverbot des § 611a BGB verstößt, gleichgültig ob sich nur Frauen oder Männer und Frauen um den Arbeitsplatz bewerben (BAG in »Der Betrieb« 1993, S. 435ff.).

☐ Zulässig ist allerdings die Frage nach einer bestehenden Schwangerschaft ausnahmsweise dann, wenn es um die Besetzung eines Arbeitsplatzes geht, auf dem z. B. nach den Vorschriften des Mutterschutzgesetzes (vgl. §§ 4, 8 Mutterschutzgesetz) oder der GefahrstoffVO (vgl. § 15b Abs. 6 GefahrstoffVO) Schwangere nicht beschäftigt werden dürfen.

☐ Zur Frage der Zulässigkeit der Verarbeitung und Nutzung personenbezogener Daten siehe → **Datenschutz**.

Personalplanung

Begriff

☐ Das BetrVG verwendet den Begriff Personalplanung insbesondere in § 92 Abs. 1 und 2, § 96 Abs. 1, § 106 Abs. 2 BetrVG.

Personalplanung ist eine – in der betrieblichen Praxis mit unterschiedlicher Systematik, Intensität und Qualität betriebene – Methode zur Planung einer »möglichst weitgehenden Übereinstimmung zwischen zukünftigen Arbeitsanforderungen (qualitativ und quantitativ) und dem dann einsetzbaren Personal nach Qualifikation und Zahl, wobei die unternehmerischen Ziele und Interessen der Arbeitnehmer soweit wie möglich in Einklang zu bringen sind« (vgl. RKW-Handbuch, Praxis der Personalplanung, Luchterhand-Verlag, Teil I, Kap. 3.1).

Dabei meint § 92 Abs. 1 BetrVG die Personalplanung, wie sie im Betrieb tatsächlich ausgeführt wird, während § 92 Abs. 2 BetrVG die Personalplanung im Auge hat, wie sie nach der o.g. Definition sein sollte.

☐ Die Personalplanung ist kein isoliertes – von der Unternehmenspolitik unabhängiges – Instrumentarium, sondern neben der Gewinn-, Investitions-, Produktions- und Absatzplanung integrierter Bestandteil der gesamten → **Unternehmensplanung**.

☐ Teilbereiche der Personalplanung sind insbesondere:

Personalbedarfsplanung, Personalbeschaffungsplanung, Personalabbauplanung, Personalentwicklungsplanung, Personaleinsatzplanung, Personalkostenplanung (Näheres zu diesen Begriffen siehe Übersichten im Anhang zu dem hier besprochenen Stichwort).

Personalplanung

Bedeutung für die Betriebsratsarbeit

☐ § 92 BetrVG räumt dem Betriebsrat auf dem Gebiet der Personalplanung Informations- und Mitwirkungsrechte ein. Zweck der Vorschrift ist es, den Betriebsrat in die Lage zu versetzen, auf die personalpolitischen Grundsatzentscheidungen des Arbeitgebers/Unternehmers, die lange vor der Durchführung von personellen Einzelmaßnahmen (Einstellung, Versetzung, Kündigung usw.) stattfinden, Einfluß zu nehmen.

Zum Informationsrecht des Betriebsrats im einzelnen:

☐ Nach § 92 Abs. 1 BetrVG hat der Arbeitgeber den Betriebsrat »insbesondere« über den gegenwärtigen und künftigen Personalbedarf sowie über die sich daraus ergebenden personellen Maßnahmen und Maßnahmen der Berufsbildung zu unterrichten. Durch den Begriff »insbesondere« ist klargestellt, daß das Unterrichtungsrecht des Betriebsrats neben der Personalbedarfsplanung auch die übrigen Teilbereiche der Personalplanung (siehe oben) umfaßt.

Die Unterrichtung hat rechtzeitig und umfassend und an Hand von unaufgefordert auszuhändigenden Unterlagen zu erfolgen.

Rechtzeitig ist die Information nur dann, wenn sie in einer Phase erfolgt, in der auf seiten des Arbeitgebers (noch) über verschiedene Varianten/Maßnahmen nachgedacht wird. Der Betriebsrat soll in die Lage versetzt werden, eigene Vorstellungen/Vorschläge im Bereich der Personalplanung zu entwickeln und diese dem Arbeitgeber so frühzeitig vorzulegen, daß sie den Planungsprozeß noch beeinflussen können. Nicht mehr rechtzeitig ist die Information, wenn sich die Planung des Arbeitgebers schon zu einem bestimmten Ergebnis, nämlich zu einem Plan verdichtet hat (der Plan ist das Ergebnis der Planung).

Umfassend ist die Unterrichtung nur, wenn sie die im Rahmen des Personalplanungsprozesses angestellten Überlegungen vollständig wiedergibt.

Die Information hat »an Hand von Unterlagen« zu erfolgen. Zu den Unterlagen zählen alle im Zusammenhang mit dem Planungsprozeß entstehenden Schriftwerke (z. B. Personalstatistiken beispielsweise über Altersaufbau, Qualifikation, Fluktuation und Krankenstand, Stellenpläne, Stellenbeschreibungen, Planungsentwürfe, Personalbedarfsmeldungen, Vorlagen der Planungsabteilung an Geschäftsleitung usw.)

Personalplanung

Die Unterlagen sind dem Betriebsrat zu erläutern und nach h. M. auch zur Verfügung zu stellen, d. h. zeitweilig zu überlassen. Bloßes Vorlesen, Zitieren oder zur Einsicht vorlegen reicht nicht aus. Denn nur eine Aushändigung der Unterlagen ermöglicht dem Betriebsrat, sich so in die Materie einzuarbeiten, daß er sein Mitwirkungsrecht (siehe unten) sinnvoll wahrnehmen kann.

Zu den Mitwirkungsrechten des Betriebsrats im einzelnen:

☐ § 92 Abs. 1 Satz 2 BetrVG verpflichtet den Arbeitgeber, mit dem Betriebsrat über Art und Umfang der erforderlichen Maßnahmen und über die Vermeidung von Härten zu »beraten«. Das heißt, der Arbeitgeber hat Bedenken, Anregungen und Vorschläge des Betriebsrats entgegenzunehmen und mit dem Betriebsrat ernsthaft das Für und Wider der beiderseitigen Vorstellungen/Konzepte zu verhandeln.

Der Arbeitgeber ist allerdings nicht verpflichtet, den Überlegungen des Betriebsrats zu folgen. Vielmehr liegt das »Letztentscheidungsrecht« bei ihm (siehe → **Beteiligungsrechte des Betriebsrats**).

§ 92 Abs. 2 BetrVG gibt dem Betriebsrat das Recht, dem Arbeitgeber Vorschläge für die Einführung einer qualifizierten Personalplanung und ihre Durchführung zu machen. Dabei erstreckt sich dieses Vorschlagsrecht nach einer Einfügung durch das am 1. 9. 1994 in Kraft getretene Zweite Gleichberechtigungsgesetz auch auf Maßnahmen zur Förderung der Durchsetzung der tatsächlichen Gleichberechtigung von Frauen und Männern, insbesondere bei der Einstellung, Beschäftigung, Aus-, Fort- und Weiterbildung und dem beruflichen Aufstieg.

☐ Grundsätzlich ist der örtliche Betriebsrat Träger der Rechte aus § 92 BetrVG.

☐ Ist das Unternehmen jedoch in mehrere Betriebe untergliedert (→ **Mehr-Betriebs-Unternehmen**) und findet eine übergreifende Personalplanung auf Unternehmensebene statt, so ist (auch) der → **Gesamtbetriebsrat** nach §§ 50 Abs. 1, 92 BetrVG zu beteiligen.

☐ Wird auf Konzernebene Personalplanung betrieben, so stehen gemäß § 58 Abs. 1 BetrVG auch dem Konzernbetriebsrat die Rechte aus § 92 BetrVG zu.

☐ §§ 96–98 BetrVG verpflichten Arbeitgeber und Betriebsrat gemeinsam, die Berufsbildung »im Rahmen der betrieblichen Personalplanung« zu fördern. Des weiteren regeln die Vorschriften Beteiligungsrechte des Betriebsrats (siehe insoweit → **Berufsbildung**).

Personalplanung

☐ Des weiteren ist hinzuweisen auf § 106 Abs. 2 BetrVG. Hiernach hat der Unternehmer den → **Wirtschaftsausschuß** über wirtschaftliche Angelegenheiten zu unterrichten »sowie die sich daraus ergebenden Auswirkungen auf die Personalplanung darzustellen« (siehe → **Wirtschaftsausschuß**).

☐ Verstöße des Arbeitgebers gegen das Gebot der rechtzeitigen und umfassenden Information im Sinne der §§ 92 Abs. 1, 106 Abs. 2 BetrVG stellen Ordnungswidrigkeiten im Sinne des § 121 BetrVG dar, die mit Geldbußen bis zu 20 000,- DM geahndet werden können (siehe → **Ordnungswidrigkeitenverfahren**).

☐ Außerdem kann der Betriebsrat gegen den Arbeitgeber nach § 23 Abs. 3 BetrVG vorgehen, wenn dieser gegen seine betriebsverfassungsrechtlichen Pflichten im Bereich »Personalplanung« verletzt.

☐ Bei fehlender oder unzureichender Information des Wirtschaftsausschusses kann der Betriebsrat zudem das in § 109 BetrVG vorgesehene Verfahren in Gang setzen (siehe → **Wirtschaftsausschuß**).

Personalplanung

Übersicht: **Personalplanung**	
Teilbereiche der Personalplanung:	*Planungsinhalte:*
Personalbedarfsplanung	Welche und wie viele Arbeitskräfte werden an welchen Arbeitsplätzen zu welchem Zeitpunkt benötigt?
Personalbeschaffungsplanung	Welche und wie viele Arbeitskräfte sollen wann eingestellt (externer Arbeitsmarkt) bzw. versetzt (interner Arbeitsmarkt) werden?
Personalabbauplanung	Welche und wie viele Arbeitskräfte sollen wann und wie (Kündigung, Aufhebungsvertrag) »abgebaut« werden?
Personalentwicklungsplanung	Welche Berufsbildungsmaßnahmen müssen wann und in welchem Umfang bei welchen Arbeitskräften durchgeführt werden, um die für den Produktionsprozeß notwendige Qualifikation sicherzustellen?
Personaleinsatzplanung	Welche Arbeitskräfte müssen zu welchem Zeitpunkt an welchen Arbeitsplätzen eingesetzt werden?
Personalkostenplanung	Welche Kosten werden in welcher Höhe bei der Realisierung der vorstehenden Planungen entstehen?
Durchführung der vorstehenden Pläne: interne und externe Stellenausschreibung, Einstellung, Versetzung, Eingruppierung, Umgruppierung, Berufsbildungsmaßnahmen, Aufhebungsvertrag, Kündigung, gegebenenfalls Massenentlassung usw.	

Personalplanung

Übersicht:

Mögliche Auswirkungen der Personalplanung auf die Beschäftigten

Personalplanungsbereiche	Gefahrenpunkte/Folgen für die Arbeitnehmer
• Personalbedarfsplanung	Mehr- oder Minderbedarf (Entlassungen bzw. Leistungsverdichtung) Variation der Belastungsgrenzen (Personaleinsparung) personelle Unterdeckung (Mehrarbeit) notwendige Anpassung von Springereinsatz/ personeller Zuschlagsquote an Fehlzeitenquote (z. B. nach Arbeitszeitverkürzung, sonst Leistungssteigerung)
• Personalbeschaffungsplanung	Rekrutierung der Arbeitskräfte von innen oder von außen; interne Ausschreibungen, Umsetzungen (anstelle Entlassungen); mehr oder weniger Auszubildende (in Verbindung mit Qualifikationsplanung)
• Personalabbauplanung	Entlassungen oder alternative Maßnahmen der Personalanpassung; Einsatz von Abbaureserven/Leiharbeitnehmern/vorzeitige Pensionierung/Sozialplan/Aufhebungsvertrag
• Personalentwicklungsplanung	Personalbeurteilungssysteme/ Exklusivität der Beteiligung an interner oder externer Weiterbildung/Qualifikationssicherung als Voraussetzung gesicherter Einkommen/ Nachwuchs- und Führungskräfteplanung
• Personalkostenplanung	Rationalisierung/Kostensenkung bei gleichzeitiger Leistungssteigerung/Abgruppierung/ Dequalifizierung

Aus: WSI-Projektgruppe: Mitbestimmung im Unternehmen und Betrieb, Bund-Verlag, Köln 1981, S. 505.

Literaturhinweis:

Bosch/Kohl/Schneider (Hrsg.): Handbuch Personalplanung. Ein praktischer Ratgeber. Bund-Verlag, Köln.

Personelle Angelegenheiten

☐ Das Betriebsverfassungsgesetz unterscheidet vier Bereiche, innerhalb derer dem Betriebsrat → **Beteiligungsrechte** zustehen:
- soziale Angelegenheiten, §§ 87 bis 89 BetrVG;
- Gestaltung von Arbeitsplatz, Arbeitsablauf und Arbeitsumgebung, §§ 90, 91, BetrVG;
- personelle Angelegenheiten, §§ 92 bis 105 BetrVG;
- wirtschaftliche Angelegenheiten, §§ 106 bis 113 BetrVG.

☐ Der Bereich »personelle Angelegenheiten« unterteilt sich in die Komplexe
- allgemeine personelle Angelegenheiten (§§ 92 bis 95 BetrVG): → **Personalplanung**, innerbetriebliche → **Ausschreibung von Arbeitsplätzen**, → **Personalfragebogen**, → **Beurteilungsgrundsätze**, → **Auswahlrichtlinien**,
- → **Berufsbildung** (§§ 96 bis 98 BetrVG);
- personelle Einzelmaßnahmen (§§ 99 bis 105 BetrVG): → **Einstellung**, → **Eingruppierung, Umgruppierung**, → **Versetzung**, → **Kündigung**.

☐ Dem Betriebsrat stehen hinsichtlich der vorstehend genannten Tatbestände → **Beteiligungsrechte** von unterschiedlicher Qualität und Reichweite zu (Informationsrechte, Mitwirkungsrechte, teilweise Mitbestimmungsrechte); siehe Erläuterungen zu den jeweiligen Stichworten.

Personelle Angelegenheiten

Schnellübersicht:

Personelle Angelegenheiten und Rechte des Betriebsrats

Allgemeine personelle Angelegenheiten	Berufsbildung	Personelle Einzelmaßnahmen
Personalplanung (§ 92 BetrVG: Informations-, Beratungs- und Vorschlagsrechte)	Förderung der Berufsbildung (§§ 92, 96 BetrVG: Informations-, Beratungs- und Vorschlagsrechte)	Einstellung Eingruppierung Umgruppierung Versetzung (§ 99, 100, 101 BetrVG: Informations- und Zustimmungsverweigerungsrecht)
Ausschreibung von Arbeitsplätzen (§ 93 BetrVG: Betriebsrat kann verlangen...)	Errichtung und Ausstattung betrieblicher Einrichtungen zur Berufsbildung; Einführung betrieblicher Berufsbildungsmaßnahmen; Teilnahme an außerbetrieblichen Berufsbildungsmaßnahmen (§§ 92, 97 BetrVG: Informations- und Beratungsrechte)	
Personalfragebogen (§ 94 Abs. 1 BetrVG: Zustimmungsverweigerungsrecht)		Kündigung (§ 102 BetrVG: Informations-, Anhörungsrecht; Betriebsrat kann »Bedenken« und [bei ordentlicher Kündigung] »Widerspruch« einlegen)
Formulararbeitsverträge mit persönlichen Angaben (§ 94 Abs. 2 BetrVG: Zustimmungsverweigerungsrecht)		
Beurteilungsgrundsätze (§ 94 Abs. 2 BetrVG Zustimmungsverweigerungsrecht)	Art und Weise der Durchführung von Maßnahmen der betrieblichen Berufsbildung (§ 98 Abs. 1, 4 BetrVG: Mitbestimmungsrecht)	Außerordentliche Kündigung von Mitgliedern von Organen der Betriebsverfassung (§ 103 BetrVG: Zustimmungsverweigerungsrecht)
Auswahlrichtlinien in Betrieben bis 1000 Arbeitnehmern (§ 95 Abs. 1 BetrVG: Zustimmungsverweigerungsrecht)	Bestellung von Ausbildungsbeauftragten (§ 98 Abs. 2, 5 BetrVG: Zustimmungsverweigerungsrecht) Abberufung von Ausbildungsbeauftragten (§ 98 Abs. 2, 5 BetrVG: Initiativrecht)	Entlassung oder Versetzung »betriebsstörender« Arbeitnehmer (§ 104 BetrVG: Initiativrecht)
Auswahlrichtlinien in Betrieben mit mehr als 1000 Arbeitnehmern (§ 95 Abs. 2 BetrVG: (Zustimmungsverweigerungsrecht und Initiativrecht)	Auswahl von Teilnehmern an betrieblichen und außerbetrieblichen Maßnahmen der Berufsbildung (§ 98 Abs. 3, 4 BetrVG: Vorschlags- und Mitbestimmungsrecht)	Einstellung oder sonstige personelle Veränderung eines leitenden Angestellten (§ 105 BetrVG: Informationsrecht)

645

Rationalisierung

Was ist das?

☐ Die Leitung eines Unternehmens ist bemüht, die ihr zur Verfügung stehenden finanziellen Mittel in einer Weise einzusetzen, die die Erzielung des höchstmöglichen Gewinns ermöglicht. Diese Zielsetzung verlangt einen »rationellen« (auf deutsch: »vernünftigen«) Einsatz der »Produktions- und Kostenfaktoren« Mensch und Betriebsmittel. Der Begriff »Rationalisierung« umfaßt alle Maßnahmen, die die »Leistung des Betriebs« verbessern, insbesondere den Aufwand an menschlicher Arbeit, an Zeit, Energie, Material und Kapital herabsetzen.

☐ Rationalisierung in diesem Sinne findet in den Betrieben in zweierlei Form statt:

- in Form von betriebsorganisatorischen Maßnahmen (Änderung von Arbeitsabläufen, Einführung oder Abschaffung von Fließband-, Gruppen- oder Einzelarbeit, Abbau der Lagerhaltung, Einführung oder Änderung von Entlohnungsgrundsätzen und -methoden, Leistungsverdichtung usw.);

- sowie in Form von technischen Maßnahmen (Einsatz von arbeitssparenden oder qualitätsverbessernden Technologien sowohl im Produktions- als auch im Verwaltungsbereich: Einsatz von EDV-Anlagen, NC- oder CNC-Maschinen, computergestützte Konstruktion usw.).

☐ Siehe auch → **Lean production**, → **Gruppenarbeit**, → **ISO 9000**, → **Betriebliches Vorschlagswesen**.

Bedeutung für die Betriebsratsarbeit

☐ Der Betriebsrat hat sowohl in der Phase der Planung als auch in der Phase der Durchführung von Rationalisierungsmaßnahmen eine Vielzahl von **Aufgaben** zu bewältigen:

Rationalisierung

- konkrete Einzelheiten der Planungen des Arbeitgebers müssen erfragt werden;
- die Auswirkungen auf die Beschäftigten müssen festgestellt werden;
- die Interessenlage (Interessen des Arbeitgebers, Interessen der Beschäftigten) muß geklärt werden;
- Konsequenzen müssen gezogen werden in Form von Forderungen, Vorschlägen, Konzepten, Entwürfen von Betriebsvereinbarungen;
- Begründungen für die eigenen Forderungen und Gegenargumente hinsichtlich der arbeitnehmerinteressenschädlichen Vorhaben müssen erarbeitet werden;
- Verhandlungen mit dem Arbeitgeber müssen sorgfältig vorbereitet und aufgenommen werden;
- in allen Phasen sollte es Kooperation von Betriebsrat, Vertrauensleuten, Sicherheitsbeauftragten und Sicherheitsfachkräften, sonstigen interessierten und sachkundigen Belegschaftsmitgliedern und Gewerkschaft geben durch Information, Diskussion am Arbeitsplatz, in gemeinsamen Sitzungen, Betriebs- oder Abteilungsversammlungen usw.;
- auch an die Hinzuziehung von → **Sachverständigen** nach § 80 Abs. 3 BetrVG und die Durchführung von → **Schulungs- und Bildungsveranstaltungen** nach § 37 Abs. 6 BetrVG sollte gedacht werden;
- schließlich kann die Zusammenarbeit mit Betriebsarzt, Berufsgenossenschaft und gegebenenfalls Gewerbeaufsicht notwendig sein;
- für den Fall, daß die Verhandlungen mit dem Arbeitgeber scheitern sollten, ist zu prüfen, ob die rechtlichen und tatsächlichen Voraussetzungen für ein Einigungsstellenverfahren gegeben sind.

☐ Zur Durchführung seiner Aufgaben stellt das BetrVG dem Betriebsrat → **Beteiligungsrechte** zur Verfügung:

- **Informationsrechte** nach
  - § 106 Abs. 2 BetrVG (Information des Wirtschaftsausschusses über Rationalisierungsvorhaben sowie über die Auswirkungen auf die Personalplanung);
  - § 90 Abs. 1 und 2 BetrVG (Information über die Planungen bezüglich Gestaltung von Arbeitsplatz, Arbeitsablauf und Arbeitsumgebung);
  - § 92 Abs. 1 BetrVG (Information über die mit der Rationalisierungsplanung verbundene Personalplanung);

Rationalisierung

- § 111 BetrVG (Information über die Planung solcher Rationalisierungsmaßnahmen, die den Charakter einer → **Betriebsänderung** haben).

- **Mitwirkungsrechte** in Form von Beratungs- und Vorschlagsrechten nach
  - § 106 Abs. 1 BetrVG (Beratung der Rationalisierungsmaßnahmen sowie der Auswirkungen auf die Personalplanung mit dem Wirtschaftsausschuß);
  - § 90 Abs. 2 BetrVG (Beratung über die Gestaltung von Arbeitsplatz, Arbeitsablauf und Arbeitsumgebung);
  - § 92 Abs. 1 und 2 BetrVG (Beratung über die Personalplanung);
  - § 96 ff. (Beratung über geplante oder vom Betriebsrat vorgeschlagene Berufsbildungsmaßnahmen);
  - § 111 BetrVG (Beratung über das »Ob«, das »Wann« und das »Wie« der Betriebsänderung);
  - § 112 Abs. 1–3 BetrVG (Verhandlungen über einen Interessenausgleich);
  - gegebenenfalls auch Anhörungs- und Widerspruchsrechte nach § 102 BetrVG, falls Kündigungen geplant sind.

- **Mitbestimmungsrechte** nach
  - § 87 Abs. 1 Nr. 2 BetrVG: wenn Arbeitszeitregelungen beabsichtigt sind (z. B. Verlegung des Arbeitszeitbeginns oder Einführung von Schichtarbeit);
  - § 87 Abs. 1 Nr. 6 BetrVG: wenn eine vom Arbeitgeber geplante technische Einrichtung geeignet ist, Leistung und Verhalten von Arbeitnehmern zu überwachen. Diese Vorschrift hat im Rahmen von »technischen« Rationalisierungsmaßnahmen zweifellos die größte Bedeutung. Dies gilt insbesondere für solche Technologien, die EDV-gestützt sind.
  Das Mitbestimmungsrecht ist nicht davon abhängig, ob der Arbeitgeber die Arbeitnehmer überwachen will oder nicht. Vielmehr genügt die objektive Eignung der technischen Einrichtung zur Überwachung;
  - § 87 Abs. 1 Nr. 7 BetrVG: wenn Gesetze und Rechtsverordnungen über Unfallverhütung oder Gesundheitsschutz oder Unfallverhütungsvorschriften Anwendung finden, die einen »Rahmen« (d. h. einen Regelungsspielraum) eröffnen, der im Mitbestimmungswege ausgefüllt werden kann;

Rationalisierung

- § 91 BetrVG: wenn sich herausstellt, daß die geplanten oder bereits durchgeführten Maßnahmen den »gesicherten arbeitswissenschaftlichen Erkenntnissen über die menschengerechten Gestaltung der Arbeit« offensichtlich widersprechen und die betroffenen Arbeitnehmer in besonderer Weise belasten;
- § 98 BetrVG: wenn Berufsbildungsmaßnahmen durchgeführt werden sollen;
- § 99 BetrVG: wenn die Einstellung, Ein- und Umgruppierung, oder Versetzung von Arbeitnehmern geplant ist;
- § 112 Abs. 1–5 BetrVG: wenn ein Sozialplan abzuschließen ist.

Literaturhinweis:

Klaus Lang/Kay Ohl: Lean production. Herausforderungen und Handlungsmöglichkeiten. Ein praktischer Ratgeber, Bund-Verlag, Köln.

Arbeitskammer Saarland: Handlungsmöglichkeiten des Betriebsrats bei der Einführung neuer Technologien in Büro und Verwaltung, Arbeitskammer Saarland, Saarbrücken.

Wolfgang Däubler: Gläserne Belegschaften? Datenschutz für Arbeiter, Angestellte und Beamte, Bund-Verlag, Köln.

Peter Wedde: Telearbeit. Handbuch für Arbeitnehmer, Betriebsräte und Anwender, Bund-Verlag, Köln.

Wolfgang Däubler/Thomas Klebe/Peter Wedde: Bundesdatenschutzgesetz. Basiskommentar mit der neuen EU-Datenschutzrichtlinie.

Rechtzeitig

Was heißt das?

☐ Der Begriff »rechtzeitig« findet sich in den §§ 80 Abs. 2, 90 Abs. 1 und 2, 92 Abs. 1, 105, 106 Abs. 2, 111 BetrVG. Nach diesen Vorschriften ist der Arbeitgeber/Unternehmer verpflichtet, die Interessenvertretungsorgane der Arbeitnehmer »rechtzeitig« zu unterrichten. Siehe auch → **Umfassend** und → **Unterlagen**.

☐ Die Konkretisierung des Begriffs »rechtzeitig« leitet sich ab aus der allgemeinen Funktion des Betriebsrats. Er soll im Sinne der Interessen der Beschäftigten Vorhaben/Planungen des Arbeitgebers durch Ausübung seiner Mitwirkungsrechte bzw. Mitbestimmungsrechte (siehe → **Beteiligungsrechte**) beeinflussen.

☐ Konkret zu bestimmen ist der Begriff nur bei einer näheren Betrachtung des jeweiligen unternehmerischen Planungs- und Entscheidungsprozesses.

Dies ist nur möglich, wenn ihm – vor endgültiger Entscheidung des Arbeitgebers – genügend Zeit zur Verfügung steht (bzw. gestellt wird), um eigene Alternativvorschläge auszuarbeiten und in die Beratungen/ Verhandlungen einzubringen.

Diesen Prozeß kann man wie folgt untergliedern (siehe → **Unternehmensplanung**):

- Zielsetzung (z. B. Einführung neuer Techniken, Personalkostensenkung, »Verbesserung« der Arbeitsorganisation, Produktionssteigerung usw.).
- Grobplanung (= Planungsauftrag z. B. an die Planungsabteilung oder an eine externe Unternehmensberatungsfirma; Ergebnis der Grobplanung: Der Unternehmensleitung werden mehrere Alternativvorschläge vorgelegt).

Rechtzeitig

Beispiel:
»Variante« 1: Stillegung eines Betriebs
»Variante« 2: Teilstillegung des Betriebs
»Variante« 3: Fortführung des Betriebs mit grundlegender Veränderung des Betriebsablaufs einschließlich neuer Technologien
Die Unternehmensleitung trifft am Ende der Grobplanungsphase eine Entscheidung (z. B. für die »Variante« 2).

- Feinplanung (= die »Variante«, für die sich die Unternehmensleitung entschieden hat, wird bis hin »zum letzten Arbeitsplatz« durchgeplant).
Ergebnis der Feinplanung: Die Unternehmensleitung »verabschiedet« einen bestimmten »Plan« (der Plan ist das Ergebnis der Planung!).
- Durchführung des Plans: Von oben nach unten wird die Realisierung des Plans angeordnet.
- Kontrolle (= Soll/Ist-Vergleich): Von unten nach oben wird der Vollzug der jeweiligen Schritte zur Realisierung gemeldet. Stellt die Unternehmensleitung ein Auseinanderfallen von »Soll« und »Ist« fest, wird entweder der »Plan« geändert oder Einfluß auf die Durchführung genommen (durch entsprechende Anordnungen).

☐ Schon in der Phase der Zielsetzung entstehen Informationsrechte der Interessenvertretung. Denn nach § 106 BetrVG ist der Unternehmer verpflichtet, den → **Wirtschaftsausschuß** (der ein Organ des Betriebsrats bzw. Gesamtbetriebsrats ist) schon sehr frühzeitig über Fragen und Ziele der Unternehmenspolitik zu unterrichten (und mit ihm zu beraten) und zwar bevor (!) eine konkrete betriebliche »Grobplanung« der ins Auge gefaßten Maßnahmen eingeleitet wird.

☐ Der Betriebsrat des von der Planung betroffenen Betriebs als solcher ist spätestens in der Phase der »Grobplanung« zu informieren, d.h. in der Phase, in der der Unternehmer verschiedene Wege (Varianten, Alternativen) zur Erreichung des Zieles prüft. Denn das BetrVG will – wie oben ausgeführt – den Betriebsrat in die Lage versetzen, eigene Vorschläge zu entwickeln und sie so frühzeitig beim Unternehmer »anzubringen«, daß sie noch den »Plan« beeinflussen können.

☐ Würde die Information erst nach der Verabschiedung eines »Grobplans« oder gar »Feinplans« erfolgen, würde der Betriebsrat vor voll-

Rechtzeitig

endete Tatsachen gestellt werden. Er hätte nur noch geringe Möglichkeiten, auf den weiteren Geschehensablauf einzuwirken.

☐ Die Verpflichtung des Arbeitgebers zur »rechtzeitigen Information« ist nicht mit einer einmaligen Information erledigt. Vielmehr muß der Arbeitgeber den Betriebsrat fortlaufend über den jeweiligen Stand des Gesamtprozesses unterrichten.

Beispiel:

Im Zuge der Einführung eines neuen technischen Systems hat der Arbeitgeber fortlaufend zu informieren
- *über die grobe Zielsetzung sowie darüber, daß er eine Grobplanung mit den Vorgaben XY in Auftrag gegeben hat;*
- *über die Alternativ-Vorschläge der Planungsabteilung;*
- *über die Entscheidung der Unternehmensleitung für eine bestimmte (vielleicht vom Betriebsrat bereits beeinflußte) Alternative;*
- *über den Feinplanungsauftrag einschließlich der Vorgaben für die Feinplanung;*
- *über die Feinplan-Entscheidung;*
- *über Maßnahmen zur Durchführung des Plans;*
- *über Ergebnisse und Konsequenzen der Kontrolle.*

Sachverständiger

Begriff

☐ Nach § 80 Abs. 3 BetrVG kann der Betriebsrat »nach näherer Vereinbarung mit dem Arbeitgeber« Sachverständige hinzuziehen. Die Kosten des Sachverständigen trägt, wenn die Voraussetzungen des § 80 Abs. 3 BetrVG vorliegen, der Arbeitgeber (vgl. § 40 Abs. 1 BetrVG und → **Kosten der Betriebsratsarbeit**).

☐ »Sachverständige« im Sinne dieser Vorschrift sind solche Personen, die dem Betriebsrat diejenigen ihm fehlenden fachlichen und rechtlichen Kenntnisse (mündlich oder schriftlich) vermitteln, die er benötigt (Erforderlichkeit!), um seine betriebsverfassungsrechtlichen Aufgaben sachgerecht und qualifiziert erfüllen zu können.

☐ Die Erforderlichkeit, einen Sachverständigen zu beauftragen, kann beispielsweise gegeben sein, wenn es um folgende schwierige Sachverhalte geht (Beispiele):

- Gestaltung des →**Arbeitsentgelts** (z. B. Einführung eines Prämienlohnsystems);
- Gestaltung der Arbeitsbedingungen bei → **Gruppenarbeit**;
- Einführung von EDV-Technik;
- Analyse des → **Jahresabschlusses** (vgl. § 108 Abs. 5 BetrVG);
- versicherungsmathematische Fragen bei → **betrieblicher Altersversorgung** (vgl. § 87 Abs. 1 Nr. 8 BetrVG);
- Fragen der menschengerechten Gestaltung der Arbeit (vgl. §§ 87 Abs. 1 Nr. 7, 90 Abs. 2, 91 BetrVG, siehe →**Arbeitsschutz**);
- Ausarbeitung eines Entwurfs eines → **Interessenausgleichs** und → **Sozialplans**.

Allerdings soll der Betriebsrat nach der Rechtsprechung erst dann einen Anspruch auf Zuziehung eines Sachverständigen haben, wenn eventuell bestehende Möglichkeiten der Schulung nach § 37 Abs. 6 und 7 BetrVG sowie der kostenlosen Unterrichtung durch innerbetriebliche Sachverständige (z. B. EDV-Abteilung) oder Gewerkschaftsvertreter ausgeschöpft worden und dennoch Fragen offengeblieben sind.

Sachverständiger

☐ Der Betriebsrat kann einen Sachverständigen nicht »von sich aus« beauftragen. Vielmehr ist eine »nähere Vereinbarung« mit dem Arbeitgeber notwendig. Insbesondere muß der Betriebsrat sich mit dem Arbeitgeber über folgende Einzelheiten einigen: Person des Sachverständigen, Inhalt und Umfang des Auftrags an den Sachverständigen; Zeitpunkt, Zeitraum und Kosten seines Einsatzes. Beauftragt der Betriebsrat ohne eine solche Vereinbarung einen Sachverständigen, läuft er Gefahr, auf den Kosten des Sachverständigen »sitzenzubleiben«.

☐ Als Sachverständige im Sinne des § 80 Abs. 3 BetrVG kommen beispielsweise in Betracht:

Technologie-Experten von Universitäten oder Technologieberatungsstellen, Gefahrstoffexperten, Arbeitsmediziner, Bilanzsachverständige, Rechtsanwälte, »alternative« Unternehmensberater, ggf. auch Gewerkschaftsbeauftragte, sofern ihre Tätigkeit über die »normale« gewerkschaftliche Beratungs- und Betreuungsarbeit (siehe unten) hinausgeht.

☐ Keine Sachverständigen im Sinne des § 80 Abs. 3 BetrVG sind die sog. »Auskunftspersonen«. Diese sind im Rahmen ihrer normalen beruflichen Tätigkeit zur gebührenlosen Auskunft an den Betriebsrat verpflichtet; z. B. Beamte der Gewerbeaufsicht oder der Berufsgenossenschaft, Werksarzt, Angehörige der Betriebskrankenkasse, Gewerkschaftssekretäre im Rahmen ihrer Beratungs- und Betreuungstätigkeit usw. Insoweit ist eine »nähere Vereinbarung« mit dem Arbeitgeber nicht erforderlich, wenn der Betriebsrat sich bei diesen Personen sachkundig machen will.

☐ Die Vertretung des Betriebsrats durch Rechtsanwälte bei der Durchführung von Arbeitsgerichtsverfahren wird nicht von § 80 Abs. 3 BetrVG, sondern unmittelbar von § 40 BetrVG erfaßt (d. h. der Arbeitgeber trägt auch ohne »nähere Vereinbarung« die Kosten des Rechtsanwaltes; vgl. → **Kosten der Betriebsratsarbeit**).

☐ Die Beteiligung und Vergütung von Rechtsanwälten und Gewerkschaftssekretären als Beisitzer im Verfahren der → **Einigungsstelle** ist in § 76 a BetrVG geregelt.

☐ Nicht selten versuchen Arbeitgeber, den Einsatz des Sachverständigen durch Verweigerung der erforderlichen Einigung zu blockieren. In diesem Falle besteht für den Betriebsrat die Möglichkeit, das Arbeitsgericht anzurufen. In Eilfällen kann der Betriebsrat sein Verlangen auch durch Antrag auf Erlaß einer »einstweiligen Verfügung« durchzusetzen versuchen (siehe → **Arbeitsgericht**). Im Interesse einer

»konstruktiven« Arbeitssituation im Betrieb ist es allerdings angebracht, zunächst alle außergerichtlichen Möglichkeiten der einvernehmlichen Hinzuziehung eines Sachverständigen auszuschöpfen.

Bedeutung für die Betriebsratsarbeit

☐ Je komplizierter und komplexer sich beteiligungspflichtige Sachverhalte darstellen, desto notwendiger wird die Erweiterung des Wissensstandes der Mitglieder der Organe der Interessenvertretung.

Deshalb ist es sinnvoll, daß das BetrVG dem Betriebsrat nicht nur die Teilnahme an Schulungsmaßnahmen nach § 37 Abs. 6 und 7 BetrVG, sondern auch die Einschaltung von Sachverständigen – wenn auch »nach näherer Vereinbarung« mit dem Arbeitgeber – ermöglicht. Diese Möglichkeit sollte in schwierigen Fallgestaltungen unbedingt genutzt werden. Über die zuständige Gewerkschaft kann der Kontakt zu geeigneten Sachverständigen hergestellt werden.

☐ Ebenfalls und gleichzeitig genutzt werden muß aber auch jede Möglichkeit der Zusammenarbeit mit »sachverständigen« Arbeitnehmern des Betriebs (z.B. gewerkschaftliche Vertrauensleute, Arbeitskreis →**Alternative Produktion**, Beschäftigte der EDV-Abteilung, Sicherheitsfachkräfte usw.). Dies »befruchtet« nicht nur die Betriebsratsarbeit inhaltlich, sondern ist gleichzeitig ein Weg, eine stärkere – und was die Durchsetzung von Zielen angeht – wirkungsvollere Zusammenarbeit zwischen Belegschaft und Interessenvertretung zu entwickeln. Abzulehnen ist die oben skizzierte Rechtsprechung, die eine Hinzuziehung eines externen Sachverständigen erst dann zuläßt, wenn Informationsmöglichkeiten durch Schulung sowie durch Gewerkschaft oder Betriebsangehörige ausgeschöpft sind (vgl. Däubler/Kittner/Klebe/Schneider, BetrVG, 4. Aufl., § 80 Rdnr. 70ff.). Eine »nähere Vereinbarung« mit dem Arbeitgeber über die Einbeziehung sachverständiger Betriebsangehöriger ist nicht erforderlich. Probleme können allenfalls dort auftreten, wo Arbeitgeber bzw. Vorgesetzte sich weigern, die »sachverständigen Arbeitnehmer« für die Zeit der Zusammenarbeit mit dem Betriebsrat (z.B. Teilnahme an einer → **Betriebsratssitzung**) freizustellen.

Schichtarbeit

Was ist das?

☐ Schichtarbeit in weitestem Sinne liegt vor, wenn (mindestens zwei) Arbeitnehmer eine übereinstimmende Arbeitsaufgabe erledigen, indem sie sich regelmäßig nach einem feststehenden Schichtplan ablösen.

Schichtarbeit kommt vor in Form von 2-Schicht-, 3-Schicht-, 4-Schicht-, 5-Schicht- und Konti-Schicht-Systemen (Vollkonti-Schicht: Arbeit an allen Tagen der Woche; Teilkonti-Schicht: Arbeit von Montag bis Freitag, ggf. auch einschließlich Samstag).

Schichtarbeit findet vor allem statt im Dienstleistungsbereich (notwendige Versorgung der Bevölkerung »rund um die Uhr«: Krankenhäuser, Bahn, Post, Polizei usw.; aber auch zum Zwecke besserer Bedarfsdeckung: Gaststätten, Tageszeitungen usw.);

Auch im industriellen Bereich wird in Schichten gearbeitet: zum einen aus technischer Notwendigkeit (z. B. Hochöfen), zum anderen aber auch aus ökonomischen Gründen. Die Vorteile für den Arbeitgeber liegen auf der Hand: Schichtarbeit dient der besseren Auslastung des – teuren – Maschinenparks.

Für die Beschäftigten ist Schichtarbeit insbesondere wegen der höheren Verdienstmöglichkeit (tarifliche Schichtzulagen) interessant. Andererseits wird dabei leider die erwiesene Gesundheits- und Sozialschädlichkeit der Schichtarbeit, insbesondere der Nachtarbeit, verdrängt.

☐ Zu beachten ist § 6 Abs. 1 ArbZG: Hiernach ist die Arbeitszeit der (Nacht- und) Schichtarbeitnehmer nach den gesicherten arbeitswissenschaftlichen Erkenntnissen über die menschengerechte Gestaltung der Arbeit (zu diesem Begriff siehe → **Arbeitsschutz**) festzulegen.

Nach § 8 ArbZG können durch Rechtsverordnung der Bundesregierung – über die Bestimmungen des § 6 ArbZG hinaus (siehe → **Nachtarbeit**) – weitere Regelungen zum Schutz von Nacht- und Schichtarbeitnehmern erlassen werden.

Bedeutung für die Betriebsratsarbeit

☐ Der Betriebsrat hat, soweit eine gesetzliche oder tarifliche Regelung nicht besteht, nach § 87 Abs. 1 Nr. 2 BetrVG in Sachen »Schichtarbeit« ein volles Mitbestimmungsrecht. Denn im Rahmen einer Schichtarbeitsregelung geht es zwangsläufig unter anderem um die Festlegung von

»Beginn und Ende der täglichen Arbeitszeit einschließlich der Pausen sowie die Verteilung der Arbeitszeit auf die einzelnen Wochentage« (vgl. § 87 Abs. 1 Nr. 2 BetrVG).

Mitbestimmungspflichtig ist sowohl die Frage des »Ob« als auch die Frage des »Wie« der Schichtarbeit. Der Betriebsrat hat demnach mitzubestimmen bei der Einführung, Ausgestaltung, Änderung und Abschaffung von Schichtarbeit für den ganzen Betrieb oder für Betriebsabteilungen einschließlich der Festlegung und Ausgestaltung einzelner Schichtpläne.

☐ Auch der »Schichtwechsel« von einzelnen Arbeitnehmern (z. B. Überführung eines Arbeitnehmers von Tag- in Wechsel-/ oder Nachtschicht) unterliegt dem Mitbestimmungsrecht des Betriebsrats nach § 87 Abs. 1 Nr. 2 BetrVG (vgl. BAG in AP Nr. 35 zu § 87 BetrVG 1972 »Arbeitszeit«). Der für diese Mitbestimmungsvorschrift erforderliche »kollektive Bezug« ist selbst beim Schichtwechsel eines einzelnen Arbeitnehmers regelmäßig gegeben (Auswirkungen auf andere Arbeitnehmer sowie auf den Betriebsablauf). Deshalb bedarf der vom Arbeitgeber geplante Schichtwechsel der Zustimmung des Betriebsrats. Im Nichteinigungsfalle entscheidet die Einigungsstelle (§ 87 Abs. 2 BetrVG).

☐ Dagegen ist § 99 BetrVG bei »Schichtwechsel« nicht anwendbar. Die bloße Veränderung der Lage der Arbeitszeit eines Arbeitnehmers stellt nach der Rechtsprechung keine → **Versetzung** im Sinne der §§ 95 Abs. 3, 99 BetrVG dar (BAG in EzA § 95 BetrVG 1972, Nr. 23; strittig).

☐ Ein Mitbestimmungsrecht des Betriebsrats bei Fragen der Schichtarbeit besteht auch nach § 87 Abs. 1 Nr. 7 BetrVG: Eine ausfüllungsbedürftige Rahmenvorschrift im Sinne dieser Bestimmung stellt nach diesseitiger Auffassung § 6 Abs. 1 ArbZG dar. Hiernach ist die Arbeitszeit der Nacht- und Schichtarbeitnehmer nach den gesicherten

Schichtarbeit

arbeitswissenschaftlichen Erkenntnissen über die menschengerechte Gestaltung der Arbeit festzulegen. Was dies im einzelnen heißt (z.B. Arbeitszeitverkürzung, Erholzeiten usw.), ist – nach Einbeziehung entsprechenden arbeitswissenschaftlichen Sachverstandes – durch Betriebsvereinbarung, ggf. im Rahmen eines Einigungsstellenverfahrens zu regeln (vgl. § 87 Abs. 2 BetrVG).

☐ Wegen weiterer einschlägiger Beteiligungsrechte des Betriebsrats siehe → **Nachtarbeit**.

☐ Will der Arbeitgeber Schichtarbeit einführen oder verändern, geht es für den Betriebsrat zunächst darum, mit entsprechenden Fragen an den Arbeitgeber heranzutreten, um sich ein klares Bild über die Planungen des Arbeitgebers zu verschaffen (siehe hierzu unten »Checkliste: Schichtarbeit«).

☐ Liegen die Einzelheiten des Arbeitgebervorhabens »auf dem Tisch«, geht es um die Suche nach Lösungen. Die wirksamste Lösung des Schichtarbeitsproblems liegt natürlich darin, Schichtarbeit gänzlich zu verhindern. Schließlich kann man eine Produktionssteigerung auch durch Erweiterungsinvestitionen realisieren. Jedenfalls aber ist es notwendig – wenn Schichtarbeit nicht verhinderbar ist –, im Rahmen der Verhandlungen über den Inhalt einer »Schicht – Betriebsvereinbarung« Regelungen durchsetzen, die geeignet sind, Nachteile für Arbeitnehmer im Schichtdienst möglichst gering zu halten. Insbesondere ist es angezeigt, die Zustimmung zur Schichtarbeit von der Erfüllung von Gegenforderungen abhängig zu machen (vgl. insoweit auch den Regelungskatalog unter Stichwort → **Nachtarbeit**). Vor allem sollte an folgende »Eckpunkte« gedacht werden:

- Zustimmung nur befristet erteilen gegen die Zusicherung der Geschäftsleitung, Maßnahmen zum Abbau bzw. zur Beendigung der Schichtarbeit einzuleiten;
- Verlängerung der Frist nur, wenn in der Zwischenzeit Schichtabbaumaßnahmen erfolgt sind;
- keine Mehrarbeit für Schichtarbeitnehmer;
- Maßnahmen zur Minderung des Leistungsdrucks vor allem im Zeitlohn/Gehaltsbereich (z.B. zusätzliche Neueinstellungen mit entsprechender Umverteilung der Arbeit);
- Maßnahmen zur Verbesserung der Arbeitsbedingungen;
- angemessene Pausenregelungen (zusätzliche bezahlte Pausen z.B.

Schichtarbeit

zur Einnahme von Mahlzeiten; etwaige tarifvertragliche Regelungen beachten);
- gute Erholungszeitregelung für Akkord- und Prämienlöhner: z. B. 6 Minuten pro Stunde; in der Zeit von 19 Uhr bis 6 Uhr: 12 Minuten pro Stunde;
- Zusatzurlaub und Kuren insbes. für Nachtschichtler;
- Rechtsanspruch auf Rückkehr in Normalschicht bzw. Rechtsanspruch auf Schichtwechsel, wenn dies ein Arbeitnehmer verlangt;
- geeignete Qualifizierungs-/Weiterbildungsmaßnahmen;
- Öffnung der Kantine, der Sanitätsstationen und sonstiger Versorgungseinrichtungen auch während Spät- und Nachtschicht;
- geeignete Maßnahmen zur Sicherung der Interessenvertreterarbeit:
  - z. B. zusätzliche Freistellung von Betriebsratsmitgliedern zur Spät- und Nachtschichtbetreuung;
  - z. b. bezahlte Freistellung von gewerkschaftlichen Vertrauensleuten für Vertrauenskörpersitzungen und sonstige gewerkschaftliche Betätigungen während Spätschicht;
- Forderungen zur gesundheits- und familiengerechten Gestaltung der Schichtpläne;
- Klärung, daß jede Änderung der Schichtpläne der Zustimmung des Betriebsrats bedarf;
- ausdrücklich das Initiativrecht des Betriebsrats zur Beendigung der Schichtarbeit regeln.

☐ Im Falle der Nichteinigung über den Inhalt der Betriebsvereinbarung kann die Einigungsstelle angerufen werden (§ 87 Abs. 2 BetrVG). Solange kein zustimmender Spruch der Einigungsstelle vorliegt, darf der Arbeitgeber Schichtarbeit nicht einseitig einführen. Geschieht dies dennoch, kann der Betriebsrat hiergegen – gegebenenfalls im Wege eines Antrages auf Erlaß einer einstweiligen Verfügung (siehe → **Arbeitsgericht**, → **Unterlassungsanspruch des Betriebsrats**) – vorgehen.

Schichtarbeit

Checkliste:

Schichtarbeit

Die nachfolgende »Frageliste« soll auf einige Problemstellungen aufmerksam machen, hat aber keineswegs abschließenden Charakter:

- Seit wann wird über die Einführung bzw. Ausweitung von Schichtarbeit seitens des Arbeitgebers nachgedacht?
- Was sind die betriebswirtschaftlichen Beweggründe für die Planungen?
- Welche Vorteile/zusätzlichen Gewinne bringt die Einführung/Ausweitung der Schichtarbeit für den Arbeitgeber (Wirtschaftlichkeitsberechnung fordern)?
- In welchem Maße und in welcher Form gedenkt der Arbeitgeber, diese Vorteile und Gewinne an die Beschäftigten weiterzugeben?
- Welche Alternativen zur Ausweitung der Produktion durch Schichtarbeit gibt es?
- Sind die Maßnahmen vorübergehender Natur oder sind sie auf Dauer geplant?
- Liegen schriftliche Planungsunterlagen vor? Wenn ja: Aushändigung an den Betriebsrat!
- Ab wann soll in welchen Abteilungen an welchen Arbeitsplätzen Schichtarbeit eingeführt werden?
- An welche Form von Schichtarbeitssystem ist gedacht?

Beispiele:
- **teilkontinuierliche Wechselschicht: Früh-, Spät-, Nachtschicht von Montag bis Freitag;**
- **vollkontinuierliche Wechselschicht: Früh-, Spät-, Nachtschicht von Montag bis einschließlich Sonntag;**
- **Dauernachtschicht.**

- Zu welchen Zeitpunkten sollen die jeweiligen Schichten beginnen bzw. enden (= Schichtwechselzeitpunkte)?
- Wie soll der Schichtwechselrhythmus für den Schichtarbeiter aussehen (z.B. 2 Frühschicht, 2 Spätschicht, 2 Nachtschicht, 1 Freischicht)?
- Welche Schichtwechselrichtung ist für die Schichtarbeiter vorgesehen (z.B. Frühschicht – Spätschicht – Nachtschicht oder Frühschicht – Nachtschicht – Spätschicht)?
- Wie lange soll ein Schichtzyklus dauern (Schichtzyklus = Durchlaufzeit eines vollständigen Schichtwechselrhythmus)?
- Welche Schichtplanentwürfe liegen vor? Ggf. Aushändigung an den Betriebsrat!
- In welcher Weise wird bei der Schichtplangestaltung den gesundheitsschädlichen Aspekten der Schichtarbeit Rechnung getragen?
- In welcher Weise wird bei der Schichtplangestaltung den sozial/kulturellen Freizeitinteressen sowie der familiären Situation der Betroffenen Rechnung getragen?
- Welche Freischichtenregelung ist geplant?
- Wie soll die jeweilige Schichtübergabe erfolgen (Zeitpunkt, Dauer, Bezahlung der Schichtüberlappungszeit)?

Schichtarbeit

- Welche Planungen existieren im Hinblick auf die Besetzung der Mehrschicht-Arbeitsplätze?
  - Insbesondere: In welchem Umfang, an welchen Arbeitsplätzen sind Neueinstellungen geplant?
  - Sind Versetzungen/Umsetzungen geplant?
- Ist die Einrichtung von zusätzlichen Schichtgruppen geplant (z. B. bei vollkontinuierlicher Wechselschicht mindestens vier Gruppen! Folge: weniger Nachtschichten, mehr freie Wochenenden)?
- Besteht die Möglichkeit des Schichtentauschs?
- Welche Regelungen sind für den Einsatz von Springern vorgesehen (Zahl der Springer, Ankündigungsfristen usw.)?
- In welcher Weise sollen Pausen gewährt und gestaltet werden (unbezahlte Pausen, bezahlte Erholungspausen; Springereinsatz während der Pausen)?
- Welche Regelungen sind für Urlaub (Urlaubsplan usw.), Freistellungszeiten (Seminarbesuch, Behördengänge usw.) und Krankheit vorgesehen?
- Welche Eingruppierungen, Zulagen sind vorgesehen?
- Welche Entlohnungsgrundsätze und -methoden sind geplant?
- Welche Maßnahmen zur Einweisung und Qualifikation der Mitarbeiter sind geplant?
- Welche Maßnahmen zum Abbau von Mehrfachbelastungen (Lärm, Klima, Beleuchtung, Gefahrstoffe usw.) insbesondere während der Nachtschicht sind geplant?
- Welche Vorkehrungen/Maßnahmen hat der Arbeitgeber geplant, um seine Verpflichtung zum Erhalt der Gesundheit der Beschäftigten zu erfüllen; insbesondere: Welche schädlichen Auswirkungen der Schichtarbeit werden erwartet? Mit welchen Mitteln sollen die Nachteile abgewendet bzw. gemildert werden (Pausen, geringere Leistungsabforderungen, längere Vorgabezeiten bei Leistungslohn, Wegfall bestimmter schwerer Arbeiten usw.)?
- Welche besonderen Schutzmaßnahmen sind für besondere Personengruppen vorgesehen, insbesondere für ältere Arbeitnehmer, Frauen, Arbeitnehmer mit Kindern bzw. pflegebedürftigen Angehörigen?
- Welche Sozialeinrichtungen für Schichtarbeitnehmer sind geplant (Verpflegung, Pausenräume, Kuren, Fahrdienst Wohnung – Betrieb bzw. Fahrtkostenerstattung, besonders ausgestattete Werkswohnungen für Nachtschichtler usw.)?
- Wie soll die ärztliche Versorgung während der jeweiligen Schichten organisiert werden?
- Welche Maßnahmen sind für den Fall geplant, daß Schichtarbeit, insbesondere Nachtschichtarbeit irgendwann in Zukunft wieder abgebaut wird (Arbeitsplatzsicherung? Verdienstsicherung?)?

Schulungs- und Bildungsveranstaltungen

Rechtsgrundlagen

☐ Angesichts der vielfältigen und zum großen Teil schwierigen Aufgaben des Betriebsrats ist es konsequent, daß das BetrVG Regelungen über die Arbeitsbefreiung von Betriebsratsmitgliedern zum Zwecke der Teilnahme an Schulungs- und Bildungsveranstaltungen enthält. Zu unterscheiden sind zwei Vorschriften, auf deren Grundlage ein Schulungs- und Bildungsanspruch durchgesetzt werden kann: § 37 Abs. 6 BetrVG und § 37 Abs. 7 BetrVG.

§ 37 Abs. 6 BetrVG:

Hiernach sind Betriebsratsmitglieder von ihrer beruflichen Tätigkeit ohne Minderung ihres Arbeitsentgelts für die Teilnahme an solchen Schulungs- und Bildungsveranstaltungen zu befreien, die

»*für die Betriebsratsarbeit **erforderliche** Kenntnisse vermitteln*«.

☐ Träger dieses Schulungsanspruchs ist nicht das einzelne Betriebsratsmitglied, sondern (zunächst) der Betriebsrat als Kollektivorgan. Das heißt, der Anspruch auf Teilnahme an einer Schulung nach § 37 Abs. 6 BetrVG entsteht für das einzelne Betriebsratsmitglied erst, wenn der Betriebsrat den Beschluß gefaßt hat, dieses Mitglied auf eine Schulung zu entsenden.

☐ Für die Betriebsratsarbeit »erforderlich« sind solche Kenntnisse, die unter Berücksichtigung der konkreten Verhältnisse im Betrieb notwendig sind, damit der Betriebsrat seine gegenwärtigen oder in naher Zukunft anstehenden Aufgaben sach- und fachgerecht erfüllen kann.

☐ Immer erforderlich in diesem Sinne sind:
- Grundkenntnisse des Betriebsverfassungsrechts;
- Grundkenntnisse des allgemeinen Arbeitsrechts;
- Grundkenntnisse über die im Betrieb geltenden Tarifverträge;
- ein gewisser Standard an allgemeinen rechtlichen, wirtschaftlichen und technischen Kenntnissen.

Schulungs- und Bildungsveranstaltungen

☐ Ansonsten ist die Frage der »Erforderlichkeit« an den konkreten gegenwärtigen und zukünftigen Aufgabenstellungen des jeweiligen Betriebsrats zu messen. Diese Aufgabenstellungen werden zum einen bestimmt durch die Art, Struktur, Größe des Betriebes sowie durch die »anliegenden« oder in absehbarer Zeit zu erwartenden betrieblichen Probleme und Fragen. Zum anderen spielen auch die Größe des Betriebsrats, seine Aktivitäten sowie die Art und Weise der Verteilung seiner Arbeit (Ausschüsse, Spezialisierung einzelner Betriebsratsmitglieder auf bestimmte Sachgebiete) eine entscheidende Rolle. Das heißt, je mehr Initiativen der Betriebsrat auf der Grundlage seiner Aufgabenstellung insbesondere nach § 80 Abs. 1 Nr. 2 BetrVG sowie seiner Mitwirkungs- (Vorschlags-) oder Mitbestimmungsrechte entwickelt, desto breiter und tiefer wird das Spektrum der »erforderlichen« Kenntnisse.

☐ Als Schulungsthemen im Sinne der vorstehenden Überlegungen kommen in Frage (Beispiele):

- Vertiefung des allgemeinen Arbeitsrechts;
- Vertiefung der Kenntnisse des Betriebsverfassungsrechts, insbesondere auch der Rechtsprechung des Bundesarbeitsgerichts und der Landesarbeitsgerichte zum BetrVG;
- Fragen des Akkord- und Prämienlohns;
- Fragen des betrieblichen Arbeitsschutzes und der Arbeitssicherheit;
- arbeitswissenschaftliche Erkenntnisse über die menschengerechte Gestaltung der Arbeit;
- Fragen und Probleme der organisatorischen und technischen Rationalisierung;
- Fragen des Datenschutzes im Betrieb;
- Fragen der Arbeitszeitgestaltung;
- Fragen der Personalplanung;
- Fragen der Berufsbildung;
- Fragen der Frauenförderung und Förderung von besonders schutzwürdigen Arbeitnehmergruppen im Betrieb.

☐ Im übrigen hat der Betriebsrat einen gewissen Beurteilungsspielraum hinsichtlich der Frage, zu welchen Schulungen und Seminaren er Mitglieder des Betriebsrats entsendet. Dabei hat er allerdings den Verhältnismäßigkeitsgrundsatz zu beachten. Dies gilt insbesondere für die Dauer der Schulung (von der Rechtsprechung als verhältnismäßig anerkannt wurde bislang eine Höchstdauer von zwei Wochen).

Schulungs- und Bildungsveranstaltungen

☐ Auch bezüglich der Frage, wie viele Betriebsratsmitglieder an einer Schulung mit bestimmter spezieller Themenstellung teilnehmen, hat der Betriebsrat einen – durch den Grundsatz der Verhältnismäßigkeit eingeschränkten – Beurteilungsspielraum. Dabei ist klar, daß Schulungen, die Grundkenntnisse vermitteln (siehe oben), auf jeden Fall für alle Betriebsratsmitglieder notwendig sind. Ebenso erforderlich können z. B. Ein- oder Mehrtagesschulungen mit dem gesamten Betriebsrat zu bestimmten aktuellen betrieblichen Fragen sein.

☐ Um beim Arbeitgeber nicht unnötige Zweifel an der »Erforderlichkeit« der Schulung auszulösen, informiert ihn der Betriebsrat zweckmäßigerweise nicht nur über Ort, Zeit, Dauer, Veranstalter und Kosten, sondern auch über den Inhalt der Schulung (z. B. durch Überlassung des Themenplans).

☐ Der Arbeitgeber hat dem an der Schulung teilnehmenden Betriebsratsmitglied das Arbeitsentgelt zu zahlen, das er erhalten hätte, wenn er nicht an der Schulung teilgenommen, sondern weitergearbeitet hätte (= »Lohnausfallprinzip«).

☐ Außerdem hat der Arbeitgeber, da es sich um eine für die Betriebsratsarbeit »erforderliche« Kenntnisvermittlung handelt, auch die dem Betriebsratsmitglied wegen der Teilnahme an der Schulung entstandenen Kosten (Reisekosten, Zehrgeld pro Reisetag, Kosten für Übernachtung und Verpflegung usw.) nach § 40 Abs. 1 BetrVG zu erstatten (siehe → **Kosten der Betriebsratsarbeit**).

☐ Schließlich trägt der Arbeitgeber die sonstigen anfallenden Kosten, insbesondere Teilnehmergebühren, mit denen der Veranstalter seine Aufwendungen für Raummiete, Referentenhonorare, Seminarmaterial usw. deckt.

☐ Der Betriebsrat entscheidet auch über die zeitliche Lage der Teilnahme an der Schulungsveranstaltung (vgl. § 37 Abs. 6 Satz 2 und 3 BetrVG). Bei der Festlegung des Zeitpunktes (bzw. Zeitraums) hat der Betriebsrat die betrieblichen Notwendigkeiten zu berücksichtigen. Insbesondere hat er dem Arbeitgeber die Teilnahme und die zeitliche Lage der Schulung rechtzeitig mitzuteilen.

Ist der Arbeitgeber der Meinung, daß betriebliche Notwendigkeiten der Teilnahme entgegenstehen, so kann er die → **Einigungsstelle** anrufen. Diese entscheidet dann über die zeitliche Lage der Teilnahme (vgl. § 37 Abs. 6 Satz 4 und 5 BetrVG).

Schulungs- und Bildungsveranstaltungen

Solange die Einigungsstelle über die Streitfrage nicht entschieden hat, ist nach herrschender Meinung die Teilnahme an der Schulung zurückzustellen. Verzögert sich das Verfahren jedoch (z. B. weil die Einigungsstelle nicht rechtzeitig zusammentreten kann), so kann der Betriebsrat im Wege eines Antrags auf Erlaß einer »einstweiligen Verfügung« beim **Arbeitsgericht** versuchen, die Teilnahme an der in Aussicht genommenen Schulung durchzusetzen.

☐ Besteht dagegen Streit zwischen Arbeitgeber und Betriebsrat über die Frage, ob die Schulung »erforderliche« Kenntnisse vermittelt, dann braucht das betreffende Betriebsratsmitglied die Teilnahme an der Schulung nicht zurückstellen. Es darf vielmehr gegen den Willen des Arbeitgebers seinen Arbeitsplatz verlassen, um die Schulungsveranstaltung zu besuchen. Will der Arbeitgeber dieses verhindern, muß er seinerseits die Initiative ergreifen (ggf. durch Antrag auf Erlaß einer einstweiligen Verfügung beim Arbeitsgericht).

§ 37 Abs. 7 BetrVG:

Nach dieser Vorschrift hat über § 37 Abs. 6 BetrVG hinaus jedes Betriebsratsmitglied während seiner regelmäßigen Amtszeit einen Anspruch auf bezahlte Freistellung für insgesamt drei Wochen (»Neulinge«: vier Wochen) zur Teilnahme an solchen Schulungs- und Bildungsveranstaltungen, die

*»von der zuständigen obersten Arbeitsbehörde des Landes nach Beratung mit den Spitzenorganisationen der Gewerkschaften und der Arbeitgeberverbände als **geeignet** anerkannt sind«.*

☐ Träger des Schulungs- und Bildungsanspruchs nach dieser Vorschrift ist nicht der Betriebsrat als Kollektivorgan, sondern das einzelne Betriebsratsmitglied selbst. Deshalb steht dem Betriebsrat nicht die Befugnis zu, zu entscheiden, an welcher Schulungsveranstaltung im Sinne des § 37 Abs. 7 BetrVG das betreffende Betriebsratsmitglied teilnimmt.

☐ Der Betriebsrat entscheidet aber über die zeitliche Lage der Teilnahme. Hier gilt das gleiche Verfahren wie im Falle des § 37 Abs. 6 BetrVG. Das heißt, der Betriebsrat hat bei seiner Entscheidung betriebliche Notwendigkeiten zu berücksichtigen. Der Arbeitgeber kann gegen einen Beschluß des Betriebsrats durch Anrufung der Einigungsstelle vorgehen (vgl. § 37 Abs. 7 Satz 3 BetrVG; siehe oben).

Schulungs- und Bildungsveranstaltungen

☐ Der Anspruch auf Freistellung nach § 37 Abs. 7 BetrVG setzt nicht voraus, daß die Schulung Kenntnisse vermittelt, die für die Betriebsratsarbeit »erforderlich« sind. Entscheidend ist allein, ob die Schulungsveranstaltung von der zuständigen Behörde als für die Betriebsratsarbeit »geeignet« anerkannt wurde. Liegt eine solche Anerkennung vor, so hat das Betriebsratsmitglied einen Anspruch auf Teilnahme an dieser Veranstaltung. Es genügt, wenn dem Arbeitgeber der Seminartitel und das Aktenzeichen der Anerkennungsverfügung der Behörde mitgeteilt wird. Das Aktenzeichen muß bei dem Schulungsveranstalter (z. B. Gewerkschaft) erfragt werden. Nicht erforderlich ist es, dem Arbeitgeber einen Themenplan der Schulung vorzulegen.

☐ Auch im Rahmen des § 37 Abs. 7 BetrVG hat der Arbeitgeber dem betreffenden Betriebsratsmitglied gemäß dem »Lohnausfallprinzip« das ihm zustehende Arbeitsentgelt weiterzuzahlen (siehe oben).

☐ Der Arbeitgeber ist allerdings nicht verpflichtet, dem Betriebsratsmitglied auch die infolge der Teilnahme an der Schulung evtl. anfallenden Kosten zu erstatten. Die Anerkennung der Bildungsveranstaltung (durch die zuständige oberste Arbeitsbehörde) als »geeignet« reicht im Rahmen des § 40 BetrVG nicht aus. Etwas anderes gilt, wenn die Schulungsveranstaltung nicht nur »geeignet« ist, sondern im konkreten Falle gleichzeitig als »erforderlich« im Sinne des § 37 Abs. 6 BetrVG anzusehen ist und der Betriebsrat einen entsprechenden Beschluß gefaßt hat.

Ersatzmitglieder des Betriebsrats:

Die Schulungsmöglichkeit nach **§ 37 Abs. 6 BetrVG** ist zwar grundsätzlich auf Betriebsratsmitglieder (bzw. Mitglieder der Jugend- und Auszubildendenvertretung; siehe unten) beschränkt. Dennoch können auch Ersatzmitglieder dann an Schulungsveranstaltungen teilnehmen,
– wenn sie endgültig in den Betriebsrat nachgerückt sind (dann haben sie den Status eines »vollwertigen« Betriebsratsmitgliedes)
  oder
– wenn sie häufig für vorübergehend verhinderte Betriebsratsmitglieder nachrücken.

Der Schulungsanspruch nach **§ 37 Abs. 7 BetrVG** steht Ersatzmitgliedern des Betriebsrats jedenfalls dann zu, wenn sie endgültig in den Betriebsrat nachrücken, und zwar dem Umfange nach anteilig für die noch verbleibende Amtszeit. Es ist allerdings zu beachten, daß sich der

Schulungs- und Bildungsveranstaltungen

anteilige Anspruch um eine Woche erhöht, wenn das Ersatzmitglied erstmals das Amt eines Betriebsrats übernimmt und auch noch nicht zuvor Mitglied der Jugend- und Auszubildendenvertretung gewesen ist (vgl. § 37 Abs. 7 Satz 2 BetrVG).

Für vorübergehend in den Betriebsrat nachgerückte Ersatzmitglieder soll nach herrschender Meinung ein Schulungsanspruch nach § 37 Abs. 7 BetrVG nicht bestehen. Diese Auffassung ist aber jedenfalls für den Fall abzulehnen, daß das Ersatzmitglied für einen längeren Vertretungszeitraum (z. B. mehrere Monate) nachrückt. In diesem Fall muß zumindest ein anteiliger Anspruch bejaht werden.

Mitglieder des Wirtschaftsausschusses:

Auf Mitglieder des Wirtschaftsausschusses, die nicht gleichzeitig Mitglieder des Betriebsrats sind (siehe → **Wirtschaftsausschuß**), findet nach richtiger Auffassung § 37 Abs. 6 BetrVG entsprechende Anwendung. Allerdings steht ihnen kein (persönlicher) Schulungsanspruch nach § 37 Abs. 7 BetrVG zu.

Mitglieder der Jugend- und Auszubildendenvertretung:

Gemäß § 65 Abs. 1 BetrVG findet § 37 BetrVG entsprechende Anwendung. Das heißt, den Mitgliedern der Jugend- und Auszubildendenvertretung werden die gleichen Schulungsmöglichkeiten eingeräumt wie Betriebsratsmitgliedern. Die nach § 37 Abs. 6 und Abs. 7 BetrVG erforderlichen Beschlüsse (siehe oben) faßt allerdings nicht die Jugend- und Auszubildendenvertretung, sondern der Betriebsrat.

Schwerbehindertenvertretung: ihr Schulungsanspruch ergibt sich aus § 26 Abs. 4 und 8 Schwerbehindertengesetz.

Schulungs- und Bildungsveranstaltungen

Musterschreiben:

Entsendung eines Betriebsratsmitgliedes (bzw. eines Mitgliedes der Jugend- und Auszubildendenvertretung) auf eine Schulung nach § 37 Abs. 6 BetrVG

Betriebsrat der Firma...   X-Stadt, den...

An die
Geschäftsleitung
im Hause

Betr.: Teilnahme an einer Schulungs- und Bildungsveranstaltung nach § 37 Abs. 6 BetrVG

Sehr geehrte Damen und Herren,

der Betriebsrat hat in seiner Sitzung vom... beschlossen, das Betriebsratsmitglied (das Mitglied der Jugend- und Auszubildendenvertretung) Herr/Frau... (Name)...

auf das Seminar

_____ (Seminartitel) _____

zu entsenden.

Die Schulungsveranstaltung wird durchgeführt von

_____ (Name des Veranstalters) _____

und findet statt in

_____ (Anschrift) _____

Das Seminar beginnt am... (... Uhr) und endet am... (... Uhr).

Bei der Schulungsveranstaltung handelt es sich um eine solche nach § 37 Abs. 6 BetrVG. Insbesondere vermittelt die Schulungsveranstaltung Kenntnisse, die für die derzeitige und zukünftige Arbeit des Betriebsrats (der Jugend- und Auszubildendenvertretung) erforderlich sind. Die Erforderlichkeit ergibt sich insbesondere aus folgenden Umständen... Zu Ihrer Information fügen wir eine von dem Veranstalter gefertigte Übersicht über die Themen des Seminars bei (siehe Anlage).

Bei der Festlegung der zeitlichen Lage der Teilnahme an der Schulungsveranstaltung hat der Betriebsrat die betrieblichen Notwendigkeiten berücksichtigt.

Es wird darauf hingewiesen, daß Sie verpflichtet sind, sowohl das Herrn/Frau... zustehende Arbeitsentgelt während des Seminaraufenthaltes fortzuzahlen als auch die aus Anlaß der Teilnahme am Seminar entstehenden Kosten zu erstatten (vgl. § 37 Abs. 6 in Verbindung mit § 40 BetrVG).

Der Betriebsrat bittet Sie, Herrn/Frau... einen angemessenen Kostenvorschuß für Seminar- und Fahrtkosten auszuzahlen.

Mit freundlichen Grüßen
Betriebsratsvorsitzender

Anlage: Übersicht über die Themen des Seminars

Schulungs- und Bildungsveranstaltungen

Musterschreiben:

Teilnahme eines Betriebsratsmitgliedes (bzw. eines Mitgliedes der Jugend- und Auszubildendenvertretung) an einer Schulung nach § 37 Abs. 7 BetrVG

Betriebsrat der Firma...   X-Stadt, den...

An die
Geschäftsleitung
im Hause

Betr.: Teilnahme an einer Schulungs- und Bildungsveranstaltung nach § 37 Abs. 7 BetrVG

Sehr geehrte Damen und Herren,

hierdurch wird mitgeteilt, daß das Betriebsratsmitglied (Mitglied der Jugend- und Auszubildendenvertretung) Herr/Frau... (Name)... zwecks Wahrnehmung seines/ihres Schulungsanspruchs nach § 37 Abs. 7 BetrVG das Seminar _____ (Seminartitel) _____ besuchen wird.

Das Seminar wird durchgeführt von _____ (Name des Veranstalters) _____ und findet statt in _____ (Anschrift) _____

Die Schulungsveranstaltung ist vom _____ _____ (Name der »obersten Arbeitsbehörde«) _____ unter dem Aktenzeichen... als geeignet im Sinne des § 37 Abs. 7 BetrVG anerkannt worden.

Der Betriebsrat hat in seiner Sitzung vom... – unter Berücksichtigung der betrieblichen Notwendigkeiten – beschlossen, die zeitliche Lage der Teilnahme an der Schulung auf den Zeitraum vom... bis... festzulegen.

Es wird darauf hingewiesen, daß Sie verpflichtet sind, das Herrn/Frau... zustehende Arbeitsentgelt während der Zeit des Seminarbesuchs weiterzuzahlen (§ 37 Abs. 7 BetrVG).

Mit freundlichen Grüßen
Betriebsratsvorsitzender

Literaturhinweis:

Wolfgang Däubler/Gabriele Peter: Schulung und Fortbildung von betrieblichen Interessenvertretern, Ein praktischer Ratgeber, Bund-Verlag, Köln.

Schwerbehinderte

Grundlagen

☐ Im Zuge der Verfassungsreform ist mit Gesetz vom 27.10.1994 in das Grundgesetz ein ausdrückliches Diskriminierungsverbot gegenüber Behinderten aufgenommen worden. Art. 3 Abs. 3 Satz 2 Grundgesetz: »*Niemand darf wegen seiner Behinderung benachteiligt werden.*«

☐ Die Angelegenheiten der Schwerbehinderten im Berufsleben sind in einem besonderen Schutzgesetz, nämlich im »Schwerbehindertengesetz« geregelt.

☐ Arbeitgeber, die mindestens über 16 Arbeitsplätze verfügen, haben auf wenigstens 6% dieser Arbeitsplätze Schwerbehinderte zu beschäftigen (§ 5 Abs. 1 Schwerbehindertengesetz). Kommen Arbeitgeber dieser Verpflichtung nicht nach, haben sie für jeden unbesetzten Pflichtplatz eine Ausgleichsabgabe in Höhe von 200,- DM monatlich zu zahlen (§ 11 Abs. 1 und 2 Schwerbehindertengesetz).

☐ Schwerbehindert sind alle Personen mit einem Grad der Behinderung von mindestens 50 Prozent, die im Geltungsbereich des Schwerbehindertengesetzes rechtmäßig wohnen, leben oder arbeiten (vgl. § 1 Schwerbehindertengesetz).

☐ Der Schutz des Schwerbehindertengesetzes tritt bei Vorliegen der Schwerbehinderteneigenschaft »automatisch« ein. Allerdings ist der Schwerbehinderte, will er sich auf den Schutz des Schwerbehindertengesetzes berufen, verpflichtet, seine Schwerbehinderteneigenschaft darzulegen und zu beweisen. Der Nachweis kann geführt werden durch einen entsprechenden Feststellungsbescheid des Versorgungsamtes. Dieser Bescheid wird (genauso wie der Schwerbehindertenausweis) auf Antrag des Betroffenen erteilt, wenn die Schwerbehinderteneigenschaft (nach Einholung ärztlicher Stellungnahmen bzw. Gutachten) zu bejahen ist.

☐ Solange der Nachweis nicht geführt wird, darf der Arbeitgeber davon ausgehen, daß der Betreffende nicht schwerbehindert ist.

Schwerbehinderte

Beispiel:
Nach § 15 KSchG bedarf die Kündigung eines Schwerbehinderten durch den Arbeitgeber der vorherigen Zustimmung der »Hauptfürsorgestelle«.
Ist dem Arbeitgeber die Schwerbehinderteneigenschaft zum Zeitpunkt der Kündigung nicht bekannt, so gilt nach der Rechtsprechung folgendes:

- *Eine Zustimmung der Hauptfürsorgestelle ist dann nicht notwendig, wenn weder ein anerkennender Bescheid des Versorgungsamtes erteilt worden ist, noch der Arbeitnehmer einen entsprechenden Antrag gestellt hat (allerdings wird die Schwerbehinderteneigenschaft, wenn der Gekündigte sie im Kündigungsschutzprozeß nachweist, im Rahmen der Prüfung der »sozialen Rechtfertigung« der ordentlichen Kündigung bzw. des »wichtigen Grundes« der außerordentlichen Kündigung mit berücksichtigt).*
- *War jedoch vor Ausspruch der Kündigung ein anerkennender Bescheid bereits erteilt oder hatte der Arbeitnehmer vor Ausspruch der Kündigung beim Versorgungsamt einen – später anerkannten – Antrag eingereicht, dann ist eine ausgesprochene Kündigung auch dann wegen fehlender Zustimmung der Hauptfürsorgestelle unwirksam, wenn der Arbeitgeber von der Schwerbehinderteneigenschaft bzw. der Antragstellung nichts gewußt hatte.*

Der Arbeitnehmer wird aber von der Rechtsprechung für verpflichtet gehalten, innerhalb einer Frist von einem Monat nach Erhalt der Kündigung den Arbeitgeber über die Feststellung der Schwerbehinderteneigenschaft durch das Versorgungsamt bzw. über die Antragstellung zu informieren. Geschieht dies nicht, verliert der Arbeitnehmer den besonderen Kündigungsschutz des Schwerbehindertengesetzes.

☐ Personen, deren Grad der Behinderung weniger als 50 Prozent, aber mindestens 30 Prozent beträgt, können den Schwerbehinderten auf Antrag vom Arbeitsamt »gleichgestellt« werden (§ 2 Schwerbehindertengesetz). Auf die »Gleichgestellten« findet das Schwerbehindertengesetz mit Ausnahme der Regelungen über den »Zusatzurlaub« (§ 47 Schwerbehindertengesetz) und über die unentgeltliche Beförderung im öffentlichen Personenverkehr (§§ 59 bis 67 Schwerbehindertengesetz) Anwendung. Die Gleichstellung und damit der Schutz des Schwerbehindertengesetzes werden, wenn dem Antrag stattgegeben

Schwerbehinderte

wird, mit dem Tag des Eingangs des Antrages beim Arbeitsamt, also rückwirkend wirksam.

Beispiel:

Reicht ein von Kündigung bedrohter Arbeitnehmer vor (!) Ausspruch der arbeitgeberseitigen Kündigung beim Arbeitsamt einen Gleichstellungsantrag ein und wird dem Antrag stattgegeben, so wird die Kündigung wegen fehlender Zustimmung der Hauptfürsorgestelle (§ 15 Schwerbehindertengesetz) rückwirkend unwirksam. Der Arbeitgeber muß allerdings auch hier rechtzeitig über die Antragstellung informiert werden (siehe oben).

☐ In Betrieben, in denen mindestens fünf Schwerbehinderte nicht nur vorübergehend beschäftigt werden, wird eine »Schwerbehindertenvertretung« gewählt. Die Schwerbehindertenvertretung besteht aus einem Vertrauensmann oder einer Vertrauensfrau sowie wenigstens einem/einer Stellvertreter(in) (vgl. § 24 Schwerbehindertengesetz).

☐ Wahlberechtigt sind die im Betrieb beschäftigten Schwerbehinderten, unabhängig von ihrem Alter. Wählbar sind alle nicht nur vorübergehend im Betrieb Beschäftigten (auch die Nicht-Schwerbehinderten!), die spätestens am Wahltag volljährig sind und dem Betrieb am Wahltag sechs Monate angehören (letztere Voraussetzung gilt nicht, wenn der Betrieb noch keine zwölf Monate besteht). Vgl. § 24 Abs. 2 und 3 Schwerbehindertengesetz.

☐ Die Amtszeit der Schwerbehindertenvertretung beträgt vier Jahre (vgl. § 24 Abs. 8 Schwerbehindertengesetz).

☐ Aufgaben der Schwerbehindertenvertretung (vgl. § 25 Schwerbehindertengesetz):

Sie hat die Eingliederung Schwerbehinderter in den Betrieb zu fördern, die Interessen der Schwerbehinderten im Betrieb zu vertreten und den Schwerbehinderten beratend und unterstützend zur Seite zu stehen.

Insbesondere hat die Schwerbehindertenvertretung

- darüber zu wachen, daß die zugunsten der Schwerbehinderten geltenden Gesetze, Verordnungen, Tarifverträge und Betriebs- oder Dienstvereinbarungen und Verwaltungsanordnungen durchgeführt, insbesondere auch die dem Arbeitgeber nach §§ 5, 6 und 14 des Schwerbehindertengesetzes obliegenden Verpflichtungen erfüllt werden;

Schwerbehinderte

- Maßnahmen, die den Schwerbehinderten dienen, bei den zuständigen Stellen, insbesondere beim Arbeitgeber zu beantragen;
- Anregungen und Beschwerden von Schwerbehinderten entgegenzunehmen und, falls sie berechtigt erscheinen, durch Verhandlungen mit dem Arbeitgeber auf eine Erledigung hinzuwirken; sie hat die Schwerbehinderten über den Stand und das Ergebnis der Verhandlungen zu unterrichten.

☐ Ist in einem Unternehmen ein Gesamtbetriebsrat errichtet (vgl. → **Mehr-Betriebs-Unternehmen**), dann wählen die Schwerbehindertenvertreter der einzelnen Betriebe eine »Gesamtschwerbehindertenvertretung«, bestehend aus einem Gesamtvertrauensmann oder einer Gesamtvertrauensfrau sowie mindestens einem/einer Stellvertreter(in). Die Gesamtschwerbehindertenvertretung ist zuständig in solchen Angelegenheiten, die das Gesamtunternehmen oder mehrere Betriebe des Unternehmens betreffen und in den einzelnen Betrieben nicht geregelt werden können. Weiterhin besteht eine Zuständigkeit der Gesamtschwerbehindertenvertretung in solchen Betrieben eines Unternehmens, in denen eine Schwerbehindertenvertretung nicht gebildet ist (vgl. § 27 Schwerbehindertengesetz).

☐ Wegen der persönlichen Rechte und Pflichten der Vertrauensmänner und Vertrauensfrauen der Schwerbehinderten (Freistellungsanspruch, Schulungsanspruch usw.) siehe § 26 Schwerbehindertengesetz.

Bedeutung für die Arbeit des Betriebsrats

☐ Auch der Betriebsrat hat die Interessen der schwerbehinderten Arbeitnehmer zu vertreten. Insbesondere hat er ihre Eingliederung in den Betrieb zu fördern. Dies ist in § 80 Abs. 1 Nr. 4 BetrVG sowie in § 23 Schwerbehindertengesetz besonders hervorgehoben.

☐ Die Wahrnehmung der Interessen der schwerbehinderten Arbeitnehmer hat in enger Zusammenarbeit zwischen Betriebsrat und Schwerbehindertenvertretung zu erfolgen. Zu diesem Zweck ist in § 32 BetrVG sowie in § 25 Abs. 4 Schwerbehindertengesetz geregelt, daß die Schwerbehindertenvertretung an allen Sitzungen des Betriebsrats sowie seiner Ausschüsse (einschließlich des Wirtschaftsausschusses nach §§ 106 ff. BetrVG) beratend teilnehmen kann (vgl. auch § 29 Abs. 2 Satz 4 BetrVG: Verpflichtung zur Einladung der Schwerbehinderten-

Schwerbehinderte

vertretung zu den Sitzungen des Betriebsrats). Auch ist die Schwerbehindertenvertretung zu den Besprechungen zwischen Arbeitgeber und Betriebsrat im Sinne des § 74 Abs. 1 BetrVG hinzuzuziehen (vgl. § 25 Abs. 5 Schwerbehindertengesetz).

☐ Wichtig ist, daß der Betriebsrat gesundheitlich beeinträchtigte Arbeitnehmer über die Möglichkeit informiert, einen Antrag auf Feststellung der Schwerbehinderung beim Versorgungsamt bzw. einen Antrag auf Gleichstellung beim Arbeitsamt zu stellen. Dies gilt insbesondere bei einer drohenden Kündigung (siehe oben zum Kündigungsschutz der Schwerbehinderten bzw. der Gleichgestellten).

Literaturhinweis:

Heinz Bethmann/Georg Schmidt/Jürgen Schmidt: Die Praxis der Schwerbehindertenvertretung von A bis Z, Bund-Verlag, Köln.
Dirk Neumann/Ronald Pahlen: Schwerbehindertengesetz. Gesetz zur Sicherung der Eingliederung Schwerbehinderter in Arbeit, Beruf und Gesellschaft. Kommentar, C. H. Beck Verlag, München.
Heinz Bethmann/Rüdiger Kamm u. a.: Schwerbehindertengesetz – Basiskommentar, Bund-Verlag, Köln.
Heinz Bethmann/Rüdiger Kamm u. a.: Behinderte in der Arbeitswelt, Ein praktischer Ratgeber, Bund-Verlag, Köln.
Georg Schmidt: Schwerbehinderte und ihr Recht. Ein Ratgeber für Behinderte und Angehörige. Bund-Verlag, Köln.
Achim Huber/Peter Ochs: Die Vertretung der Schwerbehinderten im Betrieb. Handlungsanleitungen und Orientierungen für die Praxis. Bund-Verlag, Köln.

Sexuelle Belästigung

Grundlagen

☐ Mit dem »Zweiten Gleichberechtigungsgesetz« vom 24. 6. 1994 ist das Gesetz zum Schutz der Beschäftigten vor sexueller Belästigung am Arbeitsplatz (Beschäftigtenschutzgesetz) verabschiedet worden und mit Wirkung zum 1. 9. 1994 in Kraft getreten.

☐ Ziel des Beschäftigtenschutzgesetzes ist die Wahrung der Würde von Frauen und Männern durch den Schutz vor sexueller Belästigung am Arbeitsplatz (§ 1 Beschäftigtenschutzgesetz).

☐ Arbeitgeber und Dienstvorgesetzte werden zur Sicherstellung dieses Zieles verpflichtet, geeignete – auch vorbeugende – Maßnahmen zu ergreifen (§ 2 Abs. 1 Beschäftigtenschutzgesetz).

☐ Sexuelle Belästigung ist nach § 2 Abs. 2 Satz 1 Beschäftigtenschutzgesetz »jedes vorsätzliche, sexuell bestimmte Verhalten, das die Würde von Beschäftigten verletzt«.

Dazu gehören strafbare Handlungen (z. B. Vergewaltigung, sexuelle Nötigung, exhibitionistische Handlungen). Aber auch sonstige sexuelle Handlungen und Aufforderungen wie sexuell bestimmte körperliche Berührungen, Bemerkungen sexuellen Inhalts sowie Zeigen und sichtbares Anbringen von pornographischen Darstellungen, die von den Betroffenen erkennbar abgelehnt werden (§ 2 Abs. 2 Beschäftigtenschutzgesetz), fallen hierunter.

☐ Durch § 2 Abs. 3 Beschäftigtenschutzgesetz wird klargestellt, daß derjenige, der andere am Arbeitsplatz sexuell belästigt, seine arbeitsvertraglichen Verpflichtungen verletzt. Entsprechende Folgen sind Abmahnung, Umsetzung, Versetzung bis hin zur Kündigung (vgl. § 4 Beschäftigtenschutzgesetz).

☐ Fühlen sich Beschäftigte sexuell belästigt, haben sie das Recht, sich bei den zuständigen Stellen des Betriebes (Vorgesetzte bzw. – wenn dieser der Belästiger ist – der nächst höhere Vorgesetzte) zu beschweren (§ 3 Abs. 1 Beschäftigtenschutzgesetz). Das Beschwerderecht nach

Sexuelle Belästigung

§§ 84, 85 BetrVG bleibt unberührt (siehe →**Arbeitnehmerrechte nach dem BetrVG**).

☐ Der Arbeitgeber hat die Beschwerde zu prüfen und geeignete Maßnahmen zu treffen, um eine Fortsetzung der Belästigung zu beenden (§ 3 Abs. 2 Beschäftigtenschutzgesetz).

☐ Zu diesem Zweck hat der Arbeitgeber nach § 4 Beschäftigtenschutzgesetz »angemessene« Maßnahmen wie Abmahnung, Umsetzung oder Versetzung oder Kündigung (des Belästigers, nicht der belästigten Person!) zu ergreifen. Natürlich hat dies unter Beachtung der Beteiligungsrechte des Betriebsrats (insbesondere nach §§ 87 Abs. 1 Nr. 1, 99, 102 BetrVG) zu geschehen.

☐ Reagiert der Arbeitgeber nicht oder mit ungeeigneten Maßnahmen, haben die Betroffenen nach § 4 Abs. 2 Beschäftigtenschutzgesetz – soweit dies zu ihrem Schutz erforderlich ist – ein Leistungsverweigerungsrecht (ohne Verlust des Arbeitsentgelts). Außerdem können sie die Durchführung »geeigneter« Maßnahmen einklagen – und ggf. Schadensersatzansprüche gegen den Arbeitgeber geltend machen.

☐ Die Wahrnehmung dieser Rechte darf nicht zu einer Benachteiligung des Betroffenen führen (§ 4 Abs. 3 Beschäftigtenschutzgesetz).

☐ Das Beschäftigtenschutzgesetz ist im Betrieb zur Einsicht auszulegen bzw. auszuhängen (§ 7 Beschäftigtenschutzgesetz).

Bedeutung für die Betriebsratsarbeit

☐ Der Betriebsrat hat die Aufgabe, darüber zu wachen, daß der Arbeitgeber geeignete – auch vorbeugende – Maßnahmen ergreift, um die Beschäftigten vor sexueller Belästigung zu schützen (§ 80 Abs. 1 Nr. 1 BetrVG). Er kann entsprechende Vorschläge machen (§ 80 Abs. 1 Nr. 2 BetrVG).

☐ Sinnvoll dürfte des weiteren eine grundsätzliche Information über Ziele und Inhalte des Beschäftigtenschutzgesetzes im Rahmen einer Betriebsversammlung sein.

☐ Der Betriebsrat ist nach §§ 84, 85 BetrVG beteiligt, wenn eine Beschäftigte bzw. ein Beschäftigter sich sexuell belästigt fühlt und von ihrem bzw. seinem Beschwerderecht nach § 3 Beschäftigtenschutzgesetz Gebrauch macht.

Sexuelle Belästigung

Er hat, wenn ein Fall sexueller Belästigung eingetreten ist bzw. behauptet wird, die nicht leichte Aufgabe, einerseits dazu beizutragen, daß das Problem gelöst wird (das heißt, daß sexuelle Belästigungen unterbleiben). Andererseits hat er sicherzustellen, daß niemand zu Unrecht mit Abmahnung, Umsetzung, Versetzung oder Kündigung »bestraft« wird bzw. darauf zu achten, daß sich die »Strafe« im Rahmen der gebotenen Verhältnismäßigkeit hält.

Literaturhinweis:

Dagmar Schiek: Zweites Gleichberechtigungsgesetz für die Privatwirtschaft. Textausgabe mit Kurzkommentierung. Bund-Verlag, Köln.

Soziale Angelegenheiten

☐ Das Betriebsverfassungsgesetz unterscheidet vier Bereiche, innerhalb derer dem Betriebsrat → **Beteiligungsrechte** zustehen:
- soziale Angelegenheiten, §§ 87 bis 89 BetrVG,
- Gestaltung von Arbeitsplatz, Arbeitsablauf und Arbeitsumgebung, §§ 90, 91 BetrVG,
- personelle Angelegenheiten, §§ 92 bis 105 BetrVG,
- wirtschaftliche Angelegenheiten, §§ 106 bis 113 BetrVG.

☐ Der Begriff »soziale Angelegenheiten« umfaßt ein breites Feld von Problemlagen, die die Situation und Interessen der Beschäftigten in erheblicher Weise berühren.

Beispiele:
- *Arbeitszeitfragen*
  (§ 87 Abs. 1 Nr. 2 und 3 BetrVG; siehe → **Arbeitszeit**, → **Gleitzeit**, → **Kurzarbeit**, → **Nachtarbeit**, → **Schichtarbeit**, → **Teilzeitarbeit**, → **Überstunden***),*
- *Fragen der Leistungs- und Verhaltenskontrolle*
  (§ 87 Abs. 1 Nr. 6 BetrVG; siehe → **Datenschutz**, → **Rationalisierung***),*
- *Fragen des Gesundheitsschutzes und der Unfallverhütung*
  (§ 87 Abs. 1 Nr. 7 BetrVG; siehe → **Arbeitsschutz**, → **Gefahrstoffe***),*
- *Fragen der Lohn- und Gehaltsgestaltung*
  (§ 87 Abs. 1 Nr. 10 und 11 BetrVG; siehe → **Arbeitsentgelt***).*

☐ § 87 BetrVG stellt dem Betriebsrat, soweit diese Problemlagen nicht bereits durch gesetzliche oder tarifvertragliche Vorschriften abschließend geregelt sind, echte Mitbestimmungsrechte auch in Form des → **Initiativrechts** zur Verfügung (siehe → **Beteiligungsrechte**).

☐ Können Arbeitgeber und Betriebsrat sich im Bereich der sozialen Angelegenheiten im Sinne des § 87 BetrVG nicht einigen, entscheidet die → **Einigungsstelle** (vgl. § 87 Abs. 2 BetrVG).

Soziale Angelegenheiten

Übersicht:
Soziale Angelegenheiten

- § 87 Abs. 1 Nr. 1 BetrVG: Regelungen über Ordnung des Betriebes und das Verhalten der Arbeitnehmer
- § 87 Abs. 1 Nr. 2 BetrVG: Regelungen über Arbeitszeit
- § 87 Abs. 1 Nr. 3 BetrVG: Regelungen über Kurzarbeit und Überstunden
- § 87 Abs. 1 Nr. 4 BetrVG: Regelungen über Art und Weise der Auszahlung der Arbeitsentgelte
- § 87 Abs. 1 Nr. 5 BetrVG: Regelungen über Urlaubsfragen
- § 87 Abs. 1 Nr. 6 BetrVG: Regelungen über Einführung und Anwendung von technischen Überwachungseinrichtungen
- § 87 Abs. 1 Nr. 7 BetrVG: Regelungen über Gesundheitsschutz und Verhütung von Arbeitsunfällen und Berufskrankheiten
- § 87 Abs. 1 Nr. 8 BetrVG: Regelungen über das »Wie« von Sozialeinrichtungen in Betrieb, Unternehmen, Konzern
- § 87 Abs. 1 Nr. 9 BetrVG: Regelungen über Vermietung, Nutzung und Kündigung von Werkswohnungen
- § 87 Abs. 1 Nr. 10 BetrVG: Regelungen über Fragen der betrieblichen Lohngestaltung
- § 87 Abs. 1 Nr. 11 BetrVG: Regelungen über die Festsetzung leistungsbezogener Arbeitsentgelte
- § 87 Abs. 1 Nr. 12 BetrVG: Regelungen über das betriebliche Vorschlagswesen

Mitbestimmungsrechte bestehen nur, soweit die jeweilige Angelegenheit nicht abschließend gesetzlich oder tariflich geregelt ist

Betriebsrat hat sowohl ein Zustimmungsverweigerungsrecht als auch ein Initiativrecht

Im Nichteinigungsfalle entscheidet die Einigungsstelle (vgl. § 87 Abs. 2 BetrVG)

§ 88 BetrVG: Regelungen über zusätzliche Maßnahmen des Gesundheitsschutzes, über das »Ob« von Sozialeinrichtungen, über Maßnahmen der Vermögensbildung (freiwillige Betriebsvereinbarung)

§ 89 BetrVG: sonstige Aufgaben, Informations- und Mitwirkungsrechte des Betriebsrats beim betrieblichen Gesundheitsschutz

Sozialeinrichtung

Was ist das?

☐ Unter einer »Sozialeinrichtung« (vgl. § 87 Abs. 1 Nr. 8 und § 88 Nr. 2 BetrVG) wird eine vom Arbeitgeber zur Verfügung gestellte Leistung verstanden, die eine abgrenzbare und auf gewisse Dauer gerichtete Organisationsform besitzt und den Zweck hat, den Arbeitnehmern Leistungen/Vorteile zu verschaffen.

Beispiele:

- *Pensionskasse, Unterstützungskasse (siehe → betriebliche Altersversorgung),*
- *Kantine,*
- *Verkaufsstelle, Automaten zum Verkauf verbilligter Ware,*
- *Erholungsheim,*
- *Betriebskindergarten,*
- *Werkbücherei,*
- *Parkraum,*
- *Werkbusdienst.*

☐ »Sozialleistungen« des Arbeitgebers, denen die Begriffsmerkmale der »Einrichtung« in obigem Sinne fehlen, werden nicht von § 87 Abs. 1 Nr. 8 BetrVG erfaßt. Vielmehr sind sie als Bestandteil des »Lohns« im Sinne des § 87 Abs. 1 Nr. 10 BetrVG anzusehen (Soziallohn).

Beispiele:

- → übertarifliche Zulagen;
- → betriebliche Altersversorgung *in Form einer* »Direktzusage« *des Arbeitgebers oder einer* »Direktversicherung«.

Sozialeinrichtung

Bedeutung für die Betriebsratsarbeit

☐ Nach § 87 Abs. 1 Nr. 8 BetrVG steht dem Betriebsrat ein Mitbestimmungsrecht zu bei

»Form, Ausgestaltung und Verwaltung von Sozialeinrichtungen, deren Wirkungsbereich auf den Betrieb, das Unternehmen oder den Konzern beschränkt ist«.

☐ Ein Mitbestimmungsrecht des Betriebsrats besteht nur hinsichtlich des »Wie« der Sozialeinrichtung (Form, Ausgestaltung, Verwaltung). Es erstreckt sich nicht auf die Frage, »ob« der Arbeitgeber überhaupt eine Sozialeinrichtung errichtet, in welchem Umfange er sie mit finanziellen Mitteln ausstattet (sogenannter »Dotierungsrahmen«) und welchen Personenkreis er zu begünstigen beabsichtigt. Dies ergibt sich aus § 88 Nr. 2 BetrVG, wonach die »Errichtung« von Sozialeinrichtungen (nur) durch »freiwillige« (also nicht erzwingbare) Betriebsvereinbarung geregelt werden kann.

Beispiel:

Die Eröffnung eines Werkbusdienstes sowie die Übernahme der Kosten hierfür ist ebenso mitbestimmungsfrei wie die vollständige Abschaffung des Dienstes.

Entschließt sich allerdings der Arbeitgeber »freiwillig« zur Einrichtung eines Werkbusdienstes, stellen sich Regelungsfragen über das »Wie«, so daß der Betriebsrat insoweit mitzubestimmen hat (z. B. darüber, welche Haltestellen die Busse anzufahren haben). Auch die vollständige Schließung einer Sozialeinrichtung ist nicht mitbestimmungspflicht (allerdings können sonstige rechtliche Gesichtspunkte – z. B. arbeitsvertragliche oder gesetzliche Regelungen – einer Schließung entgegenstehen bzw. sie einschränken; siehe → betriebliche Altersversorgung).

☐ Will der Arbeitgeber die Sozialeinrichtung nur teilweise schließen, so stellen sich wieder – mitbestimmungspflichtige – Regelungsfragen.

Beispiel:

Der Arbeitgeber will den Werkbusdienst von bisher 10 auf 5 Busse verkleinern. Hier ist z. B. die Frage der Haltestellen im Mitbestimmungswege neu zu regeln.

Sozialeinrichtung

☐ Kommt es in bezug auf die »Form, Ausgestaltung und Verwaltung« der Sozialeinrichtung zwischen Arbeitgeber und Betriebsrat zu keiner Einigung, entscheidet die Einigungsstelle (vgl. § 87 Abs. 2 BetrVG).

☐ Das Mitbestimmungsrecht des Betriebsrats bei »freiwilligen« Leistungen des Arbeitgebers, die nicht die Merkmale der »Sozialeinrichtung« aufweisen (siehe oben; Anwendung des § 87 Abs. 1 Nr. 10 BetrVG), ist im übrigen nach herrschender Meinung in ähnlicher Weise eingeschränkt. So besteht hiernach (beispielsweise) kein Mitbestimmungsrecht des Betriebsrats hinsichtlich der Frage, »ob«, »in welchem Umfange« und »an welchen Personenkreis« der Arbeitgeber finanzielle Mittel zwecks Zahlung übertariflicher Zulagen zur Verfügung stellt. Geschieht dies jedoch, hat der Betriebsrat mitzubestimmen, wenn es darum geht, die Kriterien festzulegen, nach denen die Mittel auf die Arbeitnehmer verteilt werden (siehe → **Übertarifliche Zulagen**).

Sozialplan

Was ist das?

☐ Nach §§ 111, 112 BetrVG ist der Unternehmer, der eine → **Betriebsänderung** plant, u. a. verpflichtet, mit dem Betriebsrat über einen »Interessenausgleich« und einen »Sozialplan« zu verhandeln.

☐ Den Begriff »Sozialplan« muß man im Unterschied zum Begriff »Interessenausgleich« sehen:

• Bei den Verhandlungen über einen »Interessenausgleich« geht es um das »Ob, Wann und Wie« der vom Unternehmer geplanten Betriebsänderung. Der Unternehmer bringt in die Verhandlungen sein »Interesse« ein (z. B. Stillegung eines Betriebsteils sowie Entlassungen); der Betriebsrat legt demgegenüber dem Unternehmer ein Konzept vor, in dem die »Interessen« der Beschäftigten formuliert sind (z. B. Kurzarbeit statt Entlassung, »Beschäftigungsplan statt Sozialplan«, Aufnahme zusätzlicher oder alternativer Produktion, umschulen statt entlassen usw.; siehe → **Interessenausgleich**).

• Beim »Sozialplan« geht es demgegenüber um einen insbesondere finanziellen Härteausgleich für diejenigen Arbeitnehmer, die von der Betriebsänderung nachteilig betroffen sind (Zahlung von → **Abfindungen**, Ausgleichszahlungen bei Kurzarbeit, besitzstandserhaltende Zahlung von Zulagen bei Versetzungen, Regelungen über die Finanzierung von Umschulungsmaßnahmen, Ausgleichszahlungen für Umzugskosten, höhere Fahrtkosten und dergleichen).

☐ »Interessenausgleich« und »Sozialplan« haben also eine vollkommen andere Zielrichtung. Dennoch stehen beide Vereinbarungen in einem untrennbaren Zusammenhang:

In je stärkerem Maße es gelingt, die vom Unternehmer geplante Betriebsänderung im Wege des »Interessenausgleichs« in Bahnen zu lenken, die für die Beschäftigten weniger schädlich sind, desto kleiner wird der Personenkreis, für den durch Abschluß eines »Sozialplans« Abfindungszahlungen und sonstige Ausgleichsleistungen durchgesetzt werden müssen.

Sozialplan

Bedeutung für die Betriebsratsarbeit

☐ Im Hinblick auf die rechtliche Durchsetzbarkeit unterscheiden sich Interessenausgleich und Sozialplan erheblich. Während dem Betriebsrat hinsichtlich des Interessenausgleichs nur eine Art Mitwirkungsrecht zusteht (das Letztentscheidungsrecht liegt beim Unternehmer: siehe → **Interessenausgleich**), ist die Aufstellung eines Sozialplans – auch gegen den Willen des Unternehmers – erzwingbar: Kommt eine Einigung zwischen Unternehmer und Betriebsrat nicht zustande, entscheidet die → **Einigungsstelle** verbindlich über die Aufstellung eines Sozialplans (vgl. § 112 Abs. 4 BetrVG).

☐ Der Kampf um einen möglichst »guten« Interessenausgleich hat aus beschäftigungspolitischen Gründen sicherlich den Vorrang vor dem Sozialplan (siehe oben). Dennoch ist es natürlich wichtig, für diejenigen Arbeitnehmer, deren Arbeitsplätze nicht gesichert werden können bzw. deren Arbeitsbedingungen sich verschlechtern, möglichst gute Sozialplanregelungen »herauszuholen«.

☐ Die Verhandlungen über den Inhalt des Sozialplans müssen sorgfältig vorbereitet werden. Hierzu gehört, daß der Betriebsrat mit einem eigenen Sozialplanentwurf in die Verhandlungen mit dem Unternehmer und gegebenenfalls vor die Einigungsstelle geht. Bei der Erstellung eines solchen Entwurfs ist die Zusammenarbeit mit einem »in Sachen Sozialplan« erfahrenen Gewerkschaftsvertreter unerläßlich. Zum möglichen Inhalt des Sozialplans: siehe »Checkliste: Inhalt des Sozialplans« (im Anhang zu dem hier besprochenen Stichwort).

☐ Das Verfahren hin zum Abschluß eines »Sozialplans« verläuft in den gleichen Etappen wie das Verfahren zum Abschluß eines Interessenausgleichs:

- Zunächst hat der Unternehmer den Betriebsrat über die geplante Betriebsänderung zu informieren, mit ihm zu beraten (§ 111 BetrVG) und über einen »Interessenausgleich« zu verhandeln (§ 112 Abs. 1 bis 3 BetrVG).
- Haben sich Art und Umfang der betriebsändernden Maßnahmen in den Verhandlungen über einen »Interessenausgleich« konkretisiert, werden Verhandlungen über einen »Sozialplan« aufgenommen.
- Kommt es zu einer Einigung (Kompromiß) über den Sozialplan, wird dieser schriftlich fixiert und vom Unternehmer und Betriebsrat (durch den Betriebsratsvorsitzenden) unterschrieben.

Sozialplan

- Kommt es zu keiner Einigung, so kann von jeder Seite der Präsident des Landesarbeitsamtes um Vermittlung gebeten werden.
- Unterbleibt die Einschaltung des Präsidenten des Landesarbeitsamtes oder bleibt sein Vermittlungsversuch erfolglos, kann von jeder Seite die Einigungsstelle angerufen werden.
- Über die Bildung der Einigungsstelle entscheidet notfalls das Arbeitsgericht, falls sich Unternehmer und Betriebsrat über die Person des Vorsitzenden und die Zahl der Beisitzer nicht einigen können (siehe → **Einigungsstelle**).
- Im Einigungsstellenverfahren haben der Unternehmer einerseits, der Betriebsrat andererseits ihre jeweiligen Vorstellungen und Konzepte darzustellen.
- Der/die Vorsitzende der Einigungsstelle hat den Versuch zu unternehmen, eine Einigung zwischen beiden Seiten herbeizuführen.
- Kommt es im Rahmen des Einigungsstellenverfahrens zu einer Einigung zwischen Unternehmer und Betriebsrat, so ist diese schriftlich niederzulegen und zu unterschreiben.
- Kommt es zu keiner Einigung, so entscheidet die Einigungsstelle verbindlich über die Aufstellung und den Inhalt des Sozialplans (vgl. § 112 Abs. 4 BetrVG).

☐ Die Wirkung eines Sozialplans ist stärker als diejenige des Interessenausgleichs. Der Sozialplan hat nämlich die Wirkung einer »Betriebsvereinbarung« und begründet einklagbare Rechte zugunsten der in seinen Geltungsbereich fallenden Arbeitnehmer. Von einem Interessenausgleich kann der Arbeitgeber demgegenüber abweichen. Er ist dann allerdings – falls die Abweichung ohne zwingenden Grund erfolgt – gegenüber den betroffenen Beschäftigten zur Zahlung eines »Nachteilsausgleichs« verpflichtet (vgl. § 113 BetrVG; siehe → **Interessenausgleich**).

☐ Die einschränkende Vorschrift des § 77 Abs. 3 BetrVG (= Sperrwirkung von Tarifverträgen) gilt nicht (vgl. § 112 Abs. 1 Satz 3 und 4 BetrVG). Das heißt, im Sozialplan können Regelungen enthalten sein über »Arbeitsentgelte und sonstige Arbeitsbedingungen, die durch Tarifvertrag geregelt sind oder üblicherweise geregelt werden« (z. B. Regelungen über Lohn- und Gehaltssicherung). Natürlich darf der Sozialplan tarifvertragliche Regelungen nicht verschlechtern (siehe → **Günstigkeitsprinzip**).

☐ Der Sozialplan erfaßt alle Beschäftigten, die infolge der Betriebsänderung einen wirtschaftlichen Nachteil erleiden. Auch bereits ausge-

Sozialplan

schiedene Arbeitnehmer haben Anspruch auf die Sozialplanleistungen, wenn ihr Ausscheiden mit der Betriebsänderung in einem inneren Zusammenhang steht. Auch diejenigen, die aufgrund der Betriebsänderung per Aufhebungsvertrag ausgeschieden sind oder selbst gekündigt haben, dürfen von den Sozialplanleistungen nicht ausgeschlossen werden (strittig).

Nur wer das Arbeitsverhältnis ohne jeden Bezug zur Betriebsänderung durch Aufhebungsvertrag oder Eigenkündigung beendet hat oder wer vom Arbeitgeber nach § 626 BGB aus wichtigem Grund – zu Recht – fristlos entlassen wird, hat keinen Anspruch aus dem Sozialplan.

☐ Weitere Personen, die in den Sozialplan einbezogen werden müssen: Teilzeitbeschäftigte, Auszubildende, Heimarbeitnehmer, auch Personen, die noch keine sechs Monate im Betrieb beschäftigt sind, ggf. auch Pensionäre.

☐ Für → **leitende Angestellte** kann der Betriebsrat einen Sozialplan nicht abschließen. Diese können auch nicht unter Berufung auf den Gleichbehandlungsgrundsatz Gleichstellung mit dem übrigen Beschäftigten des Betriebs verlangen.

☐ Nach § 112 Abs. 5 BetrVG hat die Einigungsstelle bei der Entscheidung über den Sozialplan eine Reihe von Grundsätzen zu beachten, die ihr Entscheidungsermessen einschränken. Die Einigungsstelle soll sich sowohl von den sozialen Belangen der Arbeitnehmer als auch von der wirtschaftlichen Vertretbarkeit ihrer Entscheidung leiten lassen.

Insbesondere soll die Einigungsstelle

1. bei der Bemessung der Sozialplanleistungen von den tatsächlich zu erwartenden Nachteilen für die Arbeitnehmer ausgehen (vgl. § 112 Abs. 5 Nr. 1 BetrVG);

2. die Arbeitsmarktchancen der betroffenen Arbeitnehmer berücksichtigen und solche Arbeitnehmer von Leistungen ausschließen, die ein verbindliches Angebot des Unternehmers auf einen gleichwertigen und zumutbaren Arbeitsplatz in einem anderen Betrieb des Unternehmens oder Konzern ablehnen (vgl. § 112 Abs. 5 Nr. 2 Satz 2 BetrVG);

3. bei der Bemessung des Gesamtvolumens der Sozialplanleistungen darauf achten, daß der Fortbestand des Unternehmens und eventuell noch verbleibende Arbeitsplätze nicht gefährdet werden (vgl. § 112 Abs. 5 Nr. 3 BetrVG).

Sozialplan

☐ Besonderheiten gelten, wenn das Unternehmen, in dem eine sozialplanpflichtige Betriebsänderung stattfindet, einem → **Konzern** angehört:

Bei der Bemessung des Sozialplanvolumens ist nämlich bei der Bestimmung des Kriteriums »wirtschaftliche Vertretbarkeit« auf die wirtschaftliche Lage des Konzerns abzustellen und nicht auf die Lage des (unter Umständen »armen«) Unternehmens, in dem die Betriebsänderung stattfindet (= sogenannter »Berechnungsdurchgriff«).

Des weiteren gilt: Unter gewissen Voraussetzungen können die Sozialplanansprüche direkt gegenüber der herrschenden Gesellschaft bzw. den hinter der herrschenden Gesellschaft stehenden natürlichen Personen geltend gemacht werden (sog. »Haftungsdurchgriff«).

Zum Ganzen vgl.: Däubler/Kittner/Klebe/Schneider, BetrVG, 4. Aufl., §§ 112, 112a Rdnr. 117ff.

☐ Zu beachten ist § 134 Umwandlungsgesetz (UmwG). Diese Vorschrift regelt den Schutz der Gläubiger für eine Unternehmensspaltung der folgenden Form:

Ein Unternehmen wird in der Weise gespalten, daß das Vermögen auf eine »reiche« Besitzgesellschaft (= »Anlagegesellschaft«) übertragen wird, während die weitere Produktion von einer vermögenslosen »Betriebsgesellschaft« betrieben wird, der die Betriebsmittel zur Nutzung überlassen werden und bei der alle Arbeitnehmer beschäftigt sind. Sind an den Unternehmen im wesentlichen dieselben Personen (z.B. als Gesellschafter) beteiligt, so haftet die »reiche« Anlagegesellschaft für Arbeitnehmeransprüche, die binnen fünf Jahren nach Wirksamwerden der Unternehmensspaltung nach §§ 111 bis 113 BetrVG begründet werden, und zwar sowohl unter dem Gesichtspunkt des »Berechnungsdurchgriffs« (bei der Berechnung von Sozialplanleistungen und Nachteilsausgleich) als auch des »Haftungsdurchgriffs« (bei der Durchsetzung von Sozialplan- und Nachteilsausgleichsansprüchen). Siehe auch → **Betriebsaufspaltung/Unternehmensteilung** und → **Umwandlung von Unternehmen**.

☐ Ausnahmsweise ist ein Sozialplan nicht erzwingbar, wenn folgende Voraussetzungen gegeben sind (vgl. § 112a BetrVG):

1. Besteht eine Betriebsänderung aus »bloßem« Personalabbau, so entfällt die Erzwingbarkeit, wenn die Größenordnung des Personalabbaus unterhalb der in § 112a Abs. 1 BetrVG gesetzten Grenzen

Sozialplan

bleibt (beachten: Personalabbau im Wege von Aufhebungsverträgen zählt mit!).

Es hat Unternehmer gegeben, die ihre Sozialplanpflicht dadurch umgehen wollten, daß sie die Entlassungen »portionsweise« in zeitlichen Abständen und in einer Größenordnung vorgenommen haben, die jeweils unterhalb der Zahlenwerte des § 112a Abs. 1 BetrVG lag. Eine solche Rechnung ging jedoch nicht auf, weil in den betreffenden Fällen nachgewiesen werden konnte, daß die einzelnen Entlassungsschritte Ergebnis einer einheitlichen Personalabbauplanung des Unternehmers gewesen sind. Für die Betroffenen konnte nachträglich ein Sozialplan durchgesetzt werden.

Beachten:

Die einschränkende Vorschrift des § 112a Abs. 1 BetrVG ist nur anzuwenden, wenn die Betriebsänderung allein in der Entlassung von Arbeitnehmern besteht. Finden darüber hinaus weitere betriebsändernde Maßnahmen statt (z. B. Veräußerung von Maschinen, Rationalisierungsmaßnahmen und dergleichen), so ist ein Sozialplan auch dann aufzustellen, wenn die Zahlenwerte des § 112a BetrVG nicht erreicht werden.

Wichtig:

Die Verpflichtung des Unternehmers zu Verhandlungen über einen »Interessenausgleich« und damit auch die Anwendbarkeit des § 113 BetrVG (»Nachteilsausgleich«) wird durch § 112a BetrVG nicht berührt. Erforderlich für den Anspruch des Betriebsrats auf Interessenausgleichsverhandlungen ist allein, daß die Voraussetzungen des § 111 BetrVG vorliegen (siehe → **Betriebsänderung** und → **Interessenausgleich**).

2. Ein Sozialplan ist ebenfalls nicht erzwingbar in Betrieben eines Unternehmens in den ersten vier Jahren nach seiner Gründung.

Fand die Neugründung jedoch im Zusammenhang mit einer rechtlichen Umstrukturierung von Unternehmen oder Konzernen statt, gilt diese Einschränkung nicht: d.h. in solchen Fällen bleibt die Erzwingbarkeit des Sozialplans bestehen (vgl. § 112a Abs. 2 BetrVG).

Übernimmt ein neu gegründetes Unternehmen einen Betrieb (→ **Betriebsübergang**), der länger als vier Jahre besteht, so ist § 112a Abs. 2

Sozialplan

BetrVG nicht anwendbar. Das heißt, ein Sozialplan ist, wenn in dem Betrieb eine Betriebsänderung stattfindet, erzwingbar. Die in einer Entscheidung des Bundesarbeitsgerichts (vgl. BAG vom 13. 6. 1889, AP Nr. 3 zu § 112a BetrVG 1972) zum Ausdruck gekommene gegenteilige Auffassung ist abzulehnen. Sie verstößt gegen den Schutzgedanken des § 613a BGB, der sicherstellen will, daß durch den Betriebsinhaberwechsel als solchen kein Nachteil für die Beschäftigten eintritt. Wenn aber den Beschäftigten durch Anwendung des § 112a Abs. 2 BetrVG die Aussicht auf einen Sozialplan genommen wird, so ist dies ein solcher Nachteil (vgl. Däubler/Kittner/Klebe/Schneider, BetrVG, 4. Aufl. §§ 112, 112a Rdnr. 35). Immerhin hat das Bundesarbeitsgericht in oben genannter Entscheidung erklärt, daß ein Wegfall der Sozialplanpflicht nach § 112a Abs. 2 BetrVG nicht stattfindet, wenn eine Neugründung eines Unternehmens nur zu dem Zweck geschieht, Betriebe aufzukaufen, um sie dann – sozialplanlos – stillzulegen.

☐ Befindet sich ein Unternehmen im → **Konkursverfahren** oder Vergleichsverfahren, so richtet sich das »Schicksal« des Sozialplans nach den Vorschriften des »**Gesetzes über den Sozialplan im Konkurs- und Vergleichsverfahren**« (**SozplKonkG**). Dieses Gesetz ist am 20. 2. 1985 verabschiedet worden und tritt – nach mehrfachen Verlängerungen – am 31. 12. 1998 außer Kraft.

Hinweis: In den »neuen« Bundesländern findet das SozplKonkG gemäß Einigungsvertrag keine Anwendung. Dort gelten die besonderen Vorschriften der »Gesamtvollstreckungsordnung« vom 23. 5. 1991 (wegen Forderungen aus einem Sozialplan: siehe insbesondere § 17 Abs. 3 Gesamtvollstreckungsordnung: Begrenzung des bevorrechtigten Sozialplanvolumens auf 3 Monatsverdienste sowie $\frac{1}{3}$).

Aus dem in den »alten« Bundesländern geltenden SozplKonkG ergeben sich unter anderem folgende Grundsätze:

1. Die Vorschriften des BetrVG über den Sozialplan finden auch im Konkurs des Unternehmens voll Anwendung. Insbesondere hat der Betriebsrat ein erzwingbares Mitbestimmungsrecht bei der Aufstellung eines Sozialplans. An die Stelle des Unternehmens tritt der Konkursverwalter. Dieser verhandelt und vereinbart mit dem Betriebsrat den Sozialplan. Kommt eine Einigung nicht zustande, entscheidet die Einigungsstelle verbindlich.

Sozialplan

2. Allerdings findet eine Begrenzung des Sozialplanvolumens – wie folgt – statt:

a) Das Volumen des Sozialplans, der nach (!) Eröffnung des Konkursverfahrens aufgestellt wird, darf eine Höhe von bis zu $2^1/_2$ Monatsverdiensten der von Entlassung betroffenen Arbeitnehmer nicht überschreiten, andernfalls ist der Sozialplan insgesamt unwirksam (§ 2 SozplKonkG). Es muß ggf. neu verhandelt werden.

Beispiel:
100 Arbeitnehmer sollen entlassen werden, deren Monatsverdienst jeweils 3000,– DM beträgt.
Das Gesamtsozialplanvolumen darf 750 000,– DM nicht übersteigen.

b) Ein Sozialplan, der in den letzten 3 Monaten vor (!) dem Antrag auf Eröffnung des Konkurs- oder Vergleichsverfahrens aufgestellt worden ist, ist insoweit gegenüber den Konkursgläubigern unwirksam, als die Summe der Forderungen größer ist als der Gesamtbetrag von $2^1/_2$ Monatsverdiensten der von Entlassung betroffenen Arbeitnehmer (§ 3 SozplKonkG).

3. Die Forderungen der Arbeitnehmer aus einem – wirksamen – Sozialplan nach § 2 SozplKonkG und nach § 3 SozplKonkG (siehe oben Nr. 2) sind »bevorrechtigte« Forderungen mit dem Rang des § 61 Abs. 1 Nr. 1 der Konkursordnung (vgl. § 4 Satz 1 SozplKonkG). Allerdings findet eine Rangteilung mit anderen, ebenfalls »bevorrechtigten« Forderungen statt, was eine Quotelung und damit eine weitere Kürzung zur Folge hat (siehe → **Konkursverfahren**).

4. Für die Erfüllung der »bevorrechtigten« Forderungen nach §§ 2 und 3 SozplKonkG darf nicht mehr als $^1/_3$ der zur Verfügung stehenden Konkursmasse verwendet werden (§ 4 Satz 2 SozplKonkG).

5. Auf Sozialpläne, die früher als drei Monate vor dem Antrag auf Konkurseröffnung aufgestellt wurden, ist das SozplKonkG nicht anwendbar. Forderungen aus einem solchen Sozialplan genießen kein Vorrecht, sondern sind »einfache« Konkursforderungen nach § 61 Abs. 1 Nr. 6 Konkursordnung.

6. Im Rahmen eines »Vergleichsverfahrens«, dessen Ziel es ist, im Wege des »Teilerlasses« (= Teilverzicht) der Forderungen durch die

Sozialplan

Forderungsinhaber (= Gläubiger) ein Konkursverfahren zu vermeiden, findet eine Kürzung derjenigen Sozialplanforderungen, die im Konkurs »bevorrechtigt« wären (siehe oben Nr. 3), nicht statt (vgl. § 5 SozplKonkG).

Bedeutung für die Beschäftigten

☐ Der Sozialplan begründet – im Gegensatz zum Interessenausgleich – unmittelbare Rechtsansprüche zugunsten der durch die → **Betriebsänderung** betroffenen Arbeitnehmer. Wenn also der Unternehmer den Sozialplan nicht erfüllt, können die Beschäftigten ihre Ansprüche beim → **Arbeitsgericht** einklagen.

☐ Es ist unbedingt darauf zu achten, daß die Ansprüche aus dem Sozialplan innerhalb etwaiger tariflicher Verfallfristen geltend gemacht werden.

☐ Von den Ansprüchen aus einem Sozialplan sind die Nachteilsausgleichsansprüche nach § 113 BetrVG zu unterscheiden. Diese Ansprüche werden ausgelöst, wenn der Unternehmer von einem mit dem Betriebsrat vereinbarten »Interessenausgleich« abweicht, oder wenn er es gänzlich unterlassen hat, einen »Interessenausgleich« mit dem Betriebsrat zu versuchen (siehe → **Interessenausgleich**).

Checkliste:

Inhalt des Sozialplans

1. Regelungen über den sachlichen und persönlichen Geltungsbereich des Sozialplans
2. Regelungen für den Fall, daß Arbeitnehmer auf andere Arbeitsplätze im Betrieb, Unternehmen oder Konzern versetzt werden und/oder umgeschult werden sollen:
   - Fahrtkostenerstattung,
   - Anspruch auf Trennungsgeld und Kosten für Familienheimfahrten,
   - Erstattung der Kosten für Wohnungssuche (Maklergebühren, Inseratkosten usw.),
   - Umzugskostenerstattung (Möbeltransportkosten usw.),
   - Beteiligung des Arbeitgebers an Doppel-Mietkosten, die nach Kündigung der alten und Miete der neuen Wohnung für eine gewisse Zeit entstehen,

Sozialplan

- keine Lohn- und Gehaltsminderung infolge der Versetzung (Besitzstandswahrung),
- Anspruch auf Teilnahme an Umschulungs- bzw. Fortbildungsmaßnahmen,
- Anspruch auf Fortzahlung der Vergütung während der Umschulungs- bzw. Fortbildungsmaßnahme (abzüglich etwaiger Lohnersatzleistungen des Arbeitsamtes),
- Erstattung der sachlichen Umschulungs- bzw. Fortbildungskosten (Bücher, Gebühren, Fahrtkosten usw.), soweit nicht vom Arbeitsamt finanziert,
- Sonstiges:

3. Regelungen für den Fall, daß Arbeitnehmer aus Anlaß der Betriebsänderung für einen gewissen Zeitraum auf Kurzarbeit »gesetzt« werden:

- Anspruch auf Ausgleichszahlung zum Kurzarbeitergeld,
- siehe im übrigen → **Kurzarbeit**.

4. Regelungen für den Fall, daß Arbeitnehmer aus Anlaß der Betriebsänderung aus der Firma ausscheiden:

- Verlängerung der gesetzlichen oder tariflichen Kündigungsfristen für die arbeitgeberseitige Kündigung,
- Regelung, daß ein Arbeitnehmer von der Einhaltung einer Kündigungsfrist befreit ist, falls er nur unter dieser Voraussetzung von einem anderen Arbeitgeber eingestellt wird,
- Einräumung bezahlter Freistellung für Arbeitsplatzsuche,
- Übernahme von Bewerbungskosten,
- Gewährung von Weihnachtsgeld, Prämien, Jubiläumsgeldern und sonstigen finanziellen Leistungen,
- Regelungen über die Berechnung der Abfindung:

a) Die einfachste Formel für die Berechnung der auf den einzelnen Arbeitnehmer entfallenden Abfindung lautet:

... % vom Monatseinkommen × Beschäftigungsjahre.

Orientierungsmarke:
Je nach wirtschaftlicher Lage des Unternehmens: $1/2$ bis 1 Monatseinkommen pro Beschäftigungsjahr; weniger ist nur gerechtfertigt, wenn besondere wirtschaftliche Gründe vorliegen.

b) Will man neben der Beschäftigungszeit auch das Alter des Betroffenen berücksichtigen (sinnvoll, da mit fortschreitendem Alter des Arbeitnehmers sich in der Regel seine Arbeitsmarktchancen verschlechtern), so kann folgendes Berechnungsverfahren angewandt werden:

Jeder betroffene Arbeitnehmer erhält einen gleichen »Grundbetrag« (z. B. ein Monatseinkommen) sowie zusätzlich einen »Steigerungsbetrag«, der sich nach folgender Formel berechnet:

$$\frac{\text{Alter} \times \text{Beschäftigungsjahre}}{\times} = x \text{ Monatseinkommen}$$

(je niedriger dieser Faktor,
desto höher der sich ergebende Steigerungsbetrag)

Sozialplan

Beispiel:

$$\frac{40 \text{ Lebensjahre} \times 5 \text{ Beschäftigungsjahre}}{100} = 2 \text{ Monatseinkommen}$$

oder:

$$\frac{40 \text{ Lebensjahre} \times 5 \text{ Beschäftigungsjahre}}{50} = 4 \text{ Monatseinkommen}$$

c) Sollen neben Beschäftigungsdauer und Lebensalter weitere soziale Gesichtspunkte berücksichtigt werden, so bietet sich folgende Regelung an:
Die Abfindung besteht aus einem »Grundbetrag«, den jeder abfindungsberechtigte Arbeitnehmer erhält, und einem »Steigerungsbetrag«, dessen Höhe nach sozialen Gesichtspunkten ermittelt wird.

Der »Grundbetrag« beläuft sich auf ...... DM.

Die Ermittlung des »Steigerungsbetrages« erfolgt nach sozialen Kriterien (z. B. Lebensalter, Betriebszugehörigkeit, Unterhaltsverpflichtung, Aussichten auf dem Arbeitsmarkt).

- Regelungen über Ausgleichszahlungen für solche Arbeitnehmer, die in den vorzeitigen Ruhestand eintreten,
- Regelungen über Ausgleichszahlung dafür, daß ausscheidende Arbeitnehmer infolge des Ausscheidens bestimmte Rechtsansprüche oder Anwartschaften z. B. auf betriebliche Altersversorgung nicht erwerben können,
- Regelungen zum Ausgleich sonstiger Nachteile, die ausscheidende Arbeitnehmer erleiden (z. B. Einrichtung eines Härtefonds).
- Regelungen über die Weitergewährung von Naturalleistungen (z. B. verbilligter Bezug von Waren und Dienstleistungen, weitere Benutzung von Werkswohnungen, Abwicklung von Arbeitgeberdarlehen usw.),
- Regelungen über die Einschränkung oder Aufhebung von Wettbewerbsverboten nach Beendigung des Arbeitsverhältnisses.

5. Regelungen über die Einräumung eines Anspruchs auf bevorzugte Berücksichtigung, falls zu einem späteren Zeitpunkt wieder Einstellungen vorgenommen werden sollten (des weiteren: Anspruch auf Benachrichtigung über zu besetzende Arbeitsplätze. Sicherstellen, daß bei Wiedereinstellung bisherige Beschäftigungszeiten angerechnet werden).

6. Einräumung eines Abfindungsanspruches und Anspruches auf sonstige Leistungen (siehe Ziff. 4) auch für solche Arbeitnehmer, die zwar zunächst auf einen anderen Arbeitsplatz versetzt und weiterbeschäftigt worden sind (siehe oben Ziff. 2), die aber zu einem späteren Zeitpunkt ausscheiden (z. B. durch arbeitgeberseitige ordentliche Kündigung, durch Aufhebungsvertrag oder durch Eigenkündigung, weil ihnen z. B. der neue Arbeitsplatz nicht zumutbar ist).

Regelung, daß über Zumutbarkeit Arbeitgeber und Betriebsrat einvernehmlich entscheiden und daß im Nichteinigungsfalle eine Einigungsstelle entscheidet; daß das Recht des Arbeitnehmers, die Unzumutbarkeit gerichtlich feststellen zu lassen, unberührt bleibt.

Sozialplan

7. Regelungen für Teilzeitbeschäftigte (gegebenenfalls anteiliger Anspruch auf Sozialplanleistungen entsprechend dem Verhältnis ihrer persönlichen wöchentlichen Arbeitszeit zur betriebsüblichen Arbeitszeit).
8. Regelungen für den Fall, daß sich das Unternehmen in einem Vergleichs- oder Konkursverfahren befindet (siehe »Gesetz über den Sozialplan im Konkurs- und Vergleichsverfahren«).
9. Hinweis darauf, daß für den Arbeitnehmer günstigere gesetzliche, tarifliche oder betriebliche Regelungen den Vorrang gegenüber den Regelungen des Sozialplans haben.
10. Regelungen über den Zeitpunkt der Fälligkeit von Sozialplanleistungen; Verzicht des Arbeitgebers auf die Geltendmachung tariflicher Verfallfristen sowie gesetzlicher Verjährungsfristen.
11. Regelung, daß im Falle von Meinungsverschiedenheiten zwischen Betriebsrat und Arbeitgeber bei der Auslegung und Anwendung des Sozialplans die Einigungsstelle entscheidet.
12. Regelungen über Inkrafttreten des Sozialplans.

Literaturhinweis:

Hase/von Neumann-Cosel/Rupp: Handbuch Interessenausgleich und Sozialplan. Ein praktischer Ratgeber, Bund-Verlag, Köln.

Ständig Beschäftigte

Wer ist das?

☐ In einigen Vorschriften des BetrVG ist die Rede von »ständigen« (vgl. § 1 BetrVG) oder »ständig beschäftigten« Arbeitnehmern (vgl. §§ 106 Abs. 1, 110 Abs. 1 und 2 BetrVG).

☐ Der Begriff »ständig« erfaßt solche Arbeitnehmer, die an einem ständig zu besetzenden Arbeitsplatz tätig sind. Entscheidend ist also nicht die dauerhafte Beschäftigung eines bestimmten Arbeitnehmers, sondern das ständige Vorhandensein des entsprechenden Arbeitsplatzes. Deshalb sind auch befristet Beschäftigte im Rahmen der oben genannten Vorschriften mitzuzählen, sofern sie auf einem Arbeitsplatz beschäftigt sind, der aufgrund der Eigenart des Betriebsablaufs eine ständige Besetzung durch einen Arbeitnehmer – wer immer das auch ist – erfordert.

☐ Unerheblich ist es, ob es sich dabei um einen Vollzeit- oder Teilzeitarbeitsplatz handelt.

☐ Den Gegensatz zum »ständigen« Arbeitnehmer bildet derjenige, der aufgrund der Betriebsstruktur nur vorübergehend (z. B. als Aushilfe oder Saisonarbeitnehmer) dem Betrieb angehören soll.

☐ Soweit das BetrVG außerdem den Begriff »in der Regel« beschäftigte Arbeitnehmer verwendet, sind solche Arbeitnehmer gemeint, die üblicherweise über den größten Teil des Jahres »ständig« beschäftigt sind (siehe → **in der Regel**).

Strafverfahren

Grundlagen

☐ Nach § 119 BetrVG begeht derjenige eine Straftat,

- der die Wahl des Betriebsrats (oder eines anderen in der Vorschrift genannten Gremiums) »behindert oder durch Zufügung oder Androhung von Nachteilen oder durch Gewährung oder Versprechen von Vorteilen beeinflußt« (§ 119 Abs. 1 Nr. 1 BetrVG);
- der die Tätigkeit des Betriebsrats (oder anderer in der Vorschrift genannter Gremien) »behindert oder stört« (§ 119 Abs. 1 Nr. 2 BetrVG);
- der ein Mitglied oder Ersatzmitglied des Betriebsrats (oder der anderen in der Vorschrift genannten Gremien) »um seiner Tätigkeit willen benachteiligt oder begünstigt« (§ 119 Abs. 1 Nr. 3 BetrVG).

☐ Die Strafvorschrift richtet sich nicht nur gegen den Arbeitgeber, sondern gegen jedermann (Betriebsangehörige und sogar Außenstehende). Läßt also beispielsweise ein Vorgesetzter ein Betriebsratsmitglied nicht zur Betriebsratssitzung gehen, so sollte er darüber informiert werden, daß er »mit einem Bein im Gefängnis steht«.

☐ Eine Tat im Sinne des § 119 BetrVG kann mit Freiheitsstrafe bis zu einem Jahr oder mit Geldstrafe geahndet werden.

☐ Eine Bestrafung setzt voraus, daß die Tat vorsätzlich begangen worden ist. Fahrlässigkeit reicht nicht aus. Vorsätzlich handelt, wer weiß, daß er (beispielsweise) die Tätigkeit des Betriebsrats behindert und dies will, oder wer dies zumindest billigend in Kauf nimmt. Der Straftäter kann sich nicht damit »herausreden«, nichts von der Strafbarkeit eines solchen Verhaltens gewußt zu haben (= sogenannter Verbotsirrtum). Unwissenheit über die Strafbarkeit seines Tuns schützt den Täter ausnahmsweise nur dann vor Strafe, wenn er den Verbotsirrtum nicht vermeiden konnte. War der Irrtum dagegen vermeidbar, erfolgt Bestrafung (allerdings mit der Möglichkeit der Verhängung einer milderen Strafe, vgl. § 17 Strafgesetzbuch).

Strafverfahren

☐ Eine Straftat nach § 119 BetrVG wird nicht »von Amts wegen«, sondern nur auf Antrag verfolgt. Antragsberechtigt sind unter anderem der Betriebsrat sowie eine im Betrieb vertretene Gewerkschaft (vgl. § 119 Abs. 2 BetrVG).

☐ Der Strafantrag kann bei den Strafverfolgungsbehörden, d. h. bei der Staatsanwaltschaft oder Polizei (nicht etwa beim Arbeitsgericht!) gestellt werden.

☐ Zu beachten ist, daß der Strafantrag innerhalb einer Frist von drei Monaten zu stellen ist. Die Frist beginnt mit dem Tag, an dem der Strafantragsberechtigte Kenntnis von der Straftat erlangt hat.

☐ Das Strafverfahren durchläuft folgende Etappen:

- Einreichung eines begründeten Strafantrages (z. B. bei der Staatsanwaltschaft).
- Die Staatsanwaltschaft ermittelt den Sachverhalt unter anderem durch Vernehmung des Beschuldigten und Anhörung von Zeugen und prüft, ob »hinreichender Tatverdacht« für eine Anklageerhebung vorliegt. Vom Ergebnis dieser Prüfung hängt der weitere Ablauf des Verfahrens ab.

1. Möglichkeit:

- Wird »hinreichender Tatverdacht« bejaht, so erhebt die Staatsanwaltschaft Anklage beim zuständigen Strafgericht. Dies ist das Amtsgericht. Anstelle der Anklageerhebung kann die Staatsanwaltschaft auch den Erlaß eines »Strafbefehls« durch das Amtsgericht beantragen.
- Das Amtsgericht prüft das Vorliegen eines »hinreichenden Tatverdachts« und eröffnet (bejahendenfalls) das Hauptverfahren gegen den Beschuldigten, der von diesem Zeitpunkt an »Angeklagter« genannt wird.
- Das Hauptverfahren vor dem Amtsgericht endet entweder mit einer Verurteilung des Angeklagten oder mit Freispruch (in bestimmten Fällen kommt auch eine Einstellung des Verfahrens in Betracht).
- Gegen die Entscheidung des Amtsgerichts kann vom Verurteilten bzw. von der unterlegenen Staatsanwaltschaft »Berufung« bei der nächsthöheren Instanz (das ist das Landgericht) eingelegt werden.
- Gegen das Berufungsurteil des Landgerichtes ist die Einlegung der »Revision« beim Oberlandesgericht möglich. Das Oberlandesgericht entscheidet auch dann, wenn das Urteil des Amtsgerichts anstelle

Strafverfahren

der »Berufung« direkt mit einer sogenannten »Sprungrevision« angefochten wird.

2. Möglichkeit:

- Kommt die Staatsanwaltschaft nach Abschluß der Ermittlungen zu dem Ergebnis, daß ein »hinreichender Tatverdacht« nicht vorliegt, so stellt sie das Ermittlungsverfahren ein. Hierüber hat sie den Strafantragsteller unter Mitteilung der Gründe zu bescheiden.

- Gegen diesen Bescheid kann das durch die Straftat verletzte Betriebsverfassungsorgan innerhalb von zwei Wochen »Beschwerde« bei der vorgesetzten Staatsanwaltschaft (= Generalstaatsanwaltschaft) erheben. Das Beschwerderecht steht nach richtiger Auffassung auch der im Betrieb vertretenen Gewerkschaft zu, die den Strafantrag gestellt hat (vgl. Däubler/Kittner/Klebe/Schneider, BetrVG, 4. Aufl., § 119 Rdnr. 24 ff.).

- Ist die Beschwerde erfolglos, kann innerhalb eines Monats nach Erhalt des Ablehnungsbescheides beim Oberlandesgericht ein Antrag auf Einleitung eines »Klageerzwingungsverfahrens« gestellt werden (vgl. § 172 Strafprozeßordnung). Hierbei muß sich der Antragsteller eines Rechtsanwaltes bedienen (dessen Kosten der Arbeitgeber nach § 40 BetrVG zu tragen hat). Denn im Klageerzwingungsverfahren herrscht »Anwaltszwang«. Gibt das Gericht dem Antrag statt, so verpflichtet es die Staatsanwaltschaft zur Anklageerhebung beim zuständigen Strafgericht.

☐ Ein weiterer Straftatbestand ist in § 120 BetrVG geregelt. Hiernach wird mit Freiheitsstrafe oder Geldstrafe bestraft, wer unbefugt ein »Betriebs- oder Geschäftsgeheimnis« oder ein »persönliches Geheimnis« eines Arbeitnehmers offenbart oder verwertet (siehe → **Geheimhaltungspflicht**). Auch diese Straftaten werden nur auf Antrag des Verletzten verfolgt.

Bedeutung für die Betriebsratsarbeit

☐ Im betrieblichen Alltagsleben hat § 119 BetrVG eine nicht unerhebliche Bedeutung. Zwar kommt es relativ selten vor, daß der Betriebsrat gegen den Arbeitgeber oder andere Personen mit der Einreichung eines Strafantrages vorgeht. Seine »erzieherische« Wirkung

Strafverfahren

entfaltet § 119 BetrVG aber dennoch; und zwar allein durch seine Existenz. Nicht selten reicht es nämlich aus, den Arbeitgeber oder eine andere Person mit der Tatsache bekanntzumachen, daß die Behinderung der Wahl oder der Tätigkeit des Betriebsrats nicht nur verboten, sondern sogar mit Strafe bedroht ist.

☐ Bei manchen Arbeitgebern fruchten allerdings solche Hinweise nicht. Dies zeigt beispielsweise der Fall eines Geschäftsführers, der mit einer geradezu verblüffenden Hartnäckigkeit durch Einschüchterung, Schikanen aller Art und den wiederholten Ausspruch ungerechtfertigter fristloser Kündigungen versucht hat, die Wahl eines Betriebsrats zu verhindern bzw. den dennoch gewählten Betriebsrat »unschädlich« zu machen. Dieser Geschäftsführer bekam dafür vom Amtsgericht Hamburg-Harburg, das ihn nach § 119 BetrVG zu einer Freiheitsstrafe von einem Jahr (auf Bewährung) verurteilte, eine angemessene Antwort (vgl. die äußerst lesenswerte, in »Arbeitsrecht im Betrieb« 1990, S. 212 in vollständigem Wortlaut abgedruckte Entscheidung des Amtsgerichts Hamburg-Harburg vom 18. 12. 1989).

☐ In einem anderen Fall hat ein Arbeitgeber durch schriftlichen Aushang Beschäftigte aufgefordert, einer Betriebsversammlung fernzubleiben (Wortlaut des Aushangs u. a.: »... Ich kann den Meistern und den Leuten nicht empfehlen, diese Versammlung zu besuchen. Es bleibt Ihnen unbenommen, für ihre Mitglieder eine private Versammlung abzuhalten...«). Der Betriebsrat stellte Strafantrag nach § 119 BetrVG.

Weil die Staatsanwaltschaft das Ermittlungsverfahren einstellte und eine Beschwerde des Betriebsrats bei der Generalstaatsanwaltschaft erfolglos blieb, beantragte der Betriebsrat (mit Hilfe eines Rechtsanwalts) Einleitung eines »Klageerzwingungsverfahrens« beim Oberlandesgericht Stuttgart. Dieses Gericht erkannte in dem schriftlichen Aushang eine Behinderung der Betriebsratsarbeit im Sinne des § 119 Abs. 1 Nr. 2 BetrVG und ordnete die Erhebung einer Anklage gegen den Arbeitgeber an (vgl. »Arbeitsrecht im Betrieb« 1989, S. 23).

☐ Der Strafantrag des Betriebsrats gegen den Arbeitgeber ist kein Grund zur außerordentlichen (fristlosen) Kündigung. Ausnahme: Der Betriebsrat verhält sich rechtsmißbräuchlich (vgl. Fitting-Auffarth-Kaiser-Heither, BetrVG, 17. Auflage, § 120 Rdnr. 12).

Strafverfahren

Musterschreiben:

Strafantrag nach § 119 BetrVG

Betriebsrat X-Stadt, den ...
der Firma Metallbau-GmbH

An die
Staatsanwaltschaft
beim Landgericht

Betr.: Strafantrag gemäß § 119 Betriebsverfassungsgesetz

Sehr geehrte Damen und Herren,

hiermit erstattet der Betriebsrat der Firma Metallbau-GmbH, vertreten durch den Betriebsratsvorsitzenden Herrn ...
Strafantrag gemäß § 119 BetrVG
gegen den Geschäftsführer der Firma Metallbau-GmbH
Herrn ... (Name, Anschrift) ...

Begründung:
(ausführliche Darstellung des Sachverhalts:
»vorsätzliche« Begehung eines oder mehrerer in § 119 Abs. 1 BetrVG aufgeführten Straftatbestände)

Beweis:
Zeugnis der Betriebsratsmitglieder
Herr ... (Name, Anschrift) ...
Frau ... (Name, Anschrift) ...
Aufforderungsschreiben des Betriebsrats vom ...

Aus den dargelegten Gründen sieht sich der Betriebsrat genötigt, Strafantrag nach § 119 Abs. 1, 2 BetrVG gegen Herrn ... zu erstatten.

Hochachtungsvoll
Betriebsratsvorsitzender

Anlagen

Beachten:
Strafantragsberechtigt ist auch eine im Betrieb vertretene Gewerkschaft!

Tarifvertrag

Was ist das?

☐ Ein Tarifvertrag ist ein von tariffähigen Parteien (= Gewerkschaft auf der einen Seite und Arbeitgeberverband bzw. ein einzelner Arbeitgeber auf der anderen Seite) abgeschlossener Vertrag, durch den – ganz allgemein gesprochen – die Arbeits- und Wirtschaftsbedingungen im Geltungsbereich des Tarifvertrags geregelt werden.

☐ Hierzu ermächtigt sind die Tarifvertragsparteien durch das in Art. 9 Abs. 3 des Grundgesetzes verankerte Grundrecht der Koalitionsfreiheit. Dieses Grundrecht umfaßt das Recht der Tarifvertragsparteien, die Arbeits- und Wirtschaftsbedingungen »autonom« durch Tarifverträge zu gestalten (sogenannte »Tarifautonomie«).

☐ Einzelheiten regelt das Tarifvertragsgesetz (TVG).

☐ Zur Möglichkeit des Abschlusses eines Tarifvertrages zwischen der Gewerkschaft und einem einzelnen Arbeitgeber: siehe §§ 2 Abs. 1, 3 Abs. 1 Tarifvertragsgesetz. Ein solcher Tarifvertrag wird »Firmentarifvertrag«, »Werktarifvertrag« oder »Haustarifvertrag« genannt: z. B. Werktarifvertrag zwischen der Industriegewerkschaft Metall und der Volkswagenwerk AG. Wenn der »Firmentarifvertrag« die auf Verbandsebene geltenden Tarifverträge ohne inhaltliche Änderung übernimmt, sind auch die Begriffe »Anerkennungstarifvertrag« oder »Anschlußtarifvertrag« gebräuchlich.

☐ Tariffähig sind auch die Handwerksinnungen und die Innungsverbände; vgl. §§ 54, 82, 85 Handwerksordnung.

☐ Tarifverträge haben einen »normativen« und einen »schuldrechtlichen« Teil:

1. Der »normative« Teil des Tarifvertrages

- enthält »arbeitsvertragliche« Rechtsnormen, vgl. § 4 Abs. 1 TVG: mit diesen Rechtsnormen wird der Inhalt derjenigen Arbeitsver-

Tarifvertrag

hältnisse geregelt, die vom Geltungsbereich des Tarifvertrages erfaßt werden. Hierunter fallen Normen über
- den Abschluß des Arbeitsverhältnisses (z. B. Verbot befristeter Arbeitsverträge, Schriftform);
- den Inhalt des Arbeitsverhältnisses (z. B. Regelungen über Lohn-/Gehaltshöhe, Dauer der individuellen Arbeitszeit, Urlaubsdauer);
- die Beendigung des Arbeitsverhältnisses (z. B. Regelung über Kündigungsverbote);
- »betriebliche« Normen, vgl. § 3 Abs. 2 TVG (z. B. über die Einführung von Kurzarbeit; über die Ermittlung von Vorgabezeiten bei Akkordarbeit; Regelung über die Schließung des Betriebes zwischen Weihnachten und Neujahr);
- »betriebsverfassungsrechtliche« Normen, vgl. § 3 Abs. 2 TVG (z. B. Gewährung von zusätzlichen Mitbestimmungsrechten des Betriebsrats bei der Umsetzung tarifvertraglicher Arbeitszeitverkürzungen).
- Des weiteren sind tarifvertragliche Regelungen über gemeinsame Einrichtungen der Tarifvertragsparteien möglich (z. B. Urlaubs- und Lohnausgleichskassen im Baugewerbe; vgl. § 4 Abs. 2 TVG).

2. Der »schuldrechtliche« Teil des Tarifvertrages

begründet Rechte und Pflichten zwischen den Tarifvertragsparteien:
- Insbesondere beinhaltet er die gegenseitige Verpflichtung, während der vereinbarten Laufzeit des Tarifvertrages Maßnahmen des Arbeitskampfes mit dem Ziel der Änderung des Tarifvertrages zu unterlassen (Friedenspflicht).
- Außerdem verpflichtet der schuldrechtliche Teil die Tarifvertragsparteien, auf ihre Mitglieder einzuwirken, die Bestimmungen des Tarifvertrages einzuhalten (Durchführungs- und Einwirkungsverpflichtung).

☐ Vom Regelungsgegenstand her betrachtet unterscheidet man (zum Teil noch getrennt nach »Arbeitern« und »Angestellten«)
- Lohn- bzw. Gehaltstarifverträge sowie Verträge über Ausbildungsvergütungen (hierin wird die Höhe des Arbeitsentgelts bzw. der Ausbildungsvergütung geregelt), Laufzeit meist ein Jahr;
- Lohn- bzw. Gehaltsrahmentarifverträge (hierin werden vor allem die unterschiedlichen Lohn- bzw. Gehaltsgruppen beschrieben), Laufzeit über mehrere Jahre;

Tarifvertrag

- Manteltarifverträge (hierin enthalten sind Regelungen über sonstige Arbeitsbedingungen wie z. B. Arbeitszeit, Urlaub, Verdienstsicherung usw.), Laufzeit über mehrere Jahre;
- Tarifverträge mit besonderem Regelungsgegenstand: z. B. Tarifvertrag über Rationalisierungsschutz, über die Gewährung einer Jahressonderzahlung (Weihnachtsgeld); Tarifvertrag über vermögenswirksame Leistungen. Laufzeit über mehrere Jahre.

☐ Mittlerweile werden verstärkt tarifpolitische Anstrengungen unternommen, Tarifverträge dort, wo sie noch unterschiedliche Regelungen für Arbeiter und Angestellte vorsehen, zu vereinheitlichen (z. B. gemeinsame Entgeltrahmentarifverträge, gemeinsame Manteltarifverträge).

☐ Für wen gilt der Tarifvertrag? Für wen gilt er nicht? Folgende Fälle sind zu unterscheiden:

1. Die »arbeitsvertraglichen« Normen (siehe oben) des Tarifvertrages gelten »unmittelbar« und »zwingend« für diejenigen Arbeitnehmer, die Mitglied der tarifvertragsschließenden Gewerkschaft sind und bei einem tarifgebundenen Arbeitgeber beschäftigt sind.

2. Die »arbeitsvertraglichen« Normen gelten nicht für Nichtgewerkschaftsmitglieder (sog. Außenseiter). Allerdings ist eine weitverbreitete Praxis der Arbeitgeber festzustellen, die tarifvertraglichen Leistungen stillschweigend oder durch ausdrückliche Vereinbarung im Arbeitsvertrag an Nichtgewerkschaftsmitglieder weiterzugeben. Auf diese Weise wird verhindert, daß die nichtorganisierten Arbeitnehmer massenhaft in die Gewerkschaft eintreten. Aus der Interessenlage und Sicht der Arbeitgeber ein nachvollziehbares Verhalten. Weniger nachvollziehbar ist das Verhalten der Nichtorganisierten, die das gerne in Anspruch nehmen, was andere – zum Teil unter erheblichen Opfern – erkämpft haben. Nicht ganz zu Unrecht wird den Nichtorganisierten deshalb im umgangssprachlichen Bereich der Titel »Trittbrettfahrer« verliehen.

3. Die »arbeitsvertraglichen« Normen gelten auch für Gewerkschaftsmitglieder nicht, wenn der Arbeitgeber nicht tarifgebunden, d. h. nicht Mitglied im tarifvertragsschließenden Arbeitgeberverband ist.

Hier muß seitens der Gewerkschaft und ihrer Mitglieder in diesem Betrieb (notfalls im Wege des Arbeitskampfes) versucht werden, mit dem betreffenden Arbeitgeber einen »Firmentarifvertrag« abzuschließen.

Tarifvertrag

4. Die »arbeitsvertraglichen« Normen können im Wege der »Allgemeinverbindlicherklärung« auf die nichtorganisierten Arbeitnehmer und nicht tarifgebundenen Arbeitgeber erstreckt werden. Diese Erklärung erfolgt durch den Bundes- bzw. Landesarbeitsminister, wenn die Voraussetzungen des § 5 Tarifvertragsgesetz vorliegen (»Allgemeinverbindlicherklärungen« finden sich z. B. in der Bauwirtschaft, im Einzelhandel).

5. Die »betrieblichen« und »betriebsverfassungsrechtlichen« Normen (siehe oben) des Tarifvertrages gelten für alle Arbeitnehmer (Organisierte und Nichtorganisierte), wenn sie bei einem Arbeitgeber beschäftigt sind, der Mitglied des tarifvertragsschließenden Arbeitgeberverbandes ist bzw. der selbst Partei des Tarifvertrages ist (vgl. § 3 Abs. 2 Tarifvertragsgesetz). Dies beruht auf dem Charakter dieser Normen, die sinnvoll nur einheitlich im Betrieb angewendet werden können.

☐ Hinsichtlich der Wirkungen des Tarifvertrages sind 3 Formen zu unterscheiden. Der Tarifvertrag hat:

1. »unmittelbare Wirkung« (§ 4 Abs. 1 Tarifvertragsgesetz), d. h. die Normen des Tarifvertrages gelten mit seinem Inkrafttreten für die Mitglieder der Tarifvertragsparteien »automatisch«, ohne daß eine arbeitsvertragliche Übernahme-Vereinbarung zwischen tarifgebundenen Arbeitnehmern und Arbeitgebern notwendig ist;

2. »zwingende Wirkung« (§ 4 Abs. 1 Tarifvertragsgesetz), d. h. die Normen des Tarifvertrages können nicht zum Nachteil des Gewerkschaftsmitgliedes verändert werden.

Beispiel:

Wenn der tarifvertragliche Stundenlohn 15,00 DM beträgt, dann ist eine arbeitsvertragliche Vereinbarung eines Stundenlohns unter 15,00 DM gegenüber einem Gewerkschaftsmitglied unwirksam. Das Gewerkschaftsmitglied kann also trotz entgegenstehender arbeitsvertraglicher Vereinbarung die Zahlung des tariflichen Stundenlohns verlangen (ein Nichtgewerkschaftsmitglied hat einen solchen Anspruch nicht).

Günstigere arbeitsvertragliche Regelungen sind dagegen ohne weiteres möglich (→ **Günstigkeitsprinzip**).

Tarifverträge haben demnach zugunsten der Gewerkschaftsmitglieder den Charakter von Mindestarbeitsbedingungen.

Tarifvertrag

3. »Nachwirkung« (§ 4 Abs. 5 Tarifvertragsgesetz), d.h. nach Ablauf des Tarifvertrages gelten seine Rechtsnormen weiter, bis sie durch eine andere Abmachung (z.B. durch eine neue tarifliche Regelung, aber auch durch eine arbeitsvertragliche Vereinbarung) ersetzt werden.

☐ Bei einem Betriebsübergang gelten die tariflichen Normen als »arbeitsvertragliche« Regelungen weiter (es sei denn, bei dem neuen Inhaber gilt ein anderer – auf die Vertragsparteien anwendbarer – Tarifvertrag über denselben Regelungsgegenstand). Sie dürfen nicht vor Ablauf eines Jahres zum Nachteil des Arbeitnehmers verändert werden, weder durch »Änderungsvertrag« noch durch »Änderungskündigung«, vgl. § 613a BGB. Zu weiteren Einzelheiten siehe → **Betriebsübergang**.

☐ Der Arbeitgeber ist nach § 8 Tarifvertragsgesetz verpflichtet, die für seinen Betrieb maßgeblichen Tarifverträge an geeigneter Stelle im Betrieb auszulegen. Das heißt, daß die Tarifverträge von den Arbeitnehmern ohne großen Aufwand eingesehen werden können (beispielsweise Aushängen am »Schwarzen Brett«).

☐ Auslegung von Tarifverträgen: Manchmal ist aus einer Tarifvorschrift nicht klar erkennbar, welche Rechtsfolgen eintreten sollen. In diesem Falle ist die Tarifregelung auszulegen. Hierzu hat das Bundesarbeitsgericht einige Grundsätze formuliert:

»Tarifverträge sind wie Gesetze auszulegen. Die Tarifauslegung hat zunächst vom Tarifwortlaut auszugehen. Dabei ist jedoch über den reinen Tarifwortlaut hinaus der wirkliche Wille der Tarifvertragsparteien und der damit von ihnen beabsichtigte Sinn und Zweck der Tarifnormen mitzuberücksichtigen, sofern und soweit dies in den tariflichen Normen seinen Niederschlag gefunden hat.

Hierzu ist auf den tariflichen Gesamtzusammenhang abzustellen, der häufig schon deswegen mitberücksichtigt werden muß, weil nur daraus und nicht aus der einzelnen Tarifnorm auf den wirklichen Willen der Tarifvertragsparteien geschlossen werden kann.

Verbleiben hingegen bei entsprechender Auswertung des Tarifwortlautes und des Gesamtzusammenhanges als den stets und in erster Linie heranzuziehenden Auslegungskriterien im Einzelfall noch Zweifel, so kann zur Ermittlung des wirklichen Willens der Tarifvertragsparteien auch auf weitere Kriterien wie die Tarifgeschichte, die praktische Tarifübung und die Entstehungsgeschichte des jeweiligen Tarifvertrages zurückgegriffen werden. Dabei gibt es jedoch für die Gerichte keine Bindung an eine

Tarifvertrag

bestimmte Reihenfolge bei der Heranziehung dieser weiteren Auslegungsmittel.«
(Ständige Rechtsprechung des Bundesarbeitsgerichts; vgl. BAG AP Nr. 135 zu § 1 TVG Auslegung.)

☐ In Rechtsprechung und Literatur werden vielfältige Anstrengungen unternommen, die Möglichkeiten und Grenzen der Regelungsmacht der Tarifvertragsparteien zu definieren.

Beispielsweise wird gestritten über die Frage der Zulässigkeit von »allgemeiner« und »begrenzter« Effektivklausel.

Die »allgemeine« Effektivklausel (auch Effektivgarantieklausel genannt) bezweckt, übertarifliche Entgeltbestandteile zu tariflichen zu machen, um sie damit am vollen Schutz des Tarifvertrages teilhaben zu lassen. Demgegenüber wird mit der »begrenzten« Effektivklausel das Ziel verfolgt, die vereinbarte Tariferhöhung effektiv zu machen, das heißt, deren Aufgehen in übertariflichen Entgeltbestandteilen zu verhindern.

Nach Auffassung des Bundesarbeitsgerichts sind tarifliche »Effektivklauseln« grundsätzlich unzulässig, und zwar sowohl in der »allgemeinen« als auch in der »begrenzten« Form. Unter anderem sieht das Gericht bei beiden Klauselformen einen Verstoß gegen den Gleichheitssatz des Art. 3 Abs. 1 Grundgesetz: Es würden ohne sachliche Rechtfertigung unterschiedliche tariflich gesicherte Mindestlöhne festgesetzt. Zumindest für die »begrenzte« Effektivklausel kann dieser Einwand nicht durchgreifen, weil sie jedem tarifgebundenen Arbeitnehmer zu seinem bisherigen Effektiv-Arbeitsentgelt einen bestimmten Betrag im Umfang der Tariferhöhung hinzugibt. Die tatsächliche Ungleichheit wird also nicht durch die »begrenzte« Effektivklausel, sondern durch die bisherige Zahlung ungleicher Arbeitsentgelte bewirkt. Deshalb ist beispielsweise nach Auffassung des Landesarbeitsgerichts Hamburg jedenfalls die »begrenzte« Effektivklausel zulässig und wirksam (vgl. Arbeitsrecht im Betrieb, 1991, S. 63ff.).

Ebenso heftig umstritten ist die Zulässigkeit von tariflichen »Differenzierungsklauseln«, in denen geregelt wird, daß die tarifliche Leistung nur an tarifgebundene Arbeitnehmer, nicht aber an Nichtorganisierte weitergegeben werden darf. Auch eine derartige Tarifregelung wird vom Bundesarbeitsgericht in ständiger Rechtsprechung als unzulässig angesehen. Sie zwinge die Nichtorganisierten dazu, in die Gewerkschaft einzutreten und verstoße damit gegen Art. 9 Abs. 3 Grundge-

Tarifvertrag

setz. Diese Norm gewährleiste nicht nur das Grundrecht, einer Gewerkschaft beizutreten (»positive Koalitionsfreiheit«), sondern auch das Recht, ihr fernzubleiben (»negative Koalitionsfreiheit«).

☐ Können sich Gewerkschaft und Arbeitgeberverband (bzw. einzelner Arbeitgeber) über den Inhalt des Tarifvertrages nicht einigen, so wird die Tarifauseinandersetzung notfalls durch den Einsatz von Arbeitskampfmitteln entschieden (Warnstreik, Streik, Aussperrung; siehe → **Arbeitskampf**).

☐ Die rechtliche Zulässigkeit von Arbeitskampfmaßnahmen ist, abgesehen von Art. 9 Grundgesetz, nicht durch Gesetze, sondern weitgehend durch Richterrecht (insbesondere durch die Rechtsprechung des Bundesarbeitsgerichts) geregelt.

Bedeutung für die Betriebsratsarbeit

☐ Eine zentrale Aufgabe des Betriebsrats besteht darin, die Einhaltung der im Betrieb geltenden Tarifverträge zu überwachen (vgl. § 80 Abs. 1 Nr. 1 BetrVG).

☐ Beim Abschluß von Betriebsvereinbarungen ist § 77 Abs. 3 BetrVG zu beachten. Hiernach können

»Arbeitsentgelte und sonstige Arbeitsbedingungen, die durch Tarifvertrag geregelt sind oder üblicherweise geregelt werden, nicht Gegenstand von Betriebsvereinbarungen sein«.

Dies gilt nur dann nicht, wenn der Tarifvertrag selbst den Abschluß ergänzender Betriebsvereinbarungen ausdrücklich zuläßt (»Öffnungsklausel«).

§ 77 Abs. 3 BetrVG – siehe auch § 87 Abs. 1 BetrVG (Eingangssatz) – hat den Zweck, eine Aushöhlung der Tarifautonomie von der betrieblichen Seite her zu verhindern, indem er der tarifvertraglichen Regelung der Arbeitsbedingungen den Vorrang einräumt. Die tarifvertragliche »Sperrwirkung« macht sogar solche Betriebsvereinbarungen unwirksam, die »günstiger« sind als der Tarifvertrag (siehe → **Günstigkeitsprinzip**).

☐ Neuerdings mehren sich allerdings Tarifvertragsregelungen, die Betriebsrat und Arbeitgeber ausdrücklich einen relativ weiten Regelungsspielraum einräumen (z. B. Umsetzung von Arbeitszeitverkürzungen

Tarifvertrag

im Wege von Betriebsvereinbarungen). Eine solche Tarifpolitik ist aus der Sicht der Arbeitnehmer zweischneidig: Einerseits stärkt sie die Verantwortlichkeit der Arbeitnehmer des Betriebs und ihrer Interessenvertretung für die eigenen Belange und ermöglicht differenzierte Regelungen; andererseits ist zu bedenken, daß den Arbeitnehmern des Betriebs und dem Betriebsrat die Möglichkeit fehlt, ihre Forderungen notfalls im Wege des Arbeitskampfes durchzusetzen (vgl. § 74 Abs. 2 BetrVG; → **Friedenspflicht**).

Übersicht:

Arten von Tarifverträgen

- nach dem *Inhalt*
  - Lohn-/Gehalts-Tarifvertrag
  - Lohn-/Gehalts-Rahmentarifvertrag
  - Mantel-Tarifvertrag
  - Rationalisierungsschutz-Tarifvertrag
  - Urlaubs-Tarifvertrag

- nach dem *persönlichen Geltungsbereich*
  - TV für Arbeiter
  - TV für Angestellte
  - TV für Auszubildende
  - TV für Fachpersonal
  - TV für Werkschutz
  - TV für Teilzeitbeschäftigte
  - usw.

- nach dem *fachlichen Geltungsbereich*
  - TV für einen ganzen Wirtschaftsbereich (z. B. Metall- und Elektroindustrie, öffentlicher Dienst)
  - TV für eine Branche (z. B. Eisen- und Stahlindustrie, chemische Industrie, Druckindustrie, Kfz-Handwerk)
  - TV für eine Firma (z. B. VW, Schmalbach-Lubeca, Vögele)

- nach dem *räumlichen Geltungsbereich*
  - TV für eine Firma (s. o.)
  - TV für eine Region (z. NRW, Unterwesergebiet, Bayern, Nordwürttemberg/Nordbaden)
  - TV für das gesamte Bundesgebiet

Aus: Klaus Lang/Hartmut Meine/Kay Ohl (Hrsg.): Arbeit, Entgelt, Leistung. Handbuch Tarifpolitik im Betrieb, Bund-Verlag, Köln 1990.

Tarifvertrag

Übersicht:

Inhalt von Tarifverträgen

Schuldrechtlicher (obligatorischer) Teil
☐ Rechte und Pflichten der Tarifvertragsparteien:
- Friedenspflicht
- Durchführungspflicht
- Einwirkungspflicht
- Schlichtungsvereinbarungen
- Schiedsgericht
- Kündigung des Tarifvertrages

Normativer Teil
☐ Normen über den Abschluß von Arbeitsverhältnissen

Beispiele:
- Befristung von Arbeitsverträgen
- Schriftform von Arbeitsverträgen

☐ Normen über den Inhalt von Arbeitsverhältnissen

Beispiele:
- Arbeitsentgelt
- Arbeitszeit
- Zuschläge für Mehrarbeit, Nachtarbeit usw.
- Urlaubsdauer
- Urlaubsgeld
- Jahressonderzahlung

☐ Normen über die Beendigung von Arbeitsverhältnissen

Beispiele:
- Schriftform von Kündigungen
- Kündigungsfristen

☐ Normen über betriebliche Fragen

Beispiele:
- Fälligkeitszeitpunkte
- Ankündigungsfristen bei geplanter Kurzarbeit

☐ Normen über betriebsverfassungsrechtliche Fragen

Beispiele:
- zusätzliche Mitbestimmungsrechte des Betriebsrats
- Rauchverbot in Arbeitsräumen

☐ Normen über gemeinsame Einrichtungen

Beispiele:
- Urlaubskasse im Baugewerbe
- Lohnausgleichskasse im Baugewerbe
- Zusatzversorgungskasse im Baugewerbe

Tarifvertrag

Übersicht:

Tarifbindung

Beginn der Tarifbindung:
Beitritt zum Arbeitgeberverband/zur Gewerkschaft

Abschluß-, Inhalts- und Beendigungsnormen gelten, wenn
- Arbeitgeber und Arbeitnehmer vom Geltungsbereich des Tarifvertrags umfaßt sind
und
- Arbeitgeber Mitglied des Arbeitgeberverbands ist
und
- Arbeitnehmer Mitglied der Gewerkschaft ist (§ 3 Abs. 1 und § 4 Abs. 1 TVG).

Betriebliche und betriebsverfassungsrechtliche Normen gelten, wenn
- Arbeitgeber und Arbeitnehmer vom Geltungsbereich des Tarifvertrags umfaßt sind
und
- Arbeitgeber Mitglied des Arbeitgeberverbands ist (§ 3 Abs. 2 TVG)

Ein für **allgemeinverbindlich erklärter Tarifvertrag** gilt, wenn
- Arbeitgeber und Arbeitnehmer vom Geltungsbereich des Tarifvertrags umfaßt sind (§ 5 TVG).

Tarifvertrag

Übersicht:

Wirkung von Tarifnormen

1. Unmittelbare Wirkung (§ 4 Abs. 1 TVG):

- Tarifnormen gelten »automatisch«, ohne besondere Übernahmevereinbarung durch – tarifgebundene – Arbeitgeber und Arbeitnehmer.
- Tarifgebundener Arbeitnehmer kann Erfüllung des Tarifvertrags vom Arbeitgeber verlangen und notfalls seine Rechte beim Arbeitsgericht einklagen.

2. Zwingende Wirkung (§ 4 Abs. 1 TVG):

- Tarifnormen regeln Mindestarbeitsbedingungen, die nicht zum Nachteil des Arbeitnehmers unterschritten werden dürfen, weder durch arbeitsvertragliche Vereinbarung noch durch Änderungskündigung noch durch Betriebsvereinbarung. Derartige Regelungen sind, wenn sie den Tarif unterschreiten, unwirksam.
- Arbeitsvertragliche Regelungen, die für den Arbeitnehmer günstiger sind, sind dagegen möglich, § 4 Abs. 3 TVG (siehe → **Günstigkeitsprinzip**).
- Betriebsvereinbarungen dürfen den Tarifvertrag in bezug auf Arbeitsentgelte und sonstige durch Tarifvertrag tatsächlich oder üblicherweise geregelte Arbeitsbedingungen weder verschlechtern noch verbessern, § 77 Abs. 3 BetrVG. Ausnahme: Der Tarifvertrag enthält eine »Öffnungsklausel« für ergänzende Betriebsvereinbarungen.

3. Nachwirkung:

- Nachwirkung nach Kündigung des Tarifvertrags:
Nach Ablauf der Kündigungsfrist gilt Tarifvertrag weiter. »Zwingende« Wirkung fällt aber weg. Das heißt: Tarifvertrag ist veränderbar durch arbeitsvertragliche Regelung (nicht durch Änderungskündigung!) oder durch neuen Tarifvertrag (§ 4 Abs. 5 TVG).
- Nachwirkung nach Betriebsübergang (§ 613a BGB):
Tarifliche Normen gelten als arbeitsvertragliche Normen weiter (es sei denn, beim neuen Inhaber gilt ein anderer – auf beide Vertragsparteien anwendbarer – Tarifvertrag über denselben Regelungsgegenstand). Sie können innerhalb einer Sperrfrist von einem Jahr nach dem Betriebsübergang nicht zum Nachteil des Arbeitnehmers verändert werden (weder durch Änderungsvertrag noch durch Änderungskündigung).

Tarifvertrag

Übersicht:

Tarifgeltung, wenn Arbeitgeber aus Verband austritt bzw. den Verband wechselt oder sich der Verband auflöst

☐ **Arbeitgeber tritt aus dem Arbeitgeberverband aus, ohne einem anderen Verband beizutreten:**

Tarifgebundenheit bleibt bestehen, bis der Tarifvertrag zum Beispiel durch Kündigung endet (§ 3 Abs. 3 TVG). Nach Ablauf der Kündigungsfrist gilt Nachwirkung gemäß § 4 Abs. 5 TVG. Die Friedenspflicht endet bereits mit Austritt. Ab diesem Zeitpunkt kann der Abschluß eines Haus- bzw. Anerkennungstarifvertrags gefordert und ggf. erstreikt werden.

☐ **Arbeitgeber tritt in einen anderen Verband ein, für den die gleiche Gewerkschaft zuständig ist (z. B. Übergang von Metall-Industrietarif zu Metall-Handwerkstarif):**

Tarifgebundenheit an die bisherigen Tarifverträge bleibt bis zum Ablauf der jeweiligen Tarifverträge bestehen (§ 3 Abs. 3 TVG). Zu beachten sind die unterschiedlichen Laufzeiten der Tarifverträge. Nach Ablauf der Laufzeit (Kündigungsfrist) gilt automatisch der entsprechende Tarifvertrag des anderen Verbandes.

☐ **Arbeitgeber tritt in einen anderen Verband ein, für den eine andere Gewerkschaft zuständig ist:**

Nach Ablauf des jeweiligen Tarifvertrags gilt der mit der anderen Gewerkschaft abgeschlossene Tarifvertrag, sofern die Arbeitnehmer in die andere Gewerkschaft übertreten oder die Anwendung des Tarifvertrags arbeitsvertraglich vereinbart wird.

☐ **Der Arbeitgeberverband, dem der Arbeitgeber angehört, löst sich auf:**

Die Mitteilung über die Auflösung wird von der Rechtsprechung wie eine Kündigung der geltenden Tarifverträge behandelt. Folge: Es gilt § 4 Abs. 5 TVG (nicht § 3 Abs. 3 TVG). Das heißt: Der jeweilige Tarifvertrag gilt so lange weiter, bis er durch eine andere Abmachung (Arbeitsvertrag, anderer Tarifvertrag) ersetzt wird.

☐ **Der Arbeitgeber, mit dem ein Haus- bzw. Anerkennungstarifvertrag abgeschlossen worden ist, tritt einem Arbeitgeberverband bei, für den die gleiche Gewerkschaft zuständig ist:**

Tarifgebundenheit an die bisherigen Tarifverträge bleibt bis zum Ablauf der jeweiligen Tarifverträge bestehen (§ 3 Abs. 3 TVG). Nach Ablauf der Laufzeit (Kündigungsfrist) gilt automatisch der entsprechende Tarifvertrag des Verbandes.

Tarifvertrag

Übersicht:

Durchsetzung von Tarifverträgen

1. Geltendmachung durch tarifgebundenen Arbeitnehmer (etwaige tarifliche Verfallfristen beachten);
2. Klage des tarifgebundenen Arbeitnehmers beim Arbeitsgericht (etwaige tarifliche Verfallfristen beachten);
3. falls tarifliche Güte- oder Schlichtungsstelle vorgesehen ist, entscheidet diese. Allerdings wird dadurch das Recht des Arbeitnehmers, seine Rechte einzuklagen, nicht beschnitten (§ 101 Arbeitsgerichtsgesetz);
4. Handlungsmöglichkeiten des Betriebsrats:
   - Betriebsrat beanstandet Verstöße des Arbeitgebers gegen den Tarifvertrag (§ 80 Abs. 1 Nr. 1 BetrVG: Überwachungsaufgabe);
   - Information der Arbeitnehmer (zum Beispiel in einer Betriebsversammlung oder durch Flugblätter);
   - gerichtliche Geltendmachung eines Unterlassungsanspruchs, wenn gleichzeitig gegen Mitbestimmungsrechte verstoßen wird (zum Beispiel: tarif- und mitbestimmungswidrige Anordnung von Überstunden);
5. Handlungsmöglichkeiten der Gewerkschaft:
   - Information der Arbeitnehmer (zum Beispiel in einer Betriebsversammlung oder durch Flugblätter);
   - Einwirkungsklage gegen den Arbeitgeberverband. Ziel: Dieser soll den tarifwidrig handelnden Arbeitgeber zur Einhaltung des Tarifs veranlassen;
   - Klage gegen tarifvertragswidrige Betriebsvereinbarungen (§ 77 Abs. 3 BetrVG);
   - Auslegungsstreit vor tarifvertraglich vorgesehener Schlichtungsstelle;
   - Klage beim Arbeitsgericht auf Auslegung des Tarifvertrags (§ 9 TVG).

Tarifvertrag

> Übersicht:
>
> **Wie kommt ein Haustarifvertrag/Anerkennungstarifvertrag zustande?**
> 1. Betriebliche Tarifkommission bilden (entsprechend den gewerkschaftlichen Richtlinien).
> 2. Tarifkommission beschließt nach Diskussion und Beratung mit Gewerkschaft und Beschäftigten einen Forderungskatalog.
> 3. Dem Arbeitgeber werden die Forderungen übermittelt. Er wird zu Verhandlungen aufgefordert.
> 4. Kommt eine Einigung zustande, wird ein Haus- bzw. Anerkennungstarifvertrag abgeschlossen.
> 5. Kommt keine Einigung zustande, wird »milder« Druck ausgeübt, um die festgefahrenen Verhandlungen voranzubringen (Information der Beschäftigten, ggf. Warnstreiks).
> 6. Wenn weitere Verhandlungen kein Ergebnis bringen:
>   - Tarifkommission beschließt das Scheitern der Verhandlungen.
>   - Tarifkommission beschließt, daß Urabstimmung durchgeführt werden soll und beantragt die – nach Gewerkschaftssatzungen meist vorgesehene – Zustimmung des Gewerkschaftsvorstands.
> 7. Nach erfolgreicher Urabstimmung wird beim Vorstand der Gewerkschaft Antrag auf Streik gestellt.
> 8. Der Arbeitskampf beginnt ...
> 9. Der Arbeitskampf wird durch Abschluß eines für beide Seiten akzeptablen Haus- oder Anerkennungstarifvertrags beendet (nach erneuter Urabstimmung der Gewerkschaftsmitglieder). Oder: Der Arbeitgeber tritt in den Arbeitgeberverband ein mit der Folge, daß der Verbandstarifvertrag (= Flächentarifvertrag) gilt.

Literaturhinweis:

Kempen/Zachert: TVG – Tarifvertragsgesetz-Kommentar für die Praxis, Bund-Verlag, Köln.
Wolfgang Däubler: Tarifvertragsrecht. Ein Handbuch, Nomos Verlagsgesellschaft, Baden-Baden

Teilzeitarbeit

Was ist das?

☐ Teilzeitarbeit leisten solche Arbeitnehmer, deren regelmäßige Wochenarbeitszeit kürzer als die regelmäßige Wochenarbeitszeit vergleichbarer vollzeitbeschäftigter Arbeitnehmer des Betriebs ist (= gesetzliche Definition gemäß § 2 Abs. 2 Beschäftigungsförderungsgesetz).

☐ Auch wenn ein zunehmendes Bedürfnis nach Teilzeitarbeit festzustellen ist, so dürfen die Nachteile dieser Arbeitszeitform nicht übersehen werden:

- schlechtere Integration in den Betrieb,
- schlechtere Aufstiegsmöglichkeiten,
- Nichtteilnahme an betrieblichen Qualifizierungsmaßnahmen,
- höheres Arbeitsplatzrisiko.

☐ Durch das Beschäftigungsförderungsgesetz vom 26. 4. 1985 hat der Gesetzgeber einen Minimalschutz für Teilzeitbeschäftigte geregelt. Insbesondere darf der Arbeitgeber teilzeitbeschäftigte Arbeitnehmer wegen der Teilzeitarbeit nicht unterschiedlich gegenüber Vollzeitbeschäftigten behandeln, es sei denn, es liegen sachliche Gründe vor (Diskriminierungsverbot des § 2 Abs. 1 Beschäftigungsförderungsgesetz).

Beispiel:
Teilzeitbeschäftigte erhalten einen niedrigeren Stundenlohn als vergleichbare Vollzeitbeschäftigte: unzulässig.

☐ Angesichts der Tatsache, daß ca. 90% der Teilzeitbeschäftigten Frauen sind, stellt sich oft die Frage, ob eine Schlechterstellung der teilzeitbeschäftigten Frau im Einzelfall auch gegen die aus dem Gleichberechtigungsgrundrecht (vgl. Art. 3 Abs. 2 und 3 Grundgesetz) folgenden Diskriminierungsverbote der §§ 611a, 611b, 612 Abs. 3 BGB verstößt (siehe auch → **Frauenförderung im Betrieb**).

Teilzeitarbeit

Beispiel:

In einem Unternehmen werden Teilzeitbeschäftigte von der → betrieblichen Altersversorgung ausgeschlossen. Auch wenn sich dieser Ausschluß formal auf weibliche und männliche Teilzeitbeschäftigte bezieht, ist er wegen sog. »mittelbarer Diskriminierung« jedenfalls dann unwirksam, wenn in dem Unternehmen mehr weibliche als männliche Teilzeitkräfte tätig sind.

☐ Zu beachten sind tarifliche Regelungen zur Teilzeitarbeit. Diese sind häufig in den Manteltarifverträgen zu finden. In einigen Branchen existieren aber auch gesonderte Tarifverträge für Teilzeitarbeit: z. B. Tarifvertrag über Teilzeitarbeit in der chemischen Industrie vom 13. 4. 1987.

☐ Ein Anspruch auf tarifliche Überstundenzuschläge besteht nach den einschlägigen tariflichen Vorschriften zugunsten von Teilzeitbeschäftigten meist erst dann, wenn die für Vollzeitbeschäftigte geltende (tägliche oder wöchentliche) Arbeitszeit überschritten wird, und nicht schon dann, wenn die Teilzeitkraft über die für sie maßgebliche – vertraglich vereinbarte – Arbeitszeit hinaus arbeitet. Zum Mitbestimmungsrecht des Betriebsrats in einem solchen Fall siehe unten und → **Überstunden**.

☐ Urlaub: Was die Urlaubsdauer anbetrifft, sind Teilzeitbeschäftigte genauso zu behandeln wie Vollzeitkräfte. Dies gilt jedenfalls dann, wenn der Teilzeitarbeitnehmer genauso wie ein Vollzeitarbeitnehmer an 5 Tagen in der Woche arbeitet. Arbeitet er dagegen an weniger als 5 Tagen in der Woche, verkürzt sich die Gesamtdauer seines Urlaubsanspruchs entsprechend (es sei denn, im Tarifvertrag oder Arbeitsvertrag ist etwas anderes geregelt).

Beispiel:

Der tarifliche Urlaubsanspruch beträgt 30 Arbeitstage. Ein Teilzeitbeschäftigter arbeitet regelmäßig an 4 Tagen in der Woche. Es ergibt sich ein Urlaubsanspruch von 24 Arbeitstagen (30 : 5 × 4).

☐ Teilzeitarbeitnehmer haben auch nur einen anteiligen Anspruch auf Urlaubsentgelt (ggf. auch zusätzliches tarifliches Urlaubsgeld) entsprechend dem Verhältnis ihrer Arbeitszeit zur Vollarbeitszeit.

☐ Eine besondere Form der Teilzeitarbeit ist die »kapazitätsorientierte variable Arbeitszeit« (**»Kapovaz«**). Hier vereinbaren Arbeitgeber und

Teilzeitarbeit

Arbeitnehmer, daß die Arbeitsleistung entsprechend dem jeweiligen Arbeitsanfall zu erbringen ist. § 4 Beschäftigungsförderungsgesetz regelt hierzu folgendes:

- durch Arbeitsvertrag ist eine Mindestarbeitszeit (pro Woche oder Monat) festzulegen; ist eine solche Festlegung nicht erfolgt, gilt eine wöchentliche Arbeitszeit von 10 Stunden/pro Woche als vereinbart (§ 4 Abs. 1 Beschäftigungsförderungsgesetz). Damit sind Kapovaz-Vereinbarungen, die den Umfang der zu erbringenden Arbeitsleistung in das Belieben des Arbeitgebers stellen, unzulässig;
- die jeweilige Lage der Arbeitszeit muß mindestens 4 Tage im voraus mitgeteilt werden; andernfalls besteht keine Pflicht zur Erbringung der Arbeitsleistung (§ 4 Abs. 2 Beschäftigungsförderungsgesetz);
- ist die Dauer der »täglichen« Arbeitszeit nicht vertraglich festgelegt, dann gilt zugunsten des Teilzeitbeschäftigten eine Mindestarbeitszeit von 3 aufeinanderfolgenden Stunden (§ 4 Abs. 3 Beschäftigungsförderungsgesetz).

☐ Eine weitere Teilzeitarbeitsform ist die »Arbeitsplatzteilung« (»**Jobsharing**«). In diesem Falle vereinbart der Arbeitgeber mit zwei oder mehr Arbeitnehmern, daß diese sich die Arbeitszeit an einem Arbeitsplatz teilen. Hierzu regelt § 5 Beschäftigungsförderungsgesetz,

- daß bei Ausfall eines Arbeitnehmers der oder die anderen beteiligten Arbeitnehmer nur dann zur Vertretung verpflichtet sind, wenn dies für den jeweiligen Vertretungsfall vereinbart wird. Eine vorab vereinbarte Vertretungsverpflichtung ist nur für den Fall eines dringenden betrieblichen Erfordernisses zulässig. Außerdem besteht eine Vertretungsverpflichtung im konkreten Fall nicht, wenn die Vertretung dem Arbeitnehmer nicht zumutbar ist (zum Beispiel wegen dringender persönlicher Hinderungsgründe);
- daß eine arbeitgeberseitige Kündigung des Arbeitsverhältnisses des einen Arbeitnehmers wegen Ausscheidens eines anderen am »Jobsharing« beteiligten Arbeitnehmers unwirksam ist.

Bedeutung für die Betriebsratsarbeit

☐ Durch das BetrVG werden Teilzeitbeschäftigte formal genauso behandelt wie Vollzeitbeschäftigte: Teilzeitbeschäftigte haben ein aktives und passives Wahlrecht zur Betriebsratswahl (§§ 7 und 8 BetrVG), ihre

Teilzeitarbeit

Interessen werden vom Betriebsrat in gleicher Weise vertreten wie die Interessen der Vollzeitbeschäftigten.

☐ Es ist allerdings angebracht, daß der Betriebsrat den Anliegen der meist weiblichen Teilzeitbeschäftigten besondere Aufmerksamkeit widmet. Dies wird durch das am 1. 9. 1994 in Kraft getretene Zweite Gleichberechtigungsgesetz, das eine Reihe von Vorschriften des BetrVG verändert hat, unterstrichen (siehe → **Frauenförderung im Betrieb**).

Nach dem neu geregelten § 80 Abs. 1 Satz 2a BetrVG gehört es beispielsweise zu den Aufgaben des Betriebsrats, die Durchsetzung der tatsächlichen Gleichberechtigung von Frauen und Männern, insbesondere bei der Einstellung, Beschäftigung, Aus-, Fort- und Weiterbildung und dem beruflichen Aufstieg zu fördern.

§ 92 Abs. 2 BetrVG gibt dem Betriebsrat das Recht, dem Arbeitgeber Vorschläge für die Einführung einer qualifizierten Personalplanung und ihre Durchführung zu machen. Dabei erstreckt sich dieses Vorschlagsrecht auch auf Maßnahmen zur Förderung der tatsächlichen Gleichberechtigung von Frauen und Männern in vorstehendem Sinne.

Nach § 93 Satz 2 BetrVG kann der Betriebsrat anregen, daß freie Arbeitsplätze auch als Teilzeitarbeitsplätze ausgeschrieben werden.

Die Neufassung des § 96 Abs. 2 Satz 2 BetrVG stellt klar, daß im Bereich der Berufsbildung auch die Belange »Teilzeitbeschäftigter und Arbeitnehmer mit Familienpflichten zu berücksichtigen sind«.

☐ Der Betriebsrat hat, was die konkrete Regelung der Arbeitszeit von Teilzeitarbeitnehmern anbetrifft, gemäß § 87 Abs. 1 Nr. 2 BetrVG ein volles Mitbestimmungsrecht (auch in Form des »Initiativrechts«). Mitbestimmungspflichtig ist beispielsweise

- die Festlegung von Beginn und Ende – und damit auch der Dauer – der täglichen Arbeitszeit (mitbestimmungsfrei ist die arbeitsvertraglich vereinbarte Dauer der wöchentlichen Arbeitszeit);
- die Frage, ob an einem Tage zusammenhängend oder in mehreren Schichten gearbeitet werden soll;
- die Verteilung des Arbeitszeitvolumens auf die einzelnen Wochentage, d.h.
  - die Festlegung der Wochentage, an denen Teilzeitarbeit geleistet werden soll und dementsprechend auch die Festlegung arbeitsfreier Tage;
  - die Festlegung der Pausen;

Teilzeitarbeit

- die Frage, ob Teilzeitarbeit in Form von »Kapovaz« (siehe oben; § 4 Beschäftigungsförderungsgesetz) erbracht wird oder zu festgelegten Zeiten;
- die Frage, ob bestimmte Arbeitsplätze als »Job-sharing«-Arbeitsplätze gehandhabt werden oder nicht.

Auch die Anordnung von zusätzlicher Arbeit für Teilzeitbeschäftigte, die die betriebsübliche Arbeitszeit der Vollzeitbeschäftigten nicht überschreitet, ist eine Verlängerung der betriebsüblichen Arbeitszeit für die Teilzeitbeschäftigten und unterliegt daher der Mitbestimmung durch den Betriebsrat (vgl. Däubler/Kittner/Klebe/Schneider, BetrVG, 4. Aufl. § 87 Rdnr. 98). Eine andere Frage ist, ob die zusätzlich geleistete Arbeit einen Anspruch auf Mehrarbeitszuschläge auslöst (siehe oben). Dies ist nach den einschlägigen Tarifverträgen meist nicht der Fall, was nach herrschender Auffassung nicht gegen das Verbot der mittelbaren Diskriminierung von Frauen verstößt (siehe → **Frauenförderung im Betrieb**; vgl. EuGH vom 13. 12. 1994 – Rsc – 399/92).

☐ Es empfiehlt sich dort, wo (noch) keine tarifvertraglichen Regelungen existieren, das Mitbestimmungsrecht zu nutzen, um über den Komplex »Teilzeitarbeit« eine Betriebsvereinbarung mit dem Arbeitgeber abzuschließen (zum Inhalt einer solchen Betriebsvereinbarung siehe unten »Checkliste: Teilzeitarbeit«).

☐ Im Nichteinigungsfalle entscheidet die Einigungsstelle (§ 87 Abs. 2 BetrVG).

Checkliste:

Teilzeitarbeit

1. Fragen zur Teilzeitarbeit:

Zunächst sollte sich der Betriebsrat ein präzises Bild über die Situation/Probleme der Teilzeitbeschäftigten verschaffen. Die nachfolgende Frageliste soll auf einige Problemstellungen aufmerksam machen, hat aber keinen abschließenden Charakter:

- Wie sieht die Teilzeitarbeits-Bilanz des Betriebes aus (d.h.: wer arbeitet wo wie lange in Teilzeit)?

Nr.	Name	Abteilung	Arbeitszeit (Std. pro Woche)	Verteilung der Arbeitszeit
....	....	....	....	....
....	....	....	....	....
....	....	....	....	....

Teilzeitarbeit

- Wie sieht die Verteilung der Teilzeitarbeit auf die Geschlechter aus (Männer/Frauen)?
- Wird Teilzeitarbeit in Form von »Arbeit auf Abruf« (= Kapovaz; vgl. § 4 Beschäftigungsförderungsgesetz) geleistet? Wenn ja, an welchen Arbeitsplätzen?
- Wird Teilzeitarbeit in Form der »Arbeitsplatzteilung« (= »Job-sharing«; vgl. § 5 Beschäftigungsförderungsgesetz) geleistet? Wenn ja, an welchen Arbeitsplätzen?
- In welche Lohn-/Gehaltsgruppen sind die Teilzeitbeschäftigten eingruppiert?
- Wird die vereinbarte Dauer der Teilzeitarbeit eingehalten? In welchem Umfange leisten die Teilzeitbeschäftigten Überstunden?
- Wie werden geleistete Überstunden abgegolten (Zuschläge, Freizeitausgleich)?
- Über welche Qualifikationen verfügen die Teilzeitbeschäftigten? Werden sie bei betrieblichen Berufsbildungsmaßnahmen (im Sinne der §§ 96 ff. BetrVG) berücksichtigt?
- Gibt es im Betrieb »Sonderregelungen« für Teilzeitbeschäftigte (z. B. Ausschluß aus der betrieblichen Altersversorgung und ähnliches)?

2. Eckpunkte einer Betriebsvereinbarung zur Teilzeitarbeit:

Im Rahmen der Verhandlungen mit dem Arbeitgeber über den Abschluß einer Betriebsvereinbarung über »Teilzeitarbeit« – und gegebenenfalls vor der Einigungsstelle – sollte an folgende »Eckpunkte« gedacht werden (keine abschließende Auflistung):

- keine generelle Umwandlung von Vollzeitarbeitsplätzen in Teilzeitarbeitsplätze;
- aber: auf ausdrücklichen Wunsch von Arbeitnehmern hat der Arbeitgeber – vorbehaltlich der Zustimmung des Betriebsrats – im Einzelfall Teilzeitarbeitsplätze zur Verfügung zu stellen (Beispiele: Eltern wollen für einen befristeten Zeitraum Teilzeitarbeit leisten, um für ihre Kinder zu sorgen; ein Arbeitnehmer will aus gesundheitlichen oder sonstigen persönlichen Gründen – ggf. für einen befristeten Zeitraum – keine Vollzeitarbeit mehr leisten);
- nach Möglichkeit sollen derartige Teilzeitarbeitsplätze zusätzlich (!) eingerichtet werden (z. B. durch Abbau von Überstunden in Verbindung mit entsprechenden arbeitsorganisatorischen Maßnahmen);
- ist die Schaffung zusätzlicher Teilzeitarbeitsplätze nicht möglich, so kann im Einzelfall – vorbehaltlich der Zustimmung des Betriebsrats – eine Umwandlung eines Vollzeitarbeitsplatzes in Teizeitarbeitsplätze erfolgen. Dies darf aber nicht zu einer Verringerung des Beschäftigungsvolumens führen;
- hinsichtlich der Einrichtung von Teilzeitarbeitsplätzen (auch eines einzelnen Teilzeitarbeitsplatzes) hat der Betriebsrat ein volles Mitbestimmungsrecht auch in Form des Initiativrechts. Im Nichteinigungsfalle entscheidet die Einigungsstelle;
- bei der Einrichtung von Teilzeitarbeitsplätzen muß die Sozialversicherungspflichtigkeit (Arbeitslosenversicherung, Krankenversicherung, Pflegeversicherung, Rentenversicherung) sichergestellt werden. Mindestwochenarbeitszeit: 18 Stunden (geringere Arbeitszeitdauer nur auf ausdrücklichen Wunsch des Arbeitnehmers/Bewerbers);

Teilzeitarbeit

- die Dauer der regelmäßigen wöchentlichen Arbeitszeit ist mit dem Teilzeitbeschäftigten in einem schriftlichen Arbeitsvertrag zu vereinbaren;
- Lage (Beginn und Ende der täglichen Arbeitszeit), Verteilung der Arbeitszeit auf die einzelnen Wochentage sowie die Dauer und Lage der Pausen sind mit dem Teilzeitbeschäftigten einerseits und dem Betriebsrat andererseits zu vereinbaren. Kommt es zwischen Betriebsrat und Arbeitgeber zu keiner Einigung, entscheidet die Einigungsstelle;
- das Teilzeitarbeitsvolumen kann auf 5 oder weniger Tage von Montag bis Freitag verteilt werden; dabei darf die tägliche Arbeitszeit 4 Stunden nicht unterschreiten;
- Teilzeitarbeit in Form des Job-sharing-Arbeitsverhältnisses ist unzulässig (insbesondere keine Vertretungsverpflichtung des einen Teilzeitbeschäftigten bei – zum Beispiel – krankheitsbedingtem Ausfall des anderen);
- Teilzeitarbeit in Form von »Arbeit auf Abruf«/»Kapovaz« ist unzulässig;
- zuschlags- und zustimmungspflichtige Mehrarbeit ist für Teilzeitbeschäftigte die Arbeitszeit, die über die vereinbarte individuelle tägliche/bzw. wöchentliche regelmäßige (Teilzeit-)Arbeitszeit hinausgeht. Insoweit sind allerdings vorrangige tarifliche Regelungen zu beachten. Mehrarbeit für Teilzeitbeschäftigte ist höchstens im Umfange von 10 Stunden pro Monat zulässig;
- geleistete Mehrarbeit ist ab der ersten Mehrarbeitsstunde durch Freizeit auszugleichen. Mehrarbeitszuschläge sind in dem Monat auszuzahlen, in dem die Mehrarbeit anfällt;
- Festlegung eines Diskriminierungs- und Benachteiligungsverbotes für Teilzeitbeschäftigte (vgl. § 2 Abs.1 Beschäftigungsförderungsgesetz); insbesondere Klarstellung, daß alle Bestimmungen, die für Vollzeitbeschäftigte gelten, auch auf Teilzeitkräfte entsprechende Anwendung finden (z.B. Regelungen über Eingruppierung, Leistungsentlohnung, Urlaub, Sonderzahlungen, betriebliche Altersversorgung, Beförderung, Fortbildung und Umschulung usw.);
- Teilzeitarbeitnehmer haben das Recht, auf einen Vollzeitarbeitsplatz zu wechseln, falls sie dies wünschen und entsprechende arbeitsorganisatorische Maßnahmen zwecks Schaffung eines Vollzeitarbeitsplatzes möglich sind;
- im Rahmen einer Betriebsvereinbarung über »Stellenausschreibung und Auswahlrichtlinien« wird festgelegt, daß bei der Besetzung von freien Vollzeitarbeitsplätzen diese zunächst den Teilzeitbeschäftigten anzubieten sind (siehe → **Auswahlrichtlinien**).

Tendenzbetrieb

Was ist das?

☐ Unter einem Tendenzbetrieb versteht das Betriebsverfassungsgesetz gemäß § 118 Abs. 1 BetrVG ein Unternehmen oder einen Betrieb, deren unmittelbare und überwiegende Zweckbestimmung
- politischer (z. B. Parteien),
- koalitionspolitischer (z. B. Gewerkschaften und Arbeitgeberverbände),
- konfessioneller (z. B. Missionsvereine, christliche Jugend-, Frauen- oder Männervereine),
- karitativer (z. B. Deutsches Rotes Kreuz),
- erzieherischer (z. B. Privatschulen),
- wissenschaftlicher (z. B. Forschungsinstitute),
- künstlerischer (z. B. Theater)

Natur ist. Als Tendenzbetriebe gelten auch solche Einrichtungen, deren unmittelbarer und überwiegender Zweck der Berichterstattung oder Meinungsäußerung (z. B. Presseunternehmen) dient.

☐ In derartigen Tendenzbetrieben gelten gemäß § 118 Abs. 1 BetrVG die Vorschriften des BetrVG nur in eingeschränktem Umfang (siehe unten).

☐ Auf Religionsgemeinschaften und ihre karitativen und erzieherischen Einrichtungen findet das BetrVG sogar überhaupt keine Anwendung (vgl. § 118 Abs. 2 BetrVG).

☐ Sinn dieses sogenannten Tendenzschutzes ist es, die besonderen Grund- und Freiheitsrechte dieser Institutionen bzw. ihrer Träger (Koalitionsfreiheit, Pressefreiheit usw.) weitestgehend unangetastet zu lassen. Insbesondere soll die Ausübung dieser Grundrechte durch Mitbestimmungsrechte des Betriebsrats nicht behindert oder eingeschränkt werden.

Bedeutung für die Betriebsratsarbeit

☐ Hinsichtlich der eingeschränkten Anwendung des BetrVG auf Tendenzbetriebe im Sinne des § 118 Abs. 1 BetrVG ist zu unterscheiden:
1. Die §§ 106 bis 110 BetrVG (Beteiligungsrechte in wirtschaftlichen Angelegenheiten) gelten überhaupt nicht. Insbesondere kann in einem Tendenzbetrieb kein Wirtschaftsausschuß errichtet werden.
2. Die §§ 111 bis 113 BetrVG (Beteiligungsrechte bei Betriebsänderungen) gelten nur insoweit, als sie den Ausgleich oder die Milderung wirtschaftlicher Nachteile für die von einer Betriebsänderung betroffenen Arbeitnehmer regeln. Unstrittig ist, daß Sozialplanpflicht besteht. Streitig dagegen ist die Frage, ob der Tendenzunternehmer verpflichtet ist, mit dem Betriebsrat über einen Interessenausgleich zu verhandeln und ob damit auch § 113 BetrVG anwendbar ist (»Nachteilsausgleich«).
3. Die übrigen Vorschriften des BetrVG finden nur insoweit keine Anwendung, als die »Eigenart des Unternehmens oder des Betriebs dem entgegensteht«. Dies bedeutet folgendes:
a) Die Regelungen über die Wahl und Organisation der Arbeit des Betriebsrats und anderer betriebsverfassungsrechtlicher Organe sowie ihre allgemeinen Aufgaben gelten uneingeschränkt auch in Tendenzbetrieben (§§ 1 bis 80 BetrVG). Denn die bloße Existenz einer Interessenvertretung der Arbeitnehmer vermag die Tendenz des Unternehmens (noch) nicht zu beeinflussen.
b) Gleiches gilt für die in den §§ 81 bis 86 BetrVG geregelten Arbeitnehmerrechte (Informations-, Anhörungs-, Erörterungs- und Beschwerderechte sowie das Recht, Einblick in die Personalakte zu nehmen und die Aufnahme von Erklärungen in die Personalakte zu verlangen; siehe → **Arbeitnehmerrechte nach dem BetrVG**).
c) Hinsichtlich der Anwendbarkeit der in den §§ 87 bis 105 BetrVG vorgesehenen Beteiligungsrechte des Betriebsrats ist nochmals zu unterscheiden:
● Die Vorschriften über die »Informationsrechte« des Betriebsrats gelten uneingeschränkt auch in Tendenzbetrieben. Denn die bloße Information des Betriebsrats über das Geschehen im Tendenzunternehmen und die Planungen des Tendenzunternehmers beeinträchtigt in keinerlei Hinsicht die Handlungsmöglichkeiten des Unternehmens.

Tendenzbetrieb

- Gleiches gilt hinsichtlich der »Mitwirkungsrechte« (Anhörungs-, Beratungs-, Vorschlagsrechte) des Betriebsrats: Da dem Arbeitgeber in diesem Bereich ohnehin das Letztentscheidungsrecht zusteht (siehe → **Beteiligungsrechte**), ist nicht ersichtlich, weshalb eine bloße Mitwirkung des Betriebsrats »der Eigenart« des Tendenzunternehmens (-betriebs) entgegenstehen sollte.
- Eine »Beeinträchtigung der »Eigenart« des Tendenzunternehmens kann allenfalls dort eintreten, wo das BetrVG dem Betriebsrat »Mitbestimmungsrechte« zugesteht. Aber auch hier ist eine differenzierende Betrachtungsweise geboten. Denn nicht in jedem Mitbestimmungsfalle ergeben sich Auswirkungen auf die »Eigenart« des Unternehmens.

Beispiele:

1. Fall: In einer Gewerkschaftsschule, die über eine Kantine verfügt, soll ein Koch eingestellt werden.

Hier ist das Mitbestimmungsrecht (»Vetorecht«) des Betriebsrats nach § 99 BetrVG durch die Vorschrift des § 118 Abs. 1 BetrVG nicht ausgeschlossen. Denn die Tendenz der Schule wird durch diesen Vorgang nicht berührt. Weder ist der Koch Träger und Repräsentant der gewerkschaftlichen Tendenz; noch ist die Einstellung als solche eine tendenzbezogene Maßnahme.

2. Fall: Etwas anderes gilt, wenn in der Gewerkschaftsschule ein hauptamtlicher Referent eingestellt werden soll. Hier entfällt das Zustimmungsverweigerungsrecht des Betriebsrats nach § 99 BetrVG hinsichtlich der → Einstellung, weil der Referent Tendenzträger ist, und auch die personelle Maßnahme als solche der Verwirklichung der gewerkschaftlichen Tendenz dient. Das in § 99 Abs. 1 BetrVG enthaltene »Informationsrecht« des Betriebsrats hat der Arbeitgeber aber zu beachten. Des weiteren steht dem Betriebsrat ein Zustimmungsverweigerungsrecht nach § 99 Abs. 2 BetrVG zu, soweit es um die richtige → Eingruppierung des Tendenzträgers geht.

Überstunden

Begriff

☐ Überstunden sind die Arbeitsstunden, die über die für den einzelnen Arbeitnehmer aufgrund des Arbeitsvertrages oder eines Tarifvertrages geltende regelmäßige Arbeitszeit hinausgehen. In vielen Tarifverträgen wird anstelle des Begriffs »Überstunden« der Begriff »Mehrarbeit« verwendet.

☐ Das am 1. 7. 1994 in Kraft getretene Arbeitszeitgesetz, das die Arbeitszeitordnung (AZO) abgelöst hat (siehe →**Arbeitszeit**), sieht – anders als die AZO – keine Bestimmungen über Begrenzung und Vergütung von Mehrarbeit (mehr) vor.

☐ In den einschlägigen Tarifverträgen ist geregelt, ob und in welcher Höhe für Überstunden bzw. Mehrarbeit ein Zuschlag zu zahlen ist.

Zu beachten ist dabei, daß in manchen Tarifverträgen zuschlagspflichtige Mehrarbeit mit der Überschreitung der regelmäßigen »wöchentlichen« Arbeitszeit beginnt:

Beispiel:
Die individuelle regelmäßige wöchentliche Arbeitszeit beträgt nach dem Tarifvertrag 35 Stunden; zuschlagspflichtige Mehrarbeit setzt erst ab der 36. Stunde ein.

In anderen Tarifverträgen ist die Zuschlagspflichtigkeit von Mehrarbeit an die Überschreitung der – meist durch Betriebsvereinbarung festgelegten – »täglichen« Arbeitszeit gekoppelt.

Beispiel:
Die tarifliche wöchentliche Arbeitszeit von 35 Stunden ist durch Betriebsvereinbarung auf die einzelnen Wochentage – wie folgt – verteilt worden: Montag bis Freitag jeweils sieben Stunden.

Überstunden

Arbeitet ein Beschäftigter an einem Tage acht Stunden, so hat er eine zuschlagspflichtige Mehrarbeitsstunde geleistet. Der Zuschlag entfällt – anders als in dem vorgenannten Beispiel – nicht dadurch, daß die geleistete Überstunde durch eine an einem anderen Tage der Woche gewährte Freistunde ausgeglichen wird, auch wenn der Beschäftigte damit im Ergebnis nur insgesamt 35 Stunden in der Woche arbeitet.

☐ Zur Frage, ob Überstunden, die von Teilzeitbeschäftigten geleistet werden, zuschlagspflichtig sind, siehe → **Teilzeitarbeit**.

Bedeutung für die Betriebsratsarbeit

☐ Der Betriebsrat hat nach § 87 Abs. 1 Nr. 3 BetrVG ein Mitbestimmungsrecht bei der

»vorübergehenden Verlängerung (oder Verkürzung, siehe → **Kurzarbeit**) *der betriebsüblichen Arbeitszeit«.*

☐ Unter betriebsüblicher Arbeitszeit ist die regelmäßige betriebliche Arbeitszeit zu verstehen. Das ist die Arbeitszeit, die die Arbeitnehmer dem Arbeitgeber jeweils individualrechtlich (aufgrund eines Tarifvertrages oder Arbeitsvertrages) schulden, wobei die Verteilung der meist wöchentlich bestimmten Arbeitszeit auf die einzelnen Tage der Woche durch Betriebsvereinbarung festgelegt wird. Demgemäß kann die »betriebsübliche Arbeitszeit« für bestimmte Arbeitsplätze oder Abteilungen – je nach geschuldeter Arbeitszeitdauer und Verteilung – durchaus unterschiedlich sein.

☐ Auch die Anordnung von zusätzlicher Arbeit für Teilzeitbeschäftigte, die die betriebsübliche Arbeitszeit der Vollzeitbeschäftigten nicht überschreitet, ist eine Verlängerung der betriebsüblichen Arbeitszeit und unterliegt daher der Mitbestimmung durch den Betriebsrat. Eine andere Frage ist es, ob die zusätzlich geleistete Arbeit einen Anspruch auf Mehrarbeitszuschläge auslöst. Dies ist nach den einschlägigen Tarifverträgen meist nicht der Fall (siehe → **Teilzeitarbeit**).

☐ Mitbestimmungspflicht besteht auch dann, wenn nur ein einzelner Arbeitnehmer betroffen ist, sofern sich hierbei kollektive Regelungsfragen stellen bzw. kollektive Interessen der Beschäftigten berührt sind. Dies ist beispielsweise der Fall, wenn entschieden werden muß, welcher

Überstunden

von mehreren Arbeitnehmern die Überstunden leisten soll, wieviel Überstunden notwendig sind und ob Alternativen möglich sind.

☐ Ein Mitbestimmungsrecht entfällt nur dann, wenn es lediglich um die individuellen Besonderheiten und Wünsche eines einzelnen Beschäftigten geht, wenn also ein kollektiver Tatbestand in vorstehendem Sinn nicht gegeben ist.

☐ Das Mitbestimmungsrecht des Betriebsrats wird nicht dadurch ausgeschlossen, daß die Mehrarbeit von den betroffenen Beschäftigten »freiwillig« geleistet wird. Selbst vom Arbeitgeber nicht ausdrücklich angeordnete, sondern nur »geduldete« Überstunden unterliegen der Mitbestimmung.

☐ Mitbestimmung bedeutet: Ein Arbeitgeber, der Überstunden anordnen (oder »dulden«) will, muß vorher die Zustimmung des Betriebsrats einholen.

Verweigert der Betriebsrat die Zustimmung, muß der Arbeitgeber die → **Einigungsstelle** anrufen, wenn er an seiner Absicht festhält (vgl. § 87 Abs. 2 BetrVG). Keinesfalls – auch nicht in Eilfällen – darf er die Überstunden einseitig ohne Zustimmung des Betriebsrats oder zustimmungsersetzenden Spruch der Einigungsstelle anordnen oder dulden (manche Tarifverträge lassen allerdings für »unvorhersehbare« Bedarfsfälle die Heranziehung von Arbeitnehmern zu Überstunden zu – verbunden mit der Verpflichtung, hierüber den Betriebsrat nachträglich zu informieren).

Das Mitbestimmungsrecht des Betriebsrats wird nicht ersetzt durch eine etwaige Bewilligung des Gewerbeaufsichtsamtes (z. B. nach § 15 ArbZG). Das heißt, wenn ein Arbeitgeber eine Verlängerung der gesetzlich geregelten Höchstarbeitszeit beabsichtigt, benötigt er neben der Zustimmung des Gewerbeaufsichtsamtes auch die Zustimmung des Betriebsrats bzw. einen zustimmenden Beschluß der Einigungsstelle (§ 87 Abs. 2 BetrVG).

☐ Der Betriebsrat kann durch konsequente Nutzung seines Mitbestimmungsrechts bei Überstunden einen wesentlichen Beitrag zur Realisierung der Ziele der Arbeitszeitverkürzungspolitik der Gewerkschaften (= Sicherung und Schaffung von Arbeitsplätzen, Schutz der Gesundheit, Ausweitung der Möglichkeiten der Freizeitgestaltung) leisten.

☐ Die Modalitäten des Mitbestimmungsverfahrens (Form und Frist des Überstundenantrags des Arbeitgebers, Anforderungen an die Be-

Überstunden

gründung des Antrags, Verpflichtung des Arbeitgebers zur Erstellung und Aushändigung von Mehrarbeitsbilanzen usw.) sollten in einer »Rahmenbetriebsvereinbarung« geregelt werden (siehe »Regelungspunkte: Rahmen-Betriebsvereinbarung zu Überstunden« im Anhang zu dem hier besprochenen Stichwort).

☐ Wenn es im konkreten Einzelfall zu einer Einigung zwischen Arbeitgeber und Betriebsrat gekommen ist, sollte diese Einigung ebenfalls in Form einer Betriebsvereinbarung schriftlich fixiert werden (siehe »Regelungspunkte: **Einzelfall-Betriebsvereinbarung** zu Überstunden« im Anhang zu dem hier besprochenen Stichwort).

☐ Die Verhandlungen mit dem Arbeitgeber über das »Ob« und »Wie« der Überstunden sollte der Betriebsrat im Zusammenwirken mit gewerkschaftlichen Vertrauensleuten und Belegschaft sorgfältigst vorbereiten.

Nur auf diese Weise wird es ihm gelingen, die beantragten Überstunden auf das Maß dessen, was »unvermeidbar« ist, zu reduzieren und Gegenforderungen durchzusetzen (siehe → **Verhandlungen mit dem Arbeitgeber**).

☐ Sollte der Arbeitgeber unter Mißachtung des Mitbestimmungsrechts des Betriebsrats Überstunden anordnen oder dulden, kann der Betriebsrat hiergegen durch Einleitung eines Arbeitsgerichtsverfahrens vorgehen. Insbesondere kann er den Erlaß einer einstweiligen Verfügung gegen den Arbeitgeber beantragen; siehe → **Unterlassungsanspruch des Betriebsrats**.

Bedeutung für die Beschäftigten

☐ Wenn der Betriebsrat den Überstunden zugestimmt oder ein Einigungsstellenspruch die fehlende Zustimmung des Betriebsrats ersetzt hat, sind die betroffenen Arbeitnehmer verpflichtet, die Überstunden zu leisten.

☐ Es sei denn, die Ableistung der Überstunden würde gegen ein Gesetz, einen Tarifvertrag oder gegen eine arbeitsvertragliche Vereinbarung verstoßen.

Beachten: Eine Verpflichtung zur Ableistung von Überstunden besteht beispielsweise nicht bei Schwerbehinderten, die Freistellung von der

Überstunden

Mehrarbeit verlangen (vgl. § 46 Schwerbehindertengesetz) oder bei werdenden und stillenden Müttern (§ 8 Mutterschutzgesetz).

☐ Hat der Betriebsrat die Zustimmung verweigert und liegt auch kein zustimmungsersetzender Spruch der Einigungsstelle vor, sind die Arbeitnehmer zur Ablehnung dennoch angeordneter Überstunden berechtigt (es sei denn, es liegt ein »unvorhersehbarer« Bedarfsfall vor, bei dem nach einschlägigen Tarifvorschriften nachträgliche Information des Betriebsrats ausreicht; siehe oben).

☐ Eine Verpflichtung des Arbeitnehmers zur Ableistung von Überstunden besteht auch im Falle der Zustimmung von Überstunden durch den Betriebsrat dann nicht, wenn die Betriebsvereinbarung eine entsprechende »Freiwilligkeitsklausel« enthält.

☐ Insoweit ist allerdings darauf hinzuweisen, daß das »Problem Überstunden« durch die Regelung von Freiwilligkeitsvorbehalten nicht zu lösen ist:

In einer Untersuchung im Lande Nordrhein-Westfalen wurde festgestellt, daß die meisten Arbeitnehmer Überstunden nicht »freiwillig« leisten, sondern deshalb, weil sie bei einer Ablehnung Nachteile für sich und ihren beruflichen Werdegang fürchten.

☐ Der Anspruch der Beschäftigten auf Zahlung von Mehrarbeitszuschlägen ergibt sich dem Grunde und der Höhe nach aufgrund der einschlägigen tarifvertraglichen Regelungen (siehe oben), vorausgesetzt, der Tarifvertrag findet auf das Arbeitsverhältnis Anwendung (siehe insoweit → **Tarifvertrag**).

Überstunden

Schnellübersicht: **Überstunden**
Der Arbeitgeber plant die Anordnung von Überstunden
Er hat den Betriebsrat rechtzeitig, umfassend und unter Vorlage von Unterlagen zu informieren • über das »Wann«, »Wieviel«, »Wo« und »Warum« der geplanten Überstunden und die Zustimmung des Betriebsrats zu beantragen
Der Betriebsrat untersucht (zusammen mit Vertrauenskörper und Beschäftigten) • die Ausgangslage (gegebenenfalls fordert er weitere Informationen), • die Interessenlage (Was will der Arbeitgeber? Was wollen die Beschäftigten?)
Der Betriebsrat erstellt (zusammen mit Vertrauenskörper und Beschäftigten) einen konkreten Forderungskatalog • Neueinstellungen, • Übernahme von Auszubildenden oder befristet Beschäftigten usw.
Der Betriebsrat verhandelt mit dem Arbeitgeber über seine Forderungen
Wird ein tragbarer Kompromiß gefunden: Niederlegung der Vereinbarung in einer (schriftlichen) Betriebsvereinbarung
Scheitern die Verhandlungen, kann der Arbeitgeber, wenn er an den geplanten Überstunden festhält, die Einigungsstelle anrufen
Ordnet der Arbeitgeber Überstunden an (oder duldet er sie), ohne daß eine Zustimmung des Betriebsrats oder ein zustimmender Beschluß der Einigungsstelle vorliegt, kann der Betriebsrat das Arbeitsgericht anrufen: Antrag auf Erlaß einer einstweiligen Verfügung auf Unterlassung und – für bereits geschehene Verstöße gegen das Mitbestimmungsrecht des Betriebsrats: Einleitung eines Beschlußverfahrens: Antrag auf Feststellung der Rechtsverletzung. Siehe → **Arbeitsgericht**.
Der Betriebsrat organisiert mit dem Vertrauenskörper geeignete Schritte, um möglichst viele Belegschaftsangehörige für die Forderung »Neueinstellungen statt Überstunden« zu gewinnen (z. B. Information und Diskussion am Arbeitsplatz und in Betriebs- oder Abteilungsversammlungen).

Überstunden

Regelungspunkte:

Rahmenbetriebsvereinbarung zu Überstunden

1. Verpflichtung des Arbeitgebers, Überstunden nur ausnahmsweise und nur in Fällen dringender betrieblicher Erfordernisse einzuplanen.
2. Festlegung des Vorrangs von Neueinstellungen, Übernahme von Auszubildenden im erlernten Beruf, Übernahme von befristet Beschäftigten oder Leiharbeitnehmern, von Teilzeitarbeitnehmern in ein Vollzeitarbeitsverhältnis usw.
3. Verpflichtung des Arbeitgebers zur Erstellung und regelmäßigen Vorlage einer systematischen Personalplanung im Sinne des § 92 BetrVG.
4. Verpflichtung des Arbeitgebers, zum Zwecke der Realisierung der Alternativen im Sinne der Ziff. 2 die notwendigen arbeitsorganisatorischen Maßnahmen vorzunehmen sowie gegebenenfalls erforderlich werdende Maßnahmen der beruflichen Bildung im Sinne der §§ 96 bis 98 BetrVG einzuführen und durchzuführen.
5. Verpflichtung des Arbeitgebers zur Vorlage einer monatlich zu erstellenden »Mehrarbeitsbilanz« (= Aufstellung über geleistete Überstunden im abgelaufenen Monat [unterteilt nach Abteilungen und Arbeitsplätzen] sowie über gewährten Freizeitausgleich).
6. Klarstellung, daß Mehrarbeit in jedem Einzelfall in einer besonderen Betriebsvereinbarung geregelt wird. Klarstellung, daß dies auch für »Eil- und Notfälle« gilt.
7. Klarstellung, daß auch die Anordnung einer einzelnen Überstunde der Zustimmung des Betriebsrats bedarf.
8. Verpflichtung des Arbeitgebers, den Antrag auf Zustimmung zu Überstunden mit einer umfassenden Information zum »Wann«, »Wo«, und »Wieviel« der Überstunden sowie einer umfassenden und detaillierten Begründung (»warum«) zu verbinden.
9. Verpflichtung des Arbeitgebers, die Zustimmung zu Überstunden ein bzw. zwei Wochen im voraus beim Betriebsrat zu beantragen.
10. Klarstellung, daß im Rahmen der Verhandlungen über den Abschluß einer Betriebsvereinbarung im Sinne der Ziff. 6 auch Verhandlungen über die Realisierung der in den Ziffern 2 und 4 aufgeführten Zielsetzungen und Maßnahmen geführt werden, und daß im Nichteinigungsfalle die Einigungsstelle entscheidet.
11. Verpflichtung des Arbeitgebers, unter Beachtung der tariflichen Vorschriften geleistete Überstunden von der ersten Überstunde an in Freizeit auszugleichen; Festlegung, daß der Freizeitausgleich innerhalb von drei oder weniger Monaten nach Ableistung der Überstunden zu erfolgen hat.
12. Regelung des Verfahrens über die Gewährung des Freizeitausgleichs.
Beispiel:
Verpflichtung des Arbeitgebers, im Rahmen der Personalplanung nach Ziff. 3 die Lage des Freizeitausgleichs mit dem Betriebsrat in jedem Einzelfall unter Berücksichtigung der Wünsche des betreffenden Arbeitnehmers zu vereinbaren

Überstunden

(Freizeitausgleichsplan); Klarstellung, daß im Nichteinigungsfalle die Einigungsstelle entscheidet.

Oder:

Der Arbeitnehmer trägt seine Wünsche in eine Freizeitausgleichsliste ein; erfolgt innerhalb von einer Woche kein Widerspruch des Vorgesetzten, gilt die Eintragung als genehmigt; erfolgt ein fristgerechter Widerspruch des Vorgesetzten, so entscheiden Arbeitgeber und Betriebsrat bzw. im Nichteinigungsfalle die Einigungsstelle.

13. Regelung über den Zeitpunkt der Auszahlung der Überstundenzuschläge (am üblichen Auszahlungstage des Monats, in dem die Überstunden anfallen).

14. Klarstellung, daß das auf die geleisteten Überstunden entfallende Arbeitsentgelt (= Stundenentgelt ohne Zuschläge) in dem Monat ausgezahlt wird, in dem der Freizeitausgleich stattfindet.

15. Feststellung, daß Mehrarbeit an Tagen und Stunden des Freizeitausgleichs im Sinne der Ziffern 11 und 12 grundsätzlich nicht zulässig ist.

16. Einräumung eines Rechts des einzelnen Arbeitnehmers, die Ableistung von Überstunden auch dann abzulehnen, wenn der Betriebsrat seine Zustimmung erteilt hat (Freiwilligkeitsvorbehalt); Klarstellung, daß durch die Ablehnung der Überstunden niemandem ein Nachteil entstehen darf.

Regelungspunkte:

Einzelfall-Betriebsvereinbarung zu Überstunden

1. Beschreibung des Ausnahme-Sachverhalts, der den Anlaß für die Genehmigung von Überstunden darstellt (z. B. Reparatur an einer Anlage, außergewöhnlicher und einmaliger Großauftrag usw.).

2. Aufzählung der Abteilungen und der Arbeitsplätze, für die Überstunden genehmigt werden; Festlegung des genehmigten Überstundenvolumens für jede Abteilung und für jeden Arbeitsplatz.

3. Festlegung der Tage sowie der Tageszeiten, an denen die Überstunden abgeleistet werden sollen.

4. Aufzählung der Arbeitnehmer, die für die genehmigten Überstunden in Betracht kommen (Erstellung einer Liste); dabei ist die Zahl der auf jeden Arbeitnehmer entfallenden Überstunden zu vereinbaren und in der Liste zu vermerken.

5. Klarstellung, daß über die Liste zu Ziff. 4 erneut zu verhandeln ist, wenn einzelne in der Liste aufgeführte Arbeitnehmer die Ableistung der Überstunden gemäß Ziff. 16 der Rahmenbetriebsvereinbarung ablehnen.

6. Konkretisierung der Freizeitausgleichregelung gemäß Ziff. 11 der Rahmenbetriebsvereinbarung.

Überstunden

7. Ausdrückliche Befristung der Überstundengenehmigung (z. B. kalendermäßige Bestimmung der Frist); Klarstellung, daß die Betriebsvereinbarung außer Kraft tritt, wenn die unter Ziff. 1 aufgeführten Arbeiten schon vor Ablauf der Frist erledigt sind.

8. Klarstellung, daß erneut die Zustimmung des Betriebsrats einzuholen ist, wenn das genehmigte Überstundenvolumen überschritten werden soll.

9. Hinweis darauf, daß im übrigen die Regelungen der Rahmenbetriebsvereinbarung gelten.

Anmerkung:
Parallel zu der Betriebsvereinbarung über die Genehmigung der Überstunden im Einzelfall sollten ebenfalls in Form einer Betriebsvereinbarung die »Gegenleistungen« des Arbeitgebers (z. B. verbindliche Zusage, Arbeitnehmer einzustellen, Auszubildende zu übernehmen usw.) schriftlich niedergelegt werden.

Übertarifliche Zulagen

Begriff

☐ Tarifverträge haben den Charakter von Mindestarbeitsbedingungen, die nicht unterschritten, wohl aber zugunsten des Arbeitnehmers überschritten werden dürfen (siehe → **Günstigkeitsprinzip**).

Durch »übertarifliche Zulagen« wird das tarifvertraglich geregelte Arbeitsentgelt aufgestockt. Freilich sind solche Leistungen nicht unbedingt Ausdruck der Großmütigkeit und Freigiebigkeit des Arbeitgebers. Vielmehr werden bestimmte Zwecke verfolgt. Beispielsweise der Zweck, die Belegschaft an den Betrieb zu binden.

☐ Übertarifliche Zulagen werden in unterschiedlicher Form geleistet:

- als Aufschlag auf Stunden- bzw. Monatslohn oder Gehalt,
- als Erhöhung der tariflichen Jahressonderzahlung (Weihnachtsgeld),
- als Aufschlag auf das tarifliche Urlaubsgeld,
- als Erhöhung der tariflichen Zulagen (Schichtzulage, Erschwerniszulage usw.),
- als Zuschlag zu tariflich geregelten sonstigen Leistungen (Pauschale für Dienst- oder Rufbereitschaft).

☐ Für solche »freiwilligen« Leistungen, die keine Aufstockung tariflicher Vergütungsbestandteile darstellen, sondern »neben« den tarifvertraglichen Leistungen gezahlt werden, wird bisweilen auch der Begriff »außertarifliche Zulagen« verwendet.

Beispiele:
- *Gewinnbeteiligung,*
- *betriebliche Altersversorgung,*
- *Fahrgeldzuschuß, Essensgeldzuschuß,*
- *Besitzstandsregelungen,*
- *Firmendarlehen,*
- *Kindergartenzulage.*

Übertarifliche Zulagen

Für »außertarifliche« und »übertarifliche« Zulagen gelten die gleichen Rechtsgrundsätze. Nachstehend wird nur noch der Begriff »übertarifliche Zulagen« verwendet.

☐ Übertarifliche Zulagen sind diejenigen Vergütungsbestandteile, die am schwächsten abgesichert sind. In Krisenzeiten neigen selbst »reiche« Unternehmen dazu, übertarifliche Zulagen abzubauen. Wenn der Arbeitgeber derartige Zulagen kürzen oder streichen will (durch **Widerruf** oder durch **Anrechnung mit Tariflohnerhöhungen**), stellt sich die Frage, welche rechtlichen Handlungsmöglichkeiten der Betriebsrat oder der/die betroffenen Beschäftigten besitzen. Hierüber geben die nachstehenden Ausführungen Auskunft.

Bedeutung für die Betriebsratsarbeit

☐ Der Betriebsrat hat kein Mitbestimmungsrecht hinsichtlich der Frage, ob und in welchem Umfang der Arbeitgeber finanzielle Mittel für die Gewährung »übertariflicher Zulagen« zur Verfügung stellt. Auch über den Zweck der Leistung sowie die Eingrenzung der begünstigten Personenkreise entscheidet er mitbestimmungsfrei.

☐ Ein Mitbestimmungsrecht des Betriebsrats nach § 87 Abs. 1 Nr. 10 BetrVG besteht aber in bezug auf die Frage, nach welchen Kriterien die »freiwillige« Leistung auf die Arbeitnehmer zu verteilen ist (»Verteilungsgrundsätze«).

☐ Ziel des Mitbestimmungsrechts ist es, sicherzustellen, daß es bei der Verteilung der Mittel auf die Beschäftigten »mit rechten Dingen zugeht« (betriebliche Lohngerechtigkeit), daß insbesondere Verstöße gegen Gleichbehandlungsgrundsatz und Diskriminierungsverbot unterbleiben (»Nasenprämie«).

☐ Ein Mitbestimmungsrecht in diesem Sinne besteht auch bei Widerruf oder Anrechnung von Tariflohnerhöhungen auf übertarifliche Zulagen. Der große Senat des Bundesarbeitsgerichts hat hierzu folgende Grundsätze aufgestellt (vgl. BAG vom 3. 12. 1991 in NZA 1992, 749):

- Mitbestimmungspflichtig ist nicht die Kürzung der übertariflichen Zulagen als solche.

Vielmehr besteht bei Anrechnung und Widerruf ein Mitbestimmungsrecht nur dann, wenn sich die »Verteilungsgrundsätze« für die

Übertarifliche Zulagen

Zulagen ändern und dem Arbeitgeber ein Spielraum für eine veränderte Verteilung bleibt. Eine Veränderung der Verteilungsgrundsätze ist beispielsweise gegeben bei unterschiedlicher Anrechnung auf die jeweiligen Zulagen.

Beispiel:
Bei Arbeitern wird angerechnet, bei Angestellten nicht.

☐ Ein Mitbestimmungsrecht des Betriebsrats besteht nicht, wenn sich der Arbeitgeber im Rahmen der bisher geltenden mit dem Betriebsrat vereinbarten Verteilungsgrundsätze bewegt.

☐ Die Verteilungsgrundsätze verändern sich auch dann nicht, wenn der Arbeitgeber alle übertariflichen Zulagen um den gleichen Prozentsatz kürzt.

☐ Würde aber durch die Kürzung ein mit dem Betriebsrat vereinbarter Sockelbetrag unterschritten, würden sich wieder die Verteilungsgrundsätze verändern, was nur im Wege der Mitbestimmung möglich ist.

☐ Ein Mitbestimmungsrecht besteht dann nicht, wenn der Arbeitgeber einen bestimmten Prozentsatz der Tariflohnerhöhung auf alle Zulagen anrechnet, sofern die Zulagen in einem einheitlichen und gleichen Verhältnis zum jeweiligen Tariflohn stehen und die Tariflöhne um den gleichen Prozentsatz erhöht werden. Ist letzteres nicht der Fall, werden also beispielsweise unterschiedlich hohe Zulagen gezahlt bzw. findet eine unterschiedliche Erhöhung der Tariflöhne statt (z. B. untere Lohngruppen werden stärker angehoben als obere), würde eine prozentual gleichmäßige Verrechnung die Verteilungsgrundsätze verändern. Ein Mitbestimmungsrecht wäre dann gegeben.

☐ Ein Mitbestimmungsrecht des Betriebsrats entfällt, wenn die Anrechnung bzw. der Widerruf zum vollständigen Wegfall aller übertariflichen Zulagen führt.

☐ Auch wenn der Arbeitgeber die Tariflohnerhöhung vollständig und gleichmäßig auf alle Zulagen anrechnet, soll nach der Auffassung des BAG ein Mitbestimmungsrecht nicht bestehen. Denn in diesem Falle sei ein – im Mitbestimmungswege auszufüllender – Gestaltungsspielraum nicht mehr vorhanden (strittig; vgl. Däubler/Kittner/Klebe/Schneider, BetrVG, 4. Aufl., § 87 Rdnr. 258).

☐ Generelle Voraussetzung für das Mitbestimmungsrecht ist, daß ein kollektiver Tatbestand vorliegt. Ein Mitbestimmungsrecht besteht nicht, wenn es sich bei der Streichung oder Kürzung um einen reinen Individualakt handelt.

Beispiel:
Der Arbeitgeber kürzt auf Wunsch des Arbeitnehmers eine Zulage, um steuerliche Nachteile zu vermeiden.

Kollektiven Charakter hat eine Maßnahme dann, wenn die gesamte Belegschaft oder Teile der Belegschaft betroffen sind, oder wenn die Maßnahme auf eine Regelung abzielt, die für mehrere Arbeitsplätze oder auch nur für einen einzelnen Arbeitsplatz gelten soll, sofern dabei arbeitsplatzbezogene, von der jeweiligen Person des jeweiligen Arbeitsplatzinhabers unabhängige Kriterien zugrunde gelegt werden.

☐ Soweit ein Mitbestimmungsrecht des Betriebsrats gegeben ist, kann die Einigungsstelle angerufen werden, wenn die Verhandlungen über die Verteilungsgrundsätze scheitern. Dabei ist allerdings nicht zu verkennen, daß der Arbeitgeber den Betriebsrat mit der Drohung, er könne die Zulage vollständig – und damit nach der Rechtsprechung mitbestimmungsfrei – streichen, unter erheblichen Druck setzen kann. Dennoch sollte das den Betriebsrat nicht davon abhalten, die Verteilungskriterien des Arbeitgebers sorgfältig zu prüfen, eigene Kriterien zu erarbeiten und in die Verhandlungen und ggf. das Einigungsstellenverfahren einzubringen. Der Betriebsrat sollte es jedoch nicht versäumen, sich für seine Verteilungskriterien und Vorgehensweise die Rückendeckung der Belegschaft zu holen (durch Information, Erläuterung, Diskussion im Rahmen von Gesprächen, Betriebsversammlungen usw.).

Bedeutung für die Beschäftigten

☐ Die Rechtsposition der Beschäftigten bei »übertariflichen Zulagen« beurteilt sich danach, ob sie – unter Wahrung des Mitbestimmungsrechts des Betriebsrats und – mit oder ohne Widerrufsvorbehalt gezahlt worden sind bzw. werden.

☐ Oft werden Zulagen vom Arbeitgeber ausdrücklich als »freiwillige« Leistungen und unter Widerrufsvorbehalt gewährt. Im Arbeitsvertrag, auf der Lohn-/Gehaltsabrechnung, auf einem Aushang am Schwarzen

Übertarifliche Zulagen

Brett oder in einem gesonderten Schreiben findet sich dann beispielsweise folgende Erklärung: »Die Zahlung der übertariflichen Zulage erfolgt freiwillig unter dem Vorbehalt des jederzeitigen Widerrufs. Die Zulage kann ganz oder teilweise mit Tariferhöhungen verrechnet werden.«

Macht der Arbeitgeber von dieser Erklärung Gebrauch und kürzt oder streicht die Zulage durch Widerruf oder Anrechnung, hat der Betroffene eine schwache Rechtsposition. Er kann allenfalls geltend machen, daß Widerruf bzw. Anrechnung willkürlich erfolgt unter Verstoß gegen den Gleichbehandlungsgrundsatz oder das Diskriminierungsverbot. Würde der Arbeitgeber also beispielsweise die Zulagen nur der weiblichen, nicht aber der männlichen Beschäftigten streichen, wäre dies unwirksam.

☐ Stärker ist die Rechtsposition der Beschäftigten, wenn die »übertarifliche Zulage« über einen längeren Zeitraum (2–3 Jahre) ohne Freiwilligkeits- und Widerrufsvorbehalt gewährt wird. In diesem Falle ist nämlich im Regelfall eine → **betriebliche Übung** anzunehmen mit der Folge, daß die Zulage Bestandteil des Arbeitsvertrages geworden ist. Eine einseitige Änderung des Arbeitsvertrages ist nur durch eine dem Kündigungsschutzrecht unterliegende → **Änderungskündigung** möglich. Diese kann der Betroffene unter Berufung auf das Kündigungsschutzrecht durch arbeitsgerichtliche Klage angreifen.

☐ Im übrigen gilt, daß die Beschäftigten sich immer dann gegen eine Streichung oder Kürzung der Zulage erfolgreich durch Klage zur Wehr setzen können, wenn der Arbeitgeber gegen das oben dargestellte Mitbestimmungsrecht des Betriebsrats verstößt. Dabei spielt es keine Rolle, ob die Zulage unter Widerrufs- bzw. Anrechnungsvorbehalt geleistet wurde oder nicht.

Umfassend

Was heißt das?

☐ Der Begriff »umfassend« findet sich in den §§ 80 Abs. 2, 92 Abs. 1, 106 Abs. 2, 111 BetrVG. Diese Vorschriften verpflichten den Arbeitgeber zur »umfassenden« Information.

☐ »Umfassend« bedeutet, daß der Betriebsrat über alle – von den vorgenannten Vorschriften erfaßten – Vorgänge in Betrieb und Unternehmen sowie die Vorhaben des Arbeitgebers/Unternehmers, die in irgendeiner Weise mit den Aufgaben des Betriebsrats zu tun haben, zu informieren ist. Hierzu gehört auch die Information durch Unterlagen, die vorzulegen bzw. zur Verfügung zu stellen sind (siehe → **Unterlagen**).

☐ Der Begriff »umfassend« schließt die Vollständigkeit und Verständlichkeit der Information ein. Keine »umfassende« Information ist die Verkündung von »Halbwahrheiten«. Ebensowenig »umfassend« ist eine Informationspolitik, die den Betriebsrat mit Informationsmaterial »zuschüttet«, so daß die für die Beschäftigten und den Betriebsrat wichtigen Fragen nur schwer erkennbar oder sogar verborgen bleiben.

☐ Siehe auch → **Rechtzeitig**.

Umwandlung von Unternehmen

Grundlagen

☐ Wenn ein Unternehmen sein Vermögen ganz oder teilweise an ein anderes Unternehmen übertragen will, so stehen ihm zwei Wege zur Wahl: Verkauf und Übereignung nach den Vorschriften des Bürgerlichen Rechts (»Einzelrechtsnachfolge«) oder Vermögensübertragung nach dem »Umwandlungsgesetz« vom 28. 10. 1994 (»Gesamtrechtsnachfolge«).

☐ Der Weg der »Einzelrechtsnachfolge« kann ein recht aufwendiger, komplizierter Vorgang sein. Wenn ein Unternehmen auf ein anderes Unternehmen (z. B. eine neu gegründete GmbH) im Wege der »Einzelrechtsnachfolge« übergehen soll, so erfordert dies Verkaufs- und Übereignungsverträge zwischen Alt- und Neuunternehmen in bezug auf die zu übertragenden Vermögensgegenstände (Grundstücke, Maschinen, aber auch Rechte und Forderungen).

☐ Durch das am 1. 1. 1995 in Kraft getretene »Umwandlungsgesetz« vom 28. 10. 1994 (UmwG) wird eine Vermögensübertragung durch »Gesamtrechtsnachfolge« ermöglicht. Dies bedeutet, daß der Übergang des gesamten zu übertragenden Vermögens in einem einzigen Rechtsakt »automatisch« in dem Moment erfolgt, in dem die »Umwandlung« in das Handelsregister eingetragen wird (siehe unten). In etwa vergleichbar ist dies mit der Gesamtrechtsnachfolge durch Erbfall: Mit dem Tod des Erblassers geht sein gesamtes Vermögen »automatisch« auf den oder die Erben über.

☐ Konkret werden durch das UmwG vier Formen der Umwandlung geregelt:

- die **Verschmelzung** von »Rechtsträgern« (auch Fusion genannt),
- die **Spaltung** von »Rechtsträgern« in der Form der Aufspaltung, Abspaltung und Ausgliederung,
- die **Vermögensübertragung**,
- der **Formwechsel**.

Umwandlung von Unternehmen

Hinweis:

Das UmwG verwendet den Begriff des »Rechtsträgers«, nicht den Begriff → **Unternehmen**.

Das Gesetz stellt dabei allein auf die juristische Einheit, d. h. die Rechtspersönlichkeit der Unternehmen ab, die an einer Umwandlung beteiligt sind. Insbesondere bei Personengesellschaften (z. B. OHG, KG) und Kapitalgesellschaften (z. B. GmbH, AG) sind juristische Einheit und Unternehmen identisch. Daher wird nachfolgend anstelle des Begriffs »Rechtsträger« durchweg der Begriff → **Unternehmen** verwendet.

Verschmelzung:

Eine Verschmelzung (= Fusion) von Unternehmen kann nach § 2 UmwG in zweierlei Weise erfolgen:
- auf ein bestehendes Unternehmen wird das gesamte Vermögen eines oder mehrerer anderer Unternehmen übertragen (= **Verschmelzung durch Aufnahme**);
- zwei oder mehrere Unternehmen gründen ein neues Unternehmen, auf das sie ihr gesamtes Vermögen übertragen (= **Verschmelzung durch Neugründung**).

Wird die Verschmelzung ins → **Handelsregister** eingetragen, geht das gesamte Vermögen des oder der »geschluckten« Unternehmen auf das andere (entweder bereits bestehende oder neu gegründete) Unternehmen über. Damit ist die Verschmelzung vollzogen. Das oder die »übertragenden« (»geschluckten«) Unternehmen »sterben« automatisch ohne langwieriges Liquidationsverfahren. Die Anteilseigner (Aktionäre, Gesellschafter usw.) der untergehenden Unternehmen erhalten Anteilsrechte an dem Unternehmen, auf das das Vermögen übertragen wurde.

Spaltung:

Nach § 123 UmwG sind drei Formen der Spaltung zu unterscheiden:
- **Aufspaltung:** bei ihr wird ein Unternehmen in mindestens zwei Teile zerlegt. Die Teile werden entweder auf bestehende oder auf neu gegründete Unternehmen übertragen. Mit Eintragung ins Handelsregister endet die Existenz des alten – aufgespaltenen – Unternehmens. Die Anteilseigner erhalten Anteilsrechte an den Unternehmen, auf die die Vermögen übertragen werden;

Umwandlung von Unternehmen

- **Abspaltung:** ein Teil oder mehrere Teile eines Unternehmens werden auf ein anderes (oder mehrere andere) entweder bestehende(s) oder neu gegründete(s) Unternehmen übertragen. Das alte Unternehmen bleibt bestehen. Die Anteilseigner des Altunternehmens erhalten Anteilsrechte an dem/den übernehmenden Unternehmen;
- **Ausgliederung:** sie entspricht der Abspaltung mit dem einzigen Unterschied, daß die Anteilsrechte an dem/den Empfängerunternehmen bei dem abgebenden Unternehmen liegen und nicht bei seinen Anteilseignern.

Auch in den vorgenannten drei Formen der »Spaltung« tritt »Gesamtrechtsnachfolge« ein. Das heißt: Die für die einzelnen Unternehmen bestimmten »Vermögensmassen« gehen mit der Eintragung der Spaltung in das → **Handelsregister** automatisch auf das bzw. die jeweilige Empfängerunternehmen über.

Vermögensübertragung:

Diese Umwandlungsform ist in §§ 174, 175 UmwG geregelt. Sie betrifft Sonderfälle wie die Übertragung des Vermögens einer Kapitalgesellschaft auf die öffentliche Hand oder Übertragungen im Bereich der Versicherungswirtschaft.

Formwechsel:

Hier wechselt das Unternehmen seine Rechtsform (siehe auch → **Unternehmensrechtsformen**). Aus einer Offenen Handelsgesellschaft (OHG) wird beispielsweise eine Gesellschaft mit beschränkter Haftung (GmbH) oder eine Aktiengesellschaft (AG).

☐ Die oben aufgeführten Umwandlungsformen haben zum Teil erhebliche arbeitsrechtliche Konsequenzen.

☐ Die geringsten Probleme wirft der »Formwechsel« auf. Für Betriebsrat und Beschäftigte ändert sich gar nichts, denn der Arbeitgeber bleibt derselbe. Er hat lediglich seine äußere Erscheinungsform gewechselt. Es ist noch nicht einmal notwendig, § 613a BGB direkt oder entsprechend anzuwenden, weil ein bloßer Formwechsel keinen Betriebsübergang im Sinne dieser Vorschrift darstellt. Zu den mitbestimmungsrechtlichen Folgen eines Formwechsels siehe unten.

☐ Bei den anderen Umwandlungsformen findet ein Wechsel des Arbeitgebers statt. Zu den Rechtsfolgen siehe nachstehende Erläuterungen.

Bedeutung für die Unternehmensmitbestimmung

☐ Die Umwandlung in Form eines »Formwechsels« kann mitbestimmungsrechtliche Folgen haben: Wenn nämlich beispielsweise eine – der Unternehmensmitbestimmung unterliegende – GmbH in eine OHG umgewandelt wird, fällt der bisher bestehende Aufsichtsrat weg und damit auch die Mitbestimmung der Arbeitnehmervertreter. Nur wenn auch für das Unternehmen in seiner neuen Rechtsform ein Aufsichtsrat zu bilden ist (beispielsweise: eine GmbH wird in eine AG umgewandelt), bleiben die bisherigen Aufsichtsratsmitglieder nach § 203 UmwG im Amt.

☐ Im Falle einer »Verschmelzung« oder »Spaltung« in Form der »Aufspaltung« endet die Existenz des übertragenden bzw. aufgespaltenen Altunternehmens. Deshalb endet zwangsläufig auch der bei dem Altunternehmen bestehende Aufsichtsrat.

☐ Die auf das übernehmende Unternehmen gemäß § 613a BGB übergehenden Arbeitnehmer (vgl. § 324 UmwG) werden durch den Aufsichtsrat des übernehmenden Unternehmens vertreten, falls ein solcher besteht.

☐ Ist letzteres nicht der Fall (beispielsweise wegen zu geringer Arbeitnehmerzahl; siehe → **Unternehmensmitbestimmung**), dann findet, falls nunmehr die erforderliche Mindest-Beschäftigtenzahl vorliegt, eine Aufsichtsratswahl statt.

☐ Gleiches gilt, wenn das übernehmende Unternehmen neu gegründet worden ist.

☐ Wenn bei einer »Spaltung« in Form der »Abspaltung« oder »Ausgliederung« die Voraussetzungen für die Unternehmensmitbestimmung beim Altunternehmen entfallen (wegen Unterschreitung der Mindest-Beschäftigtenzahl), dann bleibt die Unternehmensmitbestimmung im Altunternehmen dennoch bestehen, und zwar für die Dauer von fünf Jahren (§ 325 Abs. 1 Satz 1 UmwG).

☐ Dies gilt allerdings dann nicht, wenn die verbleibende Beschäftigtenzahl unter ein Viertel der von dem Mitbestimmungsgesetz geforderten Mindestzahl sinkt (§ 325 Abs. 1 Satz 2 UmwG).

☐ Eine Sonderproblematik ergibt sich im Falle grenzüberschreitender Fusionen im EG-Bereich. Insoweit wird durch das »Mitbestimmungs-Beibehaltungsgesetz« vom 23. 8. 1994 eine Regelung zur Sicherung der

Unternehmensmitbestimmung geschaffen, die folgendermaßen funktioniert:

Überträgt ein deutsches Unternehmen seine Mehrheitsbeteiligung an einem deutschen Tochterunternehmen (oder einen Betrieb oder Betriebsteil) auf ein ausländisches Unternehmen und sinkt das Unternehmen dadurch unter die für die Anwendung eines Mitbestimmungsgesetzes erforderliche Mindest-Beschäftigtenzahl (siehe → **Unternehmensmitbestimmung**), dann bleibt die bisherige Unternehmensmitbestimmung bestehen, wenn das übertragende (deutsche) Unternehmen steuerliche Erleichterungen in Anspruch nimmt. Ist letzteres nicht der Fall, entfällt die bisherige Unternehmensmitbestimmung (das heißt insbesondere: die Arbeitnehmervertretung im Aufsichtsrat). Gleiches gilt, wenn die Beschäftigtenzahl auf weniger als $\frac{1}{4}$ der nach dem jeweiligen Mitbestimmungsgesetz erforderlichen Mindestzahl sinkt.

Bedeutung für die Betriebsratsarbeit

☐ Der Wirtschaftsausschuß sowohl des übertragenden als auch des übernehmenden Unternehmens ist gemäß § 106 Abs. 3 Nr. 8 BetrVG zu informieren über den

»Zusammenschluß oder die Spaltung von Unternehmen oder Betrieben«.

☐ Der Betriebsrat des jeweils betroffenen Betriebes ist nach § 111 BetrVG zu beteiligen, wenn eine Unternehmensveräußerung oder -umwandlung eine Betriebsänderung in Form des

»Zusammenschlusses mit anderen Betrieben oder die Spaltung von Betrieben«

zur Folge hat (§ 111 Nr. 3 BetrVG).

☐ Ein besonderes Informationsrecht ergibt sich aus § 5 Abs. 3 UmwG (Verschmelzung) und § 126 Abs. 3 UmwG (Spaltung):

Hiernach ist den Betriebsräten der beteiligten Unternehmen spätestens ein Monat vor der Versammlung der Anteilseigner, in der über die Umwandlung Beschluß gefaßt werden soll, der Entwurf des Verschmelzungs- bzw. Spaltungs- und Übernahmevertrages zuzuleiten. In diesen Verträgen müssen die Folgen für Beschäftigte und ihre Interessenvertretungen sowie die insoweit vorgesehenen Maßnahmen dargestellt werden (vgl. § 5 Abs. 1 Nr. 9 und § 126 Abs. 1 Nr. 11 UmwG).

Umwandlung von Unternehmen

Es erfolgt keine Eintragung der Umwandlung ins Handelsregister, falls die ordnungsgemäße Information der Betriebsräte nicht schriftlich nachgewiesen wird (§§ 17 Abs. 1, 125 UmwG)!

☐ Hat die »Spaltung« eines Unternehmens eine Spaltung des Betriebes (siehe → **Betriebsaufspaltung**) zur Folge, so steht dem Betriebsrat des gespaltenen Betriebs nach § 321 UmwG ein Übergangsmandat längstens für die Dauer von sechs Monaten zu. Das heißt: Er bleibt im Amt und führt die Geschäfte für die ihm bislang zugeordneten Betriebsteile weiter, soweit die in Rede stehenden Betriebsteile mindestens fünf wahlberechtigte (davon drei wählbare) Arbeitnehmer haben und nicht in einen Betrieb eingegliedert werden, in dem ein Betriebsrat besteht. Vorübergehend kann also – entgegen der Rechtsprechung vor Inkrafttreten des Umwandlungsgesetzes – der bisherige Betriebsrat auch für solche Arbeitnehmer handeln, die bei einem anderen Unternehmen (nämlich dem übernehmenden Unternehmen) beschäftigt sind.

Der bisherige Betriebsrat hat unverzüglich nach Wirksamwerden der Umwandlung Wahlvorstände für die jeweiligen Betriebsteile zu bestellen. Das Übergangsmandat endet, sobald in den Betriebsteilen ein neuer Betriebsrat gewählt und das Wahlergebnis bekanntgegeben ist, spätestens jedoch – wie oben ausgeführt – sechs Monate nach Wirksamwerden der Spaltung.

☐ § 321 Abs. 2 UmwG regelt den Fall, daß Betriebsteile, die bislang verschiedenen Betrieben zugeordnet waren, zu einem Betrieb zusammengefaßt werden bzw. den Fall, daß mehrere Betriebe zu einem neuen Betrieb zusammengefaßt werden: Das Übergangsmandat (und die Verpflichtung zur Bestellung von Wahlvorständen) steht in diesen Fällen demjenigen Betriebsrat zu, der die größte Zahl von wahlberechtigten Arbeitnehmern vertritt. Diese Regelung gilt nicht nur dann, wenn die Zusammenlegung Folge einer »Spaltung« ist, sondern auch dann, wenn sie aus einer »Verschmelzung« resultiert.

☐ Zu beachten ist § 322 Abs. 1 UmwG: Nach dieser Vorschrift wird »vermutet«, daß ein Betrieb von den beteiligten Unternehmen gemeinsam geführt wird (also ein Gemeinschaftsbetrieb vorliegt), wenn eine »Spaltung« nicht zu einer »organisatorischen Änderung« im Betrieb führt (siehe insoweit → **Gemeinschaftsbetrieb**). Klargestellt wird in dieser Vorschrift, daß in diesem Fall der Betriebsrat im Amt bleibt und daß auch kündigungsschutzrechtlich (vgl. § 322 Abs. 2 UmwG) von einem einheitlichen Betrieb auszugehen ist.

Umwandlung von Unternehmen

☐ Bei der Umwandlung eines Unternehmens, insbesondere dann, wenn das Vermögen des Altunternehmens auf mehrere neue Unternehmen übertragen wird, ist die Zuordnung der Arbeitnehmer zu den jeweiligen neuen Unternehmen zu klären. Hierzu regelt § 323 Abs. 2 UmwG folgendes: Wird im Zusammenhang mit einer Verschmelzung, Spaltung oder Vermögensübertragung ein Interessenausgleich (§ 112 BetrVG) abgeschlossen, in dem die Betroffenen namentlich zugeordnet werden, so ist diese Zuordnung maßgeblich. Das Arbeitsgericht kann (auf Klage eines Betroffenen) eine solche Zuordnung nur auf »grobe Fehlerhaftigkeit« überprüfen.

☐ Wenn bestimmte Betriebsratsrechte, die von der Größe des Betriebs (Beschäftigtenzahl) abhängen, nach der »Spaltung« entfallen würden (siehe → **Zahlen und ihre Bedeutung**), kann nach § 325 Abs. 2 UmwG die Fortgeltung dieser Rechte durch Betriebsvereinbarung oder Tarifvertrag vereinbart werden.

Bedeutung für die Beschäftigten

☐ § 324 UmwG stellt klar, daß § 613a Abs. 1 und Abs. 4 BGB (siehe → **Betriebsübergang**) bei Verschmelzung, Spaltung oder Vermögensübertragung »unberührt bleibt«.

Das heißt zunächst: Das oder die neuen Unternehmen treten in die bisher bei dem oder den Altunternehmen bestehenden Arbeitsverhältnisse ein.

Zur Frage des Widerspruchsrechts der betroffenen Beschäftigten siehe unten.

Des weiteren bedeutet die Anwendung des § 613a Abs. 1 und 4 BGB: Bisher bestehende Rechte aus einer Betriebsvereinbarung und einem Tarifvertrag sind für die Dauer eines Jahres nach dem Betriebsübergang gesichert (siehe aber auch § 613a Abs. 1 Satz 3 und 4 BGB). Das heißt, sie können weder durch arbeitsvertragliche Vereinbarung noch durch Änderungskündigung zu Lasten der Beschäftigten verändert werden.

Und: Eine Kündigung, die »wegen« der Umwandlung ausgesprochen wird, ist unwirksam (siehe zu den weiteren Einzelheiten → **Betriebsübergang**).

☐ Es stellt sich die Frage, ob den betroffenen Beschäftigten nach einer Umwandlung ein Widerspruchsrecht gegen den Übergang des Arbeitsverhältnisses auf das neue Unternehmen zusteht. Ein solches Recht wird den Arbeitnehmern von der Rechtsprechung im Fall eines → **Betriebsübergangs** seit jeher zugebilligt (siehe → **Betriebsübergang**). Folge des Widerspruchs: Das Arbeitsverhältnis geht nicht auf den neuen Betriebsinhaber über. Der Arbeitnehmer bleibt beim Altunternehmen beschäftigt.

Zu bedenken ist allerdings, daß ein Widerspruch bei einer »Verschmelzung« oder »Spaltung« in Form der »Aufspaltung« keinen Sinn macht. Denn das alte Unternehmen erlischt, so daß es keinen Arbeitgeber mehr gibt, bei dem der Arbeitnehmer verbleiben kann.

Vereinzelt wird die abzulehnende Auffassung vertreten, daß bei einem dennoch ausgeübten Widerspruch des Arbeitnehmers das Arbeitsverhältnis erlischt. Ob sich diese Auffassung durchsetzt, ist offen. Jedenfalls muß vor der Ausübung des Widerspruchs in solchen Fällen gewarnt werden.

Bei der Spaltung in Form der »Abspaltung« bzw. »Ausgliederung« – bei der das übertragende Unternehmen bestehenbleibt – gilt folgendes:

Hier kann der Arbeitnehmer dem Übergang des Arbeitsverhältnisses auf das übernehmende Unternehmen widersprechen. Dann verbleibt er bei dem bisherigen Unternehmen, riskiert aber, daß ihn der Arbeitgeber wegen Fehlens einer Beschäftigungsmöglichkeit betriebsbedingt kündigt. Einer so begründeten Kündigung stünde das Kündigungsverbot des § 613a BGB jedenfalls nicht entgegen! Eine andere Frage ist es, ob eine Kündigung sozial gerechtfertigt im Sinne des § 1 KSchG wäre (siehe → **Kündigungsschutz**).

☐ Durch § 323 Abs. 1 UmwG ist sichergestellt, daß sich die kündigungsrechtliche Stellung der Beschäftigten für einen Schutzzeitraum von zwei Jahren nach Wirksamwerden einer »Spaltung« (oder Teilvermögensübertragung nach dem 3. und 4. Buch des UmwG) nicht verschlechtert.

Beispiel:

Der bisherige Kündigungsschutz bleibt auf zwei Jahre erhalten, wenn die Übertragung auf ein Unternehmen/Betrieb erfolgt, in dem weniger als fünf Arbeitnehmer beschäftigt sind (vgl. § 23 KSchG).

Umwandlung von Unternehmen

☐ Hiervon zu unterscheiden sind sonstige kündigungsrechtliche Fragen wie beispielsweise die Dauer der Kündigungsfrist, die von der Dauer der Betriebszugehörigkeit bestimmt wird (siehe → **Kündigungsfristen**). Insoweit gilt die Vorschrift des § 613a BGB, die bestimmt, daß der neue Arbeitgeber in vollem Umfang in die Rechte und Pflichten des Arbeitsverhältnisses eintritt. Dies bedeutet für die Berechnung der Dauer der Kündigungsfrist, daß die Beschäftigungszeiten im Altunternehmen voll anzurechnen sind.

☐ Nach § 133 Abs. 1 UmwG haften die an einer Spaltung beteiligten Unternehmen als Gesamtschuldner für die Verpflichtungen des »Altunternehmens«.

☐ Wichtig ist die Regelung des § 134 UmwG:

Unternehmen werden (aus steuer- und haftungsrechtlichen Gründen) häufig in der Weise aufgespalten, daß das Vermögen (Grundstücke, Maschinen usw.) auf eine »reiche« Besitzgesellschaft (= »Anlagegesellschaft«) übertragen wird, während die weitere Produktion von einer vermögenslosen »Betriebsgesellschaft« betrieben wird. Dieser werden die Betriebsmittel zur Nutzung überlassen, bei ihr sind alle Arbeitnehmer beschäftigt.

Sind an den Unternehmen im wesentlichen dieselben Personen (als Gesellschafter) beteiligt, so haftet gemäß § 134 UmwG die »reiche Anlagegesellschaft« gesamtschuldnerisch für Arbeitnehmeransprüche, die binnen fünf Jahren nach Wirksamwerden der Unternehmensspaltung nach §§ 111 bis 113 BetrVG begründet werden. Gesichert werden damit insbesondere: Ansprüche auf Abfindung (oder sonstige Ansprüche) aus einem Sozialplan gemäß § 112 BetrVG sowie Ansprüche auf Nachteilsausgleich nach § 113 BetrVG (siehe → **Interessenausgleich**; → **Sozialplan**). Diese Ansprüche können direkt gegen die »Anlagegesellschaft« geltend gemacht und ggf. beim Arbeitsgericht eingeklagt werden, obwohl die »Anlagegesellschaft« nicht Arbeitgeber des betroffenen Beschäftigten ist. Bei § 134 UmwG handelt es sich also um einen gesetzlich geregelten Fall der »Durchgriffshaftung«.

☐ § 134 UmwG ist aber nicht nur unter dem Gesichtspunkt des »Haftungsdurchgriffs« heranzuziehen, sondern – nach richtiger Auslegung – auch unter dem Gesichtspunkt des »Berechnungsdurchgriffs«: das heißt, bei der Bemessung des Sozialplanvolumens (oder der Höhe des Nachteilsausgleichs) ist auf die Vermögensverhältnisse der »reichen« Anlagegesellschaft, und nicht etwa auf die Vermögenslage der

»armen« Betriebsgesellschaft abzustellen (siehe auch → **Sozialplan**). Nur so läßt sich das Ziel der Vorschrift (Schutz der Beschäftigten vor einem Leerlaufen ihrer Ansprüche) erreichen.

☐ Die gesamtschuldnerische Haftung (auch) der Anlagegesellschaft erstreckt sich auch auf Ansprüche aus einer → **betrieblichen Altersversorgung**, die vor dem Wirksamwerden der Spaltung begründet worden sind (§ 134 Abs. 2 BetrVG).

Literaturhinweis:

Thomas Klebe/Wolfgang Trittin: Betriebsaufspaltung und Unternehmensteilung. Gefahren und Möglichkeiten der Gegenwehr für Betriebsräte und Beschäftigte, Bund-Verlag, Köln.

Umweltschutz im Betrieb

Grundlagen

☐ Bei der Herstellung, dem Transport, dem Ge- oder Verbrauch sowie der Entsorgung von Gütern wird in vielfältiger Weise in Natur und Umwelt eingegriffen.

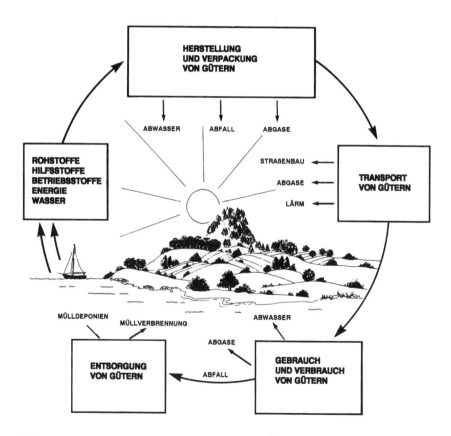

Umweltschutz im Betrieb

☐ Art. 20a des Grundgesetzes verpflichtet den Staat ausdrücklich zum Schutze der »natürlichen Lebensgrundlagen«. Diese Verpflichtung hat er im Rahmen der verfassungsmäßigen Ordnung durch die Gesetzgebung und nach Maßgabe von Gesetz und Recht durch die vollziehende Gewalt und die Rechtsprechung zu erfüllen.

☐ Im Hinblick auf die Abläufe im Betrieb werden dem Arbeitgeber durch eine Vielzahl von Gesetzen und Verordnungen Gebote und Verbote auferlegt. Zu nennen sind insbesondere:
- das Bundesimmissionsschutzgesetz,
- das Wasserhaushaltsgesetz,
- das Abfallgesetz,
- das Chemikaliengesetz,
- die Gefahrstoffverordnung (siehe → **Gefahrstoffe**).

☐ Das Charakteristische des Umweltschutzrechtes besteht darin, daß es einen Kompromiß darstellt zwischen teils unterschiedlichen, teils gegensätzlichen Interessen. Da ist zum einen der Widerspruch zwischen den Umweltschutz- und Gesundheitsschutzinteressen der Bevölkerung einerseits und den Gewinninteressen der Unternehmer andererseits, für die Umweltschutz oft ein nach Möglichkeit zu vermeidender Kostenfaktor darstellt. Zu den »gewinnbringenden« Seiten des betrieblichen Umweltschutzes siehe → **Öko-Audit**. Weiterhin ist festzustellen, daß auch ein scheinbar grenzenloses (von der Werbung immer wieder mobilisiertes) Konsuminteresse der Bevölkerung zu erheblichen umweltschädlichen Konsequenzen führt. Schließlich stehen Bestrebungen nach Einstellung umweltschädlicher Produkte und Produktionsverfahren nicht selten in krassem Widerspruch zu dem Interesse der in diesen Bereichen Beschäftigten an der Erhaltung ihrer Arbeitsplätze.

☐ Der Kompromißcharakter des Umweltschutzrechtes führt dazu, daß in den Umweltgesetzen keineswegs – aus der Sicht des Umwelt- und Gesundheitsschutzes – optimale Regelungen vorgesehen sind. Vielmehr wird im Interesse der Wirtschaft, des Konsums und der Erhaltung der Arbeitsplätze ein gewisses Maß an Umwelt- und Gesundheitsgefährdung hingenommen.

☐ Die »Kompromißlinie« ist allerdings keine starre Grenze. Vielmehr ist sie »beweglich«. Ihr Verlauf wird bestimmt von dem jeweiligen Kräfteverhältnis der Interessengegner, von Aufklärung, Entwicklung von Problembewußtsein und realistischen Handlungsstrategien. Auch

Umweltschutz im Betrieb

wenn das Umweltrecht seit den siebziger Jahren zweifellos zugunsten eines wirksameren Umweltschutzes weiterentwickelt worden ist, so hat dies doch nur in Teilbereichen zu einem Stopp bzw. zu einer Verlangsamung der Umweltzerstörung geführt. Deshalb steht der Kampf für eine lebenswerte Umwelt weiterhin auf der Tagesordnung.

☐ Im Zusammenhang mit den obengenannten Umweltschutzgesetzen soll an dieser Stelle die Verpflichtung der Betreiber bestimmter Anlagen besonders hervorgehoben werden, für die Bereiche Immissionsschutz, Abfallbeseitigung und Gewässerschutz sogenannte »**Betriebsbeauftragte**« zu bestellen:

- Betriebsbeauftragter für Immissionsschutz, § 53 Bundesimmissionsschutzgesetz;
- Betriebsbeauftragter für Abfall, § 11a Abfallgesetz;
- Betriebsbeauftragter für Gewässerschutz, § 21a Wasserhaushaltsgesetz.

☐ Die Betriebsbeauftragten haben u.a.

- Überwachungsaufgaben (Prüfung, ob die gesetzlichen und sonstigen Vorschriften des Umweltrechtes eingehalten werden);
- Aufklärungsaufgaben (insbesondere Aufklärung der Betriebsangehörigen über Gefahren und Gefahrenabwehr);
- die Aufgabe, durch Anregungen auf die Entwicklung und Einführung umweltfreundlicher Techniken und Verfahren hinzuwirken;
- die Aufgabe, zu Investitionsplanungen des Unternehmers aus der Sicht des Umweltschutzes Stellungnahmen abzugeben;
- die Aufgabe, dem Betreiber (= Unternehmer) jährlich einen umfassenden Bericht über getroffene und geplante Maßnahmen zu erstatten.

☐ Welche Anlagebetreiber zur Bestellung der vorgenannten Betriebsbeauftragten verpflichtet sind, ist im einzelnen geregelt in der

- »Verordnung über Immissionsschutzbeauftragte«. Ihr zufolge müssen z.B. einen »Betriebsbeauftragten für Immissionsschutz« bestellen: Betreiber von Kraftwerken, Stahlwerken, Gießereien, Werften, Anlagen zum Aufbringen von Schutzschichten aus Blei, Zinn oder Zink auf Metalloberflächen mit Hilfe von schmelzflüssigen Bädern, Chemieanlagen, Papierfabriken, Raffinerien;
- »Verordnung über Betriebsbeauftragte für Abfall«. Einen »Betriebsbeauftragten für Abfall« müssen beispielsweise bestellen: Betreiber von Mülldeponien, Müllverbrennungsanlagen, Autoschrottplätzen,

Anlagen zur Veredelung oder Behandlung von Metalloberflächen durch Galvanisieren, Härten, Ätzen oder Beizen, Krankenhäuser;
- »§ 21 a Wasserhaushaltsgesetz« besagt, daß einen »Betriebsbeauftragten für Gewässerschutz« z. B. bestellen müssen: Betreiber solcher Anlagen, bei denen mehr als 750 Kubikmeter Abwasser pro Tag in Gewässer (Flüsse, Seen) kraft behördlicher Genehmigung eingeleitet werden dürfen (für Einleiter in das öffentliche Kanalisationssystem besteht eine Verpflichtung zur Bestellung eines Betriebsbeauftragten für Gewässerschutz nur, wenn dies durch die Behörde ausdrücklich angeordnet wurde, vgl. § 21 a Abs. 2 Wasserhaushaltsgesetz).

☐ Durch behördliche Anordnung können auch solche Anlagebetreiber zur Bestellung von Betriebsbeauftragten verpflichtet werden, die nicht die vorstehend genannten Voraussetzungen erfüllen.

☐ Ein über die Bestellung von Betriebsbeauftragten weit hinausgehender »qualitativer Sprung« in Richtung »betrieblicher Umweltschutz« erfolgt, wenn sich das Unternehmen an dem

»*Gemeinschaftssystem für ein Umweltmanagement und die Umweltbetriebsprüfung*« *nach der EU-Verordnung Nr. 1836/93 vom 29. 6. 1993*

»freiwillig« beteiligt. Die Anforderungen dieser EU-Verordnung können nur erfüllt werden, wenn im Unternehmen eine grundsätzliche Umstrukturierung stattfindet in der Weise, daß alle Ebenen des Unternehmens und Betriebs auf den Schutz der Umwelt ausgerichtet werden. Siehe → **Öko-Audit**.

Bedeutung für die Betriebsratsarbeit

☐ Das BetrVG enthält auf den ersten Blick keine auf den Schutz der Umwelt bezogenen Regelungen. Insbesondere ist der Schutz der Umwelt nicht ausdrücklich zu einer Aufgabe des Betriebsrats erklärt worden. Dies hat eine Reihe von Initiativen von Gewerkschaften und politischen Parteien (insbesondere Sozialdemokratische Partei Deutschlands und Die Grünen) mit dem Ziel ausgelöst, den Schutz der Umwelt ausdrücklich in das BetrVG aufzunehmen und entsprechende Aufgaben und Beteiligungsrechte des Betriebsrats zu regeln. Diese Initiativen sind allerdings bislang erfolglos geblieben.

☐ Umgekehrt wird der Betriebsrat durch das BetrVG aber auch nicht daran gehindert, den betrieblichen Umweltschutz durch eigene Initia-

Umweltschutz im Betrieb

tiven und Vorschläge zu verbessern. Niemand kann den Betriebsrat beispielsweise daran hindern, dem Arbeitgeber die Einführung eines Umweltmanagements und einer Umweltbetriebsprüfung nach der oben genannten EU-Verordnung sowie den Abschluß einer »freiwilligen Betriebsvereinbarung zum betrieblichen Umweltschutz« vorzuschlagen (siehe → **Öko-Audit**).

☐ Im übrigen ist zu bedenken, daß dort, wo Umweltschutz und Gesundheitsschutz sich decken (im Bereich z. B. gefährlicher Arbeitsstoffe), Aktivitäten des Betriebsrats zur Verbesserung des Gesundheitsschutzes gleichzeitig positive Wirkungen für den Schutz der Umwelt haben (können). Das heißt: durch intensive Nutzung derjenigen Bestimmungen, die sich mit dem Schutz der Gesundheit der Beschäftigten befassen, kann der Betriebsrat gleichzeitig einiges zur Förderung des betrieblichen Umweltschutzes tun. Die wichtigsten Vorschriften sollen nachfolgend dargestellt werden.

Aufgaben des Betriebsrats

☐ § 80 Abs. 1 Nr. 1 BetrVG:
Der Betriebsrat hat darüber zu wachen, daß die zugunsten der Arbeitnehmer geltenden Gesetze, Verordnungen durchgeführt werden. Diese Überwachungsaufgabe erstreckt sich auch auf solche Gesetze, die **neben** dem Schutz der Umwelt auch den Schutz der Gesundheit der Arbeitnehmer bezwecken (z. B. Gefahrstoffverordnung; siehe → **Gefahrstoffe**).

☐ § 80 Abs. 1 Nr. 2 BetrVG:
Der Betriebsrat hat die Aufgabe, Maßnahmen zu beantragen, die dem Betrieb und der Belegschaft dienen. Wenn der Betriebsrat beispielsweise den Bau einer innerbetrieblichen Anlage zur Klärung der im Produktionsprozeß entstehenden Abwässer fordert, **bevor** sie in das öffentliche Kanalsystem eingeleitet werden, so dient dies nicht nur den Arbeitnehmern, sondern zweifellos auch dem Betrieb (bzw. dem Inhaber des Betriebs). Denn eine Realisierung der Forderung führt zumindest zu einem Zugewinn beim »Image« des Unternehmens. Außerdem mindert sich die Gefahr, daß der Betrieb durch etwaige behördliche Anordnungen beeinträchtigt oder gar stillgelegt wird.

☐ § 89 BetrVG:
Hiernach hat der Arbeitgeber den Betriebsrat bei Betriebsbesichtigungen und Untersuchungen insbesondere durch die für den Arbeits-

Umweltschutz im Betrieb

schutz zuständige Gewerbeaufsicht und Berufsgenossenschaft hinzuzuziehen. Der Betriebsrat hat diese Stellen durch Anregungen, Beratung und Auskünfte zu unterstützen. Dabei kann dem Betriebsrat niemand verwehren, auch Gesichtspunkte des Umweltschutzes zur Sprache zu bringen.

Aufgaben der Jugend- und Auszubildendenvertretung

☐ § 70 Abs. 1 BetrVG:
Diese Vorschrift beschreibt die allgemeinen Aufgaben der Jugend- und Auszubildendenvertretung. Sie kann beispielsweise Maßnahmen beim Betriebsrat beantragen, die den Jugendlichen bzw. den Auszubildenden dienen (vgl. § 70 Abs. 1 Nr. 1 BetrVG). Insbesondere kann sie Vorschläge zur Ausgestaltung der Berufsbildung vorlegen. Diese Vorschläge können beispielsweise die Hereinnahme von Umweltfragen in die Ausbildung beinhalten. Der Adressat dieser Vorschläge ist nicht der Arbeitgeber unmittelbar, sondern der Betriebsrat. Greift der Betriebsrat die Vorschläge auf, so kann er sie auf der Grundlage der §§ 96 bis 98 BetrVG in die Verhandlungen mit dem Arbeitgeber einbringen (siehe unten).

Rechte des Wirtschaftsausschusses

☐ § 106 BetrVG:
Der Unternehmer ist verpflichtet, den Wirtschaftsausschuß über »wirtschaftliche Angelegenheiten« zu unterrichten und mit ihm hierüber zu beraten. Zu den »wirtschaftlichen Angelegenheiten« zählen alle (!) Vorgänge und Vorhaben (= Planungen), die die Interessen der Arbeitnehmer des Unternehmens wesentlich berühren können (vgl. § 106 Abs. 3 Nr. 10 BetrVG). Es kann keinem Zweifel unterliegen, daß die Umweltseite unternehmerischer Planungen und Maßnahmen erhebliche Auswirkungen auf die Situation der Arbeitnehmer hat.

Beispiele:
Umweltschädliche Vorgänge gefährden die Gesundheit auch der Beschäftigten; einem umweltzerstörenden Produktionsverfahren droht die behördliche Stillegung.

Der Wirtschaftsausschuß kann – nach Rücksprache mit dem Betriebsrat (bzw. Gesamtbetriebsrat) – dem Unternehmer Vorschläge/Konzepte zur umweltfreundlichen Gestaltung der Arbeitsabläufe im Unter-

Umweltschutz im Betrieb

nehmen vorlegen (z. B. Einführung eines Umweltmanagementsystems siehe → **Öko-Audit**). Der Unternehmer ist verpflichtet, derartige Vorschläge/Konzepte mit dem Wirtschaftsausschuß (und dem Betriebsrat bzw. Gesamtbetriebsrat) »mit dem ernsten Willen zur Einigung« (vgl. § 74 Abs. 1 BetrVG) zu beraten und zu verhandeln.

Rechte des Betriebsrats

Informationsrechte:

☐ § 90 Abs. 1 BetrVG:
Aus dieser Vorschrift läßt sich sicherlich das Recht des Betriebsrats »herausarbeiten«, durch den Arbeitgeber über die umweltbetreffenden Aspekte seiner betrieblichen Investitionsplanung und sonstigen betrieblichen Planungen informiert zu werden.

☐ § 21 Abs. 1, 2, 3 GefahrstoffVO:
Der Arbeitgeber hat den Betriebsrat über die Meßergebnisse beim Umgang mit → **Gefahrstoffen** zu informieren.

Mitwirkungsrechte:

☐ § 90 Abs. 2 BetrVG:
Der Betriebsrat hat das Recht, dem Arbeitgeber Maßnahmen zur Verbesserung des Gesundheitsschutzes – und damit auch des Umweltschutzes – vorzuschlagen.

☐ § 21 Abs. 1 Nr. 1 und Nr. 3 GefahrstoffVO:
Hiernach hat der Arbeitgeber den Betriebsrat unter anderem bei der Ermittlung und Bewertung von Gefahren, die mit dem Umgang von Gefahrstoffen verbunden sind sowie bei der Prüfung und Verwendung von weniger gefährlichen Ersatzstoffen und Ersatzverfahren zu »hören«.

☐ § 21 Abs. 4 GefahrstoffVO:
Der Betriebsrat hat das Recht, dem Arbeitgeber im Zusammenhang mit der Verwendung und Handhabung von → **Gefahrstoffen** zur Abwendung von Gesundheitsverfahren zusätzliche Schutzmaßnahmen vorzuschlagen. Diese Vorschläge kann der Betriebsrat natürlich auf Umweltschutzfragen erstrecken.

☐ §§ 96, 97 BetrVG:
Der Betriebsrat kann dem Arbeitgeber vorschlagen, Maßnahmen der → **Berufsbildung** durchzuführen, die den betrieblichen Umweltschutz

Umweltschutz im Betrieb

zum Gegenstand haben (siehe auch unten: Mitbestimmungsrecht des Betriebsrats bei der »Durchführung« der beruflichen Bildung; vgl. § 98 Abs. 1 BetrVG).

Mitbestimmungsrechte:

☐ § 87 Abs. 1 Nr. 7 BetrVG:
Hiernach hat der Betriebsrat bei der »Ausfüllung« von »Rahmenvorschriften«, die dem Gesundheitsschutz bzw. der Verhütung von Unfällen dienen, ein Mitbestimmungsrecht (siehe → **Arbeitsschutz**). Werden seine Vorschläge zur Ausfüllung des Rahmens vom Arbeitgeber abgelehnt, kann der Betriebsrat die Einigungsstelle anrufen (vgl. § 87 Abs. 2 BetrVG). Allerdings kann diese Vorschrift zugunsten des Umweltschutzes nur genutzt werden, soweit sich Gesundheitsschutz und Umweltschutz decken.

☐ § 91 BetrVG:
Werden Arbeitnehmer durch betriebliche Maßnahmen, die den gesicherten arbeitswissenschaftlichen Erkenntnissen über die menschengerechte Gestaltung der Arbeit offensichtlich widersprechen, in besonderer Weise belastet, so kann der Betriebsrat u. a. Maßnahmen der Abwendung der Belastung verlangen (siehe → **Arbeitsschutz**). Beispielsweise kann der Betriebsrat verlangen, einen gleichzeitig gesundheits- und umweltschädlichen Stoff nicht mehr zu verwenden. Im Nichteinigungsfalle mit dem Arbeitgeber entscheidet die Einigungsstelle.

☐ § 87 Abs. 1 Nr. 12 BetrVG:
Der Betriebsrat kann auf der Grundlage dieser Vorschrift beispielsweise verlangen, daß Arbeitnehmervorschläge zur Verbesserung des betrieblichen Umweltschutzes prämiert werden (siehe → **betriebliches Vorschlagswesen**). Lehnt der Arbeitgeber dieses Verlangen ab, kann der Betriebsrat die Einigungsstelle anrufen (vgl. § 87 Abs. 2 BetrVG).

☐ § 98 Abs. 1 BetrVG:
Hiernach hat der Betriebsrat mitzubestimmen, wenn der Arbeitgeber Maßnahmen der → **Berufsbildung** durchführt. Das Mitbestimmungsrecht umfaßt auch das Recht des Betriebsrats, die Einbeziehung von Umweltfragen in die Ausbildungsinhalte zu verlangen. Lehnt der Arbeitgeber ab, kann der Betriebsrat ein Einigungsstellenverfahren einleiten (vgl. § 98 Abs. 4 BetrVG).

Umweltschutz im Betrieb

Information der Belegschaft:

☐ Schließlich besteht für den Betriebsrat die Möglichkeit, das Thema »Umweltschutz« auf die Tagesordnung der → **Betriebsversammlung** zu setzen (vgl. § 45 BetrVG), um auf diese Weise auf Umweltprobleme im Betrieb aufmerksam zu machen und die Belegschaft für umweltschützende Maßnahmen im Betrieb zu gewinnen.

Bildung eines betrieblichen Umweltschutzausschusses

☐ Zur Koordinierung der Aktivitäten des Betriebsrats, der Jugend- und Auszubildendenvertretung und des gewerkschaftlichen Vertrauenskörpers sowie zur Ausarbeitung von Konzepten ist es sinnvoll und zulässig, einen Umweltschutzausschuß nach § 28 Abs. 1, 2 BetrVG zu bilden, in dessen Arbeit Beschäftigte/gewerkschaftliche Vertrauensleute (Regelung über Freistellung, Fortzahlung der Vergütung und Weiterqualifizierung vereinbaren!) einbezogen werden können. Gegebenenfalls ist auch an die Bildung eines »paritätischen« Ausschusses zu denken, dessen Mitglieder vom Betriebsrat und vom Arbeitgeber benannt werden (vgl. § 28 Abs. 3 BetrVG; siehe auch → **Öko-Audit**).

Zusammenarbeit mit dem betrieblichen »Umweltschutzbeauftragten«

☐ Soweit ein Betriebsbeauftragter für Immissionsschutz, Abfall und Gewässerschutz bestellt ist, sollte der Betriebsrat die Zusammenarbeit mit dem bzw. den Betriebsbeauftragten suchen. Auf jeden Fall sollten der bzw. die Betriebsbeauftragten an der Arbeit eines betrieblichen Umweltschutzausschusses beteiligt sein. Gleiches gilt für einen vom Arbeitgeber »freiwillig« bestellten Umweltschutzbeauftragten.

Bedeutung für die Beschäftigten

☐ Der einzelne Arbeitnehmer hat nach § 81 Abs. 1 BetrVG das Recht, über die Gesundheitsgefahren, denen er im Betrieb ausgesetzt ist, sowie über Maßnahmen und Einrichtungen der Gefahrenabwehr informiert und belehrt zu werden. Dies schließt natürlich den Bereich der Umweltgefährdung ein, soweit er deckungsgleich mit der Gesundheitsgefährdung ist.

Umweltschutz im Betrieb

Checkliste:

Umweltschutz im Betrieb

Fragen zu den Gefahren für die Umwelt:
- Sind die im Betrieb hergestellten Produkte umweltgefährdend bzw. -schädigend?
- Welche Gefahren für die Umwelt werden durch das Produktionsverfahren bzw. durch die im Betrieb verwendeten Arbeitsstoffe (→ **Gefahrstoffe**) und sonstigen Stoffe ausgelöst?
- Welche Stoffe werden in welchem Umfang an die Außenluft abgegeben (Emissionen)?
- Existieren ausreichende Filtertechniken?
- Welche Stoffe werden in welchem Umfang in das Abwasser eingeleitet?
- Werden die betrieblichen Abwässer vor der Einleitung in die öffentliche Kanalisation bzw. in Gewässer (Bäche, Flüsse, Seen) gereinigt (betriebliche Kläranlage)?
- Gelangen Gefahrstoffe und sonstige Stoffe in den Boden?
- Welche organisatorischen/technischen Maßnahmen werden getroffen, um die Verseuchung des Bodens zu verhindern bzw. um eine bereits eingetretene Verseuchung zu beheben?
- Welche Abfälle entstehen im Betrieb?
  - ungefährliche Abfälle,
  - gefährliche Abfälle,
  - wiederverwertbare Abfälle.
- Wo und wie werden die Abfälle entsorgt?
- Besteht die Möglichkeit der Getrenntsammlung von Abfällen (verschiedene Sammelbehältnisse in den jeweiligen Betriebsabteilungen)?
- Welche sonstigen Gefahren für die Umwelt werden durch den Betrieb ausgelöst (Lärm, Strahlung, mögliche Störfälle usw.)?

Fragen zu Störfällen:
- Welche chemischen Reaktionen und Gesundheitsgefahren können im Störfall (z. B. bei Brand) entstehen?
- Existieren Notfallpläne, um im Störfall Umwelt- und Gesundheitsschäden zu vermeiden?

Fragen zur Rechtslage:
- Welche Umweltschutz-Vorschriften muß der Betrieb beachten?
- Existieren Grenzwerte, die nicht überschritten werden dürfen?
- Sind behördliche Auflagen erteilt worden? Wenn ja, welche?
- Werden die umweltschutzrechtlichen Grenzwerte sowie die behördlichen Anordnungen eingehalten?

Umweltschutz im Betrieb

Fragen zur Organisation des betrieblichen Umweltschutzes:
- Beteiligt sich das Unternehmen am »Gemeinschaftssystem für das Umweltmanagement und die Umweltbetriebsprüfung« nach der EG-Verordnung vom 19. 6. 1993 oder besteht eine solche Absicht (siehe → **Öko-Audit**)?
- Welches Mitglied der Geschäftsleitung ist für den Umweltschutz zuständig?
- Sind »Betriebsbeauftragte« (= »Umweltschutzbeauftragte«) für
  - Immissionsschutz,
  - Abwasser,
  - Abfall

  oder ein Umweltschutzbeauftragter bestellt?
- Nehmen die Betriebsbeauftragten ihre Aufgaben nach den entsprechenden Gesetzen (Bundesimmissionsschutzgesetz, Wasserhaushaltsgesetz, Abfallgesetz) ausreichend und vollständig wahr?
- Wird jährlich ein Umweltbericht/eine Umweltbilanz erstellt (vom Arbeitgeber bzw. vom Betriebsbeauftragten)?
- Gibt es einen betrieblichen Umweltschutzausschuß (Mitglieder des Ausschusses: Arbeitgeber, Betriebsbeauftragter, Umweltschutzbeauftragter, Betriebsratsmitglieder, sonstige sachkundige Arbeitnehmer)?
- Wer ist im Betriebsrat für den Bereich »Umweltschutz« zuständig? Gibt es einen nach § 28 BetrVG gebildeten Umweltschutzausschuß des Betriebsrats?
- Werden die Auswirkungen des betrieblichen Produktionsprozesses auf die Umwelt innerhalb des Betriebs »zum Thema« gemacht (in Gesprächen, auf Betriebsversammlungen, in Jugend- und Auszubildendenversammlungen, Vertrauensleutesitzungen usw.)?
- In welcher Weise wird das Thema »Umweltschutz« im Rahmen der Berufsausbildung (im Betrieb und in der Berufsschule) behandelt?
- Besteht seitens der Interessenvertretung (Betriebsrat, Vertrauenskörper) Kontakt zu »Umweltschutzorganisationen«, gegebenenfalls einer örtlichen Bürgerinitiative? Welche Möglichkeiten der Zusammenarbeit gibt es?

Konsequenzen:
- Problembewußtsein in der Belegschaft entwickeln; Information und Aufklärung über Umweltgefahren (in Gesprächen, Info-Schriften, Betriebs- und Abteilungsversammlungen).
- Zusammenarbeit suchen mit Umweltschutzgruppen (gegebenenfalls mit Bürgerinitiative vor Ort).
- Aufstellung eines konkreten Forderungskataloges zur Beseitigung/Verringerung der vom Betrieb ausgehenden Gefahren für die Umwelt; insbesondere: Auswege suchen aus der falschen Konfrontation »Arbeitsplatzschutz gegen Umweltschutz«.

Umweltschutz im Betrieb

- Ausarbeitung und Durchführung geeigneter Vorgehensweisen zur Realisierung der Forderungen. Gegebenenfalls Errichtung eines Arbeitskreises »Umweltschutz« oder »Alternative Produktion«.
- Verhandlungen mit dem Arbeitgeber aufnehmen. Ziel: Abschluß einer Betriebsvereinbarung zum betrieblichen Umweltschutz. Siehe → **Öko-Audit**.

☐ Darüber hinaus ist der Arbeitgeber nach § 20 GefahrstoffVO verpflichtet, die Arbeitnehmer über die beim Umgang mit → **Gefahrstoffen** auftretenden Gefahren für Mensch und (!) Umwelt, Schutzmaßnahmen und Verhaltensregeln zu unterweisen. Insbesondere hat er die Beschäftigten auf die sachgerechte Entsorgung entstehender gefährlicher Abfälle hinzuweisen.

Literaturhinweis:

Werner Rittershofer: Das Lexikon Wirtschaft · Arbeit · Umwelt, Bund-Verlag, Köln.
Katalyse e. V.: Umweltlexikon, Kiepenheuer & Witsch, Köln.
Umweltbundesamt (Hrsg.): Daten zur Umwelt, Erich Schmidt Verlag.
Holl/Rubelt: Betriebsökologie, Bund-Verlag, Köln.

Unfallversicherung

Grundlagen

☐ Die gesetzliche Unfallversicherung ist Teil des staatlichen Sozialversicherungssystems. Dieses setzt sich aus mehreren Zweigen zusammen (Krankenversicherung, Rentenversicherung, Arbeitslosenversicherung und Unfallversicherung; seit 1. 1. 1995 Pflegeversicherung). Die Bundesregierung hat zwischenzeitlich einen Gesetzentwurf vorgelegt, mit dem das Unfallversicherungsrecht in das Sozialgesetzbuch eingeordnet werden soll. Mit dem Entwurf sind sowohl eine rechtssystematische Überarbeitung des Unfallversicherungsrechts als auch einzelne inhaltliche Neuregelungen, die allerdings zum Teil strittig sind, verbunden.

☐ Finanziert wird das Sozialversicherungssystem vor allem durch Beiträge der Arbeitnehmer und Arbeitgeber (ggf. ergänzt durch Zuschüsse des Staates). Das Beitragsaufkommen »teilen« sich Arbeitnehmer und Arbeitgeber wie folgt:

	Beiträge:
Krankenversicherung	50% Arbeitnehmer 50% Arbeitgeber
Rentenversicherung	50% Arbeitnehmer 50% Arbeitgeber
Arbeitslosenversicherung	50% Arbeitnehmer 50% Arbeitgeber
Unfallversicherung	100% Arbeitgeber

Auch die seit dem 1. 1. 1995 geltende Pflegeversicherung wird zu 50% durch die Arbeitnehmer, zu 50% durch die Arbeitgeber finanziert. Allerdings wird der Anteil des Arbeitgebers durch den – von den Ländern zu regelnden – Wegfall eines Feiertages kompensiert, so daß unter dem Strich die Pflegeversicherung von den Arbeitnehmern allein finanziert wird.

Unfallversicherung

☐ Träger der gesetzlichen Unfallversicherung sind für den Bereich des »Gewerbes« die **»Berufsgenossenschaften«** (wegen weiterer Unfallversicherungsträger siehe § 22 Abs. 2 Sozialgesetzbuch I). Zur Zeit existieren 34 gewerbliche Berufsgenossenschaften. Jeder Unternehmer ist kraft Gesetzes Mitglied der für seinen Gewerbezweig bestehenden Berufsgenossenschaft.

☐ Der von den Unternehmen an die Berufsgenossenschaften zu zahlende Beitrag setzt sich zusammen aus einem Grundbeitrag sowie aus Zuschlägen bzw. Abschlägen.

Für den Grundbeitrag maßgeblich ist die Lohnsumme (je mehr Arbeitnehmer, desto höherer Beitrag) und die Gefahrklasse (je höher die Gefahrklasse, desto höher der Beitrag).

Je nach Unfallhäufigkeit und Unfallschwere werden Zu- oder Abschläge auf den Beitrag vorgenommen; die Unfallschwere wird an den Folgekosten gemessen; nur meldepflichtige Unfälle (§ 1552 RVO) werden berücksichtigt.

☐ Die Berufsgenossenschaften sind Körperschaften des öffentlichen Rechts, die ihre gesetzlichen Aufgaben in eigener Verantwortung ihrer Organe durchführen (»Selbstverwaltung«). Sie unterliegen allerdings der staatlichen Aufsicht (Bundesminister für Arbeit und Sozialordnung). Organe der Selbstverwaltung sind die »Vertreterversammlung« und der »Vorstand« der Berufsgenossenschaft. Beide Organe sind paritätisch besetzt je zur Hälfte mit Vertretern der Arbeitnehmer und der Arbeitgeber (wegen weiterer Einzelheiten insbesondere zum Thema »Sozialwahl« wird verwiesen auf §§ 29 ff. Sozialgesetzbuch IV). Die laufenden Geschäfte der Berufsgenossenschaft führt ein hauptamtlicher Geschäftsführer.

☐ Die Aufgaben und Leistungen der Berufsgenossenschaften gliedern sich in 3 Schwerpunkte (vgl. § 22 Abs. 1 Sozialgesetzbuch I):

1. Durchführung von Maßnahmen zur Verhütung von Arbeitsunfällen und Berufskrankheiten, zur Früherkennung von Berufskrankheiten und zur Ersten Hilfe;
2. Heilbehandlung, Berufsförderung und andere Leistungen zur Erhaltung, Besserung und Wiederherstellung der Erwerbsfähigkeit sowie zur Erleichterung bei Verletzungsfolgen einschließlich wirtschaftlicher Hilfen;

Unfallversicherung

3. Gewährung von Entschädigungsleistungen nach Eintritt eines Arbeitsunfalls oder einer Berufskrankheit: insbesondere Renten wegen Minderung der Erwerbsfähigkeit, Renten an Hinterbliebene, Sterbegeld und Beihilfen, Rentenabfindungen, Haushaltshilfe.

☐ Ihre Aufgabe zur Verhütung von Arbeitsunfällen und Berufskrankheiten erfüllen die Berufsgenossenschaften insbesondere durch

- Erlaß von »Unfallverhütungsvorschriften« (UVV). Diese werden von der »Vertreterversammlung« der Berufsgenossenschaft beschlossen (vgl. § 708 RVO). Sie bedürfen der Genehmigung des Bundesministers für Arbeit und Sozialordnung (vgl. § 709 RVO);
- Überwachung der Unfallverhütung durch »technische Aufsichtsbeamte«, die von der Berufsgenossenschaft in ausreichender Zahl anzustellen sind. Die technischen Aufsichtsbeamten haben die Mitgliedsfirmen zu beraten. Sie sind befugt, auch unangemeldet den Betrieb (während der Arbeitszeit) zu besichtigen und verbindliche Anordnungen zur Durchführung der Unfallverhütungsvorschriften sowie zur Abwendung besonderer Unfall- und Gesundheitsgefahren zu treffen (vgl. §§ 712, 714 RVO);
- Ausbildung all derer, die in den Betrieben mit Arbeitsschutz und Unfallverhütung befaßt sind (vgl. § 720 RVO);
- Einrichtung überbetrieblicher arbeitsmedizinischer und sicherheitstechnischer Dienste (vgl. § 719a RVO).

☐ Versichert sind kraft Gesetzes die Arbeitnehmer sowie die »wie« Arbeitnehmer tätigen Personen (vgl. § 539 Abs. 1 und 2 RVO), aber auch z. B. Kinder beim Besuch des Kindergartens, Schüler beim Besuch der Schule, Blut- und Gewebespender, Lebensretter usw.; vgl. § 539 Abs. 1 Nrn. 2–18 RVO). Der gewerbliche Unternehmer selbst ist nur versichert, wenn er durch eine entsprechende Regelung in der Satzung der Berufsgenossenschaft in den Versicherungsschutz einbezogen ist oder – falls eine solche Satzungsbestimmung nicht besteht – er der Versicherung freiwillig beitritt (vgl. § 545 RVO).

☐ Versicherungsfall in der gesetzlichen Unfallversicherung ist der sogenannte »Arbeitsunfall« (§ 548 RVO). Dabei »gelten« als Arbeitsunfall unter anderem auch der »Wegeunfall« (§ 550 RVO) und die → **Berufskrankheit** (§ 551 RVO, Berufskrankheiten-Verordnung).

☐ »Arbeitsunfall« ist ein Unfall, den der Betroffene bei einer versicherten Tätigkeit erleidet. Versicherte Tätigkeit in diesem Sinne ist bei Arbeitnehmern die Tätigkeit im Betrieb, aber auch das erstmalige

Unfallversicherung

Abheben eines Geldbetrages nach Überweisung des Arbeitsentgelts durch den Arbeitgeber auf das Konto des Arbeitnehmers (vgl. § 548 RVO).

Der Begriff »Unfall« wird von der Rechtsprechung definiert als ein »plötzliches, ungewolltes, schädigendes Ereignis, das von außen auf den Betroffenen einwirkt«.

Damit sind vom gesetzlichen Unfallversicherungsschutz ausgeschlossen

– vorsätzlich herbeigeführte Selbstverletzung (vgl. § 553 RVO);
– Körperschäden, die überwiegend – anlagebedingt – innere Ursachen haben.

Der Begriff »plötzlich« grenzt den Arbeitsunfall von der → **Berufskrankheit** ab. Ein Ereignis ist nicht mehr »plötzlich«, wenn es sich über einen längeren Zeitraum als eine Arbeitsschicht hinzieht.

☐ Ein »Wegeunfall« ist ein solcher, der auf dem mit einer versicherten Tätigkeit zusammenhängenden Weg von und nach dem Ort der Tätigkeit eintritt. Auch Abweichungen vom »direkten« Weg unterliegen in bestimmten Fällen dem Versicherungsschutz (z. B. wenn der Arbeitnehmer sein Kind zum Kindergarten bringt oder wenn er mit Arbeitskollegen eine Fahrgemeinschaft bildet und diese von zu Hause abholt; vgl. § 550 Abs. 2 RVO).

☐ »Berufskrankheit« ist eine Krankheit, die der Betroffene im Zusammenhang mit einer versicherten Tätigkeit erleidet und die ausdrücklich in der sogenannten »Berufskrankheiten-Verordnung« benannt ist (vgl. § 551 RVO). Siehe → **Berufskrankheit**.

☐ Wegeunfall und Berufskrankheit »gelten« als Arbeitsunfall. Das heißt, überall dort, wo in einer gesetzlichen und sonstigen Vorschrift von »Arbeitsunfall« die Rede ist, gilt diese Vorschrift entsprechend auch für Wegeunfall und Berufskrankheit.

☐ Ansprüche gegen die Berufsgenossenschaft wegen eines »Arbeitsunfalles« bestehen nur, wenn ein innerer Ursachenzusammenhang mit »hinreichender Wahrscheinlichkeit« angenommen werden kann

- sowohl zwischen der versicherten Tätigkeit und dem schädigenden Ereignis (sogenannte haftungsbegründende Kausalität)
- als auch zwischen dem schädigenden Ereignis und dem Körperschaden (sogenannte haftungsausfüllende Kausalität).

Unfallversicherung

Die bloße »Möglichkeit« eines ursächlichen Zusammenhangs reicht nicht aus. Wirken mehrere Ursachen zusammen, kommt es darauf an, welches die »wesentliche« Ursache war.

☐ Alkoholbedingte Arbeitsunfälle sind beispielsweise dann nicht versichert, wenn der Alkoholgenuß die »rechtlich allein wesentliche« Ursache des Unfalls gewesen ist. In diesem Falle wird angenommen, daß der ursächliche Zusammenhang zwischen der versicherten Tätigkeit und dem Unfallereignis entfallen ist.

☐ Verbotswidriges Handeln des Verletzten (zum Beispiel Verstoß gegen Unfallverhütungsvorschriften) schließt die Annahme eines Arbeitsunfalls nicht aus (vgl. § 548 Abs. 2 RVO). Allerdings können die Leistungen der Unfallversicherung ganz oder teilweise versagt werden, wenn der Verletzte den Arbeitsunfall beim Begehen einer rechtskräftig abgeurteilten vorsätzlichen Straftat erlitten hat (§ 554 Abs. 2 RVO). Ausgeschlossen sind Ansprüche, wenn der Verletzte den Unfall absichtlich herbeigeführt hat (§ 553 RVO).

☐ In nicht wenigen Fällen bestehen erhebliche Probleme, die »hinreichende Wahrscheinlichkeit« des oben beschriebenen »doppelten« Ursachenzusammenhangs nachzuweisen. Insbesondere bei Berufskrankheiten, deren Ursachen möglicherweise Jahre zurückliegen, haben die Betroffenen oft Schwierigkeiten, zu ihrem Recht zu kommen. Bezeichnend ist, daß regelmäßig nur ein geringer Teil der Berufskrankheitenanzeigen zur Anerkennung und Entschädigung führt (beispielsweise 1989 nur jede 12. Berufskrankheitenanzeige). Dies hängt letztlich mit der unbefriedigenden Rechtslage zusammen, die dem Verletzten bzw. Kranken die Beweislast für die »hinreichende Wahrscheinlichkeit« eines Kausalzusammenhangs aufbürdet mit der Folge, daß bei Nichterweislichkeit Ansprüche auf Leistungen abgewiesen werden.

☐ Nach § 1552 Abs. 1 RVO hat der Unternehmer jeden Unfall in seinem Betrieb (das heißt: Arbeitsunfall, Wegeunfall und → **Berufskrankheit**) dem Unfallversicherungsträger anzuzeigen, wenn durch den Unfall ein Beschäftigter getötet oder so verletzt ist, daß er stirbt oder für mehr als 3 Kalendertage völlig oder teilweise arbeitsunfähig ist. Bei der Berechnung der 3-Kalendertage-Frist zählt der Unfalltag nicht mit. Dies bedeutet, daß eine Unfallanzeige entbehrlich ist, wenn der Verletzte sich am 4. Tag nach Eintritt des Arbeitsunfalls wieder arbeitsfähig zurückmeldet.

Unfallversicherung

☐ Die Anzeige ist durch Ausfüllen vorgeschriebener Formulare vorzunehmen (gelber Vordruck für Unfälle, grüner Vordruck für Berufskrankheiten).

☐ Eine Durchschrift der Anzeige erhält der Betriebsrat (vgl. § 89 Abs. 5 BetrVG sowie das zuständige Gewerbeaufsichtsamt). Bei Unfällen mit Todesfolge ist darüber hinaus die Unfallanzeige an die Polizei zu übermitteln.

☐ Die Unfallanzeige ist innerhalb einer Frist von 3 Tagen zu erstatten, nachdem der Unternehmer Kenntnis von dem Unfall erlangt hat (§ 1552 Abs. 2 RVO).

☐ Bei → **Berufskrankheiten** ist neben dem Unternehmer auch jeder behandelnde Arzt zur Anzeige an den Unfallversicherungsträger sowie an den »Gewerbearzt« verpflichtet, wenn der Verdacht einer Berufskrankheit besteht (vgl. § 5 Berufskrankheiten-Verordnung).

☐ Die vom Unternehmer zu erstattende Unfall- bzw. Berufskrankheitenanzeige ist vom Betriebsrat zu unterzeichnen (§ 1552 Abs. 3 RVO).

Bedeutung für die Betriebsratsarbeit

☐ Der Betriebsrat hat nach § 89 Abs. 1 BetrVG bei der Bekämpfung von Unfall- und Gesundheitsgefahren die für den Arbeitsschutz zuständigen Behörden (insbesondere die Gewerbeaufsicht) sowie die Träger der Unfallversicherung (also insbesondere die Berufsgenossenschaften) durch Anregung, Beratung und Auskunft zu unterstützen.

☐ Dem entspricht die in § 89 Abs. 2 BetrVG geregelte Verpflichtung des Arbeitgebers sowie der anderen für den Arbeitsschutz zuständigen Stellen, den Betriebsrat bei allen (!) im Zusammenhang mit Arbeitsschutz und Unfallverhütung stehenden Besichtigungen und Fragen sowie bei Unfalluntersuchungen hinzuzuziehen. Außerdem hat der Arbeitgeber dem Betriebsrat unverzüglich die den Arbeitsschutz und die Unfallverhütung betreffenden Auflagen und Anordnungen der zuständigen »Stellen«, also insbesondere der Gewerbeaufsicht und der Berufsgenossenschaft, mitzuteilen.

☐ Gemäß § 89 Abs. 4 BetrVG erhält der Betriebsrat die Niederschriften über Untersuchungen, Besichtigungen, und Besprechungen.

Unfallversicherung

☐ In einer vom Bundesminister für Arbeit und Sozialordnung 1977 erlassenen Verwaltungsvorschrift wird die Pflicht der Unfallversicherungsträger (insbesondere Berufsgenossenschaften) zur Zusammenarbeit mit dem Betriebsrat konkretisiert. Insbesondere werden die technischen Aufsichtsbeamten verpflichtet, den Betriebsrat bei Betriebsbesichtigungen, Unfalluntersuchungen und Besprechungen hinzuzuziehen.

Will der Technische Aufsichtsbeamte einen Betrieb besichtigen, einen Unfall untersuchen oder Unfallverhütungsfragen im Betrieb besprechen, ohne dies dem Unternehmer vorher anzukündigen, so darf er hiermit erst beginnen, nachdem er den Betriebsrat unterrichtet und zur Beteiligung aufgefordert hat.

Bei vorher angekündigten Betriebsbesuchen hat er den Betriebsrat rechtzeitig zu unterrichten. An Terminvereinbarungen mit dem Unternehmer ist der Betriebsrat zu beteiligen.

Protokolle von Betriebsbesichtigungen, sonstige Niederschriften und Schreiben an den Unternehmer, die Maßnahmen zur Unfallverhütung zum Gegenstand haben, haben die Technischen Aufsichtsbeamten an den Betriebsrat zu übersenden.

☐ Ähnliche Zusammenarbeitspflichten haben – nach Landesrecht – auch die Gewerbeaufsichtsämter.

☐ Eine besondere Mitwirkungspflicht des Betriebsrats besteht bei der Ausfertigung einer Unfall- bzw. Berufskrankheitenanzeige. Nach § 1552 Abs. 3 RVO hat der Betriebsrat die Unfall- bzw. Berufskrankheitenanzeige zu unterzeichnen. Natürlich wird er dies erst nach sorgfältiger Prüfung der vom Unternehmer gegebenen Darstellung tun. Der Arbeitgeber hat dem Betriebsrat eine Durchschrift der Unfall- bzw. Berufskrankheitenanzeige auszuhändigen (vgl. § 89 Abs. 5 BetrVG).

☐ Besondere Aktivitäten des Betriebsrats sind notwendig, wenn durch Arbeitgeber oder Berufsgenossenschaft der Ursachenzusammenhang zwischen betrieblicher Tätigkeit und Körperschaden – zu Unrecht – bestritten wird. In einem solchen Falle sollte der Betriebsrat alles tun, um den Betroffenen bei der Durchsetzung seiner Ansprüche zu unterstützen. Dieser hat die Möglichkeit, gegen den ablehnenden Bescheid der Berufsgenossenschaft Widerspruch einzulegen. Wird auch dieser zurückgewiesen, kann der Betroffene Klage beim Sozialgericht erheben. Gewerkschaftlich organisierte Arbeitnehmer können dabei gewerkschaftlichen Rechtsschutz in Anspruch nehmen.

Nichtorganisierte vertreten sich entweder selbst oder nehmen die gebührenpflichtige Hilfe eines Rechtsanwalts in Anspruch.

Von entscheidender Bedeutung ist sowohl im Widerspruchsverfahren als auch im Klageverfahren die Aufklärung des zugrundeliegenden Sachverhalts. Hier kann der Betriebsrat wichtige Hilfestellung leisten, indem er dem Betroffenen hilft, möglichst genau festzustellen, welchen gesundheitsschädlichen Einwirkungen er im Verlaufe seines Beschäftigungsverhältnisses ausgesetzt war (z. B. mit welchen Gefahrstoffen umgegangen wurde, ob in Lärmbereichen gearbeitet wurde usw.).

☐ Wegen der Aufgaben und Rechte des Betriebsrats bei der Verhütung von Arbeitsunfällen, Berufskrankheiten und sonstigen arbeitsbedingten Erkrankungen siehe → **Arbeitsschutz**.

Literaturhinweis:

Wolber: Gesetzliche Unfallversicherung. Alles über Arbeitsunfälle, Leistungen, Arbeitsschutz und Beitragsfinanzierung, Beck-Rechtsberater im dtv.

Unterlagen

Begriff

☐ Der Begriff »Unterlagen« ist enthalten in den §§ 80 Abs. 2, 90 Abs. 1, 92 Abs. 1, 99 Abs. 1, 106 Abs. 2, 108 Abs. 3 BetrVG.

☐ »Unterlagen« sind alle Schriftstücke, die der Arbeitgeber in Angelegenheiten, für die der Betriebsrat nach den vorgenannten Vorschriften zuständig ist, in Besitz hat.

Beispiele:
- *Statistiken des Arbeitgebers über Arbeitsunfälle, Überstunden, Nachtarbeit;*
- *Listen von Arbeitnehmern, die besonderen Schutzgesetzen unterliegen wie z. B. Schwangere, Jugendliche, Schwerbehinderte;*
- *Bruttolohn- und -gehaltslisten;*
- *vom Arbeitgeber eingeholte Gutachten (z. B. von Unternehmensberatungsfirmen);*
- *schriftlich fixierte Daten zur Lage und Entwicklung des Unternehmens, schriftliche Investitionspläne, Wirtschaftsprüferbericht usw.;*
- *Stellenpläne, Stellenbeschreibungen usw.*

☐ Einige Vorschriften verpflichten den Arbeitgeber, dem Betriebsrat Unterlagen »zur Verfügung zu stellen« (vgl. § 80 Abs. 2 BetrVG), nach anderen Bestimmungen muß er Unterlagen »vorlegen« (vgl. §§ 90 Abs. 1, 99 Abs. 1, 106 Abs. 2 BetrVG) oder die Unterrichtung des Betriebsrats »an Hand von Unterlagen« vornehmen (vgl. § 92 Abs. 1 BetrVG).

☐ »Zur Verfügung stellen« bedeutet, daß der Arbeitgeber dem Betriebsrat die Unterlagen im Original, in Durchschrift oder als Fotokopie auf Zeit oder auf Dauer zu überlassen (= auszuhändigen) hat.

Mit umfaßt ist die Berechtigung des Betriebsrats, sich selbst Auszüge, Abschriften oder Fotokopien der Unterlagen anzufertigen.

Der Arbeitgeber kann seiner Verpflichtung nicht dadurch entgehen, daß er behauptet, er habe zu der betreffenden Angelegenheit keine Unterlagen. Denn »zur Verfügung stellen« beinhaltet auch die Pflicht des Arbeitgebers auf Herstellung der für die Betriebsratsarbeit erforderlichen Unterlagen (z. B. Überstundenbilanzen, Liste aller schwerbehinderten Arbeitnehmer usw.).

☐ »Vorlage« von Unterlagen bedeutet mehr als die Gelegenheit zur Einsichtnahme zu geben. »Vorlage« schließt die Verpflichtung des Arbeitgebers mit ein, der Interessenvertretung die Unterlagen (unter Umständen befristet) zur Verfügung zu stellen (= aushändigen). Beispielsweise hat der Arbeitgeber nach der Rechtsprechung des Bundesarbeitsgerichts dem Betriebsrat bei → **Einstellungen** die Unterlagen aller Bewerber auszuhändigen und bis zur Beschlußfassung, längstens für eine Woche, zu überlassen.

☐ Auch soweit es um die Unterrichtung über die Personalplanung »an Hand von Unterlagen« (vgl. § 92 Abs. 1 BetrVG) geht, bedeutet dies nach h. M., daß die Unterlagen zur Verfügung zu stellen sind, d. h. zeitweilig zu überlassen sind. Bloßes Vorlesen, Zitieren oder zur Einsicht vorlegen reicht nicht aus. Denn nur eine Aushändigung der Unterlagen ermöglicht es dem Betriebsrat, sich in die Materie der Personalplanung so einzuarbeiten, daß er seine in diesem Bereich bestehenden Mitwirkungsrechte sinnvoll wahrnehmen kann (siehe auch → **Personalplanung**).

☐ Gegenüber den Mitgliedern des → **Wirtschaftsausschusses** ist der Unternehmer nach § 106 Abs. 2 BetrVG trotz des Wortlautes von § 108 Abs. 3 BetrVG (»Einsicht nehmen«) verpflichtet, ihnen Unterlagen mit umfangreichen Daten und Zahlen schon vor der jeweiligen Wirtschaftsausschußsitzung zeitweise zu überlassen, d. h. auszuhändigen. Zu Recht meinen einige Gerichte, daß andernfalls eine sinnvolle Ausübung des Einsichtsrechts nach § 108 Abs. 3 BetrVG und eine effektive Vorbereitung auf die Wirtschaftsausschußsitzung nicht möglich sei (siehe auch → **Einblick nehmen**).

Unterlassungsanspruch des Betriebsrats

Begriff

☐ Nach § 23 Abs. 3 BetrVG kann der Betriebsrat (oder eine im Betrieb vertretene Gewerkschaft) bei »groben Verstößen« des Arbeitgebers gegen seine Verpflichtungen aus dem BetrVG ein Arbeitsgerichtsverfahren anstrengen. Insbesondere kann er je nach Lage des Falles beantragen, den Arbeitgeber zu verpflichten,
- eine Handlung zu unterlassen bzw.
- die Vornahme einer Handlung zu dulden bzw.
- eine Handlung vorzunehmen.

☐ Ein Gerichtsverfahren nach § 23 Abs. 3 BetrVG ist darauf gerichtet, künftiges Verhalten des Arbeitgebers durchzusetzen. Bereits begangene Pflichtverstöße können nicht über ein Verfahren nach § 23 Abs. 3 BetrVG »bestraft« werden. Sie können jedoch ggf. nach § 119 BetrVG (→ **Strafverfahren**) oder § 121 BetrVG (→ **Ordnungswidrigkeitenverfahren**) geahndet werden.

☐ Ist durch einen begangenen groben Pflichtverstoß ein – anhaltender – rechtswidriger Zustand eingetreten, kann der Betriebsrat ein Verfahren nach § 23 Abs. 3 BetrVG mit dem Ziel betreiben, den rechtmäßigen Zustand durch ein entsprechendes Verhalten des Arbeitgebers wiederherzustellen (»eine Handlung dulden oder vornehmen«).

☐ Das Gerichtsverfahren nach § 23 Abs. 3 BetrVG ist zweistufig. In der 1. Stufe wird der Arbeitgeber zu einem bestimmten Verhalten (Unterlassung, Duldung, Handlung) durch Gerichtsbeschluß verpflichtet. In der 2. Stufe geht es um die Durchsetzung, das heißt Vollstreckung dieses Beschlusses.

☐ Im Vollstreckungsverfahren (= 2. Stufe) kann je nach Lage des Falles Ordnungsgeld oder Zwangsgeld festgesetzt werden. Geht es um die Verpflichtung des Arbeitgebers,
- eine Handlung zu unterlassen bzw.
- die Vornahme einer Handlung zu dulden,

Unterlassungsanspruch des Betriebsrats

dann wird, falls dies nicht geschieht, für jeden Fall der Zuwiderhandlung auf Antrag ein Ordnungsgeld festgesetzt. Dies ist allerdings nur dann zulässig, wenn die Verhängung eines Ordnungsgeldes zuvor durch – zu beantragenden – Gerichtsbeschluß angedroht worden ist. Der Antrag auf Androhung eines Ordnungsgeldes kann und sollte bereits in der 1. Stufe des Verfahrens gestellt werden!

Soweit der Arbeitgeber in der 1. Stufe des Verfahrens verpflichtet wurde,

- eine Handlung vorzunehmen,

so erfolgt die Vollstreckung eines solchen Beschlusses durch gerichtliche Festsetzung eines Zwangsgeldes, falls der Arbeitgeber dem Beschluß nicht Folge leistet. Vorherige Androhung eines Zwangsgeldes ist insoweit zwar möglich, aber nicht unbedingt nötig.

☐ In vielen Fällen, vor allem im Bereich der »sozialen Angelegenheiten« nach § 87 BetrVG, blieben von Betriebsräten nach § 23 Abs. 3 BetrVG eingeleitete Gerichtsverfahren oft erfolglos, weil der Arbeitgeber nach Auffassung der angerufenen Gerichte zwar das Mitbestimmungsrecht des Betriebsrats (z. B. bei Überstunden, vgl. § 87 Abs. 1 Nr. 3 BetrVG) verletzt hatte, aber eben nicht »grob«. Eine »grobe« Pflichtverletzung wurde oft erst dann angenommen, wenn es in der Vergangenheit bereits zu Verstößen gegen Mitbestimmungsrechte gekommen war und dementsprechend Fortsetzungs- und Wiederholungsgefahr dargelegt werden konnte. Damit entstand für den Arbeitgeber gewissermaßen eine Art rechtsfreier Raum, in dem er sich rechtswidrig – folgenlos – verhalten konnte.

☐ Mit Recht hat diese Rechtsprechung viel Kritik erfahren. Gefordert wurde ein – neben § 23 Abs. 3 BetrVG bestehender – allgemeiner Unterlassungsanspruch des Betriebsrats gegen rechtswidriges Handeln des Arbeitgebers.

☐ Einen derartigen allgemeinen Unterlassungsanspruch hatte der 1. Senat des BAG in einer Entscheidung vom 22. 2. 1983 noch ausdrücklich abgelehnt. Ein Anspruch des Betriebsrats gegen mitbestimmungswidriges Verhalten des Arbeitgebers komme ohne ausreichende Anhaltspunkte im Wortlaut der jeweiligen Mitbestimmungsvorschrift nicht in Betracht. Eine Verletzung der Mitbestimmungsrechte aus § 87 BetrVG könne nur unter den Voraussetzungen des § 23 Abs. 3 BetrVG abgewehrt werden. Bei § 23 Abs. 3 BetrVG handele es sich um eine

Unterlassungsanspruch des Betriebsrats

ausschließliche und abschließende Regelung. Deshalb könne – mangels »Verfügungsanspruchs« – auch keine einstweilige Verfügung ergehen.

☐ Der 1. Senat des BAG hat vor dem Hintergrund anhaltender Kritik seine einschränkende Rechtsprechung aufgegeben. Bahnbrechend war insoweit eine Entscheidung vom 3. 5. 1994. Das Gericht stellte fest, daß dem Betriebsrat bei Verletzung von Mitbestimmungsrechten aus § 87 BetrVG (soziale Angelegenheiten) unabhängig von den Voraussetzungen des § 23 Abs. 3 BetrVG (also nicht nur bei »groben«, sondern auch »leichten« Verstößen) ein Unterlassungsanspruch zusteht. Nur auf diese Weise sei eine hinreichende Sicherung der erzwingbaren Mitbestimmung bis zum ordnungsgemäßen Abschluß des Mitbestimmungsverfahrens (Einigungsstellenverfahren nach § 87 Abs. 2 BetrVG) gewährleistet. Der Unterlassungsanspruch könne vom Betriebsrat auch durch Antrag auf Erlaß einer einstweiligen Verfügung (siehe → **Arbeitsgericht**) geltend gemacht werden.

☐ Hat der Arbeitgeber einen rechtswidrigen Zustand geschaffen, umfaßt der allgemeine Unterlassungsanspruch auch die Beseitigung dieses Zustandes.

Bedeutung für die Betriebsratsarbeit

☐ Beteiligungsrechte des Betriebsrats (Informations-, Mitwirkungs- und Mitbestimmungsrechte) wären wertlos, wenn es keine Handhabe zu ihrer Durchsetzung gäbe. Deshalb ist es gut und richtig, daß das BetrVG Regelungen enthält, die dem Betriebsrat Instrumente zur Realisierung seiner Befugnisse in die Hand geben (Arbeitsgerichtsverfahren, Strafverfahren, Ordnungswidrigkeitenverfahren, Einigungsstellenverfahren).

☐ Es ist erfreulich, daß das BAG seine ablehnende Haltung zum »allgemeinen Unterlassungsanspruch« des Betriebsrats gegen mitbestimmungswidriges Verhalten des Arbeitgebers weitgehend korrigiert hat. Dies dürfte erhebliche Auswirkungen auf die betriebliche Praxis haben. Denn rechtswidriges Verhalten des Arbeitgebers kann durch einstweilige Verfügung, und damit leichter und schneller gestoppt werden. Damit dürfte die Neigung vieler Arbeitgeber sinken, sich durch einseitiges Handeln über die Rechte des Betriebsrats hinwegzusetzen. Gleichzeitig verstärkt sich für Arbeitgeber die Notwendigkeit, vorausschauend zu planen und mit dem Betriebsrat die nach den jeweiligen Mitbestimmungsvorschriften notwendigen Regelungen zu vereinbaren.

☐ Es ist deshalb – hoffentlich – vorbei mit einer verbreiteten betrieblichen Praxis, in der unter Übergehung des Betriebsrats Überstunden angeordnet oder »freiwillige« Überstunden geduldet, Arbeitszeiten bzw. Schichtpläne verändert wurden.

☐ Offengelassen hat der vorstehende Beschluß des 1. Senats des BAG vom 3. 5. 1994 die Frage, ob sich auch aus anderen Mitwirkungs- und Mitbestimmungstatbeständen ein – mit einstweiliger Verfügung durchsetzbarer – Unterlassungsanspruch ableiten läßt. Nach diesseitiger Auffassung ist diese Frage zu bejahen. Der Betriebsrat muß ein Recht haben, sich gegen bevorstehende Rechtsverletzungen des Arbeitgebers mit kurzfristig wirkenden Mitteln zur Wehr zu setzen. Dabei geht es nicht um »Blockadepolitik«, sondern schlicht darum, den Arbeitgeber dazu zu »bewegen«, die im Gesetz vorgesehenen Informations-, Mitwirkungs- und Mitbestimmungsverfahren einzuhalten. Eigentlich eine Selbstverständlichkeit, die sich letztlich aus dem Gebot zur vertrauensvollen Zusammenarbeit (§ 2 Abs. 1 BetrVG) ergibt, das die Aufforderung an beide Betriebsparteien umfaßt, Rechtsverletzungen zu unterlassen.

☐ Dementsprechend geben auch die Vorschriften, die den Arbeitgeber verpflichten, vor Durchführung einer Maßnahme den Betriebsrat zu unterrichten und mit ihm zu beraten (z. B. § 90 BetrVG), dem Betriebsrat das Recht, bei Verletzung dieser Vorschriften Maßnahmen zur Durchführung der geplanten unternehmerischen Maßnahme durch Anrufung des Arbeitsgerichts (ggf. auch Antrag auf einstweilige Verfügung) vorläufig zu stoppen, und zwar so lange, bis die Informations- und Beratungsrechte erfüllt sind.

☐ Gleiches gilt bei unterlassener Unterrichtung und Beratung über geplante Betriebsänderungen (§ 111 BetrVG). Hier kann dem Arbeitgeber (nach der Rechtsprechung vieler Instanzgerichte = Arbeitsgerichte 1. und 2. Instanz) im Wege der einstweiligen Verfügung vorläufig untersagt werden, die Betriebsänderung durchzuführen (z. B. Kündigungen vor Beendigung der Verhandlungen über einen Interessenausgleich auszusprechen), solange die Verhandlungen über einen → **Interessenausgleich** bis hin zur Einigungsstelle nicht abgeschlossen sind. Auch hier geht es darum, den Arbeitgeber zu ernsthaften Ver-

Unterlassungsanspruch des Betriebsrats

handlungen zu veranlassen und die Schaffung vollendeter Tatsachen vor Abschluß der Verhandlungen zu verhindern.

☐ Der Betriebsrat hat beispielsweise auch dann einen – mit einstweiliger Verfügung durchsetzbaren – Unterlassungsanspruch, wenn der Arbeitgeber Personalfragebogen, Beurteilungsgrundsätze (§ 94 BetrVG) oder Auswahlrichtlinien (§ 95 Abs. 1 BetrVG) anwendet, ohne sich zuvor mit dem Betriebsrat geeinigt oder – im Falle der Nichteinigung – einen Spruch der Einigungsstelle herbeigeführt zu haben.

☐ Natürlich bedarf es eines allgemeinen Unterlassungsanspruchs dort nicht, wo sich aus speziellen Vorschriften des BetrVG unmittelbar Unterlassungs- bzw. Handlungsansprüche gegen den Arbeitgeber ergeben.

Beispiele:

- *§ 2 Abs. 2 BetrVG: Zutrittsrecht der Gewerkschaft,*
- *§ 20 Abs. 3 BetrVG: Tragung der Kosten der Betriebsratswahl,*
- *§ 40 BetrVG: Tragung der Kosten der Betriebsratsarbeit, Zurverfügungstellen von Sachmitteln usw.,*
- *§ 74 Abs. 2 BetrVG: Unterlassung von Verstößen gegen Friedenspflicht,*
- *§ 80 Abs. 2 BetrVG: Vorlage von Unterlagen,*
- *§ 89 Abs. 2 BetrVG: Hinzuziehung des Betriebsrats im Arbeitsschutz, Mitteilung von Arbeitsschutzvorschriften,*
- *§ 93 BetrVG: Stellenausschreibung.*

☐ Hinzuweisen ist des weiteren auf sonstige Regelungen des BetrVG, die der Sicherung und Durchsetzung der Rechte des Betriebsrats dienen (insbesondere §§ 98 Abs. 5, 101, 104, 109, 119, 121 BetrVG). Siehe → **Beteiligungsrechte**.

☐ Anerkannt ist schließlich durch die Rechtsprechung auch ein (ggf. durch einstweilige Verfügung vorläufig durchsetzbarer) Unterlassungsanspruch des Betriebsrats, wenn der Arbeitgeber Betriebsvereinbarungen nicht durchführt oder gegen sie verstößt (siehe → **Betriebsvereinbarung**).

Unternehmen

Was ist das?

☐ »Unternehmen« im Sinne des BetrVG (vgl. §§ 47 Abs. 1, 106ff. BetrVG) ist die – in einheitlicher Rechtsträgerschaft stehende – organisatorische Einheit, in der der wirtschaftliche Zweck des Unternehmens, nämlich die Erzielung eines »optimalen« Gewinns, verfolgt wird. Das ganze Bestreben des »Unternehmers« besteht darin, »Arbeitskräfte« und »sächliche Produktionsmittel« in einer möglichst »rationellen« Weise zum Einsatz zu bringen. Rationell (auf deutsch: vernünftig) im Sinne des unternehmerischen Grundprinzips heißt: mit dem zur Verfügung stehenden Kapital den höchstmöglichen Gewinn erzielen!

Gespräch mit Dr. Werner Stumpfe
zum hundertjährigen Bestehen des Verbandes Gesamtmetall

»...Der Vorstand eines jeden Unternehmens ist den Gesellschaftern verpflichtet, die höchstmögliche Rendite des Kapitals zu erwirtschaften. Wenn nun die Investition in der DDR nur eine Rendite von vielleicht 2% brächte, die in Portugal aber von 8%, so ist es sicherlich marktwirtschaftsfremd, einem Unternehmen abzuverlangen, in der DDR zu investieren....«
Auszug aus: Handelsblatt, Nr. 187 vom 27. September 1990.

☐ Neben den Unternehmen mit wirtschaftlichen Zwecken gibt es auch solche, die auf die Erreichung eines ideellen Zwecks ausgerichtet sind (z.B. gemeinnütziger Verein).

☐ »Unternehmer« ist der Betreiber des Unternehmens. Das BetrVG verwendet den Begriff »Unternehmer« insbesondere im Bereich der Vorschriften über »Wirtschaftliche Angelegenheiten« (§§ 106–113 BetrVG).

Wer in einem Unternehmen tatsächlich der Unternehmer ist, hängt von der → **Unternehmensrechtsform** ab. Unternehmer in einem Einzelunternehmen ist der »Inhaber« (= »natürliche Person«), in einer Ge-

Unternehmen

sellschaft mit beschränkter Haftung (= »juristische Person«), ist es die GmbH selbst, die durch ihre Geschäftsführung handelt.

☐ Der Begriff »Unternehmen« ist in Zusammenhang und in Abgrenzung zu dem Begriff → **Betrieb** zu betrachten.

»Betrieb« im Sinne des BetrVG ist die **rechtlich unselbständige** (!), organisatorisch aber selbständige Einheit, mit der der Unternehmer/Arbeitgeber durch Nutzung von Arbeitskräften und sächlichen Mitteln bestimmte arbeitstechnische Zwecke verfolgt (z. B. Herstellung von Produkten oder Erbringung von Dienstleistungen).

Anders ausgedrückt: Der Betrieb ist die Zusammenfassung der Abteilungen, in denen die jeweiligen Arbeits- und Produktionsprozesse stattfinden. Der Betrieb ist damit Mittel zur Verwirklichung des Unternehmenszwecks.

☐ Betrieb und Unternehmen sind als organisatorische Gebilde deckungsgleich, wenn das Unternehmen aus »einem« Betrieb besteht (→ **Ein-Betriebs-Unternehmen**). Anders ist dies im → **Mehr-Betriebs-Unternehmen** und → **Gemeinschaftsbetrieb**.

☐ Da die Interessen der in einem einzelnen Betrieb beschäftigten Arbeitnehmer von den Vorgängen auf der Ebene des Unternehmens (→ **Unternehmensplanung**) betroffen werden, sieht das Betriebsverfassungsgesetz Organe vor, deren Zuständigkeiten über den »Betrieb« hinausgehen:

→ **Wirtschaftsausschuß**,   → **Gesamtbetriebsrat**,   → **Konzernbetriebsrat**, siehe auch §§ 72, 73 BetrVG: Gesamt-Jugend- und Auszubildendenvertretung und § 27 Schwerbehindertengesetz: Gesamtschwerbehindertenvertretung. Siehe auch → **Europäischer Betriebsrat**.

Unternehmensmitbestimmung

Was ist das?

☐ Die sogenannte Unternehmensmitbestimmung ist zu unterscheiden von der betriebsverfassungsrechtlichen Mitbestimmung und Mitwirkung. Mit dem Begriff Unternehmensmitbestimmung wird die Beteiligung von Arbeitnehmervertretern in den Organen, insbesondere in den »Aufsichtsräten« von → **Unternehmen** bezeichnet.

☐ Der Aufsichtsrat ist ein Organ, das in Aktiengesellschaften (vgl. § 95 Aktiengesetz), unter gewissen Voraussetzungen aber auch in Unternehmen mit anderen Unternehmensrechtsformen (z. B. Gesellschaften mit beschränkter Haftung – GmbH, vgl. § 3 Montanmitbestimmungsgesetz, § 6 Mitbestimmungsgesetz 1976, § 77 BetrVG 1952) zu bilden ist.

☐ Die Hauptaufgaben des Aufsichtsrats sind:
- die Bestellung und Abberufung der Mitglieder des Vorstandes der Aktiengesellschaft (AG) sowie der Geschäftsführer einer GmbH, sofern diese Unternehmen unter den Geltungsbereich der Montanmitbestimmungsgesetze bzw. des Mitbestimmungsgesetzes 1976 fallen;
- die laufende Überwachung der Geschäftsführung des Vorstandes der AG bzw. der Geschäftsführung der GmbH;
- gegebenenfalls Zustimmung zu bestimmten – bedeutenden – Geschäften des Vorstandes der AG bzw. der Geschäftsführung der GmbH.

☐ Seit es Mitbestimmungsgesetze gibt, »sitzen« im Aufsichtsrat nicht nur Vertreter der Anteilseigner bzw. Gesellschafter, sondern auch Vertreter der Arbeitnehmer des Unternehmens. Die Anzahl der Arbeitnehmervertreter im Aufsichtsrat sowie die Art und Weise, wie sie ins Amt kommen, sind im einzelnen in den verschiedenen Mitbestimmungsgesetzen geregelt.

☐ Nach verbreiteter Meinung stehen die Arbeitnehmervertreter im Aufsichtsrat bezüglich ihrer Aufgabenstellung den übrigen Aufsichts-

Unternehmensmitbestimmung

ratsmitgliedern gleich. Das heißt, sie haben ihr Handeln am Interesse des Unternehmens zu orientieren. Dennoch wird es letztlich aus der Sicht der Arbeitnehmervertreter immer darum gehen, Entscheidungen der Unternehmensleitung im Interesse der Belegschaft zu beeinflussen. Andernfalls wäre die Beteiligung von Arbeitnehmervertretern im Aufsichtsrat des Unternehmens überflüssig.

☐ Rechtsgrundlagen der Unternehmensmitbestimmung sind folgende Gesetze:

- Gesetz über die Mitbestimmung der Arbeitnehmer in den Aufsichtsräten und Vorständen der Unternehmen des Bergbaus und der Eisen und Stahl erzeugenden Industrie vom 21. Mai 1951 (Montanmitbestimmungsgesetz 1951);
- Gesetz zur Ergänzung des Gesetzes über die Mitbestimmung der Arbeitnehmer in den Aufsichtsräten und Vorständen der Unternehmen des Bergbaus und der Eisen und Stahl erzeugenden Industrie vom 7. August 1956 (Montanmitbestimmungsergänzungsgesetz 1956);
- §§ 76ff. des Betriebsverfassungsgesetzes vom 11. Oktober 1952 (Betriebsverfassungsgesetz 1952);
- Gesetz über die Mitbestimmung der Arbeitnehmer vom 4. Mai 1976 (Mitbestimmungsgesetz 1976).

☐ Ein Blick in diese Gesetze zeigt, daß der Begriff »Unternehmensmitbestimmung« übertrieben ist. Denn von wirklich paritätischer Mitbestimmung der Arbeitnehmer im Sinne von »Gleichberechtigung zwischen Kapital und Arbeit« kann selbst bei der weitestreichenden Mitbestimmungsform (= Montanmitbestimmung) nicht die Rede sein. Selbst wenn der »Neutrale« eines montanmitbestimmten Unternehmens zusammen mit den Arbeitnehmervertretern die Zustimmung zu einem von der Unternehmensleitung geplanten zustimmungspflichtigen Vorhaben verweigern sollte, so haben die Eigentümer (= Aktionäre der AG nach § 111 Abs. 4 Aktiengesetz bzw. Gesellschafter der GmbH nach § 3 Abs. 2 Montanmitbestimmungsgesetz, § 25 Abs. 1 Nr. 2 Mitbestimmungsgesetz 1976, § 77 BetrVG 1952 jeweils in Verbindung mit § 111 Abs. 4 Aktiengesetz) über ihr »Letztentscheidungsrecht« die Möglichkeit, die fehlende Zustimmung des Aufsichtsrates zu ersetzen. Für einen derartigen Beschluß ist Dreiviertelmehrheit der abgegebenen Stimmen erforderlich.

Unternehmensmitbestimmung

☐ Aber immerhin: Über die Arbeitnehmervertretung im Aufsichtsrat können Informationen beschafft werden, die für Strategien im Interesse der Belegschaft nützlich sein können.

☐ Ein Hindernis insoweit ist allerdings die »Verschwiegenheitspflicht« der Mitglieder des Aufsichtsrats nach §§ 116, 93 Aktiengesetz. Hiernach sind »vertrauliche Angaben« und »Betriebs- oder Geschäftsgeheimnisse« (zum Begriff: siehe → **Geheimhaltungspflicht**) des Unternehmens geheimzuhalten. Hierzu werden solche Angelegenheiten gezählt, deren Veröffentlichung zu einem nicht unerheblichen Schaden für das Unternehmen führen würde. Nach einer abzulehnenden Entscheidung des Bundesgerichtshofs vom 5. Juni 1975 sollen sogar Abstimmungsergebnisse und das Abstimmungsverhalten einzelner Aufsichtsratsmitglieder in der Regel der Verschwiegenheitspflicht unterliegen, weil andernfalls eine »vertrauensvolle Zusammenarbeit« im Aufsichtsrat nicht möglich sei. Nach heute wohl herrschender Meinung kann ein Aufsichtsratsmitglied jedenfalls sein eigenes Abstimmungsverhalten offenlegen, ohne gegen die Verschwiegenheitverpflichtung zu verstoßen (vgl. Fitting-Auffarth-Kaiser-Heither, BetrVG, Handkommentar, 17. Auflage, BetrVG 52 § 76 Randnr. 125c).

☐ Die in den Mitbestimmungsgesetzen vorgesehene Beteiligung »externer« Arbeitnehmervertreter im Aufsichtsrat (= insbesondere Gewerkschaftsvertreter) soll dazu beitragen, daß eine nur »bis zum Tellerrand des Unternehmens/Konzerns« reichende betriebsegoistische Sichtweise der Arbeitnehmervertreter vermieden wird. Statt dessen soll erreicht werden, daß auch unternehmens-/konzernübergreifende Gesichtspunkte der Arbeitnehmerinteressenvertretung in die Tätigkeit des Aufsichtsrats und damit in die Unternehmens- und Konzernpolitik Eingang finden.

☐ Zu beachten sind die Regelungen des am 1. 1. 1995 in Kraft getretenen Umwandlungsgesetzes (siehe → **Umwandlung von Unternehmen**):

Die Umwandlung in der Variante eines »Formwechsels« kann mitbestimmungsrechtliche Folgen haben: Wenn nämlich beispielsweise eine – der Unternehmensmitbestimmung unterliegende – GmbH in eine OHG umgewandelt wird, fällt der bisher bestehende Aufsichtsrat weg und damit auch die Mitbestimmung der Arbeitnehmervertreter. Nur wenn auch für das Unternehmen in seiner neuen Rechtsform ein Aufsichtsrat zu bilden ist (beispielsweise: eine GmbH wird in eine AG

Unternehmensmitbestimmung

umgewandelt), bleiben die bisherigen Aufsichtsratmitglieder nach § 203 UmwG im Amt.

Im Falle einer Umwandlung durch »Verschmelzung« oder »Spaltung« in Form der »Aufspaltung« endet die Existenz des übertragenden bzw. aufgespaltenen Unternehmens. Deshalb endet zwangsläufig auch der bei diesem Unternehmen bestehende Aufsichtsrat. Die auf das übernehmende Unternehmen gemäß § 613a BGB übergehenden Arbeitnehmer (vgl. § 324 UmwG) werden durch den Aufsichtsrat des übernehmenden Unternehmens vertreten, falls ein solcher besteht. Ist letzteres nicht der Fall (beispielsweise wegen zu geringer Arbeitnehmerzahl), dann findet, falls nunmehr die erforderliche Mindest-Beschäftigtenzahl vorliegt, eine Aufsichtsratswahl statt. Gleiches gilt, wenn das übernehmende Unternehmen neu gegründet worden ist.

Wenn bei einer »Spaltung« in Form der »Abspaltung« oder »Ausgliederung« im »Altunternehmen« die Voraussetzungen für die Unternehmensmitbestimmung entfallen (wegen Unterschreitung der Mindest-Beschäftigtenzahl), dann bleibt die Unternehmensmitbestimmung dennoch bestehen, und zwar für die Dauer von fünf Jahren (§ 325 Abs. 1 Satz 1 UmwG). Dies gilt allerdings dann nicht, wenn die verbleibende Beschäftigtenzahl unter ein Viertel der von dem Mitbestimmungsgesetz geforderten Zahl sinkt (§ 325 Abs. 1 Satz 2 UmwG).

☐ Eine Sonderproblematik ergibt sich bei grenzüberschreitenden Fusionen im EG-Bereich. Insoweit wird durch das »Mitbestimmungs-Beibehaltungsgesetz« vom 23. 8. 1994 eine Regelung zur Sicherung der Unternehmensmitbestimmung geschaffen, die folgendermaßen funktioniert:

Überträgt ein deutsches Unternehmen seine Mehrheitsbeteiligung an einem deutschen Tochterunternehmen (oder an einem Betrieb oder Betriebsteil) auf ein ausländisches Unternehmen und sinkt das Unternehmen dadurch unter die für die Anwendung eines Mitbestimmungsgesetzes erforderliche Mindest-Beschäftigtenzahl, dann bleibt die bisherige Unternehmensmitbestimmung bestehen, wenn das übertragende (deutsche) Unternehmen steuerliche Erleichterungen in Anspruch nimmt. Ist letztes nicht der Fall, entfällt die bisherige Unternehmensmitbestimmung (das heißt insbesondere: Arbeitnehmervertretung im Aufsichtsrat). Gleiches gilt, wenn die Beschäftigtenzahl auf weniger als $\frac{1}{4}$ der nach dem jeweiligen Mitbestimmungsgesetz erforderlichen Mindestzahl sinkt.

Bedeutung für die Betriebsratsarbeit

☐ Betriebsratsarbeit muß mit der Tätigkeit der Arbeitnehmervertreter im Aufsichtsrat verzahnt werden. Denn letztlich hat die Arbeit im Betriebsrat das gleiche Ziel wie die Arbeit der Arbeitnehmervertreter im Aufsichtsrat!

☐ Die Verschwiegenheitspflicht der Aufsichtsratsmitglieder nach §§ 116, 93 Aktiengesetz sollte dabei nicht überbewertet werden. Denn schließlich gibt es kaum eine Information, die der Unternehmer im Rahmen seiner Informationsverpflichtung nach § 106 BetrVG nicht schon längst dem → **Wirtschaftsausschuß** hätte mitteilen müssen. Der Wirtschaftsausschuß ist nämlich in der Regel früher über Vorhaben der Unternehmensleitung zu informieren (nämlich in der Phase der Zielbildung und Planung) als der Aufsichtsrat, dem nicht selten erst das Ergebnis der Planung (= der »Plan«) zur Information und Entscheidung vorgelegt wird (siehe → **Unternehmensplanung**).

☐ Hinzuweisen ist darauf, daß eine Geheimhaltungsverpflichtung von Mitgliedern des Betriebsrats (oder anderer Organe der Interessenvertretung) gegenüber den Arbeitnehmervertretern im Aufsichtsrat selbst dann nicht besteht, wenn es sich bei der betreffenden Angelegenheit um ein Betriebs- oder Geschäftsgeheimnis handelt (siehe § 79 Abs. 1 Satz 4 BetrVG; → **Geheimhaltungspflicht**).

Bedeutung für die Beschäftigten

☐ Es ist wichtig, die Beschäftigten über das Ziel, die Funktionsweise und die Möglichkeiten der »Unternehmensmitbestimmung« zu informieren.

☐ Um Illusionen und falsche Vorstellungen zu vermeiden, ist es aber nicht minder wichtig, ihnen die Grenzen der Mitbestimmung offenzulegen. Es muß deutlich gemacht werden, daß die Arbeitnehmerseite bei keiner Mitbestimmungsform rechtlich in der Lage ist, arbeitnehmerschädliche Entscheidungen der Kapitalseite zu verhindern oder arbeitnehmerpositive Entscheidungen zu erzwingen.

Unternehmensmitbestimmung

Schnellübersicht:
Unternehmensmitbestimmung

Montanmitbestimmungsgesetz von 1951 (MontanMitbestG):

Gilt in Unternehmen (nur in Kapitalgesellschaften z. B. AG, GmbH) der Eisen- und Stahlindustrie und des Bergbaus mit mehr als 1000 Arbeitnehmern	Besetzung des Aufsichtsrats (11 bzw. 15 bzw. 21 Mitglieder, §§ 4, 9 MontanMitbestG): 5 (bzw. 7 bzw. 10) Anteilseignervertreter 5 (bzw. 7 bzw. 10) Arbeitnehmervertreter 1 »neutrales« Mitglied

Anmerkung:
Der Arbeitsdirektor (= Mitglied der Unternehmensleitung) kann nicht gegen die Stimmen der Mehrheit der Arbeitnehmervertreter bestellt oder abberufen werden, § 13 Abs. 1 Satz 2 MontanMitbestG

Mitbestimmungsergänzungsgesetz von 1956 (MitbestErgG):

Gilt in Konzernobergesellschaften (nur in Kapitalgesellschaften), die ein Unternehmen der Eisen- und Stahlindustrie oder des Bergbaus beherrschen, in dem das Montanmitbestimmungsgesetz von 1951 gilt	Besetzung des Aufsichtsrats (15 bzw. 21 Mitglieder, § 5 MitbestErgG): 7 (bzw. 10) Anteilseignervertreter 7 (bzw. 10) Arbeitnehmervertreter 1 »neutrales« Mitglied

Anmerkung:
Der Arbeitsdirektor (= Mitglied der Unternehmensleitung) wird mit einfachem Mehrheitsbeschluß des Aufsichtsrats bestellt oder abberufen, vgl. § 13 Satz 1 MitbestErgG in Verbindung mit § 13 Abs. 1 Satz 1 MontanMitbestG

§§ 76 ff. Betriebsverfassungsgesetz von 1952 (BetrVG 1952):

Gilt in Kapitalgesellschaften (z. B. AG); in GmbH nur mit mehr als 500 und bis zu 2000 Arbeitnehmern	Besetzung des Aufsichtsrats (3 bzw. 9 bzw. 15 bzw. 21 Mitglieder, § 95 Aktiengesetz): 2 (bzw. 6 bzw. 10 bzw. 14) Anteilseignervertreter 1 (bzw. 3 bzw. 5 bzw. 7) Arbeitnehmervertreter

Mitbestimmungsgesetz von 1976 (MitbestG):

Gilt in Unternehmen (in Kapitalgesellschaften *und* in kapitalistisch strukturierter KG – z. B. GmbH & Co KG –) mit mehr als 2000 Arbeitnehmern	Besetzung des Aufsichtsrats (12 bzw. 16 bzw. 20 Mitglieder, § 7 MitbestG): 6 (bzw. 8 bzw. 10) Anteilseignervertreter 6 (bzw. 8 bzw. 10) Arbeitnehmervertreter

Anmerkungen:
- Mindestens ein Arbeitnehmervertreter ist »leitender Angestellter«, vgl. § 15 Abs. 2 Satz 3 MitbestG
- Bei Stimmengleichheit (Pattsituation) hat der Aufsichtsratsvorsitzende eine 2. Stimme, vgl. § 29 Abs. 2 MitbestG
- Der Aufsichtsratsvorsitzende wird mit Zweidrittelmehrheit gewählt; wird diese Mehrheit nicht erreicht, so wählen die Anteilseignervertreter allein den Aufsichtsratsvorsitzenden in einem 2. Wahlgang, vgl. § 27 Abs. 2 MitbestG

Literaturhinweis:

Kittner/Köstler/Zachert: Aufsichtsratspraxis. Handbuch für die Arbeitnehmervertreter im Aufsichtsrat, Bund-Verlag, Köln.
Fuchs/Köstler: Handbuch zur Aufsichtsratswahl – Wahlen der Arbeitnehmervertreter nach dem Mitbestimmungsgesetz und dem Betriebsverfassungsgesetz 1952, Bund-Verlag, Köln.

Unternehmensplanung

Was ist das?

☐ In jedem Unternehmen finden Planungsprozesse statt. Ausgehend von der generellen Zielsetzung, das zur Verfügung stehende Geldvolumen (Kapital) in möglichst rentabler Weise einzusetzen, denkt die Leitung des Unternehmens permanent darüber nach, welche Wege zur Realisierung des Profitziels zu beschreiten sind.

☐ Form, Intensität und Reichweite der Planung ist in den jeweiligen Unternehmen unterschiedlich und wird u. a. von der Größe und der Organisationsstruktur des Unternehmens beeinflußt. Man kann sich leicht vorstellen, daß der Vorstand der Daimler-Benz AG mit einem Jahresumsatz von ca. 76 Milliarden DM (1989) eine weitreichendere Investitions- und Produktionsplanung hat als der Inhaber eines Handwerksbetriebes mit einem Umsatzvolumen von 1 Million DM.

☐ Trotz aller unternehmensspezifischen Unterschiede liegt jedem unternehmerischen Planungs- und Entscheidungsprozeß eine gleichartige, dem Gebot der Logik folgende Struktur zugrunde. Im einzelnen läßt sich der Planungs- und Entscheidungsprozeß in folgende Phasen unterteilen:

1. Phase (»Zielsetzung«):

Formulierung von Zielen (z. B. Gewinnziel, Absatzziel, Produktionsziel, neue Produkte, Einführung neuer Techniken, Personalkostensenkung, »Verbesserung« der Arbeitsorganisation usw.).

2. Phase (»Grobplanung«):

Die Ausgangslage wird festgestellt (Bestandsaufnahme) und im Hinblick auf die Zielsetzung analysiert.

Ausgehend von der Analyse der Ausgangslage werden verschiedene »Wege« (Varianten) zur Erreichung des Ziels »durchdacht«.

Beispiel:
»Variante« 1: Stillegung eines Betriebs.
»Variante« 2: Teilstillegung des Betriebs.
»Variante« 3: Fortführung des Betriebs mit grundlegender Veränderung des Betriebsablaufs einschließlich neuer Technologien.

Am Ende der Grobplanungsphase trifft die Unternehmensleitung eine Entscheidung für einen bestimmten Weg (z. B. für die »Variante« 2).

3. Phase (»Feinplanung«):

Die »Variante«, für die sich die Unternehmensleitung entschieden hat, wird genauer, ggf. bis hin »zum letzten Arbeitsplatz« durchgeplant.

Am Ende dieser Phase »verabschiedet« die Unternehmensleitung einen bestimmten Feinplan (der Plan ist das Ergebnis der Planung!).

4. Phase (»Durchführung des Plans«):

Von oben nach unten wird die Realisierung des Plans per Anordnung durchgesetzt (z. B. Einstellung oder Entlassung, Änderung der Arbeitsorganisation, Kauf von neuen Maschinen usw.).

5. Phase (»Kontrolle«):

Von unten nach oben wird der Vollzug der jeweiligen Schritte gemeldet. Stellt die Unternehmensleitung ein Auseinanderfallen von »Soll« (= Plan) und »Ist« (= tatsächliche Entwicklung) fest, dann wird entweder der »Plan« geändert, oder es wird Einfluß auf die Durchführung genommen (durch entsprechende Anordnungen).

☐ Natürlich findet in der Praxis der Planungs- und Entscheidungsprozeß nicht so linear und reibungslos – wie zuvor dargestellt – statt. Insbesondere werden in jeder Phase Fehleinschätzungen korrigiert, einzelne Planungsschritte vor der Verabschiedung eines Plans werden mehrfach durchlaufen, Ziele werden neu definiert usw.

Bedeutung für die Betriebsratsarbeit

☐ Will der Betriebsrat auf Entscheidungen und Maßnahmen der Unternehmensleitung nicht nur »reagieren«, sondern »agieren«, d. h. seine Tätigkeit ebenfalls zielgerichtet und geplant anlegen, so benötigt er

Unternehmensplanung

Informationen nicht nur über »das, was war und was ist«, sondern vor allem über die Unternehmensplanung, d.h. über »das, was sein soll«; siehe auch → **Personalplanung**.

☐ Das BetrVG verpflichtet den Unternehmer/Arbeitgeber, »seine Karten auf den Tisch zu legen« (vgl. z. B. §§ 90 Abs. 1 und 2, 92, 106, 111 BetrVG). Von besonderer Bedeutung ist insoweit die Informationsverpflichtung des Unternehmers gegenüber dem → **Wirtschaftsausschuß** nach § 106 Abs. 2 BetrVG.

☐ Die Information an Wirtschaftsausschuß und Betriebsrat hat → **umfassend** und → **rechtzeitig** zu erfolgen. Falls (Planungs-)Unterlagen vorhanden sind, sind diese vorzulegen, ggf. sind sie herzustellen und zur Verfügung zu stellen (siehe → **Unterlagen**).

☐ Im unternehmerischen Planungs- und Entscheidungsablauf ist eine Information des Betriebsrats nur dann »rechtzeitig«, wenn sie unmittelbar nach der Festlegung der Ziele, spätestens in der Phase der »Grobplanung« erfolgt. Das heißt in der Phase, in der der Unternehmer verschiedene Wege (Varianten, Alternativen) zur Erreichung des Zieles durchdenkt. Der → **Wirtschaftsausschuß** ist bereits im Bereich der Bildung von Unternehmenszielen zu unterrichten.

Denn das BetrVG will den Betriebsrat in die Lage versetzen, im Rahmen seiner Mitwirkungs- und Mitbestimmungsrechte eigene Vorschläge zu entwickeln und diese so frühzeitig beim Unternehmer »anzubringen«, daß sie noch den jeweiligen »Plan« beeinflussen können. Würde die Information erst »nach« der Verabschiedung eines »Grob- oder Feinplans« erfolgen, würde der Betriebsrat vor vollendete Tatsachen gestellt werden. Er hätte nur noch geringe Möglichkeiten, auf den weiteren Geschehensablauf einzuwirken (siehe auch → **rechtzeitig**).

☐ Die Informationsrechte des Betriebsrats sowie des Wirtschaftsausschusses werden in der Praxis nur selten so erfüllt, wie es das BetrVG verlangt. So wird – wenn überhaupt – ausführlich über die Vergangenheit, nicht aber über die Planungen für die Zukunft informiert; Betriebsrat und Wirtschaftsausschuß werden mit völlig unübersichtlichen Informationen und Unterlagen »zugeschüttet«; die Beantwortung von Fragen wird unter Hinweis auf eine angebliche Gefährdung von Betriebs- oder Geschäftsgeheimnissen verweigert usw.

☐ Dem Betriebsrat stehen eine Reihe rechtlicher Möglichkeiten zur Durchsetzung seiner Informationsrechte zu:

Unternehmensplanung

- gerichtliche Geltendmachung der jeweiligen gesetzlich geregelten Informationsansprüche;
- Arbeitsgerichtsverfahren nach § 23 Abs. 3 BetrVG;
- Einigungsstellenverfahren nach § 109 BetrVG;
- Ordnungswidrigkeitenverfahren nach § 121 BetrVG;
- in krassen Fällen: Strafverfahren nach § 119 Abs. 2 BetrVG.

Siehe auch → **Unterlassungsanspruch des Betriebsrats**.

☐ Daneben ist es natürlich notwendig, die Belegschaft (z. B. in Betriebsversammlungen) zu unterrichten, wenn der Unternehmer gegen seine gesetzlichen Informationspflichten verstößt.

Schnellübersicht:

Unternehmensplanung

Teilbereiche der Unternehmensplanung	Planungsinhalte:
Absatzplanung	Was soll wo, in welcher Menge, wann verkauft werden?
Produktionsplanung	Was soll wo, in welcher Menge, bis wann produziert werden (= Produktionsprogramm)?
Investitionsplanung	Welche Investitionen müssen getätigt werden, um das Produktionsprogramm zu realisieren (= Investitionsprogramm: Grundstücke, Gebäude, Maschinen usw.)?
Personalplanung	Welche personellen Maßnahmen müssen wann, wo, in welchem Umfang durchgeführt werden, um das Produktionsprogramm zu realisieren?
Kostenplanung	Welche Kosten werden in welcher Höhe bei einer Realisierung der vorstehenden Planungen entstehen?
Finanzierungsplanung	Wie und von wem sollen die zur Finanzierung der vorgenannten Maßnahmen notwendigen Geldmittel aufgebracht werden (Eigenmittel, Fremdmittel)?

Unternehmensplanung

Kurzbeschreibung der Planungsstufen eines dreistufigen, hierarchischen Planungssystems

Planungsstufe	Planungsinstanz (Wer plant?)	Typische Planungsinhalte (Was wird geplant?)	Detaillierungsgrad der Planung (Wie genau wird geplant?)	Planungsrhythmus (Wie oft wird geplant?)	Planungsreichweite (-horizont)	Planungszeiträume (-perioden)
strategische Planung	Unternehmensleitung	unternehmensspezifische Grundsatzentscheidungen: • Festlegung des Tätigkeitsbereichs des Unternehmens • Standort • Beziehung zu Kunden, Regierungen, Beschäftigten	lediglich qualitative Beschreibung	nur bei Bedarf	unbegrenzt	–
		strategische Maßnahmenplanung: • Wachstums- u. Ertragsziele • Diversifikation (neue Produkte, neue Märkte) • Aufgabe von Produkten und Maßnahmen • Forschung und Entwicklung • grundlegende Veränderung der Organisationsstruktur	sehr geringer Detaillierungsgrad, globale, das gesamte Unternehmen bezogene Maßnahmeplanung, Erstellung eines langfristigen Finanzplans und einer mehrjährigen Planbilanz	regelmäßige, jährliche Planungsrunde; Abschluß der Planung in der 1. Hälfte des Geschäftsjahres	5 bis 10 Jahre	1 Jahr
operative Planung	Geschäftsbereichsleiter	Rahmenplanung bezüglich: • Absatz • Produktion • Investition • Beschaffung • Personal • Forschung und Entwicklung • Finanzierung • Gewinn	mengen- und wertmäßige Planung auf der Ebene der Geschäftsbereiche	regelmäßige, jährliche Planungsrunde; Abschluß bis zum Ende des III. Quartals des laufenden Geschäftsjahres	bis zu 3 Jahren	1 Jahr
taktische Planung	Leiter der Funktionsbereiche (Vertrieb, Produktion, Forschung u. Entwicklung, Personal …)	konkrete Maßnahmen bzw. Durchführungsplanung: • Umsatzplan • Produktionsplan • Investitionsplan • Personalplan • Beschaffungsplan • Finanzplan • Gewinnplan	sehr detaillierte Planung; Budgetierung erfolgt z. T. bis auf die Ebene der Kostenstellen	regelmäßige, jährliche Planungsrunde; Abschluß bis zum Ende des laufenden Geschäftsjahres; monatlicher SOLL-/IST-Vergleich mit anschließender Plankorrektur	1 Jahr	Monat

Aus: Reino von Neumann-Cosel/Rudi Rupp: Handbuch für den Wirtschaftsausschuß. Ein praktischer Ratgeber, Bund-Verlag, 2. Aufl., Köln 1990, S. 52.

Unternehmensrechtsformen

Begriff

☐ Jedes → **Unternehmen** wird in einer bestimmten »Rechtsform« betrieben. Derjenige, der ein Unternehmen gründet, kann zwischen verschiedenen, im einzelnen gesetzlich geregelten Rechtsformen auswählen. Ein Unternehmen kann seine Rechtsform auch ändern. Die Rechtsform wird neben einigen anderen Grunddaten eines Unternehmens in das → **Handelsregister** eingetragen.

☐ Die wichtigsten Unternehmensrechtsformen sind:

- Einzelunternehmung
  (z. B. Firma Metallbau, Inhaber Franz Müller);
- Offene Handelsgesellschaft (OHG)
  (z. B. Firma Metallbau Müller und Söhne OHG);
- Kommanditgesellschaft (KG)
  (z. B. Firma Metallbau Müller KG);
- Aktiengesellschaft (AG)
  (z. B. Firma Metallbau AG);
- Kommanditgesellschaft auf Aktien (KGaA)
  (z. B. Firma Metallbau KGaA);
- Gesellschaft mit beschränkter Haftung (GmbH)
  (z. B. Firma Metallbau GmbH).

☐ Auch Mischformen sind möglich. Die bekannteste Konstruktion ist die GmbH & Co KG (z. B. Firma Metallbau GmbH & Co KG). Hierbei handelt es sich um eine Kommanditgesellschaft (KG), deren persönlich haftende Gesellschafterin eine GmbH ist. Die Kommanditisten (= Teilhafter) der KG sind gleichzeitig Gesellschafter der GmbH. Es ist also – entgegengesetzt zum Grundcharakter der KG als Personengesellschaft (siehe unten) – keine an dem Unternehmen beteiligte »natürliche Person« vorhanden, die mit ihrem Privatvermögen haftet. Man bezeichnet einen solchen Unternehmenstyp deshalb auch als kapitalistisch strukturierte KG.

Unternehmensrechtsformen

☐ Die AG, KGaA und GmbH sind sogenannte »juristische Personen«. Die »juristische Person« ist ein Rechtsgebilde, das ebenso wie eine »natürliche Person« eine eigene Rechtspersönlichkeit und damit Rechtsfähigkeit besitzt. Das heißt, die »juristische Person« als solche ist – genauso wie eine »natürliche Person« – Träger von Rechten und Pflichten.

Beispiel:

Wird ein Arbeitnehmer beispielsweise bei der Firma »Metallbau, Inhaber Franz Müller« eingestellt, kommt ein Arbeitsvertrag zwischen dem Arbeitnehmer und der »natürlichen Person« Franz Müller zustande.

Wird demgegenüber ein Arbeitnehmer bei der Firma »Metallbau GmbH« eingestellt, so entsteht ein Arbeitsvertragsverhältnis zwischen dem Arbeitnehmer und der »juristischen Person« namens »Metallbau GmbH«.

☐ Im Zusammenhang mit dem Vorstehenden sind auch die Begriffe »Kapitalgesellschaft« und »Personengesellschaft« zu betrachten.

Die AG, KGaA und GmbH sind »Kapitalgesellschaften«. Sie zeichnen sich dadurch aus, daß sie als juristische Personen unabhängig vom Wechsel ihrer Eigentümer (Gesellschafter/Aktionäre) bestehen. Veräußert ein Gesellschafter (= Aktionär) der Firma »Metallbau AG« seine Gesellschaftsanteile (= Aktien) an einen Dritten (z. B. an der Börse), so berührt das in keiner Weise den rechtlichen Bestand der AG.

Demgegenüber sind OHG und KG »Personengesellschaften«. Wesensmerkmale der Personengesellschaft, die keine »juristische Person«, sondern eine sogenannte »Personengesamtheit« (vgl. § 5 Abs. 2 Nr. 2 BetrVG) ist, sind insbesondere:

- unbeschränkte persönliche Haftung der Gesellschafter (bei der KG haftet persönlich allerdings nur der sogenannte »Komplementär«; siehe nachstehende Übersicht!);
- persönliche Mitarbeit der persönlich haftenden Gesellschafter in der Firma;
- Übertragbarkeit und Vererbbarkeit der Gesellschafterstellung nur mit Zustimmung der übrigen Gesellschafter.

☐ Obwohl diese Merkmale bei der GmbH & Co KG überwiegend nicht zutreffen, gilt sie nicht als Kapitalgesellschaft, sondern als Personengesellschaft: dementsprechend gilt eine Reihe von nur auf Kapitalgesellschaften anwendbare Vorschriften nicht für die GmbH & Co KG

(z. B. keine Verpflichtung zur Erstellung eines »Anhangs« beim → **Jahresabschluß**).

□ Will ein Unternehmen seine Rechtsform wechseln (Beispiel: eine OHG soll in eine GmbH umgewandelt werden), so kann es Vorschriften des Umwandlungsgesetzes (§§ 190 ff.) anwenden. Arbeitsrechtliche Konsequenzen hat ein solcher Vorgang nicht. Allerdings können mitbestimmungsrechtliche Folgen eintreten (siehe → **Umwandlung von Unternehmen** und → **Unternehmensmitbestimmung**).

Bedeutung für die Betriebsratsarbeit

□ Das BetrVG erwähnt die unterschiedlichen Unternehmensrechtsformen nur an einer Stelle, nämlich in § 5 Abs. 2 BetrVG:

Hiernach gelten die Mitglieder des Vertretungsorgans einer juristischen Person ebensowenig als Arbeitnehmer wie die vertretungsberechtigten Gesellschafter einer OHG oder einer anderen Personengesamtheit.

□ Im übrigen verwendet das BetrVG nur ganz allgemein die Begriffe »Arbeitgeber« und »Unternehmer«, wenn es um die Kennzeichnung desjenigen geht, der Informationsgeber und Verhandlungspartei des Betriebsrats (und des Wirtschaftsausschusses) ist. Die Rechtsform des Unternehmens gibt Auskunft darüber, wer dies im konkreten Falle ist:

- bei der Einzelunternehmung ist dies der Inhaber;
- bei der OHG oder KG sind es die persönlich haftenden Gesellschafter;
- bei der AG ist es der Vorstand;
- bei der GmbH sind es die Geschäftsführer;
- bei der GmbH & Co KG sind es die Geschäftsführer der persönlich haftenden GmbH.

□ Zu den unterschiedlichen – aus der jeweiligen Rechtsform resultierenden – Anforderungen an Form, Inhalt, Prüfung und Offenlegung des → **Jahresabschlusses** siehe dort.

Unternehmensrechtsformen

Schnellübersicht:
Die wichtigsten Unternehmensrechtsformen

		Gesetzliche Grundlage	Mindestzahl der Inhaber/Gesellschafter	Mindestkapital	Organe	Haftung
Personengesellschaften	Einzelunternehmen	HGB*	1 Inhaber	–	–	Inhaber: unbeschränkt
	Offene Handelsgesellschaft (OHG)	HGB*	2 Vollhafter	–	–	Vollhafter: unbeschränkt
	Kommanditgesellschaft (KG)	HGB*	1 Komplementär (= Vollhafter) 1 Kommanditist (= Teilhafter)	–	–	Vollhafter: unbeschränkt Teilhafter: beschränkt auf seine Einlage
Kapitalgesellschaften	Aktiengesellschaft (AG)	Aktiengesetz	bei der Gründung: 5 danach: 1 (= Aktionäre)	100000,00 DM (= Grundkapital) Mindestanteil: 50,00 DM	• Vorstand • Aufsichtsrat • Hauptversammlung d. Aktionäre	beschränkt auf das Gesellschaftsvermögen
	Kommanditgesellschaft auf Aktien (KGaA)	Aktiengesetz	bei der Gründung: 5 danach: 1 Komplementär (= Vollhafter) 1 Kommandit-Aktionär	100000,00 DM (= Grundkapital) Mindestanteil: 50,00 DM	• Vorstand • Aufsichtsrat • Hauptversammlung d. Aktionäre	Vollhafter: unbeschränkt Kommanditaktionär: keine persönliche Haftung
	Gesellschaft mit beschränkter Haftung (GmbH)	GmbH-Gesetz	sowohl bei der Gründung als auch danach: 1	50000,00 DM (= Stammkapital) Mindestanteil: 500,00 DM	• Geschäftsführer • evtl. Aufsichtsrat • Gesellschafterversammlung	beschränkt auf das Gesellschaftsvermögen

Mischformen sind möglich. Die bekannteste Mischform ist die »GmbH & CoKG«. Hierbei handelt es sich um eine Kommanditgesellschaft (= also formalrechtlich um eine Personengesellschaft), deren Komplementär eine GmbH (also eine Kapitalgesellschaft) ist.

*HGB = Handelsgesetzbuch

Unternehmensrechtsformen

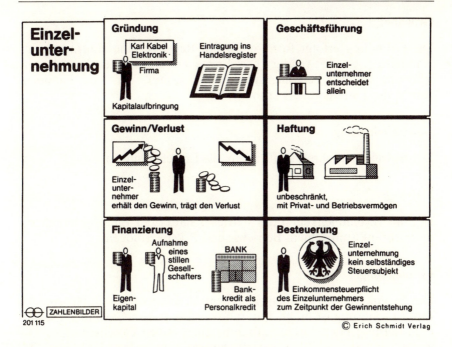

Die Einzelunternehmung ist der Produktionsbetrieb oder die Erwerbstätigkeit eines einzelnen Unternehmers. Sie ist dadurch gekennzeichnet, daß die Geschicke des Betriebes unlösbar mit dem persönlichen Schicksal des Unternehmers verbunden sind. Dieser trifft alle Entscheidungen, trägt aber auch allein deren Folgen (Gewinn oder Verlust). Wegen ihrer einfachen Struktur ist die Einzelfirma die geeignete Rechtsform für kleinere und mittlere Betriebe. Nach der Arbeitsstättenzählung von 1970 waren 91 Prozent der rund 1,9 Millionen Betriebe in der Bundesrepublik Deutschland Einzelfirmen. Die Bedeutung dieser Unternehmensform geht aber ständig zurück.

Unternehmensrechtsformen

Gründung:

Die Gründung erfolgt formlos. In der Regel ist eine Eintragung ins Handelsregister notwendig. Die Firma (= Name) der Einzelunternehmung ist eine Personenfirma, d.h. sie muß Vor- und Familiennamen des Unternehmers enthalten.

Geschäftsführung:

Der Einzelunternehmer trifft allein alle Entscheidungen.

Haftung:

Für die Verbindlichkeiten des Betriebes haftet der Einzelunternehmer unbeschränkt mit seinem Betriebs- und Privatvermögen.

Finanzierung:

Die Eigenkapitalbasis entspricht dem Vermögen des Unternehmers. Ihre Erweiterung ist möglich durch Ansparung von Gewinnen (Selbstfinanzierung) oder durch Aufnahme eines stillen Gesellschafters. Die Kapitaleinlage des stillen Gesellschafters geht in das Vermögen des Einzelunternehmers über. Der stille Gesellschafter ist von der Geschäftsführung prinzipiell ausgeschlossen, haftet aber auch nur mit seiner Einlage. Ihm steht eine Gewinnbeteiligung zu. Fremdkapital bekommt der Unternehmer als Personalkredit. Da das Kreditausfallrisiko für die Bank groß ist, sind die Möglichkeiten, hohe und langfristige Kredite zu erhalten, in der Regel beschränkt.

Besteuerung:

Wie alle Personenunternehmen ist die Einzelunternehmung kein selbständiges Steuersubjekt. Es besteht nur eine Einkommensteuerpflicht des Alleinunternehmers zum Zeitpunkt der Gewinnentstehung im Betrieb.

Auflösung:

Die Auflösung der Einzelfirma erfolgt durch freiwilligen Entschluß, Konkurs oder Tod des Inhabers.

Unternehmensrechtsformen

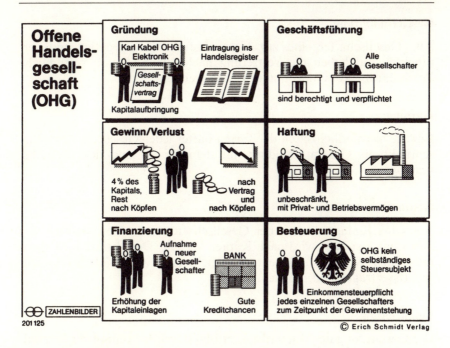

Die Offene Handelsgesellschaft (OHG) stellt eine »erweiterte Einzelunternehmung« dar. Sie ist im allgemeinen die Rechtsform kleiner und mittlerer Betriebe und zugleich die einfachste Form, in der sich Kaufleute zusammenschließen, um ein Handelsgewerbe unter einheitlicher Firma zu betreiben. Die OHG ist als Zweckgesellschaft auf dem Gebiet der Wirtschaft eine »Handelsgesellschaft«, die an die Öffentlichkeit tritt und daher den strengen Regeln des Handelsrechts unterworfen ist.

Gründung:

Die Gründung einer OHG erfolgt in der Regel durch Gesellschaftsvertrag zwischen zwei und mehr Personen. Ins Handelsregister werden Namen, Stand und Wohnort der Gesellschafter sowie Firma und Sitz der Gesellschaft eingetragen.

Unternehmensrechtsformen

Geschäftsführung:

Alle Gesellschafter sind zur Geschäftsführung berechtigt und verpflichtet und haben die Vertretung nach außen. Durch vertragliche Vereinbarung kann davon abgewichen werden.

Haftung:

Für die Verbindlichkeiten der Firma haftet jeder Gesellschafter unbeschränkt als Gesamtschuldner mit dem Privat- und dem Betriebsvermögen.

Gewinn/Verlust:

Auf seine Einlage erhält jeder Gesellschafter einen Gewinnanteil von 4 Prozent; der Rest wird nach Köpfen verteilt. Der Verlust wird ebenfalls nach Köpfen aufgeteilt. Abweichungen aufgrund des Gesellschaftsvertrages sind möglich.

Finanzierung:

Die Erweiterung der Kapitalbasis erfolgt durch Erhöhung der Kapitaleinlagen der Gesellschafter, Nichtentnahme der Gewinne oder Aufnahme neuer Gesellschafter. Die Kreditwürdigkeit der OHG wird im allgemeinen höher eingeschätzt als die der Einzelunternehmung, da mindestens zwei Gesellschafter mit ihrem Gesamtvermögen haften.

Besteuerung:

Die OHG ist kein selbständiges Steuersubjekt. Es besteht eine Einkommensteuerpflicht der Gesellschafter zum Zeitpunkt der Gewinnentstehung im Betrieb. Gehälter geschäftsführender Gesellschafter sind nicht als Betriebsausgaben abzugsfähig.

Auflösung:

Die Auflösung erfolgt durch Kündigung oder Ablauf des Gesellschaftsvertrags, Beschluß der Gesellschafter, Konkurs über das Gesellschaftsvermögen oder das Vermögen eines Gesellschafters, gerichtliche Entscheidung oder Tod eines Gesellschafters, sofern der Vertrag nichts anderes vorsieht.

Unternehmensrechtsformen

Die Kommanditgesellschaft (KG) ist wie die OHG eine Personengesellschaft, deren Zweck im Betrieb eines Handelsgewerbes unter gemeinschaftlicher Firma besteht. Der Grundsatz der OHG – gleiche Rechte und gleiche Pflichten für jeden Gesellschafter – gilt für die KG jedoch nicht mehr. Sie ist vielmehr dadurch gekennzeichnet, daß zu dem Vollhafter (Komplementär) sich mindestens ein Teilhafter (Kommanditist) gesellt, der nur in der Höhe seiner Einlage haftet.

Gründung:

Den Gesellschaftsvertrag schließen mindestens ein Vollhafter und mindestens ein Teilhafter unter Eintragung ihrer Einlagen ins Handelsregister.

Geschäftsführung:

Die Geschäftsführung liegt allein bei den Komplementären. Die Kommanditisten besitzen lediglich ein Kontrollrecht.

Unternehmensrechtsformen

Haftung:

Für die Verbindlichkeiten der Firma haftet der Komplementär unbeschränkt mit dem Privat- und dem Betriebsvermögen, der Kommanditist nur mit seiner Einlage.

Gewinn/Verlust:

Der geschäftsführende Gesellschafter, ein Komplementär, erhält einen Teil vom Gewinn als Arbeitsentgelt. Die Kapitaleinlagen werden mit 4 Prozent verzinst. Der dann noch verbleibende Gewinn wird nach Vertrag »angemessen« verteilt, wobei die Vollhafter wegen ihres größeren Haftungsrisikos höhere Gewinnanteile erhalten. Auch ein Verlust wird nach Vertrag »angemessen« aufgeteilt.

Finanzierung:

Die Möglichkeiten der Eigenfinanzierung sind größer als bei der OHG, da die KG neue Gesellschafter aufnehmen kann, die als Kommanditisten nur beschränkt haften und sich an der Geschäftsführung nicht zu beteiligen brauchen. Darin ähnelt die KG schon einer Kapitalgesellschaft. Auch die Voraussetzungen für die Aufnahme von Fremdkapital sind günstig. Die Kreditgeber honorieren die relativ einfache Möglichkeit zur Erweiterung der Eigenkapitalbasis ebenso wie die Transparenz der Haftungsverhältnisse.

Besteuerung

Als Personengesellschaft ist die KG kein selbständiges Steuersubjekt. Der Gewinn wird einheitlich von der Gesellschaft ermittelt, nach einem bestimmten Schlüssel auf die Gesellschafter verteilt und von diesen dann mit ihrem individuellen Einkommensteuersatz versteuert.

Auflösung:

Die Auflösung der KG erfolgt durch Kündigung oder Ablauf des Gesellschaftsvertrags, Beschluß der Gesellschafter, Konkurs über das Gesellschaftsvermögen oder das Vermögen eines Komplementärs und durch Tod eines Komplementärs, sofern der Gesellschaftsvertrag nichts anderes vorsieht.

Unternehmensrechtsformen

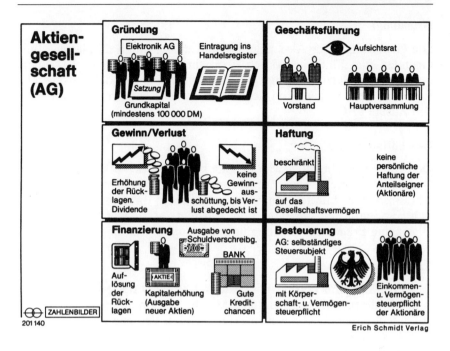

Die Aktiengesellschaft (AG) ist nach dem Aktiengesetz eine Handelsgesellschaft mit eigener Rechtspersönlichkeit. Ihre Gesellschafter sind mit Einlagen an dem in Aktien zerlegten Grundkapital beteiligt, ohne persönlich für die Verbindlichkeiten der Gesellschaft zu haften. Sie ist eine typische Kapitalgesellschaft, deren Kapitalanteile (Aktien) an der Börse frei gehandelt werden können, ohne daß der Bestand der Gesellschaft davon berührt wird. Die Funktionen des Kapitalgebers sind von der des Unternehmers streng getrennt. Daher macht der geringe Zusammenhang der oft nicht sachverständigen Aktionäre mit ihrer AG gesetzliche Vorschriften zur Wahrung ihrer Interessen gegenüber der bevollmächtigten Verwaltung (Vorstand und Aufsichtsrat) notwendig, die zugleich dem Gläubigerschutz dienen. Die Rechtsform der AG wird von großen Unternehmen bevorzugt, da sie es ermöglicht, durch die Beteiligung vieler Geldgeber das notwendige Kapital aufzubringen.

Unternehmensrechtsformen

Gründung:

Die Gründung einer Aktiengesellschaft erfolgt durch mindestens fünf Gründer, die sämtliche Aktien übernehmen. Nach notarieller Beurkundung der Satzung erfolgt die Eintragung ins Handelsregister. Die Firma ist dem Gegenstand des Unternehmens entnommen und trägt den Zusatz »AG«.

Geschäftsführung:

Der vom Aufsichtsrat gewählte und kontrollierte Vorstand leitet die Gesellschaft unter eigener Verantwortung. Einmal jährlich treten die Aktionäre zur Hauptversammlung zusammen; diese bestellt den Aufsichtsrat, entlastet Vorstand und Aufsichtsrat und entscheidet über allgemeine Fragen der Satzung und der Kapitalgrundlage.

Kapitalorganisation:

Das Grundkapital beträgt mindestens 100 000 DM, zerlegt in Aktien zum Mindestnennbetrag von 50 DM. Die Aktionäre haben das Recht auf einen Anteil am Reingewinn (Dividende). Verluste werden aus den Rücklagen gedeckt. Für die Verbindlichkeiten der Gesellschaft haftet den Gläubigern nur das Gesellschaftsvermögen.

Finanzierung:

Selbstfinanzierung ist aus den freien Rücklagen und durch Ausgabe neuer Aktien möglich. Fremdkapital erhält die AG durch Ausgabe von Schuldverschreibungen und durch Bankkredite.

Besteuerung:

Als juristische Person ist die AG selbständiges Steuersubjekt und unterliegt deshalb der Körperschaft- und Vermögensteuerpflicht. Unter Abrechnung der gezahlten Körperschaftsteuer sind die einzelnen Aktionäre nochmals vermögen- und einkommensteuerpflichtig.

Auflösung:

Die Auflösung der AG erfolgt durch Zeitablauf laut Satzung, durch Beschluß der Hauptversammlung, Konkurs über das Vermögen der Gesellschaft oder Gerichtsbeschluß.

Unternehmensrechtsformen

Die Gesellschaft mit beschränkter Haftung (GmbH) ist juristische Person und zeigt zugleich das charakteristische Merkmal der Kapitalgesellschaften: Die Verselbständigung der den Betrieb tragenden Gesellschaft gegenüber den Gesellschaftern und die damit verbundene Beweglichkeit der Anteile. Da aber die Übertragbarkeit der Anteile erschwert ist, eignet sich die Rechtsform der GmbH im wesentlichen nur für kleinere und mittlere Betriebe. Den Personengesellschaften ist die GmbH insofern verwandt, als die wenigen Gesellschafter häufig auch zugleich Geschäftsführer sind.

Gründung:

Die Gründung einer GmbH erfolgt durch Gesellschaftsvertrag in notarieller Form. Er enthält den Betrag des Stammkapitals und der von jedem Gesellschafter zu leistenden Kapitaleinlage. Die GmbH wird ins Handelsregister eingetragen.

Geschäftsführung:

Die GmbH hat einen oder mehrere Geschäftsführer, die von der

Unternehmensrechtsformen

Gesellschafterversammlung bestellt werden und nach deren Weisung handeln. Die Gesellschafterversammlung kontrolliert die Geschäftsführung, stellt den Jahresabschluß fest und entscheidet über die Verwendung des Reingewinns. Hat die GmbH mehr als 500 Arbeitnehmer, muß ein Aufsichtsrat eingerichtet werden[1].

Kapitalorganisation:

Das Stammkapital der Gesellschaft muß mindestens 50 000 DM, die Stammeinlage jedes Gesellschafters mindestens 500 DM betragen. Nach der jeweiligen Stammeinlage bestimmt sich der Geschäftsanteil, der veräußerlich, vererblich und teilbar ist. Die Haftung ist beschränkt auf das Gesellschaftsvermögen. Bei Nachschußpflicht besteht die Haftung der Gesellschafter nur gegenüber der Gesellschaft. Die Gewinnverteilung erfolgt entsprechend dem Verhältnis der Geschäftsanteile oder nach Gesellschafterbeschluß. Verluste vermindern das Kapital und damit die Einzelkapitalanteile. Bei Verlust der Hälfte des Stammkapitals erfolgt keine Gewinnverteilung bis zur Abdeckung des Verlustes.

Finanzierung:

Erhöhung des Eigenkapitals durch Nachschußzahlungen alter oder Aufnahme neuer Gesellschafter. Die Möglichkeiten der Fremdfinanzierung sind begrenzt; sie können durch die Vereinbarung einer Nachschußpflicht erweitert werden.

Besteuerung:

Als juristische Person ist die GmbH selbständiges Steuersubjekt und unterliegt deshalb der Körperschaft- und Vermögensteuerpflicht. Darüber hinaus werden die Anteilseigner zur Einkommen- und Vermögensteuer veranlagt.

Auflösung:

Die Auflösung der GmbH erfolgt durch Ablauf des Gesellschaftsvertrags, Beschluß der Gesellschafter, Konkurs über das Vermögen der Gesellschaft oder Gerichtsbeschluß.

---

1 **Hinweis:**
Soweit das Mitbestimmungsgesetz 1976 oder die Montanmitbestimmungsgesetze anzuwenden sind, bestellt der Aufsichtsrat die Mitglieder der Geschäftsführung (vgl. § 31 MitbestG 1976, § 12 MontanMitbestG, § 13 MitbestErgG).

Unverzüglich

Was heißt das?

☐ Dieser Begriff ist enthalten in den §§ 89 Abs. 2, 100 Abs. 2, 102 Abs. 2 und 108 Abs. 4 BetrVG.

☐ Wenn ein Verhalten nach diesen Vorschriften »unverzüglich« zu erfolgen hat, so ist dies nicht gleichbedeutend mit »sofortigem Handeln«. Vielmehr genügt ein Handeln »ohne schuldhaftes Zögern« (vgl. gesetzliche Definition des Begriffs in § 121 BGB).

Das bedeutet, daß demjenigen, der zum »unverzüglichen« Handeln verpflichtet ist, eine angemessene Überlegungsfrist zusteht.

Urlaub

Grundlagen

☐ Jeder Arbeitnehmer hat in jedem Kalenderjahr Anspruch auf bezahlten Erholungsurlaub (vgl. § 1 Bundesurlaubsgesetz). Die Mindesturlaubsdauer beträgt nach der – nunmehr bundeseinheitlich geltenden – Neufassung des § 3 Abs. 1 Bundesurlaubsgesetz 24 Werktage (= 4 Wochen, da der Samstag als Werktag gilt; vgl. § 3 Abs. 2 Bundesurlaubsgesetz).

☐ Jugendliche haben einen Mindesturlaub zu beanspruchen, der – je nach Alter – zwischen 25 und 30 Werktagen liegt. Soweit Jugendliche im Bergbau unter Tage beschäftigt werden, besteht ein zusätzlicher Anspruch von 3 Werktagen (vgl. § 19 Jugendarbeitsschutzgesetz).

☐ Schwerbehinderten steht ein Anspruch auf zusätzlichen bezahlten Urlaub von 5 Arbeitstagen im Urlaubsjahr zu. Arbeiten Schwerbehinderte regelmäßig an mehr oder weniger als 5 Tagen in der Woche, erhöht oder vermindert sich der Anspruch entsprechend (vgl. § 47 Schwerbehindertengesetz).

☐ Durch gewerkschaftliche Tarifpolitik konnten eine über die gesetzliche Mindestdauer hinausgehende Urlaubsdauer (meist 30 Arbeitstage pro Jahr) sowie ein Anspruch auf zusätzliches Urlaubsgeld (häufig bis zu 50% eines Monatseinkommens) durchgesetzt worden.

☐ Urlaubsanspruch bei → **Teilzeitarbeit** siehe dort.

☐ Urlaubsanspruch bei variabler Arbeitszeit (z.B. Schichtarbeit mit freien Tagen): Sofern tarifvertraglich nichts anderes geregelt ist, ist nach der umstrittenen Auffassung des BAG der gesetzliche oder tarifliche Urlaubsanspruch entsprechend der in einem sich wiederholenden Schichtrhythmus bestehenden Arbeitsverpflichtung umzurechnen:

Beispiel:

Tariflicher Jahresurlaubsanspruch = 30 Arbeitstage. In einem Schichtrhythmus von 20 Wochen wird vom Schichtarbeiter an 90 Tagen gearbeitet. Für Arbeitnehmer in der 5-Tage-Woche besteht Arbeitspflicht an

100 Tagen (= 20 Wochen × 5 Tage). Urlaubsanspruch des Schichtarbeiters: 30 Urlaubstage : 100 Arbeitstage × 90 Arbeitstage = 27 Urlaubstage.

☐ Wegen weiterer Einzelheiten wird auf die Vorschriften des Bundesurlaubsgesetzes sowie die einschlägigen tarifvertraglichen Urlaubsregelungen verwiesen.

☐ Im Bundesurlaubsgesetz nicht geregelt ist die Gewährung eines unbezahlten Sonderurlaubs (z. B. wegen Pflege eines Familienangehörigen oder Verlängerung des Heimaturlaubs eines ausländischen Arbeitnehmers). Eine solche Urlaubsform bedarf der vertraglichen Vereinbarung zwischen Arbeitgeber und Arbeitnehmer. Im Einzelfall kann Anspruch auf Erteilung unbezahlten Sonderurlaubs bestehen. Insbesondere dann, wenn schwerwiegende persönliche Umstände eine Freistellung des Arbeitnehmers erfordern.

☐ Schließlich ist hinzuweisen auf die in einigen Bundesländern geltenden Bildungsurlaubsgesetze, die den Arbeitnehmern einen Anspruch auf → **Bildungsurlaub** meist bis zur Dauer von 5 Arbeitstagen pro Jahr gewähren. Wegen des Freistellungsanspruches von Mitgliedern des Betriebsrats und anderen Organen der Betriebsverfassung gemäß § 37 Abs. 6 und 7 BetrVG zum Zwecke der Schulung und Bildung siehe → **Schulungs- und Bildungsveranstaltungen.**

☐ Im Bundeserziehungsgeldgesetz ist der sog. Erziehungsurlaub geregelt (vgl. §§ 15 ff. Bundeserziehungsgeldgesetz).

Bedeutung für die Betriebsratsarbeit

☐ Gemäß § 87 Abs. 1 Nr. 5 BetrVG hat der Betriebsrat ein volles Mitbestimmungsrecht (einschließlich des »Initiativrechts«) bei der

»Aufstellung allgemeiner Urlaubsgrundsätze und des Urlaubsplans sowie die Festsetzung der zeitlichen Lage des Urlaubs für einzelne Arbeitnehmer, wenn zwischen dem Arbeitgeber und den beteiligten Arbeitnehmern kein Einverständnis erzielt wird«.

☐ Das Mitbestimmungsrecht erfaßt nicht nur den bezahlten Erholungsurlaub, sondern auch den unbezahlten Urlaub und den Bildungsurlaub nach den Bildungsurlaubsgesetzen. Allerdings entfällt das Mitbestimmungsrecht bei solchen Fragestellungen, die durch Gesetz oder

Urlaub

Tarifvertrag bereits eine abschließende Regelung erfahren haben (vgl. § 87 Abs. 1 BetrVG Eingangssatz: »... soweit eine gesetzliche oder tarifliche Regelung nicht besteht ...«).

☐ Mitbestimmungspflichtig sind zunächst die Sachverhalte, die unter den Begriff »Allgemeine Urlaubsgrundsätze« fallen. Hierzu gehören beispielsweise:

- Richtlinien über die Verteilung des Urlaubs über die einzelnen Monate des Kalenderjahres (Urlaub während der Schulferienzeiten für Arbeitnehmer mit schulpflichtigen Kindern; Berücksichtigung weiterer persönlicher Umstände wie zum Beispiel: Urlaubszeitpunkt des Lebenspartners; abwechselnde Verteilung der »guten« und »schlechten« Urlaubsmonate; Teilbarkeit des Urlaubs unter Beachtung des § 7 Bundesurlaubsgesetzes);
- Regelungen über das Verfahren der betrieblichen Urlaubsplanung (Zeitpunkt, bis zu dem Urlaubswünsche angemeldet werden bzw. in eine Urlaubsliste eingetragen werden müssen; Art und Weise der Veröffentlichung der Urlaubsliste; Zeitpunkt, bis zu dem Einwände durch Arbeitgeber oder (andere) Arbeitnehmer erhoben werden müssen bzw. von dem ab die Eintragungen in die Urlaubsliste als »genehmigt« gelten);
- Regelungen über Urlaubsvertretung.

☐ Mitbestimmungspflichtig ist auch die Aufstellung des »Urlaubsplans« selbst, das heißt die Festlegung der jeweiligen Urlaubszeiträume der einzelnen Arbeitnehmer auf der Grundlage und im Rahmen der zuvor aufgestellten allgemeinen Urlaubsgrundsätze.

Hierzu gehört auch die Frage, ob überhaupt und gegebenenfalls wie lange »Betriebsferien« durchgeführt werden. Soll der Betrieb an einzelnen Tagen (zum Beispiel an einem »Brückentag« zwischen einem auf einen Donnerstag fallenden Feiertag und dem Wochenende) unter Anrechnung auf den Urlaubsanspruch geschlossen werden, so unterliegt dies ebenfalls dem (Initiativ-)Mitbestimmungsrecht des Betriebsrats.

☐ Schließlich besteht ein Mitbestimmungsrecht des Betriebsrats, wenn sich einzelne oder mehrere Arbeitnehmer mit dem Arbeitgeber nicht über die zeitliche Lage des Urlaubs einigen können.

Beispiel:
Mehrere Arbeitnehmer wollen während des gleichen Zeitraums in Urlaub gehen; der Arbeitgeber lehnt dies aus betrieblichen Gründen ab.

Bei der Lösung einer solchen Konfliktlage haben Arbeitgeber und Betriebsrat die sich aus § 7 Abs. 1 Bundesurlaubsgesetz ergebenden Grundsätze zu beachten. Insbesondere haben sie die Urlaubswünsche des betroffenen Arbeitnehmers, die Wünsche der anderen Arbeitnehmer sowie die betrieblichen Erfordernisse nach billigem Ermessen gegeneinander abzuwägen.

Zu beachten ist § 7 Abs. 1 Bundesurlaubsgesetz: Hiernach hat ein Beschäftigter einen Rechtsanspruch auf Erteilung von Urlaub, wenn er dies im Anschluß an eine Maßnahme der medizinischen Vorsorge oder Rehabilitation verlangt. Übrigens: Nach dem ebenfalls neu gefaßten § 10 Bundesurlaubsgesetz dürfen Maßnahmen der medizinischen Vorsorge oder Rehabilitation nicht auf den Urlaub angerechnet werden, soweit ein Anspruch auf Fortzahlung des Arbeitsentgelts nach den gesetzlichen Vorschriften über die → **Entgeltfortzahlung im Krankheitsfalle** besteht. Nach § 9 EFZG besteht ein Anspruch eines Beschäftigten auf Arbeitsentgelt bis zur Dauer von sechs Wochen für Zeiten der Arbeitsverhinderung infolge einer – von einem Sozialversicherungsträger bewilligten und stationär durchgeführten – Maßnahme der medizinischen Vorsorge und Rehabilitation. Dabei ist nicht erforderlich, daß während der Dauer der Maßnahme Arbeitsunfähigkeit besteht.

☐ Kommt es in den vorstehend genannten Fällen zu keiner Einigung zwischen Arbeitgeber und Betriebsrat, entscheidet auf Antrag einer Seite die Einigungsstelle (§ 87 Abs. 2 BetrVG).

☐ Kein Mitbestimmungsrecht hat der Betriebsrat hinsichtlich der »Dauer« des Urlaubsanspruchs. Diese wird vielmehr allein durch gesetzliche oder tarifliche oder durch arbeitsvertragliche Regelungen (siehe → **Günstigkeitsprinzip**) festgelegt.

Literaturhinweis:

Leinemann/Link: Urlaubsrecht, Kommentar, Verlag Franz Vahlen, München.

Verhandlungen mit dem Arbeitgeber

Was ist zu beachten?

☐ Aufgabe des Betriebsrat ist es, die Interessen der Beschäftigten zu vertreten. Damit laufen alle Bemühungen des Betriebsrats darauf hinaus, die Verhältnisse im Betrieb so (mit-) zu gestalten, daß die berechtigten Interessen der Beschäftigten keinen Schaden erleiden, sondern in genügendem Ausmaß berücksichtigt werden.

☐ Diese Gestaltungsaufgabe des Betriebsrats vollzieht sich letztlich in »Verhandlungen« mit dem Arbeitgeber (vgl. § 74 Abs. 1 Satz 2 BetrVG). Denn der Betriebsrat kann nicht selbst »in die Leitung des Betriebs eingreifen« (vgl. § 77 Abs. 1 Satz 2 BetrVG). Vielmehr muß er den Arbeitgeber in Verhandlungen dazu »bewegen«, den Betrieb in einer Weise zu leiten, daß die Interessen der Belegschaft »nicht unter die Räder kommen«.

☐ Manche Angelegenheiten lassen sich im Betrieb relativ schnell durch »ein Gespräch« mit dem Arbeitgeber klären. Bei größeren Problemkomplexen (z. B. Rationalisierungsvorhaben des Arbeitgebers) muß der Betriebsrat seine Aktivitäten »breiter anlegen«, um zu akzeptablen Ergebnissen zu kommen.

Das gleiche gilt, wenn es darum geht, »eingefahrene« Abläufe im Betrieb im Sinne der Verbesserung der Arbeits- und Lebensbedingungen zu verändern und Alternativen durchzusetzen.

Beispiele für solche Veränderungen:
- »Neueinstellungen statt Überstunden«,
- »Unbefristete statt befristete Einstellung«,
- »Frauenförderung«,
- »Gleicher Lohn für gleiche Arbeit«,
- »Gefahrstoffe raus aus dem Betrieb«,
- »Umstellung der Produktion von Rüstungs- auf zivile Güter«,
- »Umweltschutz statt Umweltschmutz«.

Verhandlungen mit dem Arbeitgeber

Hier ist es erforderlich, die Verhandlungen mit dem Arbeitgeber »generalstabsartig« vorzubereiten und alle Möglichkeiten einer zielgerichteten, systematischen, geplanten und arbeitsteiligen Vorgehensweise zu nutzen. Bisweilen wird vorab eine Art »Grundsatzdebatte« im Betriebsrat (gegebenenfalls zusammen mit dem gewerkschaftlichen Vertrauenskörper) notwendig sein, um die für eine betriebliche »Kampagne« unverzichtbare größtmögliche Einigkeit und Handlungsbereitschaft der beteiligten Interessenvertreter herzustellen.

☐ Die nachfolgende Übersicht »Vorgehensweise des Betriebsrats« (am Problembeispiel → **Überstunden**) sowie die »Checklisten: Vorbereitung, Durchführung und Nachbereitung von Verhandlungen mit dem Arbeitgeber« im Anhang zu diesem Stichwort geben Hinweise auf die – im Rahmen einer betrieblichen Schwerpunktaktion erforderlichen – Etappen/Arbeitsschritte.

☐ Scheitern die Verhandlungen mit dem Arbeitgeber, so hat der Betriebsrat in den Angelegenheiten, in denen ihm Mitbestimmungsrechte zustehen, die Möglichkeit, ein Einigungsstellenverfahren einzuleiten (siehe → **Einigungsstelle**). In manchen Mitbestimmungsfällen entscheidet nicht die Einigungsstelle, sondern das →**Arbeitsgericht** (siehe → **Beteiligungsrechte**).

Übersicht:

Vorgehensweise des Betriebsrats

Ausgangsproblem: Überstunden

1. *Positionsbestimmung*
2. *Bestandsaufnahme*
3. *Analyse*
4. *Forderungen*
5. *Durchsetzung*

Verhandlungen mit dem Arbeitgeber

»Was ist zu tun?«	»Wer ist beteiligt?«
– Arbeitsplanung –	– Arbeitsteilung –

1. Positionsbestimmung (»Grundsatzdebatte«):

In einer (gegebenenfalls außerordentlichen) Betriebsratssitzung findet zunächst (eventuell aus Anlaß eines neuen Überstundenantrags des Arbeitgebers) eine Grundsatzdebatte statt.

- Alle Mitglieder des Betriebsrats (BR) nehmen an dieser Sitzung teil.
- Gegebenenfalls gemeinsame Sitzung des BR mit dem Vertrauenskörper (VK).

In dieser Debatte geht es zunächst einmal nur darum zu klären,
- »ob man die Sache – so wie bisher – laufen läßt« oder
- »ob man in dieser Sache initiativ wird mit dem groben Ziel: Eindämmung der Überstunden«.

- Gegebenenfalls Gewerkschaftssekretär einladen.

Im optimalen Fall endet diese Grundsatzdebatte mit dem Beschluß:

»... es soll eine umfassende Analyse der Situation in der Überstundenfrage vorgenommen werden.«

2. Bestandsaufnahme: (Informationen zum Problem »Überstunden« zusammentragen)
- *Mehrarbeitsbilanz anfertigen (evtl. rückwirkend für mehrere Monate):*
  - Wie viele Überstunden, in welchen Abteilungen, ...?
  - Wo fallen Überstunden regelmäßig, wo unregelmäßig an?
  - Welche Überstunden sind vermeidbar, welche unvermeidbar?
  - Wie viele Arbeitsplätze würden rein rechnerisch bei einem Abbau der vermeidbaren Überstunden entstehen?
  - ...

- Einzelne BR-Mitglieder allein oder in »Team-Arbeit« mit anderen (z. B. Einbeziehung von Vertrauensleuten) oder
- Betriebsausschuß, § 27, oder
- Arbeitszeitausschuß, § 28,
- § 37 Abs. 2 gibt dem einzelnen BR-Mitglied einen Freistellungsanspruch nicht nur für Teilnahme an BR-Sitzungen, sondern auch für sonstige Betriebsratstätigkeit (z. B. für Bestandsaufnahme ...).

Verhandlungen mit dem Arbeitgeber

»Was ist zu tun?« – Arbeitsplanung –	»Wer ist beteiligt?« – Arbeitsteilung –
• *Infos zur Lage der Beschäftigten einholen:* – Entwicklung des Personalbestandes? – Entwicklung der befristeten Arbeitsverträge? – Entwicklung der Leiharbeit? – Sind Entlassungen geplant? – Wie viele Azubis lernen demnächst aus? – Entwicklung des Krankenstandes? – Entwicklung der Arbeitsunfälle? – ...	• Personalausschuß, § 28. • Jugend- und Auszubildendenvertretung (JAV), §§ 60 ff. • Arbeitsschutzausschuß, § 28.
• *Infos über wirtschaftliche Lage und Entwicklung des Unternehmens einholen:* – Umsatzentwicklung und -planung; – Auftragslage (Reichweite), – Produktivitätsentwicklung (Umsatz je Arbeitnehmer oder Umsatz je Arbeitsstunde), – Investitionen (Art und Umfang, Planung ...).	• Wirtschaftsausschuß, §§ 106 ff.

3. Analyse (Auswertung der gesammelten Informationen)

• *Interessenlage der Beschäftigten* Einerseits: Ein Teil der Beschäftigten lehnt Überstunden aus unterschiedlichen Gründen ab: – Überstunden gefährden Interesse an Erhaltung der Gesundheit, mehr Freizeit für Familie ... – Überstunden verletzen das Interesse von Azubis, befristet Beschäftigten ... an unbefristeter Übernahme. – Überstunden verletzen das Interesse von Arbeitslosen an Einstellung. – Überstunden stehen im Widerspruch zum gewerkschaftlichen Kampf um Arbeitszeitverkürzung.	• Gemeinsame Sitzung von BR und VK. • Teilnahme auch der JAV und der Schwerbehindertenvertretung, §§ 29, 32, 67. • Teilnahme des Gewerkschaftssekretärs, § 31. • ggf. Teilnahme von sachkundigen Beschäftigten.

Verhandlungen mit dem Arbeitgeber

»Was ist zu tun?«	»Wer ist beteiligt?«
– Arbeitsplanung –	– Arbeitsteilung –

Andererseits:
  – Bei einigen Beschäftigten steht Interesse an Erhöhung ihres Einkommens im Vordergrund.
  – Andere wiederum wollen Überstunden, weil sie bei Ablehnung Nachteile für sich befürchten.

- *Interessenlage des Arbeitgebers/ Unternehmers:*
  – Absenken und Niedrighalten des Personalbestandes.
  – »Optimale« Anpassung des Personals an schwankende Auftragslage: Auftragsspitzen werden mit Überstunden, befristeter Arbeit usw., Auftragsflauten mit Kurzarbeit »erledigt«.

- *Wie sind Drohungen des Unternehmers einzuschätzen?*
  – Kann Arbeit ohne weiteres in andere Betriebe verlagert werden?
  – Wie stehen die Betriebsräte der anderen Betriebe zu solchen Strategien des Gegeneinanderausspielens?

- Wirtschaftsausschuß (WA)
- Gesamtbetriebsrat (GBR).

4. Forderungen:
Am Ende der Auswertungsphase muß eine Entscheidung getroffen werden: »Wollen wir die Situation im Problembereich ›Überstunden‹ verändern? Wenn, ja, welche *Forderungen* erheben wir?«
Beispiele:
- Keine Zustimmung mehr zu den regelmäßig anfallenden Überstunden in Abteilung A, B, C, D.
- Neueinstellungen in diesen Abteilungen.
- Und/oder: Übernahme von Azubis, befristet Beschäftigten, Leiharbeitnehmern.

- *Ermitteln* und *Diskussion* der Forderungen (möglichst alle Interessenvertreter und Beschäftigte daran beteiligen).
- *Entscheidung* für bestimmte Forderungen durch Beschluß des BR, § 33.

Verhandlungen mit dem Arbeitgeber

»Was ist zu tun?« – Arbeitsplanung –	»Wer ist beteiligt?« – Arbeitsteilung –
• Den in Abteilung E anfallenden unregelmäßigen/unvermeidbaren Überstunden wird nur zugestimmt, wenn sie voll durch Freizeitausgleich abgegolten werden. • Abschluß einer Betriebsvereinbarung, in der die Frage der »rechtzeitigen« Information ausdrücklich geregelt ist (z. B. eine Woche vorher). • Vornahme einer nachvollziehbaren Personalplanung. **5. Durchsetzung:** Verhandlungen mit dem Arbeitgeber. Falls der Arbeitgeber die Forderungen des Betriebsrats ganz oder teilweise ablehnt und evtl. die Rechte des Betriebsrats mißachtet, müssen *Maßnahmen zur Durchsetzung der Forderungen* beschlossen werden: • Nutzung und Sicherung der rechtlichen Möglichkeiten durch Einhaltung des gewerkschaftlichen Rechtsschutzes bzw. eines Rechtsanwaltsbüros. • Nutzung der gewerkschaftlichen Möglichkeiten: Vertrauensleutearbeit aktivieren und Belegschaft mobilisieren! • Z. B. Aktion »Neueinstellungen statt Überstunden« vorbereiten und durchführen • Z. B. Vorbereitung und Durchführung einer Betriebsversammlung mit dem Schwerpunktthema »Überstunden«	 • Beschluß des BR, § 33. • Gewerkschaft einschalten. • Gemeinsame Sitzungen BR und VK.

Verhandlungen mit dem Arbeitgeber

Checkliste:

Vorbereitung von Verhandlungen mit dem Arbeitgeber

Beispiel:
Der Betriebsrat beschließt, die Verbesserung der Arbeitsbedingungen in der Halle XY zu einer Schwerpunktaufgabe für die nächsten Monate zu machen.

Schrittfolge:
1. Umfassende Bestandsaufnahme und Analyse der Ausgangslage, der Planungen des Arbeitgebers in der betreffenden Angelegenheit sowie der Auswirkungen der Lage und der Planungen des Arbeitgebers auf die Beschäftigten.

2. Erarbeitung eines hieraus die Konsequenzen ziehenden Forderungskataloges, der sich an den Interessen der Beschäftigten orientiert, aber gleichermaßen »realistisch« ist. Dabei den »Verhandlungsspielraum« klären; d.h. Maximal-/Minimalforderungen festlegen.

3. Konkretisierung der Forderungen in Form eines (schriftlich) ausformulierten »Entwurfs einer Betriebsvereinbarung«.

4. Erarbeitung von Begründungen zu jedem einzelnen Paragraphen des Betriebsvereinbarungsentwurfs.

5. Gegenargumente zu den bereits bekannten und zu erwartenden Argumenten des Arbeitgebers sammeln.

6. Die Rechtslage klären: Zu welchen Punkten bestehen Informationsrechte, wo hat der Betriebsrat Mitwirkungsrechte, welche Angelegenheiten sind mitbestimmungspflichtig. Welche Schritte können gegangen werden, um die Rechte des Betriebsrats zu sichern? Insbesondere: Ist die Sache einigungsstellenfähig?

7. Alle Schritte von Anfang an im Einvernehmen und in Zusammenarbeit mit dem gewerkschaftlichen Vertrauenskörper gehen. Mit Sicherheitsfachkraft, Betriebsarzt, Sicherheitsbeauftragtem zusammenarbeiten (gegebenenfalls auch mit Beamten der Berufsgenossenschaft und des Gewerbeaufsichtsamtes). Auf den Sachverstand von Belegschaftsangehörigen zurückgreifen und – je nach tatsächlicher und juristischer Schwierigkeit der Angelegenheit – auch hauptamtliche Gewerkschaftssekretäre sowie → **Sachverständige** einschalten.

8. Von Anfang an die betroffenen Beschäftigten (denn um deren Interessen geht es schließlich) in den Willensbildungsprozeß mit einbeziehen. Hierzu gehört insbesondere die umfassende Information der Belegschaft vor und nach den jeweiligen Verhandlungsrunden. Bei der Information der Belegschaft klar herausarbeiten:

- Was fordert der Betriebsrat?
- Was will der Arbeitgeber?
- Über welche Positionen hat man sich geeinigt?
- Welche Positionen blieben strittig?
- Welche Probleme hat es bei den Verhandlungen gegeben?

Verhandlungen mit dem Arbeitgeber

9. Diskussionsbeiträge, Anregungen, Kritik der Belegschaftsangehörigen aufnehmen, schriftlich festhalten und verarbeiten. Dabei sollte vermieden werden, auf Anregungen der Beschäftigten mit Argumenten zu antworten, die der Arbeitgeber zur Begründung seiner Position vorgebracht hat. Dies sollte der Betriebsrat getrost dem Arbeitgeber überlassen.

10. Gemeinsam mit Vertrauenskörper, Belegschaftsangehörigen und Gewerkschaftsvertretern Maßnahmen durchdenken und gegebenenfalls durchführen, die das Verhandlungsgewicht des Betriebsrats erhöhen (z. B. Betriebsversammlung vorbereiten und durchführen, mögliche rechtliche Schritte auflisten, androhen und gegebenenfalls durchführen).

11. Den Ablauf der Verhandlung mit dem Arbeitgeber »durchplanen«:
- Wann und wo soll die Verhandlung stattfinden?
- Wer nimmt an der Verhandlung teil?
- Wer »leitet« die Sitzung?
- Wer bringt was zu welchem Zeitpunkt ein?
- Welche Unterlagen müssen bereitgehalten bzw. vorbereitet werden?
- Wer führt das Protokoll?
- An welchen »Stellen« werden die Verhandlungen unterbrochen?

12. Die wichtigsten Ergebnisse der Schritte 1 bis 11 (stichwortartig) schriftlich festhalten!

Checkliste:

Durchführung von Verhandlungen mit dem Arbeitgeber

Hinweise für die Verhandlungskommission des Betriebsrats:

1. Keine langen Vorreden, sondern zügig »zur Sache kommen«.
2. An die besprochene Vorgehensweise, insbesondere an die Rollenverteilung halten; Unterlagen bereithalten.
3. Selbstsicheres Auftreten; die Verhandlungsführung übernehmen und behalten. Ggf. eigenen Betriebsvereinbarungsentwurf vorlegen.
4. Klarstellen, welche Verhandlungsgegenstände/Probleme aus der Sicht des Betriebsrats zu verhandeln sind.
5. Zu jedem Verhandlungsgegenstand:
    - kurze Darstellung der Ausgangssituation (betriebliches Problem, Antrag des Arbeitgebers usw.);
    - Maximal-Forderungen des Betriebsrats selbstbewußt und – wie abgesprochen – vortragen und begründen.
6. Verhandlungsdruck entwickeln:
    - Deutlich und glaubhaft machen, daß der Betriebsrat im Hinblick auf seine Forderungen die Belegschaft »im Rücken hat«.
    - Darlegen, daß sich eine Realisierung der Forderungen des Betriebsrats letztlich auch für den Arbeitgeber »rechnet«.

Verhandlungen mit dem Arbeitgeber

- Hinweis auf mögliche negative Folgen für den Betrieb, falls Arbeitgeber keine Kompromißbereitschaft zeigt.
- Hinweis darauf, daß im Falle der Ablehnung der Forderungen des Betriebsrats die Belegschaft über den Verhandlungsstand und die unnachgiebige Haltung des Arbeitgebers informiert werden muß (z. B. in Form von Betriebs- oder Abteilungsversammlungen).
- Rechtslage verdeutlichen; auf Gerichtsentscheidungen hinweisen, die die Position des Betriebsrats unterstützen; gegebenenfalls die Bereitschaft des Betriebsrats kundtun, rechtliche Schritte (z. B. Arbeitsgerichtsverfahren, Einigungsstellenverfahren) einzuleiten.

7. Übliche Verhandlungstaktiken der Gegenseite erkennen und sich davon nicht aus dem Konzept bringen lassen:
   - Bei Ablenkungsmanövern auf das Verhandlungsthema zurückführen;
   - bei Spaltungsversuchen deutlich machen, daß auf der Grundlage von Beschlüssen des Betriebsrats verhandelt wird;
   - Schmeicheleien und sonstige Einwickelversuche mit Nüchternheit über sich ergehen lassen.
   - Unfaire Verhandlungstaktiken der Gegenseite (Unterbrechen, Verunsichern, Drohen, Nötigen usw.) gegebenenfalls mit Hinweis auf Gebot vertrauensvoller Zusammenarbeit (§ 2 Abs. 1 BetrVG) zurückweisen.

8. Notfalls Verhandlungen unterbrechen (bei eingetretener Verunsicherung, Meinungsverschiedenheiten zwischen Mitgliedern des Betriebsrats usw.).

9. Verhandlungszwischenstand formulieren:
   - Was ist mittlerweile unstrittig?
   - Welche Punkte sind offen?
   - Wo könnte ein für beide Seiten tragbarer Kompromiß liegen?
   - Welche weitere Vorgehensweise bietet sich an, um zu einem Ergebnis zu gelangen?

10. Verhandlungsergebnis formulieren und schriftlich festhalten:
    - Zusagen des Arbeitgebers konkret, gegebenenfalls wörtlich protokollieren; schwammige Formulierungen und unverbindliche Ankündigungen nicht akzeptieren.
    - Eigene Zusagen, Zugeständnisse usw. nur im Rahmen der Beschlüsse des Betriebsrats und unter dem Vorbehalt der Zustimmung des Betriebsrats machen.
    - keine Zusagen, Zugeständnisse usw., wenn vorher im Betriebsrat festgelegte Minimalforderungen nicht durchgesetzt werden konnten (in diesem Fall, Verhandlung vertagen und Sache im Betriebsrat erneut beraten).

Verhandlungen mit dem Arbeitgeber

Checkliste:

Nachbereitung von Verhandlungen mit dem Arbeitgeber

1. Bewertung des Ablaufs der Verhandlung:
   - Was ist gut gelaufen?
   - Was ist schlecht gelaufen?
   - Was muß beim nächsten Mal besser gemacht werden?
2. Bewertung des Ergebnisses der Verhandlung:
   - Wie ist das erreichte Ergebnis zu bewerten? (Was wurde gefordert? Was wurde erreicht?)
   - Stellt das Verhandlungsergebnis einen tragbaren Kompromiß dar?
3. Einschätzung der weiteren Entwicklung:
   - Ist bei einer Fortsetzung der Verhandlung ein besseres Ergebnis erreichbar?
   - Welche noch nicht vorgebrachten »Argumente« gibt es, den Arbeitgeber in Richtung eines besseren Ergebnisses »zu bewegen«?
   - Müssen die Verhandlungen als gescheitert angesehen werden?
   - Welche weiteren Schritte sind zu gehen?
4. Information des Vertrauenskörpers, der Jugend- und Auszubildendenvertretung, der Schwerbehindertenvertretung und gegebenenfalls der Gewerkschaft über den erreichten Verhandlungsstand und Diskussion über weitere Vorgehensweise.
5. Information der Belegschaft über den erreichten Verhandlungsstand (schriftlich in Info-Blatt oder in Betriebs- oder Abteilungsversammlung) und über Absichten des Betriebsrats über weitere Vorgehensweise und Diskussion.
6. Beschlußfassung im Betriebsrat über weitere Vorgehensweisen auf der Grundlage der im Verlauf der Nachbereitung gewonnenen Einschätzungen und Erkenntnisse.
7. Durchführung der Beschlüsse.

Versetzung

Was ist das?

☐ Eine Versetzung ist nach § 95 Abs. 3 BetrVG die »Zuweisung eines anderen Arbeitsbereichs«,
- die voraussichtlich die Dauer von einem Monat überschreitet oder (!)
- die zwar voraussichtlich kürzer als einen Monat dauern soll, aber mit einer erheblichen Änderung der Umstände verbunden ist, unter denen die Arbeit zu leisten ist.

☐ Unter »Zuweisung eines anderen Arbeitsbereichs« werden im wesentlichen folgende Fälle verstanden:

1. Fall:

Die Zuweisung eines anderen Arbeitsortes.

Beispiel: bisheriger Arbeitsort: Köln; neuer Arbeitsort: Leipzig.

2. Fall:

Die Zuweisung zu einer anderen Abteilung innerhalb des Betriebes bzw. Unternehmens.

Beispiel: bisherige Tätigkeit: Sekretärin in der Abteilung »Einkauf«; neuer Einsatz: Sekretärin in der Abteilung »Verkauf«.

3. Fall:

Die Zuweisung einer anderen Tätigkeit.

Beispiel: bisherige Tätigkeit: Verkäufer; neue Tätigkeit: Einkäufer.

4. Fall:

Die Erweiterung oder Verkürzung des bisherigen Aufgabenbereichs.

Beispiel: Bestellung eines Arbeitnehmers zum betrieblichen Datenschutzbeauftragten. Die hiermit verbundenen Aufgaben übt er zusätzlich zu seiner bisherigen Tätigkeit aus.

Versetzung

5. Fall:

Die Zuweisung eines anderen Arbeitsbereichs – und damit eine Versetzung – kann auch durch eine erhebliche Veränderung der Umstände, unter denen die Arbeit zu leisten ist, bewirkt werden. Diese Umstände sind nicht nur bei Abordnungen bis zu einem Monat zu berücksichtigen.

Beispiel: erhebliche Umgestaltung der Arbeitsumgebung bzw. der Umgebungseinflüsse wie Lärm, Hitze; erhebliche Veränderung der Technik bzw. der fachlichen Anforderungen.

Eine Veränderung der Lage der Arbeitszeit allein (z. B. von Normalschicht auf Wechsel- oder Nachtschicht) stellt nach herrschender Meinung keine Versetzung dar. Allerdings kann es sich hierbei um einen nach § 87 Abs. 1 Nr. 2 BetrVG mitbestimmungspflichtigen Vorgang handeln (siehe → **Nachtarbeit**, → **Schichtarbeit**).

☐ Sind die vorgenannten Veränderungen auf eine längere Zeit als ein Monat geplant, liegt eine Versetzung vor.

Sollen die vorgenannten Veränderungen dagegen weniger als einen Monat andauern, stellen sie nur dann eine Versetzung dar, wenn sie mit einer »erheblichen Änderung der Arbeitsumstände« einhergehen (diese Voraussetzung ist im 5. Fall natürlich regelmäßig gegeben).

☐ Nicht als Versetzung angesehen werden die nachfolgend benannten Fälle:

1. Fall:

Die Zuweisung eines anderen Arbeitsbereichs, die voraussichtlich nicht länger als einen Monat dauert und die nicht mit einer erheblichen Änderung der Arbeitsumstände verbunden ist.

Beispiel: dreiwöchige Vertretung einer erkrankten Schreibkraft durch eine in der gleichen Abteilung beschäftigte andere Schreibkraft.

2. Fall:

Ein Arbeitnehmer ist nach der Eigenart seines Arbeitsverhältnisses üblicherweise nicht an einem bestimmten Arbeitsplatz/Arbeitsort tätig, § 95 Abs. 3 Satz 2 BetrVG.

Beispiel: Montagearbeiter, Springer.

Versetzung

Bedeutung für die Betriebsratsarbeit

☐ Bei Versetzungen hat der Betriebsrat nach § 99 BetrVG ein Informations- und Mitbestimmungsrecht. Das Mitbestimmungsrecht ist allerdings nur ein »Zustimmungsverweigerungsrecht« (»Vetorecht«, kein Initiativrecht). Das heißt, der Betriebsrat kann aus bestimmten, in § 99 Abs. 2 BetrVG aufgeführten Gründen die Zustimmung zu einer vom Arbeitgeber geplanten Versetzung verweigern. Mit der Folge, daß der Arbeitgeber das Arbeitsgericht anrufen muß, wenn er die Versetzung trotz Zustimmungsverweigerung vornehmen will (siehe § 99 Abs. 4 BetrVG). Der Betriebsrat hat aber – vom Ausnahmefall des § 104 BetrVG abgesehen (= Versetzung »betriebsstörender« Arbeitnehmer) – keine rechtliche Handhabe, seinerseits die Versetzung eines Arbeitnehmers durchzusetzen.

☐ Zu den Informationspflichten des Arbeitgebers nach § 99 Abs. 1 BetrVG siehe → **Einstellung**.

☐ Der Arbeitgeber benötigt die Zustimmung des Betriebsrats zur geplanten Versetzung auch dann, wenn der betroffene Arbeitnehmer mit der Versetzung einverstanden ist!

☐ Es ist zu beachten, daß auch die Rechte des Betriebsrats nach § 102 BetrVG bei einer geplanten Versetzung ausgelöst werden können. Nämlich dann, wenn die Versetzung mit einer Veränderung des → **Arbeitsvertrages** einhergeht, und der Betroffene sein Einverständnis verweigert. In diesem Falle muß der Arbeitgeber, wenn er die Versetzung gegenüber dem Arbeitnehmer durchsetzen will, eine Änderungskündigung aussprechen (siehe unten und → **Änderungskündigung**).

☐ Schließlich ist zu bedenken, daß mit einer Versetzung regelmäßig eine Ein- bzw. Umgruppierung verbunden ist. Auch hierzu muß der Arbeitgeber die Zustimmung des Betriebsrats beantragen; der Betriebsrat muß auch insoweit seine Stellungnahme abgeben (siehe → **Eingruppierung/Umgruppierung**).

☐ Vorgehensweise des Betriebsrates, wenn der Arbeitgeber beim Betriebsrat die Zustimmung zu einer geplanten Versetzung und Ein-/Umgruppierung beantragt (Beispiel):

● Nach Eingang des Zustimmungsantrages des Arbeitgebers beruft der Betriebsratsvorsitzende eine Betriebsratssitzung ein (unter Mitteilung des Tagesordnungspunktes!) An Ersatzmitglieder und sonstige einzuladende Personen denken (siehe → **Betriebsratssitzung**);

Versetzung

- der Betriebsratsvorsitzende informiert die übrigen Betriebsratsmitglieder in der Sitzung über die vom Arbeitgeber geplante Versetzung (und Ein-/Umgruppierung);
- erste Einschätzungen werden ausgetauscht;
- Beschluß des Betriebsrats: Vor abschließender Stellungnahme soll Sachverhalt näher aufgeklärt werden (z. B. durch Gespräch mit dem/der Betroffenen, mit der Personalabteilung, mit den zuständigen Vertrauensleuten usw.);
- der Betriebsratsvorsitzende beruft noch innerhalb der Wochenfrist des § 99 Abs. 3 BetrVG eine weitere Sitzung ein, in der die Angelegenheit nach Diskussion durch ordnungsgemäße Beschlußfassung (§ 33 BetrVG) entschieden wird;
- im Falle der Zustimmungsverweigerung wird ein entsprechendes Schreiben (Begründung!) aufgesetzt, vom Betriebsratsvorsitzenden unterschrieben und noch innerhalb der Wochenfrist an den Arbeitgeber übermittelt.

☐ Gegebenenfalls reichen – bei entsprechender sorgfältiger Vorbereitung – Beratung und Beschlußfassung in **einer** Betriebsratssitzung aus.

☐ Zu beachten ist, daß eine Zustimmungsverweigerung nur dann ordnungsgemäß ist, wenn sie unter Heranziehung mindestens eines der in § 99 Abs. 2 BetrVG aufgeführten Fallbeispiele »schriftlich begründet« wird (§ 99 Abs. 3 BetrVG).

Dabei genügt es nicht, den Wortlaut der in § 99 Abs. 2 BetrVG nur zu wiederholen.

Beispiel:

... der Betriebsrat verweigert gemäß § 99 Abs. 2 Nr. 4 BetrVG die Zustimmung zur Versetzung der Frau Rita Segel, weil sie hierdurch benachteiligt wird, ohne daß dies aus betrieblichen oder in der Person der Betroffenen liegenden Gründen gerechtfertigt ist.

Eine solche »Zustimmungsverweigerung« ist rechtlich völlig wirkungslos.

☐ Vielmehr muß der Gesetzeswortlaut durch Darlegung tatsächlicher Umstände »mit Leben erfüllt« werden (siehe Musterschreiben »Zustimmungsverweigerung nach § 99 Abs. 2 BetrVG« im Anhang zu dem hier besprochenen Stichwort).

Versetzung

☐ Schließlich ist erforderlich, daß die – ordnungsgemäß begründete – Zustimmungsverweigerung »innerhalb einer Woche« nach Unterrichtung durch den Arbeitgeber beim Arbeitgeber eingeht (§ 99 Abs. 3 BetrVG; zur Berechnung der Wochenfrist siehe → **Fristen**). Wird die Frist überschritten, gilt die Zustimmung des Betriebsrats zur geplanten Maßnahme als erteilt (§ 99 Abs. 3 Satz 2 BetrVG).

☐ Rechtsfolge einer ordnungsgemäßen Zustimmungsverweigerung: Der Arbeitgeber darf die Maßnahme zunächst nicht durchführen. Vielmehr muß er nach § 99 Abs. 4 BetrVG ein Zustimmungsersetzungsverfahren beim Arbeitsgericht einleiten, wenn er an seiner Versetzungsabsicht festhalten will. Gleiches gilt, wenn der Betriebsrat die Zustimmung zur → **Eingruppierung/Umgruppierung** verweigert hat.

☐ Nach § 100 BetrVG darf der Arbeitgeber ausnahmsweise eine personelle Maßnahme, also z. B. eine Versetzung, »vorläufig« durchführen, wenn dies aus »sachlichen Gründen dringend erforderlich ist«. Bestreitet allerdings der Betriebsrat → **unverzüglich** die Dringlichkeit, so darf der Arbeitgeber die Versetzung nur aufrechterhalten, wenn er »innerhalb von drei Tagen« (siehe → **Fristen**) beim Arbeitsgericht ein Zustimmungsersetzungsverfahren einleitet und gleichzeitig die Feststellung beantragt, daß die Maßnahme »aus sachlichen Gründen dringend erforderlich war« (siehe insoweit → **Einstellung**).

☐ Führt der Arbeitgeber die Versetzung trotz Zustimmungsverweigerung (und ohne daß ein Fall des § 100 BetrVG vorliegt) durch, kann der Betriebsrat nach § 101 BetrVG vorgehen: Auf Antrag des Betriebsrats gibt das Arbeitsgericht dem Arbeitgeber unter Androhung eines Zwangsgeldes auf, die Versetzung rückgängig zu machen. Siehe auch: → **Eingruppierung/Umgruppierung**.

Bedeutung für den Beschäftigten

☐ Der Arbeitgeber benötigt nicht nur die Zustimmung des Betriebsrats zur geplanten Versetzung. Er muß auch gegenüber dem betroffenen Arbeitnehmer auf arbeitsvertraglicher Ebene zur Versetzung berechtigt sein.

Dies ist der Fall,

Versetzung

- wenn sich die Versetzung »im Rahmen« dessen bewegt, was arbeitsvertraglich vereinbart ist: Wenn also der Arbeitsvertrag als solcher dem Arbeitgeber das Recht einräumt, Art und Ort der Tätigkeit durch Ausübung seines »Direktionsrechts« (= Weisungsrecht) einseitig ohne besondere Einwilligung des Arbeitnehmers zu bestimmen (siehe →**Arbeitsvertrag**);
oder
- wenn die Versetzung den vertraglich vereinbarten Rahmen zwar überschreitet, der Arbeitnehmer sich aber mit einer Veränderung des Arbeitsvertrages und damit mit der Versetzung einverstanden erklärt hat (= einvernehmliche Änderung des Arbeitsvertrages);
oder
- wenn eine arbeitsvertragliche Berechtigung oder Einwilligung des Betroffenen in die Veränderung des Arbeitsvertrages zwar nicht vorliegt, aber der Arbeitgeber dem Arbeitnehmer gegenüber eine wirksame Änderungskündigung (= einseitige Änderung des Arbeitsvertrages) ausspricht (siehe →**Änderungskündigung**).

☐ Beachten: Auch wenn der Arbeitnehmer sich mit der Versetzung einverstanden erklärt hat, benötigt der Arbeitgeber dennoch die Zustimmung des Betriebsrats nach § 99 BetrVG!

Musterschreiben:

Zustimmungsverweigerung nach § 99 Abs. 2 BetrVG

Ausgangsfall: Der Arbeitgeber beabsichtigt Versetzung mit Umgruppierung; die Versetzung bewegt sich »im Rahmen« des arbeitsvertraglich Vereinbarten.

An die   X-Stadt, den...
Geschäftsleitung
im Hause

Betr.: Beabsichtigte Versetzung und Umgruppierung der Frau Rita Segel

Bezug: Ihr Schreiben vom...

Sehr geehrte Damen und Herren,
der Betriebsrat hat in seiner Sitzung vom... den Beschluß gefaßt, die Zustimmung zur beabsichtigten »Versetzung« der Frau Rita Segel in die Verpackerei gemäß § 99 Abs. 2 Nr. 4 BetrVG und die Zustimmung zur geplanten »Umgruppierung« nach § 99 Abs. 2 Nr. 1 BetrVG zu verweigern.

Versetzung

Begründung:

1. Der von Ihnen vorgesehene Arbeitseinsatz in der Verpackerei würde den Gesundheitszustand der Frau Segel erheblich beeinträchtigen und damit eine Benachteiligung im Sinne des § 99 Abs. 2 Nr. 4 BetrVG bewirken.

Wie aus der beiliegenden Bescheinigung ihres Hausarztes hervorgeht, ist Frau Segel außerstande, schwere Hebetätigkeiten zu verrichten. Gerade solche Tätigkeiten fallen aber in der Verpackerei und an dem für Frau Segel vorgesehenen Arbeitsplatz regelmäßig an. Hinzu kommt, daß an dem vorgesehenen Arbeitsplatz nur stehend gearbeitet werden kann. Auch dies würde zu einer Beeinträchtigung des Gesundheitszustandes der Frau Segel führen.

Es sind auch weder betriebliche noch in der Person der Frau Segel liegende Gründe ersichtlich, die die Versetzung rechtfertigen könnten. Im Gegenteil: Der von Frau Segel derzeit besetzte Arbeitsplatz in der Bandmontage ist keineswegs entbehrlich geworden . . . (wird ausgeführt).

2. Auch zu der von Ihnen angestrebten Umgruppierung versagt der Betriebsrat seine Zustimmung. Die Zustimmungsverweigerung wird gestützt auf § 99 Abs. 2 Nr. 1 BetrVG:

Die von Ihnen geplante Einstufung der für Frau Segel vorgesehenen Tätigkeit verstößt gegen § XY des Tarifvertrages YZ. Denn . . . . (wird ausgeführt).

Der Betriebsrat
– Unterschrift –
Betriebsratsvorsitzender

Checkliste:

Prüfliste für eine Versetzung/Umgruppierung (§§ 99, 102, BetrVG)

Diese Liste berücksichtigt die wesentlichen vom Betriebsrat zu überprüfenden Punkte, dient der Entscheidungsfindung und gleichzeitig der Fristenkontrolle.

1. Eingang der Nachricht über die beabsichtigte Versetzung/ Umgruppierung

   Datum:

2. Letzter Tag zur Stellungnahme des BR – 1 Woche –

3. Nächste BR-Sitzung

4. Wann soll die Versetzung/Höher- oder Abgruppierung erfolgen?

Versetzung

5. Angaben zur Person:

_____   _____
Name   Vorname

_____   _____
Geburtsdatum   Dauer der Betriebszugehörigkeit

_____   _____
jetzige Beschäftigung   vorgesehene Beschäftigung

_____   _____
jetzige Tarifgruppe   vorgesehene Tarifgruppe

_____   _____
Ausbildung des AN   zusätzl. Aus- und Fortbildung

6. Ist Arbeitnehmer/in   Ja   Nein
   – Schwerbehinderte/r
     Gleichgestellte/r?   _____   _____

   – sonstige schutzbedürftige
     Person?   _____   _____

7. Ist die Umgruppierung mit
   einer Versetzung verbunden?   _____   _____

8. Ist der/die betroffene
   Arbeitnehmer/in mit der

   – Versetzung   _____   _____

   – Höhergruppierung oder   _____   _____

   – Abgruppierung
     einverstanden?   _____   _____

9. Liegt ein Verstoß gegen allgemeine Vorschriften vor:

   – gegen den Gleich-
     behandlungsgrundsatz   _____   _____

   – gegen sonstige gesetzliche,
     tarifliche oder einzelvertrag-
     liche Vorschriften   _____   _____

Versetzung

10. Kann die Zustimmung zur Versetzung/Höher- oder Abgruppierung verweigert werden wegen   Ja   Nein

   a) Verstoß gegen geltendes Recht, z. B.

      – Gesetz

      – Verordnung

      – Unfallverhütungsvorschrift

      – Tarifvertrag

      – gerichtliche Entscheidung

      – behördliche Anordnung

   b) Verstoß gegen Regeln in Auswahlrichtlinie zu Versetzung oder Umgruppierung

   c) Besorgnis, daß infolge der Versetzung oder Umgruppierung im Betrieb Beschäftigte

      – gekündigt werden oder

      – sonstige Nachteile erleiden

     ohne daß dies aus betrieblichen Gründen gerechtfertigt ist

   d) Benachteiligung der/des betroffenen Arbeitnehmers/in

   e) Unterlassen der internen Stellenausschreibung

   f) begründeter Besorgnis, daß der/die in Aussicht genommene Bewerber/in bzw. Beschäftigte den Betriebsfrieden durch

      – gesetzwidriges Verhalten

      – oder durch grobe Verletzung der in § 75 Abs. 1 enthaltenen Grundsätze stören werde

Versetzung

11. Kann der Änderungskündigung widersprochen werden, weil   Ja   Nein

   - der Arbeitgeber bei Auswahl des zu kündigenden AN soziale Gesichtspunkte nicht oder nicht ausreichend berücksichtigt hat   _____   _____

   - die Kündigung gegen eine Richtlinie nach § 95 BetrVG verstößt   _____   _____

   - der zu kündigende AN an einem anderen Arbeitsplatz im selben Betrieb oder in einem anderen Betrieb des Unternehmens weiterbeschäftigt werden kann   _____   _____

   - die Weiterbeschäftigung des AN nach zumutbaren Umschulungs- oder Fortbildungsmaßnahmen mögl. ist oder   _____   _____

   - eine Weiterbeschäftigung des AN unter geänderten Vertragsbedingungen möglich ist und der AN sein Einverständnis hiermit erklärt hat   _____   _____

12. Stimmt der BR der

   - Versetzung   _____   _____

   - Höhergruppierung oder   _____   _____

   - Abgruppierung   _____   _____

   zu?

13. Genaue Gründe für Zustimmungsverweigerung/ Widerspruch

14. Wann wurde dem Arbeitgeber der Beschluß des BR schriftlich mitgeteilt?

Datum   Unterschrift

Aus: IG Metall Vorstand (Hrsg.), Rechte des Betriebsrats bei personellen Einzelmaßnahmen, 1994.

Werkwohnung

Was ist das?

☐ Unter den Begriff »Werkwohnung« wird häufig sowohl die »Werkmietwohnung« als auch die »Werkdienstwohnung« gefaßt. Da sich an beide Wohnungsformen aber unterschiedliche rechtliche Regelungen anknüpfen, müssen sie unterschieden werden.

Eine »Werkmietwohnung« ist eine solche, über die zwischen Arbeitgeber und Arbeitnehmer »mit Rücksicht« auf das Bestehen eines Arbeitsverhältnisses ein »normaler« Mietvertrag abgeschlossen wird.

Beispiel:
Wohnungen, die in Zeiten knappen Wohnraums von Firmen gebaut oder gekauft und sodann an eigene Arbeitnehmer vermietet werden mit der Zielsetzung, diese anzuwerben bzw. zu halten.

Auf die Vermietung einer solchen Wohnung finden die allgemeinen bürgerlich-rechtlichen Mieterschutzbestimmungen (insbesondere über Kündigungsschutz, Schutz vor unangemessenen Mieterhöhungen usw.) nach Maßgabe der besonderen Vorschriften der §§ 565a bis 565d BGB Anwendung. Ebenfalls gilt die Mitbestimmungsregelung des § 87 Abs. 1 Nr. 9 BetrVG (siehe unten).

☐ Demgegenüber handelt es sich um eine »Werkdienstwohnung«, wenn diese »im Rahmen« eines arbeitsvertraglichen Verhältnisses dem Arbeitnehmer im überwiegenden Interesse des Betriebs – ohne Abschluß eines besonderen Mietvertrages – zugewiesen wird (vgl. § 565e BGB).

Beispiel:
Überlassung einer auf dem Firmengelände liegenden Wohnung an den als Hausmeister beschäftigten Arbeitnehmer, damit dieser jederzeit und schnell verfügbar ist.

Werkwohnung

Für derartigen Wohnraum gelten die Mietrechtsvorschriften und § 87 Abs. 1 Nr. 9 BetrVG grundsätzlich nicht, es sei denn, es liegen folgende (allerdings recht häufige) Ausnahmetatbestände vor: Ist nämlich die Werkdienstwohnung ganz oder überwiegend vom Arbeitnehmer möbliert oder führt er in der Wohnung mit seiner Familie einen eigenen Hausstand, so sind »für den Fall der Beendigung des Vertragsverhältnisses« die Mietrechtsbestimmungen nun doch wieder heranzuziehen (vgl. § 565e BGB). Auch die Mitbestimmungsvorschrift des § 87 Abs. 1 Nr. 9 BetrVG ist auf derartige Fallgestaltungen anzuwenden.

Bedeutung für die Betriebsratsarbeit

☐ Der Betriebsrat hat gemäß § 87 Abs. 1 Nr. 9 BetrVG ein Mitbestimmungsrecht (einschließlich des Initiativrechts) bei der

Zuweisung und Kündigung von Wohnräumen, die dem Arbeitnehmer mit Rücksicht auf das Bestehen eines Arbeitsverhältnisses vermietet werden, sowie bei der allgemeinen Festlegung der Nutzungsbedingungen.

☐ Das Mitbestimmungsrecht des Betriebsrats erfaßt – wie oben ausgeführt – die sogenannten »Werkmietwohnungen«. Ein Mitbestimmungsrecht bei »Werkdienstwohnungen« im Sinne des § 565e BGB besteht nur in den oben beschriebenen Ausnahmefällen.

☐ Handelt es sich um eine »Werkmietwohnung«, so kommt es im Rahmen des § 87 Abs. 1 Nr. 9 BetrVG nicht darauf an, ob die Wohnung möbliert oder unmöbliert ist oder ob sie nur aus einem Raum besteht (z.B. in einem Wohnheim). Deshalb ist die Zuweisung oder Kündigung auch von Wohnraum auch dann mitbestimmungspflichtig, wenn er vom Arbeitgeber möbliert an Arbeitnehmer ohne Familie vermietet wird. Es entfällt bei solchem Wohnraum nur die allgemeine Mieterschutzbestimmung des § 564b Bürgerliches Gesetzbuch. Gleiches gilt, wenn der Wohnraum nur zum vorübergehenden Gebrauch vermietet wird.

☐ Mitbestimmungspflichtig nach § 87 Abs. 1 Nr. 9 BetrVG sind im einzelnen folgende Sachverhalte:

- die »Zuweisung« von Wohnraum im Einzelfall, also insbesondere die Auswahl des zukünftigen Mieters unter mehreren Anwärtern;

Werkwohnung

aber auch die Aufstellung einer Anwärterliste nach sozialen Kriterien;
- die »Kündigung« von Wohnraum durch den Arbeitgeber im Einzelfall, gleichgültig ob es sich um eine fristgerechte oder fristlose Kündigung handelt;
- die allgemeine Festlegung der Nutzungsbedingungen: insbesondere Erstellung eines Mustermietvertrages, einer Hausordnung, Grundsätze der Mietzinsbildung (der jeweils geltende Quadratmeterpreis bei Wohnungen unterschiedlicher Größe und Qualität, Regelungen über Nebenkosten).

☐ Allerdings bewegt sich das Mitbestimmungsrecht nur innerhalb des »Dotierungsrahmens«, das heißt innerhalb des Rahmens der vom Arbeitgeber – mitbestimmungsfrei – bereitgestellten finanziellen Mittel (siehe → **Sozialeinrichtung**).

☐ Ohne Zustimmung des Betriebsrats sind weder der Abschluß eines Mietvertrages noch die »Kündigung« der Werkmietwohnung noch Regelungen über die Nutzungsbedingungen rechtlich wirksam. Bei Zustimmungsverweigerung durch den Betriebsrat muß der Arbeitgeber die → **Einigungsstelle** anrufen, falls er an seiner (Zuweisungs-, Kündigungs- oder Regelungs-)Absicht festhalten will (vgl. § 87 Abs. 2 BetrVG).

☐ Neben dem Mitbestimmungsrecht des Betriebsrats hat der Arbeitgeber – aber auch die Einigungsstelle – das einschlägige Mieterschutzrecht zu beachten, insbesondere die Kündigungsschutzbestimmungen des Bürgerlichen Gesetzbuches wie auch die Vorschriften zum Schutz vor unangemessenen Mieterhöhungen (vgl. »Gesetz zur Regelung der Miethöhe«, MHRG). Wird gegen das Mieterschutzrecht verstoßen, sind entsprechende Maßnahmen des Arbeitgebers auch dann unwirksam, wenn der Betriebsrat zugestimmt oder die Einigungsstelle die Zustimmung ersetzt hat.

☐ Da Werkmietwohnungen gleichzeitig »Sozialeinrichtungen« im Sinne des § 87 Abs. 1 Nr. 8 BetrVG sind, findet auch diese Regelung Anwendung. Das heißt, der Betriebsrat hat mitzubestimmen auch hinsichtlich der Form, Ausgestaltung und Verwaltung von Werkmietwohnungen.

Werkwohnung

Beispiel:
Im Wege seines Initiativrechtes kann der Betriebsrat Lärmschutzmaßnahmen in Werkmietwohnungen von Schichtarbeitern verlangen (= Ausgestaltung). Bei Ablehnung durch den Arbeitgeber entscheidet die Einigungsstelle.

☐ Mitbestimmungsfrei ist dagegen auch hier die Frage, ob und in welchem Umfang (»Dotierungsrahmen«) und an welchen – abstrakt festgelegten – Personenkreis der Arbeitgeber Werkmietwohnungen zur Verfügung stellt (siehe insoweit → **Sozialeinrichtung**).

Bedeutung für den Beschäftigten

☐ Die Rechte des Beschäftigten nach dem allgemeinen Mieterschutzrecht werden durch das Mitbestimmungsrecht des Betriebsrats nicht eingeschränkt. Das heißt, er kann sich – notfalls im Klagewege – gegen eine Kündigung der Wohnung auch dann wehren, wenn der Betriebsrat – oder die Einigungsstelle – der Kündigung zugestimmt hat. Gleiches gilt, wenn Mieterhöhungen vorgenommen werden sollen und der Arbeitnehmer hiermit nicht einverstanden ist. Zuständiges Gericht ist insoweit das Amtsgericht, nicht das Arbeitsgericht.

Wirtschaftliche Angelegenheiten

☐ Das Betriebsverfassungsgesetz unterscheidet vier Bereiche, innerhalb derer dem Betriebsrat → **Beteiligungsrechte** zustehen:
- soziale Angelegenheiten, §§ 87 bis 89 BetrVG;
- Gestaltung von Arbeitsplatz, Arbeitsablauf und Arbeitsumgebung, §§ 90, 91 BetrVG;
- personelle Angelegenheiten, §§ 92 bis 105 BetrVG;
- wirtschaftliche Angelegenheiten, §§ 106 bis 113 BetrVG.

☐ Im Bereich der »wirtschaftlichen Angelegenheiten« bestehen im wesentlichen folgende Beteiligungsrechte:

§ 106 bis § 110 BetrVG:

Nach § 106 BetrVG ist der Unternehmer verpflichtet, den Wirtschaftsausschuß (= Organ des Betriebsrats bzw. Gesamtbetriebsrats; vgl. § 107 Abs. 2 Satz 2 BetrVG) über die wirtschaftliche Lage und Entwicklung des Unternehmens sowie wichtige unternehmerische Planungen und Vorhaben zu »informieren«. Des weiteren ist er verpflichtet, diese Angelegenheiten mit dem Wirtschaftsausschuß zu »beraten« (zu den weiteren Pflichten des Arbeitgebers siehe → **Jahresabschluß** und → **Wirtschaftsausschuß**).

Informationspflichten, die die wirtschaftliche Lage und Entwicklung betreffen, obliegen dem Unternehmer auch gegenüber der Belegschaft (vgl. § 110 BetrVG).

§ 111 bis § 113 BetrVG:

Eine besondere Regelung erfahren haben solche unternehmerischen Planungen und Entscheidungen, die wesentliche Nachteile für erhebliche Teile der Belegschaft zur Folge haben können (vgl. §§ 111 bis 113 BetrVG). Siehe insoweit → **Betriebsänderung**, → **Interessenausgleich**, → **Sozialplan**).

☐ Die »unternehmerische Entscheidungsfreiheit« wird im Bereich der »wirtschaftlichen Angelegenheiten« durch das BetrVG letztlich nicht

Wirtschaftliche Angelegenheiten

eingeschränkt. Insbesondere bestehen – wenn man von der Aufstellung eines Sozialplans (= Härteausgleich für die nachteilig betroffenen Arbeitnehmer) absieht – keine Mitbestimmungsrechte. Dies darf den Betriebsrat jedoch nicht daran hindern, durch Nutzung seiner Informations- und Beratungsrechte (bzw. der Rechte des Wirtschaftsausschusses) Vorschläge und Strategien zu entwickeln, die darauf abzielen, die unternehmerischen Planungen und Entscheidungen als solche im Interesse der Beschäftigten zu beeinflussen (siehe → **Interessenausgleich**, → **Personalplanung**, → **Unternehmensplanung**).

Wirtschaftliche Angelegenheiten

Schnellübersicht:

Wirtschaftliche Angelegenheiten

Wirtschaftsausschuß *(§§ 106–109 BetrVG)*

Errichtung in Unternehmen mit in der Regel mehr als 100 ständig beschäftigten Arbeitnehmern

Errichtung durch den Betriebsrat (in → **Ein-Betriebs-Unternehmen**) bzw. durch den Gesamtbetriebsrat (in → **Mehr-Betriebs-Unternehmen**)

Mindestens 3, höchstens 7 Mitglieder (Errichtung eines noch größeren Ausschusses nach § 107 Abs. 3 BetrVG möglich)

Wirtschaftsausschuß »soll« einmal im Monat zusammentreten

Unternehmer oder sein Vertreter »muß« an den Sitzungen teilnehmen

Rechte und Pflichten des Wirtschaftsausschusses:

- Informationsrechte gegenüber dem Unternehmer (einschließlich Einsichtnahme – und ggf. Aushändigung – von Unterlagen)
- Beratungsrecht gegenüber dem Unternehmer
- Informationspflicht gegenüber dem Betriebsrat bzw. Gesamtbetriebsrat (unverzüglich und vollständig)
- Recht auf Erläuterung des Jahresabschlusses (unter Beteiligung des Betriebsrats bzw. Gesamtbetriebsrats)

Durchsetzung der Informationsrechte des Wirtschaftsausschusses: nach vergeblichem Versuch einer Einigung zwischen Betriebsrat bzw. Gesamtbetriebsrat und Unternehmer Anrufung der Einigungsstelle nach § 109 BetrVG

Informationsrecht der Belegschaft über die Lage und Entwicklung des Unternehmens (viermal im Jahr), § 110 BetrVG

Betriebsänderung (§§ 111, 112, 112a BetrVG)

Informationsrechte des Betriebsrats

Beratungsrechte des Betriebsrats

Recht des Betriebsrats auf Verhandlungen über einen → **Interessenausgleich**

Recht des Betriebsrats auf Abschluß eines → **Sozialplans**

Anspruch der Arbeitnehmer auf einen Nachteilsausgleich, wenn Unternehmer von einem Interessenausgleich abweicht oder ihn unterläßt, § 113 BetrVG

Wirtschaftsausschuß

Was ist das?

☐ Der Wirtschaftsausschuß ist ein besonderer – und besonders wichtiger – Ausschuß des Betriebsrats bzw. Gesamtbetriebsrats. Seine Aufgabe besteht darin,

- Informationen über »wirtschaftliche Angelegenheiten« und deren mögliche Auswirkungen auf die Beschäftigten vom Unternehmer abzufordern (§ 106 Abs. 2 BetrVG);
- mit dem Unternehmer auf der Grundlage und im Rahmen etwaiger Beschlüsse des Betriebsrats bzw. Gesamtbetriebsrats zu »beraten« (§ 106 Abs. 1 Satz 2 BetrVG);
- den Betriebsrat bzw. Gesamtbetriebsrat zu »unterrichten« (§ 106 Abs. 1 Satz 2, § 108 Abs. 4 BetrVG).

☐ Die Unterrichtung des Wirtschaftsausschusses durch den Unternehmer (= Inhaber bzw. Unternehmensleitung) hat nach § 106 Abs. 2 BetrVG → **rechtzeitig** zu erfolgen. Das heißt: Der Unternehmer ist verpflichtet, schon sehr frühzeitig (nämlich bereits in der Phase der Bildung von Unternehmenszielen; siehe → **Unternehmensplanung**) Fragen der Unternehmenspolitik mit dem Wirtschaftsausschuß zu besprechen, **bevor** aufgrund konkreter betrieblicher Planung inbesondere im Bereich von

- sozialen Angelegenheiten i. S. d. § 87 BetrVG,
- Vorhaben i. S. d. § 90 BetrVG,
- personellen Angelegenheiten i. S. d. §§ 92 ff. BetrVG,
- Betriebsänderungen i. S. d. §§ 111 ff. BetrVG,

die in diesen Vorschriften genannten Maßnahmen eingeleitet und die entsprechenden Informations-, Mitwirkungs- und Mitbestimmungsrechte des Betriebsrats ausgelöst werden.

☐ Informations- und Beratungsgegenstand der Wirtschaftsausschußsitzung mit dem Unternehmer sind die in § 106 Abs. 3 BetrVG bei-

Wirtschaftsausschuß

spielhaft aufgeführten Sachverhalte. Als wirtschaftliche Angelegenheiten nach § 106 Abs. 3 BetrVG gelten insbesondere

- die wirtschaftliche und finanzielle Lage des Unternehmens,
- die Produktions- und Absatzlage,
- das Produktions- und Investitionsprogramm,
- Rationalisierungsvorhaben,
- Fabrikations- und Arbeitsmethoden, insbesondere die Einführung neuer Arbeitsmethoden,
- die Einschränkung oder Stillegung von Betrieben oder Betriebsteilen,
- die Verlegung von Betrieben oder Betriebsteilen,
- der Zusammenschluß oder die Spaltung von Unternehmen oder Betrieben (siehe → **Betriebsaufspaltung/Unternehmensteilung**, → **Umwandlung von Unternehmen**),
- die Änderung der Betriebsorganisation oder des Betriebszwecks.

Diese Aufzählung ist nicht abschließend. Dies ergibt sich aus der generalklauselartigen Formulierung in § 106 Abs. 3 Nr. 10 BetrVG:

»... sonstige Vorgänge und Vorhaben, welche die Interessen der Arbeitnehmer des Unternehmens wesentlich berühren können.«

☐ Die Information hat »unter Vorlage von → **Unterlagen**« zu erfolgen (vgl. § 106 Abs. 2 BetrVG). Der Wirtschaftsausschuß ist berechtigt, in diese Unterlagen Einsicht zu nehmen (vgl. § 108 Abs. 3 BetrVG). Nach Auffassung der Rechtsprechung sind Unterlagen mit umfangreichen Daten und Zahlen dem Wirtschaftsausschuß nicht erst in der gemeinsamen Sitzung mit dem Unternehmer, sondern schon eine angemessene Zeit vor (!) dieser Sitzung auszuhändigen. Die Rechtsprechung geht zutreffenderweise davon aus, daß andernfalls eine ordnungsgemäße Vorbereitung der Wirtschaftsausschußmitglieder nicht möglich ist.

☐ Gemäß § 108 Abs. 5 BetrVG ist der Jahresabschluß dem Wirtschaftsausschuß unter Beteiligung des Betriebsrats bzw. Gesamtbetriebsrats zu erläutern (siehe → **Jahresabschluß**).

☐ Nach § 106 Abs. 2 BetrVG darf der Unternehmer Informationen nur dann verweigern, wenn aufgrund konkreter Anhaltspunkte die Annahme begründet ist, daß Betriebs- oder Geschäftsgeheimnisse »gefährdet« werden. Zum Begriff des Betriebs- und Geschäftsgeheimnisses siehe → **Geheimhaltungspflicht**.

☐ Ein Wirtschaftsausschuß muß (→ **Muß-, Kann-, Soll-Vorschrift!**) gebildet werden in → **Unternehmen** mit »in der Regel mehr als 100 ständig beschäftigten Arbeitnehmern« (§ 106 Abs. 1 BetrVG).

☐ Strittig ist, ob in kleineren Unternehmen (mit bis zu 100 Beschäftigten) ohne Wirtschaftsausschuß die §§ 106 bis 109 BetrVG mit der Maßgabe gelten, daß der Betriebsrat der Träger der in den Vorschriften enthaltenen Rechte ist. Jedenfalls aber hat der Betriebsrat nach § 80 Abs. 2 BetrVG ein Recht auf Information über solche wirtschaftlichen Angelegenheiten, deren Kenntnis zur ordnungsgemäßen Erfüllung seiner Aufgaben im konkreten Falle erforderlich ist.

☐ In → **Ein-Betriebs-Unternehmen** wird der Wirtschaftsausschuß vom Betriebsrat gebildet, in → **Mehr-Betriebs-Unternehmen** vom Gesamtbetriebsrat (vgl. § 107 Abs. 2 Satz 1 und 2 BetrVG).

☐ Auf Konzernebene (siehe → **Konzern**) ist die Errichtung eines Wirtschaftsausschusses nicht vorgesehen, was den → **Konzernbetriebsrat** natürlich nicht daran hindert, einen Ausschuß, der sich mit den wirtschaftlichen Angelegenheiten des Konzerns befaßt, zu bilden. Ein solcher Konzern-Wirtschaftsausschuß hat allerdings nicht die Rechte nach § 106 bis § 109 BetrVG, es sei denn, die Geltung dieser Vorschriften ist in einer Konzernbetriebsvereinbarung oder Regelungsabrede mit der Konzernleitung vereinbart worden.

☐ Der Wirtschaftsausschuß kann zwischen drei und sieben Mitglieder haben, die dem Unternehmen angehören müssen. Mindestens ein Mitglied muß (!) Mitglied des Betriebsrats bzw. Gesamtbetriebsrats sein (§ 107 Abs. 1 BetrVG).

☐ Nach § 107 Abs. 3 BetrVG kann der Betriebsrat bzw. Gesamtbetriebsrat beschließen, die Aufgaben des Wirtschaftsausschusses auf einen »Ausschuß« des Betriebsrats bzw. Gesamtbetriebsrats zu übertragen. Die Zahl der Mitglieder dieses Ausschusses darf die Zahl der Mitglieder des Betriebsausschusses (§ 27 BetrVG) bzw. des Gesamtbetriebsausschusses (§ 51 BetrVG) nicht überschreiten. Die Mitgliederzahl des Ausschusses kann jedoch erhöht werden dadurch, daß weitere Arbeitnehmer (die nicht Betriebsratsmitglieder sein müssen) in den Ausschuß berufen werden.

☐ Der Wirtschaftsausschuß »soll« einmal im Monat zusammentreten (vgl. § 108 Abs. 1 BetrVG).

☐ Der Unternehmer oder – im Verhinderungsfalle – sein Vertreter (= diejenige Person, die in der Unternehmenshierarchie direkt »nach dem

Wirtschaftsausschuß

Unternehmer kommt« und in der Lage ist, die vorgeschriebenen Informationen zu erteilen) ist verpflichtet, an den Sitzungen des Wirtschaftsausschusses teilzunehmen und »Rede und Antwort zu stehen«.

☐ Zum Zwecke der Vorbereitung und Nachbereitung der gemeinsamen Sitzung mit dem Unternehmer kann der Wirtschaftsausschuß auch Sitzungen ohne den Unternehmer durchführen.

☐ Unter den Voraussetzungen des § 80 Abs. 3 BetrVG kann sich der Wirtschaftsausschuß im Zusammenhang mit besonders schwierigen Vorgängen (z. B. EDV-gestützte Rationalisierungsvorhaben) der Hilfe eines → **Sachverständigen** bedienen.

☐ Die Teilnahme eines Gewerkschaftsvertreters an der Wirtschaftsausschußsitzung ist in entsprechender Anwendung des § 31 BetrVG zulässig.

☐ Die Schwerbehinderten- bzw. Gesamtschwerbehindertenvertretung hat einen Anspruch auf Einladung und Teilnahme (vgl. § 25 Abs. 4 Schwerbehindertengesetz).

☐ Verweigert der Unternehmer entgegen dem Verlangen des Wirtschaftsausschusses die ordnungsgemäße Information, so kann gemäß § 109 BetrVG vom Betriebsrat bzw. Gesamtbetriebsrat – nach erfolglosem Einigungsversuch – ein Einigungsstellenverfahren eingeleitet werden (siehe unten).

Bedeutung für die Betriebsratsarbeit

☐ Wichtigstes Ziel der Arbeit des Wirtschaftsausschusses ist es, Informationen zu erlangen über »das, was nach den Planungen des Unternehmers sein soll«. Natürlich sind auch vergangenheitsbezogene Informationen wichtig, um bestimmte Trends erkennen zu können. Noch wichtiger aber sind die zukunftsbezogenen Informationen (Plandaten). Denn es geht bei der Wirtschaftsausschuß- und Betriebsratsarbeit letztlich darum, Konzepte und Vorgehensweisen zu entwickeln, die die Planungen und Entscheidungen des Unternehmers im Sinne der Interessen der Beschäftigten zu beeinflussen vermögen.

☐ Eine grundsätzliche Schwierigkeit der Wirtschaftsausschußarbeit liegt darin, daß auf seiten der Unternehmer häufig nur wenig Neigung besteht, den Wirtschaftsausschuß ordnungsgemäß zu informieren d. h.

Wirtschaftsausschuß

mit solchen Informationen zu bedienen, die der Betriebsrat/Gesamtbetriebsrat für Alternativkonzepte oder gar Gegenstrategien nutzen kann. Oft wird der Unternehmer für die Interessenvertreterarbeit notwendige/nützliche Informationen erst auf ausdrückliche Nachfrage offenlegen. Deshalb kommt es darauf an,

- daß der Wirtschaftsausschuß die »richtigen« Fragen stellt; und
- daß er die ermittelten Daten und Informationen in einer für den Betriebsrat/Gesamtbetriebsrat handhabbaren Weise aufarbeitet.

Die Checkliste »Kennziffern – Informationssystem für den Wirtschaftsausschuß« (im Anhang zu diesem Stichwort) soll insoweit eine kleine Hilfestellung geben.

☐ Wird eine Information über wirtschaftliche Angelegenheiten nicht, nicht rechtzeitig oder nur ungenügend erteilt, gilt nach § 109 BetrVG folgendes:

- Zunächst haben Betriebsrat bzw. Gesamtbetriebsrat und Unternehmer eine Einigung zu versuchen.
- Im Falle der Nichteinigung entscheidet auf Antrag des Betriebsrats bzw. Gesamtbetriebsrats oder des Unternehmers die → **Einigungsstelle**.
- Im Falle des Obsiegens des Betriebsrats bzw. Gesamtbetriebsrats wird der Unternehmer verpflichtet, die verlangte Auskunft dem Wirtschaftsausschuß zu erteilen.
- Durchgesetzt werden kann ein solcher Einigungsstellensspruch nur über ein entsprechendes Beschlußverfahren beim Arbeitsgericht. Das Arbeitsgericht überprüft dabei die Rechtmäßigkeit des Spruches der Einigungsstelle.
  Wird der Einigungsstellenspruch vom Gericht bestätigt und wird der Gerichtsbeschluß rechtskräftig, dann kann aus dem Beschluß die Zwangsvollstreckung nach § 85 Abs. 1 Arbeitsgerichtsgesetz in Verbindung mit den entsprechenden Vorschriften der Zivilprozeßordnung (ZPO) betrieben werden (Zwangsgeld).
- Zusätzlich kann der standhaften Weigerung des Unternehmers, dem Einigungsstellenspruch Folge zu leisten, mit einer Ordnungswidrigkeitenanzeige nach § 121 BetrVG begegnet werden (siehe → **Ordnungswidrigkeitenverfahren**).

☐ Insgesamt gesehen kann das Verfahren zur Durchsetzung des Informationsanspruches des Wirtschaftsausschusses ein recht langwieriges und kompliziertes Unterfangen sein. Dennoch sollte sich die Interessenvertretung nicht scheuen, diesen Weg zu gehen. Alle Erfahrungen belegen, daß die konsequente Nutzung auch des Einigungsstellenverfahrens nach § 109 BetrVG nicht nur zu nützlichen Ergebnissen im konkreten Fall führt. Darüber hinaus ist mit der Durchführung eines solchen Verfahrens regelmäßig eine das zukünftige Verhältnis zwischen Unternehmer und Interessenvertretung positiv beeinflussende »erzieherische Wirkung« verbunden.

Musterschreiben:

Mitteilung an die Geschäftsleitung zu einem Beschluß des Betriebsrats über die Einrichtung eines Wirtschaftsausschusses

Der Betriebsrat   Datum

An die
Geschäftsleitung

Mitteilung zu einem Beschluß des Betriebsrats über die Einrichtung eines Wirtschaftsausschusses

Der Betriebsrat hat in seiner Sitzung vom ... beschlossen, einen Wirtschaftsausschuß zu bilden.

Der Wirtschaftsausschuß besteht aus folgenden Personen:
...
...
...

Der Wirtschaftsausschuß trifft sich ... (z. B. einmal im Quartal) ... zu einer Sitzung, und zwar regelmäßig an jedem ... (z. B. 2. Dienstag jedes Quartals um 10.00 Uhr) ...

Wir bitten Sie, sich diesen Termin vorzumerken und laden Sie schon hiermit zu diesen Sitzungen ein. Eine gesonderte Einladung mit den jeweils von unserer Seite aus anzusprechenden Punkten geht Ihnen rechtzeitig vor jeder Sitzung zu. Wenn Sie selber verhindert sein sollten, teilen Sie uns doch bitte formlos mit, wen Sie statt dessen als Ihre sachkundige Vertretung entsenden werden.

Wir behalten uns vor, auch zusätzliche, außerordentliche Wirtschaftsausschußsitzungen einzuberufen, wenn das aus aktuellen Gründen unbedingt erforderlich erscheint. Wir glauben allerdings, daß dies nur selten der Fall sein wird.

Wir bitten Sie auch, den Termin der regelmäßigen Wirtschaftsausschußsitzungen an die für die Wirtschaftsausschußmitglieder zuständigen Vorgesetzten weiterzugeben und sicherzustellen, daß die benannten Wirtschaftsausschußmitglieder für diese Termine freigestellt werden.

Wirtschaftsausschuß

Sollten gegen den Terminvorschlag grundsätzliche und wichtige betriebliche Gründe sprechen, teilen Sie uns dies bitte umgehend mit, damit wir uns gegebenenfalls über einen anderen Termin verständigen können.

Mit freundlichen Grüßen
Der Betriebsrat

Aus: Fricke/Grimberg/Wolter: Die kleine Betriebsrats-Bibliothek, Band 5, Der Wirtschaftsausschuß – sinnvoll genutzt, 3., völlig überarbeitete und neu gestaltete Auflage, Bund-Verlag 1992, S. 13.

Musterschreiben:

Mitteilung an die Geschäftsführung zu einem Beschluß des Betriebsrats über die Bildung eines Ausschusses für wirtschaftliche Fragen

Der Betriebsrat   Datum

An die
Geschäftsleitung

Mitteilung zu einem Beschluß des Betriebsrats über die Bildung eines Ausschusses für wirtschaftliche Fragen nach § 107 Abs. 3 BetrVG

Der Betriebsrat hat in seiner Sitzung vom... beschlossen, einen eigenen Ausschuß für wirtschaftliche Fragen zu bilden und diesem die Aufgaben des Wirtschaftsausschusses zu übertragen. Dieser Ausschuß besteht aus den Betriebsratsmitgliedern:

...
...
...

Als weitere Mitglieder wurden benannt:

...
...
...

(Weiterer Text wie vorstehendes Musterschreiben)

Aus: Fricke/Grimberg/Wolter: Die kleine Betriebsrats-Bibliothek, Band 5, a.a.O., S. 17.

Wirtschaftsausschuß

Musterschreiben:

»Einladung der Unternehmensleitung zu einer Sitzung des Wirtschaftsausschusses«

Wirtschaftausschuß X-Stadt, den...
der Firma...

An die
Geschäftsleitung

Betr.: Wirtschaftsausschußsitzung am...

Sehr geehrter...

hiermit lade ich Sie zur nächsten Wirtschaftsausschußsitzung ein.

Die Sitzung findet statt

am..., den...

... Uhr

im Konferenzraum...

Für die Sitzung ist folgende Tagesordnung vorgesehen:

1. Protokoll der letzten Sitzung
2. wirtschaftliche und finanzielle Lage des Unternehmens sowie Planungen der Unternehmensleitung zu Absatz, Produktion, Investitionen, Finanzen.
3. Personalplanung
4. Umweltschutzmaßnahmen

Wir bitten Sie, dem Wirtschaftsausschuß die erforderlichen Unterlagen zu den unter Ziff. 2 und 3 genannten Angelegenheiten bis zum... zukommen zu lassen.

Zu Tagesordnungspunkt 4 wollen Sie bitte den Umweltschutzbeauftragten Herrn... zur Sitzung hinzuziehen.

An der Sitzung wird Herr/Frau... als Beauftragter der Industriegewerkschaft... teilnehmen.

Mit freundlichen Grüßen
Vorsitzende(r)
des Wirtschaftsausschusses

Musterschreiben:

Betr.: Verweigerung von Informationen an den Wirtschaftsausschuß

Der Betriebsrat   Datum

An die
Geschäftsleitung

Verweigerung von Informationen an den Wirtschaftsausschuß

In der Sitzung des Wirtschaftsausschusses vom... haben Sie sich geweigert, dem Wirtschaftsausschuß Informationen über... (Kurzbeschreibung der geforderten Information)... zu geben, obwohl Sie dazu nach § 106 Abs. 2 BetrVG verpflichtet sind.

Wir fordern Sie auf, dem Wirtschaftsausschuß bis zum... (Frist maximal 1 Woche)... diese Information zu geben.

Sollten Sie diese Information auch weiterhin verweigern, zwingen Sie den Betriebsrat, nach § 109 BetrVG die Einigungsstelle zur Klärung dieser Frage anzurufen.
Mit freundlichen Grüßen

Der Betriebsrat

Aus: Fricke/Grimberg/Wolter: Die kleine Betriebsrats-Bibliothek, Band 5, a.a.O., S. 25.

Wirtschaftsausschuß

Checkliste:

Kennziffern-Informations-System für den Wirtschaftsausschuß
(= wichtige Unternehmens- und Beschäftigungsdaten)

Zu den Bereichen:
I. Absatz   III. Finanzen, Investitionen
II. Produktion   IV. Beschäftigung

Kennziffer	Aussage	Ausbau-möglichkeiten
I. ABSATZ		
1. Umsatz (in DM)	Allgemeine Unternehmensentwicklung; Umsatzsteigerung kann heißen: Preissteigerung oder Mehrproduktion	Unterteilung nach Produktgruppen, Abteilungen, Werken
2. Umsatz (in Menge)	Umfang der Produktion ohne Berücksichtigung der Preissteigerung (Inflation)	Unterteilung nach Produktgruppen, Abteilungen, Werken
3. Exportanteil (in % vom Umsatz)	Gefahr der Produktionsverlagerung, Absatzrisiko	Unterteilung nach Produktgruppen
4. Lagerbestand an Fertigprodukten (in DM oder Menge)	Absatzlage; steigende Lagerbestände können drohende Produktionseinschränkungen anzeigen	Unterteilung nach Produktgruppen
5. Auftragsbestand (in DM oder Menge)	Sicherheit der zukünftigen Beschäftigung	Umrechnung auf Wochen
II. PRODUKTION		
1. Gesamtleistung (in DM)	diese Daten sind wichtig für die Ermittlung der Produktivität (siehe Ziff. 4)	
2. Produktionsmenge (in Stück, Gewicht usw...)		
3. Zahl der Beschäftigten Zahl der Arbeitsstunden		
4. Produktivität: Gesamtleistung (bzw. Produktionsmenge) ● je Beschäftigte ● je Arbeitsstunde	Stand der Rationalisierung und Automatisierung; Hinweis auf Arbeitsbelastung	Unterteilung nach Abteilungen, Werken

Wirtschaftsausschuß

Kennziffer	Aussage	Ausbaumöglichkeiten
5. Kapazitätsauslastung (in % der »Normalkapazität«)	Unterschied zwischen tatsächlicher und möglicher Auslastung der Maschinen; schlechte Auslastung kann heißen: Kurzarbeit oder andere Produktionseinschränkung	Unterteilung nach Abteilungen, Werken
III. FINANZEN INVESTITIONEN		
1. Jahresüberschuß Fehlbetrag	Mit großer Vorsicht zu genießen – sagt wenig über die tatsächliche finanzielle Lage aus	
2. Abschreibungen ● auf Sachanlagen ● auf Finanzanlagen	siehe Nr. 5 (Umsatzüberschuß)	
3. Veränderung der Pensionsrückstellungen	siehe Nr. 5 (Umsatzüberschuß)	
4. Veränderung der Sonderposten mit Rücklageanteil	siehe Nr. 5 (Umsatzüberschuß)	
5. Umsatzüberschuß (»cash flow«): = Summe aus 1. bis 4.	Zeigt die Möglichkeiten des Unternehmens zur Selbstfinanzierung zukünftiger Investitionen	
6. Sachinvestitionen (= Zugänge an Sachanlagen)	Umfang der Investitionstätigkeit; einerseits Bestandssicherung, andererseits Rationalisierung	Unterteilung nach Werken und Anlagearten
7. Finanzinvestitionen (= Zugänge an Finanzanlagen)	Evtl.: Abzug finanzieller Mittel aus dem Unternehmen; Gefahr für Bestand	Unterteilung nach Arten (Beteiligungen, Wertpapiere…)
8. Anlagevermögen in % der Bilanzsumme	Ausstattung des Unternehmens mit Sachvermögen; wichtig für Kreditsicherung; evtl. Konkursgefahr bei zu geringer Anlagequote	Vergleichszahlen anderer Unternehmen gleicher Branche besorgen

Wirtschaftsausschuß

Kennziffer	Aussage	Ausbaumöglichkeiten
9. Fremdkapital in % der Bilanzsumme	Verschuldung des Unternehmens; bei zu hoher Verschuldung Konkursgefahr, »Gesundschrumpfung«	Vergleichszahlen anderer Unternehmen gleicher Branche besorgen
10. Aufwendungen des Unternehmens für Forschung und Entwicklung (F & E)	Hinweis auf langfristige Absichten des Unternehmens	Unterteilung nach Produktgruppen, Werken
IV. BESCHÄFTIGUNG		
Personal		
1. Personalbestand (gesamt)	Pesonalentwicklung; in Verbindung mit Daten zu Umsatz bzw. Produktion; Hinweis auf Produktivitätsentwicklung	Unterteilung nach Abteilung, Werken
2. Arbeiter	Personalstruktur	
3. Angestellte (gesamt) davon: kaufmännische Angestellte technische Angestellte	Personalstruktur	
4. AT-Angestellte davon: Leitende Angestellte	Personalstruktur	
5. Auszubildende	Ausbildungsbereitschaft und Zukunftsorientierung des Unternehmens	
6. Schwerbehinderte	Bereitschaft des Unternehmens, Pflichten nach dem Schwerbehindertengesetz zu erfüllen	
7. Teilzeitbeschäftigte		
8. Zahl der befristeten Einstellungen	Steigener Anteil signalisiert schleichenden Personalabbau und Versuch, Personal flexibler einzusetzen (Personalpuffer)	Unterteilung nach Abteilungen; genaue Erfassung der geleisteten Arbeitsstunden
9. Heimarbeitnehmer		

Wirtschaftsausschuß

Kennziffer	Aussage	Ausbaumöglichkeiten
10. Leiharbeitnehmer		
11. Fluktuation: • Einstellungen • Abgänge	Ausnutzung für schleichenden Personalabbau; Hinweis auf schlechtes Betriebsklima, mangelhafte Entlohnung usw.; angewendete Berechnungsmethode erklären lassen	Unterteilung nach Abteilungen, Werken
12. Personalkostenanteil vom Umsatz (in %)	Personalkostenbelastung; wichtig für Vergleiche mit anderen Unternehmen; Bedeutung auch für Tarifpolitik	Evtl. Vorstands- und Geschäftsführungsbezüge rausrechnen
Einkommen		
13. Durchschnittsbruttoeinkommen	Sinkendes Durchschnittseinkommen ist Signal für Zunahme schlechter bezahlter Tätigkeiten = Abqualifizierungen	Unterteilung nach Arbeitern, Angestellten; Überprüfung, ob Arbeitgeberanteile eingerechnet sind
14. Freiwillige Sozialleistungen	Anteil der nicht abgesicherten Einkommensbestandteile; auch für Tarifpolitik von Bedeutung	Unterteilung nach Leistungsarten (Altersversorgung, Kantine ...)
Arbeitszeit		
15. Zahl der geleisteten Arbeitsstunden (gesamt)	in Verbindung mit Daten zu Umsatz bzw. Produktion: Hinweis auf Produktivitätsentwicklung	
16. Überstunden pro Beschäftigten	Schaffung zusätzlicher Arbeitsplätze möglich; Signal für Überbelastung, Gesundheitsgefahren	Unterteilung nach Abteilungen, Werken
17. Kurzarbeitsstunden pro Beschäftigten		

Wirtschaftsausschuß

Kennziffer	Aussage	Ausbau-möglichkeiten
Gesundheit		
18. Krankenstand (Ausfallzeiten in % der vertraglichen Arbeitsstunden)	Überforderung, ungesunde Arbeitsbedingungen, schlechtes Betriebsklima (Ursachen erforschen!); angewendete Berechnungsmethode erklären lassen	Unterteilung nach Abteilungen, Werken; arbeitsunfallbedingte Krankentage gesondert erfassen
19. Zahl der Unfälle		
20. Berufskrankheiten (Zahl der neuen Fälle)		
21. Daten zu weiteren Bereichen: z.B. Arbeitsbedingungen, Berufsbildung (Qualifikation)		

Mit Ergänzungen und Abänderungen übernommen aus: Fricke/Grimberg/Wolter: Die kleine Betriebsratswahl-Bibliothek, Band 5, a.a.O., S. 20f.

Literaturhinweis:

Reino von Neumann-Cosel/Rudi Rupp: Handbuch für den Wirtschaftsausschuß, Bund-Verlag, Köln.

Fricke/Grimberg/Wolter: Die kleine Betriebsratsbibliothek, Band 5: Der Wirtschaftsausschuß – sinnvoll genutzt, Bund-Verlag, Köln.

Jürgen Engel-Bock: Bilanzanalyse – leichtgemacht, Ein praktischer Ratgeber, Bund-Verlag, Köln.

Zahlen und ihre Bedeutung

☐ Das BetrVG und andere arbeitsrechtliche Vorschriften lassen bestimmte Rechtsfolgen erst dann eintreten, wenn bestimmte Zahlenwerte erreicht bzw. überschritten werden.

☐ Die nachstehende Übersicht soll eine erste, schnelle Orientierung über die wichtigsten Zahlen und ihre Rechtsfolgen sowie die einschlägigen Rechtsgrundlagen geben.

Zahl	Rechtsfolge	Rechtsgrundlage
1 bis 4	Arbeitnehmer im Betrieb: Kein Betriebsrat möglich	§ 1 BetrVG
2	weitere Betriebsversammlungen können im Jahr (1 pro Kalenderhalbjahr) zusätzlich zu den 4 Pflicht-Betriebsversammlungen durchgeführt werden (wenn dies aus besonderen Gründen zweckmäßig erscheint)	§ 43 Abs. 1 BetrVG
3 bis 7	Mitglieder hat der Wirtschaftsausschuß Vergrößerungsmöglichkeit besteht nach § 107 Abs. 3 BetrVG	§ 107 Abs. 1 BetrVG
4	Betriebsversammlungen im Jahr sind Pflicht (1 Betriebsversammlung pro Quartal)	§ 43 Abs. 1 BetrVG
5 und mehr	wahlberechtigte Arbeitnehmer im Betrieb: Es ist ein Betriebsrat zu wählen	§ 1 BetrVG
5 und mehr	jugendliche und auszubildende Arbeitnehmer im Betrieb: Es ist eine Jugend- und Auszubildendenvertretung zu wählen	§ 60 Abs. 1 BetrVG

Zahlen und ihre Bedeutung

Zahl	Rechtsfolge	Rechtsgrundlage
5 und mehr	Schwerbehinderte im Betrieb: Es ist eine Schwerbehindertenvertretung zu wählen	§ 24 Abs. 1 SchwbG
5 bis 20	wahlberechtigte Arbeitnehmer im Betrieb: Betriebsrat besteht aus 1 Person	§ 9 BetrVG
5 bis 20	jugendliche und auszubildende Arbeitnehmer im Betrieb: Jugend- und Auszubildendenvertretung besteht aus 1 Person	§ 62 Abs. 1 BetrVG
5 bis 20	Arbeitnehmer im Betrieb: Dem Betriebsrat stehen alle Rechte nach dem BetrVG zu mit Ausnahme der Rechte nach: § 99 bis § 101 BetrVG: Mitbestimmung bei Einstellung, Ein-/Umgruppierung, Versetzung gilt nur in Betrieben mit mehr als 20 wahlberechtigten Arbeitnehmern § 111 bis § 113 BetrVG: Die Vorschriften über Betriebsänderung, Interessenausgleich, Sozialplan, Nachteilsausgleich gelten nur in Betrieben mit mehr als 20 wahlberechtigten Arbeitnehmern Hinweis: Bildung eines Wirtschaftsausschusses ist nur in → **Unternehmen** mit mehr als 100 Arbeitnehmern möglich (vgl. § 106 Abs. 1 BetrVG)	

Zahlen und ihre Bedeutung

Zahl	Rechtsfolge	Rechtsgrundlage
6	Prozent der Arbeitsplätze eines Arbeitgebers, der über mindestens 16 Arbeitsplätze verfügt, müssen mit Schwerbehinderten besetzt sein (sog. Pflichtquote)	§ 5 Abs. 1 SchwbG
	Wird die Pflichtquote nicht eingehalten, muß für jeden nicht besetzten Pflichtplatz eine Ausgleichsabgabe in Höhe von 200,– DM monatlich gezahlt werden	§ 11 Abs. 1 SchwbG
6 bis 50	Angehörige der Minderheitsgruppe: Minderheitsgruppe erhält mindestens 1 Vertreter im Betriebsrat	§ 10 Abs. 2, 3 BetrVG
6 und mehr	Arbeitnehmer im Betrieb (ohne Auszubildende): Das Kündigungsschutzgesetz findet Anwendung	§ 23 Abs. 1 KSchG
9 bis 15	köpfiger Betriebsrat: Der Betriebsausschuß besteht inclusive Betriebsratsvorsitzendem und Stellvertreter aus insgesamt 5 Mitgliedern	§ 27 Abs. 1 BetrVG
10 und mehr	leitende Angestellte im Betrieb: Es wird ein Sprecherausschuß gewählt	§ 1 SprAuG
10 bis 20	leitende Angestellte im Betrieb: Sprecherausschuß besteht aus 1 Person	§ 4 SprAuG
19 bis 23	köpfiger Betriebsrat: Der Betriebsausschuß besteht inclusive Betriebsratsvorsitzendem und Stellvertreter aus insgesamt 7 Mitgliedern	§ 27 Abs. 1 BetrVG
21 bis 50	wahlberechtigte Arbeitnehmer im Betrieb: Betriebsrat besteht aus 3 Mitgliedern	§ 9 BetrVG

Zahlen und ihre Bedeutung

Zahl	Rechtsfolge	Rechtsgrundlage
21 bis 50	jugendliche und auszubildende Arbeitnehmer im Betrieb: Jugend- und Auszubildendenvertretung besteht aus 3 Personen	§ 62 Abs. 1 BetrVG
21 bis 59	Arbeitnehmer im Betrieb: Anzeigepflicht des Arbeitgebers bei geplanter Entlassung von mehr als 5 Arbeitnehmern innerhalb von 30 Kalendertagen	§ 17 KSchG, § 8 Abs. 1 AFG
21 bis 59	Arbeitnehmer im Betrieb: Besteht die Betriebsänderung allein in der Entlassung von Arbeitnehmern, ist ein Sozialplan nur dann erzwingbar, wenn 20 % der im Betrieb beschäftigten Arbeitnehmer, aber mindestens 6 Arbeitnehmer entlassen werden sollen	§ 112a Abs. 1 BetrVG
21 bis 100	leitende Angestellte im Betrieb: Sprecherausschuß besteht aus 3 Mitgliedern	§ 4 SprAuG
21 bis 100	Arbeitnehmer im Betrieb: Dem Betriebsrat stehen alle Rechte nach dem BetrVG zu. Insbesondere auch die Rechte nach: § 99 BetrVG: Mitbestimmung bei Einstellung, Ein-/Umgruppierung, Versetzung § 111 bis 113 BetrVG: Betriebsänderung, Interessenausgleich, Sozialplan, Nachteilsausgleich. Hinweis: Bildung eines Wirtschaftsausschusses ist nur möglich, wenn im Unternehmen (nicht Betrieb!) mehr als 100 Arbeitnehmer beschäftigt sind	

Zahlen und ihre Bedeutung

Zahl	Rechtsfolge	Rechtsgrundlage
21 bis 1000	Arbeitnehmer im Unternehmen: Unternehmer muß die Arbeitnehmer mindestens einmal vierteljährlich über die Lage und Entwicklung des Unternehmens mündlich unterrichten	§ 110 Abs. 2 BetrVG
27 bis 35	köpfiger Betriebsrat: Der Betriebsausschuß besteht inclusive Betriebsratsvorsitzendem und Stellvertreter aus insgesamt 9 Mitgliedern	§ 27 Abs. 1 BetrVG
30 bis unter 50	Grad der Behinderung: Es kann Gleichstellung beim Arbeitsamt beantragt werden	§ 2 SchwbG
37 und mehr	köpfiger Betriebsrat: Der Betriebsausschuß besteht inclusive Betriebsratsvorsitzendem und Stellvertreter aus insgesamt 11 Mitgliedern	§ 27 Abs. 1 BetrVG
50 und mehr	Grad der Behinderung: Es liegt Schwerbehinderung vor	§ 1 SchwbG
51 bis 150	wahlberechtigte Arbeitnehmer im Betrieb: Betriebsrat besteht aus 5 Mitgliedern	§ 9 BetrVG*

* Beachten: bei der Bestimmung der Betriebsratsgröße nach § 9 BetrVG wird bis zur Zahl 51 auf »wahlberechtigte« Arbeitnehmer abgestellt. Ab einer Beschäftigtenzahl von 52 zählen auch die nicht zur Betriebsratswahl wahlberechtigten Arbeitnehmer, also die Jugendlichen, mit.

Zahl	Rechtsfolge	Rechtsgrundlage
51 bis 200	Angehörige der Minderheitsgruppe: Minderheitsgruppe erhält mindestens 2 Vertreter im Betriebsrat	§ 10 Abs. 2 BetrVG
51 bis 200	jugendliche und auszubildende Arbeitnehmer im Betrieb: Jugend- und Auszubildendenvertretung besteht aus 5 Personen	§ 62 Abs. 1 BetrVG

Zahlen und ihre Bedeutung

Zahl	Rechtsfolge	Rechtsgrundlage
60 bis 499	Arbeitnehmer im Betrieb: Anzeigepflicht des Arbeitgebers bei geplanter Entlassung von 10 % der im Betrieb beschäftigten Arbeitnehmer oder mehr als 25 Arbeitnehmern innerhalb von 30 Kalendertagen	§ 17 KSchG; § 8 Abs. 1 AFG
60 bis 249	Arbeitnehmer im Betrieb: Besteht die Betriebsänderung allein in der Entlassung von Arbeitnehmern, ist Sozialplan nur erzwingbar, wenn 20 % der im Betrieb beschäftigten Arbeitnehmer oder mindestens 37 Arbeitnehmer entlassen werden sollen	§ 112a Abs. 1 BetrVG
101 und mehr	ständig im Unternehmen beschäftigte Arbeitnehmer: Es ist ein Wirtschaftsausschuß zu bilden	§ 106 Abs. 1 BetrVG
101 bis 300	leitende Angestellte im Betrieb: Sprecherausschuß besteht aus 5 Mitgliedern	§ 4 SprAuG
151 bis 300	Arbeitnehmer im Betrieb: Betriebsrat besteht aus 7 Mitgliedern	§ 9 BetrVG
200	Deutsche Mark muß ein Arbeitgeber, der über mindestens 16 Arbeitsplätze verfügt, für jeden unbesetzten Pflichtplatz (Pflichtquote = 6 %) monatlich entrichten	§ 11 Abs. 2 SchwbG
201 bis 600	Angehörige der Minderheitsgruppe: Minderheitsgruppe erhält mindestens 3 Vertreter im Betriebsrat	§ 10 Abs. 2 BetrVG
201 bis 300	jugendliche und auszubildende Arbeitnehmer im Betrieb: Jugend- und Auszubildendenvertretung besteht aus 7 Personen	§ 62 Abs. 1 BetrVG

Zahlen und ihre Bedeutung

Zahl	Rechtsfolge	Rechtsgrundlage
250 bis 499	Arbeitnehmer im Betrieb: Besteht die Betriebsänderung allein in der Entlassung von Arbeitnehmern, ist ein Sozialplan nur erzwingbar, wenn 15 % der im Betrieb beschäftigten Arbeitnehmer oder mindestens 60 Arbeitnehmer entlassen werden sollen	§ 112a Abs. 1 BetrVG
300 bis 600	Arbeitnehmer im Betrieb: 1 Betriebsratsmitglied ist mindestens freizustellen	§ 38 Abs. 1 BetrVG
300 und mehr	Schwerbehinderte im Betrieb: Die Schwerbehindertenvertretung kann nach Unterrichtung des Arbeitgebers den mit der höchsten Stimmenzahl gewählten Stellvertreter zu bestimmten Aufgaben heranziehen	§ 25 Abs. 1 SchwbG
301 bis 600	Arbeitnehmer im Betrieb: Betriebsrat besteht aus 9 Mitgliedern	§ 9 BetrVG
301 bis 600	jugendliche und auszubildende Arbeitnehmer im Betrieb: Jugend- und Auszubildendenvertretung besteht aus 9 Personen	§ 62 Abs. 1 BetrVG
301 und mehr	leitende Angestellte im Betrieb: Sprecherausschuß besteht aus 7 Mitgliedern	§ 4 SprAuG
500 und mehr	Arbeitnehmer im Betrieb: Anzeigepflicht des Arbeitgebers bei geplanter Entlassung von mindestens 30 Arbeitnehmern innerhalb von 30 Kalendertagen	§ 17 KSchG, § 8 Abs. 1 AFG

Zahlen und ihre Bedeutung

Zahl	Rechtsfolge	Rechtsgrundlage
500 und mehr	Arbeitnehmer im Betrieb: Besteht die Betriebsänderung allein in der Entlassung von Arbeitnehmern, ist ein Sozialplan nur erzwingbar, wenn 10 % der im Betrieb beschäftigten Arbeitnehmer, aber mindestens 60 Arbeitnehmer entlassen werden sollen	§ 112a Abs. 1 BetrVG
ab 500	Arbeitnehmer in einer Aktiengesellschaft: Der Aufsichtsrat besteht zu einem Drittel aus Arbeitnehmervertretern	§ 76 Abs. 6 BetrVG (von 1952)
ab 501	Arbeitnehmer in einer Gesellschaft mit beschränkter Haftung (GmbH): Es ist ein Aufsichtsrat zu bilden. 2/3 Kapitalvertreter, 1/3 Arbeitnehmervertreter	§ 77 BetrVG (von 1952)
601 bis 1000	Arbeitnehmer im Betrieb: Betriebsrat besteht aus 11 Mitgliedern	§ 9 BetrVG
601 bis 1000	Angehörige der Minderheitsgruppe: Minderheitsgruppe erhält mindestens 4 Vertreter im Betriebsrat	§ 10 Abs. 2 BetrVG
601 bis 1000	Arbeitnehmer im Betrieb: 2 Betriebsratsmitglieder sind mindestens freizustellen	§ 38 Abs. 1 BetrVG
601 bis 1000	jugendliche und auszubildende Arbeitnehmer im Betrieb: Jugend- und Auszubildendenvertretung besteht aus 11 Personen	§ 62 Abs. 1 BetrVG
1001 bis 2000	Arbeitnehmer im Betrieb: Betriebsrat besteht aus 15 Mitgliedern	§ 9 BetrVG
1001 bis 3000	Angehörige der Minderheitsgruppe: Minderheitsgruppe erhält mindestens 5 Vertreter im Betriebsrat	§ 10 Abs. 2 BetrVG

Zahlen und ihre Bedeutung

Zahl	Rechtsfolge	Rechtsgrundlage
1001 bis 2000	Arbeitnehmer im Betrieb: 3 Betriebsratsmitglieder sind mindestens freizustellen	§ 38 Abs. 1 BetrVG
1001 und mehr	jugendliche und auszubildende Arbeitnehmer im Betrieb: Jugend- und Auszubildendenvertretung besteht aus 13 Personen	§ 62 Abs. 1 BetrVG
1001 und mehr	Arbeitnehmer im Betrieb: Betriebsrat kann die Aufstellung von Auswahlrichtlinien gemäß § 95 Abs. 2 BetrVG verlangen	§ 95 Abs. 2 BetrVG
1001 und mehr	Arbeitnehmer im Unternehmen: Unternehmer muß die Arbeitnehmer mindestens einmal vierteljährlich über die Lage und Entwicklung des Unternehmens »schriftlich« unterrichten	§ 110 Abs. 1 BetrVG
1001 und mehr	Arbeitnehmer in einem Montan-Unternehmen: »paritätische« Unternehmensmitbestimmung	§ 1 Abs. 2 MontanMitbestG
1000 und mehr	Arbeitnehmer in einem Unternehmen oder einer Unternehmensgruppe (Konzern): Es ist ein Europäischer Betriebsrat zu errichten, wenn das Unternehmen/die Unternehmensgruppe in mindestens 2 Mitgliedsstaaten der Europäischen Union (außer Großbritannien) jeweils mindestens 150 Arbeitnehmer beschäftigt	Euro-BR Richtlinie (diese muß bis zum 22.9.96 in nationales Recht umgesetzt werden)
2001 bis 3000	Arbeitnehmer im Betrieb: Betriebsrat besteht aus 19 Mitgliedern	§ 9 BetrVG
2001 bis 3000	Arbeitnehmer im Betrieb: 4 Betriebsratsmitglieder sind mindestens freizustellen	§ 38 Abs. 1 BetrVG

Zahlen und ihre Bedeutung

Zahl	Rechtsfolge	Rechtsgrundlage
2001 und mehr	Arbeitnehmer im Unternehmen: Unternehmensmitbestimmung nach dem MitbestG '76; Besetzung des Aufsichtsrats: bis 10000 Arbeitnehmer: jeweils 6 Vertreter der Anteilseigner und der Arbeitnehmer 10001 bis 20000 Arbeitnehmer: jeweils 8 Vertreter der Anteilseigner und der Arbeitnehmer ab 20001 Arbeitnehmer: jeweils 10 Vertreter der Anteilseigner und der Arbeitnehmer	§ 7 Abs. 1 MitbestG
3001 bis 4000	Arbeitnehmer im Betrieb: Betriebsrat besteht aus 23 Mitgliedern	§ 9 BetrVG
3001 bis 5000	Angehörige der Minderheitsgruppe: Minderheitsgruppe erhält mindestens 6 Vertreter im Betriebsrat	§ 10 Abs. 2 BetrVG
3001 bis 4000	Arbeitnehmer im Betrieb: 5 Betriebsratsmitglieder sind mindestens freizustellen	§ 38 Abs. 1 BetrVG
4001 bis 5000	Arbeitnehmer im Betrieb: Betriebsrat besteht aus 27 Mitgliedern	§ 9 BetrVG
4001 bis 5000	Arbeitnehmer im Betrieb: 6 Betriebsratsmitglieder sind mindestens freizustellen	§ 38 Abs. 1 BetrVG
5001 bis 7000	Arbeitnehmer im Betrieb: Betriebsrat besteht aus 29 Mitgliedern	§ 9 BetrVG
5001 bis 9000	Angehörige der Minderheitsgruppe: Minderheitsgruppe erhält mindestens 7 Vertreter im Betriebsrat	§ 10 Abs. 2 BetrVG

Zahlen und ihre Bedeutung

Zahl	Rechtsfolge	Rechtsgrundlage
5001 bis 6000	Arbeitnehmer im Betrieb: 7 Betriebsratsmitglieder sind mindestens freizustellen	§ 38 Abs. 1 BetrVG
6001 bis 7000	Arbeitnehmer im Betrieb: 8 Betriebsratsmitglieder sind mindestens freizustellen	§ 38 Abs. 1 BetrVG
7001 bis 9000	Arbeitnehmer im Betrieb: Betriebsrat besteht aus 31 Mitgliedern	§ 9 BetrVG
7001 bis 8000	Arbeitnehmer im Betrieb: 9 Betriebsratsmitglieder sind mindestens freizustellen	§ 38 Abs. 1 BetrVG
8001 bis 9000	Arbeitnehmer im Betrieb: 10 Betriebsratsmitglieder sind mindestens freizustellen	§ 38 Abs. 1 BetrVG
9001 und mehr	Arbeitnehmer im Betrieb: Betriebsratsgröße erhöht sich für je angefangene weitere 3000 Arbeitnehmer um 2 weitere Mitglieder	§ 9 BetrVG
9001 bis 15000	Angehörige der Minderheitsgruppe: Minderheitsgruppe erhält mindestens 8 Vertreter im Betriebsrat	§ 10 Abs. 2 BetrVG
9001 bis 10000	Arbeitnehmer im Betrieb: 11 Betriebsratsmitglieder sind mindestens freizustellen	§ 38 Abs. 1 BetrVG
10001 und mehr	Arbeitnehmer im Betrieb: Für je angefangene weitere 2000 Arbeitnehmer ist 1 weiteres Betriebsratsmitglied freizustellen	§ 38 Abs. 1 BetrVG
15001 und mehr	Angehörige der Minderheitsgruppe: Minderheitsgruppe erhält mindestens 9 Vertreter im Betriebsrat	§ 10 Abs. 2 BetrVG

Zeugnis

Grundlagen

☐ Nach § 630 Bürgerliches Gesetzbuch, § 113 Gewerbeordnung, § 73 Handelsgesetzbuch hat jeder Arbeitnehmer bei Beendigung seines Arbeitsverhältnisses (z. B. durch Kündigung, Aufhebungsvertrag, Ablauf einer Befristung) einen Anspruch auf Erteilung eines schriftlichen Zeugnisses durch den Arbeitgeber. Allerdings muß der Arbeitgeber nicht »automatisch«, sondern nur dann ein Zeugnis ausstellen, wenn der Arbeitnehmer dies fordert.

☐ Anspruch auf Ausfertigung eines »Zwischenzeugnisses« besteht nur in Ausnahmefällen (z. B. bei Ausscheiden des für die Zeugniserteilung maßgeblichen Vorgesetzten oder bei Wechsel des Arbeitnehmers in einen anderen Betrieb des Unternehmens).

☐ Der Arbeitnehmer kann ein »einfaches«, er kann aber auch Ausstellung eines »qualifizierten« Zeugnisses verlangen.

☐ Beim »einfachen Zeugnis« ist der Arbeitgeber lediglich verpflichtet, Art und Dauer des Arbeitsverhältnisses zu bescheinigen.

Beispiel:

»... Frau Elvira Schäkel ist bei uns in der Zeit vom 1. 3. 1992 bis 31. 10. 1992 als Kassiererin tätig gewesen (es folgt: Beschreibung der Tätigkeit im einzelnen) ...«

☐ Auf ausdrückliches Verlangen des Arbeitnehmers hat der Arbeitgeber das Zeugnis auf Leistung und Führung zu erstrecken (»qualifiziertes Zeugnis«).

Beispiel:

»... Frau Elvira Schäkel ist bei uns in der Zeit vom 1. 3. 1992 bis 31. 10. 1992 als Kassiererin tätig gewesen (es folgt: Beschreibung der Tätigkeit im einzelnen). Sie war stets pünktlich, freundlich und ehrlich. Ihre Aufgaben hat sie zu unserer vollen Zufriedenheit ausgeführt ...«

Zeugnis

☐ Der Begriff »Leistung« umfaßt Merkmale wie körperliches und geistiges Leistungsvermögen, fachliche Kenntnisse, Fähigkeiten und Fertigkeiten, Arbeitsweise, Arbeitsqualität, Belastbarkeit, Verantwortungsbewußtsein, Selbständigkeit, Kooperationsfähigkeit, Einsatzbereitschaft, Führungsqualitäten, Entscheidungsfähigkeit, Verhandlungsgeschick, Durchsetzungsvermögen.

☐ Mit »Führung« ist das dienstliche Verhalten des Arbeitnehmers gemeint (z. B. Verhalten gegenüber Vorgesetzten oder Untergebenen, Mitarbeitern/innen, Geschäftspartnern/Kunden). Hierzu gehören aber auch Eigenschaften, die im Zusammenhang mit der Dienstausübung stehen (z. B. Pünktlichkeit, Ehrlichkeit).

☐ Das schriftlich zu erteilende Zeugnis muß im Hinblick auf Form und Inhalt korrekt sein.

Anzugeben sind Vor- und Familienname (auch Geburtsname), akademische Grade, Datum der Ausstellung, eigenhändige Unterschrift der für die Zeugniserteilung zuständigen Person. Geburtsdatum und Anschrift sind nur auf Wunsch des Beschäftigten zu erwähnen.

Auch die »äußere« Form des Zeugnisses muß »stimmen«. Insbesondere darf es keine Schreibfehler, Durchstreichungen, Radierungen, Fettflecke, Eselsohren und ähnliche Verunzierungen aufweisen. Hervorhebungen durch Anführungszeichen oder Fettdruck sind nicht zulässig.

Im Interesse des ausscheidenden Arbeitnehmers, aber auch im Interesse eines nachfolgenden neuen Arbeitgebers muß das Zeugnis einerseits der »Wahrheit« entsprechen. Andererseits aber muß es, um das berufliche Fortkommen des Arbeitnehmers nicht unnötig zu erschweren, vom »Wohlwollen« des ausstellenden Arbeitgebers getragen sein. Keinesfalls darf das Zeugnis Merkmale aufweisen, »welche den Zweck haben, den Arbeitnehmer in einer aus dem Wortlaut des Zeugnisses nicht ersichtlichen Weise zu kennzeichnen« (vgl. § 113 Abs. 3 Gewerbeordnung).

☐ Vor diesem Hintergrund haben im Zeugnis nichts zu suchen offene oder versteckte Hinweise auf

- Gewerkschaftszugehörigkeit und Betriebsratstätigkeit, es sei denn, der Arbeitnehmer wünscht eine solche Angabe;
- Ausfallzeiten wegen Krankheit, Wehr- oder Zivildienst, Bildungsurlaub, Streik oder Aussperrung;

Zeugnis

- den Gesundheitszustand des Arbeitnehmers, es sei denn, der Arbeitseinsatz des Arbeitnehmers wurde hierdurch grundsätzlich und schwerwiegend beeinträchtigt;
- einmaliges Fehlverhalten, das »jedem mal passieren kann« und das für Leistung und Führung des Arbeitnehmers nicht kennzeichnend ist;
- den bloßen – unbewiesenen – Verdacht einer strafbaren Handlung;
- erwiesene Straftaten; diese dürfen nur dann erwähnt werden, wenn sie im Zusammenhang mit der Ausübung der Arbeit begangen wurden und für eine wahrheitsgemäße Charakterisierung des Arbeitnehmers und seiner Arbeit von Bedeutung sind (z. B. Unterschlagung durch den Lohnbuchhalter);
- den Grund und die Art der Beendigung des Arbeitsverhältnisses, es sei denn, der Arbeitnehmer wünscht dies (z. B.: »Herr/Frau ... verläßt uns zu unserem Bedauern auf eigenen Wunsch, um sich beruflich zu verbessern«);
- außerdienstliches Verhalten im privaten Bereich, es sei denn, das dienstliche Verhalten wurde hierdurch wesentlich beeinflußt.

☐ Umgekehrt dürfen weder das »einfache« noch das »qualifizierte« Zeugnis wesentliche Umstände verschweigen. So sind beispielsweise zu erwähnen und beim »qualifizierten Zeugnis« zu bewerten:

- bei wechselnder Tätigkeit während des Arbeitsverhältnisses alle wesentlichen Haupttätigkeiten;
- die Ausführung von wichtigen Sonderaufgaben;
- berufliche Fortbildungsmaßnahmen, an denen der Beschäftigte teilgenommen hat.

☐ Jeder Arbeitnehmer sollte wissen, daß im Hinblick auf die Gesamtbeurteilung der Leistung in der Praxis eine Art »Benotung« üblich ist, die in folgenden Formulierungen ihren Ausdruck findet: »Herr/Frau ... hat die ihm/ihr übertragenen Aufgaben

- stets zu unserer vollen Zufriedenheit erfüllt und unseren Erwartungen in jeder Hinsicht entsprochen (= sehr gute, überdurchschnittliche Leistungen);
- zu unserer vollen Zufriedenheit erfüllt (= gute Leistungen);
- zu unserer Zufriedenheit erfüllt (= befriedigende bis ausreichende Leistungen);
- im großen und ganzen zu unserer Zufriedenheit erfüllt (= gerade noch ausreichende Leistungen)«.

Mangelhafte Leistungen werden mit der Formulierung bescheinigt:

»Herr/Frau ... bemühte sich, die ihm/ihr übertragenen Aufgaben zu unserer Zufriedenheit zu erledigen.« Oder: »Herr/Frau ... führte die ihm/ihr übertragenen Aufgaben mit Fleiß und Interesse aus.«

☐ Auch in bezug auf die »Führung« eines Arbeitnehmers hat sich eine Art »Geheimsprache« der Personalabteilungen entwickelt, die für Nichteingeweihte schwer durchschaubar ist und insofern an eine unzulässige Kennzeichnung im Sinne des § 113 Abs. 3 Gewerbeordnung heranreicht.

Beispiele:

- *Fehlt bei einem Arbeitnehmer, der in seiner Tätigkeit (z. B. als Kassierer) mit Geld umgegangen ist, der ausdrückliche Hinweis auf »Ehrlichkeit« ist dies gleichbedeutend mit der Aussage: »es gab Unregelmäßigkeiten«.*
- *Mit der Formulierung »Herr/Frau ... setzte sich besonders nachhaltig für die Belange der Mitarbeiter ein« signalisiert man: »Vorsicht, er/sie hat sich vor allem als unruhestiftende(r) Interessenvertreterln betätigt.«*
- *Ein Arbeitnehmer, der »durch seine Geselligkeit stets zur Verbesserung des Betriebsklimas beigetragen hat«, ist ein solcher, der durch übermäßigen Alkoholgenuß aufgefallen ist.*

Bedeutung für die Betriebsratsarbeit

☐ Der Betriebsrat hat im Zusammenhang mit der Erteilung eines Zeugnisses keine Beteiligungsrechte.

☐ Dies sollte ihn allerdings nicht daran hindern, die ausscheidenden Arbeitnehmer über ihre Rechte, vor allem über die Bedeutung einzelner Formulierungen im Zeugnis zu informieren und sie bei der Durchsetzung eines »besseren« Zeugnisses zu unterstützen.

Zeugnis

Bedeutung für den Beschäftigten

☐ Ist das Zeugnis nach Auffassung des Arbeitnehmers hinsichtlich Form und/oder Inhalt nicht in Ordnung, kann er – notfalls durch Erhebung einer arbeitsgerichtlichen Klage – die Ausfertigung eines neuen – korrekten – Zeugnisses verlangen.

Literaturhinweis:

Heinz G. Dachrodt: Zeugnisse lesen und verstehen, Bund-Verlag, Köln.

Die unentbehrliche Ergänzung zur Betriebsratspraxis von A bis Z:

Christian Schoof / Jürgen Schmidt

Rechtsprechung für die Betriebsratsarbeit von A bis Z

Das Handwörterbuch mit ausgewählten und erläuterten Entscheidungen in Leitsätzen

1996. Ca. 300 Seiten, kartoniert

Mit diesem Buch liegt erstmals eine auf die Arbeit der Betriebsräte zugeschnittene Entscheidungssammlung vor, die jährlich in aktualisierter Form neu erscheint. Betriebsräte können mit dieser Sammlung sicher sein, stets alle aktuellen, wichtigen Urteile zur Hand zu haben.
Die Entscheidungssammlung ist als Handwörterbuch konzipiert. Innerhalb der in alphabetischer Folge behandelten Stichwörter werden Entscheidungen der Arbeitsgerichtsbarkeit für die praktische Arbeit aufbereitet. Das bedeutet: Nach der Begriffsbestimmung und der gesetzlichen Grundlage des Stichwortes werden die entsprechenden Leitsätze mit den jeweiligen Fundstellen genannt. Soweit in der einzelnen Entscheidung auf bestimmte Gesetzesvorschriften Bezug genommen wird, werden diese ebenso aufgeführt wie spezielle Literaturhinweise zu der einzelnen Problematik.
Tips und Hinweise, wie die Rechtsprechung für die Arbeit vor Ort umzusetzen ist bzw. wie damit umgegangen werden muß, geben dem Nachschlagewerk einen stark praxisorientierten Charakter.

Bund-Verlag

Reihe: Handbücher für den Betriebsrat

Band 1 – Neumann-Cosel u. a.
Handbuch für den Wirtschaftsausschuß
3., völlig überarbeitete Auflage

Band 2 – B. Kiefer/D. Schönland
Mitbestimmung bei der Gestaltung von Arbeitsplätzen

Band 3 – Heinz Bethmann u. a.
Behinderte in der Arbeitswelt
Dritte, überarbeitete Auflage

Band 4 – Klaus Heimann/Eva Kuda
Handbuch berufliche Bildung
2. Auflage in Vorbereitung

Band 5 – Gert Volkmann
Konkurs-Handbuch I
Ursachen und Früherkennung

Band 6 – W. Bichlmeier/H. Oberhofer
Konkurs-Handbuch II
Arbeits- und Sozialrecht
Zweite, völlig überarbeitete Auflage

Band 7 – Klaus Lang u. a. (Hrsg.)
Arbeit – Entgelt – Leistung
Handbuch Tarifarbeit im Betrieb

Band 8 – Detlef Hase u. a.
Handbuch für die Einigungsstelle
Zweite Auflage

Band 9 – Jürgen Engel-Bock
Bilanzanalyse leicht gemacht
2., erweiterte Neuausgabe

Band 10 – W. Bichlmeier/H. Oberhofer
Konkurs-Handbuch III
Das Gesamtvollstreckungsverfahren in Ostdeutschland
Zweite, erweiterte Auflage

Band 11 – Detlef Hase u. a.
Handbuch Interessenausgleich und Sozialplan
2., völlig überarbeitete Auflage

Band 13 – Klaus Lang/Kay Ohl
Lean production
Herausforderungen und Handlungsmöglichkeiten
2., überarbeitete Auflage

Band 14 – Heinz-G. Dachrodt u. a.
Der erfolgreiche Betriebsrat Schriftverkehr
9., überarbeitete Auflage

Band 15 – Inge Böttcher
Geschäftsführung des Betriebsrats

Band 16 – Gerhard Bosch u. a. (Hrsg.)
Handbuch Personalplanung

Band 17 – Heinz-Josef Eichhorn u. a.
Handbuch Betriebsvereinbarung
Mit zahlreichen Mustervereinbarungen

Band 18 – Michael Schoden
Betriebliche Arbeitnehmererfindungen und betriebliches Vorschlagswesen

Band 19 – W. Däubler/G. Peter
Schulung und Fortbildung von betrieblichen Interessenvertretern
§ 37 Abs. 6 und 7 BetrVG und andere vergleichbare Vorschriften
Vierte, überarbeitete Auflage

Band 20 – Michael Bachner u. a.
Europäisches Arbeitsrecht im Betrieb

Band 21 – Eike Mühlstädt
Die Betriebsversammlung
Mit zahlreichen Musterreden

Bund-Verlag